# 最新民事诉讼证据规则
# 解析与应用

Analysis and Application
of the Latest Rules of Evidence
in Civil Procedure

〔上册〕

毕玉谦 著

人民法院出版社

图书在版编目（CIP）数据

最新民事诉讼证据规则解析与应用 / 毕玉谦著. --北京：人民法院出版社，2023.9
ISBN 978-7-5109-3443-8

Ⅰ.①最… Ⅱ.①毕… Ⅲ.①民事诉讼－证据－规则－研究－中国 Ⅳ.①D925.113.4

中国国家版本馆CIP数据核字(2023)第013200号

**最新民事诉讼证据规则解析与应用**

毕玉谦　著

| | |
|---|---|
| 责任编辑 | 陈　思 |
| 封面设计 | 尹苗苗 |
| 出版发行 | 人民法院出版社 |
| 地　　址 | 北京市东城区东交民巷27号（100745） |
| 电　　话 | （010）67550596（责任编辑）　67550558（发行部查询） |
| | 65223677（读者服务部） |
| 客服QQ | 2092078039 |
| 网　　址 | http://www.courtbook.com.cn |
| E－mail | courtpress@sohu.com |
| 印　　刷 | 三河市国英印务有限公司 |
| 经　　销 | 新华书店 |
| 开　　本 | 787毫米×1092毫米　1/16 |
| 字　　数 | 1216千字 |
| 印　　张 | 72.25 |
| 版　　次 | 2023年9月第1版　2023年9月第1次印刷 |
| 书　　号 | 978-7-5109-3443-8 |
| 定　　价 | 258.00元（上下册） |

版权所有　侵权必究

# 序言

　　回顾过去20年以来我国民事证据理论、立法与审判实践的发展历程，在我国从制定法意义上尚未出台证据法典的背景条件下，2001年12月6日由最高人民法院审判委员会第1201次会议通过的《最高人民法院关于民事诉讼证据的若干规定》，无论是在形式意义上还是在实质意义上均开启了我国民事诉讼证据"法典化"的先河，这一具有准立法性质的举措与程序革命将证据裁判主义、程序正义主义与法院自由心证主义相融合，有力地推动了我国民事诉讼程序的进化与变革，为法官职业化提供了基础性铺垫的同时，在相当程度上亦为律师（诉讼代理人）职业化提供了必要空间与平台。自2007年10月28日第十届全国人民代表大会常务委员会第三十次会议通过《关于修改〈中华人民共和国民事诉讼法〉的规定》以来，《民事诉讼法》已几经多次修改，为此，《最高人民法院关于适用〈中华人民共和国民事诉讼法〉的解释》也相应的多次经修改。2023年9月1日第十四届全国人民代表大会常务委员会第五次会议作出的第五次修正,此次修改增加了《民事诉讼法》第284条有关当事人申请人民法院对位于域外证据的调查收集。2020年5月28日第十三届全国人民代表大会第三次会议通过了《中华人民共和国民法典》,为民事证据规则在合同法律关系以及侵权法律关系中的具体适用提供了法律依据。自此标志着我国民事证据"法典化"已进入了一个崭新的发展阶段。哥德曾经说过:"缺少知识就无法思考,缺少思考就不会有知识。"值得一提的是,多年来,我国学界对于民事证据理论的研究及其所取得的丰硕成果,为民事证据的立法及司法解释及时提供了基础性与前瞻性的理论支撑,这些理论性成果与立法性成果对于指导、引领法官、律师、仲裁员等实务界人士正确、公正、有效地开展民事诉讼活动以及从事仲裁实践发挥了不可替代的功能作用。同时,由于实践是检验真理的唯一标准,在实践中所遇到的棘手问题与严重挑战,反过来又为进一步的理论研究和立法活动提供了珍贵的素材和信息资料。总之,近年来,无论是在立法层面、理论层面还是在实践层面,民事证据制度与程序规则取得了飞跃性的进步与发展。

荀子曰:"学至于行之而止矣。"其大意是,人们追求知识的目的在于实际应用。民事证据制度及其程序规则的研究具有实践性强、理论要求程度深以及成文法上分布(广)等主要特点,因此,如何实现理论、实践与立法之间的密切融合,增强和促进民事证据规则的有机性与可操作性,在写作上始终极具挑战性。本书拟通过对深奥基础理论的解析与阐述,系统性地对我国现行立法及司法解释所涉及民事证据规范进行体系化的归纳与整合,借助于重塑般的排列组合,使得原本繁纷复杂的证据规则与程序建构在知识结构上得以条理化,并且具有相对的严谨性与逻辑性,使得对法律条文内涵与外延的解读能够呈现深入浅出的效果,从而实现不同条文之间关系的定位达至前后呼应、融会贯通的状态。

本人自上世纪末开始参与全国法院高级法官培训及授课工作,曾担任国家法官学院教学部主任之职,对律师、仲裁员等有关实务工作者的培训授课也随后纷沓而至。长期以来,在审判实践中,法官、律师以及其他实务工作者常常感慨在事实认定和证据规则适用问题上往往要比对实体法的理解和适用更难把握以及更加容易出现分歧和疑惑。在审判实践中，法官在事实认定和证据规则的适用上所出现的问题与偏差主要表现在以下几个方面：第一，对某一证据规则以及所涉及概念的外延与内涵缺乏完整性、系统性的认知与把握；第二，混淆了不同证据规则之间的边际与适用范围；第三，对于特定证据规则的适用要件或前提缺乏准确、完整的了解；第四，未能处理好某一证据规则与诉讼程序之间的关系；第五，在适用证据规则时难以把握原则性与例外性、灵活性、有机性之间的关系节点，等等。究其原因在于：其一，对证据法基本原理缺乏全面、深入、系统的研习；其二，对民事诉讼的基本概念、程序原理与规则属性等缺乏必要的了解与掌握；其三，在一定程度上仍受制于"重实体、轻程序"观念的影响，在事实认定上规则意识淡薄及规则运用能力欠缺；其四，在诉讼指挥、程序管理、程序促进、庭内证据调查、心证公开、引导庭审等方面因存在主观认识不到位。而相对于当事人及代理律师而言，其担忧常常涉及因法院怠于行使释明权及在心证公开上的含糊其词所引发的突袭性裁判。

时至今日，我国民事诉讼的程序变革以及伴随着程序革命而处于发展、延续过程中的法官职业化与律师职业化的历史进程还远未终结，法官与律师的专业能力以及庭审把控、操作技能还有很大的提升空间，法官和律师对于证据规则的基本认知和实际应用的现状距离社会的普遍期待尚有差距。鉴于我国法官和律师等实务界人士普遍存在证据规则与程序应用系统性训练上的缺失，本书的写作旨在就此进行及时的补救，即从民事证据规则及应用程序体系化建构的角度，力求在内容上就诸多议题所涉及的基本原理及要旨、相关法律及司法解释的条文与内容、典型案例涉及不同观点进行全面、深入、系统、有机地归纳、引介、阐释、解析，以便对理论工作者和实务界人士在民事证据成文规范、基本原理与实务应用的衔接过程中遇到的难点、疑惑等给予启发、排疑、解惑。

希望本书的出版问世将有助于实现理论研究、立法实践与审判实务之间的有机统一，对推动我国民事证据理论及制度建设与实务操作起到积极的推动作用。诚然，民事证据理论、实践与立法的发展与演进是一个循序渐进的过程，同时社会法律生活环境也不断发生各种各样的变化，故而对其本质特征及其内在规律的认识与把握势必成为一个永恒的主题，因此本书中一些观点及论述出现谬误、偏颇亦将在所难免，敬请学术同仁及有关读者不吝批评指正是盼。

  本书在出版过程中受到了人民法院出版社的大力支持与协助，编辑也付出了相当的心力，在此专表谢意。

毕玉谦

二〇二三年九月八日

# 本书常用法律文件全简称对照表

| 序号 | 全　　称 | 简　　称 |
|---|---|---|
| 1 | 《中华人民共和国民法典》 | 《民法典》 |
| 2 | 《中华人民共和国民事诉讼法》 | 《民事诉讼法》 |
| 3 | 《中华人民共和国产品质量法》 | 《产品质量法》 |
| 4 | 《中华人民共和国消费者权益保护法》 | 《消费者权益保护法》 |
| 5 | 《中华人民共和国公司法》 | 《公司法》 |
| 6 | 《中华人民共和国专利法》 | 《专利法》 |
| 7 | 《中华人民共和国商标法》 | 《商标法》 |
| 8 | 《中华人民共和国仲裁法》 | 《仲裁法》 |
| 9 | 《中华人民共和国海事诉讼特别程序法》 | 《海事诉讼法》 |
| 10 | 《全国人民代表大会常务委员会关于司法鉴定管理问题的决定》 | 《司法鉴定管理决定》 |
| 11 | 《最高人民法院关于适用〈中华人民共和国民事诉讼法〉的解释》 | 《民事诉讼法解释》 |
| 12 | 《最高人民法院关于民事诉讼证据的若干规定》（2001年） | 2001年《民事证据规定》 |
| 13 | 《最高人民法院关于民事诉讼证据的若干规定》（2019年修正） | 2019年《民事证据规定》 |
| 14 | 《最高人民法院关于适用〈中华人民共和国海事诉讼特别程序法〉若干问题的解释》 | 《海事诉讼法解释》 |

续表

| 序号 | 全　称 | 简　称 |
|---|---|---|
| 15 | 《最高人民法院关于审理民间借贷案件适用法律若干问题的规定》 | 《民间借贷案件规定》 |
| 16 | 《最高人民法院、最高人民检察院关于办理虚假诉讼刑事案件适用法律若干问题的解释》 | 《办理虚假诉讼适用法律解释》 |
| 17 | 《最高人民法院关于知识产权民事诉讼证据的若干规定》 | 《知识产权证据规定》 |
| 18 | 《最高人民法院关于人民法院办理财产保全案件若干问题的规定》 | 《财产保全规定》 |
| 19 | 《最高人民法院关于生态环境侵权民事诉讼证据的若干规定》 | 《环境侵权证据规定》 |

# 总目录

## 上 册

### 第一章　最新民事证据规则概述
一、民事证据规则体系化的基本结构 …………………………… 3
二、《民事诉讼法》与相关司法解释之间的逻辑定位 ………… 6
三、《民事诉讼法》与有关司法解释之间内生功能之逻辑 …… 9
四、关于新民事证据规则体系化条件下若干动态性思考 …… 11

### 第二章　法院在诉讼上的释明
一、释明权的定义与属性 ……………………………………… 17
二、释明权在法理上的基本要义 ……………………………… 19
三、法院行使释明权的基本范围 ……………………………… 25
四、法院在诉讼上的释明与当事人的异议权 ………………… 28
五、我国法律及司法解释相关规定的理解与适用 …………… 30
六、案例实务与问题解析 ……………………………………… 55

### 第三章　当事人举证及举证责任分配
一、主张责任 …………………………………………………… 67
二、要件事实 …………………………………………………… 75
三、举证责任及其分配 ………………………………………… 81
四、主观的举证责任 …………………………………………… 102
五、客观的举证责任 …………………………………………… 115
六、案例实务与问题解析 ……………………………………… 128

## 第四章　司法认知与免证事实

- 一、司法认知 …… 141
- 二、免证事实 …… 153
- 三、根据自然规律以及定理、定律确认的事实 …… 154
- 四、众所周知的事实 …… 157
- 五、根据法律规定推定的事实 …… 165
- 六、根据已知事实和日常生活经验法则推定的事实 …… 185
- 七、仲裁裁决所确认的事实 …… 198
- 八、已为法院发生法律效力的裁判所确认的基本事实 …… 202
- 九、已为有效公证文书所证明的事实 …… 208
- 十、案例实务与问题解析 …… 211

## 第五章　法院的职权调查

- 一、法院的职权调查 …… 217
- 二、法院调查收集证据 …… 253
- 三、案例实务与问题解析 …… 283

## 第六章　当事人的陈述与自认证据

- 一、当事人陈述的基本法意 …… 291
- 二、当事人陈述的义务 …… 299
- 三、当事人本人出庭 …… 313
- 四、当事人自认的基本要义 …… 326
- 五、诉讼上的自认 …… 331
- 六、明示的自认 …… 341
- 七、默示的自认 …… 346
- 八、当事人本人的自认与诉讼代理人的自认 …… 354
- 九、完全自认与不完全自认 …… 360
- 十、共同诉讼人中的自认 …… 364
- 十一、当事人自认效力的认定 …… 371
- 十二、自认的撤回 …… 380
- 十三、案例实务与问题解析 …… 385

## 第七章　证人作证

- 一、证人的资格 …………………………………………… 397
- 二、证人出庭作证的义务 ………………………………… 410
- 三、证人出庭作证 ………………………………………… 415
- 四、证人出庭作证的启动方式 …………………………… 429
- 五、证人在庭审中的义务及相关规则 …………………… 441
- 六、对证人的调查询问 …………………………………… 456
- 七、证人的权利保障与违法行为处理 …………………… 462
- 八、对证人证言的采信 …………………………………… 471
- 九、案例实务与问题解析 ………………………………… 482

## 下　册

## 第八章　专业问题的证明

- 一、专业鉴定的概述 ……………………………………… 495
- 二、当事人申请鉴定 ……………………………………… 509
- 三、法院依职权委托鉴定 ………………………………… 522
- 四、鉴定人的选任与指定 ………………………………… 526
- 五、鉴定人的基本权利和权益保障 ……………………… 538
- 六、鉴定人的基本义务和违法处理 ……………………… 543
- 七、鉴定程序的开展 ……………………………………… 554
- 八、专家辅助人作证 ……………………………………… 604
- 九、勘验物证或现场 ……………………………………… 640
- 十、案例实务与问题解析 ………………………………… 650

## 第九章　书证制度

- 一、对书证的基本认知 …………………………………… 663
- 二、书证的证据能力 ……………………………………… 667
- 三、书证的证据力 ………………………………………… 674

四、书证的原件与复制件 …………………………… 682
　　五、书证的摘录件 …………………………………… 691
　　六、公文书 …………………………………………… 694
　　七、私文书 …………………………………………… 698
　　八、域外书证 ………………………………………… 705
　　九、书证上的语言文字 ……………………………… 713
　　十、案例实务与问题解析 …………………………… 714

## 第十章　视听资料与电子数据

　　一、基本要义 ………………………………………… 727
　　二、我国有关法律及司法解释相关规定的理解与适用 …… 745
　　三、案例实务与问题解析 …………………………… 772

## 第十一章　证据保全

　　一、证据保全的基本要义 …………………………… 781
　　二、证据保全的必要条件 …………………………… 790
　　三、证据保全的管辖 ………………………………… 797
　　四、保全证据的申请 ………………………………… 805
　　五、证据保全裁定的作出 …………………………… 813
　　六、证据保全中的证据调查 ………………………… 815
　　七、法院依职权保全证据 …………………………… 827
　　八、担保的提供 ……………………………………… 829
　　九、证据保全后的程序 ……………………………… 835
　　十、案例实务与问题解析 …………………………… 844

## 第十二章　举证时限制度

　　一、举证时限制度的基本议题 ……………………… 851
　　二、二审程序中的举证期限 ………………………… 887
　　三、举证期限的延长 ………………………………… 890
　　四、再次确定举证期限 ……………………………… 896
　　五、逾期提供证据 …………………………………… 898

六、案例实务与问题解析 …………………………………… 909

## 第十三章　证据交换与庭前会议制度

　　一、证据交换制度 …………………………………………… 921
　　二、庭前会议制度 …………………………………………… 941
　　三、案例实务与问题解析 …………………………………… 949

## 第十四章　质证与法院的证据调查

　　一、质证的基本要义 ………………………………………… 955
　　二、案例实务与问题解析 …………………………………… 989

## 第十五章　举证妨碍及对其他妨碍证明行为的处罚

　　一、举证妨碍 ………………………………………………… 995
　　二、书证提出命令制度 ……………………………………… 1007
　　三、对毁灭书证等妨碍举证行为的处罚 …………………… 1024
　　四、对其他妨碍诉讼证明行为的处罚 ……………………… 1026
　　五、案例实务与问题解析 …………………………………… 1037

## 第十六章　证据的审查判断

　　一、审查判断证据的基本原则 ……………………………… 1045
　　二、对单一证据和全部证据的审核 ………………………… 1053
　　三、证明标准 ………………………………………………… 1059
　　四、补强证据 ………………………………………………… 1080
　　五、非法证据的排除 ………………………………………… 1087
　　六、案例实务与问题解析 …………………………………… 1103

# 目 录

## 上 册

### 第一章　最新民事证据规则概述

一、民事证据规则体系化的基本结构 / 3

二、《民事诉讼法》与相关司法解释之间的逻辑定位 / 6

三、《民事诉讼法》与有关司法解释之间内生功能之逻辑 / 9

四、关于新民事证据规则体系化条件下若干动态性思考 / 11

　（一）关于法院行使释明权对于适用证据规则的影响 / 11

　（二）关于司法能动主义与协同主义对适用证据规则的影响 / 12

　（三）关于律师在促进证据规则效能最大化过程中所应发挥的作用 / 14

### 第二章　法院在诉讼上的释明

一、释明权的定义与属性 / 17

二、释明权在法理上的基本要义 / 19

三、法院行使释明权的基本范围 / 25

　（一）为使不明了的事项予以明了而进行的释明 / 25

　（二）为了排除不适当的事项而进行的释明 / 26

　（三）当有必要弥补有关欠缺为使当事人补充诉讼资料时而进行的释明 / 26

　（四）为使当事人提出新的诉讼资料而进行释明 / 27

　（五）因当事人在举证上的欠缺而进行释明 / 27

四、法院在诉讼上的释明与当事人的异议权 / 28

五、我国法律及司法解释相关规定的理解与适用 / 30

　（一）对举证要求及法律后果的释明 / 30

（二）对简易程序中有关当事人举证的释明 / 35

（三）对当事人申请调查收集证据不予准许的释明 / 35

（四）法院对当事人申请提交书证发出命令不予准许的释明 / 37

（五）对当事人需申请鉴定的释明 / 38

（六）对法律关系性质或者民事行为效力的释明 / 40

（七）对确定争议焦点的释明 / 44

（八）对自认事实的释明 / 48

（九）对认可证据的释明 / 51

（十）简易程序庭审过程中的释明 / 54

六、案例实务与问题解析 / 55

## 第三章　当事人举证及举证责任分配

一、主张责任 / 67

（一）主张责任的语义及其应用基础 / 67

（二）当事人的主张责任与举证责任之间的关系 / 68

（三）辩论主义与当事人的主张责任 / 69

（四）我国有关法律及司法解释相关规定的理解与适用 / 71

二、要件事实 / 75

（一）要件事实的界定 / 75

（二）要件事实的基本法理 / 77

（三）我国有关法律及司法解释相关规定的理解与适用 / 78

三、举证责任及其分配 / 81

（一）举证责任的界定 / 81

（二）举证责任与证明责任之间的关系 / 83

（三）举证责任的分配及其一般法则 / 84

（四）举证责任分配的特别法则 / 87

（五）当事人的举证责任与法院调查收集证据 / 96

（六）我国有关法律及司法解释相关规定的理解与适用 / 97

四、主观的举证责任 / 102

（一）主观举证责任的界定 / 102

（二）主观举证责任的基本法理 / 103

（三）主观举证责任的转移以及成因 / 110

（四）我国有关法律及司法解释相关规定的理解与适用 / 111

五、客观的举证责任 / 115

（一）客观举证责任的界定 / 115

（二）待证事实真伪不明状态及其属性 / 117

（三）发生待证事实真伪不明状态的必要前提 / 118

（四）客观举证责任的基本原理 / 119

（五）我国有关法律及司法解释相关规定的理解与适用 / 125

六、案例实务与问题解析 / 128

## 第四章　司法认知与免证事实

一、司法认知 / 141

（一）司法认知的基本界定 / 141

（二）关于司法认知的认识论 / 142

（三）司法认知的效力 / 144

（四）司法认知的启动程序 / 146

（五）当事人的异议与抗辩权的行使及其效果 / 147

（六）司法认知的庭审笔录 / 150

（七）司法认知所涉及的上诉审程序 / 150

（八）我国有关法律及司法解释相关规定的理解与适用 / 151

二、免证事实 / 153

（一）免证事实的界定 / 153

（二）免证事实的基本法理 / 153

三、根据自然规律以及定理、定律确认的事实 / 154

（一）基本法理 / 154

（二）我国有关法律及司法解释相关规定的理解与适用 / 155

四、众所周知的事实 / 157

（一）基本界定 / 157

（二）众所周知事实的界定标准 / 158

（三）众所周知事实范围的界定 / 159

（四）我国有关法律和司法解释相关规定的理解与适用 / 162

五、根据法律规定推定的事实 / 165

（一）法律上推定的界定 / 165

（二）法律上的推定之基本原理 / 166

（三）法律上的推定之基本分类 / 168

（四）关于法律上推定在民事诉讼上产生的法律效果 / 173

（五）我国有关法律及司法解释相关规定的理解与适用 / 182

六、根据已知事实和日常生活经验法则推定的事实 / 185

（一）根据已知事实和日常生活经验法则推定事实之界定 / 185

（二）根据已知事实和日常生活经验法则推定事实之基本原理 / 187

（三）根据已知事实和日常生活经验法则推定的事实在民事诉讼上产生的法律效果 / 193

（四）我国有关法律及司法解释相关规定的理解与适用 / 196

七、仲裁裁决所确认的事实 / 198

（一）基本法理及相关规定 / 198

（二）我国有关法律及司法解释相关规定的理解与适用 / 199

八、已为法院发生法律效力的裁判所确认的基本事实 / 202

（一）已为法院发生法律效力的裁判所确认基本事实的预决效力 / 202

（二）我国有关法律和司法解释相关规定的理解与适用 / 203

九、已为有效公证文书所证明的事实 / 208

（一）基本界定 / 208

（二）我国有关法律及司法解释相关规定的理解与适用 / 208

十、案例实务与问题解析 / 211

## 第五章　法院的职权调查

一、法院的职权调查 / 217

（一）法院职权调查的界定 / 217

（二）诉讼模式与法院功能定位 / 218

（三）我国有关法律及司法解释相关规定的理解与适用 / 223

二、法院调查收集证据 / 253

　　（一）基本要义 / 253

　　（二）人民法院调查收集证据的情形 / 253

　　（三）我国有关法律及司法解释相关规定的理解与适用 / 259

三、案例实务与问题解析 / 283

## 第六章　当事人的陈述与自认证据

一、当事人陈述的基本法意 / 291

　　（一）当事人陈述的基本界定 / 291

　　（二）当事人陈述的基本法理 / 292

　　（三）我国有关法律及司法解释相关规定的理解与适用 / 293

二、当事人陈述的义务 / 299

　　（一）当事人陈述义务的界定 / 299

　　（二）当事人陈述义务的内容 / 300

　　（三）我国有关法律及司法解释相关规定的理解与适用 / 308

三、当事人本人出庭 / 313

　　（一）当事人本人出庭的基本要义 / 313

　　（二）我国有关法律及司法解释相关规定的理解与适用 / 316

四、当事人自认的基本要义 / 326

　　（一）当事人自认的界定 / 326

　　（二）当事人自认的基本法理 / 328

　　（三）不予采纳的自认 / 330

五、诉讼上的自认 / 331

　　（一）诉讼上自认的界定 / 331

　　（二）诉讼上自认的基本法理 / 332

　　（三）我国有关法律及司法解释相关规定的理解与适用 / 337

六、明示的自认 / 341

　　（一）明示自认的界定 / 341

　　（二）明示自认的基本法理 / 341

　　（三）我国有关法律及司法解释相关规定的理解与适用 / 343

七、默示的自认 / 346
    （一）默示自认的界定 / 346
    （二）默示自认的基本法理 / 347
    （三）我国有关法律及司法解释相关规定的理解与适用 / 351

八、当事人本人的自认与诉讼代理人的自认 / 354
    （一）当事人本人自认与诉讼代理人自认的基本界定 / 354
    （二）当事人本人自认与诉讼代理人自认的基本法理 / 354
    （三）我国有关法律及司法解释相关规定的理解与适用 / 357

九、完全自认与不完全自认 / 360
    （一）完全自认与不完全自认的界定 / 360
    （二）完全自认与不完全自认的基本法理 / 360
    （三）我国有关法律及司法解释相关规定的理解与适用 / 362

十、共同诉讼人中的自认 / 364
    （一）共同诉讼人中自认的界定 / 364
    （二）共同诉讼中当事人自认的基本法理 / 366
    （三）我国有关法律及司法解释相关规定的理解与适用 / 369

十一、当事人自认效力的认定 / 371
    （一）当事人自认效力之界定 / 371
    （二）当事人自认效力之基本法理 / 372
    （三）我国有关法律和司法解释相关规定的理解与适用 / 376

十二、自认的撤回 / 380
    （一）自认撤回的界定 / 380
    （二）自认撤回之基本法理 / 380
    （三）我国有关法律及司法解释相关规定的理解与适用 / 383

十三、案例实务与问题解析 / 385

## 第七章　证人作证

一、证人的资格 / 397
    （一）证人的界定 / 397
    （二）证人资格的基本法理 / 399

（三）对证人资格（或能力）的限制或例外情形 / 402
（四）我国有关法律及司法解释相关规定的理解与适用 / 407

二、证人出庭作证的义务 / 410
（一）证人出庭作证义务的性质 / 410
（二）证人出庭作证义务的基本法理 / 412
（三）我国有关法律及司法解释相关规定的理解与适用 / 413

三、证人出庭作证 / 415
（一）证人出庭作证的界定 / 415
（二）证人出庭作证的基本法理 / 415
（三）证人出庭作证与反传闻规则之间的关系 / 417
（四）反传闻规则的适用 / 419
（五）我国有关法律及司法解释相关规定的理解与适用 / 422

四、证人出庭作证的启动方式 / 429
（一）当事人申请证人出庭作证 / 429
（二）法院要求证人出庭作证 / 432
（三）我国有关法律及司法解释相关规定的理解与适用 / 433

五、证人在庭审中的义务及相关规则 / 441
（一）承诺宣誓义务 / 441
（二）客观陈述义务 / 445
（三）连续陈述义务 / 445
（四）证人的隔离 / 447
（五）证人的对质 / 448
（六）我国有关法律及司法解释相关规定的理解与适用 / 448

六、对证人的调查询问 / 456
（一）法院对证人的调查询问 / 456
（二）当事人对证人的询问 / 457
（三）我国有关法律及司法解释相关规定的理解与适用 / 457

七、证人的权利保障与违法行为处理 / 462
（一）证人权利的保障 / 462
（二）证人作伪证行为的处罚 / 464
（三）我国有关法律及司法解释相关规定的理解与适用 / 466

八、对证人证言的采信 / 471

    （一）对证人证言采信所适用的规则及所考虑的因素 / 471

    （二）我国有关法律及司法解释相关规定的理解与适用 / 477

九、案例实务与问题解析 / 482

# 第一章
## 最新民事证据规则概述

## 一、民事证据规则体系化的基本结构

2019年10月14日，最高人民法院通过《关于修改〈关于民事诉讼证据的若干规定〉的决定》（以下简称2019年《民事证据规定》），于2020年5月1日起施行。对有关条文的理解与适用涉及到对其微观层面的解读，然而，如果仅仅停留在对该司法解释各有关条文进行孤立的观察与思考，而忽略了对民事证据规则相关体系化结构的认识与把握，难免陷入狭隘、片面之窠臼。因此，从宏观的角度对民事证据规则体系化建构进行掌控，对于全面、深入、有机地理解和适用该司法解释的实质性内涵具有显著的建设性意义。

在实务界，有一种较为普遍的认知，按照传统的思维逻辑，将民事证据规则主要局限于民事诉讼法及相关司法解释范畴之内来加以识别和解读。这种认知是片面的并且存在明显缺陷，它将法理意义上的民事证据规则体系化与实然意义上的系统化相混淆，持有这种认知模式无疑将在很大程度上限缩法官和律师在界定当事人之间在创设诉讼攻击与防御过程中如何适用相关证据规则的视野，抑或混淆民事证据规则与实体法律规范之间的边际。"罗马民事诉讼的特征就是从规范出发来把握诉讼（规范出发型诉讼）。这种构造，在其后随着德意志法对罗马法的承继而流传至德国。"① 在表现形态上，民事证据规则主要分为三种基本规范，即技术规范、程序规范和实体规范，其中技术规范是民事证据规则的核心规范，这些规范主要包括最佳证据规则、传闻证据规则、自认规则、意见证据规则、特权规则、预防规则、唤起证人记忆规则、诱导性询问规则、关联性规则、举证责任分配规则、事实推定规则、司法认知规则、举证妨碍规则、非法证据排除规则、补强证据规则等。

另外，民事证据规则有狭义和广义之分，其中，技术规范属于狭义上民事证据规则，而程序规范和实体规范属于广义上的民事证据规则。从民事证据规

---

① ［日］中村英郎：《新民事诉讼法讲义》，林剑峰、郭美松译，法律出版社2001年版，第19~20页。

则的法律渊源来看，《中华人民共和国民事诉讼法》（以下简称《民事诉讼法》）有关规定中主要侧重的是民事证据规则的程序规范以及少部分技术规范，《最高人民法院关于适用〈中华人民共和国民事诉讼法〉的解释》（以下简称《民事诉讼法解释》）侧重于程序规范同时兼顾部分技术规范，而2019年《民事证据规定》则侧重于技术规范的创设并兼顾部分程序规范。例如，2019年《民事证据规定》第3条至第9条体现的是自认规则，第10条体现的是司法认知规则，第11条~12条、第15条、第21条~23条体现的是最佳证据规则，等等。

我国有关的民事实体法以民事证据规则中的实体规范为主，并兼顾技术规范中的一些特别规范，如涉及客观举证责任有关要件事实的特别规定、法律推定规则等。例如，我国《民事诉讼法》第67条第1款规定："当事人对自己提出的主张，有责任提供证据。"该条规定体现的是"谁主张、谁举证"的举证责任法则，但它主要体现的是当事人在主观意义上的举证责任，这种类型的举证责任双方当事人均应承受，并且在诉讼过程中，从法官心证来观察，系在当事人之间能够相继发生动态性的转换。在审判实务上，法院对绝大部分案件是根据这种主观意义上的举证责任作出裁判的。在逻辑关系上，客观举证责任是主观举证责任存在的前提和基础，然而，《民事诉讼法》第67条第1款规定并未实质性地反映出客观举证责任有关要件事实的归属，正是由于这种客观举证责任所涉及的有关要件事实始终归属于其中一方当事人的负担范畴，在法律缺乏明确规定或者虽然有规定但双方当事人对此存在争议时，仍需要法院作出明确的判断和释明。为了弥补这种缺憾，《民事诉讼法解释》第91条根据"法律要件分类说"基本原理就当事人客观举证责任的分配作出了明确规定，即："人民法院应当依照下列原则确定举证证明责任的承担，但法律另有规定的除外：（一）主张法律关系存在的当事人，应当对产生该法律关系的基本事实承担举证证明责任；（二）主张法律关系变更、消灭或者权利受到妨害的当事人，应当对该法律关系变更、消灭或者权利受到妨害的基本事实承担举证证明责任。"在此，应当指出的是，《民事诉讼法解释》第91条有关客观举证责任分配规则的规定具有通则性、一般性和普遍性，也就是说，它与根据该条"但书"所涉及有关法律规定之间的关系是一般性与特殊性之间的关系，或者说普遍性与例外性之间的关系。即便是有关法律就客观举证责任分配规则已作出规定时，应当优先适用该法律的特别规定，反之，应考虑适用《民事诉讼法解释》第91条有关客观举证责任分配规则的一般性规定。例如，《中华人民共和国产品质量法》（以下简称《产品质量法》）第42条有关产品责任中举证责任分担的特别规定；《中华人民共和国专利法》（以下简称《专利法》）第77条有关专利侵权举证责任的特别规定；《中华人民共和国食品安全法》第136条有关食品经营者侵权责任中承担举证责任的特别规定；《中华人民共和国民法典》（以下简称《民法典》）第1219条、第1225条有关医疗损害责任中的信息披露义务、资料提交及情况报告义务，第1222条中的举证妨碍责任及过错推定，第1230条有关环境污染责任中举证责任分担的特别规定，第1237条至第1242条有关高度危险责任中被告人承担举证责任的规定，第1245条、第1248条有关饲养动物损害责任中被告承担举证责任的规定，第1253条、第1254条、第1257条有关物件损害责任中被告承担举证责任的规定。其中，有关特定法律空间领域举证责任分配的规定，例如，《民法典》第729条规定："因不可归责于承租人的事由，致使租赁物部分或者全部毁损、灭失的，承租人可以请求减少租金或者不支付租金；因租赁物部分或者全部毁损、灭失，致使不能实现合同目的的，承租人可以解除合同。"因承租人对于该事由的存在有实际利益，因此由承租人负担相应的举证责任。再如，关于文书提出命令制度，2019年《民事证据规定》第41条第1款第3项规定："对方当事人依照法律规定有权查阅、获取的书证"，控制该书证的当事人应当提交义务。其中，有关"法律"规定主要指的是民事实体法。为了及时、有效保障有关民事主体的知情权，有关民事实体法在特定的法律关系中设定了大量的信息披露义务，以便对方能够享有查阅、获取有关文书资料的权利。例如，《民法典》第672条规定："贷款人按照约定可以检查、监督借款的使用情况。借款人应当按照约定向贷款人定期提供有关财务会计报表或者其他资料。"《中华人民共和国信托法》（以下简称《信托法》）第20条第2款规定："委托人有权查阅抄录或者复制与其信托财产有关的信托账目以及处理信托事务的其他文件。"《公司法》第33条第1款规定："股东有权查阅、复制公司章程、股东会会议记录、董事会会议决议、监事会会议决议和财务会计报告。"最高人民法院在相关司法解释当中所规定的文书提出命令制度有机地实现了将有关当事人的实体权利向程序性权利的转换，从法理上讲，这种将实体权利证据规则化更加有助于保障当事人的诉讼请求权，使得原本由私力救济途径产生的权益借助于向法院提出的公力救济而获得实质上的程序保障。正如我国台湾地区学者姚瑞光教授所言："民事诉讼制度之目的，在使私法法规发生实效。"①

另外，值得一提的是，《民事诉讼法解释》第91条中"但书"所涉及的有关"法律"的有关范围，除了大量民事实体法以外，还包括其他相关法律、法规。

## 二、《民事诉讼法》与相关司法解释之间的逻辑定位

长期以来，一些实务界人士对《民事诉讼法》与司法解释之间的关系还存在一些模糊认识，这对于新民事证据规则体系化的全面、客观把握带来不利影响。

在制定法传统架构下，大陆法系范畴在许多情况下，司法者将抽象的法律规范适用于丰富多彩、纷繁复杂的案件情节时不可避免地会发生进一步解释、理解法律规范的必要性，以便实现抽象的法律规范与现实生活之间的对接、转换。

相对于立法而言，各国在法律适用问题上都有相应的司法解释，只是表现的形态和采用的方式各不相同而已。在大陆法系条件下，由于制定法本身的局限性，主要体现在其先天不足之处，其具体表现为不合目的性、不周延性、模糊性和滞后性。②在技术层面使得司法解释几乎成为法官在审理个案过程中无法回避的一种选项，因此，从这个意义上，《民事诉讼法》与司法解释之间的关系是一种后者使前者内容具体化、强化操作性抑或具备补充性的功能关系。《民事诉讼法》共有条文306条，而与此相关的司法解释无论在篇幅上还是条文上则远远超过了该法本身。

在许多大陆法系国家或地区，尽管在立法上并没有明确授权法官享有对制

---

① 姚瑞光：《民事诉讼法论》，中国政法大学出版社2011年版，第1页。
② 参见徐国栋：《民法基本原则解释》，中国政法大学出版社1992年版，第137页。

定法的司法解释权,但是在具体个案面前,审判法官对于抽象成文法规内涵和外延的识别、理解和解释有时难免形成各自独立的见解,尤其在诉讼过程中对程序法规范和证据规则的解读涉及程序的可操作性问题,它们属于公法范畴,与民事实体法属于私法范畴有很大的不同。从立法的功能性而言,民事实体法主要是为双方当事人从事特定交易而设置的权利义务,其设定的场域主要为有关当事人在出现争议时寻求私力救济提供法律上的依据。因此,在日常法律生活当中,从总体而言,有关当事人之间通过私力救济解决争议的概率要远大于通过公力救济解决的概率,即使在通过公力救济手段解决其争议的过程中,由于实行契约优先主义,当事人之间所签订的合同以及他们在履行合同当中所创设的对其具有拘束力的契约性文件作为准据法往往要优先于法律的适用,这在相当程度上是限缩了有关民事实体法及其司法解释的适用范围。与民事实体法所不同的是,尽管在理论上存在诉讼契约和证据契约之说,但至少在我国目前国情条件下,当事人之间通过签订契约的形式直接限缩法官在诉讼当中适用程序规范和证据规则的情形仍甚为罕见。因此,至少从审判实践和经验的角度来看,法官在诉讼过程中对有关程序规范和证据规则因适用而产生的理解与认识所享有的自由裁量权要明显大于因适用民事实体法所享有的自由裁量权。

司法解释的目的就是要解决法院在法律具体适用上遇到的可操作性问题,以便在各地法院之间以及各不同审级的法院之间形成统一裁判的尺度,同时使得法官在个案的审理过程中尽可能享有较少的自由裁量权,当然这在我国正处于转型时期的特殊历史条件下以及法官职业化尚未完就的情况下具有其必要性和合理性。

"近代的裁判中,不得因法规不存在而拒绝裁判。同时,原则上也不允许因事实关系不清而拒绝裁判。"[①] 与立法者所面对从千千万万个典型的已决案件当中抽象出来的有关疑难问题制定有关法律和修订有关法律所不同的是,作为司法者的法官所面对的是一个个具体的未决个案,因为"没有任何两个案件是完

---

[①] [日]三月章:《日本民事诉讼法》,王一凡译,我国台湾地区五南图书出版公司1997年版,第417页。

全一模一样的"。①面对此种尴尬情形，各国所通行的一种司法理念和惯常做法是，法官不得借口法律没有规定、规定不明确或者存在缺陷而拒绝裁判。在这种情况下，正是因为法官不得拒绝裁判，从而使其在个案的审理过程中暂时扮演立法者的角色。在我国，司法解释的主体是最高人民法院，司法解释是这种最高审判机关的机构行为和集体智慧推出的公共产品，而在审判实践中，面对个案的具体情形，对司法解释的理解和把握，又转换为法官个体职务行为和独立判断的产物。从这个层面和意义上讲，"司法解释就是法官对法律的解释，而不是其他任何机关或个人对法律的解释。"②

在对个案的审理过程中，法官对法律的理解和解释是适用法律规范或证据规则的前提条件。这是因为，在通常情况下，法院与法院之间、法官与法官之间在对有关法律或司法解释所涉及的法律规范或证据规则进行解释和理解上可能不会产生分歧，但是在审理个案条件下，一旦案件事实以及庭审过程所涉及的具体情形与相关条款或证据规则相联系，有时会产生两种或者两种以上的不同认识和观点。"对案件进行判决，一般不能机械地套用法的适用范围来定案。很多情况下都伴随着法的创造这一要素。就是说应该把法的适用和法的创造统一起来看待。"③对此种现象，我们应当有一个正确的认识观和方法论。从认识观的角度讲，应当以辩证思维的方式应对这种挑战，毕竟这涉及法律专业问题，而法官通常被视为法律专家，而专家的行为往往是在不同观点的博弈当中趋利避害、扬长避短、发现目标真理。鉴于法官的生长环境、教育背景、主攻专业、经验阅历、思维方式等各不相同，在认识上有所不同是一种正常现象，凡事认识高度一致、思维模式单一和判断角度同质化反而是一种不正常现象；在方法论上，还是应当坚持依法办事，如果是采用合议制，则采用合议制的方式加以解决，另外，还可采用现行制度和政策所允许的其他必要方式加以解决。

与大陆法系其他国家或地区相比，我国对《民事诉讼法》等法律的司法解

---

① [美]理查德·瓦瑟斯特罗姆：《法官如何裁判》，孙海波译，中国法制出版社2016年版，第30页。

② 董皞：《司法解释论》，中国政法大学出版社1999年版，第12页．

③ [日]六本佳平：《日本法与日本社会》，刘银良译，中国政法大学出版社2006年版，第225页。

释多了一个层级，也就是司法解释的制定者为最高人民法院，此外，在审理个案中，法官对于有关法律和司法解释的理解大致与其他各国尤其是大陆法系国家或地区基本处于同一层级。出现这种状况的一个重要原因是，我国法官职业化水平仍处于较为初级阶段，最高人民法院以制定司法解释的方式来限缩法官在个案审理当中的自由裁量权，其目的在于从统一裁判尺度的角度在我国处于社会转型时期更加有利于促进法官职业化的跨越式发展。

## 三、《民事诉讼法》与有关司法解释之间内生功能之逻辑

对于审判法官而言，法官的职业化之路的方向是逐步走向审判专业化、技能化、智能化。因此在审判实践中，对于正确地领会和把握《民事诉讼法》与有关司法解释之间内生功能的逻辑关系显得十分重要。

从目前审判实践来看，有关司法解释对《民事诉讼法》主要发挥了如下五种功能：

1. 替代性解释功能。所谓替代性解释功能，是指因《民事诉讼法》自身存在某种系统性或结构性缺失给民事诉讼整体运行造成实质性影响时，由司法解释设置制度性、程序性保障机制以实现其相应的替代性功能。例如，在庭前实行被告强制答辩主义是各国奉行的一种通例，但根据《民事诉讼法》第128条第2款的规定，我国民事诉讼上尚未实行相关的强制答辩主义，其结果导致在许多情况下，法庭无法进行必要的庭前准备，如无法决定是否有必要安排证人出庭作证、是否有必要启动鉴定程序以及无法整理争点、及时确定审理范围等，许多被告直到开庭审理阶段才向法庭提交答辩状、提供相应的证据材料。为此，《民事诉讼法解释》、2019年《民事证据规定》除了对证据交换制度进一步加以明确之外，还创设了庭前会议制度，以便在程序机能上弥补这一短板。从近年审判实践来看，约有30%~40%的案件对证据交换制度和庭前会议制度存在高度的依赖性。

2. 扩张性解释功能。所谓扩张性解释功能，是指根据有关法理旨意或司法政策的现实要求，针对《民事诉讼法》有所规定但缺乏明确规定的情形，通过司法解释的方式合目的性地作出某种扩张性解释，以尽可能地发挥统一裁判尺

度的效能。例如，针对《民事诉讼法》第66条第1款第1项所规定的"电子数据"在审判实践中显得过于抽象、影响其可操作性的情况，2019年《民事证据规定》第14条详细列举了电子数据所包括的有关信息、电子文件具体表现形式或载体。

3. 限缩性解释功能。所谓限缩性解释功能，是指根据有关法理旨意或司法政策的现实要求，针对《民事诉讼法》有所规定但缺乏明确规定的情形，通过司法解释的方式合目的性地作出某种限缩性解释。例如，《民事诉讼法解释》第94条系针对《民事诉讼法》第67条第2款规定的当事人及其诉讼代理人因客观原因不能自行收集证据的规定，该项规定涉及民事诉讼当事人负举证责任的基本法理以及将当事人有权书面申请法院调查收集证据限定在一定范围之内的司法政策要求。

4. 创设性解释功能。所谓创设性解释功能，是指基于作为程序基本法的《民事诉讼法》在设置民事证据规则技术规范上的力所不逮之特性，通过司法解释的方式对有关民事证据规则技术规范进行合目的性的创设，以尽可能地发挥引导法官在个案审理中统一裁判尺度的效能。例如，2019年《民事证据规定》第3条至第9条对当事人自认规则作出明确、具体的规定，第45条至第48条有关书证提出义务及举证妨碍规则的规定，以及第90条有关证据补强规则的规定等。

5. 补充性解释功能。所谓补充性解释功能，是指《民事诉讼法》虽然有规定但规定得不全面，需要通过司法解释的方式更加全面、完整地予以规定，以便在此基础上发挥统一裁判尺度的效应。例如，针对《民事诉讼法》第84条有关证据保全制度的规定不全面、缺乏完整性的情况，2019年《民事证据规定》第25条至第29条作出了进一步完善性的规定。

民事诉讼证据规则的建构是一项庞大的系统工程，而统领这一体系化之主轴结构的当属证据规则所贯彻的基本理念与核心法理。就个案审理的法官而言，对2019年《民事证据规定》的理解与适用，如果仅仅满足于对该司法解释本身逐条加以认识与理解是远远不够的，因为这很有可能会使其陷入"见木不见林"的窘境。从既往的经验来看，处于审判一线的法官虽然通过阅读掌握了有关民事证据规则司法解释的条文及释义文本，但在庭审过程中的作为以及裁判书当中的论断却有时又显得荒腔走板、不得要领。因此，"法官在任何特定的案件中所作出的裁决,并不取决于法律体系中的特定规则,而是取决于法官对案件事实所做的特性提炼和类别归属。"[1] 而对案件事实进行相关的特性提炼和类别归属,则首先应当以从基本原理的角度系统性理解和掌握证据规则的本意为坐标。

## 四、关于新民事证据规则体系化条件下若干动态性思考

(一)关于法院行使释明权对于适用证据规则的影响

在学理上,法院的释明权,又称阐明权。所谓释明权是指,为了防止极端辩论主义对诉讼公正性所造成的损害,当遇有当事人在诉讼上的声明、陈述或举证上存在不甚明了、不尽妥当、有所欠缺等情形时,由法院向当事人进行适当发问、提醒,告知其作出解释、明确、补充、修正的一种权责。

在诉讼上,法院对案件事实的认定是法律适用的前提条件,而对于事实的认定离不开证据规则的应用。在许多情况下,证据规则如何发挥作用有赖于法院是否释明以及如何进行释明,例如,哪些事实属于本案的争议焦点、哪些要件事实需要有关当事人举证证明、对当事人就举证责任分配发生争议时的确定、是否需要提供补充证据、哪些证据需要补强、一方主张对另一方不利的事实是否产生自认效力、哪些属于众所周知的事实、哪些专业问题需要鉴定、哪些专业问题需要有专门知识的人出庭提出意见,等等。可见,法院针对个案不同的情况及时向当事人进行释明对保障证据规则的准确、妥当适用显得不可或缺。

然而,在审判实践中,法官带有普遍性的困惑在于:在何种情况下对何种事项进行释明因缺乏法律或司法解释的明确规定而常常使其感到无所适从、力不从心。2019年《民事证据规定》第2条第1款对法院向当事人就举证的要求及法律后果进行释明的规定应视为原则性的规定,是法院应当履行的一种普遍性义务,但是对这种普遍性义务的理解也不能够蜕变为从一个极端走向另外一个极端,过度地倚重法官的释明来助使明显处于劣势诉讼地位的当事人获得

---

[1] [美]理查德·瓦瑟斯特罗姆:《法官如何裁判》,孙海波译,中国法制出版社2016年版,第26页。

胜诉的筹码，显然与民事诉讼程序的自治机能相悖行，"程序中的功能自治性是限制恣意的基本的制度原理。"① 故应当以是否做到适度的释明为指针，以是否能够有助于使当事人获得平等的程序保障为依归。在审判实践中，法院应当针对不同案件类型以及个案不同情形作出相应的权衡，例如，在适用证据规则上，对于涉及身份关系、民事公益诉讼、劳动争议纠纷等公益性较强的案件，法院应履行强度较高的释明义务；对于传统类型的财产纠纷案件和侵权纠纷案件，法院可据情考虑履行中度及以上的释明义务；对于商事纠纷、知识产权纠纷等专业性较强、代理律师水平较高的案件，法院可据情考虑履行较低度的释明义务。另外，在个案当中，对于那些案情复杂、程序烦琐、证据规则使用频率较高、一方或双方没有委托律师，或虽然当事人委托有律师，但律师的水平较低和经验不足的，法院应据情提高采用释明干预的强度。对此，《民事诉讼法解释》第 268 条规定："对没有委托律师、基层法律服务工作者代理诉讼的当事人，人民法院在庭审过程中可以对回避、自认、举证证明责任等相关内容向其作必要的解释或者说明，并在庭审过程中适当提示当事人正确行使诉讼权利、履行诉讼义务。"

（二）关于司法能动主义与协同主义对适用证据规则的影响

自 20 世纪 90 年代以来，我国民事诉讼所围绕的程序性改革主要以革除所谓"超职权主义"倾向为主要目标，近几十年来的实践证明，两大法系各国都在不断地吸收和借鉴对方的优势以克服自己的缺陷，尽管德国和美国的民事诉讼制度都在本质上属于对抗性模式（Fundamentally Adversarial System）②，但是，德国法官扮演的角色比美国法官更为积极。③ 这两种模式不存在其中一个比另外一个更较优越的问题：二者都有自己的优点和缺点。④ "在民事诉讼制度中，全

---

① 季卫东：《法律程序的意义》（增订版），中国法制出版社 2012 年版，第 24~25 页。

② John H. Langbein, Legal Institutions: Trashing the German Advantage, *82 Nw. U. L. Rev. 763 (1988)*.

③ Sven Timmerbeil, *THE ROLE OF EXPERT WITNESSES IN GERMAN AND U.S. CIVIL LITIGATION*, 9 Ann. Surv. Int'l & Comp. L. p183.

④ Sven Timmerbeil, *THE ROLE OF EXPERT WITNESSES IN GERMAN AND U.S. CIVIL LITIGATION*, 9 Ann. Surv. Int'l & Comp. L. p 186.

盘采纳当事人主义，或者完全套用职权主义均属不可能。"① 在这种不同法系之间相互借鉴和交融的时代背景之下，基于社会转型和本土化的基本要求，为了消除极端当事人主义和传统辩论主义对法院查明案件事实及司法公正所造成的消极影响，我国新民事证据规则体系化建设亦充分体现了司法能动主义与诉讼协同主义的基本理念与法律精神。

诉讼协同主义系当事人辩论主义与法院职权主义之间相互妥协、相互趋合的产物。相对弱化辩论主义以克服其固有的内在弊端与局限性，及相对弱化、抑制法院职权主义以克服其固有弊端，是推动和拓展诉讼协同主义的出发点。但这只是形式上的，而实质上则代表了一种发展趋势，即当事人辩论主义中的对抗性下降，与此同时，法院程序管理职能的抬头和提升。例如，在体现司法能动主义上，2019 年《民事证据规定》第 30 条和第 32 条规定，法院可依职权委托鉴定；第 64 条至第 66 条规定，法院可依职权要求当事人本人到庭接受调查询问；第 68 条规定，法院可依职权要求证人出庭作证；《民事诉讼法解释》第 92 条第 3 款对于当事人自认的证据与法院查明的事实不符的，实行法院干预主义，等等。在体现诉讼协同主义上，2019 年《民事证据规定》第 18 条规定，双方当事人虽然对有关事实没有争议但该事实属于与公益性有关的事实或程序性事项的，应负有提供证据协力义务；另外，《民事诉讼法解释》第 112 条和 113 条以及 2019 年《民事证据规定》第 45 条至第 48 条、第 95 条有关书证提出义务和举证妨碍制度的规定，等等。上述有关司法解释的这些新的内容，系对传统民事诉讼中"谁主张、谁举证"基本法则的修正与完善，有利于解决程序正义与实体公正之间的矛盾和冲突，有利于促使民事证据规则在应用上从形式上的公平走向实质上的公平。因为这种传统上的举证责任法则在应用上从来都未顾及实务上因分布不平衡而出现证据偏在以及当事人举证能力的局限性问题，从而造成了实质上的不公平状态。通过这些新型证据规则的引入，打破了原有"谁主张、谁举证"的基本格局，为举证人的相对一方当事人设定证据协力义务，将在相当程度上有助于给予举证人在举证能力上的程序性救济。

---

① [日] 三ケ月章：《日本民事诉讼法》，王一凡译，我国台湾地区五南图书出版公司 1997 年版，第 178 页。

### （三）关于律师在促进证据规则效能最大化过程中所应发挥的作用

律师代理是一种职业活动，法院的审理活动和裁判心证的形成在一定程度上系一种职业人之间的法律对话与专业交流。由于受私权自治的影响，民事诉讼实行当事人程序意思处分主义（主张责任）和辩论主义，对免证事实在程序当中的引入，其主导权在很大程度上应当归属于当事人。除此之外，代理律师在出现如下情况时应及时提出主张或行使异议权：（1）认为对方当事人的陈述产生自认效力的；（2）就对方当事人提供的原件、原物确有困难有异议的；（3）就对方当事人申请的证人不能出庭作证的事由有异议的；（4）就对方当事人逾期提供证据的客观原因或理由有异议的；（5）对于法院就某一证据规则的适用未能适时进行必要的释明有异议的；（6）就对方当事人申请法院调查收集证据所依据的客观原因有异议的；（7）对方在诉讼过程中已经认可的证据而法院未加确认的；（8）认为有关单位向法院提出证明材料之后还应当要求其制作人员出庭作证的；（9）认为不提交所控制书证有正当理由的；（10）认为对方有举证妨碍行为的，等等。可见，律师在促进证据规则效能最大化过程中能够发挥的作用是不可或缺的。

# 第二章
# 法院在诉讼上的释明

## 一、释明权的定义与属性

释明权,又称阐明权。从阐明权行使的方法来看,通常是向当事人发问,故又称发问权。在德国通常称之为阐明义务或发问义务,而在日本及我国台湾地区均被称之为阐明权。

从大陆法系有关学说对"阐明"与"释明"间的界定来看,阐明权侧重于从法官职权的角度来定位,即阐明权是法官据情要求当事人就其诉讼上所声明及陈述的主张或事项加以释明的权力。比如,我国台湾地区学者王甲乙指出:"所谓阐明(Aufklǎung)原仅指本来不明了者使其明了而言。但依现在之解释,已扩大其范围,不限于不明了之情形,即当事人之声明及陈述有不完足者,法院亦应令其补充,此项阐明,以法院之职权观之,称为阐明权(Aufklǎungsrecht)"。[①] 我国台湾地区另有学者认为,当事人如未为声明或陈述,或其声明、陈述有不明了或不完足时,审判长即应尽其阐明之权责,以利诉讼程序的进行。此项阐明之权责,我国台湾地区学者称其为阐明权,日本学者称其为释明权或释明义务,德国学者大都以阐明义务而称之。[②]

所谓释明权是指,为了防止极端辩论主义对诉讼的公正性所造成的损害,当遇有当事人在诉讼上的声明、陈述或举证上存在不甚明了、不尽妥当、有所欠缺等情形时,由法院向当事人进行适当发问、提醒、告知其作出解释、说明或者予以明了、补充、修正的一种权利与职责。释明权是审判权的一部分,从不及时行使将对实体公正和程序正义产生消极影响的角度来看,释明又是一种法院职责和程序性义务。在实务当中,当因审理法官未能及时履行这种审判上的职责而导致一方当事人遭致不利裁判时,有关当事人可以此为理由按照法律所允许的救济途径寻求司法救济。当上诉审法院发现有关一审法院未能及时履

---

① 王甲乙:《阐明权》,载杨建华主编:《民事诉讼法论文选集(上)》,我国台湾地区五南图书出版公司 1984 年版,第 324 页。

② 陈荣宗、林庆苗:《民事诉讼法》,我国台湾地区三民书局股份有限公司 2005 年版,第 538 页。

行这一审判职责将对审判造成实质性以及不可挽回的损害时，可以依程序严重违法（或构成重大瑕疵）为由将案件发回重审。

法院在诉讼中及时向当事人进行释明，是为了贯彻"让应当获胜的当事人胜诉"这一理念，从这个意义上来讲，释明被认为是民事诉讼上的"大宪章"（Magna Chart）。法院在诉讼上及时向有关当事人进行释明的效果主要体现在，能够使有关一方当事人在遇有特定情形时获得司法上的必要救济。另外，在平等协商以及协同主义的影响下，近年来，法院在诉讼上的释明已经出现从原来的权力本位走向义务本位的趋势，作为这种趋势的结果，有利于通过法院公开心证，促进法院与双方当事人之间就事实（证据）问题、程序问题、法律问题等展开建设性的互动与交流。

在现代民事诉讼法理论上，释明的含义较为广泛，是指在诉讼中，当事人的主张或陈述的意思不明确、不充分，或有不当的诉讼主张和陈述，或者他所举的证据材料不够而误认为已足矣。在这些情形下，法院对当事人进行发问，提醒、启发当事人把不明确的予以澄清，把不充足的予以补充，把不当的予以排除、修正。这种释明，从法院的职权角度来说，称之为释明权，从法院的义务角度来说，称之为释明义务。在法国，法院的释明，被认为是法院的权利，故一般称为释明权；在德国早期释明曾被认为是一种权利，而现在德国学者都主张释明是法院的义务，故称为释明义务；在日本及我国台湾地区，学者们认为释明既是法院的一项权能，又是法院的一项义务，因此，法院的释明，既称为释明权，又称为释明义务。释明权具有如下法律特征：（1）释明权的主体是法院，释明权是法院的职权或职责，它属于法院诉讼指挥权的范畴；（2）释明权只能在特定情形下行使，这些情况主要是当事人提出的诉讼主张或陈述不清楚、不充分或自相矛盾，应提交的证据材料误认为足够而未提出等，不该行使释明权的时候，法院不能行使；（3）释明权的行使方式是通过向当事人发问来提醒、启发当事人对诉讼主张、诉讼资料予以澄清、补充或修正；（4）释明权行使的目的是促使当事人将其诉讼主张的事实陈述完整、清楚，将不当主张予以排除，将不充足的证据材料予以补足等。

## 二、释明权在法理上的基本要义

法院在诉讼上的释明是一种在特定情形下以主动介入的方式实现其权力价值的体现。它是对极端辩论主义的一种适当限制,使得辩论主义能够沿着适当、透彻、贴切的运行轨迹推进程序的开展,使得法院的最终裁判能够建立在充分、公平、公正的辩论基础上。

在民事诉讼上,由法院所享有的释明权是由公法意义上的程序规则与民事诉讼主要用于解决当事人之间私权纷争这一矛盾交汇点的产物。民事诉讼具有保护当事人私权利益的属性,从而使辩论主义成为一项支柱性的诉讼原则。在辩论主义架构下,为民事诉讼法所设立的用于保护当事人私权利益、确定某项权利存否及归属的法定程序,法院在裁判上所考量的范围只能限于当事人请求的范围以及为其请求所提供的诉讼资料。凡当事人未请求的利益,法院不得予以裁断,凡当事人未提出的事实或证据,法院不得予以审查确定。但是,作为一种外在的使得这种内在实体内容得以调整的程序规则则具有国家意志的属性,它体现的是一种公平、公正、妥当、效率等一系列价值内涵。这种公法意义上的价值取向是一种职权主义的体现,它有利于澄除由于极端采用辩论主义所产生的某些价值观念上的盲点,使得采用正当程序用于解决社会冲突而避免采用远古时代那种优胜劣汰的简单粗暴方式成为一种现实的抉择。从历史的发展轨迹给两大法系各国在立法、司法上所打下的烙印来看,适度的职权主义倾向有利于克服辩论主义自身难以克服的缺陷。可以说,适度的职权主义有利于保障辩论主义本旨的实现。职权主义在民事诉讼上有各种表现形态,其中包括法院释明权的行使。应当说,作为职权主义的基本特征主要体现在诉讼程序上的监管权力之上,这种监管权力的行使主要体现在对民事诉讼活动的主动介入与被动介入两种表现形式。

由于案情的复杂性以及涉及专业领域上的知识所限,法院有时很难理解当事人所提出的诉讼主张,在此情形下,法院有必要主动要求当事人回答有关提问,借以沟通相互之间的理解,否则很难使辩论主义在诉讼上真实地得以确立;另外,在加强法院与当事人相互沟通的前提下,也应当注意从法院的角度将其对诉讼案件所理解的法律意义及时向当事人进行传达,以便使当事人在法院所确立的法律框架之内来对其诉讼主张和诉讼抗辩进行思考、准备和进行必要的调整，以防止法院就作出裁判所涉及对法律关系及行为的性质或效力的认定，使当事人在没有进行任何准备或在法律上未给予任何必要救济的条件下使其产生始料不及，而受到意外的"打击"。

从常人眼里看来，能够展示生活中的事实的那种具有证据内容的信息资料在表面上是大量存在的，而这些信息资料本身虽然具有客观上的属性，但是，只有当事人通过行使诉权来提交审判并且通过法官运用证据规则来进行判断，才有可能成为具有法律意义的事实。这里所称具有"法律意义"，应当包括根据法律规范所作出的推论以及使用经验法则所得出的结论等内容。这里所说的法律规范，既包括实体法规范，也包括程序法规范。正是由于法律规范的效力属性从而为诉讼中的当事人与法院的行为提供了一种框架结构，也就是通过这一框架结构，使得当事人正确地把握其举证责任并采取相应的证明行为；相对而言，法院的审判行为，也不得不受这一框架结构的约束，以便衡量当事人的诉讼行为以及所提供的证据是否具有立法所预期的效果。因此，无论是属于诉讼上的当事人主义抑或职权主义，都意味着双方当事人之间以及当事人与法院之间应当在这种预设的框架结构内围绕诉讼主张和证据展开信息交流与作出相应反应的互动过程。如果作为相互交流信息以及开展对话的三方主体缺乏这一共同的认识框架结构，那么许多本来有价值的信息就不可能得到对方的有效反应，甚至使对方因发生某种误解而使信息交流和对话发生实际紊乱和客观障碍。因此，在这一对话和信息交流的法定框架结构之内，由法院及时行使阐明权能够有利于疏导当事人之间不因为存在直接的利害冲突而影响其信息之间的相互交流，从而实现对诉讼请求和证据的整理，为庭审的顺利开展提供必要的前提条件。

当事人行使诉权的目的就是将其纠纷提交法院，由法院按照法定程序依据实体法的规定对纠纷作出裁判。法院为了作出裁判，首先必须明确本案审理的待证事实，为法院所应确认的待证事实实际上并不是现实生活当中那种不经过任何加工的那种事实，而是为制定法所要求的那种经过法律加工的要件事实，也就是大陆法系国家根据三段论演绎法所要求的能够据以作出法律结论的大前提，"因为起诉时所请求的救济必须立足于一定的法律规范，只是在能够对这个救济请求提供根据或进行反驳的限度内才有必要进行有关'事实'的主张。如果与在这里起作用的法律框架没有内在的联系,提出或主张的事实对于该案件的处理来说也就失去了意义。"① 对案件待证事实的确定,必须以辩论主义为前提,为此,当事人所提出的攻击与防御的方法既应包括当事人从自身利益出发所提出的诉讼请求、事实主张,也应包括为证明事实主张所提供的证据和申请采用的证据方式。② 在辩论主义下,只能以当事人的辩论来决定事实关系的范围与界限。因为当事人所提出的诉讼请求、事实主张以及所提出的证据,是辩论主义以及自由处分主义所决定的,凡是当事人没有提出的诉讼请求或者并不存在争议的事实,法院不能依职权主动干预。同时,应当指出的是,辩论主义主要涉及诉讼上的事实问题,而对于法律问题的判断,则应是法院根据国家的法律所确定的尺度进行裁量的结果,因此,不受当事人自由意思表示和诉讼立场的限制。由此而引发的一个问题是,在大陆法系三段论逻辑推理模式下,作为这种构建的大前提是法律要件事实,它属于法院适用法律认定案件事实的范畴,而作为这种构建的小前提即待证事实的确立,主要是通过当事人的举证加以证明以及法院适用司法认知等辅助性的技术手段所得出的一种结果,可见,作为对法律要件事实的适用以及对案件待证事实的确认分别属于诉讼上的法律问题与事实问题,两者之间存在着密不可分的有机关联性。

双方当事人在诉讼上根据各自所提出的诉讼请求或相应的抗辩,必然引发在事实争执点与法律争执点上的冲突。根据法院行使释明权的法理基础与法定功能,为解决这种冲突,以及将当事人之间所存在的各种误解与偏差引导至按照法律所预先设定的本意上来,法院据以作为裁判基础的事实,只能援用当事人辩论中涉及的事实。如果在当事人的辩论中没有涉及的事实,无论是属于众

---

① 参见[日]谷口安平:《程序的正义与诉讼》,王亚新、刘荣军译,中国政法大学出版社1996年版,第82页。

② 有学者认为,原告不仅在提出作为审理对象的诉讼标的上享有权能并负有责任,且为进一步明确审理对象的内容,还必须以具体的事实主张来为其诉讼请求提供根据,并对存在争议的事实还应提供证据来加以证明。被告通过否认、承认和反诉、反证等防御活动,同样在发挥使审理对象可以具体形成的作用。这便是表现在具体事实主张和证明责任这一层次上的当事人主义诉讼结构。在日本《民事诉讼法》上被称之为辩论原则。关于具体事实的主张和证据加起来被称为"诉讼资料",而有时将诉讼主张称之为"攻击防御方法"。参见[日]谷口安平:《程序的正义与诉讼》,王亚新、刘荣军译,中国政法大学出版社1996年版,第107页。

所周知的事实，还是法院通过庭审活动所察知的事实均不得作为认定该案有关事实的根据。但是，鉴于利害冲突的客观存在以及有时当事人及其诉讼代理人对法律的理解存在偏颇之处，以至于在诉讼上使当事人之间就争议的事实问题与法律问题上存在较大的分歧，而作为法官控制程序以便集中审理的需要，有必要根据程序法所赋予的职权以及证据规则来尽可能地缩小当事人之间在事实争执点和法律争执点上所出现的距离，当然，法官在初步掌握当事人的诉讼立场以及所能够提供相应证据的情况下，必须借助于特定的庭审程序。"法官的职责是适用法律，从适用法律的立场出发指导当事人辩论，使当事人舍弃不必要的而补充必要的。特别是在当事人本人诉讼的场合下，更需要法官的这种指导，不然漫无边际的辩论也会导致拖延诉讼。但即使行使阐明权，也并不减轻当事人的责任。"[1]

　　法院的释明权是司法审判权在诉讼上所派生出来的一种职责。这种职责既是一种职权，又是一种责任。在民事诉讼上，法院的审判权是针对当事人的诉权而设定的。在此，法院的审判权体现的是一种独立性、中立性、公开性、公正性、法定性、权威性、效力性、及时性。当事人的诉权主要体现的是一种自主性、自动性、对抗性、偏私性、任意性。两种性质不同的权属决定了当事人的诉权与法院的审判权之间是一种对立统一的关系，是一种双向互动的关系。由于民事诉讼主要涉及的是当事人之间的私权纠纷，除了涉及公共利益和身份关系的案件之外，国家采取不干预的原则，以保障当事人对自己的民事权益享有充分的自由、自主与自治，以防止国家公权对公民及其他民事主体权益的侵害与不当干涉。但是，民事诉讼的启动毕竟是当事人将其私权纷争主动要求国家采用公力救济的方式加以解决，对此，国家赋予法官行使审判权用于定分止争，采用一切有助于体现公正与效率的必要程式来解决这种民事纠纷。应当说，为了最终赢得对自己有利的裁判，在诉讼过程中，各方当事人有必要围绕自己向法院所提出的诉讼主张负担相应的证明责任，提出不同的诉讼主张以及相关的事实与证据，构成了双方当事人之间攻击与防御的必要手段。法院在此过程

---

[1] 参见［日］兼子一、竹下守夫：《民事诉讼法》，白绿铉译，法律出版社1995年版，第73页。

中作为程序的监护人，负有保障双方当事人平等地享有诉讼权利和承担相应诉讼义务的职责，这种职责的行使旨在确保整个诉讼过程使得司法的正义与法律精神得以充分的体现。在诉讼上，当事人的诉权主要体现在为法律所规定或法院所允许行使的各种诉讼权利，而当事人的各种诉讼权利的行使是为其在审判上赢得利益最大化的有力保障，裁判的权威性与公正性取决于当事人的这些诉讼权利是否用尽。由于受当事人行使诉权存在利己主义的局限性以及预先设定的诉讼程序与证据规则的制约性，法院在保障各方当事人充分行使诉讼权利的同时，也应当负有程序控制、程序管理的职能，以防止当事人滥用诉讼权利借以拖延诉讼、利用程序上的空档侵害对方的诉讼权利。当事人的诉讼主张是其行使诉权的集中表现形式，这种事实诉讼主张既包括事实主张也包括法律主张，由此而形成了事实争执点与法律争执点，因此，为了对诉讼案件作出公正的裁判，法院必须对双方当事人提出的不同诉讼主张，在听取各方当事人的意见之后予以裁断。而法院的这种裁断是在充分听取当事人诉讼辩论基础上居中对事实争执点与法律争执点作出的判定，在此过程中，法院的释明权是不可或缺的。为此，我国台湾地区学者陈玮直教授认为，法院对于当事人的正当请求与主张应当行使释明权，以便提示其举证的方法，这一释明权的运用日渐增多，属于公化法的积极表现，旨在赋予法院以获得真相以昭折服之义务。①

　　在民事诉讼上，当事人负有提供证据以证明其诉讼主张的责任，这种责任的承受与履行是为了避免对其产生不利的诉讼后果，为此，当事人享有的各种诉讼权利，包括向法院提出某种动议申请。根据2019年《民事证据规定》第31条第1款规定："当事人申请鉴定，应当在人民法院指定期限内提出，并预交鉴定费用。逾期不提出申请或者不预交鉴定费用的，视为放弃申请。"因此，申请鉴定属于当事人的举证责任范畴，因为，鉴定意见属于一种法定的证据种类。根据2019年《民事证据规定》第31条第2款规定："对需要鉴定的待证事实负有举证责任的当事人，在人民法院指定期限内无正当理由不提出鉴定申请或者不预交鉴定费用，或者拒不提供相关材料，致使待证事实无法查明的，应当承担举证不能的法律后果。"根据这一规定，既然申请鉴定属于当事人举证责

---

① 参见陈玮直：《民事证据法研究》，我国台湾地区新生印刷厂1970年版，第9页。

任的范畴，应当由当事人决定是否申请鉴定，对此，法院不能依职权主动干预，否则将有损其中立地位，引起对方当事人的猜疑或不满。因此，当事人是否向法院申请鉴定，应由对需要鉴定事项负有证明责任的当事人自主决定。但是，在实务上，由于我国并未实行律师强制主义，长期以来对事实的查明主要由法院决定采用何种证据以及何种证明方式，而2019年《民事证据规定》在程序模式以及证据规则上发生了重大调整，在这一调整阶段和转轨时期，有必要更多地借助于法院在程序上的这种释明权，以便使双方当事人都能够同等地认知并能够实际行使这些权利。当然，在此问题上也确实会涉及到一个诉讼技巧或攻击与防御的技术性问题，按照当今正当程序理念，并不排斥一方当事人凭借对诉讼程序的谙熟、对证据规则的熟练掌握或其诉讼代理人丰富的诉讼经验获得审判上的优势，但是正当程序理念却要求法院在此一旦出现强烈反差的情形下，给予相对一方当事人适当的程序救济，其目的在于，司法审判的公正性与社会公众对法院的信赖，不能够建立在仅凭诉讼技巧上的优势就能获得有利判决的基础之上，而应当在建立凡熟练掌握诉讼技巧则会有助于获得有利裁判的基础之上。"诉讼制度是以具有完全能力的理性人为基准而建立起来的。但现实里的诉讼当事人却未必都是如此，尤其是本人诉讼的场合，要求本人充分的主张和申请是困难的。但是，如果因为其申请不明了、不完备而使得其丧失本应属于他的权利，反而使深得要领的当事人胜诉的话，这就违背了正义的原则。"[①] 因此，法院在程序上的释明权的行使，是以尽量避免一方当事人仅仅因为不熟悉程序规则及证据规则而产生对其不利裁判后果为前提的。当然，在实务上，法院在程序上所行使的这种释明权，实际上是一种据情自由裁量权，它从属于审判权。对此，立法上不可能对这种权力的行使作出细微的硬性规定，而往往赋予法院根据法律精神以及对程序正义的理解据情作出判定与把握。在诉讼上，当一方当事人认为法院滥用这种释明权，即这种权力的行使超过了必要限度以至于影响法院中立性，对此，相对一方当事人应享有即时质疑权。但是，法院的这种释明权在程序上属于一种自由裁量权，其行使的幅度及范围由法院自行

---

[①] 参见［日］中村英郎：《新民事诉讼法讲义》，林剑锋、郭美松译，法律出版社2001年版，第178页。

掌握，尽管有时可能会受到一方当事人的质疑，但是，这种权力的行使不应当仅因当事人提出了质疑而受到任何限制。

### 三、法院行使释明权的基本范围

法院行使释明权的基本范围，主要是指在何种情形下针对何种事项由法院向当事人进行释明。当事人为了保障其所提出的诉讼请求具有正当性的需要，应表明提起诉讼请求的理由，这种理由通常包括事实上的陈述与法律上的陈述。由此在当事人之间形成必要的攻击与防御态势，作为当事人言词辩论的对象。对法院而讲，一方当事人的诉讼请求及事实主张与另一方当事人的抗辩形成审理对象，经过言词辩论而形成裁判的基础。在此过程中，如当事人主张某一特定法律效果时，应就该法律效果发生要件事实的存在与否进行陈述和证明，如果在此层面显有疏漏，法院应以释明方式使其知晓；从法院的角度而论，当事人所声明的事实主张与诉讼请求究竟应与何种法律关系互有牵连，常有不尽明了的情形，就该不明了的情形向当事人进行发问，令其作出必要的陈述，也应属于释明的范围。

按照大陆法系的学理见解[①]，一般认为，法院在诉讼上的释明主要表现于下述范围：

（一）为使不明了的事项予以明了而进行的释明

在诉讼上，如遇有当事人声明及陈述出现包括语义含混不清或者前后相互矛盾之处时。例如，原告请求被告给付房屋租金，但在其陈述事实理由当中又称持有被告的欠款凭据，请求被告清偿此笔欠款。在此项诉讼当中，原告提出的诉讼请求究竟是基于房屋租赁关系还是基于借贷关系，两者在事实认定与法

---

① 有学者认为，按照一个较为权威的观点来理解，释明可以分为"澄清不明确的释明""消除不妥当的释明""补充诉讼材料的释明""新提出诉讼材料的释明"以及"举证方面的释明"五个类别。参见［日］奈良次郎：《诉讼资料收集中的法院的权限与责任》，载新堂幸司编集代表《讲座民事诉讼第四卷》，弘文堂，昭和59年，第125页以下。转引自［日］高桥宏志：《民事诉讼法——制度与理论的深层分析》，林剑锋译，法律出版社2003年版，第358页。

律适用上相距甚远，裁判理由应当如何叙载，对于裁判的作出关系甚重，故此际确有进行释明必要。在这种情形下，如果据此而形成审理的基础，法院进而便会作出不符合事实真相之裁判，为了使有关的事项得以明了则有必要告知当事人。如在此情形下法院不及时进行释明，最终将会构成有关当事人作为第三审上诉的理由，这是德国、日本的判例学说所持有的基本态度。

（二）为了排除不适当的事项而进行的释明

在德国，当遇有显然不存在胜诉希望的诉讼，法院可劝谕当事人撤回其诉讼请求；对于并非基于真实基础而作出的声明或陈述，法院可指令当事人就其真实性作出解释或说明；对于无意义或带有欺诈性的声明及陈述，法院可以采用向当事人释明的方式将其排除。但是，按照通常的理解，法院进行释明的这种效果并不具有强制性，即纵然在上述情形下不进行释明也不会导致违背审判职责，并且不能构成当事人第三审上诉的理由，而只能将其视为法院的权限所涉及的范围而已。

（三）当有必要弥补有关欠缺为使当事人补充诉讼资料时而进行的释明

当涉及提出对不当声明或陈述要求当事人予以解释或说明，如果处于补充诉讼资料之需所提出的声明或陈述的，法院应以释明的方式要求当事人作出解释或说明，否则，在此情形下，无论是德国还是日本的判例及学术均认为这已构成第三审上诉的理由。在细节原委上，德国与日本的判例学说似有不同的见解。例如，德国的判例学说认为，在此，法院应以释明的方式以便当事人提出诉讼资料，来使有关事项得以明了，并求得对案件事实有一个完整的构塑。但这一切必须以当事人所提出的攻击与防御方法为必要限度，法院也只能在此限度内将当事人就事实陈述所暴露的瑕疵告知并要求当事人作出必要补充；如果当事人提出的诉讼资料出现缺陷时，应指令当事人加以补充。法院就此而作出的阐明被视为审判上的义务。按日本的判例则认为，凡当事人的陈述事实出现欠缺时，法院应指令其补充，这种做法并非违背当事人主义的原则而指令当事人另行陈述其他新的主张，而是就业已陈述的真实意旨加以解释或说明，也就是对于其有密切相联的事项加以阐释，以便为审理的进行促成一个近乎完美的效果。

(四) 为使当事人提出新的诉讼资料而进行释明

在大陆法系的理论学说上,就法院能否使当事人追加新的声明及新的陈述或将以前所提出的并非适当的声明及陈述变更为新的声明及新的陈述,颇有争议。即使在德国国内,也有各种不同的见解。肯定者认为,法院不能仅凭消极的态度来对待审判职责,即使当事人在诉讼上未作出何种陈述,未声明有何证据或未作出适当声明,法院应就上述各诸事项主动予以发问,而不能直接将当事人的这些消极诉讼作为据为裁判的理由。例如,当原告基于被告对其特定物加以损坏而请求判令被告恢复原状时,如法院在经审查判断后认为,该特定物已不存在恢复原状的可能性时,应进行相应的释明,提醒该原告注意,将恢复原状的请求变更为赔偿特定金额的请求。反对者认为,法院的释明应仅限于辩论主义的范围之内,法院并非享有指令当事人就新的请求原因或新的抗辩事由进行陈述的权力。即使向当事人行使发问权,也应仅限于因攻击防御方法变更所牵连的事项。按照日本的判例见解认为,为了使审理获得正确的裁判结果,以便使本应胜诉的一方当事人获得胜诉,法院应进行相应的释明,即指令有关当事人提出新的声明或新的主张,否则将构成第三审上诉的理由。从认识论的角度来看,"为了使本应胜诉者最终获得胜诉的结论"这一命题具有先验、先知以及先定后审的思想观念,从而使得法院进行的释明具有某种扩张性的锋芒,由此可以窥见到,法院释明的适用范围在这些主要大陆法系国家已渐现出日益扩大的趋势。

(五) 因当事人在举证上的欠缺而进行释明

就证据的提供而言,原则上,只有因当事人过失或误解其并无举证责任而致使出现未有举证的情形时,法院才有告知其提出证据的义务。所谓告知当事人提出证据,主要是就特定待证事实而负有举证责任的当事人,在不提出证据时促使其注意。这种情形应仅限于按照诉讼的具体进程,当认为因当事人忽略、误解或的确不掌握诉讼旨意而致使其未提出证据的情形,才有必要对其进行释明。假若按照当事人提出的证据在经过调查之后,其结果对该当事人不利(如证据本身相互矛盾、内容并不确定、真伪无法判明等）而指令其再加提出证据，或者一方当事人提出的证据已能证明待证事实，而指令对方当事人提出反证的情形，则属于超出法院释明的范围，显为不当干预之举。我国台湾地区有学者认为，法院对于证据上进行的释明，应在当事人业已有何种主张或声明，而漏未提及其有何证据时才能为之。因此，法院不得在欠缺上述情形时指示当事人应为何种主张、何种主张较可获得利益、何种防御可以免除责任，或者何种证据易为法院所接受。①

## 四、法院在诉讼上的释明与当事人的异议权

如果在法律性质上将法院在诉讼上的释明界定为一种审判职责，那么这种审判职责在保持个案当事人之间平等对抗的问题上，实际上起着一种平衡器的作用。假如法院在特定情形下怠于或者过度进行释明将会导致审判职责上的天平发生倾斜，故此，在程序上有必要赋予相关当事人享有提出异议的权利。对于当事人所提出的异议申请，法院应当及时作出反应。凡法院拒绝当事人提出这种异议申请的，如存在明显不当之处，可作为上诉法院或者再审法院改判的正当事由来加以考虑。在实务界，有人也发出相应的呼吁，要求应尽快从立法及司法规制上建立和完善相应的异议程序，赋予相关当事人对法院不适当释明或消极释明享有提出异议的权利。对于当事人所提出的异议申请，法院应当以裁定方式等作出相应的反应。凡审理法院拒绝当事人提出这种异议申请的，如确实存在明显不当之处，可考虑作为上诉及再审法院据实对案件改判予以纠正的法定正当事由。②

在我国实务界，有一种观点认为，当事人有权以法院释明行为违法且损害自己的诉讼权利为由提起上诉或申请再审，法院的违法释明行为也可以成为发回重审或决定再审的法定事由，以恢复受到损害一方当事人应当享有的诉讼权利。当知道或应当知道法院违法行使释明权而没有在一定期限内提出异议的，

---

① 参见陈玮直：《民事证据法研究》，我国台湾地区新生印刷厂1970年版，第9页。
② 吴在存：《法官角色定位与释明权的规范适度行使》，载毕玉谦主编：《司法审判动态与研究》第七集，法律出版社2005年版，第221页。

则视为异议权丧失。对此，笔者认为，在很大程度上，法院的释明权是确定当事人主义与职权主义的界碑与分水岭。例如，在辩论主义前提下，凡一方当事人本应主张的事实但因某种原因而没有提出这种主张，如法院根据法律预设的框架来据此判定该方当事人对主张责任的自我定位落空时，应当判定该方当事人败诉。这通常被视为系当事人主义的一种体现。如果在同等情形下，法院按照法律所预设的框架行使释明权，以便促使当事人提出符合法律框架但未提出的事实主张，或者就此暗示其应当就特定事项负有举证责任并提供相应的证据。这通常被视为系职权主义的一种体现。就此而论，释明权的行使势必在一定程度和范围内使辩论主义受到相应的限制与制约。按照这种逻辑推论必将导致程序正义与实体正义这两种价值观念的角逐。尽管这两种具有不同价值取向的思潮在理论上往往会引发白热化的争论，但是，实务界的最终落脚点往往是从折中主义出发试图找到两者之间的一种必要的平衡。特别是在我国现有的国情条件下，面临着来自两大法系不同思维方式、传统理念、程序模式的选择，大多数人在此问题上持有一种折衷主义的哲学观念。对此，笔者认为，在诉讼上，应当将这种折中主义价值理念浸透到法院的释明权之中，即由法院根据法律精神，依据程序正义与实体正义相结合的价值取向，据情决定在个案中行使释明权的范围与程度。在诉讼权利上，应当允许当事人将法院怠于或者过度行使释明权作为其上诉甚至提起再审的理由，至于上诉审法院或者再审法院应当如何处置，则属于慎重考虑的问题。为此，有一种理论观点认为，法院不当履行释明义务是否构成上诉或再审的理由，应视其违反的是民诉法的任意性规定还是强制性规定而确定。若是前者，应不构成上诉或再审的理由，若是后者，则构成上诉或再审的理由。对此，笔者认为，这种观点的实现取决于《民事诉讼法》是否就释明权作出任意性与强制性的规定，故与立法技术密切相关，但即便如此，立法上的强制性规定也存在释明权在个案当中行使的限度问题。目前，我国无论是理论界还是实务界都有将法院在诉讼上的释明权加以无限扩张的趋势，上诉审法院或者再审法院就此应负有按照不同的必要限度正确界定释明权应否行使以及如何行使的审判职责。即使对出现法院有怠于或过分行使释明权但对案件的实体公正并未造成实质性影响的，则应驳回当事人的上诉请求或者再审请求，否则，可作为撤销原判发回重审或者依法改判的理由。

## 五、我国法律及司法解释相关规定的理解与适用

（一）对举证要求及法律后果的释明

2019年《民事证据规定》第2条第1款规定："人民法院应当向当事人说明举证的要求及法律后果，促使当事人在合理期限内积极、全面、正确、诚实地完成举证。"

对本条文的理解与适用，应当掌握如下基本内容：

1.本条文就法院向当事人在举证的要求和法律后果问题上作出了原则性的规定。我国属于大陆法系诉讼模式，诉讼的推进主要由法院依职权来主导，法院主要通过诉讼指挥权来对程序加以管理，而法院在程序上的释明权是诉讼指挥权的一个重要组成部分。法院这种释明权，既是一种权利，更是一种义务。以义务为重心的职权构造模式更加有利于法院与当事人之间的诉讼沟通与信息交流格局的形成，使得当事人在各个诉讼阶段的合理期限内如何在法律允许的空间范围内从事与举证有关的行为获得较为明确的指引和预期。

2.在本条文中，采用"应当"一语，体现了法院的这种释明权，被界定为是一种义务和责任，如果法院不履行或怠于履行这种义务，造成有关当事人应当作为而未能作为或未能及时、有效作为，以至于发生裁判突袭，导致裁判结果对相关当事人不利，当事人可依法寻求程序救济，上诉审或再审法院经审理后可以原审判决认定基本事实不清、程序违法或原判决、裁定认定的基本事实缺乏证据证明为由将其予以撤销。

3.司法公开是一种原则和理念。在诉讼过程中，法院在程序上心证公开，有利于避免突袭性裁判的发生。本条文的规定也是法院心证公开的一种表现形式。当事人在合理期限内是否能够积极、全面、正确、诚实地完成举证，在很大程度上与法院能否适时积极、全面、正确、专业性地根据个案法律关系的性质、特点就客观举证责任的分配以及行为意义上举证责任的动态转换等事项向当事人进行解释、说明存在密切关系。

4.鉴于本文条属于一般性的原则规定，其适用的程序类型和案件范围具有广泛适用性，既适用于普通程序，也适用于简易程序（包括小额诉讼案件）；

既适用于一审程序，也适用于二审程序；既适用于法律关系明确、案情简单的案件，也适用于法律关系复杂及案情疑难的案件；既适用于公益性较强的案件，也适用于普通财产纠纷类型的案件。因此，在法院向当事人释明或说明的表达方式上，既可采用书面形式，也可采用口头形式。在实践中，采用书面的大多以法院向当事人发出举证通知书的形式进行；而采用口头形式，主要是在庭审过程中通过庭审笔录记录在案。因为法院这一释明行为在程序上具有重大意义，为了事后有据可查，在庭审以外的诉讼过程中，如果法院以口头形式向当事人释明的，也应当以相应笔录的形式记录在案。

5. 从目前情况来看，各地法院向当事人发出的举证通知书无论其形式或内容总体上显得大同小异。其大致内容主要包括：引用有关法律及司法解释的相关规定；强调书证、物证应当提供原件或原物；申请鉴定，增加、变更诉讼请求或者提出反诉的，应当在举证期限届满前提出；申请证人作证应当在举证期限届满某日前向法院提出申请；申请证据保全，应当在举证期限届满某日前提出申请，法院可根据情况要求当事人提供相应的担保；当事人在收到有关举证通知书后，可以与对方当事人协商确定举证期限，并向法院申请认可；当事人之间未能协商一致或者未申请法院认可或者法院不予认可的，当事人应当于某年某月某日前向本院提交证据；法院根据案件情况指定举证期限以及告知其逾期提供证据的法律后果；当事人在举证期限内提交证据材料确有困难的，可以根据相关规定向法院申请延期举证；符合相关规定条件的当事人可以在举证期限届满某日前，书面申请法院调查收集证据。法院认为有必要的，可以根据案件的具体情况，指定当事人提供与本案有关的证据，等等。

6. 在审判实践中，法院向当事人发出举证通知书的时间往往是在审理前的准备阶段，通常要将送达回证入卷存档。由于现行立法并未为被告设定庭前强制答辩义务及其法律后果，如果法院在庭前不组织当事人进行证据交换或者召集庭前会议，对于那些法律关系及案情较为复杂的案件而言，当法院在庭前对案件法律关系及基本案情缺乏必要的了解与把握的条件下，仅仅向当事人发出举证通知书，其预期的效果是相当有限的。因此，在这种情况下，除了向当事人发出举证通知书以外，在发出举证通知书之后的诉讼过程中，还应当根据个案的情况适时向当事人就举证等事宜向当事人进行释明。

7. 本条文中使用"合理期限"一语，旨在传达三种信息：其一，本条文具有广泛的适用性，即适用于各种类型的案件；其二，鉴于《民事诉讼法》第68条第1款规定举证期限具有因案而异、可分阶段多次确定的特点，法院向当事人进行相关的释明也并非是一次性的，可据情适时多次进行；其三，在实践中，应当根据各种类型案件的性质和特点以及处于动态中的程序状态，使得这种合理期限在个案中的特定阶段加以具体化、特定化，划定必要的边际。

8. 本条文中使用"积极、全面、正确、诚实地完成举证"一语，其中，所谓"积极"主要是要求有关当事人在举证上态度要积极、行动上要主动、时间上要尽早，按照《民事诉讼法》第2条所确定的民事诉讼法任务，旨在协助法院查明事实，分清是非，正确适用法律，及时审理民事案件；所谓"全面"，主要是要求当事人根据个案的实际情况，在收集、提取、提供证据上应当关注相关证据的来源及存在的形式，其中包括直接证据与间接证据、原始证据与传来证据、主要证据与辅助证据、实物性证据与人证等；所谓"正确"，主要是要求当事人收集、获取证据的手段应当合法、有效，并且其证据本身应当与案件待证事实具有关联性；所谓"诚实"，主要是指，根据法律及司法解释规定，如当事人在举证期限内提供证据确有困难的，可以向人民法院申请延长期限；提交原件或者原物确有困难的，可以提交复制品、照片、副本、节录本；当事人因客观原因不能自行收集的证据，可以申请人民法院调查收集，等等。其中是否"确有困难"以及是否确有"客观原因"等，对于这些事实理由，通常法律上并不要求采用严格证明的方式，而是更多的依赖于自由证明的方式，因此在很大程度上取决于当事人主观及内心是否诚实。

9. 本条文是针对我国目前当事人举证意识和举证能力上所出现的薄弱环节，要求法院应当在诉讼上负有向当事人释明举证的要求及其法律后果的职责，以促使当事人在合理期限内积极、全面、正确、诚实地提供证据。本条文要求法院从一般抽象的角度来对法律上就举证的要求以及无法提供相应的证据或虽提供证据但不足以证明其事实主张的法律后果进行说明，但在个案当中法院应当据情把握相应的尺度，即应当适度为之，切莫过度进行。在实务上，由于我国幅员辽阔，各地情况发展极不平衡，在广袤及偏远的农村地区，经济、文化较为落后，严重制约了当事人的诉讼能力及对法律的正确理解。因此，如双方当事人都未聘请律师，基层法院及其派出法庭有必要在双方当事人都在场的情况下，对于他们之间争议的法律关系所涉及的法律常识及诉讼程序如何进行开展"普法教育"。在一方有律师代理而另一方没有律师代理的情形下，对于没有律师代理的一方当事人，如果其提出了明确的诉讼请求和事实主张，但不知如何提供证据以及提供何种证据才能有利于支持其事实主张时，对此，法院可予以必要的解释与说明，以便使双方当事人都能够在对等的前提条件下来开展诉讼活动。由于我国现实国情所限，无法在所有诉讼案件上实行全面的律师强制主义，因此，仅有一方聘请律师或双方均未聘请律师的情形与事态将长期存在。

2019年《民事证据规定》第50条规定："人民法院应当在审理前的准备阶段向当事人送达举证通知书。举证通知书应当载明举证责任的分配原则和要求、可以向人民法院申请调查收集证据的情形、人民法院根据案件情况指定的举证期限以及逾期提供证据的法律后果等内容。"

对本条文的理解与适用，应当掌握如下基本内容：

1. 根据本条文规定，法院应当在审理前的准备阶段向当事人送达举证通知书。在强化当事人举证责任的前提下，由人民法院发挥其诉讼指挥权的作用。本条文要求法院在审理前的准备阶段向原、被告送达举证通知书，其目的是通过预先制定的格式内容行使释明权，告知当事人有关举证的各种事项，其中包括但不限于申请证人出庭作证、申请对有关专业问题进行鉴定、申请有专业知识的人出庭作证、申请对有关物证或现场进行勘验，在因客观原因不能自行收集证据的情况下依法向法院申请调查收集证据等，并且通过确定举证期限使当事人对于自行调查收集证据所需要的时间有一个合理的预期。因个案千差万别，法院在制作的举证通知书中应当根据审理案件的性质及特点尽可能的做到因案而异、量身定做。

2. 2001年《最高人民法院关于民事诉讼证据的若干规定》（以下简称《民事证据规定》）第33条曾规定："人民法院应当在送达案件受理通知书和应诉通知书的同时向当事人送达举证通知书。"经过多年实践证明，这一规定显得过于僵化，与许多案件在程序上的运行规律相脱节。故经过修订后，2019年《民事证据规定》虽然在形式上仍然要求法院以通知书的形式向当事人告知举证事项，但是将送达举证通知书的时间节点放宽为整个审理前的准备阶段，并不要求必须与受理通知书和应诉通知书同时送达。有实务界人士曾指出，最高人民法院下发的《〈关于民事诉讼证据的若干规定〉文书样式（试行）》中列出了"举证通知书"的相关内容。许多法院现在制作的"举证通知书"样式不统一，规定的内容亦不相同，这一问题应引起实务中的重视。举证通知书的格式应当与最高人民法院文书样式相一致，以统一释明内容。另外，最高人民法院于2003年12月公布的《人民法院民事诉讼风险提示书》也属于原则性的释明。[①]2016年8月1日起实施了新的《民事诉讼文书样式》，其中列明有《举证通知书》。再则，《民事诉讼文书样式》《诉讼权利义务告知书》基本上都包含了有关举证的要求、举证责任的分配原则以及当事人可以向法院申请调查收集证据的情形等告知事项，实践当中应当根据个案的特点，将《举证通知书》《诉讼权利义务告知书》相协调，发挥各自的应用功能。

3. 由于我国幅员辽阔，各地社会进化与发达程度极不平衡、社会状况千差万别，这种差别包括东部沿海发达地区与西部内陆边远地区之间、城市与乡村之间，即使在城市与城市之间，乡村与乡村之间也存在较大差别，这种差别主要表现在经济发展水平、文化教育水平、人们的法律意识与法治环境水准等方面。法院的释明权属于诉讼制度的重要组成部分，在不同的社会状态与生活环境下，会对法院的释明权在行使的方式、行使的范围上造成不同的影响，加之释明权制度本身就是一把双刃剑，怠于行使或者过度行使都会对司法的中立性与公正性造成重大影响，若将释明权制度设计为"全国一盘棋"的思维模式在一定程度上不符合我国的基本国情。类似最高人民法院下发的《民事诉讼文书样式》中列明有"举证通知书"的基本内容应具有较强的指导意义，但似不应具有一体化推行的强制效力，在并不违背法律明文作出释明权强制性规定的前提下，各地法院均可根据当地的实际情况，因地制宜，《举证通知书》所涉及的相关内容可有所不同，因案而异。

---

① 史和新、杨雪伟、袁小梁：《浅谈当前行使释明权应注意的几个问题》，载毕玉谦主编：《司法审判动态与研究》第七集，法律出版社2005年版，第232~233页。

## （二）对简易程序中有关当事人举证的释明

《民事诉讼法解释》第 266 条第 2 款规定："人民法院应当将举证期限和开庭日期告知双方当事人，并向当事人说明逾期举证以及拒不到庭的法律后果，由双方当事人在笔录和开庭传票的送达回证上签名或者捺印。"

对本条文的理解与适用，应当掌握如下基本内容：

1. 民事诉讼中设置简易程序的目的，主要是为了及时、高效地解决民事纠纷，便利当事人诉讼，降低当事人诉讼成本。根据《民事诉讼法》第 160 条规定，简易程序适用于基层人民法院和它派出的法庭审理事实清楚、权利义务关系明确、争议不大的简单的民事案件。从本质特点上讲，简易程序是对普通程序的简易和便利化，因此强调民事诉讼程序的方便、及时和简化。根据《民事诉讼法解释》第 266 条第 3 款规定："当事人双方均表示不需要举证期限、答辩期限的，人民法院可以立即开庭或者确定开庭日期。"但是，如果一方当事人或者双方当事人表示需要一定时间，以便收集、准备证据的，人民法院在准许后，应将举证期限和开庭日期告知双方当事人。

2. 人民法院在向双方当事人告知举证期限的同时，还要向双方当事人说明逾期举证将要产生的法律后果，便于有关当事人对此有合理的预期。

3. 鉴于简易程序是对普通程序简化这一基本特点，口头形式代替书面形式较具普遍性。但作为口头形式的载体，当人民法院向双方当事人告知举证期限和逾期举证法律后果时，应当记入笔录，并由双方当事人在笔录上签名、盖章或捺印，以确认双方当事人已知晓被告知的内容。

## （三）对当事人申请调查收集证据不予准许的释明

《民事诉讼法解释》第 95 条规定："当事人申请调查收集的证据，与待证事实无关联、对证明待证事实无意义或者其他无调查收集必要的，人民法院不予准许。"

对本条文的理解与适用，应当掌握如下基本内容：

1. 根据《民事诉讼法》的旨意，民事诉讼系当事人之间因私权纠纷所致，故应当坚持"谁主张、谁举证"的举证责任分配法则。而作为一种例外或者特殊规定，当事人申请人民法院调查收集的证据，应当限于当事人及其诉讼代理人因客观原因无法自行收集证据的情形，并且相应的司法解释已经对所涉及的情形尽可能加以细化规定，以便限制法律有关规定被滥用的空间。

2. 本条文中所谓"与待证事实无关联"的证据，其中的待证事实指的是要件事实。与待证事实之间有关联性的证据，主要包括以下四个方面：其一，作为直接证据能够直接证明待证事实的成立与否；① 其二，作为直接证据能够直接证明与待证事实有关的前提事实的成立与否，以便法院根据司法逻辑对待证事实的成立与否作出相应的推定；② 其三，作为间接证据，以便与其他证据相结合用于证明待证事实的成立与否；其四，作为证据能够直接证明辅助事实的成立与否。所谓辅助事实是用以证明某一证据是否具有证据资格或者证据力的事实。其中，该"某一证据"通常指的是能够直接证明有关待证事实成立与否的证据。

3. 本条文中所谓"对证明待证事实无意义"的证据，主要是指即使该证据对于证明待证事实具有直接关联性，但是并无实际意义。在实务上，这种并无实际意义，主要可从两方面来加以理解：其一，无论该证据是作为原告提供的本证，还是该证据作为被告提供的反证，即便是结合有关当事人业已向法院提供的有关证据，从法院已形成或将要形成的心证来看，显然仍不足以证明以待证事实为基础的原告之事实主张或者被告之抗辩主张；其二，相对一方当事人提供有关证据的证据力已显得相当的充分，导致法院对于待证事实的认识业已形成相当的内心确信，即使一方当事人申请法院调查收集的证据对证明待证事实具有直接的关联性，但对法院而言已显得无足轻重。

4. 本条文中所谓"其他无调查收集必要的"证据，属于兜底性的条款。即除了前述本条文所列明的有关情形以外，在个案中遇有其他不同情形的，由审判人员根据个案的具体情况作出综合判断。由于案件可能会出现的情形千差万

---

① 在诉讼上，有时要件事实的存在未必能够得以直接证明，故不得不通过其他事实（如根据经验法则所推认的事实）的证明，才能够推论出其存在与否，这种用于推论要件事实存在与否的事实，即为间接事实。另外，某些要件事实并非是依靠直接证据得出的结论，而是依靠间接证据得出的间接事实，再根据这些间接事实推论其要件事实。从这个意义上而言，凡不能通过自身价值直接证明待证事实存在与否的证据，亦是一种间接证据。

② 根据2019年《民事证据规定》第10条第1款第4项"根据已知的事实和日常生活经验法则推定出的另一事实"，即属此例。

别,从立法的角度赋予法官享有这种酌情自由裁量权,显然是必要的。

(四)法院对当事人申请提交书证发出命令不予准许的释明

2019年《民事证据规定》第46条第2款规定:"当事人申请提交的书证不明确、书证对于待证事实的证明无必要、待证事实对于裁判结果无实质性影响、书证未在对方当事人控制之下或者不符合本规定第四十七条情形的,人民法院不予准许。"

对本条文的理解与适用,应当掌握如下基本内容:

1. 本条文中所谓"当事人申请提交的书证不明确",主要系要求当事人申请提交的书证应当尽可能地具体化、特定化,为法院制作、发出书证提出命令提供必要的前提和条件。除了表明有关书证的外部特征如名称、版式、封面、页码、制作人、制作时间等要素以外,还应当尽可能地说明有关书证的梗概或主要内容以及证明与待证事实之间具有关联性的相关部分或者有关细节。

2. 本条文中所谓"书证对于待证事实的证明无必要",主要包括以下几种情形:其一,书证的有关内容与待证事实之间不存在必要的关联性,因而对于待证事实的证明显得并无必要性;其二,虽然书证的有关内容与待证事实之间存在相应的关联性,但该书证无论是作为原告攻击的方法或被告防御的方法,其分量均显得无举轻重;其三,鉴于相对一方当事人所能够提供的证据在法院的心证当中已经形成了明显优势,使得该书证对于待证事实的证明显得并无必要性。

3. 本条文中所谓"待证事实对于裁判结果无实质性影响",主要是指根据双方当事人提供的现有证据以及庭审调查所获得的心证,人民法院对裁判的结果已经形成了相应的内心确信,而当事人所申请的书证尽管与待证事实之间存在关联性,但是,该书证的证明力已无法撼动或改变法院对裁判结果所业已形成的内心确信。

4. 本条文中所谓"书证未在对方当事人控制之下",主要包括两个方面的含义:其一,有关书证未在对方当事人的物理控制之下,这种控制也可称之为实际控制;其二,有关书证未在对方当事人的法律控制之下,这种控制也可称之为形式控制,例如,对方当事人已将有关书证委托他人保管、存放,等等。

5.本条文中所谓"不符合本规定第四十七条情形的",系指不符合《民事诉讼法解释》第 47 条所规定的有关情形。

(五)对当事人需申请鉴定的释明

2019 年《民事证据规定》第 30 条第 1 款规定:"人民法院在审理案件过程中认为待证事实需要通过鉴定意见证明的,应当向当事人释明,并指定提出鉴定申请的期间。"

对本条文的理解与适用,应当掌握如下基本内容:

1.随着科技生产力的发展,涉及专门知识的案件日渐增多,在案件审理过程中,对许多待证事实的认定需要通过专业鉴定、专家意见等方式。《民事诉讼法》第 79 条[①]和第 82 条[②]规定了两种基本方式:其一,根据当事人的申请或法院依职权决定对某些待证事实采用鉴定意见的方式;其二,某些待证事实虽然与专业或专门性问题有关,但尚未达到必须采用鉴定意见的程度,可以由当事人申请具有专门知识的人出庭以提出专业意见的方式进行。这两种方式的主要区别在于:第一,根据有关法律规定,前者需要以鉴定机构的名义,接受法院的委托从事鉴定活动,并向法院提交鉴定书。因此,这种活动又被称之为司法鉴定;而后者则是以专家个人名义接受当事人的委托,虽然不排除同时提出书面专业意见,但主要以口头形式出庭接受法院的调查询问和有关当事人的询问。根据《民事诉讼法解释》第 122 条第 2 款的规定,这种由专家在法庭上就专业问题提出的意见,在性质上被视为当事人的陈述;第二,采用前者,除了需要利用鉴定人的专业知识、技能、经验以外,通常还需要借助有关设备、仪器、检材等,而后者通常仅需要借助专家的专业知识、技能,经验;第三,采用前者,成本较高,耗费时间较长;而后者相对则成本较低,基本上不存在耗费时间问题;第四,前者因属于法院委托的鉴定,因此,由鉴定机构出具的鉴定意

---

①《民事诉讼法》第 79 条规定:"当事人可以就查明事实的专门性问题向人民法院申请鉴定。当事人申请鉴定的,由双方当事人协商确定具备资格的鉴定人;协商不成的,由人民法院指定。当事人未申请鉴定,人民法院对专门性问题认为需要鉴定的,应当委托具备资格的鉴定人进行鉴定。"

②《民事诉讼法》第 82 条规定:"当事人可以申请人民法院通知有专门知识的人出庭,就鉴定人作出的鉴定意见或者专业问题提出意见。"

见，对法院而言，其采信度较高，对双方当事人而言，其可接受度亦相对较高；后者因属于个人委托专家提出的意见，相对一方当事人往往难以接受，在许多情况下，相对一方当事人会不得不委托己方的专家提出相反的意见。最终究竟采纳何方当事人委托专家提出的意见，取决于法院通过对有关专家进行调查询问之后作出判断。有时法院还会考虑在庭外咨询其他具有中立立场的相关专家的意见。在实务上，根据大陆法系有关各国或地区多年审判实践与经验，对于涉及专业性问题的待证事实的认定，除了法律所规定的上述两种基本方式以外，在不需要依赖专业机构进行鉴定的情况下，审理个案的法官还可通过向庭外有关专家进行咨询的方式来解决专业知识和经验缺乏的问题，但是审理法官事后必须在庭审过程中向双方当事人就此问题进行披露并听取意见。

2. 在个案审理过程中，就待证事实所涉及专业问题的解决与事实认定，由法院根据案件的具体情况，视实际需要来决定究竟是适合采用鉴定意见方式，还是适合采用由当事人申请专家出庭提供专业意见的方式，抑或采用向庭外专家咨询的方式。根据本条文的规定，凡是法院认为待证事实需要通过鉴定意见证明的，应当向当事人释明。同样，凡是法院认为待证事实不需要通过鉴定意见而通过当事人申请专家出庭提供意见证明的，也应当向当事人释明。毕竟后者无论在经济成本和时间成本上具有明显的优势，如果采用后者能够帮助法院认定与专业问题有关的待证事实的，就不得采用前者，否则将显得多此一举，而且还会劳民伤财，对案件的审理造成不必要的拖延。在审判实践中，有时会不待法院向当事人就需要通过鉴定意见来证明有关待证事实进行释明，有关当事人会以举证的形式向法院就某项专业问题提出鉴定申请。对此，法院应当就此进行审查，如果经审查认为与待证事实无关，应当及时向有关当事人进行释明并作出不予准许的决定。这是因为，鉴定的启动权属于审判权的一部分，应当由法院来行使。如果经审查认为虽然与待证事实有关，但同时认为即使采用专家出庭提出专业意见的方式也能够有助于解决与待证事实有关专业性问题的，也应当及时向有关当事人进行释明。

3. 在实务上，法院在审理案件过程中认为待证事实需要通过鉴定意见证明的，应当向双方当事人释明，而不应当仅仅是向一方当事人释明。但是，法院只能向其中一方当事人释明由其提出鉴定申请，而不能同时向双方当事人释明，要求双方当事人共同提出鉴定申请。至于法院向其中哪方当事人释明由其提出鉴定申请，则主要取决于对有关待证事实属于何方当事人举证责任的范畴。有时双方当事人会在此问题上发生激烈的争执，但最终的决定权仍归属于法院，法院在听取双方当事人辩论意见之后，应当及时公开其心证，并释明其理由。

4. 符合《民事诉讼法解释》第 96 条第 1 款规定情形的，人民法院应当依职权委托鉴定，而不再按照有关举证责任分配规则，要求对相关待证事实负有举证责任的当事人提出鉴定申请。

（六）对法律关系性质或者民事行为效力的释明

2019 年《民事证据规定》第 53 条规定："诉讼过程中，当事人主张的法律关系性质或者民事行为效力与人民法院根据案件事实作出的认定不一致的，人民法院应当将法律关系性质或者民事行为效力作为焦点问题进行审理。但法律关系性质对裁判理由及结果没有影响，或者有关问题已经当事人充分辩论的除外。存在前款情形，当事人根据法庭审理情况变更诉讼请求的，人民法院应当准许并可以根据案件的具体情况重新指定举证期限。"

对本条文的理解与适用，应当掌握如下基本内容：

1. 在诉讼过程中，对审理时所遇到的争议焦点及时作出调整亦应当是法院行使释明权的一种具体表现形式。这种职权的行使就是为了试图调整因当事人在起诉时和答辩初期对法律要件事实上存在的误解。法院在诉讼上所行使的释明权涉及到法院与当事人之间彼此相互沟通进行信息交流和有益对话的过程。由于案情的复杂性以及涉及专业领域上的知识所限，法院有时很难理解当事人所提出的诉讼主张，在此情形下，法院有必要主动要求当事人回答有关提问，借以沟通相互之间的理解，否则很难使辩论主义在诉讼上得以贯彻。

2. 在加强法院与当事人相互交流的前提下，也应当注意从法院的角度将其对诉讼案件所理解的法律意义及时向当事人进行传达，以便使当事人在法院所确立的法律框架之内来对其诉讼主张和诉讼抗辩进行思考、准备和进行必要的调整，以防止法院就裁判所涉及对法律关系的性质或民事行为效力作出不当的认定，使当事人有充分的准备并且作为争议焦点在庭审上进行充分的审理，以避免法院的突袭性裁判的出现。因为，如果从法院在审判上所确立的法律框架来进行必要的准备，就可能使得当事人相应提出对其有利的主张、抗辩以及提供相应的证据，否则，法院所作出的裁判就并非建立在完整的辩论主义基础之上，因为这往往使当事人在其诉讼权利落空的条件下接受这种裁判结果，因而足以对程序正义乃至实体正义造成直接损害。例如，原告将其向被告交付的钱款视为一种投资的合伙行为，因而在诉讼上主张分享因合伙投资而带来的股份利益，但是被告则抗辩称原告的这种交付钱款的行为是一种借贷行为，故在诉讼上主张返还本金及相应的利益而拒绝原告享有股份权益。这样在对立的当事人之间形成了事实争执点与法律争执点，在庭审活动中，当法院认为当事人之间的这种资金交易行为属于无效民事行为时，应当及时告知双方当事人，以便当事人能够在法院于审判职务上所确立的法律框架之内重新部署攻击与防御体系，否则当败诉的一方当事人事后才知晓判决理由而不能即时提供因应措施时，将会使辩论主义的功能与价值受到极大的损害。再如，因当事人法律素质及诉讼能力等原因，其请求权基础可能出现错误，此时，法院不应予以简单驳回，而应在进行必要的释明之后，由当事人作出选择。如某A乘坐B公司客车途中被C驾驶的汽车撞伤，经鉴定两车相撞的责任全部在于C。A以侵权为由，要求B和C承担赔偿责任。就本案而言，B与C并不构成共同侵权，B对A没有直接加害行为，故B对A只构成违约，A对B的请求权基础应为运输合同中的附随义务之违反，即B未尽到对乘客人身安全的保护义务。当事人应以此为基础，请求B公司违约赔偿或C的侵权责任。

3. 2001年《民事证据规定》第35条①对变更诉讼请求法院所行使释明权的规定，在实务界引起了不同的反响。赞同者认为，由于法律知识、诉讼技能的欠缺或者自身认识上的主观性等因素，往往使当事人难以妥当地提出诉讼请求，在这种情况下，如法院不去告知当事人"可以变更诉讼"，则必然会使其在"原本有理"的情况下，万般无奈地最终接受诉讼请求被驳回的裁判结果。告知义务看似有违"争议恒定原则"，且不利于尽早固定争点、推进诉讼，但从纠纷的

---

① 2001年《民事证据规定》第35条规定："诉讼过程中，当事人主张的法律关系的性质或者民事行为的效力与人民法院根据案件事实作出的认定不一致的，不受本规定第三十四条规定的限制，人民法院应当告知当事人可以变更诉讼请求。当事人变更诉讼请求的，人民法院应当重新指定举证期限。"

一次性彻底解决及在实现"诉讼经济"的基础上切实维护当事人正当权益的角度来看，该条文的合理性是不容置疑的。而怀疑者认为，该条文的不足之处在于：其一，对法院释明的情形规定得过于宽松，未设定任何条件限制。当事人主张的法律关系的性质和法律行为的效力与法院的认定不一致时，法院给予其一定程度的司法救济，原本并不违反法律规定。但一刀切地规定法院应当告知其可以变更诉讼请求也不妥当，由法院依实际情形判断是否具有告知的必要更合理。其二，缺乏可操作性，该规定对法院告知的时间、方式未作明确规定，在实践上操作方法很不统一。有的法院告知当事人法律关系是一种情况，有的则是告知当事人法律关系又是另一种情况。其三，法院鼓励当事人变更诉讼请求可能造成诉讼程序缺乏稳定性，与法院作为裁判者的超然地位不适应，另一方当事人会产生法院立场不中立的误解。在实务中，许多法官担心，一旦告知，当事人可能慑于法院的审判权而变更诉讼请求，这不利于维护当事人的处分权。从"人民法院应当告知当事人可以变更诉讼请求"字句上分析，法院的告知行为是强制性的义务，即如果不告知，就会构成违反法定程序而致使案件被发回重审；如果当事人不愿意变更诉讼请求，法院只能驳回诉讼请求，而不能强制当事人变更诉讼请求。有的实务界人士指出，法院的告知被当事人所接受后，法院作出了有利于该当事人的判决，但对方提起上诉后，二审法院认为一审诉讼请求不当而否定了原审判决，在这种情况下，当事人损失的承担就成了难以解决的问题。

4. 按照民事诉讼原理，裁判者不因自己的裁判行为而使自己承担民事责任，当事人又无法按照国家赔偿法的规定要求履行告知义务的法院承担民事责任。如果因当事人遵循法院的不当告知而招致的损失只能由自己来承担，这对当事人来说显然是缺乏公正的。在此问题上，就特定的诉讼事件而言，法律关系的性质或者民事行为的效力的确定将决定诉讼的方向以及当事人从事正常的诉讼攻击与防御方式的维护与调整，基于利害关系或者诉讼策略的考虑，双方当事人对于法律关系的性质或者民事行为的效力存在不同的认识本属正常现象，这亦属法院通过初步审理而作出预决性判断的对象，因为只有通过创设一种具有相同法律基础的对决平台，才能使得双方当事人之间构筑一种产生互动效应的攻击与防御的格局，促使诉讼辩论主义发挥有效的功能。例如，一方当事人主张以合同法律关系的存在作为解决双方争议的法律基础，而另一方主张以侵权法律关系的存在作为解决双方争议的法律基础，针对双方当事人不同的诉讼立场，如果法院对此不作出预决性的判断，就无法全面、彻底贯彻诉讼辩论主义的旨意，在此基础上形成的裁判将有失公平、公正的特质与水准。再如，一方当事人主张合同无效，要求以双方当事人各自承担相应损失的方式解决纠纷，另一方当事人主张合同有效，要求对方承担违约责任。在此情形下，主张合同无效的一方当事人在技术上不能同时主张合同有效，以防备法院最终以合同有效为基础从而使其在并未形成任何防御的情况下损害其本应受到合理维护的合法权益。假如按照主张合同无效一方当事人的诉讼策略，如果其主张合同无效最终能得到法院的支持，该方当事人至少不会承担任何违约金。但是，一旦对方主张合同有效最终得到法院的支持后，在主张合同无效一方当事人并未组织任何防御的条件下，该方当事人有可能承担假如 50 万元违约金；如果原本主张合同无效的一方当事人能以合同有效为基础而抗辩对方也存在相应的违约行为或者对方在防止损失扩大上有懈怠行为，如果这种抗辩被确认成立，该方当事人就有可能只承担 30 万元或者 20 万元的违约金。可见，只有在相同的法律基础之上才能够全面、彻底贯彻诉讼辩论主义，这其中也体现了法院及时行使释明权的重要价值所在。

5. 由于审级制度的存在，并不能够排除一审法院对案件法律关系的性质或者民事行为的效力所作出的预决性判断被二审法院所否定，这种否定并非表明一审法院的判断一定是错误的，而仅仅表明上诉审法院享有变更下级审法院所作裁判的权力，这是权力制衡的一项法治原则所决定的。因此，当一审法院向有关当事人就法律关系的性质或民事行为的效力释明其观点时，并非强迫当事人必须变更其诉讼请求，而只是向当事人预警提示其如果不变更其诉讼请求，该审级法院裁判的作出将会对其产生更为不利的诉讼后果。当然，在此时，有关当事人完全有权利坚持其诉讼立场，以便通过行使上诉权由上诉审法院对案件的法律关系的性质或民事行为的效力再次作出裁决。二审认为一审告知错误致使裁判不当的应发回重审，此时一审法院将不承担错判的责任。将司法审判权范围内的技术性问题与具体法官承担错判责任相挂钩是不妥当的。

6. 为了尽量避免 2001 年《民事证据规定》第 35 条有关法院直接以释明方

式告知变更诉讼请求对程序推进可能产生的消极影响抑或者造成的复杂局面，2019年《民事证据规定》第50条对原规定做出相应调整，即当出现当事人主张的法律关系性质或者民事行为效力与法院根据案件事实作出的认定不一致的，法院不再直接以释明方式告知当事人变更诉讼请求，而是要求法院将法律关系性质或者民事行为效力作为焦点问题进行审理。即将该问题作为双方当事人的争议焦点进行审理，以便双方当事人能够充分的行使辩论权，在此问题上进行有效的攻击与防御，以便使得法院心证的形成建立在充分听取双方当事人的辩论意见的基础之上，使得其中相关正确、合理、充分、针对性强的意见得以对法院心证的形成产生实质上的影响。这一规定既有利于保证审判质量，也有利于保障当事人的诉讼权利，还有利于维护诉讼的效率。

（七）对确定争议焦点的释明

1.《民事诉讼法解释》第228条规定："法庭审理应当围绕当事人争议的事实、证据和法律适用等焦点问题进行。"

对本条文的理解与适用，应当掌握如下基本内容：

（1）本条文适用于第一审普通程序。为了实现集中审理的目的，在条件允许的情况下，应当尽可能在审理前准备阶段通过组织证据交换、召开庭前会议等方式确定案件的争议焦点。对案件争议焦点的确定，有助于法院明确案件的审理范围，有利于引导当事人围绕案件的争议焦点进行举证、质证，对案件的待证事实进行认定，以便正确地适用法律，并作出相关的裁判。

（2）在诉讼上，案件的争议焦点主要包括事实问题、证据问题、法律适用问题以及程序问题等。在民事诉讼上，对案件争议焦点的确定，原则上应尊重当事人的辩论主义和处分权主义，不得擅自僭越或超出当事人的主张范围，故应在充分听取当事人的陈述和辩论意见的基础上，由法院最终依职权加以确定。一旦案件的争议焦点得以确定，非经法定程序，不得任意变更。法院的审判行为和当事人的诉讼行为均应受此约束。

（3）二审法院对于一审法院所确定的案件争议焦点及审理范围，原则上应当予以尊重，并受此约束，但二审法院经审理认为一审法院所确定的争议焦点确有错误的，有权依法对此加以纠正。为了彰显不同审级上的程序功能及保障相关当事人的审级利益,二审法院认为一审法院在确定案件争议焦点上确有错误的,通常采用发回一审法院重审的方式对此错误加以纠正;当二审法院认为一审法院在确定案件争议焦点问题上有不当之处或存有瑕疵,不发回一审法院重审亦不会给当事人的审级利益造成明显损害的,也可以依职权直接以改判形式进行修正和完善。

(4)在法庭审理过程中,一旦法院发现有关当事人提出的主张、进行的陈述、提交的证据、发表的(辩论)意见,并非针对当事人争议的事实、证据和法律适用等焦点问题进行的,应当及时进行干预、加以制止或作出适当的处理。

(5)在法庭审理过程中,法院应当依职权适时引导当事人围绕案件的争议焦点展开诉讼上的攻击与防御,如有遗漏或忽略,法院应当及时予以释明。法院对案件的调查询问,也应当紧紧围绕着案件的争议焦点。

2.《民事诉讼法解释》第226条规定:"人民法院应当根据当事人的诉讼请求、答辩意见以及证据交换的情况,归纳争议焦点,并就归纳的争议焦点征求当事人的意见。"

对本条文的理解与适用,应当掌握如下基本内容:

(1)本条文是对《民事诉讼法》第136条第4项规定[①]的进一步细化。为了弥补我国《民事诉讼法》未能规定被告强制答辩主义所留下的结构性缺憾,在审理前准备阶段通过举行证据交换,从而达到促使当事人在开庭审理前能够及时提交相关证据的目的。案件中的争议焦点主要包括事实争点、证据争点和法律争点等,对于有关争议焦点问题的明确与确定,是法院行使释明权和公开心证的体现。通过庭前交换证据,明确争议焦点,能够有利于法院及时掌握基本案件事实,促进当事人对诉讼的结果有一个合理的预期,在条件成熟的情况下,尽可能通过诉讼和解方式解决纠纷,同时也为庭审活动的正常进行作出相应的程序性安排,以便满足集中审理的需要。

(2)在诉讼上,确定案件的争点范围是开展庭审调查和法庭辩论的前提。

---

[①]《民事诉讼法》第136条规定:"人民法院对受理的案件,分别情形,予以处理:(一)当事人没有争议,符合督促程序规定条件的,可以转入督促程序;(二)开庭前可以调解的,采取调解方式及时解决纠纷;(三)根据案件情况,确定适用简易程序或者普通程序;(四)需要开庭审理的,通过要求当事人交换证据等方式,明确争议焦点。"

在庭审前确定争点范围能够有助于法院及时安排庭审活动，比如哪些案件事实需要证人出庭作证，哪些案件事实需要通过专业鉴定进行确定；在不需要通过专业鉴定解决专业问题的认定时，哪些案件事实需要当事人通过申请专家辅助人出庭作证，哪些证据需要当事人向法院申请证据保全，哪些证据需要法院依据职权采取保全措施，哪些情况需要进行现场勘验，当事人提供哪些证据与本案待证事实具有关联性，对有关证据的调查收集当事人需要多长时间以确定举证期限等。另外，视情况还可促使原告方决定是否增加或变更诉讼请求，被告方决定是否提起反诉，法院决定是否追加当事人等等，如果就案件事实没有确定争议焦点，上述程序性安排将显得无的放矢、无从谈起。

（3）本条文中，所谓"归纳争议焦点"，是指在交换证据的基础上，由双方当事人就案件事实发表意见。在此过程中，法院应提示当事人就本案事实的争议焦点发表意见，以防止双方当事人在案件事实问题上各行其是，不存在交集，因此法院向当事人及时释明，以行使诉讼指挥权的形式确保对案件的审理沿着正确的、可预期的方向推进。法院对于争议焦点的归纳，应当以当事人的诉讼请求为主轴，以双方当事人提供的证据为根据，并以双方当事人就案件事实发表的意见为纽带。凡是当事人提出的与原告诉讼请求无关的事实主张和发表的相关意见，法院应当以行使释明权的方式及时加以制止和予以排除。

（4）在实践中，受利益驱动主义的影响，有时难免出现双方当事人对案件事实争议焦点存在严重分歧，法院根据双方当事人的意见就案件争议焦点进行总结、整理，然后就归纳出的要点征求双方当事人的意见。这体现了法院心证公开，并就心证的形成过程征求双方当事人的意见，以确保审判的实质性公开与透明。案件事实争议焦点的确定权属于审判权的一部分，只能由法院来行使，但是行使这种权利的基础是充分听取双方当事人的意见。本条文规定人民法院"就归纳的争议焦点征求当事人的意见"，意在保障法院的临时心证公开，使双方当事人均能够有机会通过发表各自的意见，以便实质性地影响法院就案件事实争议焦点的心证形成过程。

（5）在审判实践中，对于那些法律关系清晰、案件事实简单、争议焦点明确的案件，在审理前准备阶段通常不适用证据交换、庭前会议等程序。因此，在审理前准备阶段，通过法院组织交换证据或者庭前会议等形式来确定争议焦点,并非所有案件的必经程序。在个案的审理当中,是否需要在开庭审理前明确争议焦点,是否通过组织当事人以证据交换的形式或以其他必要方式明确争议焦点,都可由法院根据案件的具体情况作出相应的判断。

3. 2019年《民事证据规定》第57条第2款规定:"在证据交换的过程中,审判人员对当事人无异议的事实、证据应当记录在卷;对有异议的证据,按照需要证明的事实分类记录在卷,并记载异议的理由。通过证据交换,确定双方当事人争议的主要问题。"

对本条文的理解与适用,应当掌握如下基本内容:

(1)本条文虽然规定,在证据交换的过程中,审判人员对当事人无异议的事实、证据均应当记录在卷,但是该二者之间在形成过程中的特点以及产生法律效果等方面却不能够简单地加以相提并论。例如,审判人员对于当事人无异议的事实必须向双方当事人进行确认,即通常情况下必须经过释明方式进行,而对于双方当事人无异议的证据,即只要是一方当事人就对方当事人提出的证据的真实性、关联性、合法性明确表示没有异议的,只要记录在卷,就无需审判人员予以释明。另外,为了防止产生负面影响,当一方当事人对另一方当事人提供的证据的真实性、关联性、合法性保持沉默不予争执时,审判人员并无义务在此以释明方式强调如有关当事人拒不发表质证意见将产生不利后果,如果这种情形一旦发生,将使得有关当事人处于两难境地,即不得不在诉讼利益和诚实信用之间作出选择。

(2)对当事人无异议的事实,既对当事人产生拘束力,也对法院产生拘束力;而对当事人无异议的证据,仅对当事人产生拘束力,而并非对法院产生拘束力。这主要是因为,即便是有关当事人有异议的证据,经过审查判断,法院依然可以将其作为裁判的基础,不受当事人质证意见的限制。

(3)证据交换通常发生在审前准备阶段,与正式庭审程序相较而言,它属于审前程序范畴。证据交换与对案件的实体审理具有密切的关系,例如,根据《民事诉讼法》第136条第4项规定:"需要开庭审理的,通过要求当事人交换证据等方式,明确争议焦点。"在此,当事人交换证据具有庭审质证的性质,尽管在这种条件下所进行的质证,其主要目的是确定争议焦点。从逻辑关系上而言,通过明确争议焦点以此来界定案件的审理范围,以便法院来安排双方当事人在争议焦点确定框架范围内收集和提交证据所需要的期限。但是，在交换证据过程中，一方当事人就对方当事人提交的证据所发表的质证意见，只要被记录在卷，对其产生拘束力；同时，主持证据交换的主体通常是具有审理权和裁判权的法官，一旦在事后这些经过证据交换的证据被法院认为与待证事实具有关联性，那么在形成裁判心证过程中，这些属于审理前准备阶段在证据交换过程中经质证的证据，凡是当事人无异议的，与在正式庭审中经当事人质证而无异议的证据一样，均产生相同的约束力。

（八）对自认事实的释明

2019 年《民事证据规定》第 4 条规定："一方当事人对于另一方当事人主张的于己不利的事实既不承认也不否认，经审判人员说明并询问后，其仍然不明确表示肯定或者否定的，视为对该事实的承认。"

对于本条文的理解与适用，应当掌握如下基本内容：

1. 本条文涉及对当事人默示自认（拟制自认）的确认程序。在理论上，无论是审判人员的说明行为，还是（调查）询问行为，均属于法院向当事人的释明范畴。两者的区别在于，前者属于狭义上的释明，后者属于广义上的释明。实践中，经常出现对一方当事人的陈述，另一方当事人持消极态度，既不承认也不否认的情形，难以使法院对有关当事人在特定案件事实上的真实态度或立场作出准确的判断，不利于对于当事人的真实意思表示及时加以固定，这在一定程度上妨碍诉讼效率的提高。为合理引导有关当事人及时表达其意思表示，保障审判质量，提高审判效率，本条文设置了拟制自认的规定，要求法院适时行使释明权，对当事人的诉讼活动进行适当指导。

2. 本条文中，所谓"既不承认也不否认"，主要指的是实践中明确表示承认和明确表示否认以外不予争执的各种表态，其中既包括"不知道""记不得"，也包括意思表示不清晰、态度不明确，或者在表达上前后矛盾，还包括避而不谈、你说东他说西，或者沉默不语等等。

3. 在实务上，一方当事人对于另一方当事人主张的于己不利的事实既不承认也不否认，导致产生这种现象的原因，有的是当事人没有聘请律师代理，缺乏必要的法律专业知识和庭审经验；有的是因为案情较为复杂，当事人或其代理律师对此没有充分的认识；有的是因为虽然当事人或其代理律师已有相应的认识，但在权衡利弊的情况下又一时处于犹豫不决的心理状态等。对此，法院应当对有关事实进行适当说明并进行询问，当事人仍不明确表示肯定或否定的，才能构成自认。这一规定目的在于保护当事人的诉讼权利，增强审判人员的责任感。鉴于我国目前的实际情况，本条文采取了较为审慎的做法，即对一方当事人陈述的事实，另一方当事人既未表示承认也未否认，需经审判人员必要说明并询问后，当事人仍不予表态的，才产生默示自认的效力。这一规定的目的，在于防止法院在诉讼上对这一规则的滥用，使法院能够通过调查询问，了解当事人的真实意图，力求给有关当事人提供必要的机会，以便使其能够合理地认识到，就对方陈述的事实，如果不作出明确的表态，将要在诉讼上产生视为对该项事实予以承认的法律后果。

4. 本条文是在2001年《民事证据规定》第8条第2款基础上经修改形成的。2001年《民事证据规定》第8条第2款规定："对一方当事人陈述的事实，另一方当事人既未表示承认也未否认，经审判人员充分说明并询问后，其仍不明确表示肯定或者否定的，视为对该项事实的承认。"修改后的本条文内容的主要变化，系删除了"经审判人员充分说明并询问后"中的"充分"二字，也就是不再要求审判人员向有关当事人进行充分说明。所谓不再要求审判人员向当事人进行充分说明，主要有两个含义：其一，对一方当事人陈述的事实，另一方当事人既未表示承认也未否认时，将原来的注重说明，改为注重对当事人进行（调查）询问。在诉讼上，法院对当事人所进行的（调查）询问也是进行释明必要方式。通过（调查）询问，一方面使得当事人了解法院心证的动向以及所关注的问题，另一方面，使法院能够了解和掌握有关当事人的意图和真实的意思表示，以便形成确切的心证。其二，法院在向当事人进行说明过程中，不宜直接表明其不予争执的态度必然会产生对其不利的法律后果，以免促使当事人以违背诚信为代价将原本不予争执的态度旋即转换为明确表示有争执，而尽量采用技术性的提示方式，籍以表明在未说明理由的情况下，继续不予争执将有可能产生对其不利的后果，以便其作出必要的反应，而不是无所作为。同时，借助法院向当事人的（调查）询问，以便查明其真实的意图和真实的意思表示。

5. 本条文所涉及的默示自认，既适用于当事人本人出庭的情形，也适用于当事人委托律师和其他诉讼代理人出庭的情形。对此，有一种观点认为，因委托代理人可能出于不了解案情的原因，默示自认不能适用于委托代理人。这种观点的言外之意就是认为，本条文所涉及的默示自认仅适用于当事人本人出庭的情形。事实上，这种观点是错误的。从整体分布来看，当事人亲自出庭而非委托他人代理诉讼的情形主要发生在广大乡村以及边远地区，当地执业律师人数严重不足，相关案件诉讼标的额较低，且以婚姻案件、财产继承及小额借贷纠纷为主，主要适用简易程序或者小额诉讼程序。在法院审理的这些案件当中，许多情况下是由当事人本人亲自出庭，因当事人本人缺乏必要的法律知识和庭审经验，在技术上适用默示自认的难度较高。相较而言，随着我国城市化建设的不断发展以及城市区域的不断扩大，无论是商事案件还是普通民事案件，当事人委托律师代理的情形较为普遍。作为职业律师，因其对法律有充分的了解和研究，加之丰富的出庭经验，他们在庭审中对于如何应对默示自认带来的风险、挑战与机遇，以实现其被代理当事人利益的最大化，往往有充分心理准备与实证策略，故此，在技术层面对其适用默示自认的难度相对较低。因此，通过默示自认规则对于这些律师代理诉讼活动的适用，必将强化作为专业律师对于当事人就案件事实进行尽职调查的责任以及能力的不断提升，并进一步推动代理律师职业化、专业化建设的进程。

6. 在实践中，庭审过程当中分为有律师代理和无律师代理两种情况。在无律师代理的情况下，由当事人本人出庭或由非律师代理出庭的，在适用本条文时应有所区别。因为无论从法律知识的角度，还是从庭审经验和专业技能的角度，律师与其他非律师代理人相比较而言都占有显著的优势，他们更有能力和条件读懂和理解法院所要表达的意思，从而使得非律师代理人显然处于非对称的劣势境态。因此，法院向当事人本人出庭或由非律师代理出庭的，在说明和（调查）询问过程中，应当更加详尽和更有耐心。

7. 根据2019年《民事证据规定》第6条第2款规定，必要共同诉讼中，其他共同诉讼人既不承认也不否认，经审判人员说明并询问后仍不明确表示意见的，视为全体共同诉讼人的自认。在这种情况下，法院在程序上进行的释明，亦应根据本条文规定来加以理解与适用。

（九）对认可证据的释明

1.《民事诉讼法解释》第103条第2款规定："当事人在审理前的准备阶段认可的证据，经审判人员在庭审中说明后，视为质证过的证据。"

对本条文的理解与适用，应当掌握如下基本内容：

（1）根据《民事诉讼法》第71条规定："证据应当在法庭上出示，并由当事人相互质证。"另外，《民事诉讼法解释》第103条第1款亦规定："证据应当在法庭上出示，由当事人相互质证。未经当事人质证的证据，不得作为认定案件事实的根据。"鉴于在此之前的有关司法解释曾强调"证据应当在法庭上出示，并经过庭审辩论、质证"，而近年来的民事诉讼程序改革，对那些法律关系及案情较为复杂、证据较多的案件，倾向于通过证据交换、庭前会议等来充实审理前的准备程序，从而使得在审理前的准备阶段常常会发生由一方当事人出示证据，另一方当事人发表相应意见的情形。

（2）鉴于审理前的准备阶段基本上属于人民法院审理普通程序案件所不可或缺的程序组成部分，双方当事人对有关证据相互质证，实质上是直接言词主义和辩论主义的体现，而在审理前的准备阶段，一方当事人对另一方当事人出示的证据发表意见，程序上只要记录在卷，其产生的法律效果及对有关当事人的拘束力与在法庭上由一方当事人对另一方当事人出示证据在本质上并无不同，且有助于案件的集中审理和诉讼效率。因此，在此后开庭审理过程中，经审判人员说明之后，凡是一方当事人对另一方当事人在审理前的准备阶段出示的证据明确表示认可的或有意识不予争执的证据，经审判人员在庭审中说明后，其法律效力就等同于在庭审过程中经质证过的证据。

（3）当事人在审理前的准备阶段对有关证据表示认可的，主要是指对有关证据的真实性、关联性和合法性表示的认可。当然，这其中既包括对有关证据"三性"的全部认可，也应当包括对其中是"一性"或"两性"的认可。因为这几种情形都有可能对法院的心证产生不同程度的影响。在实务上，除非有关当事人对证据的"三性"全部表示认可，否则法院更应关注当事人对证据"三性"中不认可部分的具体事由，以便在心证形成过程中对此加以认真考量。

2.《民事诉讼法解释》第229条规定："当事人在庭审中对其在审理前的准

备阶段认可的事实和证据提出不同意见的，人民法院应当责令其说明理由。必要时，可以责令其提供相应证据。人民法院应当结合当事人的诉讼能力、证据和案件的具体情况进行审查。理由成立的，可以列入争议焦点进行审理。"

对本条文的理解与适用，应当掌握如下基本内容：

（1）对当事人在审理前的准备阶段认可的事实和证据后来在庭审中又提出不同意见的情形，应当在禁止反言规则架构内进行评价与审酌。尽管我国在立法上并未从形式上确立禁止反言规则，但是，在许多与实体法和程序法有关的法律和司法解释当中实质性地体现和反映了这一规则，例如《民事诉讼法解释》第340条规定等，①《民事诉讼法解释》第229条也属于这一范畴。另外，禁止反言规则也是对诚实信用原则的体现与贯彻，《民事诉讼法》第13条第1款所规定的诚信原则对禁止反言规则具有上位统领作用。

（2）在通常情况下，适用本条文有一个前提条件，即在审理前准备阶段，法院召集的证据交换或庭前会议上，与案件事实有关的争议焦点已经过法院的确定。否则在争议焦点未经依法确定的条件下，当事人在审理前的准备阶段认可的事实是否属于案件的基本事实以及其认可的证据是否与待证事实具有关联性就无从谈起。

（3）按照禁止反言规则，在诉讼过程中，当事人在此前所实施包括对有关事实和证据的认可等诉讼行为，此后仍对其具有拘束力，当事人不得任意撤销。当事人在庭审中提出不同意见，意味着当事人欲撤销此前的认可这一诉讼行为。考虑到在审判实践中，某些当事人有时难免会因主观上的疏忽导致发表违背客观真实的意思表示，对此情形，如果一味坚守禁止反言规则，既不合情理，又有妨于实现社会的公平与正义。对此，本条文在程序上为法院对此情形加以审查判断设定了必要的程序规则，并为当事人设置了说明义务和证据提出义务。

（4）当事人在庭审中对其在审理前的准备阶段认可的事实，其中包括对其有利的事实，亦包括对其不利的事实。凡记录在卷的，对其不利的事实，在诉讼上自应产生自认的效力。当事人在庭审中对其在审理前的准备阶段认可的证

---

① 《民事诉讼法解释》第340条规定："当事人在第一审程序中实施的诉讼行为，在第二审程序中对该当事人仍具有拘束力。当事人推翻其在第一审程序中实施的诉讼行为时，人民法院应当责令其说明理由。理由不成立的，不予支持。"

据，主要包括对方当事人出示的证据或法院依法调查收集的证据。而作为当事人认可的证据，主要是对有关证据真实性、关联性、合法性的认可。这种认可，既包括积极的认可，即明确表示肯定或承认，也包括消极的认可，即对有关证据真实性、关联性、合法性不提出异议。

（5）通常而言，当事人在庭审中对其在审理前的准备阶段认可的证据提出不同意见的，鉴于法院在技术上完全可以将有关当事人的前后态度和做出的说明理由作为与待证事实有关的自由评价的必要组成部分，故法院责令其说明理由即可，即在此情形下，当事人主要负说明义务，否则在诉讼成本与实际收效之间有违比例原则；而当事人在庭审中对其在审理前的准备阶段认可的事实提出不同意见的，鉴于在个案中当事人之间所能够提供的本证与反证与有关待证事实之间的关系千差万别，经过审理前的准备阶段之后，法院在庭审过程中对案件基本事实的把握程度各不相同。故此，在法院责令有关当事人说明理由之后，在仍无法获得必要的心证条件下，法院则可以责令有关当事人提供相应证据。

（6）针对当事人在庭审中对其在审理前的准备阶段认可的事实提出不同意见的，在法院认为必要时，可以责令其提供相应证据。鉴于与此相关的证明对象系当事人提出的理由是否成立，属于程序性事实，故在法律上并不要求采用严格证明的方式，在法院的心证当中，只要能够有助于确定大概如此即可。在当事人提供证据的情况下，法院应当对有关证据的证明力做出相应的判断。

（7）在诉讼过程中，当事人对此前认可的证据表示反悔的，可比照适用"禁止反言"规则，即当事人对已经认可的证据表示反悔的，人民法院应当责令其说明理由。必要时，可以责令其提供相应证据。在当事人提供证据的情况下，法院应当对有关证据的证明力做出相应的判断；按照本条文的要求，法院在对当事人提出的理由进行审查判断时，除了考虑相应的证据以外，还要根据案件的特点和细节如难易复杂程度等以及当事人的诉讼能力来作出综合判断。其中所谓当事人的诉讼能力，主要涉及当事人有无律师代理、律师水平的高低、经验是否丰富、技能是否娴熟等。凡法院经审查判断认为理由不成立的，对证据予以确认；凡法院经审查判断认为理由成立的，可以将原来认可的事实重新列入争议焦点进行审理，对原来认可相关证据的"三性"，当事人可以重新发表质证意见。

（十）简易程序庭审过程中的释明

《民事诉讼法解释》第 268 条规定："对没有委托律师、基层法律服务工作者代理诉讼的当事人，人民法院在庭审过程中可以对回避、自认、举证证明责任等相关内容向其作必要的解释或者说明，并在庭审过程中适当提示当事人正确行使诉讼权利、履行诉讼义务。"

对本条文的理解与适用，应当掌握如下基本内容：

1. 鉴于简易程序适用于法院审理事实清楚、权利义务关系明确、争议不大的简单的民事案件，因此，应当与普通程序中对已委托律师代理诉讼的当事人进行诉讼上的释明有明确区别，即对没有委托律师、基层法律服务工作者代理诉讼的当事人，法院在庭审过程中可以对回避、自认、举证证明责任等相关内容向其作必要的解释或者说明，而对于简易程序中已委托律师代理诉讼的当事人则没有进行相关释明的必要。反之，如果是在普通程序中，对于那些法律关系一时难以明确以及案件事实较为复杂的案件，如涉及自认、举证责任问题等，即使对于已委托律师代理诉讼的当事人，也有进行释明的必要。

2. 从《民事诉讼法解释》第 268 条规定的字面理解来看，对没有委托律师、基层法律服务工作者代理诉讼的当事人，法院在庭审过程中可以对回避、自认、举证证明责任等相关内容向其作必要的解释或者说明，而对于已委托律师代理的当事人则不存在这种必要。但是，从技术上而言，如果这里所指的"举证证明责任"仅限于客观举证责任，则不存在问题，如果也包含主观举证责任（或称行为意义上的举证责任），则存在不具有可操作性的问题。因为，原告一方当事人和被告一方当事人分别向法院就待证事实提出本证与反证，无论是原告的本证，还是被告的反证在法院的心证当中是否达到了相应的内心确信程度，是否符合有关证明标准上的要求，或者说是否在特定情形下出现了真伪不明状态，这些都需要审判人员据情向双方当事人以释明方式公开其心证，以有利于当事人能够及时补充提交相关证据，防止裁判突袭的发生。

3. 本条文中，所谓"作必要的解释或者说明"，主要是指法院向有关当事人就有关事项进行释明的广度与深度。鉴于因各种原因未委托律师、基层法律服务工作者代理诉讼的当事人缺乏必要的诉讼能力,这种诉讼能力包括对有关法律、法理和法律常识缺乏基本了解和没有经过专门训练而缺乏庭审经验等,无法与对方有律师代理的当事人进行平等对抗,因此,法院向其作必要的解释和说明,在就有关事项进行释明其无论深度还是广度上,一般应高于有律师代理的当事人。

4. 即使在简易程序案件中,由于情况千差万别,有些案件的复杂程度超过当初的预期,但基于各方面的考虑又不便转为普通程序的,为了保证案件的审理能够沿着正确方向向前推进,加强与双方当事人及时沟通显得不可或缺。在这种情况下,对一方或双方当事人是否出现没有委托律师、基层法律服务工作者代理诉讼的,法院应及时向双方当事人释明程序推进的意图,否则就可能出现导致影响当事人程序利益或实体权益的现象,故此法院应当适时向双方当事人公开其心证,协调相互之间的立场。当然,根据个案中一方没有委托律师、基层法律服务工作者代理诉讼的情形,法院在向双方当事人进行释明时,应根据其相应的诉讼能力作差别化的处理。

## 六、案例实务与问题解析

### 案例一　如何处理原告所持内容含糊的借条

〔基本案情〕

原告张某就与被告李某民间借贷纠纷一案,向法院提起诉讼,提出要求李某偿还张某借款 5 万元的诉讼请求。原告提交了一张居民身份证和李某出具一份借条。其中,居民身份证显示张某住所为华容县三封寺镇,而借条的主要内容为"今借到梅田湖镇张老板现金 5 万元"。

〔意见分歧〕

在本案中,法院应否立案?立案后被告下落不明又该如何处理?

有一种观点认为,法院应予立案,立案后如发现不符合起诉条件,应裁定驳回原告的起诉。本案中,原告提供的借条上债权人表述为"梅田湖镇张老板"。这一称谓太过笼统、模糊,不能推断张老板是谁。另外,在张老板笼统模糊指向不明的前提下，又仅仅写"梅田湖镇"就显得简单、草率。梅田湖镇是张老板的住所，还是工作单位所在地，还是经常居住地，使人不得而知。故依照《民事诉讼法解释》第208条第3款规定，立案后发现不符合起诉条件的，裁定驳回起诉。

另一种观点认为，法院应予立案，鉴于原告持有债权凭证，应判决支持原告的诉讼请求。本案中，债权人表述为梅田湖镇张老板，视为对债权人表述不明，可以按债权凭证没有载明债权人处理，原告持有借条，就享有权利，法院亦应支持其诉讼请求。

〔问题解析〕

笔者认为，上述第一种观点，过于机械地理解现有法律和司法解释的规定，没有正确地处理好法律所规定的证据与法院心证之间的关系，片面的理解案件中的证据只能来源于当事人的举证，忽略了法院开庭审理当中的庭审调查（询问）和就案件事实和证据问题行使释明权为当事人进一步举证以及法官心证所形成的契机，同时，也忽略了当事人的陈述、交易习惯、经验法则、司法认知、庭审笔录等作为证据或证据方式的重要价值。在立案后发现不符合起诉条件未经过庭审就直接裁定驳回起诉，也不符合包括法院心证形成等审判的基本规律，显得过于武断。

而第二种观点也存在明显的错误，如果就有关债权凭证对债权人表述不明，就视为谁持有借条谁就享有权利，这种立场缺乏法律支撑，并且，《最高人民法院关于审理民间借贷案件适用法律若干问题的规定》（以下简称《民间借贷案件规定》第2条明确规定："出借人向人民法院起诉时，应当提供借据、收据、欠条等债权凭证以及其他能够证明借贷法律关系存在的证据。当事人持有的借据、收据、欠条等债权凭证没有载明债权人，持有债权凭证的当事人提起民间借贷诉讼的，人民法院应予受理。被告对原告的债权人资格提出有事实依据的抗辩，人民法院经审理认为原告不具有债权人资格的，裁定驳回起诉。"

笔者认为，在审理民间借贷纠纷中，被告方下落不明的情况并不少见，对此法院应当在审判上应当予以（司法）认知。在本案中，即便被告方下落不明，也不影响法院对本案的开庭审理，以便进一步获得法院形成心证所需要的有关证据和其他信息资料。因此对这类案件的审理，法院应通过庭审进一步了解案件事实和进行相应的法庭调查，以决定最终对原告的诉讼请求做出何种判断。在本案庭审过程中，法院应当根据生活常识、交易习惯和经验法则等，对案件开展调查询问，就证据问题向当事人进行必要的阐明。经过庭审之后，法院据情可作出支持原告诉讼请求或驳回原告诉讼请求的裁判，而不能就庭审程序的证据调查和事实调查草率地进行简易化处理，法院应将庭审程序作为进一步收集、调查证据的重要平台和场合。

2019年《民事证据规定》第2条第1款规定："人民法院应当向当事人说明举证的要求及法律后果，促使当事人在合理期限内积极、全面、正确、诚实地完成举证。"该规定与2001年《民事证据规定》第3条第1款内容完全相同。该项规定就法院向当事人在举证的要求和法律后果问题上作出了原则性的规定。该项规定要求，诉讼的推进主要由法院依职权来主导，法院主要通过行使诉讼指挥权来对程序加以管理，而法院在程序上的释明权是诉讼指挥权的一个重要组成部分。法院这种释明权，既是一种权利，更是一种义务。以义务为重心的职权构造模式更加有利于法院与当事人之间的诉讼沟通与信息交流格局的形成，使得当事人在各个诉讼阶段的合理期限内如何在法律允许的空间范围内从事与举证有关的行为获得较为明确的指引和预期。该项规定属于一般性的原则规定，其适用的程序类型和案件范围具有广泛适用性，既适用于普通程序，也适用于包括本案在内的简易程序案件。

## 案例二　法院如何对待本案当事人的诉讼请求

〔基本案情〕

2000年10月，张某向李某借用红砖3000块，用于修建围墙，同时张某与李某商定一旦李某需要使用这些红砖时，张某立即返还。2010年5月，李某准备建房，向张某索要此3000块红砖。张某认为现在红砖已经使用，无法返还，即使返还价款也应比照2000年红砖每块0.25元的价格，于是，他拒绝了李某的要求。之后，李某诉至法院，要求判令张某立即给付红砖3000块。一审法院审理后，支持了李某的诉讼请求，张某应于判决生效后10日内返还李某红砖3000块。张某不服，认为红砖已经不存在，无法恢复借用状态，遂向某中级人民法院依法提出上诉。

〔意见分歧〕

本案在二审过程中，合议庭形成三种观点：

第一种意见认为，李某虽然出借的是红砖，但同等数量的红砖已经被张某全部使用，无法返还实物，并且张某出借时红砖的市场价格仅为0.25元，李某现请求判令给付3000块红砖无法执行，更无实际操作意义，此案程序虽然合法，但认定事实有误，应依法改判，驳回原告李某的诉讼请求。

第二种意见认为，因李某购买红砖的目的是为了具体使用，双方的约定实质上属于借用合同，现在向人民法院请求的即为物权，张某应及时返还财产。本案中的李某现在需要使用此红砖来实现物的价值，张某应遵守合同的诚信原则，及时履行自己的承诺。法院判决后，张某应从本地区购买相同数量的红砖给付李某，所以李某的诉讼请求应予支持。

第三种意见认为，此案虽认定事实清楚，但程序违法，应发回重审。理由是李某出借的红砖已经实际使用，此情况李某在诉讼请求及庭审中已经充分陈述，双方并无异议，法官在审判过程中有义务向原告释明，引导其合理确定或变更诉讼请求，此案在一审中程序运用不当而引发结论失衡。

〔问题解析〕

在本案中，李某向法院起诉，要求判令被告张某立即给付红砖3000块。对此，被告辩称，红砖已经使用，在客观上已无法返还，如果按照价款返还的话也应比照2000年红砖每块0.25元的价格。在本案中，鉴于双方当事人当初按照借用合同关系对有关红砖做出使用和返还的约定以及原告李某按此约定向法院提出的诉讼请求，在客观上具有不可执行性，即缺乏实际可操作性，根据2001年《民事证据规定》第35条规定以及按照公平、合理及便宜原则，法院应当及时告知原告变更其诉讼请求，在此过程中，法院应当尽量与双方当事人进行协商，建议其可选择实际采用两种方案当中的一种，即将返还原已使用3000块红砖的诉讼请求，改为根据原有红砖的质量及按照现有市场价格支付相应红砖数量的价款，或者根据原有红砖的质量及按照现有市场价格返还相应数量的红砖。①② 鉴于原告诉讼请求发生了变更，法院也应一并告知原告就原有红砖的质量及现有市场价格提供相关的证据，并为此重新指定举证期限。在本案中，原一审法院在未经告知原一审原告变更其诉讼请求的情况下，支持了其诉讼请求，显然是不妥当的。为了维护有关当事人的审级利益以及两审终审制的程序功能，二审法院可据情作出撤销原一审判决、发回重审的裁定。

上述第一种观点以 3000 块红砖无法执行且认定事实有误为由，认为应依法改判，即驳回原告李某的诉讼请求，这种观点体现的是片面强调当事人的辩论主义，显然忽视了国家适度干预主义在民事诉讼中的必要性。因此，尽管民事诉讼以维护当事人的私权利益为核心，但是，为了保障审判的公正与程序的效率，"法院并不能满足于被动或者消极的态度，还需根据需要采取适当的方法进行保护性介入"③，因此，面对本案当事人提出诉讼请求的具有不可执行性，该种观点不主张法院采取适度干预，而是强调消极、被动地应对，显然具有不妥当性。上述第二种观点的有关论述也多偏向于有关实体法，而未能根据有关诉权法理以及有关法律和司法解释的规定促使当事人变更其诉讼请求，因此，这种观点缺乏程序上正当性与可操作性。相较而言，上述第三种观点对于案件事实的认识和有关程序的处理，显得较为正确、合理、可行。

根据 2019 年《民事证据规定》第 53 条规定："诉讼过程中，当事人主张的法律关系性质或者民事行为效力与人民法院根据案件事实作出的认定不一致的，

---

① 2019 年《民事证据规定》第 53 条规定："诉讼过程中，当事人主张的法律关系性质或者民事行为效力与人民法院根据案件事实作出的认定不一致的，人民法院应当将法律关系性质或者民事行为效力作为焦点问题进行审理。但法律关系性质对裁判理由及结果没有影响，或者有关问题已经当事人充分辩论的除外。存在前款情形，当事人根据法庭审理情况变更诉讼请求的，人民法院应当准许并可以根据案件的具体情况重新指定举证期限。"

② 2019 年《民事证据规定》第 2 条第 1 款规定："人民法院应当向当事人说明举证的要求及法律后果，促使当事人在合理期限内积极、全面、正确、诚实地完成举证。"另外，对于适用简易程序审理案件的，《民事诉讼法解释》第 268 条规定："对没有委托律师、基层法律服务工作者代理诉讼的当事人，人民法院在庭审过程中可以对回避、自认、举证证明责任等相关内容向其作必要的解释或者说明，并在庭审过程中适当提示当事人正确行使诉讼权利、履行诉讼义务。"

③ ［日］三月章：《日本民事诉讼法》，汪一凡译，我国台湾地区五南图书出版公司 1997 年版，第 186 页。

人民法院应当将法律关系性质或者民事行为效力作为焦点问题进行审理。但法律关系性质对裁判理由及结果没有影响，或者有关问题已经当事人充分辩论的除外。存在前款情形，当事人根据法庭审理情况变更诉讼请求的，人民法院应当准许并可以根据案件的具体情况重新指定举证期限。"为了尽量避免2001年《民事证据规定》第35条有关法院直接以释明方式告知变更诉讼请求对程序推进可能产生的消极影响抑或者造成的复杂局面，2019年《民事证据规定》第53条对原规定做出相应调整，即当出现当事人主张的法律关系性质或者民事行为效力与法院根据案件事实作出的认定不一致的，法院不再直接以释明方式告知当事人变更诉讼请求，而是要求法院将法律关系性质或者民事行为效力作为焦点问题进行审理。就本案而言，在适用2019年《民事证据规定》第53条的条件下，法院应当将双方当事人各自提出的主张以及所依据权利基础及实践中的可行性作为双方当事人的争议焦点进行审理，以便双方当事人能够充分的行使辩论权，在此问题上进行有效的攻击与防御，使得法院心证的形成建立在充分听取双方当事人的辩论意见的基础上。

## 案例三　本案中的出警记录能否证明原告的事实主张

〔基本案情〕

原告许某在被告处购买某品牌的一台太阳能热水器，并由被告负责安装。安装完毕后，被告就太阳能热水器的使用向原告进行了演示，经测试无其他问题后，交予原告使用。后原告支付了太阳能热水器款1600元。2010年10月2日6时许，原告家的太阳能热水器在上水过程中发生进水管接口处脱落，导致自来水流入室内，造成复合地板、衣柜、门及门套受损。随后，原告家人报警，警察到场后进行了情况登记。出警情况记载：原告家因太阳能热水器进水管接口处脱落，导致房屋内渗水，以致室内地板、家具等损坏，双方因此产生矛盾纠纷。被告吴某在登记表上签名并对接口处的部件进行了更换。2010年11月10日，原告起诉被告要求赔偿。经评估，原告受损财产金额合计29400元。

法院认为，原告主张被告安装太阳能热水器存在瑕疵，导致原告受损，应当由原告承担相应的举证责任。原告提供的出警记录证明2010年10月2日原告家因太阳能热水器进水管接口处脱落，导致房屋内渗水，以致室内地板、家具等损坏，但是，不能直接证明水管脱落就是被告安装不当所致，也不能合理排除其他可能性，该证据不能形成最优证据，因此，原告要求被告赔偿损失的诉讼请求，证据不足，不应予以支持。最后，法院判决驳回原告许某的诉讼请求。

〔意见分歧〕

在本案的审理过程中，其争议焦点为：原告家的太阳能热水器进水管接头脱落漏水，是否是由被告安装不当导致的。

一种观点认为，原告家的太阳能热水器在安装时，虽然经过被告测试后交付使用，但是在使用过程中出现了故障，被告应当对产品瑕疵承担保证义务，同时原告的家具等损失是由于产品瑕疵引起的，所以原告的损失应当由被告承担。

另一种观点认为，由于无法查明该太阳能热水器水管脱落是被告安装不当导致的，还是原告使用不当人为造成的，还是其他人员破坏的，原告没有直接、充分的证据证明是被告安装不当造成的，应当承担举证不利的后果，因此，原告的主张应当被驳回。

还有一种观点认为，根据证据原理，当案件结束时，如某一项案件事实仍无法得到证明，应当按照"请求权人承担权利形成要件的客观证明责任，请求权人的对方当事人承担权利妨碍要件、权利消灭要件和权利阻碍要件的客观证明责任"这样一个基本规则来进行证明责任的分配。2001年《民事证据规定》第2条第1款规定，当事人对自己提出的诉讼请求所依据的事实或者反驳对方诉讼请求所依据的事实有责任提供证据加以证明。没有证据或者证据不足以证明当事人的事实主张的，由负有举证责任的当事人承担不利后果。

〔问题解析〕

在本案中，作为当事人的争议焦点，是原告家因使用太阳能热水器所遭受损失的事实是否与被告安装行为存在因果关系。而在本案中的表述是不准确的，即："原告家的太阳能热水器进水管接头脱落漏水，是否是由被告安装不当导致的。"这是因为，首先，证明太阳能热水器进水管接口处脱落的事实，是一种与专业有关的事实，对此，因出警记录不具有证据的适格性，故无法证明该事实的存在；其次，本案中，没有证据证明存在被告安装不当的事实，而所谓"被告安装不当"，这只是本案原告主张的事实。

本案主要存在的问题是，并非没有存在相应的证据或者适当的证据方式，而是当事人，特别是原告没有采用适当的举证方式，法院也没有根据2001年《民事证据规定》第3条第1款①的有关规定向双方当事人履行相应的释明义务（尤其是在当事人没有委托律师代理诉讼的情况下），同时，法院也没有在必要时到现场进行勘验，最终导致案件事实无法查清。因此，在本案中，原告为了支持其诉讼请求和事实主张仅仅提供了不具有适格性出警记录作为证据，而法院在没有充分释明的情况下直接判决原告败诉，这种做法值得商榷。

在本案中，作为原告家的太阳能热水器进水管接头脱落漏水的原因，不排除存在这样几种可能性：其一，被告安装不当；其二，原告使用不当；其三，其他人为因素或外界因素，等等。因此，对本案事实的认定，需要有具备相应专业知识的人到现场进行确认。2001年《民事证据规定》第30条规定："人民法院勘验物证或者现场，应当制作笔录，记录勘验的时间、地点、勘验人、在场人、勘验的经过、结果，由勘验人、在场人签名或者盖章。对于绘制的现场图应当注明绘制的时间、方位、测绘人姓名、身份等内容。"②可见，在本案中，为了查清案件事实，在有关当事人未提出申请的条件下，法院可依职权对物证或者现场进行勘验。法院可以要求具有专业知识的人参与勘验，最终形成勘验笔录，在庭审中提交双方当事人发表质证意见。

另外，2001年《民事证据规定》第61条第1款规定："当事人可以向人民法院申请由一至二名具有专门知识的人员出庭就案件的专门性问题进行说明。

---

① 2019年《民事证据规定》第2条第1款对此也做出了相同的规定。
② 《民事诉讼法解释》第124条规定："人民法院认为有必要的，可以根据当事人的申请或者依职权对物证或者现场进行勘验。勘验时应当保护他人的隐私和尊严。人民法院可以要求鉴定人参与勘验。必要时，可以要求鉴定人在勘验中进行鉴定。"2019年《民事证据规定》第43条亦规定："人民法院应当在勘验前将勘验的时间和地点通知当事人。当事人不参加的，不影响勘验进行。当事人可以就勘验事项向人民法院进行解释和说明，可以请求人民法院注意勘验中的重要事项。人民法院勘验物证或者现场，应当制作笔录，记录勘验的时间、地点、勘验人、在场人、勘验的经过、结果，由勘验人、在场人签名或者盖章。对于绘制的现场图应当注明绘制的时间、方位、测绘人姓名、身份等内容。"

人民法院准许其申请的，有关费用由提出申请的当事人负担。"① 因此，在本案中，法院可就上述有关法律和司法解释的规定向原告进行释明，以便其采取适当的方式进行举证。

因本案属于与产品质量有关的诉讼案件，上述第一种观点有关证明责任分配存在明显错误，根据2001年《民事证据规定》第2条第1款规定："当事人对自己提出的诉讼请求所依据的事实或者反驳对方诉讼请求所依据的事实有责任提供证据加以证明。"② 在本案中，按照原告的诉讼请求和事实主张，被告安装不当（侵权行为）的事实以及原告家因使用太阳能热水器所遭受损失的事实与被告安装行为存在因果关系，故对这些要件事实的举证责任，应当由原告来承担。

而上述第二种观点的表述存在明显错误，即"由于无法查明该太阳能热水器水管脱落是被告安装不当导致的"，事实上，本案没有证据证明存在"被告安装不当"的事实，因此，这种推论的前提就存在错误。持这种观点的人之所以存在这种错误认识，主要是因为其并未将侵权诉讼纠纷当中的有关要件事实作为双方当事人争议的焦点来认识。但该观点的下述表述则是正确的，即："原告没有直接、充分的证据证明是被告安装不当造成的，应当承担举证不利的后果"。

在本案中，并不存在第三种观点所主张的采用客观举证责任来对双方各自的事实主张分配举证责任问题，之所以产生这种认识，体现了该第三种观点在理论上混淆了有关当事人在行为意义上的举证责任和结果意义上的举证责任的区别。

如何适用现行法律和司法解释来解决本案当中所涉及的问题，根据《民事诉讼法》第82条规定："当事人可以申请人民法院通知有专门知识的人出庭，

---

① 《民事诉讼法》第82条规定："当事人可以申请人民法院通知有专门知识的人出庭，就鉴定人作出的鉴定意见或者专业问题提出意见。"《民事诉讼法解释》第122条第1款规定："当事人可以依照民事诉讼法第八十二条的规定，在举证期限届满前申请一至二名具有专门知识的人出庭，代表当事人对鉴定意见进行质证，或者对案件事实所涉及的专业问题提出意见。"

② 《民事诉讼法解释》第90条第1款规定："当事人对自己提出的诉讼请求所依据的事实或者反驳对方诉讼请求所依据的事实，应当提供证据加以证明，但法律另有规定的除外。"

就鉴定人作出的鉴定意见或者专业问题提出意见。"并且,《民事诉讼法解释》第122条第1款规定:"当事人可以依照民事诉讼法第八十二条的规定,在举证期限届满前申请一至二名具有专门知识的人出庭,代表当事人对鉴定意见进行质证,或者对案件事实所涉及的专业问题提出意见。"另外,《民事诉讼法解释》第124条规定:"人民法院认为有必要的,可以根据当事人的申请或者依职权对物证或者现场进行勘验。勘验时应当保护他人的隐私和尊严。人民法院可以要求鉴定人参与勘验。必要时,可以要求鉴定人在勘验中进行鉴定。"2019年《民事证据规定》第43条亦规定:"人民法院应当在勘验前将勘验的时间和地点通知当事人。当事人不参加的,不影响勘验进行。当事人可以就勘验事项向人民法院进行解释和说明,可以请求人民法院注意勘验中的重要事项。人民法院勘验物证或者现场,应当制作笔录,记录勘验的时间、地点、勘验人、在场人、勘验的经过、结果,由勘验人、在场人签名或者盖章。对于绘制的现场图应当注明绘制的时间、方位、测绘人姓名、身份等内容。"本案中,如不考虑采用司法鉴定作为证据方法,在法院面对专业问题无法作出相应事实认定的情形下,勘验作为法院调查证据的一种必要方法,法院可根据当事人的申请或据情依职权对有关物证或现场进行勘验,法院应当在勘验前将勘验的时间和地点通知当事人。另外,法院也可以考虑向有关当事人进行释明,要求其根据《民事诉讼法》第82条和《民事诉讼法解释》第122条第1款规定,申请一至二名具有专门知识的人出庭,代表其对案件事实所涉及的专业问题提出意见。在本案中,原告属于普通消费者,而被告处于专业机构或专业人士地位。鉴于本案中当事人之间的争议焦点是,原告因使用太阳能热水器所遭受损失的事实是否与被告安装行为存在因果关系,在举证能力和证明关系上,考虑到本案的待证事实涉及双方当事人的信息不对称以及武器不平等这些因素,故应由被告对该因果关系的待证事实负有举证责任,如果就该要件事实的证明最终出现案件事实真伪不明状态,由被告承担不利的裁判后果。

# 第三章
## 当事人举证及举证责任分配

## 一、主张责任

**（一）主张责任的语义及其应用基础**

在理论上，主张责任有时也被称作阐述责任、辩论责任①、证实责任②、说明责任③、引证责任④或者提出责任⑤。在此，所谓主张责任，系指一方当事人为支持其诉讼请求就相关案件事实所作出的声明与陈述或者相对一方当事人对此提出的抗辩主张，由此所引发的各自在诉讼证明上的必要，以便促成法院据此产生具体法律适用效果。⑥ "主张责任其实是证明责任的所有实质问题的延伸。主张责任指的是，当事人必须提出确切具体的事实主张，以此来说服法官承认当事人所期望的法律后果的小前提（要件事实）。"⑦

当事人是通过主张责任来划定其证明行为指向的对象与范围的同时，也划定了法院在事实问题上所应当关注的焦点与范围。当事人为了获得对其有利的裁判后果，除了力争使法院将证明的事实作为裁判的基础之外，在此之前，或者至少与此同时还必须将力争使法院将其提出的事实主张作为裁判的基础，并且，相较而言，事实主张应当作为形成证明事实的基础。由此而论，事实主张应当被看作裁判基础的根据。

---

① Weber-Grellet, Bewei-und Argumentationslast im Verfassungsrecht, Diss. 1978, S.51ff.; Fuss, JZ 1959, 331 und JZ1962, 747.

② Lüderitz, 46. DJT, Teil 2 E, S. 85; Musielak, Grundlagen, S. 54.

③ A. Blomeyer, ZRP, § 69 Ⅰ 2（S.342）.

④ Rosenberg, Beweislast, S.43.

⑤ Weber-Grellet, Bewei-und Argumentationslast im Verfassungsrecht, Diss. 1978, S.72.

⑥ 在理论上，有一种观点认为，主张责任是指，当事人必须提出确切具体的事实主张，以此来说服法院承认当事人所期望的法律后果的小前提即要件事实。参见[德]汉斯·普维庭：《现代证明责任问题》，吴越译，法律出版社 2000 年版，第 68 页。还有一种观点认为，如果当事人不提出对自己有利的主要事实，那么就会因法院不适用与该事实相对应的法律而导致自己承受不利的裁判，这种不利益或者危险就被称之为主张责任。参见[日]高桥宏志：《民事诉讼法——制度与理论的深层分析》，林剑锋译，法律出版社 2003 年版，第 432 页。

⑦ [德]汉斯·普维庭：《现代证明责任问题》，吴越译，法律出版社 2000 年版，第 67 页。

### （二）当事人的主张责任与举证责任之间的关系

当事人的主张责任与举证责任是一种恒定的不可分割的关系。在诉讼上，主张责任与举证责任一并归属于特定的一方当事人。从逻辑关系上看，主张责任先于举证责任而产生，凡是有当事人的主张责任必有诉讼证明的问题。"主张与举证，有不可分之关系。"[①] 在通常情况下，一方当事人所提出的事实主张，该方当事人为支持这一事实主张应负担相应的举证责任。但是，在一些特殊情况下，这种客观上的举证责任并非必须由该方当事人实际负担亦可卸除。例如，基于公共政策的需要而对举证责任实行倒置从而使对方当事人就有关事实要件承担举证责任，以及法院采用司法认知也可免除提出事实主张的一方当事人的举证责任。

从主张责任与证明责任两者的关系来看，存在着形式上的对应性与本质上的关联性。其中，从形式上的对应性来看，主观的主张责任与主观的证明责任之间以及客观的主张责任与客观的证明责任之间存在着显而易见的对应性；其中，从本质上的关联性来看，主观的主张责任与主观的举证责任之间存在着内在的关联性。因为，裁判的作出是建立在法院所确定的特定审理框架之内的产物，而这种审理框架的建构，是以双方当事人提出的具体事实主张为基础的。经审理法院最终根据当事人所负担的主观举证责任对案件事实作出裁判，其中也包含着法院是根据当事人主观的主张责任作出裁判之意。例如，《最高人民法院关于生态环境侵权民事诉讼证据的若干规定》（以下简称《环境侵权证据规定》）第5条规定："原告起诉请求被告承担环境污染、生态破坏责任的，应当提供被告行为与损害之间具有关联性的证据。人民法院应当根据当事人提交的证据，结合污染环境、破坏生态的行为方式、污染物的性质、环境介质的类型、生态因素的特征、时间顺序、空间距离等因素，综合判断被告行为与损害之间的关联性是否成立。"适当的审理框架的确定，将有可能给具有利害关系的当事人带来利益，如果当事人未能提出具体的事实主张或者未能提出适当的事实主张，将无助于使诉讼活动的开展朝着对其有利的方向发展，并且使其面临承受不利裁判后果的风险。与此相同的是，为证明其事实主张，如果当事人在负担

---

[①] 姚瑞光：《民事诉讼法论》，中国政法大学出版社2011年版，第288页。

主观举证责任上无法提供相应的证据或者不能提出充分的证据，也将面临承受不利裁判后果的风险。在客观的主张责任与客观的举证责任之间存在着内在关联性问题上，在诉讼终结时，当法院发现因某种事实主张的欠缺或遗漏而将由此所产生的不利益判归其中对此负担主张责任的一方当事人来承受，与法院在诉讼终结时因出现案件事实真伪不明状态而将由此所产生的不利益判归对此负担客观举证责任的一方当事人来承受，二者之间也存在相同或类似的趣旨。

主张责任涉及当事人在诉讼上对某一要件事实虽有此利益，却没有提出相应的主张，或者没有提出适当的主张所产生的风险责任。①从功利主义角度来看，举证责任的分配决定着当事人之间的诉讼利益分配，举证责任分配的定位取向源自于当事人的主张责任。就常理而论，当事人不可能主张对自己造成利益损害的事实，这种利己主义观念与证明行为之间的风险责任具有高度的依存性，使得"谁主张、谁举证"成为分配举证责任的一项通行的法则。因此，举证责任的分配应当以主张责任的分配为基础，在学说上那种将举证责任分配原则视同主张责任分配原则的观念并不为过。

### （三）辩论主义与当事人的主张责任

从法院作出裁判的角度而言，无论何方当事人提出的事实主张，只要能够为法院通过当事人的证明活动就有关要件事实获得具体法律的适用效果就可以作为裁判的基础。但是，因为主张责任也只能由一方当事人负担，由此也会随之引发在当事人之间如何分配举证责任的问题。在理论上，有观点指出，主张责任的分配与举证责任的分配相一致已形成通说。②按照通说的观念，主张责

---

① 参见毕玉谦：《民事证明责任研究》，法律出版社2007年版，第9页。
② 参照［日］新堂幸司：《新民事诉讼法》，弘文堂平成10年版，第285页；［日］兼子一《民事诉讼法体系》，酒井书店昭和29年版，第262页；［日］三月章：《民事诉讼法》（法律学全集），有斐阁昭和34年版，第410页以下；［日］兼子一、松浦馨、新堂幸司、竹下守夫：《条解民事诉讼法》，弘文堂昭和61年版，第941页以下（松浦馨执笔）；［日］上田彻一郎：《民事诉讼法》（第二版），法学书院平成9年版，第304页以下；［日］司法研修所编：《民事诉讼中的要件事实（第一卷）》，法曹会昭和60年版，第20页以下，等等。转引自［日］高桥宏志：《民事诉讼法——制度与理论的深层分析》，林剑锋译，法律出版社2003年版，第431页。

任是因不主张主要事实而使相对应的法律不被适用而产生的不利益，而举证责任则是，因主要事实未被证明而导致相对应的法律不被适用而产生的不利益，因此，两者在分配上应归属于同一方当事人。由此可见，通说的观念是建立在这样一种假定产生某种法律效果的条件之下，即无论是主张责任还是举证责任，由于责任分担的一致性，使得它们均与有关的主要事实或者要件事实相对应的法律规范不能产生被适用的效果相联系。

对上述主张责任与举证责任在原则上相一致的通说，学界也存有反对意见。持反对意见的学者认为，当事人虽须主张经验法则、法规等，但无须证明。在此，应当明确的是，这里所谈及的主张责任仅涉及提出某一具体事实主张，因为某一具体的事实主张能够引发相应的作为适用法律的要件事实。例如，原告提出被告曾向其借款 2 万元至今尚未归还这一具体事实主张，就能够引发出原告应当对与形成权利相关的要件事实负担主张及举证责任，如形成借款法律关系的事实、原告向被告实际支付借款的事实、借款期限已届满的事实等。而经验法则、法规等则不属于这一范畴，而是属于司法认知以及"法官知法"的基本范畴。持反对意见的学者还认为，所有的要件事实虽均须证明，但在裁判上的自认或拟制自认的事实、显著的事实等均无需证明。对此，应当特别指出的是，并非为一方当事人所主张的对其有利的所有事实均需要证明，因为，在辩论主义条件下，虽为一方当事人所主张的事实，但相对一方当事人对此不予争执的，法院可将其径直采为裁判的基础，因为双方当事人对该事实已无辩论的必要；对于那些为一方当事人所主张而在当事人之间虽存在争执的事实，如果这些事实属于众所周知的事实或者在法院的职务上已显著的事实，为了降低诉讼成本并且使经法院认定的事实不违背经验事理的考虑，可免除有关当事人的举证责任。但是，当事人的主观责任则不存在免除问题。在辩论主义条件下，如果当事人不提出相关的事实主张，即使存在一些对该方当事人实体权利能够带来利益的显著事实，法院也不能够自动将其作为案件中的系争事实来认定。

在以辩论主义为主导的诉讼上，只有在经当事人主张并由法院在审判上加以确认的诉讼框架之内，才能产生作为判决基础的为法律所规定的要件事实，只有在言词辩论当中获得证明的当事人主张，法院才能据此事实作出判决。

因此，当事人就作为判决基础的要件事实负有主张责任。在民事诉讼中，当事人享有提出各种主张的权利，这是诉权所派生的结果。在各种主张权利当中，最核心和占有最支配地位的是事实主张的权利。这种权利之所以与责任相联系，是因为凡有事实主张，必有举证责任。主张责任是当事人为赢得胜诉而向法院提出的有利于自己的事实和利益的一种声明或诉讼立场。从时间的逻辑顺序而言，主张责任一般先于证据提供责任而产生。在提出诉讼请求后，原告自应提出事实主张，在提出事实主张之后，必然涉及举证责任的问题，这是一种法律逻辑上的内在联系与因果关系。民事诉讼以辩论主义为原则、国家干预为例外。在辩论主义架构下，未经当事人主张的事实和利益，法院原则上视其为不存在，不得作为裁判的事项或根据。从一般诉讼格局上来看，原告既有诉讼请求，就应有事实主张。两者之间的关系是，事实主张受到诉讼请求的支配，而事实主张又反作用于其诉讼请求；但就被告而言，仅有相反的抗辩事实主张，但没有独立的诉讼请求，除非其提出反诉。因此，当事人一方提出请求，必须要有主张其请求原因事实的存在，否则其请求即会失去依据而有遭受不利裁判的风险。

（四）我国有关法律及司法解释相关规定的理解与适用

1. 现行法所规定的主张责任

《民事诉讼法》第67条第1款规定："当事人对自己提出的主张，有责任提供证据。"

对本条文的理解与适用，应当掌握如下基本内容：

（1）在理论上，主张责任可分为主观主张责任与客观主张责任。主观主张责任主要与当事人的主观举证责任有关。本条文主要涉及主观主张责任，鉴于与当事人主观主张责任相联系的主观举证责任频繁发生，导致法院按照当事人的主观举证责任对案件事实作出裁判的情形几乎成为一种常态。因此，只要在审判上法官的内心确信对于案件事实的认定不发生真伪不明状态，那么本条文就不会涉及一方当事人的客观主张责任和客观举证责任问题。

（2）本条文中所谓"主张"，专指要件事实主张。所谓"当事人对自己提出的主张"，既包括原告一方对自己提出的主张事实主张，也包括被告一方对自己提出的抗辩（事实）主张。在实务上，当事人的主观举证责任通常处于动态转换状态，即一方当事人提供的证据完成了相关举证责任之后，便暂时卸除了这种主观意义上的举证负担，随之由相对一方当事人承担这种主观意义上的举证责任，直到其能够卸除为止。随着这种主观举证责任在双方当事人之间不断发生转换，直到一方不能卸除为止。凡最终不能卸除该种举证责任的一方当事人，应当承担败诉的不利后果。有关举证责任是否在当事人之间发生转换以及一方当事人是否能够卸除该种举证责任完全取决于法官的内心确信程度。鉴于这种内心确信的心证属于法官的主观范围，因此，该种举证责任被称之为主观举证责任。

（3）由于本条文所规定的当事人的主张责任与举证责任属于传统意义上的基本范畴，因此对于传统类型的民事诉讼案件适用性较强。但在现代社会条件下，随着现代工业化以及科技水平的迅猛发展，在某些特定类型的案件中，由于出现双方当事人信息不对称、武器不平等以及证据偏在等现实问题，导致当事人的主张责任与举证责任不对称情形的出现，以致事实上出现了反传统意义上的"一方当事人主张、另一方当事人举证"的主张责任与举证责任相互分离的状态。这种事态主要发生在实体法所规定的因特殊侵权行为所产生的侵权类型的案件当中，甚至也发生在实体法所规定的有关合同类型案件当中。这便涉及通常所说的举证责任"倒置"现象的出现。但是，应当注意的是，与举证责任"正置"所不同，这种举证责任的"倒置"并非将所有要件事实全数倒置给相对一方当事人，而只是将其中实体法所规定的特定要件事实"倒置"给相对一方当事人，在侵权类型的案件中最为常见的这种被"倒置"的要件事实为"主观过错""因果关系"等事实。

2. 有关司法解释所规定的主张责任

（1）《民事诉讼法解释》第90条第2款规定："在作出判决前，当事人未能提供证据或者证据不足以证明其事实主张的，由负有举证证明责任的当事人承担不利的后果。"

对本条文的理解与适用，应当掌握如下基本内容：

其一，本条文仅涉及当事人的主观主张责任和主观举证责任，与当事人的客观主张责任和客观举证责任无关。本条文表明在举证不能的情况下，当事人提出的事实主张将无法得到法院裁判的支持。

其二，因当事人提出的事实主张而产生的主张责任，导致产生主观意义上的举证责任。原告一方当事人因提出诉讼请求必须附有相应的事实主张，而被告一方当事人因反对原告的诉讼请求必须提出相应的抗辩事实主张。这两种主张均体现了当事人的主张责任。

其三，这种事实主张在双方当事人的表现形态上有所不同。就原告而言，当其无法提供相关的证据或者其所提供的证据在法院看来无法证明其事实主张时，就不可能发生主观举证责任由原告转换给被告的可能。在这种情形下，只要被告提出抗辩事实主张而不必提出相关证据即可获得胜诉。就被告而言，如果原告提供的证据较为充分，而被告并未提出有关反证或者其并非提供较为充分的反证的，原告有可能胜诉；而如果被告能够提供较为充分的反证时，很有可能会产生两种情形：一种是被告的反证足以推翻原告的本证；另一种是被告提供的反证即使不足以推翻原告的本证，但至少使得案件待证事实处于真伪不明状态。这两种情形均可导致被告最终获得胜诉。这种场景给人的启发是，被告一方当事人在举证上不要存在侥幸心理，积极地提供反证是最好的进攻。

（2）特殊情形下的主张责任

2019年《民事证据规定》第53条第1款规定："诉讼过程中，当事人主张的法律关系性质或者民事行为效力与人民法院根据案件事实作出的认定不一致的，人民法院应当将法律关系性质或者民事行为效力作为焦点问题进行审理。但法律关系性质对裁判理由及结果没有影响，或者有关问题已经当事人充分辩论的除外。"

对本条文的理解与适用，应当注意掌握如下基本内容：

其一，当事人在诉讼中提出何种主张是其行使处分权主义和辩论主义的集中体现。与通常当事人主张责任所不同的是，本条文涉及的主张责任较为特殊，它与当事人发动诉讼所依据的请求权基础和诉讼框架有关，即个案中法律关系的性质和民事行为的效力。而在通常情况下，在相同的请求权基础之上以及相同的诉讼框架之内，双方当事人申明其各自的主张，就有关焦点问题形成攻击与防御的态势，有助于保障当事人的辩论权，同时也有利于法院形成全面、客观、充分、合理的心证；反之，如果当事人所声明的主张并非依附于相同的请求权基础或者并非属于相同的诉讼框架之内，将无法充分、有效地保障当事人的辩论权，法院裁判心证的形成也将显得无的放矢。

其二，在通常情况下，当事人的主张责任所涉及的举证与反证对法官的心证产生拘束力，即在经过当事人辩论和法庭调查之后，法官即可形成裁判心证；然而，如果当事人的主张责任涉及法律关系的性质或民事行为的效力时，就有可能出现如下两种情形：其一，当事人双方就法律关系的性质或民事行为的效力有意见相左的认知时，法官就相关的问题释明其观点之后，双方当事人在法官释明的基础上进行举证与反证并予以充分的辩论，最终由法官形成裁判心证；其二，当事人双方就法律关系的性质或民事行为的效力发生分歧时，法官就相关问题释明其观点之后，原告一方当事人不愿调整或改变其原有的主张。在此情形下，法官应当将法律关系性质或者民事行为效力作为焦点问题进行审理，对双方当事人提供的本证与反证进行审查判断，并听取双方当事人的辩论意见，同时应进行必要的调查询问。在经过审理之后，如果原告仍坚持其此前的主张，法院应据情作出驳回其诉讼请求的裁判。在此情形下，当事人此后可再以法官所认定的法律关系或民事行为效力为基础另行起诉。当然，针对双方当事人各自在法律关系的性质或民事行为效力的主张上产生分歧，法官通过释明公开其（临时性）心证，并要求双方当事人在此心证的基础上就法律关系的性质或民事行为效力进行攻击与防御，在经过将有关分歧的议题作为焦点进行审理之后，也不能够排除在某些情况下，法官改变了原先的（临时性）心证，而这一心证与原告在法律关系的性质或民事行为效力上的主张相同。在此情况下，法官应当及时向双方当事人重新释明，并在释明的基础上要求双方当事人在相同的请求权基础上或同一诉讼框架内开展诉讼上的攻击与防御，然后作出实体性裁判。

## 二、要件事实

### （一）要件事实的界定

要件事实，亦称主要事实、待证事实①、案件事实②、基本事实③、要证事实、应证事实，等等。所谓要件事实，是指就实体法所规定就当事人的权利发生、变更或消灭所涉及的为当事人所争议的、能够产生实体法律后果的待证事实。例如，在合同纠纷案件中，涉及合同是否成立的事实、合同是否生效的事实、合同主要内容是否发生变更的事实、合同是否符合解除条件的事实、当事人是否违约的事实、是否发生不可抗力的事实等；在侵权纠纷案件中，有关侵权主体的事实、发生侵权行为的事实、对财产或人身造成损害的事实、涉及因果关系的事实、涉及加害人主观过错的事实、是否存在免责事由的事实等。

法官在审判上是以法规范作为大前提，而以要件事实作为小前提，从而导出以产生特定法律效果为目的的认定事实与判决的运用过程。"法律规定是大前提，事实是小前提，通过大小前提推出来的结论就是判决。"④这便是以制定法为传统的通过预先设定的实体法律规范来对当事人之间所争议的案件事实由法院作出裁判的思维模式。当这种法律上的构成要件事实在诉讼上成为待证事实时，它必须依当事人的主张为前提，因为"民事诉讼之审理，以辩论主义为权

---

① 2019年《民事证据规定》第30条第1款规定："人民法院在审理案件过程中认为待证事实需要通过鉴定意见证明的，应当向当事人释明，并指定提出鉴定申请的期间。"

② 2019年《民事证据规定》第44条第1款规定："摘录有关单位制作的与案件事实相关的文件、材料，应当注明出处，并加盖制作单位或者保管单位的印章，摘录人和其他调查人员应当在摘录件上签名或者盖章。"2019年《民事证据规定》第53条第1款规定："诉讼过程中，当事人主张的法律关系性质或者民事行为效力与人民法院根据案件事实作出的认定不一致的，人民法院应当将法律关系性质或者民事行为效力作为焦点问题进行审理。但法律关系性质对裁判理由及结果没有影响，或者有关问题已经当事人充分辩论的除外。"

③《民事诉讼法》第207条第2项规定："原判决裁定认定的基本事实缺乏证据证明的"，人民法院应当再审。《民事诉讼法解释》第102条第1款规定："当事人因故意或者重大过失逾期提供的证据，人民法院不予采纳。但该证据与案件基本事实有关的，人民法院应当采纳，并依照民事诉讼法第六十八条、第一百一十八条第一款的规定予以训诫、罚款。"

④［日］谷口安平：《程序的正义与诉讼》（增补本），王亚新、刘荣军译，中国政法大学出版社2002年版，第150页。

利主张及提出证据之基本原则,若当事人就其有利之主要法律要件事实不为主张时,于法院立场而言,即无将该项主要事实加以证明而调查之必要"[1]。因此,在诉讼上能够成为这种待证事实的,必须是由当事人所主张并在当事人之间存在争议的法律要件事实。在学理上,有学者认为,应当对要件事实与主要事实加以区隔。并提出,我国应当向辩论主义模式下的诉讼架构靠拢,摒弃"事实""基本事实"的模糊性表述,以此界定主要事实与间接事实界分基准的新理路。要件事实与主要事实需加以明确区分的根据在于,法律要件事实的存在并不是以仅凭自体即可立证,而是需要其他事实对其进行推论。因此,当事人必须就能够推论出法律要件事实的具体的事实进行主张。为了区别于"具体的事实主要事实说",引用"准主要事实"的概念来区别普通条款和一般条款的事实认定问题显得更为恰当。在普通条款情形下,例如消费借贷契约中,要件事实为"金钱的授受",主要事实则为"何人何时以何种方式进行了金钱授受",显然,普通条款情形下的主要事实,其实就是对要件事实作出充实化处理,此时要件事实与主要事实之间的联系的紧密性是不言而喻的。例如,在"过失"的要件事实与"醉酒驾驶""操控方向盘不当"之间加入"准主要事实"的概念是最为合理化的选择。[2]

要件事实分为"特别要件与一般要件,均规定于实体法中,不难识别,故为举证责任分配之通说"[3]。在学理上,诉讼上的要件事实通常被法律规范所抽象定型化为权利发生规范、权利障碍规范、权利消灭规范及权利制约规范四种类型。在实体法中所呈现的无数具体化的要件事实系以法律规范的形态作为其表现形式,大致可分为相互对立的两大类型:一类为基本规范,又称请求权规范、主要规范或者通常规范。凡能够发生一定权利的要件事实规范均属此类。这种要件事实规范被特别称之为权利发生规范。另一类即所谓的对立规范,这类要件事实规范又可分为三种类型:权利障碍规范、权利消灭规范和权利制约

---

[1] 陈荣宗、林庆苗:《民事诉讼法》(中),我国台湾地区三民书局股份有限公司2005年版,第471页。

[2] 参见包冰峰、张迪雅:《主要事实与间接事实之界分》,载《证据科学》2020年第28卷(第4期)。

[3] 姚瑞光:《民事诉讼法论》,中国政法大学出版社2011年版,第287页。

规范。凡在权利发生时，则将权利的效果因受障碍而使权利不能发生的，这种规范可称之为权利障碍规范。在权利发生以后，能够将已经存在的权利再为消灭的，凡规定这种内容的规范被称之为权利消灭规范。在权利发生之后，权利人欲行使权利时，能够将权利的效果加以遏制或者排除使该权利不能发挥效力时，这种规范被称之为权利受制规范。

（二）要件事实的基本法理

在成文法体系下，通常是以沿循三段论法作为思维方式与裁判方法。经立法者的预先设计与安排，法律的表现形式是从人们日常生活当中所反复从事的形形色色民事行为当中通过拟设、塑构，为实现特定的立法意图，使之成为一种法律上抽象的权利或义务规范。在适用抽象的法规范时，将这种法规范作为形成裁判的大前提，但是，这种法规范的适用效果必须通过法规范的具体化才能得以体现，从个案情况来看，抽象法规范的具体化，只能通过当事人为使其所主张的具体事实达到一定法律效果所进行的证明行为来实现。例如，生态环境保护民事公益诉讼案件，包括环境污染民事公益诉讼案件、生态破坏民事公益诉讼案件和生态环境损害赔偿案件。作为这些诉讼案件所涉及与当事人举证责任有关的要件事实，《环境侵权证据规定》第2条规定："环境污染责任纠纷案件、生态破坏责任纠纷案件的原告应当就以下事实承担举证责任：（一）被告实施了污染环境或者破坏生态的行为；（二）原告人身、财产受到损害或者有遭受损害的危险。"同时，《环境侵权证据规定》第3条规定"生态环境保护民事公益诉讼案件的原告应当就以下事实承担举证责任：（一）被告实施了污染环境或者破坏生态的行为，且该行为违反国家规定；（二）生态环境受到损害或者有遭受损害的重大风险。

在处理适用有关法律规范与适用举证责任规范问题上，举证责任规范因涉及权利要件事实的产生、障碍、消灭以及制约的内容，因此，它属于实体法规范。无论是主张权利产生所依据的基本规范的当事人，还是主张权利受到障碍、消灭以及制约所依据的对立规范的当事人，其试图证明的要件事实，在有关当事人负担主观举证责任并经法官自庭审对案件事实获得亲身感受之后，在审判上无非会出现以下三种结果：其一，法官确信有关要件事实已被证明，且可作为裁判的基础；其二，证明导致否定的结果，即法官确信有关要件事实未被证明；其三，有关要件事实是否已被证明或者是否未被证明仍处于真伪不明状态。而按照实体法的明确指示却只能是，只有当有关要件事实被证明之后才能作为裁判的基础，法官只有在此基础上，才能够适用相应的法规范并产生相应的法律效果；当有关要件事实未被证明时，法官不能适用相应的法规范。在这些情形下，也不能够导致相关法律效果的产生。但是，在审判上，当出现第三种结果，即有关要件事实处于真伪不明状态时，法官无法依据实体法获得明确的指示来决定如何作出裁判。由此而决定了作为证明责任裁判的法则本身的内部构造分为两部分：其一，因案件事实真伪不明所涉及的事实构成要件部分，它体现了用来表达立法者意图的大前提与司法裁判者尽其所能而查明的小前提之间因缺欠相应的对称性而难以产生预期法律适用效果的危机；其二，为克服这种证明上出现的困境而不得以对作为裁判基础的小前提作出硬性拟制部分，它体现了法院为了实现裁判的目的而不得不作出一种无奈选择。

（三）我国有关法律及司法解释相关规定的理解与适用

1. 有关要件事实的抽象规定

（1）《民事诉讼法》第 67 条第 1 款规定："当事人对自己提出的主张，有责任提供证据。"

对本条文的理解与适用，应当掌握如下基本内容：

其一，本条文所规定的"主张"，应限于事实主张。

其二，按照"规范说"基本原理，对原告而言，其提出的事实主张涉及因主张请求权而发生一定权利的法律规范，也即请求权规范。因此，这种事实主张所涉及的要件事实为权利（或法律）关系发生的事实；对被告而言，其提出的事实主张因对抗原告所主张的请求权所产生的对立性法律规范。因此，这种事实主张所涉及的要件事实为权利（或法律）关系发生障碍（变动）的事实、权利（或法律）关系发生消灭的事实以及权利（或法律）关系受到制约的事实。

（2）《民事诉讼法解释》第 90 条第 1 款规定："当事人对自己提出的诉讼请求所依据的事实或者反驳对方诉讼请求所依据的事实，应当提供证据加以证明，但法律另有规定的除外。"

对本条文的理解与适用，应当掌握如下基本内容：

其一，在本条文当中，何为一方当事人"提出的诉讼请求所依据的事实"，何为另一方当事人"反驳对方诉讼请求所依据的事实"，只能通过对实体法所规定的有关法律要件进行分析才能获悉。总之，各方当事人只能就有利于己的为法律所规定的要件事实负举证责任。

其二，就原告而言，权利发生规范使其据以产生民事权利以及利益的直接根据。在整个民事实体法中，权利发生规范占据了庞大的数量比例，从而构成了民事基本规范的核心部分；就被告而言，如果其对由原告所主张的请求权所涉及的要件事实持否定态度，他必须选择主张与此相关的对立规范来进行相应的抗辩，由此而决定了被告就其主张的对立规范所涉及的要件事实负担相应的举证责任。

（3）2019年《民事证据规定》第30条第1款规定："人民法院在审理案件过程中认为待证事实需要通过鉴定意见证明的，应当向当事人释明，并指定提出鉴定申请的期间。"

对本条文的理解与适用，应当掌握如下基本内容：

其一，本条文当中所称的"待证事实"，在2019年《民事证据规定》的其他条款当中也有相同称谓的规定，比如，第31条第2款、第46条第2款、第66条、第67条第1款、第70条第2款、第78条第1款等。可以说，"待证事实"是一种立法上的称谓，而"要件事实"则是一种法理上的称谓，两者在实质上并无不同。

其二，在实务上，如果有关待证事实系权利（或法律）关系发生的要件事实，就应当由原告方提出鉴定申请；如果有关待证事实系权利（或法律）关系障碍的要件事实、权利（或法律）关系消灭的要件事实和权利（或法律）关系制约的要件事实，就应当由被告方提出鉴定申请。

2.有关要件事实的具体化规定

《民事诉讼法解释》第91条规定："人民法院应当依照下列原则确定举证证明责任的承担，但法律另有规定的除外：（一）主张法律关系存在的当事人，应当对产生该法律关系的基本事实承担举证证明责任；（二）主张法律关系变更、消灭或者权利受到妨害的当事人，应当对该法律关系变更、消灭或者权利受到妨害的基本事实承担举证证明责任。"

对本条文理解与适用，应当掌握如下基本内容：

（1）本条文当中所称的"基本事实"，是"要件事实"的一种别称，因此，应当理解为"要件事实"。本条文是根据"规范说"来对双方当事人的举证责任分别加以设置的。

（2）与诉讼上双方当事人都承担相应的主观举证责任有所不同的是，对有关要件事实负担客观举证责任只能是一方当事人。在个案中，有关当事人就何种要件事实承担客观举证责任取决于有关实体法规范。例如，我国《民法典》第465条第1款规定："依法成立的合同，受法律保护。"第509条第1款规定："当事人应当按照约定全面履行自己的义务。债务应当清偿。"第667条规定："借款合同是借款人向贷款人借款，到期返还借款并支付利息的合同。"据此，根据法律要件分类说的基本原则，在某一涉及原告请求法院判决被告返还借款诉讼中，原告须就双方当事人曾就借款达成合意的事实以及原告向被告交付钱款的事实承担举证责任。这些事实均为上述法律所规定的权利构成要件事实。

（3）与诉讼上主观举证责任在当事人之间不断产生及转换的动态有所不同的是，客观举证责任是基于实体法律关系预先由立法者所设置的结果，一旦依据实体法确定由哪一方当事人负担后，在整个诉讼过程中便始终固定于该方当事人。在该事实被证明之前，作为一种潜在的风险始终由该方当事人负担，并不随着举证活动的进行而转移给对方当事人。直至终局裁判时，因特定法律要件事实无法被证明而处于真伪不明状态，才由原先抽象意义上的风险负担转化为现实状态，使得负有这种客观举证责任的一方当事人承担败诉的后果。

（4）本条文当中的第1项，通常是由原告一方当事人就产生"该法律关系的基本事实承担举证证明责任"，这种所谓的"举证证明责任"，既包括主观举证责任，也包括客观举证责任。

（5）本条文当中的第2项，通常是由被告一方当事人就产生"该法律关系变更、消灭或者权利受到妨害的基本事实承担举证证明责任"，这种所谓的"举证证明责任"，同样既包括主观举证责任，亦包括客观举证责任。

## 三、举证责任及其分配

（一）举证责任的界定

举证责任，亦称立证责任、证明责任。在实务上，尽管在概念上"举证责任"和"证明责任"经常被交替使用，但在理论上都有其特定的含义。①

所谓举证责任，或称形式上的举证责任、主观上的举证责任、证据提出责任，是指当事人为避免败诉的风险，负有向法院提供证据证明其主张的事实存在的责任。当事人在诉讼上既已享有主张的权利，亦必为享有此种权利而承担提供证据以支持其主张的责任。它是民事诉讼当事人对自己提出的主张加以证明的责任。其中包括两方面的内容：一是指由谁提供证据证明案件事实，即举证责任的承担；二是指当不能提供证据证明案件事实时的法律后果由谁承担。罗马法以"原告应负举证责任"或"肯定者应负证明责任，否定者不负证明责任"作为其证明法则，这便是近代证明责任分配规则的最初源流。罗马法上的"谁主张、谁举证"原则，也是从这个意义上来体现证明责任的基本属性，即仅从行为责任上来看待证明责任问题。

对于证明责任的概念，在传统上存在不同的解读。早期的证明责任一词，仅以主观证明责任的含义而被加以诠释。直至1883年，德国学者Julius Glaser才将"证明责任"一词界定为具有主观证明责任与客观证明责任两种不同张力内涵的概念。②按照大陆法系一些国家如德国、日本的通说，"证明责任"与"举证的必要"的区别主要表现在，"证明责任"为事实仍真伪不明时，其不利益（败诉）归于何方当事人的问题，而"举证的必要"则为在具体的诉讼状态中，何方当事人如不提出证据，将招致不利益后果的问题。"证明责任"规定在

---

① 对此，有学者指出："作为术语的约定，单独言及的证明责任就是指客观的证明责任。另外，证明责任之术语是现在的一种表述用语，以前也被称之为立证责任或者举证责任，这些都是德语'Beweislast'一词的译语，即便是现在，立证责任与举证责任这一表述也仍然非常通用。"[日]高桥宏志：《民事诉讼法——制度与理论的深层分析》，林剑锋译，法律出版社2003年版，第421页。

② Julius Glaser, Handbuch des Strafprozesses, Leipzig 1883, und Beiträge zur Lehre vom Beweis im Strafprozeβ, Leipzig 1883. Rosenberg, Beweislat. 4 Aufl. S. 18.

实体法上，除有法律上的推定以外，不因诉讼事件时时刻刻的具体状态而发生变动。按照上述一些国家的通说所称的"证明责任"实质上指的就是客观证明责任，而与之相对应的"举证的必要"就是对主观证明责任的一种表述。故此，在学理上，证明责任可被化分为两种类型及属性，其一系"主观证明责任"[①]，或者"形式上的证明责任"，或者"证据提出责任"[②]。它是一种以主张责任为前提，从而使得当事人随之应当在诉讼上提出证据证明其事实主张的行为责任。其二系"客观证明责任"或者"实质上的证明责任"。它是一种涉及当事实的过程无法重建时，裁判者应当如何作出裁判以便对特定当事人产生实质性影响的结果责任。在诉讼过程中，当负有证明责任的当事人尽其所能向法院提供了所有证据资料、穷尽所有的证据方法以及法院亦依法进行证据调查以及相关情报信息的收集、核查，之后仍无法确定判决的要件事实或者重要事实是否存在时，这种情形绝非罕见。而在此情形下，法院究竟是以要件事实或者重要事实的存在或不存在作为适用法律的基础，便成为棘手的问题。这便是为客观证明责任所要解决的问题。这种实质意义上的证明责任具有克服案件事实真伪不明状态的功能，所谓"真伪不明"是指事实既非存在，也非不存在，也就是作为法规范适用大前提的构成要件是否处于不明状态，既不能认定其存在，也不能认定其不存在，也即，无法得出法律效果存在或者不存在的结论。而这种实质上的证明责任具有特定的转换功能，正如德国学者 Berg 所言，证明责任法则系将事实的不明确转换为终局的法律效果。[③]另外，这种证明责任法则还具有特定的分配功能。即将事实不明确转换为一定的法律效果时，使诉讼双方当事人中的一方受利益，另一方受不利益，而受不利益的一方当事人，即系负担事实真伪不明的不利益，也就是，受"无法证明"的不利益。因此，有德国学者将证明责任法则的适用称之为一种"危险决定"，也就是将"无法证明"的不利益在当事人之间进行了分配。

---

① Rosenberg Schwab Gottwald, a.a. O.（Anm.24）, S.670.

② Vgl.Grunsky, a.a.O.（Anm. 66）, § 41 Ⅰ, S.421; Rosenberg Schwab Gottwald, a.a. O.（Anm.24）, S.670.

③ Vgl.Berg, Die Beweislast im Verwaltungsprozess am Beispiel des Wohngeldrechts, Jus 1977, S.23f.

（二）举证责任与证明责任之间的关系

所谓证明责任，又称客观的举证责任、确定责任、实质上的举证责任。它是指当诉讼进行至终结而案件事实仍处于真伪不明状态时，提出某事实主张的人因此承担不利的诉讼后果。在我国，有一种观点习惯性地将举证责任视为主观的举证责任或形式上的举证责任，以便与证明责任相对应；还有一种观点习惯性地将举证责任与证明责任相互混用，对二者在形式上不严加区隔。至于指的究竟是主观举证责任，抑或客观举证责任，应视具体情况而定。

举证责任的概念引自于德日立法，鉴于主观上的举证责任如何分配较容易分辨，故设置举证责任的目的是防止法院在事实处于真伪不明时拒绝对案件作出裁判情形的出现。

在法理上，举证责任具有双重属性，即主观意义上的举证责任和客观意义上的举证责任。其中，主观意义上的举证责任，又称行为意义上的举证责任；客观意义上的举证责任，又称结果意义上的举证责任。前者系指当事人对所主张的事实负有提供证据的责任，这种提供证据的责任就是举证责任，它是一方当事人试图使法院获得对其有利的确信，借以卸除其举证负担的责任；后者系指当诉讼至终结而案件事实对法院而言仍处于真伪不明状态时，主张该事实的当事人应就此承担不利的诉讼结果。可见，举证责任是一种狭义上的证明责任，它所针对的是当事人在诉讼上的主张责任问题，而广义上的举证责任应当包括结果意义上的举证责任。结果意义上的举证责任是法律预先为诉讼设定的一种法律后果，它要解决的是在某一待证事实之存否难以查明，而法院又不能拒绝裁判的情况下，应当由何方当事人承担不利法律后果的问题。

就证据法所设置举证责任制度的目的而言，主要是着眼于解决当出现真伪不明状态时，法院应当如何作出裁判，即将不利诉讼后果确定其最终归属的问题。"一项争议事实'真伪不明'前提条件是：（1）原告方提出有说服力的主张；（2）被告提出实质性的反主张；（3）对争议事实主张有证明必要，在举证规则领域，自认的、不争议的和众所周知的事实都需要证明；（4）用尽所有程序上许可的和可能的证明手段，法官仍不能获得心证；（5）口头辩论已经结束，上述第三项的证明需要和第四项的法官心证不足仍没有改变。"① 对事实上的主张是否为真实，法官不能仅因有此主张，即予以确信，而必须提出相应证据予以证明，否则，对无证据的主张，法官不可能采纳为裁判的基础。因此，原则上，凡有主张责任必有举证责任与之伴随。举证责任是指诉讼当事人就案件当中所涉及的特定待证事实，为了避免败诉的风险而根据举证责任分配规则，或者由法官在特定情形下根据公平、诚信原则以及其他因素判定其在诉讼证明上所应承担的责任。应当确认的是，当事人的举证责任属于诉讼证明责任的一项重要内容，因此，举证责任在广义上属于证明责任的范畴。"证明责任的定义是从当事人的角度来构建的，即当某一事实处于真伪不明时，通过假定（拟制）该事实存在或者不存在来作出裁判，进而使一方当事人遭受的危险或不利益，就被称为证明责任。"②

客观上的举证责任是一种不利的后果，事实真伪不明是这种举证责任发生的前提，但此处的事实指的是主要事实（即要件事实），间接事实和辅助事实不在此范围内。法院并不承担何种举证责任，客观上的举证责任按照法律预先确定的由一方当事人承担，在当事人之间从不发生转移。

（三）举证责任的分配及其一般法则

在诉讼上，当事人之间的事实关系是法官裁判的基础，法官若想形成裁判，必须应当先就当事人之间的事实关系加以确定，在此前提下，才能够涉及适用法律并产生相应法律效果的问题。这种在何种情况下由何方当事人就法官所确定的待证事实来提供证据，以及在审判上当这些待证事实的存在与否最终出现真伪不明状态时，应当由何方承担败诉后果，诸如此类的法律问题，在民事诉讼法上被称之为举证责任的分配问题。对此，有学者指出，举证责任之分配，虽然有各种学说或法律条文可资参考或者依据，但均非完整无瑕，究竟应当依据学说或条文规定而作出分配，还是应当依据各种学说中何种学说来进行分配，

---

① [德]汉斯·普维庭：《现代证明责任问题》，吴越译，法律出版社2000年版，第22~23页。
② [日]高桥宏志：《民事诉讼法——制度与理论的深层分析》，林剑锋译，法律出版社2003年版，第420页。

仍有赖于法官根据其学识、智慧及经验作出公平的决断。①

  德国学者罗森贝克的规范说理论是法律要件分类说中最具影响力的学说。规范说从实体法律规范的相互关系中探寻举证责任分配的原则。在大陆法系民事诉讼中，法律要件分类说在举证责任分配问题上占有通说地位。由于这种基本理论是从民法规范本身抽象而来的，因此又称之为规范说。这种学说将民法规范分为对立的两类：一类为基本规范，也称请求权规范，系指那些发生一定权利的法律规范。这类规范体现了民事实体法系民事权益保护法的技术功能，是当事人在诉讼范围内请求司法保护与公力救济的指南与标识；另一类为对立规范，即相对于基本规范而独立存在的规范。这些规范分为三种情况：其一为权利妨碍规范，即系指那些在权利发生之始，将权利的效果视为妨害，致使权利不得发生的规范。其二为权利消灭规范，即系指那些在权利发生之后，能使既存的权利予以消灭的法律规范。其三为权利制约规范，即系指那些在权利发生之后，权利人欲行使其权利时，能使权利的效果予以遏制或消除，从而达到使权利不能得以实现的法律规范。有关民事主体据此类对立规范而享有诉讼上的抗辩权，是对相对一方当事人行使请求权的制衡。为此，根据特定请求权基础的法律要件而得出的举证责任分配规则是，凡主张权利存在的当事人，应就权利发生法律要件存在的事实承担举证责任；凡否定权利存在的当事人，应就权利妨碍法律要件，或者权利消灭法律要件，或者权利制约法律要件存在的事实承担举证责任。以上诸种分类，因权利发生与消灭的时间先后事实十分明显，对权利发生规范与权利消灭规范以及权利发生规范与权利制约规范的界限，较容易加以分辨，但只有权利发生规范与权利妨碍规范的界线较难区分。因此，必须以法条规定的形式加以区分。这是因为立法者已预先将权利发生的情形借用通常规范予以设定，而将权利妨碍的情形以例外规范的形式加以规定。法律条文中，凡以"但书"形式予以规定的，均为例外规范，亦即权利妨碍规范。对此，我国《民法典》第504条、第530条、第531条、第545条、第546条、第576条、第580条、第584条、第604条、第614条、第890条、第891条、第894条、第897条、第958条等当中所涉及"但书"内容，相对于其中权利

---

① 参见姚瑞光：《民事诉讼法论》，中国政法大学出版社2011年版，第294页。

形成规范而构成的权利障碍规范或权利消灭规范，为反对权利形成规范的一方当事人划定了提出相应利益主张并为此负担举证责任的空间领域。例如，《民法典》第530条第1款规定："债权人可以拒绝债务人提前履行债务，但是提前履行不损害债权人利益的除外。"据此，债权人享有拒绝债务人提前履行债务的权利，当债权人与债务人就此出现争议时，由债务人在诉讼上负主张责任以及相应的说明义务，必要时，由债务人对有关事实负有举证责任。

按照特别要件分担理论，凡主张法律上效果存在的当事人，应仅使其就属于效果发生的特别要件事实的存在负担主张及举证责任，至于一般要件事实的存在与妨碍法律效果发生及使其消灭或变更的事实不存在，该方当事人无须主张及负担举证责任。如对方当事人主张就效果发生的一般要件不具备或者有妨碍其发生效果的，或者主张其法律上的效果已消灭或变更的，转应由对方当事人就属于一般要件事实的不存在或者妨碍法律上效果发生与使其消灭或变更的事实存在负担主张及举证责任。在诉讼上，当涉及积极确认之诉与给付之诉或者形成之诉时，如原告主张作为诉讼标的的法律关系存在，故作为法律关系发生的特别要件事实，应由原告就其存在负担主张及举证责任。至于作为其一般要件事实不存在或者妨碍法律关系发生与使其消灭或者变更的事实存在，则由被告负担主张及举证责任；在消极确认之诉上，原告如主张作为诉讼标的的法律关系不存在，而被告主张其存在的，故作为法律关系发生的特别要件事实，应由被告就其存在负担主张及举证责任，至于作为其一般要件事实的不存在，或者妨碍法律关系发生与使其变更或消灭的事实存在，则应由原告负担主张及举证责任。

民事诉讼以辩论主义为主轴，当事人的主张责任和证据提供责任是紧密相关的，当事人从行为责任上讲，应就对有利于自己的事实和利益进行主张和提供证据，凡是未经当事人主张的事实和提供的证据都不得进行辩论（质证），未经辩论的证据和在此基础上所谓查明的案件事实均不得作为裁判的基础和适用法律的前提。

在民事诉讼上，就双方的事实主张而言，双方均负有相应的举证责任，但是，这种现象只不过是作为行为责任随着诉讼的进程而发生转移，以至于造成双方当事人对同一争议事实均负有对等举证责任的假象；事实上，诉讼中的结果责任，在一般情况下始终由特定一方当事人负担，即：原告对自己的主张负有提供证据的责任。当原告起诉时，必然要提出诉讼请求、事实理由，对此，应对诉讼请求所依据的事实承担举证责任；被告对自己的主张，特别是积极的抗辩（事实）主张，负有提供证据的责任。被告在应诉、答辩过程中，如对原告提出的主张予以否认、辩驳时，实际上是提出了消极的抗辩（事实）主张，被告可提出相应的证据，如对原告的诉讼主张提出反诉的，应对此负有举证责任；诉讼中第三人对其参加诉讼所依据的事实以及维护自己的权益所主张的事实负有举证责任。有独立请求权的第三人在参加诉讼中处于原告的诉讼地位，他有责任对自己在参加之诉中提出的诉讼请求所依据的事实提供相关证据；无独立请求权的第三人在诉讼中负有举证责任的情况，一般限于案件处理结果对其有某种利害关系。当审理和判决涉及他承担实体义务而使其提出自己的主张时，其应就此承担举证责任。共同诉讼人在诉讼中处于共同原告或共同被告的地位，他们对各自的主张负有举证责任。在必要的共同诉讼中，如果数个共同诉讼人中的一个人承担某一对数个当事人都产生影响的举证责任，即可视为所有必要的共同诉讼人都应当承担举证责任；在普通的共同诉讼中，一般来讲，共同诉讼人应各自承担举证责任，如果其中的一个共同诉讼人提出的证据对其他共同诉讼人所主张的事实有证明价值，并得到其他共同诉讼人的承认，则可免除其他人相应的举证责任。

（四）举证责任分配的特别法则

所谓举证责任分配的特别法则，是指法律有明文特别加以具体规定，或者基于传统举证责任分配一般规则上的缺陷，在立法上参照举证的难易程度、与证据的远近距离以及是否有利于损害的预防和救济等考量因素所确立的有关举证责任分配的特别规定。

在理论上，举证责任分配的特别法则涉及举证责任的转换。所谓举证责任转换是在证据法意义上所出现的涉及某一要件事实的举证责任分配法则发生特别变动的一种现象。举证责任转换指的是法院在个案或经由固定性实务见解就举证责任分配一般法则予以背反的证据法则。所谓举证责任转换的类型是指，因不同原因所形成的与罗森贝克的规范说导出的涉及某一权利要件事实证明责任分担所不同的特别情形。

需要说明的是，有关国外论著在译文当中通常会将"证明责任转换"直译为"举证责任倒置"或"证明责任倒置"，实际上这种"倒置"主要涉及对某一要件事实的"倒置"，或者在当事人之间发生转换问题。例如，侵权纠纷案件中的要件事实有侵权主体、侵权行为、损害结果、侵权行为与损害结果具有因果关系、主观过错、免责事由等。而常见的举证责任的倒置要件主要有侵权行为与损害结果具有因果关系、主观过错、免责事由等。这种倒置是针对"谁主张、谁举证"的举证责任分配规则而言的。例如，《环境侵权证据规定》第6条规定："被告应当就其行为与损害之间不存在因果关系承担举证责任。被告主张不承担责任或者减轻责任的，应当就法律规定的不承担责任或者减轻责任的情形承担举证责任。"另外，《环境侵权证据规定》第7条还规定："被告证明其排放的污染物、释放的生态因素、产生的生态影响未到达损害发生地，或者其行为在损害发生后才实施且未加重损害后果，或者存在其行为不可能导致损害发生的其他情形的，人民法院应当认定被告行为与损害之间不存在因果关系。"

法律要件分类说本身固有的缺陷在于，一味地拘泥于法律条文对权利规定的形式要件上，而无法顾及这种形式要件上的硬性责任配置是否完全能够体现法律对公平或权利救济上的价值因素。事实上，许多国家的立法者在制定法律时，已顾及了与法律要件分类一般法则不同的一些情形。对此，应采用相应的例外法则，这就是人们通常所说的对举证责任所涉及的有关要件事实予以倒置或进行特别规定所产生的规范，即它在并不否认法律要件分类说主要功能的前提下，旨在强调应对一些特殊情形下合同法律关系或侵权行为，参照举证的难易程度、与证据的远近距离以及是否有利于损害的预防和救济，作为举证责任配置应当加以重点考量的范畴。这种学说的实际功能旨在使法律要件分类说在举证责任的分配上产生转换效果，以减轻合同法律关系一方或者侵权行为受害一方的证明负担。①

设置举证责任分配的特殊法则主要基于以下考虑：

1.在特定情况下，设置举证责任分配的特殊法则有利于查明案件真实。如

---

① 参见毕玉谦：《举证责任分配体系之构建》，载《法学研究》1999年第2期。

损害赔偿请求中的医疗事故，原告方在客观上只能证明造成损害的结果，如病人突然死亡，而无法证明医院的医疗过失。对医疗过失必须借助具有专门知识和熟悉医疗过程的专业人员才能解释清楚，因而应由医疗机构对无过失行为负举证责任。

2. 有利于确保诉讼地位平等和贯彻公平原则。在一般情况下，原告是诉讼的发动者，其提出诉讼请求必有事实主张，因此，由其负担举证责任是合乎情理的。但在一些特殊情况下，如果不考虑举证的难易程度、举证人与证据的远近距离、举证能力的强弱差别等因素，将有失公允。如果在这些特殊情况下仍由其负担举证责任，那么无疑将不公平地加大其败诉的风险，造成实际上的诉讼地位失衡状态，无法将民事活动中贯彻始终的公平原则引入诉讼活动当中，从而无法体现法律上的公平与正义。例如，环境污染案件中的原告举证较难，而被告距证据更加接近，产品质量责任纠纷中的生产厂家证明能力较强，距证据更为接近，而普通消费者则证明能力较弱，距证据较远。相对而言，作为一个单位比通常的个人举证能力更强。再如，劳动争议案件与普通民事案件也有很大差异，对此，有学者指出："习惯上对劳动争议的研究，往往以劳动争议的案件类型为出发点，而不探讨待证事实，导致不能很准确地实现利益平衡。因为，针对不同的要件事实，劳动者和用人单位的力量对比可能不同。所以，有必要重新检视劳动争议的客观证明责任理论体系，放弃以案由为标准确定证明责任的粗糙探讨方式，针对具体待证事实作出有针对性的分析。"①

3. 基于立法上的考虑。证据法是从程序法的角度来贯彻和实现实体法上作为立法者的特定意图。因此，在权衡各种社会主体权益总体保障机制的情况下，就各种社会利益集团与个人利益保护的优先性而言，法律通常在体现一视同仁的前提下，为了实现特定的司法政策或价值理念的衡平，而顾及客观上处于不利地位的当事人，或侧重保护弱者权益，以贯彻和实现实体法上立法者的特定意图，来维护法律正义上的最高价值。在诉讼上实行举证责任的倒置，则在相当程度上正是考虑到了这一原本实际存在着的失衡状态。②

---

① 李树民：《劳动争议案件证明责任的分配原理》，载《证据科学》2020年第2期。
② 参见毕玉谦：《民事证据原理与实务研究》，人民法院出版社2003年版，第33~34页。

就现代各国来看，设置民事诉讼案件举证责任分配特别法则的意旨在于，无论在立法或司法实践中，对于举证责任"倒置"的适用，除了立法上的明确规定之外，一般都赋予法院享有据情裁量权，法院在适用这一特殊证明责任分配规则时，无不权衡个案的特殊情形所涉及的公平性与客观的必要性。当然，这种特殊规则意味着并非为通常所适用的法则，而只能在某些特殊例外的情形下才能据情予以适用。

事实上，在学者间存在着两种较为极端的不同选择倾向，其中，一部分学者主张在故意证明妨碍的情形下存在着施加举证责任转换法律效果的可能性。此外，还有一部分学者主张在过失证明妨碍的情形下存在着施加举证责任转换法律效果的可能性。

笔者认为，在某些例外情形下，即使将证明度降低到低度盖然性，仍属不公平时，这时应当理解为，系将证明主题在当事人之间加以转换，即由妨碍人对其抗辩主张负担客观风险意义上的举证责任，以此来代替原本在被妨碍人就其权利主张负担客观风险意义上的举证责任条件下将证明度降低到低度盖然性的法律效果。这样一来，由妨碍人对其抗辩主张负担客观风险意义上的举证责任，即由妨碍人负担提出本证的证明责任，由被妨碍人负担提出反证的证明责任。最终由法院对双方当事人的本证和反证进行自由评价，如果就待证事实（即为被妨碍人所提出的抗辩事实主张，即某一特定要件事实）在证明效果上出现真伪不明状态，法院可据此判定由妨碍人承担不利益的裁判后果。

在学理上，举证责任转换有广义与狭义之分。所谓狭义上的举证责任转换[①]，指的是通常意义上的客观举证责任的转换。在表述上如果不附加特别说明，通常所称的"举证责任转换"，即为这种客观风险意义上的举证责任的转换。而广义上的举证责任转换还包括主观举证责任的转换，即提出证据责任的转换。而产生这种主观举证责任转换的前提是，客观风险意义上的举证责任已始终固定于其中一方当事人，而不能发生任何转换或者变动。在学理上或者在表述上对于所论及的"举证责任"究竟是仅指狭义上的举证责任，还是意指广

---

① 对此，有学者认为："举证责任转换有时与举证责任倒置含义相同，成为可以互相代用的概念；有时与举证责任转移的概念相同，成为名异实同的概念。"见汤维建：《民事证据立法的理论立场》，北京大学出版社 2008 年版，第 201 页。

义上的提出证据的责任即主观举证责任，如果对此不加以明确界定或者相互混淆，势必将引起无谓的争议。

在立法例、理论和审判实务上主要有如下几种类型：

1. 实体法有关规定

实体法上有关举证责任的特别规定主要体现在有关合同法律关系及特殊侵权行为法律关系领域。

我国《民法典》当中有许多类似危险领域证明责任分配规范的设计，这主要体现在其第433条、第729条、第832条、第930条、第933条等当中。例如，《民法典》第729条规定："因不可归责于承租人的事由，致使租赁物部分或者全部毁损、灭失的，承租人可以请求减少租金或者不支付租金；因租赁物部分或者全部毁损、灭失，致使不能实现合同目的的，承租人可以解除合同。"故此，因承租人对于该事由的存在有实际利益而提出相应主张的，应由承租人负担相应的举证责任。另外，在合同法律关系中，还出现有因设置法律推定而转换为对举证责任作出了相应特别规定的现象。例如，《民法典》第623条规定："当事人对检验期限未作约定，买受人签收的送货单、确认单等载明标的物数量、型号、规格的，推定买受人已经对数量和外观瑕疵进行检验，但是有相关证据足以推翻的除外。"

在一般侵权诉讼案件中，按照规范说有关举证责任负担的原理，受害人应当为其主张的由加害人承担损害赔偿责任所依据的有关法律要件事实承担举证责任。举证责任的转换属于在一些特殊侵权行为类型中，为保护受害人所采用的一种方法，即将根据法律要件分类说来设定的一般举证原则分配加以倒置，使被告人即相对人、加害人就相反的事实承担举证责任。可见，这种举证责任转换的现象独立于具体的诉讼之外，是由实体法所预先特别规定的，它修订了根据规范说所确定的举证责任分担的一般原则，因此，并不属于诉讼系属当中所发生的现象。例如，在侵权法律关系中，我国《民法典》第1202条涉及产品责任纠纷案件中举证责任的特别规定；《民法典》第1218条至第1222条分别涉及医疗损害纠纷案件当中过错推定中的举证责任的特别规定与举证妨害情形的认定；《民法典》第1219条、第1225条中涉及医疗损害纠纷案件中与举证责任特别规定有关的信息披露义务、资料提交及情况报告义务，以及相应举证妨害情形的认定;《民法典》第1230条涉及污染环境、生态破坏责任纠纷案件中有关要件事实举证责任的特别规定;《民法典》第1237条、第1238条、第1239条、第1240条、第1242条涉及高度危险责任纠纷案件中举证责任的特别规定;《民法典》第1245条、第1248条涉及饲养动物损害责任纠纷案件中承担举证责任的特别规定;《民法典》第1253条、第1254条、第1257条涉及建筑物和物件损害责任纠纷案件中承担举证责任的特别规定。

另外,我国其他实体法中也通常设有对举证责任分配作出特别规定的情形。例如,《产品质量法》第40条第1款规定:"售出的产品有下列情形之一的,销售者应当负责修理、更换、退货;给购买产品的消费者造成损失的,销售者应当赔偿损失:(一)不具备产品应当具备的使用性能而事先未作说明的;(二)不符合在产品或者其包装上注明采用的产品标准的;(三)不符合以产品说明、实物样品等方式表明的质量状况的。"《产品质量法》第41条规定:"因产品存在缺陷造成人身、缺陷产品以外的其他财产(以下简称他人财产)损害的,生产者应当承担赔偿责任。生产者能够证明有下列情形之一的,不承担赔偿责任:(一)未将产品投入流通的;(二)产品投入流通时,引起损害的缺陷尚不存在的;(三)将产品投入流通时的科学技术水平尚不能发现缺陷的存在的。"《中华人民共和国著作权法》(以下简称《著作权法》)第12条第1款规定:"在作品上署名的自然人、法人或者非法人组织为作者,且该作品上存在相应权利,但有相反证明的除外。"《著作权法》第59条规定:"复制品的出版者、制作者不能证明其出版、制作有合法授权的,复制品的发行者或者视听作品的方法创作的作品、计算机软件、录音录像制品的复制品的出租者不能证明其发行、出租的复制品有合法来源的,应当承担法律责任。在诉讼程序中,被诉侵权人主张其不承担侵权责任的,应当提供证据证明已经取得权利人的许可,或者具有本法规定的不经权利人许可而可以使用的情形。"《中华人民共和国商标法》(以下简称《商标法》)第64条规定:"注册商标专用权人请求赔偿,被控侵权人以注册商标专用权人未使用注册商标提出抗辩的,人民法院可以要求注册商标专用权人提供此前三年内实际使用该注册商标的证据。注册商标专用权人不能证明此前三年内实际使用过该注册商标,也不能证明因侵权行为受到其他损失的,被控侵权人不承担赔偿责任。销售不知道是侵犯注册商标专用权的商品,能证明该商品是自己合法取得并说明提供者的，不承担赔偿责任。"《专利法》第 66 条第 1 款规定："专利侵权纠纷涉及新产品制造方法的发明专利的，制造同样产品的单位或者个人应当提供其产品制造方法不同于专利方法的证明。"《专利法》第 67 条规定："在专利侵权纠纷中，被控侵权人有证据证明其实施的技术或者设计属于现有技术或者现有设计的，不构成侵犯专利权。"《专利法》第 77 条规定："为生产经营目的使用、许诺销售或者销售不知道是未经专利权人许可而制造并售出的专利侵权产品，能证明该产品合法来源的，不承担赔偿责任。"

2. 诉讼法有关规定

当发生举证妨碍行为时，法院据情对其施加举证责任转换的法律适用效果，系属于在证据法架构内将证明主题在当事人之间进行换位调整，它具有制裁和惩罚的价值取向，也可被理解为，由于妨碍人的妨碍行为对个案中被妨碍人所造成的不公平状态达到极为严重的不可逆转程度，以至于法院不采取这种极端措施使妨碍人承受败诉的风险，诚信原则和公平原则将受到极大的损害。

我国《民事诉讼法》虽然未对因举证妨碍而产生举证责任转换的效果作出规定，但是，《民事诉讼法解释》第 112 条规定："书证在对方当事人控制之下的，承担举证证明责任的当事人可以在举证期限届满前书面申请人民法院责令对方当事人提交。申请理由成立的，人民法院应当责令对方当事人提交，因提交书证所产生的费用，由申请人负担。对方当事人无正当理由拒不提交的，人民法院可以认定申请人所主张的书证内容为真实。"另外，2019 年《民事证据规定》第 48 条规定："控制书证的当事人无正当理由拒不提交书证的，人民法院可以认定对方当事人所主张的书证内容为真实。控制书证的当事人存在《最高人民法院关于适用〈中华人民共和国民事诉讼法〉的解释》第一百一十三条规定情形的，人民法院可以认定对方当事人主张以该书证证明的事实为真实。"2019 年《民事证据规定》第 95 条规定："一方当事人控制证据无正当理由拒不提交，对待证事实负有举证责任的当事人主张该证据的内容不利于控制人的，人民法院可以认定该主张成立。"上述这些规定在诉讼上均产生主观举证责任转换的法律适用效果，且举证妨碍人提供反证的证明效力，必须达到足以推翻法院对有关事实认定的程度时，才能达到预期的反证目的。

另外，值得关注的是，我国《民事诉讼法》第 72 条规定："经过法定程序公证证明的法律事实和文书，人民法院应当作为认定事实的根据，但有相反证据足以推翻公证证明的除外。"根据该条规定，对有关待证事实，一方当事人提供了经过法定程序公证证明的法律事实和文书，人民法院应当将其作为认定事实的根据，凡欲推翻这种根据公证证据已证明事实的另一方当事人，需承担类似本证意义上的举证负担，也即，即使相对一方当事人提供有相反证据足以反驳的，也不能构成足以推翻对方当事人提供的经公证证据证明的案件事实。因此，从这个意义上讲，在负有客观举证责任的原告提供这种经公证的证据作为本证的情况下，可视为举证责任的转换，因为它实际上加重了被告一方的举证责任，也即，即使被告提供的相反证据能够达到足以反驳的程度而出现事实真伪不明状态，也不足以推翻对方当事人提供的经公证证据证明的案件事实。另外，《民事诉讼法解释》第93条第1款第5项至第7项所涉及的生效裁判、生效仲裁裁决和有效公证文书以及2019年《民事证据规定》第10条第1款第6项、第7项所涉及生效裁判和有效公证文书，均发生与《民事诉讼法》第72条相同的法律适用效果。

3. 当事人的证据契约

证据契约除了证明责任契约之外，还包括证据方法契约（即双方当事人约定仅能提出特定的证据方法而不允许提出其他证据方法的合意，如在借款纠纷中，只能以某一特定账本为据，而不能采用证人作证的约定）、自认契约（即双方当事人约定就特定事实承认其为真实或承认其为非真实的合意）、推定契约（即指如另一事实已被证明时，以附带相对事实证明保留，或不保留相对事实的证明，而认为某事实属于真实的合意）等。

由于实体法实行司法自治原则，并且在诉讼法上实行辩论主义、处分主义等原则，因此，在既不涉及任何公益性质或因素的私权诉讼，也不涉及采用职权调查主义的诉讼程序中，证据契约仍有其合理性与续存价值。这是因为，私权自治原则与个人财产处分权自由主义的基本原则始终是相辅相成的。因此，有学者指出，双方当事人约定证明责任全部由起诉的原告负担。此类证据契约的合法及有效，是基于民事诉讼法的辩论主义及处分主义，当今一般学者大都认为这种证据契约为有效，因此，不产生因限制自由心证而无效的问题。[1]在诉讼上，既然承认当事人有提出证据及撤回证据声明的自由，从而依此契约限制自由心证的证据资料而左右裁判结果，也并非作为不允许的理由。当事人既然可以自由处分财产权关系，则双方约定就其财产权利关系存否的前提事实以一定方法加以认定，这不外乎属于间接地自由处分其财产权利关系，因此，当事人的自由契约应认定为有效。[2]除此之外，基于相同的理由，证明责任契约的约定对于双方当事人而言，也应认定其为有效。[3]诉讼法上的辩论主义既然承认当事人提出或撤回事实和证据的自由，并以此可以排除自由心证而左右审判。因此，近来德国理论界主张民事裁判应接近于当事人所预期的那样去解决的有效说正在成为有力说。[4]

所谓证明责任契约是指，双方当事人在订立合同时或者争议发生前就某一事实约定由其中的特定一方当事人负担证明责任的这种合意。可见，有关证明责任契约在当事人之间并不以受规范说主导的一般证明责任分配规则为依据。因此，相对于根据规范说所确定的举证责任分配而言，它并不排除有关证明责任发生转换情形的出现。证明责任契约属于证据契约内容的重要组成部分。

笔者认为，民事诉讼主要涉及私权争议，由于证据契约与当事人的辩论主义与处分主义的旨意相吻合。为了提高诉讼效率，节约有限的司法资源，只要当事人的证据契约与法律的强制性规定不相冲突，并且符合诚信原则和公序良俗，并且对法院就证据的自由评价不产生实质性影响，可有条件地承认包括证明责任契约在内的证据契约的有效性与合法性。

---

[1] 参见［日］中野贞一郎、松蒲馨、铃木正欲：《民事诉讼法讲义》（补订二版），日本有斐阁昭和六十一年版，第321页。

[2] 参见［日］新堂幸司：《民事诉讼法》（第二版补正版），弘文堂平成二年版，第347页。［日］菊井维大：《全订民事诉讼法》（下卷），青林书院新社昭和四十七年版，第138页以下。

[3] 参见陈荣宗、林庆苗：《民事诉讼法》（中），我国台湾地区三民书局股份有限公司2005年版，第496~497页。

[4] ［日］兼子一、守下守夫：《民事诉讼法》（新版），白绿铉译，法律出版社1995年版，第109页。

### 4. 法官据情裁量

在一般侵权行为案件当中，涉及是否存在过失及因果关系的要件事实由受害人负举证责任，而在诸如涉及动物占有人的特殊侵权行为案件中，则改为由加害人负举证责任，这种情形便属于举证责任的转换。对于那些原本就对规范说（通说）持有异议的学者看来，有关举证责任分配的规则，应当建立在对各种侵权行为类型是否符合公平正义的价值评价以及法律的目的的价值或者盖然性的评价来作出判定。各种不同类型的侵权行为对于举证责任的分配有其各自的价值基础，如果原本就不存在与规范说（通说）有关的所谓举证责任分配的基本规则，也就不会产生这种举证责任转换的情形。

值得关注的是，2001年《民事证据规定》第7条曾规定："在法律没有具体规定，依本规定及其他司法解释无法确定举证责任承担时，人民法院可以根据公平原则和诚实信用原则，综合当事人举证能力等因素确定举证责任的承担。"该条文规定是针对特定条件下，法院在审理个案时无法从包括有关实体法规范在内的有关法律和司法解释当中获取确定举证责任在当事人之间分配的依据，而授权法院据情根据民法的基本原则以及结合当事人举证能力等因素来作出相关判断的规则，是将举证责任分配的法定主义变换为自由裁量主义的体现。当然，这种规则本身并不具有普遍适应性。2019年《民事证据规定》已将该条内容予以删除。然而，在审判实践中，即使没有该条作为指引，由于受到"法官不得因为没有法律的明确规定而拒绝裁判"这一不成文法则的约束，在特定情况下，就举证责任分配而言，审判人员仍应享有相应的自由裁量权。

### （五）当事人的举证责任与法院调查收集证据

民事纠纷案件通常可分为财产纠纷案件与非财产纠纷案件，身份关系案件属于非财产纠纷案件，因为这类案件主要涉及人身权的法律保护。为此，有关国家从法律上对身份关系案件给予特别关注，即除了要求当事人对其事实主张负有举证责任之外，通常还要采取国家干预的原则，即法院对有关案件事实的查明，除了要求当事人提供证据加以证明之外，还可据情不受当事人所提供的证据的限制，而依职权主动收集调查有关证据。例如，《日本非诉案件程序法》

第49条规定:"为法院应依职权调查事实,且应依职权或申请进行其认为必要的证据调查。为实现恰当且迅速的审判及裁判,当事人应协助事实调查及证据调查。"再如,《日本家事案件程序法》第56条规定:"家事法院应依职权进行事实调查,且应依职权或申请,进行其认为必要的证据调查。为实现恰当且迅速的审判及裁判,当事人应协助事实调查及证据调查。"

大陆法系许多国家对于涉及婚姻家庭案件中的事实认定并不完全取决于举证责任规则的适用,法官可据情依职权主动对案件事实进行调查。在证明标准上,对于婚姻家庭案件的事实认定一般应高于或者远远高于对一般财产纠纷案件的事实认定。这主要是因为,婚姻家庭案件涉及一种极为特殊的民事法律关系,涉及对人的身份权利的实质保障,并且,婚姻家庭关系是维系整个社会基础的一种特殊的民事法律关系,因此,不能将一般财产纠纷案件中因当事人的利益冲突而设定的处置程序以及由此而产生的对抗制原理直接引入婚姻家庭纠纷案件中,因为,在这种特殊的婚姻家庭关系之内,必须注重考虑家庭成员中的弱者,主要是妇女、儿童、老人、残疾人、长期患病人的合法权益,除了法律作为有效的保障之外,传统风尚、伦理道德、人之常情、民俗情理等为一般常人所认知的公序良俗,可同时作为调整这种民事法律关系的重要手段或辅助手段。在诉讼证明上,在许多情形下不能简单适用像一般财产纠纷案件上那样适用举证责任分配的一般规则。对此,应当结合举证责任分配的基本原则、法律精神与经验法则作出综合判断,且法院在此过程中如认为必要时,可主动依职权调查收集相关证据,借以发现事实真相。

(六)我国有关法律及司法解释相关规定的理解与适用

1.现行法对举证责任进行分配的规定

《民事诉讼法》第67条第1款:"当事人对自己提出的主张,有责任提供证据。"

对本条文的理解与适用,应当掌握如下基本内容:

(1)本条文所涉及的举证责任仅涉及当事人主观举证责任的分配,在某种情况下,尽管该条款会涉及因案件事实真伪不明产生客观举证责任问题,但并不涉及就当事人客观举证责任的分配问题。而《民事诉讼法解释》第90条和第

91条规定则是对本条文内容的展开与具体化。①

（2）本条文当中所称的"当事人"，既包括原告一方当事人，也包括被告一方当事人，还包括具有独立请求权的第三人；该条文所称的"主张"，仅限于事实主张。对原告而言，它是根据其诉讼请求所依据的事实主张；对被告而言，它是针对被告提出诉讼请求依据的事实主张所提出的一种抗辩事实主张。

（3）在一般情况下，当事人对发生纠纷的事实最为了解，他们最有能力和条件提出维护自己权益的有利证据。因此，原告对自己诉讼请求所依据的事实，被告为自己答辩或者反诉所依据的事实，第三人对自己提出的请求等，都应当提供提出证据。也即，当事人根据各自不同的主张都应当有相应的证据予以证明。没有证据或者证据不足以证明当事人的事实主张的，由负有相应主观举证责任的当事人承担不利后果。

（4）《民事诉讼法解释》第90条第2款规定："在作出判决前，当事人未能提供证据或者证据不足以证明其事实主张的，由负有举证证明责任的当事人承担不利的后果。"该条文体现的是一种当事人主观举证责任在诉讼终结时所产生的一种后果，系对《民事诉讼法》第67条第1款所涉及的当事人因未能提供证据或者证据不足所应承担的不利后果；而《民事诉讼法解释》第108条第1款规定："对负有举证证明责任的当事人提供的证据，人民法院经审查并结合相关事实，确信待证事实的存在具有高度可能性的，应当认定该事实存在。"该条款是根据一方当事人的主观举证责任因能够提出比对方更加充分的证据而获得有利的裁判，它亦是贯彻和体现《民事诉讼法》第67条第1款的结果。上述《民事诉讼法解释》第90条第2款和第108条第1款规定均系审判实务中最为常见的情形。相对而言，《民事诉讼法解释》第108条第2款规定："对一方当事人为反驳负有举证证明责任的当事人所主张事实而提供的证据，人民法院经审查

---

① 《民事诉讼法解释》第90条规定："当事人对自己提出的诉讼请求所依据的事实或者反驳对方诉讼请求所依据的事实，应当提供证据加以证明，但法律另有规定的除外。在作出判决前，当事人未能提供证据或者证据不足以证明其事实主张的，由负有举证证明责任的当事人承担不利的后果。"《民事诉讼法解释》第91条规定："人民法院应当依照下列原则确定举证证明责任的承担，但法律另有规定的除外：（一）主张法律关系存在的当事人，应当对产生该法律关系的基本事实承担举证证明责任；（二）主张法律关系变更、消灭或者权利受到妨害的当事人，应当对该法律关系变更、消灭或者权利受到妨害的基本事实承担举证证明责任。"

并结合相关事实，认为待证事实真伪不明的，应当认定该事实不存在。"它亦是贯彻和体现《民事诉讼法》第 67 条第 1 款的结果，只不过在审判实践中这种情形发生的概率较低而已。

（5）值得一提的是，《民事诉讼法解释》第 108 条第 2 款的规定，直接涉及当事人客观举证责任的分配问题，从而弥补了《民事诉讼法》第 67 条第 1 款有关当事人（主观）举证责任分配上所出现的结构性欠缺。

2. 按照法律要件分类说所确定的举证责任及其分配

《民事诉讼法解释》第 91 条规定："人民法院应当依照下列原则确定举证证明责任的承担，但法律另有规定的除外：（一）主张法律关系存在的当事人，应当对产生该法律关系的基本事实承担举证证明责任；（二）主张法律关系变更、消灭或者权利受到妨害的当事人，应当对该法律关系变更、消灭或者权利受到妨害的基本事实承担举证证明责任。"

对本条文的理解与适用，应当掌握如下基本内容：

（1）本条文依据法律要件分类说确立了在通常情况下举证责任分配的基本法则。目前，法律要件分类说在大陆法系各国仍占据通说地位。迄今为止，《民事诉讼法解释》第 91 条规定当属我国现行立法及司法解释当中，对当事人的主观举证责任规定的最为全面、直观的条文。

（2）本条文中所谓"产生该法律关系的基本事实"，是指因产生一定权利的规范所依据的基本（案件）事实，这种基本事实特指个案当中的要件事实。根据法律要件分类说理论，在整个民法的法律规范体系当中，权利发生规范是一种基本规范，因民法系民事权利的保护法，有关权利的救济均以此为基础，故此，作为民事权利之源的这些权利规范又被称之为请求权规范。主张某一法律关系存在的当事人，实质上是以某一请求权规范为基础。在整个民事法律体系当中，请求权规范的占比远远大于与之相对立的规范。

（3）本条文中所谓"该法律关系变更、消灭或者权利受到妨害的基本事实"，是指因主张与请求权规范相对立的规范所依据的基本（案件）事实，这种基本事实亦系个案当中的要件事实。根据法律要件分类说理论，这种基本事实包括权利妨碍规范所依据的要件事实、权利消灭规范所依据的要件事实和权利制约规范所依据的要件事实。在整个民事法律体系当中，相对请求权规范而言，作为上述三种对立规范的占比居于少数，同时作为对立规范当中的权利妨碍规范的数量显然超过了权利消灭规范和权利制约规范的总和。

（4）本条文的但书当中所谓"法律另有规定"，主要是指有关实体法在特定情形下就不适用于举证责任分配一般法则所作出的特别规定。近年来，随着社会的发展与变迁，加速了民（商）事法律关系内部结构朝着更加层级化、多样化、交叉化方向发展，传统民（商）事法律关系当中的形式公平与实质公平之间的矛盾加剧，法律地位与权利义务的平等已受到历史性挑战。例如，诉讼当事人之间实力不对等、信息不对称、诉讼能力不平衡、武器对抗不平等以及证据偏在等，导致无论是在立法还是在司法上业已开启了社会转型正义的机制。为此，除了传统的民事法律关系发生某种结构性变化以外，新型的民事及商事法律关系中权利与义务结构也出现了许多有别于传统民事法律关系的迹象与特征，相继出台的有关实体法及最高人民法院相关的司法解释对于举证责任分配所作出的特别规定呈日趋增长态势，在相当程度上也给传统举证责任分配法则带来一定程度上的挑战。

3.有关举证责任分配法则的特别规定

（1）《民事诉讼法解释》第90条第1款规定："当事人对自己提出的诉讼请求所依据的事实或者反驳对方诉讼请求所依据的事实，应当提供证据加以证明，但法律另有规定的除外。"

对本条文的理解与适用，应当掌握如下基本内容：

第一，正如上文所述，本条文所称的"法律另有规定"，主要指的是有关实体法、程序法及相关司法解释就特定法律关系当中所涉及当事人举证责任分配的特别规定。并且，《民事诉讼法解释》第91条规定当中亦有"法律另有规定"之表述，与本条的规定具有相同的意旨。

第二，当遇有有关实体法、程序法及相关司法解释就特定法律关系中所涉及当事人举证责任分配作出特别规定时，应当坚持特别规定优于一般规定的原则，即不再适用《民事诉讼法解释》第91条第1项和第2项根据法律要件分类说所设定的有关当事人举证责任分配的一般性原则。

第三，鉴于某一特定法律关系所涉及的要件事实具有恒定性，在通常情况下，有关实体法、程序法及相关司法解释就特定法律关系中所涉及当事人举证责任分配作出的特别规定，系在《民事诉讼法解释》第 91 条第 1 项和第 2 项规定当事人举证责任分配的一般性原则基础上，就特定的要件事实在当事人之间进行的特别分配或转换，几乎不可能发生所有要件事实在当事人之间进行这种转换的情形。因此，凡这种特别规定并不涉及的要件事实，仍然按照《民事诉讼法解释》第 91 条第 1 项和第 2 项就当事人举证责任分配的一般性原则所涉及要件事实的制度性安排，并且仍然由依据请求权规范主张权利的一方当事人，就产生权利基础的要件事实，先行负担相应的主观举证责任。

（2）《最高人民法院关于知识产权民事诉讼证据的若干规定》（以下简称《知识产权证据规定》）第 2 条规定："当事人对自己提出的主张，应当提供证据加以证明。根据案件审理情况，人民法院可以适用民事诉讼法第六十五条第二款的规定。根据当事人的主张及待证事实、当事人的证据持有情况、举证能力等，要求当事人提供有关证据。"

对本条文的理解与适用，应当掌握如下基本内容：

第一，《民事诉讼法》第 67 条第 1 款规定："当事人对自己提出的主张，有责任提供证据。"本条文仍然坚持民事诉讼中这一"谁主张、谁举证"的基本原则，并以此为前提和基础。

第二，按照本条文的规定，人民法院根据案件审理情况，可以适用《民事诉讼法》第 68 条第 2 款的规定。《民事诉讼法》第 68 条第 2 款则是对《民事诉讼法》第 67 条第 1 款所规定基本原则的扩张性及补充性规定，也即，除了当事人对自己提出的主张负有提供证据的责任之外，人民法院应当根据当事人的主张和案件审理情况来确定当事人应当提供的证据。在审判实践中，根据案件审理的阶段性，首先，按照举证责任分配的一般性原则，要求当事人对自己提出的主张提出证据进行证明，同时还要求相对一方当事人就其抗辩主张提出证据进行证明；其次，在特定的审理阶段，法官根据双方当事人提供的证据在其内心确信当中的实际状态，以释明的方式要求其中一方当事人或双方提供补充证据，以便积极地开展诉讼上的攻击与防御，使法官的临时心证在最后一次辩论终结之前能够转变为终局性心证。

第三，按照本条文的规定，人民法院除了根据当事人的主张要求当事人提供有关证据以外，还可以据情根据待证事实、当事人的证据持有情况、举证能力等要求当事人提供有关证据。后者则体现了由一方当事人主张，而由相对一方当事人提供证据这种涉及举证责任分配的特别规定，是对"谁主张、谁举证"基本原则的必要修正与反背，系现代民事诉讼中要求当事人举证坚持武器平等原则的体现。本条文的规定体现了对于法院职权的增强以及在主观举证责任分配上的自由裁量权的扩张。值得注意的是，本条文的规定并不涉及客观举证责任在当事人之间的转换问题，因为根据有关民事法律关系的性质或有关法律的明确规定，当事人的客观举证责任始终固定于其中一方而不发生转换。

第四，本条文中，其中所谓"待证事实"，指的是主要事实或者要件事实。例如，是否存在主观过错的事实，是否存在因果关系的事实，是否存在免责事由的事实，产品质量纠纷中涉及产品是否存在缺陷的事实，等等。其中所谓"当事人的证据持有情况"，主要指的是证据发生偏在的实际状况。例如，《民事诉讼法解释》第112条、2019年《民事证据规定》第47条、第48条和第95条均体现了人民法院可以根据当事人的证据持有情况要求当事人提供有关证据的旨意，属于当事人主观举证责任分配的特别规定，系对"谁主张、谁举证"基本原则的修正与反背。其中所谓"举证能力"，主要指的是有关证据与当事人之间的远近距离。例如，产品责任纠纷当中有关产品是否存在缺陷，这种缺陷是否与产品设计有关，还是与产品的原材料有关，显然产品生产者对该事实的证明比消费者更有举证能力。

## 四、主观的举证责任

（一）主观举证责任的界定

主观的举证责任，亦称行为意义上的举证责任、形式上的举证责任、证据提出责任等。这个"主观"是从法官是否能够形成内心确信的心证角度来看待当事人提供证据的证明状态。即在法官看来，目前是该由何方当事人提供证据，也就是，由提供证据证明其主张的案件事实呈现盖然性较低的一方当事人负担这种行为意义上的举证责任，以便提高其盖然性，防止因其举证而使得案件事实呈现盖然性不高最终承担败诉风险。通常而言，在所有民事案件当中，有高达95%以上是由法院按照行为意义上的举证责任判定一方当事人败诉的。

民（商）事案件通常分为合同纠纷案件和侵权纠纷案件两种类型。而侵权纠纷案件又分为一般侵权纠纷案件和特殊侵权纠纷案件。这种行为意义上的举证责任，是双方当事人根据"谁主张、谁举证"原则都应负担的相应举证责任。

所谓主观举证责任是指，当事人为了满足其提出事实主张的需要，通过提供证据的方式获得对其有利的裁判心证并且避免对其不利裁判后果的发生所承受的一种必要负担。简言之，在诉讼上，主观证明责任是一种提出证据的责任，它是当事人在诉讼上所面临的举证上的必要。它系提出权利主张的一方当事人为了避免对方提出有力反证导致出现事实真伪不明而产生客观举证责任所承受的一种行为负担。

对于提出权利主张的一方当事人而言，防止产生客观举证责任并非系其在诉讼上履行主观证明责任的唯一目的。因为法院常常可以根据主观举证责任作出对其有利的判决或者作出对其不利的判决，而并不涉及事实真伪不明现象的出现。在审判实务上，法院根据主观证明责任对案件作出裁判的几率高达95%以上。

（二）主观举证责任的基本法理

在辩论主义建构下，提出权利主张的一方当事人对于权利形成要件事实负担主观举证责任，提出抗辩主张的一方当事人对于权利障碍要件事实、权利消灭要件事实或者权利制约要件事实负担主观举证责任。在此条件下，主观举证责任对于双方当事人而言具有相对独立的适用范围与应用空间。因为，在许多情形下，法院完全可以根据当事人所负担的举证责任的情形及其效果对案件事实作出裁判，而不会因案件事实真伪不明导致客观举证责任的产生。

法院根据当事人履行主观举证责任的情形及效果，就案件事实作出裁判，通常表现为以下几种具体情形：其一，对提出主张权利的一方当事人所主张的权利发生要件事实，法院据此获得积极的确信，该方当事人最终将胜诉；其二，法院无法从提出主张权利的一方当事人所主张的权利发生要件事实获得积极的确信（即获得消极的确信），该方当事人最终将败诉；其三，提出抗辩主张的一方当事人所主张的权利障碍要件事实、权利消灭要件事实或者权利制约要件事实，法院据此获得积极的确信，该方当事人最终将胜诉；其四，法院无法从提出抗辩主张的一方当事人所主张的权利障碍要件事实、权利消灭要件事实或者权利制约要件事实中获得消极的确信，①该方当事人最终将败诉。但前提是，法院从对方所提出权利主张所依据的要件事实能够获得积极的确信。在诉讼上，当发生这四种情形时，均不涉及事实真伪不明状态问题，因此，属于主观举证责任的独立适用范围与应用空间。

另外，一方当事人根据其主观举证责任在诉讼上所提供的证据，对于相对一方当事人以及法院而言具有共通性。对此，《环境侵权证据规定》第15条作出了相应的规定："当事人向人民法院提交证据后申请撤回该证据，或者声明不以该证据证明案件事实的，不影响其他当事人援引该证据证明案件事实以及人民法院对该证据进行审查认定。当事人放弃使用人民法院依其申请调查收集或者保全的证据的，按照前款规定处理。"

在诉讼中，当事人的主观举证责任具有以下基本性质：

1.无论提出权利主张的一方当事人就其所依据的权利形成要件事实，还是提出抗辩主张的一方当事人就其所依据的权利障碍要件事实、权利消灭要件事实或权利制约要件事实，均需要通过当事人的证明活动来确定其是否能够导出适用法律的具体效果，这类证明活动有赖于当事人的证明行为才能得以推动。因此，在诉讼上，基于辩论主义的基本要求，凡有主张责任，定有证明这种主张成立的必要，所谓"谁主张、谁举证"正是从这个意义上来体现当事人的主观举证责任的。

在对抗辩论主义条件下，当事人之间的诉讼对抗，首先表现为主张（责任）之间的对抗，其次才表现为证据之间的对抗。其中便衍生出这样一种裁判原则，即无主张者则无对抗。也就是说，在诉讼上，当一方当事人提出权利主张时，相对一方当事人如果没有提出抗辩主张，就会在程序上产生免除提出权利主张的一方当事人本应负担的主观举证责任，形同自动产生一种认诺证据，可由法院据此直接作出对未提出抗辩主张的一方当事人不利益的裁判。可见，与客观

---

① 这种消极的确信是指，通过证据及其他证明方式，使法院确信提出权利主张的一方当事人所提出的权利形成要件事实因提出抗辩主张的一方当事人所提出的权利障碍要件事实、权利消灭要件事实或者权利制约要件事实被有效证明而不能成立。

举证责任不同的是，在当事人提出主张责任上，这种主观举证责任具有相对性。

2. 在辩论主义条件下，主观举证责任分属于双方当事人负担。主观举证责任均为双方当事人在提供具有相当说服力证据的条件下，使得法院就有关待证事实获得对其有利的积极确信创造了必要的前提。事实上，在个案最终并未发生事实真伪不明状态时，这就意味着，法院是根据当事人的主观举证责任及其所产生的效果来对案件作出裁判的，而并非根据客观举证责任来对案件作出裁判的。例如，在借款合同纠纷案中，根据我国《民法典》第 667 条的规定，提出权利主张的一方当事人应当对权利发生要件事实负担主观举证责任，也就是，对双方当事人之间存在借款合同法律关系、债权人向债务人支付特定数额的钱款以及已届满还款期限的要件事实负担主观举证责任；在该方当事人提供具有相当说服力的证据，而对方当事人虽提出抗辩主张但没有提出证据或者提出的证据不具有相当说服力时，因法官可根据提出权利主张的一方当事人所提供的证据就权利形成的要件事实获得确信并导致产生法律的具体适用效果。在此情形下，法院最终可根据提出权利主张的一方当事人所负担的主观举证责任及其效果作出对其有利的裁判。反之，提出抗辩主张的一方当事人就权利障碍要件事实、权利消灭要件事实或者权利制约要件事实负担主观举证责任的，可就双方当事人之间并不存在合法有效的借款关系提出反证。如反证足以证明该笔借款的目的系用于偿还赌债、非法购买枪支弹药或购买毒品等存在违法情形；也可就虽然该借款合同关系已经有效成立，但合同所约定的钱款并未实际支付提出具有说服力的反证；还可就还款期限并未实际届满，如反证足以证明借款人曾同意延长还款期限等，另外，还可就所借款项已经偿还的事实提出具有相当说服力的反证。在这些情形下，法院已从这些经充分证明的权利障碍要件事实、权利消灭要件事实或者权利制约要件事实上获得确信时，可导致法律的具体适用效果的产生。为此，法院最终可根据提出抗辩主张的一方当事人所负担的主观举证责任及其效果作出对其有利的裁判。

3. 在诉讼上，在当事人提供证据的作用下，随着法官临时心证的形成并不断变换其内容，提出权利主张的一方当事人对权利形成要件事实负担主观举证责任，提出抗辩主张的相对一方当事人对于权利障碍要件事实、权利消灭要件事实或者权利制约要件事实负担举证责任。可见，在显现其举证必要的形态上此消彼长。在整个诉讼过程中，随着一方当事人负担主观举证责任而给法官内心确信所造成的相当影响，使得这种举证负担（在此或称举证必要）在当事人之间不断发生转换，或者说，如一方当事人暂时卸除了这种负担，就意味着使这种负担交替由相对一方当事人实际担当，因此，并不存在这种主观证明责任仅固定于其中一方当事人的情形。

4. 在辩论主义建构下，提出权利主张的一方当事人如不实际履行主观举证责任必然要承受不利益的裁判后果，但是，提出抗辩主张的一方当事人如不履行主观举证责任，则并不必然要承受不利益的裁判后果。例如，根据我国《民法典》第667条的规定："借款合同是借款人向贷款人借款，到期返还借款并支付利息的合同。"在借款合同纠纷案中，提出权利主张的一方当事人应当对权利发生要件事实承担主观举证责任，也即对双方当事人之间存在借款合同法律关系、债权人向债务人支付特定数额的钱款以及已届满还款期限的要件事实承担主观举证责任。如果提出权利主张的一方当事人未能提出相应的证据，或者未能提出充分的证据证明借款合同法律关系有效成立，或者虽然能够提供充分证据证明合同法律关系有效成立，但是未能提供充分证据证明其向对方实际支付所借款项的事实，对方当事人只要提出抗辩主张，则法院最终可根据提出权利主张的一方当事人所负担的主观举证责任及其效果，作出对其不利的裁判。即在这种情形下，当法官从提出权利主张的一方当事人所主张的权利形成要件事实中获得消极（否定性）确信时，即使提出抗辩主张的相对一方当事人并未实际负担主观举证责任，也不会承受不利的裁判后果。

5. 就双方当事人而言，虽然负担主观举证责任的一般动机在抽象意义上均为避免不利的裁判后果，但是在具体、直接的动机上并不相同。对提出权利主张的一方当事人而言，其负担主观举证责任的具体、直接动机在于，使法院对其所主张的权利发生要件事实获得积极的确信；对提出抗辩主张的一方当事人而言，其负担主观举证责任的具体、直接的动机在于，使法院对其所主张的权利障碍要件事实、权利消灭要件事实或者权利制约要件事实获得积极的确信。

6. 为避免不利的裁判后果，双方当事人均实际履行主观举证责任，它是导致案件最终产生事实真伪不明即发生客观举证责任的必要条件。但是，在力争的目标上，双方当事人不尽一致。对提出权利主张的一方当事人而言，他履行主观举证责任所力争的目标是：其一，使法官对其所主张的权利发生要件事实获得积极的确信，以便让法官根据其所负担的主观举证责任及其效果作出对其有利的裁判；其二，防止法官对提出抗辩主张的一方当事人所主张的权利障碍要件事实、权利消灭要件事实或者权利制约要件事实获得积极的确信；其三，避免在诉讼终结时出现事实真伪不明状态。对提出抗辩主张的一方当事人而言，他履行主观举证责任所力争的目标是：其一，使法官对其所主张的权利障碍要件事实、权利消灭要件事实或者权利制约要件事实获得积极的确信，以便让法官根据其所负担的主观举证责任及其效果作出对其有利的裁判；其二，防止法官对提出权利主张的一方当事人所主张的权利发生要件事实获得积极的确信；其三，至少使案件事实在诉讼终结时出现真伪不明状态。

7. 与抽象的客观举证责任在诉讼中是否发生具有不确定性相比较，行为意义上的主观举证责任在诉讼过程中必然会发生，且属于一种明确而具体的举证责任。当然，从理论上讲，对于提出权利主张的一方当事人而言，这种主观举证责任在诉讼过程中的发生具有必然性，而对于提出抗辩主张的一方当事人而言，这种主观举证责任在诉讼过程中的发生，有时并不具有必然性。

在诉讼上，主观举证责任的基本属性应当界定为相对必然的行为责任。主要基于如下理由：

1. 主观举证责任是双方当事人为获得有利的裁判结果所应当承受的提供证据的负担，它是因双方当事人均提出事实主张而在程序上所应负担的一种举证上的必要。因提出权利主张责任在先，而提出抗辩主张在后，与之相对应，提出权利主张的一方当事人所实际履行的主观举证责任在先，而被称之为本证，而提出抗辩主张的一方当事人所实际履行的主观举证责任在后，而被称之为反证。这便是所谓的无权利主张则无抗辩主张，无本证则无反证。有学者指出，作为行为责任的举证责任，在民事实务的运作上，不仅可据以要求负举证责任的当事人提出本证，证明至法官确信待证事实存在，而不负举证责任的对方当事人则提出反证，促使法官就该事实的心证达到真伪不明状态，才能够各自促成其举证成功，并且何方当事人负举证责任，在程序前阶段分配于双方之间，原则上在诉讼过程中并不更易，而成为当事人遂行诉讼，进行举证活动的方针，而且可使法官公平分配举证责任予原告、被告之间，晓谕其声明证据，同时成为法官诉讼指挥的指标。① 从理论上讲，当发生抽象意义上的主观举证责任与客观举证责任相重叠的现象时，则与提出抗辩主张的一方当事人无关。因为，无论如何该方当事人的主观举证责任也并不会转换为客观举证责任，而这一点对于提出权利主张的一方当事人而言则并非如此。当案件事实最终处于真伪不明状态时，将导致提出权利主张的一方当事人所负担的主观举证责任在形态下转化为实际承受客观举证责任。可见，就所涉及的诉讼主体而言，当事人所负担的主观举证责任向客观举证责任的转化具有相对性。

2.当事人的客观举证责任与当事人的主观举证责任之间并不存在必然的联系，无论是提出权利主张的一方当事人，还是提出抗辩主张的一方当事人，其未能成功地履行主观举证责任并不必然导致客观举证责任的产生。因为，在许多情形下，法官可基于提出权利主张的一方当事人未能成功地履行主观举证责任，以至于无法从该方当事人所主张的权利形成要件事实中获得积极的确信效果，而作出对其不利的裁判；法官也可基于提出抗辩主张的一方当事人未能成功地履行主观证明责任，以至于无法从该方当事人所主张的权利障碍要件事实、权利消灭要件事实或者权利制约要件事实中获得积极的确信效果，而作出对该方当事人不利的裁判。可见，在这些情形下，即使一方当事人未能成功地履行主观举证责任，也不至于导致事实真伪不明从而产生客观举证责任问题。从审判实践当中的经验角度来看，导致事实真伪不明从而产生客观举证责任的案件比例大概在3%~5%之间。

3.当事人的主观举证责任是一种提出证据的行为责任，也就是说，一方当事人无法通过成功地负担主观举证责任来证明其所主张的事实，将产生不利益的裁判后果，它是该方当事人所承担的行为意义上的责任后果。这种行为意义上的责任后果与客观举证责任这种结果责任仅具有相对的必然性，并且，这种相对的必然性也仅对提出权利主张的一方当事人具有意义。因为：其一，一方或者双方当事人未能成功地负担主观举证责任来证明其所主张的事实，其不利的裁判后果并非仅限于因出现事实真伪不明状态而产生客观举证责任问题，也就是说，法院既可以根据提出权利主张的一方当事人所负担的主观举证责任的情

---

① 参见许士宦：《新民事诉讼法》，北京大学出版社2013年版，第279~280页。

形及效果作出对其不利的裁判，也可以根据提出抗辩主张的一方当事人所负担的举证责任的情形及效果作出对其不利的裁判，在这两种情形下均不存在案件事实真伪不明状态这种现象。实际上，在个案中，案件事实真伪不明状态的出现，往往是双方当事人均能够较为成功地完成其主观举证责任的共同结果所致。换言之，假如一方当事人能够较为成功地完成其主观举证责任，而相对一方当事人则未能成功地完成其主观举证责任，则不会发生事实真伪不明状态，反之亦然。其二，无论提出抗辩主张的一方当事人能否成功地完成其主观证明责任，其所承担的行为意义上的责任后果只能是法院根据其负担主观证明责任的情形和效果作出对其不利的裁判，而绝不会因出现案件事实真伪不明状态而产生客观举证责任问题。

4.在举证责任整体架构下，主观举证责任与客观举证责任在不同的领域和范畴内发挥着不同的功能与价值，二者之间既不存在孰优孰劣的问题，也不存在支配与被支配或者决定与被决定这样的关系问题。主观举证责任的产生取决于当事人的主张责任及其性质。例如，提出权利主张的一方当事人所负担的主观举证责任，所针对的对象是形成权利的要件事实，因此，在诉讼地位上，提出权利主张的一方当事人往往是本诉中的原告，或者反诉中的原告。他负有在诉讼中首先负担主观举证责任的必要，否则，即使相对一方当事人不提出反证，法院也可根据提出主张权利主张的一方当事人所负担主观举证责任的情形及效果作出对其不利的裁判。因此，有关当事人所提起主张责任的性质决定了其提出证据的行为模式。

当然，这并不能够排除在特定情形下，一方当事人对有关要件事实虽负担主观举证责任，而因对方的自认或者法院根据审判上已显著的事实或者众所周知的事实免除其所负担的这种主观举证责任。但是，在这种情形下，有关当事人所负担的主观举证责任只是被免除而已，在法官的临时心证看来，这种主观举证责任只是被暂时卸除，在此之后，一旦相对一方当事人提出反证进而动摇法官所形成的临时心证，即可导致该方当事人的这种主观举证责任有重新实际履行的必要。另外，一方当事人负担主观举证责任未能成功时，并非意味着将必然导致事实真伪不明状态的出现，法院同样可以根据该方当事人履行主观举证责任的情形及效果作出对其不利的裁判。审判实践证明，在所有以判决形式结案的诉讼中，法院根据主观举证责任作出裁判的比例高达95%~97%以上。

（三）主观举证责任的转移以及成因

所谓主观举证责任的转移，是指在诉讼过程中，双方当事人因各自提出的事实主张及提供的相关证据，因受到法官临时心证的影响不得不相继面临举证及再行举证这种持续性负担压力，由此而引发举证负担在双方当事人之间不断相互转移、换位的一种特有现象。

在诉讼上，法官临时心证随着双方当事人的举证行为的相继展开而不断切换，并且不断对当事人的举证负担施加影响，使得当事人在举证上的行为在程序上呈现为一种动态，它随着庭审过程的不断推进，而转换于当事人之间。从主张权利事实的一方当事人，转移到提出相应抗辩事实主张的对方当事人。在诉讼中，行为意义上的举证责任既可以转移一次，也可以反复转移。提供证据负担的移位与败诉风险的渐显呈现出一种交互对应关系，诉讼的结果则因此越发明显，从而使案件事实达到相对真实的程度，为裁判的作出奠定基础。

主观举证责任从主观上、形式上和动态上反映了举证责任的潜能。随着诉讼活动的开展与不断推进，行为意义上的证明责任会发生转移。这种行为责任转移的必要前提是举证责任分配规则所决定的。举证责任分配是基于立法技术上的机制或法院据情权衡所确定由哪一方当事人承担举证责任的一种既定或酌定规则，基于这种规则，举证责任归于一方当事人承担。

发生这种主观证明责任的转移现象，其原因在于：

1.因双方当事人各有不同的事实主张，使得各方当事人均有负担相应提供证据责任的必要。这是产生举证责任转移的首要原因。

2.对于双方当事人而言，实际履行主张责任及主观意义上的举证责任在无形当中具有先后顺序之分。如果不存在这种先后顺序的定式，也就难以发生举证责任的转移现象。从表象上来看，正是因为这种长期以来约定俗成的顺序存在，假如提出权利主张的一方当事人没有实际履行其主观意义上的举证责任，或者虽然履行这种主观意义上的举证责任，但其举证尚不足以证明其权利主张时，即使提出抗辩主张的相对一方当事人未能实际履行其主观意义上的举证责任，或者虽然履行其主观意义上的举证责任但其举证尚不足以证明其抗辩主张的，仍由提出权利主张的一方当事人承担不利的裁判后果。

3.是否发生主观举证责任的转移取决于法院的临时心证状态。所谓法院的临时心证是指，在诉讼过程中，法官根据一方当事人或者双方当事人提出的证据对案件待证事实暂时获得的某种内心确信状态。它是法官在特定的诉讼阶段通过对于当事人所提供证据进行证明评价之后就案件事实所获得的一种暂时性的认知。法官在不同的诉讼阶段所获得的这种临时心证，既可能对提出权利主张的一方当事人有利，也可能对提出抗辩主张的一方当事人有利。从而促使双方当事人之间不断交替履行主观意义上的举证责任来使法官获得对其有利的临时心证。

（四）我国有关法律及司法解释相关规定的理解与适用

1.《民事诉讼法》有关主观举证责任的规定

《民事诉讼法》第67条第1款："当事人对自己提出的主张，有责任提供证据。"

对本条文的理解与适用，应当掌握如下基本内容：

（1）长期以来，人们对本条文的规定有一个普遍性的误解，即认为本条文系有关当事人举证责任分配的一般性法则。事实上，该条款仅涉及形式上的举证责任分配，即主观举证责任的分配，并不涉及实质上的举证责任分配，即客观举证责任的分配。因此，本条文并不能够完全、彻底地解决当事人举证责任分配的基本问题。

（2）在我国民事诉讼立法上，本条文的规定由来已久。在其入法的当初，有一个特定的时代背景，而在这一特定历史背景条件下，因案件事实处于真伪不明状态所产生的客观举证责任，仅仅停留在理论层面而不为立法所承认。即使在当时的审判实践中，如果在法官的内心确信中出现这种真伪不明状态，也通常被作为一种复杂、疑难的案件来处理。在以追求客观真实为目的的诉讼模式中，法院一贯坚持作出最终裁判的基本信条是：要么原告提出的证据能够证明其事实主张而获得对其有利的裁判，要么原告无法提出充分的证据证明其事实主张，或者被告提出相反的证据足以反驳原告的本证，导致原告无法获得对其有利的裁判。多年以来，这两种裁判结果模式被视为标准型的裁判结果模式，如果出现法官的裁判心证均不能同时肯定和否定双方当事人各自事实主张的这种平衡状态，即内心确信处于真伪不明状态，将对以追求客观真实为目的的裁判模式构成严重挑战，因此是难以被接受的。就此而言，《民事诉讼法》第67条第1款有关举证责任分配的局限性是显而易见的。

（3）从技术层面讲，尽管本条文的规定并不能够排除原告所提供的本证与被告所提供的反证在法官的内心确信中处于真伪不明状态这种情形的出现，它是导致客观举证责任产生的诱因，但这并非本条文的初衷和本意。

2.有关司法解释对主观举证责任的规定

（1）《民事诉讼法解释》第90条规定："当事人对自己提出的诉讼请求所依据的事实或者反驳对方诉讼请求所依据的事实，应当提供证据加以证明，但法律另有规定的除外。在作出判决前，当事人未能提供证据或者证据不足以证明其事实主张的，由负有举证证明责任的当事人承担不利的后果。"

对本条文的理解与适用，应当掌握如下基本内容：

其一，本条文第1款所规定的内容，除了但书以外，基本上是重复了《民事诉讼法》第67条第1款有关主观举证责任的规定，只不过是对该条款的内容多有展开，更为明确地将《民事诉讼法》第67条第1款所称的"主张"界定为，作为原告的一方当事人对自己提出的诉讼请求所依据的事实（主张），或作为被告的一方当事人对自己提出的反驳对方诉讼请求所依据的事实（主张）。

其二，本条文第2款所规定的内容被严格限制在当事人承担主观举证责任及其法律效果的范围之内。其中所谓"作出判决之前"，指的是在制作裁判文书之前，因为在审判实践中，在最后一次庭审结束至制作裁判文书期间，如果采用合议制审理方式，合议庭成员在评议当中会就双方当事人的举证与待证事实之间的证明关系发表意见，表明有关当事人所提供的证据是否能够足以证明其事实主张。

其三，本条文当中，所谓"当事人未能提供证据或者证据不足以证明其事实主张"，从原告角度讲，有可能会发生以下几种情形：（1）原告在起诉时提供有证据，但在诉讼过程中，经对方当事人质证和法院的审查判断，有关证据因存在真实性、关联性或合法性等瑕疵而被排除，导致最终没有证据来证明其事实主张；（2）即使在被告没有提供相应反证的情况下，原告提供的相关证据仍不足以证明其事实主张；(3)原告提供的相关证据足以证明其事实主张，但被告提供的反证足以抵消其本证的证明力，最终导致原告提供的证据仍不足以证明其事实主张的后果。从被告的角度讲，有可能会发生以下几种情形：(1)为了反驳被告提出的事实主张，被告提出抗辩（事实）主张，但被告没有提出相关的反证，而原告提供的证据则能够足以证明其事实主张；(2)针对原告的事实主张，被告提出抗辩（事实）主张，但是，被告提出的反证不足以证明其抗辩（事实）主张，而原告提供的证据则足以证明其事实主张；(3)被告提出的反证原本足以证明其抗辩（事实）主张，但原告提供的证据（包括补充提供的证据）在法官的内心确信中具有更为高度的盖然性。

其四，本条文当中，所谓"由负有举证证明责任的当事人承担不利的后果"，指的是由同时负担主观举证责任和客观举证责任的当事人承担不利的后果，也即，该不利的后果与仅负担主观举证责任的当事人无关。

(2)《知识产权证据规定》第3条规定："专利方法制造的产品不属于新产品的，侵害专利权纠纷的原告应当举证证明下列事实：(一)被告制造的产品与使用专利方法制造的产品属于相同产品；(二)被告制造的产品经由专利方法制造的可能性较大；(三)原告为证明被告使用了专利方法尽到合理努力。原告完成前款举证后，人民法院可以要求被告举证证明其产品制造方法不同于专利方法。"

对本条文的理解与适用，应当掌握如下基本内容：

其一，本条文针对侵害专利权纠纷中专利方法制造的产品不属于新产品的情形，分别就有关待证事实（要件事实）在原告与被告之间进行了明确的分配。本条文仅涉及当事人的主观举证责任的分配，并不涉及当事人的客观举证责任分配问题。在时间顺序上，应先由原告就有关待证事实（要件事实）负担相应的主观举证责任，并且在原告就有关待证事实完成相应的主观举证责任使法官在心证上获得相应的内心确信之后，与此相关的主观举证责任才由原告转移至被告来负担。

其二，产品制造方法专利涉及步骤、工艺、参数等，通常只能在生产现场获得或者通过查阅生产记录才能够加以确认，专利权人难以取得相关证据。根据我国《专利法》第66条第1款规定："专利侵权纠纷涉及新产品制造方法的发明专利的，制造同样产品的单位或者个人应当提供其产品制造方法不同于专利方法的证明。"根据该条款规定，在新产品制造方法专利侵权纠纷当中适用举证责任倒置，也就是由被诉侵权人就其产品制造方法不同于专利方法的事实同时负担主观举证责任和客观举证责任。

其三，为了有利于查明案件事实，平衡专利权人和被诉侵权人的利益，根据审判实践经验，在专利权人能够证明被诉侵权人制造了同样产品，经合理努力仍无法证明被诉侵权人实施了专利方法，且结合其他证据及日常生活经验，能够认定该相同产品经由专利方法制造的可能性较大的，人民法院可以要求被诉侵权人举证证明其产品制造方法不同于专利方法。

（3）《知识产权证据规定》第4条规定："被告依法主张合法来源抗辩的，应当举证证明合法取得被诉侵权产品、复制品的事实，包括合法的购货渠道、合理的价格和直接的供货方等。被告提供的被诉侵权产品、复制品来源证据与其合理注意义务程度相当的，可以认定其完成前款所称举证，并推定其不知道被诉侵权产品、复制品侵害知识产权。被告的经营规模、专业程度、市场交易习惯等，可以作为确定其合理注意义务的证据。"

对本条文的理解与适用，应当掌握如下基本内容：

其一，本条文涉及被告依法提出合法来源抗辩主张所应承担的举证责任以及相应的证明对象。

其二，我国《专利法》第77条规定："为生产经营目的使用、许诺销售或者销售不知道是未经专利权人许可而制造并售出的专利侵权产品，能证明该产品合法来源的，不承担赔偿责任。"在审判实务上，关于合法来源抗辩的成立要件包括两项，即主观上的不知情和客观上的来源合法。对此，应当由被诉侵权人对其抗辩主张所涉及的被诉侵权产品、复制品来源合法承担举证责任。

其三，销售者并非侵权源头，如果其已提供证据证明产品来源合法，即系通过合法的销售渠道、合理的价格、适格的市场主体等正常商业方式取得被诉侵权产品、复制品的，则可以推定其无过错。其所引起的法律效果是导致主观举证责任转移给权利人，即这种推定可以由权利人继续举证来推翻，比如，权利人曾向其发送侵权警告函等。至于被诉侵权人提供的来源证据是否能证明合法取得，应当结合其合理注意义务进行综合判断。

## 五、客观的举证责任

（一）客观举证责任的界定

客观的举证责任（Objektive Beweislast），亦称实质证明责任（Materielle Beweislast）、确定责任（Feststellungslast）[①]、结果意义上的举证责任、判定责任、非常的证明危险、证明风险、争议风险或者判定风险等。在通常表述上，一般所称的"证明责任"，往往特指"客观举证责任"而言，以便与"举证责任"即主观举证责任相区隔。

民（商）事案件通常分为合同纠纷案件和侵权纠纷案件两种类型。而侵权纠纷案件又分为一般侵权纠纷案件和特殊侵权纠纷案件。通常而言，结果意义上的举证责任始终以潜在的形式将有关要件事实归属于合同纠纷案件原告（法律另有规定的除外）、一般侵权纠纷案件的原告以及特殊侵权纠纷案件的原告和被告。在所有民事纠纷案件中，这种结果意义上举证责任的产生所涉及的案件通常概率不超过5%。当案件事实最终处于真伪不明状态时，通常而言，法院无奈只能按照结果意义上的举证责任判定合同纠纷案件中的原告（法律另有规定的除外）、一般侵权纠纷案件中的原告以及特殊侵权纠纷案件中的原告或被告败诉。也就是由他们承担结果责任，亦即结果意义上的举证责任或者客观意义上的举证责任。

所谓客观的举证责任，是指当诉讼进行到终结而案件事实仍处于真伪不明状态时，主张该事实的人则因此承担不利的诉讼后果。客观的举证责任的概念引自于德日立法，设置客观举证责任的目的是防止法院在事实处于真伪不明状态时拒绝对案件作出裁判。

事实上，案件事实最终出现真伪不明状态进而导致产生客观举证责任纯属一种或然现象，并且，在诉讼开始前，这种客观的举证责任的风险已经固定于其中一方当事人，而对另一方当事人并不构成任何风险或负担。相较而言，在

---

[①] 有学者认为，这种确认责任是指，不考虑承担证明责任的当事人任何证明活动，只考虑诉讼辩论（Prozessverhandlung）活动的结果，考虑重要事实的不确定性。参见［德］莱奥·罗森贝克：《证明责任论》（第五版），庄敬华译，中国法制出版社2018年版，第20页。

辩论主义建构下，只要一方当事人的权利（或者事实）主张为对方所争执，双方当事人在诉讼上均有履行主观的举证责任之必要和负担。在诉讼上，当事人的主观举证责任与当事人的主张责任息息相关，因此，主观举证责任的履行主要是针对当事人在提出事实主张之后为获得对其有利的裁判结果所无法回避的现象；相较而言，无论诉讼终结时案件事实出现何种状态，法院均不得拒绝裁判，因此，客观的举证责任的产生，主要是针对法院在作出裁判的结果上所无法回避的现象。可见，主观的举证责任与客观的举证责任居于不同的范畴，发挥着不同的价值功能，二者之间既不可相互替代，又不可相互混淆。例如，在一起涉及租赁合同纠纷诉讼中，原告请求被告支付租金并返还租赁物，被告反诉要求原告因租赁物有瑕疵而承担损害赔偿责任。在本诉上，原告本应对双方之间订有租赁合同、原告向被告交付租赁物、被告仍拖欠原告租金以及被告仍占有原告租赁物这些要件事实选择其中一个或者数个负担主张及举证责任，但因被告在反诉上所提出的事实主张为，原告向被告交付的租赁物存在瑕疵并给其造成经济损失，这种由被告所提出的事实主张所引起的法律效果，等同于免除了原告本应就双方之间订有租赁合同、原告向被告交付租赁物、被告仍拖欠原告租金以及被告仍占有原告租赁物这些要件事实负担的举证责任。因此，在该诉讼上，被告应对其在反诉中所主张的租赁物有瑕疵并给其造成经济损失的事实负担举证责任，被告应对这两个要件事实负担败诉风险，这种风险负担并非由原告方转换而来，而是由被告与原告之间实体法律关系所决定的，它始终固定于被告一方，不因诉讼的进行而发生移转。在该诉讼上，即使被告无法提出有效证据证明租赁物有瑕疵并给其造成经济损失的事实存在，也不会导致客观举证责任的实际发生。因被告的反诉主张导致实际免除原告主观举证责任的效果，因此将会使法官对原告的事实主张获得确信效果，使原告获得胜诉判决。在上述情形中，因被告的反诉主张使得本诉当中所涉及的案件事实已经明了，已无可能再实际发生客观举证责任问题。而就反诉而言，只有当双方所提出的证据效力给法官的心证造成实质性的影响，使得被告所主张的租赁物有瑕疵并给其造成经济损失的事实在法官的心证中处于真伪不明状态时，才最终实际发生客观举证责任，即由提出反诉的被告承担不利的裁判后果。

有学者认为，当事人的举证责任问题，实际上在系争事实于最终仍真伪不明时，才有意义。因此，只有客观的举证责任的概念最能表达举证责任的本质。负有举证责任的当事人，虽然尽力举证，如果举证未能获得成功时，也将受到败诉的判决，其败诉的原因，是未能证明事实的真伪，而并非不为举证活动。[①]对此观点，笔者认为，因为该种观点是以客观举证责任为重心的产物，更加偏重于强调理论上的意义和功能。实际上，对于主观举证责任的认识和理解亦不可偏废，因为它能够从具体的、现实的和必然的角度来表达举证责任的本质。当人们谈及当案件事实最终仍真伪不明才有意义时，指的是客观举证责任问题，而主观举证责任对于裁判结果的形成同样具有重大的影响和意义。虽然对客观举证责任的设定主要取决于立法者的贡献。但是，在辩论主义建构下，客观举证责任在个案中的实际产生，主要是双方当事人主观举证责任相互作用的结果，甚至可以说，在审判实务上，客观举证责任的产生纯属一种偶然而并不具有普遍意义。

（二）待证事实真伪不明状态及其属性

所谓待证事实真伪不明状态，是指双方当事人在履行主观举证责任（或称行为意义上的举证责任）之后，抑或穷尽所有证明方法之后，且法院在穷尽为法律所允许的查明事实真相的一切必要方法[②]之后，当诉讼终结时，法官既不能够从提出权利主张的一方当事人所证明的权利形成要件事实中获得积极的确信，也不能够从相对一方当事人因提出抗辩主张所证明的排斥权利形成要件事实中获得消极的确信，在这种情形下，法官既不能够认定特定案件事实的存在，也不能够认定该特定案件事实的不存在，由此在法官的心证当中产生的这种特殊的心理状态。

事实真伪不明状态是一种法官心证上的体验和感受，它的出现具有或然性、偶然性，与当事人的主观意志无关。从内容上而言，事实真伪不明状态的出现，直接来自于法院对双方当事人提出本证与反证进行自由评价与衡量的结

---

① Rosenberg, Beweislast, 4 Aufl. S.20f.
② 这些方法包括按照经验法则、论理法则对待证事实进行的推定或司法认知，或者根据职务上已显著的事实所作出的事实认定，对涉及身份关系的案件依职权进行的证据调查等。

果;但从形式上而言,事实真伪不明状态的出现与双方当事人同时履行主观举证责任且都提出有相当说服力的证据有关。"一个案件事实被称为'已得到了证明',是指审理事实的裁判者(独任法官、治安法官或者陪审团)感到对事实的存在已经达到了满足其心证所必要的那种程度。"① 换言之,事实真伪不明状态的出现意味着,为双方当事人所各自主张的案件事实在法官看来都已经获得了证明,仅仅是因为这两种案件事实陷入相互矛盾和冲突状态,既不可能同时为"真实",又不可能同时为"非真实",从而使得法官将双方当事人所争议的事实,无论是作为真实的来处理,还是作为不真实的来处理,都显得力不从心或者束手无策。这就是说,倘若有一方当事人所提供的证据缺乏这种相当的说服力,那么法院就会立刻根据对方提出的证据来对案件作出事实认定,反之亦然。

(三) 发生待证事实真伪不明状态的必要前提

在诉讼上,当法官就双方当事人所争议的案件事实进行判断时,并非必然会发生待证事实真伪不明状态这样一种后果,而发生的待证事实真伪不明状态是法官的一种心理状态,其结果是要产生客观上的举证责任,即法官根据客观举证责任作出对于主张权利的一方当事人不利的裁判。

在审判实践中,发生待证事实真伪不明状态应当具备如下必要前提:

1. 提出权利主张的一方当事人,应当对形成权利的要件事实负担主观举证责任,其提出的证据在法官看来必须具备相当的说服力。换言之,提出权利主张的一方当事人所提出的证据属于本证,而这种本证在相对一方当事人未提出反证,或者虽提出但反证效力不足以与之相抗衡时,能够使法官就案件事实获得对其有利的确信。

2. 提出抗辩主张的相对一方当事人,应当对权利障碍的要件事实、权利消灭的要件事实或者权利制约的要件事实负担主观举证责任,其提出的证据在法院看来必须具备相当的说服力。换言之,提出抗辩主张的一方当事人所提出的证据属于反证,而这种反证在相对一方当事人所提出的本证效力不足以与之相

---

① Sir Pupert Cross, F.B.A., D.C.L., Nancy Wilkins, An Outline of the Law of Evidence, Butterworth & Co.(Publishers)Ltd.1980.p.21.

抗衡时，能够使法官就案件事实获得对其有利的确信。其中，应当指出的是，在辩论主义条件下，如果提出权利主张的一方当事人并未提出证据来证明其主张，相对一方当事人也无提出证据的必要。因为在这种情况下，法院可直接作出对提出权利主张的一方当事人不利的裁判。

3. 双方当事人为各自负担主观举证责任所提出证据的说服力必须旗鼓相当。也就是说，在这种情况下，正是由于双方当事人各自提出的证据系为证明恰好相反的事实主张。因此，法官既不能从提出权利主张的一方当事人所举出的证据上就待证事实获得积极的确信，也不能根据从提出抗辩主张的一方当事人所举出的证据上就待证事实获得消极的确信。

4. 在辩论主义条件下，就待证事实而言，确有双方当事人各自提出主张而有履行主观举证责任的必要，也就是说，即使法官通过当事人的自认证据、不存在争议的事实、众所周知的事实、职务上已显著的事实以及经验法则、论理法则等尚不足以对案件事实获得肯定性或者否定性确信，导致最终法官心证仍无法打破因双方提供证据所造成的那种势均力敌的平衡状态。

5. 为了尽可能避免因待证事实处于真伪不明状态而导致客观举证责任的产生，在法律允许的条件下，当事人和法院已经用尽了一切必要的证明手段或证据方式。

6. 在时间上，待证事实处于真伪不明状态通常会发生在诉讼终结时，即最后一次口头辩论结束后至裁判作出之前的期间，但在理论上，至少不应当发生在最后一次辩论终结之前的任何阶段。在审判实务上，发生这种待证事实处于真伪不明状态的法院心证，其时间节点既可能发生在最后一次辩论终结之后法庭评议阶段，也可能发生于法院制作裁判文书阶段。

（四）客观举证责任的基本原理

客观举证责任是一种抽象的举证责任法律规范，它在诉讼发生之前就由立法者所规定。它主要体现在，就法律构成要件事实的举证责任究竟应由何方负担的问题上。在此意义上，它并不直接涉及当事人提出证据的行为责任。例如，根据我国《民法典》第675条规定，借款人应当按照约定的期限返还借款。据此，在个案中，当原告请求法院判令被告返还所借款项时，应就借款合同的订立、约定款项的交付以及已超过约定期限被告仍未返还或者仍未完全返还所借款项的事实负担主张及举证责任。上述借款合同的订立、约定款项的交付以及已超过约定期限被告仍未返还或者仍未完全返还所借款项的事实，属于实体法所规定的法律构成要件事实，相对于原告所提出的权利主张而言，它属于引起法律适用效果的待证事实。这类待证事实作为有关当事人负担的客观举证责任而言，仅具抽象意义，它与双方当事人具体的提出证据的行为责任无关。

在许多情况下，无论是一方当事人还是双方当事人能否提出证据以及提出何种分量的证据，法官都能够在对待证事实的存在与否获得确信的基础上认定事实并适用法律。但是，有时因客观上缺乏必要的证据，无法使待证事实的存否加以明确，这便会在程序上引发事实真伪不明的现象。对此，法院不能以待证事实存否真伪不明为由而拒绝对该系争事实作出裁判，这就引出了事实裁判者对于该种纠纷应如何作出裁决的问题。针对当事人的诉讼请求与相对方的抗辩，裁判的作出要么会支持一方的诉讼请求，要么会驳回其诉讼请求，其他别无选择。面对一方当事人获得有利的裁判而另一方当事人获得不利裁判的结局，法院在裁判上势必会涉及何方当事人应对于何种事实负举证责任，或者说，当事实处于真伪不明状态时，何方当事人应遭遇不利的裁判，这一法律问题便是民事争议程序在解决争端上所特有的一种举证责任分配问题。

在所有民事纠纷案件中，这种客观举证责任的产生所涉及的案件通常在概率上不超过5%。当案件事实最终处于真伪不明状态时，通常而言，法院无奈只能按照客观的举证责任判定合同纠纷案件中的原告（法律另有规定的除外）、一般侵权纠纷案件的原告以及特殊侵权纠纷案件的被告败诉（有时为原告）。也就是由他们承担结果责任，亦即结果意义上的举证责任或者客观意义上的举证责任。例如，在一起借款合同诉讼纠纷案中，原告请求法院判决被告返还逾期借款10万元。为了使法院适用法律有关合法成立的到期债务应当清偿的适用效果，原告应当对双方之间曾就借款合同合法有效订立、原告向被告支付借款10万元以及合同约定借款的期限已经届满这些要件事实负担主张及举证责任。被告为获得对其有利的裁判，他既可对于上述三项要件事实中的任何一项进行抗辩，也可同时对上述全部三项要件事实一并进行抗辩。当被告对原告主张的借款事实完全否认时，被告实际上是在主张一种消极的事实，即包括借款合同合法有效订立、原告向被告支付借款10万元以及合同约定借款的期限已经届满这些要件事实均不存在或者未曾发生，对此，不应由被告就这些事实主张负担举证责任。只是当原告为说服法院作出对其有利的裁判而提出涉及证明上述三项要件事实的证据时，这时被告有提出反证的必要，被告所提出的反证，是为了阻止法官根据原告提出的本证获得对原告有利事实的确信。在诉讼过程中，无论是原告提出对其有利的本证，还是被告提出对其有利的反证，均系履行提出证据的行为责任。与这种抽象意义上的客观举证责任不同的是，这种提出证据的行为责任通常被称之为主观举证责任，是一种具体的举证责任。在被告未提出任何反证或者所提出的反证不具有相当说服力的情况下，法官要么根据原告所提出的具有说服力的证据，对本案事实获得有利于原告的确信，要么认为原告所提出的证据尚不具有相当的说服力，因而对本案事实不能获得有利于原告的确信。在这两种情形下，均不会发生案件事实真伪不明的现象，也就不可能导致客观举证责任的实际发生。被告所提出的反证是在履行其主观举证责任，防止发生对其不利的裁判后果。对作为被告抗辩主张的要件事实产生真伪不明状态时，要取决于权利主张的要件事实的证明程度，如本证的说服力较强，就可产生对原告有利的裁判，因法官能够从中获得确信；如本证的说服力较弱，法官从中就不足以获得肯定的确信，原告败诉，而与被告的反证无关。在此问题上，正如我国台湾地区学者陈荣宗教授所言，举证责任的问题可以从两个层次来观察，一个是纯诉讼理论的层次，另一个是诉讼实务上的层次。当过律师或法官的人，在诉讼实务上一定有很深的感受。整个诉讼程序原、被告最终仅是在说服法官，也难怪有所谓行为责任论之说。在实务运作上，人们很少看到双方都没有证据提出，双方都是拼命提出的，在实务上，应该不会出现完全没有证据去让法院认定，不会让法官的自由心证得不到结果，因此，这纯粹是理论问题。从理论上讲，才有可能让法官最终得不到心证，不知如何下判决，这时客观举证责任分配提供了一个标准。在该借款合同争议纠纷案中，原告为履行上述三项要件事实而提出的证据，显然是出于其履行主观举证责任上的必要。从理论上讲，原告提出一定的事实，主张依据抽象法规范，力在请求法院作出适用一定的具体法律效果的判决。如果原告就具体的事实不予以举证，或者虽举证，但其证明点不能达到证明度时，法院自应作出对其不利的判决。而就该案中的被告而言，如就原告主张的事实不提出相应的反证，以使原告的证明点回复至证明度以下，或不提出另一事实形成一具体规范，以否定原告主张的法律效果，该被告势必负担败诉的风险。可见，正如在该借款纠纷诉讼中那样，被告提出的反证可表现为三种形态，并且可产生效果相异的情形：其一，被告提出反证的证明力薄弱，不足以对原告的本证造成实质性影响，以至于法官对本案事实获得对原告有利的确信；其二，被告提出反证的证明力十分显著，足以推翻原告所提出的本证，以至于法官对本案事实获得对被告有利的确信；其三，被告提出反证的证明力虽然有一定的显著性，但足以推翻原告所提出的本证，以至于法官在对双方所提出的证据进行衡量时，就本案事实既无法获得对原告有利的确信，也无法得出对被告有利的确信。在对本案事实进行裁判过程中，只有在这种情况下，才会出现案件事实真伪不明状态，以至于导致客观举证责任的发生。当法院根据客观举证责任进行裁判时，只能认定原告一方负担客观举证责任，不得同时认定双方均负担客观举证责任。在上述案例中，被告主张的是，并不存在上述三项要件事实，对此，被告所负担的只是一种主观举证责任。相较而言，原告在诉讼当中所负担主观举证责任的目的：一是使得法官能够直接对本案事实获得对其有利的确信；二是为了防止发生案件事实真伪不明状态的出现，以排除客观举证责任实际发生的可能。在这一点上，出现了原告的主观举证责任与客观举证责任相吻合的重叠现象。而被告在诉讼中所负担主观举证责任的目的也是针锋相对的，即：一是使得法官能够直接对本案事实获得对其有利的确信；二是至少能够促使出现案件事实真伪不明状态，从而导致客观举证责任的实际发生。对被告而言，如果实现这两种目的，均会获得对其有利的裁判后果。可见，虽然在实践当中均有发生上述两种不同情形的可能，但是，就结果而言，对被告是相同的。

另外，在实务上应当注意的是，当诉讼中同时存在若干诉讼请求时，也不能够完全排除存在着使双方当事人对于某一待证事实同时负有举证责任的情形。例如，基于买卖合同，原告向被告提出交付合同价款的诉讼请求，同时基于同一买卖合同，被告向原告提出交付合同标的物的诉讼请求，在这种情形下，就同一买卖合同所成立的这一相同的事实上，同时存在着原告对被告以及被告对原告的两个诉讼请求。在前一诉讼请求中由原告，而在后一诉讼请求中则由被告分别对"买卖合同成立"这一相同的事实负有举证责任。因此，假如该项案件事实处于真伪不明状态，原告与被告就会同时面临败诉的裁判后果。对此，有学者认为，即便在这种情形下，在同一诉讼请求中，就同一事实的举证责任并非由双方当事人同时负担的，而只是因存在着数项诉讼请求，而导致双方当事人分别在各自的请求中败诉，因此并不违背常理。[①] 当然，上述这一例子只是理论上的假设，在实务上出现这种情形的可能性甚小，因为根据证据法原理，双方当事人完全可采用自认证据的方式，使相对一方当事人免除其主观证明责任的同时，也达到免除其自身所负担的这种主观举证责任，从而避免使得该项案件事实最终出现真伪不明状态，而不能实现各自的诉讼目的。例如，根据我国《民法典》第 667 条的规定："借款合同是借款人向贷款人借款，到期返还借款并支付利息的合同。"法院应当从立法者预先设定的这种抽象法律规范中就当事人双方的主观举证责任进行识别与分配。据此，在涉及某一具体借款纠纷案中，提出权利主张的一方当事人应当就权利形成要件事实负担主观举证责任，这种主观举证责任的具体表现形态为，该方当事人应当对借款合同合法有效成立的事实、合同所约定的款项已经实际支付的事实、合同中约定的还款期限已经届满的事实负担主观证明责任；提出抗辩主张的一方当事人应当就借款合同并未有效成立的事实、合同所约定的款项并未实际支付的事实、合同所约定的还款期限并未届满的事实或者所借款项已经偿还的事实承担主观举证责任。在此讼案中，按照实体法律规范所解读出的客观举证责任只能潜在地固定于提出权利主张的一方当事人，并在实际诉讼过程中仅具有一种隐形的抽象形态而存在。因为，就个案而言，是否最终因事实真伪不明而产生客观举证责任完全取决于偶然性或者或然性。

在辩论主义条件下，当事人均有提出证据的责任。通过当事人的具体举证行为，如果法官最终就这些法律要件事实无法获得心证，即呈现出的是真伪不

---

① 参见[日]新堂幸司：《新民事诉讼法》，弘文堂平成 10 年版，第 346 页。转引自[日]高桥宏志：《民事诉讼法制度与理论的深层分析》，林剑锋译，法律出版社 2003 年版，第 424 页。

明状态时，就不能适用上述实体法的抽象性规范。鉴于就法律构成要件事实的举证责任究竟应由何方负担，立法者已有抽象的规定，因此，当遇有就有关法律要件事实法官无法根据当事人的举证活动获得的确信而导致事实真伪不明状态出现时，法官只能根据实体法的指示，以此来作为适用法律效果判断的依据。

客观举证责任完全受实体法规范所支配，认定案件事实是法院适用法律并对案件作出裁判的前提，当法官无法从当事人所提出的证据中就法律要件事实获得确信时，只得按照客观举证责任来对案件作出裁判。客观举证责任的基本特性主要表现在如下几方面：

1. 早在诉讼之前，个案当中的客观举证责任作为潜在的、抽象的风险负担就已存在，并且从诉讼伊始就影响着整个程序。因此，它作为一种承担责任的潜在的可能性，只有在满足一定条件的前提下，即诉讼终结前待证事实仍处于真伪不明状态，才会转化为发生现实上的效果。如果法院最终就该待证事实获得肯定性或者否定性的结论，客观举证责任就不会转化到现实中来。而且，作为一种结果责任，只有当诉讼终结发生待证事实仍处于真伪不明状态时，这种客观举证责任才能实际发生，也即，只有当法院宣布裁判时才会产生确认责任或者实际效果。

2. 客观举证责任是基于实体法律关系预先由立法者设置的结果，一旦依据实体法确定由哪一方当事人负担后，除了法律上的推定运用以及法院据情作出举证责任转换的裁判等之外，在整个诉讼过程中始终固定于该方当事人，在该事实被证明之前，作为一种潜在的风险始终由该当事人负担，并不随着举证活动的进行而转移给对方当事人。直至终局裁判时，因特定法律要件事实无法被证明而处于真伪不明状态，才由原先抽象意义上的风险负担转化为现实状态，即使得由此而带来不利益的一方当事人承受败诉的后果。

3. 从理论上讲，在诉讼发生之前，客观举证责任已经由立法者采用抽象法律规范的方式预先作出了设定。因此，客观举证责任的表现形式只能是抽象的，而相较而言，在诉讼活动中双方当事人为了获得对其有利的裁判后果所负担主观举证责任的表现形式则是具体的。

为了查明案件事实的需要，法官更加关注的是能否通过对当事人所提供的证据进行评价从而获得对案件事实的确信，以便在此基础上决定法律的适用效果。因此,最终是通过原告一方提供的证据还是通过被告一方提供的证据来对案件事实获得这种确信的,这一点对于法官来说并不重要。相较而言,按照客观举证责任来对案件作出裁判只是一种无奈的、不得已而为之的选择。因为这种选择本身可能与通过查明案件事实真相来决定法律适用效果这一目标相距甚远。法官是通过这方当事人还是他方当事人的证据手段得到确信并无所谓。

4.在诉讼活动中,具体的举证责任常常表现为有关当事人所负担的主观举证责任,这种主观举证责任通常受到法院对证据进行自由评价的影响,主观举证责任因受到法官临时心证的支配而来回在不同的当事人之间进行转换。在法院就案件事实最终作出认定之前,双方当事人的主观举证责任在不断地推动着诉讼向前发展,只有当法官对法律要件事实获得确信的心证时,才能产生具体法律适用的效果。在这种情形下,法院通过对当事人的诉讼请求和事实主张直接作出肯定性或者否定性的结论,以此来排除客观举证责任的产生。

5.客观举证责任的重要价值就在于它的存在形式,随着诉讼程序的不断展开,在穷尽一切证明方式后,双方当事人仍然不能通过履行具体的主观举证责任来使得法院获得对其有利的事实认定。在此情形下,也就不能够引起具体法律适用效果的产生,当法院无法通过事实认定来达到法律适用效果时,就不得不根据抽象客观举证责任所发出的指示对实体争议作出裁判。

(五)我国有关法律及司法解释相关规定的理解与适用

1.有关客观举证责任分配的规定

《民事诉讼法解释》第91条规定:"人民法院应当依照下列原则确定举证证明责任的承担,但法律另有规定的除外:(一)主张法律关系存在的当事人,应当对产生该法律关系的基本事实承担举证证明责任;(二)主张法律关系变更、消灭或者权利受到妨害的当事人,应当对该法律关系变更、消灭或者权利受到妨害的基本事实承担举证证明责任。"

对本条文的理解与适用,应当掌握如下基本内容:

(1)与诉讼上双方当事人都承担相应的主观举证责任不同的是,对有关要件事实负担客观举证责任只能是一方当事人。在个案中,有关当事人就何种要件事实承担客观举证责任取决于有关实体法规范。例如，我国《民法典》第465条规定："依法成立的合同，受法律保护。"同时，《民法典》第667条规定："借款合同是借款人向贷款人借款，到期返还借款并支付利息的合同。"据此，根据法律要件分类说的基本原则，在某一涉及原告请求法院判决被告返还借款诉讼中，原告须就双方当事人曾就借款达成合意的事实以及原告向被告交付钱款的事实，同时承担主观举证责任和客观举证责任。这些事实均为上述法律所规定的权利构成要件事实。

（2）与诉讼上主观举证责任在当事人之间不断产生及转换的动态有所不同的是，客观举证责任是基于实体法律关系预先由立法者所设置的结果，一旦依据实体法确定由哪一方当事人负担后，在整个诉讼过程中便始终固定于该方当事人。在该事实被证明之前，作为一种潜在的风险始终由该方当事人负担，并不随着举证活动的进行而转移给对方当事人。直至终局裁判时，因特定法律要件事实无法被证明而处于真伪不明状态，才由原先抽象意义上的风险负担转化为现实状态，使得负有这种客观举证责任的一方当事人承担败诉的后果。

（3）本条文当中的第1项，是由一方当事人就产生"该法律关系的基本事实承担举证证明责任"，这种所谓的"举证证明责任"，既包括主观举证责任，也包括客观举证责任。在此所称的"主张法律关系存在的当事人"，大多数情况下是指原告当事人，但也不排除在特定条件下是指被告当事人。究竟系指原告当事人还是被告当事人，主要取决于有关实体法律的具体规定。

（4）本条文当中的第2项，是由相对一方当事人就产生"该法律关系变更、消灭或者权利受到妨害的基本事实承担举证证明责任"。在此所称的"主张法律关系变更、消灭或者权利受到妨害的当事人"，大多数情况下是指被告当事人，但也不排除在特定条件下是指原告当事人。究竟系指原告当事人还是被告当事人，主要取决于有关实体法律的具体规定。这种所谓的"举证证明责任"，同样既包括主观举证责任，亦包括客观举证责任。但在诉讼过程中，"主张法律关系变更、消灭或者权利受到妨害的当事人"，如果仅限于被告当事人提出相关抗辩主张的，那么这时的"举证证明责任"，就仅限于主观举证责任，而不包括客观举证责任。

## 2. 因出现真伪不明状态而导致客观举证责任产生的规定

《民事诉讼法解释》第 108 条第 2 款规定:"对一方当事人为反驳负有举证证明责任的当事人所主张事实而提供的证据,人民法院经审查并结合相关事实,认为待证事实真伪不明的,应当认定该事实不存在。"

对本条文的理解与适用,应当掌握如下基本内容:

(1)本条文中,所谓"对一方当事人为反驳负有举证证明责任的当事人所主张事实而提供的证据",是指,同时负有主观举证责任和客观举证责任的一方当事人(通常系原告),为证明其事实主张(属于待证事实,亦称要件事实),其所提供的证据能够充分地证明有关案件的待证事实,而仅仅负有主观举证责任的一方当事人(通常系被告)为反驳对方的事实主张,其所提供的证据亦能够充分证明案件的待证事实。

(2)本条文中,所谓"人民法院……认为",是指法官的心证状态。

(3)本条文中,所谓"待证事实真伪不明",是指法院既不能够根据一方当事人提供的证据认定有关待证事实的存在,也不能够根据另一方当事人提供的证据认定该待证事实不存在,由此在法官的心证当中所产生的不确定心理状态。

(4)本条文中,所谓"应当认定该事实不存在",是指因案件审理的结果最终导致待证事实仍处于真伪不明状态时,一种不可回避的裁判结果是,法院只能按照实体法所指示的证明责任分配规则,将不利益的结果判由原本就待证事实有风险负担的一方当事人来承受。因待证事实真伪不明从而导致无法适用相应的法律规范所产生的效果,在这种窘况之下,与此相关的客观举证责任的产生,为法院提供了摆脱困境的裁判准则。也就是说,对一方当事人为反驳另一方当事人的事实主张而提供的相反证据,导致法官在主观认识上均无法对有关事实的存在与否形成内心确信,鉴于另一方当事人同时负有主观举证责任和客观举证责任,故此,按照客观举证责任法则,法院应当认定另一方当事人主张的该事实不存在。

## 六、案例实务与问题解析

### 案例一 仅有转账凭证能否证明借贷关系成立

〔基本案情〕

贾某向张某的农业银行账户汇款 3 万元，原告贾某持汇款凭证向法院起诉要求被告张某返还借款 3 万元。被告辩称，自己并未借贾某的钱而是贾某归还自己之前的借款，之前的借条已经撕掉了。

〔意见分歧〕

在对本案事实如何认定问题上，有以下几种观点：

第一种意见认为，原告提供的债权交付凭证，证明了其履行了出借义务，且债权交付凭证所指的资金流向与原告主张的借贷关系相对应吻合。依据民事高度盖然性的证明标准，原告已经完成其举证责任，被告否认双方存在借贷关系，应提供证据证明。

第二种意见认为，原告提供的债权交付凭证，只能证明实际交付了款项的事实，但无法证明双方存在借贷关系。被告否认双方存在借贷关系，原告应就双方存在借贷关系进一步提供证据证明。

〔问题解析〕

《民事诉讼法解释》第 90 条规定："当事人对自己提出的诉讼请求所依据的事实或者反驳对方诉讼请求所依据的事实，应当提供证据加以证明，但法律另有规定的除外。在作出判决前，当事人未能提供证据或者证据不足以证明其事实主张的，由负有举证证明责任的当事人承担不利的后果。"上述内容涉及当事人主观举证责任分配的原则性规定。另外，《民间借贷案件规定》第 17 条规定："原告仅依据金融机构的转账凭证提起民间借贷诉讼，被告抗辩转账系偿还双方之前借款或其他债务，被告应当对其主张提供证据证明。被告提供相应证据证明其主张之后，原告仍应就借贷关系的成立承担举证证明责任。"上述内容涉及对《民事诉讼法解释》第 90 条原则性规定在特定情形下的一种细化，也是对在特定情形下主观举证责任在双方当事人之间转换的表述与规制。在本案中，原告贾某主张其与被告张某之间存在借贷关系，要求法院判令被告返还借款 3 万元。对此，被告否认双方之间存在借贷关系，并主张之前双方存在借贷关系，但被告是出借人，其在本案中收到的这笔 3 万元款项，是原告用于归还之前的借款。为支持其诉讼请求和证明其事实主张，原告向法院提供了一张汇款凭证。对此，从法官心证角度来看，原告已经完成了其行为意义上的举证责任，导致举证责任转换给被告一方，即由被告对其所主张之前存在的那笔借贷关系承担举证责任。如果被告通过补充提交证据证明了其抗辩主张，即之前原告与被告之间确实存在 3 万元的借贷关系，那么从法官的心证角度，行为意义上的举证责任再次转换给原告一方。如果原告此后不能够提供相关的证据证明其事实主张，将因举证不能承担败诉的后果。在本案中，法院显然应当根据当事人的主观举证责任最终所产生的实际效果对本案事实作出判断。

## 案例二　如何看待法院对本案举证责任的分配

〔基本案情〕

甲凭一张 2000 元的借条起诉乙要求还款，但乙辩称此款为赌债，不应偿还。而在甲提供的借条上只有借款数额而没有注明借款原因。

〔意见分歧〕

在举证责任的分配上，法院内部有两种相反的意见：

一种观点认为，被告反驳原告，认为借款不合法，应当由被告对借款不合法的事实负担举证责任。

另一种观点认为，原告要求被告还款，就应首先证明借款是合法的，即对借款的用途要负举证责任。

〔问题解析〕

《民事诉讼法》第 67 条第 1 款规定："当事人对自己提出的主张，有责任提供证据。"《民事诉讼法解释》第 90 条规定："当事人对自己提出的诉讼请求所依据的事实或者反驳对方诉讼请求所依据的事实，应当提供证据加以证明，但法律另有规定的除外。在作出判决前，当事人未能提供证据或者证据不足以证明当事人的事实主张的，由负有举证证明责任的当事人承担不利后果。"上述规定体现了民事诉讼当中"谁主张、谁举证"的举证责任分配法则，该法则主要涉及主观举证责任的分配。在本案中，甲向法院起诉要求乙偿付2000元借款，为此，甲向法院提供了一份借条。尽管该借条上只有借款数额而没有注明借款原因，但这种现象与民间通常发生的小额借贷在交易上出现的借条并无不同。对此，被告乙抗辩称，此款为赌债，不应偿还。《民间借贷案件规定》第15条第1款规定："原告以借据、收据、欠条等债权凭证为依据提起民间借贷诉讼，被告依据基础法律关系提出抗辩或者反诉，并提供证据证明债权纠纷非民间借贷行为引起的，人民法院应当依据查明的案件事实，按照基础事实法律关系审理。"在本案中，被告乙主张该笔借款与赌债有关，对于该事实主张，被告乙应承担举证责任。在审判实践中，为了有利于查明案件事实，在庭审中，法院应当对双方当事人与案件事实有关的细节进行调查询问。① 同时，在庭审调查过程中，法院还应据情收集相关证据，并且在认为必要时，向有关当事人进行释明，由其向法院申请相关证人出庭作证。在我国民事诉讼中，有关法律和司法解释除了对当事人的举证责任作出明确规定以外，还规定了在符合法定情形下，法院调查收集证据的有关情形。对此，《民事诉讼法》第67条第2款规定："当事人及其诉讼代理人因客观原因不能自行收集的证据，或者人民法院认为审理案

---

① 《民事诉讼法解释》第110条规定："人民法院认为有必要的，可以要求当事人本人到庭，就案件有关事实接受询问。在询问当事人之前，可以要求其签署保证书。保证书应当载明据实陈述、如有虚假陈述愿意接受处罚等内容。当事人应当在保证书上签名或者捺印。负有举证证明责任的当事人拒绝到庭、拒绝接受询问或者拒绝签署保证书，待证事实又欠缺其他证据证明的，人民法院对其主张的事实不予认定。"另外，2019年《民事证据规定》第63条规定："当事人应当就案件事实作真实、完整的陈述。当事人的陈述与此前陈述不一致的，人民法院应当责令其说明理由，并结合当事人的诉讼能力、证据和案件具体情况进行审查认定。当事人故意作虚假陈述妨碍人民法院审理的，人民法院应当根据情节，依照民事诉讼法第一百一十一条（即现行《民事诉讼法》第114条——笔者注）的规定进行处罚。"2019年《民事证据规定》第64条规定："人民法院认为有必要的，可以要求当事人本人到场，就案件的有关事实接受询问。人民法院要求当事人到场接受询问的，应当通知当事人询问的时间、地点、拒不到场的后果等内容。"2019年《民事证据规定》第65条规定："人民法院应当在询问前责令当事人签署保证书并宣读保证书的内容。保证书应当载明据实陈述，绝无隐瞒、歪曲、增减，如有虚假陈述应当接受处罚等内容。当事人应当在保证书上签名、捺印。"2019年《民事证据规定》第66条规定："当事人无正当理由拒不到场、拒不签署或宣读保证书或者拒不接受询问的，人民法院应当综合案件情况，判断待证事实的真伪。待证事实无其他证据证明的，人民法院应当作出不利于该当事人的认定。"可见，我国有关司法解释就法院对当事人进行调查询问作出了较为详尽的规定。

件需要的证据,人民法院应当调查收集。"在审判实践中,关于在何种情况下当事人可以向法院申请调查收集证据,根据《民事诉讼法解释》第94条第1款第1项规定,证据由国家有关部门保存,当事人及其诉讼代理人无权查阅调取的,属于《民事诉讼法》第67条第2款规定的当事人及其诉讼代理人因客观原因不能自行收集证据的情形之一。关于在何种情况下法院可以依职权调查收集证据,根据《民事诉讼法解释》第96条第1款第1项规定,涉及可能损害国家利益、社会公共利益的证据,属于人民法院应当调查收集的情形之一。在本案中,如果被告告知法院当地公安机关有相关办案记录或掌握有相关线索的话,可申请法院前去查阅调取。如果法院认为,有关情形符合《民事诉讼法解释》第96条第1款第1项规定的,亦可依职权调查收集。① 因此,在审判实践中,除了坚持"谁主张、谁举证"原则以及证据裁判主义以外,还应当注重庭审调查以及在庭审过程中向当事人调查收集必要的证据,而现实中许多法院忽视了后者,片面强调当事人举证,势必妨碍法院对案件事实的查明,对法官心证的形成产生不利影响,这种倾向应当引起高度重视。上述两种观点,均体现了这种倾向。同时,上述两种观点均以借款的合法性为标准来界定举证责任的分配,明显违反了"谁主张、谁举证"的原则,或者说是对该项原则的曲解和误识。

## 案例三 民间借贷纠纷如何适用"谁主张、谁举证"原则

〔基本案情〕

2016年5月26日,被告唐某某与原告张某某一起逛街,因买手机缺钱,向张某某借款500元,同时向张某某出具了一张500元的欠条。口头约定借期

---

① 2019年《民事证据规定》第2条规定:"人民法院应当向当事人说明举证的要求及法律后果,促使当事人在合理期限内积极、全面、正确、诚实地完成举证。当事人因客观原因不能自行收集的证据,可申请人民法院调查收集。"2019年《民事证据规定》第20条规定:"当事人及其诉讼代理人申请人民法院调查收集证据,应当在举证期限届满前提交书面申请。申请书应当载明被调查人的姓名或者单位名称、住所地等基本情况、所要调查收集的证据名称或者内容、需要由人民法院调查收集证据的原因及其要证明的事实以及明确的线索。"在理论上,当事人的举证与法院在庭审中向当事人调查收集证据不同,后者不受举证时限限制。

半年，到期后，被告以手中无钱拒绝偿付欠款本息。原告在收不回借款的情况下，向法院提起诉讼，请求法院判决被告偿还原告欠款及利息。被告辩称欠条是自己写的，但是在受被告唐某某胁迫的情况下所写，没有法律效力，请求法院驳回原告的起诉。

〔意见分歧〕

对于本案的处理，存在两种不同的意见：

第一种意见认为，原告所依据的仅仅是一张欠条，被告说该欠条是受原告唐某某胁迫的情况下所写，原告不能证明无胁迫，故原告主张不能成立。

第二种意见认为，原告为支持自己的诉讼请求，提交了被告书写的欠条，该欠条经被告认可其真实性，应予支持。本案中，被告张某某对欠条的真实性没有异议，因此，证据符合法律规定的诉讼证据真实性的条件，原告提供的证据应予支持。

〔问题解析〕

笔者认为，上述两种观点都有偏颇。其中，第一种观点是完全错误的，歪曲了"谁主张、谁举证"的基本原则；而第二种意见有偏颇之处。这是因为，在本案中，原告因提出被告书写的欠条并且其真实性已经被告所认可，因此，原告已经完成了其主观上的举证责任。而针对原告的主张，被告提出了该欠条是受原告唐某胁迫的情况下所写的抗辩主张。根据《民事诉讼法解释》第91条第2项规定："主张法律关系变更消灭或者权利受到妨害的当事人，应当对该法律关系变更、消灭或者权利受到妨害的基本事实承担举证证明责任。"在本案中，被告提出的主张涉及原告的债权受到妨害的要件事实，对此，被告应当提出相关的证据加以证明。例如，在事后合理的时间内向其他亲朋好友谈及此事的事实或者向公安机关报案的事实，等等。

## 案例四 仅有转账凭证时能否认定民间借贷的事实发生

〔基本案情〕

景小甲系景某的女儿，陈某与景某系朋友关系，两人因生意经常有经济来往。2007年陈某向景某的银行账户转入30万元。2010年景某病重，就与陈某签订了协议书一份，对于2006年至2010年间的所有生意往来资金均进行了结算，并立下遗嘱将其名下的所有财产全部留给女儿景小甲。后景某去世，陈某则称，此前通过银行转账的30万元系其出借给景某的借款，但双方并未形成书面借条。因景某将名下所有财产全部遗留给女儿，故陈某要求景小甲承担此笔款项的还款义务。

〔意见分歧〕

关于仅有转账凭证时能否认定存在借贷的事实，存在以下两种不同的意见：

第一种意见认为，不能认定存在借贷事实，根据"谁主张、谁举证"的规则，陈某主张双方存在民间借贷关系，应当对借贷合意、借贷事实的发生承担证明责任。民间借贷纠纷的基本事实包括两个要素，即借贷合意（意思表示）与款项交付。本案中陈某提供了转账凭证，对款项交付这一要素的存在提供了证据；但对于另一要素即借贷合意没有提供合理有效的证据证明。在本案"借款人"景某已经过世的情况下，陈某更应对此充分举证。但本案中，陈某仅提供了30万元的打款凭证，并无其他证据佐证其与景某之间已达成借款合意；

第二种意见认为，可以认定存在借贷事实，根据《民间借贷案件规定》第17条规定，陈某提交转账凭证后，已经完成了对借贷事实的证明，举证责任发生转移，应由景小甲提交证据证明陈某与景某之间的该笔款项系其他权利义务关系，如果景小甲并未能提交相应证据证明，则应认定该笔民间借贷纠纷存在。

〔问题解析〕

笔者认为，上述第一种观点有偏差。本案中，在景某去世后陈某主张此前通过银行转账的30万元系其出借给景某的借款，鉴于2007年陈某向景某的银行账户转入30万元，系发生在2010年景某与陈某签订了协议书对于2006年至2010年间的所有生意往来资金均进行了结算之前，因此，陈某如果想获得胜诉，就必须提出该笔借款不在景某与陈某2010年签订结算协议之列的主张。因为从本案情况来看，陈某与景某系朋友关系，两人因生意经常有经济来往，2007年陈某向景某的银行账户转入30万元，这些均系已经法院查明的案件事实，双方没有争议。双方的争议焦点主要表现在，被告主张该笔30万元入账款，即便属于当时的借款，事后也已通过签订结算协议的形式统一结算完毕，不可能存在任何欠付情形；而原告如果仅仅主张这是当时的一笔借款，提出这样的主张,即便是考虑适用"谁主张、谁举证"的基本原则也毫无意义,因为其并未提出适当的事实主张,因此,原告应当将其提出的主张改为这笔借款并非在2010年签订的结算协议之列,才有实际意义。《民间借贷案件规定》第17条规定:"原告仅依据金融机构的转账凭证提起民间借贷诉讼,被告抗辩转账系偿还双方之前借款或其他债务,被告应当对其主张提供证据证明。被告提供相应证据证明其主张后,原告仍应就借贷关系的成立承担举证证明责任。"上述第二种观点本身就存在明显的错误。本案事实并不具备《民间借贷案件规定》第17条所规定的有关要件事实,即"被告抗辩转账系偿还双方之前借款或其他债务",因此,提交证据证明陈某与景某之间的该笔款项系其他权利义务关系以及提出相应的主张责任,均应由原告负担,而不能够随意转移给被告方。

## 案例五 存有疑点的借条由谁证明其真伪

〔基本案情〕

2003年5月,四川省富顺县的曾某到泸县雷某开办的蜂窝煤厂上班。同年9月上旬,曾某在工作中手受伤后,双方为曾某的伤是否由雷某承担责任而发生纠纷。后经劳动部门认定曾某受伤属工伤,劳动仲裁部门裁决由雷某赔偿曾某医疗费等费用15000元,该裁决已生效。

曾某在雷某的蜂窝煤厂工作期间,于2003年6月20日和受伤后的9月27日向雷某借款,并在雷某书写主文的两张借条上签名。由于曾某未还雷某的借款,同时因为双方为曾某工伤赔偿之事而发生矛盾,雷某于2004年4月向法院起诉,要求曾某偿还其借款15000元,称第一笔借款金额是10000元,第二笔借款金额是5000元,两笔借款都是给曾某代为购买煤炭的。 被告曾某在答辩时称,2003年6月20日、9月27日两次向原告雷某借款属实,并在雷某书写主文的借条上签了名,但借款金额不是15000元,第一笔借款金额是100元,第二笔借款金额是50元,其实两笔借款都是他应当领取的工资;同时辩称两张借条雷某都添加和涂改了内容,从而使借款金额增加。本案的承办法官经审查原告提交的两张借条,认为确有添加和涂改内容的迹象。

〔意见分歧〕

由于原告雷某所提交的证据——借条的真实性双方当事人有争议，法院也认为该证据存有疑点，借条的真伪需要借助专业技术鉴定才能确认，那么，是由原告还是由被告来证明借条的真伪呢？对此，有两种不同的观点。

第一种观点认为，应该由被告承担举证责任以反驳原告所持借条的真实性。原因是原告认为借条是真实的，但被告否认，按照2001年《民事证据规定》第2条有关"反驳对方诉讼请求所依据的事实有责任提供证据加以证明"的规定，被告就应当提交证据反驳借条的真实性。当然，只有鉴定机构的鉴定结论才能作为反驳证据。如果被告不主动提出鉴定申请、交纳鉴定费，可以由法院责令其交纳鉴定费，如果拒不交纳，就应当承担对其不利的法律后果。

第二种观点认为，应该由原告承担举证责任证明借条的真实性。这种观点不是否认2001年《民事证据规定》第2条规定，但如果被告拒绝申请鉴定或者拒绝交纳鉴定费，就由其承担不利的法律后果显然是不合理的。其原因是：第一，原告提交的借条存有疑点是明显的，而且该借条是他保管的，鉴于此，除非被告主动申请鉴定并交纳鉴定费，就应该由原告承担举证责任证明借条的真实性——由他申请鉴定并交纳鉴定费，否则由法院责令其交纳鉴定费，以进行司法鉴定。第二，结合案情分析：双方当事人认识的时间不长，被告又是外地人，原告在对他不太了解的情况下将10000元交给他代买煤炭本身就太符合现实，况且，第一笔款的煤炭没有运来，再在双方发生了纠纷后又给他5000元代买煤炭，就更有悖常理，原告提交的证据真实性非常值得怀疑，在这种情形下由被告承担举证责任显然不公平。如果原告不主动申请鉴定和交纳鉴定费，或者在法院责令其交纳鉴定费后拒不交纳，应当承担不利的法律后果。

〔问题解析〕

在本案中，雷某向法院起诉，要求曾某偿还其借款15000元，称第一笔借款金额是10000元，第二笔借款金额是5000元，两笔借款都是给曾某代为购买煤炭的。为了支持其诉讼请求和证明其事实主张，原告提供了两张借条。对此，被告曾某抗辩称，其曾两次向原告雷某借款属实，并在雷某书写主文的借条上签了名，但借款金额不是15000元，两笔借款分别是100元和50元，且该两笔借款都是他应当领取的工资。同时，被告在发表质证意见时，指出该两张借条都有雷某添加和涂改的痕迹。对此，本案的承办法官经审查亦认为该两张借条确有被人添加和涂改的迹象。鉴于法官对于原告提交两张借条内容的真实性在内心产生了合理的怀疑，同时，还感到原告陈述涉及该两笔借款产生的事实与日常生活经验不符。在此情况下，根据 2001 年《民事证据规定》第 2 条第 1 款规定："当事人对自己提出的诉讼请求所依据的事实或者反驳对方诉讼请求所依据的事实有责任提供证据加以证明。没有证据或者证据不足以证明当事人的事实主张的，由负有举证责任的当事人承担不利后果。"因此，原告雷某对其所应当承担的提供证据责任还未能有效卸除（即还未发生举证责任转换的情形）。对此，根据 2001 年《民事证据规定》第 25 条第 2 款规定："对需要鉴定的事项负有举证责任的当事人，在人民法院指定的期限内无正当理由不提出鉴定申请或者不预交鉴定费用或者拒不提供相关材料，致使对案件争议的事实无法通过鉴定结论予以认定的，应当对该事实承担举证不能的法律后果。"据此，法院应当根据 2001 年《民事证据规定》第 3 条第 1 款规定①，告知原告雷某应当提出鉴定申请并预交鉴定费用，否则应承担不利的裁判后果。

在此，应当指出的是，如果原告提供的两份借条，在表面形式上不存在任何瑕疵，则发生举证责任转换的情形，即应当由被告对其所主张内容不真实的事实承担举证责任。也即由被告向法院提出鉴定申请。但在本案中，这种情形并未发生，也就是说，举证责任是否在当事人之间发生转换，关键取决于法官心证中内心确信的关注点，是否已由原告一方提供的证据转换到被告一方提供的证据。在本案中，因原告一方提供的证据有明显瑕疵，在这种瑕疵被消除之前，法官心目中的关注点将始终停留在原告一方提供的证据上。而上述第一种观点忽略了当事人提供证据的行为责任与法官心证之间的内在联系，正是因为法官心证对原告提供借条的真实性还没有形成必要的确信度，与此相关的举证责任仍由原告负担。因此，第一种观点显然是不妥当。相较而言，上述第二种观点在对案件事实沿循日常生活经验进行推理分析之后，其得出的结论也是正确、合理的。

---

① 2001 年《民事证据规定》第 3 条第 1 款规定："人民法院应当向当事人说明举证的要求及法律后果，促使当事人在合理期限内积极、全面、正确、诚实地完成举证。"

就本案而言，如果适用 2019 年《民事证据规定》来审理并作出事实认定，虽然最终的结果并无不同，即应当由法院告知原告雷某提出鉴定申请并预交鉴定费用，否则应承担不利的裁判后果。但其中的内在逻辑和思路以及对法官最终形成内心确信所产生的影响将有相当的不同。2019 年《民事证据规定》第 92 条规定："私文书证的真实性，由主张以私人书证证明案件事实的当事人承担举证。私文书证由制作者或者其代理人签名、盖章或捺印的，推定为真实。私文书证上有删除、涂改、增添或者其他形式瑕疵的，人民法院应当综合案件的具体情况判断其证明力。"根据该条款的规定，一方当事人提出私文书证作为证据证明其事实主张，而另一方当事人对其真实性提出质疑，无论双方当事人是否能够提供其他相应的证据，只要造成法官无法就此形成必要的内心确信时，应当仍由以私文书证作为证据证明其事实主张的一方当事人继续履行其举证责任。该条第 3 款规定仅限于私文书证存在特定瑕疵的处理。根据瑕疵的表现形式，可分为形式上的瑕疵与内容上的瑕疵。本案主要涉及私文书证在内容上所出现的瑕疵，主要表现在，用于表述私文书证内容所记载的文字、符号、图案等出现人为的删除、涂改、增添等变动性痕迹，当出现这种情形时，将同时会对该私文书证的形式证据力和实质证据力产生消极影响。一方当事人提出私文证书作为证据证明其事实主张，而另一方当事人对其真实性提出质疑，无论双方当事人是否能够提供其他相应的证据，只要造成法官无法就此形成必要的内心确信时，应当仍由以私文书证作为证据证明其事实主张的一方当事人继续履行其举证责任。其中，所谓"人民法院应当综合案件的具体情况判断其证明力"，这种据情裁量实际上是要求法院根据个案当中的具体情形，依据现有的证据和已知的信息资料，按照理性原则和经验法则，对有关书证在内容和形式上所出现的缺陷以及对有关书证复制件在弥补这些缺陷上所能发挥的作用，作出符合情理的判断。即当书证出现删除、涂改、增添或者在形式上出现某种缺陷时，其证明力是否因此受到减损，减损至何种程度，由法院据情裁量。在本案中，法院还应结合鉴定意见的内容就事实认定问题作出最终评价与判断。

# 第四章
## 司法认知与免证事实

## 一、司法认知

（一）司法认知的基本界定

司法认知又称审判上的知悉，系指法院就某些特定的待证事实或有关事项在审判上直接加以确认，从而免除当事人举证责任的一种诉讼程式。这种证明方式并非以当事人的举证与质证为基本前提，而是属于法院职务上的一种主观感知与判断而产生的确信效果，因此，属于一种特殊的审判上的查明方式。司法认知或称审判上的知悉在英文中的对应词为"Judicial Notice"，因为它是一个"舶来物"，对"认知"或"知悉"在词义上如不加以阐释，对一般中国人来讲仍是生疏或令人疑惑的。但是，如果从当事人的主张责任、证明对象与举证责任免除的角度来理解，那么就有助于凸显司法认知的程序功能和重要价值所在。

关于认知的本义，可借用古代的法谚，即"显著之事实，无需证明"（What is known need not be proved; Manifesta non indigent probatione）。该法谚所贯穿的理念就在于，人类为理性之灵长，在司法程序范围内，为解决纠纷，当某一事项作为待证事实的一部分，而该事项已在此之前，已为一定范围内的人们所感知达到显而易见的程度时，司法者自应依审判职务上自认的权威对此加以认同，从而赢得了诉讼上的节省，如果将诉讼成本计算在社会成本当中的话，这实际上是对社会总体劳动成本的一种节约。由此法谚，可以追溯到罗马法或寺院法时代，即有认知法则。简言之，从古如斯，自有法律程序，可谓即有此种思想存在。在职权主义或纠问主义诉讼制度下，司法者侧重于从事职权主义之注意或职权调查；在当事人对等辩论主义诉讼制度下，司法机关的职权，更注重借助于当事人在诉讼上对待案件的态度，但并不刻意审理那些属于法律争执点以外的假定事实，以避免造成诉讼资源的不当耗费。

## （二）关于司法认知的认识论

司法认知是世界上许多国家证据法上所普遍适用的就某些特定的待证事实由法院直接加以确认，从而免除当事人举证责任的一种诉讼程式。这些特定的案件事实能够由法院直接加以确认而成为免证事实。对于任何一国法律及其法院来说，无论其法律有无明文规定，无不涉及认知事项。在此问题上无论大陆法系或者英美法系对于认知问题均概莫能外。尤其是在当事人对等辩论主义诉讼制度下，因这种诉讼模式须将当事人举证责任所涉及范围划分界限，而成为证据学上独立成章的基本问题。①

司法审判程序应为一种具有理性的公正、合理的程序，对于待证事实的认定，应属法院的职责，同时，对有关事项的认定，属于具有社会一般常人头脑和认知能力便能解决的认识问题，法官除了职权身份之外，还兼具社会普通成员的身份，如果一些在社会上已受到广泛认同而成为常识性的事项，即已为一般常人所理解，在此情况下，假若法官对在社会上本属无可争执的事项佯装不知或推脱不知而仍旧将其作为审判职务上的待证事实，这种做法将既不合乎常理，也有违审判职责的本旨。"之所以在司法实践中会出现司法认知原则，实事求是地说，与事实裁决者既是独立个体又是群体一员的这种双重身份密切相关。"②事实上，在人们的通常观念上，法官应较之常人更具有其合理分辨、判断事物的能力，因此，在对显著事实进行识别、认定的能力上至少应不低于一般常人。但必须为真正实在的争执，而非处于想象或假设。因此，对于事实真伪，在诉讼上，本属无可争执的事项，法院毋庸与以审判上应予查明或藉以调查认定相提并论。至于涉及法律的内容或适用之争执问题，如为一般明理知法的人，认为实无争执的余地，法院亦毋庸听取当事人之间的争辩。否则，在辩论主义诉讼制度下，实务上的操作必将加重时间、财力与精力上的诉讼资源的浪费。

在诉讼活动中，有些事实之所以成为待证事实而必须由相关的证据加以印

---

① 参见李学灯：《证据法比较研究》，我国台湾地区五南图书出版公司1992年版，第9页。

② 周翠芳：《司法认知论》，中国人民公安大学出版社2008年版，第32页。

证，是因为双方当事人对待证事实本身以及法律的适用存在着两种截然相反的对立主张。但是，从理论上而言，并不能单纯地以双方对某一特定事实以及法律的适用存在截然相反的观点，从而使之成为诉讼上的证明对象，而主要是因为知悉这些待证事实的途径和方法具有个人的属性，不具备公知乃至公信的属性特征。"并非所有的事实都需要加以证明，但是，对于判决中要考虑的重要事实均必须得到主张。"[①] 事实上，当实体法和程序法所调整的某些待证事实为在社会上一定范围内所公知、公认时，如某地区发生强烈地震使当事人一方不能按约履行合同义务或者构成诉讼中止的原因等，该种客观事实一旦与一定法律后果相联系，便可直接作为裁判的基础，而不必采取举证的方式来取得诉讼上的证明力。这种在诉讼上所产生的"不证自明"的效果便是来自于司法认知或称审判上的知悉，这是为各国法律所广泛认同的证据法规范。

在学理上，我国学者大都是沿循从证明对象的角度来认识当事人的证明范围，从审判上的认知或者司法认知的角度来认识当事人的举证责任问题至今尚未成为一种常规的立法模式与司法程式。实际上，这属于一个问题的两个方面，即凡有当事人的主张，必有提供证据加以证明之必要；由法院据情依职权主动对本属于当事人举证责任范畴之内的有关事项直接加以认知或者经当事人申请而由法院对有关事项加以认知，此项制度的直接功能在于导致免除当事人相应的举证负担。因此，审判上的认知是从公权角度来对当事人举证负担这一私权利益的一种功能性救济，这种救济主要是基于诉讼节约、降低成本、避免社会资源的不当浪费以及促进诉讼迅速的目的。因为在现实生活中，有些事实本身即具有客观上的公知、公认的效力，使其不必经过当事人提供证据加以证明这一环节便具有业经证明的效力，已成为一种现实上的需要。这种现实上的需要是由事物的普遍性与内在的规律性以及作为国家公共管理职能所涉及的一般常态所决定的。对此，法院基于查明事实的审判职能，应适应这种客观现实的需要，而直接认知和接受这些事项在证据法上的免证效力。有鉴于此，在立法上如何客观、公正地对待司法认知的事项，已成为我国证据法上需要认真加以解

---

① [德] 莱奥·罗森贝克：《证明责任论（第五版）》，庄敬华译，中国法制出版社2018年版，第55页。

决的问题。根据当代各国的发展方向，其审判上的认知的范围与功能已呈现日渐扩大和更加明晰化的趋势，这不仅体现了处于信息时代的世界新的面貌的一些特征，即越来越多的知识和信息使人们在将客观事物作为认知对象时增强了智能化上的实现功能，已知的知识和信息领域将会大大缩小那些未知的空间。例如，在英美法系这些普通法国家，除了显著事实、政府事项、司法事项外，普通法关于认知的内容有逐渐增加的趋势，法院应为或得为认知的事实，即涉及各方面的知识及各种易于获知的事项。例如，历史上对本国与他国具有重要性的事件的事实；地理上的名山大川，省道县邑所在及其距离；海上通航事实，铁路、公路等交通状况，管辖区域界线；财政经济上重大事实及其情况，如世界性财政恐慌、证券市场崩溃、商业萧条、普遍失业、地价暴跌、货币及其兑换率、一般人购物保值的目的、度量衡、利率，影响及对特别立法的经济原因或征税基础的事实，甚至于煤矿工人收入状况，以及华丽舞台经济成本的价值；科学上已为一般人公知的定律；物品普通的用途及其要素；一定的常识，如饥食、渴饮、晴干、雨湿、海咸、河淡、水向下流，等等；自然现象的规律如四季变迁、一般农作物栽种的时令、成熟收获季节、蔬菜瓜果成长现象，以及普通耕作保护事实；工商业及各种职业上显著的事实、风俗与习惯；新闻、交通、银行、邮政、惯行的事实；等等。① 因此，在证据法上，相应增加审判上认知的事项范围，便意味着相对减少了当事人的证明负担和不适当压力，其直接结果则更为有利于诉讼成本的节约，并且有助于提高诉讼时效。

（三）司法认知的效力

司法认知的效力涉及是否允许采取反证或其他途径对司法认知的事实提出质疑或加以推翻的问题。从总体而言，有关国家或地区在立法上都倾向于向有关当事人提供适当机会予以质疑，但在学理上则有不同的观点。

司法认知的效力涉及相应事项的确定性，即绝对效力与相对效力，直接效力与间接效力的关系。

---

① 参见李学灯：《证据法比较研究》，我国台湾地区五南图书出版公司1992年版，第25~27页。

作为绝对效力与相对效力而言，麦克威认为，将认知划分为应予认知与可予认知，如在法律上有明确划分的，应依据法律上的规定，但在理论上究竟采用何种原则作为划分的准绳，则绝非易事，因为，就"显著"的含义而言，可能存在不同的等级，作为通常显著事项，法院自应予以认知，如为世所公认的事项，则必应予以认知。根据此种推论，进而参酌各种事实的性质，法院应予认知的，可以概括为三类：一是事物的公理已成为人类生活上的常识，如水向下流，二加二得四。此类事实，毋庸证据加以证明，法院如不予认知，而对缺乏证明的一方当事人作出不利的裁判，应显属误判之举。二是事实已成为世所周知，例如，马能食麦，母牛生乳，此类事实，亦毋庸举证，否则无异于浪费时间。三是，法院为国家机构的组成部分，对于有关政府的事实，应予认知。此类非属于普通知识事项，或亦非法院已有所知；但为法院易于获得其资料，亦即为法院所易于获知。上述各类事项系在理论上是根据应于认知的事实的性质加以分类的，实际上如有成文法就应予认知的范围加以规定的，如与上述有所不同时，自应以法律的规定为准。①

作为一种矛盾范畴，作为司法认知事项在效力上所具有的绝对效力与相对效力，只要已经法律所明文规定，便作为主观上的一种观念和规则，具有国家意志的强烈属性。尽管从法律与学理（或者法理，下同）的效力上而言，学理应当服从法律，但法律的基础在于学理，在此，作为对法律的绝对服从与对学理的相对适应又是一对矛盾范畴。因为，法律具有唯意志性，是一种主观意志的理想化产物，而作为法律基础的学理则具有客观性，因为，它承认司法认知的效力在相当范围内应具有相对性。但问题是，如果仅仅停留在学理层次而不将其上升为法律，则学理研究将失去其终极目标；同时，在适用法律时如遇到疑难问题而不宜加以解决时，还应求助于学理成果找出适用法律的更为有利的根据，因为，学理毕竟是法律的生命源泉。麦克威认为在适用效力上，法律具有绝对性，而学理常常处于相对性状态，因为，学理的主要功能在于探索为在立法认可之前的那些尚未成熟的认识观念。虽然法律在其内涵上或许有种种暂时不可克服的缺陷，但是，正像当它作为司法认知的规则出现时，它至少在形

---

① 参见 McKelvey on Evidence，§20.

式上掩盖了这种缺点。

仅作为相对效力来论及，威格莫根据各种事项的认知范围将其归纳为大致三类，第一，为显著事实，无须举证；第二，为依据司法职务的性质，至少在理论上假定为法官所熟悉；第三，为可予以即时而无可疑问的说明，就此种归类所具有的相对性，他认为，对于所有认知的事项，如欲加以严格区分，列举其属于何类，则实属不易。① 因此，这类划分在效力上也仅具有相对性。

（四）司法认知的启动程序

根据司法认知的启动与运用方式不同，在学理上及立法上，可将司法认知分为法院依职权进行的司法认知与当事人主动申请的司法认知两种方式。

1. 法院依职权进行的司法认知

从当今社会文明的角度而言，司法审判被赋予体现公正、效率，同时又合乎情理的程序功能。对于发生在诉讼之前的案件事实，在审判上被设定为待证事实或称系争事实，除了根据举证责任分配规则，由当事人承担证明责任之外，法官对案件事实真相的发现亦显属其应尽的审判职责。因为，对有关事项的认定范畴之内，毕竟有些属于具有社会一般常人头脑便能解决的认识问题，法官除了职务上的身份之外，还兼具社会普通的成员身份。如果一些在社会上已受到广泛认同而成为常识性的事项，即已为一般常人所理解，或者通过有关法律程序而作为既成事实存在，在此情况下，假若法官对在社会上本属无可争执的事项佯装不知或推脱不知，仍旧将其作为审判职务上的待证事项，这种做法将既不合乎常理，也有违审判职责的本旨，还会造成不必要的社会成本。

许多国家都将司法认知作为一种审判职能上的需要，一般在立法上并不以当事人请求为条件。

2. 当事人主动申请的司法认知

由法院依职权采用司法认知，其对象一般限于应当予以认知的那些事项。而属于法院可以予以认知以及当事人认为应当属于认知范围的事项，一般需要以当事人的主动申请为条件。况且，认知可以达到免除当事人举证负担的效果，

---

① 参见 Wigmores, Evidence §2571, Scope of Principle（Chardbourn rev. 1981）.

故此当事人欲想就此免除举证,应当向法院申请认知。

法律规定当事人对自己提出的主张承担举证责任,其目的是通过当事人的证明行为,有助于法院查明案件事实,分清是非责任,正确处理案件。因为纠纷都发生在诉讼之前,法院对案件事实不了解、不清楚,需要借助当事人提供的证据来查明。如果案件中的某些事实已经清楚,不必要再由当事人负责证明,则可免除该当事人的举证责任。举证责任的免除也是民事诉讼证据制度的重要内容。对此,《民事诉讼法解释》第93条第1款和2019年《民事证据规定》第10条第1款对七类免证事实作出了明确的规定。另外,2019年《民事证据规定》第3条至第7条所规定的当事人自认的事实、第18条涉及双方当事人无争议的事实、第57条第2款涉及当事人无异议的事实,既属于免证事实的范畴,亦属于司法认知的对象。

我国《民事诉讼法》第67条第1款规定:"当事人对自己提出的主张,有责任提供证据。"这一规定体现了"谁主张、谁举证"的行为意义上举证责任的一般原则。但是,在审判实践中,并非为当事人主张的所有事实都需要提供证据加以证明。有些情况下,对某些事实不需证据证明即可被视为真实,并免除有关当事人的举证责任。在这种情况下,是法院依职权对有关当事人的事实主张采用了司法认知,从而导致免除该有关当事人举证责任的诉讼效果的产生。

(五)当事人的异议与抗辩权的行使及其效果

当法院对某一事项采用司法认知时,势必在当事人之间的抗辩对峙关系上造成某种失衡状况,因为,司法认知的采纳,意味着有关事实不需证据证明即可被认为系一种真实来看待,从而免除了有关当事人的证明负担。法院认知事实,无论其为主要事实,或为证明其他事实之证据事实,有初步成立表面可信的效力,但仍应向当事人提供辩论的机会。如法院认为属于众所周知的事实,则应当让程序参与者就此有发表意见的机会。[①] 如为必须认知的事项,仍可由当事人或其律师提供资料或报告,以协助法院作出正确的认知;如属于法官依

---

① 参见姜世明:《民事程序法之发展与宪法原则》,我国台湾地区元照出版有限公司2009年版,第76页。

自由裁量而予以认知的事项，应准许当事人提供证据加以反驳。如有反证推翻，则该事项仍归属于以证据证明的范围。总之，法院就事实为认知之谕知时，尚未达至决定性的阶段，直至当事人无善意真实的争执，无反证推翻时，始有决定性的效力。①

审判程序应体现法律的公平、合理，为了增强程序的保障机能，各国在规定司法认知作为免证方式的同时，几乎都毫无例外地通过有关程序对相对利害关系人予以适当的救济。这是因为，即便是显著的事实，有时也有违背事实真相的时候，比如，有关舆论或发布的信息对人们在理解上产生某种误导，从而产生以讹传讹的情形。为此，应当为当事人提供抗辩的机会，便于对有关事项予以核实或澄清。相对而言，作为对因司法认知而在程序上产生不利影响一方当事人的救济措施和方式，便构成了涉及司法认知的一些重要程序问题；同时，这些程序问题往往也是通过相关的程序规则加以体现的。

对于如何使当事人行使抗辩权，麦考密克认为，在认知之前，既已告知当事人予以提供资料（如权威书籍、历书、科学论著、政府公报等类）的机会，此项提供，虽然并非为正式的证明，但可使法院认为该事项尚未明确，或并非像预想的真实，而不属于正当认知的范围，这些属于认知的调查程序。在法院已决定认知而予以晓谕或指示后，其所为认知的界限，仍须进行严格的辨别。例如，就文书的真正予以认知的，除法院的认知涉及文书的内容外，关于其内容的记载是否为真实，仍可作为争执的事项。又如，法院已就某项事实予以认知，该事实对于系争的应证事项仅为一种情况证据。据此可为事实上的推定，以该事实据为推论的基础时，则对于已认知的该项事实，不能采用证据予以推翻；但对于推论的结果，仍可以证据予以反驳。②

大陆法系的德国、法国和日本均未制定独立的证据法典，在其民事诉讼法中就涉及司法认知上当事人享有的抗辩权未加以明确规定。笔者认为，为了防范法官滥用职权，任意对有关事实采用司法认知，有必要赋予当事人就有关事实提出质疑和反证的权利。对当有关法院认为一些特定事实应为审判法院管辖

---

① 参见李学灯：《证据法比较研究》，我国台湾地区五南图书出版公司1992年版，第13~15页。

② 参见 McCormick on Evidence, §330, Procedural Incidents at 710.

区域内众所周知的事实，或为法官职务上所知悉的事实，在将该类事实作为裁判基础时，应当告知有关当事人，以便使其行使抗辩权。否则，有关当事人可依此作为行使上诉权的理由，请求上一级法院予以纠正。

就客观上而言，即使为法院采用司法认知所确认的事实和适用的法律，也会存在错误或不当之处。在具体操作上，当法庭宣布对某一事实问题或法律问题采用司法认知时，应当允许因采用司法认知而对其产生不利影响的一方当事人提供相反的证据来质疑法官在职务上所作出的此番认定；并且，为了回答来自相对一方当事人所提出的质疑或产生的疑虑，法官可据情向有关当事人出示或让其查阅必要的信息资料。为了推翻法院所作出的司法认知，当有关当事人提供了相反的证据时，经法院审查认为，已足以产生推翻这种司法认知的事项时，则原本应由法院予以认知的事项不产生预期的诉讼效果。

在诉讼上，当事人自应承担向法院提供证据证明其事实主张以及提供法律根据的风险负担，对此，法院应当恪守中立，只能作为诉讼程序的监护人，除非法律有明文规定，否则不宜介入当事人间就事实问题的举证责任以及为获取胜诉而应当向法庭提供必要的法律根据。但是，在遇有法律明确规定的前提下，虽然基于审判上的需要而对有关事实问题和法律问题不待当事人提供证据证明抑或提出申请，则应依职权主动予以认知，或虽经一方当事人申请而在事实问题和法律问题上采用司法认知。在此法律规定的前提下，由中立的法官采用司法认知，其直接效果将使另一方当事人处于一种明显不利的境地，为了防止立法上的某种任意性以及法官在适用司法认知制度上可能产生的偏差或疏忽，有必要在程序上给由于采用司法认知而使其产生不利影响的一方当事人予以必要的救济，这种救济方式包括允许该方当事人提供相反的证据借以推翻采用司法认知所本应引起的效果。与此同时，法院据情应当为受到司法认知而产生不利影响的一方当事人获取必要的信息的机会，其中包括向其展示新闻报道、立法机关、政府机构以及审判机关的公报、历史档案等信息资料，以便能够对该方当事人产生令其信服的效果。

## （六）司法认知的庭审笔录

对司法认知的事项在庭审笔录上加以记明是程序上的必要保障，这些细节往往为立法所忽略，但时常会因此而发生争议，影响诉讼的实效。

另外，李学灯教授认为，当某一事项由法院采用司法认知，而就其妥当性引起争议时，有关此种辩论经过的情形，当然属于言词辩论进行的要领，应记载于言词辩论笔录。①

## （七）司法认知所涉及的上诉审程序

就司法认知而言，上诉审涉及上诉审法院对下级审法院已进行认知效力的认定问题，也涉及当事人就其抗辩权的行使延伸至上诉审法院的问题。

根据美国学者摩根的观点，对于法院未进行认知或者拒绝认知的事项，在以后的审理程序中或于上诉审程序中，如认为有关事项属于无可争议时，自仍得予以认知。在认知之前，仍应告知当事人，并使其有提供有关知识的机会。如下级审对于认知的裁定存在错误而发生争议时，当事人可在上级审中适当地提供有关请求。所有在下级审提出的有关资料，亦可用于上级审。② 下级审的认知或拒绝认知，均应载明记录以供上级审进行审查。③ 上级审不但可以重新斟酌有关资料，并可接受新增加的资料予以斟酌。④

关于上诉审程序，有学者认为，对凡下级审未予认知的事项，上级审仍应予以认知；反之，下级审如就并非属于认知的事项而予以认知的，上级审仍可依据证据予以认定。⑤ 对此，有学者指出，就某项事实是否显著，上诉审法院在进行判断时，应以初审法院管辖区域为地域标准，以初审法院管辖区域内的普通人是否知晓为主体标准，也应以初审法院在事实认定之前是否知晓为时间标

---

① 参见李学灯：《证据法比较研究》，我国台湾地区五南图书出版公司1992年版，第48页。
② 参见 Morgan, Basic Problems of Evidence, Procedure.
③ 参见 McCormick on Evidence, §330, Procedural Incidents (8th reprint 1983).
④ 参见 Wigmores, Evidence §2567, (c). Also see §2567 a (Chardbourn rev.1981).
⑤ 参见李学灯：《证据法比较研究》，我国台湾地区五南图书出版公司1992年版，第48页。

准。即或是在上诉审法院并非显著，只要以初审法院的前述标准是显著的事实，上诉审法院就应该或者可以认定其为真实。如果上诉审法院据前述标准仍然认为事实并不显著，则应当以通常的证据方法让当事人双方举证证明。①

（八）我国有关法律及司法解释相关规定的理解与适用

《民事诉讼法解释》第93条第1款和2019年《民事证据规定》第10条第1款对七类免证事实作出了明确的规定。另外，《民事诉讼法解释》第278条第3款所规定适用简易程序的其他规定或者普通程序审理前双方当事人已确认的事实、2019年《民事证据规定》第3条至第7条所规定当事人自认的事实、第18条所涉及双方当事人无争议的事实、第57条第2款所涉及当事人无异议的事实，既属于免证事实的范畴，亦属于司法认知的对象。

对上述有关司法解释规定的理解与适用，应当掌握如下基本内容：

1.凡有主张责任必有举证责任，是产生诉讼证明的一种必要前提，但是，有时虽然有关当事人提出了一种事实主张，但是按照证据法律规范的要求，法院可依职权或依当事人的申请而对有关事实予以认知，这就产生了在诉讼上直接免除当事人相应举证责任的法律效果，这属于诉讼证明上的一种非常态模式。这种非常态的诉讼证明模式是一种程序上的省略或简化，即省略或简化了当事人的诉讼证明行为以及当事人之间就某一待证事实所需要的证据加以辩论的环节，而径直在法院的主观感知与判断的观念上产生确信的效果。因此，它属于一种特殊的审判上的查明方式，即有关的待证事实直接获得了法院在审判上的确信。作为一种特殊的诉讼证明方式，法院的这种认知并不意味着法院作为证明责任的主体，而只能仍旧作为对有关案件事实的查明主体以及对有关证据的判断主体。

2.《民事诉讼法解释》第93条第1款和2019年《民事证据规定》第10条第1款对七类免证事实作出了明确的规定，其中，所谓"当事人无须举证证明"，是指在审判上免除了当事人的举证责任或证明负担。在诉讼效果上，产生这种免证事实应当与法院依职权在审判上予以认知或接受这些事实为真实来看

---

① 阎朝秀：《司法认知研究》，中国检察出版社2008年版，第199~200页。

待。其效果是，无须当事人举证以及经过法庭辩论便可直接将这些事实作为裁判的基础。从诉讼程序上而言，唯有启动法院审判上的认知的职能，才能确保一方当事人在具体个案中，就这七种类型事实免除相应当事人的证明负担。

3. 根据我国现实国情与证据法的法理，对于免证事实应当设置相应的操作程序，即分别不同情况设置由法院自动认知与当事人申请认知并举的认知适用程序。对于众所周知的事实，自然规律及定理、定律，根据法律规定推定的事实，根据已知的事实和日常生活经验法则推定出的另一事实，当事人的自认，在通常情况下，应以法院依职权加以认知为原则，以当事人提出相关申请为例外；对于已为仲裁机构生效裁决所确认的事实，已为法院发生法律效力的裁判所确认的事实，已为有效公证文书所证明的事实，由当事人申请法院予以认知为原则，以法院依职权加以认知为例外。当事人在申请时，应当提供必要的证据或信息材料。

4. 为了防止法院在适用司法认知上可能会产生的偏差或疏忽，有必要在程序上给予因采用司法认知而使其产生不利影响的一方当事人以必要的救济，便于对有关事项予以核实或澄清。这种救济方式中包括允许该方当事人提供相反的证据借以推翻采用司法认知所本应引起的效果。与此同时，法院据情应当依职权为受到司法认知而产生不利影响的一方当事人获取必要信息的机会，其中包括向其展示新闻报道以及立法机关、政府机构、审判机关的公报、历史档案等信息资料，以便能够对该方当事人产生令其折服的效果。为保障法院能够正确地运用司法认知的权利同时防止法官滥用这种裁量权，一方面，应肯定法院对这些免证事实有径直认定的职权，以保护为法院在裁判上确认的事实与事实的真相趋于一致，另一方面，也应允许因该事实被认定而处于不利境地的一方当事人，在庭审辩论时对此提出不同主张，利用反证来对其加以质疑，以确保双方当事人在认定事实面前都享有平等的机会。

## 二、免证事实

### （一）免证事实的界定

在审判实践中，并非为当事人主张的所有事实都需要提供证据加以证明，在特定情况下，对某些事实不需证明即可被视为真实，由此而免除了有关当事人的举证责任。在诉讼上，究竟哪些待证事实属于需要当事人举证加以证明的事实，哪些待证事实属于免证的事实，对此相关的界定事关重大，故各国通常实行法定主义，即以法律作出明确的相关规定作为法院适用的根据。所谓免予证明的事实，是指在诉讼中不需要采用证据加以证明，法院就可以在裁判上加以确认的事实。在审判上，凡是出现了法律所明文规定的免予证明事实情形时，即可导致使有关当事人就特定案件事实负有的举证责任得以免除。有关当事人举证责任免除的效果是，无需当事人举证以及经过法庭辩论，法院便可直接将这些事实作为裁判的基础。这一制度是民事诉讼证据制度的重要内容之一。

从免证事实所涉及的类型上讲，它既包括要件事实（主要事实），也包括间接事实。我国台湾地区学者李学灯教授认为，适用认知的直接效力，为毋庸举证，即可免除当事人的举证责任。关于毋庸举证的事项、或为待证的主要事实或为佐证主要事实的证据事实（an evidential fact necessary or helpful in establishing a main fact），均可因认知而免除举证。①

### （二）免证事实的基本法理

从当今社会文明的角度而言，司法审判被赋予体现公正、效率，同时又合乎情理的程序功能。对于发生在诉讼之前的案件事实，在审判上被设定为待证事实，除了根据举证责任的分配规则，由当事人承担举证责任之外，法院对案件事实真相的发现亦显属其应尽的审判职责。法官除了职务上的身份之外，还兼具社会普通的成员身份。如果一些在社会上已受到广泛认同而成为常识性的

---

① 参见李学灯：《证据法比较研究》，我国台湾地区五南图书出版公司1992年版，第13页。

事项，既已为一般常人所理解，或者通过有关法律程序而作为既成事实存在，在此情况下，假若法院对在社会上本属无可争执的事项佯装不知或推脱不知，仍旧将其作为审判职务上的待证事项，这种做法将既不合乎常理，也有违审判职责的本旨，还会造成不必要的诉讼成本。作为一种免证事实，是免除原本由当事人所应当承担的举证责任。在立法上通过确立举证责任的免除制度，能够促使当事人和法院都更为积极、主动地对待这些免证事项，从而达到诉讼的公正、效率以及使得对事实真相的发现更加富有理性，并尽可能地节约社会资源。

在实务上，对有关免证事实的确认与法院的司法认知有关，通常情况下有两种方式：其一是由当事人提出申请，由法院据此作出司法认知；其二是法院依职权主动作出司法认知。

## 三、根据自然规律以及定理、定律确认的事实

（一）基本法理

所谓自然规律，是指客观事物在特定的条件下所发生的本质联系和必然趋势的反映。它是为人们通常所感知的客观现象及周而复始地或频繁地出现的那些具有内在的必然联系的客观产物。例如，太阳从东方升起，日落之后天色就会黑暗下来，在地面上的水分被蒸发以后就会变成天上的云雾，等等。

所谓定理，是指在科学上于特定条件下已被反复证明属发生一定变化过程的必然联系，因而被人们普遍采用为原则性或规律性的命题或公式，如自然科学上的诸种定理，等等。它是以公理为基点进而演绎推导出来的一种真实命题，比如说"在任何一个三角形中，如果两角相等，则其对边也相等"，便是几何学中的一个定理。这些自然规律和定理已被实践反复验证，故在诉讼中，无需加以证明。

在审判实践中，当有关案件事实涉及反映自然规律及定理的事实时，一般应当作为免予证明的事实来对待。例如，树木向阳面生长快，一般靠北面的树桩年轮较密，南面的较疏；在喜水植物（如芦苇）丛生的地方，容易发现地下水资源；离地面越高，空气越稀薄，且气温也越低；等等。

从理论上讲，自然规律及定理等系被生活实践和科学技术证明了的真理性事实，无需当事人再举证证明，一般情况下可免除当事人的举证责任。

（二）我国有关法律及司法解释相关规定的理解与适用

根据《民事诉讼法解释》第93条第1款第1项规定，自然规律以及定理、定律，当事人无须举证证明。

对本条文的理解与适用，应当掌握如下基本内容：

1. 从具体表述上来看，无论是《民事诉讼法解释》第93条第1款，还是2019年《民事证据规定》第10条第1款，均是将"自然规律以及定理、定律"以及"众所周知的事实""根据法律规定推定的事实"等作为"下列事实，当事人无须举证证明"表述项下的有关事实，因此，直接将"自然规律以及定理、定律"作为有关事实来看待，无论是从逻辑上还是从具体内容上均有不妥，故在理解和适用上应当将"自然规律以及定理、定律"的表述理解为"根据自然规律以及定理、定律所确认的事实"。

2. 从宏观上而言，自然规律以及定理、定律属于客观规律的一部分，或者至少说，自然规律以及定理、定律属于与客观规律有关的部分，或者说，自然规律以及定理、定律反映的是一种客观规律，是人的主观世界对客观规律的一种认识。从自然科学与社会科学的相互关系来看，自然科学的发展与进步，对社会科学的发展与进步起到推动和促进作用，社会科学的发展往往受到自然科学发展阶段、程度与水平的束缚和限制。自然科学的发展主要体现在人对客观世界及其内在规律的认识，并且通过这些认识来改造自己的主观世界，以便实现人类社会的福祉和对美好生活的追求；而社会科学的发展主要体现在对于特定自然科学发展的阶段性历史条件下，人们对于人与自然、人与社会以及人与人之间的关系的界定、解释、塑造与建构，其目的在于不断地推动和促进人类的物质文明和精神文明向更高阶段和更高层次迈进。从科学认识和人类发展的角度来观察，即便是人类对于客观规律的认识亦并非一成不变的，变化是绝对的，不变是相对的。例如，对客观世界及其内在规律的认识，人类曾经出现过"日心说""月心说""太阳系中心说"以及"宇宙说"等不同的历史阶段。从人类发展的历史上来看，这种变化的周期往往要跨越较长的历史长河，在某一特定的周期之内,人类对客观规律的认识是相对稳定和不变的。法律、司法(程序)及法学属于社会科学的一部分,其中对于客观规律的认识在某个特定周期之内也应是相对稳定和不变的。从这个意义上说,自然规律以及定理、定律具有这种基本属性,故在诉讼上,根据自然规律以及定理、定律所确认的事实,只要与有关案件的待证事实有关,既无须负有举证责任的当事人提供证据加以证明,又不得通过反证将其加以推翻。

3. 在实务上,尽管根据自然规律以及定理、定律所确认的事实,属于一种免证事实,但真正将这种免证事实在诉讼上或审判上进行落实和确认,是目前司法实践中遇到的瓶颈,应当根据诉讼过程中的不同情形作具体的分析,其目的是要防止"免证上的突袭"。从基本法理和程序的正当性要求上来看,主要有两种操作路径可供选择:其一,由负有举证责任的当事人向法院提出申请,要求法院对此在诉讼上加以确认。在庭审过程中,当事人的申请可以口头形式提出,并记录在笔录当中;在庭审之外,当事人应当以书面形式向法院提出这种申请。之后,法院应当将为此听取对方当事人的意见,在此基础上由法院经审查判断作出最终决定。这种情形主要适用于专业性和对抗性较强的商事诉讼案件以及并非涉及身份关系、不具有公益属性的民事诉讼案件等。其二,由法院依职权主动作出确认,但在作出确认之前,应由法院在庭审中向双方当事人进行释明,听取当事人的意见。这种情形主要适用于涉及身份关系的案件、公益性较强的诉讼案件,等等。对没有律师代理案件的一方当事人是否需要由法院对此加以释明,以便其提出相关申请,可由法院据情决定。但在此情形下,即便法院依职权作出确认,亦不能简单认为系对有关当事人的不当驰援,而应当被理解为系对司法公正与程序效益原则的维护。

4. 鉴于立法上所规定的自然规律以及定理、定律抽象性较强,具体的表现形式与内容复杂多样,有时还容易与众所周知的事实相混淆,如果使用不当,会进而导致程序上的偏差。因此,在实务上,究竟是否属于符合立法意图的"自然规律以及定理、定律"范畴,往往会在当事人及其律师之间,甚至在法官之间产生不同的主观认识。因此,除非相对一方当事人不提出异议,否则法院听取当事人的辩论意见以及进行必要的调查询问以便形成相应的内心确信,显得不可或缺。

## 四、众所周知的事实

（一）基本界定

众所周知的事实是指，社会上普通人都知晓并达到确信无疑程度的事实。因此，即使作为社会中普通成员的法官，也理应知道这种事实。同时，这种事实也当然包含法官在职务外知晓的事实。这种众所周知性保证了该事实存在的确定性，因此，不需要通过证据来加以证明。历史上有名的事件、天灾、大的事故、恐慌等都属于典型的事例。判断是否构成这里所说的众所周知的程度标准，取决于保证该事实存在的确定性的程度。因此，这种众所周知性因时间或场所的不同而有所差异，当双方当事人就某一事实的众所周知性产生争议时，就需要对其众所周知性加以证明，法院也必须对此作出认定。有关域外判例认为，对是否属于众所周知的判断属于事实问题，因此上诉审中不允许当事人对此提出异议。①而学说则认为，法院判断某事实具有众所周知性的逻辑与理由，应当达到能被普通人大致认可的程度，否则法院的上述判断不能说是适法的事实确定，就这个范围而言，由于判决违反法律因而需要接受上诉审的审查。即便被认定为属于众所周知的事实，当事人也可以就该事实违反真实提出主张并举证。当然，并非只要当事人提出这样的申请，法院就会一律对此进行证据调查。②

作为众所周知的事实，一般指的是人们所共知的常识性事实，即在通常的社会条件下无需人们证明就应知晓的事实。例如，10月1日是中华人民共和国的国庆节，每年的农历八月十五日为中国传统的中秋节，1998年夏季我国长江、嫩江、松花江流域发生了特大水灾，自2019年底至2020年初，在全球范围内开始爆发的新冠疫情，等等。众所周知是一种显著到几乎无人不知的程度，在逻辑上它假定该种事实应为人人所知，即其真实性不容有所争执。在判例上有的称为绝大多数人所知，有的称为尽人所知，有的称为具有相当知识人所知，有的称为一般公知。对此，我国台湾地区有学者认为，应指一般人所

---

①② 参见日本最高裁判所第二小法庭昭和25年7月14日判决，载《最高裁判所民事判例集》第4卷第8号，第253页。转引自［日］新堂幸司：《新民事诉讼法》，林剑锋译，法律出版社2008年版，第384页。

公知而言，实际上自不必尽人皆知。如在用语上强调语气，称之为尽人皆知，人所共知，所指之人也是就指具有相当知识的人，或绝大多数的人，或接近该事件一般人而言。其意义即与所谓一般公知无异。有关法院之判例中，对于所谓"显著"，以称之为系指某事实为"一般所周知"。对于所谓"公知事实"，也可称之系指"一般人所知悉"的"显著事实""不容有所争执者而言"。①

（二）众所周知事实的界定标准

各国立法或学理基本上都将"众所周知"的事实作为进行司法认知的对象，但是何谓"众所周知"，各国在理解上或实务中似有以下不同的界定标准：

1. 普遍性说。即认为社会上的一般成员，其中包括法官，都应知悉的事实。

2. 相对性说。即认为本应为社会一般成员都能够知悉，但也不能排除其相对性。

一般而言，当某一事实是否达到所谓众所周知的程度需要证明时，确实需要有关当事人提供相当的信息或初步证据即可，这种情形主要发生在由当事人申请法院作出审判上认知时成为其必要，法院在对此申请和相关信息资料或初步证据加以审查后便可据情予以认知，其中的逻辑过程不乏采用经验法则作出相应的推定。当众所周知的事实存在违背真实的情形时，实则属于一种特殊情形下的例外。比如，按照常理，当车辆处在上坡状态时应比下坡状态较为吃力，但世间确有一些特殊地段却使车辆上坡行驶较下坡更为顺畅。当然，对此特殊的违背常理情形虽然与各地的人们所通常知晓的事物常态相违背，但是，对于当今的居民而言，则有可能或者应当作为一种众所周知的事实来看待。可见，众所周知的事实在一定的范围或区域内是一种相对性的产物。

3. 区域性说。即认为应限于一定范围内的一般人所知悉。我国一些学者认为，众所周知的事实范围应只在一定区域内一般人或大多数人都知悉的事实，并且认为这种事实还具备两个条件：一是在一定区域内为大多数人所知悉；二是审判人员亦知悉且认为属众所周知的事实。②

---

① 参见李学灯：《证据法比较研究》，我国台湾地区五南图书出版公司1992年版，第22页。

② 参见李浩：《民事举证责任研究》，中国政法大学出版社1993年版，第177~178页。

实际上，相对说与区域说二者在逻辑范畴上具有重合之处，众所周知事实的相对性也可通过一定区域内的限定为标准。

就"普遍性说"而言，显得过于宽泛，在审判实践中实际上没有确切的标准可供沿循，可操作性相对较弱。所谓的在没有限制的范围内为人们所普遍知悉，有时，这种标准可能会显得过高，实际上有些为"普遍性说"所认可的事实如天体运行、季节更替等属世界范围内人所共知的事实，而一些事实如自然灾害、重大事件或某一地区的自然概貌、交通状况等为人所知悉的范围很可能是限于某一国家或某一地域，且已在实质上具有了司法认知的设定旨意。因此，笔者认为，为《美国联邦证据规则》所确立的以审判法院的管辖区域为范围标准是一种较为科学、实际的界定标准，因为：第一，它最终把司法认知与特定的审判管辖相联系，使司法认知的范围与实际审判职能有机地结合在一起，其实务性极强；第二，这一标准具有现实可行性，即它并非一般意思上的抽象范畴，而是相对具体化的划分，它所确定的范围实际上已大大超过了"普遍性说"的一定范畴，既顾及了司法认知对象的普遍性，又顾及了其特殊性。例如，某年某月在甲地发生水灾，冲毁了当地的公路、桥梁等交通设施，对有关当事人履行合同义务构成"不可抗力"事由，这一合同纠纷案件如由甲地法院审理，自应属司法认知的范畴，当事人不必举证；而如果该合同纠纷案件由远在千里之外的乙地法院受理，在乙地区域内的人们不可能对发生在甲地的自然灾害情况有充分的了解，审理该案件的法院也不可能当然知悉。因此，该案件中的当事人势必负有举证责任而不能适用司法认知。倘若此案即便在甲地审理，如按普遍性说而不限定在一定区域，假设上升到需为全国范围内人们所普遍知悉的事实这一标准，而仍由当事人举证，显得过于荒唐。

（三）众所周知事实范围的界定

在审判实践中，虽有一些事实按常理已属"众所周知"，但是，究竟是否对法院已产生审判上的知悉效力，则实属法官自由裁量的范围。因为，在实际生活中存在"众所周知"的事实种类繁多、丰富多彩、千差万别，绝非单靠一一列举或按照一定的标准将其类型化，便能穷尽一切相关事项。在司法认知上，各国对认知的事项通常涉及"众所周知"的事实或"显著事实"。实际上，这两种词义并非能完全画等号，例如，有学者认为，显著事实可以划分为两类：众所周知的事实和已为法院所知悉的事实。①

这里所称的众所周知的事实，是一个相对概念。具体而言，某一特定事实不仅为一国或多国的人们所普遍知晓，甚至在世界范围内都为人们所知晓，有的事实则仅为某一地区的人们所知晓，甚至在经过一段时间后会被人们所淡忘。

用何种标准对此加以评断？在证据法意义上，英美法国家通常采用以一般人所知晓并且认为属实作为标准，即认为法官作为普通常人的一部分，凡为普通的社会成员所知晓的事实，法官理应知晓。关于对事实的认定，虽在辩论主义诉讼制度下，因为法官也作为社会的一分子，并假定较常人更有合理认知与判断事物之能力，对于在社会上既已成为的常识，或众所周知的事项，自应属于无可争执的事实，如果说连法官亦不曾知晓，那么再加以追究的话，就意味着法官甚至比常人亦不如。如果法官假装不知，更属于违背职务与常理。至于因执行职务原已获知的事实，自不应当推托为不知。这是因为基于诉讼迅速并符合正义之起见，不能不认为法官对于事实亦有认知的范围。② 因此，证据法要求法官必须对普通社会成员所普遍知晓的事实以及其众所周知已达到不易引起明智的争议的特定事实作出审判上的知悉。法官须掌握大量的一般信息，其根据为一般知识以及所属社区内消息灵通的人知道的具体事实，他必须有能力把这些信息与审理中显示的事实结合起来，以通常的推理作出结论。③ 美国有学者认为，法官采用司法认知来判决事实有两种类型：一是属于常识的事实；二是属于某种确证的事实。由于与职权主义审判模式相联系，大陆法系国家通常以法院对某一事实的认知为标准，认为如果为法院所理解的某一事实应当是一般人都应知晓的，即可视其为众所周知的事实。有日本学者认为，虽然是法院所知晓的事实，但是否为众所周知不明确时，需要证明该事实是众所周知的。④

---

① See Takaaki Hattori, Dan Fenno Henderson, Civil Procedure In Japan, Matthew bender & Company Incorporated 1983，p7~62.

② 参见李学灯：《证据法比较研究》，我国台湾地区五南图书出版公司1992年版，第10~11页。

③ 参见沈达明：《英美证据法》，中信出版社1996年版，第199页。

④ [日]兼子一、竹下守夫：《民事诉讼法》，白绿铉译，法律出版社1995年版，第106页。

对于显著的事实无须证明,这是因为,对于这种事实,即使不根据证据来作出认定,法院判断的公正性也是毋庸置疑的。但是,在辩论主义条件下,即使是显著的事实,只要是属于主要事实,也必须由当事人提出主张,否则不能作为判决的基础。① 作为显著的事实,是指在全国或某一地域,具有一般知识经验的不特定多数人所普遍知悉而相信不疑的事实,其确实性及周知性在客观上已有所保障,自不必再行证据调查。如果其事实还未被法官所认知或就其周知性存疑时,则仍需对此加以证明。

关于法院显著知晓的事实,这种显著事实是应作出判决的法院法官所知晓的事实。具体是指,作为法官在履行职务时理应知道的事实,即便是在现在也具有明确记忆的事实。这种显著的事实不一定是一般知晓的事实。而如果属于法官在其职务外偶然知道的事实,也不能说是法官晓得显著事实。如果法院对这种事实不经证明就加以认定,这种判断不仅其正确性令人生疑,而且也违反了"作为陈述自己经验事实的证人,不能又是对该证言的真伪作出评价的法官"之原则。即便当事人不能证明(非众所周知的)某事实属于法院知晓的显著事实,或者对方否认该事实属于法院知晓的显著事实,但只要是法院判断为属于法官知晓的显著事实,就可以直接将其作为判决的基础。但是,与众所周知的事实一样,对方当事人可以就法院知晓的显著事实违反真实提出主张并举证。②

实际上"众所周知"或"显著事实"的认定标准毕竟含有某种弹性,那些往往无法判定是否为"众所周知"或"显著事实"的事项,往往最终都不可避免地作为法官"心证"的对象。在含义上,众所周知的事实与对法院属"显著事实"的情形是有所差别的,尽管从推论上而言,法官亦作为社会一成员,对社会一般成员而言已成为常识性或已知的事实对法官理应知悉。尤其对在立法上明确由法官据情自由裁量的大陆法系国家,则于相关事实或事项的认定上以是否能够产生心证为依归,因此,在审判实践中,虽有一些事实按常理已属

---

① 参见[日]新堂幸司:《新民事诉讼法》,林剑锋译,法律出版社2008年版,第383~384页。

② 参见[日]新堂幸司:《新民事诉讼法》,林剑锋译,法律出版社2008年版,第384~385页。

"众所周知"，但是，究竟是否对法院已产生审判上的知悉效力，则实属法官自由裁量的范围。这也能够说明，为什么有时参加合议庭审理的诸多法官中，有的通过庭审对特定的案件事实获得了确信，有的尚未获得确信，有的甚至处于一种 50% 的确信与 50% 的未确信的一种平衡状态。

在审判实务上，应当分清"众所周知的事实"与社区"传闻"之间的界限。例如，在一案中，女方甲起诉要求离婚。在离婚之诉中，甲提出男方乙与她人存在"通奸"的事实，法院根据甲提供的证据判决支持甲的诉讼请求，乙因其过错应向甲承担相应的赔偿责任。但是，女方甲向法院提出的主要证据是所谓的"众所周知的事实"。这种证据主要是当地居委会向法院出具的书面证明。该书面证明称：被告乙曾与另外一个女子在社区出入，因此，社区内的居民纷纷传言，称乙与该女子存在"不正当的男女关系"。在这一案件中，法院判案所依据的主要也是一种传闻证据，而并非证据法上的"众所周知的事实"，因为在本案中，社区内有人曾看见乙与另外一女子在社区内同行，进而猜测两人之间存在"通奸"关系，这种猜测在社区内为众人流传，从表面形式上看，似乎是一种众所周知的事实，但是，乙与另一女子同行并不等于两人之间实际发生"通奸"行为，有时，已婚的一方与异性在户外同行，如两人有亲昵之举，根据经验，有可能使人猜测这两人可能会在室内发生"通奸"行为，但这只是一种可能，而并非判定其必然发生的一种根据。虽然这种猜测性的"传闻"在一定情形下是不能够排除发生"通奸"事实的可能性，但仅仅有这一猜测作为根据，在审判上实难称之为一种可靠的证据。

（四）我国有关法律和司法解释相关规定的理解与适用

根据《民事诉讼法解释》第 93 条规定，众所周知的事实，当事人无须举证证明（第 1 款第 2 项）。对于众所周知的事实，当事人有相反证据足以反驳的除外（第 2 款）。

对本条文的理解与适用，应当掌握如下基本内容：

1.《民事诉讼法解释》第 93 条第 1 款第 2 项以及 2019 年《民事证据规定》第 10 条第 1 款第 2 项，均将众所周知的事实列为当事人免证的事实，但是，这种规定过于笼统，对众所周知事实的含义并未加以相应界定，因此，在审判实践中实际交由法官据情自由裁量。

2. 这里所称的众所周知的事实，是一个相对概念，具体而言，某一特定事实不仅为一国或多国的人们所普遍知晓，甚至在世界范围内都为人们所知晓，有的事实则仅为某一地区的人们所知晓，甚至在经过一段时间后会被人们所淡忘。在审判实践中，虽有一些事实按常理已属"众所周知"，但是，究竟是否对法院已产生审判上的知悉效力，则实属法官自由裁量的范围。因为，在实际生活中所存在"众所周知"的事实种类繁多、丰富多彩、千差万别，绝非单靠一一列举或按照一定的标准将其类型化，便能穷尽一切相关事项。在审判实践中，由于案情纷繁复杂所致，再由于众所周知事实属相对概念，因此难免使这种据情裁量有时显得宽窄不一。

3. 在司法认知上，各国对认知的事项通常涉及"众所周知"的事实或"显著事实"。实际上，这两种词义并非能完全画等号。所谓众所周知的事实，是指已为审判人员在内的大众所了解的事实。一般来说，具备以下两个条件即可认定为众所周知的事实：一是为社会成员所普遍知晓或者应当知晓，二是为承办本案的法官所了解。如该事实虽为社会多数人所了解，但承办该案的法官不了解，有关当事人仍应负说明义务、信息报告义务、资料提供义务以及其他协力义务。在对众所周知事实的认定上，应根据该事实发生时间的远近、传播范围的大小等因素而定。何谓"显著事实"，应当是一个相对的概念。因为，凡世间的事物，是否能够显著到为常人所周知的程度，涉及不同的区域、时间和空间，涉及有关地区的交通、通讯以及经济发展和文化教育状况。实际上，"众所周知"或"显著事实"的认定标准难免含有某种弹性。在含义上，众所周知的事实与对法院属"显著事实"的情形是有所差别的，尽管从推论上而言，法官亦作为社会一成员，对社会一般成员而言已成为常识性或已知的事实法官理应知悉。尤其对在立法上明确由法官据情自由裁量的大陆法系，则于相关事实或事项的认定上以是否能够产生心证为依归，因此，在审判实践中，法院常常对某些事实是否已达到"众所周知"程度心存疑虑，需要对此提出相关主张的一方当事人提供相应的协助，并且在听取相对一方当事人的意见之后，根据法官所形成的内心确信来作出相应的判断。

4. 在实务上，对于众所周知事实确认的方式上主要有两种：一种是由当事人向法院提出司法认知申请，法院在接受该申请后应当听取对方当事人的意见。如确有必要，法院可要求有关当事人提交相应的辅助材料，或者要求双方当事人就此发表辩论意见，最终由法官在形成内心确信的基础上作出判断；一种是由法院依职权主动对有关众所周知事实进行司法认知，在必要时，法官可听取双方当事人的意见。在涉及身份关系案件、公益性较强的诉讼案件以及当事人未委托律师代理的案件中，法院应当依职权主动对有关众所周知的事实进行司法认知，并在作出司法认知决定前听取双方当事人意见。

5. 根据《民事诉讼法解释》第93条第2款的规定以及2019年《民事证据规定》第10条第2款的规定，对于众所周知的事实，当事人有相反证据足以反驳的除外。为了防止法官滥用裁量权对案件事实的不当认定，应当允许当事人提出相反主张，并允许当事人以反证对其加以质疑。一方面，应肯定法院对众所周知的事实有径行认定的职权，以保护法院在裁判上确认的事实与事实的真情趋于一致，同时，也应允许因该事实被认定而处于不利境地的一方当事人，在庭审辩论时对此进行质疑，利用相关证据加以反驳，以确保双方当事人在存在争议的众所周知的事实问题上都享有参与法官心证形成的过程。

6. 关于众所周知的事实与风俗习惯之界定。在当地所流行的习俗，在法律意义上属于一种习惯，只要对认定案件事实具有法律意义，那么就应当作为司法认知的范畴。从民法意义上讲，如果一方当事人主张对其权利保障有意义的习俗为证据，则应以该习俗为社会上所倡导的公序良俗为必要条件，因为，许多国家的立法例对法律与习惯的效力之间的关系均有明确的规定。在民法意义上，当法律对有关民事权利的设定无明确规定时，可依照有关交易习惯来加以确定，但是，这种交易习惯应与社会上所遵从的善良风俗和公共道德不相违背为前提。在证据法意义上，有些地区长期受封建传统观念之影响，当地所沿循的习俗是与现代文明社会所倡导的道德风尚不相吻合的，但在证据法意义上也可列入法院司法认知的范畴，因为它毕竟属于事实问题，如同当事人为证明其事实主张而向法庭提供伪证，这种伪证也具有证据意义，即法院可因此判定有关当事人承担不利的诉讼后果。

### 五、根据法律规定推定的事实

（一）法律上推定的界定

在民事诉讼上，所谓法律上的推定，亦称立法推定、实体法推定，是指立法者按照特定的立法意图依据立法程序在成文法条文当中所设置的推定规范。法律上的推定包括立法者在实体法和程序法当中所设定的推定规范。对此，有学者指出，推定原本属于法院适用经验法则采纳自由心证主义之所为。如果将该经验法则法规化，适用此法规化的规定，就被称之为法律上的推定。另有学者指出，法律上的推定是指，某法律规定（A）的要件事实（甲）（即推定事实），有待证明时，通常就较该事实易于证明的个别事实（乙）（即前提事实）获得证明时，如无相反的证明（甲事实仍为不存在的证明），则认为（甲）事实已获证明的事实，作为其他法律规定（B）（即推定规定）所规定的而言。而在例外情形下，有直接推定权利状态的，前者称之为法律上的事实推定（Gesetzliche Tatsachenvermutung），后者称之为法律上的权利推定（Gesetzliche Rechtsvermutung）。

基于民事法律调整社会关系的广泛性，为了有助于发现事实真相、减轻当事人的证明责任，法律上的推定不仅有助于使日常生活上的经验法则得以规范化，使之上升为实体法规则，且有促进具有普世性的公平、正义与合情、合理的理念发扬光大的目的。作为法律上的推定，或者具有法律上的拟制性功能，或者具有法律上的创设性功能，前者实际上已经演变为实体法规范，被称之为无条件的推定、绝对性的推定；而后者仅仅是一种假定，即当出现相反事实之前，这种建立在假设基础上所得出的推定事实可被作为裁判的依据，故又称被称之为有条件的推定、具有相对性的推定。法律上推定的事实，在民事法规上不乏其例，涉及民事生活诸多领域，例如，有关死亡的推定、同时死亡的推定、出生月日的推定、婚生子女的推定、占有物有适法行使权利的推定，等等。

另外，不同类型的民商事法律均可能设定相应的推定规范。例如，根据《德国遗传科技法》（Genetikgesetz）第34条规定，因遗传改变生物体而产生的损害，推定其系因遗传科技研究生物体的性质所引起。但证明损害可能因其他生物体而发生时，推定失其效力。①该规定属于德国法上因果关系推定的立法例。我国《著作权法》第12条第1款规定："在作品上署名的自然人、法人或者非法人组织为作者，且该作品上存在相应权利，但有相反证明的除外。"该条规定系典型的法律推定，它以立法形式为民事主体在涉及著作权权属争议问题上预设了法律上的解决方案，并且为法院在司法活动中认定案件事实提供了法律根据。这种推定具有可反驳性，为相关异议人提出反证预留了空间。

（二）法律上的推定之基本原理

所谓法律上的推定，是指立法者在制定成文法时就有关事实认定事项，为司法审判者设置了适用规范，以便使司法者基于某事实的存在而推定其他事实的存在。这种推定的基本特征在于，它产生于审判活动之前，并适用于任何不特定的事项，只要是符合为法律所规定的特定情形，因而，它从形式意义上而言不应受到法院调查证据行为的调整，即不作为法院调查证据行为的对象，这实际上也是立法者制定有关成文法条文的本意与初衷。

法律上的推定旨在当事实甲的存在或不存在成为待证命题时，在不采用证据的条件下，即可以推定事实乙的存在或不存在。因此，法律上的推定是依据法律而必须进行如此演绎，具有某种非理性因素的特征，与事实上的推定要采取论理规则才能进行演绎不同。也就是说，一旦事实甲在诉讼中已经确立，除非或直至另有其他特殊的条件成就时，则必须假定事实乙的存在。在无相反的证据提出之前，则必须假定事实乙的存在。在立法者看来，某些作为结论性的事实与待证事实直接相关，但碍于客观上的一些不可抗拒的障碍的限制，从而严重阻却了法院发现真实的可能性。但是，作为前提事实却往往由于客观上的原因更易为人们所接近，所以，构成法院在审判上不得拒绝裁判的职能要求。因此，借助常理经验的便利或处于公共政策的需要在立法上预先设置这样一些规则装置，不失为人类自我高度理性化的一种产物。这样，只要能够证明前提事实的存在，在法律上即认可为推定事实已视被证据所证明。因此，未经证明

---

① 参见陈国义：《民法因果关系之理论，概念及举证责任在德国环境损害赔偿事件的适用及其转变》，载《法学丛刊》第160期，第54页。转引自王泽鉴：《侵权行为法》（第一册），中国政法大学出版社2001年版，第203页。

前提事实的存在与否,即无就推定事实是否存在加以审理判断的余地。可见,法律上的推定,实则是强制法院作出推定事实存在的认定。对此,我国台湾地区学者认为,法律上的推定是指从证明特定基本事实(basic fact)的存在,依法律规定,基于某事实而推定其他事实。此项规定,不仅使经验法则法规化,且具有公平、合理、正义的理念。作为法律上的推定与事实的推定上因其所具有作用不同,有的具有拟制性,即依法律的拟制,以肯定某事实的存在,且具有不可变性,或称之为绝对推定、无条件推定;有的仅具有创制性,由法律来决定其举证责任的移转,即特定事实在未有反证前,可以推定他种事实的存在,仍具有可变性,或称之为相对推定、有条件推定。法律之所以规定这种法律上的事实推定,立法者的目的在于减轻或免除当事人的举证困难。但此种推定的事实,未必确为真正,故仍允许对方当事人以证据加以推翻,仅在对方当事人无法证明的情况下,有举证责任的当事人才能免除其举证责任。在采用法律上的事实推定的情形下,法院可不经证明,直接将被推定的事实据为判决的基础。从而使得对方当事人证明相反的事实,以推翻法律所推定的事实。在此情形下,对方当事人的证明属于本证而并非反证。①

我国在现行民事立法上很少直接涉及法律上的推定,而在法律上往往采用"视为"一词,这在大陆法系的推理上被认为是一种"法律拟制",而遇有这种情形,英美法系则常使用"推定"一词。因此,这种"拟制虽然在形式上酷似推定,但在实质上并非推定"②。实际上,这种拟制与通常的推定存在本质上的差别,但在形式上却与通常的推定具有相同的特征,因此,可以作为一种特殊的推定形式加以理解与认知。

我国现行民事立法上多为这种"推定",例如,《民法典》第25条规定:"自然人以户籍登记或者其他有效身份登记记载的居所为住所;经常居所与住所不一致的,经常居所视为住所。"《民法典》第469条第3款规定:"以电子数据、电子邮件等方式能够有形地表现所载内容,并可以随时调取查用的数据电

---

① Vgl. Rosengerg, Die Beweislast, 4.Aufl.S.211;参见[日]齐藤秀夫:《注解民事诉讼法(4)》第377页。转引自陈荣宗、林庆苗:《民事诉讼法》,我国台湾地区三民书局股份有限公司2005年版,第479页。

② 参见李浩:《民事举证责任研究》,中国政法大学出版社1993年版,第194页。

文，视为书面形式。"以上两条涉及法律拟制的"推定"均与社会生活实践中的常理有关，这种法律上的拟制，往往是以生活经验为基础，在英美法中是以法律上的可反驳的推定而加以规定的，或者作为司法认知的一部分。另外，《中华人民共和国票据法》（以下简称《票据法》）第43条、第53条、第55条、第66条等也使用了这种法律拟制的推定。例如，《票据法》第43条规定："付款人承兑汇票，不得附有条件；承兑附有条件的，视为拒绝承兑。"

对此，有日本学者认为，法律上的推定缓和了有关推定事实的举证责任（如果属于权利规定，那么则是有关权利发生原因事实的举证责任）。在对甲事实的证明来代替对乙事实（或者是A权利的存在事由）的证明时，如果甲事实的证明获得成功，那么以乙事实为构成要件的法律效果（或者是A权利）就将获得认可。当然，当事人也可以直接对乙事实（或者是A权利的存在事由）进行举证。作为对方当事人而言，当然也可以进行反证以妨碍甲事实证明成功，即使甲事实被证明为存在，但只要对方当事人证明乙事实不存在（或者是A权利不存在，那么可以推翻法律上的推定。但是，旨在推翻法律上推定进行的有关"乙事实不存在（或者是A权利的不存在）"之证明必须是本证，而不能是反证。①

（三）法律上的推定之基本分类

在民事诉讼上，法律上的推定可分为如下基本类型：

1. 法律上的推定因其效力不同，可分为普通推定与强力推定及混合推定

（1）普通推定

所谓普通推定，也称相对的推定，即因这一推定而免除举证责任的当事人，应有忍受对方提出反证的义务。换言之，在对方当事人提出有力的反证时，法律上的推定即告失效。在理论上，一些法律上的推定均属于普通推定范围，而在举证责任的免除这一点上而言，更与人为的推定相同，但仍有其区别之处：其一，普通推定有强制法院为此认定事实的力量，至于其反证的采舍，法官得

---

① 参见［日］新堂幸司：《新民事诉讼法》，林剑锋译，法律出版社2008年版，第401页。

基于自由心证予以采舍。其二，在人为推定时，法院有作此推定与否的自由权利，故较前者更具弹性。①

（2）强力推定

所谓强力推定或称绝对推定，是法律推定的一种，即任何证据与此推定的内容相反时均不产生效力，因此，法律的推定同时具有双重意义，其一，为法律赋予享受这一推定利益的人以免除举证责任；其二，为严禁其相对人有提出任何反证的权利。法院在此时此际，即使认为相反证据的存在有相应的理由，也不应对此加以审酌。法律上虽并无"强力推定"一词，但根据有关法律的精神则不难发现，强力推定的内容有两个方面：第一，法律推定的目的在于，使若干法律行为消灭或不存在，如监护人除为维护被监护人利益以外，不得处分（赠与或买卖）被监护人的财产（未成年人或其他无民事行为能力人），这种擅自处分行为已为我国《民法典》第35条所禁止，虽然法律推定这些行为必有其恶意的存在，故均使其归于无效，因此，即使监护人能提出并无恶意的证据时，法院也应作出其败诉的判决。第二，法律推定的目的通常旨在使有些法律行为不再受其保护，在这种情况下，法律赋予被告某一推定的利益，使其不受诉讼上任何不利的影响，如既判力所及的法律行为，主张权利的当事人在丧失救济途径后，法律即推定其确然如此，故即使获得有力的反证，也与其推定并无影响。强力的推定虽然有确然不可动摇的性质，但其相反的证据如系基于这一推定而受利益的人的自认，则属例外。因法律推定的目的原本在于保护当事人的一方，故受利益的当事人自得予以抛弃，而以自认的方法承认其相对人的主张为真实，但如法律的推定是在保障公序良俗的情况下，而其方法则从假定当事人的恶意入手，则任何与此推定的反证即使存在，法院也不应当予以审酌。综上所述，强力推定也分为两种：其一，任何普通反证对其均无效力，但其反证是处于有关受益人自认的，则属于例外；其二，任何反证不论其受益人的自认与否，均不允许存在，故产生绝对的效力。②

---

① 参见陈玮直：《民事证据法研究》，我国台湾地区新生印刷厂1970年版，第27页。
② 参见陈玮直：《民事证据法研究》，我国台湾地区新生印刷厂1970年版，第28~30页。

（3）混合推定

混合推定是相对于普通推定与强力推定而言的，也就是说，当有些法律上的推定很难确定其范围究竟属于普通推定还是属于强力推定时的一种特别分类。例如，我国台湾地区"民法"第1063条第1项规定："其之受胎，系在婚姻关系存续中者，推定其所生子女为婚生子女。"这与《法国民法典》第312条所称"儿童在婚姻中成胎者，产妇之夫推定为该儿之父"相同。这一推定虽然可由相反的证据予以推翻（因为我国台湾地区"民法"同条第2项规定："前项规定，如夫能证明于受胎期未与妻同居者，得提起否认之诉"及前述《法国民法典》同条第2项规定："夫如能证明在儿童出生之日前三百日至一百八十日因离家或其他意外以致事实上无与妻同居可能的，可否认儿童为其子女"，均允许可对这一推定的反证存在），但其反证限于夫与妻受胎期间未同居的事实而已，其他方面的反证概所不许，因此，学者称其为混合推定，以表示与普通推定或权利推定均有所不同。在当今因科学的成就，虽常能够凭血型的分析证明夫非妻所生子女之父，但科学定律有时并不确定，何况血型分析的可靠性未达到完全的境地，故不得以此作为婚生子女推定的唯一反证。此外，在其他任何情形（如妻自认其子女非夫所生等）也不得由夫提出否认之诉，即使在社会通常观念上或科学上具有相当反证力的情况下亦同。因此，法律上关于婚生子女的推定，在此可见其强力非普通推定所能比拟。[1]然而，在现实社会条件下，采用DNA鉴定方法便可准确地确定生物学上的亲子关系，这是昔日采用血型鉴定所不能比拟的。但是，笔者认为，尽管如此，有关婚生子女的推定在一定情形下仍有其强力的推定效力，即这种推定的不可反驳性仍有其存在的必要。这是因为，在亲子关系纠纷案件中，因涉及对有关当事人之间自然血缘关系的确认与判定，具有强烈的公益性，它不仅涉及现有家庭关系的和谐与稳定，还攸关社会秩序。[2]在亲子关系纠纷案件中，对事实查明具有特殊的要求，也就是说，在诉讼上即使能够借助DNA鉴定方式实现查明事实真相这一目的，但当查明事实真相的结果却有悖于实体法原则及其公共政策的要求时，在诉讼程序上也应当禁

---

[1] 参见陈玮直：《民事证据法研究》，我国台湾地区新生印刷厂1970年版，第29~30页。

[2] 参见毕玉谦：《民事诉讼证明妨碍研究》，北京大学出版社2010年版，第463页。

止或者加以必要的限制。

2. 根据产生推定的前提不同，民事诉讼上的法律推定可分为无基础事实的推定与有基础事实的推定。

（1）法律上的无基础事实的推定，亦称直接推定。在民事法律中，这种推定常见于有关侵权责任中的过错推定。例如，我国《民法典》第1253条规定："建筑物、构建物或者其他设施及其搁置物、悬挂物发生脱落、坠落造成他人损害，所有人或者管理人或者使用人不能证明自己没有过错的，应当承担侵权责任。"这种法律上的直接推定设置的目的在于加重建筑物、构建物或者其他设施及其搁置物、悬挂物所有人或者管理人的风险责任，旨在强调所有人或者管理人在预防损害发生上应尽其必要的注意，在损害发生之后应对其已尽必要的注意仍不能避免损害结果发生的事实承担举证责任。可见，这种法律上的直接推定是以实体法规范的形式来表达立法者的意图，也就是以推定的形式作为立法技术手段，来划定有关民事主体的风险责任以及在发生诉讼之后举证责任的分担。

（2）法律上的有基础事实的推定，亦称推论推定。这种推定被广泛运用于各国的民事法律中。例如，夫妻关系存续期间出生的子女推定为婚生子女等。采用这种推定，可以确保由主张推定事实的一方当事人仅负主观证明责任，而由相对一方当事人负担客观证明责任。也就是说，相对一方当事人如欲推翻这种推定事实，必须提供充分的反证，如果其提供的反证仅能使由推定事实所得出的结论处于事实真伪不明状态时，尚不足以推翻推定事实。

3. 因涉及的对象及其效果不同，法律上的推定可分为法律上的事实推定与法律上的权利推定

（1）法律上的事实推定，亦称法律上的推定，是指法律规定以某一事实的存在为基础，据以认定待证事实存在的情形而发生的推定。民事法律规范的主要功能在于调整不同民事主体之间的民事法律关系，稳定社会秩序，保障民事流转和交易的安定与迅捷，促进社会对于有关财富及资源的充分、合理利用，推动社会的物质文明与精神文明的不断进步与发展。然而，不同民事主体之间的民事行为欲想获得预期的法律效果均离不开特定的民事法律关系，为了保障其合法权益，防止发生纠纷以及即使发生纠纷也能够按照一种公平、理性、合

理的标准和尺度来弥合当事人之间因提出不同的事实主张所导致在客观真实与法律真实之间出现的差异与龃龉，对那些负有举证责任的当事人因在客观上超出合理限度而出现证明上的难度给予必要的救济，以减少不必要的人力、物力等社会成本的投入与耗费，立法者往往通过在法律上设定事实推定这类规范以最终实现立法的意图为依归。我国《民法典》第1121条规定，相互有继承关系的数人在同一事件中死亡，难以确定死亡时间的，辈分相同的，推定同时死亡，相互不发生继承。即相互有继承关系的数人在同一事件中死亡，如辈分相同的，不能确定或证明其死亡之先后时，推定其为同时死亡。此时，只需证明有二人或二人以上的数人同时遇难的事实，如无反证，根据该事实即可推定该二人或二人以上的数人系同时死亡的事实。另外，各国的民法及商法当中也不乏法律上的事实推定的立法例。

在实际应用这种法律上的事实推定条件下，因这种事实推定规范所产生法律效果而受利益的一方当事人，只有在对方无法提出反证推翻这种推定事实的情形下，才能最终被免除举证责任而获得有利的裁判后果。在此，所免除的证明责任只是一种举证上的必要，即行为意义上的举证责任。

（2）法律上的权利推定。法律上的权利推定是指，立法者在法律上就某一特定的权利或法律关系不待对有关的要件事实进行证明就直接对其现状的是否存在予以推认的情形。也就是，立法者在法律上明确就发生某项权利的原因事实即甲事实不同于乙事实时，即设定当存在乙事实时，就推定该项权利的存在，即直接根据前提事实而并非要件事实来推定该项权利存在或不存在的法律状态。例如，根据某人占有某物的事实，即可推定该人享有法律上的权利。因法律上的推定大多基于表面情形的考虑，这种表面情形具有在较大盖然性上与真实相符的趋态。某人对某物的占有是人们通过表面现象可以观察到的一种现实状态，在大多数情况下，这种表面现象与真实内容相一致，为此，法律根据盖然性占优的经验法则根据这种常态现象作出占有权利的推定。即就动产及其他不动产权利人的占有而言，当某人占有某物时，法律即可根据这种表面现象推定其为真正的权利人。其中的立法意图除了力促人们对物的充分利用之外，还基于维护社会秩序的稳定与和谐的考量。在此理念下，即便有时出现内容与外表不相符的情形，只要缺乏积极反证，法律仍予以保护。

对于权利或法律关系的存在与否，本来应由多数法条综合的判断才有可能确定，但从当今各国的立法例来看，除推定规定外，并无直接规定权利或法律关系存否的情形。按照权利推定是否需要借助前提事实这一标准来划分，法律上的权利推定可分为以下两种情况：其一，从特定的前提事实推认某一权利的存在，即当法律直接规定某一权利的法律状态时，须由该规定要件外的前提事实推论得出。其二，在无前提事实情况下直接推认某一权利，也就是在不具备某种要件事实的前提下直接对权利作出推认。例如，我国《民法典》第300条规定："共有人按照约定管理共有的不动产或者动产；没有约定或者约定不明确的，各共有人都有管理的权利和义务。"

与法律上的事实推定相比较，在功能上，法律上的权利推定直接排除（或称免除）了法院适用法条的活动，即置产生权利所依据的要件事实于不顾，而径直根据某一前提事实（或称基础事实）对该项权利的存在与否作出认定，也即，因有前提事实的存在，该权利当然发生。因此，严格地讲，由此而产生的法律后果是被法律所规定的，而并非被法律所推定的。而法律上的事实推定同时对前提事实与推定事实起规范作用，它属于证明责任规则范畴，它不能直接以权利的存在与否作为证明的对象，只能以待证事实为对象。换言之，法律上的事实推定只能以间接的方式借助前提事实来推论要件事实，在引起适用法律效果的基础上才能对权利的存在与否作出认定。法律上的事实推定仅作为证明责任规则，并不具备排除法院适用法条的功能，只有法律规范本身才具有这种排除法条适用的功能。

（四）关于法律上推定在民事诉讼上产生的法律效果

1. 关于法律上的事实推定在民事诉讼上产生的法律效果

法律上的事实推定在民事诉讼上产生的法律效果主要表现在以下几方面：

（1）免除主张权利一方当事人就法律要件事实所负担风险意义上的证明责任。例如，《澳门民法典》第343条："一、因法律推定而受益之一方，对所推定之事实无须举证。二、法律推定得以完全反证推翻，但受法律禁止者除外。"对此，笔者认为，当为法律所限定的前提事实被主张权利人的一方当事人所证明时，就视为本应由主张权利的一方当事人所负担的风险意义上的法律要件事实已被证明，即实际上免除了主张权利一方当事人的举证责任。因此，这种对举证责任的免除实际上是一种相对的免除，是基于减轻主张权利的一方当事人对证明要件事实所存在实际难度的考虑，而将该方当事人原本就要件事实所负担的风险意义上的举证责任转换为对法律所限定的就某些间接事实所负担的证明责任，这种间接事实被认为是能够引起法律推论的要件事实的根据。

有学者指出，法律上设有推定事实的规定，如无反证，法院应即认定其事实，就该事实无须当事人举证证明。但其规定如是以他项事实即间接事实作为推定的基础，即应基于他项事实以认定该事实的，对此，当事人就此项间接事实须负举证责任。[①] 由于变更了证明主题，使得有关当事人的证明风险得到实际缓冲，这种缓冲是法律采用实体法规范对当事人的举证责任所进行的相对调整，被认为是法律秉承公平与正义原则的体现。由于证明主题发生的实际变更，在免除主张权利一方当事人就法律要件事实所负担风险意义上举证责任的同时，使得该方当事人改由就法律所规定的间接事实负担风险意义上的举证责任。在此意义上而言，并未最终免除当事人的举证责任。也就是说，无须相对一方当事人提出反证，只要主张权利的一方当事人未能提供证据证明间接事实的存在，因法院在个案中无法按照法律规定的事实推定所应当依据的前提事实（即间接事实）来推论要件事实的存在与否，使得该法律上的事实推定规范本身就无法得以适用，更遑论产生何种实体法的适用效果。

（2）因推定而受不利益的一方当事人对于推定事实如不能提出充分的相反证据，最终将承受败诉的法律后果。在法理上，就法律上的推定所产生的效果而言，通常本应基于当甲事实（基础事实）存在时，才可由此推定乙事实（推定事实）的存在。但就法律上的推定所产生的结果来看，原本应就乙事实（推定事实）的存在负有举证责任的一方当事人，如经其提供证据证明甲事实（基础事实）存在时，而发生证明对象的转换，即在此情形下，由相对一方当事人提供证据证明该乙事实（推定事实）不存在。立法者在法律上就事实推定设置相应的规范，意在为权利主张人追求特定法律适用效果的产生给予必要的救济，

---

[①] 黄培栋：《民事诉讼法释论》，我国台湾地区五南图书出版公司1982年版，第475~476页。

在因推定而受不利益的一方当事人对于推定事实如没有提供反证或者所提供的反证尚不足以推翻因推定而产生的法律要件事实时，将导致产生法律的适用效果。从所适用的法律（大前提）与事实推定（小前提）而言，法律上的事实推定深受大陆法三段论思维模式的影响，通过对适用法律所需要的要件事实的拟定或假定，进而导致产生相应的法律适用效果。这种事实推定经法律调整之后直接被假定存在适用法律的要件事实，它是对作为适用法律所必需存在的小前提的假定，这种假定具有两方面的意义：其一，使法律能够得以适用并产生相应的法律效果；其二，从否定同一主题的角度向对方当事人转换了相应的举证责任。法律上的事实推定直接排除了法官的自由心证，将要件事实的存在视为已经获得证明而被假定为真实（即推定事实），除非因受此事实推定而遭受不利益的一方当事人能够提供充分的相反证据推翻这种推定事实。例如，2019 年《民事证据规定》第 95 条规定："一方当事人控制证据无正当理由拒不提交，对待证事实负有举证责任的当事人主张该证据的内容不利于控制人的，人民法院可以认定该主张成立。"

（3）因推定而受不利益的一方当事人对基础事实提出的反证，只要使基础事实处于真伪不明状态，就可导致被推定为真实的法律要件事实得以被推翻。通常情况下，有关当事人仅对其主张权利所涉及的这些要件事实负担证明责任。在此条件下，主张权利的一方当事人对法律所规定的要件事实负担客观意义上的证明责任，也就是说，只要相对一方当事人所提供的反证，能够使主张权利的一方当事人所证明的要件事实的效果处于一种真伪不明状态，那么主张权利的一方当事人就会因最终实际承担客观证明责任而面临不利的裁判后果。而按照法律上的事实推定规范，原本由主张权利的一方当事人就法律所规定的要件事实负担客观意义上的证明责任被改变了证明主题，即由主张权利的一方当事人仅对法律所限定的间接事实（基础事实）负担客观意义上的证明责任，而由相对一方当事人仅负主观意义上的反证证明责任。就此而言，虽然法律基于为降低主张权利的一方当事人在证明难度上的考虑，为该方当事人选择了一种较易证明的间接事实（基础事实），以便由其负担客观意义上的证明责任，但同时为了保障相对一方当事人的权益，使双方当事人能够在一个较为公平、均衡的条件下通过证据对抗使得法院能够更有效地查明事实真相，通过对证明主题进行变更，使相对一方当事人为否定法律要件事实（即推定事实）的证明承担客观意义上的证明责任，并且使其对否定法律上的事实推定所涉及基础事实的证明仅负反证证明责任。

（4）降低或者减轻主张权利一方当事人负担客观意义上举证责任的难度，这一点是通过原本由主张权利的一方当事人对法律要件事实负担举证责任，改为对由该方当事人对法律所限定的前提事实负担客观意义上的举证责任来实现的。因为，尽管在民事诉讼上采用辩论主义，当事人为使其合法权益在裁判上赢得支持，应为此就适用法律所获得相应效果而依据的要件事实负担主张责任及举证责任，但当立法者根据经验事理、举证的难易程度以及公平正义的理念进行判断，认为权利人在客观上会因存在证明上的障碍难以直接证明要件事实时，便会直接设定一种间接事实，使其作为证明要件事实的前提事实，从而通过降低或者减轻举证责任的方式避免了该方当事人为引起适用法律的效果本应对要件事实所负担的风险意义上的举证责任。

当事人在诉讼上主张的事实，有实体法所规定的法律上的事实推定规定时，应当根据法律上的相关规定，根据这种间接事实，并将其作为前提事实来推论要件事实。对此，当事人仅应就间接事实负担风险意义上的举证责任，就要件事实无须负担风险意义上的举证责任，但这种法律上的事实推定经对方当事人以反证推翻后，仍应负举证责任。但究竟应负何种意义上的举证责任，应当视对方当事人采用何种类型的反证以及由此而产生的反证效果来定。鉴于立法者考虑到在现实生活中，人们难以提供证据证明其自始至终对某物的占有这一事实状态，为了降低证明难度，为占有人设定了开始和末了两个时间段便于其提供证据进行证明，当该权利人能够提供证据证明这两个时间段时，法律将据此推论该权利人在两个时间段内存在持续不断地占有该物的事实状态，由此而引起的法律效果为该占有人的则系该物的所有权人。但是，因该法律推定而受不利益的相对一方当事人能够提出证据证明该占有人为并非该物所有权人的事实，即与法律推论而得出的推定事实相反的事实，在这种情形下，可妨碍其法律效果的产生。相对一方当事人既可对前提事实提出反证，也可对被推定的要件事实进行反证。在对前提事实提出反证的条件下，占有人应当对其就该物实施占有的开始和末了两个时间段负担风险意义上的举证责任，只要相对一方当事人所提供的证据能够使占有人所主张实际占有该物的开始时间或者末了时间这两个事实状态之一在法官的自由评价当中出现真伪不明状态，就可导致法官无法适用该法律推定规范，因为，该法律上的推定规范是基于能够确定"开始"与"末了"的事实条件下，才能够成就占有人在这两个时间段内存在持续不断地占有该物的事实状态，当出现"开始"和"末了"二者中只要其中有一个事实状态无法确定时，与此相关的要件事实就不能予以认定，故此就不能产生相应的法律适用效果。作为占有人的相对一方当事人也可以对经法律推论的要件事实进行反证，在这种情形下，该相对一方当事人应当提供足以推翻经法律推论而成立的要件事实的证据。例如，根据该相对一方当事人所提供的证据表明，占有人对该物的实际占有并加以利用是根据该相对一方当事人此前的授权委托等。在这种条件下即可产生妨碍适用法律推定规范的效果。

（5）使有关当事人对要件事实应负的风险意义上的举证责任发生了转换效果。按照大陆法系法律要件分类说的理论，立法者在制定实体法律规范时，已经预先将个案中有关当事人所应负担的客观意义上的举证责任作出分配。这一原理也在支配着法律上有关事实推定的规范。与其他法律有关举证责任分配的实体法规定相比较，法律上的事实推定规范是一种附条件的就有关当事人对要件事实负担举证责任的特别分配，即与其他基本规范相比较，法律将对有关要件事实所负担的客观意义上的举证责任分配给主张权利当事人的对方来负担。其条件是，主张权利的一方当事人能够提供证据证明特定间接事实即前提事实的存在。在此条件下，从因该推定而受利益的当事人的对方角度来看，就要件事实负担客观意义上的举证责任在当事人之间发生了转换。对此，有学者认为，法律推定其实就是对举证责任的一种分配，也就是说，它属于证明责任规范。[①]另有学者指出，因民事诉讼程序适用当事人提出原则，法律推定具有证明责任分配准则的性质。[②] 由于法院并不能依职权进行调查，所有作为裁判基础的事

---

[①] Rosenberg-Schwab, ZPR, 13. Aufl., §117 Ⅰ 4a；Stein-Jonas- Schumann-Leipold, ZPO, 19. Aufl., §292 Anm., Ⅰ 4b; Musielak, Grunglagen, S. 71ff.; Leipold, Beweislastregeln, S. 85ff.; Rosenberg, Beweislast, S.216f.; A. Blomeyer, ZPR, S. 334; Jauernig, ZPR, 19. Aufl., §50 Ⅵ; Grundlagen, S. 427; Lukes, ZZP 77, 80; Bruns, ZPR, Rdnr. 166c; Schönke-Kuchinke, ZPR, 9. Aufl., S.261f.; Dubischar, JuS 1971, 387；Gottwald, Jura 1980, 235.

[②] Vgl.Rosenberg, a.a.O., S. 216; Jauerning, Zivilprozeβ recheht, 25., 1998, §50 Ⅵ.

实资料，原则上均由当事人负提出责任，故关于推翻法律推定的事实是否存在，须有当事人负主观举证责任。虽然法律推定本身并未明确指明举证责任分配的准则，却与举证责任分配有关。主张适用法律推定的，应对推定的基础事实负举证责任，而主张推翻法律推定的，应对产生推翻的事实存在负举证责任。①

应当指出的是，上述法律上的事实推定仅限于实体法范畴以及在程序法范围内所涉及法律要件事实的推定，如果属于程序法范围内并不涉及法律要件事实的推定，则与此有相当大的差异。主要表现在：第一，所涉及的推定事实并非实体法上的法律要件事实；第二，该推定事实仅与一方当事人的主观举证责任有关；第三，并不因为适用这种程序法上的推定而导致发生客观举证责任转换的效果；第四，相对一方当事人如要推翻这种推定，仅需提出反证即可。也即，因与产生法律效果的要件事实并无直接的关系，这种反证的效力只要使法院对于相关的事实认定陷于真伪不明状态即可推翻这种推定。

（6）从认定要件事实的方式上而言，法律上的事实推定直接排除了法官的自由心证，将要件事实的存在视为已经获得证明而被假定为真实，除非因受此推定而遭受不利益的一方当事人能够提供相反的证据推翻这种推定；而在司法上的事实推定条件下，当存在某一前提事实时，是否能够从该前提事实上获得心证以至于推认产生要件事实（即推定事实）的效果，完全由法官在自由心证范围内作出判断。另外，这两种事实推定所涉及的前提事实是否能够被有关当事人所提供的证据予以证明，同样均依靠法官的自由心证来作出判断。

法律上的事实推定还对前提事实进行了明确的限定。例如，当出现债权证书已返还的情形时，法律可推定有关当事人之间的债权债务关系已消灭，而并非像司法上的事实推定那样对何为产生要件事实基础的前提事实完全由法院据情判定。例如，在个案当中，当出现返还债权证书以外的一些情形时，当法院认为在这些情形下按照经验法则也可导致产生消灭当事人之间债权债务关系的效果时，也可据此作出推定。就此，有学者进一步认为，法律所推定的事实虽然无须举证，但享受推定利益的当事人仍应就其推定的基础事实负担举证责任。

---

① Tietgen, a.a.O., S.55. 转引自张文郁：《权力与救济——以行政诉讼为中心》，我国台湾地区元照出版有限公司 2005 年版，第 247 页。

例如，当事人须有合法婚姻的存在，获得证明后才有婚生子女推定的适用；必须证明其约定方式未完成而又有契约未成立推定的适用，这一区分对证据法至关重要。

在法律上的事实推定如何界定其性质这一问题，笔者认为，它具有双重属性，其理由为，为了引起适用法律的效果，立法者通过采用只要作为基础事实甲的存在，就使得作为法律要件事实乙被推定这一逻辑方式，其传达的信息是，法律推定的设置是旨在明确无误地要求法院将某一被假定存在的要件事实视为已经被证明，尽管法官无法根据生活经验直接从证据中获得对该要件事实的内心确信。由于对要件事实及相应法律效果的设定是实体法的主要功能，法律通过对这种推定模式所涉及的基础事实进行限定，借以强化法律要件事实的稳定性与明确性，以体现实体法的内在属性。立法者在此所推行的公共政策表现在，充分体察到权利人对有关法律要件事实的证明在客观上存在不可逾越的障碍，为了使权利人的权益在能够引起适用法律效果的基础上获得应有的保障，立法者于是通过采取减缓证明强度的方式对其加以必要的救济，也就是将权利人原本就法律要件事实应负担风险意义上的举证责任改换为，由该权利人就法律所限定的较易证明的基础事实负担风险意义上的举证责任。从法律上的事实推定所设计产生的效果来看，只要权利人能够通过证据证明基础事实的存在，在法律上就会等同于产生法律要件事实已获得证明的效果。

有学者指出，严格地说，所谓推定应专指法律上的推定。其意即为，如有甲事实的存在（或不存在），无待证据，可以推定乙事实的存在（或不存在）。[①]笔者认为，在法律上的推定中，只要能够确定前提事实甲的存在，不论是否存在能够证明推定事实乙存在的证据，就可以推定事实乙的存在。例如，根据法律规定，婚姻关系存续期间所生子女，应推定为婚生子女。在诉讼中，当某男主张某儿童不为其所生，故不应承担抚养义务时，只要作为该儿童的一方当事人能够提供证据证明该儿童的生母与该某男系夫妻关系，法院就应当合理地推定该儿童为该某男所生，该某男应当承担抚养义务。换言之，法院如果不能够

---

① 参见李学灯：《证据法比较研究》，我国台湾地区五南图书出版公司1992年版，第252页。

依据有关证据确认该某男与该儿童的生母之间存在婚姻关系这一前提事实,就不能得出该儿童系该某男所生的推定事实。也就是说,在诉讼上,法律并不要求作为该儿童的一方当事人提供能够证明该儿童系该某男所生的直接证据如DNA的鉴定意见,而是变相要求,如果该某男不同意这种推定,该某男就应当提供该儿童不系其所生的直接证据如DNA的鉴定意见,否则,按照法律上的这种推定所得出的结论最终将被作为裁判事实来认定。这种法律上的事实推定是立法者根据社会上所存在的一种盖然性事实来设置的,即绝大部分儿童系具有合法婚姻关系的男女所生,私生子仅为少数。因此,在诉讼上,因法律上的事实推定而受不利益的一方当事人所提供的反证,往往要证明的是一种与事物发展的常态恰好相反的一种特别事实。可见,这种法律上的事实推定是一种经验推定。另外,这种法律上的事实推定除了要与生活上的逻辑推论相符之外,还应反映法律上的社会政策,例如,上述法律当中有关婚生子女的事实推定,反映的社会政策是考虑到保护未成年子女合法权益的需要。

2. 关于法律上的权利推定在民事诉讼上产生的法律效果

在民事诉讼上,法律上的权利推定产生的法律效果主要表现在以下几方面:

(1) 法律上的权利推定直接排除了法院适用法条的活动,即致产生权利所依据的要件事实于不顾,而径直根据某一前提事实(或称基础事实)对该项权利的存在与否作出认定。也即,原本应由法院在职务上对某项权利或法律关系的存在与否作出判断,但是,有关权利推定规范直接免除了法院对该权利或法律关系发生或消灭的要件事实的认定,同时免除了法院相应的适用法条的活动。因有前提事实的存在,该权利当然发生。因此,严格地讲,由此而产生的法律后果是被法律所强制规定的,而并非被法律所推定的。但权利推定规定如被适用,那么主张权利或法律关系的当事人,就该权利或法律关系存在的理由及事实根据就不必陈述与说明。在此,权利推定的本质主要是涉及主张责任及举证责任的规定,而其结果非但法院不必认定该权利或法律关系存在的理由及事实根据,并且免除法院适用法条的活动,即排除法院判断该权利或法律关系存否所须法条的适用。①

（2）法律上的权利推定并不顾及该权利取得的事实、法律关系成立的事实、权利或法律关系不发生或消灭等事实。由权利推定的要件、某特定的权利或法律关系发生或消灭的要件事实，并不能因此而被推定。它并非针对某项权利如因登记注销被推定为并未产生或者已经消灭，而是推定其并不存在。这种权利推定系仅指向某种权利的获得或仅指向某种法律关系产生的推定，仅涉及权利形成的事实存在，必要时涉及权利障碍事实的不存在，但不涉及权利制约和权利消灭事实的不存在，该推断仅考虑某种特定的产生要件。这是因为，权利推定的要件不是权利或法律关系产生或消灭的要件。

（3）因推定而受利益的一方当事人必须就其主张的权利如所有权、质权等或法律关系的存在或者不存在作为权利主张来提出，除须证明推定规定的要件事实外，该方当事人无须就权利或法律关系发生（根据）或消灭的要件事实负主张责任及本证意义上（或称客观意义上）的举证责任。对于法律上的权利推定而言，在个案中，只要发生由符合法律规定的前提事实存在的情形，该项权利当然发生被法律推定的效果。换言之，当主张权利的一方当事人欲主张适用某法律所规定的权利规范时，本应证明能够产生该法律适用效果的要件事实甲，因按照该法律规定，该方当事人可采用证明事实乙，以此作为前提事实来取代对要件事实甲的证明，借以降低证明上的难度。对于这种证明主题的转换，受不利益推定的相对一方当事人如要推翻这种权利推定，仍要提出反证。但是，该方当事人如经举证仅能使有关的前提事实即事实乙处于一种真伪不明状态时，仍无法使法官获得必要的心证，就不能达到推翻有关权利推定的目的。这就表明，当受推定利益的一方当事人提供证据能够证明作为推定的前提事实乙存在时，将受不利益推定的相对一方当事人须提供证据证明该前提事实乙的不存在，这在证明上属于本证责任。

（4）因法院在个案中适用这一法律上的权利推定，其效果将惠及有理由提出主张而导致推定所涉及的权利或法律关系存在或不存在的每一个当事人。

---

① Rosenberg, Beweislast, 4 Aufl. S.230. 仓田译，判夕二二四号第34页。［日］兼子一：《推定の本質及び効果について》民事法研究第一卷，第328页。转引自骆永家：《民事举证责任论》，我国台湾地区商务印书馆股份有限公司1981年版，第142页。

（5）因权利推定规范被适用，其效果将引起有关当事人负有相关的主张责任与举证责任。在个案中，因提出被推定权利存在或不存在的当事人，只需主张推定规范的前提，并且在发生争议时必须负担相应的举证责任，不需对推定的事实或对推定的权利承担举证责任。它表明，受不利益推定的一方当事人应提出主张，该主张表明推定不正确。并且当出现争议时，该方当事人还应当负担证明责任，即必须对表明权利产生或不产生的事实负担主张责任和证明责任。对此，有学者认为，这种反面证明（Beweis des Gegenteils）不是反证，而是本证。法定推定使对方当事人承担主张和举证责任。①

（五）我国有关法律及司法解释相关规定的理解与适用

根据《民事诉讼法解释》第93条规定，根据法律规定推定的事实，当事人无须举证证明（第1款第3项）。根据法律规定推定的事实，当事人有相反证据足以反驳的除外（第2款）。

对本条文的理解与适用，应当掌握如下基本内容：

1. 2019年《民事证据规定》第10条作出了与本条文相同的规定，即2019年《民事证据规定》第10条规定，根据法律规定推定的事实，当事人无须举证证明（第1款第3项）；根据法律规定推定的事实，当事人有相反证据足以反驳的除外（第2款）。

2. 上述有关规定属于法律上的事实推定，或称法律上的推定。所谓"根据法律规定推定的事实"，包括立法者在实体法和程序法当中所设定推定规范的有关事实。作为法律上的推定，或者具有法律上的拟制性功能，或者具有法律上的创设性功能，前者实际上已经演变为实体法规范，被称之为无条件的推定、绝对性的推定；而后者仅仅是一种假定，即当出现相反事实之前，这种建立在假设基础上所得出的推定事实可被作为裁判的依据，故又被称之为有条件的推定、具有相对性的推定。法律上推定的事实，在民事法规上不乏其例，涉及民事生活诸多领域，例如，有关死亡的推定、同时死亡的推定、出生月日的推定、

---

① 参见［德］奥特马·尧厄尼希：《民事诉讼法》（第27版），周翠译，法律出版社2003年版，第272页。

婚生子女的推定、占有物有适法行使权利的推定，等等。我国《著作权法》第12条第1款规定："在作品上署名的自然人、法人或者非法人组织为作者，且该作品上存在相应权利，但有相反证明的除外。"该条规定系典型的法律推定，它以立法形式为民事主体在涉及著作权权属争议问题上预设了法律上的解决方案，并且为法院在司法活动中认定案件事实提供了法律根据。这种推定具有可反驳性，为相关异议人提出反证预留了空间。

3. 在实际应用这种法律上的事实推定条件下，因这种事实推定规范所产生法律效果而受利益的一方当事人，只有在对方无法提出反证推翻这种推定事实的情形下，才能最终被免除举证责任而获得有利的裁判后果。在此，所免除的举证责任只是一种举证上的必要，即行为意义上的举证责任。

4. 从这一规范所构成的逻辑结构上来看，当为法律所限定的前提事实被主张权利人的一方当事人所证明时，就视为本应由主张权利的一方当事人所负担的风险意义上的法律要件事实已被证明，即实际上免除了主张权利一方当事人的举证责任。因此，这种对举证责任的免除实际上是一种相对的免除，是基于减轻主张权利的一方当事人对证明要件事实所存在实际难度以及司法政策上的考虑，而将该方当事人原本就要件事实所负担的风险意义上的举证责任转换为对法律所限定的就某些间接事实所负担的举证责任，这种间接事实被认为是能够引起法律推论的要件事实的根据。

5. 根据2019年《民事证据规定》第10条第2款规定，根据法律规定推定的事实，当事人有相反证据足以反驳的除外。因推定而受不利益的一方当事人对于推定事实如不能提出充分的相反证据予以反驳，最终将承受败诉的法律后果。在法理上，就法律上的推定所产生的效果而言，通常本应基于当甲事实（基础事实）存在时，才可由此推定乙事实（推定事实）的存在。但就法律上的推定所产生的结果来看，原本应就乙事实（推定事实）的存在负有举证责任的一方当事人，如经其提供证据证明甲事实（基础事实）存在时，而发生证明对象的转换，即在此情形下，由相对一方当事人提供证据证明该乙事实（推定事实）不存在。立法者在法律上就事实推定设置相应的规范，意在为权利主张人追求特定法律适用效果的产生给予必要的救济，在因推定而受不利益的一方当事人对于推定事实如没有提供反证或者所提供的反证尚不足以反驳因推定而产生的法律要件事实时，将导致产生法律的适用效果。从所适用的法律（大前提）与事实推定（小前提）上而言，法律上的事实推定深受大陆法三段论思维模式的影响，通过对适用法律所需要的要件事实的拟定或假定，进而导致产生相应的法律适用效果。这种事实推定经法律调整之后直接被假定存在适用法律的要件事实，它是对作为适用法律所必须存在的小前提的假定，这种假定具有两方面的意义：其一，使法律能够得以适用并产生相应的法律效果；其二，从否定同一主题的角度向对方当事人转换了相应的举证责任。法律上的事实推定直接排除了法官的自由心证，将要件事实的存在视为已经获得证明而被假定为真实（即推定事实），除非因受此事实推定而遭受不利益的一方当事人能够提供充分的相反证据反驳这种推定事实，而不必达到足以推翻的程度即可。

6. 因推定而受不利益的一方当事人对基础事实提出的反证，只要使基础事实处于真伪不明状态，就可导致被推定为真实的案件待证事实处于真伪不明状态。在法理上，相对一方当事人除了对于基础事实提供反驳证据以外，还可对推定事实及基础事实与推定事实之间不存在因果关系的事实提供反驳证据。通常情况下，有关当事人仅对其主张权利所涉及的这些要件事实负担举证责任。在此条件下，主张权利的一方当事人对法律所规定的要件事实负担客观意义上的举证责任，也就是说，只要相对一方当事人所提供的反证，能够使主张权利的一方当事人所证明的要件事实的效果处于一种真伪不明状态，那么主张权利的一方当事人就会因最终实际承担客观举证责任而面临不利的裁判后果。而按照法律上的事实推定规范，原本由主张权利的一方当事人就法律所规定的要件事实负担客观意义上的举证责任被改变了证明主题，即由主张权利的一方当事人仅对法律所限定的间接事实（基础事实）负担客观意义上的举证责任，而由相对一方当事人仅负主观意义上的反证证明责任。就此而言，虽然法律基于为降低主张权利的一方当事人在证明难度上的考虑，为该方当事人选择了一种较易证明的间接事实（基础事实），以便由其负担客观意义上的举证责任，但同时为了保障相对一方当事人的权益，使双方当事人能够在一个较为公平、均衡的条件下通过证据对抗使得法院能够更有效地查明事实真相，通过对证明主题进行变更，使相对一方当事人为否定法律要件事实（即推定事实）的证明承担客观意义上的举证责任，并且使其对否定法律上的事实推定所涉及基础事实的证明仅负足以反驳的证据即可。①

## 六、根据已知事实和日常生活经验法则推定的事实

（一）根据已知事实和日常生活经验法则推定事实之界定

所谓根据已知事实和日常生活经验法则推定的事实，又称司法上的事实推定、事实推定、司法上的推定，是指审判者基于职务上的需要，就已知的事实和日常生活经验法则作为基础事实，进而推论未知事实的证明手段。这种事实推定作为整个推定制度中的重要组成部分，是法律推定的必要补充。

这种司法上的事实推定是广泛应用于民事诉讼领域的一种证明方式，它是指司法者在诉讼过程中据情在自由心证范围内根据有关证据和经验法则对有关待证事实所作出的一种假定。它有助于减轻一方当事人的主观举证责任，且有助于节约社会资源、提高诉讼效率。就证明方法而言，这种司法上的事实推定是基于法官的自由心证，并适用经验法则、论理法则，如同或者类似德国法上采用的是所谓表见证明（Anscheinbeweis），以及在英美法上所谓事实不证自明（Res ipsaloquitur）法则。② 无论是表见证明还是事实不证自明法则均与日常经验法则有关。其中，关于事实不证自明法则，有一种观点认为，它是以人类的生活经验和社会常识作为依据，从而成为一种简单的、容易理解的情况证据规则。③ 例如，驾车开上人行道撞伤行人，以及手术纱布留于病人腹内均可推定其有过失。在民事诉讼中，司法意义上的事实推定是法院根据证据（主要是间接证据）及有关经验法则、论理法则对审判上的待证事实所作出的一种职务上

---

① 《民法典》第 623 条规定："当事人对检验期限未作约定，买受人签收的送货单、确认单等载明标的物数量、型号、规格的，推定买受人已经对数量和外观瑕疵进行检验，但是有相关证据足以推翻的除外。"相较而言，该项规定属于法律的特别规定。在实务上，凡遇有这种特定情形时，应适用法律的这项特别规定，而不适用于《民事诉讼法解释》第 93 条第 2 款以及 2019 年《民事证据规定》第 10 条第 2 款中的一般性规定。

② Street, Torts, pp.242-248; Prosser and Keeton, Torts, pp.242~257.

③ Ybarra v. Spangard 154 P. 2d 686（Cal. 1944）. 转引自王军主编：《侵权行为法比较研究》，法律出版社 2006 年版，第 374 页。

的推论或假定。它是法律授权法官在自由心证范围内认定案件事实的一种必要方式。

根据已知事实和日常生活经验法则推定的事实具有推论的属性,即属于逻辑上的一种演绎推论,它是依据经验规则、论理规则经逻辑上的演绎而得出的结论,即人类理性思维的一种高度产物。即当事实甲作为基础事实在诉讼中得以确立时,则事实乙的存在,应以通常推理的规则经逻辑上的演绎而得出。作为基础事实不必局限于证据加以证明的方式,还可借助证据以外的其他形式,如法院认知的事实等。经逻辑上的演绎推论,在基础事实甲与事实乙之间存在着合理性的盖然率。对此,我国台湾地区学者李学灯教授认为,在无相反的推论,或相反的事实提出以前,这种逻辑上演绎出来的推论自有认定事实真伪的效力。[①]在民事诉讼中,司法意义上的事实推定是最为普遍的,它实际上是法官在审判上用于认定案件事实所采用逻辑推理的一种最基本的思维方式。例如,甲对乙提起返还借款之诉,乙主张钱款未交付,甲则主张借据证明,乙则称借据虽写但钱并未交付,甲就提出银行提款记录,同时还证明乙当时经济状况很差,甲又证明借款后乙欠某人的钱款已偿还的事实作为证据,以推定钱款交付的事实。

关于这种司法上的事实推定的性质以及法律适用效果,有学者认为:"事实推定的生活经验很少涉及法律上的风险分配,而是涉及一种对生活事实进行评价的标准。"[②]事实上的推定是法院可依职权所从事的行为,并非免除当事人的举证责任,但有此种情形存在时,当事人虽然未举证也可由法院认定为真实。[③]可见,事实推定是法官针对一方当事人负担的主观举证责任并就在此范围内对其主张和提供的证据进行审酌时所产生的自由评价(自由心证),并不涉及举证责任的分配问题。

由于民事诉讼活动所涉及的民事法律关系、民事交易与流转行为在日常生

---

① 参见李学灯:《证据法比较研究》,我国台湾地区五南图书出版公司1992年版,第260页。

② [德]汉斯·普维庭:《现代证明责任问题》,吴越译,法律出版社2000年版,第84页。

③ 参见陈荣宗、林庆苗:《民事诉讼法》,我国台湾地区三民书局股份有限公司2005年版,第479页。

活中最为普遍，无时不在发生，无处不在发生，推定主要以经验法则为基础，广泛地体现着各行各业的交易习惯与惯常做法，使民众生活更加便捷，在民事诉讼上能够最大限度地节约社会成本、提高诉讼效率、保障社会秩序的安定性。在民事诉讼上，因民事纠纷的性质主要属于私权利益，除了一些涉及身份关系的案件以外，实行平等主体之间的辩论主义、处分权主义。另外，鉴于由当事人各自负有相应举证责任的原则，因而适用较低的证明标准，以尽可能地便利诉讼、降低社会成本。司法上的事实推定的采用也成为一种常态现象。因此，对于裁判者而言，除了根据证据认定案件事实以外，依据日常社会生活经验法则、个案情形以及相关证据对案件待证事实进行推定，不失为认定案件事实的常用证明方式。

（二）根据已知事实和日常生活经验法则推定事实之基本原理

根据已知事实和日常生活经验法则推定的事实，是由司法者借助于既存的事实，并据以推断而产生另一相关事实存在的假设。在通常情形下，这两种事实之间具有共存的关系，其中前一种事实为已知的事实和日常生活经验法则，亦称基础事实；而另一种事实，则是在基础事实之上求得的未知事实，也称推定的事实。从取得推定事实结果的概率上而言，由于受事物发展规律中的必然性与偶然性所决定，绝大多数情况下的事实推定，反映了事物发展过程中的必然属性所体现的一种要贯彻下去的趋势，因而在事物发展的过程中居于支配地位，符合事物发展的一般规律，而在整个概率中，只有很少部分的不真实的情况，是由事物发展过程中的偶然性所决定的，这种偶然性并不属于支配地位，它只能代表一种事物发展过程中的不稳定的、暂时的趋势。为了防范或尽可能消除由于这种偶然性而对司法上运用推定所造成的负面效应，程序上往往赋予受推定事实而产生不利益的一方当事人以反证的权利和机会，以便使推定的适用建立在尽可能合理和适当的基础之上。

根据已知事实作出推定是司法审判者据以认识和判断证据材料并最终认定案件事实的常规手段。对此，各国学理、立法及司法上均有一定的共识。《法国民法典》第1349条规定："推定为法律或审判员依已知的事实推论未知的事实所得的结果。"对此，有学者认为，虽然由立法上所预先设定的推定规则依稀可辨，但是，在司法审判中，法官却常常使这些相关的条文加上一些引申的解释含义，从而在事实上塑造的推定规则已脱离了立法者的预先设想。[1] 任何待证事实实难仅凭一个证据而获得正确的心证，作为一种证据，当不足以从中获得正确的心证时，即应对其他证据予以调查，其中包括能够直接作为认定事实根据的直接证据以及凭借本身的价值并不能直接作为认定事实根据的间接证据。因此，对事实的认定，无论采用直接证据还是间接证据来判断有关证据与待证事实之间是否存在关联性以及实质上的证明价值，都必须借助于特定的推理过程，尤其是间接证据或间接事实之间更是如此。但是，这种推理过程无一不以经验法则为基础。因为，任何待证事实的确立不能有悖于事理，否则将不能认为已获得了有关正确的心证。

根据经验法则作出事实的推定，是事实相互间的关联关系得以类型化的结果。此项作用，因系以经验法则为其基础，但经验法则一般仅具有主观性、相对性。作为其内容，为事实的盖然性。事实的盖然性，本有若干阶段。其盖然性有的较高，有的较低，这主要取决于个案的具体情况而定，其变化显得较为微妙。而事实的推定，其盖然性一般较高，经验法则并不具有主观性，而是具有类型化的特质。

所谓经验法则，是指人们在长期生产、生活以及科学实验中通过对客观外界普遍现象与通常规律的一种理性认识，在观念上它属于不证自明的公认范畴。在证据法意义上，经验法则是法院依照日常生活中所形成的反映事物之间内在必然联系的事理作为认定待证事实的根据的有关规则。也就是说，经验法则是法官通过亲身经历的领悟或者借助多方面的有关信息资料而取得的知识，进而获得的涉及事物的因果关系或者常态性状的事理法则。"对于经验法则之定义，乃应着重在该等知识或经验之具规则性（亦即反复实现之经常性及事后可检验性），其若未具有一定程度以上之规则性，即不能认为具有可解为具经验法则之适格性。"[2]

经验法则具有以下基本特征：其一，该规则并非由法律加以具体规定，而

---

[1] See Peter E. Herzog, Martha Weser : Civil Procedure in France, Martinus Nijhoff, The Hague, Netherlands 1967, p313.

[2] 姜世明：《证据评价论》，厦门大学出版社2017年版，第56页。

是从人类社会中的普遍规律中抽象出来的事实，是一种客观意义上的普遍知识，它并非需要借助任何证据便能确认其作为基本常识而为一般常人所认同；其二，并非任何生活经验皆能成为审判意义上的经验规则，它是法官以其独特的人格与职业属性，在一般生活经验基础上加以提炼后作为认知社会的一种常规机制。因此，构成经验规则的主要具体要素包括：第一，所依据的生活经验必须是在日常生活中反复发生的一种常态现象，即具有日常生活中的一种普遍意义上的典型特征；第二，该种生活经验必须为社会中普通常人所普遍体察与感受，这是产生经验规则的社会基础。"经验法则作为一般知识，尽管带有特殊体验性，源于人们各个个体的体验，但不是个别人特有的经验，至少在一定范围内得到普遍认可或者已经属于被接受了的知识，或者在特定人群中被认识。"[1] 第三，该种被引申为经验规则所依据的生活经验可随时以特定的具体方式还原为一般常人的亲身感受。例如，树木向阳面生长快，一般靠北面的树桩年轮较密，南面的较疏；山区和农村的住房，门户一般都是朝南的；离地面越高，空气越稀薄，且气温也越低；等等。这种事理作为一种事物的常态现象，并非仅为法官的主观经验作用，它应具有一定的确实性和合理性作为其客观基础。司法审判上的经验法则是社会日常经验法则的一个必要而特殊的组成部分，其特殊性表现在法官常常根据自身的学识、亲身生活体验或被公众所普遍认知与接受的那些公理经验作为法律逻辑的一种推理定式。对此，有学者指出，在事实认定中所适用的经验法则必须能够被法官和双方当事人所了解，具有可视性。如果属于一般常识性的经验法则，就没有必要在诉讼中加以证明，因为这有违诉讼效率的要求；如果该经验法则属于非常识性的，且能够左右事实认定的结果，这必须要在诉讼中加以证明；如果运用了与一方当事人或者双方预期相违背的经验法则，就会造成事实认定的突袭，很难称之为公正。[2]

根据属性不同，经验规则可分为一般经验规则与特别经验规则。一般经验规则是人们从日常社会生活或者法律生活中所体验、感知的一类事实，由于这类事实构成要素之间的因果关系经过长期的反复验证，代表着一种类型事物发

---

[1] 张亚东：《经验法则：自由心证的尺度》，北京大学出版社2012年版，第12页。
[2] 参见[日]高桥宏志：《重点讲义民事诉讼法》，张卫平、许可译，法律出版社2007年版，第29页。

展的通常趋势或规律，它是以事实的盖然性作为其内容，由此而形成的规则，其本身自无证明的必要，因此，一般经验规则可不作为利用其他证据加以证明的对象。例如，酒后开车通常影响驾驶员的正常操作能力，70岁的老人通常在精力上或体力上不及20~30岁的青年人等。与一般经验规则相对应的是特别经验规则。所谓特别经验规则，是指超出一般常人所具有的知识与认知范畴，必须经过专业培养或借助专门仪器、设备等辅助手段才能观察、体验和掌握某些事物的规律性与特殊性的有关规则。例如，就环境污染而产生的侵权纠纷案件而言，当巨大的动力工厂产生的废热向水体和大气排放时，这种热能便形成一种环境污染。在日常生活中，火电厂所烧燃料产生的热能只有三分之一转化为电能，其余三分之二变成废热，以热水或者热气的形式排放到大气和水体中。这种热污染可使江、河、湖、海水体温度升高，使那里的生态环境发生变化。一旦水体温度超过水中生物的适应范围，就会妨碍它们的正常生活和发育繁殖，甚至导致其死亡。热污染除了对水生生物造成危害外，排入大气中的热还会使气温升高，影响周围植物的生长。工厂车间里的高温会降低人的工作效率，甚至使人昏厥、中暑。对于这些涉及热污染的专门知识通常超过了为常人所掌握的一般生活经验的范畴，属于特别经验领域，因此，法官被推定为只具备一般常人所能够体验到的日常经验，而对日常生活中的特别经验的认知必须借助专家意见来获悉。但是，就特别经验规则，因其规则的形成是基于特别知识或经验所取得的事实，对这种事实本身在诉讼上仍可作为证明的对象，由其他证据加以证明或采取其他相应的证明方式如交付专家鉴定等。例如，矿物是由各种元素组成的，所以在一定的化学和物理条件下某些元素又会生成新的矿物，等等。一般认为，对法官具有一般经验的，其依此经验所形成的规则可直接用以认定事实或适用法律的需要，但对于法官依据特别知识或经验所形成的规则，一般不得径行作为认定事实的基础，而必须适用较为严格的证明程序，以便使认识的内容更加客观化，对此除了采取交付专家鉴定外，还应向有关当事人提供质疑的机会。因此，就经验规则在与待证事实之间的关系上，经验规则常指一般经验规则而言。

在通常情况下，一般经验法则不作为证明对象。这是因为，法官作为普通的社会成员之一，理应知晓那些具有常识性的一般经验法则。只有在特殊情形下，一般经验法则才能够被作为证明对象。即当法官根据一般经验法则对案件事实作出认定或推定时，因此所造成对其不利效果的一方当事人提出相反证据有可能影响法官先前所作出的认定或推定，在此时，作为这种前提事实或根据的一般经验法则，可作为证明对象来对待。例如，根据2019年《民事证据规定》第10条规定，根据已知的事实和日常生活经验法则推定出的另一事实，当事人无须举证证明，但相对一方当事人有相反证据足以反驳的除外；而作为特殊的经验法则在诉讼上则应当作为诉讼证明的对象，这是因为，法官与一般常人一样，不可能对那些具有专门知识或特别经验所构成的经验法则予以知悉和把握。有韩国学者指出，经验法则大致可分为三种类型：一是作为一般常识的单纯经验法则；二是属于专业性和学理性的经验法则。如涉及年龄和平均寿命的简易生命表；三是利用表见证明获得的具有高度盖然性的经验法则。在经验法则中，属于一般常识性的经验法则不属于证明对象，而专业性和学理性的经验法则，因人们不能期待法官对此抱有专业认识，故应当成为证明对象。我国台湾地区有学者亦认为，经验法则包括日常生活的法则和专门科学的法则，尤其关于专门科学的法则，法院难以一一知悉，在遇有依据经验认定事实时，此时经验法则就成为证据的对象。①

当经验法则被用以作出事实判断时的性质如何，在理论上有不同的认识，有的认为系法规，有的认为是事实。二者的主要区别在于，对于法规而言，法官可以其私人知识而加以利用，当法官并不知晓时，只需通过自由的证明即可，并且不受当事人自认的拘束；对于事实而言，则不得利用其私人知识，如一般人并不明了时，须经严格的证明，但因适用辩论主义，故允许采信自认证据。对此，我国台湾地区学者吕太郎教授认为，如经验法则为一般人所知悉时，其内容已成为社会一般人共同遵守的法的确信，故性质上应属于法规之一，如果其内容系专门知识而并非一般人所能知悉的，则并无此法的确信的效果，而应属于事实的一个环节。②

在民事诉讼活动中，虽然贯彻当事人主义与证据辩论主义，但是法院对案

---

① 姚瑞光：《民事诉讼法论》，中国政法大学出版社2011年版，第287页。
② 参见吕太郎：《民事诉讼之基本理论》（一），中国政法大学出版社2003年版，第329页。

件事实的查明与认定也不能置社会公平与正义的基本理念于不顾，为了克服举证上的障碍以及降低证明难度的需要，如证明行为人故意、过失等内心主观的事实在客观上确实会存在无法逾越的障碍。为此，法律授权法院对此等情形加以必要的救济。可见，司法上的事实推定是法院以采用类型化的技术方式，按照事物的普遍性与常态性所体现的经验法则对待证事实作出判定。例如，甲对乙提起返还借款之诉，乙主张钱款未交付，甲则主张借据证明，乙则称借据虽写但钱并未交付，甲就提出银行提款记录，同时还证明乙当时经济状况很差，甲又证明借款后乙欠某人的钱款已偿还的事实作为证据，以推定钱款交付的事实。就间接事实（即前提事实）与主要事实（即推定事实）的推定构造而言，如以甲事实推定乙事实，再以乙事实推定丙事实，再以丙事实推定主要事实丁，这种推论方法称为证据连锁，推论前提事实越多，其结果就越不真实。如以 A、B、C、D、E、F、G、H 等间接事实共同推论某一主要事实，间接事实越多，结果的真实性就越高。该种推论方法被称之为证据圆环。

根据已知事实和日常生活经验法则推定事实，是法官在自由心证范围内根据证据或者经验法则所构成的前提事实即间接事实对审判上的待证事实所作出的假定或推论。相对于立法上的推定而言，这种司法上的事实推定系法院在审判实践中根据间接证据和经验法则作为基础事实而作出的相关推定，因这种司法上的事实推定具有仅适用于个案情形的效力以及具有法官任意性的特征。换言之，事实推定，系当法院依据有关证据确定已知事实和经验法则所得出推定事实之后，相对一方当事人只要能够提出反证使得法院对于推定事实产生合理怀疑或者致使推定事实处于一种真伪不明状态时，该推定事实即应丧失其预设的证明效力。

虽然同为事实推定，但与司法上的事实推定之间存在的重大区别是，法律上的事实推定是以某规定要件之外的其他独立事实（即前提事实），代替该规定的要件事实作为证明主题，只要其中的前提事实被证明，法律就排除法官的自由心证而直接推论，并由此得出要件事实已被证明的结论。相对而言，司法上的事实推定是法院根据证据及有关经验法则对审判上的待证事实所作出的一种职务上的推论或假定。它是法律授权法官在自由心证范围内认定案件事实的一种必要方式。

司法意义上的事实推定属于法官自由心证范围之内用于认定案件事实的规则，即法官根据经验法则、论理法则对于基础事实与推定事实之间存在合理的常态联系加以确认所得出的判断性结论。这种推论是依据日常经验或自然理性而得出的，通常具有合理性、确实性。它基于事实相互之间的关联关系，以经验法则为基础具有类型化的取态，其盖然性程度较高。由此而作出的事实推定，实质上系法院综合各种间接证据，基于经验法则的推理作用而对案件待证事实作出的认定。司法意义上的事实推定，其法律效果并不会导致证明主题的变更，更不会导致将客观举证责任转换给因推定而受不利益的一方当事人。事实推定作为一种法官在审判上认定案件事实的方式，不可能对实体法上的举证责任负担产生直接影响。尽管如此，作为一种标准化的推论，事实推定的主要功能在于，在特定情形下，尽可能地调动相对一方当事人履行主观举证责任（或称提供证据）的积极性。

（三）根据已知事实和日常生活经验法则推定的事实在民事诉讼上产生的法律效果

由于民事活动的主体地位受法律平等保护的影响所决定，在民事诉讼架构下，证明责任的分配是根据当事人提出权利主张的性质或事实主张的利益性来划定的。当事人的主张责任与其主观举证责任和客观举证责任相一致。在民事诉讼上，司法意义上的事实推定仅在当事人的主观举证责任范畴内发生作用，而与客观举证责任无涉，由此所产生的法律效果主要表现在如下几个方面：

（1）所谓对事实的推定，是指在没有直接证据或者不需要直接证据的条件下，根据某一基础事实来推定待证事实的存在。其中，所谓没有直接证据的情形主要是指，在诉讼上，法院在无法取得直接证据的条件下所作出的事实推定。在通常条件下，事实上的推定均具有可反驳性。也就是说，允许因推定所产生不利益的相对一方当事人提出相反证据使推定失去效力。这主要是因为，事实推定的设置是基于客观上缺乏直接本证来直接认定案件事实时而不得不通过间接方式来认定案件事实，同时允许通过反证来调动相对一方当事人的主动性和积极性来借以查明事实。事实推定使得对方当事人的反证发挥应有的作用和效力，以便从相反的事实方向来认定待证事实，本证与反证的相互作用将更有利于查明事实，更有可能准确地认定待证事实。鉴于事实推定在对待证事实的认定上具有可反驳性，因此，在程序意义上，借助事实推定对待证事实的认定，其所得出的推定事实均属于暂定真实。毋庸讳言的是，采用事实推定在个案当中也不能排除会牺牲一些个别真实的情形，这主要是指，受事实推定不利益的一方当事人在客观上无法提供有力的反证来推翻被推定的事实，尽管被推定的事实并非事实真相。但是，事实推定的效力主要是转换了行为意义上的举证责任，使得这种无法查明事实真相的情节被视为证明责任法则的应有之义。

（2）根据司法上的事实推定，当法院依据有关证据确定已知事实所得出推定事实之后，相对一方当事人只要能够提出反证使得法院对于推定事实产生合理怀疑或者致使推定事实处于一种真伪不明状态时，该推定事实即应丧失其预设的证明效力。无论是依据经验法则来形成推定事实，抑或根据间接事实来推论形成推定事实，均属于法官自由心证的范畴，是立法者授权法官据情享有自由裁量权的结果。为此，相对一方当事人如想推翻这种推定，仅需提供反证即可。

（3）司法上的事实推定属于自由心证范畴，与法律采用法定证据法则进行直接干预无关。在审判上，司法上的事实推定是法院认定案件事实的一种常规方式。只不过它是采用演绎推理的方式，通过直接证据或者间接证据证明间接事实，并在此基础上，再根据该间接事实来推论主要事实，即待证事实。这一推论过程是法官产生内心确信的过程，并且这一过程始终受到经验法则和论理法则的支配。这种司法上的事实推定属于法官自由心证的范畴，它涉及法官在对有关当事人所提供的证据证明力进行评估的基础上是否能够产生内心确信以及能够产生何种内心确信的问题。

（4）在涉及将实体法上的要件事实作为诉讼上的待证事实情况下，司法上的事实推定是法院在审判上根据已明了的事实或者由当事人提供证据所形成的间接事实依据经验法则或论理法则对待证事实的真伪作出的判定。法院所作出的这种事实推定，其效果并非使有关当事人对要件事实所负担的客观上的举证责任发生转换，而只是免除了该方当事人在主观上的举证责任。换言之，在这种情形下，它所产生的是，由该方当事人本应负担的主观意义上的举证责任被视为已获证明的效果。在理论上，如果相对一方当事人不提出反证，这种推定事实将有可能作为形成最终裁判的基础事实。

（5）一旦法院在审判上作出事实推定，其效果将直接免除了一方当事人在行为意义上的举证责任（即主观意义上的举证责任），就此项推定所产生的推定事实，如相对一方当事人提出抗辩，则转由该相对一方当事人从反证的角度负担行为意义上的举证责任。从转换举证责任的角度讲，司法上的事实推定仅仅有利于主观举证责任在双方当事人之间发生转换的效果。在理论上，如果相对一方当事人此时未能提出反证，或者提出的反证不能使由法院作出的事实推定处于真伪不明状态，相对一方当事人将由此承受不利的裁判后果。

（6）就司法上的事实推定而言，对有关法律要件事实所负担的客观风险意义上的举证责任并不发生转换，仍由因推定而受利益的一方当事人负担。在此情形下，只要因推定而受不利益的一方当事人所提供的反证使受推定的事实处于一种真伪不明状态，即可导致使受推定的事实得以被推翻。换言之，如果该方当事人对此未能提出反证，或者提出的反证不能使由法院作出的事实推定处于真伪不明状态，该方当事人将会承受不利的裁判后果。就此而言，该方当事人所负担的并非本证意义上的举证责任，而仅为反证意义上的举证责任。作为事实推定，并无转移举证责任的功能，这也正反映出了事实推定在证明效果上要弱于法律推定的特征，即便因基础事实被确认而使推定事实处于假定的存在状态，举证责任亦并未就此而转移至对方当事人，故凡主张事实存在的一方当事人仍不能卸除其举证责任。这是因为，事实推定尽管是根据事物之间的常态联系如日常生活中的某些经验法则等作出的，但就其内容上具有相对性和不确定性，如果事实上的推定能够导致举证责任的转移，这就在很大程度上使本来负有举证责任的一方当事人在举证不能或举证尚不充分的条件下获得胜诉，这未免会在证明程度与证据责任之间的关系上引起混乱。

（7）事实上的推定，作为一种证明方法，只是依据学理上的推论原则及日常经验法则，事实上的推定均为假推定，且不属于确推定，对方当事人可用反证予以推翻。这种事实上的推定，是法院依职权作出的一种假设，并非免除当事人举证责任，但如遇该种情形，当事人虽未举证也应认其为真实。对这种事实上的推定，则由法院依职权根据已明了的事实推定待证事实的真伪，不以当事人举证为前提。虽然司法上的事实推定与法律上的事实推定均属于可反驳的事实推定，但二者之间毕竟存在性质上的差别。司法上的事实推定是在本证一方当事人缺乏直接证据的情况下，法院根据其提供的间接证据以及经验法则、交易习惯等所认定的一种基础事实，并根据该基础事实再对待证事实作出推定。有学者将这种对待证事实的间接认定称之为对待证事实的假定。[①] 其假定的含义就在于，允许相对一方当事人提出反证来推翻这一假定。为了推翻这种假定，相对一方当事人提出的反证既可为直接证据，也可为若干间接证据；而法律上的事实推定是立法者预先设定的一种事实推定，它并不考虑作为本证的一方当事人是否能够提供证据（且不论直接证据或间接证据）来证明其事实主张（即在审判上被确定的待证事实），而是要求相对一方当事人通过提供反证来推翻这种事实推定所附带的本证效力，但并不能对这种法律上的事实推定预先对客观意义上的举证责任转换的效力产生任何影响。

（四）我国有关法律及司法解释相关规定的理解与适用

根据《民事诉讼法解释》第93条规定，根据已知的事实和日常生活经验法则推定出的另一事实，当事人无须举证证明（第1款第4项）。对于根据已知的事实和日常生活经验法则推定出的另一事实，当事人有相反证据足以反驳的除外（第2款）。

对本条文的理解与适用，应当掌握如下基本内容：

1. 2019年《民事证据规定》第10条第1款第4项以及同条第2款规定，与本条文的内容相同。

2. 与法律上的事实推定相较而言，上述规定属于司法上的事实推定范畴。它是指司法者在诉讼过程中据情在自由心证范围内根据有关证据和经验法则对有关待证事实所作出的一种判断和认定。它有助于减轻一方当事人的主观举证责任的实际负担，且有助于节约社会资源、提高诉讼效率。

3. 这种司法上的事实推定系法院在审判实践中根据经验法则和间接证据作为基础事实而作出的相关推定，因这种司法上的事实推定具有仅适用于个案情

---

① 参见李学灯：《证据法比较研究》，我国台湾地区五南图书出版公司1992年版，第252页。

形的效力以及具有法官自由裁量权的特质。司法上的事实推定是在一方当事人缺乏直接证据的情况下，法官依据有关证据确定已知事实所得出推定事实之后，相对于法院根据其提供的间接证据和经验法则等作出司法认知所认定的一种基础事实，并根据该基础事实再对待证事实作出认定。对这种事实上的推定，由法院依职权据已明了的事实推定待证事实的真伪，不以当事人举证为前提。对方当事人只要能够提出反证使得法院对于推定事实产生合理怀疑或者致使推定事实处于一种真伪不明状态，该推定事实即应丧失其预设的证明效力。

4. 在涉及将实体法上的要件事实作为诉讼上的待证事实的情况下，司法上的事实推定是法院在审判上根据已明了的事实或者由当事人提供证据所形成的间接事实依据经验法则对待证事实的真伪作出的判定。法院所作出的这种事实推定，其效果并非使有关当事人对要件事实所负担的客观上的证明责任发生转换，而只是免除了该方当事人在主观上的举证责任。换言之，在这种情形下，它所产生的是，由该方当事人本应负担的主观意义上的举证责任被视为已获证明的效果。在理论上，如果相对一方当事人不提出反证，这种推定事实将有可能作为形成最终裁判的基础事实。

5. 一旦法院在审判上作出事实推定，其效果将直接免除一方当事人在行为意义上的举证责任，就此项推定所产生的推定事实，如相对一方当事人提出抗辩，则转由该相对一方当事人从反证的角度负担行为意义上的举证责任。从转换举证责任的角度讲，司法上的事实推定仅仅有利于主观举证责任在双方当事人之间发生转换的效果。在理论上，如果相对一方当事人此时未能提出反证，或者提出的反证不能使由法院作出的事实推定处于真伪不明状态，相对一方当事人将由此承受不利的裁判后果。

6. 在民事诉讼活动中，虽然贯彻当事人主义与证据辩论主义，但法院对案件事实的查明与认定也不能置社会公平与正义的基本理念于不顾，为了克服举证上的障碍以及降低证明难度的需要，如证明行为人故意、过失等内心主观的事实在客观上确实会存在无法逾越的障碍。为此，法律授权法院对此等情形加以必要的救济。可见，司法上的事实推定是法院以采用类型化的技术方式，按照事物的普遍性与常态性所体现的经验法则对待证事实作出判定。

7. 根据《民事诉讼法解释》第 93 条第 2 款和 2019 年《民事证据规定》第

10条第2款规定，事实上的推定均具有可反驳性。也就是说，允许因推定所承受不利益的相对一方当事人提出反驳证据使推定失去效力。这主要是因为，事实推定的设置是基于客观上缺乏直接本证来直接认定案件事实时而不得不通过间接方式来认定案件事实，同时允许通过反证来调动相对一方当事人的主动性和积极性来借以查明事实。事实推定使得对方当事人的反证发挥应有的作用和效力，以便从相反的事实方向来认定待证事实，本证与反证的相互作用将更有利于查明事实，更有可能准确地认定待证事实。鉴于事实推定在对待证事实的认定上具有可反驳性，因此，在程序意义上，借助事实推定对待证事实的认定，其所得出的推定事实均属于暂定真实。

8.根据司法上的事实推定，当法院依据有关证据确定已知事实所得出推定事实之后，相对一方当事人只要能够提出反证使法院对于推定事实产生合理怀疑或者致使推定事实处于一种真伪不明状态时，该推定事实即应丧失其预设的证明效力。无论是依据经验法则来形成推定事实，抑或根据间接事实来推论形成推定事实，均属于法官自由心证的范畴，是立法者授权法官据情享有自由裁量权的结果。在自由心证主义条件下，这类规定属于例外的规定。其原因在于：第一，该被推定的事实，并非实体法上的法律要件事实；第二、该推定事实的证明责任不因推定的结果导致发生证明责任转换的效果。为此，相对一方当事人如果想要推翻这种推定时，仅需反证即可。

## 七、仲裁裁决所确认的事实

（一）基本法理及相关规定

仲裁作为一种解决合同纠纷和其他财产权益纠纷的重要方式，在处理国内和国际经济贸易的民事及商事纠纷中广泛地被当事人所采用，它与诉讼及协商、调解等方式一并构成我国解决民事及商事纠纷的体系。仲裁裁决也是作为解决民商事纠纷的一种法定方式，在商品经济社会中也发挥着不可替代的作用。就尚未终结的诉讼或仲裁而言，已经生效的仲裁裁决书所确认的事实对有关案件中的待证事实产生预决的效力，因而成为一种免证事实。

根据处理的纠纷是否含有涉外因素，仲裁可分为国内仲裁和涉外仲裁。国内仲裁是本国当事人之间为解决没有涉外因素的国内民事及商事纠纷的仲裁；涉外仲裁是处理涉及国外或外法域的民事及商事争议的仲裁。就一个国家而言，国内仲裁和涉外仲裁都是该国仲裁制度的组成部分。涉外仲裁是从一个国家的角度对仲裁所作的分类，从国际范围来看，各国涉外仲裁则构成国际民商事仲裁的一个组成部分。

《中华人民共和国仲裁法》（以下简称《仲裁法》）规定的仲裁主要是机构仲裁，设立常设性的仲裁机构即仲裁委员会。目前，我国在各地区的中心城市即直辖市和省、自治区政府所在地所在城市以及设区的市设有仲裁委员会。

根据我国《民事诉讼法》第248条第1款规定，"对依法设立的仲裁机构的裁决，一方当事人不履行的，对方当事人可以向有管辖权的人民法院申请执行。受申请的人民法院应当执行。"据此，有关仲裁机构的生效裁决是人民法院的执行根据之一，从这一点而言，它与人民法院发生法律效力的裁判具有同等法律效力。2019年《民事证据规定》第10条第1款第5项将仲裁机构的生效裁决所确认的事实作为免证事实，对有关诉讼中的待证事实具有预决的效力，就此可以免除有关当事人的举证责任。

（二）我国有关法律及司法解释相关规定的理解与适用

根据《民事诉讼法解释》第93条规定，已为仲裁机构的生效裁决所确认的事实，当事人无须举证证明（第1款第6项）。已为仲裁机构的生效裁决所确认的事实，当事人无须举证证明，但当事人有相反证据足以推翻的除外（第2款）。

对本条文的理解与适用，应当掌握如下基本内容：

1. 本条文第1款第6项的规定与2019年《民事证据规定》第10条第1款第5项规定相同，即已为仲裁机构的生效裁决所确认的事实，当事人无须举证证明。但本条文第2款"但书"中的规定则与2019年《民事证据规定》第10条第2款"但书"规定有明显不同，即本条文第2款"但书"中的规定系"当事人有相反证据足以推翻的除外"，而2019年《民事证据规定》第10条第2款"但书"中的规定则系"当事人有相反证据足以反驳的除外"。

2. 人类社会采用民间仲裁裁决的方式解决纠纷由来已久。进入现代型社会以来，仲裁程序由于其程序灵活、尊重当事人程序上的意思自治和程序选择权、有利于当事人的隐私及商业秘密的保护、仲裁员专业性强且背景多元、高效务实等独特性在解决社会矛盾和民商事利益冲突上发挥着不可替代的作用，与诉讼形成优势互补、长短相济的紧密关系。因此，从立法的角度将仲裁机构生效裁决所确认的事实作为诉讼上的一种免证事实，充分体现了《民事诉讼法》与《仲裁法》在我国社会主义法治体系内同属程序基本法的地位与相互协调、并行不悖的基本格局。

3. 本条文中，所谓"已为仲裁机构的生效裁决所确认的事实"当中的"事实"，应为"要件事实"。在学理上，要件事实是指在诉讼上能够引起民事实体法律关系产生、变更或消灭的法律事实。从程序法的角度来看，无论是发生在诉讼程序还是仲裁程序中的事实，均可分为实体法事实与程序法事实。其中实体法事实又可分为要件事实、间接事实、辅助事实。程序法事实对实体法事实而言具有依附性，而实体法事实当中的间接事实和辅助事实对于要件事实而言具有从属性，因此，作为裁判基础的具有实质意义的是实体法事实当中的要件事实，它决定了仲裁裁决预决效力所涉及的客观范围，故这种要件事实应当作为仲裁机构的生效裁决所确认的"事实"，也就是说，仲裁裁决预约效力的客观范围应仅限于要件事实部分。如果将实体法事实当中的间接事实或辅助事实也纳入这一范围，这种没有限制的扩张将给后案诉讼程序的安定性带来不利影响，对审判权的行使造成侵害、限缩甚至变相剥夺的后果。

4. 已为仲裁机构的生效裁决所确认的要件事实，对事后诉讼中法院就有关案件待证事实的查明与作出认定产生约束效力，但是，这种约束效力仅限于仲裁裁决预约效力的主观范围。这就要求已为仲裁机构的生效裁决所确认的要件事实所涉及的当事人，必须与事后诉讼中法院作出裁判所涉及的当事人完全相同。这是因为，作为解决私权纠纷的重要方式，仲裁与诉讼均实行辩论主义、处分权主义以及证据裁判主义，前案仲裁程序中当事人之间的事实主张与抗辩主张、提出的相关证据、对有关事实的自认、发表的辩论意见等，是其行使程序参与权以及实际参与仲裁庭心证形成过程的体现，均对仲裁机构生效裁决所确认的事实产生实质性影响，如果让后案诉讼过程中没有参与前案仲裁的当事人来直接承受生效裁决所确认的事实作为对方的一种免证事实，显然缺乏程序的正当性，也不利于维护实体上的公正性。另外，作为前案的仲裁案件与作为后案的诉讼案件在诉讼标的上须具有关联性。

5. 本条文第 2 款"但书"中的规定与 2019 年《民事证据规定》第 10 条第 2 款"但书"的规定有明显不同，鉴于 2019 年《民事证据规定》制定及出台的时间在本条文所涉及的《民事诉讼法解释》之后，且在某种意义上，2019 年《民事证据规定》相对于《民事诉讼法解释》具有"特别法"的地位，故在审判实践中应当适用 2019 年《民事证据规定》第 10 条第 2 款"但书"中的规定，即"当事人有相反证据足以反驳的除外"。也就是说，相对一方当事人提出的反证，只要能够使这种已为仲裁机构的生效裁决所确认的事实达到真伪不明状态即可，而无须达到足以推翻仲裁生效裁决所确认事实的程度。2019 年《民事证据规定》第 10 条第 2 款作出这样的修改，主要是考虑到：第一，仲裁员来源于社会各行业的专家，其结构和背景十分多元化，与职业法官不同的是，他们并未受过严格的法律及程序性训练，在事实认定上更多地依靠生活常识、社会事理、经验法则、交易习惯、专业知识，等等；第二，与诉讼通常实行两审终审制相比较，仲裁程序更强调注重效率，实行一裁终局裁决制度；第三，鉴于仲裁机构属于民间组织，法律上通常并不授予仲裁庭像授权法院那样享有在庭外调查收集证据的权力，使得仲裁庭对外调查收集证据受到一定的限制，并且在我国的法律尚未按照国际上通行的由法院协助仲裁庭调查收集证据的做法，以至于在很大程度上不得不依靠当事人及其律师调查收集证据的能力。第四，仲裁程序的开展与推进更加依靠和注重当事人的意思自治和程序选择权，与诉讼程序相比较显得更具灵活性；第五，由于具有上述各种特点所决定，使得仲裁庭在认定案件事实时所要求的证明标准也明显低于法院在认定案件事实时所需达到的证明标准。

6. 在实务上，某一已为仲裁机构的生效裁决所确认的事实能否在事后的诉讼过程中成为免证事实，应由相关的一方当事人负主张责任。在通常情况下，人民法院并不负有依职权主动查阅与确认的责任。在庭审过程中，有关当事人提出这一主张的，经人民法院审查后，应听取对方当事人的意见。有关当事人亦可以书面（申请）形式提出这一主张。

## 八、已为法院发生法律效力的裁判所确认的基本事实

（一）已为法院发生法律效力的裁判所确认基本事实的预决效力

当先前有关案件的基本事实为法院的裁判所确定时，便构成对与之相关联的尚未作出裁判的另一案件的待证事实产生预决的效力，其中已为先前裁判所确认而作为另一个未决案件待证事实的基本事实，在诉讼法上称之为预决的事实。例如，法院在刑事判决中确认的被告人构成非法拘禁罪的事实，对在此之后被害人要求该被告人赔偿财产损失的民事诉讼中，就起到预决的作用，可以免予证明，而将其作为判令被告人对被害人所遭受损失进行赔偿的根据。预决的事实之所以不需证明，一是因为该事实已为法院所查明，客观上无再次证明的必要；二是因为该事实已为法院裁判所认定，该裁判具有法律约束力，这种约束力也包括对该事实认定上的不可更改性。

但是，在审判实践中，对已发生法律效力的法院裁判所确认的基本事实作为一种免证事实来看待，应当是有条件的，而并非无条件的。不能说，所有已发生法律效力的法院裁判所确认的基本事实，在另外一些案件所涉及的诉讼中就能够想当然地作为免证事实，或者说，为刑事裁判所确认的事实，想当然地在与此相关的民事案件当中属于免证事实。对此，国外已有一些相应的立法例可供参考。例如，《俄罗斯联邦民事诉讼法》第 61 条第 2 款规定："已审结案件中已经发生法律效力的法院裁判所确认的情况对法院具有约束力。在审理另一案件时，如果案件参加人相同，以及在本法典规定的其他情况下，对上述情况不需要重新进行证明，也不得提出争议。"《爱沙尼亚民事诉讼法》第 94 条第 2 款、第 3 款规定："生效民事判决确定的事实，相同诉讼当事人在其他民事案件中不得提出异议，参加有关诉讼的第三人亦不得提出异议。生效刑事判决或就行政违法事项作出的生效行政判决，仅就有关行为是否发生以及利害关系人是否行为之民事法律后果而言，对审理有关事项的法院具有拘束力。"

在诉讼上，将这种基本事实纳入认知的范畴的优点在于：其一，有利于节约诉讼成本，提高诉讼时效；其二，避免有关法院就不同的裁判对同一基本事实的认定上产生冲突；其三，避免重复性的劳动。

## （二）我国有关法律和司法解释相关规定的理解与适用

根据《民事诉讼法解释》第 93 条规定，已为人民法院发生法律效力的裁判所确认的事实，当事人无须举证证明（第 1 款第 5 项）。已为人民法院发生法律效力的裁判所确认的事实，当事人无须举证证明，但当事人有相反证据足以推翻的除外（第 2 款）。

对本条文的理解与适用，应当掌握如下基本内容：

1. 2019 年《民事证据规定》第 10 条对已为法院发生法律效力的裁判所确认的基本事实作为免证事实亦作出了明确规定，但与本条文的规定有所不同，主要表现在：2019 年《民事证据规定》第 10 条第 1 款第 6 项将本条文所涉及的《民事诉讼法解释》第 93 条第 1 款第 5 项规定中的"事实"修改为"基本事实"。在对"基本事实"的界定问题上，《民事诉讼法解释》第 333 条规定："民事诉讼法第一百七十七条第一款第三项规定的基本事实，是指用以确定当事人主体资格、案件性质、民事权利义务等对原判决、裁定的结果有实质性影响的事实。"对此，全国人大常委会法制工作委员会民法室的观点是："基本事实是指案件的关键事实，可能影响案件最终判决的事实。"① 而最高人民法院修改后民事诉讼法贯彻实施工作领导小组的观点是："在'事实认定'过程中所认定的事实并不是普通事实，而是对案件裁判有法律意义的事实，同时，基本事实的认定又是案件事实认定的核心，并不是所有事实都是民事诉讼法第一百七十条② 第一款第三项规定的'基本事实'。"③ 对此，笔者认为，在法理上，基本事实是指能够引起民事法律关系形成、变更或消灭的事实。该种事实又称要件事实、主要事实、直接事实、待证事实等。从具体的理解与适用角度而言，在合同纠纷案件中，其基本事实包括当事人主体资格的事实、法律关系性质的事实、合同关系的成立及生效的事实、当事人违约行为的事实、因当事人违约行为造

---

① 全国人大常委会法制工作委员会民法室编：《中华人民共和国民事诉讼法条文说明、立法理由及相关规定》，北京大学出版社 2012 年版，第 283~284 页。
② 现为《民事诉讼法》（2023 年修正）第 170 条。
③ 最高人民法院修改后民事诉讼法贯彻实施工作领导小组编：《最高人民法院民事诉讼法司法解释理解与适用》（上），人民法院出版社 2015 年版，第 883 页。

成损害的事实、合同关系变更的事实、合同关系解除的事实、合同关系终止的事实、合同关系撤销的事实、不可抗力的事实等。在侵权纠纷案件中，基本事实包括侵权主体的事实、侵权行为发生的事实、发生损害结果的事实、侵权行为与损害结果具有因果关系的事实、侵权人主观过错的事实、免责事由的事实等。

2. 当有关案件的基本事实为先前人民法院的裁判所确定时，便对后行人民法院与之相关联的尚未作出裁判的另一案件基本事实的认定产生预决的效力。先前法院审理的案件对基本事实认定的，不仅限于民事案件，还包括行政案件和刑事案件，而后行法院审理的案件则应限于以符合立法本意的民事案件为坐标。例如，《环境侵权证据规定》第8条规定："对于发生法律效力的刑事裁判、行政裁判因未达到证明标准未予认定的事实，在因同一污染环境、破坏生态行为提起的生态环境侵权民事诉讼中，人民法院根据有关事实和证据确信待证事实的存在具有高度可能性的，应当认定该事实存在。"在一般意义上，先前民事案件中法院确认的基本事实对后行民事案件所涉基本事实的认定具有约束效力，它系既判力原则所波及客观范围的效力体现。由于行政诉讼案件所涉及的证明对象对公共利益和社会个体利益的影响，在总体上明显低于刑事诉讼，因此，在行政诉讼中所适用的证明标准一般明显低于刑事诉讼中所采用的证明标准。相较而言，由于民事诉讼总体上属于私益性诉讼，除了涉及身份关系案件以及其他公益性较强的民事诉讼案件以外，民事诉讼中所适用的证明标准，大体上应低于在行政诉讼中所适用的证明标准。因此，在一般情况下，在先前行政诉讼案件中法院确认的基本事实对后行民事私益案件所涉及基本事实的认定具有预决的效力。但由于行政诉讼案件类型复杂多样，有的案件所适用的证明标准几乎等于或者接近一般民事私益案件所适用的标准，如果这类行政诉讼案件中法院确认的基本事实对后行民事私益诉讼案件所涉及基本事实的认定在是否影响其预决效力上，并不构成明显的障碍，但这类行政诉讼案件中法院所确认的基本事实对后行涉及身份关系案件以及其他公益性较强的民事诉讼案件，其所涉及的基本事实的认定并非具有当然的预决效力。对此，应由法院据情作出审查判断后再作出决定。在此情形下，法院有权要求提出免证事实主张的一方当事人提供补强证据；在通常情况下，对于刑事案件实行国家追诉主义，享有侦查权的职能部门对有关证据的收集调查承担职责，刑事诉讼所适用的证明标准均高于民事诉讼的证明标准。因此，原则上，刑事诉讼中通过裁判所确认的预决事实对后行的民事诉讼具有预决效力。但在一些特殊情况下，也存在例外。例如，对于无罪判决中所涉及预决事实的效力，应根据以下不同情况作出相应的处理：其一，在被指控的违法行为并不存在或者被告人并未参与违法行为等为由而作出的有关该被告人无罪判决中，对以该被告人违法行为为由提起的侵权之诉中应当具有相应的预决效力；其二，在无罪判决的作出是以证据不足、案件事实不清为由而并未达到刑事诉讼案件的证明标准时，但并不排除其存在符合民事诉讼案件的证明标准。故就先前刑事附带民事诉讼中所确认的事实，对于后行的民事诉讼而言并不产生何种预决效力，应当根据民事诉讼的证明标准以及实体要件事实作出判决，而不受无罪推定所否定事实的拘束。对此，根据2019年《民事证据规定》第10条第2款规定，可由当事人提出充分相反证据将其予以推翻。

3. 鉴于民事诉讼程序有普通程序与特别程序之分，由生效民事判决所产生的预决事实，主要是指人民法院在普通程序作出的判决中所认定的基本事实，而与特别程序中作出的判决所认定的事实在是否产生预决效力上不尽相同。其原因在于，对于特别程序作出判决后法院认定的事实状态有可能发生变化。因此，法律并不禁止法院根据新的事实状态在撤销原判决的基础上作出新的判决。故不能笼统地认为，依据特别程序作出的判决中所认定的事实也具有预决的效力。例如，当法院宣告某人为无民事行为能力人、限制民事行为能力人，或者宣告，或者作出宣告失踪、死亡判决的，不可能足以使其成为预决事实，尤其是在有证据证明被宣告人已成年，或者精神状态恢复正常，或者被宣告失踪、死亡的人有重新出现的证据时，就不能认为原宣告判决中的事实具有预决的效力。事实上，这与允许对方当事人提供反证来推翻法院生效裁判所确认事实的有关规定并无二致。

4. 就已经发生法律效力的裁判而言，它具有审判上的既判力效力，即只要这种裁判未经法定程序被撤销或变更，这种裁判所认定的事实以及在认定事实基础上所确定的权利义务关系对有关当事人具有拘束力，并且对于具有支付、偿还、移转内容的裁判以实行国家的强制执行力为保障。因为，作为诉讼上的待证事实而言，已经法院根据有关证据作出认定并通过裁判使原本诉讼上当事人之间所争议的待证事实成为一种在审判上所确认的法律事实，法院裁判所具有的既判效力，禁止在此之后当事人或法院非依法定程序提出与此相异的主张或者作出与之冲突的判决，因此，已经发生法律效力的裁决所确认的这种法律事实体现了一种国家意志与法院的司法权威。只要法院已发生法律效力的裁判未经依法定程序被撤销，该裁判所确认的事实就应当作为免证事实来对待。

5. 关于已为生效裁判所确认的事实与当事人的反证证明之间的关系，通常会产生这样一种疑问，即如当事人有充分证据否定生效法律文书认定的事实时，是本案另行直接认定与生效法律文书不同的事实，还是针对原生效法律文书提起再审？事实上，这里并不涉及直接认定与生效法律文书所不同的事实问题，更不应涉及对原生效裁判提起再审的问题，因为在前后两个诉讼当中，在此仅产生对先前一案件事实的确认是否对后一案件事实产生证明上的效力问题。在此后另一诉讼案件中，如果确有证据能够充分证明已发生法律效力的先前裁判所认定的事实存在重大错误，无论是否依照法定程序将这种裁判予以撤销，就不应当再适用 2019 年《民事证据规定》第 10 条第 1 款第 4 项的规定，将其视为当事人无须举证证明的事实来看待，而适用 2019 年《民事证据规定》第 10 条第 2 款规定，仍由原已被免除（主观）举证责任的一方当事人对其所提出的主张事实承担举证责任。这个问题是相当复杂的，有必要在此将这种诉讼现象分为单一性案件事实与复合性案件事实来进行研究。所谓单一性案件事实在此是指，但对涉及诉讼上某一特定的待证事实而言，其由审判上所能够确认的内涵与外延与另一个诉讼当中对某一待证事实的确认是完全等同的话，那么这种待证事实一旦被法院查明与认定，就是一种单一性的案件事实。但是，通常由于受裁判既判力的限制，对在裁判上已认定并发生法律效力的案件事实，具有不可争执性，对这种单一性案件事实所涉及的诉讼不应产生适用 2019 年《民事证据规定》第 10 条的问题。复合性案件事实是相对于单一性案件事实而言的，所谓复合性的案件事实在此是指，在先前一诉讼案件中存在一个或者一个以上的单一性事实，而在先前已发生法律效力的裁判所确认的事实中存在一个或一个以上单一性事实时，而在此之后进行的诉讼中出现有两个或两个以上的单一性待证事实，当前一个诉讼中已生效裁判所确认的一个或者其中一个单一性案件事实正好与后一诉讼中出现的两个或两个以上单一性待证事实之一的内涵与外延相等时，便由此形成这种复合性案件事实的现象。在后一诉讼中的这些待证事实之间实际存在一种并行的关联关系。例如，在先一诉讼中，法院所作出的生效裁判确认甲与乙之间系合伙投资关系而并非借款合同关系。在此后的另一诉讼案件中，丙主张乙在履行与其存在的合同关系中有违约行为，并且丙还主张乙因与甲存在合伙关系，因此甲应当连带承担责任。在后一诉讼当中，如果乙否认与甲之间存在合伙关系时，丙本应对这一主张责任承担举证责任，但是审理法院可以根据先前已为法院发生法律效力的裁判所确认的事实免除丙的这一举证责任，丙还应对甲、乙的合伙关系与本案所涉及的合同关系具有关联性以及乙有违约行为负举证责任。如在后一诉讼中，乙提供了相反证据足以推翻在前一诉讼上已为法院发生法律效力的裁判所确认的事实时，这时，原本在后一诉讼上由法院根据 2019 年《民事证据规定》第 10 条第 1 款第 4 项免除丙的举证责任失去效力，实际上重新使丙产生证明甲、乙之间存在合伙关系的举证责任。从诉讼证明负担上看，丙仍有必要提供证据来证明这一事实主张。

6. 在实务上，随着法院审理各类民事案件数量的不断增加，在许多情况下负责审理后行案件的法官并不会当然知晓其他法院或者同院的其他法官先前审理的案件中对案件事实的认定已然产生预决效力的事实。因此，往往会依靠有关当事人提出相关的主张，对此，有关当事人应向有关法院提供与此相关的判决书或其副本加以证明。人民法院在审判上有权对此相关预决事实进行司法认知。在法院对有关当事人提出的相关判决书或者副本所涉及的预决事实与本案的基本事实进行形式审查之后，应告知对方当事人，在确有必要时，可听取对方当事人的意见，以便作出免除有关当事人举证责任的决定。在此情形下，如果对方当事人欲推翻该免证事实，其必须向法院提供充分的相反证据才有可能达到足以推翻预决事实的效果。其法律效果主要表现在如下两个方面：其一，假如当事人甲主张的事实只要属于人民法院已发生法律效力的裁判所确认的基本事实，当事人乙即使能够提供相反的证据，但人民法院经审查认为不属于足以推翻已为人民法院生效裁判所确认的基本事实的，仍可免除当事人甲的举证责任；其二，只要人民法院经审查认为当事人乙提供的反证足以推翻已为人民法院发生法律效力的裁判所确认的基本事实的，就应当要求当事人甲就其事实主张提交补充证据加以证明，而无须考虑有关生效的裁判是否应当被撤销的问题，这是由不同诉讼案件的相对性所决定的。

## 九、已为有效公证文书所证明的事实

（一）基本界定

公证，是指公证机构根据当事人的申请，依法对法律行为、法律事实和文书确认其真实性、合法性的证明活动。在我国，公证书是由法定职能机构依照法定程序对有关法律行为、法律事实及文书予以证明的一种特殊文书。公证书一经作出，即具有法律效力。这种效力表现在三个方面：一是证据效力或证明效力；二是强制执行的效力；三是法律行为成立要件的效力。公证书在公文性书证中具有显著的地位和重要的作用。

经过法定程序公证证明的法律事实和文书，只要没有相反的证据足以推翻，法院就应当径直将有关公证文书所证明的事实作为确定案件事实的基础。如果有相反证据足以推翻公证书证明的法律事实和文书，人民法院即可否定该公证文书的证据效力，当事人对有关事实仍须举证证明。

（二）我国有关法律及司法解释相关规定的理解与适用

1. 有关公证证明的法律规定

《民事诉讼法》第72条规定："经过法定程序公证证明的法律事实和文书，人民法院应当作为认定事实的根据，但有相反证据足以推翻公证证明的除外。"

对本条文的理解与适用，应当掌握如下基本内容：

（1）1991年《民事诉讼法》第67条的表述是"经过法定程序公证证明的法律行为、法律事实和文书"，后将其中的"法律行为"予以删除，主要是因为"法律事实"这一概念已经包含了"法律行为"。因此，法律行为仍然属于公证证明的对象，只不过是包含在法律事实当中而已。

（2）基于公证证明所具有的社会公信度，在民事诉讼当中，人民法院通常会习惯性地将公证证明作为认定事实的依据。按照通常的社会认知，与其他民事证据种类相比较，公证证明的证明效力要高于这些一般类型的证据。也就是说，除非发现公证程序上出现的瑕疵对其证明效力足以产生实质性影响，否则对于经公证证明的事实和文书，人民法院一般予以确认。

（3）根据《民事诉讼法》的有关规定，一切证据必须经过法定程序查证属实，才能作为认定案件事实的依据。因此，并非所有的公证证明都理所当然地可以作为人民法院定案的根据。人民法院应当本着实事求是的态度对待公证证明，如果出现公证机构工作上的失误或者其他原因，导致公证证明出现错误，或者公证程序上的瑕疵足以影响公证内容的真实性，凡有关当事人在诉讼上提出相关的证据对上述错误和瑕疵进行证明，经法官审查判断后形成相应的内心确信的，人民法院就应当否认公证证明的证明效力。为此，人民法院在程序上可以将公证证明退回公证机构，以便公证机构作出相应的处理。

（4）《知识产权证据规定》第30条规定："当事人对公证文书提出异议，并提供相反证据足以推翻的，人民法院对该公证文书不予采纳。当事人对公证文书提出异议的理由成立的，人民法院可以要求公证机构出具说明或者补正，并结合其他相关证据对该公证文书进行审核认定。"在知识产权民事诉讼中，当事人以提交公证书作为证据的情形较为普遍。实践中，有的公证书的形成程序存在一些问题。例如，公证员往返于几十个市场公证购买侵权产品，显得有违常理。对方当事人提出异议的，人民法院会要求公证机构予以说明或者进行补正。根据该条规定，对于当事人提交的公证文书，如果对方当事人提出异议，人民法院经审查认为异议成立的，可以要求公证机构说明或者补正。如果公证机构无正当理由予以拒绝的，人民法院可以不采纳该公证文书。

2.有关免证事实的规定

根据《民事诉讼法解释》第93条规定，已为有效公证文书所证明的事实，当事人无须举证证明（第1款第7项）。已为有效公证文书所证明的事实，当事人有相反证据足以推翻的除外（第2款）。

对本条文的理解与适用，应当掌握如下基本内容：

（1）本条文规定的内容与2019年《民事证据规定》第10条第1款第7项以及同条第2款规定的内容并无不同。另外，2019年《民事证据规定》第94条第2款规定："电子数据的内容经公证机关公证的，人民法院应当确认其真实性，但有相反证据足以推翻的除外。"

（2）根据我国《公证法》的有关规定，公证机构是依法设立，不以营利为目的，依法独立行使公证职能，承担民事责任的证明机构。遵守法律，坚持客观、公正的原则，是法律对公证活动的最基本要求。由于公证机构对申请的各类公证事项要经过审查把关，公证证明是公证机构出具并经过法定程序制作的，对事实和社会负责。因此，公证机构作出的这些具有真实性和可靠性的证明，不为各种私利所左右，具有相当的社会公信度。

（3）按照《民事诉讼法解释》第93条第2款规定，公证机构通过公证文书所证明的事实，与人民法院通过裁判所确认的事实以及仲裁机构通过裁决所确认的事实，具有同等的证明效力；而根据2019年《民事证据规定》第10条第2款规定，只有公证机构通过公证文书所证明的事实，才能与人民法院通过裁判所确认的事实具有同等的证明效力，而将仲裁机构通过裁决所确认事实的证明效力作降格处理，这无形中亦凸显了公证文书作为一种特殊书证对法官自由心证具有相当拘束效力的提升。

（4）在实务上，尽管公证机构制作了有关公证文书，但是该机构并无义务和责任向有关法院提交，而往往是通过有关当事人以举证的方式向涉诉法院提交的。而为有效公证文书所证明的事实能否成为诉讼中的一种免证事实，还需要受诉法院对其进行形式上的审查，其审查的对象系该公证文书所证明的事实是否与本案的待证事实具有相当的关联性，即该公证文书所证明的事实是否属于本案的基本事实，尤其是在相对一方当事人提出异议附具的理由有可能对公证文书所证明的事实带来不确定影响的情形下，应当有效地保障其异议权的正常行使，以防止出现偏差，导致程序的反复性和增加诉讼成本；如果对方当事人为证明公证内容出现错误或者公证程序上的瑕疵提出的事实、证据和理由有可能对法院的心证造成实质性的影响，法院应当为此开展相应的庭审调查，要求当事人进行辩论。最终，如果相对一方当事人通过举证、事实陈述、发表辩论意见等足以使法院对于公证文书所证明的事实产生相反的心证，或者认为公证文书所证明的事实与本案待证事实并不存在实质上的关联性，法院就应当为此确认该公证文书所确认的事实不属于本案的免证事实，有关当事人仍应对其事实主张负有举证责任；反之，人民法院应当确认该公证文书所确认的事实属于本案的免证事实,从而免除举证人的举证责任。

## 十、案例实务与问题解析

### 案例一 当双方当事人均未提出证据证明其事实主张情形下的事实认定

〔基本案情〕

甲与乙签订合同将甲一座房屋以 10 万元价格卖于乙,合同签订后,甲将房产证交于乙。一年后,乙起诉甲要求协助办理过户手续,甲抗辩认为尚有 1 万元款未付清,乙认为 10 万元付清后,甲方才将房产证交付的,双方现都无收据或者欠条。

〔焦点问题〕

在本案情形下,原告就其事实主张无法提供证据证明,被告就其抗辩主张亦无法提供相应反证,对此,法院应当如何作出事实认定?

〔问题解析〕

在本案中,应当按照交易习惯来确定。因为在现实生活中,为了保护社会生活与法律关系的安定性,维护正常的交易秩序与交易安全,采用约定俗成的交易习惯来对有关日常生活当中所存在的争议进行判断具有重要意义。因为,根据经验法则,或者作为一种日常交易习惯,在民间进行的房屋买卖交易上,如果在书面合同上没有特别约定,只有在买受人交付全部房款之后,作为交易上的一种对价关系,出卖人才有可能将房产证交付给买受人,否则出卖人有权拒绝将房产证交付给买受人。另外,出于某种考虑,即使在实践中会发生出卖人在买受人付清房款之前将房产证交付于买受人的情形,但通常出卖人会要求买受人书写欠条,作为在买受人尚未付清全部房款的条件下已将房产证交付于买受人的凭据,以担保其如事后存在争议而处于有利的证明地位。

在本案中,合同签订后,甲将房产证交于乙。一年之后,买受人乙在办理房屋过户手续时要求出卖人甲予以协助,遭甲拒绝。双方当事人对买受人乙是否还尚欠 1 万元房款未向出卖人甲交付存在争议。乙主张在其向甲付清 10 万元后,甲方才将房产证交付乙;而甲的主张则正好相反,即在乙仍欠甲 1 万元房款情况下，甲就将房产证交付于乙。但是，双方现均无收据或者欠条对其主张加以证明。在此，本案有两个事实尚不明确：其一，在双方签订合同之后乙已向甲支付房款的情况下，当时双方为何未办理过户手续？是否存在其他客观障碍？还是因为乙尚欠甲1万元房款的缘故？其二，按照甲的主张而言，为何甲在乙尚欠其1万元房款且未留下任何欠据的情况下就将房产证交付于乙？法院有必要查清该两项事实，但是，双方很可能有各自的说辞。但从本案对有关情节来看，双方均无法提供对其更为有（利）力的证据来加以证明。在此情形下，法院不得因为双方当事人均无法提供有力的证据而拒绝对案件事实作出裁判，因此，可根据2019年《民事证据规定》第10条第1款第4项有关按照日常生活的经验法则作出事实推定的规定，即可根据与此相关的交易习惯，推定乙已向甲支付全部房款。如果在本案中有任何与此买卖交易习惯相违背的事实出现，则应由甲提出反证加以证明。根据2019年《民事证据规定》第10条第2款规定，甲提出的反证只要能够达到足以反驳的程度即可，也即，只要使被推定的事实在法院的心证当中陷于真伪不明状态即可。

## 案例二　如何认定该10万元款项的所有权人

〔基本案情〕

甲与乙约定合伙经营销售商品，于是，乙到广州组织货源，而甲则在西安给乙汇去10万元。甲在给乙汇款时写的汇款人是乙的名字，且乙的名字是甲本人亲自填写的。据甲称是为了避免在收款地招惹是非，因为甲曾在该地长期做生意。嗣后，乙称这笔款是其本人的，因为汇款单上写的是他本人的名字，是乙的弟丙给甲的10万元款项，且是乙的弟丙与甲同去邮局办理的汇款事宜。对于乙的这一事实主张，甲不予认同。因双方发生争议，甲向法院起诉，要求确认该10万元款项归其所有。

〔焦点问题〕

针对本案情形，法院应当如何作出事实认定？

〔问题解析〕

在本案中，虽然在该10万元所有权的归属上缺乏明确而直接的证据，但是，本案的一个基本案件事实是，作为主要证据的汇款单是由甲亲手填写的，甲的笔迹是一种书证与物证的竞合现象，作为物证的范畴，它是一种外形特征与其他人的笔迹相区别，具有特定化的属性；作为书证，它是从一份汇款单上注明汇款人一栏上的文字陈述。从常理意义上，在客观状态上，汇款人在汇款时应处在汇款地而不是收款地；并且，除非存在对价给付的关系，或者明显的赠与行为的发生，否则，汇款人的汇款行为不能直接导致汇款所涉及款项所有权的移转。因此，根据本案中涉及汇款单本身能够证明的实际汇款人是甲而并非乙，且没有证据证明在甲与乙之间存在任何债权债务的给付关系或者赠与关系，根据2019年《民事证据规定》第10条第1款第4项规定，根据已知事实和日常生活经验法则推定出的另一事实，当事人无须举证证明。为此，在对本案事实进行认定，法院可据此推定该10万元款项的所有权人为甲。

本案中的一个重要间接证据事实是，甲与乙之间存在合伙关系的口头约定，对此，即使在诉讼上，甲与乙对此都予以认可，并无争议。另外，本案的另一个间接证据可对此加以佐证，既然乙称这笔款是由其弟丙交给甲的，但是，这笔款显然与甲、乙双方约定的合同关系有关，且又无证据证明乙的弟丙为文盲或者限制行为能力人。如果按照乙的主张是由丙交给甲的，那么，丙就应该让甲给其打个收条。倘若丙具有民事行为能力而不去办理汇款，却交由甲来代替其办理这一汇款行为，这也是不合情理的。

## 案例三　在一方缺席审理的情形下如何对本案事实作出认定

〔基本案情〕

在一起因房屋租赁合同纠纷而引起的讼案中，原告在起诉状中称，房屋租赁合同已届满一年，被告尚有35万元房租未向其支付，又不向其交付房屋，原告不同意被告所提出的续租要求。为了证明其事实主张，原告向法院提交了一份双方所签订的租赁合同。根据该租赁合同约定，房屋租赁期一年，每月租金8万元。为了证明其事实主张，原告向法院提交了一份催款通知书的复印件，但并未显示被告的签字认可。据原告称，这份催款通知书的原件在被告手里。法院向被告送达了案件受理通知书、原告的起诉状、相关证据材料、答辩通知书及开庭通知书，在被告曾签收过的上述法律文书和证据材料中，其中包括这份催款通知书的复印件，但被告在有效期限内未能提出任何答辩意见。因被告既不答辩也不参加审理，法院只能缺席审理，原告的其中一项诉讼请求是，要求被告支付所欠房租35万元。

〔焦点问题〕

在实务上，有一种观点认为，该份催款通知书仅为复印件，又未显示业经被告的签字认可，故对该项欠款事实的真实性不予认定，为了保护缺席审理一方当事人的合法权益，法院在就本案事实的认定上应作出对原告不利的判断。这种观点是否正确？

〔问题解析〕

在本案开庭审理前，法院已将该份催款通知书的复印件向被告进行过送达并业经被告的签收，被告既不提出答辩意见，在接到开庭通知书后无正当理由又拒不出庭，可视为被告对该类催款通知书复印件的真实性不持异议。另外，根据交易习惯，债权人向债务人发出催款通知书后，该催款通知书的原件应为债务人所持有，债务人在催款通知书上是否签字确认，不能作为证明债权人是否曾向债务人行使过债权行为以及证明债权所涉及数额的前提条件。鉴于原告通过法院的送达已向被告所作出的要求其偿还所欠租金及其数额的明确意思表示，在被告既不提出相应的答辩进行抗辩，又在并无正当理由拒不出庭的情形下，法院在开庭审理并通过对出庭的原告进行证据调查和询问的基础上，可根据2019年《民事证据规定》第10条第1款第4项规定，即根据已知的事实和日常经验法则作出原告的有关事实主张得以成立的推定。

# 第五章
# 法院的职权调查

## 一、法院的职权调查

（一）法院职权调查的界定

法院职权调查，属于法院在审判上的一种调查权，它是司法权的一种职责和权能。法院的职权调查体现的是对于法律的负责，对于事实的负责以及对于社会公平正义的负责，并且还伴随着对于许多涉及程序要件和事实的查明与核实；与此形成鲜明对照的是，无论是当事人提出的主张，还是提供的证据，抑或是提出的申请，都体现的是一己之利。因此，如果法院的职权调查缺位，就无法形成全面、客观、可信的裁判基础。因此，法院的职权调查不以当事人的主张或申请为必要条件，基于公力救济的性质，以实行国家干预主义为要旨，以发现和追求客观真实为导向，法院的职权调查在程序上自应体现自主性、主动性和主导性。对此，有学者指出："可能成为审判上问题的，不仅仅是有关纠纷实体的事实，即不仅是要件事实，还有许多附属性的事项均要求在审判上进行调查或者加以确定。比如，有时在案件审理之前就会产生有无诉讼要件的问题。而诉讼要件之中有一大部分内容并不与当事人的利益有关，而是着重于诉讼程序的有效运行。在这层意义上说，诉讼要件均有不同程度的公益性质。而且，诉讼要件存否的判断不仅不受当事人举动的影响，甚至其确定的方法也常与属当事人领域的对于过去的事实加以认定的方式不同，而是要求采用其他的方式。从这层意义上讲，作为针对诉讼要件存在与否判断的法院与当事人权限分配的指示，传统的职权调查观念得到了提倡。这与不受当事人态度（有无声请、有无合意、责问权的抛弃、提出时间的限制等）的拘束，特别是不受当事人自认的拘束，法院可以独自认定这一内容基本相通。"[①]

法院的审判权主要包括诉讼指挥权（程序管理权、释明权）、调查权、审理

---

① ［日］三ケ月章：《日本民事诉讼法》，王一凡译，我国台湾地区五南图书出版公司1997年版，第197页。

权和裁判权。法院这种调查权的对象主要包括事实、证据、域外法、经验法则、交易习惯，等等，其中，事实包括实体法事实、程序性事实或事项。有学者认为，所谓职权调查事项，是指即使当事人没有提出主张、申请，法院也必须依职权加以斟酌、提出并调查相关事项。其要点在于不以当事人提出主张和申请为必要条件。大部分诉讼要件都属于职权调查事项。①大多数职权调查事项应当采取职权探知的方式来收集资料，但在任意管辖、诉的利益、不具有对世效的当事人适格等方面，则应当采取辩论主义方式来收集资料。②

法院职权调查的主要内容为调查收集证据、调查程序性事项（追加当事人、中止诉讼、终结诉讼、回避等）、庭审中的证据调查（质证）、庭审中的事实调查等。法院职权调查的主要方式为发出命令和调查询问（讯问）等。

（二）诉讼模式与法院功能定位

民事诉讼模式是指支持民事诉讼制度和程序运作所形成的结构中各种基本要素及其关系的抽象形式。③在民事诉讼领域，当事人主义与职权主义被称为当今世界上两种主要的民事诉讼模式。而在一般意义上或泛指诉讼模式时，人们则使用对抗式和审问式这样的词汇。如果仅就法庭审理而言，使用对抗式和审问式模式概念较为妥当，而如果概指诉讼程序，则无论是主义或形式均有涵盖不周之虞。因此，有学者认为："以对抗式或审判式的表述，皆不能涵盖两种程序实际具有的一些核心特征，它只是一种纯理论上的模式划分方法，无法用来

---

① 参见［日］高桥宏志：《重点讲义民事诉讼法》，张卫平、许可译，法律出版社2007年版，第6~7页。

② 参见［日］高桥宏志：《重点讲义民事诉讼法》，张卫平、许可译，法律出版社2007年版，第7页。

③ 刘荣军：《程序保障的理论视角》，法律出版社1999年版，第172页。在国外的民事诉讼理论中，很少有学者使用民事诉讼基本模式这一概念，也很少运用模式分析的方法去探讨各国民事诉讼体制的差异。在民事诉讼法学理论比较发达的大陆法系国家大都关注具体的诉讼制度问题，对于宏观诉讼体制方面的问题较少论述。在英美法系国家，具体的法律制度并不像大陆法系国家是依据一定的理论逻辑关系建立成文法体系，因此也就不存在一套关于该制度的各概念彼此逻辑联系的理论体系。有的只是关于具体问题的个案认识和法律解释，因此更不重视运用充分概念化的模式说明两大法系民事诉讼之间的差异。

对两种程序的实际运作方式作出全面的比较分析。"① 当事人主义与职权主义诉讼模式的划分，其主要切入点在于民事诉讼中当事人与法院作用的分担，即何者在诉讼程序的运作中具有主导地位。我国学者对于诉讼模式的概念已使用得相当广泛，对诉讼模式的划分也形成了各种观点。主要有两种：其一，大陆法系国家的民事诉讼属于职权主义诉讼模式；而英美法系国家的民事诉讼属于当事人主义的诉讼模式，前苏联与我国的民事诉讼模式则属于超职权主义诉讼模式；持这种观点的学者在我国占多数。其二，大陆法系与英美法系国家的民事诉讼均属于当事人主义诉讼模式，而前苏联、东欧及我国的民事诉讼才属于职权主义诉讼模式。② 在理论上，所谓当事人主义，是指在民事诉讼中，诉讼程序的推进由当事人对诉讼行为予以控制。当事人主义的诉讼模式以英美为主。在当事人主义支配下，实体法是否被适用在很大程度上取决于当事人的决定。而且，由于证据及诉讼资料的收集及提出也由当事人负责，所以也可以说发现真实的主要责任也在当事人，法院则处于顺应性的地位。③ 当事人主导着准备程序的进程，无论是诉答程序、证据收集、争点之形成还是和解，均由当事人以诉讼行为决定，而此时法院的作用则显得微乎其微。而所谓职权主义，是指法院对诉讼程序的进行拥有主导权。以德、日等大陆法系国家为代表。由于采职权主义模式的国家重视团体的利益，以团体或社会为本位，故其传统文化与社会制度均有着团体主义的深刻烙印，民事诉讼制度亦不例外。在职权主义诉讼模式下的审前准备程序，法院均处于主导地位，诉讼进程的推进主要由法院为之，在大多数情况下，当事人的诉讼行为是应法院的要求或命令才为之。

笔者认为，对于民事诉讼模式的划分，应当考虑民事诉讼本身的特点。民事诉讼主要包括两大内容，即证据的提出、争点的形成与证据的审查、事实的判断，从程序角度而言，上述两项实际上是指确定当事人争执事实的实体内容和运作诉讼程序的内容。如果上述两项内容均由当事人负责，则称之为当事人

---

① 陈瑞华：《刑事审判原理论》，北京大学出版社1997年版，第300页。

② 持这种观点的学者在我国属少数，其代表是张卫平教授，他在《诉讼架构与程式》一书中对其观点进行了系统的论述。

③ Larry L.Teply, Ralph U.Teply, Civil Procedure, The Foundation Press, Inc., pp11~12 (1994)。

主义当无疑问；反之，如果上述两项内容均由法院主持，则属于职权主义。但在德国等大陆法系国家，对于职权主义又有所区分，即如果法院在收集诉讼及证据资料方面拥有主导权，则表现为职权探知主义；如果认可法院对程序运作拥有主导权的，则称为职权进行主义，二者的结合可称为诉讼进行主义。[①] 在德、日等大陆法系国家的民事诉讼中，只有在职权进行主义上具有共性，均由法院主导，而在收集诉讼及证据资料方面，则基本上由当事人为之，当然也存在法院依职权为之的情况，这是大陆法系国家对于法官在诉讼中形成内心确信的要求所使然。

  这里涉及划分诉讼模式的角度问题。我国民事诉讼学者对于诉讼模式的论述之所以众说纷纭，在相当程度上与对职权主义的理解有关。将大陆法系民事诉讼归入当事人主义的观点，无疑是从职权探知主义的角度出发，认为大陆法系与英美法系国家均规定当事人在收集诉讼及证据资料方面拥有主导权，而苏联和我国在诉讼事实探知与程序进行方面均由法院主导，理应归于职权主义，故有此立论。而将大陆法系国家的民事诉讼归入职权主义的观点，则是从法院操纵诉讼程序的角度出发，将采取职权进行主义的国家称之为职权主义，而将当事人主导诉讼程序进行的英美法系归入当事人主义。从当今世界各国的民事诉讼发展态势来看，无论是大陆法系还是英美法系国家，在诉讼资料及证据的收集上由当事人主导的性质并不会改变。甚至于在我国的民事司法改革中，亦力图强化当事人的举证责任，弱化法院依职权主动收集调查证据和事实的权力。可见，当事人在这一领域的主导地位已日益明显。基于在此点上的趋同性，以此作为划分诉讼模式的标准当无必要。而在对诉讼程序的推进与控制上，无论大陆法系与英美法系国家如何淡化或加强法院的主导权，由于其固有的法律传统和文化背景的制约，法院主导与当事人主导的实质仍不会改变，我国亦然。因为无论一个国家的法律文化结构如何，当事人在民事诉讼中的诉讼权利和义务应当是明确的，当事人在收集证据资料方面理应具有主导性，这样才能与诉讼结果相符，充分体现程序正当性原理与效益性原理的应有之义。而在职权进行即法院对诉讼程序进程的管理与控制方面，不同的法律文化结构至今未能有

---

① 刘荣军：《程序保障的理论视角》，法律出版社1999年版，第180页。

效地适用同一标准——当事人主义或职权主义。因此，从职权进行主义的角度划分当事人主义与职权主义才是比较恰当的选择，而且有其理论和现实意义。[①]根据这种标准，大陆法系可归入职权主义，英美法系可归入当事人主义，而我国则可称之为职权主义架构下的当事人主义，它属于职权主义模式的一种特别类型。而与这种理论意义上的基础分类形成对比的是，在我国审判实践中，商事纠纷案件在诉讼程序的推进上体现的更多是以当事人为主导型的模式；民事纠纷案件因受不同的地区、不同的审级、是否有律师代理及庭审能力以及不同法院对司法者担当角度的理解等因素的影响，有的会倾向于以法院的职权为主导，有的则会倾向于以当事人为主导。而其中社会性及公益性较强的身份关系及家事纠纷案件以及公益诉讼案件等，由于实行法院职权探知主义，往往体现的是以法院为主导的模式。

自 1991 年出台《民事诉讼法》，加重了当事人的举证责任以来，便将法院的主要职责定为审查核实证据，其调查收集证据的范围只限于当事人及其诉讼代理人因客观原因不能自行收集的证据，或者人民法院认为审理案件需要的证据。此举弱化了法院对当事人举证的职权干预。强化当事人举证责任，弱化人民法院调查收集证据的职能，是民事审判方式改革以及民事诉讼制度发展的方向。随着我国司法改革的日益深化，尤其是最高人民法院五年改革纲要和一系列措施的出台，强化当事人举证责任已是证据制度改革的前提，与其相对应，法院的依职权主动调查必然被要求淡化。各地法院的证据须知、证据规则无不将此项内容列入其中，这使得我国的民事诉讼模式逐渐摆脱"超职权主义"的羁绊，而转向形成了职权主义架构下的当事人主义诉讼模式。所谓职权主义架构下的当事人主义，是指鉴于事实探知显然是当事人的诉讼责任，并与诉讼结果具有直接的因果关系，因此法院尽管对诉讼程序的进行拥有主导权，但在事实探知上应以释明等方式引导当事人推动诉讼程序的开展，并且以立法的形式辅助当事人享有程序选择权。

法院在审判上依职权应予以查明的事实属于诉讼上的证明对象，但是，不

---

[①] 日本著名民事诉讼法学者兼子一教授就是以法院与当事人在民事诉讼中哪一方具有决定诉讼的实体内容的支配权作为标准来划分职权主义与当事人主义的。参见：兼子一、竹下守夫：《民事诉讼法（新版）》，白绿铉译，法律出版社 1995 年版，第 68 页。

能因此将法院作为诉讼上的证明主体而负有相应的举证责任。这是因为，它是法院基于审判职能为保证程序法的正确运用借以全面发现案件事实真相所应尽的法定责任。对此，基于我国台湾地区"民事诉讼法"有关规定，一些台湾学者认为："法院应依职权调查之事项，例如当事人能力、诉讼能力、有无缴纳裁判费等之事实，虽无当事人之主张，或者有无当事人之争执，法院基于职责，自应为证明，此种事项亦成为待证明之对象。"①

《民事诉讼法》中涉及依职权追加当事人、中止诉讼、终结诉讼、回避等与实体争议无关的程序事项，其立法规定这类情形的目的在于维护诉讼当事人的合法权益，使得司法权的行使过程和行使结果符合公正与效率的要求。通常而言，它必须具备两个条件：其一，必须是涉及依职权追加当事人、中止诉讼、终结诉讼、回避等程序事项，这种程序事项应当是《民事诉讼法》明确规定的内容；其二，必须是与实体争议无关的程序事项。这里的"无关"并非指不具有任何关系，而是指不具有直接关系。在理论上，民事诉讼包括诉讼实体内容与诉讼程序内容。所谓诉讼实体内容，是指与当事人争议的实体权利直接相关的诉讼内容。所谓诉讼程序内容，是指与当事人争议的实体权利并不直接相关的程序事项，如回避、诉讼中止等。对于这类情形，人民法院如不依职权调查收集证据，则诉讼程序无法正常推进，故依其性质属于应当由人民法院依职权调查收集证据，这也是大陆法系的通例。例如，我国《民事诉讼法》第55条规定了共同诉讼和共同诉讼当事人的诉讼权利义务。该法第135条还规定，必须共同进行诉讼的当事人没有参加诉讼的，法院应当依职权主动追加未参加诉讼的必要共同诉讼人。又如，审判中的回避是衡量诉讼过程是否公正的重要标准，如果当事人未向法院提出回避申请，而合议庭认为合议庭成员或其他诉讼参与人与诉讼当事人具有利害关系，或符合回避的其他情形，则就主动依职权在查实的基础上实行回避。再如，如果法院在审理某案的过程中，发现该案的审理必须以本院正在审理的某个案件的裁判结果为依据，则应当依职权主动裁定中止诉讼，等待另一案的裁判结果。

---

① 陈荣宗、林庆苗：《民事诉讼法》(中)，我国台湾地区三民书局股份有限公司2005年版，第472页。

在诉讼程序上，法院对这些程序事实的调查，其目的是正确地指挥和管理诉讼，推动诉讼的顺利进行。虽然涉及这些程序事项的证据可能在其后的审理过程中呈现出有利于一方当事人的样态，但法院调查这些证据的直接目的并不是将这些证据作为裁判的证据基础，而仅仅是基于公正和效率的原则，为了正确、及时、有效地控制和管理诉讼的进程所采取的行为，它是由民事诉讼程序的公法属性所决定的。因此，这些证据从严格意义上说，与作为裁判基础的当事人的证据体系不属于同一个层次，甚至不属于作为裁判基础的当事人证据体系中的证据范畴。

（三）我国有关法律及司法解释相关规定的理解与适用

1.人民法院依职权调查的事实与当事人自认的事实

《民事诉讼法解释》第92条规定："一方当事人在法庭审理中，或者在起诉状、答辩状、代理词等书面材料中，对于己不利的事实明确表示承认的，另一方当事人无需举证证明。对于涉及身份关系、国家利益、社会公共利益等应当由人民法院依职权调查的事实，不适用前款自认的规定。自认的事实与查明的事实不符的，人民法院不予确认。"

对本条文的理解与适用，应当掌握如下基本内容：

（1）在诉讼上，当事人向人民法院就案件事实进行陈述，既可通过法庭审理中的口头形式，也可在法庭审理以外采用书面形式。在一方当事人的相关事实陈述当中，凡遇有与待证事实有关的对己方不利的事实，该方当事人明确表示承认的，则相应地免除另一方当事人就对其有利的该事实所本应负担的举证责任。

（2）本条文中所谓"明确表示承认"，是指该主观上的意思表示明白无误，以至于不会导致任何令人感到合理歧义的产生。另外，这种"明确表示承认"，还应当是不附加任何条件的承认。与"明确表示承认"相对而言的是"默认"，而默认带有随机性，即不能排除随时会演变成一种明确的否认。因为，在逻辑上，默认既可被理解为不明确地承认，也可被理解为不明确地否认。

（3）在审判实践中，这种"明确表示承认"主要发生在以下几种情形中：其一，一方当事人在法庭审理中，或者在起诉状、答辩状、代理词等书面材料中，明确主张了对另一方当事人不利的事实，而另一方当事人则在法庭审理中，或者在起诉状、答辩状、代理词等书面材料中对此明确表示承认的；其二，在没有任何先导性的条件下，一方当事人在法庭审理中，或者在起诉状、答辩状、代理词等书面材料中明确（陈述）主张一种事实，而该种事实主张事后被证明是对该方当事人不利的；其三，经法庭许可，一方当事人在法庭审理中向另一方当事人质询或求证的某一对后者不利的有关事实，而另一方当事人明确表示承认的；其四，审判人员在法庭审理中向一方当事人调查询问的有关事实，而该方当事人对其中于己不利的事实明确表示承认的。

（4）本条文中所谓"不适用前款自认的规定"，系指对于涉及身份关系、国家利益、社会公共利益等原本就属于人民法院依职权调查的事实，具有公益性质，实行法院职权探知主义，不实行当事人辩论主义及处分权主义。而当事人的自认作为一种民事诉讼当中的证据方式，属于当事人私权自治范畴，与当事人辩论主义及处分权主义密不可分。在审判实践中，人民法院在法庭审理过程中通过对双方当事人本人的调查询问也是一种依职权调查事实的方式，这种调查询问并结合案件的其他证据材料所获得的心证可以作为裁判的基础。其中在调查询问中，有可能产生一方当事人的自认问题，或者双方当事人相互自认的问题。对此，人民法院是否予以采信，与在实行当事人辩论主义及处分权主义条件下当事人的自认存在本质上的不同。这是因为，在实行当事人辩论主义及处分权主义条件下，当事人的自认效力，通常既约束双方当事人，也约束法院；而在实行法院职权探知主义条件下，即使发生当事人的自认，对法院也没有约束效力。对于这种条件下当事人的自认，实行的是一种法官自由心证主义。

（5）本条文中所谓"自认的事实与查明的事实不符"，系指当事人自认的事实与人民法院在审理案件过程中为查明待证事实所获得的心证不相吻合的情形。在审判实践中，有些民事案件法律关系单一且案情简单，如果按照案件的性质属于实行当事人辩论主义和处分权主义范畴，当事人的自认在效力上既约束有关当事人，也约束法院。因此，发生这种情形的概率较低。例如，在一起借贷纠纷案件中，原告因借据丢失而无法提供，但被告对借款事实的发生表示明确承认，双方当事人的争议焦点在于还款事实是否发生。被告对借款事实的自认，自应对当事人产生约束效力，亦应对法院产生约束效力，法院并无对当事人的这种自认事实进行查明的必要。而对于那些法律关系不甚明确且案情较为复杂的案件而言，即使案件的性质属于实行当事人辩论主义和处分权主义范畴，但是，鉴于当事人自认的事实仅仅属于整体待证事实的一部分，在审理案件过程中，如果当事人的自认与法院通过其他相关证据或证明方式查明的事实不符，即如果继续承认当事人自认的效力将会导致影响法官形成统一的内心确信时，故法院自应将当事人先前的自认予以排除。

（6）《知识产权证据规定》第29条规定："人民法院指派技术调查官参与庭前会议、开庭审理的，技术调查官可以就案件所涉技术问题询问当事人、诉讼代理人、有专门知识的人、证人、鉴定人、勘验人等。"该条系对技术调查官参与庭审以及询问相关人员作出的规定。2014年发布的《最高人民法院关于知识产权法院技术调查官参与诉讼活动若干问题的暂行规定》和2019年发布的《最高人民法院关于技术调查官参与知识产权案件诉讼活动的若干规定》规定了技术调查官制度，其中增加了询问有专门知识的人的规定。

2. 对自认的事实与已经查明事实不符的认定

2019年《民事证据规定》第8条规定："《最高人民法院关于适用〈中华人民共和国民事诉讼法〉的解释》第九十六条第一款规定的事实，不适用有关自认的规定。自认的事实与已经查明的事实不符的，人民法院不予确认。"

对本条文的理解与适用，应当掌握如下基本内容：

（1）《民事诉讼法解释》第96条第1款明确规定的事实包括：其一，涉及可能损害国家利益、社会公共利益的；其二，涉及身份关系的；其三，涉及民事诉讼法第五十八条规定诉讼的；其四，当事人有恶意串通损害他人合法权益可能的；其五，涉及依职权追加当事人、中止诉讼、终结诉讼、回避等程序性事项的。可见，本条文所明确规定的有关事实适用范围，显然要大于《民事诉讼法解释》第92条规定的有关事实适用范围。

（2）根据《民事诉讼法解释》第92条第2款规定，对于涉及身份关系、国家利益、社会公共利益等应当由人民法院依职权调查的事实，不适用前款自认的规定；而根据2019年《民事证据规定》第8条第1款规定，《民事诉讼法解释》第96条第1款规定的事实，不适用有关自认的规定。从逻辑上讲，所谓"不适用有关自认的规定"，系指这种有关自认的规定，既可能包括《民事诉讼法》有关自认的规定，也可能包括《民事诉讼法解释》、2019年《民事证据规定》等司法解释有关自认的规定，而不仅仅限于《民事诉讼法解释》第92条第1款有关自认的规定。

（3）对2019年《民事证据规定》第8条其他有关内容的理解与适用，可参考上述对有关《民事诉讼法解释》第92条规定的理解与适用。

（4）本条文中的"自认的事实与已经查明的事实不符的"，是指当事人自认的事实与人民法院在审理案件过程中为查明待证事实所获得的内心确信不符的情形。因民事诉讼上实行当事人辩论主义和处分权主义，当事人的自认在效力上既约束有关当事人，也约束法院。凡经当事人自认的事实，通常会产生两种法律效果：其一，免除相对一方当事人就有关待证事实所应负担的举证责任；其二，法院可将当事人自认的事实作为裁判的基础，在主观上不得再行要求有关当事人就有关待证事实提供相关的证据以及在庭审过程中不得再行对证据和事实问题进行调查。当然，当事人自认的效力主要应仅限于民事私益诉讼当中的纯财产类纠纷，而通常不适用于婚姻家庭案件、民事公益诉讼案件等社会属性较强的案件。但是，在庭审过程中法官根据有关证据和庭审调查已经就有关待证事实获得内心确信的，在这种情况下，如果当事人自认的事实与法官因获得心证而查明的事实不符的，法官应当将已查明的事实作为裁判的基础，不受当事人自认的拘束。

3. 法院依职权查明的程序法事实

《民事诉讼法解释》第96条第1款规定："民事诉讼法第六十七条第二款规定的人民法院认为审理案件需要的证据包括：……（五）涉及依职权追加当事人、中止诉讼、终结诉讼、回避等程序性事项的。"

对本条文的理解与适用，应当掌握如下基本内容：

（1）对本条文中涉及程序性事项的查明，是由法院的审判权以及审判职责决定的，不待当事人提出相应的申请，法院应当依职权主动对有关证据进行调查收集；

（2）鉴于本条文所涉及程序性事项的查明属于自由证明的范围，因此在证明标准上无需达到相对高度的盖然性，只要求达到某种优势盖然性证明标准即可。

### 4. 法院依职权进行司法认知

《民事诉讼法解释》第 93 条第 1 款规定："下列事实，当事人无须举证证明：（一）自然规律以及定理、定律；（二）众所周知的事实；（三）根据法律规定推定的事实；（四）根据已知的事实和日常生活经验法则推定出的另一事实；（五）已为人民法院发生法律效力的裁判所确认的事实；（六）已为仲裁机构生效裁决所确认的事实；（七）已为有效公证文书所证明的事实。"

对本条文的理解与适用，应当掌握如下基本内容：

（1）本条文系从法院依职权进行司法认知而在诉讼上产生的免证事实。所谓司法认知，是指法院在诉讼上就某些为法律所规定的属于职务上已为显著的事实，无需当事人举证或法庭调查而直接加以确认的审判职务行为。这种证明方式并非以当事人的举证与质证为基本前提，但仍属于法官职务上的一种主观感知与判断而产生的确信效果，因此，属于一种特殊的审判上的查明方式。

（2）2019 年《民事证据规定》第 10 条第 1 款作出了与本条文相同的规定，仅将第五项和第六项之间的顺序进行了调整，即规定："下列事实，当事人无须举证证明：（一）自然规律以及定理、定律；（二）众所周知的事实；（三）根据法律规定推定的事实；（四）根据已知的事实和日常生活经验法则推定出的另一事实；（五）已为仲裁机构的生效裁决所确认的事实；（六）已为人民法院发生法律效力的裁判所确认的事实；（七）已为有效公证文书所证明的事实。"

（3）在诉讼上，作为一种免证事实的存在，法院可依职权或依当事人申请而对有关事实予以认知，这就产生了在诉讼上直接免除当事人相应举证责任的法律效果，这属于诉讼证明上的一种非常态模式。这种非常态的诉讼证明模式是一种程序上的省略或简化，即省略或简化了当事人的诉讼证明行为以及当事人之间就某一待证事实所需要的证据加以辩论的环节，而径直在法院的主观感知与判断的观念上产生确信的效果。因此，它属于一种特殊的审判上的查明方式，即有关的待证事实直接获得了法官在审判上的确信。作为一种特殊的诉讼证明方式，法院的这种认知并不意味着法院作为举证责任的主体，而只能仍旧作为对有关案件事实的查明主体以及对有关证据的判断主体。法院这种认知的产生，是以运用一般常人的经验或获得社会上所普遍接受到的有关信息材料为基础，从而对有关案件的待证事实予以推定已被得到证明（即从法院的审判职务上来看属于已被查明）。但是，这并不排除相对一方当事人提出确切的反证将这种已被认知的事实予以推翻，并且，被一审法院所认知的免证事实，亦有可能被上诉审法院所撤销。在产生推翻或撤销已被法院所认知事实的情形下，现实存在的诉讼证明仍处于一种尚待完就的状态。由此可见，法院的认知作为一种证明方式不过是将提出事实主张的一方当事人原本所应负担的举证责任转移给相对一方当事人承受，而诉讼证明的必要性始终依附于一方当事人的主张责任。

（4）在实务上，对有关免证事实的认知（确认），可分为法院依职权主动进行的认知与法院根据当事人的申请被动进行的认知两种方式。在程序上，当法院依职权主动对有关免证事实予以认知的情形下，法院应当以适当的方式及时向有关当事人公开其心证，允许因对有关免证事实予以认知而对其产生不利影响的一方当事人提供相反的证据来进行质疑；当一方当事人向法院就有关事实提出申请予以司法认知时，法院应当及时听取相对一方当事人的意见，在此基础上，法院才能就是否对有关事实作为免证事实来对待作出相应的判断。

5.法院依职权委托鉴定

《民事诉讼法解释》第121条第3款规定："符合依职权调查收集证据条件的，人民法院应当依职权委托鉴定，在询问当事人的意见后，指定具备相应资格的鉴定人。"

对本条文的理解与适用，应当掌握如下基本内容：

（1）根据我国《民事诉讼法》第67条第1款规定，我国民事诉讼实行"谁主张、谁举证"原则。同时，该法第67条第2款又规定了在例外情形下由人民法院调查收集证据。并且，由人民法院调查收集证据，可分为两种情形：其一，当事人及其诉讼代理人因客观原因不能自行收集证据而向法院提出申请；其二，人民法院认为审理案件需要的证据。

（2）对于何为人民法院认为审理案件需要的证据，《民事诉讼法解释》第96条第1款作出了明确的规定，即："民事诉讼法第六十七条第二款规定的人民法院认为审理案件需要的证据包括：（一）涉及可能损害国家利益、社会公共利益的；（二）涉及身份关系的；（三）涉及民事诉讼法第五十八条规定诉讼的；（四）当事人有恶意串通损害他人合法权益可能的；（五）涉及依职权追加当事人、中止诉讼、终结诉讼、回避等程序性事项的。"而根据《民事诉讼法解释》第121条第3款的旨意,当出现上述五种情形时,人民法院应当依职权委托鉴定。即由人民法院就拟指定具备相应资格的鉴定机构听取双方当事人的意见,如果双方当事人一致表示同意的,人民法院可按计划指定具备相应资格的鉴定机构进行鉴定;如果双方当事人就人民法院拟指定具备相应资格的鉴定机构均表示异议的,人民法院应考虑另行指定其他具备相应资格的鉴定机构进行鉴定;如果就人民法院拟指定具备相应资格的鉴定机构,一方当事人表示同意,另一方当事人表示异议的,人民法院可在斟酌提出异议一方当事人所依据理由的基础上决定是否另行指定其他具备相应资格的鉴定机构进行鉴定。鉴于《民事诉讼法解释》第96条第1款在表述上述五种情形时使用了"包括"一词,从文法逻辑上而言,这就意味着在审判实践中还会出现其他类似情形,人民法院可据情比照这五种情形具体加以适用。

(3)根据2019年《民事证据规定》第30条第2款规定:"符合《最高人民法院关于适用〈中华人民共和国民事诉讼法〉的解释》第九十六条第一款规定情形的,人民法院应当依职权委托鉴定。"可见,该条款内容规定所涉及的五种情形,与本条文规定"符合依职权调查收集证据条件的"情形是相互吻合的。

6. 法院依职权进行勘验

《民事诉讼法解释》第124条规定:"人民法院认为有必要的,可以根据当事人的申请或者依职权对物证或者现场进行勘验。勘验时应当保护他人的隐私和尊严。人民法院可以要求鉴定人参与勘验。必要时,可以要求鉴定人在勘验中进行鉴定。"

对本条文的理解与适用,应当掌握如下基本内容:

(1)所谓勘验,是指人民法院的审判人员在诉讼过程中对与争议有关的物证(包括物品或物体),现场亲自或者指定有关人员进行查验、测量、拍照或录像的行为。勘验是一种证据方法,勘验并非是证据本身,我国《民事诉讼法》将勘验笔录作为一种证据种类。作为勘验这种司法行为所产生的结果,除了形成勘验笔录这种(文字)证据资料以外,还会形成诸如照片、录像、测量数据、绘图等辅助证据资料,以及给审判人员造成直观的印象、感受或体验,有助于其形成全面、正确、客观、合理的心证(内心确信)。就此而言,审判人员对有关物证、现场的勘验，具有某种类似于庭审调查的效果，从而将有关勘验活动在某种意义上发挥着庭审活动得以延伸进行的功能。有鉴于此，不宜将当事人申请勘验与当事人申请鉴定一并看待。二者的重要区别在于，不宜从举证责任的角度来看待当事人提出的勘验申请，而应当着重从有助于法院形成全面、正确、客观、合理的心证来论之，但对当事人提出鉴定申请，原则上则应当从当事人的举证责任角度加以认识和处理。因此，尽管法律上规定根据当事人的申请启动勘验程序这种路径，但它毕竟具有从属性，以人民法院认为有必要才能实际启动勘验程序，人民法院依职权启动勘验程序显然具有主导性。在人民法院依职权启动勘验程序时，不应当像人民法院依职权调查证据时所仅仅局限于《民事诉讼法解释》第96条第1款所规定的法定情形之内，而应当以是否有助于人民法院形成正确的心证作为出发点和判断依据。

（2）无论是当事人提出申请，还是依职权对物证或者现场进行勘验，都应当以人民法院认为有必要为前提。在此所谓"有必要"，主要表现在以下几个方面：其一，当负有举证责任的当事人无法提供有关原始物证（主要指不便向法庭提交原件的珍贵物品如字画、文物等，不宜移动的动产如车辆、船舶、大型器械设备等，不能移动的不动产如房屋以及其他地上定着物等），而相对一方当事人针对举证人所提供的物证复制品、照片、影像资料等向法院申请对该物证进行勘验并提出令人信服的理由的；其二，当有关物证（如上所述）不能或者不宜、不便向法庭提交原物，法院在听取当事人的质证意见后认为如不查看或者核对原始物证将影响其形成全面、正确、合理的心证的；其三，根据有关案件的性质、特点，仅仅依据有关当事人提供的现场环境及状况的照片、录像资料等仍无法对案件待证事实作出全面、正确、合理判断的，或者相对一方当事人对举证人所提供的有关照片、录像资料等是否能够全面、正确、客观地反映现场环境或状况提出具有合理怀疑的理由的；其四，当有关物证、现场存在遭受毁灭、消失、破坏之虞而人民法院认为并不能排除存在进行勘验的必要性的。

（3）在勘验过程中可以采取包括但不限于测量、绘图、拍照、录音录像等多种验证、检测方法，当勘验标的涉及人的隐私和尊严时，如房屋设施及寝室的内部环境、私人用品、收藏品等以及对人的身体、伤痕进行勘验的，应当基于保护人权的特别考虑，注重对他人隐私的保护及人格尊严的尊重。另外，现场勘验所涉及他人的财产信息或状况，也涉及对他人个人财产或资产信息等隐私事宜的保护问题，不得随意在其他场合向外界披露。

（4）由于勘验是法院的职权，①而勘验人通常以法院的审判人员为主体，并且法院还可以据情指定有关人员进行查验、测量、拍照或录像。对于在勘验中涉及的专门性问题，如果这些问题并没超出常人的知识结构、经验、理解能力和认识能力的范围，鉴定人即可作出判断的，就没有从事鉴定的必要，否则人民法院可以要求鉴定人或者其他具有专门知识的人参与勘验。在勘验过程中，如果确有必要启动鉴定程序的，人民法院可以委托鉴定机构指定鉴定人进行鉴定。

（5）2019年《民事证据规定》第93条第2款规定："人民法院认为有必要的，可以通过鉴定或者勘验等方法，审查判断电子数据的真实性。"该条款的规定亦属于人民法院依职权进行勘验的范围，它与当事人的举证无关，而与当事人在质证时提出的质疑以及人民法院对于电子数据的真实性进行审查判断有关。在此，所谓"人民法院认为有必要"，主要表现在两个方面：其一，有关当事人对于电子数据的真实性提出异议，人民法院认为其理由较为充分的；其二，虽然有关当事人对于电子数据的真实性未提出异议，或者虽然提出异议但理由并不充分，但人民法院结合案件的具体情形以及其他证据材料，认为有必要进行勘验的。另外，由于勘验作为证据方法的性质和特点所决定，对审查判断电子数据的真实性所需进行的勘验，主要与生成、存储、传输电子数据所依赖的计算机系统所依附的设备、装置以及相关硬件、软件环境有关。在实施勘验过程中，在认为必要时，人民法院可委托鉴定机构指定鉴定人进行鉴定。

7. 法院依职权要求当事人就动产作为证据的处理

2019年《民事证据规定》第12条规定："以动产作为证据的，应当将原物提交人民法院。原物不宜移动或者不宜保存的，当事人可以提供复制品、影像资料或者其他替代品。人民法院在收到当事人提交的动产或者替代品后，应当

---

① 参见最高人民法院修改后民事诉讼法贯彻实施工作领导小组编著：《最高人民法院民事诉讼法司法解释理解与适用》（上），人民法院出版社2015年版，第399页。

及时通知双方当事人到人民法院或者保存现场查验。"

对本条文的理解与适用，应当掌握如下基本内容：

（1）法律上的物权将"物"分为动产和不动产两种类型，它是在法律上对物进行的最为重要的一种分类。不动产与动产相对而言，按照法律上界定的概念与范围，动产是指不动产以外的物，或者说，不动产是指动产以外的物。将物分为不动产与动产，体现了民法意义上最重要的物的分类。在概念上，所谓不动产是指按照其物理性质不能移动或者移动将严重损害其经济价值的有体物。例如，土地、房屋、林木等地上定着物；所谓动产，是指在不动产以外那些能够按照其物理属性进行移动，并且这种移动并不损害其经济价值的有体物，即这种有体物是指土地和其上定着物以外的物。本条文首次以准立法的形式将物证从物权所涉及的动产和不动产的角度加以分类，并且根据二者间不同的属性分别就当事人提交动产证据和不动产证据提出了程序性要求，使得实体法意义上对物的分类转化为证据法意义上的物证类型化，有助于使对物证的调查收集、举证和证据保全更具可操作性。2019年《民事证据规定》第11条体现了对包括书证、物证在内的实物性证据实行最佳证据规则的基本原则，并且对相应的例外情形进行了限制。而本条文系对该第11条原则性规定的具体化。

（2）本条文将动产主要分为三种类型，即宜于移动的动产、不宜移动的动产和不宜保存的动产。从物理属性和经验的角度来看，大多数动产为宜于移动之物，因此，从证据法意义上应当坚持原物优先提供主义，它亦是最佳证据规则的体现。

（3）本条文中，所谓"原物不宜移动"，是指那些在物理属性上虽然属于动产，但与日常生活当中普通的动产之物相较而言，其体格、质量、价值等显属不同，如船舶、航空器、机动车辆等，其体量庞大，如作为证据向法院提交并在法庭上出示，显然存在客观上的难度与不便；再如珍贵的历史文物，虽然其体量有可能不大，但考虑其价值及保存环境要求极高，向法院提交和在法庭上出示，无形中可能会对其价值本身造成实际损害或存在其他可能的致损风险；除了物理属性上的障碍以外，"原物不宜移动"也应包括法律属性上的障碍。例如，处于保护知识产权或商业秘密的考虑，有些动产不宜作为证据提供相应的原物，还有的基于公序良俗的考虑不宜提供相应的原物，如淫秽物品。

（4）本条文中，所谓原物"不宜保存"，既包括受到环境条件（如温度、湿度、生存空间等）的限制，容易变质、损耗、死亡的物品，如鲜活的鱼类等水产品以及食品、植物等，也包括对相关场所、环境具有安全隐患的易燃易爆物品。

（5）本条文中，所谓"复制品"，指的是对诸如书证、物证、视听资料、电子数据这些实物性证据从外形、内容、性质上进行高度仿照（仿真）所形成的物品。复制品不同于复制件，复制件是就书证而言所产生的仿制物品，复制品则主要是就物证所产生的仿制物品。如果视听资料、电子数据具有文件（文字）属性的，其作为复制的物品可称之为复制件，否则就属于复制品范畴。

（6）本条文中，所谓"影像资料"，指的是通过录音、录像等方式将有关动产物品加以记载、固定、保全所形成的一种证据材料。

（7）本条文中，所谓"其他替代品"，指的是除采用复制品、影像资料以外的其他方式或手段所形成的用于替代动产原物以体现相关证明价值的物品。例如，对原本可作为案件证据的珍贵历史文物，采用正式出版物上所刊载的照片作为证据向法院提交的情形。

（8）根据《民事诉讼法解释》第103条第1款规定，"证据应当在法庭上出示，由当事人相互质证。未经当事人质证的证据，不得作为认定案件事实的根据。"有鉴于此，在实践中可以分为四种情形：其一，有关当事人对那些宜于移动的动产作为证据向人民法院提交的，应当提交原物。当这些原物不属于不易保存的物品的，应当按照人民法院所确定的开庭日期在庭审活动中进行正常的举证和质证；其二，如果将属于不宜保存的动产作为证据，当事人既可据情在诉前申请人民法院采取保全措施，也可依法提供相应的复制品、影像资料或者其他替代品。在此情形下，亦应当按照人民法院所确定的开庭日期在庭审活动中进行正常的举证和质证。其三，对于那些在法律上有正当理由可以不提交原物的动产，可以依法向人民法院提供该不动产的复制品、影视资料或者其他替代品。在此情形下，亦应当按照人民法院所确定的开庭日期在庭审活动中进行正常的举证和质证。其四，对于那些确属于原物不宜移动的动产作为证据的，如飞机、船舶、车辆、大型机械设备等，人民法院在收到当事人提交该动产替代品后，应当及时通知双方当事人到保存现场进行查验。这种进行现场核查验证主要有三个目的：其一，检查核实该动产的物理现状如何；其二，检查核实该动产本身与当事人提交的证据目录上所记载的动产名称、特征是否相符；其三，检查核实当事人所提交的动产替代品与原物性状是否符合，是否能够替代动产原物体现相应的证据力。这种对原物不宜移动的动产作为证据的核查验证，是民事诉讼中证据（质证）辩论主义和法院自由心证主义的体现，是对这种特殊类型的动产作为证据进行举证和质证的变通做法。因此，人民法院应当当场制作现场查验笔录，由双方当事人查阅后签字确认，以便作为庭审笔录的必要补充。

（9）在审判实践中，在某些特殊情况下，如果有关当事人以提供替代物品造价成本较高或技术上有难度为由，申请人民法院直接前往那些不宜移动的动产保存现场进行查验的，需经人民法院审查批准。经审查批准后，人民法院应当及时通知双方当事人到保存现场进行查验。

（10）鉴于《民事诉讼法》第83条对勘验物证有明确的规定[①]，为此，有关当事人在接到人民法院有关现场查验通知书后，可以及时申请对该物证进行勘验。此外，有关当事人申请人民法院对该物证进行勘验也可以另行进行。同时，根据《民事诉讼法解释》第124条第1款规定："人民法院认为有必要的，可以根据当事人的申请或者依职权对物证或者现场进行勘验。"故此，人民法院也可依职权对该物证进行勘验。另外，《民事诉讼法解释》第124条第2款规定："人民法院可以要求鉴定人参与勘验。必要时，可以要求鉴定人在勘验中进行鉴定。"故此，人民法院决定对物证进行勘验的，可适用该条款的规定。

8. 法院依职权要求当事人就不动产作为证据的到场进行查验

2019年《民事证据规定》第13条规定："当事人以不动产作为证据的，应当向人民法院提供该不动产的影像资料。人民法院认为有必要的，应当通知双方当事人到场进行查验。"

---

[①]《民事诉讼法》第83条规定："勘验物证或者现场，勘验人必须出示人民法院的证件，并邀请当地基层组织或者当事人所在单位派人参加。当事人或者当事人的成年家属应当到场，拒不到场，不影响勘验的进行。有关单位和个人根据人民法院的通知，有义务保护现场，协助勘验工作。勘验人应当将勘验情况和结果制作笔录，由勘验人、当事人和被邀参加人签名或者盖章。"

对本条文的理解与适用，应当掌握如下基本内容：

（1）在概念上，所谓不动产是指按照其物理性质不能移动或者移动将严重损害其经济价值的有体物。例如，土地以及房屋、林木等地上定着物。不动产作为证据的一个特殊性就在于，按照不动产的物理属性，其具有不可移动性，或者如果执意对其进行移动不仅会严重损害其经济价值，而且还会严重贬损其作为证据的证明价值。因此，鉴于这种客观上的障碍具有正当性，法律上并不苛求有关当事人以不动产作为证据时必须提交原物，这是从证据法意义上坚持原物优先提供主义的一种例外。

（2）鉴于不动产作为证据的特殊性，本条文规定明确，在此情形下，当事人应当向人民法院提供该不动产的影像资料，也即，当事人只能通过录音、录像等方式来记载或体现该不动产的外观、基本特征等信息。

（3）本条文中，所谓"人民法院认为有必要的"，既包括有关当事人向人民法院提出申请，人民法院认为当事人申请的理由成立而认为有必要，也包括人民法院根据个案的情形依职权认为有必要。当人民法院认为有必要的，应当通知双方当事人到场进行查验。由于不动产作为物证在自然、物理属性上与其有本质上的区别，尽管某些动产体量过于庞大，有关当事人不宜将其移交至法庭用来举证和质证，但在实践中却有可能将其移动、停放至与法庭尽可能相近的区域，便于法庭组织双方当事人前去进行现场查验，而作为不动产的物证则不具备这种便利条件，因此是否由法庭组织双方当事人前往不动产所在地进行现场查验，往往需要由人民法院慎重考虑，其中考虑的因素包括但不限于不动产所在地与法庭之间的距离、需要花费的时间和成本、实际收效，等等。

（4）这种对不动产作为证据进行的核查验证，亦是民事诉讼中证据（质证）辩论主义和法院自由心证主义的体现，是基于不动产自身具有较为稳定、难以搬移的物理属性的特别考量，而对其进行举证和质证的变通做法。因此，人民法院应当当场制作现场查验笔录，由双方当事人查阅后签字确认，以便作为庭审笔录的必要补充。

（5）与人民法院在认为必要时通知双方当事人到现场对不动产作为物证进行查验所并行不悖的是，基于《民事诉讼法》第83条对勘验物证有明确的规定，从而使得对物证进行勘验作为一种证据方法，有关当事人在接到人民法院有关现场查验通知书后,有权向人民法院申请对该作为不动产的物证进行勘验。此外,有关当事人申请人民法院对该不动产物证进行勘验也可以另行进行。同时,根据《民事诉讼法解释》第124条第1款规定:"人民法院认为有必要的,可以根据当事人的申请或者依职权对物证或者现场进行勘验。"故此,为了有助于进一步查明事实真相,人民法院也可依职权对该不动产物证进行勘验。另外,《民事诉讼法解释》第124条第2款规定:"人民法院可以要求鉴定人参与勘验。必要时,可以要求鉴定人在勘验中进行鉴定。"故此,为了解决对有关不动产物证进行现场查验所遇到的专业性问题,人民法院决定对有关不动产物证进行勘验的,可适用该条款的规定。

9.法院依职权要求当事人本人出庭

《民事诉讼法解释》第110条第1款规定:"人民法院认为有必要的,可以要求当事人本人到庭,就案件有关事实接受询问。"

对本条文的理解与适用,应当掌握如下基本内容:

(1)法院在有必要时依职权要求当事人本人到庭就案件有关事实接受询问,是大陆法系各国或地区较为通行的做法。

(2)本条文中,所谓"人民法院认为有必要的",主要是指,根据双方提交的证据,经过庭审调查和庭审辩论后,在对案件事实的真伪仍无法作出明确判断时,为了尽可能避免案件事实最终处于真伪不明状态,法院认为有必要由当事人本人出庭接受法院调查询问的。

(3)2019年《民事证据规定》第64条第1款规定:"人民法院认为有必要的,可以要求当事人本人到场,就案件的有关事实接受询问。"该条文的规定,除了与本条文内容相互吻合、相互衔接以外,它是人民法院要求当事人本人"到场"接受询问,与《民事诉讼法解释》第110条要求当事人本人"到庭"接受询问,在表述上存在不同。所谓"到庭"是指前往法庭,而所谓"到场",可以作两种解释:一种是指前往人民法院指定的法庭以外的其他场所,另一种是指前往人民法院指定的包括法庭在内的场所。而采用第二种解释可有助于解决《民事诉讼法解释》第110条与2019年《民事证据规定》第64条之间的不衔接问题。另外,在程序上,人民法院要求当事人到场接受询问的,应当及时通知当事人询问的时间、地点以及拒不到场的后果等内容。

（4）关于第三人撤销之诉，《民事诉讼法解释》第291条第2款规定："人民法院应当对第三人提交的起诉状、证据材料以及对方当事人的书面意见进行审查。必要时，可以询问双方当事人。"在该条款中，亦涉及在必要时人民法院可依职权询问双方当事人的内容。我国《民事诉讼法》第59条对于第三人提起撤销之诉作出了原则性规定，《民事诉讼法解释》第291条对涉及第三人提起撤销之诉的具体适用程序作出了明确规定。第三人撤销之诉不同于普通的起诉，因为它针对的是生效裁判提起的诉讼，涉及生效裁判的既判力与稳定性，因此，在立案上应当严格把关。基于这种认识，《民事诉讼法解释》第291条对于第三人提起撤销之诉在立案时采用了实质审查的标准。人民法院审查的对象，既包括第三人提交的起诉状和证据材料，也包括对方当事人提交的书面意见及相关的证据材料。当认为对于第三人撤销之诉条件有关内容，需要在当事人提交的材料基础上进一步了解有关内容的，人民法院可以在受理之前据情依职权向一方或者双方当事人进行询问。在此情形下，从一般意义上讲，人民法院依职权要求一方或者双方当事人到场接受询问，既可以是当事人本人，也可以是当事人委托的诉讼代理人。但根据调查和了解案情的特别需要以及基于公正与效率的考虑，如果人民法院认为有必要的，可以通知当事人本人到场接受询问时，如果当事人本人无正当理由拒不到场，是否产生对其不利的后果以及产生何种对其不利的后果，由人民法院据情作出判定。

（5）关于当事人申请司法确认调解协议，《民事诉讼法解释》第356条规定："人民法院审查相关情况时，应当通知双方当事人共同到场对案件进行核实。人民法院经审查，认为当事人的陈述或者提供的证明材料不充分、不完备或者有疑义的，可以要求当事人限期补充陈述或者补充证明材料。必要时，人民法院可以向调解组织核实有关情况。"在该条款中，亦涉及在审查相关情况时人民法院应当依职权通知双方当事人共同到场对案件进行核实的内容，人民法院对案件进行核实，理应包括询问双方当事人。关于确认调解协议案件，我国《民事诉讼法》第205条和第206条对此作出了相关规定，但规定得较为原则和相对缺乏可操作性。为此，《民事诉讼法解释》第351条至第358条作出了具体性规定。根据其中第356条的规定，人民法院对于调解协议的审查采取的是形式审查和有限的实体审查相结合的模式，也即书面审查与到庭审查相结合的模式。为了有助于提高司法确认案件的效率和针对性，对于案情相对简单的确认案件，人民法院可以在书面审查后直接作出裁定；对于案情复杂或者涉案标的较大的案件，应当采取实质审查方式，必要时通知双方当事人到庭进行询问，并辅之以必要的证据调查。其中所谓"相关情况"，一般涉及与双方当事人都有利害关系的事实和情况，尤其是涉及当事人作出一些利益上的让步或妥协的情况，需要进行重点核实。针对这些情况，人民法院有必要通知双方当事人到场核实，以便确定当事人是否真正理解所达成协议的内容，是否接受因此而产生的后果，以及是否愿意由人民法院通过司法确认程序赋予该协议强制执行的效力。在此情形下，从一般意义上讲，人民法院依职权要求双方当事人到场接受询问，既可以是当事人本人，也可以是当事人委托的诉讼代理人。但根据调查和了解案情的特别需要以及基于公正与效率的考虑，如果人民法院认为确有必要的，可以通知当事人本人到场接受询问时，如果当事人本人无正当理由拒不到场接受调查询问和核实情况的，这种情形是否表明当事人没有申请司法确认的真实意愿以及人民法院是否可以按撤回司法确认申请处理，由人民法院据情判定。

（6）关于实现担保物权案件，《民事诉讼法解释》第368条规定："人民法院审查实现担保物权案件，可以询问申请人、被申请人、利害关系人，必要时可以依职权调查相关事实。"在该条款中，亦涉及人民法院对有关申请人、被申请人、利害关系人依职权进行调查询问的内容。我国《民事诉讼法》第207条和第208条对实现担保物权案件作出了相关规定，《民事诉讼法解释》第359条至第372条的相关规定显得更加明确和具有可操作性。人民法院对于实现担保物权案件的处理具有审查而非审理性质。实现担保物权属于典型的争讼型非诉事件之一，适用非讼程序，对此类案件的审查实行法院职权探知主义。为了查明申请能否成立，在法院认为必要时，可将申请人、被申请人或者利害关系人等相关人员传唤到庭进行询问并调查核实相关事实。同时，法院也可以依职权调查担保物权是否存在、实现担保物权的条件是否成就等相关事实。当人民法院经过综合审查判断之后，认为事实清楚，符合法律规定的，可以直接裁定准许申请人的申请，准许对抵押财产进行拍卖或者变卖。在审判实践中，为了防止虚假诉讼及防止当事人之间相互串通损害其他人的合法权益，人民法院应当就实现担保物权构成要件的事实进行调查，并且根据案件的具体情况决定是否传唤申请人、被申请人或者相关利害关系人到庭进行询问。在认为必要时，人民法院可以据情决定传唤有关申请人本人、被申请人本人或者相关利害关系人本人到庭接受调查询问。如果这些当事者本人无正当理由拒不到庭，或者委派他人代理其到庭而严重影响法院调查询问的实际效果的，是否对其权益造成影响以及造成何种影响，由法院最终据情作出判定。

（7）关于再审程序，《民事诉讼法解释》第395条规定："人民法院根据审查案件的需要决定是否询问当事人。新的证据可能推翻原判决、裁定的，人民法院应当询问当事人。"在该条款中，亦涉及人民法院对当事人的调查询问。主要分为两种情形：其一，在申请再审案件审查期间，为了尽快地了解案情，听取当事人意见，人民法院可以根据审查案件的需要以电话通知或者传票通知的形式要求当事人到场，由当事人对申请再审事由和具体事实理由陈述意见，并接受人民法院对相关案情及其事由的调查询问。在此情形下，是否需要询问当事人，由人民法院据情决定。其二，当出现新的证据可能推翻原判决、裁定的情形时，人民法院应当询问当事人。在此情形下，实际上是将询问的范围限缩在特定范围之内，同时也要求依据新证据事由裁定再审的案件应当询问当事人。在上述第一种情形下，为了保证实体公正同时兼顾诉讼效率，既可以由当事人本人到场接受询问，也可以由当事人委派诉讼代理人到场接受询问。只有在确有必要时，人民法院才可要求当事人本人到场接受询问。如果在此情况下，当事人本人无正当理由未到场而是委派其诉讼代理人到场的，对其是否产生不利影响，由人民法院据情作出判定。而在第二种情形下，由于事关重大，人民法院持审慎态度，同时，有可能推翻原判决、裁定的裁判结果对双方当事人的权益影响甚巨。因此，在人民法院应当询问当事人的前提下，法院一般可以据情通知双方当事人本人到场接受询问，如果双方当事人本人无正当理由拒不到场而是委托诉讼代理人到场的，对其诉讼权益是否产生影响以及产生何种影响，由法院据情作出判定。

10. 人民法院依职权对当事人本人进行调查询问

《民事诉讼法解释》第110条第1款规定："人民法院认为有必要的，可以要求当事人本人到庭，就案件有关事实接受询问。在询问当事人之前，可以要求其签署保证书。"

对本条文的理解与适用，应当掌握如下基本内容：

（1）本条文中，所谓"人民法院认为有必要的"，主要是指，根据双方提交的证据，经过庭审调查和庭审辩论后，在对案件事实的真伪仍无法作出明确判断时，为了尽可能地避免案件事实最终处于真伪不明状态，法院认为有必要由当事人本人出庭接受法院调查询问的情形。在审判实践中，除了上述这种情形以外还会存在其他情形，人民法院认为有必要要求当事人本人出庭作证的，但不属于本条文所设定的范围。其他主要情形包括：其一，在开庭前，法院经过阅卷，认为根据案件的性质、法律关系或案件事实的具体情况，当事人本人到庭有利于查清案件事实的；其二，根据案件的性质、法律关系以及案件的特点，在当事人出庭接受庭审调查及查明事实的基础上，有利于促成当事人和解的；其三，在庭审过程中，就案件事实的复杂性而言，法院认为仅仅当事人委派代理人出庭，无法有效查明案件事实的。

（2）基于保障实体公正的需要，法院在程序上必须穷尽一切必要的调查证据的方式，以尽可能避免出现案件事实处于真伪不明状态而导致客观举证责任的发生，而要求当事人本人出庭作证以接受法庭的调查询问是一种惯常的做法。本条文第三款对负有举证责任的一方当事人拒绝按照相关要求接受法院的询问，作出了相应规定，即该方当事人拒绝到庭的，或到庭但拒绝接受询问的，或者拒绝签署保证书的，在待证事实因欠缺其他证据证明而处于真伪不明状态的情形下，法院对其主张的事实不予认定，即由负有举证责任的当事人承担发生客观举证责任的（败诉）后果。

（3）2019年《民事证据规定》第64条规定："人民法院认为有必要的，可以要求当事人本人到场，就案件的有关事实接受询问。人民法院要求当事人到场接受询问的，应当通知当事人询问的时间、地点、拒不到场的后果等内容。"该条文的规定，除了与上述内容相互吻合、相互衔接以外，它是人民法院要求当事人本人"到场"接受询问，与《民事诉讼法解释》第110条要求当事人本人"到庭"接受询问，在表述上存在不同。所谓"到庭"是指前往法庭，而所谓"到场"，可以作两种解释：一种是指前往人民法院指定的法庭以外的其他场所，另一种是指前往人民法院指定的包括法庭在内的场所。而采用第二种解释可有助于解决《民事诉讼法解释》第110条与2019年《民事证据规定》第64条之间的不衔接问题。另外，在程序上，人民法院要求当事人到场接受询问的，应当及时通知当事人询问的时间、地点以及拒不到场的后果等内容。

11. 法院依职权要求证人出庭作证

2019年《民事证据规定》第68条第1款规定："人民法院应当要求证人出庭作证，接受审判人员和当事人的询问。"

对本条文的理解与适用，应当掌握如下基本内容：

（1）公民依法出庭作证，是一种公法上的义务，它已超越社会道德与伦理层级，而跨涉介入国家的法律尊严和正常审判秩序这样的公法范畴。由于证人出庭作证对于查明案件事实具有不可替代的作用，有关证人对具体案情的耳闻目睹使这种已被特定化的证人具有不可选择性。在个案当中，有关当事人往往基于其诉求利益而指认或申请特定的证人出庭作证，然而，在法律上这种当事人与特定证人之间的个体关系，往往被转化为国家在法律上所应捍卫社会公平与正义的一种法益与公民负有出庭作证义务这种公法关系。

（2）各国或地区证据法将证人资格与强迫证人作证的做法相联系。证人不出庭作证，将妨碍诉讼公开原则及直接、言词原则的实际贯彻和落实，属于妨害司法的违法行为，甚至在一些特定的情形下构成犯罪。证人出庭作证是由立法上所规定的证人适格性所决定的。大凡各国法律都毫无例外地规定，证人的适格性与强迫证人出庭作证是密不可分的。倘若证人不出庭作证而仅以提交书面证言来履行作证义务，那么在大陆法中实行的接受法庭调查询问以及在英美法中接受双方当事人交叉询问的审理方式就无法正常开展。

（3）我国现行立法虽将证人证言作为法定证据种类来加以规定，但是，并未规定证人负有被强制出庭作证的义务。例如，我国《民事诉讼法》第75条第1款规定："凡是知道案件情况的单位和个人，都有义务出庭作证。"这是为证人设定的一种公法义务的法律依据。但是，在法律上未规定证人在既无正当理由又拒不出庭作证的情形下应承担何种责任。在实务上，证人出庭作证率较低一直是困扰和制约诉讼活动正常开展的主要障碍之一。当然，造成证人不出庭作证的原因是多方面的，既有主观上的，也有客观上的，如果当下一律照搬国外的做法以便实行强制证人出庭作证尚存在一定的难度，并且影响证人出庭作证的原因和背景是十分复杂的，最终解决这一问题还有待于社会的进化以及整个国家法治化的不断推进。同时，为了呼应《民事诉讼法》第75条第1款为证人应当出庭作证所设定的公法义务，在程序上，本条文赋予人民法院享有依职权要求证人出庭作证的权力和职能。

（4）对本条文的理解，应当结合有关法律及司法解释的规定。例如，我国《民事诉讼法》第76条中规定："经人民法院通知，证人应当出庭作证。"《民事诉讼法解释》第117条第3款规定："未经人民法院通知，证人不得出庭作证，但双方当事人同意并经人民法院准许的除外。"针对长期以来当事人不向法院提出申请而是在开庭期日直接带证人出庭作证，或者到场作证的证人人数多于申请证人的人数，或者到场的证人与申请的证人不是同一人，等等，这些都属于采用"证人突袭"的习惯性做法。上述法律和司法解释均反映出，由人民法院"通知"证人出庭作证，其基本要义在于：其一，这是基于民事诉讼属于公法范畴，以便对司法程序的进程与内容进行必要的规划和编控之需要。在开庭前应当由相关当事人向法院提出申请，以便纳入庭审议程。其二，证人出庭作证是一种证据方法，由法庭对有关证人进行调查询问并接受双方当事人的（主）询问和（反）询问，以便形成法庭上的证人证言。因此，如果有当事人申请证人出庭作证的情形时，对法院而言，庭审活动如何开展会有一个通盘考虑，对哪些证据或者证据方法进行调查，它们之间存在何种逻辑关系，通常为法庭所主要关注的议题；而对相对一方当事人而言，他方当事人申请的证人将提供何种证言以及有关证人的基本情况如何，通常成为其考虑的重心，以便在庭审过程中对该证人证言进行必要的攻击与防御。其三，从程序的公平与正义角度而言，即便是一方当事人申请的证人，其作证行为是一种诉讼法律行为，其提供的证人证言不仅应对申请其出庭作证的一方当事人负责，更应对案件事实和法律负责，否则因主观故意向法庭提供虚假证言，应承受法律的相应处罚。因此在法律上规定由人民法院"通知"证人出庭作证，旨在强调证人并非向申请其出庭作证的一方当事人承担出庭作证的私法义务，而是向法庭、法律及国家承担出庭作证的一种公法义务。其四，证人在法律上承担的是一种抽象的出庭作证义务，而只有通过法院的通知才能转换为一种具体的程序性义务。为此，《民事诉讼法解释》第117条第3款规定："未经人民法院通知，证人不得出庭作证。"

该项规定意在强调，民事诉讼本质上属于司法程序，只有经过人民法院的审查批准并依法通知，才能在程序上构成有关证人出庭作证的合法依据。在法律上只存在人民法院与有关证人之间的诉讼法律关系，而在证人与有关当事人之间并不存在这种性质的法律关系。而本条文所涉及的"但书"规定具有诉讼契约的性质，即一旦一方当事人事先未向法院提出申请而在开庭期日直接带证人出庭作证时，只要对方当事人不持异议，便在程序上形成一种合意性契约，而在诉讼程序的公法构架下，只要人民法院准许这种契约的存在，那么就消除了有关证人出庭作证在程序上具有合法性的最后障碍。其五，在原则上，由人民法院通知证人出庭作证主要适用于普通程序审理的案件，而并不当然适用于简易程序和小额诉讼程序审理的案件，这是由普通程序的性质和特点决定的。并且，《民事诉讼法》第162条也作出了相应的规定，即："基层人民法院和它派出的法庭审理简单的民事案件，可以用简便方式传唤当事人和证人、送达诉讼文书、审理案件，但应当保障当事人陈述意见的权利。"

（5）对于公益性较强的案件，如民事公益诉讼案件、婚姻家庭纠纷案件等特殊类型案件，人民法院可以直接依职权通知当事人出庭作证。例如，《民事诉讼法解释》第117条第2款规定："符合本解释第九十六条第一款规定情形的，人民法院可以依职权通知证人出庭作证。"另外，对于那些普通民事纠纷案件，作为人民法院同时要对法律和事实负责，既要发现对一方或双方当事人有利的事实，也要发现对一方或双方当事人不利的事实。因此，为了查明案件事实真相，即使当事人不提出证人出庭作证申请，如果人民法院在案件审理过程中发现或查明有诉讼外第三人对本案事实了解、知晓时，也可以依职权通知其作为证人出庭作证。这一点或许在查明有关当事人涉嫌虚假诉讼时显得尤为重要。在此，有一种观点认为："证人出庭作证需要依据人民法院的通知，通知证人出庭作证属于人民法院的职权行为，因此在原则上，应当符合人民法院调查收集证据的条件。只有存在本解释规定的'人民法院认为审理案件需要的证据'的情形的，人民法院才能依职权通知证人出庭作证。"[1] 为此，我国《民事诉讼法》

---

[1] 最高人民法院修改后民事诉讼法贯彻实施工作领导小组编著：《最高人民法院民事诉讼法司法解释理解与适用》（上），人民法院出版社2015年版，第384页。

第 77 条中规定："当事人没有申请，人民法院通知证人作证的，由人民法院先行垫付。"对于《民事诉讼法》第 77 条的相关规定可以从上述有关情形中加以理解和适用。

（6）我国有关法律和司法解释规定由人民法院"通知"证人出庭作证，而不是像域外一些国家或地区那样由法院向证人发出传票传唤证人出庭作证，其主要原因也在于，我国在法律上并没规定证人有被强迫作证义务。采用传票形式传唤证人出庭作证与采用通知书形式通知证人出庭作证，在法律性质上有本质的不同。就前者而言，如证人无正当理由拒不出庭作证时，通常将承受法律的相应处罚，比如，法庭会依法对证人采取拘传或罚金等强制处罚措施；而对于后者而言，即使遇有证人无正当理由拒不出庭作证的情形，该证人一般也不会承受相应的法律强制性后果。

12.法院依职权要求证人之间进行对质

2019 年《民事证据规定》第 74 条第 3 款规定："人民法院认为有必要的，可以要求证人之间进行对质。"

对本条文的理解与适用，应当掌握如下基本内容：

（1）本条文中，所谓"人民法院认为有必要"的情形，主要指当两个或两个以上证人证言出现相互矛盾，即使在法官结合案件的其他证据也难以形成必要的内心确信时，即可认为有要求证人之间进行对质的必要。可见，人民法院要求证人之间进行对质，并非庭审调查的必经程序。

（2）本条文中，所谓"要求证人之间进行对质"，是指当有两个或者两个以上证人出庭作证，其证人证言之间出现相互矛盾而影响法官形成必要的内心确信时所采取的让该两个或两个以上的证人同时到场接受法庭的调查询问，并且使证人就有关焦点问题采取相互辩驳、诘问等方式以便法庭对相关事实问题作出明确的判断。

（3）要求证人之间进行对质应当在法庭向有关证人进行调查询问以及经法庭准许由双方当事人对有关证人进行发问之后进行。该种程序具有后续性和补充性特点。

（4）人民法院要求证人之间进行对质，既可在一方当事人申请出庭作证的两个或两个以上证人之间进行，也可在双方当事人申请出庭作证的两个或两个以上证人之间进行。

（5）鉴于要求证人之间进行对质属于法庭对证人进行调查询问的一种特别权力，故应当由法庭来主持进行，并且原则上，应当禁止双方当事人在证人之间进行对质过程中享有发问的权利。

13.人民法院依职权对鉴定人进行调查询问

2019年《民事证据规定》第80条第1款规定："鉴定人应当就鉴定事项如实答复当事人的异议和审判人员的询问。当庭答复确有困难的，经人民法院准许，可以在庭审结束后书面答复。"

对本条文的理解与适用，应当掌握如下基本内容：

（1）我国《民事诉讼法》和《民事诉讼法解释》对于法院依职权对鉴定人进行调查询问并未作出明确规定，2001年《民事证据规定》第15条第1款则从保障当事人质证权的角度规定有"鉴定人应当出庭接受当事人质询"的内容，并且其第60条第1款还规定："经法庭许可，当事人可以向证人、鉴定人、勘验人发问。"但还是对法院依职权对鉴定人进行调查询问的内容未加规定。本条文的规定相当于填补了这一空白。

（2）我国采取的是由法院委托鉴定机构（再由鉴定机构指定鉴定人）进行鉴定的制度，这种制度又被称为司法鉴定制度。从内在逻辑上而论，法院对其委托的鉴定机构所指定的鉴定人在法庭上进行询问似乎会给人产生一种对其鉴定意见不加信任的印象。但是，从庭审调查的职能上而论，法庭对有关证据及证据方法的调查并不排除鉴定人所提供的鉴定意见，因此，法庭依职权对鉴定人就鉴定事项进行调查询问，并不违反法理，也有助于其排除相关合理的怀疑或疑点，以便形成正确、合理的内心确信。

（3）人民法院依职权对鉴定人进行调查询问应当紧紧围绕鉴定事项，其包括但不限于以下内容：其一，鉴定人所使用的技术设备是否先进，采取的方法和操作程序是否规范、实用，其技术手段是否有效、可靠；其二，鉴定人在鉴定过程中在检验、试验的程序规范或者检验方法上是否符合有关法定标准或者行业标准的要求；其三，鉴定意见的论据是否充分，推论是否合理，论据和结论之间是否存在矛盾。如果属于认定种属相同或者是认定同一的结论，其符合点是否能够作出种属认定或者同一认定的结论，对检验或者试验中出现的差异点是否均能作出合乎逻辑或者有根据的解释；其四，作出的鉴定意见在程序上是否符合法律、法规、规章及技术规范的要求。

14. 法院依职权要求当事人提供有关证据

2019 年《民事证据规定》第 18 条规定："双方当事人无争议的事实符合《最高人民法院关于适用〈中华人民共和国民事诉讼法〉的解释》第九十六条第一款规定情形的，人民法院可以责令当事人提供有关证据。"

对本条文的理解与适用，应当掌握如下基本内容：

（1）本条文所涉及的对象为民事诉讼中双方当事人无争议的事实。民事诉讼主要涉及私权纠纷，对于一方当事人提出诉讼请求所涉及的事实主张，应当由其承担相应的举证责任。如果对一方当事人的主张，相对一方当事人没有提出异议从而形成无争议的诉讼状态时，则应以实行辩论主义和处分权主义的结果，导致这种状态所产生的法律效力既对双方当事人产生约束效力，也对法院产生约束效力，但超出双方之间财产性实体私权利益的除外。

（2）在诉讼上，凡对无争议的事实，则不必提交法庭辩论，法院可据此将这种事实作为裁判上的一种真实来看待，同时免除相对一方当事人的举证责任。从这一点而言，由此而卸除相对一方当事人的举证负担，实质上，这是一方当事人行使处分权利的体现。但是，当事人的这种处分行为只能涉及双方之间的利益，而不能涉及《民事诉讼法解释》第 96 条第 1 款所规定的 5 种类型的情形，这是由当事人在诉讼上处分权利具有相对性所决定的。如果出现了对当事人无争议但涉及《民事诉讼法解释》第 96 条第 1 款所规定的 5 种类型的情形，人民法院可代表国家实行干预，即通过审判职能确认这种处分行为无效，并且可以按照举证责任的分担原则，责令有关当事人提供相关证据。

（3）2001 年《民事证据规定》曾经针对民事诉讼中超出双方之间实体私权利益的有关情形在不同的条款中加以规定。主要分为以下几种情形：其一，涉及身份关系的事实。对此，2001 年《民事证据规定》第 8 条第 1 款规定："诉讼过程中，一方当事人对另一方当事人陈述的案件事实明确表示承认的，另一方当事人无需举证。但涉及身份关系的案件除外。"该条款所涉及的但书，对因涉及人身性实体私权利益，对辩论主义和处分权主义的适用实行必要的限制，故因当事人的自认所导致产生的双方当事人无争议的事实，即使对双方当事人产生拘束力，但对法院则不产生拘束效力。当法院在认为必要时仍可以要求当事人提供有关证据。其二，涉及国家利益、社会公共利益或者他人合法权益的事实。对此，2001年《民事证据规定》第13条规定："对双方当事人无争议但涉及国家利益、社会公共利益或者他人合法权益的事实，人民法院可以责令当事人提供有关证据。"其三，涉及有关程序性事项。对此，2001年《民事证据规定》第15条规定："《民事诉讼法》第六十四条①规定的'人民法院认为审理案件需要的证据'，是指以下情形：（一）涉及可能有损国家利益、社会公共利益或者他人合法权益的事实；（二）涉及依职权追加当事人、中止诉讼、终结诉讼、回避等与实体争议无关的程序事项。"

（4）《民事诉讼法解释》第96条第1款系对上述2001年《民事证据规定》有关条文在合并、整理、补充、添加有关新的内容的基础上归纳而成，并同时删除了其中的一些内容。主要体现在：其一，将2001年《民事证据规定》第13条中"对双方当事人无争议但涉及国家利益、社会公共利益或者他人合法权益的事实"修改为"涉及可能损害国家利益、社会公共利益的"表述，将其作为第一项；其二，将2001年《民事证据规定》第13条中"涉及他人合法权益的"内容删除。这种修订是基于2012年修改的《民事诉讼法》第112条增加了对恶意诉讼制裁的内容，其本身也属于需要人民法院依职权调查的情形，因此将"损害他人合法权益"修改为"当事人有恶意串通损害他人合法权益可能的"情形作为第四项，取消了原来的提法；其三，从社会公益的角度将2001年《民事证据规定》第8条第1款"但书"规定与《民事诉讼法》第67条第2款所规定的人民法院依职权调查收集证据相结合并一并转化为涉及"身份关系的事实"，单独列为第二项；其四，《民事诉讼法》第58条是关于民事公益诉讼的内容，与民事私益诉讼相比较，民事公益诉讼广泛涉及社会公共利益的保护，对其中当事人的主张责任和举证责任适用特别规则，人民法院可以广泛依职权进行干预，实行职权探知主义为主导，即可依职权调查收集相关证据。故将其列为其中第三项内容；其五，2001年《民事证据规定》第15条有关内容对程序性事项作出专项规定，虽然对这些事项的证明与实体法性质的待证事实没有直

---

① 指1991年《民事诉讼法》第64条，现为《民事诉讼法》（2023年修正）第67条。

接的关系，却对诉讼程序能否顺利、合法、有效地推进起到促进和保障性作用，并且鉴于民事诉讼程序具有公法性质，因此，对于这些程序性事项的查明，属于法院职权范畴，故《民事诉讼法解释》第96条第1款对其照搬继受，作为其第五项。

15.法院依职权对当事人认可证据的确认

2019年《民事证据规定》第89条规定："当事人在诉讼过程中认可的证据，人民法院应当予以确认。但法律、司法解释另有规定的除外。当事人对认可的证据反悔的，参照《最高人民法院关于适用〈中华人民共和国民事诉讼法〉的解释》第二百二十九条的规定处理。"

对本条文的理解与适用，应当掌握如下基本内容：

（1）《民事诉讼法》第71条中规定："证据应当在法庭上出示，并由当事人相互质证。"《民事诉讼法解释》第103条第1款规定："证据应当在法庭上出示，由当事人相互质证。未经当事人质证的证据，不得作为认定案件事实的根据。"质证从民事诉讼基本原则的角度体现的是直接言词主义和诉讼辩论主义，从当事人的角度体现的是处分权主义，从法院的角度体现的是自由心证主义。在本条文中，所谓当事人对证据的认可，是指从质证的角度，一方当事人就对方当事人所出示证据的真实性、关联性和合法性表示认可。当事人这种对证据的认可，必须是对于证据"三性"的全部认可，而不能是认可其中的"一性"或者"两性"而否定其他的"一性"或者"两性"，否则就是不认可。这种认可，既可以是明确表示认可，即对有关证据的真实性、关联性和合法性明确表示承认，也可以是以默示形式表示认可，即对有关证据的真实性、关联性和合法性虽然没有明确表示承认，但也并未提出任何异议。另外，按照本规定，只要是当事人在诉讼过程中认可的证据，人民法院都应当予以确认，除非有关法律或司法解释有例外性的规定。

（2）当事人对证据的认可不同于当事人对案件事实的认可。当事人对案件事实即待证事实的认可，是指一方当事人对另一方当事人提出与待证事实有关的对其不利事实主张明确表示承认或者不持异议的行为。当事人对案件待证事实的认可，产生自认效果，按照辩论主义和处分权主义，法院可将当事人的自认直接作为裁判的基础。而当事人对证据的认可并不代表对于有关待证事实的认可。在逻辑关系上，诉讼中的举证、质证和认证的目的在于促进法院对有关案件待证事实作出认定，除法律另有规定以外，当事人对案件待证事实的认可所产生的自认，其在法律上所产生的效力直接省略了举证、质证和认证这三个环节，因对法院产生拘束力亦直接省略了法院在审判上作出认定的程序；而当事人对于证据的认可，只能省略诉讼中的质证环节，而不能免除举证和认证环节以及法院对于案件待证事实的认定程序。在一般意义上，某一案件待证事实被法院所认定，往往取决于两个或者两个以上的多数证据，其中包括直接证据和间接证据。当然，也存在某一特定证据就能够证明案件待证事实的情形。例如，借贷合同纠纷当中的借据或者还款凭证，等等，但这毕竟仅具有非典型意义和特征。另外，对于某一案件待证事实的认定与否，不仅取决于提出诉讼请求和事实主张的一方当事人所提供的对其有利的证据，而且也取决于相对方当事人提出的抗辩事实主张和提供的相反证据，同时也取决于法院在对有关反证与反证进行证据评价时所形成的内心确信程度。因此，在往往存在许多不确定因素的个案审理过程中，有关当事人对某一特定证据的认可，通常难以起到如同当事人对有关案件待证事实的自认所产生的效力对于法官形成裁判心证那样程度的影响力。

（3）受当事人诉讼利己主义驱使，对举证人所提供的证据提出异议、发表反对性的辩论意见，是质证人通常采取的诉讼攻击与防御的主要方法和策略之一。质证人对举证人提供的证据"三性"提出质疑的主要目的在于，试图从负面角度影响法官对该证据的来源、适格性及证明价值的评价和判断上所形成的内心确信。因此，在审判实践中，质证人往往会借助各种理由和原因对举证人提供证据的真实性、关联性和合法性进行抨击，作出否定性的评价，有时甚至不惜牺牲社会基本道义与诚信为代价。为此，各国在立法上对于庭审中专设质证程序大都持审慎态度，以尽可能避免逼迫当事人在诉讼利益与事实真相和诚信道义之间不得不作出无奈选择。与当事人对案件待证事实的自认所不同的是，法院对有关证据的采信与否，并不完全受制于当事人对有关证据"三性"是否予以认可。即使当事人对有关证据的"三性"或者其中"二性""一性"予以认可的，法院还应当根据案件中的其他事实、证据（包括对方提出的反证）等来对该证据在对整体案件待证事实的认定上所具备的证明价值进行评估和判断，即使对其予以采信最终也未必能够获得对其有利的内心确信；另外，即使当事人对有关证据的"三性"不予认可的，但举证人对有关证据的"三性"及其来源、证明目的和证明价值作出充分说明，法院亦结合案件的其他事实、证据等对该证据在对整体案件待证事实的认定上所应具备的证明价值进行评估和判断，在决定对该证据予以采信的基础上形成对举证人有利的内心确信。

（4）在对证据"三性"的认可问题上，诉讼辩论主义及处分权主义主要与质证人的行为方式有关，而质证人一旦直接认可举证人的证据，便与诉讼中的直接言辞（原则）主义保持相当的距离。因为对证据的质证权是质证人的诉讼权利，这种权利同时也包括程序选择权，即质证人有权以默示承认的方式对举证人提供证据的"三性"不提出异议，这体现了质证人对其诉讼权利的处分；同时，质证人有权选择在开庭前审理阶段发表质证意见，也有权选择在开庭审理阶段发表质证，并且质证人有权选择采用口头形式发表质证意见，亦有权选择采用书面形式发表质证意见，这体现了质证人的程序选择权。在质证人直接认可举证人证据的情况下，举证人为使法院采信其所举出证据而发表的意见则与法官的自由心证主义产生密切的关系，举证人为此应当就证据的来源、适格性、证明目的及证明价值作出充分的说明，这对法官形成对其有利的心证显得不可或缺。对此，2001年《民事证据规定》第74条曾规定："诉讼过程中，当事人在起诉状、答辩状、陈述及其委托代理人的代理词中承认的对己方不利的事实和认可的证据，人民法院应当予以确认，但当事人反悔并有相反证据足以推翻的除外。"该条规定在新修订的2019年《民事证据规定》当中被作删除处理。那么，对于当事人在起诉状、答辩状、代理词等书面材料中认可的证据，人民法院还需组织质证吗？在诉讼中，实行直接言辞主义主要是为了防范法院采取书面审理方式限制、甚至剥夺当事人的诉讼权利如辩论权、程序选择权、参与权（即以口头辩论的形式参与法官心证的形成过程）等，同时也是为了有效实行法官自由心证主义，即保证法官形成全面、合理、正确的心证之必要，以便法官就其中相关的疑问当面直接、及时地进行调查询问。因此，只要就庭审的开展作出程序性的安排，或者即便就某些特殊情况经法院准许并在征得双方当事人同意的条件下采用书面审理方式，就会避免程序上的瑕疵。当然，法官也可以这种做法影响其对可能产生的问题进行调查询问而最终不利于其心证形成为由不予准许。

（5）《民事诉讼法解释》第 103 条第 2 款规定："当事人在审理前的准备阶段认可的证据，经审判人员在庭审中说明后，视为质证过的证据。"同时，2019 年《民事证据规定》第 60 条规定："当事人在审理前的准备阶段或者人民法院调查、询问过程中发表过质证意见的证据，视为质证过的证据。当事人要求以书面方式发表质证意见，人民法院在听取对方当事人意见后认为有必要的，可以准许。人民法院应当及时将书面质证意见送交对方当事人。"上述有关规定表明，我国民事诉讼为实行证据辩论主义所设定的质证程序，正由集中式审理模式逐渐向集中式与分散式相结合的审理模式发展的趋势，将部分庭审程序的职能与重心向审理前准备程序的转移与导入，使庭前会议制度和证据交换程序承担实质性职能，体现了我国程序设计与功能性布局在探寻审判规律的路径上显得更加科学、专业、合理和成熟。在庭审中，审判人员对于当事人在审理前准备程序认可的证据进行说明的目的在于：其一，向有关当事人进行必要的提示，表明对有关证据已经质证，以免程序的重复进行；其二，将这一事实行为记录在卷，作为庭审笔录的一部分，对质证人产生约束效力。在审判实践中，对有些事实的查明并非一律通过开庭审理的方式，也可通过相关调查、询问的方式进行，在此过程中质证人对举证人提供证据的认可，亦应当视为质证过的证据。另外，为了保障当事人在诉讼上享有的程序选择权，凡质证人要求对举证人提交的证据以书面方式发表质证意见的，人民法院在认为必要时应当在征求举证人的意见之后再作出是否准许的决定。其中，所谓"视为质证过的证据"，主要是指，只要在程序上给予过当事人发表质证意见的机会，无论其明确发表质证意见与否，亦无论其是否认可该证据，均应当视为质证过的证据。当事人对证据不认可的行为并非等同于当事人对有关证据未发表过质证意见。另外，其中所谓人民法院"认为有必要"，主要是指人民法院应当考虑这种做法是否影响其通过当庭质证的方式更有利于对案件事实进行调查，以及是否影响其形成全面、正确、合理的心证。如果人民法院在个案条件下认为这种做法不构成实质影响的，可考虑予以准许，并将质证人的书面质证意见及时送交对方当事人。

（6）《民事诉讼法解释》第 229 条规定："当事人在庭审中对其在审理前的准备阶段认可的事实和证据提出不同意见的，人民法院应当责令其说明理由。

必要时，可以责令其提供相应证据。人民法院应当结合当事人的诉讼能力、证据和案件的具体情况进行审查。理由成立的，可以列入争议焦点进行审理。"在诉讼过程中，当事人对此前认可的证据表示反悔的，可比照适用"禁止反言"规则，即当事人对已经认可的证据表示反悔的，人民法院应当责令其说明理由。必要时，可以责令其提供相应的证据。人民法院应当结合当事人的诉讼能力、证据和案件的具体情况进行审查。凡法院经审查判断认为理由不成立的，对证据予以确认；凡法院经审查判断认为理由成立的，可依据新的意见对相关证据的"三性"重新予以审核认定，由法院最终决定是否予以采信。

（7）当事人在庭审中对其在审理前的准备阶段认可的证据，主要包括对方当事人出示的证据或法院依法调查收集的证据。而作为当事人认可的证据，主要是对有关证据真实性、关联性、合法性的认可。这种认可，既包括积极的认可，即明确表示肯定或承认，也包括消极的认可，即对有关证据的真实性、关联性、合法性不提出异议。通常而言，当事人在庭审中对其在审理前的准备阶段认可的证据提出不同意见的，鉴于法院在技术上完全可以将有关当事人的前后态度和作出的说明理由作为与待证事实有关的自由评价的必要组成，故法院责令其说明理由即可，即在此情形下当事人主要负说明义务，否则在诉讼成本与实际收效之间有违比例原则；而当事人在庭审中对其在审理前的准备阶段认可的事实提出不同意见的，鉴于在个案中当事人之间所能够提供的本证与反证与有关待证事实之间的关系千差万别，经过审理前的准备阶段之后，法院在庭审过程中对案件基本事实的把握程度各不相同，故此，在法院责令有关当事人说明理由之后，在仍无法获得必要的心证条件下，法院则可以责令有关当事人提供相应证据。针对当事人在庭审中对其在审理前的准备阶段认可的事实提出不同意见的，在法院认为必要时，可以责令其提供相应证据。鉴于与此相关的证明对象系当事人提出的理由是否成立，属于程序性事实，故在法律上并不要求采用严格证明的方式，在法院的心证当中，只要能够有助于确定大概如此即可。

## 二、法院调查收集证据

（一）基本要义

在诉讼上，由于实行证据裁判主义以及"谁主张、谁举证"的基本原则，凡当事人提出诉讼请求，必须就这种诉讼请求所依据的事实主张提出证据加以证明，凡未能提供证据或者提供的证据不足以证明其事实主张的，其诉讼请求就不能得到裁判上的支持。但是，基于我国国情以及诉讼程序的公益属性所涉及的必要事项，在某些情况下还需要法院对有关证据进行调查收集。

就财产关系案件而言，法院在诉讼当中处于中立的裁判者地位，既不是举证主体，也不是协助当事人举证的主体，这是各国公认的一项法理。我国司法实践中，当事人或其律师通常会倾向于在以下情况下申请法院调查取证：其一，由有关档案部门管理或是涉案单位自己保管的档案材料；其二，证据材料掌握在对方当事人手中，该对方当事人无法调取且该证据影响主要案件事实的认定；其三，涉及一些技术性材料、商业秘密和个人隐私的材料；其四，证人拒绝出庭作证，或者证人与当事人不在同一地，或者证人在国外的，但证人证言对查明案件事实起着决定性影响的；其五，一些诉讼能力低下又没有聘请律师的当事人的证据调查申请；其六，当事人因其他原因申请法院调查取证。这其中又以第一种情形为由申请调查取证的为多。例如，当事人申请调取工商登记材料，劳动争议中处理劳动争议的材料，人身伤害案中的伤害鉴定材料，医疗纠纷中医院的诊断病历材料和用药处方，买卖纠纷中的税务发票验票、抵扣材料，房屋产权纠纷中的房屋产权证明，有关单位开户银行、账号、存款余额的材料，公安机关的户籍登记材料，车管部门的车辆登记档案材料，海关的出入报关单，商检局的商检单，等等。

（二）人民法院调查收集证据的情形

根据我国《民事诉讼法》及有关司法解释的规定，人民法院调查收集证据分为以下两种情形，法院依职权调查收集证据和当事人申请法院调查收集证据。

1. 法院依职权调查收集证据

这是一种法院在个案的审理过程中视情况需要依职权主动调查收集证据的方式。对一般财产案件的审理，按照诉讼机理的要求，诉讼当事人对其事实主张负担举证责任，国家通常采取不干预的原则。婚姻家庭案件等涉及身份关系的案件并非一般财产纠纷案件，大陆法系中的许多国家或地区对于婚姻家庭等涉及身份关系案件中的事实认定，并不完全取决于举证责任分配法则的适用，而是实行法院职权探知主义。即法院对有关案件事实的查明，除了要求当事人提供证据加以证明之外，还可据情不受当事人所提供的证据的限制而依职权主动收集调查有关证据。对这类案件，法院依职权主动调查收集相关的证据，是基于对那些具有社会公益性事实的查明负有责任以及对于双方当事人中处于明显弱者地位一方施以公力救济的必然要求。这是在诉讼证明上由当事人负担举证责任的一种例外，与诉讼上的举证责任无关。另外，在德国民事诉讼中，"在收集证据、获取和利用证据手段的时候，为了确认当事人相互对立的主张的正确性，法院很大程度上不受双方当事人相应申请的拘束，也即可以依职权收集证据。"①

在实务界，有一种观点认为，应扩大法院依职权调查收集证据的范围。赋予法院主动启动调查程序、适当从宽确定调查范围以便对弱势当事人进行必要司法救济的自由裁量权。在诉讼模式转型的过渡时期，考虑到相当一部分在基层法院进行诉讼活动的当事人，在经济、法律文化水平、职业等方面居于弱势地位和诉讼观念的转变是一个渐进的过程，如一律机械地遵从新的证据规则所限定的人民法院调查收集证据的范围、启动方式，将给他们中的多数人增加诉讼负担和败诉的风险，不利于社会稳定。对此，笔者认为，在我国现实国情条件下，我们只能够从立法、司法的角度来使当事人的举证责任与法院调查收集证据的职能相互加以平衡，一旦这种平衡被打破，就会使民事诉讼正常的运行机制走向破局。如果一味在法院依职权调查收集证据上寻找扩充的空间，就会使当事人放弃依靠自己的能力和智慧收集和提供证据的努力，这势必在相当程

---

① [德] 汉斯-约阿希姆·穆泽拉克：《德国民事诉讼法基础教程》，周翠译，中国政法大学出版社 2005 年版，第 65 页。

度上使法院成为实际上的举证主体，势必将本来应居于中立、消极裁判者地位的法院卷入当事人诉讼对抗的旋涡，使法院不能够超脱于当事人之间的利害冲突，使得法院最终所作出的裁判结果距离实体公正与程序公正更为遥远。

审判机关在司法活动中处于中立角色，对于涉及私权利益的民事诉讼尤其如此。一方当事人在提出诉讼请求的同时，是否能够提供有关证据来支持其事实主张，在其提供有效证据之前，作为中立的法官只能将这种事实主张视为一种假设，如果采取积极的措施为一方当事人支持其诉讼主张寻找有力的证据，则无异于主动介入当事人之间的纷争而丧失其中立的立场。两大法系各国无不恪守这一诉讼基本原则。在诉讼开始之后，为了查明案件事实的需要，经当事人主动申请，法院可依法向诉讼外的第三人发出提供证据的命令，法院的这一职能是司法权威和司法强制性的必然体现，而并非站在某一当事人的立场上为其举证提供必要的帮助。在此，当事人的举证与法院对案件事实的调查并无必然的联系，因为，法院发出命令的这种职能行为是基于公法上的要求，凡被指令提供证据的人拒不履行这种命令，将会按妨碍司法活动或藐视法庭的过错予以制裁。当事人这种向法院提出申请的权利属于一种诉讼权利，这种诉讼权利只能由当事人向法院提出，在无法律规定的前提下，这种诉讼权利不可能发生使任何诉讼外的第三人成为承受这种提供证据协力义务的法律效力。相对而言，在法院的这种命令效力之下，诉讼外的任何第三人履行这种义务只能针对法院的这种命令权力，而并非针对诉讼中当事人的那种诉讼权利。因此，一旦诉讼外的第三人拒不履行这种义务，将受到法律的制裁。

就一般民事诉讼而言，诉讼主体相互间的职能与诉讼行为应当具有相对的独立性、制衡性，即双方当事人及其诉讼代理人相互间的职能体现的是一种程序上的对抗性、举证上的攻击性与防御性；与此职能相适应的诉讼行为是：调查收集证据、向法院提供证据、向法院申请调查证据以及在法庭上对由对方所出示的证据进行辩论；中立的裁判地位决定了法院的诉讼行为只能是居中对来自于双方当事人所提供的证据材料和有关信息依法进行评估与裁量。

在立法的设计层面，应当将法院的职权查证行为限制在必要和合理范围之内，尽可能地将调查、收集证据的责任归于诉讼当事人，并为其创造必要的条件。从目前的情况来看，《民事诉讼法解释》和2019年《民事证据规定》从制度层面分别采用书证提出命令制度和举证妨碍制度，已经基本解决了发生在当事人相互之间调查、收集证据上的法律障碍。目前仍存在的问题是诉讼中的举证人在向诉讼外第三人调查收集证据上因缺乏法律上的依据而无法得到有效的保证，因此不得不依靠向法院申请调查收集相应的证据这种方式。

出于对我国民事诉讼当事人的证据收集能力不足的考虑，对于当事人能力所不及之处，法院可依当事人申请予以协助。这种依当事人申请而进行的职权调查所取得的证据，仍归属于提出申请一方的证据体系，且必须经过庭审质证才能作为法院判断的依据。这种协助调查制度在恒定当事人举证责任以及维护法院中立的裁判地位中正在发挥着积极作用。

在许多大陆法系国家的诉讼上，如涉及对书证、鉴定、勘验等这些证据或者证据方法加以使用，都涉及当事人向法院提供证据的问题，因此，当事人基于举证责任的负担在客观上存在着向法院提供证据的必要，如果对于这些能够证明其事实主张的证据掌握在对方或者诉讼外第三人手中时，法律赋予当事人享有向法院申请证据的权利。当事人及其诉讼代理人这种向法院提供证据以及申请证据的行为，是法院据以实行证据调查的必要前提，同时，这两者之间彼此构成相辅相成的关系。由此而决定了法院实行证据调查并不仅限于到法院以外进行收集调查证据，而是凭借审判权向对方当事人或者诉讼外第三人发出提交证据的命令，从而使当事人这种举证责任运用诉讼法上的法律机制，转化为基于一方当事人的申请并经法院准许，对方当事人或者诉讼外的任何第三人都负有协助法院查明案件事实真相的义务，对方当事人或者诉讼外的任何第三人（包括官方机构或者政府公务员）如不履行这种法定义务，将会受到法律的相应制裁。法院的这一职能是司法权威和司法强制性的必然体现，而并非站在某一当事人的立场上为其举证提供必要的帮助。在此，当事人的举证与法院对案件事实的调查并无必然的联系，因为法院发出命令的这种职能行为是基于公法上的要求，凡被指令提供证据的人拒不履行这种命令，将会按妨碍司法活动或藐视法庭的过错予以制裁。当事人这种向法院提出申请的权利属于一种诉讼权利，这种诉讼权利只能由当事人向法院提出，在无法律规定的前提下，这种诉讼权利不可能发生使任何诉讼外第三人成为承受这种权利的义务人的法律效力。相对而言，在法院的这种命令效力之下，诉讼外的任何第三人履行这种义务只能针对适用的这种命令权力，而并非针对诉讼中当事人的那种诉讼权利。因此，一旦诉讼外的第三人拒不履行这种义务，将受到法律的制裁，这种情形具有法律上的正当性是不容置疑的。

对于法院调查证据的理解，我国现行立法和司法实践同一些国家存在重大差异。例如，我国《民事诉讼法》第70条第1款规定："人民法院有权向有关单位和个人调查取证，有关单位和个人不得拒绝。"我国《民事诉讼法》第67条第2款规定："当事人及其诉讼代理人因客观原因不能自行收集的证据，或者人民法院认为审理案件需要的证据，人民法院应当调查收集。"《民事诉讼法解释》第94条、第95条和第96条的规定均涉及就我国目前司法审判实践中，对法院依职权调查收集证据和由当事人及其诉讼代理人依据法定条件申请法院调查收集证据的法定两种情形。其中，只有与本案有关的证据本身在收集上的困难超出了当事人调查取证能力范围的情况下，当事人才可以申请人民法院依职权调查收集证据。

对一些特殊类型的案件如婚姻、家庭案件等，法院依职权主动调查收集相关证据，是基于国家对于人身权利的特殊保护以及对于双方当事人中处于明显弱者地位一方的一种公力救济的必然要求。这是在诉讼证明上由当事人负担举证责任的一种例外，而与诉讼上的举证责任无关。婚姻家庭案件不同于一般的财产纠纷案件，因为这类案件主要涉及人身权的法律保护，并且这类案件还与社会发展状态、人们的家庭观念、男女在家庭中的地位以及未成年人的保护等具有密切的联系，同时，在审理这类案件时，文化传统、男女情感、职业条件、生活能力、经济收入、伦理操守、个人品行、性格喜好等均会对婚姻家庭关系带来复杂的潜移默化的影响，都应当作为法院依法对这类案件进行审理所要考虑的因素。在婚姻家庭纠纷案件中，如果一方当事人的亲属提出该方当事人属于无行为能力人时，则有必要由其法定代理人代其参加诉讼，如果没有法定代理人时，可由法院为其指定代理人。与法院通过庭审查明案件事实不同的是，婚姻家庭案件的一方当事人因患有精神疾病而丧失行为能力，该种事实属于与实体权利义务关系所涉及的事实无关的一种程序事实。当被告一方亲属提出被告患有精神疾病而不能出庭，对此，原告没有异议，法院认为有必要对此程序事项加以进一步了解时，对于该种类型的事实，可根据《民事诉讼法解释》第

96条第1款第5项之规定，由法院据情依职权主动调查收集这种程序性事实，而不以当事人是否申请为必要前提。

2. 当事人申请法院调查收集证据

我国民事诉讼早先采用的纠问式审判方式是以实体真实为唯一价值取向的审判方式，而辩论式审判方式与之不同，它能够兼顾程序公正与实体公正的要求，在程序公正的前提下实现实体公正。然而，使这两种公正统一于这一审判方式并非无条件的，它的前提是当事人有收集获取证据的途径和手段，《民事诉讼法》应当为当事人获取证据提供制度和程序保障，否则，辩论式审判方式在赢得程序公正的同时也会失去实体公正。辩论式审判方式把法院从调查收集证据的重负下解放出来的同时，使当事人负担起调查收集证据的重担，使他们面临着因举证不能而败诉的现实危险。当事人同诉讼结果具有直接的利害关系，有赢得诉讼的强烈愿望，在这一欲望的利益驱动下，每一方当事人都会想方设法地获取对自己有利的证据，当事人调查收集证据的积极性和主动性是不成问题的。在民事诉讼中，双方当事人的法律地位是完全平等的，利益是相互对立的，当有利于自己的证据为对方或诉讼外第三人所占有或控制时，如果没有法律强制性规定以及严厉处罚的情况下，指望对方或诉讼外第三人会根据当事人及其诉讼代理人的要求交出这些证据在许多情况下较为困难。

由当事人申请法院调查收集证据，是一种法院在被动情况下动用职权调查收集证据的一种方式。客观举证责任是法律预先设定的一种法律后果，它要解决的是在某一待证事实是否存在难以查明，而法院又不能拒绝裁判的情况下，应当由谁承担不利法律后果的问题。从证据法上设置举证责任制度的目的来看，主要是着眼于解决当出现待证事实无法被证明或者本证与反证同时存在导致事实真伪不明状态时，法院应当如何作出裁判，即将不利的诉讼后果确定其最终归属的问题。在通常情况下，只要当事人能够提供证据以证明事实的真实性并为法院所接受，或者在特定情形下法院依职权对证据进行必要的调查收集也能查明待证事实，此时的结果责任不存在转化为现实的可能。但是，倘若待证事实在诉讼终结时未被充分证明，或者待证事实是否已被证明仍处于真伪不明状态，就需要依据预先设置的举证责任，将不利的诉讼后果判归负有主观举证责任或者负有客观举证责任的一方当事人承受。

《民事诉讼法解释》第 94 条和第 96 条分别对《民事诉讼法》第 67 条第 2 款所涉及的当事人及其诉讼代理人因客观原因不能自行调查收集证据的具体情形以及该条款所规定的人民法院认为审理案件需要证据所涉及的情形作出了相对明确的规定,这些规定在相当程度上缓解了当事人及其诉讼代理人取证难的问题。例如,《环境侵权证据规定》第 10 条规定:"对于可能损害国家利益、社会公共利益的事实,双方当事人未主张或者无争议,人民法院认为可能影响裁判结果的,可以责令当事人提供有关证据。前款规定的证据,当事人申请人民法院调查收集,符合《最高人民法院关于适用〈中华人民共和国民事诉讼法〉的解释》第九十四条规定情形的,人民法院应当准许;人民法院认为有必要的,可以依职权调查收集。"

(三)我国有关法律及司法解释相关规定的理解与适用

1.法院依职权调查收集证据

(1)立法上的原则规定

《民事诉讼法》第 67 条第 2 款中规定:"人民法院认为审理案件需要的证据,人民法院应当调查收集。"

对本条文的理解与适用,应当掌握如下基本内容:

其一,我国现行《民事诉讼法》从过去追求完全的客观真实改为追求相对的客观真实或者法律上的真实。[①] 这种立法上的变化将法院调查收集证据限定在特定的有限范围之内。

其二,与当事人收集和提供证据相比较,法院依职权调查收集证据具有限定性、功能性等特点。

其三,原则上,法院依职权调查收集证据主要涉及三种情形:一是具有社会性、公益性的民事诉讼案件;二是与开展诉讼有关的程序性事项;三是与强化、印证法院就待证事实形成内心确信(心证)有关的事实,尤其是为了尽可能避免待证事实最终处于真伪不明状态而作出的努力。

---

① 《民事诉讼法(试行)》中曾规定,人民法院应当按照法定程序,全面地、客观地收集和调查证据。这一规定,实际上是让法院承担了提供证据的责任。

其四，从调查收集证据的方式上，除了注重庭外通过对有关单位、个人调查收集、咨询专家、到有关现场实施勘验等以外，更应当注重通过庭审程序获得相关的证据。例如，不断改进和提高庭审中对双方当事人调查询问的技能和方法，要求当事人本人出庭接受调查询问，依职权调查了解知道案件情况的人并要求其出庭作证，接受法庭调查询问，等等。

（2）有关司法解释的具体规定

《民事诉讼法解释》第96条规定："民事诉讼法第六十七条第二款规定的人民法院认为审理案件需要的证据包括：（一）涉及可能损害国家利益、社会公共利益的；（二）涉及身份关系的；（三）涉及民事诉讼法第五十八条规定诉讼的；（四）当事人有恶意串通损害他人合法权益可能的；（五）涉及依职权追加当事人、中止诉讼、终结诉讼、回避等程序性事项的。除前款规定外，人民法院调查收集证据，应当依照当事人的申请进行。"

对本条文的理解与适用，应当掌握如下基本内容：

第一，本条文中，所谓"涉及可能损害国家利益、社会公共利益的"事实或情形，其中，国家利益、社会公共利益与个体及有关组织（包括公民个人、企业、机构、团体等社会组织）私权利益相对应。在民事诉讼当中，有关当事人只能处分自己的私权利益，不得损害国家利益、社会公共利益。在实践中，鉴于诉讼当事人的背景相当复杂，其中包括有的属于国家职能部门，有的属于公职人员，等等。凡在审理过程中，法院发现有关当事人的诉讼行为有可能损害国家利益、社会公共利益的，即只要存在与此相关的任何迹象或可能性的，都应当依职权调查收集相关的证据，确实保障国家利益和社会公共利益免受损害。对该种情形的规制，实际上是对民事诉讼当事人意思自治的合理限制，体现了司法权对于公序良俗的积极维护。例如，在合同纠纷案件中，对于合同效力的认定，在原则上应强调尊重当事人的意思自治，但同时也要防止只要双方当事人意思表示一致、真实，就承认其行为合法的做法，不得忽略对其行为合法性的审查。民事法律行为以合法性为必要条件。意思自治必须在法律许可的范围之内，不能以牺牲社会利益为代价来片面地追求当事人的意思自治。凡违反法律、行政法规禁止性规定的行为，以及危害国家利益和明显损害公共利益和公共秩序的行为，不能认可其效力。因此，在民事纠纷中，如果当事人之行为违反了法律的禁止性规定，构成犯罪的，则应中止审理，将该案移送公安或检察机关；发现犯罪线索的，应向有关部门提供；如果违法行为未达到犯罪程度，人民法院应依法对该违法行为进行制裁或以司法建议的形式建议有关部门予以行政处罚。在现代民事诉讼中，当事人的民事行为不得违背国家法律的禁止性规定以及社会的公序良俗已成为普遍承认并遵守的原则。人民法院在审理民事案件中，如果发现当事人的民事行为可能损于国家利益、社会公共利益的情形，则应当通过职权干预的方式对当事人的行为加以规制。这体现了民事诉讼以个人权利为本位的原则与以社会本位为例外的价值取向模式。从证据体系的角度来说，在发生上述情形时，法院依职权主动调查收集到的证据由于其干预目的的超当事人性，不再隶属于某一方当事人的证据体系，而是成为一个独立的证据体系。因为此时法院的功能已不单纯是为当事人解决民事纠纷的中立的司法机关，它还肩负为了国家利益、社会公共利益而制裁民事违法行为、维护社会秩序、经济秩序的使命与担当。而这恰恰是我国《民事诉讼法》第2条阐明的宗旨之一。值得注意的是，法院在审判上的这项司法功能仅具有辅助性质。对于损害国家利益、社会公共利益或者他人合法权益的事实，本条文并不要求是确定无疑的，而是冠以"可能有损于"字样。显然，这样规定是考虑到当事人的有些行为是否损害国家利益、社会公共利益，在证据的调查、收集以及判断上存在相当的困难，法院难以快速而明确地对它作出准确的判断。而且，将法院的此种事实的调查收集限制在已有明确判断的条件下，未免失之过严，因此，本条文将其界定为"涉及可能损害国家利益、社会公共利益的"情形。

第二，本条文中，所谓"涉及身份关系的"事实或情形。其中，所谓身份关系，系指在特定范围内人与人之间的特殊社会关系。这种社会关系是以家庭成员之间的关系为核心和纽带。例如，夫妻之间的婚姻关系、亲属之间的财产继承关系以及与亲属权有关的收养关系、抚养关系等。鉴于这种身份关系属于一种非财产关系，具有一定的社会公益属性，在证明标准上通常也高于一般财产纠纷涉及的事实，因此实行国家干预主义。与财产权益的保护相比而言，各国无论在立法上抑或司法上对于人身权利的保护均有更为严格的要求，体现了对于人权的一种特别关注，是一种社会高度文明的体现。因此，在审判实务中，如果将对于人身权利的保护仅设定于一般财产权利保护的水准之上，难免使人身权利受到侵害。因此，本条文将法院依职权调查收集证据的范围扩大至涉及身份关系的案件，是十分必要和务实的。也就是，对这种特殊的民事案件，除了要求当事人对其诉讼主张负有举证责任外，法院可据情依职权主动收集调查证据，即对案件事实的认定不应仅限于通过当事人的举证所提供的证据材料。

第三，本条文中，所谓"涉及民事诉讼法第五十八条规定诉讼的"事实或情形。根据《民事诉讼法》第58条规定："对污染环境、侵害众多消费者合法权益等损害社会公共利益的行为，法律规定的机关和有关组织可以向人民法院提起诉讼。人民检察院在履行职责中发现破坏生态环境和资源保护、食品药品安全领域侵害众多消费者合法权益等损害社会公共利益的行为，在没有前款规定的机关和组织或者前款规定的机关和组织不提起诉讼的情况下，可以向人民法院提起诉讼。前款规定的机关或者组织提起诉讼的，人民检察院可以支持起诉。"可见，根据本条文的规定，在以法律规定的机关和有关组织作为原告提起的涉及污染环境、侵害众多消费者合法权益等损害社会公共利益行为的公益诉讼中以及以人民检察院为原告涉及破坏生态环境和资源保护、食品药品安全领域侵害众多消费者合法权益等损害社会公共利益行为公益诉讼中，实行国家干预主义，人民法院应当依职权调查收集相关证据。

第四，本条文中，所谓"当事人有恶意串通损害他人合法权益可能的"事实或情形。这种情形主要指的是，双方当事人具有相互勾结串通的故意，试图通过诉讼形式以借助法院作出的裁判来达到损害他人合法权益的目的。这种行为不仅损害了他人的合法权益，而且也侵害了司法的权威性，对法律的尊严亦构成挑战与损及。因此，在诉讼上，对于当事人是否存在恶意串通损害他人合法权益事实的查明，应当实行国家干预主义，由法院依职权调查收集相关证据。

第五，本条文中，所谓"涉及依职权追加当事人、中止诉讼、终结诉讼、回避等程序性事项的"情形，这些程序性事项（事实）能够引起民事诉讼法律关系发生、变更或消灭。在许多情形下，这些事实属于法院依职权调查的范围，并不属于当事人举证责任范畴，法院可不依当事人提供的证据为限，并且可以采用自由证明的方式，同时要求法院用于确定其内心确信的证明标准较低，其盖然性达到60%左右即可。该项规定的目的在于保障司法权的行使过程和行使结果符合公正与效率的要求。它必须具备两个条件：一是须涉及依职权追加当事人、中止诉讼、终结诉讼、回避等的程序事项，虽然采用了列举不穷尽的方法，但这种程序事项原则上应当是《民事诉讼法》明确规定的内容。例如，《民事诉讼法》第153条第1款规定："有下列情形之一的，中止诉讼：（1）一方当事人死亡，需要等待继承人表明是否参加诉讼的；（2）一方当事人丧失诉讼行为能力，尚未确定法定代理人的；（3）作为一方当事人的法人或者其他组织终止，尚未确定权利义务承受人的；（4）一方当事人因不可抗拒的事由，不能参加诉讼的；（5）本案必须以另一案的审理结果为依据，而另一案尚未审结的；（6）其他应当中止诉讼的情形。"在上述情形中，即使当事人未向法庭举证，法院也应当为了裁判的正当性依职权主动调查取证，并作出相应的处理；二是须与实体争议无关的程序事项。这里的"无关"并非指不具有任何关系，而是指不具有直接关系。在理论上，民事诉讼包括诉讼实体内容与诉讼程序内容。所谓诉讼实体内容是指与当事人争议的实体权利直接相关的诉讼内容。诉讼程序内容是与当事人争议的实体权利并不直接相关的程序事项，对于这类情形，人民法院不依职权调查收集证据，诉讼程序无法推进，依其性质应当由人民法院依职权调查收集证据，这也是大陆法系国家的通例。例如，我国《民事诉讼法》第55条规定了共同诉讼和共同诉讼当事人的诉讼权利义务。该法第135条还规定，必须共同进行诉讼的当事人没有参加诉讼的，法院应当依职权主动追加未参加诉讼的必要共同诉讼人。又如，审判的回避是衡量诉讼过程是否公正的重要标准，如果当事人未向法院提出回避申请，而合议庭认为合议庭成员或其他诉讼参与人与诉讼当事人具有利害关系，或符合回避的其他情形，则应主动依职权在查实的基础上实行回避。

第六，《民事诉讼法解释》第96条第2款的规定，意在明确划分法院依职权调查收集证据与当事人申请法院调查收集证据之间的界限。根据现行《民事诉讼法》及相关司法解释的规定，当事人申请法院调查收集证据的行为被视为当事人举证行为的一种特殊表现形式，因此，除了有关法律和司法解释明确规定人民法院依职权调查收集证据的情形之外，其他人民法院调查收集证据的行为必须根据当事人的申请进行。凡不符合本条文规定，又没有以当事人申请为前提，法院依据职权调查收集证据的行为，均属于违反法定程序的行为。

第七，本条文所列的情形没有兜底条款。因此，对于本条文所列的五种类型的情形，不得随意扩张适用，否则就违背了本条规定的宗旨。因为这五种类型的情形均是在当事人未向法院提出申请的条件下，由法院依职权主动为之，如果不对其适用严加限制的话，势将导致法院滥用此种权力，而且对当事人而言，诉讼过程及诉讼结果也将无公正可言。因此，对于法院依职权主动调查收集证据的行为，必须明确而具体地规定其适用条件和适用范围。

2. 当事人申请法院调查收集证据

（1）立法上的原则性规定

《民事诉讼法》第67条第2款中规定："当事人及其诉讼代理人因客观原因不能自行收集的证据……人民法院应当调查收集。"

对本条文的理解与适用，应当掌握如下基本内容：

第一，本条文中，所谓"客观原因"，指的是有关当事人及其代理人在自行收集证据时所遇到的客观上难以克服的障碍。

第二，本条文中，所谓"人民法院应当调查收集"，是指在这种情形下，法律将其转化为法院在诉讼上应当承担的义务和责任。

第三，在诉讼上，当法院在法律有明确规定的情况下未能承担调查收集证据义务，对案件的审理造成不利影响的，有关当事人可依法寻求必要的救济。例如，《民事诉讼法》第211条第5项规定："对审理案件需要的主要证据，当事人因客观原因不能自行收集，书面申请人民法院调查收集，人民法院未调查收集的"，当事人提出申请的案件，人民法院应当再审。

根据《民事诉讼法》第284条规定："当事人申请人民法院调查收集的证据位于中华人民共和国领域外，人民法院可以依照证据所在国与中华人民共和国缔结或者共同参加的国际条约中规定的方式，或者通过外交途径调查收集。在所在国法律不禁止的情况下，人民法院可以采用下列方式调查收集：（一）对具有中华人民共和国国籍的当事人、证人，可以委托中华人民共和国驻当事人、证人所在国的使领馆代为取证；（二）经双方当事人同意，通过即时通讯工具取证；（三）以双方当事人同意的其他方式取证。"

（2）有关司法解释的具体规定

《民事诉讼法解释》第94条第1款规定："民事诉讼法第六十七条第二款规定的当事人及其诉讼代理人因客观原因不能自行收集的证据包括：（一）证据由

国家有关部门保存,当事人及其诉讼代理人无权查阅调取的;(二)涉及国家秘密、商业秘密或者个人隐私的;(三)当事人及其诉讼代理人因客观原因不能自行收集的其他证据。"

对本条文的理解与适用,应当掌握如下基本内容:

第一,本条文采用列举式,其中所谓"包括",也就是不限于以下几种情形之意。其中,所谓客观原因,是指超出当事人的主观意志以及凭借当事人一己之力所无法控制的原因。

第二,本条文中,所谓"证据由国家有关部门保存,当事人及其诉讼代理人无权查阅调取的"情形,指的是有关证据主要系国家有关部门依法保存的档案材料。这种情形应当具有两个条件:其一,这里所说的保存档案材料的国家有关部门,包括掌管企业登记、年检资料的市场监管机关,保管房产资料的房屋产权登记机关,保管病人住院病史的医院(尤其是精神病院),保管居民户籍资料的公安机关,掌握纳税人纳税情况的税务机关,掌握储户储蓄(包括企业的开户情况和资金流转情况等)情况的银行,掌握出入报关单及结算情况的海关,保存未过解密期历史文献资料的档案馆以及其他一般不向社会公众敞开内部材料的单位,等等。其二,这些档案材料必须由人民法院出面依职权才能调取。由于上述单位受制于某些规定或内部规章制度或者上级有关红头文件等,除了司法机关,它们往往不公开由其保管的资料。故当事人在收集这些资料上属于客观不能,从而只能求助于人民法院的帮助。法律原则上禁止作为民事诉讼中的当事人及其诉讼代理人对这些材料进行查阅、调取。

第三,本条文中,所谓"涉及国家秘密、商业秘密或者个人隐私的情形",指的是与国家秘密、商业秘密和个人隐私有关的私密材料,在法律上受到严格保护。其中,《中华人民共和国保守国家秘密法》第2条规定:"国家秘密是关系国家的安全和利益,依照法定程序确定,在一定时间内只限一定范围的人员知悉的事项。"该法第9条规定:"下列涉及国家安全和利益的事项,泄露后可能损害国家在政治、经济、国防、外交等领域的安全和利益的,应当确定为国家秘密:(一)国家事务重大决策中的秘密事项;(二)国防建设和武装力量活动中的秘密事项;(三)外交和外事活动中的秘密事项以及对外承担保密义务的秘密事项;(四)国民经济和社会发展中的秘密事项;(五)科学技术中的秘密事项;(六)维护国家安全活动和追查刑事犯罪中的秘密事项;(七)经国家保密行政管理部门确定的其他秘密事项。政党的秘密事项中符合前款规定的,属于国家秘密。"国家秘密的基础是国家安全与利益,因而国家秘密是公权,由国家通过其职能机关来照料和行使。涉及国家秘密的材料,均由国家有关部门专门保管,诉讼当事人一般无从知悉或者不能自行调查收集,因而只能由人民法院经当事人申请依职权调查收集。另外,根据《中华人民共和国反不正当竞争法》(以下简称《反不正当竞争法》)第9条第4款规定,所谓"商业秘密,是指不为公众所知悉、具有商业价值并经权利人采取相应保密措施的技术信息、经营信息等商业信息"。《最高人民法院关于审理侵犯商业秘密民事案件适用法律若干问题的规定》第1条规定:"与技术有关的结构、原料、组分、配方、材料、样品、样式、植物新品种繁殖材料、工艺、方法或其步骤、算法、数据、计算机程序及其有关文档等信息,人民法院可以认定构成反不正当竞争法第九条第四款所称的技术信息。与经营活动有关的创意、管理、销售、财务、计划、样本、招投标材料、客户信息、数据等信息,人民法院可以认定构成反不正当竞争法第九条第四款所称的经营信息。前款所称的客户信息,包括客户的名称、地址、联系方式以及交易习惯、意向、内容等信息。"其中,所谓个人隐私是私人生活中不欲人知的信息,即生活秘密。而对生活秘密的不公开权即隐私权是人格权体系中的重要权利之一。隐私权的真谛是私生活的自由与安宁,是保护个人生活免受好事之徒的窥探与干扰。由于隐私权属于完全精神性的人格权,与其主体密不可分,且无法衡量其价值,故受到法律的宽泛性保护。个人隐私是以秘密为其必备要素,法律对于个人隐私也给予了较为周全的保护,原则上不受侵犯。但是,在民事诉讼过程中,如果该种个人隐私对案件事实的证明存在积极的作用,而诉讼当事人又无法获取这种证据的,应当申请人民法院依职权调查取证。有关当事人及其代理人因民事诉讼中保护私权利益的需要对其进行收集,因缺乏法律上的依据,有可能涉嫌违法或者构成侵权。而改由人民法院前去调查收集,能够避免有关当事人及其代理人直接接触这些私密材料,起到必要的防护作用。我国《民事诉讼法》第137条将涉及个人隐私的案件列入不公开审理的范畴,这也是对于个人隐私在民事诉讼中的有效保护手段。因此,为了查明案件的事实真相,有必要在当事人因客观原因收集的材料涉及个人隐私时，赋予当事人申请法院依职权调查收集的权利。

第四，本条文中，所谓"当事人及其诉讼代理人因客观原因不能自行收集的其他证据"，属于兜底条款，指的是审判实践当中的情况千差万别，难以一一列举，设置相应的弹性条款，以求对当事人不能收集证据的客观原因的缺漏予以弥补。其他与上述规定相同或相似的情形是否能够参照适用，由人民法院具体决定。对此，在实践当中，有关当事人及其诉讼代理人可向人民法院提出书面申请，申请书应当载明被调查人的姓名或者单位名称、住所地等基本情况、所要调查收集的证据名称或者内容、需要由人民法院调查收集证据的原因及其要证明的事实以及明确的线索。最终，由人民法院经审查判断后作出同意与否的决定。

（3）法院不予准许的情形

《民事诉讼法解释》第95条规定："当事人申请调查收集的证据，与待证事实无关联、对证明待证事实无意义或者其他无调查收集必要的，人民法院不予准许。"

对本条文的理解与适用，应当掌握如下基本内容：

第一，当事人向法院提出调查收集证据申请，法院应当对当事人的申请进行形式审查和实质审查。其中的形式审查主要涉及申请书的格式、基本内容及签名和印章；而实质审查主要涉及当事人申请法院调查收集的证据与待证事实之间是否具有关联性或不可替代性。本条文涉及其中的实质审查。

第二，本条文中，所谓"与待证事实无关联"，是指当事人申请法院调查收集的证据，对证明待证事实的存在与否没有任何证明价值。在此，值得注意的是，这里所称的"当事人"意指双方当事人。因此，这里所称的"关联"，既包括一方当事人（通常为原告）申请法院调查收集的证据能够证明待证事实的存在，也包括另一方当事人（通常为被告）申请法院调查收集的证据能够证明待证事实的不存在；另外，也包括具有独立请求权的诉讼外第三人申请法院调查收集相关的证据。

第三，本条文中，所谓"对证明待证事实无意义"，是指当事人申请法院调查收集的证据，对证明待证事实的存在与否虽然有一定的证明价值，但是，这种证明（力）价值尚未充分到足以证明有关待证事实的存在与否的程度。值得关注的是，在实务上，有时当事人申请法院调查收集的证据，对证明待证事实的存在与否虽然有一定的证明价值，但尚未达到足以证明有关待证事实存在与否的程度；然而，如果结合有关当事人提供的其他证据，或者法院根据庭审调查对待证事实所形成的内心确信，在此情形下，如果能够达到足以证明有关待证事实存在与否的程度的，也应当认为是"对证明待证事实有意义"，而并非"无意义"。

第四，本条文中，所谓"其他无调查收集必要的"情形，属于一种兜底性规定，也就是说，其他相同或者类似有无调查收集必要的情形的存在与否，要由法院在个案中据情判断。

第五，《知识产权证据规定》第31条规定："当事人提供的财务账簿、会计凭证、销售合同、进出货单据、上市公司年报、招股说明书、网站或者宣传册等有关记载，设备系统存储的交易数据，第三方平台统计的商品流通数据，评估报告，知识产权许可使用合同以及市场监管、税务、金融部门的记录等，可以作为证据，用以证明当事人主张的侵害知识产权赔偿数额。"该条规定涉及有关知识产权损害赔偿数额的证据。对侵害知识产权损害赔偿数额，通常会以权利人因被侵权遭受的损失、侵权人因侵权获得的利益、知识产权许可使用费的合理倍数为基础确定。为引导当事人正确收集证据，实现赔偿计算精细化，该条规定对证明上述事实的证据作出列举。当事人提交的该条所述证据，可以作为确定侵害知识产权赔偿数额的证据，但是其证明力如何，是否能够采信，还需要人民法院全面审查后作出认定。

（4）当事人及其诉讼代理人申请法院调查收集证据的程序性规定

2019年《民事证据规定》第20条规定："当事人及其诉讼代理人申请人民法院调查收集证据，应当在举证期限届满前提交书面申请。申请书应当载明被调查人的姓名或者单位名称、住所地等基本情况、所要调查收集的证据名称或者内容、需要由人民法院调查收集证据的原因及其要证明的事实以及明确的线索。"

对本条文的理解与适用，应当掌握如下基本内容：

第一，当事人及其诉讼代理人申请人民法院调查收集证据，属于一项较为重要的程序性事项，故在形式要件上应当以提交书面申请为条件。但是，就简易程序和小额诉讼程序而言，如果在法律上连当事人起诉都可以采用口头形式的话，那么至少从法理上讲，当事人及其诉讼代理人申请人民法院调查收集证据，采用口头形式也未尝不可，但应记录在卷，由当事人及其诉讼代理人签名、捺印。

第二，鉴于《民事诉讼法》第68条第2款中规定："人民法院根据当事人的主张和案件审理情况，确定当事人应当提供的证据及其期限。"因此，法院在审理过程中，可以根据案件的审理情况和不同的阶段性来确定相应的举证期限，并且原则上，确定举证期限不受次数限制。据此，当事人及其诉讼代理人申请人民法院调查收集证据，可以根据不同诉讼阶段所确定的举证期限在其届满前提出书面申请即可。

第三，一般来说，申请人民法院调查收集证据的主体是民事案件的当事人及其诉讼代理人。另外，在民事诉讼中还应当包括无民事行为能力人或限制民事行为能力人的法定代理人。当事人及其诉讼代理人等申请人民法院调查收集证据，只能采用书面形式。因为民事诉讼的举证责任主体是案件的当事人，他们申请人民法院调查取得的证据，最终还是要归入申请方的证据体系，故为了体现对当事人举证责任以及对人民法院居中裁判的强化，追求当事人举证上的程序公正，有必要采用书面申请的方式。书面申请同时也是将法院经当事人及其诉讼代理人等申请而依职权调查取得的证据归入当事人证据体系的有效证明，是维护和提高法院中立性和权威性的有效措施。申请书中须载明以下事项：（1）被调查人的姓名或者单位名称、住所地等情况；（2）所要调查收集的证据的内容。本项中，当事人不仅应当指明所要调查的证据的形式，如书证、物证、视听资料等，还应当明确所要调查的证据的记载内容。原则上，当事人的申请书中应当载明上述内容，但在当事人只知悉明确的调取线索，而无法知道该证据的具体形式及内容时，法院应当进行裁量，只要其理由正当可信，即可准许。（3）需要由人民法院调查收集证据的原因。当事人及其诉讼代理人申请人民法院调查收集证据的理由，是由于客观原因不能收集证据。所谓客观原因，是指超出当事人意志、当事人无法控制的原因。这类原因包括：其一，证据由国家有关部门保存，当事人及其诉讼代理人无权查阅调取的；其二，涉及国家秘密、商业秘密、个人隐私的；其三，当事人及其诉讼代理人因客观原因不能自行收集的其他证据。对于前两项原因，只要所要调查的证据能够对证明本案事实有帮助的，人民法院就应当予以准许。至于第三项原因，由于可能存在各种不同的情况，因此需要法院依职权进行裁量。对于确实属于导致当事人不能收集证据的客观原因，只要是正当的，就应当予以认可。（4）所要证明的事实。当事人及其诉讼代理人必须在申请书中载明申请人民法院调查收集的证据所要证明的事实，即该证据与所要证明的对象以及在证明上的关联性，否则，即使该证据符合当事人因客观原因不能收集的条件，法院也不能采用职权调查收集的方式。

第四，本条文第2款当中，就申请书要求载明所要申请调查收集的证据名称或内容的，如果这些证据属于国家秘密、商业秘密或者个人隐私的，当事人就无法陈述证据的具体内容，而只能提供证据的名称，但是应当提供相应的证据线索，以有助于法院调查收集工作的顺利进行。

第五，对于当事人的申请，法院经审查后有两种处理结果，一种是准许，另一种是不准许。合议庭或者独任庭可以根据案件具体情况，通过书面或者口头形式将处理结果告知当事人及其诉讼代理人。

3.法院向有关单位和个人调查取证

（1）立法上的原则性规定

《民事诉讼法》第70条规定："人民法院有权向有关单位和个人调查取证，有关单位和个人不得拒绝。人民法院对有关单位和个人提出的证明文书，应当辨别真伪，审查确定其效力。"

对本条文的理解与适用，应当掌握如下基本内容：

第一，人民法院是国家审判机关，为了审判上的需要而向有关单位和个人调查取证，是其行使审判权所进行的职能活动之一。对有关单位和个人而言，其向法院提供证据，是其应尽的法律义务，这种义务可被称之为诉讼上的协力义务。有关单位和个人对其所保存和持有的证据应当根据法院的要求予以提交，不得以任何理由或借口拒绝提交，否则法院可以依据《民事诉讼法》第113条和第117条的规定，对其采取妨碍民事诉讼的强制措施。

其二，本条文中所称的"证明文书"，因单位的性质以及是否属于国家有关职能部门在其职权范围内等不同，可以将这种证明文书理解为公文书证、私文书证两大类型。凡属于公文书证以外的其他书证，原则上都可划分至私文书证范围，其中包括在广义上由有关单位或个人制作的证明材料。

其三，法院对有关单位和个人提出的证明文书进行辨别和审查，主要从两个方面来进行：一是对有关证明文书在形式上的真实性进行审查判断，其中包括该证明文书的格式、是否符合规范性要求以及盖章、签名的真实性等。经辨别和审查判断，如果法院认为其不符合形式上的真实性要求，该证明文书就不具有适格性，也即缺乏相应的证据能力；二是对有关证明文书在实质上的真实性进行审查，主要涉及该证明文书内容与待证事实之间是否具有关联性。如果法院认为有关证明文书与待证事实之间没有关联性，即使存在形式上的真实性，也应当以其没有证明价值为由而将其予以排除。

（2）有关司法解释的程序性规定

《民事诉讼法解释》第115条规定："单位向人民法院提出的证明材料，应当由单位负责人及制作证明材料的人员签名或者盖章，并加盖单位印章。人民法院就单位出具的证明材料，可以向单位及制作证明材料的人员进行调查核实。必要时，可以要求制作证明材料的人员出庭作证。单位及制作证明材料的人员拒绝人民法院调查核实，或者制作证明材料的人员无正当理由拒绝出庭作证的，该证明材料不得作为认定案件事实的根据。"

对本条文的理解与适用，应当掌握如下基本内容：

第一，本条文所称的"证明材料"，是以单位名义向法院提交的。在此，应当区别证明材料与书证之间的界限。从逻辑关系上讲，这种以单位名义制作和提交的证据，虽然仍是以文字、符号、图案来记载人的思想和行为，表达人的主观意思的一种信息资料，并且在形式要件上是由单位负责人及其制作该证明材料的人员签名或盖章并加盖单位印章的，但它毕竟是在诉讼发生之后产生的。因此，大多数情况下是属于书面证据，甚至是属于书面证言的范畴。故从法律上与所称的书证具有本质的不同。当然，在个别情况下，本条文所称的"证明材料"，也包含书证。在许多情况下，书证是在诉讼之前产生的，它是对当事人之间权利义务关系产生、变更或者消灭的记载，与案件事实本身具有伴生性。因此，诉讼当中的书证本身的证明效力与制作证明材料的人员是否出庭作证几乎不存在任何关系。同时，对于许多书证而言，即使法院对其真实性不进行调查核实，或者退一步讲，即使法院对其真实性进行调查核实，如果制作该书证的单位或个人拒绝的，也不能够想当然地影响其证明效力。在实践中，应当严格与书面证言划清界限，以免因书面证言的传闻属性而减损其证明价值或被予以排除。

第二，本条文对有关单位的性质并未作出限定，而根据有关文书的分类，主要有公文书证和私文书证两种类型。如果属于国家有关职能部门或者其他具有社会管理职能的组织在其职权范围内制作的文书，就属于公文书证，反之，公文书证以外的书证都属于私文书证，其中包括那些属于国家有关职能部门或者其他具有社会管理职能的组织不在其职权范围内制作的文书。

第三，无论对有关证明材料在形式上的真实性存在疑问还是内容上的真实性存在疑问，法院均可就该证明材料向有关单位及制作证明材料的人员进行调查核实。

第四，是否要求制作证明材料的人员出庭作证，由法院据情决定。传唤有关制作证明材料的人员以证人身份出庭作证，属于法院依职权作出的传唤决定，这种行为的性质属于调查核实证据的范畴。从正当程序的角度，不排除有关当事人提出相关申请。在此情形下，由法院根据当事人提出申请的理由并结合具体案情作出相应的决定。有关制作证明材料的人员出庭作证的，除了法院对其进行调查询问以外，有关当事人经法院许可后也可就相关问题对其进行询问。

第五，根据本条第2款规定，如果出现单位及制作证明材料的人员拒绝人民法院调查核实，或者制作证明材料的人员无正当理由拒绝出庭作证的情形，那么，该证明材料在审判上将予以排除，不得使用。但是，从借鉴有关国家对妨碍司法的行为进行严厉处罚的立法例及司法经验、维护司法权威以及《民事诉讼法》第70条第1款所规定的有关单位和个人向法院承担协助其调查取证义务的角度，根据有关案件的性质（如公益性较强的民事案件）以及有关单位及具体经办人的拒绝行为对法院认定待证事实造成严重不利影响的，不排除法院据情可根据《民事诉讼法》对妨害民事诉讼的行为实施强制措施的有关规定进行相应的处罚。

4. 法院庭前调查收集证据

（1）程序上的原则性要求

《民事诉讼法》第132条规定："审判人员必须认真审核诉讼材料，调查收集必要的证据。"

对本条文的理解与适用，应当掌握如下基本内容：

第一，本条文中，所谓"诉讼材料"，是指原告及被告双方当事人向法院提交的起诉状、答辩状，以及他们各自提交的有关证据材料。

第二，本条文中，所谓"审核诉讼材料"，是指承办案件的审判人员对原告的起诉状、被告的答辩状以及他们提交的证据和其他诉讼材料进行审查与核实。

第三，鉴于本条文属于法律所规定的审理前的准备阶段，本条文中所谓"必要的证据"，并非指所有与案件待证事实有关联性或可能有关联性的证据，因为民事诉讼主要是解决因私权利益产生的纠纷，对有关待证事实的举证责任主要由双方当事人负担，法律所规定的法院调查收集相关证据，只是当事人提供证据的必要补充。因此，法院调查收集必要的证据，必须是与待证事实具有关联性或者可能具有关联性的证据，但必须限于法律所规定的由法院职权调查收集的范畴。按照我国法律及相关司法解释的规定，法院主动依职权调查收集证据，分为以下情形：一是涉及可能损害国家利益、社会公共利益的；二是涉及身份关系的；三是涉及《民事诉讼法》第58条规定诉讼的；四是当事人有恶意串通损害他人合法权益可能的；五是涉及依职权追加当事人、中止诉讼、终结诉讼、回避等程序性事项的。而法院被动依职权调查收集证据，主要是因为当事人及其诉讼代理人因客观原因不能自行收集的证据，分为以下情形：一是证据由国家有关部门保存，当事人及其诉讼代理人无权查阅调取的；二是涉及国家秘密、商业秘密或者个人隐私的；三是当事人及其诉讼代理人因客观原因不能自行收集的其他证据。

（2）调查收集证据的程序性要求

《民事诉讼法》第133条规定："人民法院派出人员进行调查时，应当向被调查人出示证件。调查笔录经被调查人校阅后，由被调查人、调查人签名或者盖章。"

对本条文的理解与适用，应当掌握如下基本内容：

第一，本条文意在规范法院调查人员的调查行为，以维护被调查人的合法权益，增强调查活动的合法性、严肃性。法院派出人员通常为审判人员或书记员。这是民事诉讼证据的合法性所决定的。诉讼证据的合法性，是指诉讼证据必须是按照法律的要求和法定程序而取得的事实材料。具体来说，诉讼证据的合法性含有下面两方面的含义：一是诉讼证据的提供、收集和审查，必须符合法定的程序要求；二是诉讼证据的形式应当合法，即根据有关法律规定，作为证明案件事实的证据材料形式上应当符合法律要求，否则不能作为诉讼证据。可见，人民法院调查收集证据，也必须依法进行。

第二，人民法院调查收集证据，应当由两人以上共同进行。两人，指的是调查、收集证据的人数限制，最低必须是两人或两人以上。调查人员包括审判人员、书记员，还包括在法院执行职务的陪审员。同时，参加收集调查证据的审判人员、书记员等还必须是共同进行，不得单独进行。调查时，应当制作调查笔录。调查完毕，应当将制作的调查笔录送交被调查人校阅，经核对无误后，由被调查人、调查人、记录人在笔录内容的下方处签名、捺印或者盖章。对此，《民事诉讼法解释》第97条规定："人民法院调查收集证据，应当由两人以上共同进行。调查材料要由调查人、被调查人、记录人签名、捺印或者盖章。"

第三，调查中摘抄的有关材料，除应注明原材料的名称、出处以外，还应当由有关单位和个人盖章或签名。调查材料还必须由有关人员签名或盖章。一是调查人员要签名或盖章，以示负责。二是被调查人要签名或盖章，以证明其对调查材料的肯定。记录人也要签名或盖章，也是以示负责之意。调查人和记录人不仅应当签名或者盖章，而且还应当对调查材料的内容进行审查，然后才能签名或者盖章。

（3）委托调查的相关规定

《民事诉讼法》第134条规定："人民法院在必要时可以委托外地人民法院调查。委托调查，必须提出明确的项目和要求。受委托人民法院可以主动补充调查。受委托人民法院收到委托书后，应当在三十日内完成调查。因故不能完成的，应当在上述期限内函告委托人民法院。"

对本条文的理解与适用，应当掌握如下基本内容：

第一，本条文所规定的委托调查是一种法定调查方式。审理有关案件的法院，除了自行调查收集证据以外，对在外地的证据，在必要时可以委托外地法院代行调查，这样可以在保证调查质量的条件下降低调查成本，提高调查效率。根据法律规定，受委托的法院有义务协助调查取证。

第二，为了保证调查事项的完整性并满足审理案件的需要，受委托的法院除根据委托调查的项目和要求进行调查以外，如果发现与委托项目有关的证据，可以主动补充调查。

第三，为了防止调查的拖延，受委托的法院收到委托书后，应当在30日内完成调查，并将调查材料函复委托法院。如果因故不能完成的或者需要延期完成的，应当在上述期限内函告委托法院。

5. 调查收集书证

2019年《民事证据规定》第21条规定："人民法院调查收集的书证，可以是原件，也可以是经核对无误的副本或者复制件。是副本或者复制件的，应当在调查笔录中说明来源和取证情况。"

对本条文的理解与适用，应当掌握如下基本内容：

（1）本条文将人民法院经当事人申请依职权调查的书证内容界定为原件或经核对无误的副本或者复制件。书证的原件自无疑问，但对于副本或者复制件，则应作较为宽泛的理解。从本条文规定看，副本或者复制件应当是经核对无误的副本或者复制件。但在实践中也存在这样的情况，即人民法院所调查收集到的书证是无从与原件核对无误的副本或复制件。人民法院调查收集到的这几种可能出现的书证方式所产生的法律后果，均应当由申请方当事人来实际承受，而且均应作为庭审质证的内容，但它们在质证及认证过程中的效力也会有所不同：对于书证的原件和经核对无误的副本或者复制件，经质证后自应作为认定本案事实的证据；而对于无法与原件核对无误的书证的副本或者复制件，则显得较为复杂一些。

（2）一般而言，证据材料为复制件，提供人拒不提供原件或原件线索，没有其他材料可以印证，对方当事人又不予承认的，在诉讼中不得作为认定事实的证据。从本条文规定来看，这里所列出的不得作为认定事实的证据，必须具备四个条件：一是证据材料是复制件；二是提供人拒不提供原件或原件线索；三是没有其他材料可以印证；四是对方当事人不予承认。这四个条件必须同时具备，该证据材料才不得作为认定事实的证据。

（3）根据2019年《民事证据规定》第90条第5项规定："无法与原件、原物核对的复制件、复制品……不能单独作为认定案件事实的根据。"显然，上述规定并未否定无法与原件核对的书证复制件的证据力，而只是认为它不能单独作为认定案件事实的依据，亦即应当通过与其他证据相互印证的方式来证明案件事实。当然，对于这种书证，如果没有其他材料予以印证，对方当事人又不予承认，且其不予承认的理由正当的，法院可以不作为本案认定事实的证据。

（4）法院的调查人员在调查书证时，除正常情况下可收集到书证外，还需要两种方法收集证据：一是借用一定的技术手段显现、固定、提取收集书证。根据书证的定义，除纸张以外，其他物体表面的文字、符号、图案等若表达了一定的意思，且该意思表示能证明某些案件事实，那么这些物体也将被称之为书证，如路边竖立的禁止车辆左拐弯的交通标志、地面上用火柴棍摆成的求救信号、刻有名字的戒指、打上序号的汽车发动机部件等。尽管我国法律要求，书证要提供原件，但在某些情况下却是无法提供原件的，如写在墙上的标语、刻有墓志铭的石头是无法像书面书证那样附入卷宗的，此时就必须以照相、拓印等方法将其上的文字内容固定在纸张上，才能达到收集书证的目的。又如，某些密写文书，只有经过化学方法显现、固定后，才能起到证据的作用。二是以复印、抄录、拍照等方法收集书证。

6.调查收集物证

2019年《民事证据规定》第22条规定："人民法院调查收集的物证应当是原物。被调查人提供原物确有困难的，可以提供复制品或者影像资料。提供复制品或者影像资料的，应当在调查笔录中说明取证情况。"

对本条文的理解与适用，应当掌握如下基本内容：

（1）物证是指以自己的外部特征和物质属性，即以其存在、外形质量等来证明案件事实的物品。如购销合同纠纷中对质量有争议的标的物，损害赔偿诉讼中受到损坏的物品，均为物证。从物质形态上说，书证也是物的一种，但书证与物证在性质上还是可以区别开来的：其一，书证是以记载于一定物质（如纸、石碑、墙）上的文字、符号所表达的内容来证明案件事实的，而物证则是以其外形、质量、特征等证明案件事实的。其二，法律对书证有时在形式上或手续上有特定要求，对物证则无特殊要求。其三，书证在民事诉讼中具有特殊的重要性，本身又比较复杂，物证虽然也是一种重要的证据，但相对书证而言较为简单，所以各国民事诉讼法规定书证的条文多而规定物证的条文少。

（2）人民法院调查收集的物证应当是原物。被调查人提供原物确有困难的，可以提供复制品或者影像资料。其中，影像资料主要包括照片和录像资料。提供复制品或者影像资料的，应当在调查笔录中说明其来源和制作经过。

（3）一般来说，制作笔录是调查物证和书证的基本方法。作为自然界所存在的物体可能因为自然或者人为的原因变化、破坏甚至灭失。有些物证可能因为自然的影响而模糊、变样或消失；有些物证可能因为人为的原因而发生变化，或者被人们无意毁坏，如道路上的物品被他人移动、痕迹被清扫或者被人有意破坏；有些物证过于庞大或者过于微小，难以收集到原物。对于上述情形，被调查人提供原物确有困难的，可以提供复制品或者影像资料，但应当在调查笔录中说明其来源和制作过程。

（4）当事人及其诉讼代理人申请人民法院依职权调查物证后，人民法院主要采用以下方法收集物证：其一，勘验。勘验是指人民法院按照法定职权和法定程序对有关的场所、物品和其他有形物体进行现场勘测的专门调查活动，是发现、提取和收集物证的一种重要方法。由于勘验直接影响公民、法人或者其他组织的合法权益，法律对勘验基本程序作了规定：包括保护现场、邀请见证人及制作勘验笔录。例如，《民事诉讼法》第83条规定："勘验物证或者现场，勘验人必须出示人民法院的证件，并邀请当地基层组织或者当事人所在单位派人参加。当事人或者当事人的成年家属应当到场，拒不到场，不影响勘验的进行。有关单位和个人根据人民法院的通知，有义务保护现场、协助勘验工作。勘验人应当将勘验情况和结果制作笔录，由勘验人、当事人和被邀请参加人签名或者盖章。"勘验中凡是能作为物证的，该提取的提取，不能提取的也要用拍照、绘图或制作模式等方法加以固定。其二，鉴定。通常情况下，许多物证基于物体属性、形态等原因无须采用专业技术鉴定就能够证明案件事实。但是有些物证与待证事实之间的证明关系涉及专门性问题，必须通过专业技术鉴定方式才能得出相应的鉴定意见；其三，利用拍照、录像等方式提取物证；其四，制作调查笔录。在无法提交原物，而只能提供相应的复制品或者录像资料的情况下，人民法院无论采用何种调查收集物证的方法，均应当同时制作调查笔录，对取证情况加以详细记录、说明。调查笔录应当详细载明物证出处，物证由何人提供、收集人员的基本情况，收集物证的程序是否依法进行，取证的具体过程等。

（5）人民法院调查收集物证，应当由两人以上共同进行。调查笔录应当由人民法院调查人员、被调查人、记录人签名、捺印或者盖章。如果被调查人拒绝签名、捺印或者盖章的，应当在调查笔录中注明。

（6）对调查收集来的物证，在妥善加以固定之后，应当按照相关要求予以严密保管和封存。对一般物证应当使用密封条、密封袋、密封签，统一编号，密封保管；对于扣押的物品，应当设立专门的保管场所，严格出入库手续；对于体量大或笨重不易搬动的物证，应当拍照并注明实物存放的地点；对于易损坏、消失、变质的物品，应当通过复制模型、拍照、绘图、记录等方式迅速处理；对于易燃、易爆物品，应当将照片、录像资料、勘验笔录、鉴定意见等保存下来，将实物交由有关部门处理；对于其他不宜公开的物证，应当指定专人保管，注意保密，在法庭审理过程中，不得当庭出示，并在案卷中载明；对作为证据使用的实物，应当随案移送，对不宜移送的，应当将清单、照片、录像资料或其他证明文件随案移送。

7.调查收集电子数据和视听资料

2019年《民事证据规定》第23条规定："人民法院调查收集视听资料、电子数据，应当要求被调查人提供原始载体。提供原始载体确有困难的，可以提供复制件。提供复制件的，人民法院应当在调查笔录中说明其来源和制作经过。人民法院对视听资料、电子数据采取证据保全措施的，适用前款规定。"

对本条文的理解及与适用，应当掌握如下基本内容：

（1）视听资料主要包括以录音证据、录像证据作为主要载体的表现形式。其中，所谓录音证据，是指运用声学、电学、化学、机械学等方面的科学原理制成的收录设备，把正在进行的演说、谈话、歌唱、呼叫、爆炸、机械摩擦、自然声响、电话中的对讲等声音如实地记录下来，然后经过播放再现原始的声迹，并用来证明案件真实情况的证据。录音证据既能通过原始声音信号本身所反映的内容来证明案情，也能通过再现原始声音的物理特性来证明案情。例如，谈话录音证据，一方面以其所记录的谈话内容证明讲话人说过哪些话，另一方面以其所反映的讲话人的语音、语调、音质、音素等声纹特征及谈话的环境信息特征来证明案情。当播放这些具有不同特征的录音时，熟悉情况的人能够很快作出辨认，讲话人也不容易像否认证人证言那样否认自己的声音，即使讲话人拒不承认，还可以运用声音频谱分析仪进行声纹鉴定得出是否同一的结论，其证明力远大于其他证据。因此，人们称录音证据为"会说话的证据"。其中，所谓录像证据，是指运用根据光电效应原理制成的摄像机、录像机，将事物发生、发展、运动、变化的客观真实情况原形原貌地记录下来，然后经过播放，重新显示原始的形象，用来证明案件事实的证据。录像证据具有生动、形象的内容，有连续运动着的人物和变动着的背景，可以反映出许多客观情况供人们观察分析，因此有"会运动的证据"之称。电影摄像机取得的胶片资料也能通过图像完整地反映事物运动、变化、发展的过程，但其形成过程和再现方式与录像资料有所区别。胶片资料通过光学原理影映成动态图像，而不是通过光磁信号的转换还原成像。因此，制作者可以随意进行剪辑、删编、复制、拼接，发生伪造、篡改、失真的可能性很大，从而影响它的证明力。但不能因此而将电影胶片排除在视听资料之外，尤其是在紧急情况下或在无意中用电影摄像机摄下的有证明价值的镜头，同样具有运动着的人物背景和变化着的参照物，其胶片资料经过专业人员依法处理，出示于法庭能起证明作用，而且其审查判断和使用方式与视听资料基本相同，所以应将其归入视听资料。

（2）电子数据是一系列电子、磁、光学、数字、无线或类似等手段生成、存储、传送、交换并存在于相关介质中的信息资料。相较而言，视听资料是由录音录像等技术手段产生，并以其记载、刻录的内容来证明案件真实情况的一种证据。录音录像也属于"电子、磁、光学、数字、无线或类似等手段生成、存储、传送、交换并存在于相关介质中的信息资料"，从概念上看，电子数据的外延与视听资料的外延有所交集，相当一部分传统上认定为视听资料的证据形式已经被纳入了电子数据范畴。与其他传统证据最大的区别就在于，电子数据包括依附电子设备而存在的电子信息，以及电子信息的附属物及派生物，是借助于电子设备来展示其内容（如借助打印机打印出来、显示器显示出来、播放器播放出来等），并用其所展示的内容来证明待证事实的一类证据。在通常观念上，原件指的是表现某一文件的原始形态。电子数据没有传统观念上的原件，如果说一定要有原件的话，其原件在形态上就是有关信息与首次固定于其上的介质的组合体。电子数据的介质系电子数据用于生成、存储并可体现其内容的一种载体。鉴于电子数据产生于计算机并以数字方式存储于计算机磁盘之上，人的视觉通常无法直接看到其内容，它只能通过转换、复制程序显示在显示屏或者打印至其他介质上才能被人的视觉所触及。可见，电子数据在严格意义上并非没有原件，只是这种原件无法直接为人的视觉所触及，但一旦为了满足对人具有可视性的要求，使其以某种常规方式显示出来时，就已经不再具有传统证据意义上"原件"的属性，而沦为一种复制件。由此也可以得出这样一种结论，即只要电子数据信息本身具有完整性，就属于"原件"。而这种"原件"的功能在于担保其真实可靠性。由于电子数据的生成、存储必须依附于特定数字化的介质，使其完整性具有以下含义：第一，电子数据自身应当具有的完整性，即数据的内容保持完整且始终处于未改动状态，但不包括不涉及影响内容完整性的一些必要的技术添加；第二，电子数据所依赖的计算机系统应当具有的完整性。主要指的是：其一，记录该数据的系统须处于正常的运行状态；其二，在正常运行状态下，系统对相关过程须有完整的记录；其三，该数据记录须系在相关活动的当时或即后所制作。

（3）人民法院在调查收集视听资料、电子数据时，应当要求被调查人提供有关资料的原始载体。这是人民法院调查收集视听资料、电子数据的原则性要求。所谓原始载体，是指录音资料、影像资料以及通过电子邮件、电子数据交换、网上聊天记录、博客、微博客、手机短信、电子签名、域名等形成或者储存在电子介质中资料信息的初始承载体，比如，录音、录像的母带等。如果被调查人提供视听资料、电子数据的原始载体确有困难的，可以提供复制件。

（4）需要注意的是，由于视听资料、电子数据在复制上的不宜分辨性，其复制件往往与原始载体很难区分。因此，如果被调查人提供的是复制件，调查人员应当在调查笔录中说明取证的情况。这里所说的"取证的情况"，与2019年《民事证据规定》第21条的书证和第22条的物证略有不同，相形之下，对于视听资料、电子数据复制件的来源和制作经过应当更为详细。不仅要突出制作复制件在取得视听资料、电子数据这两种类型证据上的唯一性，同时要具体说明该视听资料、电子数据原件以及该复制件的具体来源，并且还要更为详细地解释制作的具体经过。此举无非是为了增强视听资料、电子数据的可靠性，提高其对待证事实的证明力。

8.调查收集需要鉴定的证据

2019年《民事证据规定》第24条规定:"人民法院调查收集可能需要鉴定的证据,应当遵守相关技术规范,确保证据不被污染。"

对本条文的理解与适用,应当掌握如下基本内容:

(1)对于人民法院调查收集的证据,应当保证其原始性、完整性以及程序上的合法性。现行《民事诉讼法》对此并未作出相关明确规定。2001年《民事证据规定》第20条、第21条、第22条及第31条曾对人民法院派出的调查人员调查收集的书证、物证、计算机数据或者录音、录像等视听资料,以及摘录有关单位制作的与案件事实相关的文件、材料的行为,作出了相关规定。但这些规定并未与上述有关证据可能在诉讼过程中需要作为鉴定的检材相联系,故对人民法院在收集这些证据上亦并未提出技术性的要求。然而,由于现代科学技术的飞速发展,人类社会已经逐步进入一个全新的信息化时代,具有科技含量的信息和专业知识已经全面渗透于人类社会生产、生活的各种领域。在民事诉讼中,强调人民法院调查收集证据的技术性、规范性要求,对于保障证据在收集调查过程中的原始性、完整性以及避免因不当行为、环境变化等可能使证据的外观、物理属性、性状、内容出现改变、异化、疑点等瑕疵显得十分重要。

(2)本条文中,所谓"证据不被污染",是指在进行专业鉴定之前保障有关证据在提取、保存等环节符合规范性要求,以避免导致人民法院在调查收集过程中因某种不符合技术性要求的行为,使可能需要鉴定的证据受到损害以至于影响鉴定的正常进行。其中涉及提取、保存的环节主要涉及相关检材和样本,其所采取的方式、手段和程序上应当符合司法鉴定的基本要求。在保存时,应当按照相应的管理办法进行登记和分类保管,以避免作为鉴定资料的证据的相关价值遭受破坏或发生实际贬损。例如,留存在特定物品上的手印、足迹、划痕等痕迹是通过其表面特征来证明案件事实的,因此,在固定、保管、保全时应当保证其表面痕迹不受破坏;而有关毒素、血液、可燃物、化学物品等,是以自身内部的理化构造及其相应功能来证明案件事实的,在保管或封存时,应当避免其发生腐化变质。

(3)本条文所涉及的人民法院调查收集可能需要鉴定的证据,对于科学证据的形成具有重要意义。人民法院委托有关鉴定机构进行司法鉴定,必然会涉及要经过专业人士对有关证据的检材进行提取，按照科学规范进行保存，按照专业技术流程开展鉴定活动以及按照法定程序出具鉴定结果，其中每一个环节或每一个步骤都有可能导致科学证据出现失真的现象。例如，在提取环节，如果有关调查、勘验人员不具备相应的专业知识和专业技能，将无法保障科学证据的检材质量。一旦为鉴定所需的检材受到污染而无法完全恢复其原始性和完整性，将导致即使经过鉴定人进行鉴定，也无法复原和释放原本储存、载荷的案件信息，对鉴定的结果造成实质性的影响，导致有关鉴定意见丧失预期的证明效力。因此面对科学证据的这种溯源性要求，人民法院在调查收集相关鉴定检材的证据过程中应当严格遵守技术规范要求，以尽可能地避免作为鉴定检材的证据因不符合提取、保存等规范性要求而遭受污染或破坏。实践中，由于与专业鉴定有关的证据检材等资料复杂多样，应根据作为不同证据检材资料的种类所对应的技术标准和技术规范，据情要求具有相关资质的专业人员和鉴定人员协助审判人员进行收集、提取。另外，为了确保有关证据不被污染并保障当事人行使异议权，应当对提取保存有关证据的过程进行全程录音录像，制作相应的物品清单和笔录。

9. 摘录有关文件、材料

2019年《民事证据规定》第44条规定："摘录有关单位制作的与案件事实相关的文件、材料，应当注明出处，并加盖制作单位或者保管单位的印章，摘录人和其他调查人员应当在摘录件上签名或者盖章。摘录文件、材料应当保持内容相应的完整性。"

对本条文的理解与适用，应当掌握如下基本内容：

（1）本条文是对法院在调查收集证据过程中对摘录有关文件、资料所设定的程序性要求，如果违背了这些程序性的要求，将导致法院因摘录有关文件、资料而取得的证据材料在诉讼证明上不具备相应的适格性。

（2）民事笔录是指由人民法院审判人员在民事查证工作中依法定程序制作的反映查证过程和案件事实情况的文字记录。制作民事笔录是民事诉讼调查收集证据工作中使用范围最广泛的一项查证技术。在民事诉讼查证工作的各个阶段，运用各种民事查证措施都离不开制作民事笔录。摘录有关单位制作的与案件事实相关的文件、材料，属于民事笔录中的抄录笔录，与它相对应的是记录笔录。这是按照民事笔录在民事诉讼查证过程中的作用来划分的。

（3）所谓抄录笔录，是指把已经形成书面文字的材料或者把已经固定化的人的语言用书面文字按原样记录下来的笔录。依据是否要求按原格式抄写，抄录笔录可分为原内容抄录和原内容、格式抄录两种。原内容抄录笔录是指不受原件格式限制，只照抄原件内容的抄录笔录。例如，抄录一份书信，可以不受原件格式限制，只将原件内容照实抄录即可；抄录一页会计账表，可以不受原件格式限制，只抄录原件中记载的数据即可。原内容、格式抄录是指需要按原件格式抄录其内容的抄录笔录。例如，抄录一份工商企业的营业执照，为了形象、清楚、明白地记录书证的内容，就需要按照原件的格式抄写。

（4）本条文明确要求在摘录有关单位制作的与案件事实相关的文件、材料时，应当注明出处，这是表明抄录笔录具有真实的来源；加盖制作单位或者保管单位的印章，是为了说明抄录内容的客观真实性，并得到制作单位或者保管单位的认可；摘录人和其他调查人员应当在摘录件上签名或者盖章，是为了表示调查人员以及负责人员。此外，该规定还对摘录的内容的完整性作出了严格的要求，即摘录文件、材料应当保持内容相应的完整性。这里所谓的保持内容相应的完整性，是指被摘录的内容在结构和逻辑体系上能够完整，不至于让人看后引起误解。

### 三、案例实务与问题解析

#### 案例一　法院依职权查验设备情况是否违反"谁主张、谁举证"原则

〔基本案情〕

江苏某集团公司（以下简称江苏公司）与镇江某工厂（以下简称镇江工厂）长年有着业务往来。双方在过去合作得很愉快，彼此之间结成十分信任的关系。至1998年9月，镇江工厂累计欠江苏公司货款79364元。为此，双方达成口头抵债协议，镇江工厂以一台无心磨床抵销所欠债务。货物交接时，双方基于长期形成的信任关系，并无办理任何交接手续。2004年3月11日，江苏公司一纸诉状将镇江工厂推上被告席，要求给付欠款79364元。被告镇江工厂

虽然当庭提交了证人证言，认为债务已履行，但从证据效力而言，证人证言的证明力显然低于原告江苏公司提交的对账单、交货单等书面证据的证明力。庭审中，该案承办法官从原告诉讼代理人躲闪的眼神、无力的表述中，感到被告所陈述的事实真实性较大，遂决定立即去原告江苏公司查看无心磨床的设备情况。在原告某分厂，法官发现了与被告陈述一致的磨床，而原告对该磨床的来源并不能自圆其说。法院由此认定，被告所提交的证据真实客观，能够相互印证，已经形成了证明其主张的证据锁链，结合原告作虚假陈述和原告占有被告所述磨床却不能证明其来源，以及磨床价值与原有债务数额基本相当的客观情况，可以确信原、被告双方口头协议以无心磨床抵销债务的事实客观存在。双方约定以交付磨床的方式抵销债务，是对原给付金钱履行债务方式的替代，系一种代物清偿行为，符合法律规定。被告将磨床交付给原告后，其所负债务即清偿完毕。

〔焦点问题〕

我国1991年《民事诉讼法》第64条第1款①规定："当事人对自己提出的主张，有责任提供证据。"该条款的规定充分体现了"谁主张、谁举证"的举证责任法则。由此可见，我国在民事诉讼中实行当事人举证证明主义。然而，在本案中，法院根据庭审情况，依职权决定前往原告公司所在地以现场查看的形式调查收集证据，这种做法值得关注。

〔问题解析〕

我国1991年《民事诉讼法》第64条规定："当事人对自己提出的主张，有责任提供证据。当事人及其诉讼代理人因客观原因不能自行收集的证据，或者人民法院认为审理案件需要的证据，人民法院应当调查收集。人民法院应当按照法定程序，全面地、客观地审查核实证据。"鉴于审判实践中，该条第2款规定显得较为笼统，在认识问题上容易引起争议，为了对法律所规定的情形作出更加明确的界定，《民事诉讼法解释》第94条第1款规定："民事诉讼法第六十七条第二款规定的当事人及其诉讼代理人因客观原因不能自行收集的证据包括：（一）证据由国家有关部门保存，当事人及其诉讼代理人无权查阅调取

---

① 现为《民事诉讼法》（2023年修正）第67条。

的;(二)涉及国家秘密、商业秘密或者个人隐私的;(三)当事人及其诉讼代理人因客观原因不能自行收集的其他证据。当事人及其诉讼代理人因客观原因不能自行收集的证据,可以在举证期限届满前书面申请人民法院调查收集。"另外,《民事诉讼法解释》第 96 条规定:"民事诉讼法第六十七条第二款规定的人民法院认为审理案件需要的证据包括:(一)涉及可能损害国家利益、社会公共利益的;(二)涉及身份关系的;(三)涉及民事诉讼法第五十八条规定诉讼的;(四)当事人有恶意串通损害他人合法权益可能的;(五)涉及依职权追加当事人、中止诉讼、终结诉讼、回避等程序性事项的。除前款规定外,人民法院调查收集证据,应当依照当事人的申请进行。"可见,《民事诉讼法解释》第 96 条第 1 款对法院依职权调查收集证据的 5 种情形作出了明确规定,但在表述逻辑上系采用"包括"这五种情形的用语,这就意味着,在审判实践中并不限于这五种情形,其他相类似情形可由法院据情决定。① 另外,在此应当特别强调是,1991 年《民事诉讼法解释》第 96 条第 1 款规定,主要针对的是当事人申请人民法院调查收集证据而言,而进入庭审阶段,法院在对证据调查和事实调查过程中,为形成客观、正确的心证,可要求当事人进一步提供证据或依职权调查收集证据。对此,我国《民事诉讼法》第 67 条第 1 款规定:"人民法院有权向有关单位和个人调查取证,有关单位和个人不得拒绝。"②《民事诉讼法解释》第 229 条规定:"当事人在庭审中对其在审理前的准备阶段认可的事实和证据提出不同意见的,人民法院应当责令其说明理由。必要时,可以责令其提供相应证据。"而在审判实践中,有可能会片面强调当事人的举证责任,而懈怠了法院在庭审调查中依职权收集调查证据的责任担当。在本案中,如果单纯地按照证据

---

① 例如,《民事诉讼法解释》第 110 条第 1 款规定:"人民法院认为有必要的,可以要求当事人本人到庭,就案件有关事实接受询问。"《民事诉讼法解释》第 124 条第 1 款规定:"人民法院认为有必要的,可以根据当事人的申请或者依职权对物证或者现场进行勘验。"2019 年《民事证据规定》第 30 条第 1 款规定:"人民法院在审理案件过程中认为待证事实需要通过鉴定意见证明的,应当向当事人释明,并指定提出鉴定申请的期间。"2019 年《民事证据规定》第 64 条第 1 款规定:"人民法院认为有必要的,可以要求当事人本人到场,就案件的有关事实接受询问。"2019 年《民事证据规定》第 68 条第 1 款规定:"人民法院应当要求证人出庭作证,接受审判人员和当事人的询问。"2019 年《民事证据规定》第 74 条第 1 款规定:"人民法院认为有必要的,可以要求证人之间进行对质。"

② 现为《民事诉讼法》(2023 年修正)第 70 条。

裁判主义或称当事人举证证明主义，法院只能被动、机械地对双方当事人提交的证据材料进行审查判断，然后按照有关证据规则作出事实认定，但这很有可能置与案件事实真相的背离于不顾。而在本案庭审过程中，法官通过察言观色，敏锐地发现原告方委托的诉讼代理人神态表情有异常性现象，进而依职权决定前往原告公司所在地现场查看无心磨床的设备情况，通过当场调查询问，最终查明了事实真相。这种做法值得高度称赞。实行这种庭外证据调查的方式，即便在当时也是有法律根据的。当时所适用1991年《民事诉讼法》第64条的有关规定，虽然近年来经过几次修法，但该条法律规定至今不曾发生过任何变动。

## 案例二　法院应当如何对待村委会出具的两份内容截然相反的证明

〔基本案情〕

王某系某村村民，其与刘某因土地承包经营权发生纠纷，双方均主张对同一块土地拥有承包经营权。双方经村委会调解无果，遂诉至法院。一审程序中，该村村委会应王某的请求为其出具了双方争议的土地承包经营权属于王某所有的证明。一审法院据此并参考其他证据判决确认争议土地承包经营权属于王某所有。刘某不服一审判决提起上诉。二审程序中，该村委会应刘某请求也为其出具了该争议土地承包经营权属于其所有的证明。

〔焦点问题〕

在本案的一审程序和二审程序中，双方均主张对同一块土地拥有承包经营权，在双方当事人的先后要求下，其所在村村委会向法院提供了内容截然相反的证明。对此证据，法院应当如何处理？

〔问题解析〕

在本案一审中，王某所在村委会应其请求为其出具了双方争议的土地承包经营权属于王某所有的证明，使得一审法院据此并结合其他证据判决王某胜诉。对此刘某不服，提起上诉。在二审程序中，该村村委会居然应刘某请求也为其出具了该争议土地承包经营权属于其所有的证明。对此情形，鉴于该村村委会出具的相关证明完全是因人而异，完全与客观真实相背离。对此，二审法院应当根据《民事诉讼法》第177条的有关规定，以原一审判决认定基本事实不清为由，裁定撤销原判决，发回原审法院重审。根据《民事诉讼法》第67条第2款规定："当事人及其诉讼代理人因客观原因不能自行收集的证据，或者人民法院认为审理案件需要的证据，人民法院应当调查收集。"为此，《民事诉讼法解释》第96条规定："民事诉讼法第六十七条第二款规定的人民法院认为审理案件需要的证据包括：（一）涉及可能损害国家利益、社会公共利益的；（二）涉及身份关系的；（三）涉及民事诉讼法第五十八条规定诉讼的；（四）当事人有恶意串通损害他人合法权益可能的；（五）涉及依职权追加当事人、中止诉讼、终结诉讼、回避等程序性事项的。除前款规定外，人民法院调查收集证据，应当依照当事人的申请进行。"据此，在发回一审法院重审时，法院应当依职权到有关单位或部门对相关证据进行调查收集，无需受该村村委会所出具的相关证明的影响。另外，为了保障民事审判程序的正常开展，法院还可根据《民事诉讼法》第114条所规定对妨碍民事诉讼的强制措施，对该村村委会的主要负责人或者直接责任人以实施伪造重要证据妨碍法院审理案件行为为由追究其相关法律责任。

# 第六章
# 当事人的陈述与自认证据

## 一、当事人陈述的基本法意

(一) 当事人陈述的基本界定

民事诉讼上的当事人,是指因民事权利义务关系发生争议,以自己的名义进行诉讼并受法院裁判约束的利害关系人。在学理上,当事人有广义与狭义之分。广义的当事人包括原告、被告、共同诉讼人、诉讼代表人和第三人。狭义的当事人仅指原告和被告。

所谓当事人的陈述,是指当事人就有关案件的具体事实、有关情况、信息向法院所作出的回顾、叙述、说明。它包括当事人就案件事实主动叙述、接受法院调查询问的回答以及对方当事人要求确认某一事实的承认、辩解等内容。当事人陈述分为当事人本人陈述和诉讼代理人陈述。

当事人本人陈述主要有三个基本特征:第一,真实性较强。因为当事人是有关法律关系的直接参加者,一般来讲,他们对权利义务关系的发生、变更或者消灭的事实情况比其他任何人都了解,并且对事实发生的前因后果和具体细节最为清楚。因此,他们的陈述在客观上能够为法院发现真相提供可靠的信息资料;第二,往往只作利己性陈述。因为有关当事人往往会从自身的利害得失出发,凡有利于自己的就说大说特说,凡不利于自己的就不说或回避,并且为使法院作出有利于自己的裁判,通常会有意或者无意地对有关事实情况或加以夸张,或加以缩减,出于利己主义的考虑可能还会习惯性地对有关事实加以掩饰或者歪曲,甚至故意作出虚假陈述;第三,与诉讼代理人的陈述相较而言,其陈述的内容显得更加直截了当、语言朴素、细节入微,更加接近社会生活,缺乏法律上的修饰或过滤。

当事人向法院陈述的内容很多,但主要体现在:其一,关于案件事实的叙述和说明;其二,关于请求适用实体法作出对其有利判决的陈述。

（二）当事人陈述的基本法理

当事人的陈述，在民事诉讼中具有特殊意义。民事诉讼中的当事人，由于与案件的结果具有直接利害关系，往往是有关案件事实的实际参与人，切身感知案件的情况较多，也最了解案件事实过程中的基本情况。但是，又因为当事人自身与案件有着直接的利害关系，其陈述就不可避免地带有片面性或倾向性，可能扩大某些对自己有利的事实，还可能缩小对己不利的事实，甚至有可能提供虚假的陈述。并且，由于受到人本身对事物的感知能力、记忆能力或表述能力上的限制，即使愿意如实陈述有关事实，也未免能够达到一种理想的效果。因此，当事人的陈述通常缺乏可靠性。为此，将当事人的陈述作为证据来使用时，应当谨慎地对其加以审查判断，以确定其证据力的大小与强弱。

无论在学理上、立法上还是审判实务上，将当事人作为一种证据方法都是建立在这样一种认识前提之上，即法院在审判上所应当确定的待证事实都应建立在当事人所提供的证据加以证明的基础之上，并且法院还可以从诉讼上所获得的证据和有关信息中对与案件待证事实有关的一些事项，根据经验法则和逻辑推理作出判定。但在许多情况下，当事人之间就争议的事项是如何发生的按常理应当最为知晓，因披露这些事实问题将直接关涉其权益之利害，当事人往往只作出对其有利的陈述。在证据法意义上，作为一种技术规范，证据规则通常将当事人的陈述或其在法庭上的某种特定行为或态度作为一种证据或者证明方式来加以采用。例如，一方当事人主张的事实，对方当事人明确表示承认的陈述构成一种明确的自认证据；一方当事人主张的事实，对方当事人不置可否的态度在一定条件下将在审判上被视为构成一种拟制自认证据。另外，一方当事人在先前的诉讼过程中，仅有本人的陈述来证明其事实主张，而不能提供其他相关证据的，其所作陈述一般不能直接作为证明其事实主张的证据使用；如果在后来的诉讼过程中因发生某种诉讼上的变故，如变更其诉讼请求等原因，导致其在法庭上所作陈述与先前的陈述相互矛盾，因受到禁止反言规则的限制，法庭有可能将这种前后矛盾的陈述作为对其不利的证据来加以考虑。因此，在诉讼上，当事人一旦作出对其不利的陈述、行为或态度，都有可能在审判上作为对其不利的证据来加以使用。

凡一方当事人对自己提出的事实主张，只有本人的陈述而不能提出其他相关证据的，在审判上对这种主张不能予以支持，但对方当事人认可且在法律上没有限制情形的除外。当事人的陈述虽然在我国的诉讼上属于一种法定的证据种类，由于利害关系所致，单凭当事人自己的陈述来证明自己的事实主张，其证明效力是相当薄弱，无法担保其陈述的真实可靠性。因此，在此情形下，当事人必须提供其他相关证据进行佐证，借以补强其证明效力的不足。人民法院对当事人的陈述，应当结合本案的其他证据，审查确定能否作为认定事实的根据。当事人拒不全面、如实陈述的，并不影响法院根据对方提供的证据和法院调查收集的证据对案件事实作出判定。法院对当事人就案件事实所作出的陈述进行审查确定时，应当结合本案的其他证据，才能判断能否作为认定事实的根据。

作为调查案件事实的一种必要方式，在认为必要时，法院有权对当事人本人进行询问，以便对有关案件事实和证据材料进行审查核实，这种询问可包括要求有关当事人回答特定的问题和疑问，对法院所作出的调查询问，如果有关当事人拒不回答或不全面、不如实回答的，其行为本身是否会对法官心证对其产生不利影响以及产生何种不利影响，最终由法官结合本案的实际情况作出综合判断。

（三）我国有关法律及司法解释相关规定的理解与适用

1.《民事诉讼法》的有关规定

《民事诉讼法》第78条规定："人民法院对当事人的陈述，应当结合本案的其他证据，审查确定能否作为认定事实的根据。当事人拒绝陈述的，不影响人民法院根据证据认定案件事实。"

对本条文的理解与适用，应当掌握如下基本内容：

（1）根据《民事诉讼法》第66条第1款的规定，当事人的陈述是民事诉讼证据的一种类型。在民事诉讼中，当事人的陈述涉及有关案件事实的陈述、有关证据判断的陈述以及有关法律适用的陈述，但从证据的意义上而言，当事人的陈述主要涉及有关案件事实的陈述。同时，就对方当事人提出的事实主张和理由，当事人有权表示同意或者提出反驳意见。

（2）诉讼当事人系发生纠纷的民事法律关系的主体，他们通常都是与案件事实有关经历的实际参与者，对案件事实本身最为了解。根据《民事诉讼法》第141条和144条的规定，无论是法庭调查，还是法庭辩论，当事人有关案件事实的陈述都不可或缺。然而，鉴于当事人与案件处理的结果有直接的利害关系，受利己主义的驱使，他们通常都会陈述对自己有利的事实以及对对方不利的事实，甚至自觉或不自觉地掩盖或者缩小对自己不利的事实；更有甚者，有的当事人还会习惯性地歪曲或编造事实，虚构相关情节。当然，从客观的角度，一方当事人陈述对其有利的事实以及陈述对另一方当事人不利的事实，在许多情况下是真实与虚假并存。这就要求人民法院在听取双方当事人陈述的基础上，根据相关证据，进行有针对性的调查询问，借以去伪存真，进行综合判断之后，获取必要的内心确信，以便对案件事实作出正确的认定。

（3）人民法院审理案件时，应当认真听取当事人的陈述。如果当事人的陈述和其他证据之间并不存在相互矛盾之处，并且双方当事人的陈述之间也不存在矛盾的，在原则上，人民法院应当对有关案件事实进行确认。

（4）当遇有一方当事人因种种原因在案件审理时拒绝作出相应的事实陈述的，人民法院可以对另一方当事人的陈述以及已经掌握的相关证据进行审查判断，如果认为这些证据足以就案件待证事实形成内心确信时，人民法院即可根据这些证据作出事实认定；当遇有双方当事人因种种原因在案件审理时拒绝作出相应事实陈述的，人民法院可以对已经掌握的相关证据进行审查判断，如果认为这些证据足以就案件待证事实形成内心确信时，人民法院即可根据这些证据作出事实认定。如果认为这些证据不足以就案件待证事实形成内心确信时，人民法院即可根据举证责任分配法则作出负有举证责任的一方当事人败诉的判决。

（5）当事人陈述可分为主动陈述和被动陈述两种类型。其中主动陈述主要分为书面陈述和口头陈述，作为书面陈述的主要载体为起诉状、答辩状、代理词等，而作为口头陈述的主要载体为庭审笔录；而被动陈述主要可分为因法庭调查询问所引起的陈述以及因对方当事人、鉴定人等发问所引起的陈述。从审判经验的角度来看，因被动陈述是在有关当事人通常没有准备或者不完全掌握询问人的真实动机的情况下之所为，因此它比主动陈述是在有关当事人有充分心理准备或有预期目的情况下进行的显得更有价值。

（6）《民事诉讼法》及相关司法解释通常是从法院对有关当事人进行调查询问的角度来获取当事人的这种被动陈述的。主要有以下几种情形：

①关于二审程序中的相关情况，《民事诉讼法》第169条第1款规定："第二审人民法院对上诉案件应当开庭审理。经过阅卷、调查和询问当事人，对没有提出新的事实、证据或者理由，人民法院认为不需要开庭审理的，可以不开庭审理。"根据该条规定，原则上，第二审人民法院对上诉案件应当开庭审理。但是人民法院经过审查案卷，调查、询问当事人，对没有提出新的事实、证据或者理由，在事实核对清楚后，如果认为案件事实清楚，上诉人的请求和理由明确，上诉人与被上诉人双方提出的事实和证据基本一致，纠纷点较为清楚的，可以不开庭审理而径行作出判决；但是，如果案情较为复杂，双方争执较大，案件事实并非清楚，或者当事人又有新的事实、证据或者理由提出的，则应当开庭审理。

②关于再审程序中的相关情况，《民事诉讼法解释》第395条规定："人民法院根据审查案件的需要决定是否询问当事人。新的证据可能推翻原判决、裁定的，人民法院应当询问当事人。"根据《民事诉讼法》第214条规定，当事人申请再审的，应当提交再审申请书等材料。人民法院可以要求申请人和对方当事人补充有关材料，询问有关事项。同时，根据上述《民事诉讼法解释》第395条规定，在申请再审案件审查期间，为了贯彻辩论原则，保障当事人对有关案件的知情权和程序参与权，人民法院可以根据审查案件的需要，询问一方或者各方当事人，以便尽快了解案情，听取当事人的意见，在可能的情况下促使当事人和解。当然，为了防止当事人滥用诉权，如果所有案件无条件询问当事人，势必会增加对方当事人的诉累，浪费司法资源。对此，人民法院在对案件的审查过程中要作出相应的选择，对于凡有新的证据并且该新的证据在法院的审查心证当中有可能推翻原判决、裁定的，人民法院应当询问当事人，这在实质上就确立了询问当事人的标准。同时，也要求依据新证据事由裁定再审的案件应当询问当事人。在程序上，这种对当事人的调查询问可由审判长或者承办法官主持。通常经历以下阶段：一是通知阶段。人民法院决定询问当事人后，一般应当在询问5日前将询问的时间、地点、联系人及联系方式通知当事人。

当事人路途较远的,应当留出必要的在途时间。经各方当事人同意的,提前通知的时间可以适当缩短。在通知的方式上,既可以向当事人发传票,也可以采用电话通知等方式。在通知当事人询问时,可以告知其补充证据材料,以便当事人将需补交的材料在参加询问时提交并予以说明。二是准备阶段。开始询问前,应当查明当事人是否到场,核对当事人身份和委托手续,确认诉讼文书送达地址,并询问当事人是否回避。三是当事人陈述阶段,由各方当事人对申请再审事由、具体事实和理由陈述相关意见。四是调查阶段。由法官根据掌握的案件事实、有关证据和当事人陈述的相关内容有针对性地对相关案情进行调查询问。询问应当围绕申请再审事由,并重点就该事由所涉及的相关证据的采信、事实认定、法律适用、诉讼程序及裁判结果等问题进行。询问结束后,应由书记员制作笔录,由参加询问的当事人核对无误后逐页签名确认。询问笔录应当如实、全面、准确记录询问的内容。五是主持和解阶段。由主持人在尊重各方当事人意愿的前提下主持和推动当事人和解。

③关于第三人撤销之诉,《民事诉讼法解释》第291条第2款规定:"人民法院应当对第三人提交的起诉状、证据材料以及对方当事人的书面意见进行审查。必要时,可以询问双方当事人。"根据该条款的规定,对于第三人提交的起诉状及证据材料和对方当事人提交的书面意见及证据材料,人民法院应当一并进行审查。如果对第三人撤销之诉条件下有关内容需要在当事人提交材料基础上进一步了解的,人民法院可以在受理之前向一方或者双方当事人进行询问。

④关于当事人申请司法确认调解协议,《民事诉讼法解释》第356条规定:"人民法院审查相关情况时,应当通知双方当事人共同到场对案件进行核实。人民法院经审查,认为当事人的陈述或者提供的证明材料不充分、不完备或者有疑义的,可以要求当事人限期补充陈述或者补充证明材料。必要时,人民法院可以向调解组织核实有关情况。"根据该条文规定,人民法院对调解协议的审查采用的是形式审查和有限的实体审查相结合的方式,也即书面审查与到庭审查相结合的方式。在审判实践中,法院应当根据具体情况采取灵活多变的处理方法。对于案情相对简单的确认案件,人民法院可以在书面审查后直接作出裁定;对于案情复杂或者涉案标的较大的案件,应当采取实质审查方式进行,必要时通知双方当事人到庭进行询问,并启动必要的证据调查程序。人民法院受理司

法确认申请后,应当指定审判人员对调解协议进行审查。如果审判人员认为通过书面审查尚不足以查清有关情况的,可以通知双方当事人同时到场。其中,所谓审查"相关情况",通常属于与当事人双方对有利害关系的情况和事实,特别是涉及当事人作出过利益上的妥协或让步的情况,都属于重点核查的内容。通过人民法院在认为必要时通知双方到场,以便核实当事人是否真正理解所达成协议的内容、是否接受因此而产生的后果、是否愿意经人民法院通过司法确认程序赋予该协议强制执行效力等。值得注意的是,当事人在接受人民法院询问时,应当如实陈述申请确认的调解协议的有关情况,保证提交的证明材料具有真实性、合法性。人民法院在审查过程中,应当明确告知当事人恶意串通申请确认有可能承担的法律后果,并可以在认为当事人的陈述或提供的有关证明材料出现不充分、有遗漏或者有疑问时,要求当事人限期补充陈述或者提交补充证明材料。如果当事人无正当理由未按时补充或者拒不接受询问的,表明当事人缺乏申请司法确认的真实意愿,人民法院即可以按撤回司法确认申请处理。在认为必要时,人民法院可依职权主动向调解组织相关人员了解和核实相关情况。人民法院在核实过程中,以调取调解组织留存的相关材料,或向调解人员调查了解调解过程的具体情况,但不得对当事人之间的纠纷再行组织调解。

⑤关于实现担保物权案件,《民事诉讼法解释》第368条规定:"人民法院审查实现担保物权案件,可以询问申请人、被申请人、利害关系人,必要时可以依职权调查相关事实。"根据该条款的规定,人民法院对实现担保物权案件是进行审查而并非进行审理,以便使得担保物权人能快捷、便利地实现债权,减少诉累。人民法院在审查时,应当对有关证明材料的真实性、关联性和合法性进行审查,基于查清申请能否成立以及防止当事人相互串通损害其他人合法权益的考虑,在认为有必要时,可将申请人、被申请人或者利害关系人等相关人员传唤到庭进行询问并核实有关事实,也可依职权调查担保物权是否存在、实现担保物权的条件是否成就等相关事实。当人民法院经过综合审查判断后,认为事实清楚且符合法律规定的,可以直接裁定准许申请人的申请,即准许对抵押财产进行拍卖或者变卖。另外,鉴于非诉程序实行职权探知主义,人民法院在审查过程中,应不限于当事人提供的材料,在认为有必要时可依职权调查相关事实,以便发现真实。

2. 2019年《民事证据规定》相关内容

2019年《民事证据规定》第90条第1项规定，当事人的陈述，不能单独作为认定案件事实的根据。

对本条文的理解与适用，应当掌握如下基本内容：

（1）本条文主要涉及当事人对案件事实的陈述。当事人对案件事实的陈述可以分为有利于自己的陈述与不利于自己的陈述以及并不涉及直接对其是否有利事实的陈述。在这些陈述当中，大致又可分为全部真实的陈述、部分真实的陈述、全部虚假的陈述。从利己主义逻辑和经验法则角度来观察，在诉讼上，当事人尽可能会倾向于陈述对其有利的事实，而尽可能避免陈述对其不利的事实。在个案中，因受不同案情的影响以及陈述者个体良知、性格、心理素质和各种利害关系的平衡等因素使然，当事人陈述对其有利事实在真实性程度上存在较大差异，无法一概而论。因此，为了审慎起见，本条文作为一种补强证据规则，系对当事人陈述作为证据在证明力上的一种限制，而并非涉及证据（资格）能力问题。

（2）本条文主要涉及当事人对其有利事实的陈述以及并不涉及直接对其是否有利事实的陈述，而通常不涉及当事人对其不利的事实陈述。因为后者本身就是一种自认证据，是当事人行使处分权的一种体现，同时也展现了当事人对于诚信原则的尊重。原则上，当事人对其不利的事实陈述可单独作为认定案件事实的根据。从实证意义上，本条文系对法院就当事人的陈述从证据评价角度所进行自由心证的一种限制。其中，所谓"不能单独作为认定案件事实的根据"，是指禁止法院于审判上在没有其他证据或者证据方法相互印证、予以佐证的情况下仅仅凭借一方当事人陈述便可获得与待证事实有关的内心确信而作出事实认定。

（3）在法院对有关案件事实作出认定问题上，除了一方当事人的陈述以外，究竟需要结合何种类型证据（如书证、物证、证人证言等，抑或直接证据、间接证据）才能作为认定案件事实的根据，鉴于个案待证事实千差万别，从立法角度难以作出统一规定，故实务上只能委由法院据情实行自由心证。

（4）在诉讼上，当事人对其有利事实的陈述固然不能单独作为认定案件事实的根据，但是并不能够排除经对方当事人认可之后，在法官自由心证的基础上，可以"单独"作为认定案件事实的根据。但是，这种单独作为认定案件事实的根据，显然是附条件的。这其中也体现了法院对当事人私权自治予以尊重的成分。

## 二、当事人陈述的义务

### （一）当事人陈述义务的界定

当事人的陈述是一种证明方式。法庭对当事人的询问体现的是证据法上的程序规范；而作为一种技术规范，证据规则通常将当事人的陈述或其在法庭上的某种特定行为或态度作为一种证据或者证明方式来加以采用。例如，一方当事人主张的事实，对方当事人明确表示承认的陈述构成一种明示的自认证据；一方当事人主张的事实，对方当事人不置可否的态度，在一定条件下将被视为构成一种拟制自认证据。另外，一方当事人在先前的诉讼过程中，仅有本人的陈述来证明其事实主张，而不能提供其他相关证据的，其所作陈述一般不能直接作为证明其事实主张的证据使用；如果在后来的诉讼过程中因发生某种诉讼上的变故，如变更其诉讼请求等原因，导致其在法庭上所作陈述与先前的陈述相互矛盾，因受到禁止反言规则的限制，法庭有可能将这种前后矛盾的陈述作为对其不利的证据来加以考虑。因此，在诉讼上，当事人一旦作出对其不利的陈述、行为或态度，都有可能在审判上被作为对其不利的证据来加以使用。因此，当事人的陈述无疑属于一种人证范畴。

在民事诉讼中，诉讼当事人对于案件事实的发生应当或推定系最为了解和知晓，其向法庭所作的陈述无论是当庭口头陈述还是以向法庭提交诉讼材料的书面形式表达对案件事实的态度，均应视为对案件事实的陈述。就证据裁判主义而言，凡当事人之间就案件事实不存在争执的，通常可在审判上作为法院查明的事实来对待；就证据辩论主义而言，凡当事人之间就有关案件事实不存在争执的，该事实可不必提交庭审辩论即可作为裁判的基础。故此，在法律上，当事人负有向法庭真实陈述的义务，同时，当事人之间在诉讼上也负有互为诚信对待程序的义务，这对于维护审判的严肃性与程序的安定性具有至关重要的作用，因此，凡当事人已向法庭就案件事实所作的陈述或者在当事人之间已明显不存在争执的事实，不容许当事人在此之后任意将其推翻。

（二）当事人陈述义务的内容

1. 当事人陈述的真实义务

当事人在接受法院询问时，负有真实陈述的义务。"当事人于知悉一定之真实时，固然自己不得为虚伪之主张事实或声明虚伪之证据。对于他造所主张之事实，亦不得于明知其主张事实系真实之情形，对之加以争执或提出虚伪之反证，当事人在诉讼上之此种义务，称为当事人之真实义务。"① 所谓真实义务并非指当事人负有仅应就客观真实所作陈述的义务，而事实上，民事诉讼法所指的真实义务较接近于真诚义务（Wahrhaftigkeitspflicht），或者所谓主观真实义务（subjektive Wahrheitspflicht）。② 我国台湾地区学者姜世明教授认为，上述真实义务或可称之为狭义真实义务，如果就广义真实义务而言，其应包括完全义务。而所谓完全义务是指各方当事人就诉或抗辩的基础之事实关系所知的事实，不论对其有利还是不利，原则上均应作出完全的陈述；对于对方的事实关系的主张，也应作出如此的陈述。③

真实义务的观念被认为源自罗马法。罗马法不但设有真实义务的规定，而且对于故意违背的行为还可科处虚言罚（Luegenstrafen）。④ 1895年，奥地利率先在民事诉讼法中对当事人的真实义务作出了明文规定。随后，1911年，《匈牙利民事诉讼法》将其规定得更为详备。《德国民事诉讼法》亦在1933年的修法当中规定了真实义务。在德国法上，基于真实义务的立法理由是："任何人均不得以非真实陈述误导法院，或借助恶意或粗率的诉讼拖延而滥用法院的人力。当事人应负有公正与谨慎的诉讼程序进行，以减轻法院对于违法发现的困难。"

---

① 陈荣宗、林庆苗：《民事诉讼法》，我国台湾地区三民书局股份有限公司2005年版，第541页。

② Baumbach/Hartmann, ZPO, §138 Rdnr, 15.

③ 参见姜世明：《举证责任与真实义务》，我国台湾地区新学林出版股份有限公司2006年版，第340页。

④ 蔡章麟：《民事诉讼法上诚实信用原则》，载杨建华主编：《民事诉讼法论文选辑》（上），我国台湾地区五南图书出版公司1984年版，第17页。

据此，如果当事人泛称事实为何云云，但明知纯属虚构，则属于故意说谎的行为，这便真实无疑地违反了真实义务。但在当事人所提事实主张缺乏明确化或缺乏根据时，是否就认为其也属于违反真实义务，则并非确定无疑。①

尽管民事诉讼推行辩论主义，但这种辩论主义应当以当事人的真实义务为基础。"辩论主义赋予当事人在事实方面对应解决之纠纷予以限定的权限与责任，但并不允许当事人在违反自己认识之前提下去主张或争议事实，进而导致法院作出错误的裁判，因为这违反了诚实信用原则。"②"民事诉讼法虽采取当事人处分权主义及辩论主义，但并不允许当事人有就其所知悉之真实为虚伪之主张及陈述之自由。"③作为当事人真实的陈述义务，并非以"让当事人陈述真实"的积极性义务为内容，而是强调"当事人不能违反自己的主观性事实认识（主观性真实）来提出主张或者作出否认"④。并且，所谓"违反真实义务"必须仅限于当事人违反自己主观性真实（事实认识）而作出不真实陈述的情形，当事人的陈述仅仅违反客观性事实并不构成真实义务的违反。⑤可见，当事人的真实陈述义务，并非要求当事人必须负有对案件事实的客观真实陈述义务，而仅限于要求当事人不得违背其主观上对案件事实真实性的认知而故意作虚伪陈述。

在审判实践中，当事人在接受法庭询问时，其向法庭所作事实陈述是否违反真实义务，往往取决于法官的心证判断。这是因为，"一方面当事人主观上之知悉或记忆与否，外界难能探知，因此，常有无法判断其究竟是否违背真实义务之情形；另一方面，在当事人不记忆之情形，若不记忆与其主观上状态相符，则亦无法以真实义务为理由，促当事人进一步探查其本应容易取得之资料以回

---

① 参见姜世明：《举证责任与真实义务》，我国台湾地区新学林出版股份有限公司2006年版，第340页。
② [日]新堂幸司：《新民事诉讼法》，林剑锋译，法律出版社2008年版，第312页。
③ 陈荣宗、林庆苗：《民事诉讼法》，我国台湾地区三民书局股份有限公司2005年版，第541页。
④ [日]高桥宏志：《民事诉讼法——制度与理论的深层分析》，林剑锋译，法律出版社2003年版，第378页。
⑤ [日]高桥宏志：《民事诉讼法——制度与理论的深层分析》，林剑锋译，法律出版社2003年版，第380~381页。

复记忆而为陈述。"①在通常情况下，只有通过法院事实认定并在明确客观事实之后，"与客观性事实不符"的当事人主张才能得以显现出来，而只有在这个时候才能够知晓"当事人的主张"是否违反真实义务。②"法院必须根据实际情况在客观基础上确定下列事项：——主观的陈述是真实的。——该陈述是基于真实的回忆而作出的。——陈述不应被不真实的感知、感知错误或者记忆模糊不清以及记忆错误所扭曲。"③即使当事人违反真实陈述义务的事实在诉讼上最终获得证明，但如果仅仅是为了制裁而制裁的话，这种想法既不切合实际，也难以实现。在当事人违背真实陈述义务的情况下，立法上对其采取的直接制裁的措施，显然是不充分的。可以说，这实际上造成了真实义务没有效果或者效果很薄弱的状态。对此，有学者指出，尽管真实义务没有制裁的效果，但是，作为一项法的义务（即指，没有与任何直接的现实性效果相结合的、纯粹观念性的法形象）而言，其仍然是存在的。④事实上，"在明文规定真实完全义务的国家，也并没有规定违反真实完全义务的法律效果，因此，违反该义务会产生何种制裁便成为一个问题。"⑤

近年来，在我国学术界对当事人所负有的真实陈述义务的功能性评价，有的学者认为："真实义务是对辩论主义活动中的恣意及无序进行了限制。"⑥有的学者指出："在当事人主义诉讼模式中，真实陈述义务是为了矫正当事人主义的过头之处而出现的。"⑦但是，"一直到现在，对于应否设立当事人的真实义务，

---

① Morhand, Die Informationspflicht der Parteien bei der Erklärung mit Nichtwissen, 1993, S.84. 转引自沈冠伶：《民事证据法与武器平等原则》，我国台湾地区元照出版有限公司2007年版，第32页。

② [日]高桥宏志：《民事诉讼法——制度与理论的深层分析》，林剑锋译，法律出版社2003年版，第381页。

③ [德]阿克塞尔·文德勒、赫尔穆特·霍夫曼：《审判中询问的技巧与策略》，丁强、高莉译，中国政法大学出版社2012年版，第134~135页。

④ 参见[日]中野贞一郎：《民事诉讼中的真实义务》，载中野贞一郎：《过失的推认》，弘文堂昭和53年版，第153页以下。

⑤ 杨会新：《当事人诉讼行为论》，法律出版社2018年版，第208页。

⑥ 唐东楚：《诉讼主体诚信论——以民事诉讼诚信原则立法为中心》，光明日报出版社2011年版，第102页。

⑦ 吴英旗：《民事诉讼义务研究》，中国政法大学出版社2012年版，第42页。

始终是民事诉讼理论界争论的问题。"① 以德国著名诉讼法学者瓦哈为代表的对真实义务持否定态度的学者认为，设定真实义务虽符合诉讼的目的，却不能仅凭此就认为真实义务是一种法定义务。让法律直接干预的方式，让位于道德制约是法律进化的趋势。应当尽量避免通过设置真实义务使当事人成为发现真实的手段，以避免辩论主义受到致命的破坏。② 我国也有学者认为："我国正处在从法院职权干预向当事人主导的民事诉讼体制过渡和'转型'的时期，如果一味强调当事人的真实陈述义务和诚信义务，显然是不合适的。"③ 辩论主义立足于解决当事人间私权纠纷为根基，具有自由主义倾向（当事人意思自治）和处分权主义性质，辩论主义相当于民事诉讼程序的主轴，故如何协调辩论主义与当事人陈述真实义务之间的微妙关系，对于立法技术和司法操作均具有相当的挑战。但"辩论主义之立法系为发现真实之目的而将其为利用之诉讼方法，故真实义务具有辅助辩论主义发现真实之功能"④。从客观情况来看，有关国家或地区的立法例虽然对当事人真实完全陈述义务有明确规定，但至少对当事人违背上述义务所应承担的直接法律后果未能作出明确的规定，以至于从形式上使当事人这种法律上的义务几乎退化到了一般道德义务水准的地步。

当事人的陈述可分为主动向法院就案件事实进行陈述与在法庭上接受法院的询问所进行的陈述。作为主动向法院进行陈述，主要分为两种情形：其一是，通常采用以提交诉讼材料的书面形式进行陈述；其二是，在法庭上主动要求陈述案件事实或者就案件事实本身与对方当事人进行争论、辩驳。这种主动向法院进行陈述，是当事人行使其诉讼权利的必要方式。相对而言，当事人在法庭上接受法院的询问，是法院基于为查明案件事实的审判职能而开展的证据调查活动，尤其是当法官已通过相应证据或者证据方法亦无法就案件事实形成必要的内心确信或者导致案件事实处于真伪不明状态时，法院依职权要求当事人本人出庭接受调查询问（讯问）。对此，当事人所承担的是真实陈述的义务，而并

---

① 吴英旗：《民事诉讼义务研究》，中国政法大学出版社 2012 年版，第 39 页。
② 吴英旗：《民事诉讼义务研究》，中国政法大学出版社 2012 年版，第 41 页。
③ 唐东楚：《诉讼主体诚信论——以民事诉讼诚信原则立法为中心》，光明日报出版社 2011 年版，第 105 页。
④ 陈荣宗、林庆苗：《民事诉讼法》，我国台湾地区三民书局股份有限公司 2005 年版，第 541 页。

非享有诉讼权利。如果当事人有违反上述义务的情形,在何种程度上对其产生不利影响,由法院结合审理的全部过程作出判断。如果当事人就法院对案件事实的这种证据调查故意进行虚假陈述或者无正当理由拒绝陈述的,应当承担由此造成的妨碍证据调查的不利后果。对此,故意进行虚假陈述的当事人是否应当承担相应的不利后果,以及在何种范围内承担这种后果,由法院结合整个案件的审理所涉及的情形据情决定。例如,《奥地利民事诉讼法》第381条规定:"当事人无正当理由拒绝陈述或回答询问的,当事人没有宣誓或已宣誓的被传唤的当事人没有到庭的,宣誓后所作的陈述与没有宣誓前所作的陈述在重要问题上矛盾的,对上述情况所产生的效果,法院应慎重考量全部情况后作出判断。"另外,《德国民事诉讼法》第286条第1款规定:"法院应当考虑言词辩论的全部内容以及已有的调查证据的结果,经过自由心证,以判断事实上的主张是否可以认为真实。作为法官心证根据的理由,应在判决中记明。"可见,这些立法内容虽然并未直接就当事人违背真实(完全)陈述义务所应当承担的直接法律后果作出明确规定,但并不能排除法官可根据法律的这些规定在事实认定上作出对有关当事人完全不利或者部分不利的判断,尤其是在法律赋予法官据情享有裁量权的范围之内。另外,在通常情况下,当事人本人可依法委托诉讼代理人出庭向法庭进行事实陈述并接受相应的调查询问。除了当事人的自认以外,当事人有关事实的陈述主要是用来核实、印证其他证据或证据方式对待证事实产生何种证据价值的必要手段,而并非用来证明待证事实的唯一途径或主要方式,因此,对于当事人在陈述过程中是否实际履行了真实完全义务的依赖性并不甚高;反而是,随着庭审活动的不断推进,法官通过其他必要的证据或证据方法逐渐查明当事人已作陈述当中哪些(主观认识)与案件事实相符,哪些(主观认识)与案件事实不符,哪些具有真实性的案件事实(其中包括对陈述事实的当事人不利)当事人在陈述当中并未提及。只是在一些特殊情形下,例如,法官无法通过现有证据或者证据方法对案件待证事实形成内心确信(其中包括积极的确信和消极的确信)时,法官才有必要依职权或采取命令的方式要求当事人本人出庭接受法庭的调查询问,在这种情形下,当事人对其陈述所负有的真实、完全义务才具有相对或相当的实际意义。例如,根据《德国民事诉讼法》第141条规定:"为释明案件所必要时,法院应命双方当事人到场。""已命令当事人到场的，应依职权传唤。即使当事人有诉讼代理人，仍应通知当事人本人；传唤无须送达。"同时，当事人在此情形下所作出的陈述往往是伴随着宣誓这种形式进行的，并且当事人的宣誓成为产生真实完全义务的必要前提。例如，《奥地利民事诉讼法》第371条规定："对于作出裁判有重要意义的争议事实的证明，也可以通过当事人询问的方式进行。该证据调查的命令，可根据申请或依职权作出。"同时该法第372条对当事人接受询问时的宣誓作出了规定。根据《法国民事诉讼法》第184条规定："法官得于任何案件中要求当事人亲自出庭，或者让当事人之一亲自出庭。"《法国民法典》第1366条规定："为使诉讼裁判取决于宣誓，或者仅为确定应判处之数额，法院得令一方当事人宣誓。"同时，该法第1367条规定："不符合以下条件，法官不得依职权对诉讼请求或对此请求提出的抗辩，令当事人宣誓：1. 请求或抗辩尚未完全得到证明者；2. 请求或抗辩并非完全无证据者。除此两种情况外，法官应当照准或驳回请求。"《意大利民事诉讼法》第237条规定："当事人间有关进行决定性宣誓的所有争议都只能由合议庭来解决。合议庭同意进行决定性宣誓的裁定，必须送达给被要求宣誓的当事人本人。"另外，该法第238条第1款规定："宣誓由当事人本人进行，并向调查法官作出。调查法官要提醒当事人宣誓的道德意义以及虚假宣誓会导致的刑事后果，然后再邀请当事人宣誓。"另外，《瑞典诉讼法典》第37章第2条第1款规定："民事诉讼中为获取证据而对一方或双方当事人进行的询问，可以要求当事人宣誓。此时进行的询问应限于对案件特别重要的事实。"事实上，将当事人本人出庭接受法院调查询问并采用宣誓的形式以担保其陈述的真实性与完整性限定在特定情形下，有助于缓解民事诉讼中辩论主义与当事人陈述所负真实（完全）义务之间的冲突与矛盾具有相当的助益，同时也有利于提升当事人陈述所负真实（完全）义务及其所承担相应法律后果的可操作性。

2. 当事人陈述的完整义务

当事人陈述上的完整义务，又称完全义务。当事人在陈述上的完全义务是真实义务的一部分，因为在逻辑上缺乏完整性的真实陈述属于部分真实陈述，最多只能属于一种有缺陷的真实陈述。因为就某一待证事实的完整性而言，可能存在着对作出陈述的当事人在利益上的冲突。对此，如果仅仅强调当事人陈述的真实义务，而忽视了当事人陈述的完整义务，就可能迫使当事人在法庭上有选择性地陈述对其有利的事实，而回避和隐瞒对其不利的事实。因此，从这个意义上而论，如果仅仅强调当事人陈述的真实义务，而忽略了当事人陈述的完整义务，就会背离要求当事人陈述负有真实义务的基本宗旨。可见，在一定程度上，当事人陈述的完整义务是构成当事人陈述真实义务的基础和必要条件。有德国学者指出，完全义务按照通说系真实义务的次类型，主要是要求当事人原则上不得借助沉默而制造有违真实的漏洞。①因真实义务是为了对抗明知不实的积极说谎（狭义真实义务）或消极沉默（完全义务），因而完全义务所指的涉及客体是作出陈述的当事人明知并对其存在与正确性有所确信的，并不及于对于存疑或推测事实的陈述。②

由于受 1895 年《奥地利民事诉讼法》第 178 条规定的影响，德国在 1933 年对其民事诉讼法进行修法时在第 138 条第 1 款规定了当事人陈述的真实义务和完整义务。即"当事人应就事实状况作出完整而真实的陈述"。在理论上，尽管完全义务与真实义务之间的关系及其与辩论主义之间可能会存在一些矛盾之处，但完全义务系基于诚信原则而发展起来的，其对诉讼促进及真实发现具有相当的意义。③

德国联邦最高法院曾指出："如果某个具有陈述义务的当事人身处他应澄明的事件过程之外并对具有决定意义的事实不知详情，而对方当事人知情，则也可要求该对方当事人阐明，只要可以期待他这样做。"④"法院在程序的任何状态都应当致力于双方当事人完整的陈述，特别是补充某项不充分的事实陈述"，"例如法院必须指示原告他所陈述的事实还不足够论证他所主张的权利。"⑤根据《德国民事诉讼法》第 139 条第 1 款规定："在必要时，法院应与当事人共同就

---

① See Stein/Jonas-Leipold, ZPO, §138, Rdnr.3.7; Anhalt, a.a.O．53f.

② Anhalt, a.a.O., S.54.

③ 参见姜世明：《举证责任与真实义务》，我国台湾地区新学林出版股份有限公司 2006 年版，第 274 页。

④ See BGH NJW 1987, 1201, 2008, 2009; 1993, 528, 529. 转引自［德］汉斯－约阿希姆·穆泽拉克：《德国民事诉讼法基础教程》，周翠译，中国政法大学出版社 2005 年版，第 244 页。

⑤ ［德］汉斯－约阿希姆·穆泽拉克：《德国民事诉讼法基础教程》，周翠译，中国政法大学出版社 2005 年版，第 64 页。

具有事实上和法律上两个方面对于事实关系和法律关系进行释明并且提问。法院应当使当事人就一切重要的事实作出及时、完整的说明,特别是在对所提事实说明不够时要使当事人加以补充,表明证据方法,提出有关申请。"有学者指出,完全义务属于真实义务的附属原则,它是否可作为禁止泛论空言的证据声明,则须根据该证据声明中待证事实的主张是否有对该证据声明人有利或不利事实有所隐瞒,宜应当根据具体情况来加以判定。① 可见,当事人的完全陈述义务,则在于强调一切对法官的事实认定和判断有价值的事实,无论其对当事人有利还是不利,当事人均应完整无缺地对案件事实进行陈述,不得隐瞒对其不利的部分。

3. 当事人出庭作证时的承诺保证(宣誓)义务

在民事诉讼中,在法院认为必要时,当事人出庭接受法院的调查询问(讯问)是一种重要的证据方法。在德国民事诉讼法上,作为一种基本认知是,"讯问当事人不能被看作非常可靠的证据手段",同时,也不能够完全放弃因当事人对诉讼裁判具有法律上显著意义的事件过程的知情而加以利用的机会。② 因此,为了担保当事人向法院陈述案件事实的真实完整性,在程序上要求当事人以宣誓等方式作出必要承诺,往往成为一种选择。

当事人出庭接受法庭的调查询问,是否有必要以宣誓或具结等履行承诺保证义务,并非一种不可或缺的要式行为。对此,有观点认为,只有在未经宣誓的证言不足以使法官确信应被证明的事实的真实与否等特殊情形下,法官可以命令当事人宣誓。但是,如果对方当事人舍弃宣誓,则必须不进行宣誓(《德国民事诉讼法》第452条第3款)。③ 另有一种观点认为:"法院讯问当事人时,为加强当事人陈述之可信度,审判长得斟酌情形,于讯问前或讯问后命当事人具

---

① 参见姜世明:《举证责任与真实义务》,我国台湾地区新学林出版股份有限公司2006年版,第341页。
② [德]汉斯-约阿希姆·穆泽拉克:《德国民事诉讼法基础教程》,周翠译,中国政法大学出版社2005年版,第264页。
③ [德]汉斯-约阿希姆·穆泽拉克:《德国民事诉讼法基础教程》,周翠译,中国政法大学出版社2005年版,第266页。

结。"① 如果当事人拒绝宣誓，这如同在拒绝作证时一样，法院以同样的方式在考虑全部事实状况，特别是考虑拒绝原因的情况下，按照自己的自由确信来作出裁判：即是否作出当事人所主张事实被视为已得到证明的判断。②

在传统意义上，宣誓往往与宗教信仰相关。在诉讼上，作为承诺保证义务的方式，既可以与宗教信仰有关，也可以与宗教信仰无关。前者通常采用宣誓，而后者则可采取诸如具结等非宗教性方式。对此，当事人应当享有程序选择权。在德国民事诉讼上，如果宣誓义务人说明他出于信仰或者良心上的理由不愿意采用宣誓这种方式，他可以采用具结的方式（《德国民事诉讼法》第484条第1款）。关于誓词和具结的套用语在《德国民事诉讼法》第481条和第484条有相应的规定。

（三）我国有关法律及司法解释相关规定的理解与适用

2019年《民事证据规定》第63条规定："当事人应当就案件事实作真实、完整的陈述。当事人的陈述与此前陈述不一致的，人民法院应当责令其说明理由，并结合当事人的诉讼能力、证据和案件具体情况进行审查认定。当事人故意作虚假陈述妨碍人民法院审理的，人民法院应当根据情节，依照民事诉讼法第一百一十一条③的规定进行处罚。"

对于本条文的理解与适用，应当掌握如下基本内容：

（1）本条文的规定是旨在落实《民事诉讼法》第13条所规定的民事诉讼实行诚信原则的具体体现。与其他证据类型相较而言，在民事诉讼上，当事人的陈述几乎是不可或缺的，尽管书证在民事诉讼上具有广泛的适用性，但书证与当事人的陈述相比较，即使在缺乏书证的情况下，而当事人的陈述则往往不会缺席。在对有关待证事实作出认定时，当事人的陈述对于印证其他证据的真实性具有穿针引线的作用，而其他证据所组成的证据链条有助于反证当事人的陈

---

① 陈荣宗、林庆苗：《民事诉讼法》，我国台湾地区三民书局股份有限公司2005年版，第523页。

② ［德］汉斯－约阿希姆·穆泽拉克：《德国民事诉讼法基础教程》，周翠译，中国政法大学出版社2005年版，第266页。

③ 现为《民事诉讼法》（2023年修正）第114条。

述是否具有真实性以及真实程度，因此，当事人的陈述往往成为左右法官内心确信的重要因素之一。基于当事人的陈述在法院作出事实认定上具有某种不可替代的功能与作用，本条文的规定在于确保当事人陈述的可靠性与信用度。同时应当指出的是，本条文所涉及的当事人真实陈述义务和完整陈述义务，主要适用于本案待证事实，否则超出本案审理范围所涉及的其他事实，因不属于当事人举证证明的对象和法院查明事实的对象，则不属于本条文所涉及的范围。

（2）鉴于当事人的陈述普遍具有主观性、利己性、任意性、偏见性等倾向，并且在某种意义上，这种倾向与基本人性有关，同时这种倾向在道德层面和法律层面也应当有其特定的边际，而并非无所限度的。在法律层面要求当事人就案件事实负真实陈述义务应当具有相对性，这种相对性主要体现在，从一般意义上，不能苛求当事人就案件事实所作陈述符合客观真实，因为即便法院在审判上所作出的事实认定也未必符合客观真实，因此即便当事人在签署保证书而在法庭作证的情形下最多只能要求其承担法律真实意义上的陈述义务，即面对法庭的调查询问、法院委托鉴定人的询问以及勘验人的询问等，当事人的这种陈述应当与其主观认知相一致，并且与法院现已掌握的有关证据能够相互印证，不得故意进行编造或扭曲；在接受法院一般性调查询问时或者经法院准许接受对方当事人的质问时，有关当事人应当承担主观真实意义上的陈述义务，即当事人的陈述应当与其对案件事实在主观上的认知相一致，当反驳对方当事人的陈述，或者对方经法院允许对其进行质问时，如明知对方当事人的陈述与事实相符时，不得故意或任意进行否定性、反驳性陈述。在理论上，尽管法律真实陈述义务也属于主观真实陈述义务的广义范畴，但是，法律真实毕竟比主观真实有更高的标准和要求，因为法律真实陈述义务均以当事人向法院签署保证书为必要条件，如果当事人违背这种陈述义务将承担相应的法律后果，因此，如果与法院并未要求其签署保证书的当事人陈述适用相同的标准和要求，显然是不符合逻辑的。

（3）关于就当事人对案件事实作真实陈述的要求，不能仅仅停留在静态及理论意义对主观真实与客观真实之间的界定之上，而应当从动态及实证意义上对这种陈述的真实性要求进行评估与确定。在诉讼上，当事人的陈述由多重属性所构成。主要表现在：其一，由于民事诉讼实行辩论主义和当事人处分权主义，致使当事人的陈述具有权利属性，即当事人为实现其诉讼利益享有向法院陈述有关案件事实的诉讼权利，它是当事人采用书面形式或口头形式主动向法院进行的陈述。基于对私权利益的保护及利己主义的容忍，对于当事人的这种陈述，法律上仅要求形式上的真实即可，而不必苛求主观上的真实，更不必追求客观上的真实。这种形式上的真实又可称之为符合其自身利益的真实，或者说以某种逻辑为半径仅在表面上能够形成自圆其说的真实，这可在一定程度上被理解为当事人"讲故事"的权利。从诉讼的阶段性上来看，这种情形主要发生在争议焦点被确定之前；其二，鉴于当事人的陈述具有证据属性，而当事人的陈述与证人证言的共通性使其具有人证属性，因而使其负有真实陈述义务。这种真实义务面对不同的场景又可分为主观真实义务与法律真实义务。其中主观真实义务主要体现在有关当事人在接受法院一般性调查询问时就案件事实所作出的陈述，同时亦体现在由法院委托的鉴定人、勘验人等在经法庭准许对一方当事人进行发问时而产生的事实陈述。另外，在庭审过程中，经法庭准许，一方当事人对另一方当事人进行的质问，也应适用主观真实义务原则，即当明知对方当事人的陈述与事实相符时，不得故意进行否定性陈述；而法律真实义务主要体现在，在特定情形下，法院要求有关当事人在其签署保证书之后在法庭上所作出的陈述以及法院对案件事实的认定内心处于真伪不明状态时要求当事人对有关事实的真实性进行确认所采取的特别调查询问方式，后者亦应附带要求有关当事人签署保证书为必要条件。上述这些不同类型的陈述都属于当事人的被动陈述范畴。其三，当事人的陈述具有责任属性。鉴于民事诉讼实行"谁主张、谁举证"原则，当事人的陈述作为一种证据，系作为提出某一事实主张的当事人所应负担的举证责任所使然，法律对于这种当事人陈述真实性要求上限为形式上的真实即可。从逻辑上，当事人的陈述是一种主观性较强的证据，对于这种当事人具有主张意义上的事实陈述，需由其他必要的证据加以印证，否则在无法获得法官内心确信的情况下，自应承担举证不能的法律后果。

（4）在审判实践中，单纯地从理念和原则上强调当事人应当承担真实陈述义务，过于要求当事人在陈述事实问题上承担诚实信用责任，无异于在道德层面和法律层面要求当事人承担"自证其罪"的责任，往往会落入空谈、不切实际或难以操作的窘境，因此，应当具体问题具体分析，重在把握这一问题的实质。从双方当事人各自陈述的角度来看，一方当事人会倾向于陈述对其有利事实的同时，也会倾向于陈述对对方当事人不利的事实。根据审判经验，一方当事人陈述对对方当事人不利事实的真实程度在许多情况下要大于其陈述对自己有利的事实。这种较具普遍性的现象在技术层面就要求法院尽可能在双方当事人各自陈述对对方不利事实的陈述当中寻求对案件真实的发现。

（5）本条文中，所谓当事人陈述的完整义务，系在真实陈述义务基础上所产生的一种附带性义务，构成实质上真实陈述义务的必要组成部分。在法理上，其完整陈述义务是指，当事人应当就案件所涉及的全部待证事实进行陈述，而不能在主观上进行选择性的陈述，特别是不能从片面或局部的角度仅仅陈述对其有利的事实，而刻意回避对其不利的事实。当事人陈述的完整义务划定了真实义务的适用范围。当然，当事人陈述的完整性并非无限的，而是有其必要的限度和范围。这个限度和范围取决于待证事实所涉及的范围。鉴于实务上当事人陈述所涉及的案件事实范围是否具有完整性，主要取决于法院对于需要查明案件事实所涉及范围的认知，因此，这种完整性属于主观上的完整性，而并非客观上的完整性。即使按照完整性陈述义务的要求，当事人不得对自己不利的事实保持沉默，但是，这种情形主要限于法院有针对性地就特定问题对当事人所进行的调查询问。这是因为，在实务上，不能排除当事人与法院在主观上可能会对当事人真实陈述所涉及的案件事实范围的认知存在一定的距离，为了及时弥补这种差异，法院通常会采取调查询问的方式来对当事人原本主动陈述的内容进行相应的调整和扩张。在此情形下，面对法院有针对性的调查询问，进行被动陈述的当事人不得隐瞒或者回避对自己不利的事实，而应当负有真实陈述的完整性义务，以避免妨碍法官形成正确的内心确信。就此而言，要求当事人在主动陈述当中亦应不得对自己不利的事实保持沉默，这种做法在很大程度上显得不切合实际。

（6）根据本条文第3款的规定，当事人的陈述与此前陈述不一致的，人民法院应当责令其说明理由。应当指出的是，此项规定有其特定的适用范围。这是因为，当事人对事实的陈述分为对自己有利的事实陈述和对自己不利的事实陈述。由于民事诉讼实行辩论主义和处分权主义，原则上，法律并不禁止当事人在特定的诉讼阶段以及在特定的范围内对其有利的事实陈述进行相应的调整或变更，尤其是在法院对案件的争议焦点进行确定之前以及在原告当事人提出变更诉讼请求、增加诉讼请求或减少诉讼请求并经法院同意的情况下，有关当事人对其有利事实陈述的调整或变更通常情况下也是顺势而为之举，故不属于本条款所涉及范围。本条文主要涉及两种情形：其一，当事人由此前对其不利的事实陈述变更为对其有利的事实陈述所出现的不一致现象；其二，当事人由此前对其极为不利的事实陈述变更为对其较为不利的事实陈述所出现的不一致现象。对于这两种情形均应适用禁止反言原则，并且其适用前提是，上述有关陈述必须与待证事实有关。但是，也不能够完全排除后来的陈述比此前的陈述更加接近事实真相情形的可能性。对此，人民法院应当责令有关当事人首先承担说明义务，然后再由法院根据当事人提出的具体说明理由，并结合当事人的诉讼能力、证据和案件具体情况进行审查判断，以便作出是否予以准许的决定。其中，对于当事人诉讼能力的审查判断，主要应当对当事人的年龄、基本阅历、智力状况、受教育程度、道德品行、法律意识等因素进行考察。另外，还有两种当事人的陈述与此前陈述不一致的情形，主要涉及在法院确认争议焦点之后：其一，当事人由此前对其有利的事实陈述变更为另一种对其有利的事实陈述；其二，当事人由此前对其有利的事实陈述变更为另一种对其更为有利的事实陈述。从法理上而言，这两种情形不属于禁止反言原则的适用范围。但是，从有利于保障程序的安定性考虑，在对法官业已形成的内心确信造成较大影响的情况下，可据情决定是否责令有关当事人承担相应的说明义务。

（7）本条文第3款规定，当事人故意作虚假陈述妨碍人民法院审理的，人民法院应当根据情节，依照《民事诉讼法》第114条的规定进行处罚。所谓虚假陈述，是指当事人故意就案件事实进行编造、歪曲等对法院审理活动造成妨碍所进行的陈述。该规定的适用要件主要由以下构成：其一，主体上为诉讼当事人；其二，主观上为故意状态；其三，行为上为虚假陈述且对人民法院的审理活动成实际妨碍；其四，适用范围上应为当事人在法庭上接受人民法院的调查询问时所作虚假陈述，尤其是当事人本人在签署保证书之后仍作出虚假陈述的行为。因民事诉讼实行直接主义和（口头）言词主义，这种虚假陈述行为，以口头形式为原则，以书面形式为例外。在个案当中，人民法院应当根据当事人虚假陈述的具体情节，依照《民事诉讼法》第114条对妨害民事诉讼行为采取强制措施的规定以及第118条关于适用罚款和拘留措施的规定进行处罚。

### 三、当事人本人出庭

（一）当事人本人出庭的基本要义

在诉讼上，无论是当事人本人出庭作证，还是当事人本人接受法庭的（讯问）询问，这种证据方法均涉及自然人为主体的一方或双方当事人；而根据《日本民事诉讼法》第211条的规定，作为实际的诉讼实施过程中的主体——法定代理人甚或法人代表——也相当于当事人本人，也可以成为当事人询问的对象。① 在学理上，当事人出庭分为当事人本人出庭、当事人委托代理人出庭以及当事人本人与其委托的诉讼代理人同时出庭三种形式。在大陆法系诉讼架构下，所谓当事人本人出庭，是指根据当事人申请或法院认为有必要依职权要求当事人本人出庭接受法庭主持的调查询问。在特定情况下，当事人本人出庭是法庭证据调查的一种必要方式。当事人本人出庭作证，而对当事人所进行的询问，"是指将当事人作为证据方法，来对其所见闻的事实进行询问，并将其回答作为证据资料的证据调查。"② 它"是有意识地将当事人作为证据调查对象，并从中获得证据资料的证据调查行为，其中的当事人陈述并不构成诉讼资料"。③

鉴于当事人是与诉讼结果具有直接利害关系的诉讼主体，诉讼的胜负结果对其切身利益有重大影响，其陈述的证明力一般较低，但是，"因当事人本人通常为最知悉纷争事实之人，其陈述最有可能提供原始之案情资料，而有助于法官迅速发现真实。"④ 因此，在许多情况下，因为当事人本人对案件事实及其发

---

① 参见［日］高桥宏志：《重点讲义民事诉讼法》，张卫平、许可译，法律出版社2007年版，第87页。
② ［日］新堂幸司：《新民事诉讼法》，林剑锋译，法律出版社2008年版，第442页。
③ ［日］新堂幸司：《新民事诉讼法》，林剑锋译，法律出版社2008年版，第442~443页。
④ 陈荣宗、林庆苗：《民事诉讼法》，我国台湾地区三民书局股份有限公司2005年版，第523页。

展过程非常了解，并且通常具有耳闻目睹的亲身经历，如果分别不同情况因应采取有效的调查询问方式，会大幅提高当事人陈述的可信度。当事人本人出庭接受法院的调查询问，是一种人证方式，而不必向法院提供何种证据材料，因此，即使缺乏诉讼能力的当事人也可以成为当事人本人出庭接受法院调查询问的对象。

通常而言，对于当事人本人出庭接受法院的调查询问，既可以根据对方当事人的申请，也可以由法院依职权进行。并且，在一般情况下，当事人本人享有权利委托诉讼代理人出庭，代其接受法庭的调查询问，而不必事必躬亲，况且参与诉讼往往会超越一般人的知识、专业和经验等所涉及的认知与能力范畴。尤其是对那些受到案情及法律关系较为复杂、证据或证据方式的种类和数量较多、当事人之间的争议较大、对方当事人的诉讼能力较强等因素影响的案件类型，当事人委托律师代理其参与诉讼，不仅有利于强化一方当事人的诉讼能力，而且还有助于协助法院迅速、及时地查明案件事实。因此，对于任何一起诉讼案件，如果不分青红皂白一律要求由当事人本人出庭以人证方式接受法庭调查询问，不仅没有实际必要，而且还不可能有助于实现预期的目的。要求当事人本人出庭接受法庭的调查询问，只能限于一些必要的特殊情形，而不宜作为一种常规性质的证据方式。对此，有学者指出，与其他证据调查相比较，当事人出庭接受法庭的调查询问属于补充性质，只有在采取其他证据不能对待证事实存在与否形成心证时才能进行。① 这就意味着，只有在没有其他证据手段或者其他证据手段不充分导致无法获得心证的情况下，才存在通过当事人本人出庭接受法庭的调查询问来补充法官心证因缺乏必要的证据资料所出现的难以形成某种确信的实际必要性。如果通过其他证据调查（如书证、证人出庭作证等）可以获得心证的话，那么就无须要求当事人本人出庭接受法庭的调查询问。因此，在通常意义上，当事人出庭接受法院的调查询问是在进行其他证据调查之后作为最后的一种证据调查方式存在的。将当事人出庭接受法庭调查询问定位为补充性质的证据调查方式始于1873年奥地利的小额诉讼，并于1895年扩大至一

---

① ［日］三月章：《日本民事诉讼法》，汪一凡译，我国台湾地区五南图书出版公司1997年版，第467页。

般性质的诉讼案件中。德国法对于当事人出庭接受法庭调查询问的要件规定得较为严格,虽然在立法不充分的情况下,可以从本证的角度申请对对方当事人进行询问,但该申请须得到对方当事人的同意,但在实务上能够获得这种同意的情况显得十分罕见。①

在实务上,只是在法律规定的情形下,当事人才负有出庭接受法庭调查询问的义务,并且也负有接受对方当事人询问的义务。当事人这种出庭作证义务产生于法律的明确规定,从这种义务的性质所产生的法律效果而言,有学者认为,如当事人无正当理由不履行其义务时,与调查询问有关的对方当事人的主张将被视为真实成立。②还有学者指出:"当事人拒绝陈述或具结时,法院仍应查明其他可供使用之相关证据,并审酌当事人拒绝陈述或具结之理由及其他相关情形,依自由心证,判断当事人关于讯问事项所主张之事实或法院依职权调查之应证事实之真伪,以求发现真实。"③

当事人出庭与证人出庭同为人证方式,但证人出庭毕竟属于人证方式当中的常规形态,而当事人出庭则属于人证方式当中的特殊形态。因此,"对于当事人,无诸如证人那种罚锾或刑罚性制裁,也不得强制拘提到庭。其理由为上述诉讼的主体被当作审理的客体的特殊性。只是在宣誓之后仍作虚伪陈述时,可以对其处以罚锾的制裁。"④

与以辩论主义和处分权主义为主导的财产纠纷诉讼所不同的是,"在职权探知主义模式下,法院负责承担成为判决基础(或根据)事实的确定。"⑤有日本学者指出,在根据职权探知主义进行的人事诉讼中,当事人出庭接受法庭的调

---

① 《德国民事诉讼法》第445条规定:"一方当事人,对于应当由他证明的事项,不能通过其他的证据方法得到完全的证明,或者未提出其他证据方法时,可以申请就应证明的事实讯问对方当事人。关于该事实,如法院认为已有反对的证明时,对申请应不予考虑。"
② 参见[日]三月章:《日本民事诉讼法》,汪一凡译,我国台湾地区五南图书出版公司1997年版,第467页。
③ 陈荣宗、林庆苗:《民事诉讼法》,我国台湾地区三民书局股份有限公司2005年版,第523页。
④ [日]三月章:《日本民事诉讼法》,汪一凡译,我国台湾地区五南图书出版公司1997年版,第467页。
⑤ [日]松本博之:《日本人事诉讼法》,郭美松译,厦门大学出版社2012年版,第49页。

查（讯问）询问绝非补充性，而被作为第一层次的证据方法。法院随时可以对当事人进行（讯问）询问，当事人如通知不到时，对其可处以与证人相同的罚锾制裁或处罚，并可以强制拘提到庭。① 因民事诉讼的社会性及公益性较强，实行国家干预主义，存在着使当事人本人的诉讼地位由诉讼主体转化为诉讼客体的倾向。在财产纠纷案件中，法律规定法院享有据情命令当事人出庭作证的权力，当事人通常被作为讯问的对象（客体）。而在民事诉讼中，"法官依职权进行调查时，其调查结果未经听取当事人意见的程序是不作为判决根据的（《日本民事诉讼法》第20条）。听取当事人意见的目的在于，防止诉讼突袭，确保当事人权，给予当事人反驳的机会。为此，应充分尊重当事人本人意思的人事诉讼中，尽管没有明文规定，但应该命令可以命令当事人出庭参加口头辩论。原因在于它与为实现案件简明而进行的当事人询问是大相径庭的。"②

（二）我国有关法律及司法解释相关规定的理解与适用

1.要求当事人本人到庭及签署保证书等规定

《民事诉讼法解释》第110条规定："人民法院认为有必要的，可以要求当事人本人到庭，就案件有关事实接受询问。在询问当事人之前，可以要求其签署保证书。保证书应当载明据实陈述、如有虚假陈述愿意接受处罚等内容。当事人应当在保证书上签名或者捺印。负有举证证明责任的当事人拒绝到庭、拒绝接受询问或者拒绝签署保证书，待证事实又欠缺其他证据证明的，人民法院对其主张的事实不予认定。"

对本条文的理解与适用，应当掌握如下基本内容：

（1）本条文系庭审中心主义的体现。另外，法院在有必要时依职权要求当事人本人到庭就案件有关事实接受询问，是大陆法系许多国家或地区较为通行的做法。

（2）在法律上，签署保证书是一种具结的形式，是经变通而形成的一种宣

---

① 参见［日］三月章：《日本民事诉讼法》，汪一凡译，我国台湾地区五南图书出版公司1997年版，第468页。

② ［日］松本博之：《日本人事诉讼法》，郭美松译，厦门大学出版社2012年版，第56~57页。

誓行为。本条文中所谓"人民法院认为有必要的",主要是指,根据双方提交的证据,经过庭审调查和庭审辩论后,在对案件事实的真伪仍无法作出明确判断时,为了尽可能地避免案件待证事实最终处于真伪不明状态,法院认为当事人本人有必要出庭接受法院调查询问的情形。在审判实践中,除了上述这种情形以外还会存在其他情形,人民法院认为有必要要求当事人本人出庭作证的,但不属于本条文所设定的范围。其他主要情形包括:其一,在开庭前,法院经过阅卷,认为根据案件的性质、法律关系或案件事实的具体情况,当事人本人到庭有利于查清案件事实的;其二,根据案件的性质、法律关系以及案件的特点,在当事人出庭接受庭审调查及查明事实的基础上,有利于促成当事人和解的;其三,在庭审过程中,就案件事实的复杂性而言,法院认为仅仅当事人委派代理人出庭,无法有效查明案件事实的。

(3)关于企业或其他组织在诉讼中为一方或双方当事人的问题。在上述为自然人作为当事人的情况下,由该当事人出庭接受法院的调查询问;在当事人一方或双方为企业或其他组织的情形下,应当根据对方当事人的申请或法院据情要求一方或双方当事人中涉案的具体(实际)经办人如销售(采购)经理,从事货物发送、装卸、押运、验收、仓储等环节的业务人员,从事支付、转账、兑付、收款等会计业务的人员等,出庭作为证人接受法院的调查询问。

(4)在庭审过程中,法院询问当事人本人时,应当要求当事人具结。具结是一种保证和具有法律意义(后果)的庄严承诺,系旨保证对自己在法庭上的言行负责,宣示愿意在违反承诺时甘受法律惩罚的意思表示。故保证书在性质上为具结书,其内容应包含如实陈述的保证和在故意作出不实陈述或虚假陈述时愿意接受法律处罚等。

(5)尽管本条文规定的系一种书面的具结方式,在实践中,接受法院询问的当事人也可在签署具结书后再进行口头具结。实践证明,口头具结对于当事人如实陈述的保障和促进作用更为明显。在具体适用过程中,法院可以要求当事人当庭朗读其已签署的保证书的具体内容。

(6)基于保障实体公正的需要,法院在程序上必须穷尽一切必要的调查证据的方式,以尽可能避免出现案件事实处于真伪不明状态而导致客观举证责任的发生,故要求当事人本人出庭作证以接受法庭的调查询问是一种惯常的做法。

本条第 3 款对负有举证责任的一方当事人拒绝按照相关要求接受法院的询问，作出了相应规定，即该方当事人拒绝到庭的，或到庭但拒绝接受询问的，或者拒绝签署保证书的，在待证事实因欠缺其他证据证明而处于真伪不明状态的情形下，法院对其主张的事实不予认定，即由负有举证责任的当事人承担发生客观举证责任的（败诉）后果。另外，对于审判实践中如果出现不负有举证责任的当事人拒绝接受询问的情形，应当如何处理？笔者认为，在程序上，在传唤该不负有举证责任的一方当事人本人到庭时应当以书面形式告知其如不到庭可能产生的法律后果，以便事先做到风险提示；当该方当事人到庭后拒不接受询问，而法院通过对负有举证责任一方当事人本人的调查询问能够获取对举证人有利的内心确信的，而因相对一方当事人拒绝接受法院的调查询问导致失去了法官心证上的天平向其倾斜的最后机会。在这种情况下，原本待证事实处于真伪不明状态已得到实际消除，法官即可作出对不负举证责任一方当事人不利的裁判。在此问题上，有一种观点认为，人民法院可以根据案件的具体情况，将其拒绝接受询问的行为视为妨碍举证的行为，按照最高人民法院有关司法解释对构成举证妨碍行为的规定进行处理。这是因为，举证妨碍行为应当仅限于对有关待证事实不负有举证责任的一方当事人以其行为妨碍举证人收集、调查和向法院提供证据的情形。不负有举证责任的当事人拒绝接受法院调查询问的行为本身已构成对负有举证责任一方当事人收集、调查和向法院提供证据构成实际妨碍，因此无论在主体、行为或者因果关系等方面均不符合举证妨碍所应当具备的必要的构成要件。另外，如果一方当事人在主观上认为另一方当事人实施了妨碍其举证的行为，对当事人本人进行调查询问，属于广义上的法院调查取证行为，因不负有举证责任的当事人拒绝接受法院调查询问，其行为本身即构成了对于法院调查取证的实际妨碍，对此，法院可依职权据情作出对其不利的判定。

（7）2019 年《民事证据规定》第 64 条规定："人民法院认为有必要的，可以要求当事人本人到场，就案件的有关事实接受询问。人民法院要求当事人到场接受询问的，应当通知当事人询问的时间、地点、拒不到场的后果等内容。"该条文的规定，除了与上述内容相互吻合、相互衔接以外，它是人民法院要求当事人本人"到场"接受询问，与《民事诉讼法解释》第 110 条要求当事人本人"到庭"接受询问，在表述上存在不同。所谓"到庭"是指前往法庭，而所谓"到场"，可以作两种解释：一种是指前往人民法院指定的法庭以外的其他场所，另一种是指前往人民法院指定的包括法庭在内的场所。而采用第二种解释可有助于解决《民事诉讼法解释》第110条与2019年《民事证据规定》第64条之间的不衔接问题。另外，在程序上，人民法院要求当事人到场接受询问的，应当及时通知当事人询问的时间、地点以及拒不到场的后果等内容。

（8）关于第三人撤销之诉，《民事诉讼法解释》第291条第2款规定："人民法院应当对第三人提交的起诉状、证据材料以及对方当事人的书面意见进行审查。必要时，可以询问双方当事人。"在该条款中，亦涉及在必要时人民法院可依职权询问双方当事人的内容。我国《民事诉讼法》第59条对于第三人提起撤销之诉作出了原则性规定，《民事诉讼法解释》第291条对涉及第三人提起撤销之诉的具体适用程序作出了明确规定。第三人撤销之诉不同于普通的起诉，因它针对的是生效裁判提起的诉讼，涉及生效裁判的既判力与稳定性，因此，在立案上应当严格把关。基于这种认识，《民事诉讼法解释》第291条对于第三人提起撤销之诉在立案时采用了实质审查的标准。人民法院审查的对象，既包括第三人提交的起诉状和证据材料，也包括对方当事人提交的书面意见以及相关的证据材料。当认为对于第三人撤销之诉条件有关内容，需要在当事人提交的材料基础上进一步了解有关内容的，人民法院可以在受理之前据情依职权向一方或者双方当事人进行询问。在此情形下，从一般意义上讲，人民法院依职权要求一方或者双方当事人到场接受询问，既可以是当事人本人，也可以是当事人委托的诉讼代理人。但根据调查和了解案情的特别需要以及基于公正与效率的考虑，如果人民法院认为有必要的，可以通知当事人本人到场接受询问时，如果当事人本人无正当理由拒不到场，是否产生对其不利的后果以及产生何种对其不利的后果，由人民法院据情作出判定。

（9）关于当事人申请司法确认调解协议，《民事诉讼法解释》第356条规定："人民法院审查相关情况时，应当通知双方当事人共同到场对案件进行核实。人民法院经审查，认为当事人的陈述或者提供的证明材料不充分、不完备或者有疑义的，可以要求当事人限期补充陈述或者补充证明材料。必要时，人民法院可以向调解组织核实有关情况。"在该条款中，亦涉及在审查相关情况时人民法院应当依职权通知双方当事人共同到场对案件进行核实的内容，人民法院对案件进行核实，理应包括询问双方当事人。关于确认调解协议案件，我国《民事诉讼法》第205条和第206条对此作出了相关规定，但规定得较为原则和相对缺乏可操作性。为此，《民事诉讼法解释》第351条至第358条作出了具体性规定。根据其中第356条的规定，人民法院对于调解协议的审查采取的是形式审查和有限的实体审查相结合的模式，也即书面审查与到庭审查相结合的模式。为了有助于提高司法确认案件的效率和针对性，对于案情相对简单的确认案件，人民法院可以在书面审查后直接作出裁定；对于案情复杂或者涉案标的较大的案件，应当采取实质审查方式，必要时通知双方当事人到庭进行询问，并辅之以必要的证据调查。其中所谓"相关情况"，一般涉及与双方当事人都有利害关系的事实和情况，尤其是涉及当事人作出一些利益上的让步或妥协的情况，需要进行重点核实。针对这些情况，人民法院有必要通知双方当事人到场核实，以便确定当事人是否真正理解所达成协议的内容，是否接受因此而产生的后果，以及是否愿意由人民法院通过司法确认程序赋予该协议强制执行效力。在此情形下，从一般意义上讲，人民法院依职权要求双方当事人到场接受询问，既可以是当事人本人，也可以是当事人委托的诉讼代理人。但根据调查和了解案情的特别需要以及基于公正与效率的考虑，如果人民法院认为确有必要的，可以通知当事人本人到场接受询问时，如果当事人本人无正当理由拒不到场接受调查询问和核实情况的，这种情形是否表明当事人没有申请司法确认的真实意愿以及人民法院是否可以按撤回司法确认申请处理，由人民法院据情判定。

（10）关于实现担保物权案件，《民事诉讼法解释》第368条规定："人民法院审查实现担保物权案件，可以询问申请人、被申请人、利害关系人，必要时可以依职权调查相关事实。"在该条款中，亦涉及人民法院对有关申请人、被申请人、利害关系人依职权进行调查询问的内容。我国《民事诉讼法》第207条和第208条对实现担保物权案件作出了相关规定，《民事诉讼法解释》第359条至第372条的相关规定显得更加明确和更具可操作性。人民法院对于实现担保物权案件的处理具有审查而非审理性质。实现担保物权属于典型的争讼型非诉事件之一，适用非讼程序，对此类案件的审查实行法院职权探知主义。为了查明申请能否成立，在法院认为必要时，可将申请人、被申请人或者利害关系人等相关人员传唤到庭进行询问并调查核实相关事实。同时法院也可以依职权调查担保物权是否存在、实现担保物权的条件是否成就等相关事实。当人民法院经综合审查判断之后，认为事实清楚，符合法律规定的，可以直接裁定准许申请人的申请，准许对抵押财产进行拍卖或者变卖。在审判实践中，为了防止虚假诉讼及防止当事人之间相互串通损害其他人的合法权益，人民法院应当就实现担保物权构成要件的事实进行调查，并且根据案件具体情况决定是否传唤申请人、被申请人或者相关利害关系人到庭进行询问。在认为必要时，人民法院可以据情决定传唤有关申请人本人、被申请人本人或者相关利害关系人本人到庭接受调查询问。如果这些当事者本人无正当理由拒不到庭，或者委派他人代理其到庭而严重影响法院调查询问的实际效果的，是否对其权益造成影响以及造成何种影响，由法院最终据情作出判定。

（11）关于再审程序，《民事诉讼法解释》第395条规定："人民法院根据审查案件的需要决定是否询问当事人。新的证据可能推翻原判决、裁定的，人民法院应当询问当事人。"在该条款中，亦涉及人民法院对当事人的调查询问。主要分为两种情形：其一，在申请再审案件审查期间，为了尽快了解案情，听取当事人意见，人民法院可以根据审查案件的需要以电话通知或者传票通知的形式要求当事人到场，由当事人对申请再审事由和具体事实理由陈述意见，并接受人民法院对相关案情及其事由的调查询问。在此情形下，是否需要询问当事人，由人民法院据情决定；其二，当出现以新的证据可能推翻原判决、裁定的情形时，人民法院应当询问当事人。在此情形下，实际上是将询问的范围限缩在特定范围之内，同时也要求依据新证据及事由裁定再审的案件应当询问当事人。在上述第一种情形下，为了保证实体公正同时兼顾诉讼效率，既可以由当事人本人到场接受询问，也可以由当事人委派诉讼代理人到场接受询问。只有在确有必要时，人民法院才可要求当事人本人到场接受询问。如果在此情况下，当事人本人无正当理由未到场而是委派其诉讼代理人到场的，对其是否产生不利影响，由人民法院据情作出判定。而在第二种情形下，由于事关重大，人民法院持审慎态度，同时，有可能推翻原判决、裁定的裁判结果对双方当事人的权益影响甚巨。因此，在人民法院应当询问当事人的前提下，法院一般可以据情通知双方当事人本人到场接受询问，如果双方当事人本人无正当理由拒不到场而是委托诉讼代理人到场的，对其诉讼权益是否产生影响以及产生何种影响，由法院据情作出判定。

2. 要求当事人本人到场接受询问的相关规定

2019年《民事证据规定》第64条规定："人民法院认为有必要的，可以要求当事人本人到场，就案件的有关事实接受询问。人民法院要求当事人到场接受询问的，应当通知当事人询问的时间、地点、拒不到场的后果等内容。"

对本条文的理解与适用，应当掌握如下基本内容：

（1）本条规定系对《民事诉讼法解释》第110条规定的具体化，并在本条第1款中进一步明确，在人民法院认为有必要的情况下，可以要求当事人本人到场，对其进行调查询问。

（2）根据本条文的规定，人民法院要求当事人本人"到场"接受询问，与《民事诉讼法解释》第110条要求当事人本人"到庭"接受询问，在表述上存在不同。所谓"到庭"是指前往法庭，而所谓"到场"，可以作两种解释：一种是指前往人民法院指定的法庭以外的其他场所；另一种是指前往人民法院指定的包括法庭在内的场所。而采用第二种解释可有助于解决《民事诉讼法解释》第110条与2019年《民事证据规定》第64条之间的不衔接问题。

（3）在程序上，人民法院要求当事人到场接受询问的，应当及时通知当事人本人接受法院调查询问的时间、地点以及拒不到场的后果等内容。在适用普通程序条件下，原则上，应当采用书面形式通知当事人；在适用简易程序条件下，可采用口头方式通知当事人。但无论采用何种方式通知当事人，均应当给当事人预留相应的合理期限，以便当事人能够在法院通知的时间到达指定的场所接受调查询问。

3. 当事人签署保证书并宣读保证书的相关规定

2019年《民事证据规定》第65条规定："人民法院应当在询问前责令当事人签署保证书并宣读保证书的内容。保证书应当载明保证据实陈述，绝无隐瞒、歪曲、增减，如有虚假陈述应当接受处罚等内容。当事人应当在保证书上签名、捺印。当事人有正当理由不能宣读保证书的，由书记员宣读并进行说明。"

对本条文的理解与适用，应当掌握如下基本内容：

（1）2015年《民事诉讼法解释》第110条第1款规定："在询问当事人之

前，可以要求其签署保证书。"其中所谓"可以要求"，是指从法院在程序上自由裁量权的角度来具体判定是否有必要要求当事人签署保证书，而并非将具结设定为一种法定性义务。本条第1款在表述上将其修改为："人民法院应当在询问前责令当事人签署保证书并宣读保证书的内容。"这种修改的目的，旨在将当事人本人于特定情形下在接受法院调查询问前签署保证书作为一种法定性义务。鉴于当事人本人对于案件事实具有亲身经历的特点，即使其委托的诉讼代理人对案件事实所掌握的所有信息和内容亦都来自当事人本人，因此，在特定情形下，法院要求当事人本人到场以人证方式接受调查询问，比照证人出庭作证负有法律上的具结义务，以担保其陈述内容的真实性、完整性和可靠性。该规定并不涉及要求当事人的诉讼代理人在进行事实陈述时也负有这种具结义务的内容。

（2）在程序上，在当事人本人接受法院调查询问之前，除了被责令签署保证书以外，还应当以口头形式当场宣读该保证书的全部内容。从实证经验和心理学的角度，如果仅仅要求当事人在形式上签署保证书则不足以对其内心产生必要的威慑，反而显得敷衍了事。在庄严的法庭上，当事人通过郑重其事的高声宣读、朗诵其已签署的保证书，有助于从其内心深处唤起对人类良知和社会正义的领略与感悟。另外，通过这种带有仪式感的方式，当众承诺不得作虚假陈述，否则甘愿承担相应的法律后果，在事实上亦起到了为不损及个人名声及丧失个人信誉为目标以确保兑现如实陈述案件事实的承诺。

（3）2015年《民事诉讼法解释》第110条第2款规定："保证书应当载明据实陈述、如有虚假陈述愿意接受处罚等内容。当事人应当在保证书上签名或者捺印。"本条第2款系在此基础上进一步对当事人签署保证书的内容进行细化性补充，即"保证书应当载明保证据实陈述，绝无隐瞒、歪曲、增减，如有虚假陈述应当接受处罚等内容"，以禁止性方式着重列明了几种常见且具有典型意义的虚假陈述的表现形式及其相应的法律后果。其中，所谓隐瞒，是指通过积极掩盖事实的行为或采取消极回避的方式和策略拒不如实陈述事实的行为；所谓歪曲，是指故意在原有事实的基本框架之内虚构某些具体情节，意图使人对同一个事实作出符合陈述人自身利益的不同理解和认知；所谓增减，是指陈述人从个人利益出发在原有事实基础上故意"添枝加叶"或者对相关必要的真实情节"掐枝打叶"。作为签署保证书的形式要件是要求当事人本人在保证书上签名、捺印，以便使其在心灵深处能够充分领会在法律上应对其言行负责的观念和意识。

（4）凡当事人无法宣读保证书的，必须具有客观意义上的正当理由，如大字不识的文盲、身体残疾无法辨认文字内容的盲人、有生理缺陷无法口头表达文字内容的聋哑人、患有严重口吃疾症之人，等等。对于有关当事人是否具有理由的判断，取决于人民法院据情裁量，其心证所需的证明标准达到"大概如此"的程度即可。当法院认定当事人无法宣读保证书确有正当理由的，可由书记员代为宣读，并对此进行必要的说明。

4.当事人无正当理由拒不到场等行为的法律后果

2019年《民事证据规定》第66条规定："当事人无正当理由拒不到场、拒不签署或宣读保证书或者拒不接受询问的，人民法院应当综合案件情况，判断待证事实的真伪。待证事实无其他证据证明的，人民法院应当作出不利于该当事人的认定。"

对本条文的理解与适用，应当掌握如下基本内容：

（1）在通常情况下，当事人出庭参加庭审活动，既可由当事人本人亲自出庭，接受法院的调查询问，也可由当事人委派的诉讼代理人参加庭审活动，接受法院的调查询问。在这些通常情况下，一般都不必要求当事人本人在接受法院的调查询问之前签署保证书。这是因为，根据《民事诉讼法》第78条规定，人民法院对当事人的陈述，应当结合本案的其他证据，审查确定能否作为认定事实的根据。当事人拒绝陈述的，不影响人民法院根据证据认定案件事实。也就是说，在通常情况下，法院对于案件事实的认定，并不完全依赖于当事人的陈述，并且，即使当事人拒绝陈述案件事实，法院仍然可以根据其掌握的证据作出事实认定。但是，法院根据双方当事人提交的相关证据以及在个案中依法调取的证据，在对待证事实认定过程中难以形成必要的内心确信致使案件出现真伪不明状态时，因当事人系案件待证事实的亲身经历者，因此，法院在此时就对当事人的如实陈述以协助查明事实真相产生高度的依赖性。在这种情况下，并非当事人本人主动到场，而是法院要求其被动到场以类似证人身份接受调查询问。这是法院仅在遇有特别的情形下所采取的特别调查事实真相的方法。为此，才会出现下列有关情形：其一，当事人无正当理由拒不到场；其二，当事人到场后拒不签署保证书；其三，当事人到场并签署保证书后无正当理由拒不宣读保证书；其四，当事人到场并签署保证书及宣读保证书后，拒不接受法院的具体调查询问。凡在此基础上发生上述情形之一的，均属于本条内容所涉及的范围。

（2）根据本条文以及2019年《民事证据规定》第65条规定，本条的适用对于当事人不到场或者到场签署保证书后不能宣读保证书这两种情形可以有正当理由来免除相应的责任及后果，而对于到场后不签署保证书或者签署保证书后拒不接受调查询问这两种情形，并未以是否有正当理由就得以免除相应的责任及后果作出相关规定。

（3）鉴于本条文规定所涉及的是一种特别情形，即法院在穷尽一切必要的证明手段之后遇到了仍无法查明案件待证事实的情况。如果一方或双方当事人确有正当理由而不能够按照法院通知的时间到场的，法院应当根据具体情况与有关当事人协商确定下次到场时间并作出相应的日程安排；如果有关当事人确有正当理由不能在可期待的合理期间内与法院协商安排下次到场时间的，因庭审的进行不可能无限推延，法院只能根据现有证据并综合案件的所有情形，如果在不能获取相应内心确信的情况下，按照客观举证责任法则作出对举证人不利的裁判。本条文所称当事人无正当理由拒不到场中的"正当理由"，应由法院酌情酌定，参照对《民事诉讼法》有关规定的理解，通常应包括当事人因健康原因、路途遥远及交通不便以及因自然灾害等不可抗力的原因，等等。

（4）本条文规定在2015年《民事诉讼法解释》第110条内容的基础上，并没有按照举证责任分配规则对本条文所涉及的当事人，究竟是负举证责任的一方当事人还是相对一方当事人作出明确界定，而是笼统地表述为"当事人"，这种表述可被合理地理解为，既包括负有举证责任的一方当事人，也包括相对一方当事人。在审判实践中，如果遇有法院穷尽一切必要的手段之后，仍无法查明案件待证事实的情形时，通常不仅仅会通知其中一方当事人，而是会要求双方当事人本人到场接受法院的调查询问。法院的这种调查询问，应当被理解为系法院在特殊情况下调查收集证据的一种特别方法。基于在这种调查询问当中，当事人应当负有真实陈述义务和完整陈述义务，故此，法院通过调查询问所获知的信息可有助于最大限度地接近事实真相，而不问这些信息对接受调查询问的一方当事人是有利还是不利。同时，在技术上，法院通常对被询问的一方当事人会有针对性地要求其陈述对其不利的事实，或者要求对其不利的事实进行确认。另外，法院还可借助于调查询问，要求双方当事人就特定事实进行对质。这样一来，就特定的待证事实而言，无论是法院对负有举证责任的一方当事人进行调查询问，还是对不负举证责任的一方当事人进行调查询问，即针对某一特定的当事人而论，既有可能获取对其有利的心证，也有可能获取对其不利的心证。对此，本条文中所谓"待证事实无其他证据证明的，人民法院应当作出不利于该当事人的认定"，主要指的是存在如下三种情形：其一，如果负有举证责任的当事人无正当理由拒不到场、拒不签署或宣读保证书或者拒不接受询问的，法院可以对不负举证责任的一方当事人进行调查询问。如果能够获得对该方当事人有利心证的，将作出对该方当事人有利的裁判；如果能够获得对该方当事人不利心证的，将作出对该方当事人不利的裁判；如果既不能够获得对该方当事人有利的心证，也不能获得对其不利心证的，将作出对该方当事人有利的裁判。其二，如果不负举证责任的当事人无正当理由拒不到场、拒不签署或宣读保证书或者拒不接受询问的，法院可以对负举证责任的一方当事人进行调查询问。如果能够获得对该举证人有利心证的，将作出对该举证人有利的裁判；如果能够获得对该举证人不利心证的，将作出对该举证人不利的裁判；如果既不能够获得对该举证人有利的心证，也不能获得对该举证人不利心证的，将作出对该举证人不利的裁判。其三，如果双方当事人无正当理由均拒不到场、均拒不签署或宣读保证书或者均拒不接受询问，导致法院无法通过调查询问就待证事实获得内心确信的，法院可据情根据客观举证责任法则直接判定负有举证责任的一方当事人承担败诉的后果。

## 四、当事人自认的基本要义

（一）当事人自认的界定

在学理上，所谓自认，是指在诉讼上，一方当事人就对方当事人所主张不利于己的事实作出明确的承认或默示行为表示，从而产生相应法律后果的诉讼行为。

可见，自认应具备这样几个构成要件：其一，须发生在诉讼上，即在诉讼过程中发生，既可表现为，作为被告的一方当事人在答辩书中就原告于起诉书中提出的对其不利的事实主张的承认，还可表现于在庭审法庭辩论中一方当事人对另一方当事人事实主张的明确承认或表示。其二，自认的对象必须是对方当事人所主张对其不利的事实，且这种事实须为一种免除举证责任以外的事实，即不能包含涉及有关日常经验、事理和其他能够作为司法认知的客体内涵。其三，须为明确的承认或默示的行为表示。这种明确的承认通常表现为一种作为形态，即以明确的语言方式表达其意思表示；而默示的行为表示相对而言，则以一种不作为形态出现，即以不作为的行为方式来应对有关意思表示的合理预期，也就是说，明知面对一种明确且对其不利的事实主张，本应作出明确肯定或否定的符合合理预期的反应，但却以不作为的行为方式应对这种局面的出现，从而导致的法律后果是，就这种不利的事实主张而言，产生一种默示的承认或称之为拟制自认。

在民事诉讼中，当负有举证责任一方当事人为支持其主张而提交的证据，必须经过对方的质证，才能作为认定案件事实的根据。这里经过双方当事人的质证或者经对方质证，主要是涉及证据本身的真实性而言，即该证据是否具有形式证据力。但法院对证据作出评价以及从"心证"的角度加以采信可不受当事人争辩意见的影响，这是由法院的审判职能所决定的问题。在审判实践中，当事人对某一证据的真实性不提出异议，即视为产生一种自认的效果。

在诉讼上，所谓自认事实，是指当事人在诉讼上明确表示承认的事实、双方当事人不持异议的事实以及被拟制自认的事实。所谓明确表示承认，是指在诉讼过程中，一方当事人对另一方当事人陈述的案件事实以明确无误的言辞或书面方式表示承认而产生相应法律后果所涉及的事实。所谓双方当事人不持异议的事实是指，双方当事人在诉讼过程中先后或在同一时间内对某一事实的真实性表示认可或不持异议的情形。在许多情况下，双方当事人不持异议的事实来源于法院的调查询问所产生的相应法律后果。所谓被拟制自认的事实是指，在诉讼过程中，对一方当事人的陈述所涉及的事实主张，另一方当事人持消极、不作为的态度，既不承认也不否认而产生的一种拟制自认的法律效果。在我国，当出现这种情形时，为了防止发生证据突袭，一般要求审判人员要对当事人的诉讼活动进行适当指导，即审判人员应当对有关事实进行充分说明并进行询问，当事人仍不明确表示肯定或否定的，才能构成自认。在诉讼上，因当事人在诉讼上表示明确承认的事实、双方当事人不持异议的事实以及被拟制自认的事实，其形成过程被庭审笔录载明后形成的证据，被称为自认证据。

（二）当事人自认的基本法理

在大陆法系，因传统的审判模式所使然，法院基于自由心证主义的要求而依职权在庭审中进行证据调查，因此，倾向于从狭义上来认识和界定当事人的自认。对于一方当事人作出的自认，大陆法系学说在自认的性质上历来就存在争议，主要存在以下几种学说：

1. 意思表示说。亦称为效果意思说，即作为一种通说，它认为诉讼上的承认的性质是意思表示，即认为作出自认的一方当事人因欲发生法律上的效果，因此，作出自认的意思表示，一经自认，法律即赋予其自认的效果，而不问自认的事实是否果真属于真实；依此学说，自认是当事人因欲发生法律上的效果而有此意思表示，至于事实真实究竟如何，概可不问，由自认当事人以自由意旨予以处分。①

2. 观念通知说。亦称为事实陈述说或事实表示说，即认为作出自认的一方当事人，对于他方当事人主张不利于己的事实，陈述其为真实，或不为争执。如该项事实非属真实，当然不致为不利于己的陈述或在所不争。故此，法律这才赋予他方当事人毋庸举证的效果，此种效果具有辅助作用，不能理解为其本身的性质所使然。

3. 观念表示说。即认为诉讼上的承认是确定相对一方当事人主张的事实为真实的观念表示。这种学说曾一度得到许多学者的赞同。日本学者兼子一、斋藤秀夫等均主张此说。② 我国台湾地区学者亦是从诉讼上的自认来认识自认的属性，并认为"观念表示说"为通说，依此观点，自认系当事人依其自己经验，

---

① 参见王甲乙、杨建华、郑健才：《民事诉讼法新论》，我国台湾地区三民书局有限公司2007年版，第408页。

② 参见王锡三：《民事诉讼法研究》，重庆大学出版社1996年版，第237页。

表示他方当事人主张的事实，确系为真实无伪，因此而予以承认。

英美法系历来坚持当事人主义诉讼模式，在此模式下的对抗辩论中的证据方式或证明效果与大陆法系显然存在差异。就自认而言，特别强调对抗与辩论，因此，更倾向于从广义上来认识和界定自认的效果。在英美法中，传闻规则主要违反了直接、言词及辩论原则，更无法采用反询问方式以便进行有效的质疑，而当事人的自认则作为一种证据，是一项重要的传闻规则的例外。这是因为，自认作为当事人一方的陈述通常在普通法上广泛地被接受为对该方不利的有效证据。① 自认构成对系争事实的客观存在的承认，或者人们可以从中推断出这类事实的存在。② 除了从言词陈述上可以作为一种自认或者视为一种自认外，作为对事实的承认甚至可以从某种行为或者某种消极表示中推断出来。③

关于自认是否作为一种证据或证据方法来使用，长期以来在两大法系中就存在分歧，这也是对自认的属性的一种界定方式，只是采用的角度不同而已。一般而言，将自认作为一种证据或证据方法来看待和使用，在英美法系属于一种通说。在大陆法系则大都不倾向于把自认作为一种证据来看待，而是作为举证责任的一种例外，产生免除一方当事人举证责任的效果，或无须其他证据对系争事实加以证明。

笔者认为，在民事诉讼建构下，凡当事人一方提出的事实主张，必须提供相应的证据加以证明，否则其事实主张视为不能成立。事实主张的常态表现形式，往往是作为一种对当事人有利的陈述，这种陈述既包括口头的，又包括书面的，无论何种形式都具有诉讼上的事实主张的属性。但是，就当事人自认的法律属性而言，虽然从通常的表现形态来看，当事人的自认（在此特指明示自认）亦采用的是一种陈述的形式，即或采用口头形式，或采用书面形式，但是，当事人的这种陈述与通常的陈述所不同的是，他所陈述的事实是对其在诉讼上发生不利的事实，即产生对其不利的诉讼后果的事实，因此，这种当事人的陈

---

① See Jack H. Friendenthal, Michael Singer, The Law of Evidence, The Foundation Press. Inc. 1985, p92.

② See Peter Gillies, Law of Evidence in Australia, Legal Books International Business Communication Pty Ltd 1991, p505.

③ 参见［美］乔恩·R.华尔兹:《刑事证据大全》，何家弘等译，中国人民公安大学出版社1993年版，第101页。

述是一种特殊的陈述形式。其特殊性就在于，一旦这种对其不利的陈述实际发生，法院在审判上将会把这种陈述作为一种真实来看待，无须将其作为一种证据提交当事人进行辩论。因为这种诉讼上的自认既约束作出自认的当事人，也约束法院的裁判。所谓约束法院的裁判，是指在当事人已作出自认的情形下，法院自应依职权将当事人作出的这种自认所涉及的事实作为裁判的基础，除非当事人所自认的事实有严重违反日常法则，如自然规律及定律等情形。从维护社会公共利益的角度而言，当事人作出自认涉及的事实所产生的效果不得违背社会公共利益和他人合法利益。对约束法院的裁判而言，实际上在一定程度上产生了限制法院自由裁量的效果。就对方当事人而言，一方当事人的自认在诉讼上免除其根据举证责任分配规则所应当承担的证明责任。可见，从举证责任的角度而言，一方当事人一旦就对其不利的事实作出自认，即可就有关自认所涉及的案件事实免除对方当事人所应当承担的举证责任，使法院对有关事实加以认定。就法院的职能而言，法官应视这种自认为真实。

根据不同的视角，在学理上，当事人的自认可以分为诉讼上的自认与诉讼外的自认，明示自认与默示自认，完全自认与不完全自认，本人自认与代理自认，口头自认与书面自认等。

另外，当事人的自认还可分为对系争事实的自认和对诉讼请求的自认。对系争事实的承认称自认；而对诉讼请求的承认则称认诺。承认的性质不同，其法律效力也不一样。自认即对系争事实的承认是同辩论原则相联系，将导致案件事实的直接承认；而认诺即对诉讼标的或诉讼请求的承认，则与其实行的自由处分原则相联系，故有认诺，即可成为判决败诉的依据。

（三）不予采纳的自认

在诉讼上，产生自认效果的第一因素是，当事人所作出的自认行为必须系完全基于个人的意志而自愿作出的，而对当事人究竟是出于何种动机作出这种自认行为则概不予深究。法院基于审判职务上的考虑，只是关注自认的作出是否受到外界的影响，以至于使当事人在违背其真实意愿的情形下不得不作出这种自认，凡一经发现当事人所作自认存在这类情形，法院自应拒绝采纳这种自认证据。

经法院确认，凡自认受到以下行为影响的，不予采纳为自认证据：（1）采取暴力、压迫等非法行为或手段，不论该行为或手段是否针对自认人，还是针对与自认人存在身份关系、利益关系的人；（2）威胁要采取上述行为；（3）在诉讼中，如果有关当事人提出自认或者自认行为受到前述行为影响的。

之所以由法院依职权在审判上排除在上述情形下所产生的自认证据，主要是因为这类自认证据根本违背了有关当事人的自由意愿，实质上是一种侵害他人合法权益的行为。法院应当在一个较为宽泛的限度内来界定产生这种自认证据的有关情节，即有关违法行为或手段无论是针对自认人还是针对与自认人存在身份关系、利益关系之人，都视为产生相同的效果，同时，只要是有证据证明存在某种实际威胁采取这类非法行为的，也应视为产生排除这类自认证据的效果。

### 五、诉讼上的自认

#### （一）诉讼上自认的界定

所谓诉讼上的自认，是指在庭审活动或者法院主持的其他相关活动如证据交换、庭前会议、询问当事人、现场勘验等过程中，一方当事人对于他方当事人所主张不利于己方的事实予以承认的表示。作为诉讼上的自认载体，通常为庭审笔录、询问笔录、勘验笔录、现场笔录或其他书面记录。从这个意义上而言，当事人在诉讼上的自认，并非不需要证据证明，而是因为作为诉讼上的自认载体本身就是证据，只不过当事人对这种证据不负提交义务，即并无举证责任可言。

相对而言，诉讼外的自认，通常是指在有关诉讼程序之外，一方当事人对他方当事人所主张对其不利的事实的承认表示方式。其中包括在他案中所作出的自认。所谓"有关诉讼程序之外"，既包括诉讼之前乃至当事人发生纠纷之前，也包括在诉讼开始后庭审活动或者法院主持的其他相关活动之外。与诉讼上的自认不同的是，诉讼外的自认所涉及的形成过程与审理法院无关，因此，在客观上需要由相关当事人提供证据来加以证明。

在诉讼过程中，诉讼上的自认是一方当事人对于他方当事人在庭审活动及法官在场的其他情形下所主张不利于己方的事实予以承认的表示。作为一种证明方式，当事人的自认在诉讼上除了产生免除相对一方当事人的举证责任之外，还对证据辩论主义产生相应的影响，即只要在法律上被作为当事人的自认来看待，就可在审判上不必提交辩论而作为裁判的基础，这是作为自认证据的一种通常程序功能，不经辩论而作为这种自认的证据，主要包括诉讼外的自认以及通过诉讼文件所作出的自认，在学理上，这种自认可称之为形式意义上的自认，而与之相对应的一种自认则是实质意义上的自认，这种实质意义上的自认主要产生于法庭的辩论中，它是直接、言词辩论原则的结果。

（二）诉讼上自认的基本法理

1. 基本要旨

一方当事人所主张的事实，对方当事人在诉讼中以书面或口头形式明确表示承认的，无须加以证明。关于裁判上事实自认的效力无需对方当事人的承诺。

在诉讼上，法院的主要审判职能是查明案件事实，这种需要法院依职权查明的案件事实，在诉讼的双方当事人对决的前提下，属于一种待证事实。作为待证事实存在的前提，是双方当事人对案件事实提出了不同的主张，法院正是依据当事人的不同事实主张，根据辩论主义的法律原则，来确立裁判的基础框架。可以说，这种诉讼框架的确立是证据裁判主义的直接结果。但是，在诉讼上，如果为一方当事人所主张的事实被对方当事人以书面或口头形式明确表示承认的，便无从在诉讼上形成对决的裁判基础。在此情形下，相对一方当事人的这种明示承认，可视为支持另一方当事人事实主张的证据，而在审判上产生了为一方当事人所主张的事实已被证明的诉讼效果，因此，无须再加以证明，而免除相对一方当事人的举证责任。所谓一方当事人所主张的事实为对方当事人所明确表示，在提出主张与当事人承认之间的这两种相互独立的诉讼行为上存在着逻辑上的对应关系，但是，这种对应关系并无顺序上的先后要求，即并不排除一方当事人自认在前，另一方当事人主张在后，只要双方当事人在诉讼上形成了事实主张与表示承认相互一致的事实状态，即可产生自认的效果。但是，如果一方当事人即便作出对自己不利的事实陈述，对方当事人在其陈述之前或陈述之后并未提出相关事实主张的，也不产生自认效果。可见，一方当事人提出事实主张，是产生自认效果的前提。因为，这种自认的效果无非是用于满足相对一方当事人所提出的事实主张，使这种事实主张在无须经过举证证明的条件下，能够在审判上视为真实而作为裁判之基础。正是因为如此，作为其他任何间接事实或者辅助事实在客观上或者技术上无法直接满足当事人的事实主张。

2. 自认的对象

自认的对象应当是案件的直接事实，这种直接事实是指能够成为判决基础的案件基本事实，因此，其他任何间接事实以及有助于形成案件基本事实的辅助事实不能作为自认的对象。

3. 基本属性与证明效力上的分类

在学理上，对自认属性的定位，是就其作为证据方式在证明效力上的分类，这种分类包括实质意义上的划分和形式意义上的划分。

（1）实质意义上的划分

我国有学者认为，就两大法系与我国的做法而言，可划分为三种：其一，为英美法系的传闻证据的例外以及由此而产生的证明效力，它肇因于英美法系基于传闻规则所使然，而自认则作为排除传闻规则的一种例外情形。承认这种例外的原因是，"如果若一个人的陈述被提出作为针对他的证据的话，他很难解释为他没有得到盘问自己的机会。"① 因此，这种例外可作为一种证据加以接受，属于法院外的供述，在诉讼中不受询问。其二，就大陆法系的定位体系而言，由于在诉讼中实行较为彻底的自由处分原则和辩论原则所致，自认具有特殊的法律意义，即凡诉讼上的承认，对法院均有约束力。在举证责任的配置上，凡一方当事人承认他方当事人所主张于己不利的事实，即可免除他方当事人的举证责任，如果承认了原告的诉讼请求，即可导致法院直接判决原告胜诉。在大陆法系中的德国、日本的民事诉讼理论中，对他人所主张于其不利事实的主张被称为自认，而对他方诉讼请求的承认被称为认诺。其三，为我国学者将当事人的承认作为当事人陈述的一种特殊形式，当事人的承认在我国作为一种证

---

① 见［美］乔恩·R.华尔兹：《刑事证据大全》，何家弘等译，中国人民公安大学出版社1993年版，第100页。

据形式出现，已成为不争的事实，但它亦并非我国学者和司法者的一种独创。①根据《苏联民事诉讼纲要》第 17 条的规定，当事人和第三人的陈述，是一种诉讼证据。有苏联时期学者在评论当事人的陈述作为证据时，曾认为："有时，当事人的陈述中会包含对另一方当事人所要确认的事实的承认。这种陈述就被称为承认。"②

（2）形式意义上的划分

各国大都从形式意义上对自认予以划分，以便确定其在审判上的效力。

英国证据法将自认分为正式自认（Formal Admission）与非正式（Informal）自认。从诉讼意义上而言，正式自认一件事实系专为审理之用而作出的，并不构成证据，只是免除相对一方当事人证明负担的需要；而非正式自认则作为反传闻规则的一项例外予以采纳。③

与英国法相同的是，美国证据法也是从传闻证据的例外规则的角度来对自认加以规定的，不过它并未明确界定自认在形式上的划分。但有美国学者则认为，当事人的承认应分为三种形式：其一，正式的法庭上的承认，其效果是在证明效力上具有确定性，如写入双方律师协议书中的承认；其二，非正式的法庭上承认，在证明效力上具有非确定性，既可以否认，也可以解释，且可以用其他证据加以反驳；其三，法庭外的承认，在证明上的效果与非正式的法庭上的承认相同。例如，在言谈中或在诉讼前的陈述中，涉及的具有证据意义的承认。④

在大陆法系，德国法的相关规定具有典型意义。根据《德国民事诉讼法》第 288 条第 1 款规定："当事人一方所主张的事实，在诉讼进行中，经对方当事人于言词辩论中自认，或者在受理法官或受托法官前自认而作成记录时，无需再以证据证明。"这就意味着，经对方自认的事实无须举证。当事人的自认只有

---

① 参见叶自强：《论自认》，载梁慧星主编：《民商法论丛》（第 5 卷），法律出版社 1996 年版，第 110 页。

② 参见［苏联］阿·阿·多勃罗沃里斯基等：《苏维埃民事诉讼》（上册），李衍译，法律出版社 1985 年版，第 213 页。

③ 见［美］乔恩·R. 华尔兹：《刑事证据大全》，何家弘等译，中国人民公安大学出版社 1993 年版，第 101 页。

④ 参见沈达明编著：《英美证据法》，中信出版社 1996 年版，第 59 页。

在法庭上作出才为有效。因此，德国证据法并不认可法庭外的自认。

与大陆法系其他国家有所不同的是，意大利法律规定，在一定情形下，甚至包括诉讼外的自认也具有相同的证明效力。针对意大利立法上的有关规定，有学者解释称，如果自认符合特定的先决条件，则通常构成确定性证据；如果不符合有关先决条件，则自认只能作为一种供法庭自由裁量其分量的证据。首要的先决条件是"权利能力"，作为自认的当事人，必须在诉讼上享有处置的权能。其次的先决条件是，在诉讼外所作出的自认，必须是由作出自认的当事人就其对方当事人或对方当事人的代理人作出的方有效。如果自认是向第三人作出，或以遗嘱的形式作的，它就不是确定性证据，其证据分量如何则由法官自由裁量。在诉讼外所作出的自认，可由文书或其他方式加以证实。如果该自认涉及某一不能由证人证言来加以证实的情形时，则此种自认便不能由证言证据加以证实。①

4. 诉讼上的自认与举证责任

民事诉讼上的自认，是指一方当事人就对方当事人在诉讼上提出事实主张的承认。《民事诉讼法》对自认问题没有明确作出规定。《民事诉讼法解释》在第92条对当事人在诉讼上的自认作出明确规定。一方当事人主张对事实的承认和对诉讼请求的承认可免除对方当事人的举证责任。由于对事实的承认与举证责任的关系更为密切，2019年《民事证据规定》第3条至第9条对诉讼上的自认以及相关问题作出进一步细化性规定。但有关法律和司法解释对诉讼外的自认尚未作出规定。对此，笔者认为，诉讼上的自认产生免除相对一方当事人的举证责任的效力，而在诉讼外限于一方当事人对另一方当事人或其代理人在诉讼前或纠纷发生前所作出的自认，对该方当事人有拘束力，但须提供有关证据证明，故与当事人在其他案件中所作出的自认一样，并不能产生免除相对一方当事人举证责任的效力。对于上述诉讼外自认，法院不能依职权直接适用司法认知将其作为一种免证事实来处理，而应由当事人负担举证责任，以便法官将其作为自由心证的一部分。对当事人提供的用于证明一方当事人对另一方当事

---

① See Mauro Cappelletti, Joseph M. Perillo: Civill Procedure in Italy, Martinus Nijhoff, The Hague,The Netherlands 1965, p199.

人或其代理人在诉讼前或纠纷发生前所作出自认的证据，法院须交由当事人进行辩论，以便决定是否予以采信；而对于当事人在另一个相关案件当中所作出的自认，对于当事人提供的相关证据，在当事人辩论基础上，法院还应考虑该种自认在其他案件中的具体情形以及与本案待证事实的关联性，以便最终作出综合判断。

诉讼上的自认可发生免除相对一方当事人的举证责任的效力，而对于诉讼外的自认则应交由法院据情作出判断，因为个案情形纷繁复杂，当事人所面临的不同境遇有可能决定其当时所作出自认的动机，是否体现了真实的意思表示，是否存在外在的欺诈、威迫、利诱等有可能造成与事实不符的情形，由法院据情进行相应的证据调查。在证据调查过程中，既不排除法官要求相关当事人提供进一步的证据，也不排除法院根据经验法则或者日常情理、交易习惯等对诉讼外的自认证据作出肯定性或否定性的判断。因此，在立法上不宜直接作出肯定或否定诉讼外自认证据效力的规定。法院对诉讼外自认证据的认定，应当根据个案的不同情形，在充分考虑其特殊性的前提下据情作出判断。

在一起实例当中，甲和乙发生民事纠纷，在提起诉讼前，双方当事人在法官丙的主持下对案件事实作出了陈述，其中包含当事人对某些事实的承认，并由法官进行了书面记录，经双方当事人签名确认。后来当事人正式提起民事诉讼，并由法官丙主持案件审理。这时，对于当事人在起诉前对案件事实的承认能否作为本案的证据使用，如果可以作为证据使用，应将其认定为何种类型的证据发生了争议。一种观点认为，当事人在起诉前的承认应当作为对案件事实的自认处理，并免除对方当事人的举证责任；另一种观点认为，当事人的承认是在起诉前作出的，只是一种诉讼外的自认，只能作为一方当事人的书面证据使用，并由法院对该书面证据的合法性和关联性进行审查，以决定是否作为认定案件事实的依据，因而该诉讼外自认不能当然免除对方当事人对该自认所涉事实的举证责任。对此，笔者认为，我国现行《民事诉讼法》对审理前的准备阶段作出了相关规定，有关司法解释对庭前准备程序的证据交换和庭审前的调解作出了相关规定，但均未像该案中那样规定在诉讼前由法官召集双方当事人进行证据调查或者调解。由于在诉讼前案件尚未系属于管辖法院，即使法官主持由双方当事人参与对案件事实进行调查，在法官对案件尚不享有审理权与裁判权的条件下，这种调查所形成的书面记录如果包含着当事人对其不利的陈述，这份证据材料只能属于一种诉讼外的自认。就这份以书面记录作为载体的自认证据而言，无论法官所采取的这种调查方式是否有合法依据，但是，这种在诉前由当事人签名确认的书面记录属于一种报道性书证，类似实践当中的会谈纪要或会议记录。不能将它界定为一种调查笔录或询问笔录，是因为，由于诉讼尚未系属，尚无法衍生法官依职权收集、调查证据的权力。在诉讼系属之后，对于这种诉讼外的自认证据不能像诉讼上的自认证据那样直接予以确认，但是，经过法官审查判断之后，不排除可以直接确认这种证据的证明效力。

另外，在实践中，除采用诉讼来解决民事纠纷以外，只要是依法可由诸如仲裁机构、行政执法部门及其派出机构如公安交管部门、司法所、民调组织等具有公信力的机构或组织解决有关民事纠纷，双方当事人对事实的承认，均属于诉讼外在自认。对于这种诉讼外的自认在诉讼系属后，经过法院的审查判断，也不排除可以直接确认这类证据的证明效力。

（三）我国有关法律及司法解释相关规定的理解与适用

1. 对当事人在庭审中对其在审理前的准备阶段认可的事实提出不同意见的处理

《民事诉讼法解释》第 229 条规定："当事人在庭审中对其在审理前的准备阶段认可的事实和证据提出不同意见的，人民法院应当责令其说明理由。必要时，可以责令其提供相应证据。人民法院应当结合当事人的诉讼能力、证据和案件的具体情况进行审查。理由成立的，可以列入争议焦点进行审理。"

对本条文的理解与适用，应当掌握如下基本内容：

（1）对当事人在审理前的准备阶段认可的事实和证据后来在庭审中又提出不同意见的情形，应当在禁止反言规则架构内进行评价与审酌。尽管我国在立法上并未从形式上确立禁止反言规则，但是，在许多与实体法和程序法有关的法律和司法解释当中实质性地体现和反映了这一规则。例如，《民事诉讼法解释》第 340 条规定等，①《民事诉讼法解释》第 229 条也属于这一范畴。另外，禁止反言规则也是诚信原则的体现与贯彻，《民事诉讼法》第 13 条第 1 款所规定的诚信原则对禁止反言规则具有上位统领作用。

（2）在通常情况下，适用本条文有一个前提，即在审理前准备阶段，法院召集的证据交换或庭前会议上，与案件事实有关的争议焦点已经过法院的确定。否则在争议焦点未经依法确定的条件下，当事人在审理前的准备阶段认可的事实是否属于案件的基本事实以及其认可的证据是否与待证事实具有关联性就无从谈起。

（3）按照禁止反言规则，在诉讼过程中，当事人在此前所实施的包括对有关事实和证据的认可等诉讼行为，此后仍对其具有拘束力，当事人不得任意撤销。当事人在庭审中提出不同意见，意味着当事人欲撤销此前的认可这一诉讼行为。考虑到在审判实践中，某些当事人有时难免会因主观上的疏忽导致发表违背客观真实的意思表示，对此情形，如果一味坚守禁止反言规则，既不合情理，又有妨于实现社会的公平与正义。对此，该条款在程序上为法院对此情形加以审查判断设置了必要的程序规则，并为当事人设置了说明义务和证据提出义务。

（4）当事人在庭审中对其在审理前的准备阶段认可的事实，其中包括对其有利的事实，亦包括对其不利的事实。凡记录在卷的，对其不利的事实，在诉讼上自应产生自认的效力。当事人在庭审中对其在审理前准备阶段认可的证据，主要包括对方当事人出示的证据或法院依法调查收集的证据。而作为当事人认可的证据，主要是对有关证据真实性、关联性、合法性的认可。这种认可，既包括积极的认可，即明确表示肯定或承认，也包括消极的认可，即对有关证据真实性、关联性、合法性不提出异议。

（5）通常而言，当事人在庭审中对其在审理前准备阶段认可的证据提出不同意见的，鉴于法院在技术上完全可以将有关当事人的前后态度和作出的说明理由作为与待证事实有关的自由评价的必要组成，故法院责令其说明理由即可，

---

① 《民事诉讼法解释》第 340 条规定："当事人在第一审程序中实施的诉讼行为，在第二审程序中对该当事人仍具有拘束力。当事人推翻其在第一审程序中实施的诉讼行为时，人民法院应当责令其说明理由。理由不成立的，不予支持。"

即在此情形下当事人主要负说明义务，否则在诉讼成本与实际收效之间有违比例原则；而当事人在庭审中对其在审理前的准备阶段所认可的事实提出不同意见的，鉴于在个案中当事人之间所能够提供的本证与反证与有关待证事实之间的关系千差万别，经过审理前的准备阶段之后，法院在庭审过程中对案件基本事实的把握程度各不相同，故此，在法院责令有关当事人说明理由之后，在仍无法获得必要心证的条件下，法院则可以责令有关当事人提供相应证据。

（6）针对当事人在庭审中对其在审理前的准备阶段认可的事实提出不同意见的，人民法院应当责令其说明理由。在法院认为必要时，可以责令其提供相应证据。鉴于与此相关的证明对象系当事人提出的理由是否成立，属于程序性事实，故在法律上并不要求采用严格证明的方式，在法院的心证当中，只要能够有助于确定大概如此即可。在当事人提供证据的情况下，法院应当对有关证据的证明力作出相应的判断。

（7）在诉讼过程中，当事人对此前认可的证据表示反悔的，可比照适用"禁止反言"规则，即当事人对已经认可的证据表示反悔的，人民法院应当责令其说明理由。必要时，可以责令其提供相应证据。在当事人提供证据的情况下，法院应当对有关证据的证明力作出相应的判断；按照该条款的要求，法院在对当事人提出的理由进行审查判断时，除了考虑相应的证据以外，还要根据案件的特点和细节如难易复杂程度等以及当事人的诉讼能力来作出综合判断。其中，所谓当事人的诉讼能力，主要涉及当事人有无律师代理、律师水平的高低、经验是否丰富、技能是否娴熟，等等。凡法院经审查判断认为理由不成立的，对证据予以确认；凡法院经审查判断认为理由成立的，可以将原来认可的事实重新列入争议焦点进行审理，对原来认可相关证据的"三性"，可以重新发表质证意见。

2. 二审中对于当事人在一审中认可事实的反悔

《民事诉讼法解释》第340条规定："当事人在第一审程序中实施的诉讼行为，在第二审程序中对该当事人仍具有拘束力。当事人推翻其在第一审程序中实施的诉讼行为时，人民法院应当责令其说明理由。理由不成立的，不予支持。"

对本条文的理解与适用，应当掌握如下基本内容：

（1）本条文中，所谓诉讼行为是指诉讼主体在诉讼活动中所进行的具有法律意义以及能够产生相应法律后果的行为。按照诉讼主体不同，诉讼行为可分为法院的诉讼行为和当事人的诉讼行为。本条文规定仅涉及当事人的诉讼行为。

（2）当事人的诉讼行为可分为当事人单方的诉讼行为和当事人共同的诉讼行为。在涉及事实认定和有关证据问题上，当事人的自认属于当事人单方的一种诉讼行为，它既包括一方当事人陈述的于己不利的事实所形成的自认，也包括有关当事人对于己不利的事实明确表示承认的自认。根据《民事诉讼法解释》第278条第3款规定："适用简易程序的其他规定或者普通程序审理前，双方当事人已确认的事实，可以不再进行举证、质证。"另外，2019年《民事证据规定》第57条第2款规定："在证据交换的过程中，审判人员对当事人无异议的事实、证据应当记录在卷；对有异议的证据，按照需要证明的事实分类记录在卷，并记载异议的理由。通过证据交换，确定双方当事人争议的主要问题。"其中，所谓"双方当事人已确认的事实"，指的是双方对于有关案件事实在主观上表示不存在争议的共同意思表示，属于一种双方当事人共同的诉讼行为；所谓"当事人无异议的事实"亦具有双方对于有关案件事实在主观上表示不存在争议而形成共同意思表示之意。诉讼行为以表示主义为原则，无论是"双方当事人已确认的事实"当中还是"当事人无异议的事实"当中，并不能够排除包含对其中一方当事人有利而对另一方当事人不利的事实，同时也不能够排除包含对双方当事人均为有利或均为不利的事实，因此，"双方当事人已确认的事实"以及"当事人无异议的事实"在一定程度上均具有当事人共同自认的性质。根据民事诉讼中的辩论主义和当事人处分权主义，这些行为本身既对当事人产生拘束力，也对法院产生相应的拘束力。

（3）根据民事诉讼法当中的诚信原则，当事人对于自己的诉讼行为同时负有真实陈述义务、诉讼促进义务、禁止反言义务以及禁止滥用诉讼权利义务等。为此，当事人在诉讼上不能主张在主观上已知不真实的事实或者自己认为不真实的事实。为了保障程序的安定性及其他诉讼参与人对诉讼程序所享有的信赖利益，当事人不得任意否定或撤回其在诉讼活动中就自己先前所发表的言论和实施的诉讼行为。我国民事诉讼实行两审终审制，当事人在第一审程序中就事实和证据问题作出的意思表示的诉讼行为，不但在第一审程序当中对其具有约束力，在第二审程序当中依然对该方当事人具有约束力。

（4）如果当事人欲推翻其在第一审程序中所实施的诉讼行为时，应当向法院提出相应的申请（请求）。这种申请既可以书面形式提出，也可以口头形式提出。对于当事人提出的申请，人民法院享有审查权。为此，人民法院应当责令有关当事人负有说明义务和理由提出义务。为了表明其理由和支持其理由的充分性，有关当事人可提出相应的证据材料。凡人民法院认为当事人提出的理由不能成立的，应当驳回当事人的申请。

## 六、明示的自认

（一）明示自认的界定

在辩论主义与证据裁判主义下，所谓明示自认，是指在诉讼当中，一方当事人就对方当事人主张对其不利事实予以承认的声明或表示。这种声明的方式通常在诉讼上表现为，一方当事人就另一方当事人针对其不利的事实主张予以直接、积极、明确的承认；而作为一种表示则可为明示的表示，即作为。如承认对方于己不利事实主张的声明。

（二）明示自认的基本法理

英美法系历来坚持当事人主义诉讼模式，在此模式下的对抗辩论中的证据方式或证明效果与大陆法系显然存在差异。就自认而言，特别强调对抗与辩论，因此，更倾向于从广义上来认识和界定自认的效果。在英美法中，传闻规则主要违反了直接、言词及辩论原则，更无法采用反询问方式以便进行有效的质疑，而当事人的自认则作为一种证据，是一项重要的传闻规则的例外。这是因为，自认作为当事人一方的陈述通常在普通法上广泛地被接受为对该方不利的有效证据。[①] 自认构成对系争事实的客观存在的承认，或者人们可以从中推断出这

---

① Jack H. Friendenthal, Michael Singer, The Law of Evidence, The Foundation Press. Inc. 1985, p92.

类事实的存在。①除了从言词陈述上可以作为一种自认或者视为一种自认以外，作为对事实的承认甚至可以从某种行为或者某种消极表示中推断出来。②

在审判实践中，较为常见的一种情况是，一方当事人在诉讼文书上或者在法庭的调查或言词辩论中，并非采用就相对一方当事人作出对该方有利事实主张的承认，而是单方面对案件事实进行陈述，或者提出一种事实主张，对这种陈述或者事实主张，实际上含有对其不利的内容，或者综合法庭调查和双方当事人辩论的事项，可以看出有关的事实陈述或事实主张会对该方产生显著的不利后果，那么这种陈述或事实主张也应视为当事人的一种明式自认。但是，这种形式的自认应记载于法庭笔录之中，并由相关当事人签名为形式要件。

在诉讼上，对于身份关系案件的审理，由于实行法院职权探知主义，法院可以调查、核实，并不以当事人之间明确承认的事实或一方当事人自认的事实为限，而应当据情判断。另外，对于财产关系案件，由于证明标准较身份关系案件要求更低，因此可以采用包括事实推定、自认的证明方式来加以认定，而对于身份关系案件，由于具有更高的价值取向，因此不能简单采用自认规则来加以确认，也就是说，对于涉及身份关系的案件，即使一方当事人对另一方当事人就案件事实所作出的明确承认，如果法院认为有必要进一步进行调查、了解、收集证据或核实时，就应当不以这种明确承认所产生的效果来对案件事实作出认定，而应当进行实际的调查、了解和收集相关的证据，然后再作出最终的判断。"在适用职权探知主义的人事诉讼中，自认及虚拟自认并非具有无需举证的效果。一方当事人即使对相对方所提出的事实进行了自认的陈述，只要法庭认为该事实需要加以证明，那么，该事实就不能成为无需证明的事实。当事人所作的自认陈述，也属于双方当事人辩论的内容范畴。尽管当事人的自认对法院不会产生拘束力，但法院可将其作为已经辩论过的内容，在进行证据评价

---

① See Peter Gillies, Law of Evidence in Australia, Legal Books International Business Communication Pty Ltd 1991, p505.
② 参见［美］乔恩·R. 华尔兹：《刑事证据大全》，何家弘等译，中国人民公安大学出版社 1993 年版，第 101 页。

时，酌情加以考虑。"①

(三) 我国有关法律及司法解释相关规定的理解与适用

1.《民事诉讼法解释》的一般性规定

《民事诉讼法解释》第92条规定："一方当事人在法庭审理中，或者在起诉状、答辩状、代理词等书面材料中，对于己不利的事实明确表示承认的，另一方当事人无需举证证明。对于涉及身份关系、国家利益、社会公共利益等应当由人民法院依职权调查的事实，不适用前款自认的规定。自认的事实与查明的事实不符的，人民法院不予确认。"

对本条文的理解与适用，应当掌握如下基本内容：

（1）一方当事人采用口头或书面形式在诉讼上明确承认对己不利的事实，免除对方当事人的举证责任。当事人的自认在诉讼上是辩论主义和处分权主义的体现，既对当事人产生约束效力，又对法院产生约束效力。在诉讼上，当事人向人民法院就案件事实进行陈述，既可通过法庭审理中的口头形式，也可在法庭审理以外采用书面形式。在一方当事人的相关事实陈述当中，凡遇有与待证事实有关的对己方不利的事实，该方当事人明确表示承认的，则相应地免除另一方当事人就对其有利的该事实所本应负担的举证责任。

（2）本条文中，所谓"明确表示承认"，是指该主观上的意思表示明白无误，以至于不会导致任何令人感到合理歧义的产生。另外，这种"明确表示承认"，还应当是不附加任何条件的承认。与"明确表示承认"相对而言的是"默认"，而默认带有随机性，即不能排除随时会演变成为一种明确的否认。因为，在逻辑上，默认既可被理解为不明确的承认，也可被理解为不明确的否认。

（3）在审判实践中，这种"明确表示承认"主要发生在以下几种情形：其一，一方当事人在法庭审理中，或者在起诉状、答辩状、代理词等书面材料中，明确主张了对另一方当事人不利的事实，而另一方当事人则在法庭审理中，或者在起诉状、答辩状、代理词等书面材料中对此明确表示承认的；其二，在没

---

① [日] 山木户克己：《注解人事诉讼程序法》，有斐阁1958年版，第119页。Rosenberg/Schewab/Gottwald, 16.Aufl., §164 Rdnr.57. 转引自 [日] 松本博之：《日本人事诉讼法》，郭美松译，厦门大学出版社2012年版，第59页。

有任何先导性的条件下,一方当事人在法庭审理中,或者在起诉状、答辩状、代理词等书面材料中明确（陈述）主张一种事实,而该种事实主张事后被证明是对该方当事人不利的;其三,经法庭许可,一方当事人在法庭审理中向另一方当事人质询或求证的某一对后者不利的有关事实,而另一方当事人明确表示承认的;其四,审判人员在法庭审理中向一方当事人调查询问的有关事实,而该方当事人对其中于己不利的事实明确表示承认的。另外,这种"对于己不利的事实"产生的来源,除了法院和对方当事人以外,还应包括证人、鉴定人、勘验人、具有专门知识的人等,但有关当事人对于己不利的事实的承认,应限于该种事实属于其正常理解与认知范围之内的事实。

（4）在诉讼上,涉及身份关系、国家利益、社会公共利益等案件的事实,不适用自认规则,对有关事实的证明或查明,由法官依职权调查,实行职权探知主义。其中,所谓"不适用前款自认的规定",系指对于涉及身份关系、国家利益、社会公共利益等原本就属于人民法院依职权调查的事实,具有公益性质,实行法院职权探知主义,不实行当事人辩论主义及处分权主义。而当事人的自认作为一种民事诉讼当中的证据方式,属于当事人私权自治范畴,与当事人辩论主义及处分权主义密不可分。在审判实践中,人民法院在法庭审理过程中通过对双方当事人本人的调查询问也是一种收集调查证据或调查事实的方式,这种调查询问并结合案件的其他证据材料所获得的心证可以作为裁判的基础。其中在调查询问中,有可能产生一方当事人的自认问题,或者双方当事人相互自认的问题。对此,人民法院是否予以采信,与在实行当事人辩论主义及处分权主义条件下当事人的自认存在本质上的不同。这是因为,在实行当事人辩论主义及处分权主义条件下,当事人的自认效力,通常既约束双方当事人,也约束法院;而在实行法院职权探知主义条件下,即使发生当事人的自认,对法院也没有约束效力。对于当事人的自认,实行的是一种法院自由心证主义。

（5）本条文中,所谓"自认的事实与查明的事实不符",系指当事人自认的事实与人民法院在审理案件过程中为查明待证事实所获得的心证不相吻合的情形。在审判实践中,有些民事案件法律关系单一且案情简单,如果按照案件的性质属于实行当事人辩论主义和处分权主义范畴的,当事人的自认在效力上既约束有关当事人,也约束法院。因此,发生这种情形的概率较低。例如,在一起借贷纠纷案件中，原告因借据丢失而无法提供，但被告对借款事实的发生表示明确承认，双方当事人的争议焦点在于还款事实是否发生。被告对借款事实的自认，自应对当事人产生约束效力，亦应对法院产生约束效力，法院并无对当事人的这种自认事实进行查明的必要。而对于那些法律关系不甚明确且案情较为复杂的案件而言，即使案件的性质属于实行当事人辩论主义和处分权主义范畴，但是，鉴于当事人自认的事实仅仅属于整体待证事实的一部分。在审理案件过程中，如果当事人的自认与法院通过其他相关证据或证明方式查明的事实不符，即如果继续承认当事人自认的效力将会导致影响法官形成统一的内心确信时，法院自应将当事人先前的自认予以排除。换言之，在庭审过程中法官根据有关证据和庭审调查已就有关待证事实获得心证的，在这种情况下，如果当事人自认的事实与法官因获得心证而查明的事实不符的，法官应当将以已查明的事实作为裁判的基础，不受当事人自认的拘束。

2. 2019年《民事证据规定》的一般性规定

2019年《民事证据规定》第3条规定："在诉讼过程中，一方当事人陈述的于己不利的事实，或者对于己不利的事实明确表示承认的，另一方当事人无需举证证明。在证据交换、询问、调查过程中，或者在起诉状、答辩状、代理词等书面材料中，当事人明确承认于己不利的事实的，适用前款规定。"

对本条文的理解与适用，应当掌握如下基本内容：

（1）一方当事人对有关待证事实的明示自认将产生免除相对一方当事人举证责任的法律效果。本条文所规定的一方当事人对案件待证事实的明确承认（明示自认），适用于自当事人起诉之日起至法院作出裁判之前的整个诉讼过程中。鉴于当事人的自认仅限于对事实的自认，并不涉及对于有关证据的自认问题。有关当事人对于证据的真实性、关联性和合法性的承认，属于质证范畴，与当事人的自认（对事实）无关。

（2）本条文规定的当事人明示自认，分为两种类型：其一，一方当事人以主动方式陈述的于己不利的事实。基于案件的复杂性以及处于多重利益得失及利弊权衡等考量，一方当事人以主动方式陈述的于己不利的事实，可分为两种情形：一是当事人在陈述时主观上认为对其有利而事实上（客观上）对其不利的陈述；二是当事人在陈述时主观上认为对其不利而事实上（客观上）亦对其不利的陈述。这种陈述方式既可以采用书面形式如起诉状、答辩状、代理词等提出，也可以采用口头形式提出。其二，一方当事人以被动方式对于己不利的事实明确表示承认的。主要分为以下几种情形：一是经法庭许可，对方当事人在法庭审理中向其质询或要求其确认的对其不利的事实；二是法院采取庭审调查询问的方式，要求其陈述或要求其确认的对其不利的事实；三是出庭作证的证人向法庭陈述的事实，有关当事人明确表示承认的；四是鉴定人以书面形式或出庭以口头形式向法庭陈述的事实，有关当事人明确表示承认的；五是勘验人在法庭上陈述的事实，有关当事人明确表示承认的；六是有专门知识的人在法庭上陈述的事实，有关当事人明确表示承认的。另外，值得强调的是，当事人对于有关事实表示明确承认的，应当限于其能够正常理解与认知范围之内的事实。

（3）当事人的明示自认在本条文中属于诉讼上的自认，在适用的空间上应作广义上的理解，既包括在庭前阶段的证据交换、庭前会议中法院进行询问、调查过程中出现的一方当事人陈述的与己不利的事实，或者对于己不利的事实明确表示承认的情形，同时也包括有关当事人在起诉状、答辩状、代理词等书面材料中明确承认于己不利的事实。

## 七、默示的自认

### （一）默示自认的界定

默示自认，亦称拟制自认，是指在诉讼中，一方当事人就对方当事人主张对其不利的事实，不明确予以否认或提出何种异议，而是以不作为的方式来对待这种事实主张，从而被视为产生如同明示自认的法律后果。

在对抗辩论审判模式下，默示的自认表示或许更能体现其程序上的证据功能，因为，作为对抗的双方当事人，都以相应的证据方式作为攻击与防御的必要手段，但倘若一方当事人在言词辩论中就事实主张积极地予以陈述，而相对一方则不予其争辩，即失去了积极防御的证据方式，采用这种有意回避的消极的不作为，在庭审活动中的证据效力上，无异于被视为系对相对一方当事人事实主张的一种承认。

## （二）默示自认的基本法理

1. 对默示自认及其效力的基本认知

在学理上，默示自认又称拟制自认或准自认。默示自认的一个重要特点是，一方当事人对另一方当事人所作出对其不利的事实陈述，本应及时作出适当的反应而未作出以至于在诉讼上产生的一种法律效果。这里所称的适当反应，指的是应予以反驳或以其他合理方式表达异议。这种适当反应主要体现在正式庭审过程中的相关阶段，特别是口头辩论阶段，任何一个具有经验与理性的法官，都可以直观地观察到双方当事人的一举一动，而当事人一方通过口头陈述或者某种行为在一个普通人的眼里足以构成对某一事实的主张，而在此情形下，另一方当事人对此却无动于衷，没有作出应有的反应，借以表达其仍然存有争议，这种态度本身在法庭上应当被视为系该方当事人就对方所提出的事实主张为真实而不予争执。当然，对于这种默示自认所产生的法律后果，只能在言词辩论终结前才产生自认的效力。因为，在一方当事人通过口头陈述或者某种行为在诉讼上产生了一种对其有利的事实主张的效果，相对一方当事人虽然没有当即作出适当反应，但在此之后至言词辩论终结前，仍可随时予以争执，从而推翻由于先前默示所产生的法律效果，这是默示自认与明示自认的不同之处。所谓不争执，是指对一方当事人的主张事实，另一方当事人对其真实性不明确陈述其观点。一方当事人对于另一方当事人所主张的事实，如不作出承认的意思表示时，应作为不予争执来看待，法律上将产生视同自认的法律效果。所谓视同自认的法律效果与当事人自己所作自认的法律效果不同。对于当事人在诉讼上所明确表示承认的事实，当事人在此之后不得就有关事实存在争执，除非法律另有规定，当事人也不得任意撤销。但是，对于视同自认的事实，当事人在言词辩论终结前可以随时作出存在争执的陈述。凡当事人追复其争执的陈述时，视同自认之效力即应丧失，而对此事实主张负有举证责任的当事人，应恢复承担相应的举证责任。

在诉讼上，因受辩论主义和处分权主义限制，法院对于当事人的明示自认以不干预为原则，尤其涉及纯属财产权益的纠纷，但对于当事人的默示自认，则实行有限干预主义，即以自由心证主义为原则，辩论主义和处分权主义的适用受到一定程度的限制。在诉讼过程中，一方当事人就对方所主张的事实，不予明确争执的，视为对该项事实的自认，但结合全部诉讼过程中该方当事人的其他陈述，在法官的心证看来可以认为对该事实有争执的，不在此限。这种情形涉及对默示自认的一种限制性规定。实际上是授权法院在遇有当事人作出默示自认的同时，结合案件审理所察知的其他情形，如认为该默示自认并不符合有关当事人在对待有关事实的态度时，则可作出排除默示自认规则适用的判定，体现了法官的自由心证在特定情形下可不受当事人的默示自认的影响。

默示自认的适用与明示自认相较而言，自有其自身的缺陷和局限性，考虑到某一诉讼案件的审理必定要涉及各种情形，并在此基础上产生特定综合效果，如果在法官的心证当中以致构成对有关当事人已作出默示自认的否定性效果，在此情形下，法院不能无视这种情状而一味采纳当事人作出这种默示自认的效果。默示自认在本质上属于一种推定自认，这种推定自认产生有效性的前提，应当是没有相反的证据足以推翻这种自认所产生的效应。当法院经考虑到全部诉讼过程的有关情形后，在其内心深处所感受到的是一种较为强烈的与这种推定自认相悖的倾向时，自应按照这种心证的感悟，作出不应确立这种默示自认效果的判定。

2. 默示自认与审判实践的对接

在对抗辩论审判模式下，默示的自认表示或许更能体现其程序上的证据功能，因为，作为对抗的双方当事人，都以相应的证据方式作为攻击与防御的必要手段，但倘若一方当事人在言词辩论中就事实主张积极地予以陈述，而相对一方则不与其争辩，即失去了积极防御的证据方式，也就是"相对立"而不能与之相"相抗衡"，采用这种有意回避的消极的不作为，在庭审活动中的证据效力上，无异于被视为系对相对一方当事人事实主张的一种承认。

与明示自认不同的是，默示自认有一个对自认的追复问题。所谓自认的追复是对默示的自认或拟制自认而言。作为默示的自认则在言词辩论终结前，已作出默示自认的一方当事人可以随时作出争执的陈述，直到最后一次庭审辩论结束之前。默示的自认经追复后，其自认的拟制效力当然消灭。原已被视为自认的事实，如一方当事人原本负有举证责任或未被法院以其他证据方法予以确认的，仍有举证证明的必要。

在诉讼上，对默示自认的正确适用将有助于提高当事人的证据意识，发挥辩论主义的应有功能，有助于开展集中审理活动。如果在立法上疏忽了对默示自认制度的确定，将使当事人利用立法上的漏洞采取某些诉讼策略，拖延诉讼进程，无助于法院对程序加以正常管理借以提高诉讼效率。由于默示自认规则本身是一种经验和理性的产物，因此，它能够发挥诉讼代理人制度的优势，既有助于提高律师在庭审辩论中的作用和地位，反过来，也有助于提高法官驾驭庭审的能力和基本业务素质，更有助于推进司法改革，使有关院、庭长能够通过亲自参与庭审活动来体现其业务素养与价值。

3. 对当事人所称"并不知晓"或"不曾记忆"意思表示之认识

在审判实务上，当适用自认规则时，有时难免会在诉讼上遇到就一方当事人提出事实主张，而相对一方当事人称其不知或不曾记忆的情形，鉴于个案情况不一，况且作出自认的当事人有时为当事人本人或其法定代理人，有时为诉讼代理人，不能强行一概而论，故此应授予法院据情判断的权力。如果当事人对于并非经其本人所经历的事件称其不知，或者对并非重大的事件，且时过境迁许久而称其不曾记忆时，法院应当根据经验法则认为其有不知或者不曾记忆的正当理由，而不得将他的这种行为视同默示的自认。而对一方当事人所主张的事实，根据该种事实的有关情节，本应为另一方当事人知晓时，或者对于其所经历的事件或者对其所经历的并非良久的事件，应当保持记忆的，即使另一方当事人佯装不知或者称其不曾记忆时仍可视同自认。凡一方当事人对另一方当事人主张的事实在法庭上称其不知或者不曾记忆时，应否视同自认，由法院据情判定。所谓据情判定，是指应当根据本案的一切有关情况或信息。与明示自认所不同的是，这种默示自认并不产生撤销问题，而只能产生当事人事后予以追复的问题。

关于就一方当事人所主张的对于另一方当事人不利的事实，而另一方当事人在诉讼上为不知之陈述时，即称不知或不曾记忆的，遇有此种情形是否在诉讼上产生自认的效果，在理论上主要有以下三种不同的见解：其中，一种观点为肯定说。该观点认为，只要为一方当事人所主张的事实，系另一方当事人自己从事的行为或者在客观上为另一方当事人能够感知并记忆的，即使另一方当事人作出不知之陈述，也应认定为产生自认的效果；另一种观点为否定说。该观点认为,在通常情况下,不能认为此种情形产生自认效果,而应将其视为具有表明否认的意思表示,但应将这种为不知之陈述作为否定的意思表示限定在合理的情形之内,至于如何判断个案的情形是否为合理,则应由法官根据证据调查所得出的结果,依据自由心证进行判断。这种观点为日本学界的通说;还有一种观点为据情判断说。该种观点认为,在遇有一方当事人作出不知之陈述时,法院应当以在客观上或按情理是否为当事人所亲身感知或者理应知晓的事实,作为认定该种不知之陈述是否产生自认效果的依据。与前两种观点相较而言,后一种观点实际上是近乎于对前两种观点的一种折中而得出的认识。因为无论是否定说还是肯定说都是建立在某种条件之上的,而据情判断说则吸纳或涵盖了前两者的优势,既赋予法院享有特定的自由裁量权,又限定法院在行使这种自由裁量权时应以相应的客观标准或合乎情理的范围为限。

对于默示的自认,我国台湾地区"民事诉讼法"第280条第2项规定:"当事人对于他造主张之事实,为不知或不记忆之情事者,应否视同自认,由法官审酌情形断定之。"就此,有一种观点认为,我国台湾地区的这一规定对于"当事人对于他造主张之事实,为不知或不记忆之情事"的情形的处理方法比较恰当,对于"对一方当事人陈述的事实,另一方当事人不明确表示肯定或者否定"的情形,不能搞"一刀切",有时,一方当事人陈述的事实,可能与开庭时间间隔较长,对方当事人确实不是记得很清楚,或者其他合理的原因使得记忆模糊,这时该当事人"不明确表示肯定或者否定"不应视为其对事实的承认,而应该由主张事实存在的当事人承担事实存在的举证责任。相反,一方当事人陈述的事实如果是最近才发生的,或者对于对方当事人有着切身利益关系的,在一般情况下该当事人是会记得的,此时,如果该当事人仍"不表示肯定或者否定的",应视为其对事实的承认。[①] 对此,笔者认为,一方当事人陈述的事实,另一方当事人无论是否作出明确表示承认或否定的,与是否知悉或是否仍记忆属于不同的表述范畴。对某项事实表示明确否定的,并不代表"并不知晓"或"不曾记忆"之意,但在实务上,针对一方当事人陈述的事实,另一方当事人除

---

[①] 厦门市中级人民法院课题组:《当事人自认若干情形之辨析》,参见http://www.chinacourt.org/public/detail.php?id=50759。

了表示明确肯定或明确否定以外，确实还有表明"并不知晓"或"不曾记忆"之意的情形。另外，实务界有一种观点认为，一方当事人对另一方当事人的陈述既不表示承认与否认，也不沉默，而是表示"不知道"或"不记得"，应当结合其他证据综合判断。如当事人在客观上确实不知道，且对另一方当事人陈述明确表示怀疑的，不应构成拟制的自认。如案件事实是当事人自己亲自所为，且有其他相关证据证明，应当构成拟制自认。① 对此，笔者认为，按照常理和经验法则，对于案件的待证事实，只有在它既非涉及当事人自己的行为，又非当事人自己所亲自感知的对象时，当事人在陈述时才准许说"不知"，但是应当准许其说"不曾记忆"。因为在日常生活中，人们淡忘一些事情也是常有的现象。至于当事人在诉讼上所称"不曾记忆"，是否存在主观故意，则由法院据情结合其他证据并根据经验法则据情判定。这实际上是授权法院在遇有当事人作出默示自认时，自应结合案件审理所察知的其他情形，如认为该默示自认并不符合有关当事人在对待有关事实的态度时，则可作出排除默示自认规则适用的判定，体现了法官的自由心证在特定情形下可不受当事人默示自认的影响。

（三）我国有关法律及司法解释相关规定的理解与适用

2019年《民事证据规定》第4条规定："一方当事人对于另一方当事人主张的于己不利的事实既不承认也不否认，经审判人员说明并询问后，其仍然不明确表示肯定或者否定的，视为对该事实的承认。"

对本条文的理解与适用，应当掌握如下基本内容：

1. 本条文涉及对当事人默示自认的确认程序。在理论上，无论是审判人员的说明行为，还是（调查）询问行为，均属于法院向当事人的释明范畴。两者的区别在，前者属于狭义上的释明，后者属于广义上的释明。实践中，经常出现对一方当事人的陈述，另一方当事人持消极态度，既不承认也不否认的情形，难以使法院对有关当事人在特定案件事实上的真实态度或立场作出准确的判断，不利于对于当事人的真实意思表示加以及时固定，这在一定程度上妨碍了诉讼

---

① 刘立卫：《民事诉讼中拟制自认的运用与把握》，参见 http：//www.chinacourt.org/public/detail.php?id=120584。

效率的提高。为合理引导有关当事人及时表达其意思表示，保障审判质量，提高审判效率，本条文设置了拟制自认的规定，要求法院适时行使释明权，对当事人的诉讼活动进行必要引导。本条文既强调拟制自认的效力，同时又要求法院应当对有关事实进行适度说明并询问，以便使其能够及时理解到，就对方陈述的事实，如果不作出明确的表态，将在诉讼上产生视为对该项事实承认的法律后果。这一规定的目的，在于防止法院在诉讼上对这一规则的滥用，力求给有关当事人提供较为充分的防御机会。

2. 本条文中，所谓"既不承认也不否认"，主要指的是实践中明确表示承认和明确表示否认以外不与争执的各种表态，其中既包括"不知道""记不得"，也包括意思表示不清晰、态度不明确，或者在表达上前后矛盾，还包括避而不谈、你说东他说西，或者沉默不语，等等。

3. 在实务上，一方当事人对于另一方当事人主张的于己不利的事实既不承认也不否认，导致产生这种现象的原因，有的是当事人没有聘请律师代理，缺乏必要的法律专业知识和庭审经验；有的是因为案情较为复杂，当事人或其代理律师对此没有充分的认识与把握；有的是因为委托代理律师的疏忽大意或者缺乏责任心；有的是因为虽然当事人或其代理律师已有相应的认识，但在权衡利弊的情况下又一时处于犹豫不决的心理状态，等等。对此，法院应当对有关事实进行适当说明并进行询问，当事人仍不明确表示肯定或否定的，才能构成自认。这一规定，其目的在于保护当事人的诉讼权利，增强审判人员的责任感。鉴于我国目前的实际情况，该司法解释采取了较为审慎的做法，即对一方当事人陈述的事实，另一方当事人既未表示承认也未否认，需经法院必要说明并询问后，当事人仍不予表态的，才产生默示自认的效力。这一规定的目的，在于防止法院在诉讼上对这一规则的滥用，使法院能够通过调查询问，了解当事人的真实意图，力求给有关当事人提供必要的机会，以便使其能够合理地认识到，就对方陈述的事实，如果不作出明确的表态，将在诉讼上产生视为对该项事实予以承认的法律后果。

4. 本条文是在2001年《民事证据规定》第8条第2款基础上经修改形成的。2001年《民事证据规定》第8条第2款规定："对一方当事人陈述的事实，另一方当事人既未表示承认也未否认，经审判人员充分说明并询问后，其仍不明确表示肯定或者否定的,视为对该项事实的承认。"修改后本条的主要变化系删除了"经审判人员充分说明并询问后"中的"充分"二字,也就是不再要求审判人员向有关当事人进行充分说明。所谓不再要求审判人员向当事人进行充分说明,主要有两个含义:其一,对一方当事人陈述的事实,另一方当事人既未表示承认也未否认时,将原来的注重说明,改为注重对当事人进行(调查)询问。在诉讼上,法院对当事人所进行的(调查)询问也是进行释明的必要方式。通过(调查)询问,一方面使当事人了解法官心证的动向以及所关注的问题,另一方面,使法官能够了解和掌握有关当事人的意图和真实的意思表示,以便形成确切的心证;其二,法官在向当事人进行说明的过程中,不宜直接表明其不予争执的态度必然会产生对其不利的法律后果,以免促使当事人以违背诚信为代价将原本不予争执的态度旋即转换为明确表示有争执,而尽量采用技术性的提示方式,藉以表明在未说明理由的情况下,继续不予争执将有可能产生对其不利的后果,以便其作出必要的反应,而不是无所作为。同时,借助法院向当事人的(调查)询问,以便查明其真实的意图和真实的意思表示。

5. 本条文所涉及的默示自认,既适用于当事人本人出庭的情形,也适用于当事人委托律师和其他诉讼代理人出庭的情形。对此,有一种观点认为,因委托代理人可能出于不了解案情的原因,所以默示自认不能适用于委托代理人。这种观点的言外之意就是认为,本条文所涉及的默示自认仅适用于当事人本人出庭的情形。事实上,这种观点是错误的。从整体分布来看,当事人亲自出庭而非委托他人代理诉讼的情形主要出现在广大乡村以及边远地区,当地执业律师人数严重不足,相关案件诉讼标的额较低,且以婚姻案件、财产继承及小额借贷纠纷为主,主要适用简易程序或者小额诉讼程序。在法院审理的这些案件当中,许多情况下是由当事人本人亲自出庭,因当事人本人缺乏必要的法律知识和庭审经验,在技术上适用默示自认的难度较高。相较而言,随着我国城市化建设的不断发展以及城市区域的不断扩大,无论是商事案件还是普通民事案件,当事人委托律师代理的情形较为普遍。作为职业律师,因其对法律有充分的了解和研究,加之丰富的出庭经验,他们在庭审中对于如何应对默示自认带来的风险、挑战与机遇,以实现其被代理当事人利益的最大化,往往有充分的心理准备与实证策略,故此,在技术层面对其适用默示自认的难度相对较低。

因此，通过默示自认规则对于这些律师代理诉讼活动的适用，必将强化作为专业律师对于当事人就案件事实进行尽职调查的责任以及能力的不断提升，并进一步推动代理律师职业化、专业化建设的进程。

6. 在实践中，庭审过程当中分为有律师代理、非律师代理和无委托代理几种情况。在无律师代理的情况下，由当事人本人出庭或由非律师代理出庭的，在适用本条文时应有所区别。因为无论从法律知识的角度，还是从庭审经验和专业技能的角度，律师与其他非律师代理人相比较而言都占有显著的优势，他们更有能力和条件读懂和理解法院所要表达的意思，从而使得非律师代理人显然处于非对称的劣势境态。因此，法院对当事人本人出庭或由非律师代理出庭的，在说明和（调查）询问过程中，应当更加详尽和有耐心。

## 八、当事人本人的自认与诉讼代理人的自认

### （一）当事人本人自认与诉讼代理人自认的基本界定

就主体而言，自认可分为本人的自认与代理人的自认。其中，所谓本人的自认系指当事人及其法定代理人所作出的自认。

代理自认主要是指诉讼代理人所代为进行的自认。代理当事人一方并以该当事人的名义，在法律规定或者当事人授权的范围内，为维护被代理人的权益，代理实施诉讼的行为，称为诉讼代理。代理人在代理权限内所从事的诉讼行为，其效力直接归属于被代理人，而与代理人无关。因此，代理人在诉讼上的自认，应视为被代理人本人的行为。

### （二）当事人本人自认与诉讼代理人自认的基本法理

与当事人代理人的陈述相比较，当事人本人的陈述具有直接性、原始性和细节性等特点，在一定意义上，当事人代理人的陈述具有传闻证据的特征。另外，当事人代理人当中的律师，与当事人代理人当中的非律师之间又有很大的差别，前者因对于法律知识和庭审技巧较为娴熟，因此其代理当事人所作出的陈述，更多地体现在其善于与法院从法律专业角度进行沟通、交流的能力，但

也会常常倾向性地利用法律上的漏洞和审理法官的弱点使得法院最终发现的法律真实更加远离一些客观真实的同时对其更为有利,而后者与当事人本人一样,由于在法律专业知识和庭审技能上存在短板而导致信息上的不对称状态相当明显,在一定程度上影响了其与法庭在法律专业问题上进行正常交流与沟通,但恰巧是因为这种缺陷的客观存在,他们对案件事实的陈述却常常显得更加有助于法院对案件事实真相的发现。

在我国民事诉讼中,依据代理权产生的原因不同,将诉讼代理分为法定代理和委托代理,因此,范围涉及较为广泛;而国外如德国和日本的民事诉讼中所指的诉讼代理,仅指委托代理而言。诉讼代理权,是指被代理人就诉讼活动而授予代理人从事上述行为的特定权限。在代理权限范围之内,接受委托的代理人独立进行的诉讼代理活动,如代为诉讼行为及接受诉讼行为,视为当事人的诉讼行为,对当事人发生法律效力。在诉讼上,自认属于一种重要的诉讼行为。代理人在诉讼上的自认视同被代理的当事人本人在诉讼上所作自认。当事人的诉讼代理人作出的自认,与当事人所作出的自认具有相同的证明效力,其后果均可导致法院将这种承认的内容作为对其不利的证据,构成实体裁判的基础。

一般来讲,有关国家在立法上对委托代理的权限规定得较为宽泛,以便为当事人进行诉讼活动提供充分、方便的客观条件。但是根据我国《民事诉讼法》的有关规定,诉讼代理人代为承认、放弃、变更诉讼请求,进行和解,提起反诉和上诉,必须有委托人的特别授权。世界各主要国家对代理人代为自认问题,大都在立法上加以明确规定,并确定代理人在诉讼上的自认视同被代理的当事人本人在诉讼上所作的自认。

一般而言,确定诉讼代理人的自认对被代理人的当事人产生诉讼上的约束力,主要体现在:第一,诉讼代理人的代理受代理权限的约束,因此,诉讼代理人的自认也理应受代理权限的限制;第二,在诉讼过程中,当事人在场时,如对诉讼代理人的自认予以否认的,可达到即时撤销的效果。在审判实践中,就一个企业或单位涉讼而言,其具体经办人对案件事实一般最为了解,但对于法律问题则知之甚少,因此,如何在诉讼中陈述案件事实,如何回应对方的质询,必须做好充分准备。当然,双方当事人对一些涉及对己方可能产生不利影响的事实往往采取坚决否认或者不置可否的态度，因为在找到支持这些事实主张的证据本身在客观上会存在许多障碍，并且找到一些具有充分证明力的证据则更为困难；第三，在诉讼过程中，如果当事人不在场，事后对诉讼代理人的自认予以否认的，必须作出合理解释，并且应当对其所否认的事实提供证据加以证明。

在司法实践中，人们往往基于某种理性的考虑和出于实务上的迫切要求，法院往往将诉讼代理人对案件事实作出的承认，以不为被代理的当事人所否定而认可其证据力。一些国家或地区为了使自认撤回的负面效应降至最低水平，在诉讼程序上规定了当事人的及时更正权，如《日本民事诉讼法》第57条规定，诉讼代理人所作的事实上的陈述，经当事人即时撤回或更正时，不发生效力。根据我国台湾地区"民事诉讼法"第72条规定，凡诉讼代理人所作出的事实上的陈述，经到场当事人即时撤销或更正的，不产生效力。对此，我国台湾地区的有观点认为："诉讼代理人为诉讼行为，系本于当事人之授权以自己之意思为之，并非本人之代言人机构，故其行为有无错误，不以本人之意思决之，而依代理人之意思决之，其所为事实上之陈述，除经到场之当事人本人即时撤销或更正外，其效果即及于当事人本人，不得以与当事人或本人之真意不符为理由，而否认其效力。"[①]

在诉讼上，诉讼代理人就对方当事人提出的案件事实予以承认，经在场当事人即时撤销或更正的，应不发生效力。但是，遇有当事人不在场时，其诉讼代理人作此番承认的，应加以严格限制，即视这种承认为当事人的亲自承认，对当事人和法院均产生约束力。这首先是侧重考虑不致使程序违背一定的理性逻辑而形成相当紊乱的状态，其次是基于考虑到当事人不到庭而由其诉讼代理人出庭，应将诉讼代理人的出庭看作与当事人的出庭具有相同的事实效果。因此，在事后如发生当事人欲撤回其诉讼代理人在诉讼上的自认情形时，当事人应举证其所作自认确与已发生的事实真实不符，并且这种自认的作出是在错误的情形下发生的。这样做的目的在于，它实际上加重了当事人的举证负担，使

---

① 林纪东编纂：《新编六法全书（参照法令判解）》，我国台湾地区五南图书出版公司1986年版，第381页。

得当事人不得不同时负担两种举证责任，一是就实质要件而言，就与承认的事实不符负担举证；二是就事实要件而言，就自认的作出确因与事实不符有必然的因果关系，而并非其他原因所致。以上就可能发生的两种情形来讲，作出这样的规定，既能起到尽可能使撤回的负效应降至最低的程度，又能起到严格限制随意撤回自认的效果。

（三）我国有关法律及司法解释相关规定的理解与适用

2019年《民事证据规定》第5条规定："当事人委托诉讼代理人参加诉讼的，除授权委托书明确排除的事项外，诉讼代理人的自认视为当事人的自认。当事人在场对诉讼代理人的自认明确否认的，不视为自认。"

对本条文的理解与适用，应当掌握如下基本内容：

1. 接受当事人一方的委托，并以该当事人的名义在当事人授权的范围内，为维护被代理人的权益代理其实施诉讼的行为，称为委托诉讼代理。其中的委托诉讼代理人亦被称之为授权代理人。我国有关法律及司法解释对授权委托书的签署形式及其相关内容均作出了明确规定。《民事诉讼法》第62条规定："委托他人代为诉讼，必须向人民法院提交由委托人签名或者盖章的授权委托书。授权委托书必须记明委托事项和权限。诉讼代理人代为承认、放弃、变更诉讼请求，进行和解，提起反诉或者上诉，必须有委托人的特别授权。"授权委托书所记载的事项和权限应当明确、具体，委托诉讼代理人代为诉讼，只有在授权委托书所记载的事项和权限范围内作出的代理行为才能对当事人产生约束力。对此，《民事诉讼法解释》第89条规定："当事人向人民法院提交的授权委托书，应当在开庭审理前送交人民法院。授权委托书仅写'全权代理'而无具体授权的，诉讼代理人无权代为承认、放弃、变更诉讼请求，进行和解，提出反诉或者提起上诉。适用简易程序审理的案件，双方当事人同时到庭并径行开庭审理的，可以当场口头委托诉讼代理人，由人民法院记入笔录。"

2. 委托人对诉讼代理人的授权可分为一般授权和特别授权。对诉讼代理人的一般授权，是指诉讼代理人只能代为进行一般的诉讼行为，而无权处分委托人的实体权利。所谓一般的诉讼行为，指的是不能够对当事人的诉讼利益在程序上造成重大影响的诉讼行为，如起诉、应诉、提出证据、询问证人、发表质证意见和辩论意见等。而除一般诉讼行为之外，允许诉讼代理人代为承认、放弃、变更诉讼请求、追加当事人、提起反诉等涉及重大程序性事项的，必须经由当事人的特别授权。在诉讼上，当事人委托诉讼代理人参加诉讼的，对于另一方当事人所主张对其不利的事实明确表示承认的，需要得到当事人的特别授权，否则对被代理的当事人不产生自认的效力。在实践中，当事人可以在授权委托书中记载需要排除的授权事项，借以规避法律风险。对于当事人在授权委托书中明确记载的事项，如"不得代为承认对方当事人陈述"的，即使受委托的诉讼代理人承认了对方当事人主张对其不利的事实，对该被代理的当事人也不产生相应自认的法律效果。①

3. 本条文中，所谓"诉讼代理人的自认视为当事人的自认"，其中，诉讼代理人的自认，既包括明示的自认，也包括默示的自认。这就意味着，当事人在授权委托书中并未明确排除诉讼代理人有权代为承认对方当事人陈述的情况下，一方当事人的代理人对另一方当事人主张的于己方不利的事实不予争执的，经审判人员说明并询问后，其仍然不明确表示肯定或否定的，视为对该事实的承认。这种默示（拟制）自认的效力应当及于被代理的当事人。对此，有观点认为，由于诉讼代理人不了解具体案情，其默示不能视为自认。笔者认为，从审判实践当中的具体情况来看，当事人本人不到庭而由其委托诉讼代理人到庭的情况较为普遍，如果一律限制其默示自认本应对其所产生约束效力的话，那么将实质性地造成自认制度的整体退化，极大削弱程序本身的有机性，对诚信原则的贯彻与落实造成直接冲击，无疑会增加法官形成内心确信与发现事实真相的难度，还会为有关当事人及其诉讼代理人相互串通刻意回避对其不利案件事实的认可以及逃避本应承担的法律风险提供便利。在审判实践中，因案情复杂或者基于各种原因有时会导致受委托的诉讼代理人对于案情的具体细节缺乏必要的了解，在客观上会存在这种可能性，但也必须仅限于某种程度上的合理、适

---

① 但是，值得注意的是，对于当事人在授权委托书中明确记载"不得代为承认对方当事人陈述"的事项，如在庭审过程中出现案情复杂或者受委托的诉讼代理人对于案件详情缺乏必要了解情形，将会在相当程度上影响法院对案件事实的调查与了解，也会相应地为有关当事人规避必要的法律风险打开方便之门。为了反制与防范这种情况的发生，有时会不得不增加法院要求当事人本人出庭的几率。对此现象应当引起必要的关注。

当、必要的范围之内。但这原则上不能成为委托代理人一概不能作出默示自认的借口。既然当事人委托诉讼代理人参加诉讼活动，并且在许多情况下是全权委托，委托代理人在接受这种委托并收取代理费的情况下应当对案件事实负有尽职调查和了解义务，对对方当事人的事实主张以及法院调查询问的事实所涉及的范围与具体细节有必要的、合理的预期，如果任其以不了解案情为由拒绝对呈现在其面前某些不利的案件事实表明态度，将对法院对案件事实的调查造成实质性的妨碍。因此，正确的做法是，在庭审过程中，无论是诉讼代理人对对方当事人主张的事实表示沉默还是对法院调查询问的事实表示沉默，经法院提示和说明后，诉讼代理人应对此作出必要的解释与说明（即应承担必要的解释与说明义务），如果以其不了解案情为理由的，法院应当据情判断该理由是否能够成立，如果认为该理由不能有效成立的，在诉讼上将视为该委托代理人作出默示自认。

4. 在诉讼上，当事人既可以亲自参加诉讼，也可以委托他人代理其参加诉讼。从法律上而言，经特别授权的代理人的代理权限与当事人的诉讼权利范围一致，其对事实的承认应视为当事人的承认。未经特别授权的代理人，由于其无权代为承认，其承认不具有自认的效力。但当事人在场的，当事人对代理人的承认行为和内容有充分的了解，其未作否认表示的，应视为当事人的承认。如果代理人就对方当事人提出的案件事实予以承认，即使其已在法律上享有特别授权，由于这种特别授权以及对案件事实本身的了解与知晓均来自于当事人，故经在场当事人及时撤销或更正的，不发生效力。在委托诉讼代理人与被代理的当事人一并出庭参加诉讼活动时，如果诉讼代理人与被代理的当事人发生分歧，在法庭上所表达的所有意思表示应当以当事人为准；在诉讼上，无论是当事人本人还是其诉讼代理人，均适用明示自认与拟制（默示）自认规则。在当事人本人与其委托的诉讼代理人一并出庭的情况下亦是如此。

## 九、完全自认与不完全自认

（一）完全自认与不完全自认的界定

所谓完全自认，是指一方当事人所主张的事实，经对方当事人在诉状中或在法官面前，或者在法庭辩论时予以承认，并产生使主张该事实的一方当事人免除举证效果的一种行为方式。

不完全自认与完全自认相对而言，它包括当事人在自认上有所附加或限制的情形，属于有条件的自认。在诉讼上，就待证事实出现争执时，时常会出现一方当事人就另一方当事人提出的事实主张予以争执而对有关事实情况的陈述，这些陈述事实本身系对方的事实主张有所附加或限制，以表明其对相对一方当事人所主张事实的态度。在诉讼中，当事人在自认上有所附加或限制的，应否视为自认，由法院斟酌情形予以断定。对于自认有所附加或限制的，可称之为不完全自认。例如，当事人自认他方当事人的主张曾有借款之事，但又附加防御方法，称之为业已清偿；或原告自认被告的主张，曾经同意延展清偿的期限，但又附加攻击方法，称该项同意已以后约撤销。但关于曾有借款事实，又曾经同意延展清偿期限的事实，仍可视为已有自认。至于其附加的攻击或防御的主张，对方当事人有无争执，则属于另一问题。

（二）完全自认与不完全自认的基本法理

在诉讼上，就当事人的自认所产生免除相对一方当事人举证责任的诉讼效果而言，限制自认虽然作为一方当事人在诉讼上对抗相对一方当事人而采用的攻击或防御的根据，通常以追求有利于自己的事实主张为前提，而附加承认对其不利的事实为代价，但是，这两种类型的不完全自认都属于当事人的一种事实主张或对事实的一种陈述。因此，凡对其不利的，自应免除相对一方当事人的举证责任；凡对其有利的，自应由其负担相应的举证责任。对此，2019年《民事证据规定》第7条对限制型自认和附加条件型自认作出了相关规定。

就自认当事人附加的陈述及限制，其在诉讼上产生的效力如何，由法院据情作出判断。在明示自认的前提下，作出自认的一方当事人以书面或口头形式在诉讼上明确表示承认另一方当事人所主张事实的前提下，如果这种自认在逻辑上被作出自认的当事人附加相应的条件或者对自认的效果直接予以限制，借以在诉讼上排除对其不利的证明效果，就法院在审判上而言，是否能够接受作出自认当事人所预期的效果，应当由法院结合个案的其他情形作出综合判定。

　　限制自认是对于自认有所附加或限制，或者呈现出前后矛盾，甚至其中所表达的言语令人费解或难以判定其真实含义和意图的情形。限制自认主要有三种情形：一是当事人一方在承认对方所主张的事实时，附加独立的攻击或防御方法；二是当事人一方对于他方所主张的事实，承认其中一部分而争执其他部分；三是当事人在自认上有所附加或限制。对此，实务界有一种观点认为，当事人主张一致的部分可以成立自认，但就其一部分事实主张的自认不得扩及全部事实主张；至于当事人对自认有附加或者限制的，则要对所负条件按照负担的原则进一步举证，由法院斟酌情形予以断定。例如，甲起诉乙，要求乙返还一年前向自己借的5万元，但不能提供相应的借据；在诉讼中，乙承认一年前确实向甲借了5万元，但已于半年前返还了3万元，只欠甲2万元，但不能提供已经返还3万元的证据。对于该案，一种观点认为，乙已承认向甲借了5万元，作为自认处理，免除甲的举证责任，同时乙又不能对"半年前返还3万元"的主张提供证据证明，故该主张不能成立，应当判决支持原告的诉讼请求。另一种观点认为，本案中乙的自认属于自认附加，乙在承认曾经向甲借了5万元，同时又主张"已于半年前返还了3万元"，乙实际上只是承认欠甲2万元，故乙关于曾向甲借5万元的自认和已经返还3万元的主张应作为一个整体看待，法官要么全部采纳，要么全部不采纳，在本案中，法院应当支持乙的主张，即乙实际只欠甲2万元。对此，笔者认为，在甲起诉乙而不能按照交易习惯提供相应借据进行证明的条件下，甲所提出的乙曾借其5万元款项的事实主张须由甲提供证据加以证明。乙承认一年前确实向甲借了5万元属于乙作出的完全自认，由此而完全免除甲的举证负担。至于乙在作出这一完全自认时提出的已返还其中的3万元，既属于提出了一个新的事实主张，又属于附加了一种独立的攻击或防御方法。对此，应由乙提供证据加以证明，否则，在诉讼终结时法院只得判定甲获得完全胜诉。有学者指出，就司法实践中所出现的狭义限制自认而言，其还存在着一种特殊的表现形式，即在部分自认的情形下所发生的狭义限制自认，也就是说，尽管部分自认并非广义限制自认的组成部分，但其有可能在个案中与狭义限制自认发生交集关系。而广义的限制自认包括狭义限制自认及附条件自认两个组成部分，该二者的共同点是，它们都与对方提出的主张一致且附加条件；该二者的本质区别主要表现为，狭义限制自认的最终目的是否定对方提出的相关诉讼请求，而附条件自认则能使法院推导出另一涉案事实的成立。①

就当事人的自认所产生免除相对一方当事人举证责任的诉讼效果而言，限制自认虽然作为一方当事人在诉讼上对抗相对一方当事人而采用的攻击或防御的根据，通常以追求有利于自己的事实主张为前提，而附加承认对其不利的事实为代价，但是，这两种类型的限制自认都属于当事人的一种事实主张或对事实的一种陈述，因此，凡对其不利的，自应免除相对一方当事人的举证责任；凡对其有利的，自应由其负担相应的举证责任。

（三）我国有关法律及司法解释相关规定的理解与适用

2019年《民事证据规定》第7条规定："一方当事人对于另一方当事人主张的于己不利的事实有所限制或者附加条件予以承认的，由人民法院综合案件情况决定是否构成自认。"

对本条文的理解与适用，应当掌握如下基本内容：

1. 按照自认证据效力本身所涉及的范围与程度来划分，当事人的自认可分为完全自认与限制自认。完全自认是对另一方当事人主张的事实的全部自认；限制自认是对于自认有所附加或限制，或者呈现出前后矛盾，甚至其中所表达的言语令人费解或难以判定其真实含义和意图的情形。本条文属于对限制自认的规定。即将限制自认分为两种情形：一是当事人一方在承认对方所主张的事实时，附加独立的攻击或防御方法；二是当事人一方对于他方所主张的事实，承认其中一部分而争执其他部分。

2. 作为自认当事人所附加的陈述，在诉讼上实则作为一种特定的防御方法，

---

① 参见杜闻：《我国民事限制自认的含义、类型及适用——以24篇裁判文书为视角》，载《证据科学》2020年第28卷（第1期）。

其动机在于借以否定为另一方当事人提出事实主张所可能产生的预期效果。例如，一方当事人主张另一方当事人曾向其借款5000元，另一方当事人承认这一借款事实曾经存在过，但是又附加防御方法抗辩称，此笔债务业经清偿；又如，一方当事人认可另一方当事人所主张的曾经同意延长还债期限，但又附加攻击方法，称该项同意后来又经双方约定予以撤销。在通常情况下，当事人所附加的这种陈述，如同提出了一个新的事实主张，这种新的事实主张与有关当事人先前所主张的事实只要产生了相互吻合的情形，就应当视为产生自认效力，即当事人主张一致的部分可以成立自认，而对其中所附加的事实主张而产生的相应争执，则属于应予以举证证明的范畴。关于自认当事人就待证事实的限制性陈述，例如，一方当事人主张另一方当事人曾借其款2000元，另一方当事人则承认曾借其款1000元，而并非2000元；又如，一方当事人主张另一方当事人曾向其借款2000元，而另一方当事人虽承认确曾收到对方当事人2000元的事实，但辩称该款项系对方当事人的赠与所致。对于这种当事人作出的限制性自认，应当在判明双方当事人相互陈述一致的范围和限度内，产生自认的效果。就自认当事人附加的陈述及限制在诉讼上产生何种效力，由法院综合案件情况决定是否构成自认。在此，所谓由法院综合案件情况决定，是指法院应根据本案具体案情及有关证据，在判断当事人所提出事实主张与有关自认的性质及所涉及的范围及限度内，根据举证责任的分配法则作出判定。

3. 在作出自认的一方当事人以书面或口头形式在诉讼上明确表示承认另一方当事人所主张事实的前提下，如果这种自认在逻辑上被作出自认的当事人附加相应的条件或者对自认的效果直接予以限制，借以在诉讼上排除对其不利的证明效果。就法院在审判上而言，是否能够接受作出自认当事人所预期的效果，应当由法院结合个案其他情形作出综合判定。例如，甲起诉乙，要求乙返还乙半年前因治病急需向其借的10000元，但不能提供借款的凭据；在诉讼进行中，乙承认因其治病之需，向甲提出借10000元，但当时甲只有现金5000元，故此只是向甲借了5000元。对于该案件的部分自认，一种观点认为，既然乙承认曾提出向甲借10000元，其又不能对后来实际只向甲借5000元的事实提供证据加以证明，故该案应当认定乙向甲借了10000元；另一种观点认为，该案中乙的承认属于部分自认，乙只是承认向甲借了5000元，自认的效力只能及于乙向甲借了5000元的事实，该案甲必须承担乙确实向自己借了10000元的举证责任，否则法院只能作出乙只向甲借了5000元的裁判。因此，当事人的部分自认只对自认部分的事实产生自认的效力。对此，笔者认为，对于本案事实的证明双方均无按照交易习惯所取得相关凭据，在诉讼上主要是通过当事人的陈述作为证据方式，甲提出乙曾借其钱款的事实与乙承认曾向其借款的事实相吻合，双方陈述事实的不同之处在于借款的数额不同，由于甲未能提供有效的书面凭证，但其对案件事实的陈述涉及的10000元当中的5000元款项已为乙所承认而被免除了相应的举证责任。其中，乙对案件事实的陈述涉及附加限制的自认，即对甲方所主张的事实，承认其中一部分而否认其他部分，因此，乙对甲所主张事实的承认属于限制性的自认，而并非属于完全的自认。但乙所提出当时甲只有现金5000元的事实主张，甲是否予以否认，如果甲不否认的话，恰好与甲所提出的事实主张不相符。倘若甲对乙所提出的其当时仅有5000元的事实予以否认的话，法院是否要求乙对其所提出的这一事实主张负担举证责任以便查明事实真相，抑或以乙的限制性自认为依据而判定甲所请求10000元当中的5000元获得支持，其他的5000元因甲无证据予以证明而不予支持。这些应由法院综合案件情况作出判定。

## 十、共同诉讼人中的自认

（一）共同诉讼人中自认的界定

与原告、被告均为一人的普通的单独诉讼中当事人的自认相比，共同诉讼中当事人的自认，是指当事人一方或者双方为二人或者二人以上之诉讼中当事人的自认。

依据共同诉讼人之间对于诉讼标的之关系不同，共同诉讼中当事人的自认可以分为必要共同诉讼中当事人的自认和普通共同诉讼中当事人作出的自认。其中，所谓必要共同诉讼中当事人的自认，是指在当事人一方或者双方为二人或者二人以上，标的是共同的，法院必须合并审理和一并判决的诉讼中当事人的自认。所谓普通共同诉讼中当事人的自认，是指在当事人一方或者双方为二人或者二人以上，诉讼标的属于同一种类，当事人同意合并诉讼且人民法院认为可以合并审理的诉讼中当事人作出的自认。

通常而言，在必要的共同诉讼中，共同诉讼人中一人或者数人作出自认，未经其他共同诉讼人同意或者事后予以追认的，对其他共同诉讼人不产生约束效力。对此，有日本学者认为，在只有一人出庭且作出自认的情形下，如果其他人在其后的期日中未对此予以争议，则成立拟制自认，在诸如一人自认而其他人予以争议这种各个共同诉讼人提出矛盾主张的情形下，其本身可以作为辩论全趣旨的一个要素，构成法官不利心证的形成原因。[①] 日本法所采用的方法是，将诉讼行为划分为有利和不利。所谓不利行为，包括自认、放弃诉讼请求、认诺、和解、放弃上诉权、撤诉等。共同诉讼中的一人的诉讼行为，对全体共同诉讼人有利时，即使一个人作出的诉讼行为，其效力也及于全体共同诉讼人；而不利的诉讼行为则不产生任何法律效力。即不利的效果发生必须由共同诉讼人共同为之。也就是说，只要有一个人对抗对方当事人的主张，就等同于产生全体对抗的效力，而不产生拟制自认的效力；只要共同诉讼中有一人在期日出席，就视为全体出席，而不发生期日缺席的效力。但是，出席人的诉讼行为不能视为全体的诉讼行为，只能限定在对其他诉讼人有利的诉讼行为，例如出席人的自认不发生自认的效果。当然，一人所为的不利行为本身虽不产生任何效力，但可作为辩论全趣旨加以斟酌，例如，某个人的自认可以成为该事实存在的认定理由。[②] 另外，德国相关学说认为，共同诉讼人中的一人作出的自认虽然既不能约束其他共同诉讼人，也不能约束法院，但对作出该自认行为的共同诉讼人而言，具有不可撤回的效力，其不能实施与自认相矛盾的诉讼行为。对此，有日本学者似有不同的看法，即认为，如果未作出自认的其他共同诉讼人的辩论并不充分，而作出自认的共同诉讼人一方有可能作出有效的积极否认，如果未作出自认的其他共同诉讼人在下一次口头辩论期日缺席，如果作出自认的共同诉讼人认为在其他争点上也可以获得胜诉从而作出自认，那么胜诉本身也是

---

① 参见［日］新堂幸司：《新民事诉讼法》，林剑锋译，法律出版社2008年版，第549页。

② 参见［日］高桥宏志：《重点讲义民事诉讼法》，张卫平、许可译，法律出版社2007年版，第188~189页。

该共同诉讼人所期望的，因此没有必要排除其有效、确实的诉讼行为，正如日本的通说主张的那样，在这种情形下作出的自认，对于自认人本身也不产生拘束力。① 在日本的学理上，必要的共同诉讼又被细化为固有的必要共同诉讼、类似必要共同诉讼和准必要共同诉讼。有日本学者认为，在类似必要共同诉讼中，即使主债务人作出自认，只要保证人予以争辩，则该自认不发生效力；相反，无论主债务人的态度如何，保证人作出的自认，则发生相应的效力。而在准必要共同诉讼中，要求自认只能由全体成员作出，但由于针对每一共同诉讼人的请求（诉讼标的）并不相同，因此其共同连带的程度并没有达到必要共同诉讼的程度，所以应当允许其在诉讼中有各自的处分权。但是如果该处分行为对其他共同诉讼人产生不利影响时，也应受到制约。②

而在普通共同诉讼中，共同诉讼人中一人或者数人作出的自认，仅对作出自认的当事人发生效力，对其他共同诉讼人不产生约束效力。对此，有日本学者指出，只要各共同诉讼人未独立地积极实施诉讼行为，那么如果一人的主张对其有利，也将给予其他共同诉讼人，这就是共同诉讼人之间的主张共通原则。例如，共同被告中一人作出否认，而其他共同诉讼人又缺席时，否认的效果将给予缺席者，拟制自认不能成立。当共同诉讼人各自实施诉讼行为时，如有一人否认，而另一人自认，此时则根据共同诉讼人独立原则，各自发生其效力；但一人否认，其他人均不作为的场合就与共同诉讼人独立的原则没有关系，该否认之有利的法律效果将及于其他毫无作为的共同诉讼人。③

（二）共同诉讼中当事人自认的基本法理

对于如下理论问题的探讨，有助于理解和掌握共同诉讼人中自认的基本法理：

1. 关于共同诉讼人中之一人自认的效力。有一种观点认为，共同诉讼人中

---

① 参见［日］高桥宏志：《重点讲义民事诉讼法》，张卫平、许可译，法律出版社2007年版，第189页脚注。

② 参见［日］高桥宏志：《重点讲义民事诉讼法》，张卫平、许可译，法律出版社2007年版，第217~222页。

③ 参见［日］高桥宏志：《重点讲义民事诉讼法》，张卫平、许可译，法律出版社2007年版，第217~229页。

之一人的自认行为应该对全体共同诉讼人有效；另一种观点认为，在共同诉讼中，共同诉讼人中有一人或几个人的诉讼行为，在对全体有利的情况下，对全体共同诉讼人有效，在对全体共同诉讼人不利的情况下，只有经过全体诉讼人的承认才有效。因此，共同诉讼人中一人就对方当事人陈述的事实的自认，对其他共同诉讼人不当然发生效力，除非其他共同诉讼人对该自认进行承认。对此，笔者认为，上述两种观点的偏颇之处在于，因为共同诉讼人分为必要共同诉讼人与普通共同诉讼人，二者之间的不同在于共同诉讼人对诉讼标的的权利义务关系不同。对于必要共同诉讼人而言，共同诉讼人对诉讼标的有共同的权利或共同的义务，其诉讼标的是共同的，必须合并审理；对于普通共同诉讼人而言，他们对诉讼标的没有共同的权利或者共同的义务，只是他们所涉及的诉讼标的属于同一种类，既可以合并审理，也可以分别审理。因此不能简单地说，共同诉讼人中之一人的自认行为是否应对全体共同诉讼人均产生效力或者产生何种效力。

2. 对必要共同诉讼与普通共同诉讼中当事人自认的不同界定。我国《民事诉讼法》第55条第2款规定："共同诉讼的一方当事人对诉讼标的有共同权利义务的，其中一人的诉讼行为经其他共同诉讼人承认，对其他共同诉讼人发生效力；对诉讼标的没有共同权利义务的，其中一人的诉讼行为对其他共同诉讼人不发生效力。"对此，有一种观点认为，在必要共同诉讼中，其中一人的自认行为只有经过他人的认可，该自认行为方能对其他人发生效力，若其他人并未认可，则该自认行为不能对其他人发生效力；在普通共同诉讼中，其中一人的自认，对其他人不发生效力。对此，笔者认为，我国《民事诉讼法》的上述规定主要涉及的是当事人诉权的行使，如申请反诉、申请撤诉、提起上诉等，这些权利可以分别行使，具有权属上的可分离性。例如，在诉讼进行中，必要共同诉讼中原告一人要求撤诉的，经全体同意，视为原告方撤诉；原告中的其他人不同意撤诉的，撤诉仅对该一人发生效力。就必要的共同诉讼而言，所谓诉讼标的是共同的，主要分为以下两种情况：一种情况是，当事人之间原来就存在着共同的权利义务关系，他们基于这种关系作为一方当事人起诉、应诉而成为必要的共同诉讼。例如，原来是共有关系，作为共有关系的主体，因权利受到侵害或与他人发生争议而产生的必要共同诉讼；原来是合伙关系，在合伙经营活动中因合同关系与他人发生争议而形成的必要共同诉讼；原来是代理关系，因被代理人和代理人依法承担连带责任而形成的必要的共同诉讼；原来是担保关系，债务人在保证期限内，没有履行义务，债权人向保证人和被保证人一并主张权利的，应将保证人和被保证人列为共同被告。另一种情况是，一方当事人之间原本没有共同权利义务，但由于同一事实和法律上的原因，才使他们之间产生共同权利义务关系。例如，几个子女继承父母遗产的诉讼，因父母死亡这个法律事实而产生的一方或者双方为二人以上的因争遗产而形成的必要共同诉讼；二人以上共同侵害他人的人身权、财产权、知识产权这一法律事实，依法应当承担连带责任而形成的必要共同诉讼；借用业务介绍信、合同专用章、盖章的空白合同或者银行账户产生的民事责任，出借单位和借用人为共同诉讼人。在必要共同诉讼中，其中一人的自认行为只有经过他人的认可，该自认行为方能对其他人发生效力，若其他人并未认可，则该自认行为不能对其他人发生效力。这就意味着，一方当事人所作出的对相对一方当事人不利的陈述，而相对一方当事人属于必要共同诉讼人，对于同一案件事实，该相对一方当事人可以作出不同的回答，即有的人表示承认，有的表示不承认。按照经验和常理，如果一方当事人对同一案件事实作出相互矛盾的表述时，法院应当作出对其不利的判定。可见，与必要共同诉讼人行使诉权所不同的是，对于同一案件事实的承认与否具有不可分割性。例如，作为合伙关系的共同诉讼人，如果对方当事人在自称丢失借款条的情况下主张该共同诉讼人曾借其钱款10000元，如果其中一个合伙人承认曾借对方当事人5000元，而另一个合伙人则承认曾借对方当事人3000元，或者说，虽然两个合伙人均承认曾借对方5000元，但其中一个合伙人又称已偿还其中3000元，另一个合伙人则称尚未偿还。对此，法院只能在最大范围内作出对作为合伙人的一方当事人不利的判定，因为他们的诉讼标的是共同的，具有不可分割性。实际上，这只是理论上的一种探讨，在实务中，在许多情况下，作为必要共同诉讼一方当事人往往会委托共同的诉讼代理人，即使在个别情况下，例如借用业务介绍信、合同专用章、盖章的空白合同或者银行账户而成为共同诉讼人的出借单位和借用人虽然会委托不同的诉讼代理人，但是共同的利害关系会使这些诉讼代理人之间进行相互协调，以尽可能避免因在对同一事实的陈述上出现相互矛盾的情形而陷入被动局面或不利境地。

3. 明示自认与默示自认之效力对必要共同诉讼人所产生的影响。在必要的共同诉讼人之间，明示自认与默示自认所产生的效力是否有所不同。对此，有一种观点认为，默示自认的效力不能及于共同诉讼人，它作为一种不利于己方的处分行为，不应对全体共同诉讼人发生效力。对此，笔者认为，总体而言，明示自认与默示自认对于共同诉讼人所产生的效力不应有所不同，否则会使程序复杂得难以操作。

4. 审判实务中，对于夫妻作为共同诉讼中一方时，其中一人自认的效力能否及于另一人有不同的看法。一种观点认为，夫妻在婚姻家庭生活中具有完全平等的法律地位，双方对家庭事务具有平等的处理权利，而且夫妻间固有的亲密身份关系，使得夫妻客观上不可能也无必要事无巨细地同时事必躬亲地处理每一件家事。夫或妻相互享有且不必以对方即被代理人的名义从事民事行为，一方有直接代理处理家事，为一定民事行为的权利，行使一种法定的代理权。另一种观点认为，因日常生活需要而处理夫妻共同财产，任何一方均有权作出决定，但对于日常家事以外的重大事务，如诉讼、买卖房屋等，由于处理后果对另一方生活影响巨大，共有权极易受到侵害，夫或妻一方的自认行为只有经过他方的认可，该自认行为方能对其发生效力。对此，笔者认为，夫妻之间作为一种家庭关系存在，属于一种必要的共同诉讼人，与其他类型的必要共同诉讼人在对诉讼标的共同享有权利和承担义务上并无本质区别，因此，在对自认的效力上应适用相同的规则。如果其中一人有恶意自认行为的，在其他类型的必要共同诉讼当中也会出现类似的情形。但这毕竟属于另一种性质的问题，我们不能为此而因噎废食。

（三）我国有关法律及司法解释相关规定的理解与适用

2019年《民事证据规定》第6条规定："普通共同诉讼中，共同诉讼人中一人或者数人作出的自认，对作出自认的当事人发生效力。必要共同诉讼中，共同诉讼人中一人或者数人作出自认而其他共同诉讼人予以否认的，不发生自认的效力。其他共同诉讼人既不承认也不否认，经审判人员说明并询问后仍然不明确表示意见的，视为全体共同诉讼人的自认。"

对本条文的理解与适用，应当掌握如下基本内容：

1.《民事诉讼法》第 55 条规定："当事人一方或者双方为二人以上，其诉讼标的是共同的，或者诉讼标的是同一种类、人民法院认为可以合并审理并经当事人同意的，为共同诉讼。共同诉讼的一方当事人对诉讼标的有共同权利义务的，其中一人的诉讼行为经其他共同诉讼人承认，对其他共同诉讼人发生效力；对诉讼标的没有共同权利义务的，其中一人的诉讼行为对其他共同诉讼人不发生效力。"共同诉讼人分为必要共同诉讼人与普通共同诉讼人，二者之间的不同之处在于共同诉讼人对诉讼标的的权利义务关系不同。对于必要共同诉讼人而言，共同诉讼人对诉讼标的有共同的权利或共同的义务，其诉讼标的是共同的，必须合并审理；对于普通共同诉讼人而言，他们对诉讼标的没有共同的权利或者共同的义务，只是他们所涉及的诉讼标的属于同一种类，既可以合并审理，也可以分别审理。因此，共同诉讼人中之一人的自认行为是否应对全体共同诉讼人均产生效力或者产生何种效力，均不能一概而论，而应当根据不同的类型作出相应的判断。

2. 在必要共同诉讼中，基于诉的标的所具有的不可分割性，必要共同诉讼当中的某一当事人所实施的诉讼行为，如果得到其他共同诉讼人的承认，该行为即可对全体共同诉讼人产生相同的法律效力。在诉讼过程中，对有关案件事实进行自认是当事人进行意思表示的一种诉讼行为，其中一人或数人的自认行为只有经过其他共同诉讼人的事先同意或者事后认可，该自认行为才能对其他共同诉讼人发生效力，如果事先未经其他共同诉讼人的同意或者事后也未经其他诉讼共同诉讼人追认的，则该自认行为不能对其他共同诉讼人发生效力。在普通共同诉讼中，这种诉的合并完全是基于诉讼经济原则合并所决定的，共同诉讼人之间各自都有其独立的诉讼请求，当事人的自认具有免除对方当事人举证责任的效果，这种效果涉及事实认定，能够作为是否支持有关当事人独立诉讼请求的裁判基础。因此，其中一人或数人作出的自认，只能对作出自认的人产生效力，而对其他共同诉讼人则不发生效力。

3. 在必要的共同诉讼中，共同诉讼中的一人或者数人作出自认，如果其他共同诉讼人既不承认也不否认，经审判人员说明并询问后，其他共同诉讼人仍不明确表示肯定或否定意见的，视为对全体共同诉讼人一并产生自认效力。在此，应当注意的是，在必要的共同诉讼中，其中共同诉讼中的一人或者数人所作出的自认,既包括明示的自认,也包括拟制(默示)的自认,对此,法院也应负有说明义务,并在程序上进行相应的询问。经法院说明和询问之后,该共同诉讼中的一人或者数人明确表达肯定意见的,将对该共同诉讼中的一人或者数人产生明示自认的法律效果;经法院说明和询问之后,该共同诉讼中的一人或者数人仍不明确表达肯定或否定意见的,法院应将此种情形视为对该共同诉讼中的一人或者数人产生拟制自认的法律效果。无论对该共同诉讼中的一人或者数人产生的是明示自认还是拟制自认,此后审判人员应向其他共同诉讼人负说明义务,并进行相应的询问。根据其他共同诉讼人如何表态之后,法院然后才能决定对其他共同诉讼人是产生明示自认还是拟制自认,抑或在其他共同诉讼人明确否认的情况下就不构成自认。

## 十一、当事人自认效力的认定

### (一)当事人自认效力之界定

所谓当事人自认的效力是指,当事人在诉讼上作出自认而产生法律效力所波及的对象与范围。在实行辩论主义的基础上,只要产生自认的效果就可排除法院对事实的调查与认定,对此,法院不仅没有对当事人所作自认的内容有审查其真实性的必要,并且在审判上也不允许法院作出与已作出自认事实相反的事实认定。但是对于采用职权调查主义所涉及的诉讼类型或事项则应当排除其自认的效果。

一审程序作为整个诉讼过程的基础性程序,对于认定事实所产生的自认效力应具有相应的稳定性与延及性。凡在一审程序中由当事人作出的自认,只要经记录于有关法庭笔录中便可作为据以裁判的基础,由此对一审裁判自应产生相应的法律效力。只要当事人在审判上作出自认,除对当事人产生拘束力之外,法院也应不待证明,当事人所作出的自认有约束法官心证的功能。

一般而言,自认的效力不仅拘束第一审法院,而且还拘束二审程序以及再审程序,即在没有相反证据的情况下,不得任意将其推翻。因为这种自认证据已为诉讼程序所固定,其固定效力对在此之后系属于同一案件的任何程序均具有溯及力，这最终是由司法的权威性与诉讼程序的正当性、效力性所决定的。

（二）当事人自认效力之基本法理

自认一经作出，即对当事人产生拘束力，原则上不得撤回。但有特殊情形的，允许有条件撤回自认，即在经对方当事人同意或有充分证据证明存在胁迫或重大误解、并且与事实不符的情形下，当事人可于辩论终结前撤回自认。

在诉讼上，当事人的自认发生以下法律效力：

1. 发生毋庸举证的效力，亦即对于他方主张不利于己的事实而作出自认或不予争执的，他方因而就该项事实主张，可以免除其举证责任。自认在效力上发生免除对方当事人举证责任的原因，在于双方当事人对案件事实不存在争议。

2. 拘束法院的效力。作为自认的效力产生于自认的规则，对于法院而言，由于此种舍弃证明的效果，在辩论主义所实行的范围内有拘束法院的效力，法院自应认为当事人自认的事实为真实，而没有必要对其真实性予以审查，并且应以双方一致的主张作为裁判的基础，而不得作出与之相反的事实认定。一般而言，自认的效力不仅拘束第一审法院，而且还对其上级审法院、甚至再审法院构成约束效力。这也是诉讼上自认规则的效果与禁止反言规则适用的综合体现。

3. 自认具有不可分割性。当事人的自认往往来源于当事人的陈述，因此，界定当事人陈述的内容对于明确当事人的自认范围具有重要作用。自认具有不可分割性，是从其产生效力的基础上而言的，凡一方当事人对另一方当事人所主张事实作出完全而明确无误的承认，在学理上称为完全的自认。因完全的自认在内容上明确无误，因此，在效力上自无不可分割性的问题。而对于那些虽为当事人的陈述中所体现的自认，但有所附加或限制，或者呈现出前后矛盾，甚至其中言词令人费解或难以确定其真实含义和意图的情形，则在学理上可统称为有所限制的自认或不完全自认。

4. 自认具有不可撤销性，即拘束当事人的效力。自认一经合法作出，一般不得任意将其撤回或变更为抗辩的主张。关于自认对当事人的拘束效力，作出自认的当事人在该诉讼中不得主张与自认相反的事实。这是因为，一旦对在法庭上承认的事实加以推翻，不仅使审理产生混乱和迟延，而且有违诚信原则。

但是凡因对方或第三人的欺诈或胁迫等违法犯罪行为而作出的自认，可以主张其无效，或者经对方当事人同意，或者证明所为的自认违背真实并有错误，可以撤回自认。①

在一些特殊情形下，或者出于诉讼政策的必要考虑，有关国家或地区在立法上或学理上往往认为应当对自认的效力加以必要限制，或者作为自认规则的一种例外。因此，在下列情形下，自认不产生原有的效力：

1. 应予司法认知的显著事实或者能够基于推论而得知的事实。作为当事人在诉讼上的自认虽然能够产生免除相对一方当事人举证责任的诉讼效果。但是，就法院所要在诉讼上确认的待证事实而言，实际上这种待证事实是审判上的一种命题，除了当事人提供证据进行证明外，当事人的这种证明行为在诉讼上也应包含辩论行为，而法院在评估这些证据的价值上无不打上经验法则的烙印。因此，凡当事人所作出的自认与客观上所存在的显著事实或者常理相违背的，自应对这种矛盾情状进行审核认定，并且可以对这种自认作出否定性的评价结论。

2. 在诉讼上已被证据证明为并非真实的事实。对于已被有效的证据加以证实的事实，已本无调查证据的必要。而自认规则主要应针对为当事人所主张而尚未得以证实的事实，所谓免除当事人的举证责任的效果即来源于此；倘若为当事人所主张的事实已被证据所证实，而法官对其产生了确切的心证，此时已无当事人就此再加举证的必要。因此，如再有当事人的自认，即便属于对其不利的另一"真实"事实，也不应产生何种效力。

3. 法律上应依职权调查或另有规定的事实。对于此类事实，当事人虽未主张，法院也应予以斟酌。例如，根据《民事诉讼法解释》第96条第1款，对于以下五种情形，法院应当依职权主动调查收集证据：（1）涉及可能有损国家利益、社会公共利益的事实；（2）涉及身份关系的事实；（3）在以法律规定的机关和有关组织作为原告提起的涉及污染环境、侵害众多消费者合法权益等损害社会公共利益行为的公益诉讼中以及以人民检察院为原告涉及破坏生态环境和

---

① ［日］兼子一、竹下守夫：《民事诉讼法》，白绿铉译，法律出版社1995年版，第104页。

资源保护、食品药品安全领域侵害众多消费者合法权益等损害社会公共利益行为公益诉讼中涉及的案件事实；（4）当事人有恶意串通损害他人合法权益可能的事实；（5）涉及依职权追加当事人、中止诉讼、终结诉讼、回避等程序性事项的情形。对于涉及上述第一至第四种类型的事实，因这些事实具有社会公益性，人民法院对有关事实的查明不受当事人自认的限制，自应依职权收集调查相关证据。其中，上述第二种事实属于人事诉讼范畴。所谓人事诉讼，通常是指诉讼活动的开展直接涉及对人身权利确认的诉讼。人身权是自然人与生俱来的一种固有的民事权利，它与其他民事权利形成了鲜明的对照。这种权利属于自然人的专属权利，并且没有直接财产利益的属性，从而决定其不能够采用金钱来加以估算与衡量。这种权利的内容主要体现的是人格关系与身份关系中的精神权益与价值理念。由于人事诉讼直接涉及人的这种基本权利，决定了一个社会赖以维系的公序良俗，因此，有必要启动一种社会公共权益保障机制来加以维护。为此，各国法院一般采用依职权探知（调查）主义。因此，为维护人类基本伦理价值和人权保护的需要，在涉及身份关系的婚姻家庭、收养案件等人事诉讼中，不适用自认规则。当事人已对有关事实作出自认，法院仍可以要求当事人举证证明，并且在认定事实上不以当事人举证证明的范围为限，可据情采用职权调查的方式借以查明案件事实真相。此为大陆法系各国通例。另外，上述第五种类型的情形与实体争议无关的程序事项，民事诉讼虽然涉及解决私人纠纷，但是诉讼程序以及对诉讼程序的管理则属于公法范畴，应当体现国家司法权在诉讼上的一种公平正义，为了使这种公力救济手段切实发挥其应有的价值功能，当事人对这些与实体争议无关的程序事项的承认，不应对法院在审判上的查明产生约束效力。

4. 对调解或和解上所作自认的限制。法院调解，亦称诉讼调解，是指当事人在人民法院审判人员的主持下，采取平等协商办法，解决民事权益争议的诉讼活动和结案方式。它是人民法院诉讼行为和当事人的诉讼行为的结合，同时也是当事人行使诉讼权利的一种重要形式。与法院调解有关的调解协议，是指双方当事人经过协商，自愿处分其实体权利和诉讼权利的一种文书形式。它作为当事人之间的一种法律性文书，是制作调解书的基础。关于调解协议的效力，根据《民事诉讼法》第101条第2款规定："对不需要制作调解书的调解协议，应当记入笔录,由双方当事人、审判员、书记员签名或盖章后,即具有法律效力。"调解书,是指人民法院制作的用于载明当事人之间协议内容的法律文书。它既是当事人协商结果的记录,又是人民法院批准协议的证明。人民法院以调解书的形式确认当事人之间达成的调解协议,这是调解结案的法定程序。除法律另有规定外,未经人民法院以调解书的形式确认的调解协议,不能作为结案的根据。我国《民事诉讼法》第53条规定:"双方当事人可以自行和解。"当事人和解,是指当事人在诉讼过程中,通过自愿协商,达成协议,解决纠纷、结束诉讼的行为。和解的开始、进行以及和解协议的达成,完全取决于双方当事人的自愿,并没有审判人员的主持或参与。和解协议是双方当事人行使处分权的结果。《民事诉讼法解释》第107条规定:"在诉讼中,当事人为达成调解协议或者和解的作出妥协而认可的事实,不得在后续的诉讼中作为对其不利的证据,但法律另有规定或者当事人均同意的除外。"该条是关于当事人为达成调解协议或以和解为目的所作自认而产生诉讼上的效力的一种限制性规定。

民事纠纷的产生,是由于当事人一方或者双方对有关事实和法律问题在主观认识上存在偏差,因而对利益的归属各有不同的认识,或者是当事人一方或双方故意逃避义务,谋求非法利益。无论是通过法院调解还是当事人的和解解决争议,双方当事人必须坚持自愿原则,互谅互让、平等协商;有时为了达成协议,双方当事人都必须割让一部分利益,但是,无论采取哪种方式解决争议,都必须是当事人自主判断的结果。如果当事人慑于某种外来压力、诱骗、欺诈,即使达成协议,也可能随时反悔,反而使民事纠纷更趋复杂。特别是采用法院调解的方式,并非强调必须查清案件事实、分清是非,否则这种调解工作就难以获得预期的成效。根据《民事诉讼法解释》第107条之内容,在诉讼中,当事人为达成调解协议或者为以实现和解为目的而作出妥协,这种妥协涉及对案件事实的认可,即对某种案件事实并不表示有异议,这种表示本身在许多情形下实质上是一种让步,或者说是一种利益的自愿让渡。这在相当意义上恰好反映了采用法院调解或当事人和解方式达成协议而使当事人不得不付出相应的成本与代价。根据《民事诉讼法解释》第107条规定,当事人为达成调解协议或者以实现和解为目的对案件事实所作的认可,不得在其后的诉讼中作为对其不利的证据,这一规定是旨在保证因调解不成或者未能最终实现和解而对其后的诉讼产生不良影响，同时，也是为了防止当事人以调解或和解为名而采用欺诈手段获取诉讼利益。这一规定有助于当事人本着诚信原则，促进当事人积极地采用调解或和解的手段解决争议。

（三）我国有关法律和司法解释相关规定的理解与适用

1. 对当事人自认的禁止

《民事诉讼法解释》第92条第2款规定："对于涉及身份关系、国家利益、社会公共利益等应当由人民法院依职权调查的事实，不适用前款自认的规定。"

对本条文的理解与适用，应当掌握如下基本内容：

（1）在诉讼上，涉及身份关系、国家利益、社会公共利益等案件的事实，不适用自认规则，对有关事实的证明或查明，由法院依职权调查，实行职权探知主义。

（2）本条文中，所谓"不适用前款自认的规定"，系指对于涉及身份关系、国家利益、社会公共利益等原本就属于人民法院依职权调查的事实，具有公益性质，实行法院职权探知主义，不实行当事人辩论主义及处分权主义。而当事人的自认作为一种民事诉讼当中的证据方式，属于当事人私权自治范畴，与当事人辩论主义及处分权主义密不可分。

（3）在审判实践中，人民法院在法庭审理过程中通过对双方当事人本人的调查询问也是一种收集调查证据或调查事实的方式，这种调查询问并结合案件的其他证据材料所获得的心证可以作为裁判的基础。其中在调查询问中，有可能产生一方当事人的自认问题，或者双方当事人相互自认的问题。对此，人民法院是否予以采信，与在实行当事人辩论主义及处分权主义条件下当事人的自认存在本质上的不同。这是因为，在实行当事人辩论主义及处分权主义条件下，当事人的自认效力，通常既约束双方当事人，也约束法院；而在实行法院职权探知主义条件下，即使发生当事人的自认，对法院也没有约束效力。对于当事人的自认，实行的是一种法院自由心证主义。

2. 自认的事实与查明的事实不符的处理

《民事诉讼法解释》第92条第3款规定："自认的事实与查明的事实不符的，人民法院不予确认。"

对本条文的理解与适用，应当掌握如下基本内容：

（1）本条文中，所谓"自认的事实与查明的事实不符"，系指当事人自认的事实与人民法院在审理案件过程中为查明待证事实所获得的心证不相吻合的情形。

（2）在审判实践中，有些民事案件法律关系单一且案情简单，如果按照案件的性质属于实行当事人辩论主义和处分权主义范畴的，当事人的自认在效力上既约束有关当事人，也约束法院。因此，发生这种情形的概率较低。例如，在一起借贷纠纷案件中，原告因借据丢失而无法提供，但被告对借款事实的发生表示明确承认，双方当事人的争议焦点在于还款事实是否发生。被告对借款事实的自认，自应对当事人产生约束效力，亦应对法院产生约束效力，法院并无对当事人的这种自认事实进行查明的必要。而对于那些法律关系不甚明确且案情较为复杂的案件而言，即使案件的性质属于实行当事人辩论主义和处分权主义范畴，但是鉴于当事人自认的事实仅仅属于整体待证事实的一部分，在审理案件过程中，如果当事人的自认与法院通过其他相关证据或证明方式查明的事实不符，即如果继续承认当事人自认的效力将会导致影响法官形成统一的内心确信时，法院自应将当事人先前的自认予以排除。

（3）在庭审过程中，法院根据有关证据和庭审调查已就有关待证事实获得心证的，在这种情况下，如果当事人自认的事实与法院因获得心证而查明的事实不符的，法院应当以已查明的事实作为裁判的基础，不受当事人自认的拘束。

3. 排除适用当事人自认适用的有关规定

2019年《民事证据规定》第8条规定："《最高人民法院关于适用〈中华人民共和国民事诉讼法〉的解释》第九十六条第一款规定的事实，不适用有关自认的规定。自认的事实与已经查明的事实不符的，人民法院不予确认。"

对本条文的理解与适用，应当掌握如下基本内容：

（1）本条文规定的适用范围，要明显大于《民事诉讼法解释》第92条规定的内容。

（2）《民事诉讼法解释》第96条第1款明确规定的事实包括：其一，涉及可能损害国家利益、社会公共利益的；其二，涉及身份关系的；其三，涉及民事诉讼法第五十八条规定诉讼的；其四，当事人有恶意串通损害他人合法权益可能的；其五，涉及依职权追加当事人、中止诉讼、终结诉讼、回避等程序性事项的。可见，该条文所明确规定的有关事实适用范围，显然要大于《民事诉讼法解释》第 92 条规定的有关事实适用范围。

（3）根据《民事诉讼法解释》第 92 条第 2 款规定，对于涉及身份关系、国家利益、社会公共利益等应当由人民法院依职权调查的事实，不适用前款自认的规定；而根据 2019 年《民事证据规定》第 8 条第 1 款规定，《民事诉讼法解释》第 96 条第 1 款规定的事实，不适用有关自认的规定。从逻辑上讲，所谓"不适用有关自认的规定"，系指这种有关自认的规定，既可能包括《民事诉讼法》有关自认的规定，也可能包括《民事诉讼法解释》、2019 年《民事证据规定》等司法解释有关自认的规定，而不仅仅限于《民事诉讼法解释》第 92 条第 1 款有关自认的规定。

（4）对 2019 年《民事证据规定》第 8 条其他有关内容的理解与适用，可参考上述对有关《民事诉讼法解释》第 92 条规定的理解与适用。

（5）本条文中，所谓"自认的事实与已经查明的事实不符的"，是指当事人自认的事实与人民法院在审理案件过程中为查明待证事实所获得的内心确信不符的情形。在民事诉讼上因实行当事人辩论主义和处分权主义，当事人的自认在效力上既约束有关当事人，也约束法院。凡经当事人自认的事实，通常会产生两种法律效果：其一，免除相对一方当事人就有关待证事实所应当负担的举证责任；其二，法院可将当事人自认的事实作为裁判的基础，在主观上不得再行要求有关当事人就有关待证事实提供相关的证据以及在庭审过程中不得再行对证据和事实问题进行调查。当然，当事人自认的效力主要应仅限于民事私益诉讼当中的纯财产类纠纷，而通常不适用于婚姻家庭案件、民事公益诉讼案件等社会属性较强的案件。但是在庭审过程中法院根据有关证据和庭审调查已就有关待证事实获得内心确信的，在这种情况下，如果当事人自认的事实与法院因获得心证而查明的事实不符的，法院应当以已查明的事实作为裁判的基础，不受当事人自认的拘束。

4. 为达成调解协议或者和解协议对当事人自认的排除

《民事诉讼法解释》第 107 条规定："在诉讼中，当事人为达成调解协议或者和解协议作出妥协而认可的事实，不得在后续的诉讼中作为对其不利的根据，但法律另有规定或者当事人均同意的除外。"

对本条文的理解与适用，应当掌握如下基本内容：

（1）调解协议或者和解协议均系审判程序的可替代方式。在诉讼过程中，具有优先主义的考量与价值取向。调解协议，通常在诉讼过程中，经法院主持调解以达成调解协议为目的而撤诉。和解协议，通常在诉讼过程中，虽经法院主持调解，但当事人以达成和解协议的方式解决纠纷（有时是因为调解协议的内容涉及诉外第三方的利益，需要当事人进一步协调，而改采和解协议的方式），或者在诉讼过程中，当事人私下经协商达成和解协议而撤诉。该条文意在倡导这样一种文明的司法理念，即作为一种司法公共政策，为鼓励与促使当事人采用可替代方式解决纠纷，培养当事人塑造相互包容和善于妥协的文化氛围，并保障当事人不因注重诚实信用原则而付出不必要的代价，特此对可能产生的自认效力作出必要限制。在诉讼中，无论是通过法院主持调解达成调解协议，还是当事人通过自行和解达成和解协议，均为当事人依据自愿，合法原则处分其实体权利和诉讼权利的表现，体现了当事人在互谅互让、相互妥协基础上解决民事纠纷的过程。为了充分尊重当事人的这种程序选择权以及通过选择程序意思自治来实现其实体权利的目的，即使出现有当事人自认的行为，也不产生预期的法律后果。

（2）在审判实践中，因"作出妥协而认可的事实"在表现形式上主要体现为一种当事人的默示自认，即在通常情况下，对于一方当事人陈述的对另一方当事人不利的事实，另一方当事人不会表示明确的承认，只是保持沉默而并不予以争执，反之亦然。但是，在某些特殊情况下，这并不能排除为了达成调解协议或者和解协议之目的一方当事人作出明确承认另一方当事人主张对其不利事实的行为，即便如此，在有关当事人之间事后未能达成调解协议或者和解协议的条件下，这种明示的自认也不能产生预期的法律效果。反之，即便是一种默示的自认，如果产生于当事人为达成调解协议或者和解协议的目的形成之前，如果有关当事人事后未能达成调解协议或者和解协议的，该种默示自认依然能够产生预期的法律效果。

（3）"但书"中法律另有规定，比如，某法律规定，在民事诉讼中的某些特定程序中或特定情形下，当事人为达成调解协议或者和解协议作出妥协而认可的事实，不得在后续的诉讼中作为对其不利的根据。这是对禁止反言法则的限制，目前，尚无发现现行法有此类规定。

（4）"但书"中"当事人均同意"的内容，即双方当事人均采用明示的方式对这种事实认可的行为赋予自认的法律效果，属于证据契约的基本范畴。实践中，当事人的这种约定既可出现于书面合同中，也可表现于在庭前或庭审过程中，双方向法院共同作此意思表示或对一方的这种意思表示，另一方表示予以认可的，法院记载于笔录当中。

## 十二、自认的撤回

（一）自认撤回的界定

自认的撤回，是指撤销由于一方当事人的自认行为而在程序上所已产生的证明效果。

对自认的撤回仅适用于明示的自认。自认一经作出，即对当事人产生拘束力，因此原则上不得撤回。例如，一些国家在立法上对撤回自认既规定了实质要件，又规定了形式要件，二者必须同时具备，缺一不可：即当事人撤回其在审判上的自认，只限于他证明其自认与真实不符，而且其自认是由于错误而发生时，其撤回才影响其自认的效力。在此情形下，自认失去其效力。可见，在立法上对当事人撤回自认采用严格的标准加以限制的态度是显而易见的。但有特殊情形的，允许有条件撤回自认，即在经对方当事人同意或有充分证据证明存在胁迫或重大误解的情形下，当事人可于辩论终结前撤回自认。

（二）自认撤回之基本法理

1. 自认撤回之行为与效力

对当事人撤回自认的行为，各国立法大都持严格限制态度，因为，基于自认行为一旦作出，即已可构成对方当事人对有关系争事实免除其举证负担；同时，诉讼上的自认，有拘束法院的效力，法院不必查证，应推定其事实为真，从而作为裁判的基础。但倘若当事人一旦撤回这种自认，那么，势必重新导致对方当事人对有关系争事实的举证负担的复位，这不免给审判上造成极大的混乱。为此，各国立法和学理上对当事人撤回自认通常采取严谨的限制措施，以便使因确实必要的事由而导致自认的撤回，亦对审判所造成的压力降至尽可能小的程度。

根据各国的立法例和学理观点，自认的撤回一般产生于以下情形：（1）自认的当事人能证明与事实不符且系出于错误而作出自认；（2）当事人作出自认是由于被他人所诈欺、胁迫或其他与违法犯罪等有关的原因；（3）对方当事人同意其撤销自认；（4）代理人代为自认，后经即时撤销；（5）当事人作出自认的事实与法院在审判上所认知的事实相违背。

关于撤回自认后对原自认效力所涉及的影响力，各国在立法上一般不加规定，而交由法院据情裁量。对此，法院应根据涉及案件的所有证据以及与待证事实有关的辩论情况和在庭审中经过证据调查后所形成的心证予以综合、全面地作出判定。在程序上，基于诉讼辩论裁判主义的意旨，如自认的标的（或涉及事项）仅为单纯的事实，则撤回自认，一般应在庭审言词辩论终结前进行。

在我国目前的司法审判实践中，程序的安定性始终受到来自各方面的干扰。例如，在实务上，有的案件当事人在二审上随意推翻在一审庭审中所作出的陈述，并且在二审诉讼过程中，数次提供变更诉讼请求或事实主张来改变上诉状中的有关内容。对此，应加以具体分析，对涉及变更诉讼请求如判令对方履行应尽的劳务改为采用金钱给付的方式等，可据情予以考虑；但如涉及事实的认定，转移或者变更事实争执点，而由对方负担举证责任，或者本应由该方当事人承担的举证责任因争执点的变更，而转由另一方当事人承担的，应当严格加以限制。凡对经过当事人举证、质证和法官的审查判断已显属明了的事实，应当对有关事实和诉讼证据加以固定，不得因当事人任意否认而推翻原已认定的事实。作为一种禁止反言规则，对当事人在二审中否认其在一审中所作出的法庭上的陈述，或者在二审中，当事人在庭审中否认其在先前法庭上陈述的事项，应当予以必要的限制，即如欲达到撤回自认的效果，必须提供充分的证据且对先前的陈述事项作出合理的解释，或者进行必要的说明。

2. 关于默视自认的追复

所谓自认的追复是对默示的自认或拟制自认而言。作为默示的自认则在言词辩论终结前，可以随时作出争执的陈述，直到第二审诉讼中亦同。默认的自认经追复后，其自认的拟制效力当然消灭。原已被视为自认的事实，如一方当事人原本负有举证责任或未被法院以其他证据方法予以确认的，仍有举证证明的必要。

一些大陆法系学者认为，在一审程序中，凡对一方当事人产生默视自认效力的，至二审程序，该方当事人仍可予以争执，这种在二审程序中所作争执的意思表示可产生追复的效力，使得原本在一审中对该方当事人所产生的默示自认的效力归于无效。[①]有关大陆法系的立法也作出了相关规定。对此，笔者持不同的观点，即不赞成在一审程序中原本对一方当事人所产生的默视自认的效力当然溯及二审程序，因为为了保证集中审理的需要以及遵守辩论主义的基本原则，防止当事人借机拖延诉讼，增加诉讼成本，或者恶意使用诉讼技巧。笔者认为，既然在立法上已经强调法院对于当事人默示自认的行为在一审程序中应当及时予以充分的说明，使其能够明确无误地意识到在之后仍不予争执，至一审最后一次口头辩论终结时即可产生如同明示自认的法律后果。之所以如此规定，也是基于强调诉讼的正当程序，以防止当事人借用法律的空当，利用二审程序的所谓"追复效力"破坏一审程序的裁判基础。同时，也有利于保障一方当事人对另一方当事人负有一种真实的陈述义务的实现。如果任由当事人来决定何时追复其默视自认，势必将导致当事人滥用这种诉讼权利，以至于妨碍相对一方当事人适时地从事诉讼行为。因为，在一方当事人对其产生默示自认效力之时，即可相应免除另一方当事人对有关事实的举证责任。如果任由一方当事人据情拖延以实施追复行为的名义拖延至二审程序，势必导致对他方当事人有利证据的灭失或难以调查收集，从而最终损害他方的实体权益。因此，在

---

[①] 例如，兼子一等日本学者认为："从口头辩论的整体性来看，视为自认的是这种不争执的状态持续到口头辩论终结前的情况。因此，视为自认同当事人本人所为的自认是有区别的。即使对方当事人提出主张当时并没有立即争辩，只要在控诉审口头辩论终结之前进行争辩，仍然可以免于视为自认的效果。"见[日]兼子一、竹下守夫：《民事诉讼法》，白绿铉译，法律出版社1995年版，第104页。日本学者中村英郎认为："诉讼法制定模拟自认（即指拟制自认——笔者注）的规定是从口头辩论终结时整理诉讼资料的需要出发的，所以，模拟自认的效力不及于上级审。因此，当事人可以在上级审就模拟自认的事实进行争辩（大判昭和61年11月4日民法集10卷865页。）"见[日]中村英郎：《新民事诉讼法讲义》，陈刚、林剑锋、郭美松译，法律出版社2001年版，第202页。

立法上对于在二审程序中是否由当事人来决定这种追复行为,不应当采取放任自流的态度,而应采用严格禁止的措施。

一些大陆法系的立法例和学理认为,明示自认与默示自认或称拟制自认的重要区别就在于自认的效力不同。就明示自认而言,只要存在法定的情形,便可产生撤回问题;而就默示自认而言,默示自认并无撤回问题,而存在予以追复的效力问题。作为对其产生默示自认效果的一方当事人,在言词辩论终结前,可以随时作出争执的陈述,直到第二审诉讼中亦同。[①]默认的自认经追复后,其自认的拟制效力当然消灭。原已被视为自认的事实,如一方当事人原本负有举证责任或未被法院以其他证据方法予以确认的,仍有举证证明的必要。笔者认为,在我国当前的国情条件下,不宜简单效仿有关国家(或地区)的这种做法。因为,一方面,我们在立法上规定了法院在确认对一方当事人产生默示自认效果的前提,是必须充分行使释明权,以便使当事人能够及时认识到这种效果对认定案件事实所带来的实际影响;另一方面,如果一味简单地适用默示自认的追复规则,很可能促使当事人借用其达到拖延诉讼的目的,以至于在二审程序或者再审程序中对已产生先前裁判基础的事实作出争执,势必造成裁判秩序的紊乱以及诉讼成本的增加。

(三)我国有关法律及司法解释相关规定的理解与适用

2019年《民事证据规定》第9条规定:"有下列情形之一,当事人在法庭辩论终结前撤销自认的,人民法院应当准许:(一)经对方当事人同意的;(二)自认是在受胁迫或者重大误解情况下作出的。人民法院准许当事人撤销自认的,应当作出口头或者书面裁定。"

对本条文的理解与适用,应当掌握如下基本内容:

1.自认一经合法、有效作出,对当事人产生拘束效力,作出自认的当事人在该诉讼中不得主张与自认相反的事实。一般不得任意将其撤回或变更为抗辩的主张。因为,基于自认行为一旦作出,即可构成对方当事人对有关系争事实

---

[①] 根据大陆法系有关的立法例和学说,在对证据法立法草案进行讨论时,甚至我国有学者建议,作为对其产生默示自认效果的一方当事人,也可以在再审程序中作出争执的陈述,从而使原本产生拟制自认的效果归于消灭。

免除其举证负担，同时，诉讼上的自认，有拘束法院的效力，法院不必查证，应推定其事实为真实，可作为裁判的基础，但倘若当事人一旦撤回这种自认，那么，势必重新导致对方当事人对有关系争事实的举证负担的复位，不仅使审理产生混乱和迟延，而且有违诚信原则。故此，对当事人撤回自认的行为，应当持严格及谨慎的态度。但在一些特殊情形下，凡法律有明确规定的，则允许当事人有条件撤回自认。

2. 本条文将"经对方当事人同意的"，作为允许当事人撤回自认的其中一种情形。在民事诉讼上，当事人对与待证事实有关事实的自认是辩论主义和处分权主义的体现。一方当事人对对方当事人主张或陈述的对其不利的事实明确表示承认的，构成明式自认；一方当事人就对方当事人主张或陈述的对其不利的事实，既不表示承认也不否认的，经法院说明及询问后，其仍然不明确表示肯定或否定的，构成拟制（默示）自认。无论是一方当事人明式自认还是拟制（默示）自认，均能够产生免除另一方当事人举证责任的法律效果。如果作出自认的一方当事人经对方当事人的同意而撤回此前所作出的自认的，表明另一方当事人愿意对自认的事实重新负担举证责任并承担由此而产生的举证不能所带来的法律风险，对于这种私权意义上的处分以及双方当事人共同达成的意思表示，法院应当予以尊重而不得进行干预。但是，在诉讼上，经法院调查询问所获得的对一方当事人不利事实的承认，既包括明确的承认（自认），也包括经法院说明及询问后而产生的拟制自认，虽然也能够产生免除相对一方当事人举证责任的法律效果，但这种自认是法院行使（事实）调查权所获得的心证的一部分，尤其是，在特定情形下，法院认为有必要要求当事人本人出庭在签署保证书后接受法院的调查询问而产生的自认。这种自认与当事人在接受法院的调查询问时负有的真实陈述义务和完整陈述义务有关，而与辩论主义和处分权主义的距离较远。对于这种自认，即使经对方当事人同意，法院也享有据情干预权，而并非当然产生被撤销的法律后果，故须经过法院的审查批准。

3. 本条文将"自认是在受胁迫或者重大误解情况下作出的"，作为允许当事人撤销自认的其中一种情形。其中，所谓胁迫，是指对方当事人以给作为自然人的一方当事人及其亲属的生命、人身、健康、名誉、财产等造成损害或者以给作为法人的一方当事人的名誉、荣誉、财产等造成损害为要挟，迫使其作出有悖于其真实意思表示的行为。所谓重大误解,是指当事人对其自身行为的性质及其后果在主观上发生错误的认识,形成承认对方所主张的事实而与其真实的意思相违背的行为。因该种自认的形成并非出自其真实意思表示,导致形成自认前提的缺失。在此情形下,自应允许当事人撤销自认。2001年《民事证据规定》第8条第4款曾经将"有充分证据证明"和"与事实不符"作为该种情形下撤销自认应当具有的两个附加条件,经实践检验,这两个附加条件显得较为严格,加重了作出自认一方当事人的举证责任,与该项规定设置的初衷不符,故在本条文当中予以删除。根据该条文规定,当事人撤销自认仅需证明自认违背其真实的意思表示即可,而无需同时证明自认与事实不符。

4. 与《民事诉讼法解释》第109条所规定的当事人对欺诈、胁迫、恶意串通以及对口头遗嘱或赠与事实的证明适用排除合理怀疑的证明标准所不同的是,撤回自认的事实,属于一般民事案件的待证事实,应适用《民事诉讼法解释》第108条第1款所规定的高度盖然性的证明标准。如果作出自认的一方当事人主张其自认是在受胁迫或者重大误解情况下作出的,只要其提供充分的证据证明该事实的存在具有高度盖然性即可。

5. 当事人主张撤回自认的,最迟应当在法庭辩论终结前提出。《民事诉讼法》第157条对裁定的适用范围作出了相关规定,鉴于当事人主张撤回自认涉及法院对案件事实的认定,并且经过审查认定,如果准许当事人撤回自认的,必将对程序的安定性造成实质性的影响。出于对撤销自认的严谨和审慎态度,本条文规定,凡准许当事人撤销自认的,人民法院应当作出口头或书面裁定。并且,为了防止程序上的拖延及提高诉讼效率,对准许撤回自认作出的裁定,当事人不得上诉。

## 十三、案例实务与问题解析

### 案例一 对银行对账单系作为孤证的认定

〔基本案情〕

2011年9月7日,经公某介绍,原告韩某(酒店打工月收入1000元左右)

向素不相识的被告解某、被告许某出借30000元，借款期限一个月。2012年9月27日，被告解某、被告许某再次向原告韩某出具借据一份，内容为"今借韩某现金30000元，大写叁万元正"。2013年1月17日，原告韩某持上述两张借据诉至法院，要求被告解某、许某共同偿还借款60000元及利息。案件审理中，两被告主张第二张借据并不是真实的借款，而是因未能及时偿还借款而出具的利息凭据，并提供一段被告许某与原告韩某通话的录音，录音中韩某称"如果你见到他（解某），跟他说如果年前给我4万，我把8万的条全给他，这就清了，我去法院撤了诉，如果什么的话过了年我一分不让他"。同时，还查明原告韩某主张于2012年8月4日向不相识的解某某（被告解某之父）出借现金20000元，并已经另案处理。

〔意见分歧〕

在本案举证责任分配及有关事实认定问题上，存有以下几种意见：

第一种意见认为，原告提供了被告出具的借条，即完成了借贷合同成立和交付资金的证明责任，被告主张第二张借条系高额利息凭条，应提供充分证据证明，否则就应承担举证不能的责任。

第二种意见认为，预扣利息、就利息出具借条是典型的"高利贷"做法，本案中，通过电话录音、双方间关系、多次出具借条的行为、原告的资金来源综合分析看，原告主张的60000元借贷存有疑义，而且被告提出的证据充分质疑了第二笔资金交付的真实性，故原告应进一步提供证据证实第二笔借款实际交付，否则就应承担不利后果。

第三种意见认为，借条是证明借贷行为的简易凭证，通常情况下，原告提供被告出具的借条，就完成了借贷合同成立和交付资金的证明责任。但是，涉及大额借款、被告否认实际交付资金的情形下，应结合双方关系、原告资金来源、利息与还款期限的约定等对资金出借的真实性进行判断。当发现借贷真实性存有重大疑问时，应该从当事人间的关系、交易的详细过程（时间、地点、交付形式、在场人）、支付能力、交易凭证、借贷数额、交付形式、借贷用途、利息、期限等多方面认定。当某些借条本身存有异议，或者借款人提出其他合理抗辩时，并有相关证据支持时，原告一方就须提供其他证据证明借贷事实（实际交付资金），否则就应承担举证不能的责任。本案中，存有以下重大疑问：

第一，原告韩某仅凭其打工收入积累，很难具备出借资金80000元的能力；第二，原告韩某与借款人解某、许某之间既不存在亲朋关系，亦无经济业务往来，其经人介绍向陌生人出借资金而不要求支付利息不符合日常交易习惯；第三，根据日常生活经验，原告韩某作为一个具有完全民事行为能力的人，在借款人逾期还款存在严重违约行为的情形下，仍然向其不熟悉的同一借款人再次出借资金，而且该次借款不仅仅未约定利息，甚至连还款期限亦未约定，显然不合情理；更加不合情理的是，在借款人解某逾期还款存在严重违约行为的情形下，原告韩某不仅再次向其出借资金，而且还向其父亲解某某出借资金20 000元；第四，在庭审中，被告提出录音证据，原告韩某在与被告许某的通话中称"解某如果年前给我4万，我把8万的条全给他，这就清了"。若双方借贷数额真为80 000元，原告平白无故何以放弃40 000元？通过以上对支付能力、交易习惯、当事人之间的关系等方面的分析，发现了诸多重大疑问，揭示了本案借贷数额上存有重大疑义，特别是第二笔借款的真实性值得怀疑。故应责令原告对重大疑问的借款的真实性进一步举证，否则就应承担举证不能的不利后果。

〔问题解析〕

在本案中，原告韩某持2011年9月7日和2012年9月27日的两张借据向法院起诉，要求被告许某、解某共同偿还借款60000元及利息。在案件审理中，两被告主张第二张借据并不是真实的借款，而是因未能及时偿还（2011年9月7日）借款而出具的利息凭据。2001年《民事证据规定》第8条第1款规定："诉讼过程中，一方当事人对另一方当事人陈述的案件事实明确表示承认的，另一方当事人无需举证。"（《民事诉讼法解释》第92条第1款作出了更明确的规定，即："一方当事人在法庭审理中，或者在起诉状、答辩状、代理词等书面材料中，对于己不利的事实明确表示承认的，另一方当事人无需举证证明。"2019年《民事证据规定》第3条第1款规定："在诉讼过程中，一方当事人陈述的于己不利的事实，或者对于己不利的事实明确表示承认的，另一方当事人无需举证证明。"）在本案中，两被告的这种表述属于（部分）自认证据，表明被告承认第一笔借款的事实，其在诉讼上的法律效果是，免除就原告主张第一笔借款所涉及的举证责任。于是，在本案中，双方当事人的事实争执点是，第二笔借款事实是否真实存在。对此，原告应当承担举证责任。在诉讼上，原告提供了载明日期为 2012 年 9 月 27 日的一份借据，内容为："今借韩某现金 30000 元，大写叁万元正"。鉴于这笔借款数额较大，同时考虑到原告与被告素不相识，在第一笔未约定利息借款 30000 元被告还未偿还的情况下，原告再次向被告出借 3 万元，这种现象显然不合常理。在法院无法形成内心确信的心证条件下，法院可以向原告释明要求其提供当时实际向被告交付 3 万元借款的证据。在本案中，因原告无法提供相关的证据，根据 2001 年《民事证据规定》第 2 条（《民事诉讼法解释》第 90 条）规定，原告因对该笔借款的实际发生无法提供证据证明，故应当承担相应的不利裁判后果。

上述第一种意见认为，原告提供了被告出具的借条，即完成了借贷合同成立和交付资金的证明责任。在审判实践中，这种判断有时并非真实、可靠。有时并不能够排除存在借款人在收到出借人的借条之后因某种原因事后未能实际获取这笔借款的可能性。在实际交易过程中，借款人出具借条和出借人持有该借条以及出借人给付款项毕竟属于两种或两种以上行为，其中，借款人出具借条和出借人持有该借条属于订立契约行为，而出借人给付款项则属于履行契约行为。尽管按照传统交易习惯，出借人一旦持有某一借条，就可以推定该出借人已将相关的款项交付给借款人。但在当今社会条件下，随着交易方式的改变，人们逐渐对传统交易习惯的可靠性产生一些怀疑，导致法院在审判过程中不得不更加审慎地对待这一问题。近年来，为了防止虚假交易和虚假诉讼的发生，在对个案的审理过程中，法院有时会采取包括强化庭审调查询问（如要求当事人本人出庭接受法庭的调查等）以及要求当事人提供进一步证据的方式，来排除形成心证过程中可能产生的合理怀疑。在本案中，双方当事人的事实争执点是，第二笔借款事实是否真实存在。该种观点认为，被告主张第二张借条系高额利息凭条，应提供充分证据证明，否则就应承担举证不能的责任。这种认识和判断存在严重错误。在本案中，被告提出第二张借条系高额利息凭条的主张，系诉讼上的抗辩主张。在被告未能提供充分证据证明这一抗辩主张的情况下，并不必然承担举证不能的法律后果。这是因为，既然原告以提供包括第二张借条在内的有关证据向被告主张债权，在法官对此产生合理怀疑心证的条件下，释明要求原告提供实际向被告交付该笔借款的证据，只要原告无法提供这一证据，将产生对其不利的裁判后果。在此情形下，被告即使对其抗辩主张无法提供证据加以证明，也不会产生任何不利后果。反之，在本案中，如果原告能够提供证据充分证明其已实际向被告交付了第二笔借款，在很大程度上，被告的这一抗辩主张将不攻自破。

第二种意见认为，预扣利息、就利息出具借条是典型的"高利贷"做法，本案中，通过电话录音、双方之间关系、多次出具借条的行为、原告的资金来源等综合分析看，原告主张的60000元借贷存有疑义，而且被告提出的证据充分质疑了第二笔资金交付的真实性，故原告应进一步提供证据证实第二笔借款实际交付，否则就应承担不利后果。该种意见对当事人举证责任的分配和案件事实认定的判断思路总体合理，原告提供的借条在诉讼上属于本证，而被告提供的录音证据以及根据交易习惯和经验法则在法庭上所做陈述，属于被告提出的反证，在相当程度上削弱了原告本证的证明效力，从而使得原告向法院提交当时实际交付第二笔借款的证据，成为影响法院形成对其有利心证的关键。

第三种意见当中，其主张在民间借贷合同纠纷当中，当遇有某些异常情况时，应当对相关细节进行审查判断，并运用逻辑推理进行综合审查，这种认识值得称道。但其在主观上因原告韩某仅凭其打工收入积累很难具备出借多笔款项的能力的判断，进而反证第二笔借款不具有真实性的观念，容易引起不恰当的误导，因为这种判断不可能穷尽客观上所存在的种种可能性，况且在审判上，法院也并无查明原告韩某借款能力及来源的必要性。另外，该意见中包含了许多与交易习惯和经验法则相关的认知。在审判实践中，如果法院不能依职权主动认知或援用相关的交易习惯和日常经验法则作为其形成裁判心证的根据，那么被告一方作为诉讼抗辩，有权就相关的交易习惯和日常经验法则向法院申请予以司法认知。但无论在何种情况下，如果法院认为有采纳相关交易习惯和经验法则的可能性，就应当将这些交易习惯和经验法则交由当事人进行辩论。

## 案例二　在本案调解中的陈述可否构成自认

〔基本案情〕

2002年1月7日、18日、20日，被告吴某委托驾驶员王某三次到原告张某处购买竹凉席软条1937.4公斤，货款共计人民币9862元，王某在原告张某提供写有被告吴某姓名的收款收据上签名。2002年5月10日，吴某将有质量问题的53.3公斤竹凉席软条退回原告张某处，原告开具收到吴某竹凉席软条退货款273元的收款收据。因被告吴某未支付货款，原告诉至法院。法院受理后召集原被告双方进行调解。在调解过程中，吴某对原告诉求未提出异议，但提出软条有质量问题，要求原告张某扣减货款200元，如原告同意扣款，其同意支付货款。原告认为有质量问题的软条被告吴某已退还，不同意扣减，双方未能达成协议。庭审中，被告吴某以收款收据系驾驶员王某出具为由，否认其向原告张某购买竹凉席软条，并认为没有欠原告货款，要求驳回原告起诉。

〔意见分歧〕

在本案审理中，对被告吴某在调解中所作的陈述是否构成自认，存在不同意见：一种意见认为，被告吴某在调解中所作的陈述不构成自认，被告吴某不应承担付款责任，应驳回原告的起诉。其理由是，根据2001年《民事证据规定》第67条规定："在诉讼中，当事人为达成调解协议或者和解目的作出妥协所涉及的对案件事实的认可，不得在其后的诉讼中作为对其不利的证据。"故被告吴某在调解中的陈述不构成自认，原告提供的收据系王某出具，该收据无法证实被告吴某欠原告货款，原告的主张不能成立，应驳回原告的起诉。另一种意见认为，被告吴某在调解中的陈述已构成自认。吴某虽没有在收款收据上签字，但其在调解中所作的陈述已构成自认，被告吴某应偿付所欠货款9862元。其理由是，在本案中，被告吴某在调解中未对原告张某的诉求提出异议，其在调解中提出的原告货物存在质量问题，要求扣款200元，该陈述是被告为达成调解协议而要求原告做出让步，并非为达成调解协议而作出的妥协或让步，故被告吴某虽是在调解当中所作的陈述，但不能适用2001年《民事证据规定》第67条的规定。根据2001年《民事证据规定》第8条的规定，被告吴某在调解中的陈述已构成自认，其虽在庭审中否认欠原告货款，法院仍可依据其在调解中的陈述判令被告偿付原告货款。

〔问题解析〕

在本案中，原告张某向法院起诉，要求被告吴某向其支付欠付的货款9862元，原告提供的证据是写有被告吴某姓名的收款收据。对此，吴某辩称，在收款收据上的签名并非系本人所签，并否认欠原告货款。受理此案后，在法院召集双方当事人进行调解过程中，被告提出软条有质量问题，要求原告扣减货款200元，如原告同意扣款，其同意支付货款。法院采用调解与判决的不同之处主要在于，法院在调解过程当中，双方当事人都必须做出必要的妥协和让步，在这一过程当中，必然会涉及对其不利案件事实的认可（积极的自认）或者不进行必要的争执（消极的自认）。而在法院采用判决方式条件下，双方当事人在事实和法律适用上并不必然要做出何种妥协或让步，因此对于原告主张的债权，被告直接予以否认。而在本案调解过程中，被告同意支付货款的条件是要求原告扣减货款9862元中的200元，被告提出这一条件的同时，实际上是消极认可欠款事实的存在。根据2001年《民事证据规定》第67条规定①："在诉讼中，当事人为达成调解协议或者和解目的作出妥协所涉及的对案件事实的认可，不得在其后的诉讼中作为对其不利的证据。"法院在调解过程当中，当事人的陈述或对事实的认可等涉及当事人达成调解协议的条件或调解方案等，并不记录在案，事后没有相应的笔录来佐证。因调解不成而进入审理程序时，之前发生在调解过程的一切就视为没有发生，而在法院作出裁判时，不得将当事人为达成调解协议或和解协议作出妥协而认可的事实作为对其不利的证据。

上述第一种意见虽然能够基于对2001年《民事证据规定》第67条的正确理解，认为被告吴某在调解中所作的陈述不构成自认，但就此便得出被告吴某不应承担付款责任以及法院应驳回原告起诉的结论是不恰当、不严谨的。在本案中，即便法院在认定案件事实上，虽然不能采用吴某在调解中的陈述证据，但是，可以其他适当方式，包括依职权要求驾驶员王某出庭作证等，开展庭审调查，通过其他相关的证据或证据方式形成内心确信，作出正确的裁判。

上述第二种意见存在逻辑上的混乱，它不能正确解读2001年《民事证据规定》第67条规定的当事人"对案件事实的认可"的基本法意，在本案中，这种"对案件事实的认可"主要是指对原告主张事实的认可。而该种观点错误地认为，被告吴某在调解中未对原告张某的诉求提出异议，其在调解中所作陈述

---

① 《民事诉讼法解释》第107条规定："在诉讼中，当事人为达成调解协议或者和解协议作出妥协而认可的事实，不得在后续的诉讼中作为对其不利的根据，但法律另有规定或者当事人均同意的除外。"与2001年《民事证据规定》第67条规定相比较，在表述上，二者规定虽然有所不同，但在实质内容上，二者规定并无不同。

是被告为达成调解协议而要求原告作出让步，并非为达成调解协议而作出的妥协或让步，故被告的陈述不能产生自认的效力，因此不能适用 2001 年《民事证据规定》第 67 条规定。但该种观点反而认为，被告吴某在调解中的陈述符合 2001 年《民事证据规定》第 8 条的规定，已构成自认，其虽在庭审中否认欠原告货款，法院仍可依据其在调解中的陈述判令被告偿付原告货款。

## 案例三　对身份关系案件中的自认证据应如何加以认定

〔基本案情〕

某女甲有一个六岁的私生子乙，甲独立抚养乙，收入微薄，生活倍感艰辛。在此情形下，甲要求丙履行做父亲的义务，每月向其支付孩子抚养费 300 元，丙称其经济上的支付能力不足，每月仅能给付 50 元。于是，甲遂以私生子乙的名义为原告起诉丙，要求丙每月给付抚养费 300 元。丙在诉讼上承认是乙的父亲，但辩称其经济上的支付能力有限，不能完全满足对方要求。

〔意见分歧〕

在对本案进行审理过程中，法院在能否直接根据丙承认是乙的生父这种自认证据进而确认丙与乙之间具有亲子关系这一问题上，存在两种观点：

一种观点认为，身份关系不适用自认是法学界所公认的，必须先做亲子鉴定，再判决给付抚养费；另一种观点认为，可以采纳自认作为证据，直接作出判决。

〔问题解析〕

2001 年《民事证据规定》第 8 条第 1 款规定："诉讼过程中，一方当事人对另一方当事人陈述的案件事实明确表示承认的，另一方当事人无需举证。但涉及身份关系的案件除外。"笔者认为，2001 年《民事证据规定》第 8 条第 1 款的具体含义是指，对于身份关系的案件，法院可以调查、核实，并不以当事人之间明确承认的事实为限，即应当据情判断。这与涉及身份关系的案件不适用自认证据规则并不矛盾，也就是说，对于财产关系案件，由于证明标准较身份关系案件要求较低，因此可以采用包括事实推定、自认的证明方式来加以认定，而对于身份关系的案件，由于具有独特的价值取向和更高的证明标准并且实行法院职权探知主义，因此不能简单采用自认证据规则来加以确认，即对于涉及身份关系的案件，即使一方当事人对另一方当事人就案件事实所作出的明确承认，如果法院认为有必要进一步进行调查、了解、收集证据或核实时，就应当不以这种明确承认所产生的效果来对案件事实作出认定，而是应当进行实际的调查、了解和收集相关的证据，然后再作出最终的判断。在本案审理过程中，如果法院通过庭审对相关证据进行调查，其中包括对双方当事人进行询问，并未发现有任何疑点使法院感到有必要应依职权到社会上进行必要的调查了解，如果现有证据以及甲与丙之间对丙系乙的亲生父亲这一事实所持有的真诚态度能够使法院产生合理的确信度，法院即得以丙就有关身份关系的陈述作为自认证据并将其采信为裁判的事实根据。这是因为，在本案中，如果将亲子鉴定作为认定本案事实的必要证据方式，由此所产生的费用负担将使本案的双方当事人都难以承受，在这种情形下，较不利于保障原告方的合法权益，特别是作为私生子乙的生存权与教育权等基本权利。因此，在本案情形下，但凡不采用亲子鉴定这种证据方式亦能够有助于解决本案争议的，应尽量加以循用。反之，如果通过开庭审理以及有关证据调查使法院对有关案件事实产生合理怀疑，如法院通过本案证据和调查询问等途径获知，在丙出生前的合理时间内存在着甲与丙以外的其他男性保持性关系的情形时，法院就不能再以丙就有关身份关系的陈述作为自认证据加以采信，而应当采取包括要求对本案进行亲子鉴定等一切必要的收集、调查证据的方式。

值得注意的是，就本案而言，即使不通过法院对本案作出判决，甲也会答应向甲方支付每月50元的抚养费，这便是诉讼前丙对甲所提出要求的回应，而这纯粹出自于一种情感和道义上的缘故。在客观上，假若法院判决的结果系驳回原告的诉讼请求，有可能造成道义上的危机与责难。

本起诉讼案件发生在20年之前。《民事诉讼法解释》第92条系在对2001年《民事证据规定》第8条第1款的内容进行改进与完善的基础上形成的，即："一方当事人在法庭审理中，或者在起诉状、答辩状、代理词等书面材料中，对于己不利的事实明确表示承认的，另一方当事人无需举证证明。对于涉及身份关系、国家利益、社会公共利益等应当由人民法院依职权调查的事实，不适用前款自认的规定。自认的事实与查明的事实不符的，人民法院不予确认。"与

2001年《民事证据规定》第8条第1款规定所不同的是,《民事诉讼法解释》第92条规定体现的是对于涉及身份关系等社会性、公益性较强的类型案件实行法院职权探知主义,当事人辩论主义与处分权主义受到相应的较为严格限制,法院对案件事实所形成的心证不受当事人自认效力的限制,并且应当依职权对相关待证事实进行调查。就本案而言,为了查明被告丙与乙之间是否存在亲子关系,对于法院依职权进行调查而言,最佳的方式莫过于进行亲子鉴定,其准确性和真实性最高,但其隐藏的社会伦理和道德风险也是显而易见,故对于社会关系具有一定的危害性。因此,除非在亲子鉴定问题上实行国家强制主义,否则,这种证据方式并非不可或缺,在这种情形下,即便法院依职权对案件事实进行调查,也不能够排除被告丙对亲子关系的承认被作为法院形成内心确信考量的因素。

# 第七章
# 证人作证

## 一、证人的资格

（一）证人的界定

在民事诉讼上，所谓证人，是指通过其自身感觉器官直接了解案件情况并受法院传唤到庭作证的人。证人是凭借感官感知案件事实的诉讼当事人以外的自然人，他是在通过感知案件事实的一部分或全部过程之后，接受法院传唤到法庭就争议的事实部分进行证述，这就要求证人须具备一定的感知能力、记忆能力、陈述能力，藉以真实、清晰地表达自己所感知的案件事实。

所谓证人证言，是指证人就其所了解的案件事实向法庭所作出的陈述。作为证人证言，一般应当由证人出庭采取用口头方式就案件事实进行陈述并接受法庭的调查和当事人的询问。

在此所称的证人仅指狭义上的证人，即通过其亲身感知而知悉案件事实的诉讼外第三人，不包括广义上的证人。证人是人证当中的一种类型，广义的证人还包括当事人、鉴定人、勘验人、专家辅助人、专家证人。[①] 狭义的证人与其他人证方式的根本区别在于这种证人本身所具有的证人条件。所谓证人的条件，是指证人以其亲自耳闻目睹的案件事实向法庭作证的资格或能力。据此，证人应具备以下四个条件：（1）证人必须是就亲自耳闻目睹的案件事实向法庭

---

① 2019年《民事证据规定》第82条规定："经法庭许可，当事人可以询问鉴定人、勘验人。询问鉴定人、勘验人不得使用威胁、侮辱等不适当的言语和方式。"2019年《民事证据规定》第84条第1款规定："审判人员可以对有专门知识的人进行询问。经法庭准许，当事人可以对有专门知识的人进行询问，当事人各自申请的有专门知识的人可以就案件中的有关问题进行对质。"另外，值得注意的是，根据我国《民事诉讼法》第82条规定："当事人可以申请人民法院通知有专门知识的人出庭，就鉴定人作出的鉴定意见或者专业问题提出意见。"根据该法条的规定，实质上，这种有专门知识的人分为两种类型：一种类型是就鉴定人作出的鉴定意见在庭审中提出意见的专业人士，即俗称的专家辅助人；另一种类型是在并未发生法院委托鉴定人进行鉴定的情形下，就专业问题提出意见的专业人士，这类专业人士与前类专业人士的职能作用有相当的不同，为了防止两者之间发生混淆，故可将后类专业人士称之为专家证人。

进行证述的诉讼外第三人；（2）证人具有不可选择性、不可替代性和不可指定性；（3）证人必须是对其所了解案件情况有相应的辨别能力并可以通过适当的方式正确表达思想意识的人；（4）证人必须是亲身感知案情并对其所作伪证具有承担相应法律责任能力的自然人。根据对能够具备证人这一资格或能力的界定，可以据此认为，当事人不能作为证人，因为证人应当是第三人；鉴定人不能充当证人，因为他们在案件中具有可选择性和可替代性；在生理上、精神上有缺陷或者年幼者是否能够作为证人，取决于他们是否亲身耳闻目睹案件事实，并能否辨别是非和正确表达其意思，必要时应对其进行精神分析鉴定与测试。至于当事人的近亲属是否可以作为证人，其答案应当是肯定的，但是，应当严格审查其证言的可靠性。而对法定代理人参加诉讼时，如果他原来亲自耳闻目睹了案件情形，他能否兼作证人，其答案是否定的，在原则上应当实行证人优先主义。在大陆法系，对证人的精神状态及年龄并无严格限制，例如，仅以年幼为"不得令其具结（或宣誓）"的原因并不影响幼年人的作证能力。

　　证人证言有以下主要特征：（1）证人证言只能是证人通过其感觉器官对自己亲自耳闻目睹的案件事实进行的陈述，并且只能对过去已经发生过的事实进行陈述，由此决定了证人只能是自然人，单位不能作为证人。并且，证人不得对其亲自耳闻目睹的案件事实妄加分析、评论，或者任意推想、猜测；（2）证人提供证言，是因为他知道案件事实的全部或一部分，这是由案件事实本身所决定的，因此，作为证人，不能任意指定、更换、替代或者选择；（3）证人证言毕竟是经过其主观的认识过程，是主观对客观的反映。由于受社会环境影响以及证人本人对客观事物的认识能力的局限，有可能使证言的内容有虚有实、有真有假，因此，在程序上需要采用一些特别的询问方式和必要的质疑程序才有可能达到去伪存真的效果。（4）证人证言的形成过程大致包括三个阶段，即感知阶段、记忆阶段和表述阶段。证人证言的形成是证人的主观感觉认识对客观世界的反应。证人证言从其对案件事实有关情况的感知开始，到最后在法庭上形成具有特定内容的证人证言，中间要经过许多复杂和细微的环节。这些环节都有可能影响着人的思维和心理，从而使证言的形成过程变得非常复杂和微妙。因此，法庭对于证人的调查询问以及对方当事人的质疑性询问往往会紧紧围绕其感知阶段、记忆阶段和表述阶段，在各个阶段均可能会存在着的某种瑕疵和纰漏。

（二）证人资格的基本法理

1. 证人资格的界定

证人资格，又称证人的适格性（Competence）或证人能力。所谓证人资格，是指某一自然人在符合法定条件的情况下以证人身份出庭作证的资格和能力。无证人资格的人提供的证言，不具备证据能力。一般而论，当今各国法律大都不过多地对证人的资格予以严格限定，而是更多地持有开放性的态度，也就是说，几乎所有的人都被假定为具有出庭作证能力，除非法律有特殊的例外规定，或者有相反的确切情况能证明某人在出庭作证上存在心理或生理上的障碍。

在理论上，一般认为，不能正确表达意志的人，不能作为证人。但待证事实与其年龄、智力状况或精神健康状况相适应的无民事行为能力人和限制民事行为能力人，可以作为证人。在以下情形下，证人将丧失其作证资格：其一，不能就有关事实表达自己的感知、体验，以至于不能被他人所理解。这种理解或是直接为他人所知晓，或是通过理解他人的传达、翻译；其二，不能正常理解证人说真话的义务。

对证人资格的限制，一般都是对证人资格进行消极的规定。例如，在英美法中，16、17世纪英国普通法限制证人的资格十分严格，有色人种、当事人亲属、破产人、利害关系人、犯罪人、精神障碍人、儿童、无宗教信仰人都不能作为证人。这种对证人资格的严格限制，使审判中可用的证据大为减少，影响了司法程序的进行。后来逐渐放宽限制，到19世纪只剩下两项限制：一是智力欠缺的人不能作为证人，如儿童、精神障碍人、醉酒人等。但是醉酒人在清醒后、精神障碍人在意识清醒期间仍可以作为证人。儿童作为证人并不硬性规定年龄限制，凡是能够理解宣誓的意义、知晓真实陈述的责任的，都可以作为证人。英国早期判例有容许六七岁儿童作为证人的；二是诉讼中的利害关系人不得作为证人，包括被告人本人及其配偶、共同被告及其配偶。第二项限制在1898年英国国会制定的刑事证据法（Criminal Evidence Act）已明文予以废止。依该条例规定，诉讼进行中的利害关系人不是没有证人资格，只是享有拒绝作证的权利而已。今日的英美证据法，任何人，除非不能辨别真假、不能理解真实陈述责任的人，都有证人资格。

在英美法中，比如美国对普通证人的基本要求是：第一，证人必须具有表达自己的意思并使事实裁判者理解的能力，即具有意思上的表达能力；第二，证人必须具备理解其负有说真话的义务，即具有理解其如实作证的能力；第三，证人必须就其亲自了解的事实作证。这种"了解"主要是就自己亲身耳闻目睹或亲身感触而言。另外，当事人、鉴定人也可以作为证人。在英国法中，作为一种总体原则是，所有的证人都同时具有作证能力和具有被迫作证性（Compellability），证人作证的资格与作证义务密切相关。在英美法系国家的一些学者看来，"我们的审判制度是建立在传唤证人出庭作证的基础之上的，作为一种通例，对所有的人来讲，只要他有能力陈述事实，法庭就有权力要求他提供证言。凡是能够提供证言的人都具有作证的资格。尽管对某一证人来讲，他可能不情愿作证，但是，他将被强迫或者迫使他出庭作证。"[①] 因此，将证人资格与强迫证人作证的做法相联系。

对证人资格的授予为以下因素所决定：（1）证人限定为了解案件事实的自然人，因为只有自然人才能有凭借感官感知案件事实的生理条件和能力；（2）证人陈述的是自己耳闻目睹的具体事实，因此，向法院提供的是一种感知证据，与当事人向法院提交的书证、物证等实物性证据具有本质区别；（3）证人因亲身感知过案件事实具有不可替代性，这种证人资格是由其亲身经历过有关案件事实的客观性所决定的，因此，即便无论证人与案件的一方当事人之间存在何种利害关系，也不存在证人回避问题。

2. 关于如何判断无民事行为能力人和限制民事行为能力人的证人资格

在实务上，某一证人的年龄、智力状况是否与待证事实相适应，或者其精神健康状况是否妨碍其作证能力，这些都应由当事人作为辩论的议题，也就是说，对于证人证言的质证涉及两个方面：其一，该证人在主体上的适格性；其二，该证人证言在内容上的可信度。在当事人主义与诉讼辩论主义架构下，对于一个出庭作证的证人而言，如果申请该证人的相对一方当事人对该证人在主体上的适格性并未提出质疑，很有可能被法院推定对方当事人在此问题上不持

---

[①] Dauid M. Paciocco, Lee Stuesser, The Law of Evidence, 1996. p200.

异议。但是，当相对一方当事人对该证人就涉及证人的年龄、智力状况或者精神健康状况等有关适格性问题提出质疑时，法院可根据双方当事人就此疑问及所进行辩论的效果或有关当事人为此而提供的证据进行审查判断后作出决定。当然，在此过程中，当证人的精神健康状况成为争议焦点时，法院可根据当事人的申请对证人的精神健康状况进行鉴定，也可据情依职权作出鉴定的决定。因此，在实务上，法院应当避免先入为主，也就是要避免在有关当事人对证人的主体适格性形成争议之前代行当事人对证据进行调查，从而在司法的中立性上有所失守。并且，法院对证人资格及其证言可信度的审查判断应当建立在当事人发表质证或辩论意见的基础之上。

3. 单位的证人资格

证人作证主要是通过其感觉器官对客观事物进行观察、记忆，并能够通过其亲身感受在法庭上进行证述。作为证人必须以具有自然人所特有的生理器官为必要前提。而"单位"作为一种人们为实现特定的活动目的而设置的社会组织，其自身并不具有自然人的基本属性，即不具有自然人对客观事物通过其生理本能来进行感知并直接得出印象与感受的能力。尽管按照我国《民事诉讼法》第75条规定："凡是知道案件情况的单位和个人，都有义务出庭作证。"但鉴于2019年《民事证据规定》第72条第1款规定："证人应当客观陈述其亲身感知的事实。"这一规定实际已将单位具有证人资格的不当规定加以更正。并且，无论是现行《民事诉讼法》还是有关司法解释对于单位作为证人出庭作证的情形亦并未作出任何具体规定，在审判实践中也从未发生过单位作为证人出庭作证的先例。反倒是，根据当代法治社会的基本理念与要求，许多国家从崇尚司法的角度在立法上规定，法院根据案件审理情况，根据一方当事人的申请或者依职权发出证据提交命令，在此情形下，任何个人或社会组织（单位）对法庭均负有一种被强制提供有关证据材料的法定义务。

4. 未成年人的作证

根据2019年《民事证据规定》第67条第2款规定："待证事实与其年龄、智力状况或者精神健康状况相适应的无民事行为能力人和限制民事行为能力人，可以作为证人。"通常而言，儿童对事物的感知能力、判断能力和语言表达能力较弱，因此，他们的思维方式以形象思维为主要特征。由于儿童的这种对客观事物认知能力的特点，使他们的证言容易受他人的诱导或暗示的消极影响，有时也会产生一系列无端幻想，然而与成年人相比较，儿童作证更为诚实可靠、客观和真实，一般不会撒谎，不会或很少掺入想象和推断等主观因素。在庭审过程中，法官对儿童进行案情的调查询问，应尽量选择那些为儿童所熟悉的环境进行，比如家里、学校、幼儿园，等等；当儿童在接受询问时，在场的人员不宜过多，最好让儿童的父母或教师在场；由于儿童对客观事物的认识主要限于形象性、直观性、表面性和片面性所致，因此，对儿童的询问应尽量采用简明、易懂的为儿童所熟悉的语言，从而避免其对询问所应表述的内容在理解上似是而非以至于答非所问或难以回答。对此，应尽量造成使儿童能够得以无拘无束地、主动地陈述有关事物的氛围或场面，避免使用诱导性或暗示性的语言进行询问。同时，对同一问题不得反复进行询问和作出进一步的提示性追问，以避免儿童过于受到某种程度的压力和暗示而顺从某种驱使作出妄纵性的回答。当儿童陈述时，不应插话，要保持儿童陈述内容的连贯性，同时要留心观察儿童有可能作出的某种手势和表情；对儿童的陈述所作的笔录，应如实体现儿童语言的风格，对有关手势或表情也应作出相应的记录。因此，在审判实践中，只有对这种特殊的证人，采用特殊的作证方式和采证方式，才能最终达到趋利避害，查实案情的目的。

（三）对证人资格（或能力）的限制或例外情形

证人资格作为一种自然人感受性的表征，它是人的自然属性与社会属性的综合产物，因此，各国法律除一般性地赋予公民作证资格以外，还考虑到自然人对社会生活普遍现象的感知、记忆和陈述能力、作证人的年龄以及就特定案件事实的利害关系、知识经验、基本态度、身份关系等诸种因素，为此，在立法上就其证人资格的普遍性设置某些限制或规定一些例外情形，其目的不外乎是为了保障证人证言的可信度，最大限度地实现证人证言的真实可靠性。

有关国家或地区对证人资格上的法律限定或例外规定主要表现在以下几方面：

1. 智力和精神状态

在英美法系，宣誓对证人作证具有重大意义，是证人作证之前传统宗教仪式法律化的要式行为。在英国，精神病患者虽不丧失作证能力，但是，如果当他（或她）由于精神状态所致而不能认识到宣誓的性质时，就没有作证能力。这时，如果法官认为某人有作证能力，对方有权进行反询问，以考察其作证的可信赖程度，或由对方当事人传唤另一证人以证明其具有不可信赖性。在美国，对精神不健全者是否构成其作证能力上的障碍并不严格规定。这是因为，在美国立法者看来，人的智力标准在司法审判当中很难掌握，如加以立法上的限制，势必影响证人资格的普遍性，不如交由陪审团或法官作为证据力评定的一部分更符合实际状况。但在审判过程中，只要事实审理者认为某一证人缺乏对案件事实本应具备但并未具备的必要表达的能力，以及不能够理解如实作证的责任，就对其所作的证言不加采信。在美国的审判实践中，对精神病患者普遍实行这样一种规则，即倘若某一精神病患者通过以下两项测试，就可以作为一名合格的证人：其一，对作证宣誓中涉及的作证义务和作伪证的后果是否真正理解；其二，对其所亲身感知的事物是否能够作出理智的陈述。这种规则同样适用于那些在作证之前当时处于酒醉状态或受麻醉剂影响的证人。① 根据澳大利亚的判例，证人的作证能力因其精神状态不佳，如患有精神疾病、反应迟呆、大脑受损等原因，以至于不能真实理智地理解其作证的内容和后果，从而构成对其作证能力的挑战。此外，视力欠佳、听力下降、记忆力衰退等现象亦对证人的作证能力以及证言的有效性构成影响。② 根据我国香港特别行政区《诉讼证据条例》第3条规定，接受询问时，对有关事实似乎没有准确认识且不能准确地加以陈述的精神病人，没有资格作证。预先未经法院认可，任何精神病人不得被传为证人。

在许多大陆法系国家，立法并未直接、明确地对证人资格、证人的精神状态与智力要求一并加以规定，而是仅作为不得令其具结（或宣誓）的原因，加之大陆法系各国缺乏判例法的传统，因此，就总体而言，在是否因证人资格受其生理缺陷限制问题上缺乏明确规定。有学者认为，在日本证据立法上，每个

---

① 参见［美］乔恩·华尔兹：《刑事证据大全》，何家弘等译，中国人民公安大学出版社1993年版，第331页。

② See Peter Gillies, Law of Evidence in Australia, Legal Books International Business Communication Pty Ltd 1991, pp233~243.

自然人都有作证能力，且不论其年龄、智力或精神状态如何。[1] 德国和法国的相关立法对此也未明确加以规定。但是，有一些大陆法系国家则对此有明确的规定。例如，西班牙的民法典将因生理上的缺陷作为证人资格具有普遍性的一种例外。它规定，凡精神病患者或精神异常者，以及涉及必须借助人的视觉或听觉来判断事物的案件中的盲人和聋哑人无作证资格。[2]《苏联民事诉讼法》第61条规定，由于本人生理或心理缺陷而不能正确理解事实或者对事实提供正确证言的人不能作为证人被传唤和询问。

2. 年龄

证人的作证能力与其民事行为能力基本上是相适应的。根据自然人生长发育的不同年龄阶段和智力状态如何，可据此判断某自然人是否具有作证能力即证人资格。与自然人即公民的民事行为能力不同的是，证人的实际作证能力主要取决于证人智力的发育程度或状态，而并非完全取决于证人的年龄。

年龄因素往往在一些国家构成未成年人尚不具备证人资格的理由之一。这就是说，从法律上来讲，未成年本身并不能作为取消未成年人的作证资格，但是，只要未成年人在生理上尚不成熟，或直接影响其对客观事物的感知或认识，就可以取消其出庭作证的资格。这种观点，属于普通法上的传统观念。然而，在当代英美法系国家，普通法的一些传统往往被一些更加现实、有效的做法所取代，例如英国、美国、加拿大、澳大利亚等国的有关立法或司法判例表明，对于未成年人而言，是否进行宣誓并不能够成为影响他们出庭作证的重大障碍，只要未成年人能够意识到讲真话义务即可作证。"对于一个儿童来说，他是否具有作证的资格并非取决于他是否达到了特定的年龄。这取决于在审理的法官眼里，该儿童是否具备理解讲真话的重要性以及作伪证所造成后果。"[3] 因此，只要法官认为这部分人具有观察、记忆和陈述其意思的能力并理解宣誓的性质和对作证所产生的后果，就能够作为证人出庭作证。

---

[1] See Takaaki Hattori, Dan Fenno Henderson, Civil Procedure In Japan, Matthew bender & Company Incorporated 1983, pp7~64.

[2] See Bernardo M. Cremades, Eduardo G. Cabiedes, Litigating in Spain, Kluwer Law and Taxation Publishers 1989,, p252.

[3] C. J. Carr and S. J. Beaumont, Swot Law of Evidence, Blackstone Press Limited, 1992. p31.

在大陆法系一些国家如日本和前苏联等，证人的年龄因素并不构成未成年人取得证人资格的障碍，而在另外一些大陆法系国家如意大利、西班牙等，年龄因素在一些特别情形下，则构成证人资格上的障碍。例如，意大利法对证人年龄并不作限制性规定，但是，基于特定环境以及尚不能被要求进行宣誓等原因所致，14岁以下未成年人只有在被认为有必要时才受到法庭的调查。① 西班牙在立法上就对14岁以下的未成年人的作证资格予以明确的限制。② 而根据《加拿大魁北克民法典》第2844条第2款规定："如按法官判断，某儿童已经充分成熟、能报告他认知的事实并理解告知真相的义务，而法官判断他不能理解宣誓的性质，法官可允许他在不履行宣誓手续的情况下作证。但判决不得仅依据此等证言作出。"

3. 身份关系

身份关系是重要的社会关系之一。由于身份关系往往就证人证言作出对特定一方当事人产生某种正面影响或负面因素，有失公正，因此，一些国家在立法上对此加以必要的限定。主要表现在以下几种情况：

（1）明确对身份关系予以限制。例如，英国的有关法律规定，本国国王（或元首）、外国国王（或元首）、驻外大使、高级专员、外交官不能被迫作为证人。根据《美国联邦证据规则》第605条和第606条的规定，主持审判的法官不能在该审判中作为证人，陪审团成员也不能在自己充当陪审的案件中作为证人。但是，根据《美国联邦证据规则》第601条规定，在民事诉讼中，有关构成一项诉讼主张或辩解的内容需适用州法作出决定时，证人能力将按照州法确定。而美国的一些州，如加利福尼亚州、堪萨斯州的证据法，允许法官在没有当事人提出异议的情形下作证。③ 并且，加州的证据法确定了这样一种程序原则，即在任何时候法官可以被传唤作证。同时，联邦证据法与州证据法都规定，当陪审员在该审判中担任小陪审团的一部分时，他便可在同一案件中以证人身

---

① See Cathrine Elliott, Catherine Vernon, Fench Legal System, Pearson Education Limited 2000, p216.

② See Bernardo M. Cremades, Eduardo G. Cabiedes, Litigating in Spain, Kluwer Law and Taxation Publishers 1989, p252.

③ Stephen A. Saltzburg：《美国联邦证据法》，段重民译，我们台湾地区司法周刊杂志社1985年版，第87~88页。

份作证。对此，为避免可能对提出异议一方产生的偏见，联邦证据法规定，准许有关方对此提出异议。① 当然，这种机会是极为罕见的。根据《加拿大证据法典》第55条规定，主持审判的法官和经宣誓已列入陪审团的成员不得就所审理的案件以证人身份作证。

（2）有条件地加以限制。例如，根据《日本民事诉讼法》第191条第1款规定："以公务员或曾任公务员的人为证人而就其职务上的秘密进行询问时，法院应得到相应的监督机关（对于众议院或参议院议员或者曾为众议院或参议院议员的人，应为该院；内阁总理大臣以及其他国务大臣或者曾为上述职务的人，应为内阁）的许可。根据《德国民事诉讼法》第376条规定，以法官、公务员或其他从事公务的人为证人时，询问关于职务上应守秘密的事项，以及许可其作证的问题，适用公务员法中的特别规定。对于联邦议会、州议会、联邦政府、州政府的成员，适用有关他们的特别规定。而根据德国相关法律规定，现任公务员或者曾任公务员（包括总统、总理、部长）的人，对其职务上的秘密，有保密的义务。如果法院要求其作为证人而陈述这些事项时，应经所属机关或其最后所属机关的许可。另根据《德国民事诉讼法》第376条的有关规定，这些人员即使不再从事公务，但如证言涉及他在从事公务时发生的事情或者这些事情是他在从事公务期间知悉的，也适用以上规定。

4.品行和名誉因素

按照普通法的传统，一个曾经有犯罪历史的人被认为是"邪恶的"，并因此丧失包括出庭作证在内的公民基本权利。而到目前为止，这种做法在美国的许多司法区中已逐渐被废止。但是，一些州的法院依据成文法的有关规定，把伪证罪和收买他人作伪证视为构成延续性丧失证人资格的原因。并且，若某一证人在作证前就触犯了任何一项将其排除法庭的规则，那么，他就有可能为此而丧失出庭作证的资格。《美国联邦证据规则》第608条的内容涉及有关证人的品格的意见证据和荣誉证据，即证人的可信性可以用意见证据或荣誉证据加以证明或反驳，但必须遵守下述规定：（1）该证据只能用来证明证人是否具备说

---

① 参见 Stephen A. Saltzburg：《美国联邦证据法》，段重民译，我国台湾地区司法周刊杂志社1985年版，第89页。

真话的品格，并且（2）在有人用意见证据或荣誉证据等方式对其说真话的品格提出质疑时，才能采纳。该条的内容还涉及证人的具体行为，即有关证人行为方面的例证，若仅用于攻击或支持证人可信性时，则不能用外部证据加以证明。"所谓外部证据，是指并非来自被交叉询问的证人回答的证据，如其他证人的证言、其他书证。"①但是，根据法院的酌定，倘若对证明是否具有说真话的品格有证明价值，可以在下列两方面于反询问时对证人进行询问：（1）是否具有说真话的品格，或者（2）其言词可信性业经证实的另一证人的同类品格。可见，《美国联邦证据规则》在拓展了法院可以接受证人品格证据的范围的同时，它也拓展了可以询问证人先前可能与可信性有关的不良行为的范围。按照《美国联邦证据规则》第608条的设置意旨，它不但规定了任何出庭作证的人的可信性，都可由意见证据和荣誉证据予以质疑，以表明该证人真实性的品格相当欠缺；同时，它还规定了有关某一证人真实性的意见证据或荣誉证据只能在该证人的可信性曾被质疑时才能被容许。②这说明，在美国证据法上，证人的作证资格或可信程度受其先前品行的制约，只有在对证人的品格或荣誉真正达到了质疑的目标时，才能使证人的资格发生动摇，使其证言缺乏可采性。

（四）我国有关法律及司法解释相关规定的理解与适用

1. 关于证人资格的原则性规定

《民事诉讼法》第75条第2款规定："不能正确表达意思的人，不能作证。"对此，2019年《民事证据规定》第67条第1款亦作出了相同的规定，即："不能正确表达意思的人，不能作为证人。"

对本条文的理解与适用，应当掌握如下基本内容：

（1）证人是就其亲身经历或知悉的案件事实而向法庭作证的人。证人必须具有表达自己的意思并使事实裁判者理解的能力，即具有意思上的表达能力。凡不能正确表达意思导致其欠缺意思能力的人，则不具有作为证人的适格性。

---

① 王进喜：《美国〈联邦证据规则〉（2011年重塑版）条解》，中国法制出版社2012年版，第171页。

② 参见Stephen A. Saltzburg：《美国联邦证据法》，段重民译，我国台湾司法周刊杂志社1985年6月版，第94页。

例如，精神病患者、痴呆、年幼无知或者其他不能正确表达意思的人，不能作为证人。但是，即使生理上有缺陷的人，只要这种缺陷不会成为其了解有关事实以及表达其意思的障碍时，仍可作为证人。例如，聋哑人可以采用文字来表述其看到所发生的事实，盲人可以证明他所听到的事实。另外，作为未成年人的儿童，如果对有关事实有一定的理解和表达能力时，也可以作为证人。总之，待证事实与其年龄、智力状况或者精神健康状况相适应的无行为能力人和限制行为能力人，在通常情况下，均可以作为证人。

（2）上述立法及司法解释中载明的"正确表达意思"中的"正确"一词应属于一个相对概念，该修饰词义涉及一个相对模糊的范畴。在实际判例中，甚至会出现虽不能那么"正确"地表达意思，但仍能辨别人物的性别、简单的举止、颜色的黑白、声音的强弱、气味的某种刺激等等这些简朴的事物特征，有可能对某类案件事实的认定产生相当大的积极和辅助性作用。

（3）应当指出的是，我国《民法典》第20条规定，不满8周岁的未成年人为无民事行为能力人，但如果就此认为，因无民事行为能力而导致无民事诉讼行为能力，而无民事诉讼能力人就一定会不具有作证能力，这种逻辑推理不能成立，也缺乏必要的立法根据且与司法经验相违背。因为，就民事诉讼而言，凡无民事行为能力人的权益受到不法侵害，其诉讼行为由法定代理人代为进行，但是，作为证人则不同于当事人的一个重要特征是，证人陈述自己通过耳闻目睹所知悉的案件事实，他是由案件本身所决定的，证人具有不可选择性和不可替代性，因此，判断一个证人的作证能力的大小，以及对其证言采信程序的强弱，不宜简单、机械地以一个年龄段为依据，这也就是说，一个证人所作证言的可靠程度不能因为他属于8周岁以下的未成年人，就无端地认为其不如70岁或80岁的老人；同理推之，一个反应灵敏、头脑清晰的70岁或80岁老人有可能作出的证言，在可靠程度上胜于一个年轻力壮的成年人。这就说明，对事物认知或体察的程度在一些情形下与待证事实之间并无必然的联系，就未成年人来说，主要应取决于未成年人的智力状态与待证事实繁简程度之间是否相适应。在年龄上，对证人作证能力一般不加严格限制，具体适用由法院在特定案件审理过程中，根据案件的难易、繁简程度、待证事实对证人认识能力的要求程度，以及未成年人的感知、辨别和表达事物的能力和心理发育状况等诸种因素一并加以考虑,并作出适切的判断和认定。

2. 无民事行为能力人和限制民事行为能力人证人资格的特别规定

2019年《民事证据规定》第67条第2款规定:"待证事实与其年龄、智力状况或者精神健康状况相适应的无民事行为能力人和限制民事行为能力人,可以作为证人。"

对本条文的理解与适用,应当掌握如下基本内容:

(1)在我国,根据《民法典》的规定,8周岁以上的未成年人为限制民事行为能力人,可以独立实施纯获利益的民事法律行为或者与其年龄、智力相适应的民事法律行为;不满8周岁的未成年人或8周岁以上的未成年人不能辨认自己行为的,为无民事行为能力人;不能辨认自己行为的成年人为无民事行为能力人。不能完全辨认自己行为的成年人为限制民事行为能力人,可以独立实施纯获利益的民事法律行为或者与其智力、精神健康状况相适应的民事法律行为。从原则上来讲,在我国,不满8周岁的未成年人和不能辨认自己行为的精神病人一般被视为不能正确表达意思的人。在法庭上,这些人并不当然取得证人资格。但是,由于审判实践中的各种案情的纷繁性和解决社会纠纷的迫切性所决定,这一证人资格上的原则并不排斥在特定情形下,这种未成年人的证言具有某种程度上的证明效力或参考价值,这种特定证据的效力究竟如何,怎样取舍,要取决于法院就个案的具体情形来决定。

(2)为了解决在实践中对《民事诉讼法》相关规定的过于僵化理解以及立法上因赋予"单位"具有证人资格而在实务上所带来的困惑,本条文将证人资格进一步明确规定为:"不能正确表达意思的人,不能作为证人。待证事实与其年龄、智力状况或者精神健康状况相适应的无民事行为能力人和限制民事行为能力人,可以作为证人。"这就要求,对于证人作证资格的认定,应当根据案件的复杂程度、作证能力对证人智力发育的要求程度,并结合有关证人的生理、心理、性格、习惯、受教育的条件和程度,以及证言形成的当时客观环境因素,据情加以裁量。其中,所谓"智力状况",是指人的主观意识与思维对于客观世界及其有关事件、现象等认知能力、判断能力、选择能力和处置能力等所体现的水平与差异程度。而作为证人的意识与反应能力是决定其作证资格与能力的核心,主要体现在对客观世界及其有关事件、现象的观察感知能力、记忆能力以及正确表达能力等几个方面。为了最大限度地获得诉讼上的证据资源，对于无民事行为能力人和限制民事行为能力人的证人资格，我国在法律上并未一概否认其证人资格，而是采取有条件地承认其证人资格的模式。证人的作证能力与其民事行为能力基本上是相适应的。根据自然人生长发育的不同年龄阶段和智力状态如何，可据此判断某自然人是否具有作证能力即证人资格。与自然人即公民的民事行为能力不同的是，证人的实际作证能力主要取决于证人智力的发育程度或状态，而并非完全取决于证人的年龄。

（3）在生理上、精神上有缺陷或者年幼者是否能够作为证人，取决于他们是否亲身耳闻目睹案件事实，并能否辨别是非和正确表达其意思，在对个案的审理当中，法院应根据待证事实的复杂程度与有关无民事行为能力人和限制民事行为能力人的具体年龄、智力状况或者精神健康状况是否相匹配、是否得以胜任进行审查与判断，必要时可通过专业机构对其进行精神分析鉴定与测试。从诉讼意义上，证人出庭作证是对其亲身目睹或耳闻等感知能力的验证，社会现象的复杂性和多样性，使在生理上存在某种缺陷的人如精神病患者不能全部或完全正确地陈述其在感知、记忆中的案件事实，但不能一概排斥其有可能提供部分正确或对正确了解案件事实提供有帮助性的事实，当然，这都应由法院据情加以判断，而不宜在不加分析的情形下一律排除这类人的作证资格。具体适用由法院在特定案件审理过程中根据案情的复杂程度、被证明对象对认识能力的要求程度以及无民事行为能力人和限制民事行为能力人的认识、辨别、表达事物的能力以及心理发育状况等具体因素一并加以考虑，并作出判断。

## 二、证人出庭作证的义务

（一）证人出庭作证义务的性质

公民出庭作证是一种社会责任和公法上的义务。这种义务尤其在大陆法系国家或地区具有普遍意义，即凡是知道案件情况的个人，都是证人。凡是证人都负有出庭作证的义务，凡属知悉案件情况的人都不得以任何借口对履行此种义务加以拒绝。任何人依法受到传唤出庭作证时，均有义务出庭作证，除非符合法律规定的证人出庭的例外或者依法享有拒绝作证的特权。根据法律规定，知道案件情况的人都有出庭作证的义务，这种义务是由国家强制力来保证实施的，是公民向国家所承担的公法意义上一种义务和责任。法律上所规定的特定情形是作为免除证人就特定案件事实履行作证义务的一种法律上的豁免，这种豁免权是作为免除公民作证义务的一种例外，因此，在证人负有被强迫履行其作证义务的前提下是作为一种特权来看待的，由于此种特权的享有为两大法系各国所沿循被称为特权规则。

公民依法出庭作证已远远超出了社会道德与伦理范畴所设定的界限，它更多涉及的是国家法律尊严和正常审判秩序这样的公法范畴，为此，各国都毫无例外地将这一问题作为公权力对待。从各国的立法上所体现的法定理念来看，作为一个公民，凡具有作证能力并了解案件事实则必有被强迫出庭作证的必要。法院所发出的出庭作证的传票具有不可争议性，即对一个知道案情的适格的证人而言，除非有法律上所明确规定的正当理由，否则，不得拒绝依照传票的指示按时出庭作证。当一个适格并了解案情的证人无正当理由拒绝出庭作证时，法庭将被迫采取一些必要的措施迫使其出庭作证。

在证人出庭作证行为的法律属性上，要着重强调义务优先的原则，这是由于证人与法院之间存在公法关系所决定的。证人作证是向国家承担的公民法定义务。这种义务是由于证人作为一种诉讼当中的特殊主体具有被动性、不可选择性以及不可替代性所决定的。证人作证义务的履行能够有助于保障司法的公正性、效率性与程序的正当性。同时，还应当注意到，证人向国家所承担的法定义务是以国家采用包括公权在内的各种手段和方式来保障其权利（或权益）不受损害为前提和基础的，因此，这种义务的承担与权益的保障是不可分割的。正如英国著名大法官丹宁勋爵指出的那样，法庭是按立法上的要求传唤证人出庭作证，但同时法庭必须负有保护证人免受因作证而遭到他人报复的责任，因为证人为履行作证义务而付出了代价，这同时也是法律以及执行法律的审判机构所应当负担的神圣职责。①

---

① ［英］丹宁：《法律的正当程序》，李克强等译，法律出版社1999年版，第26页。

（二）证人出庭作证义务的基本法理

证人出庭作证是由立法上所规定的证人适格性所决定的。大凡各国法律都毫无例外地规定，证人的适格性与强迫证人出庭作证是相辅相成的。同时，证人出庭作证是与诉讼法上的直接、言词原则相适应的，倘若证人不出庭作证而仅以提交书面证言来履行作证义务，那么在大陆法中实行的接受法官询问以及在英美法中接受双方当事人的交叉询问的审理方式就无法正常开展，这样，证人的证言就无法产生应有的证据力，诉讼活动就不能正常进行。这种情形在英美法中表现得尤为强烈，因为，"假如任何证人有权利来掩盖事实真相的话，那么由于未能设法使案件真相呈现在法庭上而给整个社会造成的损害，是基于任何社会价值理念而应当赋予证人这种权利但因未能赋予造成的损害所无法比拟的。"① 并且在英美法中，证人（包括广义上的证人）出庭作证是其证据制度中最为精彩和最为重要的内容，"对证人进行交叉询问是一种具有权利上的属性，交叉询问构筑了正当程序的重要层面。"②

在理论上，有一种观点认为，公民享有依法作证的权利，非经法定事由，不得剥夺或限制。对此，笔者认为，这种"权利说"观点值得商榷。因为：首先，如果将公民出庭作证作为一种权利看待，那么作为权利，既可以享有，也可以放弃。这种界定与社会上人们对公民出庭作证行为的普遍认知相背离，毕竟公民以证人身份出庭作证无法享受到物质上的满足和精神上的快乐，反而其言行更多地是要受到许多条条框框和程序规则的限制；其次，如果将公民出庭作证作为一种权利看待，那么就权利而言，权利的行使通常与获得一定的利益或者权益相联系，但在诉讼中，证人并非为诉讼当中的当事人，因此，证人作证的行为本身并非基于给自己带来何种利益，只是有助于法院对特定案件事实加以确认，这种确认案件事实本身在民事诉讼中很有可能只对一方有利，而对另一方当事人产生不利的影响。使证人出庭作证为其本身带来利益并非为立法

---

① Charles Fredrick Chamberlayne（1908），'The Modern Law of Evidence and its Purposes' American Law Review, 42, p770.

② Michael H. Graham, Witness Intimidation, Greenwood Press, A Division of Congressional Information Service, Inc. 1985. p227.

上的本意，在实践当中往往给出庭作证的证人带来实际的不利益。比如，证人出庭作证要付出时间、精力、经费上的代价，有时难免遭到他人的打击报复，因此，这种"权利说"在实践中难以成立；再次，如果将公民出庭作证作为一种权利来看待，那么在特定情形下公民所享有的免除作证的特权将难以有存在的实际价值和必要。可见，将公民出庭作证作为一种权利来看待是有欠妥当的，在立法上和实践当中只有将公民出庭作证作为一种法定义务来看待，那么权益保障措施和权利保障机制才有其设置的前提和根据。因此，对公民出庭作证的权益保障并非其行使权利的结果，而是其履行法定义务的必要条件和履行此种"不利益"行为的一种权益保障。有一种观点将证人出庭作证的行为定位于"属于以牺牲自己合法利益为代价来履行法定义务的事实行为"[①]。而这种观点较为客观地反映了证人出庭作证行为的本质特征。因此，应当将证人出庭作证界定为公民向国家负担的公法上的一种义务，而并非将其作为公民所享有的一种权利来看待。

（三）我国有关法律及司法解释相关规定的理解与适用

《民事诉讼法》第72条第1款规定："凡是知道案件情况的单位和个人，都有义务出庭作证。"

对于本条文的理解与适用，应当掌握如下基本内容：

1. 证人是诉讼上的特定概念，证人是就其亲身经历或知悉的案件事实而向法庭作证的人。证人以了解案件情况为其基本特征，故此，在诉讼中的证人具有不可选择性或不可替代性。本条文所规定的证人包括通常情况下的公民个人即自然人以及在特定情形下的单位。民事诉讼活动本是主要涉及诉讼当事人解决私权利益纷争的一种手段和程序，诉讼活动虽然由当事人发动，但引起的是国家司法审判权的行使。国家解决诉讼纷争的主要目的，在于保障社会生活、生产和经营秩序以及商品生产、商品流转的安全、有序进行，司法审判权的行使是以国家公益和社会稳定的崇高目标为基点，从而使得任何可能对此审判权

---

[①] 参见姜博仁:《在民事诉讼中证人因出庭作证造成自身利益损失应由谁补偿》，载梁宝俭主编:《中国审判方式改革理论问题研究》，新华出版社1999年版，第477页。

有效行使产生积极或消极影响的主体和活动都纳入诉讼法律关系调整的范围。证人作为诉讼法律关系上的主体，其权利与义务的源泉正是基于这种缘由而产生的。公民以个人名义就其所知道的案件情况向法庭作证是履行法律上义务的表现，有关单位的负责人应当支持本单位的个体成员履行这种法定义务。其中，所谓的"支持"应当包括为证人出庭作证提供便利条件和必要的时间保障，不得借故扣发工资以及影响其他福利待遇等。

2. 本条文的规定体现了作为公民在我国应当对法律负责，对案件事实负责，公民出庭作证是一种社会责任和公法上的义务。公民出庭作证是尊重司法、崇尚法治的体现。这种立法精神与各国司法程序中奉行证人负有被强制出庭作证义务的法治主义有相近之处。我国现行立法虽将证人证言作为法定证据来加以规定，但是，我国诉讼立法对证人证言的来源及证人证言形成的条件与国外许多国家的立法存在重大的区别，即并未规定证人负有被强制出庭作证的义务。而国外许多国家的立法大都规定除少数法定的例外情形，证人在原则上必须出庭作证，接受法庭及当事人的询问。如果证人无正当理由拒绝出庭作证，应当承担相应的法律责任，这种法律责任往往具有警戒性和惩罚性，其惩罚性包括对财产和人身自由两方面所采取的强制措施。

3. 在诉讼上，尽管大量存在当事人以申请证人出庭作证的形式借以完成其举证责任，但证人出庭作证究其本质是对国家和法律所负有的一种公民法定义务，证人与有关当事人之间如果不通过法院及其庭审活动则无法产生相应的民事诉讼法律关系。因此，知道案件情况的证人承担出庭作证这种法定义务，系旨在为保障司法的权威性以及有助于查明案件事实真相。

4. 证人的条件，是指证人以其亲自耳闻目睹的案件事实向法庭作证的资格或能力。据此，证人必须是就亲自耳闻目睹的案件事实加以陈述的第三人，证人必须是对其所了解案件情况能够辨别是非并能够正确表达意思的人。从法律上讲，证人只能是具体的自然人，而不能是抽象的单位或者其他组织。这是因为，作为抽象的单位或者其他组织不能像自然人那样通过身体器官来对客观世界所发生的事件、现象等事物直接进行感受、观察与认知，因在生理上缺乏这种感知能力使得"单位"等组织不具有证人资格。对此，2019年《民事证据规定》第 67 条<sup>①</sup>和第 72 条第 1 款<sup>②</sup>已分别从能否正确表达人的意思能力和能否客观陈述其亲身感知事实能力的角度作出了明确规定。

## 三、证人出庭作证

### （一）证人出庭作证的界定

证人出庭作证是由立法上所规定的证人适格性所决定的。大凡各国法律都毫无例外地规定，证人的适格性与强迫证人出庭作证是相辅相承的。证人出庭作证不仅仅是向申请其出庭作证的一方当事人履行作证义务，更重要的是，证人出庭作证是为了法院查明事实真相而履行的一种公法上的义务，它是公民在法律上所应当承担的一种具有普遍意义的社会责任。但是，在证人因知悉案件事实而负有被强迫作证义务的前提下，如果法律规定，在某些情形下，证人享有拒绝出庭作证的特别权利时，法院应当对这种权利予以保障。

### （二）证人出庭作证的基本法理

在诉讼上，证人出庭作证一般具有以下主要特征：第一，证人作证是由案件本身所决定的，具有不可选择性和不可替代性；第二，证人提供的证言，是陈述自身通过亲眼目睹、直接观察所了解的案件事实，没有任何间接的环节因素；第三，与鉴定专家相比，证人作证并非必须具有任何专门知识，只要能够正确表达感知，明确鉴别有关事物的特征和概况即可；第四，凡是通过耳闻目睹了解案件情况的人，在法律上都负有作证的义务，都可以充当证人，而不问他是否与案件存在利害关系，这也就决定了证人在程序上不存在回避的问题。证人证言属于一种人证，人证与物证相比较而言，因人证是通过主观与客观外

---

① 2019 年《民事证据规定》第 67 条规定："不能正确表达意思的人，不能作为证人。待证事实与其年龄、智力状况或者精神健康状况相适应的无民事行为能力人和限制民事行为能力人，可以作为证人。"

② 2019 年《民事证据规定》第 72 条第 1 款规定："证人应当客观陈述其亲身感知的事实，作证时不得使用猜测、推断或者评论性语言。"

界事物的直接映现，然而，借助语言交流又直观地再现了案件事实的原貌或其中的主要部分，这一点是物证所不能及的，因此，证人证言在大多数情形下能够发挥直接证据的证明价值。但是，就证人的证言而言，它是人的思维意识的产物，而人的这种主观意识受到人的客观存在的环境和条件所制约，这种制约因素来自多方面，其中包括利诱、威胁、嫉恨、泄愤、嫉妒、复仇、偏见等，因此，这些主客观上的干扰或影响，有可能导致证人证言在证据能力上的丧失，证人证言在内容上的真假，或半真半假，将导致证据力的消失或削弱，为此，应当加以审慎地审查与确认。实际上，各国通常将无正当理由且未经法庭允许而拒绝出庭作证的行为作为藐视法庭的罪过来处理，轻则处以拘传、罚款，重则处于拘留甚至有期徒刑。体现法庭的威严不可侵犯性，唤起人们对法律严肃性的尊重。

在诉讼活动中，证人证言是一种重要的证据来源与认定案件事实的根据。但是，由于证人证言的可靠性直接受到证人的智力状况、品行、性格、经历、法律意识、与案件的利害关系等因素的影响，这些因素无疑都会对认定案件事实带来积极或消极影响。因此，与其他证据方法相比较，各国对证人证言的运用采用更为庞杂的规则加以综合调整，藉以预防和实际消除证据上的瑕疵。由于传统文化、审判方式、证据制度等方面的差异，使得各国对证人证言在诉讼上的运用呈现出不同的认知模式与适用规则。

在传统的大陆法系国家，证人证言固然对认定案件事实具有重要作用，但是，许多大陆法系国家对证人是否讲真话始终存有疑虑，在庭审的询问方式上，主要采用法官直接询问证人的方式，当事人询问证人一般需要以法官的同意为前提。因此，虽由当事人申请证人出庭作证，但是在观念上，这种证人已实际成为法庭的证人，而并非当事人的证人。并且，如有关证人无正当理由拒不出庭作证或者有意作伪证，法庭往往会采用刑事手段对这种行为加以惩处。为了防止当事人对证人在法庭上提供证言产生任何不良影响，大陆法系各国通常严禁当事人及其诉讼代理人事先与证人接触，甚至有些大陆法系国家一经发现当事人或其律师私下接触证人，将会视这种行为以妨碍司法为由作出相关处置。在庭审中，对于出庭作证的证人，直接由法院进行询问，证人证言的证明效力如何，概由法院根据自由心证原则，结合其他证据材料以及依据审判经验作出判定。

与此相比较，在英美法系看来，证人是当事人的证人，申请证人出庭作证是当事人履行证明责任的必要方式，这种证据资源完全由有关当事人进行实际支配和操作，因此在认识理念与适用规则上，法庭不但不禁止当事人或其律师事先私下接触证人，甚至证人可以参与律师对案件事实的策划与设计，即由律师"培训"证人，以便使证人在法庭上像演员那样在法庭上进行"表演"，因此，律师与证人之间的关系甚至比作导演与演员的关系也不为之过分。之所以在诉讼上允许律师事先"包装"证人，主要是因为在英美法系所采用的庭审方式所决定的。在这种庭审方式上，律师是重要角色，由律师代表当事人采用交叉询问的方式来对方证人进行盘问、质疑，法官处于消极、超然的裁判者地位。通过当事人之间的激烈对抗，使法官据此判断何方当事人在证据上占有优势。在英美法系庭审中，证人通常被作为广义上的理解，既包括目击证人，也包括专家证人，并且，对询问专家证人也基本上是采用询问目击证人的方式与规则。

在英美法系使用陪审团方式审理案件的情况下，证人出庭更具有重要法律意义。再由于英美证据法中有诸多的证据规则使证人证言在整个证据种类中几乎占有核心地位。按照程序正当的原则，除因个别法定理由外，证人未出庭作证，其所作证言属于一种传闻，而根据英美法的传闻规则，这种证据属于受排除范畴而不能作为定案的根据。根据英美证据法的原理，以及证人对作证就出庭形式上所作宣誓的法律意义和效力，这些出庭规则均能对证人作伪证、回避与案件事实有关的主要事项，以及克服证人在观察、记忆和陈述上的缺陷起到有效预防、制约的作用。比如证人在法庭上如有意作伪证，因就该证人作伪证而产生不利影响的一方便可采取有效的反询问方式，往往在很大程度上会使这种虚假的证言产生相互矛盾、不能自圆其说的处境；另外，通过法庭的询问和当事人的有效反询问还可以证明某些证人虽无意作伪证，但是，由于其客观上生理条件和主观上心理障碍或记忆上的缺陷，由此便可得出相应的结论，即该种证言在内容上的错误并非是由于证人的主观恶意所为，故此可与那些有意作伪证并造成严重后果的行为划清界限。

（三）证人出庭作证与反传闻规则之间的关系

传闻规则起源于 17 世纪的英国，它之所以流行至今并对许多国家，特别是英美法系国家产生了深远影响，是因为它与英美法所历来倡导的程序优先主义具有密切关系。一般认为，传闻规则是指在诉讼过程中，将原则上排斥传闻证据作为认定案件事实基础的一种证据规则。英美法上对传闻证据的界定多与诉讼上的正当程序有关，其在一定情形下辅之以环境可信度因素。

大陆法系采用职权主义，对于证据能力极少加以限制，但基于直接审理主义的要求，重在调查证据的程序，以便能够对证据直接予以审理，藉以发现证据的证据力，形成正确的心证，以便判断案件事实的存在。与英美法系相比，大陆法系在传统上采用职权主义，主要由法官直接对证人加以询问，以便形成心证；因此，由当事人及其律师采用反询问对方证人的做法并不能以常规的方式出现。因此，在大陆法的证据法上，传闻证据以及由此而形成的程序内容并不作为一种常规的规则形态加以沿循。大陆法上由法官对证人的直接询问体现了一种直接主义原则，但其实质内涵和功能作用与反传闻规则显得异曲同工、不谋而合。从这一点而言，大陆法系实际上将证人无特定合法理由而不能到庭作证，其所作证言并非简单作为传闻证据加以看待，而是作为欠缺合法、有效性来对待的。这是因为，大陆法系法官所遵循的在证据审查认定上的自由心证原则，侧重强调诉讼法上的直接、言词主义，证人作为一种人证，其在法庭上的直接性和言词性是该种证据所不可缺少的重要特征和品质。

一般而言，各国设置反传闻规则的理由，无非是基于以下诸种证据价值因素的考虑：其一，该证据未经宣誓或通过正当程序予以正式确认。未经宣誓则通常导致即便证人提供虚假证言，也不得以伪证罪论处；而未经法庭以适当方式确认，则不能作为认定案件事实的基础。其二，证明力低弱，无异于浪费时间，或虽有证明力却又存在导致偏见或产生混乱的危险；传闻证据，就其与原始证据的关系上而言，往往因故意或过失进行与原始证据有差别的陈述，以致于与事实相违背。如允许传闻证据向法院提出，作为判决的资料，无异于允许以与原始证据内容相反的证据为证据，产生与发现真实相违背的作用。其三，未经当事人交叉询问。英美法庭审上的调查证据，其程序所以采用交叉询问（cross-examination）制度，其目的在于使一方当事人有充分机会，就对方当事人所提出的证人进行反询问，藉以发现事实的真相。传闻证据无从对于该证人加以反询问，以担保其真实性，因此应当予以排斥。其四，有时存在着说谎的极大可能性，但对方囿于诸种条件限制却又无法将其予以揭露。其五，大陆法系一些国家（如日本）在确认传闻规则基于上述根据外，还与贯彻直接审理原则有关。诉讼证据制度采用直接审理、言词审理方式，其作用在于使当事人对薄公庭，对于证人进行调查，当庭以言词进行，藉以察言观色，辨其真伪。法官应亲自听取原始证人和当事人的陈述，从陈述的内容和陈述时的态度、表情、动作等方面对陈述的真实性加以审查，以便获得正确、可靠的心证。传闻证据属于案外的陈述，既非在法官面前进行，无法从心理学的角度对其察言观色，难以作为判明其可信程度的根据，因此予以排斥。

（四）反传闻规则的适用

反传闻规则被认为是英美证据法中仅次于陪审团制度的最显著的特征。1968 年英国《民事证据法》将传闻证据定义为："在诉讼程序中提供口供证据以外的人所作的陈述。把它作为诉讼程序中提出的某项事实的证据。"

在英美法中，反传闻规则[①]是作为一种排除证明手段的规则，而不是排除事实的规则，之所以制定有关的排除传闻证据的规则，一般认为是基于以下考虑：第一，在采用陪审团审理方式时，传闻证言可能将陪审团引入歧途；第二，这种传闻证言所包含的重复性陈述有产生差错和偏见的危险。同时，陈述的事

---

① 在采取当事人主义立法例的国家，经常因为顾及证据的真实可靠性，而排除缺乏可信性的证据资料，使其根本不能作为证据使用，其中最为重要的，莫过于传闻证据的排除。传闻证据排除规则（The rule against hearsay），简单地说，就是传闻证据不具有可采性，在审判中不能作为证据使用。"最为广义的普通法（与成文法不同的判例法）中传闻证据的定义是：在审判或询问时作证的证人以外的人所表达或做出的，被作为证据提出以证实其所包含的事实是否真实的，一种口头或书面的意思表示或有意无意地带有某种意思表示的非语言行为。"（[美]乔恩·R·华尔兹：《刑事证据大全》，何家弘译，中国人民公安大学 1993 年版，第 81 页。）依据上述普通法中的定义，传闻证据可以是：（1）口头的，（2）书面的，（3）行为，即动作。传闻证据可以分解为一个三步过程：（1）一种意思表示（或动作——作为——转变成一种意思表示，例如指着某人作人身辨认），（2）这种意思表示是由在法庭上作证的证人以外的人（也可以称为庭外陈述者或行为者）作出或完成的，（3）它们是作为证据被提出，以证明它们所包含的事实是否真实。确定一项证据是否系传闻证据，与该项证据指向的争论点密切相关。例如，证人在法庭上作证时回答律师的提问："1996 年 5 月 2 日，被告对我说，'昨天我在 A 市'。"如果争论点是被告人 1996 年 5 月 1 日是否在 A 市（也就是说，如果被告的庭外陈述是被提供出来证实包含与其中的意思表示是否真实），这个证言就是标准的传闻。然而，如果争论点是 1996 年 5 月 2 日被告是否讲过这样的话，那么上述证言就不是传闻。

实越复杂，重述的次数越多，则这种危险性就越大。第三，传闻事实的陈述人不能象合法证人那样进行郑重宣誓，并使之接受交叉询问；第四，这种传闻证言的提供严重违背最佳证据规则。例如，根据传闻证据（hearsay evidence）规则的要求，凡是传闻的应在排除之列，其理由为：其一，根据证人证言的属性和效力，证人应就自己亲身感知的事情作证，道听途说的不能作为证据。凡以他人的传闻作为证据就有误传危险；其二，未经宣誓的证言不能作为证据，而传闻证言则属于未经宣誓之列；其三，凡未经过反询问的证言不能作为证据，而就传闻证据的性质上来讲，无法对其进行反询问。基于这种规则，传闻证据在英美法系国家就没有证据法上的价值。当然，在英美法系的传闻证据中有一些例外规定，例如，根据《美国联邦证据规则》规定，当应出庭作证的证人不能出庭时就有必要将他以前的陈述作为证据，这是因为，使用法庭外未经过反询问的陈述，只要证明其陈述的事实的真实性，该陈述就可以作为证据允许采用。可以说，这是美国证据法在对因个别特殊原因不能出庭作证的（如证人因病住院或死亡不能出庭作证等）情形的一种非常的补救措施，其旨在刻意追求证人证言对庭审活动所具有的那种特殊的有效价值。

但是，在大陆法国家，对传闻证言是否可靠则属于可采性范畴，完全交由法官依自由心证加以裁量。从历史上看，大陆法国家无需以一系列证据规则加以指导，并对案件事实问题予以裁决，而是一贯采取无论事实问题还是法律问题均由法官加以定夺的裁判模式，因此，没有产生反传闻规则的前提和条件。我国《民事诉讼法》第75条第1款规定："凡是知道案件情况的单位和个人，都有义务出庭作证。"这一规定并未排除传闻证据，所谓"知道"，从字面上理解，应包括亲眼目睹和道听途说。就我国立法上的证据制度而言，并不存在对传闻证言的限制性规定，证人既可以就其亲眼目睹的案件事实提供证言，也可以转述他人告知的案件情况。可见，这种立法模式无疑是与大陆法国家相一致的。笔者认为，由于大陆法系在传统上与职权主义有着天然的联系，重实体而轻程序，因此，证据法的地位远不如英美法那样具有举足轻重的地位，因此，针对我国证据法中的证人证言规定缺乏较为详尽的规则，那种原本借助规则来强化程序功能和弱化职权的理想机制有待于构建，因此，制定详细的、操作性强的，既适应我国具体国情，又反映证据法内在机理的传闻证据规则应属势在必行之举。对此，2019 年《民事证据规定》第 72 条第 1 款规定："证人应当客观陈述其亲身感知的事实，作证时不得使用猜测、推断或者评论性语言。"该规定对现行《民事诉讼法》相关条文的具体适用起到了积极作用。

　　长期以来，在我国审判实践中，在证人不愿出庭作证的情况下，有些律师习惯于以调查和询问的方式向该证人录取证言，然后以询问笔录的方式向法院提交。按照法治的要求与证据法的基本原则与适用规则，当事人及其诉讼代理人无权直接向证人调查收集证据。在庭审活动中，证人出庭作证是正当程序的一种必然要求，是证人证言在证明效力上能够作为裁判基础的程序保障。在审判实践中，如果不是采用使证人出庭作证而是采用由律师在庭外向证人收集证据的作证方式，不但不能够防止律师对证人的不当影响，同时，既剥夺了相对一方当事人对出庭证人进行质疑的诉讼权利，也剥夺了法官直接接触证人、观察证人、询问证人的调查权力。因此，在相对一方当事人及其律师并未到场的条件下，一方当事人及其诉讼代理人对证人进行调查在程序上缺乏正当性，即便取得了证人证言，但在证据法上也只能构成一种"传闻"，没有证据效力可言。

　　从各国的有关立法来看，很少有国家就律师在诉讼外或者诉讼前对知道案件事实的证人进行调查并收集证据作出明确规定。因为在各国看来，在民事诉讼活动中，对诉讼外的第三人进行证据调查是一项司法权力，是国家司法机关的一项专项职权，而律师作为一方当事人的诉讼代理人，实际上只能享有当事人在诉讼法上所应当享有的诉讼权利。这种诉讼权利的显著特征体现在，当事人及其诉讼代理人有权根据诉讼法或证据法的规定向法庭申请对有关证据进行调查。因此，对许多国家来说，法庭进行证据调查的主要方式，是采用出示实物证据由当事人或诉讼代理人进行辩论、质疑，由当事人申请的证人、鉴定人或专家证人出庭作证。为了履行举证责任，如有关证据掌握在诉讼外第三人手中，当事人及其诉讼代理人有权向法庭提出申请，经法庭审查认为有必要的，即可向诉讼外的任何第三人发出提供证据的强制性命令。这些诉讼外的第三人，包括自然人或政府部门、社会团体、企业等法人或非法人机构等。任何人包括警察、政府公务员、政府首脑等都负有向法庭作证的义务。如果当事人认为某人为本案证人并向法庭提出要求其作证的申请，经法院审查后，即可向有关公民发出传票传唤其出庭作证。

(五) 我国有关法律及司法解释相关规定的理解与适用

1. 证人出庭作证的原则性规定

《民事诉讼法》第 76 条规定："经人民法院通知，证人应当出庭作证。有下列情形之一的，经人民法院许可，可以通过书面证言、视听传输技术或者视听资料等方式作证：(一) 因健康原因不能出庭的；(二) 因路途遥远，交通不便不能出庭的；(三) 因自然灾害等不可抗力不能出庭的；(四) 其他有正当理由不能出庭的。"

对本条文的理解与适用，应当掌握如下基本内容：

(1) 我国《民事诉讼法》第 75 条第 1 款中规定："凡是知道案件情况的单位和个人，都有义务出庭作证。"但是，并未规定证人在既无合法原因又拒不出庭作证的情形下，在法律上应承担何种法律责任。因此，在这种出庭作证义务如不履行也不会遭到不利后果的情形下，实际上等同于证人既可以出庭作证，也可以不出庭作证，是否出庭作证的主动权为证人本人所掌握。可见，按照我国目前的法律规定，证人是否履行出庭义务完全是出于证人的自愿行为，当事人无权申请法院强制证人出庭，法院依职权强制证人出庭作证在法律上亦并无根据。这与各国大都坚持的除了由法律上所规定的证人享有某种特权或例外情形以外都负有被强迫作证义务的情况有明显不同。我国现行立法中对证人强制出庭作证义务的法律规定以及违背这种义务应施以强制性制裁措施没有加以规定，以至于反传闻规则在我国现有证人作证制度当中未能予以应有的体现，这在一定程度上对司法权威造成不利影响，因此，有待于今后在立法上对此加以改进和完善。

(2) 由法律所规定的在特定情形下证人以其他方式替代出庭作证，作为一种特别的例外，亦属于一种反传闻规则的例外。这在两大法系各国都有相同规定。例如，根据英美法系的直接、言词原则，只有在证人被法庭以特权为由裁定免除作证，证人拒绝作证有合法事由、证人失去记忆并已达到无法恢复的程度、证人死亡或正患有身体或精神上的疾病等不能出庭作证的情形时，才允许提供庭外证词。按照本条文规定，在法院获得有关证人的信息并认为其证人证言对于查明案件事实有重要价值的情况下,应当向有关证人送达出庭作证的通知。当有关证人因有特殊原因或障碍符合法律所规定的情形时,经法院许可的,可以通过采用书面证言、视听传输技术或者视听资料等方式作证。在这几种特定情形中,其中,所谓"健康原因",主要是指证人由于身患疾病等健康原因而住院治疗、卧床不起等事由;所谓"路途遥远,交通不便",其中路途遥远,必须与交通不便相结合,因为虽然路途遥远,但交通方便的,不能作为证人不出庭作证的理由。只有在路途遥远且交通不便两种情形同时存在时,才能构成证人出庭作证具有某种不合理性或难以成行的条件;所谓"因自然灾害等不可抗力",其中的不可抗力是指不可预知、不能避免且不能克服的客观情况。而所谓"其他有正当理由不能出庭的"情形,从立法的角度无法穷尽审判实践中所出现的其他正当理由所涉及的情形,为此交由有关证人据情提出相关申请,并委由法院作出相关的审查判断。这些与正当理由有关的情形应当包括正在监狱服刑的证人、当庭作证容易受到惊吓的年幼证人等。

(3)多年来,证人出庭作证"难"始终是困扰我国司法实践的一大难题,为了保障使证人确有客观原因或者正当理由不能出庭作证而不至于影响其证言对有关案件事实的认定,有必要在程序上采取一些变通的做法。根据本条文规定,有关证人在特定情形下不能出庭作证时可以采用提交书面证言等方式作证。按照诉讼正当程序的基本原则,证人证言属于一种言词证据,证人出庭作证接受当事人的质询,是有关当事人一项重要的诉讼权利。在审判实践中,应当对证人不能出庭作证的客观障碍加以严格的限制,凡遇有证人存在一些客观障碍,但是经过主观努力便可予以克服的,那么就应当出庭作证,同时,还要具有国情意识,适应现实社会的客观要求,或者在作证方式上进行必要的变通,以便节约社会成本。因此,本条文体现了在贯彻反传闻规则的前提下,既要坚持原则性,又要据情灵活应对一些例外情形,以增加证据规则的适用性。对此,本条文规定了可以通过书面证言或者视听传输技术或者视听资料等方式作证,但同时又限定了必要的适用前提。即它适用于:第一,其对象必须是经人民法院依法通知出庭作证的证人;第二,有关证人不能出庭作证在程序上必须事先经人民法院许可;第三,有关证人不能出庭作证在实体上必须符合本条所规定的四种情形之一。

（4）在程序上，究竟是有关证人向法院提出这种申请，还是负有举证责任的有关当事人向法院提出申请，有关法律并未作出明确规定。而2019年《民事证据规定》第76条规定："证人确有困难不能出庭作证，申请以书面证言、视听传输技术或者视听资料等方式作证的，应当向人民法院提交申请书。申请书中应当载明不能出庭的具体原因。符合《民事诉讼法》第73条[①]规定情形的，人民法院应当准许。"根据该条文规定，是由证人向法院提交申请书，申请书当中应当载明不能出庭的具体原因，这些具体原因应当属于《民事诉讼法》第76条所规定的情形之一。另外，为了表明这些原因，证人还需要提供相应的证据，如因健康原因住院治疗的，应当提交相应医疗机构的证明等。这体现了证人与法院之间所存在的公法关系，证人出庭作证是向法院履行的一种公法义务，是公民向国家承担的一种社会责任。关于证人与法院或当事人之间的法律关系的性质，从目前两大法系的情况来看，主要存在两种模式：一种是从公法意义上将证人看作是法院的证人，法院不允许当事人私下接触证人或者对证人施加不良影响，这是大陆法系各国的基本做法；另一种是从私法的角度将证人看作当事人的证人，在庭前当事人除了能够随意接触证人之外，还能够对其进行必要的"培训"，法律原则上不禁止当事人或其律师对证人施加何种影响，这是英美法系各国的基本做法。在法律文化传统上，我国长期以来受大陆法系的影响，另外，从《民事诉讼法解释》第117条第3款所规定的"未经人民法院通知，证人不得出庭作证"以及2019年《民事证据规定》第68条所规定的"人民法院应当要求证人出庭作证，接受审判人员和当事人的询问"等内容来看，我国在法律层面所坚持的依然是证人出庭作证系向法律负担的一种公法义务的理念，即证人出庭作证提供的证言在通常情况下虽然更加有利于申请其出庭作证的一方当事人，但是，在出庭作证前，证人签署保证书是一种要式行为，以承诺在法院面前履行真实陈述义务，体现了证人应当向法院负责的关系架构，因此，证人与有关当事人之间不应发生直接的诉讼法律关系（权利义务关系）。在此条件下，无论是经当事人申请证人出庭作证或法院在特定情形下依职权要求证人出庭作证，在证人接到法院送达的出庭通知书后，有关证人自应履行出庭作证

---

[①] 现为《民事诉讼法》（2023年修正）第76条。

义务。

（5）根据本条文规定，经人民法院许可，证人可以通过书面证言、视听传输技术或者视听资料等方式作证。其中，所谓书面证言，既包括由证人本人提交其亲笔书写的书面证言，也包括以他人记录的证言笔录形式作证而形成的书面证言；所谓视频传输技术，是指采用现代科学技术及相关设备，为相距遥远的人们提供便捷、即时、有效的交流途径，即通过电视网络、电话网络和因特网即时而形象地将声音、图像进行传输，通过视听传输技术作证能够全面、客观、真实地反映证人作证的现场状况，并能够全方位展示当事人对证人的询问（质证）以及法院对证人的调查询问，具有即时性与互动性等特点；所谓通过视听资料方式作证，是指审理法院可通过委托外地法院等方式听取证人陈述事实并录制相应的音像（视听）资料，以便随后在庭审过程中进行播放。相较而言，这三种作证方式当中，在条件允许的情况下，应当首推采用视听传输技术方式，因为在审判实践中，采用视听传输技术作证通常具有双向性，更为接近庭审效果。从国外有关情况来看，双向视听传输技术作证主要适用于身心处于发育阶段的未成年和路途遥远的证人。在广义上，采用视听传输技术作证包括以现场（双向闭路）电视联系方式、电话和视频会议方式、微信视频作证、QQ视频作证、影像和声响收发通信方式等。与采用书面证言或视听资料方式相比较，虽然采用视听传输技术所产生的效果最佳，其优势明显，但是它需要承载的成本也最高，同时也需要得到外地法院的协助，在具体适用程序上也显得较为复杂。对证人提交书面证言而言，由证人提交视听资料显得似乎效果略佳，这是因为视听资料所展现的影像和声音均呈现动态特征，更有利于法院对有关证言的真实性、可靠性进行审查判断。另外，我国在法律上除了允许采用这三种替代方式以外，并未禁止采用这三种替代方式以外的其他方式，这为现代科学技术的发展和网络传输技术的进步留下了必要的运用空间。根据2019年《民事证据规定》第77条规定："证人经人民法院准许，以书面证言方式作证的，应当签署保证书；以视听传输技术或者视听资料方式作证的，应当签署保证书并宣读保证书的内容。"该项规定表明，证人根据《民事诉讼法》第76条规定因客观原因不能出庭作证以及根据2019年《民事证据规定》第68条第2款规定双方当事人同意证人以其他方式作证，凡经人民法院准许的，为了担保其证言的真实性和完整性，证人应履行相应的具结保证义务。即以书面证言方式作证的，证人应当签署保证书；而采用录音、录像等视频、音频传输技术作证的，以及采用视听资料方式作证的，应当签署保证书并宣读保证书的内容。如果证人以书面证言方式作证而拒绝签署保证书的，或者，证人以视听传输技术或者视听资料方式作证的，如果既未签署保证书，或者虽已签署保证书但拒绝宣读保证书内容的，除证人系无民事行为能力或限制民事行为能力人外，无论其是以书面证言方式作证的，还是以视听传输技术或者视听资料方式作证的，均不能作为认定案件事实的依据。

2. 视为证人出庭作证的情形

2019 年《民事证据规定》第 68 条规定："人民法院应当要求证人出庭作证，接受审判人员和当事人的询问。证人在审理前的准备阶段或者人民法院调查、询问等双方当事人在场时陈述证言的，视为出庭作证。双方当事人同意证人以其他方式作证并经人民法院准许的，证人可以不出庭作证。无正当理由未出庭的证人以书面等方式提供的证言，不得作为认定案件事实的根据。"

对本条文的理解与适用，应当掌握如下基本内容：

（1）公民依法出庭作证，是一种公法上的义务，它已超越社会道德与伦理层级，介入国家的法律尊严和正常审判秩序这样的公法范畴。由于证人出庭作证对于查明案件事实具有不可替代的作用，其对具体案情的耳闻目睹使这种已被特定化的证人具有不可选择性。在个案中，有关当事人往往基于其诉求利益而指认或申请特定的证人出庭作证，然而，在法律上这种当事人与特定证人之间的个体关系，往往被转化为国家在法律上所应捍卫的社会公平与正义的一种法益与公民负有出庭作证义务这种公法关系。

（2）各国证据法将证人资格与强迫证人作证的做法相联系。证人不出庭作证，将妨碍诉讼公开原则及直接、言词原则的实际贯彻和落实，属于妨害司法的违法行为，甚至在一些特定情形下构成犯罪。证人出庭作证是由立法上所规定的证人适格性所决定的。大凡各国法律都毫无例外地规定，证人的适格性与强迫证人出庭作证是密不可分的。倘若证人不出庭作证而仅以提交书面证言来履行作证义务，那么在大陆法中实行的接受法庭调查询问以及在英美法中接受双方当事人交叉询问的审理方式就无法正常开展。而按照本条文的规定，人民法院要求证人出庭作证,是为了保障证人能够接受当事人的询问和质疑以及审判人员的调查询问。这是对证人证言进行质证的必要方式,有利于保障证人证言的真实性、关联性、可靠性,也有利于法官内心确信的形成。

(3)我国现行立法虽将证人证言作为法定证据种类加以规定,但是,并未规定证人负有被强制出庭作证的义务。例如,我国《民事诉讼法》第75条第1款中规定:"凡是知道案件情况的单位和个人,都有义务出庭作证。"这是为证人设定的一种公法义务的法律依据。但是,在法律上未规定证人在既无正当理由又拒不出庭作证的情形下应承担何种责任。在实务上,证人出庭作证率较低一直是困扰和制约诉讼活动正常开展的主要障碍之一。当然我国目前正处于社会转型时期,造成证人不出庭作证的原因是多方面的,既有主观上的,也有客观上的,如果当下一律照搬国外的做法以便实行强制证人出庭作证尚存在一定的难度,并且影响证人出庭作证的原因和背景是十分复杂的,最终解决这一问题还有待于社会的进化以及整个国家法治化的不断推进,因此,现实国情在客观上要求有一个适当的历史过渡期。同时,为了呼应《民事诉讼法》第75条第1款为证人应当出庭作证所设定的公法义务,在程序上,本条文赋予人民法院享有要求证人出庭作证的权利和职能。

(4)庭前审理的准备阶段,也是民事诉讼的必要组成部分。从我国民事诉讼程序改革的总体发展方向来看,对庭审阶段的结构性改革势在必行,对庭前准备阶段的强化,使得庭前准备阶段的证据交换以及庭前会议制度等程序制度将承担更为重要的功能。尽管证人出庭作证是庭审中心主义的主要体现,但基于某种原因,由法院主持下的审理前准备阶段有关证人到庭,同时双方当事人在场,或者基于个案具体情况的需要以及有关简易程序、小额诉讼程序的简化,人民法院根据需要所进行的调查、询问等程序,在法院审判人员主持下进行,证人在双方当事人在场的情况下陈述证言,并接受双方当事人的询问和质疑以及法院的调查询问,只要有利于实现直接、言词原则以及能够有助于保障双方当事人质证权及辩论权的行使,且在形式上将有关内容记录在卷并由证人、当事人签字确认,这些情形都可以视为证人出庭作证。

(5)根据《民事诉讼法》第76条规定,当出现证人因健康原因,因路途遥远、交通不便,因自然灾害等不可抗力以及其他有正当理由不能出庭作证情形的，虽然经人民法院依法通知，但证人可以通过其他替代性方式以代替出庭作证，而本条文则基于诉讼契约的原则，增加了双方当事人同意证人以其他方式作证并经人民法院准许的情形。其中，所谓"双方当事人同意证人以其他方式作证"中的其他方式，应当理解为属于《民事诉讼法》第76条规定的通过书面证言、视听传输技术或者视听资料等方式。从程序上，为了贯彻直接言辞原则与法院的自由心证主义，采用证人证言的最佳途径是由证人出庭作证，它不仅有助于保障当事人的质证权和辩论权，并且借助于双方当事人的交叉询问以及法官对证人开展的调查询问，有助于法官对证人证言进行全面、客观的评价，以便形成正确、合理的心证。如果证人采用其他替代性方式作证，无疑将对有关证人证言的证明效力带来某种消极影响，尤其是采用书面证言方式代替出庭作证，势必将严重减损其证明价值，妨碍法院对案件事实作出正确的判断。因此，本条文规定，即使在双方当事人同意证人以其他方式作证的情况下，也必须经人民法院准许。这就意味着，人民法院享有据情不予准许的权力。当然，民事诉讼以解决私权纠纷为主要目的，实行当事人辩论主义和处分权主义，如果双方当事人同意证人以其他方式作证，而最终又不利于法院对该证人证言的采信，其结果应由负有举证责任的一方当事人承担这种不利益的后果。但对于《民事诉讼法解释》第96条第1款所规定的几种情形，因主要涉及公益性较强的案件以及当事人有恶意串通损害他人合法权利可能的，属于实行国家干预主义和法院职权探知主义范畴，如果证人并非因健康原因路途遥远、交通不便、自然灾害等不可抗力以及其他有正当理由不能出庭作证情形的，而仅仅是因为双方当事人同意证人以其他方式作证的，人民法院可以考虑不予准许。

（6）鉴于《民事诉讼法》第76条采用列举式对证人不能出庭作证的正当理由所涉及的有关情形作出了相关规定，同时，本条文第2款亦就双方当事人同意证人以其他方式作证并经人民法院准许的情形作为一种补充性规定。除此之外，凡是经当事人申请以及法院的通知或者不经当事人申请而法院依职权通知的，对于应当到庭无正当理由未出庭的证人，其以书面等方式提供的证言，不得作为认定案件事实的依据，即这种证人证言不具有证据资格。其中，所谓"以书面等方式"，包括但不限于采用视听资料、视听传输技术等替代、变通方式。

（7）《知识产权证据规定》第27条规定："证人应当出庭作证，接受审判人员及当事人的询问。双方当事人同意并经人民法院准许，证人不出庭的，人民法院应当组织当事人对该证人证言进行质证。"根据《中美第一阶段经贸协议》第1.31条约定："在民事司法程序中，应给予当事方在案件中邀请证人和专家，并在庭审中对证人证言进行质询的合理机会。"该条规定系在本条文规定的基础上，根据《中美第一阶段经贸协议》内容作出的适应性修改。

## 四、证人出庭作证的启动方式

### （一）当事人申请证人出庭作证

在英美法系国家，由于更注重当事人在诉讼中的对抗性，除了法庭传唤证人以外，当事人也可根据情况传唤自己的证人，因此，证人主要是接受当事人的询问，同时也不排除法官的询问。例如，《美国联邦证据规则》第614条规定，法庭可以自己提议或者根据当事人的建议传唤证人。关于对接受询问证人传唤方式，有英美学者认为，法庭传唤证人的权力源于法庭为查明事实真相而实现法律公正的基本职责。这种权力的行使属于自由裁量的范围。当然，法庭采取自己动议传唤证人的做法在审判实务中仅限于极个别的情形。因为由法庭传唤证人出庭作证通常被认为是对对抗式诉讼制度的一种不当干预，为此，这种方式仅能为实现法律公正的明确需要时才能采用。[①] 与英美法系相比，大陆法系的证人只能由法庭传唤，并且一些大陆法系国家规定，证人主要由法官来进行询问，当事人一般不得自行对证人进行询问。在当事人认为有必要询问当事人时，必须通过法官来进行，或是在法官准许后才能询问证人。

在诉讼上，当事人申请证人出庭作证有着天然的优势，同时也存在着相应的利弊。所谓天然的优势，是指申请证人出庭的一方当事人与有关证人之间通常属于一种熟人关系，或者说虽然在过去没有何种交往但至少是知道姓氏名谁，

---

① See Michael H. Graham, Witness Intimidation, Greenwood Press, A Division of Congressional Information Service, Inc. 1985. p232.

有时即便不知道其姓氏名谁，但经向他人打听也能获知其姓氏名谁、居住地址、工作场所、习惯现身的场地，等等。在与法院接触之前，作为一种生活常理，某一知道有关案件事实的人几乎不可能自动成为某一案件的证人。一方当事人则从自身利益出发在有关证人与在特定案件系属的法院之间以某种类似于中介人的身份搭建起了这种诉讼法意义上的桥梁关系。即便在特定极端情况下，或许某些案件在社会上影响甚大，以至于不得不引起包括某些知道涉案事实的证人在内的社会民众的兴趣和关注，但由于深受诸如"多一事不如少一事""不愿得罪人"等传统文化之浸染，原本应当出庭作证的证人，由于其不被当事人所熟知或事后也未被他人所指认，宁坐旁听席而拒坐证人席亦算是一种常态化现象。这种场景亦可从人身侵权纠纷、交通事故责任认定纠纷等类型案件中所出现的即使采用"悬赏证人"的做法常常也显得于事无补当中得到印证。如果法院事先不经过刻意的调查了解，就无法获悉有哪些知道案情的证人应当履行出庭作证的义务。假如一味地将证人出庭作证作为有关当事人履行其举证责任的一部分来看待的话，那么法院就会失去以能动司法的必要方式查明证人范围以及依职权主动安排其出庭作证的直接动因。因此，在有关法律并未作出制度性安排的条件下，如果事先未经一方当事人与其联系，任何知道案件情况的人也显然无法获悉他属于某一个特定案件当中适格的证人以及为此他在法律上负有出庭作证的义务。

所谓当事人申请证人出庭作证存在着的利弊，即从"利端"方面讲，在法院无从得知有关证人信息的情况下，从法院查明事实真相的角度，当事人采取以申请证人出庭作证的方式向法院提供信息，为法院在庭审中对证人进行调查询问提供了必要的前提；但从"弊端"方面讲，这亦为一方当事人私下接触有关证人打开了方便之门，甚至这在习惯上被认为系法律所不禁止的行为，当然这种习惯是人们在观念上强加给法律的，而并不代表法律上会给予容忍。从常理上讲，一旦一方当事人有了私下接触有关证人的机会，就难以保障该方当事人不对有关证人施加任何不良影响，除非有关证人证言原本就对该方证人有利，而无需对其施加任何影响。从经验的角度，这种情况存在的概率约为20%至30%左右。在实践上，从客观透明的角度而言，作为现场目击者的证人证言，既可能对一方当事人部分有利，也同时可能对另一方当事人部分有利，只不过是在相关比例或层面上有所不同而已。在此情形下,一方当事人会习惯性地抓住私下接触有关证人的机会,对其施加某种不良影响,以尽可能地放大对其有利证言部分的比例,同时指使证人在对其不利的证言部分尽可能保持沉默。当然,同样在如此情况下,如果双方当事人都能够找到与有关证人私下沟通的机会,或许能够使有关证人证言与单受一方当事人的影响相较而言会发生某些结构性的变化,这种情况在既往的实务上显然不乏其例。

民事诉讼属于解决私权纷争的一种必要程序,特别是在解决财产纠纷案件当中要由提出诉讼请求及相应事实主张的当事人承担举证责任。对此,居于中立地位的法院不主动加以干预。与当事人举证责任相对应的是证明方式,就是提供包括证人证言在内的各种证据,这些都是当事人在诉讼上用于攻击与防御的主要手段。因此,是否采用证人证言来证明其事实主张以及申请何人作为出庭作证的证人均应由当事人自主决定,法院也不能主动介入。除非法律有明文规定,在涉及身份关系的案件中,法院可采取职权探知的方式主动介入,但这属于当事人举证责任的一种例外情形。与大陆法系所不同的是,英美法系认为,调查收集证据主要是当事人的责任,法院在诉讼中所处的消极被动角色使其主要立足于判断权的行使。正如有英美学者所指出的那样,法庭采取自己动议传唤证人的做法在审判实务中仅限于极个别的情形。因为由法庭传唤证人出庭作证通常被认为是对对抗式诉讼制度的一种不当干预,为此,这种方式仅能为实现法律公正的明确需要时才能采用。①

根据相关举证责任的规定,在诉讼中负举证责任的一方负责提出证据证明自己的主张。这样,在支持本方诉讼主张时提出哪些证据、申请传唤哪些证人,均应由该方自行决定。当对方当事人举证反驳时,也是相同的道理,即该方当事人可以自由决定提出哪些证据、申请传唤哪些证人。在程序上,如果当事人通过证人出庭作证这种证据方法来证明其事实主张,应当向法院提出申请,由法院对证人出庭作证的必要性进行审查。

多年以来,在我国审判实践中,证人出庭作证的启动方式显得尤为混乱。

---

① See Michael H. Graham, Witness Intimidation, Greenwood Press, A Division of Congressional Information Service, Inc. 1985, p.232.

在许多情况下，当事人事先并不向法院提出申请，而是在开庭期日直接偕证人出庭作证，大有发动证据突袭的架势；当有关证人不愿出庭作证时，有的法院依职权或者依当事人的申请通过在庭外对有关证人调查询问，以询问笔录的方式代替其出庭作证，有替传闻证据背书的嫌疑；更有甚者，还会出现当事人以外的第三人主动到法庭反映案件的情况或主动要求出庭作证的情形，尽管这种情形发生概率极低，但在客观上需要法院对此现象加以必要的管控，以便趋利避害。总而言之，这些做法体现的是证人与法院之间的关系的扭曲以及证人与当事人之间关系的不当定位；另外，缺乏科学、合理、正确的制度性安排与程序性建构也在一定程度上起到了推波助澜的作用。长期以来，我国有关法律及司法解释仅仅将当事人申请证人出庭作证作为当事人负担举证责任的一部分，证人仅对当事人负责，而并不对法院负责，实质上是将公法意义上的证人当事人化，仅是作为满足当事人一方支持其诉讼主张所涉及举证负担的私器，这种观念不利于证人出庭作证制度的法治化架构，并且亦对法院在审判上的权威性及法院查明案件事实产生了消极影响。

（二）法院要求证人出庭作证

受到利己主义影响，一方当事人向法院申请出庭作证的证人，往往是该方当事人对于其向法庭提供的证言预期有相当的把握对其有利。当然，这其中的对一方当事人有利的证人证言，并非总是要违背事实真相。而为法院所警惕和防范的是其中对一方当事人有利的证人证言当中那些违背事实真相的部分，与此同时，对方当事人申请证人出庭作证也存在相同的动机和意图，使得法院有机会从截然相反的角度来观察和获知对于对方当事人有利的证人证言与事实真相相吻合的部分。在诉讼上，对同一待证事实，双方当事人均向法院申请有关证人出庭作证，在通常情况下，双方所提供的证人证言在涉及一般性情节当中会有吻合之处，但在关键情节上会出现相互冲突的现象，这在相当程度上为法院查明事实真相既提供了机遇，又提出了挑战。让双方提供的证人当面对质或许成为压垮有关谎言的最后一根"稻草"。

与一方当事人或者双方当事人向法院申请证人出庭作证不同的是，法院依职权要求证人出庭作证的目的，是旨在跨越当事人之间的"党派"利益，从有关出庭作证的证人证言当中获取既可能对一方当事人有利（或不利）又可能对另一方当事人有利（或不利）但至少与案件事实真相相吻合的事实内容。当然，这并不等于一概否认当事人申请证人出庭作证提供证言的价值与意义。在诉讼上，当事人申请证人出庭作证与法院依职权要求证人出庭作证，在许多情况下并不在一个等视距的立体平面，其原本所发挥的功能、目的和作用亦不尽相同。法院依职权要求证人出庭作证，往往基于以下几种情形：其一，除了当事人申请出庭作证的证人以外，法院获悉当时在场的还有其他证人，而这些证人并未在当事人申请出庭作证的范围之内。这些证人的出庭很有可能在相当程度上有助于及时弥补当事人申请出庭作证的证人证言因党派倾向对查明事实真相所带来的缺陷或瑕疵；其二，因某些案件的法律关系属性公益性较强，原本属于法院实行职权探知主义的范畴，法院依职权要求证人出庭作证，以此作为收集调查证据的必要方式；其三，法院对双方当事人有恶意串通损害他人合法权利的可能性存有合理怀疑的情形，法院据情认为有必要要求有关证人出庭作证，藉以对有关案件事实调查收集相关证据的；其四，当案件事实在法官心证当中处于真伪不明状态时，尚有证人处于存量状态，但一方或者双方当事人并未申请其出庭作证，或者未在一方或者双方当事人申请出庭作证的范畴，如果法院认为依据职权要求有关证人出庭作证，可能有助于打破这种证据力意义上的平衡状态，尽可能地避免采用客观举证责任对案件事实作出裁判。

在法律上，赋予法院依职权传唤证人的权力，是诉讼中查明真实这一目标的需要。诉讼的一个重要目的就是查明案件事实，而双方当事人由于与案件处理结果有利害关系，其举证活动一般仅仅限于对本方主张有利的内容。为了查明事实真相，法院在必要时可以不经当事人申请，依职权传唤证人出庭作证。

（三）我国有关法律及司法解释相关规定的理解与适用

1. 当事人申请证人出庭作证

（1）当事人申请证人出庭作证与法院的通知

《民事诉讼法解释》第117条规定："当事人申请证人出庭作证的，应当在举证期限届满前提出。符合本解释第九十六条第一款规定情形的，人民法院可以依职权通知证人出庭作证。未经人民法院通知，证人不得出庭作证，但双方当事人同意并经人民法院准许的除外。"

对本条文的理解与适用，应当掌握如下基本内容：

其一，根据诉讼请求、事实主张或者抗辩主张的需要，有关当事人提出证人并申请证人出庭作证，这种行为属于程序上的提供证据行为，即举证行为。因此，有必要遵守举证期限的要求。

其二，在当事人提出申请证人出庭作证之后，法院可根据案件审理的需要，有权决定是否通知有关证人出庭作证。通知证人出庭作证属于人民法院的职权行为，因此，在原则上应当符合人民法院调查收集证据的条件。对于公益性较强（如民事公益诉讼案件）、家事诉讼（如婚姻家庭纠纷案件）等特殊类型案件，人民法院可以直接依职权通知当事人出庭作证。对此，《民事诉讼法》第67条第2款只作出了原则性的规定，即"人民法院认为审理案件需要的证据，人民法院应当调查收集"。而《民事诉讼法解释》第96条第1款则就此作出了具体规定，即"民事诉讼法第六十七条第二款规定的人民法院认为审理案件需要的证据包括：（一）涉及可能损害国家利益、社会公共利益的；（二）涉及身份关系的；（三）涉及民事诉讼法第五十八条规定诉讼的；（四）当事人有恶意串通损害他人合法权益可能的；（五）涉及依职权追加当事人、中止诉讼、终结诉讼、回避等程序性事项的"。按照本条文的规定，存在上述情形时，人民法院可以依职权通知证人出庭作证。人民法院依职权通知证人出庭作证的，不受举证时限限制。因举证时限是约束当事人的期限，法院从公权力的角度应当超越当事人的私权利益。另外，对于那些普通民商事纠纷案件，作为人民法院同时要对法律和事实负责，既要发现对一方或双方当事人有利的事实，也要发现对一方或双方当事人不利的事实。因此，为了查明案件事实真相，即使当事人不提出证人出庭作证申请，如果人民法院在案件审理过程中发现或查明有诉讼外第三人对本案事实了解、知晓时，也可依职权通知其作为证人出庭作证。这一点或许在查明有关当事人涉嫌虚假诉讼时显得尤为重要。据此，我国《民事诉讼法》第77条规定："当事人没有申请，人民法院通知证人作证的，由人民法院先行垫付。"对于《民事诉讼法》第77条的相关规定可以从上述两种情形加以理解和适用。

其三，实践中，经常会发生当事人并非在举证期满前向法院提出申请，而是当事人径行偕证人出席庭审，要求证人作证，或申请的证人与到场的证人不一致，全国各地法院对此做法不一而论，影响了庭审的严肃性。故本条文明确规定，法院通知证人是证人出庭作证的必要条件，否则，就意味着当事人未提出有关申请，或法院未予准许。针对长期以来当事人不向法院提出申请，而是在开庭期日直接带证人出庭作证这一"证人突袭"的习惯性做法，我国有关法律和司法解释均规定，由人民法院"通知"证人出庭作证，其基本要义在于：其一，这是基于民事诉讼属于公法范畴，以便对司法程序的进程与内容进行必要的规划和编控之需要。在开庭前应当由相关当事人向法院提出申请，以便纳入庭审议程。其二，证人出庭作证是一种证据方法，由法庭对有关证人进行调查询问并接受双方当事人的主询问和反询问，以便形成法庭上的证人证言。因此，如果有当事人申请证人出庭作证的情形时，对法院而言，庭审活动如何开展会有一个通盘考虑，对哪些证据或者采取哪些证据方法进行调查，它们之间存在何种逻辑关系，通常为法庭所主要关注的议题；而对相对一方当事人而言，他方当事人申请的证人将提供何种证言以及有关证人的基本情况如何，通常成为其考虑的重心，以便在庭审过程中对该证人证言进行必要的攻击与防御。其三，从程序的公平与正义角度而言，即便是一方当事人申请的证人，其作证行为是一种诉讼法律行为，其提供的证人证言不仅应对申请其出庭作证的一方当事人负责，更应对案件事实和法律负责，否则因主观故意向法庭提供虚假证言，应承受法律的相应处罚。因此，在法律上规定由人民法院"通知"证人出庭作证，旨在强调证人并非向申请其出庭作证的一方当事人承担出庭作证的私法义务，而是向法庭、法律及国家承担出庭作证的一种公法义务。其四，证人在法律上承担的是一种抽象的出庭作证义务，而只有通过法院的通知才能转换为一种具体的程序性义务。其五，在原则上，由人民法院以书面方式通知证人出庭作证主要适用于普通程序审理的案件，而并不当然适用于简易程序和小额诉讼程序审理的案件，对此，《民事诉讼法》第162条也作出了相应的规定，即："基层人民法院和它派出的法庭审理简单的民事案件，可以用简便方式传唤当事人和证人、送达诉讼文书、审理案件，但应当保障当事人陈述意见的权利。"

其四，本条文规定意在强调，民事诉讼本质上属于司法程序，只有经过人民法院的审查批准并依法通知，才能在程序上构成有关证人出庭作证的合法依据。在法律上只存在人民法院与有关证人之间的诉讼法律关系，而在证人与有关当事人之间并不存在这种性质的法律关系。人民法院通知往往是事先安排的，有时属于法院庭前准备的一部分，故以通知的形式进行；但在开庭时，事先未经庭前准备的安排，一方当事人即时要求证人出庭作证，也属于违反举证期限规则逾期提供证据方式，有证据突袭之嫌。但对方当事人如不持异议，便在程序上形成一种合意性契约，视为双方以诉讼契约的形式，产生对方当事人变相放弃举证期限程序利益的法律效果，属于当事人行使处分权的体现，在不违反法律强制性规定情形下，法院一般应准许当事人的申请，即允许未经事先通知的证人出庭作证。也即，按照本条文所涉及的但书规定，即一旦一方当事人事先未向法院提出申请而在开庭期日直接带证人出庭作证时，只要对方当事人不持异议，在诉讼程序的公法构架下，同时，也只要人民法院准许这种契约的存在，那么就消除了有关证人出庭作证在程序上应具有合法性的最后障碍。

（2）当事人申请证人出庭作证的程式

2019年《民事证据规定》第69条规定："当事人申请证人出庭作证的，应当在举证期限届满前向人民法院提交申请书。/申请书应当载明证人的姓名、职业、住所、联系方式，作证的主要内容，作证内容与待证事实的关联性，以及证人出庭作证的必要性。……"

对本条文的理解与适用，应当掌握如下基本内容：

其一，证人证言是我国《民事诉讼法》第66条第1款所规定的证据种类之一，有关当事人为证明其诉讼请求和事实主张或抗辩主张，申请证人出庭作证，在性质上属于举证行为。根据《民事诉讼法》第68条第2款规定："人民法院根据当事人的主张和案件审理情况，确定当事人应当提供的证据及其期限。"因此，本条文规定，当事人申请证人出庭作证的，应当在举证期限届满前向人民法院提交申请书。同时，《民事诉讼法解释》第117条第1款亦规定："当事人申请证人出庭作证的，应当在举证期限届满前提出。"

其二，当事人向法院提交的申请书应当载明证人的姓名、职业、住所、联系方式，作证的主要内容，作证内容与待证事实的关联性，以及证人出庭作证的必要性。其中，所谓"作证的主要内容"，主要指证人所掌握和了解的与案件事实有关的基本情况或有关情节；所谓"作证内容与待证事实的关联性"，主要是指证人所提供的证言对证明案件待证事实具有的证明价值。在此，应当指出的是，因实务上的案件事实与审理情况千差万别，在有些情况下，法院根据案件的审理情况在不同阶段确定相应的举证期限。有时难免会发生当事人在向法院申请证人出庭作证时有关案件待证事实（争议焦点）还未经法院确定的情形，在此情况下，所称的"待证事实"应指申请证人出庭作证的一方当事人在主观上认识的待证事实。在有些情况下，因案情简单明了，当事人主张的待证事实与法院认定的待证事实相一致；所谓"证人出庭作证的必要性"，主要指证人出庭作证对于法院查明案件真实的重要作用。

其三，根据本条文的规定，当事人向法院提供的申请书中应当载明的基本内容，可以分为两类，一是证人的个人情况，即姓名、职业、住所、联系方式等，以便于法院能够及时通知证人；二是证人证言的主要内容，即将被用来证明什么事项，以便于法院决定该证人的证言是否有关联性、是否必要。在实践中，当事人还应当尽可能地提供证人的电话、手机、电子邮件等联系方式，以便于法院和证人及时联系，比如，关键证人有正当理由在某一天不能出庭，法院在确定开庭期日时可以考虑这种情况，方便法院的审理，也能够避免浪费当事人的时间。对于证人作证所要证明的问题，实践中当事人可以提供以前获得的证人书面陈述的复印件给法院，以便于法院了解证人将要证述的事实。为了能够充分发挥反询问的作用，保证庭审能够发挥相应的效果，申请证人出庭作证的，一方当事人向对方当事人负有披露相关信息义务，即在庭审前，一方当事人有权了解对方当事人申请证人出庭作证所要证明的主要内容，以便使其能够针对这些事实收集相关证据，从而有效地准备在法庭上对证人证言的可靠性提出质疑，以便法院对此作出相应的审查判断。至于知晓证人的姓名、职业等基本信息，则有利于对该证人的可信度进行调查，例如，是否有说谎的习惯、是否经常酗酒、是否有犯罪前科，等等，以便于在法庭上质疑其品行与可信度。

（3）法院对当事人申请证人出庭作证的准许

2019年《民事证据规定》第70条规定："人民法院准许证人出庭作证申请的，应当向证人送达通知书并告知双方当事人。通知书中应当载明证人作证的时间、地点，作证的事项、要求以及作伪证的法律后果等内容。当事人申请证人出庭作证的事项与待证事实无关，或者没有通知证人出庭作证必要的，人民法院不予准许当事人的申请。"

对本条文的理解与适用，应当掌握如下基本内容：

其一，采用民事诉讼方式解决私权纠纷，是民事主体寻求国家公力救济的一种法律形式，而民事诉讼程序属于公法范畴，法院以国家名义对民事诉讼程序进行必要的干预和管理，是履行审判职能的需要。当事人申请证人出庭作证属于诉讼行为，法院需对这种诉讼行为进行必要的程序管理，以便保证诉讼程序顺利、有效地推进。当事人申请证人出庭作证，是其履行举证责任的必要组成部分，与当事人提供的其他实物性证据（如书证、物证、视听资料、电子数据）所不同的是，证人属于人证范畴，证人出庭作证属于一种证明方式。对于一方当事人申请证人出庭作证的，按照正当程序的要求，应当事先告知对方当事人有关该证人作证的相关信息，以便其作出相应的准备进行交叉询问，避免出现证据突袭情形的发生，另外，还需要法院事先在审理议程上作出相应的安排，同时证人出庭作证还会产生相应的费用（如交通费、食宿费、误工费等）问题。因此，对于当事人提出证人出庭作证的申请，应当予以慎重考虑，在程序上，需经法院审查和批准。

其二，对当事人申请证人出庭作证的，原则上，法院的审查范围应以形式审查为主，可不强调涉及实质审查。有关证人所作证言是否与案件事实有关或者有关当事人出庭作证是否具有必要性，应根据当事人的庭审辩论效果作出判断。根据本条文规定，对于出现以下两种情形之一的，当事人申请证人出庭作证的，人民法院可不予准许：一是证人出庭作证的事项与案件待证事实无关；二是有其他证据足以证明案件待证事实，提出该证据明显重复而且不必要。就上述第一种情形而言，如果法院认为证人将要提供的证言与案件待证事实无关，则对查明案件事实、正确裁判案件没有帮助，对此可不予准许，否则，就可能造成争议点模糊以及诉讼拖延，无端浪费司法资源；就上述第二种情形而言，如果法院认为证明案件待证事实的证据已经清楚、充分，再通知该证人出庭作证没有必要，因为该证人所要提供的证言与已有证据重复。另外，在某些情况下，对于待证事实的查明，法院已通过现已掌握的证据形成较为充分的内心确信，法院已通过当事人提交的申请书所载明作证的主要内容获悉，即使该证人出庭作证，其证人证言也无法撼动业已形成的心证基础，因此也属于本条文所规定的"没有通知证人出庭作证必要"的情形。本条文规定的目的是限制庭审中当事人举证的范围，使法庭审理能够紧紧围绕案件待证事实进行，防止不必要的拖延。

其三，经对当事人提出证人出庭作证申请的审查，法院认为当事人申请证人出庭作证的事项与待证事实具有关联性，或者该证人出庭作证将有助于法院查明待证事实的，法院应当准许当事人提出的证人出庭作证的申请。在程序上，人民法院应当向证人送达通知书。以当事人的申请启动证人出庭作证的方式而言，当事人的申请并不能自动启动证人出庭作证程序，必须经过法院的审查和准许之后，法院向证人发出出庭作证的通知，才是形成证人出庭作证的必要条件。当事人向法院提出证人出庭作证的申请，只是在形式上履行了其提供证据的（举证）行为，但是，这种行为本身并不能体现当事人与证人之间具有诉讼法律关系。只有当法院向证人发出出庭通知书时，才在法院与证人之间产生诉讼法律关系，而这种法律关系具有公法性质，即证人只向法院负责，而不向当事人负责。由此也决定了证人应当承担负有协助法院查明案件事实真相的诉讼义务，为此，本条文规定，通知书中应当载明证人作证的时间、地点、作证的事项、要求以及作伪证的法律后果等内容，以便证人在出庭作证前对其所享有的权利和承担的义务和责任担当事先有所知晓，以确保其证人证言的全面、客观和真实。

其四，根据本条文规定，人民法院的通知是证人出庭作证的前提和必要条件。在实务上，如果出现当事人需要有关证人出庭作证以证明其事实主张而法院未通知有关证人出庭作证情形的，有可能基于以下两种原因：其一，当事人在开庭前未向法院提出证人出庭作证的申请，而是在开庭时径行偕证人到庭；其二，当事人在开庭前向法院提出证人出庭作证的申请，但法院经审查后未予准许。因此，在某些情况下，一方当事人在开庭前未向法院提出证人出庭作证申请，但在开庭时径行偕证人到庭，而对方当事人不持异议，或者，出现了双方当事人在开庭前均未向法院提出证人出庭作证申请，但在开庭时则同时偕证人到庭的，只要不违反法律的强制性规定，法院可据情决定准许这种类型的事先未经法院通知的证人出庭作证。实践中，基层人民法院和它派出的法庭审理事实清楚、权利义务关系明确、争议不大的简单的民事案件，通常会遇到当事人直接偕证人到庭的情形，法院对此予以准许的情形也较为常见。

2. 法院依职权通知证人出庭作证

《民事诉讼法解释》第 117 条第 2 款规定："符合本解释第九十六条第一款规定情形的，人民法院可以依职权通知证人出庭作证。"

对本条文的理解与适用，应当掌握如下基本内容：

（1）通知证人出庭作证属于人民法院的职权行为，因此，在原则上应当符合人民法院调查收集证据的条件。对于公益性较强（如民事公益诉讼案件）、家事诉讼（如婚姻家庭纠纷案件）等特殊类型案件，人民法院可以直接依职权通知当事人出庭作证。对此，《民事诉讼法》第 67 条第 2 款中只是作出了原则性的规定，即"人民法院认为审理案件需要的证据，人民法院应当调查收集"。而《民事诉讼法解释》第 96 条第 1 款则就此作出了具体规定，即"民事诉讼法第六十七条第二款规定的人民法院认为审理案件需要的证据包括：（一）涉及可能损害国家利益、社会公共利益的；（二）涉及身份关系的；（三）涉及民事诉讼法第五十八条规定诉讼的；（四）当事人有恶意串通损害他人合法权益可能的；（五）涉及依职权追加当事人、中止诉讼、终结诉讼、回避等程序性事项的"。按照本条文的规定，存在上述情形时，人民法院可以依职权通知证人出庭作证。

（2）人民法院依职权通知证人出庭作证的，不受举证时限的限制。因举证时限是约束当事人向法院提交证据以及履行其举证责任的期限，法院从公权力的角度即从查明案件事实的审判职能出发，理应超越当事人的私权利益。

（3）对于那些普通民商事纠纷案件，作为人民法院同时要对法律和事实负责，既要发现对一方或双方当事人有利的事实，也要发现对一方或双方当事人不利的事实。因此，为了查明案件事实真相，即使当事人不提出证人出庭作证申请，如果人民法院在案件审理过程中发现或查明有诉讼外第三人对本案事实了解、知晓时，也可依职权通知其作为证人出庭作证。这一点或许在查明有关当事人涉嫌虚假诉讼时显得尤为重要。对此，我国《民事诉讼法》第 77 条规定："当事人没有申请，人民法院通知证人作证的，由人民法院先行垫付。"对于《民事诉讼法》第 77 条中的相关规定可以从上述两种情形加以理解和适用。

（4）2019 年《民事证据规定》第 69 条第 3 款规定："符合《最高人民法院关于适用〈中华人民共和国民事诉讼法〉的解释》第九十六条第一款规定情形

的，人民法院应当依职权通知证人出庭作证。"该项规定与本条文所不同的是，将符合《民事诉讼法解释》第96条第1款规定情形的，人民法院"可以"依职权通知证人出庭作证，改为人民法院"应当"依职权通知证人出庭作证。这种变化限制了人民法院的自由裁量权，并且将这种据情判断的权力直接变更为一种法定义务与职责。

## 五、证人在庭审中的义务及相关规则

*（一）承诺宣誓义务*

1.证人在作证前进行宣誓之制度变迁

从严格意义上讲，西方国家所采用的证人出庭作证与证人宣誓是不可分割的，宣誓作为一种古老的预防法则，旨在借用宗教上的神明威严来加重证人担保其如实作证的心理负担。但是，由于受到不同宗教信仰的影响，特别是对于无神论者而言，采用宣誓的方式或不合其皈依信仰的理念，或因在观念上并不笃信何种神明的存在，从而难以产生相应的心灵唤觉，因此，单一的宣誓往往无济于原来设立预防法则的本旨。[1]

有学者指出，宣誓制度早期的理论，含有因果报应的观念，无非使证人在良心上有所拘束。现在所谓因果报应，亦可赋予广泛的意义，包括一切宗教的、非宗教的，法律的、非法律的各种报应而言。无论何种报应，均须促起信仰上的觉醒。[2] 西方国家所采用的证人出庭作证与证人宣誓制度具有不可分割性。但是，随着历史的变迁，"当今对于一个可能被传唤出庭的证人来讲，无论他是否享有某种宗教信仰，对是否采用宣誓籍以担保其证言的可靠性并无影响，而只是涉及其是选择采用宣誓还是确约（affirmation）的形式而已。"[3] 采用这种"确约"主要是基于某些证人限于宗教信仰的不同而不宜采用宣誓的形式。这种

---

[1] 参见毕玉谦：《民事证据原理与实务研究》，人民法院出版社2003年版，第170页。
[2] 参见李学灯：《证据法比较研究》，我国台湾地区五南图书出版公司1992年版，第530页。
[3] J. A. Andrews and D. M. Hirst, Criminal Evidence, Sweet & Maxwell Ltd, 1992. p214.

"确约",按照我国台湾地区学者李学灯先生的观点,可翻译为我国台湾地区法律上所适用的"具结"。①

笔者认为,这种"确约"与宣誓具有类似的功能,因此,在称谓上可称其为"类似宣誓的方式",比如理解为"保证""庄严的宣示"之意等。宣誓是一种通常的方式,但是,由于宗教信仰或当地传统习惯所限,也可采用其宗教信仰允许的形式或"确约"来代替宣誓,而这种替代形式在效力上与宣誓相同。另外,《德国民事诉讼法》第484条也规定了与宣誓具有相等法律效力的具结。该条规定,当宣誓义务人说明,他由于信仰上或良心上的原因不愿采用宣誓形式时,应即采用具结形式。这种具结与宣誓相同;对此应向宣誓义务人加以说明。可见,在立法上以及学理上或采用"确约",或采用"具结"等称谓不过都表达了相同的涵义,即与宣誓相类似的方式。

现代社会由于神权思想日趋淡薄,取而代之的是以法律制裁对违背誓言者加以惩处。在立法上以及学理上或采用"确约",或采用"具结"或其他宣誓方式等称谓不过都表达了相同的涵义,即与宣誓相类似的方式。"此项具结义务,与刑法上之伪证罪互为作用,若证人未经具结,纵为虚伪之陈述,亦不得负伪证之罪责。"②

2. 证人宣誓的程序功能与法律张力

要求证人在提供证言之前进行宣誓是确保证言真实可靠的一项重要保证。证人宣誓或者具结制度是两大法系许多国家的普遍做法。证人宣誓的作用有三:一是对证人在良心上进行约束,不愿伪证;二是使证人更正式、更严肃地了解自己如实作证的义务;三是作为法律上的一种庄严的承诺,如果违背宣誓等义务,甘愿受到法律的相应制裁。

各国在证据立法上都几乎毫无例外地对证人的宣誓制度(或类似制度)予以明确规定,并且,几乎所有的国家对证人作证前宣誓(或具结,或誓愿等)都是强制性的规定。一方面,既能强化证人证言的可信度,另一方面,又能使证人资格制度与之配套,从而达到了不因某人因生理上的缺陷而使其丧失作证

---

① 参见李学灯:《证据法比较研究》,我国台湾地区五南图书出版公司1992年版,第501页。

② 姚瑞光:《民事诉讼法论》,中国政法大学出版社2011年版,第310页。

资格，而是作为不得令其具结（或宣誓）的原因（在大陆法国家尤其如此），这就在实际上使此种证人证言对认定案件事实大致具有参考价值，而交由法官依自由心证加以判断，决定取舍。

根据《民事诉讼法解释》第 119 条以及 2019 年《民事证据规定》第 71 条规定，人民法院在证人出庭作证前，应当告知其如实作证的义务以及作伪证的法律后果，责令其签署保证书，并在法庭上宣读保证书的内容。由于证前宣誓是证人作证的必经程序，而且伪证罪的处罚又是以宣誓为前提，因此，为保证证言的真实性和宣誓制度的彻底实施，证人必须在提供陈述前进行宣誓，没有经过法庭宣誓的证人不能向法庭提供证言。要求证人在作证前在保证书上签字的制度，亦属于证人宣誓制度。因为证人宣誓制度就是证人在向法庭提供证据时为了保证其如实陈述，而要求证人作出正式保证的制度。它并不一定具有宗教意义，比如两大法系许多国家或地区，在法律上，要么其规定的宣誓内容与宗教信仰无关，要么宣誓者可以选择非宗教的宣誓或誓愿或具结。证人宣誓制度也并不要求使用宣誓的字眼，比如我国台湾地区就用"具结"一词，但其内容与宣誓制度无异。上述司法解释规定的在如实作证的保证书上签字，其作用与宣誓的作用是一样的。从内容和作用上看，根据《民事诉讼法解释》第 110 条、第 119 条以及 2019 年《民事证据规定》第 33 条、第 65 条、第 71 条规定，当事人及证人被要求签署保证书，鉴定人被要求签署承诺书，这类在法律程序上的要求在功能和效力上相当于国外的宣誓制度。

世界上许多国家实行的证人宣誓制度，这种制度本身既能体现程序法本质意义上的观念价值，又可造成一定积极意义上的实体法效果，可谓是人类注重自身道德价值与法律价值的综合体现。证人在作证之前的宣誓行为可体现其对作证内容应负法律责任的警戒性和责任感。在我国现实生活中，有关党团组织、公务人员的宣誓仪式，仅能起到作为特定组织成员，担负相应职务的责任感、神圣感和使命感，在现代社会条件下，宣誓行为绝非可与历史上的那些宗教信仰的程式相提并论。因此，在诉讼程序中，对证人作证之前采用宣誓制度是具有积极意义的。这已为世界许多国家的司法实践所证明。

我国台湾地区学者李学灯教授认为，宣誓与伪证的处罚二者的作用虽然相似，但前者是使证人在主观上感到有神明的处罚，而后者是使证人在主观上感到有法律上的制裁。在实行宣誓或用以代替宣誓的确约时，所有词语，很少明确表示将受伪证的处罚，而似乎认为法律上的规定，应为证人所已知悉。此种法律上的制裁，显然较有现实的力量。尤其在近代的发展趋势中可以承认在免除宣誓的情形下，伪证处罚的功能更加值得重视。在早期的判例上，承认证人对于伪证处罚的责任感，作为真实的安全保证的一种。并且宣誓之所以需要依照正规的程序，在审判中于有权执行的人面前进行，即由于此种宣誓之后如作伪证，那么应受到伪证的处罚。否则纵使有宣誓，也不能对之采取法律上的制裁，这将丧失另一种真实的安全保证。①

3.证人宣誓之誓文

誓文应当由证人在法庭上，在书记员的引领下大声宣读，以加强宣誓在证人心理上的影响，促使其如实陈述。宣誓后，证人要在誓文上签名；凡不能签名的，由书记员代写姓名并注明事由，由证人盖章或者按指印。要求其签名是为了取得证人已经在法庭上宣誓的一个书面凭证，日后如果查明证人在宣誓后作了伪证，可以追究其伪证罪的刑事责任。

在证人出庭作证之前，证人以法律所规定的形式进行宣誓，以加强其责任心，从程序上能够促使其如实作证。证人以宣誓的形式借以担保其所作证述的真实可靠性，证人所作宣誓表明其已充分认识到如实作证的重要性以及如作伪证所应当承担的法律后果。宣誓的内容应当含有忠诚地信守法定义务，真实向法庭作证，承担因作伪证所引起的一切法律后果等内容。对于证人在法庭上经宣誓后作伪证的，应当从重处罚，并可作为构成伪证罪的重要情节加以考虑。

对证人宣誓的要求，以下两种情形可作为例外：其一，证人是未成年人。未成年人只要能够辨别是非，能够正确表达，就能够作为证人。但未成年人不可能受到伪证的刑事追究，让他宣誓没有法律上的意义。对未成年人作证的，应当告知他应如实陈述，但不能让他宣誓。对于这种证言，可以采用。其二，符合传闻证据规则的例外情形。即证人可以不出庭，按照法律规定其书面陈述或其他法庭外陈述可以采纳的，则证言可以采纳。

---

① 参见李学灯：《证据法比较研究》，我国台湾地区五南图书出版公司1992年版，第519~520页。

在我国，根据有关司法解释规定，除了对未成年人或者理解能力差而不能充分理解宣誓意义的人以外，法庭可据情除要求其承诺说真话外，每个证人在作证前都应当签署保证书。法庭在证人签署保证书前，应当告知其履行保证义务即如作伪证将受到罚金、拘留的处罚或者监禁的刑罚；对于依法不经签署保证书即可作证的人，应告知其有相同的义务。证人应朗读保证书上的誓文；凡因客观原因不能朗读的，由书记员代为朗读，并说明誓文的意义。保证书应由证人签名；凡不能签名的，由书记员代写姓名并注明事由，由证人盖章或者按指印。证人签署保证书中的誓文应当表达基于良心如实陈述，毫无隐瞒、毫无添饰的内容。

（二）客观陈述义务

为了使法院能够查明案件事实，防止和避免发生错案，各国在立法上均规定证人有如实作证的义务。如实作证一般包括两方面的内容：其一是证人必须如实提供证言，如实回答法庭的询问，不得作伪证；其二是不得隐匿证据，尤其是对认定案件事实具有重要作用的证据。世界各国在立法上往往将证人作伪证视为妨害司法活动的犯罪行为，为此，有关证人将承担伪证罪的刑事责任。

（三）连续陈述义务

通常而论，对于证人的询问有主询问和反询问之分。反询问是相对于主询问而言的。在传统意义上，大陆法系的审理模式以职权主义为特色，由法院对出庭证人进行调查询问，对证人证言的评价与采信实行自由心证主义，当事人并不享有对证人进行询问的当然权利。因此，大陆法系在传统上对证人的询问没有主询问与反询问之分。证人作证通常是在法官的提问下，由证人主动对事实加以整体描述，并且不得任意打断这种陈述。由法官对证人进行的调查询问，使得被询问的证人对案件事实的陈述保持连续性，以免证人的证言受到不良影响。大陆法系是禁止对证人进行诱导性提问的，这主要与询问由法官来进行有关。但大陆法系的法官对证人证言的判断，主要依靠自己主观上对证人进行询问后产生的印象来决定，因此，法官并不希望任何外界因素影响其观察力和判断力，特别是与案件具有利害关系当事人利用对证人的诱导来干扰其认知案情的视线。

随着时间的变迁，一些大陆法系国家在吸收英美法系当事人主义元素的基础上，在经法院准许的情况下，当事人在一定条件下享有询问证人的权利。由于双方当事人的介入，对证人的询问在形式上被划分为主询问与反询问。尽管如此，这并未实质性地改变大陆法系由法院对于证人进行调查询问的基本格局，因为双方当事人对于证人的询问受到不同程度的限制以及事先必须经法院准许，因此，证人在法院调查询问的架构下仍须负有连续陈述义务。

与大陆法系所不同的是，由于实行传统的陪审团审理模式，英美法系对证人的询问，应当是出庭律师向证人连续提出一系列问题，由证人——回答。因此，在询问证人的方式上有主询问与反询问之分，并且原则上不采用连贯式而采用一问一答的方式。

在英美法系，对出庭证人的询问主要采用一问一答方式的理由是：第一，有利于保障证言的真实准确性。有研究表明，连贯陈述有利于证言的完整性，而一问一答，特别是反询问中的问答，有利于发现证人试图隐瞒的事项，能够有力地攻击证人陈述中的漏洞及矛盾，从而迫使证人说出实情。第二，有利于突出证言所要证明的问题，防止争议点模糊或者诉讼拖延。采用一问一答的形式，是由双方当事人及其律师对证人就其对案件事实的感知提问，这些问题能够紧密围绕案件的争议事实，防止与案件无关的陈述。这样可以保证证人的陈述紧密围绕争议事实进行，防止争议点模糊。第三，有利于对方当事人及时提出异议。当事人对于对方的提问，有权提出异议，例如"无相关性""传闻""猜测"等。采用一问一答的形式，可以使当事人对不适当的发问及时予以阻止，从而证人不必回答这些违反询问规则的问题，防止不具有可采性的证言影响事实审理者的正确判断。

另外，在英美法系，对证人的主询问中不得使用诱导性问题。诱导性问题是指暗示证人作出询问人希望得到的回答的问题。本方当事人在询问本方证人时，无论是在主询问还是再次主询问中，不得提出诱导性问题。不过这种禁止依赖于对方当事人的异议，法官一般不主动干预。同时，针对不同情形，因为证据法上还规定了反对诱导性问题的例外，如果属于这些例外，那么这种提问就可能被法官准许，也就是说，针对这种例外的诱导性问题提出的异议不会得到法官的支持。

（四）证人的隔离

对证人的隔离是作为防止或揭露伪证、串通作伪证以及采取其他不足诚信手段作证的一种必要手段，是保证证人如实作证的一种正当程序上的必然要求。对证人进行隔离询问属于预防规则的范畴。所谓预防规则，是指为防止某些证据自身存在虚伪或错误的特殊危险，而在立法上或司法上设置相应程序及措施加以事先防范，借以担保证据的真实性和可靠性的规范与措施。

在证人作证时，对有关证人的相互隔离，以免证人之间对有关事实的陈述产生负面影响，是各国普遍一致的做法，在大陆法国家也不例外。

关于对证人隔离询问的功能，有学者认为，当证人为数人时，采用隔离询问制，为英美法与大陆法所共认，即认为证人应分别加以询问，即未经询问的，不得在场。此项规定，其作用在使其证言臻于正确真实。已经询问的证人在询问其他证人时，则无禁止在场之必要。而证人的立场有的相同，有的不同，即有的属于同一当事人的，有的属于不同一当事人的。隔离询问，对属于同一当事人的数名证人，固可防止其勾串或附和，导致变更其自己的证言；对属于不同一当事人的数名证人，也可防止其听取他人的证言，起而抗辩，或为避免发现其本身证言的虚伪，故为匿饰增减，导致丧失其真实性。[①]

在法律上设定证据隔离规则的理由是防止证人之间互相影响，从而损害证言的真实性和可靠性。尚未提供证言的证人如果听到其他证人的证言，就有可能受其他证言的影响，从而修正自己的证言。这样证人提供的陈述就可能与其感知和记忆的事实不符，不利于发现案件的事实真相。但是，这一原则也不是绝对的，如果多个证人之间陈述不一致，或者证人和被告人的陈述不一致，如果法庭认为对质可以更有利于发现真实，则可以要求证人在其他证人面前接受询问，并接受其他证人或者被告人的诘问。

在英美法中，对证人的排除或隔离是作为防止或披露伪证、串通作伪证以

---

[①] 参见陈朴生：《刑事诉讼法实务》（增订版），我国台湾地区海天印刷公司1979年版，第531页。

及采取其他不足诚信手段作证的一种必要手段,是保证证人如实作证的一种正当程序上的必然要求。对此,法官享有此项公认和当然的权利。

(五)证人的对质

为保证证人证言的客观性,证人不得旁听法庭审理,不得旁听法院和当事人对其他证人的询问。但在两个或两个以上的证人证言相互矛盾的情况下,人民法院为查明事实的需要,可要求证人当庭对质。即既可以要求证人在其他证人面前接受询问,也可以接受其他证人或者被告人的诘问。对质是在同一或相关联事项之陈述有不同或矛盾时,使其等同时在场,分别轮流对疑点加以讯问或相互质疑解答释疑,通过当面直接对话和辩驳,有助于有效发现证据矛盾,甄别虚假陈述。①

由于诉讼文化和诉讼模式的差异,大陆法系往往通过法院的证据调查,为获取必要的心证而据情要求在证人或当事人之间进行对质,英美法系则是通过一种常规的机制化建构,借助双方当事人对证人进行交叉询问来达到相同或类似的功能。

(六)我国有关法律及司法解释相关规定的理解与适用

1.证人签署保证书义务

《民事诉讼法解释》第119条规定:"人民法院在证人出庭作证前应当告知其如实作证的义务以及作伪证的法律后果,并责令其签署保证书,但无民事行为能力人和限制民事行为能力人除外。证人签署保证书适用本解释关于当事人签署保证书的规定。"

对本条文的理解与适用,应当掌握如下基本内容:

(1)《民事诉讼法》第66条所规定的证据种类,按照属性划分可以分为两种基本类型,即人证与实物性证据。其中,人证包括当事人、证人、鉴定人、勘验人。在举证、质证和审查判断上,人证与实务性证据存在重大差异。人证的主要特点就是主观性、思想性较强,较容易受到客观环境或外界因素的影响。

---

① 尚华著:《论质证》,中国政法大学出版社2013年版,第67页。

就证人而言，其证人证言的真实性、完整性、可靠性与证人对有关事实的观察能力、记忆能力和表述能力以及其个性偏好等主观因素具有重要的联系。为了保障其证人证言最大限度地符合客观真实，应当在制度层面建立相应的机制与规范以尽可能地排除主观因素对证言的客观真实性所造成的消极影响。证人的具结应当在证言陈述证言之前进行，证人的具结必须作为一种程序独立进行，并且在履行上应当同时具备书面具结和口头具结方式。对此，2019年《民事证据规定》第71条第1款亦作出相同规定，即："人民法院应当要求证人在作证之前签署保证书，并在法庭上宣读保证书的内容。"保证书又可称之为具结书，其内容又可称之为结文，应载明的内容包括证人保证如实陈述，绝无隐匿、修饰、增添、删减、歪曲，如有虚假陈述行为，甘愿接受法律处罚等。证人应当在保证书上签名或者捺印。按照环境心理学的原理，要求证人在签署保证书之后在法庭上宣读保证书的内容，有利于对证人的心理造成震慑和压力，迫使其对故意说谎产生顾忌。另外，如证人因客观原因无法出庭作证而以书面证言或其他视听传输技术作证的，仍应签署保证书，否则，其提供的证言不具有证据能力。

（2）法院在证人出庭作证前以签署保证书的形式告知其如实作证的义务以及作伪证的法律后果，是一种担保其证言具有客观真实性的法定要式行为，也是法院的一种审判职责。但是，法院要求证人签署保证书的要式行为应仅限于证人中那些具有民事行为能力的人。根据2019年《民事证据规定》第67条第2款规定，无民事行为能力人和限制民事行为能力人在证明与其年龄、智力状况或者精神健康状况相适应的待证事实上可以作为证人，但由于行为能力所限，其不能完全理解在法庭上进行具结的实质意义以及预期的法律后果，故无法实现以具结的名义而令其承担伪证制裁的法律后果，因此，在程序上，法院可不必要求无民事行为能力人和限制民事行为能力人在作证前签署保证书。另外，证人证言与当事人陈述同样作为人证的范畴，因此，证人在法庭上作出具结与当事人在法庭上作出具结在形式和内容上并无本质不同，按照本条文规定，应适用相同的规范。

（3）2019年《民事证据规定》第71条规定："人民法院应当要求证人在作证之前签署保证书，并在法庭上宣读保证书的内容。但无民事行为能力人和限制民事行为能力人作为证人的除外。证人确有正当理由不能宣读保证书的，由书记员代为宣读并进行说明。证人拒绝签署或者宣读保证书的，不得作证，并自行承担相关费用。"据此，从证人签署保证书并宣读保证书内容的法律效力上来看，这些要式行为是其在法庭上作证的前提条件，更是其证言具有证据能力的必要条件，否则就无法担保证人在法庭上能够如实陈述。实践中，对于因法院的疏忽等原因准许未经具结的证人作证的，其证人证言不得作为认定案件事实的根据。然而，在实务上，如果证人确有正当理由而无法宣读保证书，比如证人系文盲或者在语言表达上确实存在实际障碍，经人民法院准许的，可由书记员代为宣读并作出相应的说明。签署保证书并宣读保证书的内容，是证人在作证前必须履行的程序性义务，如证人无正当理由而拒绝签署保证书并宣读保证书内容的，其无形中所传达的信息是，即证人无法承诺保证其证言的客观真实性，这种行为本身形同于证人表达了拒绝作证的意思表示。在这种情形下，证人就不得在法庭上作证。因证人无法在法庭上作证，完全是因其主观原因所致，故证人也不得主张因出庭作证而产生的相关费用。如产生相关的交通费用、住宿费用等，应由其自行承担。对此，《民事诉讼法解释》第120条也作出了相同的规定，即："证人拒绝签署保证书的，不得作证，并自行承担相关费用。"

2.证人客观陈述义务与证人的隔离

2019年《民事证据规定》第72条规定："证人应当客观陈述其亲身感知的事实，作证时不得使用猜测、推断或者评论性语言。证人作证前不得旁听法庭审理，作证时不得以宣读事先准备的书面材料的方式陈述证言。证人言辞表达有障碍的，可以通过其他表达方式作证。"

对本条文的理解与适用，应当掌握如下基本内容：

（1）证人应就其亲身体验、感知的事实出庭作证，凡是借助他人的道听途说所知晓的传闻事实，不得作为证据。这是因为，以这种传闻事实作为证据，在转述或重复的过程中存在错误或被歪曲的危险。所谓亲身感知，指的是证人通过其自身感知器官对外界事实进行认知，获得必要信息，也就是通常所说的耳闻目睹，在此意义上，证人也被称之为目击者。所谓"客观陈述其亲身感知的事实"，是指证人通过对外界事实的观察、记忆而在法庭上就与待证事实相关的内容进行表述的事实。按照常人的标准，这就要求有关证人应当具有相应的观察能力、记忆能力和表述能力,在此基础上,证人对案件事实的表述必须全面、客观、真实地反映其观察和记忆的内容。无论是申请证人出庭作证当事人的对方当事人对该证人证言的质询,还是作为法院调查询问有关证人所关注的焦点事项,均与证人的观察能力、记忆能力、表述能力以及是否受到外界因素的影响有关。

(2)证人在法庭上所证述的内容仅仅是用来提供其亲身感知的事实,至于该事实能否起到证明待证事实的价值与作用,这属于法院在审判上的评价与判断范畴。因此,对于出庭作证的证人而言,除提供其亲身感知与头脑中记忆的事实之外,如果允许该证人就其证述的内容与待证事实之间的逻辑关系进行分析、评估和判断,则难免超越其出庭作证的机能,因此,应当对此加以禁止。为此,本条文规定,证人"作证时不得使用猜测、推断或者评论性语言",否则与此相关的表述内容将不具有证据能力,法院将记录在庭审笔录中的相关内容予以排除。

(3)本条文涉及证人隔离规则。证人的隔离主要涉及两个方面的基本内容:其一,涉及证人在作证前与案件审理之间的隔离。我国实行审判公开原则,法律赋予每个公民享有旁听法庭审理的权利,任何公民有权旁听法庭审理,这是基于对司法实行民主监督的需要。但是对于出庭作证的证人而言,如果允许其旁听法庭审理活动,直接观察和感受当事人以及包括其他证人在内的诉讼参与人当庭提出的主张和发表的意见,将会对其此后出庭作证产生消极的影响,以至于其在作证时根据情况需要对原本经其正常观察和记忆获取的案件事实进行取舍和修饰。因此,根据本条文规定,禁止证人在作证前旁听法庭审理。另外,在实践中,基于司法公开与民主监督的需要,庭审直播正在全国范围内逐步推广,使得证人可借助于观看庭审直播了解案件审理的有关情况,这相当于使证人有机会旁听法庭审理,因此,本条文所规定的"证人作证前不得旁听法庭审理",应同样适用于证人以观看庭审直播的方式了解法庭审理相关情况的情形。其二,涉及证人在作证时与其他证人之间的隔离。证人有数人时,其作证的立场有的相同,有的则不同。即有的属于同一当事人申请出庭作证的证人,有的则属于不同当事人申请作证的证人。当证人为二人或二人以上的数人时,应采取证人分别向法庭陈述证言以及隔离询问的方式,即应当分别加以询问,未经询问的,不得在场,以免受到其他证人证言的干扰和影响。对此,2019 年《民事证据规定》第 74 条第 2 款亦规定:"询问证人时其他证人不得在场。"即当证人为二人或二人以上时,为了保障每一证人在陈述其所感知及记忆的案件事实不受其他证人的干扰或影响,应按照一定的顺序每次传唤其中一名证人出庭,在该证人陈述其证言并先后接受法院的调查询问及双方当事人的询问之后,该证人应退出法庭,法院传唤另一名证人出庭作证,如此反复进行。采用隔离证人的询问方式,对于同一当事人申请数名证人出庭作证的,可起到防止其相互之间伺机勾串或因宜附和,以至于对有关证言的真实性产生不利影响;而对于属于不同一当事人的数名证人,则可起到防止其中的证人在听取他人证言之后,根据案件审理的需要,对其原本应予陈述的证言内容故意加以匿修增减,对法院发现事实真相造成实际妨碍。

（4）通常而论,证人证言的形成过程,必须经历感知、记忆和陈述三个阶段及过程。其中,证人的感知阶段发生在诉讼之前的某一个时间点,证人的记忆阶段则跨越诉讼之前与诉讼过程之间的特定时段,而证人的陈述阶段则发生在庭审过程当中。因此,在证人出庭作证时,其陈述的内容是将其在诉讼前感知的事实内容保存在大脑中加以记忆,然后再通过语言表述传递到法庭当中。如果证人当初感知正确,期间记忆牢靠,当庭陈述客观,且能够避免主观上的偏见或臆断,就能够有助于法院发现事实真相。但是,证人在作证时,如果以宣读事先准备的书面材料的方式陈述证言的,与诉讼直接、言辞原则相悖,对有关证人证言的独立性、客观性造成实质性影响。因此,无论是证人接受申请其出庭作证的一方当事人的主询问,还是接受对方当事人的交叉询问,抑或接受法庭的调查询问,如果证人以宣读事先准备好的书面材料的方式陈述证言的,法院应当及时予以制止。除非在法律有明确规定的情况下,经人民法院准许,证人才可以提交书面证言等方式作证。

（5）在通常情况下,证人应当以口头方式陈述证言,但证人言辞表达有障碍的,这种障碍包括但不限于证人口吃严重,或因聋哑而丧失正常表达能力,或因其他健康原因导致在口头表达上出现功能性障碍,等等,经人民法院准许的,可以通过其他表达方式作证。

3. 证人连续陈述义务

2019年《民事证据规定》第73条规定:"证人应当就其作证的事项进行连续陈述。当事人及其法定代理人、诉讼代理人或者旁听人员干扰证人陈述的,人民法院应当及时制止,必要时可以依照民事诉讼法第一百一十条[①]的规定进行处罚。"

对本条文的理解与适用,应当掌握如下基本内容:

(1) 出庭作证是证人向国家所履行的一种公法上的义务,作为程序管理者的法院应当为证人出庭客观、真实、全面作证提供必要的保障。为了贯彻直接言辞原则,保证双方当事人的辩论权和法院自由心证主义,发挥证人证言对于证明案件待证事实的积极作用,证人出庭作证大致可分为几个阶段,每个阶段所涉及的目的、相对主体和询问方式不尽相同,主要有:其一,证人应按照申请其出庭作证一方当事人提交申请书中载明的主要作证内容以及法院向其发出出庭作证通知书中所载明的作证事项向法庭全面、客观地陈述其亲身感知的事实;其二,在证人陈述完毕之后,鉴于民事诉讼通常实行高度盖然性的证明标准,法院应根据待证事实的需要,综合案件审理的基本情况就其关注的具体情节直接向证人进行调查询问,借以获取相应的内心确信;其三,经法庭许可,双方当事人可分别向证人询问。尽管双方当事人询问证人的动机和方式不同,但其目的却是明确的,即试图影响法院产生对己方有利的心证。为此,申请证人出庭作证的一方当事人会习惯性地采用主询问的方式,即对证人所要陈述证言的议题进行适度引导,但不得对有关议题项下的内容进行引导,否则会被视为对证人陈述证言产生诱导(或暗示)。原则上,申请证人出庭作证的一方当事人对证人开展询问的议题,应当与其在申请书当中所载明的主要内容相吻合。而相对一方当事人对证人的询问,则通常会采用反询问(交叉询问)的方式。由于我国法律和司法解释并未对当事人询问证人采取方式作出限制性规定,实践中有关当事人对证人采取反询问的方式并适度提出相应的诱导性问题,便于揭露证人证言当中的瑕疵以及前后相互矛盾之处,为法院发现证人证言当中的疑点发挥不可替代的作用。无论是主询问还是反询问,大多是以一问一答的

---

[①] 现为《民事诉讼法》(2023年修正)第113条。

形式进行。其四，在必要时，由对有关案件事实同时耳闻目睹的证人进行对质，或者由有关证人与当事人就相关事实进行对质。

（2）证人向法庭陈述其证言的过程，是通过回忆其所感知的案件事实，采用口头形式进行整体性复原、回溯性描述。其中，其证言内容的客观真实性取决于当时证人对有关事实情节的感知能力，随着时间的推移，这种感知能力被记忆能力所吸收，在公开审理的法庭上，在众目睽睽之下，势必对其产生心理上的压力，因此，证人在作证过程中自始至终更需要有一个安静、适宜、不受任何干扰的外部环境，使其始终保持一种心平如水、泰然自若的心态。在法庭所主持的听取证人陈述证言的阶段，应当避免证人在陈述其证言过程中受到任何外界的影响，特别是来自于有关当事人的诱导、暗示或威胁。证人应当就其作证事项进行连续陈述，将其所感知的相关案件事实和细节信息客观、完整、连续地向法庭予以陈述，当事人及其他诉讼参与人未经法庭允许，不得随意提问或打断证人的陈述。

（3）由于受到证人出庭所涉及不同阶段的特点与询问方式所限，本条文所规定的证人就其作证事项负有连续陈述义务并非适用于所有阶段。例如，有关当事人对证人的主询问或者反询问，主要采用一问一答的形式进行，即使法院对证人的调查询问通常也以一问一答的形式进行为主，当然，围绕特定的议题，也可以连续陈述的形式进行。采用一问一答的形式的优点在于，突出重点，聚焦细节。在逻辑顺序上，采用一问一答的形式往往发生在证人连续陈述有关事实之后。反之，如果先行采取一问一答的形式，然后再由证人连续陈述有关事实，会使证人在心理上产生各种顾虑。由于采用一问一答的形式来自于不同询问主体，会使证人事先得知这些不同询问主体的主观意图和心理活动，如果在此之后让证人根据其当时感知的事实进行无拘无束的陈述似乎已不再成为可能，业已形成的心理障碍会迫使证人作出某种选择性陈述，从而会给人造成证人似有选择记忆的印象。

（4）在审判实践中，有时会出现证人出庭作证就其所感知和记忆的相关事实进行陈述时，当事人及其诉讼代理人或者旁听人员对证人的陈述肆意干扰，未经法院准许随意打断证人的陈述，或者对证人陈述的相关内容进行反驳、抨击，甚至对证人当场进行威胁、侮辱。这些行为直接破坏了证人进行陈述所需的正常氛围，分散了其注意力，妨碍了证人通过正常的回忆进行连续性的陈述，这种直接干扰证人作证的行为是对法庭秩序的违反，是对法律和法院的藐视。当出现这些情形时，人民法院应当及时予以制止。必要时，法院可以根据具体情况依照《民事诉讼法》第113条的规定进行处罚。如果遇有情节严重的，人民法院可以根据有关法律规定，对实施妨碍法庭秩序的当事人及其他诉讼参与人或其他人予以罚款，拘留；构成犯罪的，依法追究其刑事责任。

4.证人的对质

2019年《民事证据规定》第74条第3款规定："人民法院认为有必要的，可以要求证人之间进行对质。"

对本条文的理解与适用，应当掌握如下基本内容：

（1）本条文中，所谓要求证人之间进行对质，是指在庭审过程中，有二人或二人以上的证人出庭作证时，在证人先后各自陈述其证言并分别接受法院的调查询问及当事人的询问之后，法院认为有关证言相互之间存在矛盾或疑点，结合案件掌握的其他证据材料仍无法获得相应的内心确信时，要求有关证人同时在场，使证人就有关焦点问题采取相互辩驳、诘问等方式以便法庭对有关证言之间相互矛盾之处或者疑点进行核实、确认。在证人之间进行对质过程中，由法院就有关议题进行调查询问。鉴于要求证人之间进行对质属于法庭对证人进行调查询问的一种特别权利，且为防止当事人对证人进行诱导、暗示，产生节外生枝的效果，故原则上，除非征得法院准许，否则应当禁止双方当事人在证人对质过程中享有主动发问的权利。

（2）本条文中，所谓"人民法院认为有必要"的情形，主要是指当二个或二个以上证人证言出现相互矛盾，即使在法官结合案件的其他证据也难以形成必要的内心确信时即可认为有要求证人之间进行对质的必要。可见，人民法院要求证人之间进行对质，并非庭审调查的必经程序。

（3）要求证人之间进行对质，应当在证人向法庭陈述其证言、法庭向有关证人进行调查询问以及经法庭准许由双方当事人对有关证人进行发问之后进行。该种程序具有后续性和补充性特点。

（4）要求证人之间进行对质，必须有二人或二人以上证人出庭作证为前提。该二人或二人以上的证人，既可以是同一方当事人申请出庭作证的证人，也可以是分别由双方当事人申请出庭作证的证人；既可以是由当事人申请出庭作证的证人，也可以包括法院依职权要求出庭作证的证人。

（5）鉴于当事人本人与证人同属于人证范畴，并且在某一特定案件事实的形成过程中，一方当事人本人或者双方当事人本人与有关证人同时在场，因此，为了调查、核实有关当事人本人与证人之间因特定案件事实在其观察、记忆和表述环节中出现的矛盾之处或有关疑点以及查明产生这些矛盾或疑点的原因，法院亦可据情要求当事人本人与有关证人进行对质。

## 六、对证人的调查询问

对证人的询问是调查证据的主要方法之一，从询问的方式上主要有两种：一种是由法院依职权进行调查询问，即主要由法院对证人进行询问，当事人对证人进行询问具有辅助性，且还需要征得法院的准许，这是大陆法系所采取的模式；另一种是由当事人对证人进行询问，并分别采用主询问和反询问（交叉询问）的方式进行。一方当事人利用向对方当事人的证人进行反询问的机会，藉以担保证人证言的真实性，这是英美法系所采取的模式。

### （一）法院对证人的调查询问

英美法系的法官在庭审中的主要职责是，恪守中立，保障双方当事人之间的攻击与防御是在公平、有序、有效的状态下进行。因此，法官就双方当事人及律师对证人的询问一般采取不加干预的立场，但当法官认为确有必要时，也可采取适当的干预措施，但必须限于必要的、合理的范围之内。

按照我国有关法律规定，即便是由当事人申请证人出庭作证，也必须经过法院审查批准。根据2019年《民事证据规定》第70条第2款的规定："当事人申请证人出庭作证的事项与待证事实无关，或者没有通知证人出庭作证必要的，人民法院不予准许当事人的申请。"人民法院准许证人出庭作证申请的，应当向证人送达通知书，并告知双方当事人。可见，出庭作证的证人并非属于当事人的证人，而是根据《民事诉讼法》第75条第1款规定，系向法院负有公法意义上作证义务的证人。对出庭证人的调查询问属于法庭调查的一个重要组成部分，对证人进行调查询问是法院的审判职能所决定的。当事人及其诉讼代理人询问证人须经法院许可，而并非其当然的一种诉讼权利。[1]在技术上，对出庭证人进行调查询问如欲获得预期的庭审效果，那么就会严重依赖于法官的庭审驾驭能力与询问证人的技能，同时在相当程度上也取决于律师对询问技巧掌握与运用的熟练程度。在我国民事诉讼当中，受法官的职业化与律师的职业化水平所限，法院对案件事实的认定，长期以来对证人证言的评价与采信尚未得到应有的重视。在市场经济条件下，由于多种利益因素的驱使，证人作伪证、假证的情况较为普遍，这更加剧了法院对证人的信任危机，即使在证人出庭作证的情形下，法庭对证人的调查询问在许多情况下仅仅流于形式，走一下过场而已。其结果是，一方面，法院对于证人证言的评价与采信无法通过有效途径使之客观化；另一方面，持续性加剧和助长法院对证人证言的不加重视之倾向。

（二）当事人对证人的询问

证人出庭作证和接受当事人的质询，是指一方当事人提供证人，并且该证人出庭作证时接受另一方当事人的询问和质疑。当然，在特殊情况下，为了进一步澄清事实的需要，也不排除一方当事人对本方提供的证人进行这种询问。

（三）我国有关法律及司法解释相关规定的理解与适用

1. 法院对证人的调查询问

2019年《民事证据规定》第74条第1款中规定："审判人员可以对证人进行询问。"

对本条文的理解与适用，应当掌握如下基本内容：

（1）尽管《民事诉讼法》及《民事诉讼法解释》并未对人民法院可以依职权对证人进行调查询问作出明确规定，但是，在审判实践中，人民法院对证人进行调查询问是其庭审调查的重要内容之一。从准立法的角度，本条文的规定相当于填补了这一空白。

---

[1] 2019年《民事证据规定》第74条第1款规定："当事人及其诉讼代理人经审判人员许可后可以询问证人。"

（2）根据 2001 年《民事证据规定》第 58 条中规定："审判人员和当事人可以对证人进行询问。"该规定显然是将法院的庭审调查权与当事人对证人进行询问的诉讼权利同等看待，意在削弱或者淡化法院职权主义的审理模式，并且将当事人对证人进行的询问视为一种当然的诉讼权利。而本条文的修改将上述在询问证人问题中所体现审判人员与当事人及其诉讼代理人之间的平行关系模式，塑造为一种主从关系模式，即以人民法院对证人询问为主，以当事人及其诉讼代理人的询问为辅。一方面，它体现了包括证据调查在内的庭审调查，理应由法院来主导，另一方面，它亦反映出证人出庭作证是对法院所承担的一种公法上的义务，这种义务具有协助法院查明案件事实真相的性质。①

（3）尽管从本条文所规定的对证人进行询问的逻辑顺序来看，系先对审判人员对证人进行询问作出规定，然后再对当事人及其诉讼代理人对证人进行询问作出规定，但这并不影响在实践中法庭据情先行安排双方当事人对证人进行询问，然后再由法庭对证人进行询问的做法。法庭在询问证人的程序上享有主导权，可以根据庭审需要随时对证人进行询问。

（4）鉴于保障当事人质证权的考虑，其中所谓"经审判人员许可"，既包括法庭主动安排当事人及其诉讼代理人对证人进行询问，也包括在当事人提出申请询问证人的情况下，法庭对此予以准许的情形。事实上，如果法庭禁止当事人对证人进行询问，即会产生如同法庭拒绝当事人享有对有关证据发表质证意见权利的效果，从而导致程序违法或无效。对此，2019 年《民事证据规定》第 68 条第 1 款规定②也充分体现了这种意旨。我国现行法律和司法解释对于当事人的主询问和反询问并未作出禁止性规定，在审判实践中，对于当事人及其诉讼代理人对证人所进行的询问，如果出现与待证事实无关、重复性询问、诱导性的主询问、含有人格攻击性质等不当询问的，应当据情分别作出不准许、及时制止或进行必要限制等决定。

（5）在庭审中，当法院对儿童进行案情的调查询问时，应尽量选择那些为

---

① 《民事诉讼法解释》第 119 条所规定的证人在出庭作证前对被告知其如实作证的义务、作伪证的法律后果以及被责令签署保证书均体现了这种协力义务的性质和功能所在。

② 2019 年《民事证据规定》第 68 条第 1 款中规定："人民法院应当要求证人出庭作证，接受审判人员和当事人的询问。"

儿童所熟悉的环境进行，比如家里、学校、幼儿园，等等；当儿童在接受询问时，在场的人员不宜过多，最好让儿童的父母或教师在场；由于儿童对客观事物的认识主要限于形象性、直观性、表面性和片面性所致，因此，对儿童的询问应尽量采用简明、易懂的为儿童所熟悉的语言，从而避免其对询问所应表述的内容，在理解上似是而非以至于答非所问或难以回答。对此，应尽量造成使儿童能够得以无拘无束地、主动地陈述有关事物的氛围或场面，避免使用诱导性或暗示性的语言进行询问。同时，对同一问题不得反复进行询问和作出进一步的提示性追问，以避免儿童过于受到某种程度的压力和暗示而顺从某种驱使作出妄纵性回答。当儿童陈述时，不应插话，要保持儿童陈述内容的连贯性，同时要留心观察儿童有可能作出的某种手势和表情；对儿童的陈述所作的笔录，应如实体现儿童语言的风格，对有关手势或表情也应作出相应的记录。因此，在审判实践中，只有对这种特殊的证人，采用特殊的作证方式和采证方式，才能最终达到趋利避害、查实案情的目的。

2. 当事人询问证人

2019 年《民事证据规定》第 74 条第 1 款规定："当事人及其诉讼代理人经审判人员许可后可以询问证人。"

对本条文的理解与适用，应当掌握如下基本内容：

（1）鉴于保障当事人质证权的考虑，其中所谓"经审判人员许可"，既包括法庭主动安排当事人及其诉讼代理人对证人进行询问，也包括在当事人提出申请询问证人的情况下，法庭对此予以准许的情形。对此，《民事诉讼法》第 142 条第 2 款亦将此作为开庭审理中法庭调查的主要内容加以规定。① 事实上，如果法庭禁止当事人对证人进行询问，即会产生如同法庭拒绝当事人享有对有关证据发表质证意见权利的效果，从而导致程序违法或无效。对此，2019 年《民事证据规定》第 68 条第 1 款规定② 也充分体现了这种意旨。

（2）本条文并未就当事人对证人进行询问的方式加以规定，我国现行法律

---

① 《民事诉讼法》第 142 条第 2 款规定："当事人经法庭许可，可以向证人、鉴定人、勘验人发问。"

② 2019 年《民事证据规定》第 68 条第 1 款规定："人民法院应当要求证人出庭作证，接受审判人员和当事人的询问。"

和司法解释对于当事人的主询问和反询问（交叉询问）并未作出禁止性规定。但是，根据我国审判实践来看，并不排除当事人对证人进行实质性的交叉询问。但当一方当事人就本方提供的证人进行询问时，应当禁止其采用诱导性询问方式，因为这样容易导致证言内容的虚假性；当一方当事人就对方当事人提供的证人进行询问时，可以采用诱导性询问方式，以及时揭露证言前后之间出现的矛盾或疑点之处，有助于法院从相反的角度发现事实真相。至于当事人采用诱导性询问时，法院允许到何种程度，由于个案的情况千差万别，应交由法院据情决定。

（3）申请证人出庭作证的一方当事人对该证人进行的询问，通常被认为是一种主询问，主询问所涉及的范围不应超出该方当事人在提出申请证人出庭作证申请书当中所载明的主要事项。因为，当收到当事人提出证人出庭作证的申请之后，法院应当对当事人的申请书进行审查，申请书所载明作证的主要内容及其与待证事实的关联性，是法院进行审查的主要对象，也是法院准许当事人提出证人出庭作证申请的主要依据。在法院准许证人出庭作证申请之后，法院除了向证人送达通知书之外还要同时告知双方当事人。法院在通知书中以及告知双方当事人的事项当中均应包含证人作证的主要内容。如果当事人在进行主询问当中明显超出了申请书和通知书中所载明的作证范围，将会给对方当事人造成证据突袭，使对方当事人对证人所进行反询问陷入事先未加必要准备的被动状态。同时，当事人进行的主询问，如果超出了必要的范围，也会给法院进行的调查询问造成不利影响。

（4）为了规范当事人及其诉讼代理人对于证人进行询问的行为，2019年《民事证据规定》第78条第1款规定："当事人及其诉讼代理人对证人的询问与待证事实无关，或者存在威胁、侮辱证人或不适当引导等情形的，审判人员应当及时制止。必要时可以依照民事诉讼法第一百一十条、第一百一十一条[①]的规定进行处罚。"据此，对于当事人及其诉讼代理人对证人所进行的询问，如果出现重复性询问，与待证事实没有关联性的询问，主询问当中提出诱导性问题或者某种暗示，出现威胁、侮辱证人的言语举止，或含有人格攻击性质等不当询问的，应当据情分别作出不准许、及时制止或进行必要限制等决定。在必要

---

[①] 现为《民事诉讼法》（2023年修正）第113条、第114条。

时，法院可依据《民事诉讼法》第113条和第114条的规定对当事人扰乱庭审秩序的行为进行处罚；对当事人及其诉讼代理人所实施的干扰和阻碍证人作证的行为，人民法院应当及时制止，情节恶劣的，人民法院可以根据《民事诉讼法》第113条和第114条的规定对当事人及其诉讼代理人进行处罚。

（5）在庭审过程中，当事人对于证人的询问应当遵循以下规则：第一，一方当事人对对方提供的证人所进行的询问，应限于与案件事实有关的问题，法庭对于这种询问可以制止一切与案件无关的问题或使证人感到难堪的事项等不适当的询问；第二，一方当事人对对方提供的证人所进行的询问，一般应限于证人对法庭所主动陈述的范围或与此有关的任何事项；第三，一方当事人对对方提供的证人所进行的询问，是旨在证实或审查证人陈述的真实性与可靠性是否受任何利益或偏见的影响，因此，允许询问人提出诱导性问题；第四，一方当事人对对方提供的证人所进行的询问，经法庭许可，可以重复进行，但不得重复询问同样一个问题；第五，当对证人询问的事项与待证事实无关，或容易产生误导、混乱，或造成不必要的拖延、浪费时间或者重复赘述，或使证人处于极度难堪，有伤社会风化时，法庭应及时予以制止或限制；第六，当事人对本方所提供的证人，不得提出诱导性问题，除非该证人出现敌意，即提供了对该方当事人不利的证言。同时，根据情况需要，人民法院可以随时对证人进行询问。

3. 鉴定人询问证人

《民事诉讼法》第80条第1款规定："鉴定人有权了解进行鉴定所需要的案件材料，必要时可以询问当事人、证人。"

对本条文的理解与适用，应当掌握如下基本内容：

（1）为保障鉴定人能够及时、顺利地开展鉴定活动，有关当事人在诉讼上应当根据鉴定人的要求，将其掌握、控制的所有对鉴定活动的开展所必需的有关物件材料或其他相关资料交予鉴定人。这种交予鉴定人的行为，实际上是向法庭提交，因为，鉴定人从事的鉴定活动是根据法庭的指令而开展的证据调查，是法庭从事案件审理活动的一个必要的组成部分。如有关当事人不能及时提交，将会妨碍这种证据调查活动的开展。

（2）在审判实践中，由于案件的性质、特点和表现形式的不同，使得有关对鉴定活动的开展具有重要作用的检材、辅助材料和相关信息资料，包括有关配方、设计图纸、技术指标、品种规格、应用数据、测试结果，等等，这些在既有的当事人之间所开展的交往活动中已经存在的信息资料，对确定有关案件当中鉴定活动所应进行的范围、预设的前提、预期的效果等具有重要意义。

（3）鉴定人实施鉴定，就鉴定所需的资料，自应予以利用，否则将无从履行鉴定职能。对诉讼卷宗及存于法院的证物，应告知其准予利用；对于需要调取的其他证物，或询问当事人、证人和勘验人后方能获得正确意见的，也要应鉴定人的请求而予以允许。在必要时，如果需要对当事人、证人和勘验人进行询问，在法院许可后，也应当赋予鉴定人这种询问权利。鉴定人是以其特别知识、经验、技能而进行询问，自然较之于缺乏这些相应的知识、经验、技能的法官的调查询问，更能切中主题、符合其鉴定需要。

## 七、证人的权利保障与违法行为处理

### （一）证人权利的保障

根据证人出庭作证的性质及特点，证人在法律上通常应当享有如下权利：

1. 经济补偿权

证人因履行公民就国家司法利益而出庭作证所支出的必要费用以及因出庭作证而影响其正常收入时，有权要求国家及审判机关予以补偿。这是因为，证人因履行作证义务而使其自身经济遭受损失，如不加以补偿，那么势必使证人处于不公平状态，势必影响证人出庭作证的积极性。同时，民事诉讼主要涉及当事人的私权利益，在民事诉讼中，公民就案件事实出庭作证，从维护整个国家及公民的总体利益而言，应负有作为一个公民出庭作证的义务，这是国家借助法院对案件事实予以查清后作出公断的必然要求。一般而言，由败诉一方承担用于补偿证人的作证费用，也是对规范、警戒、惩罚民事违法当事人的一种客观需要。

在民事诉讼中，证人因出庭作证而支出的交通费、住宿费及误餐补助等费用和误工工资，由申请证人出庭作证的一方当事人先行垫付，最终由败诉的一方当事人承担。从现实国情出发，证人所在单位都应当支持公民出庭作证，不得因公民作证而扣发其工资、奖金收入。另一方面，也应当考虑由于民事诉讼涉及私权利益，但也不得不考虑在现行市场经济体制下，因公民出庭作证而给所在单位，特别是所在企业造成利益损失，不能一概将这些损失转嫁于该证人所在单位，应当考虑这部分利益损失应当由涉诉的败诉一方承担，而在交纳诉讼费时由起诉方或者不服一审判决的上诉一方当事人预先支付；另外，证人因出庭作证而支出的交通费、住宿费（包括因经济上的差异，到异地作证时应当给予必要的伙食补贴）等必要费用，也应由最终败诉一方当事人承担。对证人因出庭作证而受到的经济损失予以合理的补偿。这些补偿的费用主要应包括：误工损失、食宿费、交通费、通讯费以及奖金收入，等等。具体标准可根据具体情况，由有关法院按实际状况进行裁量。

证人毕竟是依法院的命令而出庭作证的，这些费用最终由败诉一方当事人或按败诉比例由双方当事人承担。如果由当事人直接问证人直接支，似有贿买证人的嫌疑。比如，一方当事人为某一出庭的证人一天支付5000元人民币的补偿，则该证人作证的可信性不能不让人感到可疑。因此，笔者认为，对当事人双方要求传唤到庭的证人，应当由当事人双方提出申请，由法院发出出庭通知书，如果不出庭由法院负责强制到庭或给予处分，如果出庭由法院负责支付经济补偿。至于具体的补偿标准，应当包括交通费、误工工资、住宿费及误餐补助等项费用，但也不宜过高，因为证人作证是公民对国家应尽的一项义务。

2. 司法保护权

关于证人所享有获得司法保护权，根据我国《民事诉讼法》第114条规定，以暴力、威胁、贿买方法阻止证人作证或指使、贿买、胁迫他人作伪证的，对证人进行侮辱、诽谤、诬陷、殴打和打击报复的，人民法院可以根据情节轻重，予以罚款、拘留；构成犯罪的，依法追究刑事责任。并且，我国《刑法》第307条第1款规定："以暴力、威胁、贿买等方法阻止证人作证或者指使他人作伪证的，处三年以下有期徒刑或拘役；情节严重的，处三年以上七年以下有期徒刑。"《刑法》第308条规定："对证人进行打击报复的，处三年以下有期徒刑或者拘役；情节严重的，处三年以上七年以下有期徒刑。"

目前，在我国民事诉讼上，对证人权益保障显有不力，只顾及诉讼上的短期保障，而忽视了诉讼之后的长期保障；只注重事后的保障或补救，而忽视了事前的密切防范；只考虑对证人本人的保护而未顾及对证人亲属的保护，另外，在保证证人因出庭作证而使其经济利益、正常的生活秩序遭到损害上缺乏明确、具体的措施和方式。这些都是导致证人不愿出庭作证的重要原因。为了保障证人及其近亲属的安全，保障证人的权益不受侵害，《民事诉讼法》除了对任何给予证人及其近亲属打击报复、侵害其人身及财产权益的行为予以严厉制裁外，更应当增强侧重于保证证人及近亲属的人身、财产权益所面临的现实危险时的保障措施和手段，以便防患于未然，消除可能来自于社会上一切可能施加于证人的威胁，以强化证人的安全感，切实消除证人如实作证而可能给其带来的不利影响。

（二）证人作伪证行为的处罚

在民事诉讼中，证人作伪证的行为应当作为采用公法制裁的对象，以强化证人履行如实作证的义务。民事诉讼上的证人作伪证所产生相应的刑事法律责任的前提，应当是符合犯罪构成要件。具体言之，在主观上须有故意，即主观上的恶意追求；在客观要件上，必须是在法庭上所进行的虚假证述；在行为后果上应表现为，其证言被法院采信而作出对事实的错误认定，或者根据其证述的内容涉及主要案件事实足以造成这种结果的发生，因此严重妨碍了司法审判秩序、贬损了法律的尊严。在犯罪主体上应与一般犯罪主体相同，但同时应当与宣誓能力相结合，也就是说，一个人可能具有作证能力，但是，并非具备宣誓的资格，一个证人的宣誓资格应当以其本人是否真正理解宣誓的法律意义以及作伪证应当承担的法律后果为前提条件。因此，一个无行为能力人或者限制行为能力人或许因其证言对特定的案件事实具有一定的价值，但是，当其不能理解或者不能完全理解宣誓的法律意义时，即使其在法庭上提供了虚假的陈述，并且不能排除其中存在"某种形式上"的主观恶意，在审判实践中也不宜作为伪证罪的主体来对待。

伪证行为通常发生在民事诉讼活动之中，且行为人存有主观上的故意，客观上影响了司法审理活动的正常进行。对伪证问题，应当加以明确规定，即伪证的认定必须以证人作证所系属的案件事实的最终司法认定为前提，也就是必须在所作证案件的判决生效之后，才能对伪证行为予以追究。在建立伪证惩罚制度时，应注意以下几点：第一，审判实务中，伪证行为可能涉及当事人、证人、鉴定人，等等，因此，有必要根据证据的分类一一作出详尽的规定，增强伪证处罚规则的可操作性。第二，对伪证行为的结果可不要求必须造成实际损害；对造成实际损害的，应视损害的实际程度，可作为从重处罚的有关情节予以考虑。第三，对伪证行为采取惩罚措施时，也应对证人不作为行为予以处罚，即如果有其他证据能够证实某证人实际了解案件的某一事实，但以其不知为由拒不出庭或出庭后拒不作证，致使影响法院司法审判活动正常开展的，应判其承担相应的责任，达到制裁的目的。

另外，在学理上和审判实践中，凡对证人并非处于主观恶意而在法庭上（抑或经过宣誓之后）对案件事实从事虚假的陈述，这种陈述的内容被作为与伪证不相同的"假证"来看待。例如，有一种观点认为："证言虚伪表明证人的证言掺进了个人的某些主观成分。虚假有两种情况：一是证人在感知案情时因主客观条件限制形成了不真实的陈述；二是证人故意伪证形成虚假证词。"① 再如，又一种观点认为，所谓假证是指在主观上并非故意提供不够真实的虚假证据。② 笔者认为，对待那种并非出于主观恶意追求而在法庭上所提供的"假证"，应当视为属于在庭审中不可避免的一种"客观实在行为"，这是不同的证人对纷繁复杂的客观存在就其观察、记忆以及陈述能力上存在各种差异所致，这种"客观实在行为"在相当程度上也与特定的证人因其家庭背景、宗教信仰、生活经历、智力状况、所处环境等"先天"和"后天"的诸种因素影响所致。对证人证言这种"天然"缺陷不应当采取消极的、被动的审判模式进行处置，否则将因噎废食而拒却这种能动的证据方式，而应当因应采取与之相适应的机制，在此可借鉴英美法系的对抗制诉讼模式，通过一系列包括交叉询问、诱导性等证据规则，力求最大限度地排除这种虚假证言，使证人证言这把双刃剑发挥其最大证据功能效力。

---

① 田平安：《证人证言初论》，载《诉讼法论丛》第二卷，第 568 页。
② 参见钟再根：《民事审判中伪证的处理和预防》，载《人民司法》1997 年第 6 期。

### （三）我国有关法律及司法解释相关规定的理解与适用

#### 1. 对证人等合法权益的保护

2019年《民事证据规定》第98条规定："对证人、鉴定人、勘验人的合法权益依法予以保护。当事人或者其他诉讼参与人伪造、毁灭证据，提供虚假证据，阻止证人作证，指使、贿买、胁迫他人作伪证，或者对证人、鉴定人、勘验人打击报复的，依照民事诉讼法第一百一十条（即现行《民事诉讼法》第一百一十三条——笔者注）、第一百一十一条（即现行《民事诉讼法》第一百一十四条——笔者注）①的规定进行处罚。"

对本条文的理解与适用，应当掌握如下基本内容：

（1）本条文涉及对除当事人之外的其他人证主体（证人、鉴定人、勘验人）合法权益的保护。当事人是与案件有直接的利害关系的民事主体，而证人、鉴定人、勘验人参加民事诉讼是基于协助法院查明案件事实以及保护当事人合法权益的目的，证人、鉴定人、勘验人除了参加庭审活动必然要付出时间、精力等成本和产生相关的费用以外，由于他们参加诉讼活动仅向法律和客观事实负责，因此，他们向法庭提供的证言、提出的意见，往往是对一方的利益产生有利影响而对另外一方利益产生不利影响。在这种情况下，他们容易遭受因利益受到不利影响一方当事人的谩骂、侮辱、威胁甚至殴打、残害等报复，在有些情况下，他们的近亲属也可能受到株连。如果在法律上不能够对于证人、鉴定人、勘验人的人身财产安全以及人格尊严等提供切实、有效的保障，将不利于维护法律的尊严和法院的权威，如果在经济上不能对证人、鉴定人、勘验人因参加诉讼活动而付出的成本和产生的各种费用予以相应合理的补偿，将不利于保障他们在协助法院查明案件事实的诉讼活动中发挥应有的作用。

（2）关于保障证人、鉴定人、勘验人在法律上享有的人身财产安全的权利。根据《刑法》《民事诉讼法》《民事诉讼法解释》《人民法院法庭规则》及本条文的规定，在开庭审理过程中，如果出现当事人及其诉讼代理人或者其他诉讼参与人、旁听人员侮辱、诽谤、威胁、殴打证人、鉴定人、勘验人情形的，人民

---

① 现为《民事诉讼法》（2023年修正）第113条、第114条。

法院应当及时予以警告制止，并视情况处以罚款、拘留，构成犯罪的，依法追究其刑事责任。另外，根据《人民法院法庭规则》相关规定，审判长或者独任审判员对违反法庭纪律的人员应当予以警告；对不听警告的，予以训诫；对训诫无效的，责令其退出法庭；对拒不退出法庭的，指令司法警察将其强行带出法庭。在庭审之外，如果确实存在发生当事人及其诉讼代理人或者其他诉讼参与人、旁听人员侮辱、诽谤、威胁、殴打证人、鉴定人、勘验人风险的，人民法院可以采取必要的防御性措施，根据有关诉讼参与人的申请或视情况需要，对证人、鉴定人、勘验人发布相应的人身保护令；对从事妨碍民事诉讼活动的有关人员及单位，按照相关规定予以相应处罚。另外，在实践中，尝试由人民法院或者司法行政部门牵头，会同有关保险机构针对证人、鉴定人、勘验人出庭可能发生的人身意外伤害，专门推出相应的出庭保险险种也不失为良策之举。

（3）关于保障证人、鉴定人、勘验人人格尊严受到尊重的权利。证人、鉴定人、勘验人同为诉讼参与人，均为法院审理案件负有协力义务，但鉴定人、勘验人是从专业知识、技术、经验的角度为法院审理案件提供帮助，在职业上具有某种公共属性，故在某种意义上，可视为法院的助手，因此，应从职业尊严与职业荣誉的角度对他们予以必要的尊重和礼遇。例如，最高人民法院与司法部在联合发布的《关于建立司法鉴定管理与使用衔接机制的意见》中，就明确规定了"人民法院要为鉴定人出庭提供席位、通道等，依法保障鉴定人出庭作证时的人身安全及其他合法权益。"相较而言，证人是根据人民法院向其送达的出庭通知书而参加庭审活动，证人向人民法院履行的出庭作证义务，是公民向国家和法律所应当履行的一种神圣职责，是一种协助法院查明案件事实的公益行为，其人格尊严理应受到尊重。为此，人民法院在安排证人、鉴定人、勘验人出庭作证之前，应当在法庭中的特定区域设置专门的席位并在席位上放置席位卡。同时，事先应准备好相应的承诺书，便于其出庭作证前签署和宣读。

（4）保证鉴定人、勘验人为履行法定职能上的需要行使相应的调查取证权利。在诉讼上，调查收集证据，对有关当事人或者证人进行调查询问，对物证或者现场进行勘验，均为人民法院履行其审判职能所享有的权利。为了协助法院审理案件上的需要，法律也将与此相关的权利授予鉴定人、勘验人享有，以便其合法、有效地履行法定职能。对此，《民事诉讼法》第80条第1款规定：

"鉴定人有权了解进行鉴定所需要的案件材料，必要时可以询问当事人、证人。"勘验人既可以是人民法院的审判人员或者其他有关人员，也可以是人民法院指派的有关专业人士。为了保证专业勘验人履行其职务，《民事诉讼法》第83条第1款和第2款分别规定了有关单位和个人所负有的配合协助义务，即："勘验物证或者现场，勘验人必须出示人民法院的证件，并邀请当地基层组织或者当事人所在单位派人参加。当事人或者当事人的成年家属应当到场，拒不到场的，不影响勘验的进行。有关单位和个人根据人民法院的通知，有义务保护现场，协助勘验工作。"如果勘验人是由人民法院指派的专业人士，为了进行现场勘验并制作笔录的需要，除了享有了解与勘验有关的案件情况，查阅案卷，询问当事人、证人之外，还有权获得必要的勘验费用以及其他合理支出。司法部颁布的《司法鉴定程序通则》第24条规定："司法鉴定人有权了解进行鉴定所需要的案件材料，可以查阅、复制相关资料，必要时可以询问诉讼当事人、证人。经委托人同意，司法鉴定机构可以派员到现场提取鉴定材料。现场提取鉴定材料应当由不少于2名司法鉴定机构的工作人员进行，其中至少1名应为该鉴定事项的司法鉴定人。现场提取鉴定材料时，应当有委托人指派或者委托的人员在场见证并在提取记录上签名。"

（5）证人、鉴定人、勘验人享有因出庭作证而应获得相关费用及其他必要开支和补偿的权利。证人、鉴定人和法院指派具有特定专业技能的勘验人出庭作证，尽管是为了协助人民法院审理案件、查明事实，但是，这些事务并非其本职工作范畴，而是具有社会属性的脑体型劳务与付出，除了在庭前做必要的准备之外，还要为出庭作证投入大量的时间、精力、物力等，产生诸如交通费、住宿费、餐饮费、误工费等开支，法律上应保障他们享有获得出庭费用以及其他必要开支和经济补偿的权利。例如，《民事诉讼法》第77条规定："证人因履行出庭作证义务而支出的交通、住宿、就餐等必要费用以及误工损失，由败诉一方当事人负担。当事人申请证人作证的，由该当事人先行垫付；当事人没有申请，人民法院通知证人作证的，由人民法院先行垫付。"《民事诉讼法解释》第118条规定："民事诉讼法第七十七规定的证人因履行出庭作证义务而支出的交通、住宿、就餐等必要费用，按照机关事业单位工作人员差旅费用和补贴标准计算；误工损失按照国家上年度职工日平均工资标准计算。人民法院准许证人出庭作证申请的，应当通知申请人预缴证人出庭作证费用。"2019年《民事证据规定》第75条规定："证人出庭作证后，可以向人民法院申请支付证人出庭作证费用。证人有困难需要预先支取出庭作证费用的，人民法院可以根据证人的申请在出庭作证前支付。"该司法解释第31条第1款规定："当事人申请鉴定，应当在人民法院指定期间内提出，并预交鉴定费用。逾期不提出申请或者不预交鉴定费用的，视为放弃申请。"另外，司法部颁布的《司法鉴定程序通则》第44条规定："司法鉴定机构接到出庭通知后，应当及时与人民法院确认司法鉴定人出庭的时间、地点、人数、费用、要求等。"

2.关于因证人出庭作证所产生费用和相关损失的处理

《民事诉讼法》第77条规定："证人因履行出庭作证义务而支出的交通、住宿、就餐等必要费用以及误工损失，由败诉一方当事人负担。当事人申请证人作证的，由该当事人先行垫付；当事人没有申请，人民法院通知证人作证的，由人民法院先行垫付。"

对本条文的理解与适用，应当掌握如下基本内容：

（1）《民事诉讼法》第75条中规定，凡是知道案件情况的单位和个人，都有义务出庭作证。证人出庭作证的行为，势必会影响其正常的生活和工作，通常也会消耗相应的精力、财力和时间，从而使其经济利益遭受相应的损失。证人因履行出庭作证义务所支出的必要费用以及因出庭作证而影响其正常收入时，有权要求予以补偿。这是因为，证人因履行作证义务而使其自身经济遭受损失，如不加以补偿，那么势必使证人处于不公平状态，势必影响证人出庭作证的积极性。同时，民事诉讼主要涉及当事人的私权利益，在民事诉讼中，公民就案件事实出庭作证，从维护整个国家及公民的总体利益而言，应负有作为一个公民出庭作证的义务，这是国家借助法院对案件事实予以查清后作出公断的必然要求。作为义务的承担者和相应权利的享有者，公民在作证的同时有权要求由此所产生的必要费用以及经济补偿。一般而言，由败诉一方承担用于补偿证人的作证费用，是对规范、警戒、惩罚民事违法当事人的一种客观需要。公民以证人身份向法院履行出庭作证义务具有公法性质，如果因为履行作为出庭作证的法定义务，使证人本人的经济利益遭受损失而无法得到相应的补偿，将明显背离权利义务相对应的原则和公平原则。同时，我国证人出庭作证的意愿原本就很低，如果证人因出庭作证所产生的经济损失不能得到相应的必要补偿，将会进一步挫伤证人出庭作证的积极性。从全世界的视角来看，证人因出庭作证而被给予相应的经济补偿是各国或地区的一种普遍做法。因此，证人因履行出庭作证义务而支出的必要费用以及因出庭作证而影响其正常的收入时，有权获得合理、必要的补偿。

（2）本条文体现了对证人出庭作证行为的鼓励与权益的保障。证人出庭费用包括证人因履行出庭作证义务而支出的交通、住宿、就餐等必要费用和误工损失两部分。证人出庭作证所支出的交通、住宿、就餐等必要费用，应当由人民法院按照普通公民的行、住、食为基础的差旅费标准来加以确定，可据情根据证人住所的远近距离、交通状况、生活水平来判断，具体掌握的标准应当坚持适当原则，既不能过高，也不宜过低。

（3）为保证证人的合法权益措施的实施，使其具有较强的可操作性，应当从我国现实国情出发，尽管根据《民事诉讼法》规定证人所在单位应当支持公民出庭作证，但是，在市场经济条件下因证人出庭作证而给所在单位特别是有关企业造成利益损失的，不能一概将这些损失转嫁给有关证人所在单位，同时也不能由证人本人承担，这部分利益损失应当包含在证人出庭作证费用范围之内。

（4）证人出庭费用属于诉讼费用的组成部分，从诉讼费用负担原则上来看，应当由败诉一方当事人负担显得更为合理，这也有助于规范、警戒、惩罚民事违法行为。为了鼓励证人出庭作证的积极性，在证人作证完毕之后就应当及时向其支付出庭费用。但是从程序的阶段性来看，从证人出庭作证的行为发生之后，直到人民法院对案件事实的最终认定何方当事人败诉通常会存在一段时间差，为此，本条文对证人出庭作证费用的垫付作出了相关规定。如果出现的情况是当事人申请证人出庭作证的，由该当事人先行垫付这笔出庭费用；如果出现的情况是当事人并未申请证人出庭作证，而是由人民法院据情依职权通知证人出庭作证的，则由人民法院先行垫付这笔费用。

（5）《民事诉讼法解释》第118条规定："民事诉讼法第七十七条规定的证人因履行出庭作证义务而支出的交通、住宿、就餐等必要费用，按照机关事业单位工作人员差旅费用和补贴标准计算；误工损失按照国家上年度职工日平均工资标准计算。人民法院准许证人出庭作证申请的,应当通知申请人预缴证人出庭作证费用。"该规定对证人作证支出的必要费用和误工损失两部分制定了明确的执行标准,即证人因履行出庭作证义务而支出的交通、住宿、就餐等必要费用,按照机关事业单位工作人员差旅费用和补贴标准计算;误工损失按照国家上年度职工日平均工资标准计算。

（6）2019年《民事证据规定》第75条规定:"证人出庭作证后,可以向人民法院申请支付证人出庭作证费用。证人有困难需要预先支取出庭作证费用的,人民法院可以根据证人的申请在出庭作证前支付。"根据该规定,当证人出庭作证之后,其有权向法院申请支付其出庭作证费用。在实践中,鉴于证人与法院之间具有公法上的权利义务关系,为了尽可能防范和消除当事人有可能对证人施加不良影响,当事人申请证人作证的,所需垫付的费用应当缴付法院,再由法院支付给证人,当事人不得直接向证人支付费用。在证人出庭作证前,如果遇有证人确有困难需要事先支付出庭作证费用的,人民法院可以根据证人的申请予以支付。证人不得直接向当事人请求支付出庭作证的费用,如费用未能及时支付或需要提前支付的,证人只能基于其公法上的请求权,向人民法院提出申请。

## 八、对证人证言的采信

（一）对证人证言采信所适用的规则及所考虑的因素

1. 意见证据规则

证人证言,是指某人就自己亲身经历或体验的事实而在法庭上所作的陈述,而专家意见则是根据某人所具有的特别知识经验,对某一事项加以鉴定、分析和判断之后向法庭陈述的结论性意见。

关于意见证据适用排除规则的理由,有学者认为,在采用证据裁判主义及自由心证主义模式下,认定事实应基于证据,而证据的证明力,则由法院自由予以判断。故不允许法院自行提供证据,也不允许证据本身具有判断的机能。而作为证人的证述,仅仅是用来提供客观的事实,至于其事实可否用来起到证明的作用，这属于意见或者推测范畴。此项意见或推测，应属于有认定事实职权的法院来承担，而并非属于提供证据的证人予以承担。因此，对于证人而言，除提供事实外，如允许其陈述意见或推测，则难免超越证人的机能，而不免僭越法院的审判职权。因此，意见证述不被认为具有证据能力，其法理上基于以下两个理由：其一，侵害法院的审判机能。基于事实而产生的推测与意见的判断作用，属于事实认定的范畴。此项认定的作用，应由法院担负。证人是依证言而提供可为法院认定资料的客观的事实，仅具有提供机能。而作为认定职能，这不属于证人证言机能的范畴。其二，有可能使立证产生混乱进而发生偏见之虞。意见并非为证人所体验，因此，证人的意见与推测在证据上并无用途，且具有对事实进行公正认定的消极影响。如允许证人提供意见，不仅使其证述的客观事实中混入与提供证据资料上毫无关系的内容，而且造成立证上的混乱，产生提供偏见或预测资料的危险，难免对于发现事实真相产生阻碍作用。① 因此，对证人在作证过程中所发表的意见自应予以排除。

我国在证据法上明确区别鉴定人与证人，同时将鉴定人既作为辅助法院查明案件事实的助手，又作为一种证据方法，大陆法系的一个重要特征是重实体而轻程序，"轻程序"其中包括并不注重制定系统而严密的证据规则。在我国法学界，一些教科书上论述的鉴定意见与证人证言的区别上还是泾渭分明的。一般学者认为，鉴定是对有关鉴定的材料进行分析、判断，对鉴定的对象作出理性的反映；而证人证言的内容应限于证人就耳闻目睹所了解的案件情况，而不应包括对案件事实、情节的分析、判断和发表其他意见。

我国《民事诉讼法》第75条对证人的规定中认为，凡是知道案件情况并能够正确表达意思的人才能作证。从立法规定上来看，证人要就其了解的案件情况向法院进行陈述和表达，其表达的范围应限于"事实"范围而不应涉及"意见"。在此，有两点需要明确：第一，事实上，鉴定人无法对所见案件事实进行客观的描述，否则，他就只能作为证人。在诉讼中，鉴定人与证人共同面临的是诸种待证事实，而这些待证事实往往与案件的争执点有密切的关联性。从证据方式上，鉴定人必须借助法庭向其提供的包括书证、物证、电子数据、视听

---

① 参见陈朴生：《刑事证据法》，我国台湾地区三民书局1985年版，第297页。

资料等在内的各种检材，借助各种设备、仪器，为了解案件要查阅案卷材料和询问有关当事人和证人，因此，鉴定人在证明案件事实上仅应涉及专门性问题，这种证明过程只能是间接性的，并且也只能是一种对待证事实的分析、判断并得出相应的判断和意见，可见，这里并不存在鉴定人对所见案件事实进行描述和陈述的问题。第二，证人对待证事实情况的陈述或描述是否一律拒绝"意见"，即推理或判断。对此，笔者认为，证人在作证时对事实情况的陈述或描述，其中包含有推定或判断的因素和过程，有时甚至是难以避免的。所谓人的语言（包括口头或书面）对事物的陈述不过从形式上是一系列概念上的逻辑排列。概念是语言的基本要素，是对同类事物共同的一般特性和本质属性的概括的反映，是思维的细胞，也是思维的最基本形式，概念与概念之间的相互关系是反映某种事实状态的客观前提。我国《民事诉讼法》第75条所要求的证人必须要"正确表达意思"的要求，也是从对客观事物进行能动性的感知和反映这一角度，来考虑证人是否具备正确排列这些概念与概念之间的逻辑关系上的能力。这是因为客观事物特征及内容的概念之间排列顺序是否正确本身就需要推理和判断。"事实是人对呈现于感官之前的事物或其情况的一种判断，是关于事物（及其情况）的一种经验知识亦即是关于客观事物的某种判断的内容，而不是客观事物本身。"[1] 可见，一味拒绝承认证人证言中应包含推理或判断过程的观点是站不住脚的。因此，在鉴定人与证人就待证事实予以证明过程中，是否要以"事实"还是"意见"作为主要界定应不属争执范围，其关键在于证人通常是有关事实情况的目击者或有关事实过程的经历者，从证人与事实情况这一直接性而言，自应以排除"传闻"为条件，大陆法系中对证人证言中的"传闻"不予排除，而一并交由法院裁量，其危险性本身也恰好体现在大陆法系法院对证人证言的轻信程度上。与证人证言不同的是，鉴定意见中不排除"传闻"。这是因为，鉴定人本身与事实情况并不具有直接的关联性，"传闻"属于经验的来源之一，证据法并不禁止鉴定人之间相互讨论，交换意见，以便于从专业角度有助于相互间的取长补短。

---

[1] 彭漪涟：《事实论》，上海社会科学院出版社1996年版，第4页。

2.品格、信用、身份、职业、利害关系等因素对证人证言的影响

证人证言属于一种最为复杂的人证证据,证人对法庭所作证述,包括品格、信用、身份、职业、利害关系等在内各种主客观因素都会给这种证据的证明力造成影响,因此,必须结合上述诸种因素一并加以分析,才能作出较为准确的判断。

在民事诉讼上,法院通常会从经验角度,审查认定证人的品格、操行对其证言是否产生影响。证人的证言从本意上应有助于客观地再现案件事实,但是,由于人的社会属性决定了人的这种表达能力往往会受到证人的品格、操行的影响。这种品格和操行是指人所享有的为社会所广泛认知的声誉和一贯的处事方式。总体而言,凡是品格、操行一贯优良的证人,其证言则具有更大的真实性、可靠性,反之,其证言的真实性、可靠性较弱,即证据力不强。但是,对此不能一概而论,针对具体情况,还应具体分析、判断,不应以证人的身份、地位、荣誉作为认定其证言证据力的唯一标准。

证人的信用在广义上包括证人的品格、身份、职业、与案件的利害关系、作证能力以及法院能否或如何借助证人证言认定案件事实而起到的评价性作用。2019年《民事证据规定》第96条规定:"人民法院认定证人证言,可以通过对证人的智力状况、品德、知识、经验、法律意识和专业技能等的综合分析作出判断。"同时,该司法解释第87条将"证人或者提供证人的人与当事人有无利害关系",作为审判人员对单一证据进行审核认定需要考虑的重要因素。可见,这些规定均涉及证人的品行、信用、身份以及与案件的利害关系等因素。这些规定显然有明确、积极的指导意义,便于实务上的操作,对法院有可能滥用自由裁量权具有制约功能。但是,这些规定基本上是从职权主义审判方式角度来设置的,难以掩盖其法定证据的一些阴影。笔者认为,在整个诉讼机制构架上并未作实质上的变革条件下,仅仅依靠制定若干证据力规则,并非能够有效地保障程序公正的有效实现。因为,民事诉讼活动开展的本旨,是为当事人提供证据证明其事实主张并使法院接受其诉讼主张提供平等的机会,在此,当事人在诉讼上的主张必然是对抗与反背性的,其程序上则应运而生的是一个辩论机制和质疑对方事实主张活动方式。凡遇有当事人以提供证人作为举证方式,作为对方当事人反证的手段和享有平等辩论的权利,那么就应当为其提供向对方

证人进行反询问的机会。在客观上，由于存在着凡一方当事人提供的证人往往作出对该方当事人有利的证言这一事实，因此，由当事人对对方证人的询问往往也只能采用质疑方式来进行，而质疑的内容主要是证人的信用问题，通过对证人作证信用的质疑，从而达到动摇乃至完全抵消其证言证据力的目的。而按照我国现行的立法或司法解释，单纯地从赋予法院职权的角度通过评价证人的信用来达到认定证言证据力的目的，如果与审判方式改革相提并论，似有本末倒置之嫌。因此，只有通过深化改革，在询问证人程序上让当事人发挥主要作用，导入反询问方式，在这一前提下，再辅之以对证人证言的效力认定的有关规则，才能从根本上解决法定证据规则与诉讼机制存在的冲突，完成对证人证言规则的系统性、科学性、实质性和机律性的整合。

对因利害关系是否会影响证人资格或作证能力，在理论界也有不同的认识。例如，有前苏联学者认为，证人是在法律上同案件结果没有利害关系的、被传唤出庭陈述其直接了解或别人告知他的对案件有意义的事实材料的人。[①] 这显然是肯定因利害关系将使某人丧失证人资格。我国有学者也认为，作为诉讼中的原、被告和第三人，由于与案件的处理结果有利害关系，故不能以证人的身份作证。[②]

根据我国《民事诉讼法》第66条规定，证人证言属于法定证据种类之一。从理论上讲，证人证言可以单独作为认定案件事实的依据。但是，在我国现有国情条件下，我国证人作证制度有待进一步完善。在我国，目前仍然缺乏与证人作证制度相配套的措施与应用规则，例如，尚未确定强迫证人出庭作证制度、对伪证行为的处罚措施以及证人作证权益保障制度，等等。另外，对证人出庭作证实行辩论主义或者质证制度的切入点在于庭审方式的改进，即就我国目前情况来看，应当强化对证人出庭作证的询问制度，特别是由双方当事人对证人展开交叉询问。在上述各项制度、措施及适用规则尚未建立或健全的条件下，就难以担保证人证言的真实性与可靠性。在审判实务上，法院对证人证言的采

---

① 参见〔苏联〕阿·阿·多勃罗沃里斯基等：《苏维埃民事诉讼》（上册），李衍译，法律出版社1985年版，第214页。
② 参见刘家兴主编：《新中国民事程序理论与适用》，中国检察出版社1997年版，第161页。

信大都采取迟疑或极为谨慎的态度，很少会出现将证人证言单独作为认定案件事实依据的情形。从比较法领域来看，各国在立法上很少规定因利害关系对证人作证的能力构成影响，通常的惯例是由法院判断当证人与案件事实存在利害关系时，对其采信上是否构成实质性的影响或者证明力的大小与强弱作出相应的判断。这是因为，何为"利害关系"，单从概念上而言仍较具弹性，只有结合个案情形，才有可能找到其相对性。例如，甲（法人）与乙（法人）签订书面供货合同，约定先付款后供货，后乙未付款，甲诉乙履行合同，乙找到甲的原合同承办人丙出庭，证明乙、丙口头以货未生产出来为由解除了合同。在本案中，法院无法知道丙是否为利害关系人，在此情形下，法院能否采信出庭证人丙的证言进而判令合同解除？换言之，在该案中，自然人的证人证言能否单独作为证据使用，不使用有无依据？在该案中，值得注意的是，丙出庭作证的内容涉及证明乙、丙以甲方的货未生产出来为由采取口头方式解除了合同，对此，甲方享有抗辩的权利，如果甲方提供了充分的证据足以证明其抗辩主张的，法院可据情决定对乙方所提供的证人证言不予采信。如果甲方提供了证据，但不足以证明其抗辩主张的，并且，法院对单独采信乙方提出的证人证言仍举棋不定时，为了慎重起见，法院可决定作进一步的事实调查与证据调查。为此，在庭审上，法院应调查在乙、丙采取口头方式解除了合同时，丙是否仍享有甲的委托授权；如果在丙仍享有甲的委托授权时，在乙、丙采取口头方式解除合同后，是否在合理期限内及时告知了甲。另外，法院还应调查当时是否甲有按照约定可向乙供的货物，并且还应查明按照合同约定或者交易习惯，在甲并未备有按照合同约定可向乙供应货物的情形下，乙仍应负有预先向甲支付货款的合同义务。为了进一步查明这些事实，根据证据与双方当事人的远近距离与举证难易程度，法院可据情决定由其中的任何一方当事人提交必要的证据。如果法院为此所提出进行证据调查的要求，在遭到甲方无正当理由拒绝履行其证据协力义务的情形下，法院可据此作为采信乙方提供证人证言的依据。在此情形下，可能会发生法院仅仅采用乙方所提供的证人证言单独作为认定案件事实根据的情形；如果法院为此所提出进行证据调查的要求，在遭到乙方无正当理由拒绝履行其证据协力义务的情形下，法院可以此为由拒绝采信乙方所提供的证人证言。如果通过法院所进行事实查明与证据调查的结果，有助于印证乙方方所提供证人证言的真实性时，法院可根据其他有关证据材料并结合乙方提出的证人证言一并作出对乙方有利的裁判；如果通过法院所进行事实查明与证据调查的结果，明显使法院感到与乙方所提供证人证言相悖时，法院可拒绝采信乙方所提供的证人证言，进而作出对乙方不利的裁判。

（二）我国有关法律及司法解释相关规定的理解与适用

1. 对法院采信证人证言的总体要求

2019年《民事证据规定》第96条规定："人民法院认定证人证言，可以通过对证人的智力状况、品德、知识、经验、法律意识和专业技能等的综合分析作出判断。"

对本条文的理解与适用，应当掌握如下基本内容：

（1）本条文涉及人民法院对于证人证言证明力的评价与采信。在一般意义上，法院对于证据的审查判断，主要涉及有关证据的真实性、关联性和合法性问题，证据的"三性"问题也系当事人在质证过程中的辩论焦点。就证人证言而言，其真实性是一种真实性与完整性的统一，与大多数常见的处于静态性质的实物性证据如书证、物证以及部分视听资料、电子数据（如文字、符号、照片等）所不同的是，证人证言的内容通常反映的是一种事实发生的（动态）过程或片段，主要由时间、地点、人物、环境以及人的语言、肢体动作、表情等所构成，证人证言的真实性是通过证人在现场当时场景下的感知（耳闻目睹）、事实发生之后至作证之前期间的记忆以及向法庭陈述（表达）这三个核心环节得以体现的，证人证言的完整性则体现在除了当时发生事实涉及的有关人员之间的语言交流的具体内容以外，还应反映有关交谈人同时的肢体动作、表情以及在场其他人的反应，等等，只要这些信息与待证事实具有关联性，有助于法院全面地认定案件事实，能够影响法官心证的形成过程，那么这些信息都属于证人证言的完整性范畴。在逻辑上，缺乏完整性的真实性，只是一种部分真实性。从目前我国审判实务情况来看，无论是法院的调查询问，还是当事人的交叉询问，基本上都局限于对证人证言部分真实性的追求，而往往忽略了证人证言的完整性；证人证言与待证事实的关联性主要体现在证人陈述证言的内容上，因此，证人证言的部分真实性即内容的不完整性在一定程度上会直接影响法院对于证人证言关联性的评价；证人证言的合法性，通常与证人的作证资格（即证人证言的证据能力）有关，这主要涉及证人的智力（如大脑是否健全等）、身体器官健康状况（如近视、色盲等影响其观察事物能力）、年龄等，但有利害关系的证人原则上不会因此而丧失证人资格，而是其证言的证明力受到一定程度的限制。

（2）我国法院对案件的审理深受大陆法系诉讼模式影响，法院对于证人的调查询问是其对证人证言进行评价以及形成内心确信的重要路径。法院对于证人出庭作证并非像英美法系国家那样消极、被动，而是主导整个调查询问的过程，由于证人仅向法院负公法上的作证义务，证人属于法院的证人，而并非当事人的证人，由于担心当事人对证人施加各种影响而有损证言的真实性，法院对于当事人私下接触证人往往持有戒心，并且会影响法院对于证人证言的评价与采信。在庭审过程中，双方当事人对证人进行询问，事先要征得法院的准许。尽管法律上对于当事人能否对证人开展交叉询问未作出明确规定，但申请证人出庭作证的对方当事人所提出的对于证人证言的质疑，通常能够帮助法院从相反的方面来对证人证言进行全面、合理的评价与换位思考，而这往往又成为法院基于中立的立场欲想为之但又不能直接替代的角色。英美法系陪审团审理方式的消极、被动以及双方律师对证人展开交叉询问类似刀光剑影般的攻防，在证人历经激烈的弹劾或者诘问之后，如果其证言的可信度要么完好如初，要么漏洞百出，要么使人感到疑窦丛生，这将使法庭仅仅根据证人的临场表现就能当庭决定对证人证言采信与否。相较而言，我国审判实践中法院采用相对较为间接的方式，即根据本条文的规定，结合证人的智力状况、品德、知识、经验、法律意识和专业技能等因素对证人证言的真实性、可靠性，经综合分析后作出判断。其中，所谓智力状况，主要指的是人脑机能的发育健康状况，它包含了人在主观上对客观外界的感知能力（如思维敏捷、观察细腻）、记忆能力和能否当庭沉着冷静的表达能力；所谓品德，主要指的是人的品格，即品行是否端正，做人是否诚实；所谓知识，指的是不限于书本知识，甚至在许多情况下指的是对各种生活知识、常识的认知与掌握程度。所谓经验，主要指的是人生经历、基本阅历。所谓年龄，对于证人证言认定的真实性、可靠性具有相对性，因为人的年龄通常与人的大脑发育程度以及生活经验、知识有关，在一般情况下，儿童对于外界事物的观察、理解和认知能力较弱，而老年人生活经验丰富，对外界事物的观察理解和认知能力较强，但记忆能力相对较弱。另外，对于普通证人的法律意识和专业技能不必有何种苛求，法律意识性强或专业技能高的证人与其证言的真实性和可靠性不一定成正比，反而使法院对于证人证言的评价造成某种不确定性，使得问题复杂化。同时，应当指出的是，在审判实践中，如何通过短暂的证人出庭过程就能够达到对该证人的智力状况、品德、知识、经验等基本情况的较为全面、本质上的了解，而不是基于某些表面现象上的误判，这将形成实质上的挑战。

（3）由于我国审判方式及律师询问证人的技能和方式的局限性所致，法院对于证人证言的评价与采信，在许多情况下不能仅仅根据证人的临场表现直接作出判断，而需要根据本条文的规定，通过对证人的智力状况、品德、知识、经验、法律意识和专业技能等的分析，另外，还要结合案件的审理情况、案件所涉及的其他证据以及证人与案件的利害关系等，最终作出全面、综合性的判断，以利于法官对案件事实形成全面、正确、合理的心证。

2. 有关年龄、智力状况或者精神健康状况对证人证言的影响

2019 年《民事证据规定》第 90 条第 2 项规定："无民事行为能力人或者限制民事行为能力人所作的与其年龄、智力状况或者精神健康状况不相当的证言"，"不能单独作为认定案件事实的根据"。

对本条文的理解与适用，应当掌握如下基本内容：

（1）本条文系对某种情况下有关证人证言证据力上的限制性规定，也是对法院在评价和采信特定情形下的证人证言时行使自由裁量权的限制。我国有关法律及司法解释对无民事行为能力人或者限制民事行为能力人的证人资格或者其证言的证据能力并非采取一律否定或限制的做法，而是分别不同情况作出相应的规定。

（2）关于无民事行为能力人和限制民事行为能力人的证人资格，2019 年《民事证据规定》第 67 条第 2 款规定："待证事实与其年龄、智力状况或者精神健康状况相适应的无民事行为能力人和限制民事行为能力人，可以作为证人。"所谓待证事实，是指根据一方当事人的诉讼请求所依据的事实主张以及对方当事人的抗辩主张所确定的在诉讼上应当加以证明的要件事实。证人的证人资格

及作证能力应当与其民事行为能力相适应,并且这种民事行为能力也应当与有关待证事实相适应。所谓"相适应",是指应当据情根据无民事行为能力人和限制民事行为能力人的年龄、智力状况或者精神健康状况来决定其提供的证言对证明待证事实是否具有证明价值。在审判实践中,无论是作为证明对象的待证事实,还是作为证明主体的年龄、智力状况或者精神健康状况,并非恒定不变的,而是相互之间存在一定的变量关系。也即,通常而言,年幼的儿童智力发育状况并不成熟,同时还存在有的成年人其智力状况不如某些未成年人的情形;另外,在各个年龄段都有可能存在精神健康不佳的状况,导致即使成年人当中也会出现无民事行为能力人或限制民事行为能力人,这些千差万别的情事难以一概而论。而就作为证明对象的待证事实而言,有的待证事实高度复杂,有的待证事实中度复杂,有的待证事实相对简单,有的待证事实则非常简单。因此,这些证明主体与证明客体(待证事实)之间是否相互适应,只能由法院根据个案当中的具体情形加以评估和判断。

（3）本条文中,所谓"不能单独作为认定案件事实的根据",系指对证明有关待证事实而言,禁止法院将无民事行为能力人或者限制民事行为能力人所作的与其年龄、智力状况或者精神健康状况不相当的证言,在没有其他证据相互印证的情况下,单独作为认定案件事实的根据。本条文属于补强证据规则的内容。在审判实践中,无民事行为能力人或者限制民事行为能力人所作的证言,是否与其年龄、智力状况或者精神健康状况相当,在许多情况下,取决于有关案件待证事实对证明主体在感知、记忆和表述能力上最低限度的要求。当然,在实践中,这主要取决于法院能否通过无民事行为能力人或者限制民事行为能力人提供的证人证言,对其就待证事实所获得的内心确信带来实质性的影响,也即,在对这种证人证言进行评价时,无论其能否形成某种内心确信,或使其所形成的内心确信更加确定或者更加不确定,都属于这种"实质性影响"之范畴,都表明这种证人证言具有相应的证明价值。

3. 有关利害关系对证人证言的影响

2019 年《民事证据规定》第 90 条第 3 项规定:"与一方当事人或者其代理人有利害关系的证人陈述的证言","不能单独作为认定案件事实的根据"。

对本条文的理解与适用,应当掌握如下基本内容:

（1）本条文属于证据补强规则的范畴。其中，所谓与一方当事人或者其代理人"有利害关系"，是指有关证人与一方当事人或者其代理人之间存在某种利益或者不利益关系。这种利害关系，既包括有关出庭作证的证人与申请其出庭作证的一方当事人或者代理人之间存在某种利益关系，也包括有关出庭作证的证人与对方当事人或者代理人之间存在某种不利益关系。在法院依职权通知有关证人出庭作证的情况下，有关证人均可与双方当事人之间各自存在某种利益关系或者不利益关系。这种利害关系，实际上指的是一种人在社会当中相互之间的利益关系。按照辩证唯物主义认识论，社会的存在决定社会当中人的意识和利益。作为特定的证人，也属于受到社会利益所调整的社会群体当中的个体。由此也决定了某一特定的证人出庭作证的行为本身，会在某种程度上给予其具有特定利益关系的人带来利益或者不利益。在法律上规定证人出庭作证是向国家或法院履行的一种公法上的义务，而并非向有关当事人负责，其目的也是为了阻却或切断因诉讼而产生新的利益关系的可能性。在实践中，有一种观念将熟人关系视为利害关系的一种，这种界定并不严谨，是将利害关系的泛化。对此，首先应当依据法律上的界定或例举，在法律没有明确规定的情况下，可参照相关司法先例。另外，法院也可据情作出判断，但须说明理由。

（2）在实务上，一方当事人或者其代理人与其申请出庭作证的证人是否存在某种利害关系，通常是由对方当事人提出主张以及负有相应的说明义务。对方当事人提出这一主张的目的，是为了影响法院对有关证人证言的正常评价与采信。有关当事人既可以在被告知有关证人出庭作证的讯息时向法院提出这一主张，也可以在证人出庭作证时当庭提出这一主张。在庭审过程中，如果申请出庭作证的一方当事人否认其与证人存在利害关系的，法院可据情将此作为程序上的争议焦点，并在必要时可要求有关当事人提供证据对这种主张加以证明。鉴于该种主张所涉及的证明对象属于辅助性待证事实，其所要求的证明标准相对较低，只要达到大概如此的程度即可。即使在有关当事人对于有关证人与其申请出庭作证的一方当事人或其代理人存在利害关系的事实并未提出主张，如果存在其他信息来源，使得法院有理由认为存在这种利害关系可能性的，法院可就此问题分别向有关当事人和证人进行调查询问。关于法院依职权对证人与当事人有无利害关系的审核认定，2019年《民事证据规定》第87条规定，审判人员对单一证据的审核认定，其中包括证人或者提供证据的人与当事人有无利害关系。另外，所谓利害关系，既包括对一方当事人带来利益的关系，也包括对其带来不利益的关系。在实务上，作为提出申请证人出庭作证的一方当事人，在其主观上会习惯性地认为，有关证人的出庭作证至少不会给其带来不利益。但该当事人在庭审过程中才发现有关证人确实与其存在利害关系，而这种利害关系是给其带来不利益的关系（例如，该方当事人已经完全忘却了一种事实，即从前他与该证人做邻居时有过隙，或者从前他与该证人做朋友时有怨恨等），即该证人在出庭作证时大谈特谈对其不利的事实真相，而对他有利的事实真相则尽量回避，从而成为诉讼上的"敌意证人"。当出现这种情形时，该方当事人享有对该证人进行交叉询问的权利。

（3）在诉讼上，当法院确认有关出庭作证的证人与申请其出庭作证的一方当事人或者代理人之间存在利益关系，或者该证人与对方当事人或其代理人之间存在不利益关系的，该证人陈述的证言，不能单独作为认定案件事实的根据。至于该证人证言与案件审理过程中法院所掌握哪些证据结合起来能够作为认定案件事实的根据，则由法院据情作出判断。

## 九、案例实务与问题解析

### 案例一　询问笔录在民事案件中是否属于证人证言

〔基本案情〕

2009年11月11日下午4点半，吴某在为夏某的房屋3楼平顶安装水桶时，因安放水桶的三脚水泥墩柱子过宽，不能安放。吴某意将三脚水泥墩柱子移拢些，由于用力过猛，造成两根柱子倒塌，并导致站在一旁的夏某被水泥墩子推倒坠落至二楼平台而死亡。后死者家属报案，公安机关到现场勘察，并制作了7份询问笔录。随后，死者家属向法院起诉，要求吴某承担损害赔偿责任。

〔意见分歧〕

在案件审理过程中，法院内部对公安机关制作的7份询问笔录的定性上有不同的观点：

第一种意见认为，该7份询问笔录是公安机关依法调取的，笔录上有证人的签字和手印，应当采信，被询问人不需要出庭作证。

第二种意见认为，该7份询问笔录属于民诉法中规定的证人证言，应当依据《民事诉讼法》的相关规定，被询问人应当出庭作证。询问笔录不能等同于证人证言。

第三种意见认为，在本案中，询问笔录是公安机关在办理案件过程中为了查明案件事实，对当事人以外的案件相关人员进行调查而制作的问答式书面记录，是证据种类中书证的范畴。根据最高人民法院相关司法解释，民事诉讼法上的证人证言是指证人以所了解的案件事实向人民法院所作的陈述。而询问笔录中记载的被询问人"证词"，是被询问人向公安机关提供的与案件有关的情况，而非其就案件相关事实向法院所作的陈述，故询问笔录中被询问人就案件情况所作陈述不属于民事诉讼法界定的"证人证言"。但在处理询问笔录的证据能力、证明力时，也不能像原告代理律师认为的那样，笔录上有证人的签字和手印，就应当采信。在民事审判中，如果当事人仅提供询问笔录，而没有公安机关对该笔录的采纳和其他处理意见佐证，对询问笔录的证明力就应综合全案其他证据进行判断后再予以认定。

〔问题解析〕

在本案中，吴某在为夏某提供安装服务时，因不慎导致夏某意外死亡。后经死者家属报案，公安机关到现场勘察，对在场和附近的有关人员进行调查询问，并制作了7份询问笔录。之后，由其家属向法院起诉，要求吴某承担损害赔偿责任。在民事诉讼过程中，该7份询问笔录在形式上具有书证的特征，但在实质上则属于人证范畴，在证明效力上，类似书面证人证言。因为该7份询问笔录产生的背景是，公安机关到夏某死亡现场勘察，对在场和附近的有关人员就其目击或感知、获知的事实、情节、信息进行调查了解，主要是采用一问一答的方式。公安机关到现场勘查并制作询问笔录，其的目的在于确认夏某死亡事件是否涉及刑事犯罪。因此，询问笔录产生于公安机关行政行为所涉及的行政程序，与后来所发生的民事诉讼所涉及的司法程序，两者之间是相互独立的，不存在任何内在的必然联系。根据我国《民事诉讼法》规定，我国的法定证据种类分为八个类型，即当事人的陈述、书证、物证、视听资料、电子数据、证人证言、鉴定意见、勘验笔录①。如同这八个类型证据种类当中的鉴定意见、勘验笔录那样，鉴定意见、勘验笔录分别产生于特定的程序当中，鉴定意见、勘验笔录的存在形式都是以书证作为载体，公安机关在其职权范围内制作的调查笔录也是如此，它们虽然以书证作为载体，但并不等于书证，也不适用于书证运用规则。

根据2001年《民事证据规定》第3条第1款规定："人民法院应当向当事人说明举证的要求及法律后果，促使当事人在合理期限内积极、全面、正确、诚实地完成举证。"2001年《民事证据规定》第2条第1款规定："人民法院应当向当事人说明举证的要求及法律后果，促使当事人在合理期限内积极、全面、正确、诚实地完成举证。"在本案中，如原告方向法院提供该7份询问笔录，只能作为一种信息来源。法院可根据该信息来源，向原告方行使释明权，要求原告方申请曾经接受公安机关询问的人以证人身份出庭作证。根据我国2007年《民事诉讼法》第70条第1款规定："凡是知道案件情况的单位和个人，都有义务出庭作证。"②在本案中，如果曾经接受公安机关询问的人经原告方向法院提出申请出庭作证而不能出庭作证的，应当符合法律规定的情形，并且按照法律规定的程序进行。对此，2007年《民事诉讼法》第70条规定："证人确有困难不能出庭的，经人民法院许可，可以提交书面证言。"2001年《民事证据规定》第56条规定："《民事诉讼法》第七十条规定的'证人确有困难不能出庭'，是指有下列情形：（一）年迈体弱或者行动不便无法出庭的；（二）特殊岗位确实无法离开的；（三）路途特别遥远，交通不便难以出庭的；（四）因自然灾害等不可抗力的原因无法出庭的；（五）其他无法出庭的特殊情况。前款情形，经人民法院许可，证人可以提交书面证言或者视听资料或者通过双向视听传输技术手段作证。"（现行《民事诉讼法》第73条规定："经人民法院通知，证人应当出庭作证。有下列情形之一的，经人民法院许可，可以通过书面证言、视听传输技术或者视听资料等方式作证：（一）因健康原因不能出庭的；（二）因路途

---

① 审理本案时，当时适用的2007年《民事诉讼法》只规定了七个法定证据种类，其中不包括电子数据，而现行《民事诉讼法》则将法定证据分为八个种类。原《民事诉讼法》与现行《民事诉讼法》同为第63条。——作者注

② 现为《民事诉讼法》（2023年修正）第72条第1款。

遥远，交通不便不能出庭的；（三）因自然灾害等不可抗力不能出庭的；（四）其他有正当理由不能出庭的。"）因此，在本案中，如果曾经接受公安机关询问的人不能出庭作证的，必须属于2007年《民事诉讼法》第70条规定的情形，才能通过提交书面证言或者视听资料或者通过双向视听传输技术手段作证，同时，在程序上必须经法院的许可。另外，在本案中，假如因健康原因有关证人既不能出庭作证，也不能够提供书面证言的，原告可向法院申请批准以公安机关曾经制作的询问笔录作为书面证言。需要指出的是，根据2019年《民事证据规定》第76条规定："证人确有困难不能出庭作证，申请以书面证言、视听传输技术或者视听资料等方式作证的，应当向人民法院提交申请书。申请书中应当载明不能出庭的具体原因。符合民事诉讼法第七十三条规定情形的，人民法院应当准许。"并且，2019年《民事证据规定》第77条规定："证人经人民法院准许，以书面证言方式作证的，应当签署保证书；以视听传输技术或者视听资料方式作证的，应当签署保证书并宣读保证书的内容。"因此，如果本案发生在2020年5月1日之后，因健康原因不能出庭作证的证人，如果就连在有关申请书和保证书上签字的能力都没有的话，原告就没有再向法院申请批准以公安机关曾经制作的询问笔录作为书面证言的必要性。

上述第一种观点以询问笔录是由法院从公安机关依法调取的及笔录上有证人的签字和手印为由，法院应当予以采信，不需要有关被询问人出庭作证。这种观点显然是错误，缺乏法律依据。相较而言，第二种观点总体上基本正确，但其表述："该7份询问笔录属于民诉法中规定的证人证言"，在逻辑上有一定的瑕疵。而第三种观点将有关询问笔录列入证据种类的书证范畴，这种认识是错误的，尽管在形式上有关询问笔录是以书证为载体的，但以这种询问笔录的性质、特点以及在诉讼中作为证据所产生证明效力为标准，将其列为人证范畴为宜。如果将其列为书证范畴，那么只要在诉讼活动中提供该书证原件即可，这显然与其证据功能不相吻合。因此，从严格意义上，公安机关到现场勘察并制作的询问笔录不属于我国《民事诉讼法》第66条所规定的法定证据种类范畴。

## 案例二  证人是否可以当庭提交证据

〔基本案情〕

2014年3月,湖南省××县人民法院在审理原告某商贸公司诉被告某科贸公司房屋租赁合同纠纷案件时,原告某商贸公司向法庭申请证人曾某某出庭作证。为了证明自己证言真实性,证人在开庭时向法庭提交以下三份证据:联合专柜协议书、上海某某百货柜台补偿明细表及被告与证人签订的柜台转让协议各一份。

〔意见分歧〕

合议庭对此问题产生两种不同的观点:

第一种观点认为,按照我国《民事诉讼法》规定,证人没有权利当庭提交证据。如果确有必要,应由申请证人出庭一方当事人在举证期限届满前向法庭提交。

第二种观点认为,我国目前的法律及司法解释并未明确禁止证人当庭提交证据,为了查明案件事实应当予以准许。

第三种观点认为,从民事诉讼法关于证人规定的立法本意及当前的司法政策角度考虑应准许证人提交证据。证人所交证据不能认为是申请证人出庭方证据,因为这会意味着证人申请方是对证据所证明的内容予以认可的,申请方就会失去对证据质证的权利。从公平的角度,不利于申请方。证人提供的证据不能归纳为证人用以证明自己的证言的辅助材料。因为法律规定只有证据才能被质证,如果证人提供的证据归属于辅助材料,就不能进行庭审质证,法官无法辨别辅助材料的真伪,以此不能将它作为认定事实的依据,它就丧失作为证据应有的价值。证人提供的证据可以归属为法院调取的证据。虽然证人是由当事人向法院申请出庭,但是证人提供的证据,并不是申请方向法院提交的证据,而是在法院要求证人出庭作证或在庭审作证过程中直接向法庭提交的证据,可将该证据归属于法院调取的证据。能够被质证前提条件必须是证据,如果将证人提供的证据归属于法院调取的证据,它就具备被双方质证的条件。法院就可以根据双方质证意见,确定该证据证明有无或大小,以此确定是否采纳,并作为认定事实的依据。

〔问题解析〕

在本案中，为了证明自己证言真实性，证人在开庭时向法庭提交以下三份证据：联合专柜协议书、上海某某百货柜台补偿明细表及被告与证人签订的柜台转让协议各一份。笔者认为，证人的行为是不妥当的，与证人证言的证明属性和功能不相吻合。所谓证言，所谓证人证言，是指证人在法庭上就其亲自耳闻目睹或者亲身感知的事实做出的陈述。《民事诉讼法》第75条第2款规定："不能正确表达意思的人，不能作证。"2001年《民事证据规定》第53条规定："不能正确表达意志的人，不能作为证人。待证事实与其年龄、智力状况或者精神健康状况相适应的无民事行为能力人和限制民事行为能力人，可以作为证人。"2001年《民事证据规定》第57条规定："出庭作证的证人应当客观陈述其亲身感知的事实。证人为聋哑人的，可以其他表达方式作证。/证人作证时，不得使用猜测、推断或者评论性的语言。"另外，2019年《民事证据规定》第67条规定："不能正确表达意思的人，不能作为证人。待证事实与其年龄、智力状况或者精神健康状况相适应的无民事行为能力人和限制民事行为能力人，可以作为证人。"2019年《民事证据规定》第72条规定："证人应当客观陈述其亲身感知的事实，作证时不得使用猜测、推断或者评论性语言。证人作证前不得旁听法庭审理，作证时不得以宣读事先准备的书面材料的方式陈述证言。证人言辞表达有障碍的，可以通过其他表达方式作证。"2019年《民事证据规定》第73条第1款规定："证人应当就其作证的事项进行连续陈述。"可见，有关法律和司法解释对证人出庭作证的性质、特点和方式作出了明确的规定。作为一种感知性证据，不能准确表达意思的人，是不能作为证人的。这是证人证言具有适格性的前提条件。证人作证的方式系客观陈述其亲身感知的事实，就其作证的事项进行连续陈述，禁止使用猜测、推断或者评论性语言。证人有如实陈述的义务，在原则上，证人对其陈述的证言，就其真实性不负证明义务。因为证人证言的真实性、可靠性及证明力大小与待证事实有关，属于法庭调查的对象和范围。当然在实践中，并不能够排除证人在出庭作证时提供相关的辅助材料，这种辅助材料主要用于证明其陈述的事实所发生的时间、地点及相关环境状况等。比如，有关证人提供相关的机票、火车票、住宿发票等，以作为证明与证人本人信用和品格有关的证据等。并且，即使证人提供相关的辅助材料有时被法院所接受，也不能作为一项当然的权利来看，为了保障法院为形成裁判心证而获得有关信息和证据材料的正当途径，原则上对此应当采取严格限制主义。实践中，鉴于有关个案的情况千差万别，是否允许有关证人提交这些与证明证人的信用与品格有关的证据，在程序上，事先应经法院的审查和批准。在本案所涉及的房屋租赁合同纠纷中，证人在开庭时向法庭提交的三份证据，即联合专柜协议书、上海某某百货柜台补偿明细表及被告与证人签订的柜台转让协议，均属于有关当事人向法院提交的用于证明与待证事实有关的证据，这些证据与证人出庭作证一样，同属于一种平行关系，而不属于在极个别情况下有关证人向法院提交与证人证言之间具有从属关系的辅助材料。向法院提交证据材料是当事人的举证行为，当事人向法院申请证人出庭作证，本身也是当事人的举证行为。原则上，证人缺乏举证行为的能力和资格。在程序上，法院不应接受证人提交的这三份证据材料，更不应将这三份证据材料提交当事人（质证）辩论，因为它不符合证人通过提供证言向法庭作证的基本法理，同时也有违反2001年《民事证据规定》第53条（2019年《民事证据规定》第67条）、第55条（2019年《民事证据规定》第68条）、第57条（2019年《民事证据规定》第72条）、第58条（2019年《民事证据规定》第74条）有关证人作证方式及法院庭审调查方式之嫌，与诉讼程序的合法性原则相冲突。

上述第一种观点认为，在本案中，证人有权提交这三份证据材料，缺乏法律依据和法理基础。上述第二种观点认为，我国目前的法律及司法解释并未明确禁止证人当庭提交证据，这种观点也是站不住脚的，因为有关的法律及司法解释的制定是建立在法理基础上的。从现行有关法律及司法解释的规定来看，当事人对其事实主张负有举证责任，而证人对其向法庭陈述的真实性不负举证责任。证人证言作为一种言辞证据，当事人向法院申请证人出庭作证，就是当事人向法院提供这种言辞证据证明其事实主张，因此，再由证人提供书证证明其证言的真实性纯属无稽之谈。而上述第三种观点基于使得证人提供的证据具备双方质证的条件，甚至认为应当将其归属于法院调取的证据范畴，体现了对证据法理缺乏基本的认知。

## 案例三　如何界定本案的证人证言

〔基本案情〕

张某与盖某（已亡故）是好友关系，2002 年正月初三，盖某给张某打电话说借 10000 元钱。张某就和女友将 10000 元的活期存折送到盖某处。中午，盖某又约上郝某一起吃饭，吃饭时盖某说等张某结婚时再还钱。此后，张某多次向盖某表示准备结婚用钱，在盖某因故死亡的当天，盖某和张某几人吃饭时还说到还钱的事。盖某死亡后，张某多次向盖某之妻刘某催要该款，刘某开始以伤心为由不谈此事，后以不知此事为借口拒不还钱，为此，张某将盖某之妻刘某诉至法院，要求被告偿还借款 10000 元，庭审中，被告未到庭答辩。张某为支持其诉讼主张的成立，向法庭提交以下证据：

1.证人郝某的证言。郝某证言称，其与原告是同班同学，跟被告是校友。2002 年 1 月 3 日上午，盖某与原告给其打电话叫其去吃饭。在吃饭的过程中，盖某对张某说："我刚买了车，现在这笔钱还不了你，等你结婚我再还你"。2002 年 8 月 15 日，盖某溺亡，其曾跟张某到被告处，看到她的家人哭哭啼啼的，也就没有提这件事。盖某向原告借款其不在场，只是在吃饭的时候听他们谈起过。

2.证人王某的证言。证言称，其与原告是同学，与被告的丈夫盖某是同学。其跟原告及盖某在一起经常提起盖某借原告 10000 元钱的事，具体时间其忘了，那天大家在一起喝酒，盖某对张某说："我借了你的那 10000 元钱，你什么时候结婚，我什么时候还你"，喝完酒当天下午，盖某（喝酒后）溺亡。

3.录音带一盘。证明 2003 年 12 月中旬，原告之妻与李某到被告处催要欠款 10000 元时，被告承认盖某曾经向原告张某借款 10000 元。

〔意见分歧〕

该案的关键问题是，借款人盖某已死亡，原告张某无直接书面证据——欠条，仅有两份证人证言、一盘录音带，其所陈述的事实是否就是案件事实本身，证人证言、录音带之间是否能形成完整的证据链条。

该案在审理中出现如下意见分歧：

第一种意见认为，原告主张的借款事实不能成立。因为原告自带的两证人均与原告有利害关系，且真正的借款人盖某已死亡，属死无对证，两证词均为听说，属间接证据。录音带属视听资料，该录音系未征得盖某之妻同意下所录，属无效证据，此时上述言词证据成为孤证，原告又无其他相关证据予以证实，故原告主张的借款事实不能成立。

第二种意见认为，原告主张的借款事实成立。因为原告自带的两证人虽与原告有利害关系，但证人郝某与被告系校友，证人王某与被告之夫系同学，两证人在地位上与原、被告所处的利害关系几乎相当，且所证实的事实相吻合。录音带系视听资料，虽事先未征得盖某之妻同意，但该证据的取得方法未违反我国有关禁止性规定，同时也未对盖某之妻的合法利益造成侵犯，且该证据的形成是原告之妻与借款关系之外人李某共同去找被告索债而成，具有一定可信度。言词证据与视听资料能形成一完整的证据链，故原告主张的借款事实成立。

第三种观点认为，处理这一案件的关键就是民法中的事实推定原理在审判实践中的运用。本案中，两证人均单独出庭作证，其作证方式符合2001年《民事证据规定》第54条、55条第1款、57条的有关规定，从证人与原告或被告为同学或校友的关系上，不存在证人被强迫或利诱的可能性，且被告也未向法院提交该方面的有关证据，证言的内容从不同的场合、不同的时间上去证实原告曾借款10000元给被告之夫的这一事实，虽是听说，但内容均来源于原告与被告之夫盖某谈话的内容，在证据分类上属传来证据，对该证言的认定，法院可根据2001年《民事证据规定》第78条的规定综合作出判断，不难分析该证言符合证据"三性"的要素，对其效力可以认定；对原告提交的录音带系原告与其女友在被告之夫死亡后找到被告所要借款的事实经过，录音带在证据分类上属视听资料范畴，虽事先未征得盖某之妻同意，但该证据在取得方法上未采取强迫、威胁等非法手段，也未违反我国其他有关禁止性规定，同时原告采取该方法的起因是为保护其债权的一种自我救济，未对盖某之妻即被告的合法利益造成侵害，符合2001年《民事证据规定》第68条的规定，且与原告之妻同去的李某也能为该证据的形成进行佐证，且被告未出庭答辩，应视为其放弃对该录音的质疑，故对该录音应作为认定案件事实的依据。综合判断其言词证据与视听资料所证实的事实能够相互吻合且能形成完整的证据链，故原告主张的借款事实成立。根据2001年《民事证据规定》第77条规定，先确定各个证据证明力的大小，再结合整个庭审对案件全部证据进行综合判断，然后通过事实推定的方法对案件待定事实去疑存真，确定当事人的那些主张能被证明，那些主张因证据的证明力不足，不能够被证明，从而形成案件事实。

〔问题解析〕

在本案中，张某向法院起诉，要求被告刘某偿还借款 10000 元。因被告拒不到庭，本案缺席审理。本案属于好友之间发生的借贷关系，双方未能按照交易习惯以打借条的形式作为凭据，符合特定情况下的人情常理。为了证明其诉讼请求和事实主张，原告张某申请证人郝某、王某出庭作证。证人郝某、王某向法庭证述的事实，系他们亲身感知的涉及原告张某与被告刘某丈夫盖某在不同的场合直接谈论该笔债务的借款和还款事宜，证人郝某、王某属于不同现场的亲临者和目击者，因此，这两个证人的证言均属于直接证据。根据 2001 年《民事证据规定》第 69 条第 2 项规定："与一方当事人或者其代理人有利害关系的证人出具的证言"，不能单独作为认定案件事实的依据。[①] 在本案中，考虑到证人郝某、王某与原告张某、借款人即死者盖某之间要么是同学关系，要么是校友，经常聚会。假如说证人郝某、王某与原告一方有利害关系的话，那么对被告一方也有利害关系，因此，不属于 2001 年《民事证据规定》第 69 条第 2 项所界定的仅仅于一方当事人有利害关系范畴，故 2001 年《民事证据规定》第 69 条第 2 项规定不适用于本案。另外，在诉讼上，原告还向法院提供了一盘录音带，证明原告之妻与李某在盖某死后，到被告处催要欠款 10000 元时，被告承认盖某借款事实。鉴于该盘录音带的内容能够直接证明原告主张的借款事实，因此，该盘录音带作为视听资料，在本案中属于直接证据。并且，从该盘录音带制作、产生的目的和方法来看，并不构成侵害他人合法权益，也不违反法律禁止性规定，因此，并不适用 2001 年《民事证据规定》第 68 条的规定。在本案中，原告之妻到被告处催要欠款 10000 元时，被告承认盖某借款事实，当时李某在场。因此，在必要时，原告也可申请原告之妻、李某二人出庭作证。从本案中，原告提供的证据来看，明显有助于法院形成对原告有利的裁判心证，加之被告无正当理由缺席审理，从日常经验及心理学角度上更加有利于法院形

---

[①] 对应 2019 年《民事证据规定》第 90 条第 2 项。

成对被告不利的裁判心证。

上述第一种观点错误地将证人郝某、王某的证人证言界定为间接证据，并以证人与原告之间有利害关系为由排斥证人证言的证明效力，甚至还将录音带视为无效证据，显然是明显不当的，系对有关证据适用规则的曲解和误判。相较而言，上述第二种观点是正确的。另外，尽管第三种观点在认识问题的方向上是正确的，但是，对有关证据法理的表述并不准确，特别是将证人郝某、王某的证人证言界定为传来证据，并在此基础上，采用事实推定来认定案件事实。

# 最新民事诉讼证据规则
# 解析与应用

Analysis and Application
of the Latest Rules of Evidence
in Civil Procedure

〔下册〕

毕玉谦 著

人民法院出版社

# 总目录

## 上 册

### 第一章 最新民事证据规则概述
- 一、民事证据规则体系化的基本结构 ········· 3
- 二、《民事诉讼法》与相关司法解释之间的逻辑定位 ········· 6
- 三、《民事诉讼法》与有关司法解释之间内生功能之逻辑 ········· 9
- 四、关于新民事证据规则体系化条件下若干动态性思考 ········· 11

### 第二章 法院在诉讼上的释明
- 一、释明权的定义与属性 ········· 17
- 二、释明权在法理上的基本要义 ········· 19
- 三、法院行使释明权的基本范围 ········· 25
- 四、法院在诉讼上的释明与当事人的异议权 ········· 28
- 五、我国法律及司法解释相关规定的理解与适用 ········· 30
- 六、案例实务与问题解析 ········· 55

### 第三章 当事人举证及举证责任分配
- 一、主张责任 ········· 67
- 二、要件事实 ········· 75
- 三、举证责任及其分配 ········· 81
- 四、主观的举证责任 ········· 102
- 五、客观的举证责任 ········· 115
- 六、案例实务与问题解析 ········· 128

## 第四章　司法认知与免证事实

　　一、司法认知 ········································ 141
　　二、免证事实 ········································ 153
　　三、根据自然规律以及定理、定律确认的事实 ············ 154
　　四、众所周知的事实 ·································· 157
　　五、根据法律规定推定的事实 ·························· 165
　　六、根据已知事实和日常生活经验法则推定的事实 ········ 185
　　七、仲裁裁决所确认的事实 ···························· 198
　　八、已为法院发生法律效力的裁判所确认的基本事实 ······ 202
　　九、已为有效公证文书所证明的事实 ···················· 208
　　十、案例实务与问题解析 ······························ 211

## 第五章　法院的职权调查

　　一、法院的职权调查 ·································· 217
　　二、法院调查收集证据 ································ 253
　　三、案例实务与问题解析 ······························ 283

## 第六章　当事人的陈述与自认证据

　　一、当事人陈述的基本法意 ···························· 291
　　二、当事人陈述的义务 ································ 299
　　三、当事人本人出庭 ·································· 313
　　四、当事人自认的基本要义 ···························· 326
　　五、诉讼上的自认 ···································· 331
　　六、明示的自认 ······································ 341
　　七、默示的自认 ······································ 346
　　八、当事人本人的自认与诉讼代理人的自认 ·············· 354
　　九、完全自认与不完全自认 ···························· 360
　　十、共同诉讼人中的自认 ······························ 364
　　十一、当事人自认效力的认定 ·························· 371
　　十二、自认的撤回 ···································· 380
　　十三、案例实务与问题解析 ···························· 385

## 第七章　证人作证

- 一、证人的资格 ········································································· 397
- 二、证人出庭作证的义务 ························································ 410
- 三、证人出庭作证 ·································································· 415
- 四、证人出庭作证的启动方式 ················································· 429
- 五、证人在庭审中的义务及相关规则 ······································· 441
- 六、对证人的调查询问 ··························································· 456
- 七、证人的权利保障与违法行为处理 ······································· 462
- 八、对证人证言的采信 ··························································· 471
- 九、案例实务与问题解析 ························································ 482

## 下　册

## 第八章　专业问题的证明

- 一、专业鉴定的概述 ······························································· 495
- 二、当事人申请鉴定 ······························································· 509
- 三、法院依职权委托鉴定 ························································ 522
- 四、鉴定人的选任与指定 ························································ 526
- 五、鉴定人的基本权利和权益保障 ··········································· 538
- 六、鉴定人的基本义务和违法处理 ··········································· 543
- 七、鉴定程序的开展 ······························································· 554
- 八、专家辅助人作证 ······························································· 604
- 九、勘验物证或现场 ······························································· 640
- 十、案例实务与问题解析 ························································ 650

## 第九章　书证制度

- 一、对书证的基本认知 ··························································· 663
- 二、书证的证据能力 ······························································· 667
- 三、书证的证据力 ·································································· 674

四、书证的原件与复制件 …………………………………… 682
　　五、书证的摘录件 …………………………………………… 691
　　六、公文书 …………………………………………………… 694
　　七、私文书 …………………………………………………… 698
　　八、域外书证 ………………………………………………… 705
　　九、书证上的语言文字 ……………………………………… 713
　　十、案例实务与问题解析 …………………………………… 714

## 第十章　视听资料与电子数据

　　一、基本要义 ………………………………………………… 727
　　二、我国有关法律及司法解释相关规定的理解与适用 …… 745
　　三、案例实务与问题解析 …………………………………… 772

## 第十一章　证据保全

　　一、证据保全的基本要义 …………………………………… 781
　　二、证据保全的必要条件 …………………………………… 790
　　三、证据保全的管辖 ………………………………………… 797
　　四、保全证据的申请 ………………………………………… 805
　　五、证据保全裁定的作出 …………………………………… 813
　　六、证据保全中的证据调查 ………………………………… 815
　　七、法院依职权保全证据 …………………………………… 827
　　八、担保的提供 ……………………………………………… 829
　　九、证据保全后的程序 ……………………………………… 835
　　十、案例实务与问题解析 …………………………………… 844

## 第十二章　举证时限制度

　　一、举证时限制度的基本议题 ……………………………… 851
　　二、二审程序中的举证期限 ………………………………… 887
　　三、举证期限的延长 ………………………………………… 890
　　四、再次确定举证期限 ……………………………………… 896
　　五、逾期提供证据 …………………………………………… 898

六、案例实务与问题解析 ················································· 909

## 第十三章　证据交换与庭前会议制度

一、证据交换制度 ····················································· 921
二、庭前会议制度 ····················································· 941
三、案例实务与问题解析 ················································· 949

## 第十四章　质证与法院的证据调查

一、质证的基本要义 ··················································· 955
二、案例实务与问题解析 ················································· 989

## 第十五章　举证妨碍及对其他妨碍证明行为的处罚

一、举证妨碍 ························································· 995
二、书证提出命令制度 ················································· 1007
三、对毁灭书证等妨碍举证行为的处罚 ····································· 1024
四、对其他妨碍诉讼证明行为的处罚 ······································· 1026
五、案例实务与问题解析 ················································ 1037

## 第十六章　证据的审查判断

一、审查判断证据的基本原则 ············································· 1045
二、对单一证据和全部证据的审核 ········································· 1053
三、证明标准 ························································· 1059
四、补强证据 ························································· 1080
五、非法证据的排除 ··················································· 1087
六、案例实务与问题解析 ················································ 1103

# 目 录

## 下 册

### 第八章 专业问题的证明

一、专业鉴定的概述 / 495

    （一）鉴定的界定 / 495

    （二）鉴定的对象 / 498

    （三）鉴定的性质 / 502

    （四）关于启动鉴定程序的基本认知 / 503

    （五）我国有关法律及司法解释相关规定的理解与适用 / 507

二、当事人申请鉴定 / 509

    （一）当事人申请鉴定与当事人的举证责任 / 509

    （二）当事人申请鉴定与举证期限 / 510

    （三）当事人自行委托鉴定及其效力 / 512

    （四）我国有关法律及司法解释相关规定的理解与适用 / 515

三、法院依职权委托鉴定 / 522

    （一）有关法理的基本认知与界定 / 522

    （二）我国有关法律及司法解释相关规定的理解与适用 / 523

四、鉴定人的选任与指定 / 526

    （一）鉴定人的法律地位及在诉讼上的角色 / 526

    （二）鉴定人的选任 / 527

    （三）法院对鉴定事项的委托 / 530

    （四）鉴定人的回避 / 531

    （五）我国有关法律及司法解释相关规定的理解与适用 / 531

五、鉴定人的基本权利和权益保障 / 538

（一）鉴定人的基本权利 / 538

（二）我国有关法律及司法解释相关规定的理解与适用 / 541

六、鉴定人的基本义务和违法处理 / 543

（一）鉴定人的基本义务 / 543

（二）对鉴定人的违法处理 / 547

（三）我国有关法律及司法解释相关规定的理解与适用 / 548

七、鉴定程序的开展 / 554

（一）宣誓或承诺 / 554

（二）鉴定材料的提交 / 555

（三）鉴定的实施 / 557

（四）鉴定书出具之前的程序 / 559

（五）鉴定书的出具 / 561

（六）对鉴定意见的异议 / 567

（七）补充鉴定 / 569

（八）鉴定人出庭 / 570

（九）鉴定人因职能行为造成损害的责任问题 / 572

（十）重新鉴定 / 574

（十一）我国有关法律及司法解释相关规定的理解与适用 / 577

八、专家辅助人作证 / 604

（一）学理上的概念与逻辑转换 / 604

（二）专家辅助人在诉讼中的机能 / 605

（三）专家辅助人与鉴定人之间的关系 / 607

（四）专家辅助人与法院之间的关系 / 608

（五）专家辅助人与当事人之间的关系 / 609

（六）庭审程序与专业问题的应对之策 / 610

（七）专家辅助人参与庭审程序的人数 / 611

（八）专家辅助人的选任与参与诉讼的方式 / 612

（九）专家辅助人参与诉讼的时间与条件 / 615

（十）专家辅助人的回避问题 / 617

（十一）专家辅助人的宣誓 / 618

（十二）专家辅助人职务保障与责任担当 / 619

　　　　（十三）法院对专家辅助人参与诉讼的管理与监督 / 621

　　　　（十四）对专业问题进行庭审调查所面临的挑战与应对之策 / 624

　　　　（十五）专家辅助人作证费用的承担 / 627

　　　　（十六）我国有关法律及司法解释相关规定的理解与适用 / 629

　　九、勘验物证或现场 / 640

　　　　（一）勘验的启动 / 640

　　　　（二）勘验对象的提供 / 640

　　　　（三）勘验人的界定 / 641

　　　　（四）勘验的实施 / 642

　　　　（五）勘验笔录的制作 / 643

　　　　（六）我国有关法律及司法解释相关规定的理解与适用 / 644

　　十、案例实务与问题解析 / 650

## 第九章　书证制度

　　一、对书证的基本认知 / 663

　　　　（一）书证的界定 / 663

　　　　（二）书证的基本范畴 / 664

　　　　（三）我国有关法律及司法解释相关规定的理解与适用 / 666

　　二、书证的证据能力 / 667

　　　　（一）书证证据能力的界定 / 667

　　　　（二）我国有关法律及司法解释规定的理解与适用 / 668

　　三、书证的证据力 / 674

　　　　（一）书证证据力的界定 / 674

　　　　（二）书证证据力的分类 / 675

　　　　（三）我国有关法律及司法解释相关规定的理解与适用 / 678

　　四、书证的原件与复制件 / 682

　　　　（一）定义与分类 / 682

　　　　（二）对复印件的客观认识及当事人诉讼权利的行使与放弃 / 683

　　　　（三）提交书证原件确有困难的情形及处理 / 684

　　　　（四）提出私文书原件的例外 / 686

（五）我国有关法律及司法解释相关规定的理解与适用 / 686

五、书证的摘录件 / 691
 （一）书证摘录件的界定 / 691
 （二）我国有关法律及司法解释相关规定的理解与适用 / 691

六、公文书 / 694
 （一）公文书的界定 / 694
 （二）公文书的证据力 / 695
 （三）我国有关法律及司法解释相关规定的理解与适用 / 696

七、私文书 / 698
 （一）私文书的界定 / 698
 （二）私文书的真实性基本法理 / 699
 （三）对私文书真实性的质疑 / 699
 （四）对故意提出争执的处罚 / 701
 （五）我国有关法律及司法解释相关规定的理解与适用 / 702

八、域外书证 / 705
 （一）域外文书的界定 / 705
 （二）我国有关法律及司法解释相关规定的理解与适用 / 706

九、书证上的语言文字 / 713
 （一）基本法意 / 713
 （二）我国有关法律及司法解释相关规定的理解与适用 / 713

十、案例实务与问题解析 / 714

## 第十章　视听资料与电子数据

一、基本要义 / 727
 （一）视听资料 / 727
 （二）电子数据 / 728

二、我国有关法律及司法解释相关规定的理解与适用 / 745
 （一）电子数据或视听资料的界定与范围 / 745
 （二）电子数据的类型与范围 / 748
 （三）对当事人提供视听资料、电子数据作为证据的要求 / 751

（四）人民法院对视听资料、电子数据的调查收集 / 752

（五）对视听资料、电子数据的质证 / 754

（六）对视听资料的审查与判断 / 756

（七）对电子数据真实性的确认 / 757

（八）对电子数据真实性的综合判断 / 762

（九）视听资料、电子数据的共通性 / 770

三、案例实务与问题解析 / 772

# 第十一章　证据保全

一、证据保全的基本要义 / 781

（一）证据保全在法律上的界定 / 781

（二）证据保全的程序属性 / 785

（三）证据保全的基本范围 / 787

（四）我国有关法律及司法解释相关规定的理解与适用 / 789

二、证据保全的必要条件 / 790

（一）基本界定 / 790

（二）采取证据保全措施所应当具备的条件 / 794

（三）我国有关法律及司法解释相关规定的理解与适用 / 795

三、证据保全的管辖 / 797

（一）基本要义 / 797

（二）起诉前的管辖 / 798

（三）起诉后的管辖 / 799

（四）起诉后有紧急情况时的管辖 / 800

（五）公证保全 / 801

（六）我国有关法律及司法解释相关规定的理解与适用 / 802

四、保全证据的申请 / 805

（一）申请的主体 / 805

（二）申请的程式 / 805

（三）对申请作出裁判的形式及程序上的效力 / 808

（四）我国有关法律及司法解释相关规定的理解与适用 / 810

五、证据保全裁定的作出 / 813

 （一）基本要义 / 813

 （二）我国有关法律及司法解释相关规定的理解与适用 / 814

六、证据保全中的证据调查 / 815

 （一）基本程序的界定 / 815

 （二）证据保全中证据调查的开展 / 817

 （三）我国有关法律及司法解释相关规定的理解与适用 / 820

七、法院依职权保全证据 / 827

八、担保的提供 / 829

 （一）基本要义 / 829

 （二）我国有关法律及司法解释相关规定的理解与适用 / 830

九、证据保全后的程序 / 835

 （一）关于笔录的保管与移送 / 835

 （二）关于证据保全的效力 / 836

 （三）证据保全的利用 / 837

 （四）证据保全程序的费用 / 839

 （五）我国有关法律及司法解释相关规定的理解与适用 / 841

十、案例实务与问题解析 / 844

## 第十二章　举证时限制度

一、举证时限制度的基本议题 / 851

 （一）举证时限制度的界定 / 851

 （二）举证时限制度之基本法理 / 851

 （三）设定举证期限的基本模式 / 862

 （四）增加或变更诉讼请求与举证期限 / 864

 （五）被告提起反诉与举证期限的确定 / 866

 （六）我国有关法律及司法解释相关规定的理解与适用 / 866

二、二审程序中的举证期限 / 887

 （一）基本要义 / 887

 （二）我国有关法律及司法解释相关规定的理解与适用 / 888

三、举证期限的延长 / 890

（一）基本要义 / 890

（二）我国有关法律及司法解释相关规定的理解与适用 / 891

四、再次确定举证期限 / 896

（一）基本要义 / 896

（二）我国有关法律及司法解释相关规定的理解与适用 / 896

五、逾期提供证据 / 898

（一）基本要义 / 898

（二）我国有关法律及司法解释相关规定的理解与适用 / 899

六、案例实务与问题解析 / 909

## 第十三章 证据交换与庭前会议制度

一、证据交换制度 / 921

（一）证据交换的基本界定 / 921

（二）证据交换的基本法理 / 921

（三）我国有关法律及司法解释相关规定的理解与适用 / 928

二、庭前会议制度 / 941

（一）庭前会议的基本界定 / 941

（二）庭前会议的基本法理 / 943

（三）我国有关法律及司法解释相关规定的理解与适用 / 944

三、案例实务与问题解析 / 949

## 第十四章 质证与法院的证据调查

一、质证的基本要义 / 955

（一）质证的界定 / 955

（二）质证的功能 / 955

（三）证据裁判主义与质证 / 957

（四）质证所针对的主要事项 / 958

（五）质证当中的相关问题 / 962

（六）我国有关法律及司法解释相关规定的理解与适用 / 965

二、案例实务与问题解析 / 989

## 第十五章　举证妨碍及对其他妨碍证明行为的处罚

一、举证妨碍 / 995

（一）举证妨碍制度形成的基本源流与原理 / 995

（二）举证妨碍行为的构成要件 / 998

（三）我国有关法律及司法解释相关规定的理解与适用 / 1005

二、书证提出命令制度 / 1007

（一）书证提出义务的基本法意 / 1007

（二）我国有关法律及司法解释相关规定的理解与适用 / 1009

三、对毁灭书证等妨碍举证行为的处罚 / 1024

（一）基本法意 / 1024

（二）我国有关法律及司法解释相关规定的理解与适用 / 1025

四、对其他妨碍诉讼证明行为的处罚 / 1026

（一）对其他妨碍诉讼证明行为处罚的基本要义 / 1026

（二）我国有关法律及司法解释相关规定的理解与适用 / 1026

五、案例实务与问题解析 / 1037

## 第十六章　证据的审查判断

一、审查判断证据的基本原则 / 1045

（一）审查判断证据的界定 / 1045

（二）审查判断证据的基本原则 / 1045

（三）审查判断证据的基本逻辑方法 / 1049

（四）我国有关法律及司法解释相关规定的理解与适用 / 1051

二、对单一证据和全部证据的审核 / 1053

（一）基本要义 / 1053

（二）我国有关法律及司法解释相关规定的理解与适用 / 1056

三、证明标准 / 1059

（一）证明标准的界定 / 1059

（二）证明标准的基本特征 / 1061

（三）证明标准的基本功能 / 1064

（四）证明标准的基本类型 / 1066

（五）证明标准量化理论的主要观点 / 1071

（六）决定民事诉讼证明标准的考量因素 / 1073

（七）我国有关法律及司法解释相关规定的理解与适用 / 1076

四、补强证据 / 1080

（一）补强证据的基本要义 / 1080

（二）我国有关法律及司法解释相关规定的理解与适用 / 1081

五、非法证据的排除 / 1087

（一）非法证据排除的基本要义 / 1087

（二）我国有关法律及司法解释相关规定的理解与适用 / 1097

六、案例实务与问题解析 / 1103

# 第八章
# 专业问题的证明

## 一、专业鉴定的概述

（一）鉴定的界定

在诉讼中，法院所要解决的问题，一是对案件事实的认定；二是在认定事实的基础上决定适用法律，其中对事实的认定是适用法律的前提和基础。然而，法院在认定事实方面只能具有一般常人所具有的那种普通学识和经验，是作为案件事实所涉及的领域往往是十分广泛、涉及诸种学科的。例如，对某一书证上的签名、印鉴是否属实，在合同中涉及的交付货物是否符合合同约定的质量标准等问题，法院不可能同时作为各个领域的专家来加以认定或识别，因此，为了解决与案件事实有关的各种专门性问题，必须求助于各行各业的专家，采用多种技术手段来作出科学鉴定，为确认与待证事实有关的专门性问题提供必要的条件。所谓鉴定，在我国又称司法鉴定，是指在诉讼过程中接受法院委托的专业机构指定相关专业人士，运用其专门技术知识、技能、工艺、经验以及各种科学仪器、设备等，对某些专业性问题进行分析、鉴别后提供鉴定意见的活动及程序。这种受法院委托、接受有关鉴定机构指派并运用其专门知识、技能、经验等对与案件事实有关的专门性问题进行鉴定活动的人，称为鉴定人。

在诉讼中，当某一案件中涉及与特定的待证事实有关，需要采用专业知识、技能或手段进行分析研究后，才能鉴别或判明的那些特定专门性问题，即为鉴定的对象或称鉴定客体。

在我国，对鉴定人所要求具备的条件有以下几个特征：其一，专业性，即鉴定人在某一领域必须具有专门的知识、技能和经验，这种技术水平及专业能力应足以胜任对诉讼中某一特定事项进行专业鉴定的要求，只有具备这种专业水平方能填补法官在专业知识上的不足。其二，中立性，即作为鉴定人与案件的审理结果或与案件的有关当事人不得存在任何利害关系，否则将影响鉴定意见的客观性与公正性。因此，我国在立法上明确规定，有关回避制度既适用于法官，也适用于鉴定人。其三，限定性，即我国法律一般要求鉴定人必须是由依法经登记管理的鉴定机构指定或聘请的，除非法律有明文规定，否则当事人不得自行聘请鉴定人。在这一点上，我国的鉴定人制度与英美法系国家或地区的鉴定人制度存在着巨大的差异，同时，也与其他大陆法系国家或地区的相关做法存在一定程度上的差别。据认为，我国现阶段的有关法律这般如是规定，是基于防止当事人对鉴定人进行收买、利诱，以排除不当干扰的一种预防性措施。

在诉讼中，鉴定意见在一些情形下往往具有其他证据方式所不能替代的作用。例如，某些书证、物证、电子数据和视听资料的证据力如何，只有凭借鉴定意见才能确认其是否与案件事实具有关联性，才能显现其形式证据力的有无以及实质证据力的大小与强弱。例如，收条、借据上的签名的真实性与否，需要做笔迹鉴定，合同上印章的真实性也需要进行相应的专业鉴定，等等。因此，鉴定意见对于印证其他证据的真实和可靠程度，映现、补强、确定或否定某些书证、物证、电子数据和视听资料等证据具有不可替代的功能；另外，在一些特定情形下，正确地运用鉴定意见，便可直接认定案件事实的主要情节或直接否定某些主要事实情节，这在一些疑难案件中显得尤为重要。

在英美法系国家或地区的证据法中，对证人与鉴定人不做区别，鉴定人属于人证范畴，只是由于这类证据人具有专业知识，被称为专家证人。大陆法系国家或地区的民事诉讼法将证人与鉴定人区别开来，证人证言与鉴定意见是两种不同的证据。我国《民事诉讼法》鉴于证人证言和鉴定意见有许多不同之处，将它们规定为两种独立的证据形式，2019年《民事证据规定》也遵循了此种思想。

在我国，与其他大陆法系国家或地区大致相同，对证人并不作广义上的理解，即认为证人与鉴定人之间存在着明显区别，主要表现：

1.从应具备的知识而言，证人只是知道案件中的某些事实的人，这些案件事实由于法律所规定的证人具有被强迫作证义务的缘故，使其出庭作证；即使在生理上、精神上有某种缺陷或者年幼的人，只要具备辨别有关事物或正确表达其意思的能力，都可出庭作证，而并非要具备某种特殊专业知识。而鉴定人为了就某些证据材料作出正确的鉴定意见，其作为鉴定人的前提必须具备有关的专门知识和技能。

2. 就可替换性而言，证人作证必须是就其本人亲自听到、看到或感受到的有关案件事实的情况，向法庭作出陈述。因此，证人是由案件事实本身所决定的，他既不能由法庭指派或聘请，也不能随意替换；而鉴定人从事鉴定活动是受法庭指派或聘请的，即这种被选任行为本身就具有某种主观任意属性，因此，当出现法律所要求其回避的情形时或者出现其他需要更换鉴定人的情形，例如，鉴定人因生病或其他原因不能胜任鉴定工作的，都可由其他适格鉴定的人来替换。同时，当法庭对鉴定人所出具的鉴定意见不能获得预期的确定性效果或对其产生怀疑时，也可要求有关鉴定机构指派或聘请其他鉴定人重新进行鉴定。

3. 从与案件的处理结果利害关系上而言，证人不得以与案件的处理结果有利害关系为由而要求其回避，同时证人不能以其具有特殊的身份为由而申请回避。例如，证人本人为担任本案审理的审判人员的情形等；而作为鉴定人如果符合法定的回避条件，与案件的处理结果存在直接的利害关系，鉴定人就应当主动申请回避，同时，当事人或当事人的诉讼代理人也有权要求其回避。

4. 就是否于事前了解案件事实而言，证人由于其出庭作证是因为有关案件事实情况所决定的，因此，在诉讼开始前就了解有关案件事实情况。而鉴定人事前并不了解案件事实，只是在诉讼开始后或诉讼进行过程中，由法院委托鉴定机构指派或聘请其就某些专门性问题通过鉴定得出结论性意见，从而对案件事实的认定起证明作用。因此，倘若鉴定人事先了解有关案件的事实情况，就应当坚持证人优先原则，而不能在本案中作为鉴定人。

5. 就是否可以查阅有关资料而言，鉴定人为了进行技术鉴定的需要，可以要求了解有关的案情或者查阅有关案卷材料，必要时还可向当事人、证人进行询问。同时，当对同一案件事实需要若干鉴定人共同进行鉴定时，鉴定人相互之间可以进行讨论，如果最终能形成共同鉴定意见，则可以共同签名的形式形成统一的鉴定意见；而证人则没有查阅案卷材料的权利，法律一般则规定询问证人时应分别进行，以免对证人之间就案件事实的作证产生不利影响，进而导致证言失去其真实性、可靠性。

6. 从出庭义务而言，证人出庭作证基于法律上的强迫性的压力，一般不得拒绝作证，这与英美法中证人享有的拒绝作证特权存在很大差异；而鉴定人如有正当理由，可以鉴定机构的名义拒绝接受法庭的委托。

7.就对待证事实陈述方式而言，证人作证只需提供他所知道的案件事实，而不得对案件事实作出推论或发表意见；而鉴定人不仅要叙述在鉴定过程中所发现的事实材料，还必须在法庭所提供的证据材料或其在鉴定过程中发现的案件事实材料的基础上进行推理或论证，以便最终形成鉴定意见。

（二）鉴定的对象

鉴定人为了有助于法院理解证据和确定争议事实，凭借其知识、技能、经验、训练或者教育等在某一领域具有专长采用意见的方式向法庭作证，因此，鉴定的对象系与待证事实有关的专业性问题。作为一般技术鉴定的领域涉及与社会生产、生活密切相关的各行各业中的专业知识与行业技能，如采矿、冶金、造船、建筑、电子、通信、仪表、家电等，对发生在工业、农业、建筑业、交通运输、邮电通讯等行业的因生产、经营性活动而产生的法律关系所涉及在诉讼上与待证事实有关的法律事实具有关联性的权益纠纷、质量事故的现场、机械、设备等，以及与有关民事权利义务具有其他系争事实的有形物进行勘查、检验、分析和研究，从而为法院认定案件事实提供相关专业鉴定意见。

关于被鉴定的对象，一般认为只要是与案件事实具有关联性的专门性问题，都可作为被鉴定的对象。从总的方面来看，一般可分为三大类型：一是人体或与人（身）体有关的物质，如血液、精液、唾液、尿液、毛发、手足印、口语音等；二是存在于自然界的各种物质或环境、地理、地貌等；三是由人的脑力或体力劳动创造的各种物质产品，如文字、图像、票据、建筑物、机械设备等。

就待证事实所陈述的内容而言，所谓普通证人向法庭作证，只需提供他所知道的案件事实，而不得对案件事实存在本身作出推论或发表意见；而鉴定人不仅要叙述在鉴定过程中所发现的事实材料，还必须在法庭所提供的证据材料或其在鉴定过程中发现的案件事实材料的基础上进行推理或论证，以便最终形成鉴定意见。因此，鉴定意见相对于证人证言而言，属于一种意见证据，而证人证言则属于一种事实证据。在民事诉讼中，大陆法的鉴定人与英美法的专家证人虽在作证的方式和性质上存在相同或类似之处，但是，专家证人的产生方式和在庭审当中的应用功能则与鉴定人之间有相当差别，两者不能相互替代，而是在各自的应用领域内发挥着自身独到的作用。

专家意见只能就法庭据以查明的案件事实中涉及的某些专门性问题作出鉴别和判断，仅涉及有关超越法院通常所掌握生活常识、经验的那些部分的特殊事实问题，因此，鉴定专家就这些专门性事实问题所得出的专家意见，就是意见证据。专家鉴定所得出的判断和意见作为法院查明案件事实的一种必要方式和认定手段，使得意见证据具有补充法院认识的功能。

作为鉴定的对象，在经过鉴定活动后所形成的判断性意见具有以下基本特征：

1. 作为专家的鉴定人要采用自己的专门性业务知识，借助专门技术性手段进行研究、分析，对所要解决的专业性问题作出推理、判断，从而形成结论性意见，而并不是仅仅停留在对有关客观现象的陈述、罗列之上。这就要求作为专家身份的鉴定人不仅要阐明根据鉴定材料所观察、认识到的事实材料，还应在分析、研究、判断这些事实材料的基础上提出符合科学的见解、判断性意见和结论。对鉴定人而言，其工作职能主要是根据有关的基础事实材料，运用专门性的知识、技能，采用专门的仪器、设备对有关与待证事实相关联的专门性问题进行推理、鉴别或判断，以弥补法院在此方面的专门性知识的空缺和分析研究判断手段的缺乏，从而使鉴定人的有关意见起到证据的功能和证明作用。

2. 作为鉴定人的鉴定意见，应当是依据客观事实标准所作出的、具有科学性的、符合客观内在必然联系的专业或技术性定论，而不是就法律问题作出相关结论。因此，鉴定意见只能就法庭据以查明的案件事实中涉及的某些专门性问题作出鉴别和判断，而不能直接对法律问题作出结论性意见。如果不是这样，那么将是本末倒置的。因为，对法律的适用以及作为法律适用的前提是对案件事实所作出的法律性结论，这是法院审判职权范围内的事项，对此，作为专家的鉴定人无权就该种问题作出相关意见。

3. 从委托和聘用鉴定人就某些案件事实中所出现的专门性问题作出科学的分析、判断本意的角度来看，鉴定人所作出的鉴定意见只能构成法院认定案件事实的基础部分，即鉴定人的鉴定意见作为一种证据方式仅涉及对有关超越法院通常所掌握生活常识、经验的那些部分的特殊事实问题。因此，鉴定人就这些专门性事实问题所作出的鉴定意见，从这个意义上来讲，其起到证人作证的作用，但是鉴定人不是一般意义上的证人，而是具有专门性知识或特殊经验的

"证人"。因此，从诉讼证明上而言，证人是就其亲身经受、体验到的有关案件事实所进行的陈述，证人的这种陈述作为一种证据方式而存在；鉴定人是运用其专门的学识、经验和技能对有关待证事实进行推理、判断从而形成结论性意见，这种结论性的意见也是一种证据方式。这两种证据方式的最大差别就在于，前一种证据方式是在亲身感受下就一般案件事实所进行的陈述，而鉴定意见是运用自身所具有的专门性知识对特殊案件事实问题所作出的结论性意见；就这两种证据方式的共同点而言，这两种证据方式共同构成法院认定案件事实的基础，是法院适用法律的前提和必要的条件。就法院适用法律的这种前提和必要条件之渊源而言，无论是证人还是鉴定人，其对待证事实所具有的证明力价值都具有人证的本质属性。因此，在审判实践中，只有正确认识和把握这种人证方式的本质属性，才能科学、有效和合理地制定出相关的程序规则，以便实现并达致诉讼公正的最终目的。

4.事实上，鉴定人无法对所见案件事实进行客观的描述，否则，他就只能作为证人。在诉讼中，鉴定人与证人共同面临的是诸种待证事实，而这些待证事实往往与案件的争执点有密切的关联性。从证据方式上，鉴定人必须借助法庭向其提供的包括书证、物证、视听资料等在内的各种检材，借助各种设备、仪器，为了解案件要查阅案卷材料和询问有关当事人和证人。因此，鉴定人在证明案件事实上仅应涉及专门性问题，这种证明过程只能是间接性的，并且也只能是一种对待证事实的分析、判断并得出相应的意见。英美法上把鉴定人的这种判断或推论而产生的假设性问题称为意见证据，大陆法上虽不注重对假设性问题的探讨，但仍承认鉴定人的鉴定意见通常应存在推理过程。笔者认为，鉴定人对待证事实的认识只能是根据某一事物的普遍联系和本质反映，就该类事物的诸个别对象的共同点的抽象与概括，以个别事物及经验事实为媒介，借助已有的事实根据及有关的知识、技巧和手段进行逻辑推理。因此，这种对待证事实的认识只能是理性的、间接的过程。认识到这一点的重要意义在于，鉴定过程是一个复杂的主观性与客观对象、客观条件等外界因素相统一的过程，实际上它是一个在特定环境下由鉴定人担任事实法官对待证事实的裁量过程，任何一个环节或因素如检材本身、科学定律、设备、仪器、试验和测试的程序与手段、查阅案卷材料以及询问当事人、证人而得出的印象等一旦出现偏差，都可能导致错误判断和意见的产生。事实上，即使是科学定律这样的真理也有被推翻的事例。可见，自然科学的真理性始终具有相对的假设性。因此，作为鉴定意见中所必须运用的分析、推理基础也不过是具有假设性这一点是显而易见的。因此，作为鉴定意见的证据力并非想当然地优于其他证据方法。

我国《民事诉讼法》所规定的鉴定意见属于一种意见证据，另外，该法及有关司法解释明确区别鉴定人与证人，同时将鉴定人既作为辅助法院查明案件事实的助手，又作为一种证据方法。法官限于自身知识、经验、技能上的不足，往往难以对涉及特殊专业性的证据材料作出合理的评价，从而在认定案件事实上显得无能为力，为此选聘鉴定人对有关证据材料就专业技术问题进行合理、有效判断，无疑填补了法官在认定案件事实上的一些职能空白。在诉讼上，涉及案件事实的专门性问题，通常以实物证据的证据资格与证据效力两方面表现出来，因此，鉴定的最终结果如何，直接关涉到有关实物证据的证据力。

5.证人对待证事实情况的陈述或描述是否一律拒绝"意见"，即推理或判断。对此，笔者认为，证人在作证时对事实情况的陈述或描述，其中包含有推定或判断的因素和过程，有时甚至是难以避免的。所谓人的语言（包括口头或书面）对事物的陈述不过从形式上是一系列概念上的逻辑排列。概念是语言的基本要素，是对同类事物共同的一般特性和本质属性的概括的反映，是思维的细胞，也是思维的最基本形式，概念与概念的相互关系是反映某种事实状态的客观前提。我国《民事诉讼法》第 75 条所要求的证人必须要"正确表达意思"的要求，也是从对客观事物进行能动性的感知和反映这一角度，来考虑证人是否具备正确地排列这些概念与概念之间的逻辑关系上的能力。这是因为，客观事物特征及内容的概念之间排列顺序是否正确本身就需要推理和判断。"事实是人对呈现于感官之前的事物或其情况的一种判断，是关于事物（及其情况）的一种经验知识亦即是关于客观事物的某种判断的内容，而不是客观事物本身。"[①] 可见，一味拒绝承认证人证言中应包含推理或判断过程的观点是站不住脚的。因此，在鉴定人与证人就待证事实予以证明的过程中，是否要以"事实"还是"意见"作为主要界定应不属争执范围，其关键在于证人通常是有关事实

---

① 彭漪涟：《事实论》，上海社会科学院出版社 1996 年版，第 4 页。

情况的目击者或有关事实过程的经历者，从证人与事实情况这一直接性而言，自应以排除"传闻"为条件，而大陆法中对证人证言中的"传闻"不予排除，而一并交由法官裁量，其危险性本身也恰好体现在大陆法系法官对证人证言的轻信程度上。与证人证言不同的是，鉴定意见中不排除"传闻"，这是因为，鉴定人本身与事实情况并不具有直接的关联性，"传闻"属于经验的来源之一，证据法并不禁止鉴定人之间相互讨论，交换意见，取长补短。还应当指出的是，证人作证的被强迫性正是由于他本身与事实情况具有不可替代的关联性，这已为各国的立法所证实；但是，并不能因此而忽视某一特定证人本身兼有特定行业的知识、技能，特别是在当代知识经济社会已经到来之时，作为现实生活中的"合格人"被视为具有特定专长的知识人，因此，当这类"知识人"出庭作证时，有谁还能忽视他们所具有的"知识结构"对其陈述证言过程没有任何影响呢？而这种影响并非仅仅停留在一般程度上的推理与判断。这种影响本身似乎会对大陆法中鉴定人与证人之间的区别带来微妙的变化。其实，大陆法中的鉴定人与证人通常都是作为一种广义上的"人证"来看待的，在立法上，凡对鉴定人无特殊规定的，一般都适于证人的规则。可见，两大法系关于鉴定人与证人的不同见解也是相对的。实际上，美国证据法上对专家证人与一般证人也是明确划分并规定在不同类别的条款中的。而英美法学者认为，"事实"与"意见"常常难以严格区别，其区别不过仅属程度上而已。这种观点是中肯的、实事求是的。

（三）鉴定的性质

关于鉴定的性质，学术界存在不同观点：

其一，有的观点认为，鉴定属于一种证据方法。该种观点认为，鉴定既然在立法上被作为诉讼证据加以规定，由此而得出的鉴定结果，法院还应当根据自由心证予以判断，故应作为证据方法。大陆法的一些判例将鉴定视为一种调查证据方法。鉴定人既然被作为一种证据方法，故法律关于证人的有关规定，对于鉴定人亦可予以准用。

其二，有的观点将鉴定视为法院之辅助机关，即认为法院对于非有特别知识不能得知的事项，须由专家补具不足，以期裁判正确，故应为辅助机关。

其三，还有一种观点认为，因鉴定人陈述特别法规或陈述经验法则，固然与证人陈述事实相同，而作为证据方法，又因鉴定人应用特别知识观察事实之后，并就事实加以判断陈述其鉴定意见之观点论之，则为法院之辅助机关，因此，鉴定人既作为证据方法，同时又作为法院的辅助机关。

鉴定人在证明案件事实上仅应涉及专门性问题，这种证明过程只能是间接性的，并且只能是一种对待证事实的分析、判断并得出相应的结论，可见，这里并不存在鉴定人对所见案件事实进行描述和陈述的问题。英美法上把鉴定人的这种判断或推论而产生的假设性问题称为意见证据，大陆法上虽不注重对假设性的探讨，但仍承认鉴定人的鉴定意见通常应存在推理过程。笔者认为，鉴定人对待证事实的认识只能是根据某一事物的普遍联系和本质反映，就该类事物的诸个别对象的共同点的抽象与概括，以个别事物及经验事实为媒介，借助已有的事实根据有关的知识、技巧和手段进行逻辑推定，因此，这种对待证事实的认识只能是理性的、间接的过程。作为鉴定意见中所必须运用的分析、推理基础也不过是具有某种假设性，作为鉴定意见的证据力并非想当然地优于其他证据方法，而在于它对有关待证事实所涉及专门性问题关联性的大小与强弱。笔者认为，我国《民事诉讼法》所规定的鉴定意见属于一种意见证据，另外，该法及有关司法解释，明确区别鉴定人与证人，同时将鉴定人既作为辅助法院查明案件事实的助手，又作为一种证据方法。法官限于自身知识、经验、技能上的不足，往往难以对涉及到特殊专业性的证据材料作出合理的评价，从而在认定案件事实上显得无能为力，为此选聘鉴定人对有关证据材料就专业技术问题进行合理、有效判断，无疑填补了法院在认定案件事实的一些职能空白。在诉讼上，涉及案件事实的专门性问题，通常以实物证据的证据资格与证据效力两方面表现出来，因此，鉴定的最终结果如何，直接关涉到有关实物证据的证据力。

（四）关于启动鉴定程序的基本认知

对鉴定程序的启动主体进行明确，实际上是确定鉴定决定权与鉴定委托权的主体的问题。所谓鉴定决定权，是指鉴定权的支配力量对是否进行鉴定活动行使决定的权力。鉴定决定权的行使，在不同性质的鉴定活动和不同诉讼体制下的鉴定活动情况下各不相同，但一般包含鉴定申请的提出、鉴定申请的审查、鉴定申请的决定和对鉴定申请决定的制约四个程序。鉴定申请是法律法规赋予民事诉讼当事人的权利，但是必须经过申请鉴定的合理性、合法性、必要性、可行性的审查。只有在认同具有合理性、合法性、必要性、可行性后，鉴定权主体才作出鉴定的同意决定。而鉴定申请决定的制约则是对鉴定权主体行使决定权的限制，要求鉴定权主体对作出决定行为（不同意）进行说明。鉴定决定权的行使是启动鉴定活动至关重要的首要程序，反映了鉴定权主体的意志、对事物认识与判定的能力等。鉴定委托权是指鉴定权的支配力量决定将鉴定活动委托给谁的权力。鉴定委托权的行使一般包括鉴定人的确立、鉴定人或鉴定机构的选择、鉴定人的审查、鉴定人的授权四个程序。由此可见，鉴定委托权的行使必须是建立在鉴定人鉴定资格制度基础上进行。鉴定人鉴定资格确定的方法存在事前确立和事后确立两种，鉴定资格的审查标准存在执业资格标准、专业技术标准和法学资格标准三种。鉴定人的选择有指定和当事人主张两种。鉴定委托必须经过正式的程序给鉴定人，具有正式的委托书。从法律的角度说，鉴定委托行为实际上是一种授权行为，即鉴定权支配力量赋予鉴定人对委托的事项有施行鉴定行为的权利，也称为鉴定执行权。这些权利包括鉴定人有权处分鉴定材料、确定鉴定方法和手段、有权申请调查、勘验和查阅与鉴定事项有关的现场、人员与材料等。因此说，鉴定执行权是从鉴定委托权中派生出来的权利，是鉴定人权利的主要组成部分。只有接受委托并从事具体的鉴定活动，鉴定人才能行使鉴定人权利，故不能脱离具体鉴定的委托，泛谈独立的鉴定执行权和鉴定人权利。

在民事诉讼中，鉴定程序的启动主要存在三种形式：其一，当事人自行委托有关鉴定机构进行鉴定。这种鉴定程序严格上说，应当属于诉讼外（尤其诉讼前）的鉴定程序，因为法院并未作为主体一方参与其中，它在启动上也不具有当事人申请、人民法院审查批准等严格而正式的程序。其二，当事人向法院申请鉴定。这是在诉讼过程中最为常见的一种形式。当事人是民事诉讼的直接利害关系人，诉讼的后果与其实体上和程序上的权利具有必然的因果关系，因此，从诉讼当事人对诉讼后果的期待心理来看，没有理由认为他们不会对可能有利于自己的专门性问题提请鉴定。鉴定后形成的鉴定意见，自然应当归属于申请方当事人的证据体系。可见，提请鉴定的真正主体应当是当事人，其向法院申请委托鉴定属于其举证责任的范畴。因为，鉴定意见虽然在一定程度上有助于法院对案件中的专门性问题的了解，从而使法院的裁判建立在客观真实的基础上。但是，从民事诉讼的目的以及法院的裁判目的来看，在尽量保护当事人合法权益的前提下解决当事人的纠纷，是民事诉讼的必然要求。其三，法院依职权委托鉴定。这种情形主要发生在某些很难将与待证事实有关的专业问题简单地划归有关当事人举证责任范畴以及那些涉及实践中可能损害国家利益、社会公共利益的事实。对此，法院依职权进行必要的干预，具有重要意义。

在诉讼中，当事人对其提出的事实主张一旦遇到专业性问题，其向法庭提供许多证据材料如书证、物证、视听资料、电子数据等实物证据，是否与案件待证事实具有关联性，即是否能够成为认定案件事实的根据，除了运用通常的认定、评价方式或经验法则来判断识别外，还需要依靠特殊专业知识、技能以及相应的专业仪器、设备来查验、测试、分析后才能作出结论。因此作为鉴定意见，这种证据方式所具有的独特功能系为其他证据方式所不能替代的。法官作为法律专家，对于与案件事实有关的其他待证事实如书证、物证、电子数据、视听资料等可以凭借其与一般常人所通常具有的知识、生活经历加以感知和认识，但对于与待证事实有关的各行各业的专门性知识和技能则并不能全盘加以通晓，因此在诉讼中，当涉及与各种专业领域有关的案件事实材料作为待证事实时，只能委托鉴定机构指派有关鉴定人进行专业鉴定，故这种专业鉴定所取得的意见则作为法院查明案件事实的一种必要方式和认定手段。在诉讼中，有许多与待证事实有关的重要案件事实必须借助和主要借助鉴定意见才能予以认定，比如在日常生活中涉及的人的生理状况、精神状态、人身伤害程度、产品质量纠纷所涉及的有关物品品质的认定和评价、有关因果关系事实的判断、责任事故的原因及损害程度等。对此，法官限于自身知识、经验、技能上的不足，往往难以对有关证据材料作出合理的评价，从而在认定案件事实上显得无能为力，在此选聘鉴定人对有关证据材料就专业技术问题进行合理、有效判断，无疑有助于填补法官在认定特殊领域案件事实上专业能力不足的空白。

审判实践中，某些案件中所涉及的待证事实是否需要法院以外的行业专家来判定而不能由法院进行自行认知，有时可能会存在某种争议性，这就涉及与待证事实有关的普通知识、经验与特别知识、经验的界定问题。对这一问题的思考，应当基于充分地考虑到各级、各地法院的法官在教育、原有职业、特有的经历、知识结构、综合素质、专项技能、家庭环境等个性化背景上所存在的差异条件下，对与某一待证事实有关的特定事项是否属于超出其自身知识、经验等所能够加以认定范畴予以合理判断。在诉讼过程中，如果法院认为与待证事实有关的问题，根据自身所具备的专门知识足以能够认定时，为了节约诉讼成本、及时解决纠纷，法庭可不委托鉴定人对此问题进行鉴定。

对某一专门性问题向法庭申请鉴定，通常是由一方当事人为履行其举证责任而提出的。有时在诉讼上，对与待证事实有关的事项被法官认为属于专门性问题而超出其本身所掌握的知识、经验之时，法院可依职权在审判上阐明对此问题进行鉴定的必要性，而是否实际进行鉴定，则有赖于对有关事项负有举证责任的一方当事人提出申请。但是，审判实践中，并不能排除在有关当事人向法庭提供证据，对方当事人对此发表质证意见，而法院在对证据进行审查判断时，认为对该证据所涉及的特定事项虽超出了普通知识、经验的范畴，而属于某种程度上需要专门知识、经验加以认定时，法院认为其本身所具备的与此相关的特别知识、经验足以对此获得正确的心证时，法院可据情作出对此事项没有必要提交鉴定的判断，并对此听取双方当事人的意见。

在当今信息时代以及知识经济社会当中，法官对特定行业具有相应的专长或特别知识亦是不足为奇的。当然，如果某一专门性问题具有相当的技术难度和实际要求，即使法官主观认为自己具有相应的知识、经验足以解决这一问题，也不宜由法官自行认定。因此，对该问题的把握和运用有一个相对明确的界限问题。《奥地利民事诉讼法》第364条规定，仅是针对那些并不具有显著意义的专门性问题，认为法官自身所具有的专门知识足以胜任对有关问题的判断，而并非有必要交由鉴定人进行专业技术鉴定，当然，这种做法在实践中具有非典型意义。另外，实践中，法院与当事人在此问题上可能存在不同见解，当事人有权要求法院对此作出合理解释，但最终是否启动鉴定的决定权归属于法院。

（五）我国有关法律及司法解释相关规定的理解与适用

2019年《民事证据规定》第30条第1款规定："人民法院在审理案件过程中认为待证事实需要通过鉴定意见证明的，应当向当事人释明，并指定提出鉴定申请的期间。"

对本条文的理解与适用，应当掌握如下基本内容：

1. 本条文当中所称的"待证事实"，在2019年《民事证据规定》的其他条款当中也有相同称谓的规定，比如，第31条第2款、第46条第2款、第66条、第67条第1款、第70条第2款、第78条第1款等。可以说，"待证事实"是一种立法上的称谓，而"要件事实"则是一种法理上的称谓，两者在实质上并无不同。实务上，如果有关待证事实系权利（或法律）关系发生的要件事实，就应当由原告方提出鉴定申请；如果有关待证事实系权利（或法律）关系障碍的要件事实、权利（或法律）关系消灭的要件事实和权利（或法律）关系制约的要件事实，就应当由被告方提出鉴定申请。

2. 根据我国《民事诉讼法》第82条的规定，[①] 对于案件待证事实所涉及专业问题的认识与判断，分为两种基本类型：一种是由具有专门知识的人出庭作证，经过法庭的调查和双方当事人的询问形成专家意见；另一种是启动鉴定程序，由具有相应专业资格的鉴定机构（鉴定人）提供相应的鉴定意见。在审判实践中，当案件的待证事实遇有或者可能遇有专业问题时，法庭通常会面临这样几种选择：其一，认为该专业问题需要通过鉴定来加以解决；其二，认为该专业问题需要通过具有专门知识的人出庭作证来加以解决；其三，认为该专业知识属于较为普遍性的问题，或者有关的专业知识与待证事实之间的关系并不密切，可通过对双方当事人进行调查询问并且通过适当的庭审讨论方式加以解决；其四，认为通过相关渠道私下咨询专业人士加以解决。在我国审判实践中，上述第一种方式最为常见；而第二种方式在操作层面所要求的技术性较高，故在许多情形下，实务上对此通常保持谨慎态度；上述第三种方式也较为普遍；

---

[①]《民事诉讼法》第82条规定："当事人可以申请人民法院通知有专门知识的人出庭，就鉴定人作出的鉴定意见或者专业问题提出意见。"

而上述第四种方法则属于某些大陆法系国家或地区具有习惯性的传统做法，在我国审判实务中的运用具有或然性。

3. 本条文主要涉及在审理案件过程中，法庭认为待证事实需要鉴定人通过提交鉴定意见的方式进行证明的，应当按照举证责任的要求向有关当事人进行释明。值得注意的是，在目前审判实践中，应当注意防范如下几种不当倾向的出现：其一，对鉴定意见过度依赖。即凡是遇有专业性问题，不作具体分析，一律向有关当事人进行释明促使其提出鉴定申请，或者只要当事人提出鉴定申请，无论是否存在必要性、可能性，就一概予以同意；其二，尽可能回避启动鉴定程序。即基于避免程序上的复杂性及尽快结案等考虑，凡是具有专业性问题，原本应当启动鉴定程序，但既不向有关当事人进行释明，对于本应依职权启动鉴定程序或有关当事人主动提起鉴定申请的情形，也尽可能地消极对待；其三，在选择程序和方式上存在不当情形。例如，对于有关专业问题不加认真分析和严格把关，本应向当事人释明其申请具有专门知识的人出庭作证即可，反而向当事人释明其提出鉴定申请，导致增加当事人的诉讼成本和程序拖延。针对上述在我国审判实践中常见的三种不当现象，人民法院在启动鉴定程序问题上，既要慎重也不能够墨守成规，而应当实事求是，依法按照审判规律针对个案的具体情形全面、客观、科学、严谨地对待专业性问题，既要保障当事人的诉讼权利，还应当保障实现司法公正和效率的价值目标。

4. 当个案中所涉及的专业性问题与待证事实有关，且有关当事人对该待证事实负有主张责任和举证责任时，则该负有举证责任的一方当事人提出鉴定申请，以便人民法院进行审查以决定是否启动鉴定程序。鉴于人民法院委托鉴定人进行司法鉴定属于证据方法，而鉴定人提出的鉴定意见属于证据资料，因此，当事人提出鉴定申请具有履行举证行为的性质，应当比照人民法院确定举证期限的要求，在法院释明有关当事人提出鉴定申请的同时，为其指定相应的提出鉴定申请的期间。

## 二、当事人申请鉴定

（一）当事人申请鉴定与当事人的举证责任

当事人申请鉴定是履行其举证责任的必要方式，如同向法庭提交其他形式的证据一样，在诉讼上，只要涉及与案件有关的待证事实需要通过鉴定才能得以认定时，便产生了实质意义上的举证责任，而这种举证责任是作为一种诉讼上的风险负担而存在的。因此，只能按照举证责任的分配规则，由特定的一方当事人来实际承受。

在诉讼上，凡当事人向法庭提出申请鉴定的请求，从而引起法庭对有关证据进行调查程序的启动，在证据法上应被视为当事人提供证据证明其事实主张的行为模式。因此，在形式要件上，通常应当以书面申请为必要条件。申请中所应当列明的鉴定事项，一方面，必须符合有关专门问题的技术性标准与要求；另一方面，必须属于与待证事实有关的证明范畴。凡当事人所提出的有关鉴定事项不符合有关专门性问题的技术性标准与要求或者不属于法院在审判上需要查明的事实范畴的，都不能达到预期的效果。在申请书中所列明的鉴定事项，一般应当符合如下几方面的要求：其一，要求鉴定的事项应当是在现有的科学技术条件下所能够解决的专门性问题；其二，要求鉴定的事项属于与待证事实有关的专门性问题；其三，在客观上所存在的用于鉴定的检材，在技术上必须符合最低的鉴定条件与要求。

虽然通过对某一专门事项借助鉴定得出某种结论性意见将有助于法院获得心证，但是，不能由此得出，当法院不能运用通常经验对案件事实作出判定时，在所有案件审理过程中使得法院从职务上的需要出发，由其依职权主动要求对某一专门性问题进行鉴定，也就是开展证据调查。这种立论本身不能有效地保障法院站在中立的立场来对待和平衡双方当事人之间的这种相互冲突的立场，因此，中立的裁判者地位和公正的审判职能本能地要求，应当将与这种涉及重大裁判后果有关的举证责任分配于某一特定的当事人来承受。如果在程序上超出了举证期限，本应负有举证责任的一方当事人在缺乏正当理由的情形下如果不提出鉴定申请，或者虽提出鉴定申请而不预交鉴定费用，或者虽然提出鉴定申请并预交了鉴定费用，但是不能够提供作为鉴定的检材或者足以影响鉴定活动正常进行的相关资料，从而在客观上妨碍了鉴定活动的正常开展，由此而产生的不利法律后果，将由该方当事人来承受。

在程序上，当事人提出鉴定的申请必须经过人民法院的审查和同意，才能真正进入鉴定程序。因为，这种鉴定属于诉讼中的鉴定，具有司法属性，人民法院作为鉴定程序的参加方和控制方，对当事人的鉴定申请是否付诸实施具有决定权。因此从本质上说，这种诉讼中的鉴定程序，其启动的真正决定权仍在于法院。另外，当事人的鉴定申请只要具备基本的事项，如需要鉴定的事项、需要鉴定的理由、该事项所要证明的案件事实等，人民法院就应当认定该申请合法有理，并予以同意，以便进行下一步的程序。

当事人申请鉴定属于当事人的举证行为，故该行为本身也应被纳入当事人举证责任的范畴。实务上，当事人对于需要鉴定的事项承担举证不能责任的情形主要有以下三种：（1）在举证期限内不申请鉴定。对于需要鉴定事项负有举证责任的当事人，在人民法院指定的期限内无正当理由不提出鉴定申请的，视为他放弃了对该事项的举证，理应承担举证不能的后果。（2）不预交鉴定费用。对于需要鉴定事项负有举证责任的当事人在法院指定的举证期限内预交相应的鉴定费用系鉴定程序启动的必要条件。由于鉴定人有取得报酬权，因此，当事人理应支付鉴定费用，不过，如果将此笔费用留在裁判后支付，对鉴定人来说势必增加其风险。为了保护鉴定人的合法权益，有必要将当事人预交鉴定费用作为启动鉴定程序的条件之一。（3）拒不提供相关材料。当事人既然申请鉴定，就应当对被鉴定事项所需要的有关检材提供给鉴定人，以使鉴定人在掌握客观真实材料的基础上，对被鉴定事项作出客观、公正的鉴定。如果有关当事人拒不提供有关材料或者提供的材料不符合要求的，导致待证事实无法查明的，应当承担举证不能的法律后果。

（二）当事人申请鉴定与举证期限

只有及时启动鉴定程序，才能为庭审过程中法院对于专业问题的调查以及鉴定人出庭接受法庭询问提供必要的前提条件。除法律另有规定或者法庭据情根据必要予以准许之外，当其主张的待证事实涉及专业问题时，为了有助于法院围绕案件事实争点进行相应的证据调查与事实调查，有关当事人应当及时向法院提出鉴定申请，当事人提出鉴定申请的时间以尽量安排在诉讼之前所确定的举证期限之内为宜。从法理上而言，对有关证据进行鉴定属于法院证据调查的一个有机组成部分，很多情况下所形成的当事人申请法院进行鉴定的原因，主要发生在庭审的质证阶段。因此，试图在审前阶段所确定的举证期限之内一味地强调当事人申请鉴定否则就产生失权效果的做法，在实务上是不可行的，这在自2001年《民事证据规定》实施以来多年的审判实践中也得到了充分的验证。

在审判实务上，因个案的情况千差万别，有的适用普通程序，有的适用简易程序，有的案情复杂，有的案情简单。无论是原告还是被告，均很难事先预知对方提出的证据存在来源和形式上的瑕疵，无法判断哪一份证据存在伪造或变造之可能。如印章和笔迹鉴定，接受证据交换材料的一方，在证据交换的当场无法判断和主张书证材料上的印章和笔迹为假，只有将材料带回与印章核对、交书写人核对笔迹后，才能作出是否申请鉴定的决定；又如关于工程价款的鉴定申请，无法当即确定对方提出的请求额是否需要鉴定，接受证据交换材料的一方只有将对方提出的工程决算材料审核之后才能视情作出判断，而这个审核过程绝非当场或三到五天内就可以完成的。因此，一律要求当事人必须在举证期限届满之前提出申请，脱离诉讼正常进行的客观实际，强人所难。

审判实践中，除了在一些案件当中因没有进行庭前证据交换而导致当事人无法及时掌握对方向法院所提供的证据，使其无法在开庭审理前对当事人提供的有关书证、物证、视听资料、电子数据等提出异议并提出鉴定申请的情形外，另外，由于诉讼程序推进的阶段性所致，对案件事实的查明是当事人的诉权与法院的审判权相互促进的结果，在此过程中，借助鉴定这种证明方式是用于查明案件事实的一种必要的技术手段，由于案件涉及案情的复杂性以及庭审活动受制于程序的技术性，必然会导致在某种情形下，即使在正式庭审活动的后一阶段，也会产生对有关证据的鉴定问题。另外，当事人提出的事实主张所涉及的待证事实尽管与专业问题有关，但能否作为本案的争议焦点被法院实际纳入审理范围，或者说，当事人提出的事实主张所涉及的待证事实尽管与专业问题有关并且被纳入本案的审理范围，但是否必须通过鉴定的方式来加以解决，法院与当事人之间可能存在不同的认识，或者说还存在其他不确定因素等。这些繁纷复杂的情况不一而论，因此，在程序上很难要求当事人必须在举证期限内提出鉴定申请。况且根据现行《民事诉讼法》的旨意，在对个案的审理过程中，举证期限的确定并非一次性的，法院可以根据当事人的主张和案件审理情况在诉讼的不同阶段多次确定审理案件所需要的举证期限。因此，将当事人申请鉴定的时间确定在某一举证期限之内，既不现实，也不符合法律规定。

（三）当事人自行委托鉴定及其效力

我国民事诉讼的司法鉴定制度要求鉴定人必须是在诉讼中由人民法院委托鉴定机构指定的，鉴定意见书是由在诉讼中经法院委托的司法鉴定机构和鉴定人按照统一规定的文本格式制作的。但是，实务中确有部分案件的当事人为向法院提供充分的证据，证明其诉讼请求的合理性，自行申请鉴定机构作了鉴定，在诉讼中提交法院。如根据我国《民事诉讼法》《消费者权益保护法》等法律的有关规定，公民或当事人在自身权益受到损害而分别向有关部门提出赔偿请求时，必须提供相应的证据，即负有举证责任。随着公民法律意识的增强，律师代理制度的发展，民间专业性检测机构或科研、企业等部门向社会提供专门性检测有偿服务的出现，使得人们能够借助科学鉴定为自己的主张提供依据，同时也增强自己的举证能力。这种情况不但是我国进入市场经济时代出现的新情况，而且也会在今后成为人们自行举证的最强有力手段之一。法院一般对这种鉴定意见采取两种方式处理：一是经对方当事人同意，法院认可作为证据使用；二是被对方当事人否定，法院不认可其作为鉴定意见。对于这种在诉讼发生之前由一方当事人自行委托进行的鉴定，称为自行鉴定。

从两大法系各国的立法来看，对专业问题的证明，要么依靠鉴定人提供专业意见，要么依靠专家证人提供证言。在我国，有人主张这种当事人自行委托的鉴定人的诉讼地位是证人，但是如果其鉴定被法院采纳，这种证人又会变成鉴定人。这种主张的合理之处在于：较好地区别了自行鉴定人与法院委托鉴定人，进而区别了这两种证据的效力。但问题是将自行鉴定人与证人等同，证人的概念就需要修改，即把证人分为两类：一类是根据其了解的案件事实向法院所作的陈述者，一类是根据其专业技能对案件争议事项作出判断者，像英美法等国家或地区的专家证人。对此,笔者认为,这种自行鉴定人的诉讼地位仍然应定为鉴定人,但为了与法院委托的鉴定人相区别,需要把鉴定人分为两类:一类是法院委托的鉴定人,一类是当事人自行委托的鉴定人。将自行鉴定人的诉讼地位仍定位为鉴定人,主要考虑有以下几点理由:首先,自行鉴定人就实质而论乃鉴定人而已,是用其专门的知识对案件争议事项所作的判断,唯与现行法律规定的鉴定人不同的是委托人不同,前者受当事人委托,后者受法院委托;其次,将其定位于鉴定人,可以避免其先是证人,后因被对方当事人认可又易位为鉴定人的烦琐与矛盾;最后,可避免因其被定位为证人与传统意义上的证人相混淆。另外,根据我国司法部颁行的《司法鉴定机构登记管理办法》和《司法鉴定人登记管理办法》的规定,司法机关和公民、组织可以委托列入司法鉴定人和司法鉴定机构名册的司法鉴定机构及司法鉴定人进行鉴定。可见,在我国,当事人自行委托鉴定人是有相关法律依据的。

从自行鉴定的特性来看,当事人是自行鉴定的支配力量,拥有自行鉴定的鉴定权。在自行鉴定中,当事人独立行使鉴定的决定权、委托权,可以自行决定是否鉴定,挑选或选择鉴定机构及鉴定人;并且行使鉴定的组织监督权,对鉴定过程进行监督,或者更换鉴定机构与鉴定人。有学者指出,在德国,私鉴定不具有任何证据意义,而仅能作为当事人陈述的一部分来加以评价。这里所谓当事人的陈述,主要是指当事人作为诉讼主体向受诉法院陈述其希望裁判的事实。一方当事人自行委托鉴定机构或者人员进行鉴定,其根本目的在于辅助确定或形成诉讼请求,并在对诉讼请求附以相关事实作为理由及依据(主张)的过程中发挥其作用。因此,私下鉴定在性质上系当事人的陈述。[①]

在鉴定程序上,自行鉴定的启动、进行均由委托鉴定的当事人控制,委托鉴定的当事人通常也不对外公开鉴定活动,对于鉴定意见的审查与取舍均由委托的当事人自主决定。然而,有必要指出的是,自行鉴定受到当事人的极大影响,鉴定机构或鉴定人往往只对当事人提供的检材进行检验、分析和判断,并不对送检材料的全面性、真实性、合法性进行审查和评价。有时,当事人只选择与自己观点一致的鉴定人,甚至通过不法手段使鉴定人出具对己有利的鉴定

---

① 参见占善、张一诺:《私鉴定之定性分析》,载《证据科学》2020年第6期。

意见。因此，自行鉴定的真正科学性、证据的效力性都受到质疑。在民事诉讼中，对于当事人自行鉴定的鉴定意见必须进行审查。其中包括对鉴定依据的材料真实性、全面性、合法性，鉴定机构或鉴定人的专业鉴定、检测能力和范围，有无影响鉴定、检测公正性因素等内容进行审查。只有经过审查确认或双方认可或同意的自行鉴定的鉴定意见，才能够作为认定案件事实的根据。针对生态环境侵权民事诉讼所具有的某种特殊性，《环境侵权证据规定》第23条作出了相应的规定："当事人就环境污染、生态破坏的专门性问题自行委托有关机构、人员出具的意见，人民法院应当结合本案的其他证据，审查确定能否作为认定案件事实的根据。对方当事人对该意见有异议的，人民法院应当告知提供意见的当事人可以申请出具意见的机构或者人员出庭陈述意见；未出庭的，该意见不得作为认定案件事实的根据。"

从多年来的司法实践来看，各地法院对当事人自行鉴定的态度有时并非一致。我国理论界也对此争议较大：一种观点认为，法院可以不接受当事人提交的自行鉴定，当事人不得自行委托进行鉴定；另一种观点认为，当事人有权提交自行鉴定，作为其诉讼主张的理由和证据材料，法院有权对自行鉴定的鉴定结论进行审查，决定是否作为裁决的证据采用。其理由是：第一，当事人向法院提供支持其诉讼主张的证据材料既是诉讼权利，也是举证责任。当事人的诉讼权利和举证责任应该得到诉讼程序上的保障。并且经过相应的程序，对当事人的主张以及提供的证据材料给予认可或拒绝。第二，当事人进行自行鉴定可以在一定程度上达到诉讼请求的合理性、科学性。例如，对损害事实与财产损失的鉴定，则能使当事人及时保全证据，有针对性地提出合理诉讼请求，达到诉讼经济的目的。应当指出的是，这种产生于诉讼前的由当事人自行委托的鉴定所产生的鉴定意见，与我国《民事诉讼法》第66条所规定的八个证据种类中因诉讼过程中进入司法鉴定程序而获得的"鉴定意见"存在明显的不同。在诉讼过程中，对于当事人自行委托鉴定所产生的鉴定意见，其证据力明显低于法院委托鉴定所获得的鉴定意见，即有关当事人只要能够提出反驳证据就能够将其推翻，甚至在一定情况下，有关当事人只要能够提出具有致人产生合理怀疑的事由而被法院所接受时，也可将其推翻。

（四）我国有关法律及司法解释相关规定的理解与适用

1. 当事人有权向法院申请鉴定

《民事诉讼法》第 79 条第 1 款中规定："当事人可以就查明事实的专门性问题向人民法院申请鉴定。"

对本条文的理解与适用，应当掌握如下基本内容：

（1）申请鉴定是当事人的一项诉讼权利，人民法院在程序上应当予以保障。对查明案件事实所涉及的专门性问题需要通过鉴定进行证明的，当事人有权向人民法院提出申请。

（2）对双方当事人均申请鉴定，或者一方当事人申请鉴定而另一方当事人同意的，人民法院应当启动鉴定程序；如果只有一方当事人申请鉴定，鉴定的内容涉及与案件待证事实相关联的专门性问题的，另一方当事人虽然不同意，人民法院一般也应当启动鉴定程序。

（3）当事人可以就查明事实的专门性问题向人民法院申请鉴定，在通常情况下，意味着有关当事人提出的事实主张和诉讼请求涉及专门性问题，这一专门性问题与其举证责任有关。因此，由相关当事人提出鉴定申请与该方当事人的举证责任负担相契合。

2. 举证期限及法院对当事人申请鉴定的审查

《民事诉讼法解释》第 121 条第 1 款规定："当事人申请鉴定，可以在举证期限届满前提出。申请鉴定的事项与待证事实无关联，或者对证明待证事实无意义的，人民法院不予准许。"

对本条文的理解与适用，应当掌握如下基本内容：

（1）本条文中，所谓"可以在举证期限届满前提出"，在逻辑上可以表述为：当事人申请鉴定，既可以在举证期限届满前提出，也可以在举证期限届满后提出。作此规定主要有以下含义：其一，该项规定原则性较强，既适用于普通程序，也适用于简易程序（或小额诉讼程序）。鉴于各类案件的复杂性和法律关系的性质千差万别，人民法院所确定的一般是特定证据的举证期限，而有可能并不是对整个案件所有证据笼统地确定一个举证期限。当事人申请鉴定，是当事人申请人民法院委托专业鉴定机构对有关专门性问题提供鉴定意见，以便法院作出对其有利的裁判。因此，当事人申请鉴定的行为，在性质上如同当事人的举证行为。其二，人民法院在民事案件审理过程中确定当事人的举证期限，并非一次性的，某些疑难、复杂的案件要根据案件诉讼发展的不同阶段需要，多次确定当事人应当提供的证据和提供该证据的期限。因此，当事人申请鉴定的行为，属于当事人的一种举证行为，如果仅仅限定在某一特定举证期限届满前提出显然是不合理的，也是不现实的。其三，在技术层面，对有关待证事实所涉及专业鉴定问题一般与举证责任的分配有关。因此，由何方当事人提出鉴定申请在当事人之间有时会存在不同认识。由此所产生的后果是，在实务上，当事人向法院提出鉴定申请，有时是当事人积极主动提出的，有时则是当事人在法院向其予以释明后被动提出鉴定申请。在出现后一种情形时，由于当事人之间的相互推诿，在这种情况下，要求当事人在某一特定举证期限届满前提出鉴定申请，显然是不现实的。其四，在案情较为复杂的案件中，待证事实的确定与案件争议焦点的确定密切相关，从而导致了对与待证事实有关的某一专业鉴定必要性的认识不得不在诉讼程序的阶段性上发生迟延。因此，如果一律要求当事人提出鉴定申请必须在某一举证期限届满前提出，显然是不合理的。其五，从程序推进的角度讲，采用专业鉴定耗工费时，虽然不计入审限，但在客观上会造成程序的滞延，当法院面对案多人少的矛盾时，会倾向于尽量不选择采用专业鉴定的方式。而法院的慎重考虑需要一定的时间来进行权衡，这也在客观上造成了当事人提出鉴定申请不可能必须在某一举证期限届满前进行。

（2）本条文中，所谓"申请鉴定的事项与待证事实无关联"，指的是当事人申请鉴定所涉及的证明事项与待证事实之间没有关联性，也就是不存在内在的、必然的联系，因此，当事人申请鉴定所得出的鉴定意见对于证明待证事实没有相应的证明价值。

（3）本条文中，所谓"对证明待证事实无意义"，系指当事人申请鉴定的事项所预期产生的鉴定意见，对于证明待证事实本身没有实际价值。也即，从法院查明待证事实的角度来观察，因当事人申请鉴定的事项对证明待证事实无意义，导致当事人申请鉴定显得缺乏必要性。

3. 人民法院指定当事人申请鉴定的期限

2019年《民事证据规定》第31条规定："当事人申请鉴定，应当在人民法院指定期间内提出，并预交鉴定费用。逾期不提出申请或者不预交鉴定费用的，视为放弃申请。对需要鉴定的待证事实负有举证责任的当事人，在人民法院指定期间内无正当理由不提出鉴定申请或者不预交鉴定费用，或者拒不提供相关材料，致使待证事实无法查明的，应当承担举证不能的法律后果。"

对本条文的理解与适用，应当掌握如下基本内容：

（1）举证期限的确定与法院的程序管理与诉讼指挥权有关。在通常情况下，在审理前的准备阶段，举证期限由法院依职权指定；而在开庭审理阶段，举证期限可以由当事人协商确定，并经人民法院准许。实务中，根据开庭审理需要，当法院认为有必要对双方当事人将要提供的证据确定举证期限时，首先可征求双方当事人的意见，当事人意见相同时，法院既可据情予以准许，也可以当事人协商的举证期限不妥为由而要求当事人另行协商；当事人意见出现分歧时，法院可据情确定相应的举证期限。2001年《民事证据规定》第25条第1款曾规定："当事人申请鉴定，应当在举证期限内提出。"但鉴于当事人申请鉴定不仅与当事人的举证责任有关，且法院决定对当事人提出申请鉴定是否予以准许，在很大程度上要取决于该种鉴定是否对证明待证事实具有证明价值，另外，即使法院准许当事人的鉴定申请之后还要由法院委托有关专业机构进入鉴定程序。从专业机构的角度，其对专业问题进行鉴定并出具相关专业意见，是为了协助法院查明案件事实，在此意义上鉴定人为法院的助手，而并非当事人的助手。因此，将当事人提出鉴定申请的时间严格限定于举证期限内，使其完全与当事人的举证责任挂钩，与鉴定程序本身的司法职能不相吻合。因此，考虑到实践中确实存在当事人以申请鉴定作为举证的必要方式，《民事诉讼法解释》第121条第1款规定："当事人申请鉴定，可以在举证期限届满前提出。"可见，当事人在举证期限届满前提出鉴定申请是有法律根据的。而根据本条文的规定，当事人申请鉴定，应当在人民法院指定期间内提出。该规定主要是考虑到，审判实践中，尽管当事人会主动考虑到申请鉴定的必要性，并且基于履行举证责任的目的向法院提出鉴定申请。但是，在许多情况下，基于案件审理情况的不同，法院会在审理的特定阶段认为存在对某些特定专业性问题进行鉴定的必要性，并且法院通常要根据双方当事人的事实主张和抗辩主张所涉及的具体利益关系，将与该特定专业问题所涉及的举证责任分配给其中一方当事人来负担，并在程序上要求其于指定期限内提出鉴定申请。可见，本条文的规定与《民事诉讼法解释》第121条第1款规定是一种并行不悖和相辅相成的关系，即当事人将申请鉴定作为履行本证举证责任时，通常会在某一特定举证期限届满前向法院提出鉴定申请，而当事人将申请鉴定作为履行反证举证责任时，则通常会在举证期限届满之后向法院提出鉴定申请。而在双方当事人均未向法院提出鉴定申请以作为履行其举证责任的必要方式时，如果法院在案件审理过程中认为某一专业问题与待证事实有关，需要通过鉴定来协助其在审判上作出相应判断的，可依职权指定期限并要求有关当事人以举证人的身份提出鉴定申请。法院指定申请人提出鉴定申请的期限不受举证期限的限制。

（2）在诉讼上，对有关案件待证事实的认定，既可能涉及非专业问题，也可能涉及专业问题。对于非专业问题的认定，法院可以根据有关证据和日常经验法则做出相关的判断；但是，对于专业性问题的认定，需要具有特定专业知识、经验和技能的鉴定人来协助。通常情况下，对于某一专业性问题的认定，要么与一方当事人的事实主张有关，要么与另一方当事人的抗辩主张有关。法院会根据具体情形，将某一专业问题按照利益关系的基本格局，比照举证责任分配的定式，要求其中一方当事人提出鉴定申请。因对某一专业问题的鉴定，将有利于证明该方当事人的主张和诉讼利益，因此，提出鉴定申请被视为一种举证权利。利用专业鉴定意见来协助法院查明案件待证事实，亦属于法院在广义上收集调查证据的基本范畴，因此，在诉讼过程中，在何种期限内由当事人提出鉴定申请以便于法院委托专业机构开展鉴定活动，属于法院职权范围内所应考量和决定的事项。民事诉讼属于私权纠纷，因诉讼所产生的相应费用不应由国家来承担。因此，因法院委托司法鉴定所产生的鉴定费用，应当按照有关规定由当事人来承担。当事人在申请鉴定时应当预交鉴定费用。在人民法院明确向当事人告知的情况下，有关当事人在指定期限内不提出鉴定申请，或者虽然提出鉴定申请，但不预交鉴定费用的，应当视为放弃提出鉴定申请的权利。

（3）本条文中，所谓"对需要鉴定的待证事实负有举证责任的当事人"，主要是指民事诉讼实行"谁主张、谁举证"的基本法则，对需要鉴定的待证事实负有举证责任的当事人，既可能是向法院提出诉讼请求和事实主张的一方当事人，也可能是向法院提出抗辩主张的一方当事人，即由法院据情判断有关待证事实与何方当事人的主张有关,以确定其主张与鉴定事项之间具有关联性。在法院确定并明确告知有关当事人在指定期限内应当提出鉴定申请,否则在出现如下情形之一时,致使待证事实无法查明,应当承担举证不能的法律后果:其一,无正当理由未在人民法院指定期限内提出鉴定申请的;其二,虽然在法院指定的期限内提出鉴定申请,但并未按照有关规定向法院或者鉴定机构预交有关鉴定费用;其三,即使有关当事人在法院指定的期限内提出了鉴定申请并按照有关规定预交了相关鉴定费用,但拒不向有关鉴定机构提供那些属于开展鉴定所不可或缺的有关材料的。当事人的这种拒不履行相关协助义务的行为属于妨碍司法鉴定的行为。

(4)《知识产权证据规定》第22条规定:"人民法院应当听取各方当事人意见,并结合当事人提出的证据确定鉴定范围。鉴定过程中,一方当事人申请变更鉴定范围,对方当事人无异议的,人民法院可以准许。"该条涉及鉴定范围确定的规定。审判实践中,虽然双方当事人同意变更鉴定范围,但鉴定的对象事关案件事实的查明,不能仅因为对方当事人无异议就发生变更,人民法院仍需要对此加以审查。人民法院在审查确定鉴定范围时,应当考虑当事人的理由及其相关证据。

4. 当事人自行委托鉴定

2019年《民事证据规定》第41条规定:"对于一方当事人就专门性问题自行委托有关机构或者人员出具的意见,另一方当事人有证据或者理由足以反驳并申请鉴定的,人民法院应予准许。"

对本条文的理解与适用,应当掌握如下基本内容:

(1)2001年《民事证据规定》曾经对当事人单方自行委托鉴定作出过相应的规定,本条文系在对其加以修正与完善的基础上所形成。当事人一方自行委托鉴定与一方当事人申请法院委托司法鉴定,在行为的性质和法律效力上存在本质上的不同。后者属于《民事诉讼法》第66条第1款第7项所规定的"鉴定意见",由于前者不符合人民法院委托有资质的鉴定机构及鉴定人出具专业意见所应遵循的法定程序,因此,前者所涉及的有关专业机构或专业人士出具的专业意见不得被纳入《民事诉讼法》第66条第1款第7项所规定"鉴定意见"的范畴。

（2）从目前情况看，当事人单方自行委托鉴定有其存在的客观必要性，但应当仅限于诉讼发生之前。在诉讼发生之前，如果双方当事人发生纠纷，完全可以先行采用私力救济的方法，对此，国家从司法政策方面也应当予以必要的支持，使得当事人就其私权纠纷，可以通过双方当事人的自主协商解决，或有关社区的调解组织、行业协会居中调解等多元化纠纷解决机制。因此，在诉讼发生之前，对于诸如人身损害赔偿、鲜活商品损失情况等界定，需要由专门的机构或人士出具专业意见，以便当事人在自行和解或采用诉讼外调解方式解决纠纷过程中作为参照依据。因有关争议事实的千差万别以及社会关系的复杂性，导致争议的双方当事人均有可能以单方名义、甚至双方名义委托专门机构或人士出具专业意见，至少在当时看来，采用向法院提起诉讼来解决纠纷，只是一种具有或然性的、最终不得已的选择方式。在这种情形下，采用诉前委托鉴定方式，在一定程度上也具有证据保全的功能。因此，应当客观、理性地看待一方当事人或者双方当事人在诉前委托鉴定的现象。然而，在提起诉讼之后，由于特定纠纷已经以某一案件的形式系属于特定的法院，因此，应当完全禁止一方当事人或者双方当事人仍然采用私力救济的方式自行委托鉴定。提起诉讼本身就是当事人诉请国家干预主义的体现，法院在其中所行使的审理权和裁判权对于在诉讼过程中当事人自行委托鉴定具有不可争议的排他性。

（3）本条文中，所谓"另一方当事人有证据或者理由足以反驳"，是法院的一种心证状态，它系指当一方当事人通过提交自行委托鉴定所出具的专业意见作为本证以证明其事实主张时，对方当事人并未提出相反证据（反证）来直接否定或者推翻本证所要证明待证事实的证据力，而是通过提供反驳证据来证明当事人自行委托的有关机构或者人员不具备相应的资格、所依据的检材存在严重瑕疵、其专业意见形成的过程在程序上严重违法等，或者根据自行委托鉴定的一方当事人提供的涉及证明有关机构或者人员具备相应的资格、所依据的检材适格、其专业意见形成程序合法以及出具意见依据充分等证据，提出相应的反驳理由。上述这些证据或者理由所针对的证明对象或反驳对象属于辅助性事实，而并非要件事实，因此所要求的证明标准较低，在法院的心证当中，只要能够达到大概如此的确信状态即可。

（4）在诉讼上，对于一方当事人自行委托鉴定所出具的专业意见，对方当事人未提出异议，或者虽然提出异议但提出的反驳证据或者反驳理由在法院看来难以成立的，其有关专业意见能否作为认定案件待证事实的依据或者具有何种证明价值，可由法院根据具体案情或者结合案件的其他证据作出综合判断。在此情形下，对方当事人以提供反证为目的而向法院提出鉴定申请的，人民法院可据情作出不予准许的决定。反之，对于一方当事人自行委托鉴定所出具的专业意见，对方当事人提出异议并提出相应的反驳证据或者反驳理由在法院看来足以成立的，自行委托鉴定的一方当事人所提供的专业意见将丧失其证据力。在此情形下，如果提出反驳意见的一方当事人对于案件中所涉及与证明专业问题有关的待证事实负有举证责任，对其向法院提出委托鉴定申请的，人民法院应予准许。反之，如果原自行委托鉴定的一方当事人对于案件中所涉及与证明专业问题有关的待证事实负有举证责任，对其向法院提出委托鉴定申请的，人民法院亦应予准许。另外，在此之后的情形下，对案件中所涉及与证明专业问题有关的待证事实，由何方当事人负有向法院提出委托鉴定申请，如果双方当事人就此产生争议或相互推诿、无动于衷的，由法院据情予以相应的释明；如果出现一方当事人因对举证责任上所存在的误解而不恰当地向法院提出委托鉴定申请的，人民法院应当以释明的方式及时加以纠正。

（5）在实务上，有时会出现当事人根据双方合同的约定由单方或双方委托有关专业机构和专业人士出具相应的意见作为解决有关争议依据的情形，例如，双方当事人在签订买卖合同或者加工承揽合同时，一并对产品的质量标准和第三方检验机构作出约定；再如，在签订建筑工程施工合同时，双方当事人对工程量、工程价款等与工程结算有关的合同履行内容约定相应的计算标准，并明确由第三方评估机构来进行专业测算；还如，当事人对较易发生纠纷的工程质量约定相应质量判断标准，并明确由第三方机构在验收和评估的基础上出具专业意见。对于当事人所约定诸如此类的诉讼契约或者证据契约，均为民事法律关系实行私权意思自治及民事诉讼实行当事人辩论主义和处分权主义的体现，对此，人民法院应当予以充分的理解与尊重。在诉讼中，如果有关当事人对此类专业机构或者专业人士出具的意见提出异议并向法院提出委托鉴定申请的，人民法院一般不应予以准许。

## 三、法院依职权委托鉴定

（一）有关法理的基本认知与界定

在民事诉讼中，受辩论主义和处分权主义影响，在通常情况下，凡是当事人主张所涉及的专业性问题需要采用鉴定方式加以解决的，原则上都应当由当事人提出申请。因为申请鉴定是一种证据调查的必要方式，申请鉴定与当事人主张责任及其举证责任具有密切关系。另外，从技术角度而言，审判实务中也确实存在着即使启动鉴定程序也会遭遇无果而终的风险，其中的原因包括但不限于检材不适格、难以寻找具有相应资质的鉴定机构、现有的科学技术及手段难以给出明确的鉴定意见等。在这种情形下，法律上就会产生与此相关的不利后果由何方当事人承受的问题，如果与一方当事人提出事实主张所涉及的举证责任相联系，这个问题就比较容易得到解决。从各国或地区的基本情况来看，不宜由法院依职权启动鉴定程序，这是许多大陆法系国家或地区的通行做法。另外，作为一种证据方式，由当事人申请专家证人作证或者专业鉴定更是英美法系国家或地区的一贯做法。但值得注意的是，1975年《美国联邦证据规则》增加规定法院也可以依职权指定独立的鉴定人，这项规定体现了反传统的色彩，意在限缩和克服英美法系因双方当事人各自聘请专家证人的党派性对于法庭就专业问题的判断所遇到的困惑与缺陷。

但是，审判实务中，有时难免会发生法院在庭审调查中认为有必要通过鉴定来作出相应判断，又难以与一方当事人的举证责任相提并论的有关事项。例如，对于破产案件中的财产清算，双方有争议，需要通过资产评估来确定具体数额；对于合伙关系中财务账目有争议，原告提出本诉之后，被告又提出了反诉请求，需要通过专业机构来进行审核认定；建筑工程施工合同纠纷中，一方主张欠付工程款，另一方反诉主张多付工程款应予返还，需要鉴定机构根据工程造价、施工图纸的变更等进行综合认定。在上述情况下，如果双方当事人当中的任何一方均不提出鉴定申请，将对法院就本案的审理造成实质性的影响，对此，如果法院在庭审调查中认为有必要进行鉴定而当事人又未申请鉴定且无法将其归结于其中一方当事人举证责任的，法院自应依职权委托具备资格的鉴定人进行鉴定。

另外,在民事案件当中,毕竟有些案件的公益性较强、涉及当事人的身份关系等,如民事环境公益诉讼案件、亲子关系纠纷案件等,其中与待证事实有关的具有专业性问题,这些类型的案件所要求的证明标准较高,不宜简单地与有关当事人的举证责任相联系,属于法院依职权进行探知的范畴,故法院可依法委托具有相应资质的鉴定机构就所涉及的专业问题进行鉴定。

(二)我国有关法律及司法解释相关规定的理解与适用

《民事诉讼法》第76条第2款规定:"当事人未申请鉴定,人民法院对专门性问题认为需要鉴定的,应当委托具备资格的鉴定人进行鉴定。"

对本条文的理解与适用,应当掌握如下基本内容:

1. 社会的发展促使专业分工越来越细化,尤其是在科学技术领域,对专门性问题的认识和判断需要专门知识、经验和技能,并且在许多情况下还要辅之以相应的设备、仪器等。从协助法庭对专门性问题进行认识和判断的方式上,通常有两种基本类型:一种是由具有专门知识的人出庭以某种特殊的方式作证,从而形成专家意见;一种是启动鉴定程序,最终形成鉴定意见。我国《民事诉讼法》第82条的规定①实际上涵盖了这两种基本类型。

2. 在审理个案当中,究竟是采用哪种方式有利于对专门性问题的认识与判断,取决于法院的据情审酌与定夺,为此,法院可适时向当事人进行必要的释明。鉴于民事诉讼主要是涉及解决私权纠纷,为有助于支持其诉讼请求和事实主张,从承担举证责任的角度,由相关当事人提出鉴定申请而由法院最终决定启动鉴定程序的,系为启动鉴定程序的最为常见的方式。在人民法院审理案件过程中认为待证事实需要通过鉴定意见证明的,应当根据举证责任分配的相关规则向负有举证责任的一方当事人释明其提出鉴定申请,否则该方当事人将承担举证不能的法律后果。对此,2019年《民事证据规定》第30条第1款和第31条第2款已作出明确的规定。审判实践中,如果负有举证责任的一方当事人

---

① 我国《民事诉讼法》第82条规定:"当事人可以申请人民法院通知有专门知识的人出庭,就鉴定人作出的鉴定意见或者专业问题提出意见。"

试图通过申请具有专门知识的人的出庭提供专家意见来解决专门性问题,而法院认为应当改采鉴定意见方式的,人民法院也应当及时向当事人进行释明。如果有关当事人执意拒绝提出鉴定申请的,亦可适用2019年《民事证据规定》第30条第1款和第31条第2款的规定。

3. 当事人对自己的事实主张应当提供证据加以证明,其中包括对其事实主张,如果涉及专门性问题时,应当提出鉴定申请。但是,因各种原因,有关当事人未提出鉴定申请时,人民法院为了查明事实真相,以便在此基础上决定如何适用法律,为此,无论有关当事人是否同意对有关专门性问题进行鉴定,人民法院均可依职权作出委托具备资格的鉴定人进行鉴定的决定。在诉讼中,虽然当事人未申请鉴定,但人民法院对专门性问题认为需要鉴定的,应当依职权委托具备资格的鉴定人进行鉴定。例如,某些专业性问题可能涉及有损国家利益、社会公共利益或者他人合法权益的事实,需要通过鉴定来进行认定。对此,2019年《民事证据规定》第30条第2款规定:"符合《最高人民法院关于适用〈中华人民共和国民事诉讼法〉的解释》第九十六条第一款规定情形的,人民法院应当依职权委托鉴定。"①

4. 在某些情况下,就与案件待证事实有关的专门性问题无法从举证责任的角度直接判断由何方当事人应向法院提出鉴定申请,但法院认为审理案件需要对专门性问题进行鉴定的,可由人民法院依职权直接启动鉴定程序。2019年《民事证据规定》第32条第2款规定:"人民法院依职权委托鉴定的,可以在询问当事人的意见后,指定具备相应资格的鉴定人。"值得注意的是,该条款的明确表述为"可以在询问当事人的意见后",可以被理解为有以下两种含义:第一,其中所谓"可以"在文法逻辑上并非表达的是"必须"或者"应当"之意,而是意指具有一定的灵活运用空间;第二,其中所谓"询问当事人的意见",意指法院征求双方当事人的意见,而并非严格意义上的实行由当事人协商确定原

---

① 《民事诉讼法解释》第96条第1款规定:"民事诉讼法第六十七条第二款规定的人民法院认为审理案件需要的证据包括:(一)涉及可能损害国家利益、社会公共利益的;(二)涉及身份关系的;(三)涉及民事诉讼法第五十八条规定诉讼的;(四)当事人有恶意串通损害他人合法权益可能的;(五)涉及依职权追加当事人、中止诉讼、终结诉讼、回避等程序性事项的。"

则，即当法院征求双方当事人的意见时，在当事人协商一致的情况下，法院应当尽量根据双方当事人共同选定的具备相应资格的专业机构确定其作为鉴定人。当然，从审判实践来看，这种几率并不很高。但尽管如此，即便双方当事人在就鉴定人的选任问题上经协商达成一致意见的条件下，法院仍享有最终的选择决定权。在向双方当事人宣布鉴定人之后，①人民法院应当向该鉴定人出具鉴定委托书。但是，在特定鉴定人明确表示接受法院委托鉴定之前，无论是采取当事人协商确定方式，还是通过法院指定方式确定，对鉴定人而言均无当然的法律上的约束效力，鉴定人既可接受法院的委托，也可以拒绝法院的委托。

5. 在就案件待证事实所涉及的专门性问题能够通过举证责任的分配确定应当提出鉴定申请的当事人的情况下，则不能够由人民法院依职权直接启动鉴定程序。

6.《知识产权证据规定》第 19 条规定："人民法院可以对下列待证事实的专门性问题委托鉴定：（一）被诉侵权技术方案与专利技术方案、现有技术的对应技术特征在手段、功能、效果等方面的异同；（二）被诉侵权作品与主张权利的作品的异同；（三）当事人主张的商业秘密与所属领域已为公众所知悉的信息的异同、被诉侵权的信息与商业秘密的异同；（四）被诉侵权物与授权品种在特征、特性方面的异同，其不同是否因非遗传变异所致；（五）被诉侵权集成电路布图设计与请求保护的集成电路布图设计的异同；（六）合同涉及的技术是否存在缺陷；（七）电子数据的真实性、完整性；（八）其他需要委托鉴定的专门性问题。"该条涉及人民法院可以委托鉴定事项的规定。审判实践中，除了与待证事实有关的事实争议以外，鉴定机构、鉴定人员有时还会针对与法律适用有关的案件定性问题提出鉴定意见，例如，侵权产品是否构成"等同"侵权。该条规定明确了人民法院委托鉴定事项限于与待证事实有关的专门性问题，鉴定意见不应涉及法律适用问题，并结合审判实践对有关问题进行了列举。

---

① 在程序上，先由法院委托特定的鉴定机构，再由该鉴定机构决定接受委托后，由该鉴定机构指定特定的鉴定人。

## 四、鉴定人的选任与指定

### （一）鉴定人的法律地位及在诉讼上的角色

鉴定人的法律地位涉及有关法律及司法程序对于鉴定人的资格、基本个性、职能、与公权力机关和有关当事人之间的关系定位等诸方面。另外，鉴定人的法律地位的界定具有强烈的社会属性，因此与一国的历史传统、文化传承、价值观念、行为习惯、思维模式、社会发展的阶段性等具有密不可分的联系。

我国的鉴定人制度被称为司法鉴定，它是指在诉讼活动中鉴定人运用科学技术或者专门知识对诉讼涉及的专门性问题进行鉴别和判断并提出鉴定意见的活动。

在我国，鉴定人的法律地位与国家治理能力和社会管理能力相联系，从作为国家的助手或法院辅助机关的角度，将具有一定专业知识、技能的人士一并纳入统一司法鉴定管理体制之中，实行行政管理与行业管理相结合的管控制度，国家实行统一的司法鉴定机构及司法鉴定人审核登记、名册编制和公告名册制度。在民事诉讼活动中，鉴定人原则上只能以鉴定机构的名义对外接受法院的委托从事相关的司法鉴定活动或者在法律允许的情况下接受有关公民、社会组织的委托从事相关业务活动。根据我国司法部《司法鉴定机构登记管理办法》和《司法鉴定人登记管理办法》的要求，鉴定机构开展司法鉴定活动，应当遵循合法、中立、规范、及时的原则；司法鉴定人应当科学、客观、独立、公正地从事司法鉴定活动，遵守法律、法规的规定，遵守职业道德和职业纪律，遵守司法鉴定管理规范。司法机关和公民、组织可以委托列入司法鉴定人和司法鉴定机构名册的司法鉴定机构及司法鉴定人进行鉴定。我国的司法鉴定实行鉴定人负责制度。司法鉴定人不得违反规定会见诉讼当事人及其委托的人。

在我国，从法院与鉴定人（以鉴定机构名义）之间所产生的委托与被委托关系来看，鉴定人是法院的专家，他在对专业问题进行研究、判断、阐述时无需考虑任何一方当事人的利益。从协助法院查明案件事实的角度，法院选任的鉴定人与当事人聘用的专家在事实认定问题上站在不同角度所发表的专业意见是一种诉讼（证据）辩论主义的体现，鉴定人的鉴定意见虽然出自中立的立场，但并非当然无条件地被法院所全盘采认，因为鉴定意见是否有违科学原理、专业法则以及有无其他偏颇或不当之处，法院自身无从加以辨析与确认。在形式结构上，我国现行《民事诉讼法》所界定的法院委托的鉴定人与当事人委托的专家之间的关系，是一种不同专家站在不同的立场和角度所形成的对抗与协同相结合的关系模式。听取诉讼当事人聘请专家所发表的对抗性意见成了审理法官的最佳选择，这种"专家对专家"的对抗式格局，通过审理法官的调查询问使其能够排疑解惑，以利于法庭形成科学、理性、正当的心证。这种对抗是不同专业观点的对抗，符合"兼听则明"的司法哲学理念。在本质意义上，它反映了当事人与当事人之间在专业问题上的利益冲突以及法院与当事人在平衡这种利益冲突上的公法关系。如果从将鉴定人制度的设置视为法院独占专业知识与信息资源的角度来认识，那么在立法上确立当事人委托专家制度就可以被认为是为了克服这种不平衡状态所采取的立法救济主义的体现。在程序上，这种制度设计既有利于制衡鉴定人的鉴定权，又有利于制约法院的自由裁量权，尤其是当法院在采认鉴定意见显得明显随意与无端之时则更为重要。

（二）鉴定人的选任

关于鉴定人的选任，在学理上有不同的认识和解说。我国台湾地区学者陈玮直教授认为，法院有选任鉴定人的权力，即在认为某人对于特定系争的事物具有特殊知识经验时，均可指定其为鉴定人。各国法院均按有关专业分类设有适格鉴定人名单，如医师、会计师、建筑师及化学工程师等，但须以职业上具有优良成绩之表现及品行端正的人担当此任。但法院并不受此名单的约束，即也可选任名单以外的其他人为鉴定人。[①] 有意大利学者认为，法官选任专家既可依职权进行，也可依当事人的申请进行。通常情况下，专家由承审的法官提名，同时，参加审理的陪审员也可以对专家提名；上述提名范围一般限于在某一法院名册上登录的各行各业的专家。名册上的专家是由法院院长、公共事务官员和一名来自行业协会的代表组成的专门委员会挑选的。在特殊情况下，法院也

---

[①] 参见陈玮直：《民事证据法研究》，我国台湾地区新生印刷厂1970年版，第64~65页。

可以从名册之外的专家中指定鉴定人。① 日本学者谷口安平教授指出，在德国，使用专家鉴定原则上是由当事人提出要求时而采用的，但是，法院也可以依职权主动使用这一证据方式。如法院一旦决定对某一专门性问题采用鉴定的方式予以认定，即可要求当事人提供鉴定人的候选名单，如果双方当事人都一致提出某位专家作为鉴定人时，法院必须受此选择的约束。但是，司法实践中，通常是由法院自己主动指定鉴定人。② 在德国民事诉讼中，当事人也可以选定本方鉴定人，并且将其名单提交法院，但在法律上，上述鉴定人仅构成当事人陈述当中的一部分。③ 可见，在鉴定人的选任问题上，各国或地区的做法莫衷一是，对此，在学术上确实亦存在着分歧，主要体现在：是坚持以法院指定主导主义，还是坚持以当事人选任主导主义，抑或二者之折衷主义。

在我国，通常情况下，只有在双方当事人协商不成时，才由法庭指定鉴定人。法庭的事后指定意味着在程序机制上，属于双方当事人自动委托法庭为本案指定鉴定人。因此，由双方当事人协商选定鉴定人，是由当事人的意思自治原则所决定的，而在此之后由法庭指定鉴定人则是由法庭的中立性所决定的，两者之间的这种过渡程序存在自动委托的一种机制。这种做法既照顾到了在诉讼程序上发挥当事人的主导作用，又考虑到法院必要时所应当行使的程序监督管理权之运用。

当事人可以就查明事实的专门性问题向人民法院申请鉴定，意味着有关当事人提出的事实主张和诉讼请求涉及专门性问题，这一专门性问题与其举证责任有关。因此，由相关当事人提出鉴定申请与该方当事人的举证责任负担相契合。在当事人申请鉴定的情形下，鉴定人由双方当事人协商确定，它体现了当事人合意在诉讼中的重要意义。既然双方当事人通过合意确定了具备资格的鉴定人，这就意味着在双方当事人之间就委托鉴定问题达成了一个诉讼契约，并受当事人合意的约束。双方当事人确定的鉴定人应当具备鉴定资格。对于鉴定

---

① Mauro Cappelletti, Joseph M. Perillo, *Civill Procedure in Italy*, pp. 231–232.
② 参见［日］谷口安平：《程序的正义与诉讼》，王亚新、刘荣军译，法律出版社1996年版，第258~259页。
③［德］彼得·哥特瓦尔德：《鉴定人及其鉴定意见在德国民事诉讼中的地位》，曹志勋译，载《证据科学》2020年第2期。

资格，我国已有一些明确的规定。如果双方当事人对于确定具备资格的鉴定人协商不成时，由人民法院指定。当事人协商确定鉴定人员是申请鉴定的原则，由人民法院指定鉴定人是这一原则的例外，以此确保当事人在鉴定中的处分权。鉴定机构和鉴定人员由双方当事人协商确定，这是在批判法院垄断鉴定人选任权的基础上寻求的救济方法，也体现了当事人合意在诉讼中的重要意义。法院一般不主动指定，只有在当事人协商不成的情况下，法院才有必要指定鉴定人。

在诉讼中，虽然当事人未申请鉴定，但人民法院对专门性问题认为需要鉴定的，应当依职权委托具备资格的鉴定人进行鉴定。这是因为，当事人对自己的事实主张应当提供证据加以证明，如果涉及专门性问题时，应当提出鉴定申请。但是，由于各种原因，有关当事人未提出鉴定申请时，人民法院为了查明事实真相，以便在此基础上决定如何适用法律，为此，无论有关当事人是否同意对有关专门性问题进行鉴定，人民法院均可依职权作出委托具备资格的鉴定人进行鉴定的决定。

我国现行《民事诉讼法》对于鉴定人的选任针对实践中出现的两种情况分为两种模式：其一，在当事人申请鉴定的情况下，由双方当事人协商确定具备资格的鉴定人；如果当事人经协商达不成共识时，则由法院指定。这种模式属于通常使用的基本模式。但审判实践中，由于双方当事人在确定鉴定人时已深陷诉讼，对立情绪以及相互不信任感都十分强烈。鉴定人作为法院的助手，其扮演的角色和承担的职能十分重要，由其出具的鉴定意见在很大程度上能够直接决定裁判的最终结果，从而使得选定某一鉴定机构及鉴定人成为十分敏感的话题，因此，双方当事人经过协商达成一致的几率较低。在许多情况下，最终往往还是由法院以指定的方式来替双方当事人选任鉴定机构及鉴定人。其二，在当事人未申请鉴定且法院对于某一专门性问题认为需要鉴定时，可直接指定鉴定机构及鉴定人，无需征求双方当事人的意见。实践中，相较而言，这种法院依职权直接启动鉴定程序的情形主要限于某些特殊情形，其发生几率并不很高。近年来，各地法院在此问题上也相继总结出了一些有益的做法。例如，有些做法是，先将当事人在一定范围内的候选鉴定人名册上各自先确定若干个候选人，如果有其中一个相互重叠的，就视为双方协商共同选定。在一定范围内，由当事人确定相同的鉴定人的几率还是相当高的；另外，也可以考虑按原告名称拼音字母的先后顺序与鉴定人名册当中鉴定人名称第一个汉语拼音字母相吻合的筛选方法来确定鉴定人，以此来摆脱人的主观因素可能造成的不利影响。

（三）法院对鉴定事项的委托

在我国，司法鉴定机构统一接受委托，组织所属的司法鉴定人开展司法鉴定活动。在通常意义上，委托人可以是法院、公民、有关组织等，但在民事诉讼过程中，委托人只能是法院。因此，在诉讼上，无论是当事人申请鉴定，由双方当事人协商确定具备鉴定资格的鉴定人，还是由法院依职权决定开展鉴定，均由法院统一向有关司法鉴定机构办理相关委托手续。

根据司法部《司法鉴定程序通则》的规定，法院作为委托人委托鉴定的，应当向司法鉴定机构提供真实、完整、充分的鉴定材料，并对鉴定材料的真实性、合法性负责。司法鉴定机构应当核对并记录鉴定材料的名称、种类、数量、性状、保存状况、收到时间等。诉讼当事人对鉴定材料有异议的，应当向委托人提出。司法鉴定机构应当自收到委托之日起7个工作日内作出是否受理的决定。对于复杂、疑难或者特殊鉴定事项的委托，司法鉴定机构可以与作为委托人的法院协商决定受理的时间。司法鉴定机构应当对委托鉴定事项、鉴定材料等进行审查。对属于本机构司法鉴定业务范围，鉴定用途合法，提供的鉴定材料能够满足鉴定需要的，应当受理。对于鉴定材料不完整、不充分，不能满足鉴定需要的，司法鉴定机构可以要求委托人补充；经补充后能够满足鉴定需要的，应当受理。司法鉴定机构决定受理鉴定委托的，应当与作为委托人的法院签订司法鉴定委托书。司法鉴定委托书应当载明委托人名称、司法鉴定机构名称、委托鉴定事项、是否属于重复鉴定、鉴定用途、与鉴定有关的基本案情、鉴定材料的提供和退还、鉴定风险，以及双方商定的鉴定时限、鉴定费用及收取方式、双方权利义务等其他需要载明的事项。司法鉴定机构决定不予受理鉴定委托的，应当向委托人说明理由，退还鉴定材料。总体而言，法院与司法鉴定机构签订的司法鉴定书具有契约性质。

司法鉴定机构受理鉴定委托后，应当指定本机构具有该鉴定事项执业资格的司法鉴定人进行鉴定。委托人有特殊要求的，经双方协商一致，也可以从本机构中选择符合条件的司法鉴定人进行鉴定。司法鉴定机构对同一鉴定事项，应当指定或者选择两名司法鉴定人进行鉴定；对复杂、疑难或者特殊鉴定事项，可以指定或者选择多名司法鉴定人进行鉴定。

（四）鉴定人的回避

各国在立法上均有关于鉴定人依法实行回避的规定，以确保客观、公正地开展鉴定活动并作出令人信服的判断结论。作为鉴定人如果符合法定的回避条件，与案件的处理结果存在直接的利害关系，鉴定人就应当主动申请回避，同时，当事人或当事人的诉讼代理人也有权要求其回避。

根据我国《民事诉讼法》第47条第3款的规定，法律有关"审判人员"回避的规定同样适用鉴定人。据此，鉴定人有下列情形之一的，应当自行回避，当事人有权用口头或者书面方式申请其回避：（1）是本案当事人或者当事人诉讼代理人近亲属的；（2）与本案有利害关系的；（3）与本案当事人、诉讼代理人有其他关系，可能影响对案件公正审理的。另外，鉴定人接受当事人、诉讼代理人请客送礼或者违反规定会见当事人、诉讼代理人的，当事人有权要求他们回避。鉴定人有上述规定行为的，应当依法追究其法律责任。

关于鉴定人的回避事由应当参照法官的回避事由。当事人申请回避时必须陈述回避理由，这是提出回避申请的必要条件。当事人申请鉴定人回避应当在鉴定人向法院提交鉴定书之前提出，如果鉴定人已经作出鉴定意见但未向法院提交鉴定书的，凡当事人在此期间提出回避申请，不应视为逾期提出。如果当事人在鉴定人已向法院提交鉴定书之后鉴定人接受法院询问之前提出回避申请的，应当由当事人对其逾期提出回避申请作出合理的解释，如果不能对此作出合理解释的，法院可作出拒绝接受其回避申请的决定。如果当事人在鉴定人接受法院询问之后才提出回避申请的，应视为当事人放弃申请回避的权利。这样才能有利于防止当事人不及时行使诉讼权利，达到恶意拖延诉讼的目的。

（五）我国有关法律及司法解释相关规定的理解与适用

1. 当事人对鉴定人的协商确定

《民事诉讼法》第79条第1款规定："当事人申请鉴定的，由双方当事人协商确定具备资格的鉴定人；协商不成的，由人民法院指定。"

（1）本条文的设定意在尊重双方当事人在程序上的意思自治，即先由双方当事人共同协商选定鉴定人，通常情况下，只有在双方当事人协商不成时，才由法院指定鉴定人。法庭的事后指定意味着在程序机制上，属于双方当事人自动委托法庭为本案指定鉴定人。因此，由双方当事人协商选定鉴定人，是由当事人的意思自治原则所决定的，而在此之后由法院指定鉴定人则是由法院的中立性所决定的，两者之间的这种过渡程序存在自动委托的一种机制。这种做法一方面照顾到了在诉讼程序上发挥当事人的主导作用，另一方面考虑到法院必要时所应当行使的程序监督管理权之运用。

（2）关于鉴定人的确定，本条文规定了协商和指定两种方式。在当事人申请鉴定的情况下，如果直接由法院指定鉴定人，不仅有可能对当事人的程序选择权造成负面影响，还有可能使当事人对法院和鉴定人的中立性产生怀疑。因此，为了在程序上有效地保障当事人的诉讼权利，应当由当事人协商确定鉴定人，这样做的效果使鉴定人出具的鉴定意见更有可能为当事人所接受，避免因当事人对鉴定人的不信任导致重新鉴定现象的发生。值得关注的是，虽然当事人可以协商选择鉴定人，但决定和委托鉴定以及主持当事人协商确定鉴定人，仍属于法院的审判职能范畴，对此，《民事诉讼法解释》第121条第2款规定："人民法院准许当事人鉴定申请的，应当组织双方当事人协商确定具备相应资格的鉴定人。当事人协商不成的，由人民法院指定。"另外，2019年《民事证据规定》第32条第1款亦作出了完全相同的规定，即："人民法院准许鉴定申请的，应当组织双方当事人协商确定具备相应资格的鉴定人。当事人协商不成的，由人民法院指定。"可见，这种鉴定属于诉讼中的鉴定，人民法院对当事人的鉴定申请是否付诸实施具有决定权，同时，即使双方当事人协商确定具备相应资格的鉴定人时，也应当由法院负责组织协调工作，以便及时解决其中可能出现的问题，并保障程序运行的效率。

（3）在当事人申请鉴定的情形下，鉴定人由双方当事人协商确定，它体现了当事人合意在诉讼中的重要意义。既然双方当事人通过合意确定了具备资格的鉴定人，这就意味着在双方当事人之间就委托鉴定问题达成了一个诉讼契约，并受当事人合意的约束。在双方当事人对此达成合意的情况下，就自动排除了采取由人民法院指定鉴定机构的模式。无论是由双方当事人协商确定具备资格的鉴定人，还是由人民法院指定具备资格的鉴定人，都应当遵循相应的法定程序。根据 2016 年 5 月 1 日起实施的司法部《司法鉴定程序通则》规定，司法鉴定实行鉴定人负责制度，司法鉴定机构应当统一受理办案机关的司法鉴定委托。司法鉴定机构应当自收到委托之日起 7 个工作日内作出是否受理的决定。司法鉴定机构决定受理鉴定委托的，应当与委托人签订司法鉴定委托书。司法鉴定机构受理鉴定委托后，应当指定本机构具有该鉴定事项执业资格的司法鉴定人进行鉴定。

（4）双方当事人确定的鉴定人应当具备鉴定资格。对于鉴定资格，我国已有明确的规定。根据司法部《司法鉴定机构登记管理办法》规定，司法鉴定机构是司法鉴定人的执业机构，应当具备本办法规定的条件，经省级司法行政机关审核登记，取得《司法鉴定许可证》，在登记的司法鉴定业务范围内，开展司法鉴定活动。法人或者其他组织申请从事司法鉴定业务，应当具备下列条件：①有自己的名称、住所；②有不少于二十万至一百万元人民币的资金；③有明确的司法鉴定业务范围；④有在业务范围内进行司法鉴定必需的仪器、设备；⑤有在业务范围内进行司法鉴定必需的依法通过计量认证或者实验室认可的检测实验室；⑥每项司法鉴定业务有三名以上司法鉴定人。司法机关和公民、组织可以委托列入司法鉴定人和司法鉴定机构名册的司法鉴定机构及司法鉴定人进行鉴定。如果双方当事人对于确定具备资格的鉴定人协商不成时，由人民法院指定。根据本条文的规定，当事人协商确定鉴定人员是申请鉴定的原则，由人民法院指定鉴定人是这一原则的例外，以此确保当事人在鉴定中的处分权。法院一般不主动指定，只有在当事人协商不成的情况下，才存在由人民法院指定鉴定人的必要性。

（5）《知识产权证据规定》第 20 条规定："经人民法院准许或者双方当事人同意，鉴定人可以将鉴定所涉部分检测事项委托其他检测机构进行检测，鉴定人对根据检测结果出具的鉴定意见承担法律责任。"该条涉及对鉴定机构另行委托检测所作出的相应规定。审判实践中，当司法鉴定涉及复杂或者新兴的技术问题，需要采用专业的检测仪器、设备的，经当事人同意或者人民法院准许，鉴定机构可以将部分事项委托相关检测机构检测。例如，将部分事项委托具有相应技术条件的科研院所、实验室、高等院校等，再由鉴定机构根据检测结果出具鉴定意见。该条款已明确，鉴定人应对该检测结果承担责任。

（6）《知识产权证据规定》第21条规定："鉴定业务领域未实行鉴定人和鉴定机构统一登记管理制度的，人民法院可以依照《最高人民法院关于民事诉讼证据的若干规定》第三十二条规定的鉴定人选任程序，确定具有相应技术水平的专业机构、专业人员鉴定。"根据该条规定，审判实践中，当遇有鉴定事项涉及的专业领域较为特殊，或者属于新兴、前沿科技领域，就会出现在该领域没有"实行鉴定人和鉴定机构统一登记管理制度"，但又需要通过委托鉴定查明案件事实的情形。按照该条规定，人民法院可以依据2019年《民事证据规定》第32条所规定的鉴定人选任程序，确定专业机构、专业人员进行鉴定。

2.法院对鉴定人的指定

《民事诉讼法解释》第121条第3款规定："符合依职权调查收集证据条件的，人民法院应当依职权委托鉴定，在询问当事人的意见后，指定具备相应资格的鉴定人。"

对本条文的理解与适用，应当掌握如下基本内容：

（1）法院限于自身知识经验技能上的不足，往往难以对有关专业性问题作出合理的评价与判断，因此委托鉴定人对有关专门性问题进行判断并提出专业意见，无疑有利于填补法院在认定特殊领域案件事实的空白。鉴定人的功能与作用在于弥补法院在认定涉及有关专业知识、特别经验法则等方面所存在的欠缺与不足，从而使得鉴定人实际扮演法院专业助手的角色，其鉴定行为具有司法属性。

（2）根据《民事诉讼法》及有关司法解释的规定，人民法院依职权启动鉴定程序，并且委托鉴定人进行鉴定，这些行为系对其欠缺的审判机能予以必要的补充，就其特点与性质而言，属于法院依职权调查收集证据的范畴。本条文中所谓"符合依职权调查收集证据条件的"情形，指的是根据《民事诉讼法》第67条第2款中所规定的"人民法院认为审理案件需要的证据，人民法院应当调查收集"。对此，《民事诉讼法解释》第96条第1款将其具体化为如下五种情形：其一，涉及可能损害国家利益、社会公共利益的；其二，涉及身份关系的；其三，涉及环境污染、侵害众多消费者合法权益，破坏生态环境和资源保护、食品药品安全领域侵害众多消费者合法权益等损害社会公共利益的；其四，当事人有恶意串通损害他人合法权益可能的；其五，涉及依职权追加当事人、中止诉讼、终结诉讼、回避等程序性事项的。上述这五种情形主要涉及社会公益以及与审判职能有关的程序性事项，故对与此相关待证事实的查明，实行法院职权探知主义。凡有关待证事实涉及专门性问题的，法院应当依职权委托鉴定机构进行鉴定。

（3）本条文中，所谓"询问当事人的意见"，是指尽管法院依职权启动鉴定程序的同时享有直接指定鉴定人的权利，但是，在鉴定机构的数量有可供选择的情况下，鉴于有关鉴定机构在对外形象及影响力、人员配备、专业化水平以及拥有的设施设备及经验上并非整齐划一，而是各具特色、各具优势。同时，自2002年4月1日起实施《人民法院对外委托司法鉴定管理规定》以来，我国对鉴定人的选任，通常采用鉴定人名册制度。对于司法鉴定所涉及的专业未纳入名册的，可以从社会相关专业中择优选定。因此，为了有助于有关当事人对鉴定人产生信任感、增强当事人对于鉴定人出具意见的接受度，在法院确定特定鉴定人之前，应事先征求并听取当事人的意见，以表示对其程序选择权的尊重，在经过各方面的权衡之后，再由法院指定具备相应资格的鉴定人。对此，2019年《民事证据规定》第32条第2款也作出了相应的规定，即："人民法院依职权委托鉴定的，可以在询问当事人的意见后，指定具备相应资格的鉴定人。"

3.法院出具委托书

2019年《民事证据规定》第32条第3款规定："人民法院在确定鉴定人后应当出具委托书，委托书中应当载明鉴定事项、鉴定范围、鉴定目的和鉴定期限。"

对本条文的理解与适用，应当掌握如下基本内容：

（1）本条文中，所谓"鉴定人"，从广义的界定上，既可以是自然人，也可以是鉴定机构。从狭义的界定上，仅指自然人，即某一特定鉴定机构内部的专业人士。在通常情况下，作为自然人的鉴定人，只允许以某个特定的司法鉴定机构名义开展专业活动，而不得同时以两个或两个以上司法鉴定机构名义开展专业活动，但并不排除鉴定人临时性地接受其他司法鉴定机构的聘请，从事特定事项的业务活动。

（2）根据有关法律和司法解释的规定，法院受委托的鉴定人既可以是诸如鉴定机构这样的法人组织，也可以是自然人。有关鉴定机构在从事某一专业领域的鉴定时，其机构本身应当具备相应的资质、有符合规定数量的专业人员等基本条件。同时，鉴定机构在从事鉴定时，实际上是由特定的鉴定人即自然人来具体承担相应的鉴定业务。鉴定人与鉴定机构具有隶属关系，鉴定机构为鉴定人从事鉴定业务提供组织保障，并接受相应的行业管理。并且，鉴定机构要为鉴定人完成鉴定事务提供必要的物质条件、技术设备和工作场所，人民法院委托司法鉴定是与有关鉴定机构直接建立相应的委托与被委托关系。鉴定机构统一接受鉴定委托，组织所属的司法鉴定人开展司法鉴定活动，执行统一的司法鉴定实施程序、技术标准和技术操作规范。

（3）实践中，对鉴定人经确定之后由法院进行委托以及鉴定人是否接受这种委托均存在双向选择问题，即无论是当事人经过协商确定特定的鉴定人，还是由法院直接指定特定的鉴定人，在有关鉴定人通过意思表示实际接受这种委托之前，对鉴定人并不能直接产生约束效力。有关鉴定人享有据情拒绝接受委托的权利。对此，根据司法部《司法鉴定程序通则》的有关规定，鉴定机构应当自收到委托之日起7个工作日内作出是否受理的决定。对于复杂、疑难或者特殊鉴定事项的委托，鉴定机构可以与委托人协商决定受理的时间。鉴定机构应当对委托鉴定事项、鉴定材料等进行审查，对属于本机构司法鉴定业务范围，鉴定用途合法，提供的鉴定材料能够满足鉴定需要的，应当受理。对鉴定材料不完整、不充分，不能满足鉴定需要的，鉴定机构可以要求委托人补充，经补充后能够满足鉴定需要的，应当受理。具有下列情形之一的鉴定委托，鉴定机构不得受理：其一，委托鉴定事项超出本机构司法鉴定业务范围的；其二，发现鉴定材料不真实、不完整、不充分或者取得方式不合法的；其三，鉴定用途不合法或者违背社会公德的；其四，鉴定要求不符合司法鉴定执业规则或者相关鉴定技术规范的；其五，鉴定要求超出本机构技术条件或者鉴定能力的；其六，委托人就同一鉴定事项同时委托其他司法鉴定机构进行鉴定的；其七，其他不符合法律、法规、规章规定的情形。鉴定机构决定受理鉴定委托的，应当与委托人签订司法鉴定委托书。司法鉴定委托书应当载明委托人名称、鉴定机构名称、委托鉴定事项、是否属于重新鉴定、鉴定用途、与鉴定有关的基本案情、鉴定材料的提供和退还、鉴定风险，以及双方商定的鉴定时限、鉴定费用及收取方式、双方权利义务等其他需要载明的事项。鉴定机构决定不予受理鉴定委托的，应当向委托人说明理由，退还鉴定材料。

因此，只有在鉴定人通过明确的意思表示接受人民法院所委托的司法鉴定业务之后，通过鉴定人接受人民法院出具委托书，才能表明特定的鉴定人最终得以确定。委托书是旨在表明法院委托司法鉴定事项等基本内容的重要法律文书，本条文明确规定，委托书中应当载明鉴定事项、鉴定范围、鉴定目的和鉴定期限，旨在强调委托书的针对性、确定性、规范性，以便为从事鉴定活动的鉴定人划定权利、义务、职责的边际。

4. 鉴定人的回避

《民事诉讼法》第 47 条规定："审判人员有下列情形之一的，应当自行回避，当事人有权用口头或者书面方式申请他们回避：（一）是本案当事人或者当事人、诉讼代理人近亲属的；（二）与本案有利害关系的；（三）与本案当事人、诉讼代理人有其他关系，可能影响对案件公正审理的。审判人员接受当事人、诉讼代理人请客送礼，或者违反规定会见当事人、诉讼代理人的，当事人有权要求他们回避。审判人员有前款规定的行为的，应当依法追究法律责任。前三款规定，适用于书记员、翻译人员、鉴定人、勘验人。"①

对本条文的理解与适用，应当掌握如下基本内容：

（1）当鉴定人有与审判人员回避相同的事由时，当事人可以申请鉴定人回避，鉴定人也可以自行回避。鉴定人在有法律规定的回避情形时，应当自觉、主动地提出回避，不得借口当事人没有提出申请而继续参与本案鉴定活动。所谓当事人申请回避，是指原告、被告、第三人、代理人或者其他诉讼参与人发现鉴定人有《民事诉讼法》第 47 条规定的有关情形，申请鉴定人回避。人民法

---

① 《民事诉讼法解释》第 43 条规定："审判人员有下列情形之一的，应当自行回避，当事人有权申请其回避：（一）是本案当事人或者当事人近亲属的；（二）本人或者其近亲属与本案有利害关系的；（三）担任过本案的证人、鉴定人、辩护人、诉讼代理人、翻译人员的；（四）是本案诉讼代理人近亲属的；（五）本人或者其近亲属持有本案非上市公司当事人的股份或者股权的；（六）与本案当事人或者诉讼代理人有其他利害关系，可能影响公正审理的。"《民事诉讼法解释》第 44 条规定："审判人员有下列情形之一的，当事人有权申请其回避：（一）接受本案当事人及其受托人宴请，或者参加由其支付费用的活动的；（二）索取、接受本案当事人及其受托人财物或者其他利益的；（三）违反规定会见本案当事人、诉讼代理人的；（四）为本案当事人推荐、介绍诉讼代理人，或者为律师、其他人员介绍代理本案的；（五）向本案当事人及其受托人借用款物的；（六）有其他不正当行为，可能影响公正审理的。"审判实践中，上述规定对于鉴定人的回避具有参照价值。

院委托鉴定的，鉴定机构应当将有关鉴定人身份的相关信息通过法院告知当事人，在收取鉴定费用之前完成申请回避的程序，以保障当事人的诉讼权利。对于鉴定人应当回避而没有回避的，法院可以程序严重违法为由对该鉴定意见不予采信。

（2）当事人申请鉴定人回避，一般应当在案件开始审理时提出，在特殊情况下，如果当事人是在审理开始后发现回避事由的，或者回避事由是在审理后发生的，也可以在法庭辩论终结前提出。当事人申请回避时应陈述回避理由。

（3）当事人申请鉴定人回避，应当经过人民法院的审查，人民法院在审查之后，根据审查情况决定是否作出鉴定人回避的决定。被申请回避的鉴定人，在人民法院作出是否回避的决定前，应暂停参与本案的鉴定活动。

（4）人民法院对于当事人提出的鉴定人回避申请，应当在申请提出的3日内以口头或者书面形式作出决定。申请人对决定不服的，可以在接到决定时申请复议一次。复议期间，被申请回避的鉴定人，不停止参与本案的鉴定活动。人民法院对于复议申请，应当在3日内作出复议决定，并通知复议申请人。

（5）根据司法部《司法鉴定程序通则》的有关规定，鉴定人本人或者其近亲属与诉讼当事人、鉴定事项涉及的案件有利害关系，可能影响其独立、客观、公正进行鉴定的，应当回避。鉴定人曾经参加过同一鉴定事项鉴定的，或者曾经作为专家提供过咨询意见的，或者曾经被聘请为有专门知识的人参与过同一鉴定事项法庭质证的，应当回避。鉴定人自行提出回避的，由其所属的鉴定机构决定；委托人要求鉴定人回避的，应当向该鉴定人所属的鉴定机构提出，由鉴定机构决定。委托人对鉴定机构作出的鉴定人是否回避的决定有异议的，可以撤销鉴定委托。

## 五、鉴定人的基本权利和权益保障

（一）鉴定人的基本权利

在通常情况下，为了保障鉴定人科学、及时、有效地完成有关委托事项，鉴定人应享有如下基本权利及权益保障：

1. 知悉权

鉴定人实施鉴定，有权了解进行鉴定所必需的案件材料，可以要求了解有关的案情，有权查阅、复制卷宗和其他与案件有关的材料；对于需要调取的有关书证、物证等资料，或询问当事人、证人和勘验人后方能获得正确意见的，也应当赋予鉴定人这种询问权利。在必要时，如果需要对当事人、证人和勘验人自行发问，在法院许可后，也应当赋予鉴定人这种询问权利。

鉴定人是以其特别知识、经验、技能而进行直接发问，自然较之于缺乏这些相应的知识、经验、技能的法官的发问，更能切中主题、符合其鉴定的需要。[①] 当认为提供鉴定的材料不足时，有权要求补充材料；有权参加法院等组织实施的勘验、实验等活动。

2. 有关物件材料或其他相关资料的获得（利用）权

为保障鉴定人能够及时、顺利地开展鉴定活动，有关当事人在诉讼上应当根据鉴定人的要求，将其掌握、控制的所有对鉴定活动的开展所必需的有关物件材料或其他相关资料交予鉴定人。这种交予鉴定人的行为，实际上是向法庭提交，因为，鉴定人从事的鉴定活动是根据法庭的指令而开展的证据调查，是法庭从事案件审理活动的一个必要的组成部分。如有关当事人不能及时提交，将会妨碍这种证据调查活动的开展。审判实践中，由于案件的性质、特点和表现形式的不同，使得对鉴定活动的开展具有重要作用的检材、辅助材料和相关信息资料，包括有关配方、设计图纸、技术指标、品种规格、应用数据、测试结果等，这些在既有的当事人之间所开展的交往活动中已经存在的信息资料，对确定有关案件当中鉴定活动所应进行的范围、预设的前提、预期的效果等具有重要意义。鉴定人实施鉴定，就鉴定所需的资料自应予以利用，否则将无从履行鉴定职能。对诉讼卷宗及存于法院的证物，应告知其准予利用。

3. 自主鉴定权

当在一个案件中有几个鉴定人时，可以相互讨论；对于意见一致的，可以共同作出鉴定意见，对于意见不一致的，每个鉴定人都有权单独提出个人意见。

---

① 参见毕玉谦、郑旭、刘善春：《中国证据法草案建议稿及论证》，法律出版社2003年版，第492页。

### 4. 拒绝鉴定权

鉴定人在职务上负有鉴定义务是由诉讼对该种鉴定所需求的学识、经验所决定的，正因为如此，在特定情形下，凡某一鉴定人不具有相当学识、经验的，有权拒绝接受鉴定委托。有关的具体情形可视为鉴定人拒绝接受鉴定的正当事由，主要包括：（1）所委托或指定鉴定需要解决的专门性问题超出了鉴定人现有的学识、经验的范围；（2）提供的包括检材在内的鉴定资料尚未达到鉴定所需的最低标准的要求；（3）鉴定人属于法律规定的回避范围；（4）鉴定人的鉴定活动受到非法干扰或妨碍而虽经请求但仍未有效排除干扰或妨碍的；等等。

凡鉴定人主张有权拒绝鉴定时，应向法庭说明理由，并根据法庭的要求，在必要时提交书面报告。

### 5. 报酬及有关必要费用的获得权

鉴定人的工作通常是有偿的，基于其特别知识而付出技艺、精力或劳力，有权请求委托人给付规定或约定的鉴定费、差旅费和其他必要的费用。"鉴定人与证人虽然是不同的诉讼参加人，但是出庭作证产生的出庭费用并无实质上的差别。"①

在诉讼开始之后以及在诉讼开始之前所提起的证据保全程序上，凡法院认为有必要对某一专门性问题进行鉴定时，应指令对鉴定事项负有证明责任的一方当事人预交鉴定费用。预交鉴定费用的数额由法院据情确定，这笔费用主要用于补偿鉴定人在从事鉴定活动中的必要支出和劳务费用。必要支出一般包括鉴定材料消耗费、鉴定仪器设备损耗费、鉴定资料的复制与打印费、食宿交通费、邮寄费等。司法鉴定收费执行国家有关规定。具体收费标准应由国家主管部门根据不同专业、不同鉴定事项、鉴定人的智力付出以及鉴定活动所造成的必要物质、材料损耗等情况制定统一的幅度标准，经物价部门核准后施行。

### 6. 请求保护权

鉴定人当因鉴定而受到当事人打击报复时，有权请求法院给予保护。

---

① 江澜：《民事诉讼鉴定制度的发展和完善》，载《证据科学》2020年第3期。

（二）我国有关法律及司法解释相关规定的理解与适用

1. 鉴定人对与鉴定事项有关的案件事实享有知悉权

《民事诉讼法》第 80 条第 1 款中规定："鉴定人有权了解进行鉴定所需要的案件材料，必要时可以询问当事人、证人。"

对本条文的理解与适用，应当掌握如下基本内容：

（1）为保障鉴定人能够及时、顺利地开展鉴定活动，有关当事人在诉讼上应当根据鉴定人的要求，将其掌握、控制的所有对鉴定活动的开展所必需的有关物件材料或其他相关资料交予鉴定人。这种交予鉴定人的行为，实际上是向法庭提交，因为，鉴定人从事的司法鉴定活动是根据法庭的指令而开展的证据调查，是法庭从事案件审理活动的一个必要的组成部分。如有关当事人不能及时提交，将会妨碍这种证据调查活动的开展。对此，2019 年《民事证据规定》第 34 条第 2 款亦作出了相应规定，即："经人民法院准许，鉴定人可以调取证据、勘验物证和现场、询问当事人或者证人。"

（2）审判实践中，由于案件的性质、特点和表现形式的不同，使得有关对鉴定活动的开展具有重要作用的检材、辅助材料和相关信息资料，包括有关配方、设计图纸、技术指标、品种规格、应用数据、测试结果等，这些在既有的当事人之间所开展的交往活动中已经存在的信息资料，对确定有关案件当中鉴定活动所应进行的范围、预设的前提、预期的效果等具有重要意义。

（3）鉴定人实施鉴定，就鉴定所需的资料，自应予以利用，否则将无从履行鉴定职能。对诉讼卷宗及存于法院的证物，应告知其准予利用；对于需要调取的其他证物，或询问当事人、证人和勘验人后方能获得正确意见的，也要应鉴定人的请求而予以允许。在必要时，如果需要对当事人、证人和勘验人自行发问，在法院许可后，也应当赋予鉴定人这种询问权利。鉴定人是以其特别知识、经验、技能而进行直接发问，自然较之于缺乏这些相应的知识、经验、技能的审判人员的发问，更能切中主题、符合其鉴定的需要。对此，根据司法部《司法鉴定程序通则》的有关规定，鉴定人有权了解进行鉴定所需要的案件材料，可以查阅、复制相关资料，必要时可以询问诉讼当事人、证人。经委托人同意，鉴定机构可以派员到现场提取鉴定材料。现场提取鉴定材料应当由不少于 2 名鉴定机构的工作人员进行，其中至少 1 名应为该鉴定事项的鉴定人。现场提取鉴定材料时，应当有委托人指派或者委托的人员在场见证并在提取记录上签名。

2. 鉴定人享有获取报酬及其他必要费用的权利

2019 年《民事证据规定》第 39 条规定："鉴定人出庭费用按照证人出庭作证费用的标准计算，由败诉的当事人负担。因鉴定意见不明确或者有瑕疵需要鉴定人出庭的，出庭费用由其自行负担。人民法院委托鉴定时已经确定鉴定人出庭费用包含在鉴定费用中的，不再通知当事人预交。"

对本条文的理解与适用，应当掌握如下基本内容：

（1）鉴定人与证人同为人证范畴，无论是鉴定人还是证人，其出庭作证均为法院查明案件事实提供必要的协助。就鉴定人出庭而言，是由鉴定程序启动所决定，无论是当事人向法院提出鉴定申请，还是法院依职权决定进行鉴定，都存在法院的准许、决定和委托鉴定这类司法职能行为，因此，法院是启动鉴定的主体，鉴定人出庭的行为以及由此所产生的出庭费用均具有公法属性，有关当事人不得直接将此类费用支付给鉴定人。一般情况下，由当事人向法院预交此类费用，再由法院支付给鉴定人。与有关国家或地区的基本做法相较而言，原则上，该类费用属于裁判费用以外的其他费用。本条文规定，鉴定人出庭费用按照证人出庭作证费用的标准计算。我国《诉讼费用交纳办法》第 6 条将证人、鉴定人等在人民法院指定日期出庭发生的交通费、住宿费、生活费和误工补贴，作为当事人应当向人民法院交纳诉讼费用当中的一部分。

（2）鉴于民事诉讼是因当事人之间的私权利益纷争，在有关当事人请求国家干预的条件下，由法院代表国家所开展的审判职能活动。鉴定人出庭是法院开展庭审调查活动的一种必要方式，因此出庭费用实行当事人负担主义。由于法院作出裁判的目的是维护当事人的合法权益，制裁违法行为，弘扬社会公平与正义，故在诉讼费用的负担上，原则上实行败诉方负担主义。对此，我国《诉讼费用交纳办法》第 29 条作出了相应的规定，即："诉讼费用由败诉方负担，胜诉方自愿承担的除外。部分胜诉、部分败诉的，人民法院根据案件的具体情况决定当事人各自负担的诉讼费用数额。共同诉讼当事人败诉的，人民法院根据其对诉讼标的的利害关系，决定当事人各自负担的诉讼费用数额。"当然，这并不排除在实践中会出现一些例外情形，即有关法律、行政法规或者司法解释有特别规定的，应适用该特别规定，有关特定行业惯例并不以实行败诉方负担主义为原则，而是预先规定由特定一方当事人负担或者有关当事人分担的，应沿循该惯例的通常做法。

（3）本条文中，所谓"鉴定意见不明确"，主要是指鉴定人所出具的书面鉴定意见在具体表述上出现模棱两可、似是而非、前后矛盾、存在某种不确定性等情形，导致法院难以对与待证事实有关的专门性问题作出明确的判定。本条文中，所谓鉴定意见"有瑕疵"，主要是指鉴定意见在内容上显得主观臆断、缺乏明确依据或者依据明显不足、采用的标准不正确或不明确、涉及的鉴定事项不全面、鉴定意见不完整等。无论是出现鉴定意见不明确的情形，还是出现鉴定意见有瑕疵的现象，这些都不符合提出鉴定申请一方当事人的合理预期，也妨碍了人民法院对于该鉴定意见的正常利用。法庭为了对鉴定意见出现不明确或者有瑕疵的情况予以必要补救，要求鉴定人出庭作证，以便对此开展证据调查和听取双方当事人的辩论意见，由此所产生的费用和相应的成本支出是由鉴定人工作不力、懈怠或失误造成的，为此，鉴定人应当对此承担相应的责任。作为一种对价性的制约和处置，本条文规定，当出现上述有关情形或现象的，实行过错与负担对应主义，因鉴定人出庭而产生的出庭费用由鉴定人自行负担。

（4）鉴于许多案件鉴定费用成本数额较高，从控制诉讼成本和合理确定鉴定费用数额考虑，当人民法院在委托鉴定时，就已经明确鉴定费用包含出庭费用的，事后就不再另行要求当事人交纳。

## 六、鉴定人的基本义务和违法处理

（一）鉴定人的基本义务

鉴定人的义务与证人的义务相同。鉴定人对于国家的存在，在职务上负有公法上的义务。[①] 为了保障执行鉴定职务的需要，鉴定人在享有权利的同时，应

---

① 参见王甲乙、杨建华、郑健才：《民事诉讼法新论》，我国台湾地区三民书局有限公司 2007 年版，第 446 页。

履行如下基本义务：

1. 不得无故拒绝鉴定义务

鉴定人系具有鉴定所需的专业知识、经验的人，在职务上负有不得无故拒绝鉴定义务，这是由纠纷或诉讼中的待证事实涉及专业性问题需要鉴定人采用有关知识、经验、技能所决定的。司法鉴定机构无正当理由拒绝接受司法鉴定委托的，由省级司法行政机关依法给予警告并责令其改正。

根据我国司法部《司法鉴定程序通则》的有关规定，具有下列情形之一的鉴定委托，司法鉴定机构不得受理：（1）委托鉴定事项超出本机构司法鉴定业务范围的；（2）发现鉴定材料不真实、不完整、不充分或者取得方式不合法的；（3）鉴定用途不合法或者违背社会公德的；（4）鉴定要求不符合司法鉴定执业规则或者相关鉴定技术规范的；（5）鉴定要求超出本机构技术条件或者鉴定能力的；（6）委托人就同一鉴定事项同时委托其他司法鉴定机构进行鉴定的；（7）其他不符合法律、法规、规章规定的情形。

司法鉴定机构在鉴定过程中，有下列情形之一的，可以终止鉴定：（1）发现鉴定材料不真实、不完整、不充分或者取得方式不合法的；（2）鉴定用途不合法或者违背社会公德的；（3）鉴定要求不符合司法鉴定执业规则或者相关鉴定技术规范的；（4）鉴定要求超出本机构技术条件或者鉴定能力的；（5）委托人就同一鉴定事项同时委托其他司法鉴定机构进行鉴定的；（6）鉴定材料发生耗损，委托人不能补充提供的；（7）委托人拒不履行司法鉴定委托书规定的义务、被鉴定人拒不配合或者鉴定活动受到严重干扰，致使鉴定无法继续进行的；（8）委托人主动撤销鉴定委托或者委托人、诉讼当事人拒绝支付鉴定费用的；（9）因不可抗力致使鉴定无法继续进行的；（10）其他不符合法律、法规、规章规定的情形以及其他需要终止鉴定的情形。终止鉴定的，司法鉴定机构应当书面通知委托人，说明理由并退还鉴定材料。

2. 客观、独立、公正、认真、及时履行义务

鉴定人接受指派或聘请后必须认真负责，实事求是、客观公正地进行鉴定活动，按照规定或约定的期限及时提供鉴定意见；鉴定人不得接受他人的请托，不得收受当事人贿赂，故意作虚假鉴定。鉴定人受委托后，应当及时科学地作出鉴定意见。必须遵守鉴定纪律及鉴定程序规则，妥善保管提供鉴定的物品和

材料,不得损坏、挪用或遗失,不得徇私情、受贿或弄虚作假,如果故意作虚假鉴定应负刑事责任。

在履行鉴定职责上,鉴定人只能根据其自身的学识、经验和技能对受委托的鉴定事项及时、客观地依法定程序进行,并且对鉴定意见上的具体事项作出独立的判断。因为,鉴定人所从事的是一种专家行为,而这种专家行为的最大优势在于,充分运用其自身在专业领域内的权威而独立、排他性地对某一特定事项的属性作出解释和判定。鉴定人在履行职责时完全由鉴定人自己负责,任何外界不得采取任何形式或施加任何影响来对鉴定人的鉴定活动予以干预,即使当对同一案件事实所涉及的专门事项需要若干鉴定人共同进行鉴定时,鉴定人相互之间的独立性和超脱性也应得到完全、无条件的维护与保障。

按时完成鉴定事项、及时提交鉴定意见,是鉴定人在诉讼上所应当承担的一项重要的法定义务。只有在法庭所规定的期限内完成鉴定事项并及时向法庭提交鉴定意见,才能确保诉讼活动的正常、有序进行。当然,如鉴定人遇有特殊情形而不能够在法庭所指定的期限内完成鉴定事项的,鉴定人应当提前向法庭说明理由,并及时向法庭提出延期申请。如果在完成鉴定事项的过程中认为确有必要扩大鉴定范围的,即发现新的情况,需要增加鉴定内容或修改鉴定要求的,也应及时向法庭提出建议和延期申请。在通常情况下,法庭可以根据具体情况,决定鉴定人需要延长提交鉴定书的期限。凡对鉴定人无合法原因不能及时完成鉴定事项的,有的国家如德国在法律上设置了相应的处罚规定,采用罚款被认为是一种较为切合实际且行之有效的主要方法。这种做法也值得我国借鉴,即在没有正当原因的前提下,鉴定人逾期提交鉴定书导致诉讼拖延,法庭可以根据造成鉴定人逾期提交鉴定书的具体原因,决定是否对鉴定人处以罚款以及处以多少数额的罚款。对具体的罚款数额,也可根据当地经济发展的状况由法庭予以酌定。对此,最高人民法院可以采用司法解释的形式确定一个最高的上限幅度。

3. 依法保管和使用鉴定材料义务

司法鉴定机构应当建立鉴定材料管理制度,严格监控鉴定材料的接收、保管、使用和退还。司法鉴定机构和司法鉴定人在鉴定过程中应当严格依照技术规范保管和使用鉴定材料,因严重不负责任造成鉴定材料毁损、遗失的,应当依法承担责任。

4. 按时出庭义务

鉴定人应当按照法院的通知出庭，接受法官的调查询问以及当事人及其诉讼代理人的询问，回答与鉴定有关的各种问题。鉴定人属于人证的范畴。只要鉴定人接受了委托而从事鉴定活动，在法律上就应当承担如同普通证人一样的法定义务。鉴定人出庭作证是为了保证庭审的正常进行，当法庭认为鉴定人有必要出庭或者当事人要求鉴定人出庭接受质询时，鉴定人在履行职务上均负有相应的法定义务，这种法定义务与诉讼程序的正当、有效性以及有关证据被据以采信的合法、有效性具有密切的关系。为了迫使鉴定人履行这种法定义务，在立法上有必要规定相应的措施。

鉴于鉴定人毕竟不同于普通证人，因此在强制措施上不能够像强迫普通证人那样对鉴定人进行拘传，因为，鉴定人在本质上具有可替代性。由于鉴定人在接到合法通知后无正当理由拒不到庭所造成的必然后果主要是：其一，无视法庭的权威，似有藐视法庭之嫌，故对其处以罚款较为妥当；其二，拖延诉讼而给当事人造成不当的诉讼成本，因此有必要使其为此承担相应的赔偿责任，对当事人所造成的实际损失加以必要的补偿。

鉴定人出庭作证是鉴定人的法定义务，也是鉴定人接受法院委托从事司法鉴定活动的法定附随义务。[①]对鉴定人接受合法通知后无正当理由拒不到庭，使得其无法接受当事人对其作出的鉴定意见进行质询，导致法院无法获得必要的心证时，法院可裁定令其负担因此而引起的诉讼费用并可处以罚款；同时在另定期日后再行通知，将处以罚款的通知及新确定的期日通知书一并送达。若仍不依通知到庭的，可再行处以罚款。

5. 宣誓或保证义务

在当今社会，人们往往借助宣誓行为来藉以担保其人格的诚信和自律，以便赢得他人对其担负某种社会责任的信赖。在诉讼观念上，当鉴定人受双方当事人的共同委托或法院的指派而从事鉴定活动时，其行为的客观性、公正性和中立性理应受到高度关注。为此，应当在具体履行职务前借助宣誓这一程式来

---

① 参见江澜：《民事诉讼鉴定制度的发展和完善》，载《证据科学》2020年第3期。

申明其审慎之态度，并且在法律上被视为一种庄严的承诺。除非双方当事人在特定情形下一致认为，鉴定人不必履行这种程序，或者鉴定人在从事某种专项鉴定活动之前已经过宣誓的，可不必重复宣誓。鉴定人的宣誓既可采用书面形式，也可采用口头形式，但口头形式应记入法庭笔录，并由鉴定人签名加以确认。

6. 自行回避义务

司法鉴定人本人或者其近亲属与诉讼当事人、鉴定事项涉及的案件有利害关系，可能影响其独立、客观、公正进行鉴定的，应当回避。司法鉴定人曾经参加过同一鉴定事项鉴定的，或者曾经作为专家提供过咨询意见的，或者被聘请为有专门知识的人参与过同一鉴定事项法庭质证的，应当回避。司法鉴定人自行提出回避的，由其所属的司法鉴定机构决定；委托人要求司法鉴定人回避的，应当向该司法鉴定人所属的司法鉴定机构提出，由司法鉴定机构决定。委托人对于司法鉴定机构作出的司法鉴定人是否回避的决定有异议的，可以撤销鉴定委托。

（二）对鉴定人的违法处理

司法鉴定机构和司法鉴定人进行司法鉴定活动应当依法接受监督。对于有违反有关法律、法规、规章规定行为的，由司法行政机关依法给予相应的行政处罚；对于有违反司法鉴定行业规范行为的，由司法鉴定协会给予相应的行业处分。

司法鉴定机构应当加强对司法鉴定人执业活动的管理和监督。司法鉴定人违反有关规定的，司法鉴定机构应当予以纠正。

根据司法部《司法鉴定人登记管理办法》的有关规定，司法鉴定人有下列情形之一的，由省级司法行政机关给予停止执业三个月以上一年以下的处罚；情节严重的，撤销登记；构成犯罪的，依法追究刑事责任：（1）因严重不负责任给当事人合法权益造成重大损失的；（2）同时在两个以上司法鉴定机构执业并造成严重后果的；（3）超出登记的执业类别执业并造成严重后果的；（4）私自接受司法鉴定委托并造成严重后果的；（5）违反保密和回避规定造成严重后果的；（6）拒绝接受司法行政机关监督检查，或者向其提供虚假材料并造成严重后果的；（7）提供虚假证明文件或者采用其他欺诈手段，骗取登记的；（8）经人民法院依法通知，非法定事由拒绝出庭作证的；（9）故意作虚假鉴定的；（10）法律、法规规定的其他情形。

司法鉴定人在执业活动中，因故意或者重大过失行为给当事人造成损失的，其所在的司法行政机构依法承担赔偿责任后，可以向有过错行为的司法鉴定人追偿。

（三）我国有关法律及司法解释相关规定的理解与适用

1. 按期完成鉴定义务

2019年《民事证据规定》第35条第1款规定："鉴定人应当在人民法院确定的期限内完成鉴定，并提交鉴定书。"

对本条文的理解与适用，应当掌握如下基本内容：

（1）在民事诉讼上，鉴定期限的长短因案而异，不宜一概而论。鉴定程序是民事诉讼活动当中的一个重要组成部分，尽管鉴定期限不列入有关案件的审限期内，但因各种原因导致鉴定期限过长。例如，实践当中常常会出现法院、鉴定人与当事人之间就鉴定事项以及鉴定材料等事项的确定难以形成共识的情况，需要花费相当多的时间和精力来进行协调和沟通；再如，鉴定人与审判人员之间缺乏行之有效的磋商机制，对于当事人拒不及时提供鉴定材料及预交鉴定费用等行为难以有效应对等，这些情形的出现，实际上会导致案件的审理久拖不决，影响诉讼效率，不利于保障正常的民事流转，增加当事人的成本和整个社会总体运营成本。为防范鉴定周期的不当延滞，对鉴定过程当中所出现的鉴定材料的补充提交、新的鉴定项目的增补以及鉴定费用的支付、补交等程序性事项，应纳入案件审理的程序管控范围，由案件的主审法官制定履行相应行为的必要期间，如义务人在指定期间内无正当理由不能完成履行相应行为的，应作出对其不利的认定。另外，法院管理鉴定委托事务的职能部门应当对主审法官确定的期限内有关主体相关行为对鉴定有序进行所产生的影响作出综合评估，并将其中增加的时间作为相应的量化因素加以考虑，以便在鉴定期限内予以扣除。

（2）人民法院在委托鉴定时，应当根据个案中有关鉴定机构的人员组成、有关设施设备条件、有关鉴定人的专业能力、经验水平、所涉及鉴定事项的难度、鉴定材料的准备等情况，由法院负责具体审理案件的主审法官、法院管理鉴定事务的职能部门，在征求受托鉴定人意见之后，确立相对科学、合理的鉴定期限。对此，根据司法部《司法鉴定程序通则》第28条规定："司法鉴定机构应当自司法鉴定委托书生效之日起三十个工作日内完成鉴定。鉴定事项涉及复杂、疑难、特殊技术问题或者鉴定过程需要较长时间的，经本机构负责人批准，完成鉴定的时限可以延长，延长时限一般不得超过三十个工作日。鉴定时限延长的，应当及时告知委托人。司法鉴定机构与委托人对鉴定时限另有约定的，从其约定。在鉴定过程中补充或者重新提取鉴定材料所需的时间，不计入鉴定时限。"据此，在鉴定过程中，如果发现鉴定事项涉及复杂、疑难、特殊技术问题或者鉴定过程需要较长时间的，因可能导致鉴定人无法在原定期限内完成鉴定工作的，鉴定人应当及时通知委托的人民法院，由法院在征求当事人的意见之后，确定是否对鉴定期限予以相应延长。

（3）鉴定人未按期提交鉴定书的，当事人可以申请人民法院另行委托鉴定人进行鉴定。对此，作为委托人的人民法院应当审查鉴定人未按期提交鉴定书是否存在正当理由，经审查，如果法院认为没有正当理由或者鉴定人主张的正当理由不能成立的，人民法院通常应当予以准许。但即使另行委托鉴定仍将耗费大量的时间，为慎重起见，在法院据情认为必要时，也可以在听取申请另行委托当事人的对方当事人的意见以及鉴定人的申辩意见之后，慎重作出相应的决定。人民法院准许另行委托鉴定人进行鉴定的，原鉴定人已经收取的鉴定费用应当退还；当事人要求鉴定人退还鉴定费用的，人民法院应当在3日内作出裁定，责令鉴定人退还；如鉴定人拒不退还的，由人民法院依法执行。

（4）在鉴定过程中，如果发现鉴定事项涉及复杂、疑难、特殊技术问题或者鉴定过程需要较长时间的，因可能导致鉴定人无法在原定期限内完成鉴定工作的，鉴定人应当及时通知委托的人民法院，由法院在征求当事人的意见之后，确定是否对鉴定期限予以相应延长。

2. 盖章或签名义务

《民事诉讼法》第80条第2款中规定："鉴定人应当提出书面鉴定意见，在鉴定书上签名或者盖章。"

对本条文的理解与适用，应当掌握如下基本内容：

（1）鉴定意见是鉴定人根据案件事实材料，运用科学技术手段和自己的专业知识，独立进行研究、分析和鉴别活动的结果，具有独立性。由于鉴定意见是应用专门知识所作出的鉴别和判断，具有专门性、科学性，有着特殊的证明作用，往往作为审查和鉴别其他证据的有力手段。如对书证、物证或者视听资料等证据的真伪，都可借助有关专门鉴定来加以分析和判断，并且得出相应的结论性意见。为此，在形式要件上，根据本条规定，鉴定人应当提出书面鉴定意见，在鉴定书上签名或者盖章。这既是鉴定人的权利，又是鉴定人的义务，还是有关鉴定意见产生预期法律效力的前提条件。

（2）本条文所称的"书面鉴定意见"，指的是鉴定人提交鉴定书所涉及的内容。对此，2019年《民事证据规定》第36条第1款从法院对鉴定人出具的鉴定书的内容进行审查和规范的角度，就鉴定书的内容作出了明确规定，即："人民法院对鉴定人出具的鉴定书，应当审查是否具有下列内容：（一）委托法院的名称；（二）委托鉴定的内容、要求；（三）鉴定材料；（四）鉴定所依据的原理、方法；（五）对鉴定过程的说明；（六）鉴定意见；（七）承诺书。"

（3）关于鉴定人的盖章或签名义务，在《民事诉讼法》第80条第2款规定的基础上，2019年《民事证据规定》第36条第2款又进一步规定："鉴定书应当由鉴定人签名或者盖章，并附鉴定人的相应资格证明。委托机构鉴定的，鉴定书应当由鉴定机构盖章，并由从事鉴定的人员签名。"对于司法鉴定意见书的出具，司法部《司法鉴定程序通则》作出了如下规定，鉴定机构和鉴定人应当按照统一规定的文本格式制作司法鉴定意见书。司法鉴定意见书应当由鉴定人签名。多人参加的鉴定，对鉴定意见有不同意见的，应当注明。司法鉴定意见书应当加盖鉴定机构的司法鉴定专用章。司法鉴定意见书应当一式四份，三份交委托人收执，一份由鉴定机构存档。鉴定机构应当按照有关规定或者与委托人约定的方式，向委托人发送司法鉴定意见书。司法鉴定意见书出具后发现有下列情形之一的，鉴定机构可以进行补正：其一，图像、谱图、表格不清晰的；其二，签名、盖章或者编号不符合制作要求的；其三，文字表述有瑕疵或者错别字，但不影响司法鉴定意见的。补正应当在原司法鉴定意见书上进行，由至少1名司法鉴定人在补正处签名。必要时，可以出具补正书。对司法鉴定意见书进行补正，不得改变司法鉴定意见的原意。

3. 鉴定人自行负担出庭费用的责任

2019年《民事证据规定》第39条第1款规定："因鉴定意见不明确或者有瑕疵需要鉴定人出庭的，出庭费用由其自行负担。"

对本条文的理解与适用，应当掌握如下基本内容：

（1）本条文中，所谓"鉴定意见不明确"，主要是指鉴定人所出具的书面鉴定意见在具体表述上出现模棱两可、似是而非、前后矛盾、存在某种不确定性等情形，导致法院难以对与待证事实有关的专门性问题作出明确的判定。

（2）本条文中，所谓鉴定意见"有瑕疵"，主要是指鉴定意见在内容上显得主观臆断、缺乏明确依据或者依据明显不足、采用的标准不正确或不明确、涉及的鉴定事项不全面、鉴定意见不完整等。

（3）无论是出现鉴定意见不明确的情形，还是出现鉴定意见有瑕疵的现象，这些都不符合提出鉴定申请一方当事人的合理预期，也妨碍了人民法院对于该鉴定意见的正常利用。法庭为了对鉴定意见出现不明确或者有瑕疵的情况予以必要补救，要求鉴定人出庭作证，以便对此开展证据调查和听取双方当事人的辩论意见，由此所产生的费用和相应的成本支出是由鉴定人工作不力、懈怠或失误所造成的，为此，鉴定人应当对此承担相应的责任。作为一种对价性的制约和处置，本条文规定，当出现上述有关情形或现象的，实行过错与负担对应主义，因鉴定人出庭而产生的出庭费用由鉴定人自行负担。

4. 因未按期提交鉴定书所承担的退还鉴定费用的责任

2019年《民事证据规定》第35条第2款规定："鉴定人无正当理由未按期提交鉴定书的，当事人可以申请人民法院另行委托鉴定人进行鉴定。人民法院准许的，原鉴定人已经收取的鉴定费用应当退还；拒不退还的，依照本规定第八十一条第二款的规定处理。"

对本条文的理解与适用，应当掌握如下基本内容：

（1）鉴定人未按期提交鉴定书的，当事人可以申请人民法院另行委托鉴定人进行鉴定。对此，作为委托人的人民法院应当审查鉴定人未按期提交鉴定书是否存在正当理由，经审查，如果法院认为没有正当理由或者鉴定人主张的正当理由不能成立的，人民法院通常应当予以准许。但即使另行委托鉴定仍将耗费大量的时间，为慎重起见，在法院据情认为必要时，也可以在听取申请另行委托当事人的对方当事人的意见以及鉴定人的申辩意见之后，慎重作出相应的决定。

（2）人民法院准许另行委托鉴定人进行鉴定的，原鉴定人已经收取的鉴定费用应当退还；当事人要求鉴定人退还鉴定费用的，人民法院应当在3日内作出裁定，责令鉴定人退还；如鉴定人拒不退还的，由人民法院依法执行。

5. 鉴定人因重新鉴定所应承担的退还鉴定费用的责任

2019年《民事证据规定》第40条规定："当事人申请重新鉴定，存在下列情形之一的，人民法院应当准许：（一）鉴定人不具备相应资格的；（二）鉴定程序严重违法的；（三）鉴定意见明显依据不足的；（四）鉴定意见不能作为证据使用的其他情形。存在前款第一项至第三项情形的，鉴定人已经收取的鉴定费用应当退还。拒不退还的，依照本规定第八十一条第二款的规定处理……"

对本条文的理解与适用，应当掌握如下基本内容：

（1）当事人申请重新鉴定，经人民法院准许，并由人民法院启动重新鉴定程序的，其产生的程序上之法律效果，将导致原鉴定人出具的鉴定意见被完全否定，从另一方面也意味着，即使通过补正、补充鉴定或者补充质证、重新质证等方法，也不足以弥补原鉴定意见或其鉴定程序上所出现不可弥补的重大缺陷或重大瑕疵。

（2）当事人申请重新鉴定，存在下列情形之一的，人民法院应当准许，鉴定人已经收取的鉴定费用应当退还：其一，鉴定人不具备相应资格。我国对鉴定人资格采用准入制度，与准入制度相关的从业条件和程序规范主要包括职业资格、执业资格以及禁止性规定等。其中，职业资格和执业资格作为准入制度的积极条件，凡有关人员符合特定条件、通过相关的培训、考核程序就可以具备职业资格，获取相应的执业证书；而有关禁止性规定是准入制度的消极条件，即当有关人员符合规定的禁止性情形时，就不得从事相关行业的工作。其二，鉴定程序出现严重违法的情形。例如，鉴定人应当回避而没有回避的；对于鉴定意见而言，除了鉴定书应当提交双方当事人在法庭上相互质证以外，鉴定意见属于人证范畴，鉴定人应当出庭接受当事人的质询和法院的调查询问，但无正当理由而未出庭作证的；鉴定意见所依据的相应鉴定资料未经质证的，等等。

其三，鉴定意见明显依据不足。主要指的是鉴定意见明显违反科学规律或者与当事人提供的证据明显不相一致，等等。

（3）当事人申请重新鉴定的原因在于，鉴定人不具备相应资格、鉴定人出具的鉴定意见本身或者有关鉴定程序出现难以弥补的缺陷，导致原鉴定人出具的鉴定意见以及有关鉴定程序归于无效，而这均可归责于鉴定人。由于鉴定人的原因而导致其出具的与待证事实有关专门性问题的鉴定意见无法作为人民法院认定案件事实的根据，并且导致当事人申请鉴定目的直接落空，不得不另行申请重新鉴定。对此，鉴定人应负相应的责任，其已经收取的鉴定费用应当如数退还给预交的当事人。在程序上，当事人要求退还鉴定费用的，人民法院应当在3日内作出裁定，责令鉴定人退还；鉴定人拒不退还的，由人民法院依法执行。

6. 因鉴定人故意作虚假鉴定所应当承担的责任

2019年《民事证据规定》第33条第2款规定："鉴定人故意作虚假鉴定的，人民法院应当责令其退还鉴定费用，并根据情节，依照民事诉讼法第一百一十一条①的规定进行处罚。"

对本条文的理解与适用，应当掌握如下基本内容：

（1）《全国人民代表大会常务委员会关于司法鉴定管理问题的决定》第12条规定："鉴定人和鉴定机构从事司法鉴定业务，应当遵守法律、法规，遵守职业道德和职业纪律，尊重科学，遵守技术操作规范。"这是对鉴定人从事司法鉴定进行纲领性要求的基本规范。司法鉴定公信力的树立，对于司法公信力和司法权威的维护具有重要的现实意义。鉴定人在从事司法鉴定过程中，必须坚持做到客观、公正、诚实、勤勉与尽责，有义务、有责任保证其出具的鉴定意见具有客观性、真实性、合法性、完整性与可靠性。由于个案所涉及鉴定事项的复杂性、专业性、多样性与疑难性，鉴定人在相关知识、经验、技能以及设备、仪器上受到某种主客观条件的限制，有时难免出现一些失误，在双方当事人及其委托的专家辅助人参与之下所开展的质证、论证以及法院的庭审调查，有助于对鉴定意见当中所出现的瑕疵或缺陷予以澄清、更正与补救。但是，如果受

---

① 现为《民事诉讼法》（2023年修正）第114条。

到某种利益的驱使，鉴定人在主观上故意作虚假鉴定，不仅违背基本良知与职业操守，有损司法鉴定的公信力，而且对司法审判造成实际妨碍。鉴定人故意作虚假鉴定所造成的后果，既包括因鉴定人故意或重大过失致使其出具的鉴定意见不被人民法院所采信，也包括致使其出具错误的鉴定意见被人民法院所采信而作为裁判的依据，从而使得有关当事人遭受相应的损失。

（2）对于鉴定人故意作虚假鉴定的，人民法院应当根据具体情节，依照《民事诉讼法》所规定的有关实施妨害民事诉讼的强制措施对其予以处罚。根据《全国人民代表大会常务委员会关于司法鉴定管理问题的决定》第13条规定，鉴定人故意作虚假鉴定，构成犯罪的，依法追究刑事责任；尚不构成犯罪的，由省级人民政府司法行政部门给予停止从事司法鉴定业务3个月以上1年以下处罚；情节严重的，撤销登记。另外，根据最高人民法院、司法部联合发布的《关于建立司法鉴定管理与使用衔接机制的意见》的规定，鉴定人或者鉴定机构，经依法认定有故意作虚假鉴定等严重违法行为的，由省级人民政府司法行政部门给予停止从事司法鉴定业务3个月至1年的处罚；情节严重的，撤销登记；构成犯罪的，依法追究刑事责任；人民法院可视情节不再委托其从事人民法院司法鉴定业务；在执业活动中因故意或者重大过失给当事人造成损失的，依法承担民事责任。

（3）凡鉴定人故意作虚假鉴定的，人民法院应当责令其退还鉴定费用；如果鉴定人拒不退还的，由人民法院依法予以强制执行。

## 七、鉴定程序的开展

（一）宣誓或承诺

在诉讼上，宣誓行为是对人证这样一种特殊的主体在其心灵上附加法定义务的一种必要形式，这种必要形式是针对人证向法庭进行证述将产生重大法律后果的一种预防措施。传统意义上，宣誓行为源自宗教信仰，传统的宗教信仰始终是人类文化发展的重要组成部分，正是因为人类在心理状态上始终受制于某种思想意识或传统观念，从而应对人的行为加以规制和必要的调整，以便于社会在某种特定领域内的秩序得以控制。自人类进入现代社会以来，人们在调整社会关系方面使这一传统文化观念得以发展并赋予其时代的理念与信仰。例如，公务人员在履行其职务行为上的宣誓程式以及某种特定的社会群体为实现其宗旨而借助这种宣誓程式作为一种必要的约束机制，以明其职。因此，从现代社会学、心理学的角度来看待这种程式，它无疑能够起到启迪人的心灵、支配人的精神、制约人的行为的重要作用。当这种程式被用于具有法律意义的诉讼程序当中，亦将产生相应的法律后果。对此，为了保证受双方当事人的共同委托或法院的指派而从事鉴定事项的鉴定人能够客观、公正地履行其职责，在借鉴各国有益经验的基础上，有必要建立这种宣誓制度。

诉讼活动属于一种重要且十分特别的社会活动，由鉴定人在履行职责时向法庭进行宣誓，有助于加强鉴定人在鉴定活动中的责任感、神圣感，有助于强化司法的权威性。

鉴定人在鉴定前或者证据调查开始前应当宣誓。鉴定人为进行专项鉴定而作一般性宣誓时，如果指出已经过宣誓，并且援引该宣誓的，可不再宣誓。鉴定人宣誓的誓文应当载明务必客观、公正、诚实地进行鉴定等语句。在我国民事诉讼中，人民法院要求鉴定人在出庭作证之前签署承诺书是对传统宣誓行为的一种变通，是根据我国传统文化及诉讼便利原则所采取的一种本土化模式，既借鉴或传承了宣誓行为的精神实质，又兼顾了我国传统文化、民众心理及审判实践中的具体情况。

（二）鉴定材料的提交

为保障鉴定人能够及时、顺利地开展鉴定活动，有关当事人在诉讼上应当根据鉴定人的要求，将其掌握、控制的所有对鉴定活动的开展所必需的包括检材在内的有关物件材料或其他相关资料交予鉴定人。这种交予鉴定人的行为，实际上是向法庭提交，因为，鉴定人从事的鉴定活动是根据法院的委托而开展的，是法庭从事案件审理活动一个必要的组成部分。如有关当事人不能及时提交，将会妨碍这种证据调查活动的开展。因此，当事人如果逾期仍拒绝提交且无正当理由的，法院可据情就因当事人拒不提交证据材料或相关资料对进行鉴定所造成的实际影响作出对该当事人不利的判定。

在启动鉴定程序之后，如果负有举证责任的当事人拒不提供包括检材在内的有关证据材料和相关资料，致使鉴定活动无法开展，将承担的是举证不能的诉讼后果；而对方当事人或诉讼第三人无正当理由逾期提交有关证据材料和相关资料，致使鉴定人无法正常开展鉴定活动也应当承担相应的法律后果。在审判实践中，由于案件的性质、特点和表现形式的不同，使得有关对鉴定活动的开展具有重要作用的检材、辅助材料和相关信息资料，包括有关配方、设计图纸、技术指标、品种规格、应用数据、测试结果等，这些在既有的当事人之间所开展的交往活动中已经存在的信息资料，对确定有关案件当中鉴定活动所应进行的范围、预设的前提、预期的效果等具有重要意义，因此，有关对方当事人和诉讼第三人拒不提供相关材料和资料导致鉴定活动无法开展时，不能简单地要求此结果由负有举证责任的一方当事人承受，而应当由法庭据情就对方当事人和诉讼第三人的消极行为所造成的实际影响在审判上作出对其不利的判定或处罚。这实际上是在法律上为相对一方当事人和诉讼第三人设置了相应的证据协力义务。这一证据协力义务的设置，主要是基于审判职能的需要，因为法官在履行职务行为时必须首先要查明案件事实真相，在此前提下才有可能正确地确定当事人之间的相互权利义务关系，妥善地解决业已存在的纷争。因此，在诉讼上，凡对法官依职权查明案件事实造成实际妨碍的行为，均可视为妨碍诉讼活动、侵害审判职能的违法行为，应当受到相应的制裁。这种制裁既包括财产性质的，也应当包括对诉讼后果的判定，后一种制裁则是具有决定性的，它更能够有利于促使相关当事人履行其诉讼义务。

经当事人申请或者法庭在特定情形下认为必要时委托鉴定人对有关特定事项进行鉴定，属于法庭进行证据调查的必要形式。但是，有关当事人拒不提供有关鉴定所需要的证物或有关资料的情形时有发生。就与特定专业问题相关的待证事实负有举证责任一方当事人而言，其拒不提供有关鉴定所需要的证物或有关资料导致鉴定程序无法进行的，应当由其承担不利的诉讼后果；而在相同情况下，如果对方当事人无正当理由拒不提供有关鉴定所需要的证物或有关资料导致鉴定程序无法进行的，应当比照举证妨碍的规定由其承担不利的诉讼后果。① 唯有如此，才能有助于维护司法的权威性以及保障鉴定活动的正常开展。关于鉴定过程中出现的需要补充鉴定材料问题，有一种观点指出，一般是鉴定机构向法院发出鉴定材料补充函，有时也由当事人向法院提出申请。其中的衔接机制要解决的问题是：一是要规制法官的行为。法官应要求当事人在指定时间内提交鉴定材料，或依职权向第三方调取，并经当事人双方质证。法院可以邀请鉴定人辅助提取鉴定材料，但法院应派人在场，法院不应将提取鉴定材料的责任完全推给鉴定人。法院拒绝补充或补充鉴定材料无法满足鉴定要求的，鉴定机构应作退案处理。二是要规制当事人的行为。对于当事人拒绝、拖延、随意提交乃至伪造鉴定材料的行为，法院应提示当事人举证不能的后果。在需要当事人配合检查身体、测验智力或精神状况的鉴定领域，对于当事人拒绝、推迟或伪装病情的情况，法院同样应告知当事人不利的法律后果。三是规范约束鉴定机构及鉴定人。补充鉴定材料以一次为限，对于特殊疑难案件，可增加次数，鉴定机构不能以补充鉴定材料为由拖延鉴定时间。衔接机制需要规范鉴定人外出提取鉴定材料的务工补贴和交通、住宿、餐饮标准。②

（三）鉴定的实施

所谓鉴定的实施，是指鉴定机构根据人民法院的委托指定有关鉴定人就与待证事实有关的鉴定事项依据鉴定程序规范予以具体落实所采取的措施和从事的行为。

根据司法部《司法鉴定程序通则》的有关规定，鉴定的实施主要包括以下内容：

1. 鉴定人的指定或者选择

鉴定机构受理鉴定委托之后，应当指定本机构具有该鉴定事项执业资格的鉴定人进行鉴定。委托人不得要求或者暗示鉴定机构、鉴定人按照其意图或者特定目的提供鉴定意见，鉴定机构对同一鉴定事项，应当指定或者选择2名鉴定人进行鉴定；对复杂、疑难或者特殊鉴定事项，可以指定或者选择多名鉴定

---

① 在此情形下，韩国在立法上规定由警察提供必要协助。
② 陈如超：《论司法鉴定管理与使用的衔接机制》，载《证据科学》2018年第3期。

人进行鉴定。

2. 鉴定所采用的技术标准、技术规范和技术方法

鉴定人进行鉴定，应当按照以下顺序遵循和采用该专业技术的技术标准、技术规范和技术方法：第一，国家标准；第二，行业标准和技术规范；第三，该专业领域多数专家认可的技术方法。

3. 现场提取鉴定材料与到场见证

经委托人同意，鉴定机构可以派员到现场提取鉴定材料。现场提取鉴定材料应当由不少于 2 名鉴定机构的工作人员进行，其中至少 1 名应为该鉴定事项的鉴定人。现场提取鉴定材料时，应当有委托人指派或者委托的人员在场见证并在提取记录上签名。鉴定过程中，需要对无民事行为能力人或者限制民事行为能力人进行身体检查的，应当通知其监护人或者近亲属到场见证；必要时，可以通知委托人到场见证。对被鉴定人进行法医精神病鉴定的，应当通知委托人或者被鉴定人的近亲属或者监护人到场见证。对需要进行尸体解剖的，应当通知委托人或者死者的近亲属或者监护人到场见证。到场见证人员应当在鉴定记录上签名。见证人员未到场的，鉴定人不得开展相关鉴定活动，延误时间不计入鉴定时限。鉴定过程中，需要对被鉴定人身体进行法医临床检查的，应当采取必要措施保护其隐私。

4. 鉴定过程的实时记录

鉴定人应当对鉴定过程进行实时记录并签名。记录可以采取笔记、录音、录像、拍照等方式。记录应当载明主要的鉴定方法和过程，检查、检验、检测结果，以及仪器设备使用的情况等。记录的内容应当真实、客观、准确、完整、清晰，记录的文本资料、音像资料等应当存入鉴定档案。

5. 鉴定时限

鉴定机构应当自鉴定委托书生效之日起 30 个工作日内完成鉴定。鉴定事项涉及复杂、疑难、特殊技术问题或者鉴定过程需要较长时间的，经本机构负责人批准，完成鉴定的时限可以延长，延长时限一般不得超过 30 个工作日。鉴定时限延长的，应当及时告知委托人。鉴定机构与委托人对鉴定时限另有约定的，从其约定。在鉴定过程中补充或者重新提取鉴定材料所需要的时间，不计入鉴定时限。

6.终止鉴定

鉴定机构在鉴定过程中,有下列情形之一的,可以终止鉴定:(1)发现鉴定材料不真实、不完整、不充分或者取得方法不合法的,鉴定用途不合法或者违背社会公德的,鉴定要求不符合司法鉴定执业规则或者相关鉴定技术规范的,鉴定要求超出本机构技术条件或者鉴定能力以及其他不符合法律、法规、规章规定情形的;(2)鉴定材料发生耗损,委托人不能补充提供的;(3)委托人拒不履行司法鉴定委托书规定的义务,被鉴定人拒不配合或者鉴定活动受到严重干扰,致使鉴定无法继续进行的;(4)委托人主动撤销鉴定委托,或者委托人、诉讼当事人拒绝支付鉴定费用的;(5)因不可抗力致使鉴定无法继续进行的;(6)其他需要终止鉴定的情形。另外,在程序上,凡发生终止鉴定的,鉴定机构应当书面通知委托人,说明理由并退还鉴定材料。

7.涉及复杂、疑难、特殊技术问题等的处理

在鉴定过程中,涉及复杂、疑难、特殊技术问题的,可以向本机构以外的相关专业领域的专家进行咨询,但最终的鉴定意见应当由本机构的鉴定人出具。专家提供咨询意见应当签名,并存入鉴定档案。对于涉及重大案件或者特别复杂、疑难、特殊技术问题或者多个鉴定类别的鉴定事项,办案机关可以委托司法鉴定行业协会组织协调多个司法鉴定机构进行鉴定。

8.对鉴定程序和鉴定意见的复核

鉴定人完成鉴定后,鉴定机构应当指定具有相应资质的人员对鉴定程序和鉴定意见进行复核;对于涉及复杂、疑难、特殊技术问题或者重新鉴定的鉴定事项,可以组织三名以上的专家进行复核。复核人员完成复核后,应当提出复核意见并签名,存入鉴定档案。

(四)鉴定书出具之前的程序

《民事诉讼法》及其司法解释对鉴定人出具鉴定书之前的有关程序作出了如下规定:

1.鉴定的启动与鉴定人的确定

当事人申请鉴定可以在举证期限届满前提出。申请鉴定的事项与待证事实无关联或者对待证事实无异议的,人民法院不予准许。人民法院准许当事人鉴

定申请的，应当组织双方当事人协商确定具有相应资格的鉴定人，当事人协商不成的，由人民法院指定。符合依职权调查收集证据条件的，人民法院应当依职权委托鉴定，在询问当事人的意见后，指定具备相应资格的鉴定人。

2. 签署承诺书

鉴定开始之前，人民法院应当要求鉴定人签署承诺书。承诺书中应当载明鉴定人保证客观、公正、诚实地进行鉴定，保证出庭作证，如作虚假鉴定应当承担法律责任等内容。鉴定人故意作虚假鉴定的，人民法院应当责令其退还鉴定费用，并根据情节，依照《民事诉讼法》的规定进行处罚。

3. 对鉴定材料进行质证

人民法院应当组织当事人对鉴定材料进行质证。未经质证的材料，不得作为鉴定的根据。

4. 鉴定人的权利

鉴定人有权了解进行鉴定所需要的案件材料。经人民法院准许，鉴定人可以调取证据、勘验物证和现场、询问当事人或者证人。

5. 鉴定期限的确定

鉴定人应当在人民法院确定的期限内完成鉴定，并提交鉴定书。鉴定人无正当理由未按期提交鉴定书的，当事人可以申请人民法院另行委托鉴定人进行鉴定。人民法院准许的，原鉴定人已经收取的鉴定费用应当退还；拒不退还的，当事人要求退还鉴定费用的，法院应当在3日内作出裁定，责令鉴定人退还；拒不退还的，由人民法院依法执行。

6. 对鉴定书的要求

人民法院对鉴定人出具的鉴定书，应当审查是否具有下列内容：（1）委托法院的名称；（2）委托鉴定的内容、要求；（3）鉴定材料；（4）鉴定所依据的原理、方法；（5）对鉴定过程的说明；（6）鉴定意见；（7）承诺书。鉴定书应当由鉴定人签名或者盖章，并附鉴定人的相应资格证明。委托机构鉴定的，鉴定书应当由鉴定机构盖章，并由从事鉴定的人员签名。

（五）鉴定书的出具

1. 鉴定书的界定

鉴定书是指鉴定人对于案件事实所涉及的专门性问题经过鉴定之后，将鉴定所依据的相关资料、鉴定所采用的鉴定材料、采取的步骤方法、鉴定意见的科学依据以及所获得的鉴定意见等，采用文字或者图片而制作的一种法律文书。作为一种证据的表现形式，鉴定意见是通过鉴定书这一载体来体现的。这种书面鉴定报告通常具有一定的格式要求。根据鉴定对象和鉴定结果不同，鉴定书通常又分为鉴定书、鉴定报告和鉴定分析意见三种形式。鉴定书所载明的鉴定结论部分必须充分、科学、准确地回答鉴定委托主体所委托的鉴定事项。

2. 多名鉴定人共同鉴定

司法鉴定机构对同一鉴定事项，应当指定或者选择2名司法鉴定人进行鉴定；对复杂、疑难或者特殊鉴定事项，可以指定或者选择多名司法鉴定人进行鉴定。当对同一案件事实需要多名鉴定人共同进行鉴定时，鉴定人相互之间可以进行讨论，如果最终能形成共同鉴定意见的，则可以共同签名的形式形成统一的鉴定意见。但是，如果鉴定人之间不能形成一致意见时，鉴定人应各自陈述自己的意见和理由。鉴定人在相互之间进行商讨时，不能强求一致，不得采用以少数服从多数的方式强行作出统一的鉴定意见，任何鉴定人均享有自由地表达其独立见解和作出独立判断的权利。当选任数名鉴定人进行鉴定时，如果经过充分讨论不能取得统一认识的，鉴定人有权保留各自不同的意见，并分别出具鉴定书，或者在同一份鉴定书上分别表述不同的意见及相关理由。提出的鉴定不充分的，或鉴定人之间有不同意见的，法院可根据申请或依职权要求原来的鉴定人、或其他的鉴定人、或在增加鉴定人后再次进行鉴定。该项要求在鉴定人回避时也可以提出。

3. 鉴定书的出具及其内容

司法鉴定机构和司法鉴定人应当按照统一规定的文本格式制作司法鉴定意见书。

鉴定人出具的鉴定书，应当具备以下内容：（1）委托人姓名或者名称、委托鉴定的内容；（2）委托鉴定的材料；（3）鉴定的依据及使用的科学技术手段；

（4）对鉴定过程的说明；（5）明确的鉴定意见；（6）对鉴定人鉴定资格的说明；（7）鉴定人员及鉴定机构签名、盖章。

鉴定意见的外在形式是鉴定书。以物证鉴定为例，鉴定书一般包括四个部分：

（1）绪论。绪论部分简要介绍鉴定案件的案由、鉴定材料的提取情况以及鉴定的要求等。对于鉴定人员自己到现场提取的鉴定材料，此部分应当反映出鉴定材料的提取过程，包括鉴定材料的名称、种类，鉴定材料的承载客体，鉴定材料的提取方法，提取鉴定材料的数量、质量，鉴定材料的包装、保管和运输等情况。对于接受委托进行鉴定，此部分应反映受理鉴定的过程，包括受理日期、送检单位及送检人员、鉴定材料的种类、名称、质量、数量、提取、保管、包装和运送等情况。此外，还应当包括鉴定的要求，是同一认定还是种属认定，是书写时间鉴定还是字迹真伪鉴定，等等。

（2）检验。此部分应当详细叙述整个检验的过程，包括检验的步骤、方法、检验的内容以及通过检验观察到的现象、反应、得到的数据、结果等。检验过程一般包括预备检验、分别检验和比对检验等三个部分。预备检验是为正式检验进行准备的过程，对于需要做预备实验的预备检验，鉴定书必须反映。分别检验是对鉴定材料的分别检验，主要是对检材和嫌疑样本的分别检验。分别检验是比对检验的基础，是检验的中心环节。对分别检验所使用的具体方法、实验的步骤、观察到的现象以及得出的结果，鉴定书应详细反映。比对检验是鉴定检验的最后一个步骤，也是最为重要的检验。比对检验是在分别检验的基础上进行的，它将比对样本和检材的异同，寻找检材和样本的特征符合点和差异点。

（3）综合评判。是指对分别检验中发现的检材和样本的特征符合点和差异点的综合评判。其目的是确定检材和样本的特征符合点是否足以作出同一认定或种属认定的结论，特征差异点是否会影响到同一认定或种属认定结论的作出。鉴定书中，必须反映鉴定人综合评判的全面情况，如对特征符合点和差异点的类型、特征出现率、符合特征的数量及质量的分析，对检材和样本的特征差异点进行的解释等。

（4）结论。经过对检材和样本符合点及差异点的综合评判，就可以作出结论了。如果差异点是非本质的，是各种偶然因素造成的，就可以作出同一认定结论，否则只能作出否定或不能认定的结论。在鉴定书中，还应当反映鉴定人员通过分别检验和综合评判所得到的鉴定结果，以及得出该鉴定结果的理论依据。

鉴定人只能就涉及案件事实的专门问题作出推断或者发表意见，如对证明某一案件事实本身是否存在发表意见的，该意见将受到排除。

司法鉴定意见书应当由司法鉴定人签名。多人参加的鉴定，对鉴定意见有不同意见的，应当注明。司法鉴定意见书应当加盖司法鉴定机构的司法鉴定专用章。司法鉴定意见书应当一式四份，三份交委托人收执，一份由司法鉴定机构存档。司法鉴定机构应当按照有关规定或者与委托人约定的方式，向委托人发送司法鉴定意见书。

委托人对鉴定过程、鉴定意见提出询问的，司法鉴定机构和司法鉴定人应当给予解释或者说明。

司法鉴定意见书出具后，发现有下列情形之一的，司法鉴定机构可以进行补正：（1）图像、谱图、表格不清晰的；（2）签名、盖章或者编号不符合制作要求的；（3）文字表达有瑕疵或者错别字，但不影响司法鉴定意见的。补正应当在原司法鉴定意见书上进行，由至少一名司法鉴定人在补正处签名。必要时，可以出具补正书。

4. 对鉴定意见的审查判断

在诉讼中，法官作为法律专家，对于与案件事实有关的普通事项，可以凭借其作为一般常人所通常具有的知识、生活经历加以感知和认识，但对于与待证事实有关的涉及各个门类学科的专门性问题则会显得无能为力，因此在诉讼上，只能委托有关鉴定人进行专业技术鉴定。因此，在审判实践中，法官除了运用通常的认定、评价方式或经验法则来对案件事实作出判断外，还需要依靠鉴定专家运用特殊专业知识、技能以及相应的专业仪器、设备来对有关专门性问题作出查验、测试、分析后得出相应结论。因此，鉴定意见所具有的独特功能是其他证据方式所不能替代的，往往会对案件事实的最终判断起决定性的作用。但是，如果法官无条件地把鉴定意见作为审判的基础，并据以对案件事实作出认定，且将鉴定意见视为优于其他证据的一种方式，不经实质性的审查、判断而直接予以采信，将会出于种种复杂原因而造成失误。即使最权威的鉴定人采用最先进的设备与方法所作出的鉴定，有时也难免由于主、客观条件的限制而造成失误，因此，在运用鉴定意见将其作为裁判基础之前，法官应当对其进行必要的审查，只有在判明其确系正确、可靠，且经与其他有关证据加以核实的情形下，才能具体判断有关鉴定意见的证据力，才能对有关鉴定意见在证明效力上的大小与否，以及证明力的强弱进行评估。尽管鉴定意见也常被作为审查、核实或鉴别其他证据的重要手段或方式，如分辨、鉴别书证、物证、电子数据、视听资料等的真伪程度，以及证实、辨明当事人的陈述和证人证言的真实性和可靠性等，但不能因此认为鉴定意见在证据力上就当然优于其他证据。因为，它仅作为诸种证据的种类之一，各种形式的证据尽管种类不同，但是，它们都在其运用的范围内发挥着不可替代的作用。因此，审判实践中，对某一鉴定意见证据力的评价和认定，一定要结合其他证据进行分析、判断才能确定。法官应据情对有关鉴定意见进行价值评估，必要时，应决定由原鉴定人对有关专门性问题进行补充鉴定，或者另行选任其他鉴定人进行重新鉴定，其应获得的心证不应盲目地受到某一鉴定意见的限制或束缚。

鉴定意见在民事诉讼中起着重要的作用，鉴定意见的正确与否会受到各种因素的影响。科学的鉴定意见可以为案件的调查提供正确的方向，错误的鉴定意见可能会导致错案的发生。在运用鉴定意见时，必须对鉴定意见进行审查，评断其科学性和正确性。

对于鉴定人出具的鉴定书的审查，主要包括以下内容：

（1）应审查鉴定人是否合法。应首先审查委托人姓名或者名称、委托鉴定的内容。这是对委托鉴定的委托人和受托人之间关系的明确，同时对其委托事项亦须作出明确的说明。根据立法上的旨意，对有关专门问题的鉴定，凡是要求由鉴定机构进行的，必须由相应资质的鉴定机构进行，其他专业鉴定机构无权鉴定；只有在具有相应资质鉴定机构不存在或者该机构因主客观原因无法解决有关专门性问题时，法院才可考虑是否委托其他鉴定机构进行鉴定。另外，对于一些特定的鉴定事项，国家明确限定只能由特定的鉴定机构从事鉴定活动，例如，对于某些药品、农药、毒品等这些关涉民众生命健康的物品，国家对其管理本身就具有严格和特殊的要求，因此，对涉及此类物品的鉴定，法院在确认其证明力时，只能以特定鉴定机构的鉴定意见为依据。

（2）应审查鉴定人是否具有解决这些专门性问题所应具备的知识、技能和经验，具体可以从鉴定人所从事的专业教育、从事鉴定的年限、经历以及专业技术职称和科研成果等方面来考察。

（3）应审查鉴定人所适用的技术设备是否先进，采取的方法和操作程序是否规范、实用，其技术手段是否有效、可靠。一些专业技术鉴定要求有精密、良好的设备以及先进的技术条件，并且要采用最为优良的、实用的科学方法，这是一种涉及有关鉴定意见是否具有证据力以及证据力强弱的特殊要求。例如，涉及因采用先进的医疗设备、仪器或技术所引起的医疗责任事故，以及因采用新型发明专利或因高科技产品而引发的合同纠纷和产品质量责任的诉讼案件，等等。

（4）应审查鉴定人在鉴定过程中涉及检验、试验的程序规范或者在检验方法上是否符合有关行业标准化的要求以及是否科学，是否先进，是否有争议。鉴定过程必须要让当事人知悉，使其能够对鉴定的可信度作出合理的判断，并且审查鉴定人使用的论据是否有相应的科学道理。

（5）应审查检材、样本或与鉴定对象有关的其他鉴定材料是否符合鉴定条件，即是否能够作为有关鉴定意见的基础。这种材料不仅是指需要鉴定的材料，还包括鉴定该材料所需要的其他相关材料。

（6）应审查鉴定意见的论据是否充分，推论是否合理，论据与结论之间是否存在矛盾；如果属于种属认定相同或者是同一认定的意见，其符合点是否能够作出种属认定或者同一认定的结论，对检验或试验中出现的差异点是否都能作出合乎逻辑或有根据的解释。由于鉴定意见涉及不同领域的专门知识和技能，法院仅就鉴定结构本身进行审查，其难度较大，这就需要鉴定意见与案件的其他证据结合起来，在一并加以对照、分析和比较之后，如果认为其中存在相互矛盾或似有抵触之处，应通知鉴定人进行补充鉴定，也可以另行指定或聘请其他鉴定人员重新鉴定。

（7）应审查鉴定人是否具有我国法律上所规定的应属回避的情形，即鉴定人是否为案件的当事人或者当事人的近亲属，鉴定人或者他的近亲属是否与案件有利害关系。如果鉴定人担任过本案的证人或是与本案的当事人有其他关系，可能影响公正地作出鉴定的，其鉴定依据将被视为无效。

（8）根据现实司法环境的特别考虑，应审查鉴定人是否受到外界的影响，即是否有徇私、受贿或者故意作虚伪鉴定的情况。这是因为，鉴定人主观上所存在的不利因素有时比客观上所存在的缺陷和限制更具危害性；也就是说，即便鉴定人在专业知识和技能上堪称经验丰富和高超，其鉴定条件显属优越，其检材可谓既充分又可靠。但是，如果鉴定人受外界影响，这种影响会对鉴定意见的客观性、真实性和可靠性造成实质性的危害，因此，在这种情形下的鉴定意见应丧失其原有的证明效力，唯有如此，才能保障司法公正的有效实现。

（9）应审查鉴定人员及鉴定机构签名盖章。鉴定书要全面、如实反映鉴定人员对案件中需要鉴定的有关专门性问题进行分析、检验、鉴定的整个过程。所有参加鉴定的人员，都应当在鉴定书上签名并注明自己的职称，以示对鉴定负责；对于意见不一致的鉴定，要在鉴定书上分别注明，不能以少数服从多数的形式，作出统一的鉴定意见；对鉴定书进行复核的人员，应在鉴定书上签名并注明职称，以示对鉴定的复核负责；多人共同复核的鉴定，也应将所有复核人的意见注明。鉴定书上加盖鉴定单位的公章方为有效。

鉴定意见和任何其他的言词证据一样，都存在着虚假的可能性。很多因素都有可能影响鉴定意见的正确性，如鉴定人解决案件中专门性问题的知识水平和技能不高、工作责任心不强、与案件有利害关系或者受到外界影响；缺乏必要的鉴定材料或者送检的材料不够真实可靠；鉴定设备不先进、鉴定方法不科学，作为结论根据的原理已经过时，等等。

鉴定意见只是证据材料的一种，没有预定的证明力。鉴定人应当出席庭审，接受当事人双方的交叉询问，任何一方都可以就其资格、有无偏袒、鉴定的准确性质疑，对方也可以提出自己一方的专家代表其出庭，发表相关的意见，提出相关的质疑。对鉴定意见的证明力的确定，应当与对证人证言的判断一样，由审理者自由判断。

5. 鉴定意见的效力

长期以来，大陆法系通常奉行"重鉴定意见而轻证人证言"模式。因此，在学界和实务界并不对证人证言当中含有推定这些"虚假"成分加以顾虑，而是一并交由法院据情自由裁量。但是，在学理上，大陆法系对鉴定意见中含有的推理或存有假设性问题处置泰若的一个重要原因,也应归结到法院自由评价证据的原则上来,一方面,大陆法系国家或地区高度重视鉴定人在认定专门性问题上所发挥的职能作用;另一方面,其不想当然地对鉴定意见加以采信或一定要给予多大的证据分量。① 鉴定人作为法院之智慧辅助机关,其提出的意见并无约束法院的力量。② 各国(或地区)的立法例均明确规定,鉴定意见本身对于法院的判断没有当然的约束力。不仅如此,尤其是在许多大陆法系国家的立法当中,均旗帜鲜明地规定了法院对证据的判断实行自由心证主义。而鉴定意见本身不过属于一种证据方式而已,因此,自由心证主义的旨意体现在,法院有权根据内心确信而对鉴定意见进行价值评估,但其自由心证的过程不受该鉴定意见的约束。

法院是审判的主体,而鉴定人只是作出鉴定意见的主体,并且鉴定意见属于多种证据种类之一,因此,有关鉴定意见的采纳与否,还应经鉴定人出庭作证,接受当事人的质询和法官的询问等必要的程序。期间,有可能使法官有理由对已作出的鉴定意见产生某种疑惑或质疑。在审判上,当出现这些情形时,法院应当据情决定是否重新鉴定或补充鉴定,并且,法院在此过程中是否已对本案事实获得相关心证,可不必受到已作出鉴定意见的约束。鉴定人的鉴定意见对于法官就案件事实的认定并不产生任何预决效力,法院通过当事人的辩论,既可采信这种证据,也可以拒绝采信这种证据,这是由法院的自由裁量权所决定的。

(六)对鉴定意见的异议

作为专业鉴定意见,其证据力是建立在自然科学和社会科学发展成就基础之上的,并利用各部门学科取得研究成果,以及不断地采用各种新型、有效的技术手段来揭示和认定客观事物的本质及其属性。因此,鉴定意见的取得应以承认客观物质世界的特殊性与物质运动具有相对静止性为前提条件。如果离开了这种前提与条件,如果在认识客观真理的过程中偏离了矛盾运动规律的绝对

---

① 参见毕玉谦:《民事证据法判例实务研究》,法律出版社1999年版,第301~302页。
② 参见陈玮直:《民事证据法研究》,我国台湾地区新生印刷厂1970年版,第67页。

性与相对性、一般性与特殊性，那么在认识论上将陷入误区，由此而取得的鉴定意见也必然是虚假的、荒谬的，在证据法上亦将失去应有的证明价值。

鉴定意见是鉴定人根据其专业知识、技能和经验对案件中涉及与待证事实有关的某些专门性问题在审查、研究、分析和鉴别后所作出的判断性认识。在诉讼当中，鉴定意见对于案件中的专门性问题所具有的证明力，是其他方法证据种类或方法都不能替代的，有时往往对案件的最终结论起决定性的重要作用，据此有人竟认为鉴定意见是"科学判决"。但是如果法院无条件地把鉴定意见作为审判的基础，并据以对案件事实加以认定，且将鉴定意见视为优于其他证据的一种方式，不经实质性的审查、判断而直接予以采信，将会因为种种复杂原因而造成失误。实质上，作为一种专门性的科学技术鉴定，其作为待证事实的意见也是受一定的条件或环境所制约，任何真理性结论的得出都有适用自己的条件和范围，在鉴定活动中必须严格地遵循它的界限，不能把一时一地的正确意见随意夸大或移植到任何其他时间、场合。

在我国的审判实践中，有人甚至将鉴定人视为"科学的法官"，将鉴定意见的作出看作是具有科学根据的，因此认为应当无条件地用作认定案件事实的根据。这种观点是十分错误的。因为，作为案件事实的一部分，有关专门性的问题涉及的学科、领域是各种各样、十分复杂的，并且，任何时期自然科学的发展都是一个相对真理过程，并不存在科学的顶峰。

在鉴定活动中，鉴定人是对专门性问题的认识主体。人的意识具有复杂的结构，它是理性与非理性、有意识与无意识等等的有机统一；并且，人作为社会生活中由理想、观念、欲望、情感、习惯、好恶等组成的活生生的生命体，因此，鉴定人在鉴定活动中并非仅以自己抽象的感觉和思维进行认识活动，相反，主体意识上的诸种因素都会自觉或不自觉地投入到认识活动中，并对认识的过程和结果产生正面或负面影响。虽然在人的意识中直接负担认识功能的是人的理性结构，它决定着鉴定人在不同层次上收集、加工和整理有关待证客体的信息，并对待证客体的意识、含义作出自己的解释，但是，在人的意识中存在的那些以情感和意志为主，并包括信念、情感、习惯和本能等在内的非理性因素，对鉴定人的认识能力的发挥与运用，往往会起到导向、选择、激发和调节等作用。因此，有必要系统性地建立由当事人聘请专家对鉴定意见进行问询质疑制度与法官的调查询问及审查判断相结合的制度体系,以便去粗取精,去伪存真。

（七）补充鉴定

所谓补充鉴定,是指在并不放弃原鉴定的条件下且在原鉴定的基础上,对其中出现的缺乏可靠性、妥当性的个别问题予以复查、修正、充实或进一步加以论证,以便使原鉴定所得出的意见和结论更趋完备。补充鉴定通常仍由原鉴定人进行。

实践中,当法院对已作出的鉴定意见经审查如发现下列情形时,可以要求鉴定人进行复查,并且在修改、补正原鉴定意见或就新发现的问题予以阐释的基础上进行补充鉴定:(1)原鉴定意见只是解决了其中的一部分问题,并没有全部、彻底解决所有与待证事实有关的专门性问题;(2)在鉴定人就某一专门性问题进行鉴定后,法院又发现或当事人又提交了涉及该问题的材料;(3)法院在先前委托鉴定时本应提出需要解决的有关专门事项,但限于某种原因和疏忽大意而没有提出;(4)原鉴定所作出的鉴定意见不够明确、具体,即其结论本身尚不足以达到作为认定有关待证事实的目的;(5)有关当事人对鉴定意见提出异议,并附有适当的理由和有价值的材料。

作为补充鉴定从程序上可以进行一次,也可以进行多次,其目的在于使原鉴定意见更加全面、具体和有说服力。从补充鉴定的程序原理上而言,补充鉴定实际上是作为原有鉴定的继续和延伸,因此,补充鉴定一般仍由原鉴定人进行。在补充鉴定完毕后,应写出补充鉴定意见,除与原鉴定意见相矛盾之处应当予以删除外,补充鉴定意见应与原鉴定意见一并使用。

根据我国司法部《司法鉴定程序通则》的有关规定,有下列情况之一的,司法鉴定机构可以根据委托人的要求进行补充鉴定:(1)原委托鉴定事项有遗漏的;(2)委托人就原委托鉴定事项提供新的鉴定材料的;(3)其他需要补充鉴定的情形。

补充鉴定是原委托鉴定的组成部分,应当由原司法鉴定人进行。关于补充鉴定的提出主体问题。一般来说,鉴定意见如果存在瑕疵,当事人有权提出补充鉴定的请求。原则上,对具有瑕疵的鉴定意见提出补充鉴定的主体应当是当事人，既可以是一方当事人，也可以是双方当事人。但是，考虑到当事人的诉讼能力、法律意识等方面的不足，在当事人未发现鉴定意见具有明显的瑕疵时，法院是否应当依照其诉讼指挥权对当事人进行释明，告知其提出补充鉴定的请求，或者法院依职权主动提出补充鉴定的要求。鉴定意见作为一种特殊的法定证据形式，具有使法院的裁判建立在客观公正基础上的辅助功能，因此，如果出现上述情形，法院在当事人未提出补充鉴定请求的前提下，可以要求鉴定人进行复查，并且在修改、补正原鉴定意见或就新发现的问题予以阐释的基础上进行补充鉴定。

（八）鉴定人出庭

1. 对鉴定意见进行质证的正当程序

在诉讼中，鉴定意见在一些情形下往往具有其他证据方式所不能替代的作用。例如，某些书证、物证、电子数据和视听资料的证据力如何，只有凭借鉴定意见才能确认其是否与案件事实具有关联性，才能显现其证据力的大小与强弱，因此，鉴定意见对于印证其他证据的真实和可靠程度，映现、补强、确定或否定某些书证、物证、视听资料和电子数据等证据具有不可或缺的功能；另外，在一些特定情形下，正确地运用鉴定意见，便可直接认定案件事实的主要情节或直接否定某些主要事实情节，这在一些疑难案件中显得更为重要。

从性质上讲，鉴定意见是一种言词证据。通常而言，鉴定意见会对一方当事人产生不利的法律效果。从正当程序所涉及的言辞辩论主义与法院自由心证主义而言，该方当事人享有质证的权利，即当庭就鉴定意见所存在的疑点向鉴定人进行质询。如果鉴定人不出庭就无法对该方当事人行使这种质询权。一旦缺失这种要式行为，鉴定意见只能被作为一种传闻证据来看待，无法有效地作为裁判的基础。"法官对鉴定人出具的鉴定意见仍需要认真审查，在心证范围内对鉴定意见作出评价和取舍。"[①] 鉴定意见的证明力如何，对于可能存在的疑问或瑕疵，法院有调查询问的权力，双方当事人都有发表质证意见的权利，这是一种正当的程序保障；否则，鉴定意见的证明力无从产生，并不得作为裁判的

---

① 江澜：《民事诉讼鉴定制度的发展和完善》，载《证据科学》2020年第3期。

基础。

虽然证人证言和鉴定意见同属于言词证据，使得证人、鉴定人出庭接受当事人的质询，成为证人证言和鉴定意见产生证明效力的必要前提。但是，证人与鉴定人有很大不同，因为证人对个案来讲是特定的，在诉讼上具有不可替代性，而鉴定人是由法院指定或者当事人委托的，具有可更换性或替代性。因此，从立法的角度而言，不能像对待普通证人那样为鉴定人设定特殊原因从而使得鉴定人拒绝出庭作证合法化。在实务上，如果鉴定人在客观上确实因特殊情况，如长期抱病在身、到国外长期探亲甚至定居等难以出庭作证的，就应当及时更换鉴定人，并重新作出鉴定意见。证人因亲身感知过案件事实具有不可替代性，这种证人资格是由其亲身经历过有关案件事实所决定的，具有客观上的不可选择性，故此，许多国家在立法上通过采用拘传的措施迫使拒不到庭的证人强制其到庭。对于鉴定人而言，其鉴定资格是由法定的机构授予的，具有某种主观意定性，即凡是具备某种特定专门知识、学识、经验或技能的人都具备相应的鉴定资格；并且，具有某种特定鉴定资格的人在数量上应当是不确定的，通常能够满足从事专业鉴定业务的需要，从而使得鉴定人具有可替代性。至于是否应当注销鉴定人的鉴定资格也不宜成为审判权所涉及的范围，但对于鉴定人拒不出庭作证而对其实施经济处罚则具有合理性。

2. 我国有关法律和司法解释对鉴定人出庭并调查询问的相关规定

在民事诉讼上，我国有关法律及司法解释对鉴定人出庭并接受调查询问作出了如下规定：

（1）当事人对鉴定书的异议。人民法院收到鉴定书后，应当及时将副本送交当事人；当事人对鉴定书的内容有异议的，应当在人民法院指定期间内以书面方式提出。对于当事人的异议，人民法院应当要求鉴定人作出解释、说明或者补充。

（2）人民法院据情提出的要求。人民法院认为有必要的，可以要求鉴定人对当事人未提出异议的内容进行解释、说明或者补充。

（3）书面答复后仍有异议的处理。当事人在收到鉴定人的书面答复后仍有异议的，人民法院应当根据《诉讼费用交纳办法》第11条的规定，通知有异议的当事人预交鉴定人出庭费用，并通知鉴定人出庭。有异议的当事人不预交鉴定人出庭费用的，视为放弃异议。双方当事人对鉴定意见均有异议的，分摊预交鉴定人出庭费用。

（4）鉴定人应当出庭作证的原则。当事人对鉴定意见有异议或者人民法院认为鉴定人有必要出庭的，鉴定人应当出庭作证。

（5）鉴定人接受法庭的调查询问和当事人的询问。在庭审中，鉴定人应当就鉴定事项如实答复当事人的异议和审判人员的询问。当庭答复确有困难的，经人民法院准许可以在庭审结束后书面答复。人民法院应当及时将书面答复送交当事人，并听取当事人的意见。必要时，可以再次组织质证。经法庭许可，当事人可以询问鉴定人。

（6）专家辅助人对鉴定人进行询问。当事人可以向人民法院申请一至二名具有专门知识的人出庭，代表当事人对鉴定意见进行质证，或者对案件事实所涉及的专业问题提出意见。具有专门知识的人在法庭上就专业问题提出的意见视为当事人的陈述。

（7）鉴定人出庭费用的计算标准与负担。鉴定人出庭费用按照证人出庭作证费用的标准计算，由败诉的当事人负担。因鉴定意见不明确或者有瑕疵需要鉴定人出庭的，出庭费用由其自行负担。人民法院委托鉴定时已经确定鉴定人出庭费用包含在鉴定费用中的，不再通知当事人预交。

（8）拒不出庭作证的后果。经人民法院通知，鉴定人拒不出庭作证的，鉴定意见不得作为认定事实的根据；支付鉴定费用的当事人可以要求返还鉴定费用。当事人要求退还鉴定费用的，人民法院应当在3日内作出裁定，责令鉴定人退还；拒不退还的，由人民法院依法执行。另外，人民法院应当建议有关主管部门或者组织对拒不出庭作证的鉴定人予以处罚。

（九）鉴定人因职能行为造成损害的责任问题

1. 概说

关于专家鉴定所应承担民事责任的性质，基于各国学说与判例对一般专家责任的定性分歧，主要表现为契约责任说、侵权责任说和竞合责任说。例如，持契约责任说的观点认为，所谓专家责任是指委托人或顾客对专家追究契约责任的问题。作为专家责任的基础，是在专家与委托人之间产生的信赖关系，这种关系可从以下两个基点来表达：

（1）专家与委托人之间的信赖关系应基于专家对自己所从事的工作具备最低标准基础之上的能力保障。这种保障来自于这样的认识，即作为非专家的委托人无法直接判断受托人是否具有作为专家本身所应具备的知识、技能和经验。正是在这一点上，使专家与委托人之间的契约存在极大的非对称性，它直接关系到如何设定注意义务的程度。这就是说，从保护委托人及因非对称性受到不利方的当事者的利益出发，应当设定使专家负有客观上高度注意之义务，其目的在于保护委托人的实际权益。

（2）委托人将其信赖也寄托在法官就专门性问题进行裁量的判断之上。例如，在医师对病人病情的治疗存在几种可选择的方案时，委托人往往基于自身缺乏专业技能和经验之无奈，而将最终的选择判断权委由医师行使，在这种情形下，对于涉及委托人的利益而言，存在是否妥当的问题，即属于与注意义务不同的信赖义务的违反问题。以上虽然是将专家与委托人或顾客之间的关系视为一种契约关系。然而，在实际生活当中，委托人通常倾向于追究侵权行为责任而不追究其契约责任，这个问题在两大法系一些国家或地区都有所体现，其中一个重要原因在于，将专家与委托人这种服务与被服务的关系作为追究侵权行为责任的客体，其优点在于可借此排除契约上的免责范围内的特别约定。①

2. 对我国鉴定人责任问题的探讨

从民事诉讼立法或证据法的角度来探讨鉴定人民事责任问题，在我国尚为初始阶段。但是基于法理上权利义务对等以及民事责任归责原理，鉴定人应对民事诉讼中的过错行为承担相应的民事责任，借以促使鉴定人务必恪尽职守，否则，即便因怠懈职务行为造成民事损害而又不承担相应的责任，这是不符合现代社会条件下的法治精神的。

我国《民事诉讼法》对鉴定人因作证而产生的相应责任并未作出规定，2019年《民事证据规定》则在以下三个方面对于鉴定人因提供鉴定意见作证所产生的责任作出了明确的规定：第一，拒不履行出庭义务所承担的法律责任。

---

① 参见[日]能见善久：《论专家的民事责任》，载梁慧星主编：《民商法论丛》第5卷，法律出版社1996年版，第505~507页。

对此，该司法解释第 81 条将这种责任的承担量化为四种类型的法律后果：其一，其鉴定意见不得作为认定案件事实的根据；其二，人民法院建议有关主管部门或者组织对其予以处罚；其三，退还鉴定费用；其四，启动重新鉴定。第二，故意作虚假陈述所应当承担的法律责任。对此，该司法解释第 33 条第 2 款将这种责任界定为以下两种法律后果：其一，退还鉴定费用；其二，依照《民事诉讼法》的规定进行处罚。第三，鉴定意见被采信后无正当理由撤销该鉴定意见所应当承担的法律责任。对此，该司法解释第 42 条将这种责任界定为三种法律后果：其一，退还鉴定费用；其二，根据有关情节，依照《民事诉讼法》的规定对其进行处罚；其三，负担当事人主张由此增加的合理费用。但这些规定均不涉及因鉴定错误或者重大过失所应承担的民事责任。

笔者认为，鉴定人所应承担民事责任的性质与诉讼模式及鉴定人主体制度的构架具有密切的关系。因此，基于审判方式改革的需要，应当建立以在法院主持下的鉴定人名册制度为主体，以当事人自行聘请鉴定人为必要补充的鉴定人主体制度体系，这是在综合了当今两大法系在鉴定人主体制度上的优势以及根据我国国情而拟定的。在这种框架下，相应的民事责任归责体系应是：主要适应鉴定人名册制度的侵权责任与主要适应当事人自行选定的鉴定人、专家辅助人以及其他类型专家作证的违约责任相结合，以及兼或一定情况下的竞合责任的多重归责模式。

（十）重新鉴定

所谓重新鉴定，是指委托主体对经原先鉴定所得出的鉴定意见进行审查后认为，原鉴定意见并非可靠并且有必要放弃这一鉴定意见而委托原鉴定人以外的其他鉴定人对有关的专门性问题进行鉴定。实践中，当法院在审查鉴定意见或结合其他有关证据对鉴定意见予以核实时，以及经过实践检验，发现鉴定意见存在重大错误，以及有关当事人按照诉讼程序规定提出异议并申请重新鉴定时，法院可指派或由当事人选任除原鉴定人以外的具有较高技术水平的专家进行重新鉴定。

提起重新鉴定主要发生在以下情形中：其一，原鉴定意见并不完备或并不确切；其二，鉴定人有两个或两个以上，在鉴定人之间就有关鉴定意见的作出发生意见分歧；其三，原鉴定人缺乏相应的鉴定资格；其四，原作出的鉴定意见与其他证据发生相互矛盾，其正确性、可靠性发生动摇；其五，当事人对鉴定意见提出有根据的异议，并提出了重新鉴定的申请；其六，鉴定程序严重违法。有学者则指出："在问题鉴定的系统性解决方案中，重新鉴定是其中的一项重要环节。当事人通过提出问题、申请重新鉴定来撼动法官的内心确信，从而直接左右诉讼方向。当下述条件发生时，重新鉴定机制就得以开启：其一，鉴定确有严重问题；其二，该问题严重影响法庭对事实的认定；其三，问题鉴定所涉科学问题有可能在重新鉴定中得到解答。"①

根据我国司法部《司法鉴定程序通则》的有关规定，在民事诉讼过程中，有下列情形之一的，司法鉴定机构可以接受法院委托进行重新鉴定：（1）原司法鉴定人不具有从事委托鉴定事项执业资格的；（2）原司法鉴定机构超出登记的业务范围组织鉴定的；（3）原司法鉴定人应当回避没有回避的；（4）法院认为需要重新鉴定；（5）法律规定的其他情形。

重新鉴定应当委托原鉴定机构以外的其他鉴定机构进行；因特殊原因，委托人也可以委托原鉴定机构进行，但原鉴定机构应当指定原司法鉴定人以外的其他符合条件的鉴定人进行。接受重新鉴定委托的鉴定机构的资质条件应当不低于原司法鉴定机构，进行重新鉴定的鉴定人中应当至少有一名具有相关专业高级专业技术职称。

根据我国台湾地区的规定，凡鉴定有不完善之处，可指令增加人数，或指令他人继续或另行鉴定，因此立法上允许再鉴定；但以原鉴定不完备为条件。作为鉴定，具有补充法官认识能力的功能，且具有可代替性。其应否指令再行鉴定，虽属于法官裁量的范围，但遇有下列情形，不论其系于询问鉴定人时发生，抑或基于鉴定书之记载，为了发现真实，应宜再行鉴定或采用其他证据调查方式：第一，原鉴定内容有重要矛盾之处。第二，原鉴定中引用的专门知识与技术在学术上尚有争执，且与原鉴定人的见解之间存在直接、明显的对立之处。第三，原鉴定从法院所获得的鉴定资料并不完备，或尚有新的鉴定资料未

---

① 王元凤、曲子函：《论民事诉讼中重新鉴定乱象的治理——以〈民事诉讼证据规定〉（2019 年版）为契机》，载《证据科学》2020 年第 2 期。

加以考虑。第四，对原鉴定人的鉴定能力存有疑问。以上情形是否存在，应由法院据情就个案进行审查。在进行鉴定后应否再行指令鉴定，应属于法院裁量的范围。然而，诉讼法兼采当事人进行主义，既然认为当事人有申请调查证据的权利。申请再鉴定，属于申请调查证据之一种，在法律上并无禁止性之规定；并且作为鉴定具有补充法官认识能力的机能，如原鉴定并不完备，为使法官对于鉴定价值的评价益臻正确，如当事人申请再鉴定具有必要性时，法院仍得指令再鉴定。①

司法实践中，对同一鉴定事项进行多头鉴定、重复鉴定成为妨碍司法公正与效力的一大难症。即涉案的有关当事人在诉讼前分别自行委托鉴定，法院在受理案件后又指定或委托鉴定机构进行鉴定，有时甚至一审法院在委托鉴定机构作出鉴定意见之后，二审法院在未对一审法院所作鉴定进行法庭调查、交由当事人辩论的情况下，在二审当中又重新进行委托鉴定；更有甚者，在再审程序上，有的法院对原一审、二审法院所委托而产生的鉴定意见在诉讼上不予调查论证或交由当事人进行辩论，便又委托有关鉴定机构重新鉴定，这些随意性做法都是无视程序法、不遵守证据规则而滥用自由裁量权的表现。因此，法院应当慎重对待实践当中所出现的重新鉴定问题，原则上，只有在原鉴定意见无效、被否定或者无法加以利用的条件下，才有可能启动重新鉴定程序。另外，针对因鉴定意见出现的缺陷可能会产生的效果，应当将有缺陷的鉴定意见分为一般缺陷和重大缺陷两种情形。凡在庭审中，法院认为已作出的鉴定意见存有一般缺陷的，对有一般缺陷的鉴定意见，如果可以通过补充鉴定、重新质证或者补充质证方法解决的，就不应准许重新鉴定。因此，在诉讼上，法院不能无条件地接受当事人所提出的重新鉴定的申请，而应当由有关当事人提供证据证明存在为法律所规定的某种重大缺陷。当法院认为有关当事人所提供的证据能够证明鉴定意见存在显著缺陷时，才能准许其所提出的重新鉴定的申请。

鉴定机构或鉴定人的权威性来自其在特定专业领域所享有的一种社会公信力，取决于有关鉴定机构和鉴定人的专业水平、技术装备、人员素质、经验、技能、主要业绩、职业品德等。另外，2005年2月28日第十届全国人大常委

---

① 参见陈朴生：《刑事诉讼法实务》（增订版），1979年版，第424~425页。

会第十四次会议通过了《关于司法鉴定管理问题的决定》，根据该决定的规定，从事司法鉴定的主体不仅包括法人或者其他组织，还包括个人；并且，各鉴定机构之间没有隶属关系。可见，作为鉴定主体的社会化已经成为我国未来发展的必然趋势。

　　鉴定人的鉴定属于一种证据调查的方法，其主要功能是为了满足法院对特定待证事实形成内心确信的需要，如果无法实现和满足这一基本功能，法院有权决定另行鉴定，以查明事实真相。例如，在我国台湾地区，鉴定是在受诉法院监督下进行的。法院不但有权参与鉴定，还可以随时听取鉴定人的意见，并且还应监督鉴定工作的进度；如认为所采用的鉴定方法有欠妥当或有其他情弊时，可以随时撤换鉴定人；如果在鉴定书作成后，法院对其存有疑问时，可以指令他人重新鉴定。在我国实务界，有一种观点认为，重新鉴定的次数一般以二次为宜，这是基于平衡双方当事人的权利和诉讼效率的角度来考虑。对此，笔者认为，不宜在立法上直接对重新鉴定的次数加以规定或限定，因为，在鉴定人就鉴定事项已提出鉴定意见之后，是否进行重新鉴定，本来就属于一个需相当慎重考虑的问题。如果不存在法律上所规定的重大缺陷就不能再考虑进行重新鉴定，但是，对已作出的鉴定意见，只要存在重大缺陷或者法律所规定的其他情形的，也不应当简单以次数来限制。

（十一）我国有关法律及司法解释相关规定的理解与适用

1. 承诺书的签署

　　2019年《民事证据规定》第33条第1款规定："鉴定开始之前，人民法院应当要求鉴定人签署承诺书。承诺书中应当载明鉴定人保证客观、公正、诚实地进行鉴定，保证出庭作证，如作虚假鉴定应当承担法律责任等内容。"

　　对本条文的理解与适用，应当掌握如下基本内容：

　　（1）在当今社会，人们往往借助宣誓行为来借以担保其人格的诚信和自律，以便赢得他人对其担负某种社会责任的信赖。在诉讼观念上，当鉴定人受法院委托和鉴定机构的指派而从事鉴定活动时，其行为的合法性、中立性、规范性、及时性理应受到高度关注。鉴定人从事司法鉴定活动是协助人民法院从事审判活动的司法辅助行为，同时，也是以机构名义所从事的一种职务行为，这种行为具有特殊的公益属性。为此，应当在具体履行职务前借助宣誓这一程式来申明其审慎之态度，并且在法律上被视为一种庄严的承诺。在诉讼上，宣誓行为是对人证这样一种特殊的主体在其心灵上附加法定义务的一种必要形式，这种必要形式是针对人证向法庭进行证述将产生重大法律后果的一种预防措施。从现代社会学、心理学的角度来看待这种程式，它无疑能够起到启迪人的心灵、支配人的精神、制约人的行为的重要作用。结合我国的具体国情与传统习惯，本条文将宣誓转化为以人民法院要求鉴定人签署承诺书的形式加以体现。

（2）按照本条文的规定，承诺书中应当载明鉴定人保证客观、公正、诚实地进行鉴定，保证出庭作证，如作虚假鉴定应当承担法律责任等内容。这种内容上的要求是对如下鉴定人应当承担鉴定义务的高度浓缩与列举：其一，保质、保量、及时完成鉴定工作。在接受人民法院的委托以及鉴定机构的指派后，鉴定人必须认真负责、实事求是、客观公正、不偏不倚、尽职尽责地按时完成鉴定工作。其二，依法回避。当发现与案件有利害关系，出现需要回避的决定情形时，应当依法主动提出回避申请。其三，出庭作证。当接到人民法院出庭通知时，应当按时出庭，在法庭上应客观、真实地回答法院、当事人、诉讼代理人、专家辅助人等的询问。其四，遵纪守则。鉴定人必须遵守鉴定执业纪律、职业道德及鉴定程序规则，妥善保管提供鉴定的物品和材料，不得损坏、挪用或遗失。其五，诚实廉洁。鉴定人不得徇私情、受贿或弄虚作假，如果故意作虚假鉴定应承担包括刑事责任在内的有关法律责任。

（3）本条文对于鉴定人出具补充鉴定意见时是否需要另行签订承诺书没有作出明确规定，但审判实践中，如果是针对因鉴定人的原因导致出现需要补充鉴定情形的，作为委托人的人民法院可以要求其出具具有针对性的承诺书，以确保补充鉴定意见的真实性、合法性、可靠性。

2. 鉴定材料的质证

2019年《民事证据规定》第34条规定："人民法院应当组织当事人对鉴定材料进行质证。未经质证的材料，不得作为鉴定的根据。经人民法院准许，鉴定人可以调取证据、勘验物证和现场、询问当事人或者证人。"

对本条文的理解与适用，应当掌握如下基本内容：

（1）《民事诉讼法》第71条中规定："证据应当在法庭上出示，并由当事人相互质证。"为此,本条文作出了相应的规定,即"未经质证的材料,不得作为鉴定的根据"。然而,审判实践目前存在的主要问题是,在涉及对专门性问题进行鉴定程序上,在重视对鉴定人提交鉴定书进行质证的同时,却往往忽略了在启动鉴定程序之后就双方当事人提交的鉴定材料进行质证。这些作为鉴定依据的基础性材料,如果未经当事人质证以及在当事人质证基础上法官形成相应的心证,而由法院直接移送给鉴定人,鉴定人据此作出的鉴定意见在程序上会产生重大缺陷,其合法性及有效性就会招致有关当事人的质疑。作为委托人的人民法院,对于移交给司法鉴定人的相关鉴定材料,如果不在听取当事人质证意见的基础上对其加以审核判断,就会导致法院委托的司法鉴定程序出现重大程序瑕疵,对于法院就事后鉴定人提交鉴定意见的采信产生严重的不利影响,导致实务上不得不通过补充鉴定、重新鉴定等方式来加以补救或者改正,既导致诉讼的拖延,又浪费了大量的司法资源,还增加了当事人的诉讼成本。另外,根据最高人民法院、司法部联合发布的《关于建立司法鉴定管理与使用衔接机制的意见》的规定,鉴定机构"接受人民法院委托鉴定后,不得私自接收当事人提交而未经人民法院确认的鉴定材料;鉴定机构应规范鉴定材料的接收和保存,实现鉴定过程和检验材料流转的全程记录和有效控制;鉴定过程中需要调取或者补充鉴定材料的,由鉴定机构或者当事人向委托法院提出申请"。

(2)司法部《司法鉴定程序通则》第12条第1款中规定:"委托人委托鉴定的,应当向司法鉴定机构提供真实、完整、充分的鉴定材料,并对鉴定材料的真实性、合法性负责。"据此,人民法院作为司法鉴定的委托人,有义务向司法鉴定机构提供真实、完整、充分的鉴定材料,对鉴定材料的真实性、合法性负责。并且,司法部《司法鉴定程序通则》第12条第2款规定:"诉讼当事人对鉴定材料有异议的,应当向委托人提出。"上述规定要求人民法院在办理委托司法鉴定的过程中应当就当事人提供的鉴定材料做到以下几点:其一,要求有关当事人提交与鉴定有关的证据材料,如相关当事人拒不提交有关材料导致鉴定无法进行的,应当由负有举证责任的一方当事人对需要通过鉴定意见证明相关的待证事实承担举证不能的后果;如果鉴定所需的相关材料不在负有举证责任的一方当事人控制之下,鉴于鉴定程序具有司法公共属性,负有举证责任的一方当事人可以据情通过申请书证提出命令、主张举证妨碍以及向人民法院申请调查取证等方式，促使对相关鉴定材料负有协助义务的控制人向法院提交。其二，人民法院应当依职权组织双方当事人对当事人提交或者人民法院依职权调查收集的鉴定材料进行质证。在质证过程中，人民法院可以对双方当事人进行调查询问。如法院发现有关鉴定材料当中缺乏必要的真实性、完整性、关联性和充分性的，可以要求有关当事人更换、补充或重新提交，或依法根据当事人的申请及依职权向国家有关部门、单位或个人调查收集。① 其三，在质证过程中，人民法院应当结合双方当事人的质证意见，对有关鉴定材料进行全面、认真的审查判断，必要时可以向相关专业领域的专家进行咨询，但最终的决定权应由法院行使。审判实践中，法院既不能因为有关当事人对鉴定材料提出异议就一律不移交给鉴定人，也不能够因为双方当事人对有关鉴定材料均未提出异议而在不作必要审查判断的情况下一律移交给鉴定人。在鉴定过程中，法院与鉴定人就有可能出现的问题应当相互协调、及时沟通。对法院而言，一方面，其应当在事实认定上尽量避免过分依赖鉴定人意见的倾向；另一方面，其应当对鉴定材料以及鉴定意见当中可能存在的瑕疵，加强和提升自身识别能力和审查判断能力。

（3）在法律地位上，鉴定人是法院在专业知识领域的助手，鉴定人接受人民法院的委托从事鉴定的行为具有司法属性，因此，作为司法鉴定受委托人的鉴定人在从事司法鉴定过程中享有与法院相同的权利与职能。在鉴定过程中，经人民法院准许，鉴定人可以调取证据、勘验物证和现场、询问当事人或者证人。对此，《民事诉讼法》第 80 条第 1 款规定："鉴定人有权了解进行鉴定所需要的案件材料，必要时可以询问当事人、证人。"同时，司法部《司法鉴定程序通则》第 24 条第 1 款规定："司法鉴定人有权了解进行鉴定所需要的案件材料，可以查阅复制相关资料，必要时可以询问诉讼当事人、证人。"在诉讼上，勘验物证和现场、询问当事人或者证人，属于法院在庭审活动中调查证据的职能活动，授权由鉴定人担当此项职能充分体现了鉴定行为具有司法属性，另外，鉴定人还享有从法院调取证据的权利。鉴定人在从事这些职能活动过程中应当严格遵守《民事诉讼法》及相关司法解释所作出的程序性要求，充分平等地保护

---

① 对此，可根据《民事诉讼法解释》第 94 条和第 96 条的相关规定。

当事人的诉讼权利,保证当事人享有充分的参与权和辩论权等诉讼权利。

3. 鉴定书的提交及法院对鉴定书的审查

2019年《民事证据规定》第36条规定:"人民法院对鉴定人出具的鉴定书,应当审查是否具有下列内容:(一)委托法院的名称;(二)委托鉴定的内容、要求;(三)鉴定材料;(四)鉴定所依据的原理、方法;(五)对鉴定过程的说明;(六)鉴定意见;(七)承诺书。鉴定书应当由鉴定人签名或者盖章,并附鉴定人的相应资格证明。委托机构鉴定的,鉴定书应当由鉴定机构盖章,并由从事鉴定的人员签名。"

对本条文的理解与适用,应当掌握如下基本内容:

(1)鉴定意见在民事诉讼中对涉及与专业问题有关待证事实的认定起着重要的作用,鉴定意见的正确与否,会受到各种因素的影响。科学的鉴定意见可以对案件事实的判断与认定提供正确的意见,错误的鉴定意见可能会导致对案件事实的误判或者错案的发生。在运用鉴定意见时,必须对鉴定意见进行审查,评断其科学性和正确性。审判实践中,鉴定人迫于种种压力或受其他因素影响,出具的鉴定书中对鉴定事项有时没有明确的意见,或只有鉴定意见而对鉴定过程、依据、鉴定材料等缺乏必要的说明,造成鉴定意见没有意义或质询困难。根据《民事诉讼法》第80条第2款:"鉴定人应当提出书面鉴定意见,在鉴定书上签名或者盖章。"为此,本条文从法院对鉴定人出具的鉴定书的内容进行审查和规范的角度,对鉴定书的内容作出了明确规定。

(2)按照本条文的规定,人民法院对鉴定人出具的鉴定书,应当审查是否具有下列内容:第一,委托法院的名称;第二,委托鉴定的内容、要求;第三,鉴定材料;第四,鉴定所依据的原理、方法;第五,对鉴定过程的说明;第六,鉴定意见;第七,承诺书。根据2017年3月1日起执行的司法部《关于印发司法鉴定文书格式的通知》所载明的相关内容,即本司法鉴定意见书文书格式包含了司法鉴定意见书的基本内容、各省级司法行政机关或司法鉴定协会可以根据不同专业的特点制定具体的格式,司法鉴定机构也可以根据实际情况作合理增减。关于"基本情况",应当简要说明委托人、委托事项、受理日期、鉴定材料等情况。关于"资料摘要",应当摘录与鉴定事项有关的鉴定资料,如法医鉴定的病史摘要等。关于"鉴定过程"应当客观、翔实有条理地描述鉴定活动发生的过程，包括人员、时间、地点、内容、方法、鉴定材料的选取、使用，采用的技术标准、技术规范或者技术方法，检查、检验、检测所使用的仪器设备、方法和主要结果等。关于"分析说明"，应当详细阐明鉴定人根据有关科学理论知识，通过对鉴定材料，检查、检验、检测结果，鉴定标准，专家意见等进行鉴别、判断，综合分析、逻辑推理，得出鉴定意见的过程，要求有良好的科学性、逻辑性。另外，"委托鉴定事项"用于描述需要解决的专门性问题；在"鉴定材料"一项，应当记录鉴定材料的名称、种类、数量、性状、保存状况、收到时间等，如果鉴定材料较多的，可另附《鉴定材料清单》。

（3）对于司法鉴定意见书的出具，司法部《司法鉴定程序通则》作出了如下规定：鉴定机构和鉴定人应当按照统一规定的文本格式制作司法鉴定意见书。司法鉴定意见书应当由鉴定人签名。多人参加的鉴定，对鉴定意见有不同意见的，应当注明。司法鉴定意见书应当加盖鉴定机构的司法鉴定专用章。司法鉴定意见书应当一式四份，三份交委托人收执，一份由鉴定机构存档。鉴定机构应当按照有关规定或者与委托人约定的方式，向委托人发送司法鉴定意见书。司法鉴定意见书出具后发现有下列情形之一的，鉴定机构可以进行补正：其一，图像、谱图、表格不清晰的；其二，签名、盖章或者编号不符合制作要求的；其三，文字表达有瑕疵或者错别字，但不影响司法鉴定意见的。补正应当在原司法鉴定意见书上进行，由至少1名司法鉴定人在补正处签名。必要时，可以出具补正书。对司法鉴定意见书进行补正，不得改变司法鉴定意见的原意。

（4）鉴定意见必须符合法定的形式与要求。主要包括：鉴定意见书应当按照统一格式制作，由2名以上司法鉴定人签名（打印文本和亲笔签名），加注《司法鉴定人执业证》证号、加盖司法鉴定专用章、鉴定意见书制作时间等。上述法定的文本格式各项要求，均不可或缺，否则，将因鉴定意见的载体在形式上的缺陷，导致鉴定意见丧失其证据的适格性。鉴定意见在内容和事项的表述上必须明确、具体，且符合规范性的要求。主要包括：第一，委托鉴定的内容及要求；第二，鉴定所依据的相关材料；第三，鉴定所依据的原理及方法；第四，对鉴定过程所作出的具体说明；第五，提出去伪存真的鉴定意见等。在承诺书中，鉴定人应明确表明其必须保证所出具的鉴定意见具有客观性、公正性与诚实性，保证出庭作证，承诺如作虚假鉴定甘愿承担法律责任等内容。另外，实践中，不能因为鉴定意见制作中因某种失误或不妥而产生的形式瑕疵，就直接否定该证据的证据能力，同时，也不能仅仅因为鉴定意见出现单纯的笔误导致表述上的错误或不当，就直接否定该证据的证据能力。如果确实属于鉴定意见内容上所出现的实质性错误，例如，鉴定意见的主要依据不足或者采用的技术标准发生错误的，就应当作出否定这份鉴定意见证明力的判断，并且可视具体情况确定，采用补充鉴定或重新委托鉴定的方式对有关专门性问题另行予以查明；但是，假如鉴定意见并不存在实质性的问题，而仅仅是因为在文字制作或校对上出现的某种错误或缺陷，则可以通过允许鉴定机构采用补证的方法予以弥补即可。

（5）《知识产权证据规定》第23条规定："人民法院应当结合下列因素对鉴定意见进行审查：（一）鉴定人是否具备相应资格；（二）鉴定人是否具备解决相关专门性问题应有的知识、经验及技能；（三）鉴定方法和鉴定程序是否规范，技术手段是否可靠；（四）送检材料是否经过当事人质证且符合鉴定条件；（五）鉴定意见的依据是否充分；（六）鉴定人有无应当回避的法定事由；（七）鉴定人在鉴定过程中有无徇私舞弊或者其他影响公正鉴定的情形。"该条涉及对审查司法鉴定意见的考量因素所进行的明确规定。

4. 当事人对鉴定书内容的异议及处理

2019年《民事证据规定》第37条规定："人民法院收到鉴定书后，应当及时将副本送交当事人。当事人对鉴定书的内容有异议的，应当在人民法院指定期间内以书面方式提出。对于当事人的异议，人民法院应当要求鉴定人作出解释、说明或者补充。人民法院认为有必要的，可以要求鉴定人对当事人未提出异议的内容进行解释、说明或者补充。"

对本条文的理解与适用，应当掌握如下基本内容：

（1）鉴定意见属于《民事诉讼法》第66条第1款所规定的8个证据种类之一。与书证、物证、视听资料和电子数据这些实物性证据所不同的是，鉴定意见因属于言词证据而被纳入人证范畴。因民事诉讼实行证据辩论主义、直接言词主义和法院自由心证主义三大基本原则，当事人对鉴定意见进行质证和发表辩论意见以及法院对这种证据的调查（询问）方式和程序与对证人证言相同。对此，《民事诉讼法》第71条规定："证据应当在法庭上出示，并由当事人相互质证。"《民事诉讼法解释》第 103 条第 1 款又进一步规定："证据应当在法庭上出示，由当事人相互质证。未经当事人质证的证据，不得作为认定案件事实的根据。"因此，当事人对证据发表质证意见和辩论意见的权利，是其重要的一种诉讼权利。质证权是当事人辩论权的重要组成部分，除非当事人主动放弃，否则，未经有关当事人对证据发表质证意见和辩论意见，将对法院就该证据进行自由心证造成实质上的妨碍，其结果将导致使该证据无法作为认定案件事实的根据。作为言词证据而言，对鉴定意见采取的质证方式为，由鉴定人出庭作证，接受当事人及其委托的专家辅助人的质询和法院的调查询问。

（2）《民事诉讼法》第 81 条规定："当事人对鉴定意见有异议或者人民法院认为鉴定人有必要出庭的，鉴定人应当出庭作证。经人民法院通知，鉴定人拒不出庭作证的，鉴定意见不得作为认定事实的根据。"民事诉讼实行辩论主义和当事人处分权主义，在当事人对鉴定人出具的鉴定意见没有提出异议以及人民法院认为鉴定人没有必要出庭的情况下，鉴定人可不出庭作证。另外，即使当事人对鉴定意见没有提出异议而以实际行动放弃了要求鉴定人出庭作证的权利，但当事人向法院提出鉴定申请以及提供其他证据的目的，系便于法院对有关证据进行审查判断的基础上作出事实认定，因此，如果人民法院发现鉴定人出具的鉴定意见当中存在某种缺陷或疑点，应当依职权要求鉴定人出庭作证，以便就鉴定意见当中存在的问题对鉴定人进行调查询问。

（3）在法律上，人民法院与鉴定机构存在委托关系，而鉴定人参加司法鉴定工作是由鉴定机构指定的，鉴定人是以机构名义与人民法院形成诉讼法律关系，鉴定人从事司法鉴定的行为是一种职务行为。在鉴定人完成司法鉴定工作之后，鉴定机构应当按照有关规定或者以与作为委托人的人民法院约定的方式，向人民法院发送司法鉴定意见书。按照本条文的规定，当人民法院收到该鉴定书后，应当及时将副本送交当事人，以便当事人对该鉴定书的内容进行阅读、研究和判断，或者寻求专家辅助人的协助，并决定是否提出异议以及提出何种异议。从鉴定意见这种证据的性质和特点来看，鉴定人就鉴定事项，根据有关鉴定材料，采用知识、经验、技能以及运用专门的设备、仪器等，按照科学原理和行业标准，就与待证事实有关的专门性问题在作出研究、分析、判断之后所出具的专业意见。可见，鉴定意见的形成过程具有封闭性、垄断性、单向性、专业性等特点。另外，受包括鉴定人认知能力所限等各种主客观因素的影响，导致鉴定意见中出现某种缺陷、瑕疵、偏差也在所难免。仅仅由当事人及其诉讼代理人和审判人员对鉴定人出具的鉴定意见进行阅读和理解，会产生许多疑问而不能及时得到有针对性的解释与说明。因此，在客观上当庭通过言词方式与双方当事人和法院进行双向或多向交流，就有关难点、疑点和费解问题答疑解惑，显得不可或缺；同时，这种面对面的交流与对话也是破解当事人质疑，化解当事人不满的有效途径，是现代法治意义上正当程序的重要体现。另外，从专业的角度，鉴定人毕竟属于专业人士，在专业知识、经验、技能、信息等方面，与当事人及其诉讼代理人和审判人员相较而言，有着明显的、几乎无与伦比的优势，由此所造成的结果是，鉴定人与当事人及其诉讼代理人和审判人员之间存在着严重的信息不对称的格局，因此，由当事人委托专家辅助人参与诉讼，搭建信息对称的桥梁，像律师代理当事人参加诉讼那样，以专家身份代理当事人参与诉讼，与鉴定人进行交流与对话，对于增加鉴定意见的透明度、可视度以及被接受度，显得尤为重要。

（4）实践中，当事人对鉴定意见表示不满的情况较为普遍，其主要原因在于：其一，该鉴定意见的有关内容对该方当事人不利；其二，当事人及其诉讼代理人对于相关的鉴定流程、鉴定所依据的科学原理、技术规范和行业规范以及所运用的专业设备、仪器等所应当发挥的功能和作用缺乏必要的了解。因此，从目前的情况来看，许多法院从经验的角度认为，不能仅仅因为当事人对鉴定意见提出异议，而不问这种异议是否有充分的理由和依据，就一律要求鉴定人出庭作证，这种做法会导致诉讼程序趋于复杂化，耗费大量诉讼成本和司法资源，其最终的结果也不过是仅仅满足形式化上的要求，实际效果并不理想。有鉴于此，本条文为当事人提出异议设定了较为审慎的表达方式与程式，即当事人对鉴定书的内容有异议的，不能仅仅以口头形式任意提出，而应当在人民法院指定期限内以书面方式提出。对此，《全国人民代表大会常务委员会关于司法鉴定管理问题的决定》第11条规定："在诉讼中，当事人对鉴定意见有异议的，经人民法院依法通知，鉴定人应当出庭作证。"实践中，通过这种要求当事人以书面形式提出以及法院以书面形式通知的形式，既可以在一定程度上减少当事人仅仅以口头形式表达对鉴定意见不满的情形就能够直接启动鉴定人出庭程序的几率，有助于诉讼效率的提升，又能够为鉴定人及时出庭做好充分准备，节省庭审时间，保证庭审质量的优化与庭审效果的提升。

（5）按照本条文的规定，在实务上，不能仅仅因为当事人对鉴定书提出异议，法院不问这种异议所针对的具体对象，就直接通知鉴定人出庭。如果当事人异议的对象是鉴定材料、鉴定程序或者鉴定机构及鉴定人的资质等问题，属于程序审查或法律审查范畴，与是否要求鉴定人出庭作证无关；要求鉴定人出庭作证是要解决鉴定书的内容与待证事实之间是否存在真实性、关联性等问题，也即鉴定书所涉及内容的科学性、专业性、严谨性等问题。针对当事人就鉴定书的内容提出异议的，人民法院应当向鉴定人转交异议书的副本，并要求鉴定人作出解释说明或者补充。人民法院将鉴定人针对当事人异议的书面解释说明或者补充意见转交当事人后，当事人仍有异议的，亦应当以书面形式提出，审判人员应当调查了解当事人异议是否已发生了改变、有关异议的具体理由与相关依据。必要时，审判人员可以要求提出异议的当事人提交有关信息资料或者证据材料，以便为鉴定人出庭做必要的准备。鉴于鉴定书有关内容与待证事实之间的真实性、关联性和合法性对于法院查明案件事实真相具有重要意义，即使当事人对鉴定书的有关内容未提出异议或者提出异议的事项与法院认为存在疑点的事项不尽相同，如果法院认为有关鉴定书内容存在的疑点对其形成正确、合理心证产生消极影响的，法院可以要求鉴定人对相关内容作出解释、说明或者补充。法院认为有必要通知鉴定人出庭作证的，应向有关当事人释明有关支付鉴定人的出庭费用，同时释明当事人可以聘请专家辅助人参与庭审活动。另外，如果在客观上允许的条件下，经征求当事人同意，可考虑安排鉴定人以视频方式作证。

5. 法院通知鉴定人出庭作证

2019年《民事证据规定》第38条规定："当事人在收到鉴定人的书面答复后仍有异议的，人民法院应当根据《诉讼费用交纳办法》第十一条的规定，通知有异议的当事人预交鉴定人出庭费用，并通知鉴定人出庭。有异议的当事人不预交鉴定人出庭费用的，视为放弃异议。双方当事人对鉴定意见均有异议的，分摊预交鉴定人出庭费用。"

对本条文的理解与适用，应当掌握如下基本内容：

（1）在民事诉讼上，鉴定费用是指用于鉴定活动实际支付费用的总称，它包括鉴定必要费用、鉴定人的报酬以及鉴定人出庭作证费用三部分组成。狭义上的鉴定费用仅指鉴定申请人或者委托人向鉴定人预付的费用，根据2006年12月19日国务院颁布的《诉讼费用交纳办法》第12条第1款的规定，诉讼过程中因鉴定"发生的依法应当由当事人负担的费用，人民法院根据谁主张、谁负担的责任原则，决定由当事人直接支付给有关机关或者单位，人民法院不得代收代付"。广义上的鉴定费用除了包括当事人应当向鉴定人预先支付的鉴定费用以外，还包括申请鉴定人出庭所发生的相关差旅费、误工费等费用。在诉讼上，无论是当事人向法院提出鉴定申请经法院审查后同意所产生的委托，还是人民法院依职权主动启动鉴定程序而产生的委托，均涉及需要支付鉴定费用问题。司法鉴定委托关系是建立在委托人人民法院与受托人有关鉴定机构之间具有公法意义上的权利义务关系，在有关鉴定机构决定受理鉴定委托并与委托人（人民法院）签订司法鉴定委托书之后，再由鉴定机构指定本机构具有该鉴定事项执业资格的鉴定人进行鉴定。因此，无论是鉴定机构或者鉴定人都不能直接与提出鉴定申请的当事人发生直接的委托与受托关系。

（2）当事人在收到鉴定人的书面答复后仍有异议，并以书面方式向法院提出的，人民法院应当根据《诉讼费用交纳办法》第11条的规定，通知有异议的当事人预交鉴定人出庭费用，并通知鉴定人出庭。而根据《诉讼费用交纳办法》第11条规定，鉴定人"在人民法院指定日期出庭发生的交通费、住宿费、生活费和误工补贴，由人民法院按照国家规定标准代为收取"。同时，2016年10月9日，最高人民法院与司法部联合发布的《关于建立司法鉴定管理与使用衔接机制的意见》明确提出："鉴定人在人民法院指定日期出庭发生的交通费、住宿费、生活费和误工补贴，按照国家有关规定应当由当事人承担的，由人民法院代为收取。"另外，2019年《民事证据规定》第79条规定："鉴定人依照民事诉讼法第七十八条[①]的规定出庭作证的，人民法院应当在开庭审理三日前将出庭的时间、地点及要求通知鉴定人。委托机构鉴定的，应当由从事鉴定的人员代表机构出庭。"可见，鉴定人出庭并非以个人名义，而是以机构的名义并代表

---

① 现为《民事诉讼法》（2023年修正）第113条。

机构出庭的。鉴定人出庭作证是一种职务行为，并且具有司法上的公共属性。

（3）本条文确定了鉴定人出庭费用的预交制度，即当事人申请鉴定人出庭的，由提出异议的一方当事人预交鉴定人出庭费用，双方当事人对鉴定意见均提出异议的，由双方当事人分摊预交鉴定人出庭费用。为防止当事人不预交鉴定费用造成程序上的拖延，本条文还确定了鉴定人不预交鉴定人出庭费用的法律后果，即有异议的当事人不预交鉴定人出庭费用的，视为放弃异议。

6.对鉴定人的询问及调查

2019年《民事证据规定》第80条规定："鉴定人应当就鉴定事项如实答复当事人的异议和审判人员的询问。当庭答复确有困难的，经人民法院准许，可以在庭审结束后书面答复。人民法院应当及时将书面答复送交当事人，并听取当事人的意见。必要时，可以再次组织质证。"

对本条文的理解与适用，应当掌握如下基本内容：

（1）我国《民事诉讼法》和《民事诉讼法解释》对于法院依职权对鉴定人进行调查询问并未作出明确规定，2001年《民事证据规定》第15条第1款则从保障当事人质证权的角度规定有"鉴定人应当出庭接受当事人质询"的内容，并且其第60条第1款还规定："经法庭许可，当事人可以向证人、鉴定人、勘验人发问。"但还是对法院依职权对鉴定人进行调查询问的内容未加规定。本条文的规定相当于填补了这一空白。另外，2019年《民事证据规定》第82条规定："经法庭许可，当事人可以询问鉴定人、勘验人。询问鉴定人、勘验人不得使用威胁、侮辱等不适当的言语和方式。"

（2）鉴定意见是鉴定人根据其专业知识、技能和经验以及利用专门设备或仪器等对案件中涉及与待证事实有关的某些专门性问题在审查、研究、分析和鉴别后所作出的判断性认识。在诉讼当中，鉴定意见对于案件中的专门性问题所具有的证明力，是其他证据种类或方法都不能替代的，有时往往对案件的最终裁判结果起决定性的重要作用。但是，如果法院无条件地把鉴定意见作为审判的基础，并据以对案件事实作出认定，且将鉴定意见视为优于其他证据的一种方式，不听取双方当事人的质证及辩论意见，不经实质性的审查、判断而直接予以采信，将会因为种种复杂原因而造成失误。即使为最权威的鉴定人在采用最先进的设备与方法所作出的鉴定，有时也难免由于主、客观条件的限制而造成失误。因此,在决定是否将鉴定意见作为裁判基础之前,法院应当针对有关当事人或其委托的具有专门知识的人对鉴定书提出的异议以及法院心证当中所存在的疑点,安排鉴定人出庭,就鉴定事项如实答复当事人的异议和审判人员的询问。对此,根据司法部《司法鉴定程序通则》的有关规定,经人民法院依法通知,鉴定人应当出庭作证,回答与鉴定事项有关的问题。鉴定机构接到出庭通知后,应当及时与人民法院确认鉴定人出庭的时间、地点、人数、费用、要求等。鉴定机构应当支持鉴定人出庭作证,为鉴定人依法出庭提供必要条件。

(3)鉴定人出庭接受当事人或其委托的具有专门知识的人的询问以及当庭答复当事人的异议,对鉴定意见的客观性、真实性和可靠性以及关联性进行质疑,是对鉴定意见进行质证的必要程序,是当事人行使辩论权的必要方式,也是法院产生心证的必要条件。当事人对鉴定人针对鉴定事项享有的询问权,属于一种广义上的质证权,而当事人在程序上所享有的辩论权包含了这种质证权。对鉴定人提出的鉴定意见进行辩论,是当事人或其委托的具有专门知识的人依据有关科学原理、专业知识、行业规范、特别经验法则以及有关数据、信息资料、本案证据等就鉴定书中所涉及的鉴定事项发表支持、反驳、质疑等意见。在当事人之间的辩论过程中会促使法院形成全面、正确、合理的心证。

(4)对出庭鉴定人就鉴定事项所涉及的异议和询问应主要包括以下几方面的内容:其一,鉴定人对于有关鉴定事项是否具有鉴定资格、鉴定人的执业经历、经验和能力如何,具体可以从鉴定人所从事的专业教育、从事鉴定的年限、专长、经历以及专业技术职称和科研成果等方面来考察。例如,涉及污染病理学的专业技术鉴定,是指鉴定人对环境污染给人体造成的损害后果、伤害程度、损害机理所作出的鉴定。此种专业鉴定通常应由具备环境医学方面知识的专业人士担任。例如,在一起噪音污染纠纷案中,两位原告称:因噪音污染而导致血压升高、心律不齐、心跳过速、胸闷等症状。被告辩称:其中一个原告患有先天性心脏病,另一个原告是故意装病。为查明真情,法院委托医生进行鉴定,其鉴定意见为:第一个原告并无先天性心脏病,在搬入该地区居住前,没有上述病理反应。而另一原告经体检发现确有上述病症。同时,测出的两个原告室内噪音最高达八十分贝,根据环境医学原理,如此高的噪音能够造成人的心血管系统及神经系统的病症,由此得出的鉴定意见为:原告上述疾病系由被告噪声污染所致。其二，鉴定人与本案是否存在利害关系或者其他足以影响鉴定公正开展的情形，是否出现应当回避而未能回避的情况，以及鉴定人是否受到外界的影响，即是否有徇私、受贿或者故意作虚伪鉴定的情况。这是因为，鉴定人主观上所存在的不利因素有时比客观上所存在的缺陷和限制更具危害性；也就是说，即便鉴定人在专业知识和技能上是多么的丰富和高超，其鉴定条件多么优越，其检材是多么充分和可靠，但是如果鉴定人受外界影响，这种影响会足以对鉴定意见客观性、真实性和可靠性造成实质性的危害，因此，在这种情形下所出具的鉴定意见将失去应有的证明效力。其三，鉴定意见所依据的检材、样本或与鉴定对象有关的其他鉴定材料是否符合鉴定条件，是否真实、充分、可靠。例如，当鉴定某种产品中是否含有禁止使用的剧毒物质时，如果检材取自不同批次的产品，那么分别得出的鉴定意见就不具备可比性。为此，应审查检材的发现、提取、处理、固定方法是否符合科学要求；检材提取的部位是否准确，在储存、传递过程中有无遭到损坏，检材有无变形、伪造及检材在其性状、数量、质量上是否符合有关要求。再如，在一起涉及冷冻厂废水污染鱼塘纠纷案中，法院起初根据原告提供的化验资料认定是冷冻厂排放的废水导致鱼类死亡。但冷冻厂不服，认为仅有化验厂内的废水，没有化验鱼塘的水，并不能证明鱼类死亡是本厂排放污水所致。为了查清事实真相，法院邀请原、被告双方和环保局到现场取水样化验，得出的结论证明鱼塘水与冷冻厂内排放的废水相符，均系缺氧和含硫化物，这一鉴定意见最终使冷冻厂感到折服。其四，鉴定人在鉴定过程中涉及检验、试验的程序规范或者在检验方法上是否符合有关行业标准化的要求。其五，鉴定意见的论据是否充分，推论是否合理，论据与结论性意见之间是否存在矛盾；如果属于种属认定相同或者是同一认定的结论性意见，其符合点是否能够作出种属认定或者同一认定的结论性意见，对检验或试验中出现的差异点是否都能作出合乎逻辑或有根据的解释。由于鉴定意见涉及不同领域的专门知识和技能，法院仅就鉴定意见本身进行审查，其难度较大，这就需要鉴定意见与案件的其他证据结合起来，在一并加以对照、分析和比较之后，如果认为其中存在相互矛盾或似有抵触之处，应通知鉴定人进行补充鉴定，也可以另行指定或聘请其他鉴定人员重新鉴定。其六，鉴定程序的开展是否符合法律、法规、规章、技术规范的要求以及相应的科学原理。

（5）因个案所涉及专业问题的难度差异较大，如果在预先没有进行必要准备的情况下，由鉴定人当庭答复可能会面临种种困难或者障碍。对此，本条文规定，鉴定人当庭答复确有困难的，经人民法院准许，可以在庭审结束后书面答复。因此，为了尽可能地避免出现因鉴定人在事先未得知相关信息而导致其出庭难以达到预期目的的情形出现，审判人员应当将包括当事人关注的主要问题在内的有关信息，在向鉴定人发出出庭通知时一并送达鉴定人，以便其在做充分准备的基础上能够当庭作出相应的答复。另外，审判人员在鉴定人出庭前就应对所涉及专门问题的基本原理、行业规范、专业性经验法则、鉴定方法、技术标准等有基本的了解，便于对鉴定人进行调查询问，这也有助于法院对鉴定人出具的鉴定意见作出合理的分析和判断。在程序上，如遇有鉴定人在庭审结束后提出书面答复意见，人民法院应当及时将书面答复意见及时送交当事人，并听取当事人的意见。必要时，可以再次组织质证。

7. 询问鉴定人的方式

2019年《民事证据规定》第82条规定："经法庭许可，当事人可以询问鉴定人、勘验人。询问鉴定人、勘验人不得使用威胁、侮辱等不适当的言语和方式。"

对本条文的理解与适用，应当掌握如下基本内容：

（1）审判实践中，鉴定人出庭作证接受当事人的质询以及法院的调查询问，不能仅仅停留在只是宣读鉴定书的内容以及当事人对鉴定人、鉴定机构的资质提出质疑以及鉴定程序是否合法等形式及程序问题上，如果仅仅是针对这些问题而要求鉴定人出庭作证，在目前情况下，则是形式意义大于实质意义，因此，如果仅仅解决这些问题，可采用书面方式，对实际效果不但不会产生任何影响，并且还有助于降低诉讼成本、提高诉讼实效。法院要求鉴定人出庭作证，主要是解决采用书面方式不宜解决的问题，或者为了解决采用书面方式会对当事人的辩论权及法院的调查询问权在程序上以及实质效果上造成不利影响的问题。

（2）由于在专业性问题上，鉴定人与审判人员以及当事人及其诉讼代理人之间存在着严重信息不对称的局面。在法理上，由不具备专业知识、经验、技能及背景的当事人及其诉讼代理人直接向具有特定领域专家身份的鉴定人就专业问题提出质询，对有关鉴定意见内容所涉及的专业问题进行评价（其中包括否定性的、质疑性的以及反驳性的评价),其本身就存在着程序上的适格性(瑕疵)问题,也就是说,当事人及其诉讼代理人并不具备这种专业资格和能力。从严格意义上,即使审判人员也不具备这种专业资格和能力。在我国审判实践当中,这是长期以来无论是当事人及其诉讼代理人对鉴定人的询问以及法院对鉴定人的调查询问难以达到预期效果或者实际效果不佳现象的主要原因。因此,由当事人委托专家辅助人参与就鉴定意见的内容所涉及的专业问题对鉴定人的质询,在程序的正当性以及增进这种询问的实效上显得不可或缺,由"专家对专家"就专业问题展开辩论或讨论,并对当事人异议和审判人员的疑惑进行说明、阐释、辨析以及解惑答疑,既有助于消除当事人不合理的怀疑,也有利于化解审判人员的内心疑虑。

(3)审判实践中,鉴定人出具的鉴定意见,在许多情况下对一方当事人不利,在有些情况下对双方当事人不利,并且对双方当事人不利存在比例上的某种不均衡状态。鉴于法院的审判人员并非某一行业领域的专家,其在审判上对鉴定意见具有强烈的依赖性,会更加习惯性地将鉴定意见作为判案依据,受鉴定意见不利影响的一方当事人及其诉讼代理人即使对该鉴定意见的内容提出质疑,囿于对特定专业的科学原理、行业规范、技术标准、鉴定方法等缺乏必要的认识能力,其质疑意见往往不能被法院所采信。由此所引起的结果是,由于受到预感败诉所带来的冲击,当鉴定人出庭时,有时会出现当事人因感情用事、情绪失控而斥责、谩骂、羞辱甚至威胁、恐吓鉴定人的情形与场面,从而使得鉴定人出庭的意愿大为减缩,并且有相当的抵触情绪。为此,法院应当保障正常的庭审秩序,为鉴定人出庭作证提供一个相对自由、宽松、适宜的环境。对于采用不当言行干扰鉴定人作证的当事人、诉讼代理人或者旁听人员,审判人员应当及时予以制止,并可根据具体情形,在必要时依据《民事诉讼法解释》第176条至第183条的规定采取训诫、责令退出法庭、罚款、拘留等强制措施。

(4)按照本条文的规定,当事人及其诉讼代理人或者当事人委托的专家辅助人在向鉴定人发问前,应当经审判人员的许可。当事人无论是通过自行询问,还是通过其委托诉讼代理人或者专家辅助人向鉴定人询问,其目的对双方当事人各不相同:因鉴定意见受到不利影响的一方当事人,试图就鉴定意见所涉及的专业问题,通过询问给法庭造成该鉴定意见所涉及的鉴定事项、鉴定标准、鉴定方式、鉴定依据、鉴定结论、各种要素之间的关系、内在逻辑等存在重大瑕疵、缺陷，从而尽可能地影响法院的心证，使法院在审判上对该鉴定意见不予采信；而对于相对一方当事人而言，通过该方对鉴定人的询问，针对对方提出的种种质疑，试图从相反的角度发动反击，反驳这种种质疑，尽可能地修复或弥补被对方可能攻陷的防线，尽可能使法院在审判上对该鉴定意见予以采信。为了防止当事人受利益驱动而造成程序上的烦琐与不当，审判人员应当对程序加以必要的管控，对当事人的不当询问加以必要的干预。如发现当事人的询问涉及的相关问题已在之前的书面或口头答复当中已经提及，法院对于这种重复性的发问，应当及时予以制止；另外，尽管当事人的询问不属于重复发问，但与鉴定意见内容缺乏关联性，法院对这种询问也应当予以及时制止。

（5）在法理上，鉴定人出庭作证并接受当事人的询问以及法院的调查询问，可以比照证人出庭作证的有关规则。而我国有关法律及司法解释尽管就当事人对鉴定人的询问作出了明确的规定，但是，对于询问所采用的方式、顺序、内容等并未作出具体规定，影响了在个案当中的具体操作，而本条文只是作出了相应的原则性规定，即询问鉴定人、勘验人不得使用威胁、侮辱等不适当的言语和方式。从逻辑上而言，这是相当于从反向角度作出了规定：即允许当事人及其诉讼代理人或者委托专家辅助人可采用适当引导的言语和方式，也就是允许当事人方提出一些诱导性问题。按照"法官不得借口没有法律规定而拒绝裁判"的法则，在法律没有明确规定的条件下，即可被视为授权法院按照社会的公平正义及正当程序原则，根据符合个案当中的具体情形，从保证公平与效率的角度，自行确定所应当适用的相应程序规则。

8. 因鉴定人拒不出庭作证所应当承担的责任

2019年《民事证据规定》第81条规定："鉴定人拒不出庭作证的，鉴定意见不得作为认定案件事实的根据。人民法院应当建议有关主管部门或者组织对拒不出庭作证的鉴定人予以处罚。当事人要求退还鉴定费用的，人民法院应当在三日内作出裁定，责令鉴定人退还；拒不退还的，由人民法院依法执行。当事人因鉴定人拒不出庭作证申请重新鉴定的，人民法院应当准许。"

对本条文的理解与适用，应当掌握如下基本内容：

（1）在形式上，尽管鉴定意见以鉴定意见书作为载体，但鉴定意见在证据法意义上属于言词证据，被纳入人证范畴。鉴定人利用专业知识、经验、技能和采用有关设备、仪器等作出鉴定意见，并将鉴定意见书提交给法院，这只是鉴定意见进入庭审程序的起点和必要条件。对这种类型证据进行质证所采用的方式也较为特殊，即由鉴定人出庭作证，就其向法庭提交的鉴定意见书所涉及的有关事项、内容以及程序问题等，接受当事人的质询和法院的调查询问，在有关当事人委托具有专门知识的人出庭的条件下，由相关专业人士发表专业意见，并对鉴定意见书所涉及的专门性问题展开辩论。质证权是当事人辩论权的重要组成部分，鉴定人出庭作证，就鉴定意见的内容、形成过程、鉴定依据以及有关鉴定程序等进行陈述，并对其中的疑问和问题接受当事人询问、质疑以及法院的调查询问，以便解疑释惑，这样做既有利于减少鉴定异议、补充鉴定甚至重新鉴定的概率，又有利于消除双方当事人对鉴定意见的各种揣测或疑虑，增强当事人对鉴定意见的接受度，或者强化鉴定意见存在各种瑕疵或缺陷的曝光度，并且通过双方当事人充分行使辩论权，保障法院在程序上就鉴定意见进行评估与判断的正当性，以便形成正确、合理的裁判心证。

（2）《民事诉讼法》第81条规定："当事人对鉴定意见有异议或者人民法院认为鉴定人有必要出庭的，鉴定人应当出庭作证。经人民法院通知，鉴定人拒不出庭作证的，鉴定意见不得作为认定事实的根据；支付鉴定费用的当事人可以要求返还鉴定费用。"鉴定意见作为一种言词证据，如果鉴定人不出庭就无法使其所作的鉴定意见在程序上产生应有的法律效力。在当事人对鉴定意见有异议时，鉴定人应当出庭回答当事人的质询，以便为人民法院对有关异议理由的合理性作出判断。即使当事人对鉴定意见没有异议时，如果人民法院对鉴定意见、主要依据、论证过程等存有疑问时，也可依职权通知鉴定人出庭作证，接受法庭的询问。如果鉴定人拒绝出庭作证的，将对人民法院对案件事实作出正确、合理判断产生不利影响，在这种情形下，有关鉴定意见将不得作为认定案件事实的根据。鉴定人出庭作证接受当事人的质询和法庭的询问，是对鉴定意见进行质证的一种正当程序和必要方式。一旦缺失这种要式行为，鉴定意见只能被作为一种传闻证据而受到排除，无法有效地作为裁判的基础。

（3）鉴定人拒不出庭作证，导致鉴定意见不能作为认定案件事实的依据，对于法院正确认定案件事实并依据有关法律作出裁判构成相当的妨碍。人民法院应当建议有关主管部门或者组织对拒不出庭作证的鉴定人予以处罚。对此，《全国人民代表大会常务委员会关于司法鉴定管理问题的决定》第13条规定，鉴定人或者鉴定机构有违反本决定规定行为的，由省级人民政府司法行政部门予以警告，责令改正。鉴定人经人民法院依法通知，拒绝出庭作证的，由省级人民政府司法行政部门给予停止从事司法鉴定业务3个月以上1年以下的处罚；情节严重的，撤销登记。另外，2016年10月9日，最高人民法院与司法部联合下发的《关于建立司法鉴定管理与使用衔接机制的意见》第三部分"加强保障监督，确保鉴定人履行出庭作证义务"中明确提出："司法行政机关要监督、指导鉴定人依法履行出庭作证义务。对无正当理由拒不出庭作证的，要依法严格查处，追究鉴定人和鉴定机构及鉴定代表人的责任。"在第四部分"严处违法违规行为，维持良好司法鉴定秩序"中强调："人民法院在委托鉴定和审判工作中发现鉴定机构或鉴定人存在违规受理、无正当理由不按照规定或约定时限完成鉴定、经人民法院通知无正当理由拒不出庭作证等违法违规情形的，可暂停委托其从事人民法院司法鉴定业务，并告知司法行政机关或发出司法建议书。司法行政机关按照规定的时限调查处理，并将处理结果反馈人民法院。"

（4）在经人民法院通知鉴定人出庭而鉴定人无正当理由拒不出庭作证的情况下，其出具的鉴定意见不得作为认定案件事实的根据。这种引发有关鉴定意见不能在诉讼上被正常使用的原因系鉴定人的不端行为所致，为了保护当事人的合法权益，亦不应当由当事人无端支付鉴定费用。对于当事人主张要求鉴定人退还鉴定费用的，人民法院应当在3日内作出裁定，责令鉴定人退还；如果鉴定人拒不退还的，由人民法院依法纳入强制执行程序。在此情形下，对于当事人因鉴定人拒不出庭作证申请重新鉴定的，人民法院应当予以准许。

（5）《民事诉讼法》第81条规定："当事人对鉴定意见有异议或者人民法院认为鉴定人有必要出庭的，鉴定人应当出庭作证。经人民法院通知，鉴定人拒不出庭作证的，鉴定意见不得作为认定事实的根据；支付鉴定费用的当事人可以要求返还鉴定费用。"鉴定意见作为一种言词证据，如果鉴定人不出庭作证就无法使其所作的鉴定意见在程序上产生应有的法律效力。在当事人对鉴定意见有异议时，鉴定人应当出庭回答当事人的质询，以便为人民法院对有关异议理由的合理性作出判断。即使当事人对鉴定意见没有异议，如果人民法院对鉴定意见、主要依据、论证过程等存有疑问时，也可依职权通知鉴定人出庭作证，接受法庭的询问。如果鉴定人拒绝出庭作证的，将对人民法院对案件事实作出正确、合理判断产生不利影响，在这种情形下，有关鉴定意见将不得作为认定案件事实的根据。鉴定人出庭作证接受当事人的质询和法庭的询问，是对鉴定意见进行质证的一种正当程序和必要方式。一旦缺失这种要式行为，鉴定意见只能被作为一种传闻证据而受到排除，无法有效地作为裁判的基础。

9. 重新鉴定

2019年《民事证据规定》第40条规定："当事人申请重新鉴定，存在下列情形之一的，人民法院应当准许：（一）鉴定人不具备相应资格的；（二）鉴定程序严重违法的；（三）鉴定意见明显依据不足的；（四）鉴定意见不能作为证据使用的其他情形。存在前款第一项至第三项情形的，鉴定人已经收取的鉴定费用应当退还。拒不退还的，依照本规定第八十一条第二款的规定处理。对鉴定意见的瑕疵，可以通过补正、补充鉴定或者补充质证、重新质证等方法解决的，人民法院不予准许重新鉴定的申请。重新鉴定的，原鉴定意见不得作为认定案件事实的根据。"

对本条文的理解与适用，应当掌握如下基本内容：

（1）当事人只能向法院提出重新鉴定的申请，即提出重新鉴定的申请权归属于当事人享有，它是当事人一项重要的诉讼权利，而重新鉴定的启动权在于法院。在当事人向法院提出重新鉴定申请时，人民法院应当注重对鉴定条件是否完全具备、鉴定的原理和采取的科学技术手段及方法是否符合要求、鉴定意见作出的根据是否充分等内容进行审查，而不能仅仅停留在对于鉴定人的资质、鉴定意见作出的程序是否违法进行形式审查之上。当然，从法院对鉴定意见与采信的角度而言，即使不经当事人提出重新鉴定申请，法院应当依职权对鉴定资格不符、鉴定条件不具备、鉴定程序方法或者技术标准错误、鉴定材料受到污染而不具备比对条件或者提取程序违法等形式不合法、实质上不符合标准的鉴定意见予以排除。重新鉴定既是对鉴定意见出现错误而加以纠正的有效途径，又是当事人维护自身合法权益的必要手段，但实务上，如果对该种途径和手段过多加以依赖，导致鉴定程序的反复进行，难免诱发当事人只要认为有关鉴定意见对其不利就会交互提出重新鉴定申请的欲望与倾向，是对当事人鉴定申请权的滥用；同时，如果对确实存在错误或重大缺陷的鉴定意见视而不见，刻意抬高法院启动重新鉴定程序的门槛，导致对鉴定人以及鉴定程序缺乏必要的监督与制约，反而会造成鉴定人在鉴定业务上出现无所畏惧以及掉以轻心，一旦法院对有关鉴定意见加以采信将产生严重后果，影响司法的公信力和权威性。

（2）当鉴定人出具鉴定意见后，如果双方当事人没有提出异议，除非出现人民法院依职权查明鉴定程序存在重大瑕疵导致该鉴定意见不能被采信等特殊情形，有关鉴定意见应当作为认定案件事实的依据。在质证程序上，当事人虽然提出异议，但是依据当事人异议的理由，鉴定人有科学上的根据证明当事人的异议不能成立的，有关鉴定意见也应当作为认定案件事实的依据。如果当事人提出异议，而根据该异议的理由，可以直接判定鉴定意见存在某种缺陷或瑕疵的，或者人民法院在审查鉴定意见时发现其存在瑕疵或缺陷的，如果无须通过重新鉴定也能加以解决的，则可以采取补充鉴定、对该鉴定意见进行相应的调整或补正、重新质证或者补充质证等方式或途径加以解决。因此，在原则上应当坚持，凡是可以采用补正、补充鉴定或者补充质证、重新质证等方法解决的，人民法院应当排除启动重新鉴定程序。

（3）按照本条文的规定："对鉴定意见的瑕疵，可以通过补正、补充鉴定或者补充质证、重新质证等方法解决的，人民法院不予准许重新鉴定的申请。"这是对当事人提出重新鉴定条件的严格限制。显然，鉴定意见有瑕疵，并不必然导致重新鉴定，如果可以通过补正、补充鉴定或者补充质证、重新质证等方法解决的，就不允许申请重新鉴定。从本条文的本意看，重新鉴定的适用应当在其他方法无法解决的情况下才有可能，因此，对进入重新鉴定范围的鉴定意见，在补救方法上应当具有唯一性。补充鉴定可适用于下列情况：一是原鉴定意见只是解决了其中的一部分问题，并没有全部、彻底解决有关所有与待证事实有关的专门性问题；二是在鉴定人就某一专门性问题进行鉴定后，法院又发现或当事人又提交了涉及该问题的材料；三是法院在先前委托鉴定时本应提出需要解决的有关专门事项，但限于某种原因和疏忽大意而没有提出；四是原鉴定所出具的鉴定意见不够明确、具体，即其意见本身尚不足以达到作为认定有关待证事实的目的；五是有关当事人对鉴定意见提出异议，并附有适当的理由和有价值的材料。补充鉴定在程序上可以进行一次，也可以进行多次，其目的在于使原鉴定意见更加全面、具体和有说服力。从补充鉴定的程序原理上而言，补充鉴定实际上是作为原有鉴定的继续和延伸。因此，补充鉴定一般仍由原鉴定人进行。在补充鉴定完毕后，应当写补充鉴定意见，除与原鉴定意见相矛盾之处应当予以删除外，补充鉴定意见应与原鉴定意见一并使用。一般来说，鉴定意见如果存在瑕疵，当事人有权提出补充鉴定的请求。原则上，对具有瑕疵的鉴定意见提出补充鉴定的主体应当是当事人，既可以是一方当事人，也可以是双方当事人。但是，考虑到当事人的诉讼能力、法律意识等方面的不足，在当事人未发现鉴定意见具有明显的瑕疵时，法院是否应当依照其诉讼指挥权对当事人进行释明，告知其提出补充鉴定的请求，或者法院依职权主动提出补充鉴定的要求。笔者认为，鉴定意见作为一种特殊的法定证据形式，具有使法院的裁判建立在客观公正基础上的辅助功能，因此，如果出现上述情形，法院在当事人未提出补充鉴定请求的前提下，可以要求鉴定人进行复查，并且在修改、补正原鉴定意见或就新发现的问题予以阐释的基础上进行补充鉴定。由于申请鉴定原则上属于当事人举证责任的范畴，故当事人对原鉴定意见申请重新鉴定，也应当有期限的限制。本条文对此未作出规定，但这并不意味着当事人申请重新鉴定不需要期限的限制。笔者认为，当事人申请重新鉴定应当在最后一次庭审辩论之前，超过此期限，不得提出重新鉴定。此外，为保障当事人举证与庭审的诉讼效率，避免拖延诉讼的现象，应当限定当事人申请重新鉴定的次数只能为一次。

（4）当事人申请重新鉴定，经人民法院准许，并由人民法院启动重新鉴定程序的，其产生的程序上之法律效果，将导致原鉴定人出具的鉴定意见被完全否定，从另一方面也意味着，即使通过补正、补充鉴定或者补充质证、重新质证等方法，也不足以弥补原鉴定意见或其鉴定程序上所出现的不可弥补的重大缺陷或重大瑕疵。在程序上，就重新鉴定所得出的鉴定意见与原鉴定意见之间的关系相较而言，在重新鉴定所得出的鉴定意见面前，原鉴定意见都应当视为已不复存在或者甚至被视为（至少在法律层面）从来没有发生过。在法理上，无论出现过多少次重新鉴定的情形，在依法重新鉴定所得出的鉴定意见面前，原鉴定意见都应当视为无效或者已不复存在。实践中，那种对于因多次重新鉴定，而在不同的鉴定意见当中进行比较得出结论，或者干脆"实行少数服从多数"的方法来决定最终结论的模式和做法都是错误的,都是违背基本法理的。

（5）根据司法部《司法鉴定程序通则》第31条的规定,有下列情形之一的,鉴定机构可以按照办案机关委托进行重新鉴定：①原鉴定人不具有从事委托鉴定事项执业资格的；②原鉴定机构超出登记的业务范围组织鉴定的；③原鉴定人应当回避没有回避的；④办案机关认为需要重新鉴定的；⑤法律规定的其他情形。而根据本条文的规定,当事人申请重新鉴定,存在下列情形之一的,人民法院应当准许：①鉴定人不具备相应资格。鉴定资格是鉴定机构决定接受法院委托从事鉴定业务而指定有关鉴定人的前提条件,是鉴定程序得以合法、有效进行的基础性保障。我国对鉴定人资格采用准入制度,与准入制度相关的从业条件和程序规范主要包括职业资格、执业资格以及禁止性规定等。其中,职业资格和执业资格作为准入制度的积极条件,凡有关人员符合特定条件、通过相关的培训、考核程序就可以具备职业资格,获取相应的执业证书；而有关禁止性规定是准入制度的消极条件,即当有关人员符合规定的禁止性情形时,就不得从事相关行业的工作。②鉴定程序出现严重违法的情形。鉴定程序违法包括鉴定启动程序违法和鉴定程序违法两种。鉴定启动程序违法包括：第一,当事人无正当理由在人民法院指定期限内未提出申请,在视为放弃申请的情形下法院仍逾期委托鉴定的；第二,当事人无正当理由未提出鉴定申请,且该鉴定事项不属于人民法院依职权主动委托鉴定的事项,而人民法院仍依职权主动委托鉴定的；第三,当事人申请鉴定并经法院同意后,无正当理由拒不预交鉴定费用,而人民法院仍予委托鉴定的；第四,当事人申请鉴定并经法院同意后,无正当理由不提供相关材料,而法院仍予委托鉴定的。鉴定程序违法是指鉴定人在鉴定过程中的技术操作违反相关规定,这种程序违法是鉴定机构或者鉴定人违反其职业操作规则所致,对鉴定意见的公正性和客观性存在明显的不利影响。再如,鉴定人应当回避而没有回避的,鉴定意见所依据的相应鉴定资料未经质证的等。应当指出的是,根据本条文的规定,上述两种程序违法必须达到严重的程度,才能作为当事人申请重新鉴定的条件。但对于何为"严重",该规定未予明确。笔者认为,所谓严重,是指超出了人们对一般程序瑕疵的认知,该程序违法足以导致有关鉴定意见的内容出现严重缺陷,对鉴定意见的科学性、真实性、合理性和公正性造成实质影响。③鉴定意见明显依据不足。主要指的是鉴定意见明显违反科学规律或者与当事人提供的证据明显不相一致等。④鉴定意见不能作为证据使用的其他情形。它属于弹性的兜底条款，由法院据情作出判断。另外，2019年《民事证据规定》第81条第3款规定："当事人因鉴定人拒不出庭作证申请重新鉴定的，人民法院应当准许。"

（6）根据司法部《司法鉴定程序通则》第32条的规定，重新鉴定应当委托原鉴定机构以外的其他鉴定机构进行；因特殊原因，委托人也可以委托原鉴定机构进行，但原鉴定机构应当指定原鉴定人以外的其他符合条件的鉴定人进行。接受重新鉴定委托的鉴定机构的资质条件应当不低于原鉴定机构，进行重新鉴定的鉴定人中应当至少有1名具有相关高级专业技术职称。当事人申请重新鉴定的原因在于，鉴定人不具备相应资格、鉴定人出具的鉴定意见本身或者有关鉴定程序出现难以弥补的缺陷，导致原鉴定人出具的鉴定意见以及有关鉴定程序归于无效，而这均可归责于鉴定人。由于鉴定人的原因而导致其出具的与待证事实有关的专门性问题的鉴定意见无法作为人民法院认定案件事实的根据，并且导致当事人申请鉴定目的直接落空，不得不另行申请重新鉴定。对此，鉴定人应负有相应的责任，其已经收取的鉴定费用应当如数退还给预交的当事人。在程序上，当事人要求退还鉴定费用的，人民法院应当在3日内作出裁定，责令鉴定人退还；鉴定人拒不退还的，由人民法院依法执行。

（7）二审当中，当事人对一审法院委托鉴定人作出的鉴定意见不服，提起上诉并申请重新鉴定的，二审法院应当审查上诉人在一审时有无对该鉴定意见提出异议，一审法院有无对该异议进行审理，有无要求鉴定人提供书面答复及说明，如鉴定人提供的书面答复及说明仍无助于解决争议时，根据当事人的申请，人民法院应当要求鉴定人出庭作证，接受当事人的质询和人民法院的调查询问。二审法院经审查如发现一审并未完成上述程序时，应通过审查来确定当事人的异议是否成立。二审法院经过审查，如果认为可以通过补正、补充鉴定或者补充质证、重新鉴定等方法有助于解决上诉人对鉴定意见提出的异议的，二审法院则应当就此开展审理活动，并对案件的相关基本事实作出实体判断，而不应当将案件发回一审法院进行重审。经二审法院审查，如果二审法院认为上诉人对鉴定意见所提出异议的理由成立，能够足以排除对该鉴定意见加以采信的，应当通过对相关专门性问题借助重新鉴定予以查明。在这种情况下，应当根据案件审理的具体情况，既可以考虑由二审法院直接委托有资质的鉴定机构，指定有关鉴定人重新进行鉴定，也可以考虑由二审法院发回一审法院，由原一审法院对有关案件事实重新进行审理查明。当案件进入二审程序或者再审程序时，对是否应当启动鉴定程序查明相关待证事实时，法院除了审查该鉴定申请是否与查明案件待证事实有关的专门性问题具有关联性以及采用鉴定方式具有不可替代性等作出判断以外，二审法院或者再审法院还应当查明，原审法院是否已就相关待证事实需要采用鉴定的方式向当事人进行过释明。如果原审法院已向对申请鉴定作为负担举证责任的一方进行过释明，而当事人仍明确表示放弃提出鉴定申请或者未按照有关要求预交鉴定费用的，此时就应当对当事人放弃鉴定是否有正当理由进行相关的调查。如果经调查，二审法院或者再审法院发现当事人无正当理由未按照原审法院在指定的期限内提出鉴定申请或者提出鉴定申请后未按照要求预交鉴定费用的，应当根据当事人处分权主义，视为有关当事人放弃了提出鉴定的权利。另外，对于当事人在二审程序或者再审程序中提交的新的证据，并且该证据足以引起与案件待证事实的有关专门性问题的认定出现变化的，有关法院就需要对该专门性问题在客观上是否需要通过鉴定的方式来解决进行审查判断，凡认为符合鉴定启动条件的，应当予以准许。对于其中所涉及当事人是否存在逾期举证的问题，则应当按照《民事诉讼法》第68条的规定予以处理。根据《民事诉讼法解释》第397条规定："审查再审申请期间，再审申请人申请人民法院委托鉴定、勘验的，人民法院不予准许。"按此规定，在此期间，尽管再审申请人申请人民法院委托鉴定，法院不应予以准许，但对于当事人自行委托有鉴定资质的鉴定人所出具的单方鉴定材料，法院可以结合案件的具体情况，决定是否进入再审程序。

10. 对法院采信鉴定意见后鉴定人撤销鉴定意见的处理

2019年《民事证据规定》第42条规定："鉴定意见被采信后，鉴定人无正当理由撤销鉴定意见的，人民法院应当责令其退还鉴定费用，并可以根据情节，依照民事诉讼法第一百一十一条①的规定对鉴定人进行处罚。当事人主张鉴定人负担由此增加的合理费用的，人民法院应予支持。人民法院采信鉴定意见后

---

① 现为《民事诉讼法》（2023年修正）第114条。

准许鉴定人撤销的，应当责令其退还鉴定费用。"

对本条文的理解与适用，应当掌握如下基本内容：

（1）就鉴定人是否有权自行撤销已经作出且送交委托的人民法院的鉴定意见，尽管目前并无任何具体的法律规定，但从法律上而言，法院所委托的司法鉴定是与有关鉴定机构通过签订司法鉴定委托书直接建立委托关系。在鉴定机构受理鉴定委托后，由其指定本机构内具有该鉴定事项执业资格的鉴定人进行鉴定，①在人民法院与鉴定人之间并不直接存在这种委托关系。与其他类型的证据相同，鉴定人出具的鉴定意见属于人民法院作出裁判的依据。在法院作出最终裁判之前，一旦发现鉴定意见本身及鉴定程序出现错误，应当通过启动补充鉴定或者重新鉴定的方式加以解决。鉴定意见属于法院委托有关鉴定机构按照约定期限交付的司法公共产品，在其交付给委托人人民法院之后，在法理上就根本不存在由鉴定人自行撤销问题。为了保证鉴定意见（成果）的正确性，司法部《司法鉴定程序通则》第35条规定："司法鉴定人完成鉴定后，司法鉴定机构应当指定具有相应资质的人员对鉴定程序和鉴定意见进行复核；对于涉及复杂、疑难、特殊技术问题或者重新鉴定的鉴定事项，可以组织三名以上的专家进行复核。复核人员完成复核后，应当提出复核意见并签名，存入鉴定档案。"

（2）事实上，鉴定人是以机构名义并接受鉴定机构的指定与安排从事有关鉴定事项的鉴定活动。鉴于鉴定人从事鉴定的行为具有机构公务性质，鉴定人未经所在机构同意自行撤销已经作出且送交委托的人民法院的鉴定意见，属于违法或违规行为。同时，当鉴定机构决定受理鉴定委托的，其以受托人的身份与作为委托人的人民法院签订司法鉴定委托书的行为具有公法属性，而有的鉴定人甚至在人民法院根据鉴定意见作出的裁判生效后撤销鉴定意见，导致案件再审，严重影响诉讼秩序和司法权威，属于妨碍民事诉讼正常进行的违法行为，对此情形应当予以特别关注。另外，基于民事诉讼属于当事人为维护其私权利益而寻求国家干预所引发的公力救济，提出鉴定申请的当事人或相对一方当事人不能以有关鉴定意见对其不利为由而申请法院撤销该鉴定意见，而只能以该

---

① 参见司法部《司法鉴定程序通则》第16条、第18条以及第19条的有关规定。

鉴定意见存在错误或者鉴定程序违法为由向法院提出补充鉴定或者重新鉴定申请。法院经审查后认为，鉴定意见存在的错误可通过补充鉴定加以解决的，原鉴定意见可视为部分被撤销；①法院经审查后认为，鉴定意见存在的错误或鉴定程序严重违法，只能通过重新鉴定加以解决的，原鉴定意见可视为全部被撤销。

（3）按照本条文的规定，对于鉴定人自行撤销其所作出的鉴定意见的行为效力，因相关立法和行业规范未作出明确规定，故不在法律上对此加以评判。但由于这种撤销行为本身导致鉴定意见的公信力受到贬损，故不应将原鉴定意见再作为证据加以使用。在程序上鉴定人在撤销其已经作出的鉴定意见之前，应当取得委托其鉴定的人民法院的同意，如果在未经法院同意的情况下便自行撤销鉴定意见的，则违反接受委托后应当勤勉尽职尽责的基本要求。对于符合如下两个条件的，人民法院可根据具体情节，依据民事诉讼法有关妨害民事诉讼强制措施的规定，对鉴定人作出相应的处罚：其一，在审理结束后有关鉴定意见已被人民法院在制作的裁判文书中采信；其二，鉴定人撤销已经向法院出具的鉴定意见不存在任何正当理由。

（4）实践中，对鉴定人提出撤销鉴定的正当理由的认定，可参照当事人申请重新鉴定并经法院审查符合启动条件的相关情形，即：其一，鉴定人不具备相应资格的；其二，鉴定程序严重违法的；其三，鉴定意见明显依据不足的；其四，鉴定意见不能作为证据适用的其他情形。如果不符合上述有关情形之一的，一般不应当认定为有正当理由。如果鉴定人迫于当事人或者当事人指使的其他人施加的压力或影响撤销鉴定意见的，鉴定人在撤销其鉴定意见时没有列明撤销理由的，一般也应当视为缺乏正当理由。因鉴定人从事鉴定工作和向法院出具鉴定意见受到他人的干扰或压力的，人民法院应当根据《民事诉讼法》的规定，对相关行为人依据有关妨害民事诉讼强制措施的规定对其予以相应的处罚。

（5）当鉴定人向法院出具鉴定意见之后，但在法院尚未作出裁判之前，鉴定人无正当理由撤销鉴定意见的，人民法院可以参照本条文的规定处理，尽管在这种情况下并不存在同时符合两种条件的情形，但符合本条文所规定的旨意。

---

① 更准确地说，这是一种补正。

（6）因鉴定意见不再作为证据使用，因此产生的费用以及由此所造成的损失，应由鉴定人予以退回和进行相应赔偿。因鉴定意见的撤销对生效裁判据以作出的事实根据产生消极、不利影响，在程序上可通过审判监督程序加以解决。

## 八、专家辅助人作证

### （一）学理上的概念与逻辑转换

何谓"专家辅助人"？回答这一问题必须基于一种特定的语境和法律文化背景。从比较法的角度，我们在国外的教科书、法学论著甚至立法或司法实践中似乎还无法寻觅完全相同的术语或概念。尽管在某些情况下，当事人也有权聘请自己的专家，但有关论著通常还是将这种专家称为法院专家或法庭专家（Court Expert）[1]，同时，因在诉讼上这种专家主要被用来从事鉴定活动，故又被称为鉴定人。[2]

专家辅助人是一种专业人士，或应当概括性地被称之为专家。它是一种学理上的表述，而在现行《民事诉讼法》和相关司法解释中，它被称之为"有专门知识的人"。实际上，"专家辅助人"在概念上并非一种科学、确切的表述。因为，从表面上理解，这种逻辑要么意指"专家"就是"辅助人"，要么意指这种"辅助人"就是"专家"。而在本意上，这一概念欲表达的含义是，专家作为法官就专业问题作出判断时所承担辅助人的角色。它所体现的是，在事实认定上，当出现专业性问题时，法官需要得到专家的协助。在法官与专家之间就事实的整体认定关系问题上，法官仍系主角，专家系配角地位。可见，在法理用语上，对"专家辅助人"更加准确的表述就是"专业辅助人"。

在我国目前的诉讼法理语境下，所谓专家辅助人是指，根据当事人申请并

---

[1] Sven Timmerbeil, *THE ROLE OF EXPERT WITNESSES IN GERMAN AND U.S. CIVIL LITIGATION*, 9 Ann. Surv. Int'l & Comp. L. p.173.

[2]《德国民事诉讼法》上的这种专家（Expert），通常在有关法典的译文中，在我国被翻译为"鉴定人"。这主要是根据专家的主要职能所作出的一种转译性理解。此种情形可参见谢怀栻译：《德意志联邦共和国民事诉讼法典》，中国法制出版社 2001 年版，第 99~102 页。

经法院同意出庭代理当事人就专业性问题进行陈述、解释、说明以及对有关鉴定意见或其他涉及专业性问题的证据发表质证意见的专业人士。鉴于各国和地区法院均有权选任为自己所信任专家的权力，而专家辅助人专指当事人所聘请的专家。从这个意义上讲，专家辅助人是辅助或协助诉讼当事人参加诉讼以弥补其专业知识上的欠缺与不足。但从司法裁判与专业化社会分工的角度而论，即便是当事人聘请的专家辅助人，社会的公平与正义有理由期待其在协助一方当事人的同时，也应立足于协助法院查明案件的事实真相。因此，专家辅助人在诉讼过程中，应当承担维护科学的真理性及捍卫专业权威性的社会责任，在法律和职业道德允许的范围内维护一方当事人的实体权益。

"有专门知识的人"系我国现行法对学理上"专家辅助人"的一种称谓，但立法上的概念含摄的范围要远大于学理上的这一概念。可见，我国现行法上的这一概念的可塑性极强。但究竟立法上留给实务上的塑造性空间有多大值得探讨。为此，有必要从学理角度探讨专家辅助人与相关主体之间的关系。

在民事诉讼法意义上，诉讼上的"鉴定人"是大陆法系的一种提法，"专家证人"则是英美法系的一种概念，而无论专家辅助人、鉴定人还是专家证人均系对诉讼上承担不同、相同或类似职能专业人士的称谓。在诉讼上，之所以出现对专业人士有不同的概念与定义，除了法律文化、诉讼模式等不同所致以外，主要的原因在于专家辅助人、鉴定人和专家证人在不同的社会环境和司法条件下所发挥功能和作用上的差异。

（二）专家辅助人在诉讼中的机能

目前，我国立法上所确立的专家辅助人制度主要基于在诉讼上仅有法院专家（即鉴定人），因缺乏相应的专业背景，当事人及诉讼代理人无从对法院专家提供的鉴定意见发表辩论意见，这使得法院对有关专业性问题的判断如果仅仅是建立在法院专家所提供的鉴定意见以及与此同时双方当事人并无话语权基础之上的话，则法院裁判的正当性难免遭到质疑，而由当事人各自聘请专家则有助于弥补这一缺陷。事实上，法院就法院专家的鉴定意见听取当事人聘请专家的质疑，以求兼听则明，这只是专家辅助人制度发挥相关机能之一。在诉讼上，法院审理的各种类型民商事案件所遇到的专业问题千差万别，有的争点问题涉及建筑工程质量、笔迹的真伪等所产生的纠纷，有的争点问题涉及对机械设备是否正常使用与操作等所产生的纠纷，有的争点问题涉及对行业习惯的认知与遵守等所产生的纠纷，等等。

我国建立专家辅助人制度的基本意图有三种：第一，协助当事人有效地行使辩论权，即基于证据辩论主义和诉讼直接言词主义的要求，以解决当事人一方或双方对鉴定意见有异议的在面对鉴定人出庭时由何人提出质疑方为有效的专业资质问题。第二，有助于法官形成正当、合理、有据的心证。由于缺乏特定专业的知识、经验和技能，在对鉴定意见的内容、内在逻辑、推理及结论进行审查判断时，法官往往无从提出合理质疑、发现其中的瑕疵。而借助专家辅助人有针对性的反驳意见，就有利于对诉讼中近似官僚化的鉴定专家的意见形成有效制衡，以便从逆向视角与不同专业观点的博弈之中促使法官对鉴定意见的真实性、可靠性与有效性进行全方位的考量与判断。专家辅助人的专业性意见是法官在自由心证主义支配下对鉴定意见的真实性的审查判断由单级思辩走向多级思辩成为一种可能，如果这种制度被成功采用，无疑将宣告长期以来鉴定人出具的专业意见对法官心证形成的垄断性地位将被终结。第三，弥补法官专业知识的不足。在许多无须委托鉴定的情形下，对案件中涉及的专业术语、专业知识或交易习惯等的认知，由当事人申请专家辅助人提供必要的意见，以解决专门性信息及资源占有供给侧上的匮乏问题。

专家辅助人在诉讼中的机能在于补充当事人与法官于专业知识领域上的欠缺与空白，在不涉及专业知识问题的事实认定上，始终存在于当事人与法官之间的是一种涉及案情的对话与交流机制。这种对话与交流在形式上表现为一方当事人的陈述、当事人之间的辩论以及法官就事实问题向当事人的调查询问和当事人的答述等。在许多情形下，这种对话发生在诉讼代理人与法官之间。然而，由于科学技术的发展所造成的案件事实对专业知识的依赖，使得当事人及其诉讼代理人对于案件事实的陈述与辩解凸显其局限性，同时，这也给法官正确地认知、理解和判断双方当事人所表达的观点带来困惑，可见，专业知识的欠缺成为当事人及其诉讼代理人与法官进行对话与交流的现实瓶颈与障碍。鉴于法官、律师均为法律事务方面的专业人士，无法期待法官或律师在法律专业之外能够精通或熟知其他专业领域的知识或掌握其技能，况且其他专业领域具有某种无限扩张性。长期以来，当遇有某一专业性问题需要专业人士出具鉴定意见作为证据时，该专业人士不仅仅依靠专门知识、经验、技能等，还需采用专用设备、器具等对有关检材进行鉴定时，这时，通常会由法院认同的具有中立性立场的专业人士以鉴定人身份完成此任务。这种情形通常发生在涉及建筑工程合同纠纷、医疗纠纷、环境污染纠纷、产品质量纠纷、人身伤害侵权纠纷等案件中。它有利于一种发生在专业人士之间的观点对抗和相互制衡格局的形成，以便法官在听取不同专业意见的情况下作出合理判断。

（三）专家辅助人与鉴定人之间的关系

在界定专家辅助人与鉴定人之间的关系问题上，应当认识到，从科学与专业的角度，专家辅助人在法庭上以及在法律面前理应坚持客观、中立的立场。尤其是在诉讼过程中，当无需采用鉴定方式而仅仅依靠一方当事人聘请的专家，就某些专业性问题向法庭进行解释、说明便有可能协助法院解决专业问题的情况之下。当然，在法庭围绕鉴定人的意见听取一方或双方的不同意见之时，一方当事人专家的诉讼立场有可能是一种相对中立的情势。这是因为，专家辅助人是当事人一方的专家，他考虑专业问题主要是从维护其中一方当事人合法权益的角度，尽管他应当承担不得故意违反科学原理、专业常识和职业操守的法律义务，但在法律上他并无义务站在对方当事人的立场上来解释和阐释科学原理。而鉴定人是法院的专家，他在对专业问题进行研究、判断、阐述时无需考虑任何一方当事人的利益。从对抗意义上讲，法院选任的鉴定人与当事人聘用的专家在事实认定问题上站在不同角度所发表的专业意见是一种诉讼（证据）辩论主义的体现，鉴定人的鉴定意见虽然出自中立的立场，但并非当然无条件地被法院所全盘采认，因为鉴定意见当中是否有违科学原理、专业法则以及有无其他偏颇或不当之处，法院自身无从加以辨析与确认。故此，听取诉讼当事人聘请专家所发表的对抗性意见成为审理法官的最佳选择，这种"专家对专家"的对抗式格局，通过审理法官的调查询问使其能够排疑解惑，以利于法庭形成科学、理性、正当的心证，这种在法院专家与当事人专家之间就专业问题所开展的证据辩论是法院形成正确心证的必要条件。当事人的专家与法院的专家作为职业共同体成员，应当在社会责任面前有所担当，即使当事人聘请的专家，也不应因介入当事人的是非曲直与利益纷争而任意改变或扭曲其科学性格与专业立场。

可见，在形式意义上，在民事诉讼中专家辅助人与鉴定人之间的关系是一种不同专家站在不同的立场和角度所形成的对抗与协同相结合的关系模式。这种对抗是不同专业观点的对抗，这种对抗的目的在于：有利于法官形成正确、合理的心证。从本质意义上，它反映了当事人与当事人之间在专业问题的利益冲突以及法院与当事人在平衡这种利益冲突上的公法关系。如果从将鉴定人制度的设置视为法院独占专业知识与信息资源的角度来认识，那么在立法上确立专家辅助人制度就可以被认为是为了克服这种不平衡状态所采取的立法救济主义的体现。在程序上，这种制度设计既有利于制衡鉴定人的鉴定权，又有利于制约法院的自由裁量权，尤其是当法院在采认鉴定意见显得明显随意与无端之时则更为重要。法官与专家之间所具有的那种共生关系始终困扰着德国司法程序。①法院对法院专家意见通常是在无法分辨与质疑其中缺陷的条件下而概括性地接受的，法院专家一旦给出专业意见在许多情况下会毫无悬念地转化为法院的官方意见，在专业问题上，法院几乎沦为法院专家的传话筒。随着社会专业化分工的发展趋势日渐显现，法院专家操控法院的裁判议程与裁判权力的局面必将日趋加剧。从这个意义上讲，专家辅助人制度的正确应用有利于控制与改善法院专家意见建议权被滥用而实际上使司法裁判权受到异化和扭曲而又不受制约的局面，它是在继续保留大陆法系法院专家制度的基础上的一种历史性的改良与变革，但这种改良与变革的预期能否得以实现，关键取决于法院的改革意志、决心、内在动力以及其他社会力量的协力配合度。

（四）专家辅助人与法院之间的关系

总体而言，专家在诉讼过程中就是诉讼辅助人，即无论法官或律师在诉讼领域均属法律上的专业人士。在遇有专业性问题时，无论是法官还是律师都被假定缺乏必要的认识能力与判断能力，于是都不得不寻求专业人士的辅助或协

---

① ［美］罗纳德·J.艾伦：《法律制度：一种理想化和漫画式的比较法研究》，载［德］米夏埃尔·施蒂尔纳编：《德国民事诉讼法学文萃》，赵秀举译，中国政法大学出版社2005年版，第737页。

助。"专家证言被用于法庭上以便帮助事实审理者理解专业或复杂的问题。采用专家提供专业证言并非近年来才有的现象,而是在普通法系国家法院已经沿用了数个世纪之久的做法。"① 由于传统法律文化与诉讼模式上的原因导致两大法系专家辅助人与法院之间的关系呈现出截然不同的表征与特色。

在法理上,狭义上的专家辅助人,旨在协助一方当事人在诉讼过程中就其诉讼主张所涉及的专业性问题向法庭进行陈述、解释、说明,这些行为本身亦系一种证明行为。狭义上的专家辅助人主要限于大陆法系上的应用,它专指当事人聘请的专家。专家辅助人制度的有效运用可弥补法院专家的缺陷与不足。专家辅助人制度既是证据辩论主义的体现,也是自由心证主义的基础。说到底,它是正当程序理念在大陆法系具体应用的产物。

在我国民事诉讼的语境下,为了避免对鉴定意见的盲从与偏信,法官在相当程度上也期望当事人聘用专家的意见能够反映科学性与客观性,而不能仅仅作为一方当事人攫取私利的助推器。在通常情况下,鉴定意见之所以对法官的心证能够容易产生较大的或决定性的影响力,是因为法官至少认为鉴定意见本身具有客观性和中立性,因此,如果专家辅助人的意见能够在诉讼上形成对鉴定意见有力抗衡的局面,必须首先要克服其利己和偏私的一面。

(五)专家辅助人与当事人之间的关系

在诉讼上,当事人为证明其事实主张和反驳对方的事实主张必然要涉及三个基本层面的议题:第一,法律问题。对此,当事人通常需要聘请律师作为其诉讼代理人,以此协助其完成诉讼行为。第二,事实问题。在许多情况下,当事人是通过提供证人来满足相关证明要求的。第三,专业性问题。对此,当事人有权聘请专家来协助其从事必要的诉讼行为。可见,律师、事实证人和专家等都可成为一方当事人的诉讼辅助人。

在诉讼过程中,除了当事人与律师、事实证人与专家存在一种私人利益关系以外,律师、事实证人、专家与法院还存在一种公法意义上的诉讼法益关系,

---

① Randall K. Hanson, *Witness Immunity Under Attack: Disarming ""Hired Guns,"* 31 WAKE FOREST L. REV. 497, 497~98(1996).

这层关系要求其中的律师、专家参与诉讼活动时不得违背良知、职业操守等，甚至还要求专家恪守中立，不得刻意违反科学真理。

从社会文明的一般意义上而言，专家辅助人属于某一专业领域的专家或专业人士，他们应当被假定有其独立的人格、严谨的理性、执着的职业操守与从善的社会良知。尽管受一方当事人之托而从专业的角度对该方当事人负责，但民事诉讼活动中发生的诉讼法律关系毕竟受国家公法所调整，专家对当事人负责所尽义务不得以牺牲社会的公平与正义为代价。为此，法律有理由期待即便是当事人聘请的专家也无任意践踏社会基本良知和职业操守的资本与自由。

（六）庭审程序与专业问题的应对之策

法院在对案件事实作出认定时通常是采用普通人的眼光、常识、经验法则作为基础和依据。但是，如果必须采用专业知识、经验和技能等作为基础和手段时，就不得不借助特定行业专家的帮助。因此，基于对待证事实的识别，究竟是需要采用专家作为鉴定人以实施鉴定程序的方式，还是仅仅采用专家出庭以提供意见方式作证，由法院据情决定。另外，当诉讼上遇有专业问题但不需要采用鉴定方式时，负有举证责任的当事人可聘请专家作证，其作证的形式究竟是采取出庭作证，还是以提供书面意见形式，可由法院与当事人之间在庭前或庭审阶段根据庭审情况协商确定。

通常情况下，当事人聘用专家依其特别知识、经验直接对鉴定人发问远较在专业上无此特别知识、经验的法官更能切中要害，效率也更为突出，故法庭可准许当事人聘用的专家对鉴定人发问。

根据我国现行《民事诉讼法》及司法解释，专家作证主要表现为三种形态：一是法院委托鉴定人作为提供鉴定意见的专家；二是由当事人聘用的专家，对鉴定意见提出意见，这种专家在立法上被称为"有专门知识的人"，在学理上被称为"专家辅助人"；三是在没有必要采用鉴定方式来解决专业问题时，由当事人聘请专家对专业问题进行咨询，对有关物品、场所、环境等进行查验、勘验。另外，在法院认为必要而当事人并未聘用专家的情况下，可由法院为有关当事人指定专家或为双方当事人指定共同的专家的方式，也可以在实践中被采用。可以说，在相当程度上，鉴定人主要是为法院提供专业帮助的，而当事人聘用的专家则主要站在一方当事人的立场上，对鉴定意见通过提出反驳意见和有关质疑，使法院对鉴定意见产生合理怀疑，来促使法院全部或部分拒绝采纳鉴定意见，或者对有关专业问题提供咨询意见，以帮助解决当事人和法院在认识和理解专业问题上所遇到的障碍。可见，当事人聘用的专家虽然在形式上是直接协助了一方当事人，但在实质上是间接协助了法院。因鉴定的实施往往需依赖专业设备、仪器等，解决的是较为复杂的专业问题，但这种方式成本高且耗工费时，常使诉讼得以严重拖延。而在那些不需要采用鉴定或有其他可替代性证据方式的条件下，就需要当事人聘用专家以出具意见的方式为法庭审理提供必要的帮助。

（七）专家辅助人参与庭审程序的人数

在当事人聘用专家出庭作证的人数上，应当据情而定，即凡遇有当事人聘用专家系针对法院委托鉴定专家提出鉴定意见的，当事人聘用专家的人数为一至二人；凡遇有当事人聘用专家系仅针对鉴定专家意见以外的专业问题如查验、咨询、勘验的，通常情况下，当事人聘用专家的人数应限于一人。在法律上，即使当事人聘用的专家也应当负有客观、真实的义务，对于科学专业问题在主观上不得故意弄虚作假、歪曲事实。当事人聘请专家的主要作用在于向当事人就专业、技术问题提供帮助，对法院专家所提出的意见进行评价、提出质疑，起到监督与制衡的功能，使法院能够从不同角度对专业问题进行思考与判断。从总体上而言，在诉讼上要尽可能限制专家作证的人数，主要基于诉讼效率、诉讼成本节约以及有助于协助法官对专业问题的认识和理解等角度来考虑。

在我国，当诉讼上虽遇有专业问题但不需要采用鉴定方式时，有关当事人有权聘用专家出庭作证或向法庭提交有关专家的专业意见书，但不排除在此情况下法院根据需要指定中立、公正的专家以出具专业意见书或出庭作证的方式作证，在此种情形下，专家的人数也应以一人为限。

在庭审过程中，遇有当事人聘用的专家为二人时，其出庭发表专业意见或接受法庭询问及当事人发问时，究竟是采取共同出庭或分别出庭方式，由法庭据情决定。

在通常情况下，由专家采用实施查验、勘验或提供咨询方式作证，由当事人聘请或法院选任一名专家即可，即使在特殊情况下，也不得超过二名专家，以保证诉讼程序的效率以及尽可能节约用于解决争议的成本。

（八）专家辅助人的选任与参与诉讼的方式

专家辅助人的选任与参与诉讼的方式是相辅相成的。从选任的角度讲，主要分为专家辅助人参与民事诉讼的方式，究竟是经一方或双方当事人的申请，还是法院依职权决定，也就是说，不存在专家辅助人主动介入民事诉讼的问题，他是被动参与的。

法院在对案件事实作出认定时通常是采用普通人的眼光、常识、经验法则作为基础和依据的，并不需要普通知识以外的专业知识，但是，如果必须采用专业知识作为基础和手段时，就不得不借助专家的帮助。因此，基于对待证事实的识别，究竟是需要采用专家作为鉴定人以实施鉴定程序的方式，还是仅仅采用专家出庭以提供意见方式作证，由法院据情决定。在民事诉讼中，当事人聘用专家参与诉讼的方式主要有以下诸种：

1. 当法院决定采用鉴定方式对案件所涉及的专业问题进行调查时，即采用设备、仪器等对有关物理材料进行鉴定的，无论当事人本人还是当事人委托的诉讼代理人，均无法有效对有关鉴定过程中出现的情形发表看法或对鉴定意见发表辩论意见。鉴于此，对其鉴定意见，如有一方当事人提出异议，可向法院申请专业人士提出反驳性意见。"它所陈述的专家意见，仅是替补一方当事人对案件所涉及的专业问题的说明，弥补当事人专业知识的欠缺与不足。"[1] 这是目前最为常见的模式。为此，《民事诉讼法解释》第122条第1款规定："当事人可以依照民事诉讼法第八十二条的规定，在举证期限届满前申请一至二名具有专门知识的人出庭，代表当事人对鉴定意见进行质证，或者对案件事实所涉及的专业问题提出意见。"

按照法院通常的要求，鉴定专家在实施鉴定后会提交一份书面鉴定报告，法院在接到此份报告后，会按照程序将其转交给双方当事人。一般情况下，一

---

[1] 最高人民法院民事审判第一庭：《民事诉讼证据司法解释的理解与适用》，中国法制出版社2002年版，第297页。

方或双方当事人会就此提出书面质证意见书。在当事人聘请有专家时，该份书面质证意见书是由该专家起草的。对于当事人经法院转交的书面质证意见书，鉴定专家必须予以答复。在必要时，一方或双方当事人均有权申请鉴定专家出庭接受其质询。

另外，如当事人并未聘请专家，当出现以下情形时，法院有权依职权决定由一方当事人提供专家或提议由双方当事人聘请共同的专家：（1）法院对鉴定意见中所运用原理的妥当性无法得出明确的判断；（2）对有关鉴定意见的作出是否超出其专业范围难以作出明确判断；（3）法院对鉴定意见的论证过程及论据与鉴定意见的最终结论的关联性无法作出明确判断；（4）鉴定的进行被合理地质疑出现重大程序瑕疵；（5）法院对鉴定意见最终结论的充分性存在疑惑或存在相互矛盾的情形，经对鉴定人的调查询问后其疑点仍无法得到消除；（6）鉴定意见的某些实质部分含糊其词，令人感到费解或得出的结论明显是建立在主观推测基础上的；（7）当事人对鉴定意见提出合理质疑，申请鉴定人出庭接受质询获得法院准许的；（8）如果鉴定意见显然对一方当事人不利，但该方当事人并未申请专业人士对该鉴定意见发表辩论意见，当法院认为该方当事人不申请专业人士有可能妨碍法院对该鉴定意见作出正确判断的；（9）其他情形足以使得法院认为有必要的。

2. 在诉讼过程中，虽然遇有某专业问题，但仅需通过对有关专家的咨询即可解决时，一方当事人或双方当事人可提交己方聘请专家的咨询意见，或向法院申请己方聘请专家出庭发表意见。

在诉讼过程中，当一方当事人就某一专业性问题聘请自己的专家向法庭进行解释、说明的，另一方当事人也可私下就对方当事人的立场与观点向有关专家进行咨询，除非认为确有必要，当该方当事人并非一定要聘请相应的专家出庭，在这种另一方当事人并未提出异议的情形下，法院可不必就此问题向专家进行咨询。总之，无论是法院的专家还是当事人的专家，其接受法院或当事人的咨询或出庭作证的形式和方式是多种多样的，只要法律上并无明确的禁止或限制，对其都应持开放性态度。

3. 在诉讼过程中，虽然遇有某专业问题，但还没有达到必须通过鉴定解决的程度时，如双方当事人均不提交专家意见，亦不申请己方专家出庭的，法院可根据案件的性质依职权为对此负有举证责任的一方当事人指定专家，由该专家向法院提交意见证据或出庭发表专业意见，以确保科学、合理地理解案件中所涉及的专门性问题，作出公正的裁决。

4. 在诉讼过程中，虽然遇有某专业问题，但还没有达到必须通过鉴定解决的程度时，根据案件、法律关系的性质和特点，法院可据情为双方当事人指定共同的专家，由其为双方当事人提供专业意见或出庭发表专业意见并接受法庭的调查询问和当事人的质询。这种由法院为双方当事人指定共同专家的方式，也可适用于对实地或现场进行的查验或勘验。

5. 在诉讼过程中，虽然遇有某专业问题，但仅需要通过简便易行的专家咨询方式即可解决时，对此，法院可据情向有关专家进行咨询，但必须在事后向双方当事人公开该咨询意见，以听取双方当事人的意见。如一方当事人或双方当事人对此有异议的，可提交己方聘请专家提出的意见，或向法院申请己方聘请专家出庭作证。

6. 在诉讼过程中，当涉及某些专业术语、行业规范、交易习惯等的理解与判断等不甚复杂的专业性问题时，一方当事人可寻求专家的帮助并向法庭提交专家意见；经法院同意，一方当事人也可申请专家出庭，当庭就某些专业性问题进行解释、说明，并接受法庭的调查询问。这种方式在我国古代历史上也曾经发生过。例如，我国清代曾有一起民事诉讼，由官府邀请二名专家出庭作证，对双方当事人争议的溜庄钱是否存在钱的数目多少予以作证。一方主张没有该笔钱，另一方主张存在溜庄钱一百文左右，专家以证人身份客观叙述了当地的一种习惯，其证词最终对双方均为不利。[①] 可见，这种作证方式源远流长，值得在当今社会条件下加以总结，继续发扬光大。

在这种情形下，其最终的结果可能是，对方当事人对该专家的意见不持异议，因为，在许多情况下，某一特定专业术语、行业规范、交易习惯等在业内或当地具有公知属性；如对方当事人对该专家的意见有异议的，可提交己方聘请专家的意见，或向法院申请己方专家出庭发表意见。

---

① 参见蒋铁初：《明清民事证据制度研究》，中国人民公安大学出版社2008年版，第124页。

(九)专家辅助人参与诉讼的时间与条件

一般而言,当事人聘请专家参与民事诉讼的时间,往往发生在法院决定对某一专业性问题的认定必须采用由专家出具鉴定意见这种证据方法之后。当然,因法院在是否决定采用鉴定方式问题上,也会依赖一些必要的科学原理、常识来作为判断的基础,故在此问题上,如果有时能够听取专家的意见也不失为良策,否则,某些虽然属于专业性问题,但按照现有的科技水平还无法解决,因此,不得不考虑一下是否还有哪些可供替代性的解决方案,对于诸如此类问题的解决,法院通过咨询一些专家的意见,相信会受到很大的启发。因此,在程序上,还不能排除在法院决定采用专家出具鉴定意见作为证据方法之前就一概排斥当事人聘请专家或由法官提议由双方协商共同选定专家的可能性。

在实务上,常见的需要当事人聘请专家参与诉讼的时间和条件如下:

1. 审前准备阶段在决定采用鉴定时需要当事人聘请专家的情形

近年来,为了集中审理的需要以及其他功能性考虑,我国无论在立法设计还是实务层面开始逐步增加重视审前程序的力度。除了《民事诉讼法》增加了第136条的审前准备程序中的证据交换等内容外,《民事诉讼法解释》第224条和第225条还增加了庭前会议的内容。其中规定,根据当事人的申请决定调查收集证据、委托鉴定等。为此,在当事人申请鉴定并获得法院准许的情况下,当事人即可有权聘请专家,在法院决定将某一或某些专业事项提交鉴定人时,有时围绕鉴定事项的范围、实施鉴定所要实现的目的、鉴定需要的成本与费用等问题,法院与鉴定人(机构)之间会有一个自然沟通与协调的过程。鉴定人对于委托的鉴定内容、范围及鉴定目的的可行性,如有疑问可及时与法院协调立场。此时,对一些较为疑难或具有争议性的议题,如果能够吸收当事人聘请专家的参与,就能对某些决策上的失误起到预警效果,及时对鉴定程序实行必要的监督,当事人聘请专家当即可提出异议,以便法院作出判断,也能够有助于鉴定人及时纠正,避免留下事后难以克服的隐患,减少之后鉴定人出庭作证时当事人专家提出质疑的范围,减少诉讼成本。

在双方当事人拒不聘请专家的情况下,法院可依职权委托一名或二名专家。如当事人对该专家的中立性有异议,法院应当对当事人提出的根据和事由进行审查判断，并及时作出裁定。法院在听取当事人意见的基础上，确定哪些专业性问题需要专家提出专业意见，列出哪些问题需要鉴定专家予以回答。

2. 审前准备阶段当法院遇有专业问题虽不决定采用鉴定但需要当事人聘请专家的情形

在审前准备阶段，法院可据情召开庭前会议或举行证据交换。一般而言，法院召开的庭前会议或举行证据交换主要适用于普通程序，但对于简易程序案件，如法律关系或案情复杂，证据较多的也可采用。在庭前会议或证据交换过程中，当遇有专业问题时，并非需要当事人申请鉴定或由法院依职权委托鉴定的，当事人在咨询专家后可就专业性问题提供专家意见，如涉及某一专业术语、概念的解释或理解，某行业特有的交易习惯的认知，某工程或设计原理的解释等。是否需要该专家出庭接受对方当事人的质询或法院的调查询问，由法庭据情作出安排。

出于集中审理、提高诉讼效率的考虑，我国加强审前准备并由当事人及其聘用的律师、专家积极参与其中，对于保证庭审活动的有效开展具有重要价值。

3. 在庭审过程中当法院决定采用鉴定时需要当事人聘请专家的情形

这是我国目前审判实务中常见的一种现象。即由于我国立法上未能建立被告审前强制答辩制度，同时法院又未安排庭前会议或举行证据交换，使得法院对案件的争点整理或庭审调查询问的规划不得不在庭审中进行。因此，在庭审中，才有可能由当事人对案件所涉及的专业问题申请鉴定，或由法院就此向有关当事人释明，甚至在某些极端情况下由法院依职权委托鉴定。在此情况下，当事人可依法向法院申请使其聘请的专家出庭，介入鉴定程序，以一方当事人代理专家名义协助鉴定人开展鉴定活动。

4. 在庭审过程中当法院决定无需采用鉴定时需要当事人聘请专家的情形

在庭审过程中，虽遇有专业问题但法院无需采用鉴定时，当事人可将咨询专家的意见以举证的形式向法院提出或申请专家出庭作证，接受对方当事人的质询或法院的调查询问。专家意见包括对某一行业交易习惯、商业惯例等的认知与判断。在此过程中，也不排除对方当事人也申请己方专家出庭作证，提出反驳意见。在国外，由法院决定不采用鉴定方式而改由专家提供咨询意见的情形也较为多见。

另外，法院也可据情依职权指令双方当事人共同选定一名专家，以利于节省诉讼成本、提高诉讼效益，避免在当事人之间就专业问题产生不必要的冲突。

在诉讼中，如果当事人未向法院申请聘请专家，而法院认为确实需要专家介入诉讼对专门性问题进行解释、说明的时候，法院可以依职权聘请专家，以确保科学、合理地理解案件中所涉及的专门性问题，作出公正的裁决。

有时，为了说明一种交易习惯、行业惯例或者专业术语的含义等较为简单的专业性问题，一方当事人可聘请相应的专家出庭向法庭解说、阐明，接受法庭的询问以及对方当事人的询问与质疑。对此，该对方当事人在庭后可私下向有关专家求证，以便决定是否有必要聘请自己的专家出庭进行辩驳。事实上，在许多情况下，专家尽管系一方当事人聘请的，但作为交易习惯、行业惯例或者专业术语的含义等较为简单的专业性问题，在某一行业领域应当存在一种具有普遍性的共识。正是这种共识的存在，有关专业人士在庄严的法庭故意作出虚假陈述，以达到颠倒黑白、混淆视听的目的较难以实现，毕竟对方当事人在通常情况下也会向有关行业组织或专家进行咨询。

（十）专家辅助人的回避问题

相较而言，人们似乎对当事人自行聘用的专家所具有的党派色彩习以为常，法官对这种专家意见的轻视度也几乎达到了视而不见的程度，但这种局面所引发的直接后果却有违诉讼辩论主义的初衷。在鉴定专家能够笃定法官几乎不可能认真对待和审酌当事人专家意见的情况下，鉴定专家在专业问题上表现的极端专横与偏激势必愈演愈烈，于是，法官的心证势必被鉴定专家的任性和随意深度"绑架"，甚至连法官本人亦会达到浑然不知却欣然从命的境地。为了扭转这种窘况，有必要以消除当事人专家的党派化倾向为目标，使其能够塑造一种中立的形象，以恢复专家所应当秉持的科学、客观与公正的品质，仅在有利于一方当事人且不违背科学真理的范围内为其辩护。在这种条件下，可考虑为当事人聘用的专家设置回避事由与程序。

基于此，对于一方当事人聘请的专家，另一方当事人有权像要求鉴定人或法官回避那样在符合一定情形条件下申请其回避。例如，该专家系该方当事人的近亲属，或曾经的同学、战友、同事等可能对其独立性、中立性造成不良影响的，或与当事人之间存在合作关系、共同利益，或与该案的审理结果具有某种利害关系等。申请回避的时间，一般限于该专家作证之前或作证的过程中。在该专家有正当理由不能作证时，或该专家在接受委托后又拒绝作证时，当事人可以另行选任专家。

另外，对于法庭要求双方当事人就某一专家出庭就特定的专门问题作证达成合意，则存在一方当事人就此享有申请回避权的问题，因为，在此情况下，当事人并未就某一专业性问题提出鉴定申请，况且，法院也不认为存在这种鉴定的必要性。这时，法院需要某一专家出庭帮助解决专门问题，该专家的中立性就显得极为重要，因此，有必要在此情况下赋予当事人享有回避申请权。

（十一）专家辅助人的宣誓

在现代社会，宣誓成为法律精神、司法程序的一部分。在诉讼上，专业人士向法庭作证或提供专业意见被要求宣誓或具结已成为各国和地区较为通行的做法。例如，在法国的民事诉讼中，专家以其荣誉和良心宣誓他将履行职责、提出报告和发表意见。① 在法国，有相应资格的专家被列入官方认可的名录当中，他们进行了宣誓，被称为"注册专家"（Experts agrées）。② 专家在被列入名单之前必须进行宣誓，而在每次被任命担任某个案件的鉴定专家时则无须进行宣誓。③ 根据与《法国新民事诉讼法》有关的判例解释，鉴定人没有进行宣誓的，属于实质性不符合规定，应作为"无证鉴定"（Absence d'acte）对待，并引起该鉴定人提出的鉴定报告无效。④

鉴于公正的审判要求，即便当事人聘用的专家也应当秉承专业上的中立立场，减少其党派色彩，在采用出庭形式时，该专家在作证前应履行宣誓手续，

---

① Law no. 71~498 of 29 June 1971, art.6. 转引自［英］J.A. 乔罗威茨：《民事诉讼程序研究》，吴泽勇译，中国政法大学出版社 2008 年版，第 184~185 页。

② 参见 Law of 29 June 1971; decree of 31 december 1974. 转引自［英］J.A. 乔罗威茨：《民事诉讼程序研究》，吴泽勇译，中国政法大学出版社 2008 年版，第 182 页脚注。

③ ［法］洛伊克·卡迪耶：《法国民事司法法》，杨艺宁译，中国政法大学出版社 2010 年版，第 141 页。

④ 参见《法国新民事诉讼法典》［附判例解释］（上册），罗结珍译，法律出版社 2008 年版，第 325 页。

即使采用书面意见书形式，亦应当附具含有保证真实、客观以及甘愿承担法律责任之意的誓言。

当事人聘用的专家在接受法庭询问前应当依法宣誓或采用具结形式。根据我国国情及传统文化，也可在法院制定的固定格式誓词上签字确认，并由书记官代其宣读。凡拒绝在誓词上签名确认的，其作证行为无效。实践中，法院命令当事人申请的专家宣誓，既可以是事先安排的，也可以是据情作出的。专家宣誓采用的具体方式，由法院据情决定，既可采用当庭口头的具结方式，也可采用提交具结书的方式。

凡某一专家拒绝按照法院作出命其宣誓的，法院可据情对其所发表的专业意见是否予以采信作出判断。如仅仅因为专家拒不依法履行宣誓义务或采用具结方式而导致其专业意见不被法院采信时，当事人有权拒绝支付该专家全部报酬、费用。

凡某一专家被法院要求采用宣誓、具结等方式作证的，如果事后发现该专家出现违背誓言的情形时，法院可依职权或应一方当事人的申请，将该专家列入"黑名单"，以示惩罚。

（十二）专家辅助人职务保障与责任担当

在我国民事诉讼上，当事人聘用专家的审判实践早于立法及司法解释。这一事实证明，当事人聘用专家系适应时代发展的一种必然产物，符合事物发展的客观规律。然而，在立法层面，当事人聘请的专家在诉讼上的权利与便利、责任与义务并未作出任何规定。当然，当事人专家在诉讼上的权利与便利、责任与义务取决于其角色的定位。如果从当事人专家理应具有党派色彩与属性的定位上来看待这一问题，只能弱化和限制其诉讼功能，其主体地位必将从属于当事人，使其走向当事人化之人格特性，其诉讼权利、义务与当事人并无二致。因此，唯有使这种专家独立于当事人，促使该种专家的诉讼行为超越一方当事人的利益，仅在其合法权益受到侵害时为其服务，形成相对中立的专业立场。这种非当事人化的职能转变，有助于在诉讼上为其设定特定权利与便利、责任与义务的范围与格局。

在此问题上，有若干关键性的问题需要回答，即究竟当事人聘用的专家与该方当事人的利益关系如何定位？这种专家在专业问题上除了协助当事人以外，是否还有协助法院的责任与义务？另外，这两种类型责任与义务之间的关系究竟如何？是一种主从关系，还是一种并列关系？笔者认为，回答这一问题，首先需要明确的一个前提是，无论是法院委托专家还是当事人聘用专家，其目的要么是基于协助法院应对专业问题，要么是协助当事人应对专业问题，但专家在公法上除了应承担拒不有意说谎造假的责任与义务，还应承担不得懈怠其职责而有心存偏颇、偏见的义务。前者主要意指当事人聘用的专家，后者主要意指聘用委托的鉴定专家。因此，在当事人聘用的专家与该方当事人的利益关系上，专家应秉持专业良知与职业操守，为保障一方当事人的合法权益为基本底线，不得为其谋取非法利益。从这个意义上说，当事人聘用的专家除了协助当事人以外，还负有协助法院的责任与义务，即在披露和反驳鉴定专家意见中的瑕疵基础上，促成法院形成正确的心证。由于这种专家在专业立场上应独立于受其聘用的一方当事人的诉讼利益，使其具有相对的中立性，因此，这两种义务之间显然属于一种并列关系。

基于对当事人聘请的专家在专业问题上应秉持相对中立性立场的认识，以尽可能大地发挥其诉讼功能，既有利于协助一方当事人应对专业问题，又有利于协助法院发现和及时纠正鉴定意见中的瑕疵与偏颇，笔者认为，有必要为当事人聘用的专家设定如下主要权利与履职便利：（1）凡与鉴定有关的资料、数据、检材、物件等，当事人聘用的专家有权提出申请调取，以便进行阅读、查验、核实；（2）根据情况需要及实际上的可操作性，当事人聘用的专家有权申请参与鉴定的实际过程，包括对实地、现场进行的调查、勘验等；（3）在庭审过程中，当事人聘用的专家有权申请对当事人、证人、鉴定专家进行询问；（4）诉讼卷宗及存于法院的证物，当事人聘用的专家有权申请使用，法庭也有向其提供的义务；（5）凡提供专业意见所需的资料、数据、物件等为当事人、证人所持有的，当事人聘用的专家有权申请法院命其提供；（6）凡提供专业意见所需的资料、数据、物件等为诉讼外第三人所持有的，当事人聘用的专家有权向法院申请调查令，前往该第三人处进行查询、调取；（7）专家证人、专家辅助人经法庭许可后可对当事人、证人进行询问，申请查阅、查验与专业问题有关的资料、数据、物件等；（8）享有按照规定的相应标准获取劳动报酬、其他必要支出的权利。

与此同时，还应当为当事人聘用的专家设定如下主要责任与义务：（1）对于与本案可能存在某种利害关系或其他可能影响其客观作证的情形负有信息披露的义务；（2）接到法院向其发出的开庭通知后负有按时到场义务；（3）根据法庭的安排负有宣誓或具结义务；（4）在庭审过程中，负有接受法庭调查询问的义务；（5）在庭审过程中，经对方当事人或对方聘用专家申请询问并在获得法庭准许后，负有陈述义务；（6）只能在遵守科学原理、规范以及法律所允许的范围内为维护一方当事人的合法权益作证；（7）对因参与诉讼所获知的商业秘密、个人隐私等负有保密义务；（8）不得私下收取当事人提供的任何报酬、财物。

（十三）法院对专家辅助人参与诉讼的管理与监督

在我国民事诉讼中，应当克服英美法系专家证人制度中法院对当事人聘用专家缺乏必要管理和监督所造成的弊端，防止我国当事人聘用专家一味追求党派利益倾向的出现，及时协调在鉴定程序中鉴定人与当事人聘用专家的关系、非鉴定程序中法院与当事人聘用专家的关系、一方当事人与对方当事人聘用专家之间的关系、当事人聘用专家相互之间的关系。为此，法院对专家辅助人参与诉讼的管理与监督显得尤为重要，不可或缺。

在实务上，法院对专家辅助人参与诉讼的管理与监督，主要表现在如下几方面：

1. 对专业问题采用鉴定是大陆法系较为常用的一种方式。其中涉及法院对鉴定专家的管理。在德国民事诉讼中，在确定专家的任务上，法院对来自双方当事人的建议持欢迎态度。比如，在涉及工程建设纠纷、事故纠纷等处理对现场查看的问题上，双方的律师会陪同前往。[①] 而在法国，法官在作出专家鉴定的决定时，应当在该决定中写明采用鉴定的理由、专家的人数、姓名、鉴定的事项、提出鉴定的期限等。作出该鉴定的法官还必须召见鉴定专家，以明确鉴

---

[①] ［美］约翰·H. 朗本：《德国民事诉讼程序的优越性》，载［德］米夏埃尔·施蒂尔纳编：《德国民事诉讼法学文萃》，赵秀举译，中国政法大学出版社2005年版，第679页。

定事项。必要时还要具体确定鉴定的日程。①

2.通常情况下，鉴定人为了完成鉴定工作有必要了解各种情况。为此，在程序上，鉴定人可以直接要求双方当事人提交其认为需要的文件、材料。②对此，当事人负有相应的协力义务。为了鉴定的顺利、有效开展，当事人有义务不迟延地提交这些文件、材料。如果一方或双方当事人拒绝提交这些文件、材料的，法院可据情令其提交并作出逾期罚款的决定。如当事人认为有正当理由需要向法院说明或提出异议，既可以书面形式提出，也可以口头形式提出。这些说明或异议均可由专家聘用的专家协助当事人进行。

3.对于当事人申请以采用专家查验或咨询的方式向法庭作证的，为了保证专家意见与特定案件审理的关联性以及防止诉讼程序的迟缓与拖延，在必要时，可据情限制专家作证的范围或对证明的要点予以明确或简化。

4.法官始终有权参加鉴定活动。③一旦鉴定人与当事人或其聘用的专家发生争执而妨碍鉴定活动正常开展时，法官应当及时介入并进行必要的干预、协调。鉴定专家应当将鉴定工作的进展情况及时告知法官，当事人有义务配合专家的工作。在鉴定程序开展过程中，凡鉴定人遇有涉及鉴定问题需要与双方当事人沟通、协调时，当事人聘请有专家的，这些专家都应在场，协助与鉴定人进行沟通或协调。让当事人聘请的专家及时介入鉴定程序，有助于监督鉴定程序的进程，增强鉴定人科学、严谨的责任意识以及从事鉴定行为的规范性、合法性。因为，当事人聘请的专家就鉴定程序中发现的问题或质疑随时提出异议。这种动态型与近似全程型的跟进与监督，有助于消除现行模式下当事人聘请专家仅仅是对鉴定结果发表意见，而某一程序所产生的结果往往是由该程序的过程所决定的，即使当事人聘请专家提出的质疑存在合理性，但法院会习惯性地以当事人聘请专家所提意见的滞后性和缺乏程序的参与性为由不予理会，而正是由于现行模式下当事人聘请专家缺乏程序的参与性与提供意见的滞后性很容

---

① 张卫平编：《法国民事诉讼法导论》，中国政法大学出版社1997年版，第98~99页。
② 参见[法]让·文森、塞尔日·金沙尔：《法国民事诉讼法要义》（下），罗结诊译，中国法制出版社2001年版，第1010页。
③ 参见[法]让·文森、塞尔日·金沙尔：《法国民事诉讼法要义》（下），罗结诊译，中国法制出版社2001年版，第1010页。

易被打上党派性色彩。事实上，如果仅仅对一份鉴定报告的阅读，就要求当事人聘请专家提出意见，就难免会发生该专家仅从一方当事人利益的角度来审视与评价鉴定报告的前后内容及结论。如果该份鉴定报告的结论对其所代理的一方当事人极为不利，该方当事人聘用的专家就会不得不竭尽全力来寻找其中有可能出现的任何破绽与瑕疵。因此，对当事人聘请专家显而易见的信息不对称与缺乏武器平等的对抗性程序设计，注定会凸显专家的党派特色而弱化其意见的科学性与正当性。因此，当事人聘请专家的及时介入与过程中的实际参与，有助于从根本上弱化这种专家的党派色彩，使其从单纯的结论性监督与评价转化为以过程性和参与性监督与评价为主、最终结论性监督与评价为辅的程序架构，借以消除目前模式条件下鉴定程序与专家辅助人制度之间在衔接点与切入点上的误区与盲区。

5. 在鉴定过程中，各方当事人均可提出其认为适当的说明与要求。这些说明与要求应当记录在鉴定报告中。① 在鉴定过程中，难免会遇有鉴定人与当事人就某些鉴定事项上的分歧，在鉴定人就某些与专业相关事实向当事人调查询问时会在当事人之间引起争论，对此，当事人聘请专家可代表当事人发表相关意见。鉴定人与当事人聘请专家之间在专业问题上的沟通一般不成问题，因当事人对某些专业术语、原理缺乏了解而引起的困惑难以与鉴定人直接交流，当事人聘请专家有义务向其当事人作出必要的说明与解释，以保障鉴定人与当事人之间在鉴定过程中的交流畅通有序。对于这一过程，法院应当及时行使管理权和监督权，对相关争议作出裁决。

6. 在鉴定过程中，鉴定人基于专业上的考虑，对鉴定事项可以请求扩大或变更。对此，鉴定人应向法院提出申请和说明。对于鉴定人提出的相关申请与说明，法院应当及时向双方当事人进行传达，以听取其意见。在当事人聘请专家情况下，当事人在与其专家进行交流、听取意见后，视法院的程序性安排，可由其专家以书面形式提出其意见及理由，或到场参加庭审以口头形式发表意见及理由。

---

① 参见[法]让·文森、塞尔日·金沙尔：《法国民事诉讼法要义》（下），罗结珍译，中国法制出版社2001年版，第1009页。

（十四）对专业问题进行庭审调查所面临的挑战与应对之策

当事人对鉴定人享有的询问权是诉讼辩论主义的体现。然而，鉴定人陈述的意见，有为抽象陈述的，如陈述化学上、医学上的意见，陈述地方商业习惯或某商品的市价等；有为具体的陈述，即以经验法则适用于某种事实，陈述其所得的判断，如陈述笔迹是否为某人书写、陈述某人的伤害是否达到丧失劳动能力的程度等情形。[①] 对此，相对应的是，当事人聘请专家所提出质疑的也只能限于这些专业性问题，因此，其专家对鉴定人的询问也均以专业问题为对象。对此，有学者指出，法院应保障当事人对于鉴定人有充分发问、质疑的机会。法院在使当事人对鉴定意见表达意见、辩论时，应特别注意，未具备专业知识的一方当事人是否已经对鉴定意见有充分的理解，并应给予其适当时间，以认识、理解鉴定报告，或使其向其他专业人士进行咨询。[②] 事实上，如果不借助专家的辅助，当事人就难以充分、有效地行使辩论权，也无法从程序上保障法官形成正确的心证。

通常情况下，在庭审过程中，专家证人都应当出庭作证，这是诉讼正当程序的一部分。法庭对这些专业人士进行的证据调查是庭审活动不可或缺的一部分。至于在简易程序或小额诉讼程序采用书面形式的，可被看作一种例外。

庭审过程中，对法院委托鉴定人的鉴定意见提出质疑或发表反驳意见不能简单由当事人及其诉讼代理人进行，因为，因涉及专业问题而并非那些单纯的事实和法律问题，当事人及其诉讼代理人均无专业资格，甚至法官也无此调查询问的资格，由法官对鉴定人就专业问题进行调查询问只能是一种无法回避的权宜之计，而由当事人的专家对鉴定人进行询问，则有助于法官居于较为超然的地位，原本不得已进行的调查询问在相当程度上被当事人专家的专业性询问所取代，使法官能够回归判断者地位。

笔者认为，在我国的民事诉讼中，当法院认为在诉讼中所遇到的专业性问

---

[①] 杨建华原著、郑杰夫增订：《民事诉讼法要论》，北京大学出版社2013年版，第273页。

[②] 参见沈冠伶：《民事证据法与武器平等原则》，我国台湾地区元照出版公司2001年版，第121页。

题需要寻求专家帮助的，法院可依职权及时向双方当事人进行阐明，对于查验或咨询中所需的专家，法院可向双方当事人推荐某一专家作为其共同的专家证人，也可由双方当事人自行协商确定某一专家作为其共同的专家。实践中，法院推荐的专家或当事人共同协商确定的专家，既可以在当地法院所通常使用的"鉴定人名册"中选定，也可以在其范围之外选定。但费用由双方当事人均担。双方当事人应当将聘请专家的费用预先交付给法院保管，由法院适时向专家支付，以保证专家作证上的中立性和专业上的独立性。在作证过程中，未经当事人书面同意，该专家不得回答原已确定专业问题以外的其他问题。

在当事人为陈述其观点和强化其诉讼立场将专家意见作为举证议题与证据方法时，一方当事人有权向法院申请专家，以采用查验或咨询的方式向法庭作证。另一方当事人也有权申请己方的专家进行相应的反证与反驳。对于那些业经查验、咨询或勘验仍无法解决的专业性问题，经当事人申请或法院依职权决定，即可启动鉴定程序。

我国《民事诉讼法》第81条中规定："当事人对鉴定意见有异议或人民法院认为鉴定人有必要出庭的，鉴定人应当出庭作证。"实务上，一方当事人面对鉴定人出具对其不利的鉴定报告不提出异议的情况并不多见，可视为系当事人的一种本能反应。问题在于，是否只要当事人提出异议，且不论当事人以何种方式提出异议，鉴定人都需要出庭作证。因为，当事人仅仅对鉴定意见口头表达不满与对鉴定意见有异议属于不同的逻辑范畴。笔者认为，根据我国现实国情需要，在诉讼过程中，凡当事人一方仅仅对鉴定意见口头表达不满而不提出书面异议的，除非法院认为鉴定人有必要出庭作证的，鉴定人可不必出庭。但如果在形式上，除了当事人对鉴定意见口头表达不满以外，还要求或申请鉴定出庭的，无论该种要求或申请是以口头或书面方式，鉴定人均必须出庭作证，这是当事人的诉讼辩论权所决定的，即一方当事人面对其不利的鉴定意见享有当然的辩论权利，但须在形式上有明确表达这种意思表示为前提，而不能仅仅使法院依靠不明确的推论来判断其是否有实际行使权利的意愿，毕竟法律上享有某种权利与是否行使该权利是不同的，权利亦可以放弃。

另外，根据《民事诉讼法》第81条的内容，不排除鉴定人仅仅提供鉴定意见而不出庭的情况出现。这表明，在我国作为一种证据方式，鉴定人作证可分为两种，一种是仅仅提供鉴定意见，一种是出庭作证。但鉴定人出庭作证必须以提供有鉴定意见为前提，不能在不提供鉴定意见的情况下仅仅出庭作证。鉴定人出庭作证，是以一种人证的程式体现。对此，法庭对鉴定人的询问通常比照对证人的询问方式。根据《民事诉讼法》第82条规定："当事人可以申请人民法院通知有专门知识的人出庭，就鉴定人作出的鉴定意见或专业问题提出意见。"据此，该条主要基于鉴定人出庭作证时，当事人及其诉讼代理人难以应对专业问题的窘境，鉴于鉴定人的陈述对象为知识、经验法则、判断及意见，[①]创设并形成"专家与专家之间"的平等对抗格局是十分必要的。这种格局的出现意味着法院委托的专家与当事人聘请的专家就专业问题展开"对话与交流"，是一种较为理想、科学、合理的辩论机制。这些专家成为庭审辩论的主角，使法官能够处于更为超然的地位。从目前的审判实务来看，当事人聘请专家具有一定优越性，既有利于协助当事人能够赢得话语权，又有利于法官兼听则明，以便形成正确的心证。可以说，科学地安排和设计专家辅助人制度和程序，也有助于法院作出正确、公正的裁判。为此，《环境侵权证据规定》第22条规定："当事人申请有专门知识的人出庭，就鉴定意见或者污染物认定、损害结果、因果关系、生态环境修复方案、生态环境修复费用、生态环境受到损害至修复完成期间服务功能丧失导致的损失、生态环境功能永久性损害造成的损失等专业问题提出意见的，人民法院可以准许。对方当事人以有专门知识的人不具备相应资格为由提出异议的，人民法院对该异议不予支持。"

在鉴定人向法院提交鉴定报告后，针对当事人在其专家协助下提交的反驳意见，法院可依职权或在当事人申请下，安排再次开庭，并要求当事人及鉴定人到庭。如果当事人提出此项申请的，则在形式要件上要求当事人提交一份载明对鉴定报告持有异议的明确观点。当事人聘请的专家可以代理或协助制作这份申请书。对于这份表明异议观点的申请书，一方当事人可以通过法院转交给对方当事人。在该对方当事人也聘请有己方专家的情况下，其聘用专家可以代理或协助制作一份书面答复意见书。在安排再次开庭时，法院应当将双方当事

---

[①] ［日］三月章：《日本民事诉讼法》，汪一凡译，我国台湾地区五南图书出版公司1997年版，第466页。

人的书面意见书送达鉴定人。在开庭进行庭审调查时，法庭应当在综合考虑这些意见的基础上制作询问提纲。如果法院认为没有必要通过再次庭审调查的方式时，可在充分考虑当事人意见的基础上，确定对鉴定人征询意见的具体事项，以书面形式送达鉴定人。

在某些诉讼程序中，凡并非当事人聘用专家必须出庭以言词形式作证的，法庭可命其提供书面专业意见，但事后认为仍有必要到庭就专家意见进行说明、解释或回答当事人质疑的，须根据法院的通知履行到庭义务。

在庭审中，由法庭根据当事人提出的异议以及法官在阅读鉴定报告时所发现的疑惑进行调查询问。原则上，先由法庭就其所关注的鉴定事项向鉴定人发问，由鉴定人作出口头答复，然后由申请鉴定的一方当事人或其聘请的专家向鉴定人发问，最后再由对方当事人提问或其聘请专家向鉴定人发问。针对鉴定人当庭答复法庭意见的，法庭可据情补充发问，经一方当事人申请，经法庭同意的，该方当事人聘请的专家有权作补充发问。实践中，如对鉴定报告提出异议的并非系申请鉴定的一方当事人时，有关当事人在发问顺序上的安排与轮回次数，由法庭据情决定。

当事人聘用专家作证的方式可灵活多样，既可采用口头方式，也可采用书面方式，如果路途遥远还可采用同步视频方式。对于专家当庭对有关物件实施查验并发表口头意见的，或到现场实施勘验并当场或事后到庭对勘验的过程和结果发表口头意见的，法院应当制作笔录。凡以书面意见代替口头意见的，有关当事人对其书面意见有异议的，可申请其出庭接受质询。

对于专家提供的咨询意见，通常采用由专家到庭接受法庭咨询的口头方式。在某些特别情况下，在法院征求双方当事人同意的情况下，也可由专家提供书面咨询意见的方式。对此，在一方或双方当事人申请专家出庭接受法庭咨询时，法庭应当作出相应的安排，以保证当事人的各种程序性权利。

（十五）专家辅助人作证费用的承担

在民事诉讼中，无论是申请人聘请的专家，还是法院在认为必要时依职权为当事人指定的专家，其费用均由当事人负担。原则上，凡一方当事人自行聘请的专家，其费用均由其承担；凡经双方当事人约定共同选定、聘请的专家，其费用由双方共同分担；凡法院依职权为双方当事人指定的专家，其费用由双方当事人分担；凡法院依职权为一方当事人指定的专家，其费用由该方当事人承担。

根据《民事诉讼法解释》第122条第2款规定，当事人聘请的专家，其费用由当事人承担。但未对当事人向专家支付的方式作出明确规定，实务上，通常由当事人直接向专家支付，数额也由当事人与专家商定。这种做法不利于保障专家在专业问题上的独立性和客观性，容易受到利益驱动，不利于协助法院对专业问题的调查与查明。为了克服这一弊端，鉴于当事人与专家的聘用关系是建立在司法程序的公法关系基础之上的，专家参与诉讼的行为应当基于保障司法公正的前提下维护聘用方当事人在专业领域内的合法权益。为了充分利用专家在司法决策当中的作用，同时尽可能减少一方当事人"利益至上"的驱动力对专家可能产生的消极影响，笔者认为，有必要将当事人对专家支付报酬及相关费用纳入法院的管理与监督的体系当中，实行"阳光下的支付"。即当事人聘请专家所需的各种费用，按照一定的标准支付，支付的方式必须采用由法院转交，而不得由当事人直接向其支付，以尽可能地保障专家作证上的中立性和专业上的独立性。如有关当事人私下向专家支付费用应当以行贿论处。事实上，当事人专家在专业问题上所能够显示独立性、中立性的程度，与实践中法院接受其意见和建议的可能性成正比关系。

实践中，当事人应向专家支付的费用除了劳动报酬以外，还应当包括差旅费、住宿费、交通费、生活补贴等。鉴于当事人聘请专家向法庭作证的行为具有公法属性，为此，法院应当对支付的各自费用制定相应公平、合理的标准，而不宜由当事人自行决定。法院在如何公平地分担费用上享有广泛的自由裁量权。[①]

当事人聘用的专家是以自身的知识、经验、学识等为法庭及当事人提供帮助的，其所付出的时间、精力、劳力等应获得相应的报酬等，具体数额由法院据情决定，并由实际聘用的一方当事人负担；凡为双方当事人共同聘用的，则由双方当事人分担；凡当事人未提出申请但法院依职权认为有必要而委托的，

---

① See, e.g., Worley v. massey－Ferguson, Inc., 79F. R. D. 534（N. D. Miss. 1978）. 转引自［美］杰克·H. 弗兰德泰尔、玛丽·凯·凯恩、阿瑟·R. 米勒：《民事诉讼法》，夏登峻、黄娟、唐前宏、王衡译，中国政法大学出版社2003年版，第385页。

由双方当事人分担，也可由法院根据诉讼最终结果作出裁量。

（十六）我国有关法律及司法解释相关规定的理解与适用

1. 有关原则性的规定

《民事诉讼法》第 82 条规定："当事人可以申请人民法院通知有专门知识的人出庭，就鉴定人作出的鉴定意见或者专业问题提出意见。"

对本条文的理解与适用，应当掌握如下基本内容：

（1）本条文中，所谓"有专门知识的人"，指的是某一行业领域的专家。在学理上，有的称之为"专家辅助人"或者"诉讼辅助人"。这里所称的"专门知识"，指的是不为一般法官或者当事人所掌握，而只有在一定专业领域范围内的专家所熟知的那些知识。专门知识除应当排除那些为一般常人所掌握的普通知识，还应当排除那些基于对基本法理和现行法律法规的认识所产生的法律知识。而后者应当为法官以及律师在履行其职务或从事诉讼代理过程中所应当具备的基本专业知识。对于"有专门知识的人"没有固定的标准或者专门的认定程序，即使在《民事诉讼法》中也无法作出具体的相应规定，而只能由人民法院在审理个案当中根据与待证事实有关的专门问题所应当证明的具体事项来加以确定。在概念界定上，有专门知识的人，是指在科学技术以及其他专业知识领域具有特殊专门知识或者经验的人，根据当事人的申请并经人民法院通知出庭，就鉴定人作出的鉴定意见或者案件所涉及的专门性问题进行说明或者发表专业意见的人。

（2）根据本条文的规定，有专门知识的人出庭作证，主要发挥如下两种功能和作用：其一，针对鉴定人出具的鉴定意见发表意见。鉴定意见是具备鉴定资格的鉴定人对于民事诉讼中出现的与待证事实有关的专门性问题，通过运用科学原理和有关鉴定技术、鉴定设备和仪器，借助有关专业经验和技能，对鉴定事项进行鉴别和判断后提出的书面意见。然而，作为一种特定类型的证据种类，鉴定意见是鉴定人通过发挥人的主观能动性对客观世界所作出的认识与判断，但由于需要鉴定的专门问题错综复杂，鉴定过程容易受到各种主观和客观因素的影响，其最终所形成的鉴定意见中发生偏差和缺陷在所难免。同时，作为一种专门性问题涉及广泛且具有一定深度的专业知识领域，由于教育背景、成长历程、学派门类、做事风格、品行旨趣、思维方式、研究方法等差异较大，不同的鉴定人针对同一鉴定事项有可能会得出不同的鉴定意见。鉴于法院通常对鉴定意见具有高度的依赖性，其结果会导致选择何种鉴定人等于选择何种裁判的专业依据。另外，鉴定事项所涉及的专业性较强，有关鉴定人在特定的专业领域所涉及的知识、信息、经验、技能等方面占有垄断性地位，无论是审判人员还是当事人及其诉讼代理人，均与鉴定人之间在这些方面存在严重不对称的状况，如果仅凭自己所掌握有限的通俗知识和经验难以发现鉴定中存在的问题，即使发表评析和判断性意见，在专业上也很难有说服力。为了保障鉴定意见的科学性、准确性和公正性，由当事人申请人民法院通知有专门知识的人出庭，以便根据其专业知识、经验、技能等对鉴定意见提出质询，发现鉴定意见中有可能存在的缺陷或瑕疵，例如，鉴定方法是否得当、鉴定程序是否合法、鉴定材料的选取是否符合相应的要求等，从而为法院分析和鉴别鉴定意见、作出科学的论究与判断、增强心证的内心确信度提供参考和依据，保证案件审理和判决作出的公正与公平。通过当事人申请特定专业领域的专家出庭对鉴定意见提出意见，有助于促使鉴定人采取更加认真、严谨、科学的态度来从事鉴定工作，在一定程度上也有助于减少重新鉴定发生的几率，更好地节约诉讼成本和司法资源。其二，对专业问题提出意见。在民事诉讼上，并非所有专业性问题都必须通过鉴定方式来加以解决，对于那些即使采用鉴定方式也无法解决或者不必要采用鉴定方式加以解决的专业性问题，由对待证事实负有举证责任的一方当事人通过申请有专门知识的人出庭，就专业问题进行说明，回答询问，提出自己的意见，均能够有助于法院和当事人对有关专业问题进行适当理解，澄清模糊认识，以解决因法院在专业知识上的欠缺而在事实认定上给其造成的困惑、被动局面。例如，对于涉及机械、建筑、化工、医药、金融或者网络等行业领域某些专用术语以及专业经验法则和行业惯例的准确理解，在知识产权方面所涉及某一发明专利是否与另一发明专利采取的方法相类似，等等。

（3）根据本条文的规定，需要有专门知识的人出庭作证的，应当由当事人向人民法院提出申请并说明理由。人民法院接受申请后应当进行审查，如果符合法律规定条件、理由充分的，就应当通知有专门知识的人出庭；如果不符合法律规定或者理由不能成立的，就应当驳回当事人的申请。从本条文的规定来看,有专门知识的人出庭,只能在当事人申请的条件下才能启动,人民法院不能依职权主动通知有专门知识的人出庭,但在认为必要时,可以向有关当事人进行释明。

2. 申请专家辅助人出庭作证的时间

《民事诉讼法解释》第 122 条第 1 款规定:"当事人可以依照民事诉讼法第八十二条的规定,在举证期限届满前申请一至二名具有专门知识的人出庭,代表当事人对鉴定意见进行质证,或者对案件事实所涉及的专业问题提出意见。"

对本条文的理解与适用,应当掌握如下基本内容:

(1)本条文涉及当事人申请专家辅助人出庭作证时间上的规定。《民事诉讼法》第 82 条针对民事诉讼当中就专业问题的证明所出现的不同情形,将专家辅助人出庭作证分为两种基本类型:一是专家辅助人就鉴定人出具的鉴定意见代表当事人发表质证意见;二是在鉴定人无法提出鉴定意见或者不需要鉴定人提出意见的情况下就专业问题提出意见。在法理上,专家辅助人作为辅助当事人向法院提供专业意见的证明方式,故在程序上,须由当事人向法院提出申请。在通常情况下,法院不享有依职权主动要求专家辅助人出庭作证的职能,但在必要时,法院有向当事人作出相关释明的权利和职责。鉴于专家辅助人分有不同的类型,其功能和作用差异较大,导致目前审判实践中当事人申请专家辅助人出庭作证时间亦有所不同。

(2)本条文规定当事人申请专家辅助人出庭作证时间存在较大的弹性。其原因在于,一是本条文在表述上未作严格性的限制,而是从倡导性的角度在时间要求上显得较为宽泛;二是根据《民事诉讼法》第 68 条第 2 款的旨意,举证期限是根据当事人的主张和案件审理的情况来决定,在不同的诉讼阶段可以确定不同的举证期限。因此,举证期限本身也较具弹性空间。

(3)就当事人申请专家辅助人针对鉴定人出具的鉴定意见代表其发表质证意见而言,审判实践中,究竟一方当事人或者双方当事人是否认为有必要申请专家辅助人参与诉讼,通常情况下,需要等待鉴定人出具鉴定意见之后再作出相应的判断和决定。就一般情况而言,当发现鉴定人出具的鉴定意见对其产生不利影响的一方当事人会更加倾向于申请专家辅助人出庭代表其对鉴定意见提出异议或发表反驳意见。另外,有时也会出现双方当事人均对鉴定意见提出异议的情形。当然，就展开必要的攻击与防御的战略考虑，即使鉴定意见对其有利的一方当事人也实际存在申请专家辅助人出庭的必要性。因此，当鉴定人出具鉴定意见之后，针对鉴定意见载明内容有不同反应的当事人，在认为必要时申请专家辅助人出庭作证的时点，通常并不受到举证期限的束缚。

（4）在诉讼过程中，当某一专业性问题被纳入待证事实考虑范围时，如果该专业问题无法通过鉴定方式来加以解决或者根本上就无须通过鉴定方式来加以解决的情况下，在开庭审理前，并不排除一方当事人从举证人的角度申请专家辅助人出庭，而这一时点恰值举证期限之内；同时，也并不排除在开庭审理过程中，当法院认识到某一专业问题与待证事实有关，而法院从举证责任的角度向其中一方当事人释明，要求其申请专家辅助人出庭，就某一专业问题陈述其专业意见，接受法庭的调查询问。可见，当事人申请专家辅助人出庭作证的时点取决于庭审的实际需要，而并非受到举证期限的严格限制。

3. 申请书与法院的通知

2019年《民事证据规定》第83条规定："当事人依照民事诉讼法第七十九条[①]和《最高人民法院关于适用〈中华人民共和国民事诉讼法〉的解释》第一百二十二条的规定，申请有专门知识的人出庭的，申请书中应当载明有专门知识的人的基本情况和申请的目的。人民法院准许当事人申请的，应当通知双方当事人。"

对本条文的理解与适用，应当掌握如下基本内容：

（1）在我国民事诉讼上，当事人向人民法院申请专家辅助人出庭作证制度，最早规定于2001年《民事诉讼证据规定》当中，随后经过10年的司法实践逐渐得以成熟，2012年经修改的《民事诉讼法》将其纳入正式条文，形成了目前《民事诉讼法》第82条的内容。之后，《民事诉讼法解释》第122条和第123条对《民事诉讼法》第82条的内容作出了更加明确而具体的规定，但并未对当事人向法院提出申请的程序作出具体规定，本条文旨在以填补这项空白为目的。

（2）根据本条文的规定，当事人申请有专门知识的人出庭作证的，应当以书面方式提出，如果当事人仅以口头形式向法院提出申请的，法院应当向当事

---

① 现为《民事诉讼法》（2023年修正）第82条。

人进行必要的释明，即以口头形式提出申请不产生法律效力，应当向法院提交申请书，否则视为未提出申请。另外，凡先以口头形式提出，而后再提交申请书的，其提出申请的时间应当以提交申请书的时间为准。

（3）根据本条文的规定，申请书中应当载明有专门知识的人的基本情况和申请的目的。尽管法律上对于专家辅助人的资格并无特别要求，但规定当事人在申请书中应当载明专家辅助人的基本情况，是便于人民法院将有关信息通知给对方当事人，以便对方当事人做必要的准备，同时，也便于人民法院在开庭时核对专家辅助人的身份。另外，鉴于专家辅助人在诉讼上有不同的分类和发挥不同的作用，当事人在申请书中应当载明其申请专家辅助人出庭的目的，以便法院据此确定专家辅助人在庭审活动中参与诉讼活动的范围，对法院将要进行的庭审调查活动进行相应的规划和布局，并且告知对方当事人进行有针对性的准备。

（4）按照本条文的规定，当事人申请专家辅助人出庭作证的，应当获得人民法院的准许。如果当事人仅以口头形式提出申请的，或者申请书中记载的有专门知识的人的基本情况和申请的目的并不明确，或者载明的有专门知识的人熟知的专业领域与本案待证事实所涉及的专门问题没有关联性的，人民法院可不予准许。

（5）按照本条文的规定，人民法院准许当事人申请的，应当通知双方当事人。鉴于当事人申请专家辅助人出庭作证，是建立在当事人与专家辅助人之间的委托与被委托关系之上的，法院与当事人的专家辅助人之间并非像法院与鉴定人之间（经鉴定机构指定）存在具有公法意义上的委托与被委托关系，故法院通知当事人，即视为通知专家辅助人。另外，无论双方当事人是否均申请专家辅助人出庭作证，法院均负有通知双方当事人的义务，以便有关当事人有合理的预期和做相应的准备，在庭审过程中进行必要的攻击与防御。至于法院通知当事人所采用的形式，法律上并无特别的要求，人民法院可以根据具体情况，决定采用口头形式或者书面形式。从法律上而言，一般情况下，普通程序更适合采用书面形式，而简易程序和小额诉讼程序则适合采用口头形式。

4.专家辅助人提出意见的性质及费用的负担

《民事诉讼法解释》第122条第2款规定："具有专门知识的人在法庭上就

专业问题提出的意见,视为当事人的陈述。"

对本条文的理解与适用,应当掌握如下基本内容:

(1)现代社会科学技术的迅猛发展,对人们就专业技术知识和所涉及的专业领域的认知能力提出了更高的要求,为了更有效地使鉴定人出庭产生更为积极明显的效果,由当事人申请专家辅助人出庭代替(代理)其对鉴定人进行询问,既可摆脱当事人及其诉讼代理人在并不掌握特定专业技术知识的条件下对鉴定人进行询问所带来的窘况,又有利于法院兼听则明,为法院及时发现、查明鉴定意见中所出现的缺陷或瑕疵提供必要的帮助。因此,由当事人申请专家辅助人出庭对鉴定意见当中可能出现的缺陷和疑点对鉴定人进行询问,是当事人行使质证权和发表辩论意见行为的必要延伸,在此意义上,按照本条文规定,专家辅助人在法庭上提出的意见,视为当事人陈述的意见,其效力相当于当事人委托诉讼代理人在法庭上陈述的代理意见,对当事人产生约束效力。

(2)鉴于《民事诉讼法》第82条将专家辅助人分为两种类型,尽管这两种类型均涉及"具有专门知识的人在法庭上就专业问题提出的意见",并且,按照本条文的规定,均视为当事人的陈述,但审判实践中,对于待证事实有关的专业问题产生的证明效力和对法院心证所产生的影响却有所不同。这主要是因为,在法院就待证事实所涉及的专业问题委托鉴定人(经鉴定机构指定)进行司法鉴定的条件下,当事人的询问以及法庭调查的中心议题涉及鉴定人出具的鉴定意见与待证事实有关专业问题之间的关联性、充分性和合理性,而专家辅助人代理当事人就鉴定意见的内容及程序问题对鉴定人进行询问,其主要目的是发现和揭示其中的缺陷和瑕疵。近些年来,实务上相关的实证经验表明,法院心证对于当事人申请这种专家出庭作证提供的专业意见所抱有的开放度和接受度是显而易见的。在无法提供鉴定意见或者无须启动鉴定程序的条件下,当事人申请出庭作证的专家辅助人,事实上,既有利于证明申请其出庭作证一方当事人主张的与待证事实有关的专业问题,也有助于弥补法院在此专业问题上的欠缺或不足,因此,在某种程度上,这种类型的专家辅助人发挥着有益功能与作用。

(3)在诉讼上,当事人申请专家辅助人出庭作证,其目的是弥补己方在专业问题上的欠缺与不足,以便更有效地对鉴定意见中对其不利的内容进行反驳和质疑，以尽可能避免法院对这种意见予以采信，或者，在无法或者无须通过鉴定人出具鉴定意见方式来证明与待证事实有关的专业问题的条件下，由专家辅助人协助当事人证明对其有利的事实主张所涉及的专业问题，并对法院在判断和认识专业问题上提供必要的帮助，其最终目的也是协助法院作出对申请专家辅助人出庭作证的一方当事人有利的裁判。因此，按照谁受益谁负担原则，《民事诉讼法解释》第122条第3款规定："人民法院准许当事人申请的，相关费用由提出申请的当事人负担。"但是，在程序上，究竟是由当事人按照特定的收费标准向法院预先交纳，再由法院支付给有关专家辅助人，还是由当事人像支付律师费那样按照与专家辅助人协商的价格直接支付给专家辅助人，法律或司法解释并未作出明确规定。但是，从《民事诉讼法解释》第122条第3款出台的背景与本意来看，系倾向由当事人按照特定的收费标准向法院预先交纳，再由法院支付给有关专家辅助人。即使在法理上，这种认识和判断也有相应的依据。即法院在专业领域对相关知识、经验、技能的欠缺属于客观事实，当事人申请专家辅助人出庭作证对于补充法院在有关专业领域的机能在客观上具有相当的助益，有时甚至不可或缺。在诉讼上，尽管当事人申请的专家辅助人的主要作用和功能是协助或者辅助当事人参与诉讼，并且，一方当事人聘请的专家辅助人往往是站在该方当事人的立场上来认识和解释专业问题的，他既不必站在对方当事人的立场上来认识和解释专业问题，也不必站在鉴定人的角度来认识和解释专业问题，因为这三者之间存在着必要的相互竞争与制衡关系。这种关系所支配的内在定律是：能够使法院站在不同的角度对同一专业问题进行观察、认识和比较。常言道：凡有比较的机会，才有选择的权利。经验告诉我们，多维角度来观察同一事物比仅仅依靠单一角度更容易明辨其中的是非曲直。事实上，即便是鉴定人出具鉴定意见的出发点是基于中立性原则，但其目的系证明具有专业属性的待证事实，当鉴定人提出鉴定意见之后，在许多情况下，其意见本身会呈现仅对一方当事人有利而对另一方当事人不利的结果。从当事人的利益来衡量，鉴定人的中立性大抵并非始终如一，鉴定人的鉴定意见不可能同时代表双方当事人的利益。当这种状态出现时，一方当事人聘请的专家辅助人的意见势必与鉴定人的鉴定意见保持一致，而另一方当事人聘请的专家辅助人的意见将不得不与之相抗衡，如此一来，鉴定人的鉴定意见也就不可避免地陷入当事人间的"党派性"及利益所造就的旋涡。因此，在这种情形下，同为专业人士的意见，鉴定意见的"党派性"与专家辅助人意见的"党派性"不能成为法院拒绝将其作为裁判根据的理由。另外，在诉讼过程中，当遇有专业性问题时，一方当事人经法院同意申请专家出庭，就某些专业性问题进行解释、说明。这种模式主要会发生在涉及某些专业术语、行业规范、交易习惯等不甚复杂的专业领域范围内的事项，在这种模式架构下，其最终的结果可能是，对方当事人对该专家的意见不持异议，法院将其作为判断专业性问题的基础；如对方当事人对该专家的意见有异议的，可申请聘请己方专家。如法院在最终不能就双方专家意见作出判断的情况下，法院可就此向有关专家进行咨询，以便作出最终的裁量。实践中，在该种模式下，有关情节的展开具有或然的递进性。只要先前一方当事人聘请专家秉持客观、中立的立场，对方当事人就会易于尊重。因为，在许多情况下，某一特定专业术语、行业规范、交易习惯等在业内或当地本身就具有公知属性。

5. 对专家辅助人的询问以及专家辅助人之间的对质

《民事诉讼法解释》第 123 条第 1 款规定："人民法院可以对出庭的具有专门知识的人进行询问。经法庭准许，当事人可以对出庭的具有专门知识的人进行询问，当事人各自申请的具有专门知识的人可以就案件中的有关问题进行对质。"

对本条文的理解与适用，应当掌握如下基本内容：

（1）本条文主要涉及人民法院依职权对出庭的具有专门知识的人进行调查询问。根据我国《民事诉讼法》第 82 条的规定，有专门知识的人出庭主要限于以下两种情形：其一，对鉴定人作出的鉴定意见发表意见；其二，对某些虽然涉及专门知识但又无法或者无须通过鉴定解决的专门性问题提出意见。[①] 因此，人民法院依职权对具有专门知识的人进行调查询问也主要限于上述两种情形。从目前审判实践情况来看，上述第一种情形得到了相应的重视，而上述第二种情形有时会被实务界所忽略。

---

① 参见全国人大常委会法制工作委员会民法室编：《中华人民共和国民事诉讼法条文说明、立法理由及相关规定》，北京大学出版社 2012 年版，第 119~120 页。

（2）长期以来，由于鉴定人作为专业人士介入诉讼的唯一性，使得我国诉讼制度在对涉及专业知识问题的事实查明与认定上始终处于一种封闭状态，在无法通过任何合法有效的途径来监督、制约和检视鉴定意见的科学性、严谨性与合理性的条件下，鉴定人提出的鉴定意见却能够堂而皇之地对法院就涉及专业知识有关的案件事实的认定起到决定性作用。在某种意义上，它有可能会助长鉴定人的任意性与非理性，即便有关当事人对鉴定意见提出异议，法院也习惯会以其不具有专业知识或能力为由而拒不予以采纳。实际上，在这种状态下，法院对涉及专业事实问题的认知、判断上完全屈从于鉴定人的意志和权威，司法权的正确行使完全寄托在假定鉴定人的鉴定意见具有唯一正确的理念之上。我国法律规定有关当事人有申请具有专门知识的人出庭作证的权利，其目的之一是协助当事人有效地行使辩论权，即基于证据辩论主义和直接言词主义的要求，以解决当事人一方或双方对鉴定意见有异议的或在面对鉴定人出庭时由何人从专业角度提出相关意见的主体资格问题。在申请人申请有专门知识的人出庭就鉴定人作出的鉴定意见发表意见的情形下，法院依职权对这种专家辅助人进行调查询问，可借助辅助人有针对性的反驳意见，对诉讼中近似官僚化的鉴定专家的意见形成有效制衡，以便从逆向视角与不同专业观点的博弈之中促使法院对鉴定意见的真实性、可靠性与有效性进行全方位的考量与判断，以实现兼听则明的庭审效果。《民事诉讼法解释》第122条第2款规定："具有专门知识的人在法庭上就专业问题提出的意见，视为当事人的陈述。"对此，有一种观点认为："对专家辅助人的询问可以适用对当事人本人的询问规则。在我国的民事诉讼实践中，对当事人的询问与对证人的询问，在询问的主体和方式上基本相同。这些规则同样适用于对专家辅助人的询问。"[1]但事实上，对当事人的询问与对证人的询问在程序和方式上有较大不同，例如，对于证人询问实行隔离主义并且可以要求证人对质等，并且也不排除当事人对这种具有专门知识的人采用交叉询问的方式，这些程序和方式通常不适用于对当事人的询问。我国有关司法解释将具有专门知识的人的陈述视为当事人本人的陈述，系对这种陈述

---

[1] 最高人民法院修改后民事诉讼法贯彻实施工作领导小组编著：《最高人民法院民事诉讼法司法解释理解与适用》，人民法院出版社2015年版，第398页。

性质的界定，而并非法院对这种具有专门知识人进行调查询问的方式和程序上的专门性规制。因此，法院对这种具有专门知识的人进行调查询问具体采用何种方式，应由法院据情掌握和决定，法律上通常不加严格限制。法院既可以要求专家辅助人当庭针对鉴定人的鉴定意见发表意见，也可以要求专家辅助人对其已发表的意见作进一步的解释；既可以就鉴定意见中的某些意见、结论听取专家辅助人的意见，也可以就法院自己对鉴定意见中感受到的疑点听取专家辅助人的意见。

（3）在民事诉讼中，当具有专业性问题时，无论是审判人员，还是当事人或律师都被假定为缺乏必要的认识能力与判断能力，因此，都不得不寻求专业人士的辅助或者协助。在无法或无须通过委托鉴定解决专门性问题的情形下，对案件中涉及的专业术语、专业知识或交易习惯等的认知，由当事人申请专家辅助人提供必要的意见，有助于解决法院对专门性问题所涉及的信息及资源占有供给侧上的匮乏窘境。因此，在法院对有关专家辅助人进行调查询问时，既可要求其发表相关意见，也可要求对其发表意见当中所出现的疑问作出进一步的解释；既可以要求其对对方当事人的反驳意见作出反应，也可以结合案件中的其他证据对于待证事实有关的专业问题要求其作出回答。

（4）法院对于庭审的开展和相关程序享有诉讼指挥权和程序管理权，庭审活动如何开展以及有关程序的必要性取决于是否有助于法院对有关案件的待证事实形成必要的内心确信。在诉讼上，虽然当事人对出庭的专家辅助人享有询问的权利，但受制于有关司法解释对于专家辅助人就专业问题提出意见性质与效力上的界定，法庭准许后，只能由申请专家辅助人出庭的相对一方当事人对有关专家辅助人进行询问；如果双方当事人均申请专家辅助人出庭的，经法庭许可后，这种询问只能在双方当事人申请出庭的专家辅助人之间展开。按照这种模式，就无法开展如同双方当事人与证人之间的交叉询问，以至于双方当事人申请出庭的专家辅助人之间所开展的询问只能转化为相互诘问、辩驳。当然，在有关鉴定人出庭的情况下，如果双方申请的专家辅助人代表各自的当事人申请对该鉴定人进行交叉询问，亦应得到法庭的准许。

（5）经法庭准许，双方当事人各自申请的专家辅助人可就案件中有关的专业性问题进行对质。在程序上，这种由双方当事人各自申请的专家辅助人之间的对质，既可由一方当事人提出申请经法庭准许后进行，也可由法庭在认为必要时依职权要求下进行。

（6）《知识产权证据规定》第 28 条规定："当事人可以申请有专门知识的人出庭，就专业问题提出意见。经法庭准许，当事人可以对有专门知识的人进行询问。"《中美第一阶段经贸协议》第 1.31 条约定："在民事司法程序中，中国应给予当事方在案件中邀请证人和专家，并在庭审中对证人证言进行质询的合理机会。"该条参照《民事诉讼法解释》第 123 条的内容作出相应规定。其中，"专业问题"系《民事诉讼法》第 82 条的用语。

6. 对专家辅助人参与法庭审理活动的限制

《民事诉讼法解释》第 123 条第 2 款规定："具有专门知识的人不得参与专业问题之外的法庭审理活动。"

对本条文的理解与适用，应当掌握如下基本内容：

（1）对本条文的理解与适用，应当结合最高人民法院其他有关司法解释的规定。例如，2019 年《民事证据规定》第 84 条第 2 款规定："有专门知识的人不得参与对鉴定意见质证或者就专业问题发表意见之外的法庭审理活动。"该规定系对本条有关表述上的进一步具体化和明确化，而在实质内容上则并无不同。

（2）值得关注的是，2019 年《民事证据规定》第 84 条第 2 款系对本条有关内容所作出的明确限制，即根据《民事诉讼法》第 82 条的明确规定，该规定将本条文中"具有专门知识的人不得参与专业问题以外的法庭审理活动"，明确限定在"有专门知识的人不得参与对鉴定意见质证或者就专业问题发表意见以外的法庭审理活动"。据此，在涉及专业性问题的法庭调查结束之后，通常情况下应当安排专家辅助人退出审判区，或者说即使有必要继续留在审判区，亦不得发表意见。另外，如果发现专家辅助人在对鉴定意见进行质证，或者对专业性问题发表意见过程中，其陈述的意见超出专业性问题范围而涉及一般事实问题或者法律问题的，人民法院应当及时予以制止。

（3）如果当事人申请的专家辅助人同时又是本案的证人，应当实行证人优先主义，为避免发生身份上的冲突，不得同时担任本案的证人和专家辅助人。

## 九、勘验物证或现场

### （一）勘验的启动

根据我国《民事诉讼法》第67条第1款规定，当事人对自己提出的主张，有责任提供证据。但是，人民法院认为审理案件需要的证据，人民法院应当调查收集。因此，包括对物证或者现场进行勘验这一证明方式可不经当事人申请，由法院依职权主动进行。在诉讼上，凡是对有关物证或现场进行勘验的，应当由当事人向法院提出申请，是否准许由法院据情决定。这种做法有利于使法院处于中立地位，超脱于当事人之间所发生的利害冲突。并且，这种做法也是许多国家和地区长期以来所遵循的程序规则。

在一些特定情形下，为了有助于形成确切的内心确信，以便查明案件事实，法院可依职权决定对有关勘验物进行勘验，这是由法院的审判职能所决定的。勘验除了在法院内进行以外，有时要针对个案的不同情况如对有关场所的勘验等，到法院以外进行勘验，这些均属法院为查明案件事实所采取的必要的证据调查。在诉讼中，勘验是在法院主持下所进行的对与查明案件的待证事实有关的物品、现场、人身、尸体进行观察、勘查、检验，以及在必要时指定鉴定人对专项问题进行鉴定，并将观察、勘查、检验的对象进行记载、测量、绘图、拍照、录像等的活动。

### （二）勘验对象的提供

在证据法意义上，可将作为勘验对象的证物或场所称之为勘验物。勘验作为一种职能活动，是从另外一个视角来对有关客观事物进行审查判断，从而形成对案件事实查明或认定的一种根据。例如，同样是一种书证，如果不是将其所记载的内容加以审查判断，而是观察、对比或查验作为其载体的纸张的品质或记载文字的笔迹，就属于勘验的范畴。

除非遇有法律上的正当事由，当事人以及诉讼外第三人在法律上负有出示、提供其持有或占有的勘验物并接受勘验的义务。在这些义务主体当中，他们所承担的义务在性质、承担的方式及法律后果上是各不相同的。就负有举证责任的一方当事人而言，当其向法院申请勘验时，如不将其所持有或占有的勘验物交于法院，法院可以此作为驳回其申请的主要理由；就作为勘验申请人的对方当事人而言，如不将其所持有或占有的勘验物交于法院，法院可以其存有妨害诉讼证明的行为为由，在审判上作出对其不利的判定；就诉讼外第三人而言，面对法院向其发出的有关指令，应当在法律上承担公法上的一种普遍性义务，除非在法律上享有特别的豁免权利，否则，如果拒不服从法院的指令，将会实际承受不利的法律后果。对此，法院可依法对其实施包括罚款、搜查、强制交出等一切必要的强制措施。

（三）勘验人的界定

在我国，勘验人是指以法院的名义对特定物证和现场环境进行查验并制作相应笔录的法官、其他司法辅助人员以及受法院委托或指定的专业技术人员。

我国《民事诉讼法》并未明确将勘验人界定为法院的审判人员，但是，一些学理解释却将勘验人明确地表述为法院的审判人员，甚至有关案件的承办法官。

审判实践中，将一份书面鉴定意见或勘验笔录作为对一方有利的证据提交法庭进行辩论时，另一方当事人势必对此类证据的真实、可靠性提出质疑。如果法院在未听取作出这份鉴定意见的鉴定人或作出这份勘验笔录的勘验人当庭回答这类质疑的前提下采纳这份鉴定意见，对这份鉴定意见或勘验笔录提出质疑的一方当事人便有理由认为法院丧失了中立的立场，因为鉴定人或勘验人并未当庭直接回答这类疑问。在此情形下，法院是采用自己的判断来替代鉴定人或勘验人对相对一方当事人所提出的质疑作出了回答。在某种意义上，法院是将对一方有利的证据在未经庭审的情形下便对其加以采信；同时，证据辩论主义在此情形下，既应体现法官听取双方当事人对这类证据的不同评价意见，也应体现这类证据的制作主体与相对当事人之间的直接言词辩论，否则，法官必须要么依职权排除对这类证据的审查认定，要么会在未经实质"对决"辩论情况下采纳这类证据而偏离其中立的立场。就我国目前国情而言，法院的中立性本来就受到极为严峻的考验，因此采用这种做法是不切合实际的。应当指出的是，在我国有一种传统观点认为，勘验由法院的审判人员亲自进行并制作笔录。

事实上，这只是一些个别大陆法系国家的做法。

(四) 勘验的实施

在我国，无论是鉴定还是勘验在诉讼证明上都发挥着各自的独特功能，二者并行不悖。由于现代社会科学技术发展的日新月异给审判带来了前所未有的挑战，法官以及法院内部的专业技术人员不可能成为精通各行各业的专家，另外，受到专业设备、仪器等硬件的条件限制，确实有必要聘请社会上的专业人士从事有关专门事项的鉴定活动。

由当事人申请法院对物证和现场进行勘验，属于一种对证据进行调查的证明方式。在审判实务上，有时对有关物证或者现场环境进行勘验时，限于法院的知识、专门设备与仪器所限，而不得不由法院委托有关的鉴定机构指定鉴定人进行技术鉴定。因此，从事勘验活动与鉴定活动有时存在着密不可分的关联性。

在程序上，人民法院应当在勘验前将勘验的时间和地点通知当事人，以便当事人做相应的准备，及时配合法院现场勘验工作。如果当事人是公民的，应当通知当事人或者他的成年家属到场；如果当事人是法人或者非法人组织的，应当通知其法人代表或者非法人组织的负责人到场，以便他们能够及时了解勘验的情况，维护其合法权益。当事人不参加的，不影响勘验的进行，视为放弃在勘验现场提出请求或者作出相应解释、说明的权利，勘验工作可以按照原定计划和安排进行。勘验物证或者现场，勘验人必须出示人民法院的证件，以表明勘验人的身份和具体执行的勘验事务。同时，人民法院应当邀请当地基层组织或者当事人所在单位派人参加。例如，可以邀请当事人所在的工作单位、居民委员会、村民委员会、公安派出所、人民调解委员会等组织派人参加，当事人或者当事人的成年家属应当到场，拒不到场的，不影响勘验的进行。由于勘验事项与有关当事人的诉讼利益息息相关，且有关案件事实的若干细节与有关事实发生的焦点对法院的现场勘验会有相当的助益，为此，当事人可以就勘验事项向人民法院进行解释和说明，同时，也可以请求人民法院注意勘验中的重要事项。有关单位和个人根据人民法院的通知，有义务保护现场，协助勘验工作。人民法院在勘验时，可以对物证或者现场进行拍照和测量，并将勘验情况和结果制作成笔录，记录勘验的时间、地点、勘验人、在场人，勘验的经过、结果。对于绘制的现场图应当注明绘制的时间、方位、测绘人姓名、身份等内容。制作笔录应当分别交由勘验人、当事人和被邀请参加的有关单位或个人签名或者盖章。进行勘验时，如遇有专业性较强的问题，法院可据情指定鉴定人或有关专业人士进行协助。《环境侵权证据规定》第14条规定："人民法院调查收集、保全或者勘验涉及环境污染、生态破坏专门性问题的证据，应当遵守相关技术规范。必要时，可以通知鉴定人到场，或者邀请负有环境资源保护监督管理职责的部门派员协助。"

（五）勘验笔录的制作

勘验笔录是指法官或受法官委托的其他法院工作人员在诉讼过程中对与争议有关的现场、物品进行查验、测量、拍照后制作的笔录，是通过勘查、检验等方法形成的证据。民事诉讼中的勘验笔录主要包括现场勘验笔录、物证勘验笔录和人身检查笔录。勘验笔录既是一种独立的证据，也是一种固定和保全证据的方法。勘验笔录除了通常所使用的书面记载外，它还包括对勘验对象测量、绘图、拍照、录像等。作为一种证据方式，勘验笔录具有以下基本特点：其一，它是勘验人员进行勘验后制作的笔录。其二，勘验时除用文字制成笔录外，还可以用拍照、录像、测量、绘图、检验和询问有关人员等方式进行。勘验中遇有专门技术问题时，还可以聘请鉴定人进行鉴定。其三，它是对涉及案件事实的现场或证物的重新反映，也是对证据加以固定保全的一种方法。

勘验笔录是审判人员以查看、检验等方法亲自认知现场、物品等，并将认知结果记录下来后形成的证据。这一特点使它既不同于物证，也不同于书证。勘验的对象可能是物品，勘验过程中也要对物证进行拍照，但照片是作为笔录的一部分发挥证明作用的。它既不是物证本身，也不是物证的复制品，在用文字、图表等记载的内容证明案件事实这一点上，勘验笔录与书证不无共同之处，但它们之间有许多不同点：首先，制作的时间不同。书证形成于诉讼前，而勘验笔录一般是进入诉讼后才制作的。其次，制作的主体不同。书证一般为审判人员以外的人制作，而勘验笔录则是由审判人员制作或在审判人员的参与、指导下制作。再次，反映的内容不同。书证的内容可以反映制作人的主观意思。

而勘验笔录则必须是对勘验对象的客观记载，不得掺入勘验人的主观意思。最后，能否重新制作不同。书证一旦提交法庭后，即使制作当初内容有遗漏，或者某些重要问题不清楚，也不存在重新制作的问题。勘验笔录则不同，必要时可以根据当事人提出的申请或者由法院依职权重新勘验并制作新的勘验笔录。

制作勘验笔录，在我国通常有两种情形：一是人民法院依据当事人的申请而制作；二是人民法院在认为有必要时依职权而制作。在前一种情形下，当事人应以书面或口头方式向人民法院提出申请，并在申请中表明勘验对象和通过勘验可以证明的案件事实。如果需勘验的物品为对方当事人或第三人占有，应当及时进行勘验。制作勘验笔录以文字记载方式为主，以拍照、摄像、测量、绘图等方式为辅。勘验过程中如遇到技术上的专门性问题，人民法院可以通知鉴定人参加。制作勘验笔录，最重要的是要客观、全面地记载勘验对象的情况，切不可把勘验人主观上的分析判断写入笔录。鉴于现场勘验所形成的笔录涉及专业技术领域，无论当事人还是由其聘请的律师在庭审中对勘验人进行询问时均有障碍，故可向法院申请有专门知识的人代其询问，以有利于查明事实真相。

（六）我国有关法律及司法解释相关规定的理解与适用

1. 勘验的启动

《民事诉讼法解释》第124条第1款规定："人民法院认为有必要的，可以根据当事人的申请或者依职权对物证或者现场进行勘验。勘验时应当保护他人的隐私和尊严。"

对本条文的理解与适用，应当掌握如下基本内容：

（1）所谓勘验，是指人民法院的审判人员在诉讼过程中对与争议有关的物证（包括物品或物体）通过现场亲自或者指定有关人员进行查验、测量、拍照或录像的行为。勘验是一种证据方法，勘验并非证据本身，我国《民事诉讼法》将勘验笔录作为一种证据种类。作为勘验这种司法行为所产生的结果，除了形成勘验笔录这种（文字）证据资料以外，还会形成诸如照片、录像、测量数据、绘图等辅助证据资料，以及给审判人员造成直观的印象、感受或体验，有助于其形成全面、正确、客观、合理的心证（内心确信）。就此而言，审判人员对有关物证、现场的勘验,具有某种类似于庭审调查的效果,从而使有关勘验活动在某种意义上发挥着庭审活动得以延伸进行的功能。有鉴于此,不宜将当事人申请勘验与当事人申请鉴定一并看待。二者的重要区别在于,不宜从举证责任的角度来看待当事人提出的勘验申请,而应当着重从有助于法院形成全面、正确、客观、合理的心证来论之,但对当事人提出鉴定申请,原则上则应当从当事人的举证责任角度加以认识和处理。因此,尽管法律上规定有根据当事人的申请启动勘验程序这种路径,但它毕竟具有从属性,人民法院认为有必要才能实际启动勘验程序,人民法院依职权启动勘验程序显然具有主导性。在人民法院依职权启动勘验程序时,不应当像人民法院依职权调查证据时所仅仅局限于《民事诉讼法解释》第 96 条第 1 款所规定的法定情形之内,而应当以是否有助于人民法院形成正确的心证作为出发点和判断依据。

(2)无论是当事人提出申请,还是法院依职权对物证或者现场进行勘验,都应当以人民法院认为有必要为前提。在此所谓"有必要",主要表现在以下几个方面:其一,当负有举证责任的当事人无法提供有关原始物证(主要指不便向法庭提交原件的珍贵物品如字画、文物等,不宜移动的动产如车辆、船舶、大型器械设备等,不能移动的不动产如房屋以及其他地上定着物等),而相对一方当事人针对举证人所提供的物证复制品、照片、影像资料等向法院申请对该物证进行勘验并提出令人信服的理由的;其二,当有关物证(如上所述)不能或者不宜、不便向法庭提交原物,法院在听取当事人的质证意见后认为如不查看或者核对原始物证将影响其形成全面、正确、合理的心证的;其三,根据有关案件的性质、特点,仅仅依据有关当事人提供的现场环境及状况的照片、录像资料等仍无法对案件待证事实作出全面、正确、合理判断的,或者相对一方当事人对于举证人所提供的有关照片、录像资料等是否能够全面、正确、客观地反映现场环境或状况提出具有合理怀疑的理由的;其四,当有关的物证、现场存在遭受毁灭、消失、破坏之虞而人民法院认为并不能排除存在进行勘验的必要性的。

(3)在勘验过程中可以采取包括但不限于测量、绘图、拍照、录音录像等多种验证、检测方法,当勘验标的涉及人的隐私和尊严时,如房屋设施及寝室的内部环境、私人用品、收藏品等以及对人的身体、伤痕进行勘验的,应当基于保护人权的特别考虑，注重对他人隐私的保护及人格尊严的尊重。

2.进行勘验的法定程序

《民事诉讼法》第83条规定："勘验物证或者现场，勘验人必须出示人民法院的证件，并邀请当地基层组织或者当事人所在单位派人参加。当事人或者当事人的成年家属应当到场，拒不到场的，不影响勘验的进行。有关单位和个人根据人民法院的通知，有义务保护现场，协助勘验工作。勘验人应当将勘验情况和结果制作笔录，由勘验人、当事人和被邀参加人签名或者盖章。"

对本条文的理解与适用，应当掌握如下基本内容：

（1）对物证或者现场进行勘验是指勘验人在诉讼过程中对与争议有关的现场、物品进行查验、测量、拍照所进行的活动，以便通过勘查、检验等方法形成勘验笔录。例如，在宅基地纠纷案件当中，需要对宅基地进行测量等。民事诉讼中的勘验笔录主要向现场勘验笔录、物证勘验笔录。勘验笔录既是一种独立的证据，也是一种固定和保全证据的方法。

（2）人民法院在对现场或物品进行勘验时，应当严格按照法定程序进行。勘验人必须以出示人民法院证件的方式表明身份，并邀请当地基层组织或者有关单位派人参加。例如，可以邀请当事人所在的工作单位、村民委员会、居民委员会、公安派出所、人民调解委员会等组织派人参加。邀请当地基层组织或者有关单位参加勘验工作，有利于体现勘验工作的法律效果和社会效果。

（3）通知当事人到场，是法院在审判上所应当承担的法定职责，由当事人到场参与勘验活动是保障其行使诉讼权利的必要条件，是保证由法院所主持的勘验活动合法、有效进行的程序性要求。为此，2019年《民事证据规定》第43条第1款规定："人民法院应当在勘验前将勘验的时间和地点通知当事人。当事人不参加的，不影响勘验进行。"人民法院在进行勘验时，如果当事人是公民的，应当通知当事人或者他的成年家属到场；如果当事人是法人或者非法人组织的，应当通知其法人代表或者其他组织的负责人到场，以便他们了解勘验的情况，保护其合法权益。当事人或者其成年家属、法人代表或者有关组织的负责人拒不到场的，不影响人民法院的勘验工作，勘验工作可以照常进行。

（4）有关单位和个人有义务协助人民法院的勘验工作。在接到人民法院的通知后，有关单位和个人应当对勘验现场进行保护，并配合人民法院完成勘验任务。

（5）在法院主持下所开展的勘验活动是一种证据调查的必要方式，它实际上属于法庭审理的一种程序性延伸。因为，在此过程中，审理法官凭借其直观地对有关勘验物的外观、形态进行观察、检验，并根据其所掌握的经验事理以有助于其形成正确的心证，另外，审理法官还要借助勘验人员的专业知识、技能和经验对勘验物进行勘查、检验，并且对勘验的情况及结果进行记载、测量、绘图、拍照、录像等，以便起到固定和保全证据的作用。在此过程中，应当有各方当事人的参与，即使在法院外所开展的勘验活动，当事人到场对有关勘验物以及所制作的记载和其他固定、保全证据的程序、方式进行辩论、提出自己的观点，都有助于贯彻证据辩论主义，使证据调查活动能够在公开、公正、公平的条件下进行，这是审判活动的正当程序原则所决定的。在此过程中，当事人均享有异议权和辩论权。如果当事人拒不到场，将视其为放弃有关的诉讼权利，这种证据调查活动的开展将不因此而在程序上受到影响。

3. 当事人的解释和说明

2019年《民事证据规定》第43条第2款规定："当事人可以就勘验事项向人民法院进行解释和说明，可以请求人民法院注意勘验中的重要事项。"

对本条文的理解与适用，应当掌握如下基本内容：

（1）在民事诉讼中，当事人争议的标的物，有些是无法移动的不动产，如宅基地、房屋等，有些体积庞大，属于难以携带、搬移到法院在开庭审理过程中向法庭出示的特殊标的物，如大型的机械设备、交通轨道、水电设施等。调查案情、查明事实、分清是非是人民法院在审判上的职责，对有关物品、现场的实地勘验是查明案情而采取的必要调查收集证据的手段之一。勘验活动的开展事关当事人的民事权益，当事人是案件发生的利害关系人，对与待证事实有关的勘验事项所涉及的有关物品和现场的基本情况应当更为熟悉，因此，当事人配合协助人民法院开展勘验活动，为法院提供必要的信息资料，对于保证勘验工作的质量和效率具有重要意义。

（2）在诉讼上，勘验作为人民法院调查、收集和固定证据的一种重要手段，在当事人实际于现场参与的条件下，应充分体现民事诉讼的辩论主义和处分权主义。在勘验活动中应加强人民法院与当事人之间的双向交流，人民法院就勘验事项应充分听取当事人的意见和主张，当事人应当对与勘验事项有关的情况向法院进行必要的解释和说明。例如，涉及当事人之间宅基地纠纷的，当事人应当对宅基地所处的位置、面积、四至范围、周边环境、历史变迁、现有状况等进行必要的介绍和说明，同时，人民法院应就勘验事项征求双方当事人的意见，现场就有关事项向当事人进行调查询问，排除疑点，全面、客观地理解、掌握相关的具体情节和必要的信息资料。

（3）鉴于勘验事项所涉及的专业性、复杂性、特殊性等特点，为了保障法院的勘验活动能够最终取得预期的实际效果，当事人可以就勘验中所涉及的重要事项，如作为勘验标的物的建筑工程施工场地随着时间推移受到客观环境影响的特殊情况、对大型机械设备进行勘验所应关注的事项等，提请人民法院予以特别注意。

4.鉴定人参与勘验

《民事诉讼法解释》第124条第2款规定："人民法院可以要求鉴定人参与勘验。必要时，可以要求鉴定人在勘验中进行鉴定。"

对本条文的理解与适用，应当掌握如下基本内容：

（1）由于勘验是法院的职权，[①] 而勘验人通常以法院的审判人员为主体，并且法院还可以据情指定有关人员进行查验、测量、拍照或录像。对于在勘验中涉及到的专门性问题，如果这些问题并没超出常人的知识结构、经验、理解能力和认识能力的范围，即可作出判断的，就没有从事鉴定的必要，否则人民法院可以要求鉴定人或者其他具有专门知识的人参与勘验。在勘验过程中，如果确有必要启动鉴定程序的，人民法院可以委托鉴定人进行鉴定。

（2）在审判实务上，对有关证物或者现场环境进行勘验时，限于法院内部这种专业技术人员的知识、专门设备与仪器所限，有时不得不委托法院外部的鉴定机构指定鉴定人进行专业技术鉴定，因此，从事勘验活动与鉴定活动有时存在着密不可分的关联性。为此，在适用本条文时，当法院认为有必要可以委托鉴定机构指定鉴定人对有关专门事项进行鉴定时，有关鉴定人的行为应受相

---

[①] 参见最高人民法院修改后民事诉讼法贯彻实施工作领导小组编著：《最高人民法院民事诉讼法司法解释理解与适用》，人民法院出版社2015年版，第399页。

应的约束,即负有程序上的协力义务。

(3)2019年《民事证据规定》第93条第2款规定:"人民法院认为有必要的,可以通过鉴定或者勘验等方法,审查判断电子数据的真实性。"该条款的规定亦属于人民法院依职权进行勘验的范围,它与当事人的举证无关,而与当事人在质证时提出的质疑以及人民法院对于电子数据的真实性进行审查判断有关。在此,所谓"人民法院认为有必要",主要表现在两个方面:其一,有关当事人对于电子数据的真实性提出异议,人民法院认为其理由较为充分的;其二,虽然有关当事人对于电子数据的真实性未提出异议,或者虽然提出异议但理由并不充分,但人民法院结合案件的具体情形以及其他证据材料,认为有必要进行勘验的。另外,由于勘验作为证据方法的性质和特点所决定,对审查判断电子数据的真实性所需要进行的勘验,主要与生成、存储、传输电子数据所依赖的计算机系统所依附的设备、装置以及相关硬件、软件环境有关。在实施勘验过程中,在认为必要时,人民法院可委托鉴定机构指定鉴定人进行鉴定。

5. 勘验笔录的制作

2019年《民事证据规定》第43条第3款规定:"人民法院勘验物证或者现场,应当制作笔录,记录勘验的时间、地点、勘验人、在场人、勘验的经过、结果,由勘验人、在场人签名或者盖章。对于绘制的现场图应当注明绘制的时间、方位、测绘人姓名、身份等内容。"

对本条文的理解与适用,应当掌握如下基本内容:

(1)勘验笔录是法院指派的勘验人员对与查明案件的待证事实有关的物品、场所、人身、尸体进行观察、勘查、检验所作的记录。这种记录的最终证明效力如何,要取决于当事人对这种记录在内容及形式要件上的辩论效果以及法院的审查判断,因此,勘验笔录的制作应当严格遵守法定的程序。

(2)《民事诉讼法》第83条第3款规定:"勘验人应当将勘验情况和结果制作笔录,由勘验人、当事人和被邀参加人签名或者盖章。"为了增加该条的可操作性,本条文增加了制作勘验笔录所应当包含的内容,使其更加明确、具体。同时,也相应增加了绘制现场图所应当注明的内容。

(3)制作勘验笔录以文字记载方式为主,以拍照、摄影、测绘、绘图等方式为辅。制作勘验笔录最重要的是要客观、全面地记载勘验对象的情况,切不可把勘验人主观上的分析判断写入笔录。人民法院在勘验时，可以对物证或者现场进行拍照和测量，并将勘验情况和结果制作成笔录，记录勘验的时间、地点、勘验人、在场人、勘验的经过、结果。因开展勘验活动而将勘验情况和结果制作的笔录，在程序上，分别交由勘验人、在场人签名或者盖章，否则将影响其法律效力。

（4）对于绘制的现场图，应当注明绘制的时间、方位、测绘人姓名、身份等内容。勘验笔录作为证据之一，人民法院开庭时，应当当庭宣读，以便双方当事人以及其他到庭人员了解勘验的情况和结果。

## 十、案例实务与问题解析

### 案例一　如何看待本案启动鉴定责任的归属

〔基本案情〕

原告黄某与被告李某系朋友关系。2017年7月，黄某向人民法院起诉要求李某偿还其借款人民币18000元，并向法院提供了一张借条，其上载明："今借到黄某现金人民币壹万捌仟元整。借款人：李某，落款时间：2015年10月19日。"在诉讼中，李某提出该借条非其所写，并当庭写了自己的名字与借条上签名进行核对，笔迹稍有不同。对此，原告反驳被告刻意改变自己的字迹，借条就是被告本人所写，并详细说明了被告借钱的时间和经过。原、被告各执一词，但均未提供其他证据证明各自主张的事实，为查明案件事实，法官向当事人双方释明可申请对借条进行笔迹鉴定，但双方均要求对方承担鉴定费用，最终均没有申请笔迹鉴定。

〔意见分歧〕

本案的争议焦点是原被告之间借贷关系是否真实存在，但作为本案关键证据的借条无法证实真伪，应当如何裁判，有以下几种不同观点：

第一种观点认为，根据"谁主张、谁举证"的证明责任分配原则，原、被告双方均应当对自己主张的事实进行举证，本案中原告已提供了借条来证明借贷事实的存在，已完成了自己的举证责任。被告认为原告提供的借条是假的，应当提供证据支持，但被告既不提供证据也不申请笔迹鉴定，可以认为被告主张的事实不成立，判决被告偿还原告借款人民币 18000 元。

第二种观点认为，对于只有借据而无实际交付的案件，《民间借贷案件规定》第 16 条根据被告的抗辩事由区分为两种情况，本案的情况适用第二种情况，即被告若以借贷行为尚未实际发生抗辩并能作出合理说明，人民法院应当结合借贷金额，款项交付，当事人的经济能力，当地或者当事人之间的交易方式、交易习惯，当事人财产变动情况以及证人证言等事实和因素，综合判断查证借贷事实是否发生。故鉴于原告提供的证据不足以证明借贷关系的存在，因此应当由原告承担举证不能的证明责任，驳回原告的诉讼请求。

第三种观点认为，本案的争议焦点是原告黄某与被告李某之间是否存在借贷关系。根据 2015 年《民事诉讼法解释》第 90 条第 2 款规定："在作出判决前，当事人未能提供证据或者证据不足以证明其事实主张的，由负有举证证明责任的当事人承担不利的后果。"且 2015 年《民事诉讼法解释》第 91 条第 1 项规定："主张法律关系存在的当事人，应当对产生该法律关系的基本事实承担举证证明责任。"由此可从本案看出，原告主张存在借贷的法律关系，但被告以借条上不是自己的签名作为抗辩否认发生借贷关系，故对借贷法律关系是否成立应当由主张该事实的原告承担证明责任，被告提出借条属于伪造的仅是对原告主张事实的反驳，该反驳意见并非被告提出的法律事实主张，无需承担举证责任。另外，法官对单一证据如何进行审核，2001 年《民事证据规定》第 65 条对其作了专门规定，其中第 4 款就要求对证据的真实性进行审核。本案中，原告提供的借条为被告矢口否认，且借条中的签名与被告当庭签名的笔迹并不一致，此时原告需要继续举证或者通过笔迹鉴定强化借条的证明力，但原告在此情况下仍拒绝垫付鉴定费用，不申请笔迹鉴定补强证据，该份证据的真实性就存在疑问，证明力无法达到民事诉讼的标准。本案中，原告仅提供了一张真实性存疑的借条，不足以证明原被告之间达成了借款合意，更不能证明原告向被告提供了借款。在法官释明可以申请笔迹鉴定补强证据的情况下，原告仍然拒绝申请笔迹鉴定，原告的行为显然无法让法官产生对其有利的内心确信。因此，在本案争议事实真伪不明的情况下，依据证明责任原则，应当由主张该法律关系存在的原告承担不利的法律后果。据此，应当依法判决驳回原告的诉讼请求。

〔问题解析〕

本案中，原、被告之间是朋友关系，被告李某在收到原告黄某的借款后给原告黄某写下借条，之后，原告通过提交借条来向被告主张债权，符合日常经验认知和交易习惯，而为了证明当时借款的真实性，如通过邀请他人对借款在场作证或由公证机构出具公证书这种方式，这样做反而不符合交易习惯。从日常生活经验来看，原告提供借条向被告主张债权较为常见，对借条进行篡改、伪造的概率较低，况且对借条进行篡改或伪造等具有涉嫌伪证罪的法律风险。在诉讼上，当一方当事人对另一方当事人向法院提交的借条、欠条、合同文本上的笔迹、印章真实性提出质疑，事实上都是在指认对方伪造了证据。此时要转入一个专门的司法调查程序。

2015年《民事诉讼法解释》第110条规定："人民法院认为有必要的，可以要求当事人本人到庭，就案件有关事实接受询问。在询问当事人之前，可以要求其签署保证书。保证书应当载明据实陈述、如有虚假陈述愿意接受处罚等内容。当事人应当在保证书上签名或者捺印。负有举证证明责任的当事人拒绝到庭、拒绝接受询问或者拒绝签署保证书，待证事实又欠缺其他证据证明的，人民法院对其主张的事实不予认定。"根据本案的情况，法院认为有必要的，可以要求原、被告本人到庭，就案件有关事实接受询问。在询问原告本人之前，法院应要求其签署保证书，承诺如不对借条的真实性据实陈述，愿意接受法院按照《民事诉讼法》有关伪造重要证据妨碍人民法院审理案件的处罚。

2015年《民事诉讼法解释》第90条规定："当事人对自己提出的诉讼请求所依据的事实或者反驳对方诉讼请求所依据的事实，应当提供证据加以证明，但法律另有规定的除外。在作出判决前，当事人未能提供证据或者证据不足以证明其事实主张的，由负有举证证明责任的当事人承担不利的后果。"在本案中，原告对其提出的诉讼请求所依据的事实，以主张债权的方式提供借条加以证明，已履行其行为意义上的举证责任，并在接受法院调查询问时详细说明了被告借钱的时间和经过。而被告的反驳实际上是以否认该借条非其所写的形式或理由进而提出了双方之间不存在借贷关系的抗辩主张，为此，被告所提供的证据或者证明方式是当庭写了自己的名字与借条上的签名进行核对。经法院审查认定，该反证证明所涉及的笔迹虽稍有不同，但仍不足以证明其抗辩主张，况且对于笔迹的核对属于专业性问题，需要通过专门鉴定机构来进行笔迹鉴定。在本案中，为查明案件事实，法院应向当事人双方释明可申请对借条进行笔迹鉴定，但双方均要求对方承担鉴定费用，最终均没有申请笔迹鉴定。根据2015年《民事诉讼法解释》第90条第1款规定，在本案中，原告黄某为证明其与被告李某之间的债权债务关系，向法院提供了一份借条，已经履行了其行为意义上的举证责任。对此，被告李某所提出的抗辩主张认为该借条非其所写，为支持其抗辩主张，被告李某应负有提出鉴定申请的责任同时负有承担预付鉴定费用的义务。同时，根据我国《民事诉讼法》的规定："当事人未申请鉴定，人民法院对专门性问题认为需要鉴定的，应当委托具备资格的鉴定人进行鉴定。"据此，在有关当事人未申请鉴定的情况下，鉴于法院认为对借条上笔迹需要鉴定才能查明事实真相，法院应当委托具有鉴定资格的鉴定机构进行鉴定，鉴定费用按照举证责任的承担由被告方先行垫付。如果被告拒绝垫付的，法院可根据2015年《民事诉讼法解释》第90条第2款规定作出对被告不利的裁判。

对本案的审理，在适用2019年《民事证据规定》的情况下，根据2019年《民事证据规定》第92条第1款规定："私文书证的真实性，由主张以私文书证证明案件事实的当事人承担举证责任。"在法理上，书证的真实性包括形式上的真实性与实质上的真实性两个方面，在本案中，被告李某提出该借条非其所写，这种抗辩主张既涉及该份借条在形式上的真实性，同时也涉及该份借条在实质上的真实性，故根据2019年《民事证据规定》第92条第1款规定，应由原告黄某对该份借条的真实性负担举证责任。鉴于法院认为对借条上笔迹需要鉴定才能查明事实真相，故鉴定费用按照举证责任的承担由原告方先行垫付。

尽管上述第一种观点在本案举证责任分配问题上表达的认识是正确的，但在被告不申请笔迹鉴定的情况下，忽略了我国《民事诉讼法》有关法院在此情况下可直接委托鉴定的规定，因此在适用程序上存在不妥之处；《民间借贷案件规定》第16条第2款规定："被告抗辩借贷行为尚未实际发生并能作出合理说明，人民法院应当结合借贷金额、款项交付、当事人的经济能力、当地或者当事人之间的交易方式、交易习惯、当事人财产变动情况以及证人证言等事实和因素，综合判断查证借贷事实是否发生。"而上述第二种观点以该项条款为依据，认定原告提供的证据不足以证明借贷关系的存在，主张应当由原告承担举证不能的后果。本案所发生的事实情况显然与《民间借贷案件规定》第 16 条第 2 款规定的情形不符，《民间借贷案件规定》第 16 条所涉及的第二种情形当中被告抗辩借贷行为尚未实际发生，与本案中被告李某对有关债权凭证予以直接否认的情形有很大不同，故该种意见并不妥当，并且该项条款还是谨慎地要求法院据情裁量，显然该种观点没有做到对症下药，并且是于法无据、于理不配。上述第三种观点以被告以借条上不是自己的签名作为抗辩否认发生借贷关系，事实上，李某提出该借条非其所写，即对该债权文书在实质上的真实性亦予以否定，而并非仅仅限于借条上的签名这种形式上真实性的否定。并且，该第三种观点以被告提出借条属于伪造的仅是对原告主张事实的反驳为由，认为该反驳意见并非被告提出的法律事实主张，故无需承担举证责任。这种观点显然违背了我国《民事诉讼法》所规定"谁主张、谁举证"的证明责任分配法则。甚至还认为原告拒绝申请笔迹鉴定的行为导致本案争议事实出现真伪不明状态，这种认识是对举证责任分配基本原理的曲解，它严重混淆了当事人主观意义上（又称行为意义上）的举证责任与客观意义上（又称结果意义上）的举证责任之间的界限，显然是不可取的。

## 案例二　产品质量无法鉴定的法律后果由何方承受

〔基本案情〕

2007 年 5 月，原告谢某向被告陈某夫妇购买了一台自动洗车机，购买后谢某以该设备无法进行正常洗车工作为由，要求被告陈某夫妇退款，遭拒后诉至法院，要求被告陈某夫妇退回货款。

〔意见分歧〕

该案在审理中，原、被告双方主张不一，原告认为该设备根本不具备被告销售时所说的功能，被告则认为该机器生产厂家均为正规厂商，具备洗车功能，是原告购买后不愿意从事洗车服务而想退货，并提供该产品说明书及厂家的生产资质证明。本案焦点问题为该产品是否具有洗车功能，法院就该问题委托司法鉴定中心进行鉴定，但司法鉴定中心回复：现无可对该机器设备进行鉴定的机构，故无法鉴定。后法院又与质量技术监督部门取得联系，但质监部门以该机器设备的参数无国家统一标准为由也表示无法鉴定。该案经合议庭讨论后，判决驳回原告的诉讼请求。

对此，有一种观点认为，本案系一起简单的买卖合同纠纷。该纠纷涉及的产品质量即该产品是否具备洗车功能是解决本案的关键，如该机器具备该功能则驳回原告诉讼请求，如不具备该功能则应支持原告诉请。但由于技术条件的限制，导致对该产品质量无法进行鉴定。而对无法鉴定的法律后果的承担，我国《民事诉讼法》及2001年《民事证据规定》均没有涉及。本案在审理中，对被告提交的证据进行审查和质证后，证实被告提供的厂家产品生产许可证、专利许可证、说明书系真实客观，在原告没有证据证明的条件下，可以认定该产品是经国家工商部门许可生产的，符合国家现行法律法规的。因此，法院作出驳回原告诉讼请求的判决。

〔问题解析〕

在本案中，双方当事人的争议焦点为原告谢某从被告陈某夫妇处购买的自动洗车机是否具有洗车功能。鉴于本案属于因合同履行所引起的侵权诉讼纠纷案件。与此相关的举证责任分配，2001年《民事证据规定》第40条第2款规定："有关法律对侵权诉讼的举证责任有特殊规定的，从其规定。"而根据我国《产品质量法》第40条第1款第1项规定："不具备产品应当具备的使用性能而事先未作说明的"，销售者应当负责修理、更换、退货；给购买产品的消费者造成损失的，销售者应当赔偿损失。因此，在本案中，被告陈某夫妇在向原告谢某出售该自动洗车机前，应当就该自动洗车机所不具备和具备的使用性能一项，已向原告谢某履行了说明义务行为的事实承担举证责任，以便使原告在购买前有合理的预期以及对是否购买作出适当的判断。如果被告能够提供充分的证据对其事实加以证明，法院应据此作出驳回原告诉讼请求的判决，反之，法院应作出支持原告诉讼请求的判决。然而，在本案中，法院未将这一特殊侵权诉讼中的举证责任分配给被告一方，而是按照一般合同纠纷案件将与此相关的举证责任分配给原告一方，并且不恰当地将该自动洗车机是否具有特定洗车功能这种不确定因素极强的问题作为鉴定事项，交由鉴定机构进行鉴定；当得知有关鉴定事项在专业技术上的认定具有不可操作性时，以举证不能为由判定原告败诉。这种做法显然是不妥当的。

而上述那种观点，则无视 2001 年《民事证据规定》第 40 条第 2 款和我国《产品质量法》第 40 条第 1 款第 1 项规定，认为现有法律和司法解释并未对本案所涉及举证责任分配作出相应规定，这种偏颇是十分明显的。值得一提的是，2019 年《民事证据规定》虽然将 2001 年《民事证据规定》第 40 条予以删除，但实际上是考虑到实践中涉及的举证责任分配法则繁纷复杂，除了在《民事诉讼法》和相关司法解释中作出原则性规定以外，其他各种特殊情形交由法院据情根据相关实体法规定予以适用更加符合现实需要。

## 案例三  上下毗邻排水纠纷案如何分配举证责任

〔基本案情〕

原告周某购得某小区某幢 405 室，被告李某购得同一单元 505 室，套型相同，李某楼上尚有一套 605 室，由他人购得。周某和李某购得住房后，周某先进行了装修，李某也开始装修。李某入住后不久，周某突然发现其客厅和卫生间的隔墙渗出水来，渗水部位正好在李某洗衣机的部位，李某仔细检查了下水道，没有溢水迹象，下水是畅通的。由于自来水管是暗管铺设，下水道又无渗漏，查不出什么原因。周某家中后来没有再出现渗水现象。有一天，周某住房的同一部位再次渗水，周某再次找到李某，要求李某进行处理。李某检查了洗衣机出水、地漏，没有漏水，遂拒绝承担任何责任。周某遂向法院起诉要求被告李某赔偿因渗水造成的装潢损失。

被告李某申请法院对渗水原因进行鉴定。法院根据被告的申请，委托某房屋安全司法鉴定所进行司法鉴定。某房屋安全司法鉴定所鉴定意见为：（1）405 室墙面渗水为非持续性的，故可排除上水管道渗漏的可能。（2）从 505 室洗衣机排水管位置和现场勘查情况来分析，可排除洗衣机排水管道问题造成 405 室墙面渗水的可能。（3）由于近半年时间 405 室墙面未再出现渗水现象，故目前难以找到渗水源头和确切判断渗水原因。

法院经审理认为，鉴于本案的侵权行为人不明，被告李某用水又无过错，被告李某的用水与周某渗水之间因果关系不明，故无法确定被告李某是否应当承担责任，现原告周某要求李某赔偿其财产损失缺乏事实依据和法律依据。按照水往低处流的自然规律的属性即认为鉴定未排除李某家其他致害可能,从而认定李某承担赔偿责任不当,因为致害原因不明并不能排除隐藏的致害原因。原告周某举证穷尽仍不能证明其墙面渗漏系李某行为所致,故应承担败诉的后果。

〔意见分歧〕

本案在审理过程中,就如何分配原、被告双方的举证责任产生了不同意见:

第一种意见认为,原、被告对原告住房渗水的事实均无异议,争议的焦点为渗水的原因,根据原告的受损墙面位置,排除其自身管道渗漏的可能,依据自然规律及经验法则,水系由上而下造成渗漏,渗漏的原因复杂多样,住房内的管道多为暗管铺设,难以观察,况且渗漏既有可能设施上存在问题,也有使用不当的可能。某房屋安全司法鉴定所的鉴定意见,仅排除了两种可能性,并未排除系被告家渗水的可能性,按照水系从上往下流的自然规律来认定本案事实,被告家相同部位本身没有渗水,也无证据证明系其上层住户引起,应推定被告家的原因造成渗水,被告若不能排除自身造成渗漏的可能性,则应承担败诉的责任。

第二种意见认为,依据某房屋安全司法鉴定所的鉴定意见,排除了上水管道渗漏的可能,也排除了洗衣机排水管道问题造成405室墙面渗水的可能,由此可见,周某房屋渗水与李某无关,李某不应承担赔偿责任。损害事实的赔偿认定,是损害结果与违法行为之间有因果关系,本案中,周某没有证据证明自己房屋的漏水与李某有关,举证责任只能由周某自行承担,李某没有举证证明自己无过错的法定义务。水从上往下流是一种自然规律,但是这种自然规律并不必然导致被李某的房屋渗漏,况且李某楼上尚有住户,也有可能造成楼下渗水。

第三种观点认为,《民事诉讼法》第67条规定,当事人对自己提出的主张,有责任提供证据.本案是一般侵权诉讼案件,当事人对自己提出的诉讼请求所依据的事实有责任提供证据加以证明,没有证据或者证据不足以证明当事人主张的事实的,由负有举证责任的当事人承担不利后果。本案应适用过错责任原则,而不应适用无过错责任或过错推定原则。按照我国《民法典》的有关规定,基于过错责任原则所认定的侵权行为,其构成要件应为四个,即加害行为的违法性(侵害行为)、损害事实、加害行为与损害之间有因果关系以及行为人的过错。从本案所查明的事实来看，被原告周某的损害事实是存在的，同时这种损害系他人的加害行为所引起。本案所要解决的是，这种损害系谁所引起，行为人有无过错，损害与结果之间有无因果关系。根据当事人双方居住的整个楼层的概况，确定的事实是水系由高层往下渗漏而导致原告周某的财产受损。但这种渗漏不能确定仅由李某一方放水所致，因为周某所进之水可能既有李某一方，也可能由李某住宅上层所致，也可能由李某与李某住宅上层共同作用所致，故本案的侵权行为人不明。从双方当事人所提供的证据分析，周某并无证据证明李某对用水管道私自改造或处理不当，而李某在日常生活过程中的用水系其正当权利，因此李某并无违规用水的过错。根据房屋安全司法鉴定所的鉴定意见，渗水原因不明，也就是周某的财产受损与李某用水之间有无因果关系不明。故无法确定李某是否应当承担责任。

〔问题解析〕

在本案中，周某向法院起诉，要求被告李某赔偿因渗水造成的装潢损失。本案属于一般侵权诉讼案件，原告周某主张渗水原因系由李某装潢行为所致，对此，应当由原告承担相应的举证责任。鉴于对该要件事实的证明涉及专业问题，故应当由原告周某申请法院对渗水原因进行鉴定。2019年《民事证据规定》第2条第1款规定："人民法院应当向当事人说明举证的要求及法律后果，促使当事人在合理期限内积极、全面、正确、诚实地完成举证。"据此，法院应当及时向当事人就本案举证分配问题进行释明。

在本案中，法院根据被告的申请，委托某房屋安全司法鉴定所进行司法鉴定，显然在释明上存在不作为或不当现象。在本案中，某房屋安全司法鉴定提供的鉴定意见认为：目前难以找到渗水源头和确切判断渗水原因。该鉴定机构提出鉴定意见所得出的结论显然对于原告不利，如果原告未能提出进一步的证据，法院将很有可能根据该鉴定意见作出对原告不利的裁判。在本案中，无论是原告本人或是其聘请的律师，对于渗水原因并不具备专业知识，即便其对该鉴定意见依据的可靠性和充分性提出质疑，尽管法院也不具备相关专业知识，但限于原告本人或其律师与鉴定人之间在专业知识上具有明显信息不对称的客观状况，故法院对于原告本人或其律师提出的质疑，通常采取不予接受的态度亦在情理之中。根据2019年《民事证据规定》第80条规定："鉴定人应当就鉴定事项如实答复当事人的异议和审判人员的询问。当庭答复确有困难的，经人民法院准许，可以在庭审结束后书面答复。人民法院应当及时将书面答复送交当事人，并听取当事人的意见。必要时，可以再次组织质证。"现行《民事诉讼法》第82条规定："当事人可以申请人民法院通知有专门知识的人出庭，就鉴定人作出的鉴定意见或者专业问题提出意见。"另外，根据2019年《民事证据规定》第2条第1款规定，法院应当就此申请权向当事人予以释明，以消除这种在专业问题上的不对称状况，使得原告及时向法院申请通知有专门知识的人出庭，以原告的名义向出庭的鉴定人就某房屋安全司法鉴定提供的鉴定意见进行质询。另外，2019年《民事证据规定》第40条规定："当事人申请重新鉴定，存在下列情形之一的，人民法院应当准许：（一）鉴定人不具备相应资格的；（二）鉴定程序严重违法的；（三）鉴定意见明显依据不足的；（四）鉴定意见不能作为证据使用的其他情形。存在前款第一项至第三项情形的，鉴定人已经收取的鉴定费用应当退还。拒不退还的，依照本规定第八十一条第二款的规定处理。对鉴定意见的瑕疵，可以通过补正、补充鉴定或者补充质证、重新质证等方法解决的，人民法院不予准许重新鉴定的申请。重新鉴定的，原鉴定意见不得作为认定案件事实的根据。"在本案中，法院应当根据2001年《民事证据规定》所赋予有关当事人享有上述有关申请权进行必要的释明，并据情采用重新鉴定或者补充鉴定等证明方式。

然而，在本案中，法院将与举证责任分配有关的申请鉴定的责任交由被告承担，而某房屋安全司法鉴定所提供的鉴定意见中认为，由于近半年时间405室墙面未再出现渗水现象，故目前难以找到渗水源头和确切判断渗水原因。从这个结论来看，并不能够排除原告周某家中出现的渗水与被告无关。因此，在逻辑上，既然法院认为申请鉴定属于被告的举证责任，法院应随即判决被告承担举证不能的后果，但是，法院却将举证不能的后果归由原告承受。另外，在本案中，法院并未穷尽查明案件事实真相为有关法律和司法解释所规定的一切必要方式和手段，有关鉴定机构就渗水原因所提供的鉴定意见显得似是而非、模棱两可，法院对此不具备专业知识可以理解。为了有利于补足专业上的短板及保证庭审调查的需要，法院应向有关当事人履行释明义务，以便有关当事人及时聘请具有专门知识的人出庭作证，协助法院对从新的角度和视野来对渗水原因进行查明。从日常生活经验的角度来看，本案中家庭室内渗水原因属于一种常见的物理现象，并非十分复杂，对渗水原因未能查明，很可能与有关鉴定机构的能力、经验和采取的方式有关，对此，法院应当予以察知。在本案中，法院应当考虑借助当事人的申请权，启动包括重新鉴定在内的一切必要的证明方法，在尽可能地穷尽有关法律和司法解释所规定的一切必要证明方法和手段之后，再对有关案件事实作出认定显得更为妥当。

虽然上述第一种观点认识到法院委托的鉴定机构提供的鉴定意见存在明显缺陷，但并未按照有关法律和司法解释的规定提出行之有效的解决方案，而是主张按照水系从上往下流的自然规律来认定本案事实，即推定被告家的原因造成的渗水。这种做法缺乏相应的法律根据。上述第二种观点将申请鉴定的举证责任分配给被告承担，显属不当。另外，对于鉴定意见的解读存在偏差，因此，在最终就本案事实认定上得出的判断结论错误也在所难免。而上述第三种观点则以通过鉴定无法查明渗水原因为由，主张判定由原告承担不利后果，而并不顾及该鉴定意见是否存在缺陷，也并不顾及赋予相关当事人享有法律和有关司法解释赋予的举证救济权利，这种不甚审慎的做法值得关注。

# 第九章

# 书证制度

## 一、对书证的基本认知

### （一）书证的界定

书证，是指以其内容来证明与待证事实有关情况的文字材料。凡是以文字来记载人的思想和行为以及采用各种符号、图案等来表达人的思想，其内容对待证事实具有证明作用的物品都是书证。书证从形式上来讲取决于它所采用的书面形式，从内容上而言取决于它所记载或表达的思想内涵与案情具有关联性，因此，能够作为认定案件事实的根据。

从概念上的认知角度而言，书证具有广义与狭义的双重属性，狭义上的书证主要是指文书，即以书面文字材料为本质特征的证明文书，而广义上的书证则包括文书在内的可通过其客观载体来体现特定思想内容的一切物质材料，其中包括以纸质版为载体的书证、以电子版为载体的电子数据以及以模拟信号为载体的视听资料。作为客观上的载体，书证以纸张最为常见，但也包括诸如布帛、皮革、金石、竹木等其他物质材料。在一般证据法意义上，书证是采用广义上的理解来对其概念加以界定的传播信息资源的必要媒体。书证由于其所载现的实体具有明确的思想内容，因此，容易被常人所理解，它不需要通过一种特殊媒体或任何中间环节来对其加以分析和判断，这是书证与物证的一个重大区别，而后者一般都要经法官或专业鉴定人员，甚至通过特殊鉴定手段和方式来对其加以审查、分析和判断。书证不仅内容明确，且形式上也相对固定，稳定性较强，一般不受时间的影响，易于长期保存。作为制作书证的方法，既可以采用手写、印刷、剪贴、雕刻等，也可以采用堆砌法、拼凑法或火烙法等手段，能为常人用肉眼所识别。

有学者将书证与文书作严格区别，即认为书证是以一般人能知的文字或者符号，将人的意思或者思想表达记载于物体之上，这种物体称为文书；而现代文明社会中最普遍使用的文书是以纸张为物体，此为一般人所称的文书。而文书的概念，重在能表达人的意思或者思想而采用文字或者符号作为表达工具，因此，其物体的质料无论是作为纸、皮、木片、金、石在所不问。另外，其记载方法为印刷、手写、刀刻，其表达工具为文字、符号、图形、图案，均非重要。但如果照片、图书、练习写字等非表达人的意思、思想为内容的纸张，则不能称之为文书。而书证是以存于文书上的意思或思想为内容的证据，这种证据存于文书之上，故称为书证。可见，在概念用语上书证是以文书为证据方法的证据资料。①

笔者在此所使用的书证与文书的概念并无不同，因为二者之间并不存在本质的差异，只是强调的侧重点有所不同而已。我国现行《民事诉讼法》及有关司法解释在大多数情况下是采用书证这个概念，2019年《民事证据规定》第91条和第92条则分别采用公文书证和私文书证的概念，在相当程度上也体现了这种立场。另外，《民事诉讼法》第70条、《民事诉讼法解释》第93条第1款第1项、第114条则采用了文书这一概念，2019年《民事证据规定》第10条第1款第7项、第91条第1款等也明确使用了"文书"这个概念。

（二）书证的基本范畴

一般而言，书证多为反映特定的法律事实和行为的直接载体，比如合同、票据、房产证等书证就直接体现了当事人之间的权利义务关系，因此，当书证处于形式真实与客观真实相统一的条件下，便可作为认定案件事实的基础。

在通常情况下，书证反映的思想内容应当为常人所理解；而在特定情形下，书证所反映的思想内容则只能为专业人员或特定人员所理解，例如，中国古代的甲骨文，自然科学领域内的一些专业技术知识词汇，计算机语言，少数民族语言文字，等等。之所以将书证作为一种物的证据方法，是因为书证所借以表现的形式与一般物证具有共性，所不同的只是在证明价值上具有不同的功能。例如，同是一份科学论文，既可以在诉讼上作为物证加以使用，也可以在诉讼上作为书证加以使用。当在诉讼上将这份科学论文作为物证加以使用时，诉讼的双方当事人应就这份科学论文在打印、装订上是否存在质量问题进行辩论并

---

① 参见陈荣中、林庆苗：《民事诉讼法》，我国台湾地区三民书局股份有限公司2005年版，第514页。

要求法院作出裁决，对此，为双方当事人和法院所关注的只是该种证据材料的外在表现形式；当在诉讼上将这份科学论文作为书证使用时，诉讼的双方当事人应就这份科学论文中所涉及的著作权问题展开辩论并要求法院对此作出裁决。在此，该书证所涉及的著作权问题主要是指双方当事人中的一方指控对方当事人抄袭、剽窃了其科研成果，从而形成了一种侵权之诉，对此，为双方当事人和法院所关注的只是该种证据材料所体现的思想内涵。可见，同为一份文件或书籍，既可以在诉讼上作为物证，又可以在诉讼上作为书证。

在民事诉讼中，反映民事法律关系的文书则是大量存在的，就整体书证而言，由民事法律关系所形成的书证占有很大比例，是形成书证的主要来源。

就书证在诉讼过程中的证据价值而言，由于诉讼分为不同的阶段，当书证作为证据材料由当事人提供并被作为具有初步表面证明效力时，即具有书证的本质含义；由于诉讼过程要经过当事人的举证、当事人间的质证以及法院的采证这几个必要的阶段，更由于诉讼过程通常是采用对抗辩论式，因此，在作出最终判决之前，作为具有初步表面证据价值的书面材料，只要以其所表达的内容能够用来传递特定的信息，为人们按通常的理解所接受，即可作为书证来加以采用，这是书证具有可采性的必要前提。

书证的种类繁多，民事诉讼中常见的有书信、文件、票据、商标图案、书面遗嘱、传真及电报文告、合同书、结婚证书、房地产证件、书面借条、欠条、领条、设计图纸、规划等。

书证的载体最常见的为纸张，也有布类、金属、木材、塑料、石材等。记载的方式有手书、印刷、打印、雕刻等。书证是以文字、特定符号和图表等来记述人的思想和行为，或者对某一事件予以记载，或对特定物体加以描述，对某一事物加以表述，其内容能够证明与案件待证事实具有关联性的物质材料；在形式上是基于书面为标准，其内容能够反映案件的待证事实（即直接的证明方式）或与案件的待证事实具有某种关联性（即间接的证明方式），对特定一方当事人而言，能够用以证明其主张事实成立或驳斥、反驳对方当事人主张的事实不能成立。在日常生活中大量存在着具有书证性质的物质材料，如图书、文件、票据、货单，但是只有当这些物质材料与特定的诉讼案件实际发生关联性时，才具有证据法上的书证价值。正因为书证具有一定特定的思想表述性，即在内容上反映案件事实的实际状况，且通常借助人类的语言媒体而成为证明方法上感知程度较高的证据种类，因此，在诉讼当中常被作为直接证据来加以使用。

（三）我国有关法律及司法解释相关规定的理解与适用

关于书证及书证范围的界定，根据《民事诉讼法》第66条第1款规定，证据包括书证。

对本条文的理解与适用，应当掌握如下基本内容：

1. 从历史发展的演进以及社会科学技术的发展成果来看，传统意义上以纸质为主要特征的书证已经将其载体扩充为以模拟信号和数字信号为主要特征的视听资料和电子数据形式。

2. 我国《民法典》第469条规定："当事人订立合同，可以采用书面形式、口头形式或者其他形式。书面形式是合同书、信件、电报、电传、传真等可以有形地表现所载内容的形式。以电子数据交换、电子邮件等方式能够有形地表现所载内容，并可以随时调取查用的数据电文，视为书面形式。"①可见，我国《民法典》是将数据电文作为广义上的文书证据看待，从现实情况来看，作为电报、电传、传真的介质载体为纸张，因此，电报、电传、传真完全符合传统意义上的书证特征与基本属性。同时，根据传统意义上书证的基本特征来衡量，电子数据交换和电子邮件只要是以文字、符号、图案、图形、表格、数据等能够作为表达人的思想的方式，就应当符合书证的基本要件，其中的手机短信也不例外。

3.《民事诉讼法》第66条第1款将书证、视听资料、电子数据一并规定为实物性证据中的文书类型范围。并且，《民事诉讼法解释》第116条规定："视听资料包括录音资料和影像资料。电子数据是指通过电子邮件、电子数据交换、网上聊天记录、博客、微博客、手机短信、电子签名、域名等形成或者存储在电子介质中的信息。存储在电子介质中的录音资料和影像资料，适用电子数据

---

① 1999年10月1日起实施的我国《合同法》第10条第1款曾规定："当事人订立合同，有书面形式、口头形式和其他形式。"该法第11条规定："书面形式是指合同书、信件和数据电文（包括电报、电传、传真、电子数据交换和电子邮件）等可以有形地表现所载内容的形式。"

的规定。"另外，2019年《民事证据规定》第14条规定："电子数据包括下列信息、电子文件：（一）网页、博客、微博客等网络平台发布的信息；（二）手机短信、电子邮件、即时通信、通讯群组等网络应用服务的通信信息；（三）用户注册信息、身份认证信息、电子交易记录、通信记录、登录日志等信息；（四）文档、图片、音频、视频、数字证书、计算机程序等电子文件；（五）其他以数字化形式存储、处理、传输的能够证明案件事实的信息。"

4. 根据2019年《民事证据规定》第99条第2款规定："除法律、司法解释另有规定外，……关于书证的规定适用于视听资料、电子数据；存储在电子计算机等电子介质中的视听资料，适用电子数据的规定。"可见，法律上有关书证的规定已经扩展至视听资料、电子数据，从而形成了广义上的"书证"这种大格局。

## 二、书证的证据能力

### （一）书证证据能力的界定

书证的证据能力，[①]是指书证在法律上的适格性，或作为书证的法定资格。无论从立法还是从司法的角度，文书的证据能力是普遍存在的。原则上，在民事诉讼中对证据能力并不加以限制。也就是说，书证作为法院就待证事实形成主观心证的客体在法律上和客观上均不存在障碍。[②] 对此，有学者指出，只要是

---

[①] 有学者认为，证据能力指的是证据方法的资格，或者证据的适格性。杨建华：《民事诉讼法要论》，郑杰夫增订，北京大学出版社2013年版，第241页。

[②] 有日本学者认为，某一有形物能够作为证据方法来使用的资质叫作证据能力。对于没有证据能力的证据方法不能进行合法的证据调查，即使错误地进行了证据调查，也不能够作为认定事实的材料。与刑事诉讼不同的是，民事诉讼当中，原则上来说对于证据能力是没有限制的，但也存在违法收集证据的问题。参见［日］高桥宏志：《重点讲义民事诉讼法》，张卫平、许可译，法律出版社2007年版，第27页。日本学者谷口安平指出，证据方法这一日式术语是很有意思的，该语译自德文，原意是指证明的媒介。而按照兼子一的说法是，具备作为证据方法来使用的资格（即不适格的证人或者被申请回避的鉴定人没有证据能力的说法在这个意义上被加以使用）叫作证据适格。参见［日］高桥宏志：《重点讲义民事诉讼法》，张卫平、许可译，法律出版社2007年版，第27页脚注。

文书，就不可能没有证据能力。争议发生后举证人自己制作的文书，或者未回避作为证人受询问而由第三人制作的文书，也并非无证据能力，但有无实质上的证据力则属于其他问题。①在自由心证主义条件下欠缺证据能力，即根本不能作为证据的书证原则上是不存在的，除非有关文书是采用非法手段所取得的。②

（二）我国有关法律及司法解释规定的理解与适用

根据2019年《民事证据规定》第90条第5项规定，无法与原件、原物核对的复制件、复制品，不能单独作为认定案件事实的根据。

对本条文的理解与适用，应当掌握如下基本内容：

1. 书证的复制件，是指在正本、副本、节录本、译本最初形成的原始状态基础上采用影印以及其他类似专业手段复制而成的复制版本。任何书证均有其最初制作而成的原本，在此基础上因采取不同方式抄录原本而形成的其他文本材料，不过都是原本的派生物。因此，原本的形成从客观载体价值和时间意义上构成了正本、副本、节录本、影印本，以及译本的最初源流。正是在此意义上，书证的原本就构成了正本、副本、节录本、影印本以及译本的"原件"。另外，视听资料、电子数据也有原件与复制件之分，物证则有原物与复制品之分。

2. 质证权是当事人诉讼权利的一个重要组成部分。一方当事人要求对方出示书证的原件是一种诉讼上的权利。既然一方当事人要求对方出示书证的原件是其诉讼权利，那么这种权利既可以行使也可以放弃，即使当事人放弃这种诉讼权利，也不致妨碍法院对其案件事实真相的发现，因为，对于书证在形式要件与实质要件上的统一，构成了对书证这种证据材料进行审查判断的两种标准与尺度。在客观上，书证的这种形式要件虽然在很大程度上决定了书证在实质要件上的法律真实性，但是，书证的本质属性只能够通过其实质要件，也就是其内容所表达的思想内涵来证明案件事实。就此而言，书证对待证事实的证明价值功能并不取决于其形式要件，而只能取决于其实质要件。限于客观上的障

---

① 参见［日］三月章：《日本民事诉讼法》，汪一凡译，我国台湾地区五南图书出版公司1997年版，第469页。

② 参见［日］兼子一、竹下守夫：《民事诉讼法》，白绿铉译，法律出版社1995年版，第125页。

碍以及现代科技的发展，基于多种用途，对书证进行复制已经成为人们从事各种社会活动的一种必要方式。因此，原始书证与书证的复制件之间在表现形式上的差异，在正常情况下一般不会影响其书证的内容，只是在存有一定利害关系时，由于当事人的恶意行为通过对书证的复制过程做些"手脚"，会影响书证的内容，即损害了书证在实质要件上的真实性。

3. 本条文系在特定情形下对证据资格的一种限制，即不能单独作为认定案件事实的依据。作为民事证据的法定证据种类有书证、物证、视听资料、电子数据、证人证言、当事人的陈述、鉴定意见、勘验笔录。其中较广泛使用的为书证、当事人的陈述、证人证言。从质证的目的与功能上来划分，法定证据种类又可分为言词证据与实物证据。二者各自适用不同的证据规则。其中，言词证据包括证人证言、当事人的陈述、鉴定意见、勘验笔录。其意义在于强调质证主体与质证对象之间的直接性、口头性和接触性、质疑性。这类证据没有原始证据与传来证据之分，并体现在对传闻证据规则的适用上。实物证据包括书证、物证、视听资料、电子数据。其意义在于能够使这些证据在客观载体上划分为原始证据与传来证据。这种学理分类也为2019年《民事证据规定》第61条所吸收。对实物证据的质证包括两个方面：一是形式要件的真实性，二是实质要件的真实性。将实物证据划分为原始证据与传来证据的目的主要与对实物证据在形式要件上的真实性进行质证或审查判断有关，而与其实质要件（主要指内容）的真实性无关。在对实物证据进行质证上，其形式要件的真实性与实质要件的真实性是可以相对分离的。例如，2019年《民事证据规定》第11条规定："当事人向人民法院提供证据，应当提供原件或者原物。如需自己保存证据原件、原物或者提供原件、原物确有困难的，可以提供经人民法院核对无异的复制件或者复制品。"2019年《民事证据规定》第21条规定："人民法院调查收集的书证，可以是原件，也可以是经核对无误的副本或者复制件。是副本或者复制件的，应当在调查笔录中说明来源和取证情况。"2019年《民事证据规定》第61条规定："对书证、物证、视听资料进行质证时，当事人应当出示证据的原件或者原物。但有下列情况之一的除外：（一）出示原件或者原物确有困难并经人民法院准许出示复制件或者复制品的；（二）原件或者原物已不存在，但有证据证明复制件、复制品与原件或原物一致的。"因民事诉讼实行辩论主义和处分权主义，在庭审中，只要一方当事人对另一方当事人提出的书证、物证、视听资料复制件、复制品在形式要件上的真实性明确不提出异议（明确自认），或者不予以争执（拟制自认），在证据评价上，该证据材料将被视为与原件、原物具有同等的证明效力，可以单独作为认定案件事实的依据，而不适用本条文的规定。

4. 在实务上，有一种观点认为，法院应当主动要求该方当事人提供书证的原件，否则法院对该书证的复印件就不进行审查判断。其主要理由为2019年《民事证据规定》第11条规定："当事人向人民法院提供证据，应当提供原件或者原物。如需自己保存证据原件、原物或者提供原件、原物确有困难的，可以提供经人民法院核对无异的复制件或者复制品。"还有一种观点认为，当对方提出异议并要求核对书证原件，否则就不发表质证意见时，法院应当支持该对方当事人的这一要求和主张。其主要理由为，根据2019年《民事证据规定》第49条规定："对书证、物证、视听资料进行质证时，当事人应当出示证据的原件或者原物。"事实上，从证据的表现形态随着社会的变迁不断发展、进化的角度来看，书证的复制件能够产生并且实现与书证原始件的分离，应当说是人类文明与科学技术发展的直接产物。书证的复制件能否在诉讼上作为证据使用、在何种条件下能够作为证据使用以及在何种情形下产生的证明力如何，这些问题均系在此所要关注的主要议题。基于民事诉讼实行辩论主义与证据裁判主义，我国《民事诉讼法》第12条规定："人民法院审理民事案件时，当事人有权进行辩论。"该法第13条第2款同时规定："当事人有权在法律规定的范围内处分自己的民事权利和诉讼权利。"应当指出的是，书证的复制件在诉讼上能够作为证据使用，因为它是书证原始件的一种表现形态。按照常理，书证的复制件来源于书证的原始件，如果没有某一特定书证的原始件，就不可能产生该书证的复制件。换言之，通常而言，从书证的实质要件（即书证所载明的内容）而言，有什么样的书证原始件，就应当有相应的复印件。从社会生活当中所出现的复印件与原始件之间的真实性的概率上来看，绝大部分是相符的，出现瑕疵的仅属个别情形，这或许已经成为众所周知的经验性事实。例如，保存在有关机构或部门的文件、档案资料、个人信息，等等。当然，在日常生活中，由于某种利害关系所驱使，会出现一些情形造成书证复制件上的瑕疵，其实，即便是书证的原始件也会出现某种瑕疵。为了避免这些瑕疵影响法院对案件事实的查明，我国《民事诉讼法》第 73 条规定："书证应当提交原件。物证应当提交原物。提交原件或者原物确有困难的，可以提交复制品、照片、副本、节录本。"可见，作为对举证上的要求，在原则上，如果一方当事人提交书证的，应当提交原件。但是，如果提交书证原件确有困难的，可以提交书证的复制件。就此，2019 年《民事证据规定》第 11 条将其细化规定为："当事人向人民法院提供证据，应当提供原件或者原物。如需自己保存证据原件、原物或者提供原件、原物确有困难的，可以提供经人民法院核对无异的复制件或者复制品。"从形式上来看，该条规定与《民事诉讼法》第 73 条有相互抵触之处，但通过逻辑分析来看，二者并不矛盾。因为按照 2019 年《民事证据规定》第 11 条规定，一方当事人如提供书证，原则上应当提供书证的原始件，如该方当事人需要自己保存书证原始件的，在这种情形下，也就不存在该方当事人无法提供书证原始件的问题。其关键问题是，当该方当事人提供书证原始件确有困难的，可提供书证的复制件，但应当使法院有条件对该书证复制件加以核对，如果经核对无异的，该书证的复制件在效力上就等同于书证的原始件。[①] 在实务上，如果一方当事人要求对方出示书证原始件与复制件加以核对，而该对方当事人却无法提供书证原始件时，则适用 2019 年《民事证据规定》第 90 条第 5 项规定，即该书证的复制件不能单独作为认定案件事实的依据。在这种情形下，如果要求对方出示书证原始件的一方当事人拒绝对书证的复制件发表质证意见，[②] 可视为该方当事人放弃对该类书证复制件在实质要件上的真实性（即证明力问题）进行辩论的权利。

5. 在审判实务上，在有些情形下，一方或者双方当事人在质证阶段，在自己已持有对方所提供书证复印件的情况下，并不要求对方提供该书证的原始件以供核对。对此，2019 年《民事证据规定》第 49 条规定，对书证进行质证时，

---

[①] 通常而言，在辩论主义架构下，法院没有主动对书证的原始件与复制件加以核对的义务，除非相对一方当事人对该书证复印件的真实性提出异议。而在职权探知主义条件下，如涉及身份关系的案件中，法院则负有对书证的原始件与复制件主动加以核对的义务。

[②] 在这种情况下，因无法与书证的原始件进行核对，有关当事人所发表的质证意见应仅涉及该书证复印件与待证事实的关联性，即证明力。

当事人应当出示书证的原件。在这种情形下，如果一方当事人明确表示不要求对方当事人出示书证原件的，视为该书证的复制件与书证的原件相符。在辩论主义条件（即涉及财产纠纷案件）下，该书证的复制件应当具有书证原件的证明效力，即使当事人实际上已无法提供该书证的原件时也是如此。在这种情形下，一方当事人提供的书证复印件，且无法提供该书证的原件以供核对时，该书证复印件照样能够单独作为认定案件事实的依据。换言之，当一方当事人提供书证的复印件，对方当事人明确表示不要求再提供该书证的原件以供核对时，法院应当将该书证复印件视同具有书证原件的证明效力，即可以单独作为认定案件事实的依据。这一结论与2019年《民事证据规定》第90条第5项规定并不矛盾，这是因为，当一方当事人提供的是书证的复印件，而对方当事人明确表示不要求提供该书证的原件，就等同于放弃了对原件与复印件进行核对的权利。在逻辑上，当一方当事人对另一方当事人出示的书证复印件认为没有核对的必要时，就自动产生一种如同自认效力，即对书证的复印件与原件相一致不持异议。实际上，这也是辩论主义条件下的一种程序上的法律效果。

6. 未经核对的书证复印件以及物证的复制品，其真实性和可靠性不能完全得到保证，故在立法上对其证据能力或者证据资格加以必要的限制，使其不能单独作为认定案件事实的依据。但是，这并不能够排除这种类型的证据与其他有关证据相互印证形成证据链而作为认定案件事实的依据。至于无法与原件、原物核对的复制件、复制品与哪些类型的证据相互结合、互为印证能够作为认定案件事实的依据，是否包括一个无法与书证原件核对的复制件与另一个无法与书证原件复印件结合起来就能够作为认定案件事实的依据，立法上并未作出限制性的规定，故应当由法院据情作出自由心证。应当指出的是，按照本条文规定，无法与原件、原物核对的复制件、复制品，不能单独作为认定案件事实的根据，需要其他证据来加以补强。这是对法院自由心证的直接限制。事实上，在许多情形下，即使在证据能力上能够单独作为认定案件事实的证据，亦并非等同于法院通过该证据就能够获得对有关待证事实的内心确信，在通常情况下，还是需要结合其他证据才有可能达到符合高度盖然性的证明标准所要求的内心确信，尤其是在对方当事人提出反证的情况下，更是如此。

7. 本条文考虑到了书证的原件与书证的复制件相比是一种更为可靠的证据，

也考虑到在现实生活中,由于受交易习惯的影响、时间流逝、客观上存在的种种障碍,不可避免会导致当事人一方只能够向法庭提交书证的复制件。现实社会生活当中,大量书证复制件的出现和存在体现了当今科学技术的发展以及各种社会关系的频繁交往达到了一个新的高度,是现代社会文明的一种必然产物。书证原件及其复制件本身就孕育着现代社会物质文明与文化文明,因此,应当正确、客观、现实地看待书证的原件与书证的复制件这些表现形式。应当说,从客观现实出发,绝大部分书证的原件与书证的复制件至少在体现人们之间的相互交往的思想内容上是完全一致的,书证的本质特征就是以其在客观载体上记载、表述的思想内容来证明案件事实的,书证从内容上一般都具有意思表示明确、具体、形象的特点,使常人一看便知,因此,书证的复制件在现代社会生活当中不失为证明有关事实问题的有效证据之一。在此前提下,也应当认识到,书证复制件的最大缺陷是它的来源具有间接性,对此,人们可以基于不同的动机使书证复制件本身产生某种瑕疵,以至于使得书证的复制件完全背离书证的原始件所表达的思想内容,从而使法庭无法据此发现事实真相。当然,这些情形的出现通常会发生在当事人之间存在利害关系或出现利益冲突之时,有时一些当事人亦会借助书证复制件的缺陷预先恶意制造瑕疵,以便谋取非法利益,侵害他人的合法权益。对此,在审判上,不能够仅仅因为书证复制件本身所固有的某些局限性而对其完全弃之不用、因噎废食,为了查明事实的需要,应当充分发挥法官的智慧和职业经验,在辅之以相应的证据规则的基础上,使得书证复制件在证明案件事实上发挥其应有的证明功能。正是基于这种理性考虑,参照国外的立法经验以及我们在审判实践中所总结出来的经验,本条文特别列举了若干情形,以使当事人在遇有客观障碍不能提供书证原件时,准予当事人提供相应的书证复制件,使法官得以结合案件的整体情况,据情作出判断。

8.在我国审判实务上,经常会出现一些误解,即将在特殊情况下产生的书面证人证言、在纠纷发生之前在当地公安派出所产生的询问笔录、代理律师向有关当事人和证人调取的笔录、有关单位出具的涉及感知事实证明材料等作为书证看待,甚至更有甚者将书面鉴定意见、现场勘验笔录等亦作为书证看待。尽管我国《民事诉讼法》第66条第1款采用了列举式,对常见的八种类型证据作出规定,并不能穷尽在客观上存在除此以外的其他证据类型,但上述这些情形显然混淆了书证与其他证据种类的界限,而上述这些证据材料并不具备书证的证据能力。

## 三、书证的证据力

(一)书证证据力的界定

证据力又称证明力、证明价值。"证据价值或证明力乃指某证据方法经证据调查程序所获得证据结果,对于法院就待证事实所能形成心证之贡献度。"[①]书证的证据力可分为形式上的证据力与实质上的证据力。[②]除法律另有规定外,关于书证的证据力如何,由法院依自由心证作出判断。

在客观上,书证这种形式上的证据力虽然在很大程度上为书证在实质上证据力的体现提供了必要的前提条件,但是,书证的证明效力只能够通过其实质上的证据力,也就是其内容所表达的思想内涵来证明案件事实。就此而言,书证对待证事实的证明价值功能并不取决于其形式上的证据力,而只能取决于其实质上的证据力。法院在判断文书是否有证据力时,首先应当调查该文书是否具有形式证据力(例如,某一书证有涂改的痕迹时,就被认为其证明证据力较弱,或甚至没有证据力),并在此基础上再调查文书是否有实质证据力。形式证据力是指文书根据举证人主张的特定人的意思制作。实质证据力是指法院判断文书的记载内容是否为真实。与证人直接出庭陈述的证人证言所不同的是,书证是已经作成的文书,因此发生形式证据力问题。[③]

---

[①] 姜世明:《证据评价论》,厦门大学出版社2017年版,第125页。

[②] 有学者认为,法院调查证据方法的结果足以产生认定应证事实真伪的效果,称为证据力,亦称证明力或者证据的凭信力或证据价值。参见姚瑞光:《民事诉讼法论》,中国政法大学出版社2011年版,第285页。

[③] [韩]孙汉琦:《韩国民事诉讼法导论》,陶建国、朴明姬译,中国法制出版社2010年版,第257页。

（二）书证证据力的分类

关于文书的证据力，学者一般认为，作为文书，"必其成立真正"，并且对待证的事实有证明价值，方有证据力可言。因此，文书的证据力，有形式上的证据力与实质上的证据力之分。

1.形式上的证据力

所谓形式上的证据力，是指通过某一书证的表现形式足以证明有关书证制作人真实地曾为该书证内所记载的思想内容的效力，即认定文书所表述的是如同举证人主张一样的特定人的意思、判断或感想。文书确以制作人的意思表示被制作的叫作文书成立真实。假若是真实成立的文书，通常认为该文书记载的内容是表达制作者的思想。① 文书真正成立时所具有的证据力，是指足以证明其作成人确实曾为文书中所记载的陈述或报告，这就是所谓书证形式上的证据力。

书证形式上的证据力具有真实性，旨在保证书证实质证据力上的有效性。它是书证证据力所应当具备的外在表现形式。例如，一份原始书面合同的形式证据力体现在合同上的签名和印章均系双方当事人所签注、遗留的原始痕迹。这种原始的签注或痕迹是法律对合同在形式上存在真实性的一种要求。书证在形式上的真实性于证据法上具有重要意义，因为，人们往往按照逻辑习惯和日常情理从合同在形式上具有真实性上据以推定合同的内容具有真实性，除非有相反的证据产生足以反证的效力时为止。例如，我国台湾地区"民事诉讼法"第355条第1款规定："文书，依其程序及意旨得认作公文书者，推定为真正。"第358条第1款规定："私文书经本人或其代理人签名、盖章或按指印或有法院或公证人之认证者，推定为真正。"

在学理上，书证形式上的证据力在公文书与私文书之间有明显的不同：

（1）公文书的形式证据力。文书依其程式及意旨而认作公文书的，推定为真正，法院判断其形式证据力时，应受此项推定的拘束，不得实行自由心证，如对方当事人质疑，应提出反证证明，在尚未出现反证之前，仍有完全的形式

---

① 参见［日］兼子一、竹下守夫：《民事诉讼法》，白绿铉译，法律出版社1995年版，第125页。

证据力。当法院认为公文书有可疑之处时，可请求有关制作的机关或公务员就其真伪进行陈述。

对外国的公文书，由法院审酌的有关情形予以判定。凡经有关驻外机构予以证明的，应推定其为真正。

（2）私文书的形式证据力。私文书应由举证人证明其为真正。因私文书本无一定的程式，故不能依其程式推定文书的真伪，则举证人自有证明其为真正的责任，法院对此应告知当事人进行必要的陈述。如果对方当事人陈述认为该文书为真正，或对其是否真正不予争执，就不能因为对其他事项进行陈述而认为有争执，这时，就产生诉讼上的自认或视为自认的效果。

2. 实质上的证据力

所谓实质上的证据力，是指通过书证内容便可足以证明有关待证事实得以证明的效力，即将文书所记载的内容作为证据的价值，即对证明事项的证明所产生的效果。由于它涉及对作为证明事项再加以证明的问题，它属于人的主观认识与客观上的内容如何统一的范畴，因此，法律在此情况下通常委于法官以自由心证加以判断，并且从证明技术上也不设置如同形式上的证据力那样的推定方式加以解决。就文书所记载的事项得据为判断材料时所具有的证据力，也就是指的是文书的内容，足以作为某事项的证明，这就是所谓书证实质上的证据力。

就书证形式上的证据力与实质上的证据力相互关系而言，尽管有时文书亦成立，但并非属真正的，即使记载的事项是涉及争执的事实，因其无形式上的证据力，也就无实质上的证据力可言。假如文书的成立，系属于真正地记载有关事项，但与争执的事实无关联，则仅有形式上的证据力，而无实质上的证据力。这就意味着，当事人提供的有关书证虽然具有形式上的证据力，但与待证事实之间不存在关联性，法院无从凭借该书证获得相应的内心确信，将使举证人无法达到预期的法律效果。

在日本，有学者认为，文书的证据力或证据价值是指所记载的内容作为证据是否起作用的具体效果。判断文书的证据力通常经过了两个阶段，即该文书所表达的思想是否为某人的思想，这是指形式上的证据力；如果是某人的，该陈述有什么样的证据力,这是指实质上的证据力。①

文书的实质证据力如何,本应依自由心证加以推断,但因文书种类不同,法院作判断时,应就文书的性质,斟酌其实质证据力。

在学理上,书证的实质证据力在公文书与私文书之间有明显的不同:

(1) 公文书的实质证据力。可分为以下情形:

第一,公文书记载公职人员的命令处分或判断文书,证明有此命令处分或裁判的事实。它属于记载公共机关的意思表示,仅此项证据力,就足以证明其曾有该项意思表示,至于其内容是否正当,则另当别论。凡对此有争执的当事人,须以反证予以证明。

第二,公文书记载某人在公职人员面前所作陈述,证明有此陈述的事实。如法院书记官的笔录、判决书内的事实部分,足以证明其人在该公职人员面前,确有如书证所载内容的陈述。仅有此项证据力,也就足以证明其曾作该项陈述,至于其陈述的内容是否正当,另当他论。凡对此有争执的当事人,须以反证证明之。

第三,公文书内所记载的事项,既不是有关公共职能部门的意思表示,也不是第三人的陈述,而属记载其他事项的。例如,法院勘验笔录、执行笔录、送达笔录、邮局及电信局信件或电报回执、有关公共职能部门的签定意见书等,如其所载事项,系有关公职人员自己所从事的业务,或自己从事的行为,足以证明该事项为真实。只有争执当事人,才能以反证其所载的事项为不真实。

(2) 私文书的实质证据力

第一,当事人自己制作的文书。凡当事人提出制作对己有利的私文书,通常无任何证据力可言,但对自己不利的私文书,则有实质上的证据力。

第二,商业账簿。商号各种有关系的簿据,如前后一致且记载明确,其制作又无伪造错误或遗漏的形迹的,都认为有相当实质上的证据力。

第三,第三人在诉讼提起后供当事人作为诉讼证据使用所作成的证明书。诉讼实践中,常遇有不愿到场的证人,以自己的名义制作一证明书,交付举证

---

① 参见[日]兼子一、竹下守夫:《民事诉讼法》,白绿铉译,法律出版社1995年版,第125页。

的当事人提出，此项证明书，即记载内容的真实性，当属相当薄弱。

第四，第三人与当事人共同制作的私文书。法院对此应与斟酌第三人私文书的证据力，进行同一斟酌时，不能因其与当事人共同制作而设置不同的斟酌标准。

(三) 我国有关法律及司法解释相关规定的理解与适用

1. 关于公文书的证据力

《民事诉讼法解释》第114条规定："国家机关或者其他依法具有社会管理职能的组织，在其职权范围内制作的文书所记载的事项推定为真实，但有相反证据足以推翻的除外。必要时，人民法院可以要求制作文书的机关或者组织对文书的真实性予以说明。"

对本条文的理解与适用，应当掌握如下基本内容：

（1）一般来讲，公文书的制作主体主要限于国家机关和政府职能部门。但在我国，一些诸如工会、共青团、妇联、行业协会等本属社会团体也实际履行部分社会管理职能，具有相应的社会公信力。因此，这些社会团体被视为享有一定的政府管理职权，由其依职权制作的书证作为一种公文书来对待。制作公文书的主体通常是国家机关或政府部门的公务员或其他公职人员，其中，根据国家有关法律、法规的规定而依法履行职务所制作的文书在证明其涉及的事实问题时，应推定具有毋庸争辩的证明力。之所以应推定公文书具有这种完全的证明力，主要是基于这些国家机关或政府部门从事的是一种国家职能或政府职能行为，具有崇高的公信度，正是基于这种公共政策上的实际需要，从而在证明效力上产生自明其真实性的效果，这种凭信性使得在主观上不可能被证明具有真实性的风险减至最低的限度。公文书在构造上具有较为鲜明的形式证据力与实质证据力这一双重特征，其实质证据力的真实性往往是通过形式证据力的真实性来体现的，并且其形式证据力的真实性往往被推定为在被证实存有瑕疵或证明系伪造之前应推定其具有对世的真实性。

（2）公文书证的制作除了要求其主体上应具有适格性之外，还要求有关适格的主体应在其职权或授权范围内，按照法定程序、方式、格式作出。如果有关文书的制作超出了法律所规定的职权范围或授权范围，或者文书的制作公文书证不符合法定程序、方式、格式的，就不具有公文书应有的效力。

（3）在法理上，文书依其程式及意旨而认作公文书的，推定其具有实质证据力，即推定其内容为真实。法院判断其形式证据力时，应受此项推定的拘束，不得实行自由心证；如对方当事人质疑，应提出反证证明，在尚未出现反证之前，仍有完全的形式证据力。凡举证人向法院提交公文书证的，无须就公文书的真实性进行证明。当公文书证在制作规范、格式、签字、印章等方面出现瑕疵或疑点时，人民法院可依职权调查核实，要求有关制作公文书的机关、组织或其工作人员就其真伪予以说明。

（4）作出公文书具有真实性推定的效力在于，免除举证人对其真实性加以证明，由此所产生的相应效果是，将举证责任无形中转移至对方当事人，如对方当事人对该书证存有争执时，应由其提供与之相反的证据加以证明，在有任何反证提出之前，法庭只需认定这种书证具有真实性即可。由于公文书涉及国家或政府职能部门的公信度和权威性，因此，法院即便从形式和内容上可以其具有公职人员的职务上所制作为由作出推定其具有真实性的判定。但是，由于各案情形不同，不能以此规定来限制法院的心证，即当法院对该书证的真实性产生怀疑时，可依职权要求相应作出公文书的机关或公职人员对其真实性加以确认，即使在当事人之间并不存在争执，法院仍可依职权对此加以查实。有关制作机关或公职人员对此类书证的真伪负有真实陈述的义务。如果这种调查的程序尚不能产生明确的结果，在出现任何反证将其推翻之前，法院仍应受有关推定效力的约束。

（5）本条文所涉及的"推翻"，并非对公文书证真实性的反证，对公文书证有异议的当事人应当承担的是主张公文书证不真实的本证证明责任，即反证者承担相反事实的本证责任，以举出反证的形式来推翻公文书为真实的推定。

（6）《知识产权证据规定》第6条规定："对于未在法定期限内提起行政诉讼的行政行为所认定的基本事实，或者行政行为认定的基本事实已为生效裁判所确认的部分，当事人在知识产权民事诉讼中无须再证明，但有相反证据足以推翻的除外。"与普通民事诉讼所不同的是，基于"双轨制"的制度设计，知识产权诉讼中"民行交叉"的情况较为普遍。2019年《民事证据规定》第10条对免证事实进行了列举，但对于相关行政行为所认定的事实并未作出规定。审判实践中，当事人通常会在民事诉讼中提交专利、商标的复审、异议、无效宣告、撤销等审查决定。在这些决定当中，有的未经过司法审查，有的正处于行政诉讼过程中，有的则已经发生法律效力。该条结合本条文关于"国家机关或者其他依法具有社会管理职能的组织，在其职权范围内制作的文书"的规定，以基本不存在撤销风险的行政行为所认定的基本事实为标准，适用免证规则。

2. 关于私文书的证据力

2019年《民事证据规定》第92条第2款规定："私文书证由制作者或者其代理人签名、盖章或捺印的，推定为真实。"

对于本条文的理解与适用，应当掌握如下基本内容：

（1）本条文系对私文书证形式真实的判断。在分类上有带有签名的私文书证和不带有签名的私文书证两种类型。本条文所涉及的系带有签名的私文书证，适用推定真实予以证明，而对于不带签名的私文书证，其形式真实性的判断，由主张以私文书证证明案件待证事实的有关当事人承担举证责任。私文书经本人或其代理人签名、盖章和捺指印时，推定其为真正。私文书经法院或公证人认证的，也推定其为真正。对方当事人就举证人所提已推定为真正的私文书，可以反证予以推翻。

（2）私文书证上的签名应当为制作者或者其代理人作出，除了作出私文书证的自然人以外，还应当包括除国家机关或者其他依法具有社会管理职能的组织以外的其他有关机构、组织或单位，同时，即使是国家机关或者其他依法具有社会管理职能的组织，只要是在其职权或者授权范围以外所制作的文书，都应当属于私文书证的范畴。

（3）从私文书形式上的证据力而言，如果相对人在第一时间没有及时提出反对意见，仅从私文书的形式上有当事人本人或其代理人签名、盖章或者捺指印就可推定其为真实。但是，如果当事人虽然承认签名、捺指印是由其本人或其代理人所作，但对是否系在空白纸上签名、盖章的指印存在争执，或者承认印章属实，但又否认是由其本人或其代理人所盖时，应当按证明责任分配原则，由对此争执负有举证责任的一方当事人负担相应责任。在书证上只要有签名、盖章或捺指印这三种方法之一的，即可作出此番认定。私文书经本人或者其代理人签名、盖章或捺指印，或者有公证机构公证或者其他有关机构认证的，应当视为真实。其中，所谓签名，不限于仅签本人或代理人的姓名，如系笔名、乳名或其他别名的均可视为这种签名。

（4）公证机构是对有关具有某种法律意义的文书进行证明的专门机构，而其他认证机构则是政府其他主管部门在其职能范围内对有关文书进行的认证。所谓认证，是指证明有关文书是由以作成名义人所作。尽管某一私文书证经过有关政府主管部门认证或认可，但也并不因此改变其作为私文书证的基本属性。对于经过公证的私文书证，表明私文书证的制作人确实曾为该文书所记载内容表达过相应的意思表示，从而使该私文书证具有形式上的真实性。如果当事人提交的系经过公证的私文证书，对于该文书的形式真实就无须再行承担举证责任。经过公证的私文书证，被推定为具有形式上的真实性，与公文书证从形式和内容上以其具有公职人员在职务上所制作以及依其程式及意旨作出为由而具有真实性的推定所不同的是，对于经过公证的私文书证是否具有实质证据力的判断仍然要由法院通过自由心证作出判断。

（5）在法理上，本条文规定是一种法律上的推定，即在事实上，当私文书证由制作者或者其代理人签名、盖章或捺印的，就可推定其形式上的证据力真实成立。凡在当事人之间对某一私文书证的实质真实性即书证内容出现争议时，便涉及实质上的证据力问题，应当由主张以私文书证证明案件待证事实的当事人承担举证责任。相对于私文书证形式上的证据力而言，有关当事人主张该私文书证所载内容有误，或者主张该私文书所载明的意思表示没有效力或已被撤销等等涉及私文书内容的效力及解释等，则属于实质上的证据力问题，应通过另行举证加以解决，而不属于书证形式证据力的范畴。在实务上，对于一方当事人所提出的已推定为真实的私文书，另一方当事人面对此种法律推定，可以借助与此相关的救济手段，即采用反证对这种推定所确定的形式证据力加以质疑，以便将其推翻。例如，有关私文书上的印章，虽然在形式上认定其为真实，而按照其他反证证据足以表明该印章虽然在形式上符合要件标准，但尚不能由此而对该私文书作出确切判定的，致使该私文书仍不足以作为裁判之基础。

## 四、书证的原件与复制件

### (一) 定义与分类

书证的原件有狭义与广义之分。狭义的书证原件,指的是书证的原本。所谓书证原本,是指文书制作人将有关内容加以记载而作成的原始文书,也叫底本。它是文书的原始状态的反映,是文书制作者具有原创力的产物。它是文书的制作人就文书内容最初所制作的文书。这种"原件"书证既可以是手写的,也可以是打印的,只要是最初制作的文本作为书证时,都是原本书证,它是作为文书的原始状态出现的。在一定意义上,与其他文本相较而言,其证明效力最高。在日常生活中,常见的书证原本有反映当事人之间往来的原始信函,载明谈话内容的电话记录原稿,载有当事人双方签字盖章的书面合同,以及反映借款人亲笔书写具有明确表达借款意思表示的借据,等等。由于原本是用于表达文书内容原始状态的表现方式,它能在客观上最大限度地反映书证所记载的内容,因此,其证明价值甚高。

书证一般从产生的方式上可分为原始书证和书证复制件,相较而言,原始书证的证明力更强,审判实践中,原始书证往往可以用来鉴别和认定其他证据是否真实、可靠,以便决定其取舍。原始书证的证明力一般大于书证复制件,这是由证据法上的最佳证据规则所决定的。相较而言,书证原件显著的特点就在于,它是从第一来源所获得的证据,因此,它同待证事实之间的距离最近,没有经过其他中间的环节,因此往往能够较为客观地、真实地反映案件的原貌。也就是说,在特定条件下,能够最大限度地接近案件事实的本来面目。但是,这并非说书证原件的客观真实性丝毫不受外界诸种环境因素的影响,就此而言,书证原件的客观真实性并非绝对的,但与书证复制件相比较,它更具有可靠性。但是在实践当中,由于受到客观条件的各种限制,在书证原件较难取得或者在书证原件遭到毁损、灭失、遗失或者部分毁损的情况下,如何正确地把握和运用书证复制件,即应遵循何种证据规则,具有重要的意义。书证复制件的主要特点表现在:第一,在来源上,它具有间接性,其经过中间环节越多,在证明案件事实真相的能力上就越薄弱,其可靠性就越差。第二,书证复制件在数量上具有多重性，即一个书证复制件经过数次的转述、转抄或者复制后，往往会形成数量众多的传来证据，这也是实际生活中书证复制件往往多于书证原件的重要原因。第三，书证复制件相互之间可能会产生矛盾和偏差。这种矛盾和偏差的概率大小，在相当程度上取决于中间环节的多少，以及在传递过程中有关主客观因素对这一过程所产生的作用或影响。尽管书证复制件具有上述致命的缺陷，但是，在司法审判实践中，并不能因此而忽视其应有的作用，因为通过书证复制件，既可以审查和验证书证原件的可靠程度，也可以通过书证复制件作为向导来追溯书证原件，同时，在某些书证原件不能或不便提取以及无法长期保存时，可以由书证复制件对其加以固定或保全。另外，根据有关证据规则的适用，对有关案件事实的认定虽然缺乏足够的书证原件，甚至在没有任何书证原件的情况下，利用书证复制件同样可以达到确认案件事实的目的。

从广义上来看，书证的原件既包括书证原本，也包括书证的正本、副本、节录本、译本，只要这些正本、副本、节录本、译本在制作的时间上系最初形成的原始状态即可。根据证据的来源不同，可以将证据分为原始证据与传来证据。原始证据，是指直接来源于案件事实或者通过第一来源的途径所直接获得的证据。所谓直接来源于案件事实，是指证据系在案件事实的形成过程中直接产生的；所谓"第一来源"，是指没有经过任何间接环节如传抄、复制和转述的与案件有关的物品、痕迹或者人的感知等，例如，民事诉讼中的合同原本、收取他人财物的原始收据等。

书证的复制件，是指在正本、副本、节录本、译本最初形成的原始状态基础上采用影印以及其他类似专业手段复制而形成的复制品。任何书证均有其最初制作而形成的原本，在此基础上因采取不同方式抄录原本而形成的其他文本材料，不过都是原本的派生物。因此，原本的形成从客观载体价值和时间意义上构成了正本、副本、节录本、影印本以及译本的最初源流。正是在此意义上，书证的原本就构成了正本、副本、节录本、影印本以及译本的"原件"。

（二）对复印件的客观认识及当事人诉讼权利的行使与放弃

法院对证据的审核判定，应当建立在当事人对证据进行辩论的基础之上，如果当事人之间对于在法庭上出示的书证复制件本身没有异议，这是一种辩论主义的效果，法院可以视其为该书证具有形式证据力上的真实性。因为，从客观存在而言，某一特定书证的原始件与复制件在表现形式上的一致性应当属于一种常态，而在形式证据力上出现真实性的瑕疵则属于一种例外，按照情理而论，这种例外情形的出现在很大程度上与当事人的利害关系具有关联性，为此，法院应当根据经验法则与逻辑推理对与案件待证事实有关的书证形式上的证据力作出符合理性的正常判断。

一方当事人要求对方出示书证的原件是一种诉讼上的权利。既然一方当事人要求对方出示书证的原件是其诉讼权利，那么这种权利既可以行使也可以放弃，即使当事人放弃这种诉讼权利，也不致妨碍法院对其案件事实真相的发现，因为，只有当书证同时具备形式上的证据力与实质上的证据力的条件下，才能有助于法院借助有关书证对待定事实作出判断，形成相应的内心确信。限于客观上的障碍以及现代科技的发展，基于多种用途，对书证进行复制已经成为人们从事各种社会活动的一种不可或缺的方式。因此，原始书证与书证的复制件之间在表现形式上的差异，在正常情况下一般不会影响其书证的内容，只是在存有一定利害关系时，由于当事人通过恶意行为在书证的复制过程中做些"手脚"，会影响书证的内容，即损害了书证在实质上的证据力。

限于客观上的障碍和现代科技的发展，基于多种用途，对书证进行复制已经成为人们从事各种社会活动的一种不可或缺的方式。例如，在庭审过程中，当在法庭上出示的只是一方当事人向法院提交的经法院事先核对无误的书证复印件，而相对一方当事人对该书证上的字迹或印章提出异议并向法院申请鉴定时，那么书证复印件虽经法院事先核对书证的复制件核对时要求相对一方当事人到场，如果该相对一方当事人在法庭所主持的核对证据程序中，对该书证的原件在形式证据力上（如签字、印章等）不提出异议，这种法律效果将约束该相对一方当事人，即可在诉讼上视为该相对一方当事人已放弃了这种异议权利。

（三）提交书证原件确有困难的情形及处理

以下属于当事人提交书证原件确有困难的情形：

1. 书证原件遗失、灭失或者毁损的情形。其中，"书证原件遗失、灭失或者毁损的"情形，其遗失、灭失或者毁损的时间，通常应当被理解为在纠纷发生之前，因为，在纠纷发生之前，相关人无法对纠纷的发生有何种合理预期，书证原件灭失或者毁损，并不能够排除有人的主观原因所致；但在纠纷发生之后，书证原件遗失、灭失或者毁损的只能系不可抗力的客观原因，如系持有人的主观原因，如故意或者重大过失，则不能适用本项规定。

2. 原件在对方当事人控制之下，经合法通知提交而拒不提交的。其中，"原件在对方当事人控制之下"情形，是指有证据证明，原件在对方当事人控制之下。而所谓"控制"，既包括物理上的控制，也包括法律上的控制；既包括本人控制，也包括在受本人影响而在他人控制之下。其中，"经合法通知提交而拒不提交的"情形，其中，"合法通知"是指经举证人申请，由法院向对方发出通知。在普通程序上，一般应当采用书面通知的形式；在简易程序和小额诉讼程序中，可采用口头通知的形式，但应当记录在案。

3. 原件在他人控制之下，而其有权不提交的情形。"原件在他人控制之下，而其有权不提交的"情形，是指某些具有特定意义的文书被相关权利人依法持有、保管之下，相关权利人可不提供原件，如所有权证书、债权文书、利益文书等，再如房产证书、可转让债权凭据、可背书转让的票据、购物发票、赠与书、遗嘱书、收据、身份证明书、代理从事特定交易的授权委托书等，以及派出所的出警记录、询问笔录等。

4. 原件因篇幅或者体积过大而不便提交的情形。如大型基建工程的设计图纸、财务报表、账册等，银行、保险公司等金融机构有关客户的信息资料、单据，等等。

5. 承担举证证明责任的当事人通过申请人民法院调查收集或者其他方式无法获得书证原件的情形。

当出现上述五种情形之一时，法院应当结合其他证据和案件具体情况，审查判断书证复制件等能否作为认定案件事实的根据。法院经审查认为，书证复制件能够作为认定案件事实的根据，就不再受2019年《民事证据规定》第90条第5项的限制，也就是说，可以单独作为认定案件事实的根据；法院经审查认为，书证复制件不能够单独作为认定案件事实根据的，就只能结合其他证据和案件审理情况来作出综合判断。

### （四）提出私文书原件的例外

相对于私文书而言，公文书可以任意提出其原件或者经认证的复制件。与公文书有所不同的是，对于私文书，必须提供该种书证的原件，在相当程度上，书证的原件主要是用于查明有关书证是否在制作或形成过程中存在何种瑕疵，因此，当遇有当事人之间对有关书证的成立并无争执，仅对书证的效力或解释存有争执时，可以提供该书证的复制件，并无对有关书证的复制件进行认证的必要。

在诉讼上，私文书应提出原件，但仅因该书证的效力或者内容的解释存在争执的，可提供复制件。审判实践中，为了减少当事人之间无谓的争执，将私文书从形式要件与内容要件上加以明确区分，如当事人就私文书的内容存在争执而对私文书的形式要件不持异议时，可允许当事人提供复制件，以利于及时解决纠纷，节约诉讼成本。

除法律另有规定外，当无法提供书证的原件时，当事人可以提供书证的复制件，但必须是有证据证明该复制件与书证原件一致，或者提供经法庭核对无异议的复制件。当书证的原件虽不存在，但双方当事人各自持有的复制件经核实其内容为相同时，则这些复制件均可同等地视为原件。如果当事人提供的是书证的复制件，但对方当事人并没有明确表示异议，则该书证的复制件可视为原件。在实质证明力上，书证原件与书证原件核对无误的复制件、摘要件等具有同等效力。但是，书证原件因客观障碍无法提供时，如何使用与之相关的复制件，在实践中则涉及个案的具体情形以及有关相对一方当事人的态度，因此有必要在诉讼时更好地发挥书证复制件在诉讼证明上的运用功能。

### （五）我国有关现行法律及司法解释相关规定的理解与适用

**1. 提交书证的原则性要求**

《民事诉讼法》第73条第1款中规定："书证应当提交原件。"

对本条文的理解与适用，应当掌握如下基本内容：

（1）本条文的规定系对书证形式上证据力的原则性要求。所谓书证原件，是指文书制作人作出的最初定稿、签字的原本或者加盖印章与原本具有同一效力的正本。其证据法上的意义在于，作为一份独立的书证，只要有助于法院形成相应的内心确信，对于证明待证事实在法律上不存在任何障碍。相较而言，2019年《民事证据规定》第90条第5项规定，无法与书证原件核对的复制件，不能单独作为认定案件事实的根据。这就表明，即便作为一份独立的书证，但限于其在表现形式上系该份书证的复印件，且无法与书证原件进行核对，故造成了其在形式证据力上的瑕疵，虽然毫无疑问在其实质证据力上同样能够有助于法院形成相应的内心确信，但受到法律上证据资格在一定程度上的限制而无法单独作为认定案件事实的根据，除非相对一方当事人放弃异议权。在此相对一方当事人放弃对书证复印件的异议权，应当视为民事诉讼辩论主义和处分权主义的体现。除了属于《民事诉讼法解释》第96条第1款规定[①]的情形以外，法院应当予以尊重而不宜实行干预主义。

（2）在诉讼上，相对一方当事人对举证人提供的书证复印件放弃异议权，主要针对的是书证形式上的证据力。这种情况的发生，主要出于两种原因：其一，举证人提供的书证复印件同样对其有利，可作为引用文书加以利用；其二，相对一方当事人与举证人一样，都存在提交书证复印件的情况，为了避免遭受举证人的反制，因此不得不对举证人提供的书证复印件发表质证意见。在此，相对一方当事人对举证人提交的书证复印件发表质证意见，主要指的是对该书证实质证据力发表意见。

（3）在证据法意义上，相对一方当事人对举证人提供书证复印件放弃异议权，就意味着原本书证形式上的证据力所存在的瑕疵已不复存在，受到辩论主义和处分权主义的限制，法院可将其作为独立认定案件事实的依据，而不再受到2019年《民事证据规定》第90条第5项所规定的补强证据规则的限制。当然，在审判实践中，某一从证据资格上可以独立作为认定案件事实的证据并非等同于实际上可以在证明某一待证事实上使法院形成内心确信而直接作为裁判

---

① 《民事诉讼法解释》第96条第1款规定："民事诉讼法第六十七条第二款规定的人民法院认为审理案件需要的证据包括：（一）涉及可能损害国家利益、社会公共利益的；（二）涉及身份关系的；（三）涉及民事诉讼法第五十八条规定诉讼的；（四）当事人有恶意串通损害他人合法权益可能的；（五）涉及依职权追加当事人、中止诉讼、终结诉讼、回避等程序性事项的。"

的基础。

2.关于提交书证复印件的规定

《民事诉讼法》第 73 条第 1 款规定:"书证应当提交原件。物证应当提交原物。提交书证原件或者原物确有困难的,可以提交书证复制品、照片、副本、节录本。"

对本条文的理解与适用,应当掌握如下基本内容:

(1)在实务上,有的书证原件通常由国家机关、团体、事业单位以内部存档形式加以保存。如果当事人提交原件确有困难的,例如,书证原件难以取得或无法借出的,当事人可以提交复制品、照片、副本、节录本。其中,所谓复制品,是指复印件等;所谓照片,是指与原件明暗程度相同的影像本;所谓副本,是指加盖公章或签字的,与原本和正本同一内容的抄送本,它与原本、正本具有同一效力。所谓节录本,是指原本、正本、副本的主要内容,即从这些文本中摘录下来的内容。在程序上,提交书证的照片、副本、节录本必须附有有关机关或部门单位的证明。2019 年《民事证据规定》第 11 条规定:"当事人向人民法院提供证据,应当提供原件或者原物。如需自己保存证据原件、原物或者提供原件、原物确有困难的,可以提供经人民法院核对无异的复制件或者复制品。"对此,《民事诉讼法解释》第 111 条规定:"民事诉讼法第七十三条规定的提交书证原件确有困难,包括下列情形:(一)书证原件遗失、灭失或者毁损的;(二)原件在对方当事人控制之下,经合法通知提交而拒不提交的;(三)原件在他人控制之下,而其有权不提交的;(四)原件因篇幅或者体积过大而不便提交的;(五)承担举证证明责任的当事人通过申请人民法院调查收集或者其他方式无法获得书证原件的。前款规定情形,人民法院应当结合其他证据和案件具体情况,审查判断书证复制品等能否作为认定案件事实的根据。"

(2)关于《民事诉讼法解释》第 111 条所规定的五种情形:其一,所谓"书证原件遗失、灭失或者毁损的",其遗失、灭失或者毁损的时间,通常应当被理解为在纠纷发生之前。因为在纠纷发生之前,相关人无法对纠纷的发生有何种合理预期,书证原件灭失或者毁损,并不能够排除有人的主观原因所致;但在纠纷发生之后,书证原件遗失、灭失或者毁损只能系不可抗力的客观原因,如系举证人主观原因的,如故意或者重大过失,或者出于不良动机遗失或毁坏的，则不能适用本项规定。其二，所谓"原件在对方当事人控制之下，经合法通知提交而拒不提交的"情形，其中，"原件在对方当事人控制之下"，是指有证据证明，原件在对方当事人控制之下；而所谓"控制"，既包括物理上的控制，也包括法律上的控制；既包括本人控制，也包括在受本人影响而在他人控制之下。其中，"经合法通知提交而拒不提交的"情形，所谓"合法通知"是指经举证人申请，由法院向对方发出通知。在普通程序上，一般应当采用书面通知的形式；在简易程序和小额诉讼程序中，可采用口头通知的形式，但应当记录在案。其三，所谓"原件在他人控制之下，而其有权不提交的"情形，是指某些具有特定意义的文书被相关权利人依法持有、保管之下，相关权利人可不提供原件，如所有权证书、债权文书、利益文书等，以及房产证书、可转让债权凭据、可背书转让的票据、购物发票、赠与书、遗嘱书、收据、身份证明书、代理从事特定交易的授权委托书。另外，原件属于公共机关保存的正式文件或者属于公共机关依职权所作出的记录，例如，诉讼前派出所的出警记录、询问笔录等。其四，"原件因篇幅或者体积过大而不便提交的"情形，如大型基建工程的设计图纸、财务报表、账册等，银行、保险公司等金融机构有关客户的信息资料、单据等。其五，承担举证责任的当事人通过申请人民法院调查收集或者其他方式无法获得书证原件的情形。当出现上述五种情形之一时，法院应当结合其他证据和案件具体情况，审查判断书证复制件等能否作为认定案件事实的根据。也就是说，在出现上述五种情形之一时，有关书证形式上证据力是否对其实质证据力造成影响以及造成何种影响，由法院依自由心证加以判断。法院经审查认为，书证复制件能够作为认定案件事实的根据，就不再受2019年《民事证据规定》第90条第5项的限制，也就是说，可以单独作为认定案件事实的根据；法院经审查认为，书证复制件不能够单独作为认定案件事实根据的，就只能结合其他证据和案件审理情况来作出综合判断。

（3）根据2019年《民事证据规定》第61条规定，对书证进行质证时，当事人应当出示书证的原件，但有以下情况之一的除外：其一，出示书证原件确有困难并经人民法院准许出示书证复印件的；其二，书证原件已不存在，但有证据证明书证复印件与原件一致。在第一种情形中，涉及出示书证原件确有困难的情形属于《民事诉讼法解释》第111条所规定的五种情形，在此不再赘述。

而上述第二种情形中，所谓"有证据证明书证复印件与原件一致"，主要是指有些书证原件虽已不复存在，但是，在此前曾经被公证、鉴定等法定职能部门或机构作过详细记录，或者按照法定程序进行复制（如拍照、录像）等。而2019年《民事证据规定》第11条所规定"经人民法院核对无异议"，在本条中，程序上须由法院就当事人需自己保存的书证原件与复制件"核对无异"。另外，2019年《民事证据规定》第21条规定："人民法院调查收集的书证，可以是原件，也可以是经核对无误的副本或者复制件。是副本或者复制件的，应当在调查笔录中说明来源和取证情况。"在实务上，如果一方当事人向法院提供书证的复制件的同时，又相应地提供了该书证的原始件以便法院核对，经法院核对后，该方当事人又取回书证的原始件。在此过程中，如果没有相对一方当事人在场，这种核对不应具有法定效果，因为它剥夺了相对一方当事人就书证在形式证据力上的真实性质疑的诉讼权利，除非相对一方当事人拒不到场又无正当事由而产生缺席审理的情形。例如，在庭审过程中，当在法庭上出示的只是一方当事人向法院提交的经法院事先核对无误的书证复印件时，而相对一方当事人对该书证上的字迹或印章提出异议并向法院申请鉴定时，那么此时的书证复印件虽经法院事先核对无误，但仍不能够作为适格的检材以供鉴定使用；如果在事先进行的证据的原件与证据的复制件核对时，法院要求相对一方当事人到场，如果该相对一方当事人在法庭所主持的核对证据程序中，对该书证的原件在表现形式上即形式证据力（如签字、印章等）不提出异议，这种法律效果将约束该相对一方当事人，即在诉讼上视为该相对一方当事人已放弃了这种异议权利。

（4）在实践当中，有些法官拒不接受当事人所提交的传来证据，认为这类证据本身就没有证据资格，笔者认为，这种观念是错误的。因为，除非在法律上有明文禁止性规定，在实务上，对于某种证据的适格性应交由当事人进行辩论，比如，一份合同复印件或者借据的复印件是否具有证据资格，应当直接交由当事人进行质证，因为当事人对于该合同或借据的原件与复印件是否吻合最为清楚，如果当事人对于某一合同或借据的复印件在形式要件上的真实性并不提出异议，那么法院也不应加以干预，而应当视其为真实，这是由证据辩论主义所决定的。"原始证据的证明力一般大于传来证据"这一规定并没有否认传来证据的证据资格，只是在原则上规定传来证据的证明效力一般不敌原始证据的证明效力，但条件是，原始证据与传来证据在实质要件和形式要件上存在某种不同或差异的情形下使得发生。应当认为，在当事人向法院提供证据时，当事人提供书证的原件是法律上的一种要求。因为，只有当事人向法院提供原件才能够更有效地保证其合法权益的实现。但是，受证据辩论主义的限制，即使当事人不能够提供书证的原件，法院也不能够拒绝当事人提供证据的复制件，因为，这是当事人的一项诉讼权利。在实务上，有的法官片面地理解这一原始证据规则，拒不接受当事人所提交的书证复制件，这是对证据辩论主义的一种误解，是法官主观先入为主的一种体现，应当予以及时纠正。

## 五、书证的摘录件

### （一）书证摘录件的界定

书证摘录件，是指摘录人（有时与制作人为同一人）摘要抄录、印制原本文书部分内容后而形成的书证。摘录件与书证原件相比只能反映原件的部分内容，由于摘录人采用主观的方法对原件加以摘要或节录，或者在客观上难以全面了解或准确把握所提供有关书证与案件中所涉及待证事实之间的关联关系，其所形成的摘录件在一定程度上影响了客观、全面地体现原件内容，也影响了原件内容的内在逻辑性以及结构的完整性，因此，难免带有较强的主观性和任意性。审判实践中，如一方当事人或诉讼外第三人提交摘录件，而对方当事人对摘录件所载内容是否能够足以准确表达书证原件所载内容以及与待证事实之间的关联性质疑时，应视情况的不同，或者由摘录件的提供人提供与此疑问相关的书证原件，或者由法院依职权决定前往书证原件存放处予以审查核实。

### （二）我国有关法律及司法解释相关规定的理解与适用

2019年《民事证据规定》第44条规定："摘录有关单位制作的与案件事实相关的文件、材料，应当注明出处，并加盖制作单位或者保管单位的印章，摘录人和其他调查人员应当在摘录件上签名或者盖章。摘录文件、材料应当保持内容相应的完整性。"

对本条文的理解与适用，应当掌握如下基本内容：

1. 本条文既可适用于当事人收集有关证据时所获取的书证摘录件，也可适用于人民法院依职权调查收集证据过程中所获取的书证摘录件。这些规定系对摘录有关文件、材料所设定的程序性要求，如果违背了这些程序性的要求，将导致法院因摘录有关文件、资料而取得的证据材料在诉讼证明上不具备相应的适格性。

2. 民事笔录是指由人民法院审判人员在民事查证工作中依法定程序制作的反映查证过程和案件事实情况的文字记录。制作民事笔录是民事诉讼调查收集证据工作中使用范围最广泛的一项查证技术手段。在民事诉讼查证工作的各个阶段，运用各种民事查证措施都离不开制作民事笔录。摘录有关单位制作的与案件事实相关的文件、材料，属于民事笔录中的抄录笔录，与它相对应的是记录笔录。这是按照民事笔录在民事诉讼查证过程中的作用来划分的。所谓抄录笔录，是指把已经形成书面文字的材料或者把已经固定化的人的语言用书面文字按原样记录下来的笔录。按是否要求按原格式抄写，抄录笔录可分为原内容抄录和原内容、格式抄录两种。原内容抄录笔录是指不受原件格式限制，只照抄原件内容的抄录笔录。例如，抄录一份书信，可以不受原起止格式限制，只将原件内容照实抄录就可以了；抄录一页会计账表，可以不受原件格式限制，只抄录原件中记载的数据即可。原内容、格式抄录是指需要按原件格式抄录其内容的抄录笔录。例如，抄录一份工商企业的营业执照，为了形象、清楚、明白地记录书证的内容，就需要按照原件的格式抄写。

3. 本条文第1款中发生"摘录"的行为是出于书证原件过于浩繁等原因，即某一书证原件为连续性或系列性的账册、记录、史料、档案等卷幅浩繁、体积及重量超凡，这些书证材料由相关的机构持有或保管，或某些书证原件为铭刻在石碑或其他不能移动的物体之上，或者为珍贵的文史资料等，其中所涉及的有关档案材料已为有关档案馆以及有关机关、团体、企事业单位或其他组织保存并将原始文件归档管理，难以提供原件。基于无法完全获取或者完全获取相对困难且成本较高，而价值相对有限，故有必要仅对其中有价值的部分进行摘录。根据本条文的规定，在诉讼上，当有关当事人为了证明其诉讼请求和事实主张以及法院为查明待证事实的实际需要，如果与待证事实有关的文件或材料在客观上无法完全获取，或者即使能够完整获取而需要承担相当的成本且实际上并无必要的，可以摘录件的形式作为认定案件事实的依据。

4. 根据本条文的规定，摘录文件、材料仅与书证有关。书证的真实性既包括形式上的真实性，也包括实质上的真实性。其中，形式上的真实性体现了书证的证据资格即证据能力，系书证在形式上的证据力；而书证实质上的证据力是建立在某一书证具有证据能力的基础上所体现的对案件待证事实具有的证明价值。与此相应的是，对摘录文件材料的真实性要求，既包括形式上的真实性，也包括实质上即内容上的真实性。从形式上的真实性而言，摘录有关文件、材料的主体应当具有相应的适格性，手续应当合法、完备，印章应当真实，并且并不存在伪造、变造的情形等。具体体现在以下几个方面：其一，摘录有关文件、材料时，应当制作摘录笔录。摘录笔录要证明摘录的出处，这是表明摘录笔录具有真实的来源，以便人民法院在认为必要时对有关文件、材料进行核实查对；其二，加盖制作单位或者保管单位的印章，是为了保障摘录文件材料的真实性和可靠性，并得到制作单位或者保管单位的认可；其三，应当载明摘录文件、材料即从事该书证调查收集的主体。也就是要求由摘录人、其他调查人员以签名或盖章的形式对于摘录文件、材料的真实性予以确认。如果摘录文件、材料在形式上出现某种不完备的情形，则构成形式上的瑕疵，从而对该书证摘录件作为证据的资格以及证据力（即证明力）的大小产生实质影响。

5. 本条文还对摘录内容的完整性作出了严格的要求，即摘录文件、材料应当保持内容相应的完整性。这里所谓的保持内容相应的完整性，是指被摘录的内容在结构和逻辑体系上能够完整，不致让人看后引起误解。这是对书证摘录件在实质上的真实性要求。对有关文件、材料的内容进行摘录是书证的一种表现形式，即相对于书证原件的真实性与完整性而言，对有关文件材料进行摘录，必须正确、客观、完整地体现文件、材料的原旨本意与实质内容，作为有关文件材料的摘录主体不得根据偏私和好恶对有关内容进行选择性的取舍，既不能简单拼接，更不能断章取义。在必要时，法院可依职权决定前往摘录件的书证原件存放处予以审查核实。

6. 与书证的原件相比较，究竟书证的摘录件在证明效力上与其是否有所差别，现行法律及司法解释并未作出明确规定，但当有关书证摘录件作为关键性证据时，法院在客观条件允许的条件下，如果经由其与书证原件核查比对所形成的心证自然能够达到使书证摘录件与原件在证明力上相一致的程度；但在通常情况下，如果法院经审查认为，有关摘要文件材料在形式上符合相应的规定和要求，即摘要文件、材料注明有出处、加盖由制作单位或者保管单位的印章，同时摘录人、其他调查人员也在摘要文件或材料上以签名或者盖章加以确认的，可认定其具有形式上的真实性。至于其实质上的真实性如何，应取决于该摘要文件或材料涉及的内容。如果法院经审查发现有关书证的摘要件在形式上不符合要求，存在某种瑕疵，则可要求提交摘录文件、材料的当事人进行必要的补正，凡拒绝进行补正或者经补正在形式上仍不符合相关要求的，则应认定形式上的真实性不能有效成立，即该证据摘录件不具有相应的证据资格。在有关书证摘录件具有形式上的真实性基础之上，法院还应就摘录文件材料的正确性与完整性进行审查。在此过程中，法院应听取对方当事人的意见。如对方当事人对摘录文件材料的正确性及完整性并未质疑的，对有关摘录文件材料的正确性与完整性加以确认，如果对方当事人对有关摘录文件材料的正确性与完整性质疑的，应当使其就有关理由负说明义务，并同时听取相对一方当事人的意见。如果法院经审查认为对方当事人提出的异议及理由能够有效成立的，则可决定是否有必要对有关文件、材料重新进行摘录；如果法院经审查认为对方当事人提出的异议及理由不能有效成立的，可决定将其作为证明待证事实的基础。

## 六、公文书

### （一）公文书的界定

公文书是由国家机关、政府职能部门或者依法从事公共事务的部门或者人员在其职能范围内，按照规范的方式制作的文书。在诉讼上，公文书可提出原件或者经依法认证的复制件。

凡国家职能部门和单位在法定的权限范围内依职权所制作的文书，其中包括有关命令、决议、决定、通告、指示、信函、证明文书等，称为公文书。例如，由婚姻登记机关制作和发给的结婚证书、离婚证书，公安机关批准申请加入、退出或恢复中国国籍而发出的证书，公民受到公安机关处罚的治安处罚书，房产部门制作和发出的房产证书，人民法院制作的判决书、裁定书或调解书，行政管理机关制作的处罚决定书等公文书。当这些公文书涉及诉讼案件而被作为证据来加以使用时，便属于公文书。公文书的制作必须是由依照有关法律、法规和法令等所授权而享有相应职能、职责的机关或其他单位作出，并且还必须由法定工作人员在其职权范围内按照法定程序或方式作成，方具有法律上的效力，这是产生公文书的必要前提和条件。当国家法律、法规对某种文书规定了特定的格式和内容，该文书就必须具备法定的格式和内容，而不得随意加以改变。

公文书具有以下特点：其一，它是制作和发出有关文书的职能机关或单位依法行使职权的意思表示；其二，制作和发出这种文书，一般应具备法定的条件并应在法律明确授予的权限范围内进行，以及应当按照法定程序来进行，因此，其规范性较强。

（二）公文书的证据力

根据有关法律、法规的规定，被确定为公文书的证据具有完全的证明力。由法律、法规所明文规定而成为公文书的证据，它被赋予具有完全的、排他性的效力，实际上是从其形式要件上，在立法上所作出的法律推定。国内的公文书往往被推定为具有真实性，凡认为公文书不真实的当事人，必须提供证据来加以证明。也就是说，只要是公文书，就被当然推定为具有形式上的证据力。公文书中的相当一部分属于这类书证，具有相当的证明力。例如，国家审判机关制作的已经发生法律效力的刑事、民事、行政判决书、裁定书中所确认的事实，在未经法定程序被撤销之前，应作为真实来加以对待，因为这种书证本身就具有法律效力，不需加以何种证明。另外，国家各级行政主管部门依照职权所颁发的各种文件，在未被宣布失效之前，同样具有很高的证明价值。故在法理上，依据其制作的方式及内容可以认定为公文书的，推定为真实成立。凡对公文书的真实性存在疑问时，法院可依职权向有关机关和组织进行调查、核实。

对公文书的真实性的认识涉及形式证据力与实质证据力两个方面。在此强调的是，公文书应从其形成的外观以及表述的思想内涵两个方面加以综合认定，该种认定的基础在于，公文书是由公职人员在职务上所制作的，只要从某一书证的形式要件与内容要件上均可判定与公务员的职务行为有关，即可作出该书证系具有公文书性质的认定。同时，实践中，在某些情形下由公共职能部门或公职人员依法委托的组织或个人在受委托的范围内所制作的文书也可视为公文书。

就公文书而言，其制作的形式是为其内容服务的，但从各国的立法来看，公文书更重其所形成的必要形式或程式，这是判断该种书证性质的主要依据；当然，对书证的内容也不可不察，如该书证的内容出现如涂改、增删等情形的，自应对其加以斟酌判断。

（三）我国有关法律及司法解释相关规定的理解与适用

2019年《民事证据规定》第91条规定："公文书证的制作者根据文书原件制作的载有部分或者全部内容的副本，与正本具有相同的证明力。在国家机关存档的文件，其复制件、副本、节录本经档案部门或者制作原本的机关证明其内容与原本一致的，该复制件、副本、节录本具有与原本相同的证明力。"

对本条文的理解与适用，应当掌握如下基本内容：

1. 本条文涉及书证原本、副本、复印件、节录本之概念。其中，所谓原本，是指文件制作人以表达其意思或反映其思想为目的而最初作成的文件，无论其系以手写的形式还是以打印的形式在所不问。所谓正本，是指按照原本所抄录或印制的，与原本具有同等效力的文本。所谓副本，是指按照原本的全部内容所制作的，对外具有与原本相同效力的文本。所谓复制件是采用现有的专业和技术从形式、内容乃至外观或性质上对原件进行仿真、摹制而形成的物件，其中包括常见的复印件以及照片、影印件和抄录本等。所谓节录本，是指经对书证的原本、正本、副本的摘录所形成的符合其原旨和主要思想内容的文本。

2. 本条文涉及官方的证明或者认证，指的是为了保证副本、复制件、节录本所载内容能够真实、完整地体现制作者所作出的意思表示，该公文书的副本系经由公文书制作者依据原本制作，或者系在国家机关及有关部门存档文件的副本、复制件、节录本经过档案部门或者制作者证明、认证，其在内容上相互一致。

3. 根据《民事诉讼法解释》第114条的规定，公文书的证明效力主要在于公职人员所享有的职能上的公信度，因此，只要从形式或内容上判定其属于公文书的，在有相反证据足以将其推翻之前，该公文书被推定具有完全的证据力。而经过官方的证明或者认证的公证书证的复制件、副本、节录本也具有相同的证据力。这种证据力既包括形式上的证明力，也包括实质上的证明力。

4. 公文书证副本、复制件、节录本在形式上所具有的证明力，是其作为证据所具有的资格和能力，而它们所具有实质上的证明力系指能够对法院心证造成多大影响的效力。凡公文书证的制作者按照法定程序、旨意及格式所制作的载有部分或者全部内容的副本，与正本具有相同的证明力。同时，经过官方的证明或者认证的公证书证的复制件、副本、节录本，其内容与原本一致的，该复制件、副本、节录本具有与原本相同的证明力。凡具有这种形式上证明力的公文书证副本、复制件、节录本，即可推定其具有实质上的证明力，即有关公文书证及其副本、复制件、节录本的内容具有真实性。凡对此有异议的当事人，应当将以其主张公文书证副本、复制件、节录本不真实性为证明对象而承担相应的本证证明责任。

5. 通常情况下，公文书与私文书相比在证明效力上更为可靠，尤其是那些属于免证范围内的具有法律效力的文件更是如此，只有在发现确有错误时，才能依据法定程序予以纠正。实际上，在证据法意义上，所谓公文书证明效力一般大于私文书，主要考虑到制作公文书的主体具有管理社会的公共职能，其职能本身是从整个社会的整体利益出发来体现特定的社会关系内容及事项，因此其公信度显然高于私文书，因为后者的形成以及所体现的内容常常仅涉及社会个别主体的利益。相比较而言，公文书通常是站在社会的角度来处理整个社会与个体之间的关系，私文书通常是站在个体的角度来处理个体与个体之间的关系。由此可见，公文书在证明效力上一般大于私文书，这种证明力的强弱与这些书证本身所体现的客观内容并无直接联系，而主要取决于这些书证的制作主体以及制作主体公共事务的管理职能和法定权属，因此，公文书的这种特殊的形式要件决定了其实质要件的证明效力。据此可认为，只要某种文书具备了公文书所应当具备的形式要件，那么就可推定其应当具备该种证据的实质要件，也就是说，只要是这种书证在形式要件上是真实的，就可推定其实质要件即内容也应当是真实的。如果一份私文书在内容上与公文书相抵触，那么公文书的证明效力一般高于私文书的证明效力，除非有证据证明公文书制作主体超过其法定的权限，以及公文书的主体在履行职能活动中存在违反法定程序等情形。在证明效力上，直至有关公文书被证明系确实存在虚伪与瑕疵之前，应推定该公文书具有法定的真实性。

## 七、私文书

（一）私文书的界定

私文书是指除公文书以外的由制作人签名的具有一定思想内容的文书。

私文书是相对于公文书而依其制作人不同所作出的分类。非公文书是指公文书以外的其他书证，因此，私文书指的就是非公文书，它包括具有民事行为能力和相应责任能力的法人、其他组织、公民所制作的有关文书，如保证书、承诺书、信函、借据、欠条、收据等。它不仅指具有民事行为能力和相应责任能力的法人、其他组织、公民个人所制作的文书，也包括那些行使一定法定职权的机关或者单位在其行使职权范围以外所制作的文书，这些文书一般与它们正常行使职权无关，但由于这些文书在表现形式或制作程式上类似于公文书，实际上属于一种特殊的私文书，在分类上应当被作为私文书的一种拟制形式，这类书证不能归类为公文书，主要是因为，制作这类书证并非依法履行公共管理职能所必需的，而主要是基于私法上的考虑而从事一些民事法律行为的需要。例如，在普通民事活动中，有关法定职能部门作为平等主体与其他民事主体所签订的各种民商事合同以及从事日常的民事流转活动，如国家机关为维修房屋而与建筑单位签订的合同，以及国家机关发出与其职权无关的信函、证件等。

在证据法意义上，区分公文书与私文书具有重要的证明功能，因为二者在制作主体、制定的程式、运用的性质、真实性的判定等诸多方面存在重大差别，从而适用不同的规则。

（二）私文书的真实性基本法理

在诉讼上，当事人双方均享有对在法庭上所展示的书证进行质疑的权利，如果不及时行使这种权利，在诉讼上将会产生被视为放弃这种质疑权的效果；如果双方当事人均对有关书证的真实性无质疑时，法院可据此认为双方均对书证的真实性没有争执，可将其作为裁判的基础。

书证的真实性既包括书证形式证据力的真实性，又包括实质证据力的真实性。对书证形式证据力的真实性，有关当事人负有真实陈述及说明义务，对此，法院也可以采用法律所允许的一切必要调查手段或方式。凡双方当事人对于书证形式证据力的真实性不存在争议的，受辩论主义限制，法院应当以产生如同当事人的自认效果而受其拘束。当然，对于那些公益性较强的案件（身份关系案件、民事公益诉讼案件等），即使当事人双方均对书证形式证据力的真实性没有表示怀疑，但是，基于发现事实真相以及保障裁判结果客观公正的需要，如果法院根据审理中的其他证据材料、信息资料以及审判经验或逻辑推理，仍然对该书证形式证据力的真实性持合理的怀疑时，仍可对其展开必要的调查，以便最终决定是否对其实质证据力产生实质性影响。对于书证实质证据力的真实性的认定，可不受当事人辩论意见的限制，完全取决于法院的自由心证。

对私文书的证明方式有笔迹的证明、见证的证明和推定证明。这些证明方式都有相应的程序规则加以调整，比如，英国1837年的《遗嘱法》要求同时有在场的两个证人的见证（Attestation），并且，必须由见证证人中的一个证明遗嘱的作成。再如，20年以上的文书，倘若是从恰当的保管状态下取来的，则推定其有效性得以成立；文书推定是在它所载的日期作成的；蜡封文书上的更改应推定其系蜡封文书作成之前作成的；等等。

（三）对私文书真实性的质疑

基于证据辩论主义与法院自由心证主义的原则理念，同时也体现法官自由心证主义与证据裁判主义的有机契合，即不论书证的来源如何，且不论系公文书抑或私文书，其形式上的证据力真实性和实质上证据力的真实性，对于法院的独立审判以及为此就案件事实所形成的内心确信不应产生任何预决的约束力，尤其对作为公文书而言，其实质上证据力的真实性如果不受到有效质疑，将被溯及其形式证据力或实质证据力的真实性。为保障审判上对查明事实真相的客观公正性，作为一种与之抗衡的利器，法院可根据有关当事人的合理质疑以及其本人在个案中所获取的其他证据材料、信息资料，对有关书证的真实性作出否定性的判断。

鉴于个案的情形并无统一的定式或规律加以沿循，同时，有关书证的来源为负有举证责任的一方当事人所提供的或对方当事人所提供以及诉讼外第三人所提供，其背景也显得繁纷复杂，除了当事人有可能对书证形式证据力的真实性提出具有一定说服力的质疑外，法官有时也会根据案内的其他证据材料、信息资料以及审判经验或逻辑推理对有关书证形式证据力的真实性持有怀疑。为了排除其中合理的怀疑，法院可根据当事人的申请或依职权要求制作书证的公共机关或其他书证制作人对书证形式证据力的真实性予以说明。在此基础上，如果仍然不能排除其中的合理怀疑时，那么该种书证就不能作为有效的证据加以采信，其效果是，对于该书证形式证据力的真实性的证明责任仍由对其负有举证责任的一方当事人承受。

在民事诉讼中，对书证的真实性进行判断时应当贯彻辩论主义，而通过证据辩论主义的适用，在诉讼上会产生一种拟制自认的效果，即双方当事人如果均对书证的真实性不持异议，在诉讼上将产生对其形式要件和内容要件的真实性予以认可的效果。它体现的是当事人的自认规则在书证上的延伸。并且，当举证的对方当事人对书证的真实性和书证的字迹、印迹的真实性存有争议时，举证人应当对其真实性负担相应的证明责任。这是由辩论主义所引起的举证责任所决定的。

当举证人的对方当事人没有对书证的真实性提出争执的，对方当事人的其他陈述也没有明确表示对书证的真实性存有争执的，视为对该书证的真实性没有争执。当举证人的对方当事人对书证的真实性或字迹、印迹的真实性有争执时，举证人应当就其真实性予以证明。例如，我国《澳门民法典》第368条第1款规定，对于私文书内的笔迹及签名或仅其签名，如果已获得出示文书所针对的当事人的承认或对其不提起争议，或该当事人虽然被指为作成人而表示不知是否属于其笔迹或签名，或者有关笔迹及签字或仅其签名在法律上或司法上被视为真实，则有关的笔迹及签名或仅其签名即视为真实。

私文书的真实性属于辅助性事实而并非属于要件事实，仅在当事人之间发生争执时成为证明对象。在审判实务上，有关私文书的真实性的判断主要涉及私文书形式证据力的认定。在社会生活和经济交往中，私文书通常是经本人或者其代理人签名、盖章或按指印而成立的文书。这种文书系建立在私文书上的签名、盖章或者按指印是由当事人本人或其代理人所为的基础上。这一事实在当事人之间通常不存在争执，但一旦存在争执，则由负有举证责任的当事人提供证据证明。

（四）对故意提出争执的处罚

在许多情况下，由于当事人对于某一书证成立的真实性具有直接的利害关系，因此，自应对该书证成立的真实性最为了解，但是，在一方当事人对于某一书证成立的真实性本应知悉的情形下仍质疑对方或者诉讼外第三人提出书证的真实性，而致使法院不得不专此进行证据调查时，因而导致诉讼成本增加以及诉讼进程拖延。在此情况下，许多国家或地区的法律规定，法院可以根据有关当事人或其代理人在主观上是否存在故意或重大过失而决定对其给予必要的罚款处罚。如果当事人或其代理人对此提出异议时，法院应当及时予以审查，并对此作出是否接受这种异议的决定。尽管当事人或者其代理人因故意或重大过失质疑书证的真实性而导致法院不得不进行证据调查，倘若在对证据进行调查过程中，只要当事人或其代理人在诉讼上能够及时承认该书证真实性而结束证据调查程序的，法院也可以据情作出裁判不再追究其故意或者重大过失行为。

在通常情况下，有关当事人对书证的真实性提出争执，应仅限于当事人或其代理人知道或者应当知道某一书证成立具有真实性时，而仍在诉讼上对该书证的真实性进行争执的情形。在诉讼上，对于书证真实性的判定，属于法院进行庭审调查的主要事项之一，对此，凡有条件知悉或者按情理应当知悉某一书证成立的真实性时，应当向法庭负有真实陈述的义务。凡违反这项义务的当事人或其代理人，应当受到法院的相应制裁。只有通过相应的强制措施对当事人或其代理人这种采用主观上的故意或者重大过失行为进行必要的处罚，才能有利于保障当事人或其代理人在不妨碍法院职能活动的条件下，正当地行使自己对有关证据进行质疑的权利。法律上的这种规定，旨在保证当事人依法行使自己诉讼权利的同时，还要充分地考虑到，不得以牺牲对法庭负有真实陈述义务为代价，从而损害法庭正常的审判秩序与司法权威。

（五）我国有关法律及司法解释相关规定的理解与适用

1.关于私文书证的真实性问题

2019年《民事证据规定》第92条第1款规定："私文书证的真实性，由主张以私文书证证明案件事实的当事人承担举证责任。"

对本条文的理解与适用，应当掌握如下基本内容：

（1）本条文是关于私文书的真实性应由负有举证责任的当事人提供证据以证明其形式证据力的规定。书证是诉讼上可资利用的一种证据方法，只有表明其真实成立，该种证据才能产生相应的证据力。除法律另有规定外，对私文书的真实性应当由负有举证责任的当事人进行证明。相对一方当事人仅负反证的证明责任，其提供反证证据的证明只要能够达到使法院对该文书所具有形式意义上的证据力判断陷入真伪不明状态即可，更无需像否定公文书证所具有形式证据力那样承担本证证明责任。至于私文书证在实质上的证据力究竟如何，则要取决于法院依靠自由心证根据案件中掌握的其他证据材料、庭审调查所获得的心证等因素来作出相应的判断。

（2）有关文书成立的真实性，须由自称为制作人的人被确认为制作该文书的人才能产生证据力，因此，书证的证据力首先是由制作人是否具有确定性所决定的。对于书证的真实性，通常足以证明其制作人曾为书证所载内容的表述的，该书证的真实性一经确定，在审判上即应认为该书证具有形式上的证据力。与公文书证所不同的是，即便有关私文书证已经被推定或认定具有形式上的证据力，法院也不能够直接依据该私文书证这种形式上的真实性来推定其内容上的真实性，即私文书证是否具有实质上的证据力会受到辩论主义和处分权主义的直接影响。在对方当事人否定书证所具有实质上的证据力并提出相应反证的情况下，应当由为支持其事实主张而援引该私文书证的一方当事人提供相应的补强证据，以便对于法院心证产生实质性的对其有利的影响。当然，经过法院的审查判断，凡认为私文书证所载明内容对举证人不利的，将会转变为对相对一方当事人有利的心证。

（3）私文书证的成立本无特定程式及主旨的要求，因此不能根据何种程式及主旨来推定有关书证的真实性，无论对此负有举证责任的当事人采用明示或默示的形式来对有关私文证书的真实性进行表述的，都应当认定为属于事实上的主张范畴。如果对方当事人在此情形下认可该书证的真实性或者对其真实性不予争执的，即可产生诉讼上的自认效果。在此情形下，对此私文书证负有举证责任的一方当事人无需提供证据对其真实性加以证明，法院在审判上自可认为该种私文书具有形式上的证据力。如果法院认为对方当事人就该私文书证内容的真实性存有合理争执的，对此私文书证负举证责任的当事人，仍应当对其真实性继续承担相应的举证责任。在程序上，这属于主观举证责任围绕法院的心证在当事人之间相互转换的现象。在实务上，当出现当事人对私文书证上的签字或印章没有异议反而对书证内容的真实性提出如下异议主张的，应由相应的当事人就其所主张的事实承担举证责任：第一，主张对方系在文书签字盖章后的空白处因补写内容形成的；第二，主张该私文书证的内容经对方篡改、变造形成的；第三，主张该私文书证的内容系受对方胁迫所形成的。

2. 关于私文书证的瑕疵问题

2019年《民事证据规定》第92条第3款规定："私文书证上有删除、涂改、增添或者其他形式瑕疵的，人民法院应当综合案件的具体情况判断其证明力。"

对本条文的理解与适用，应当掌握如下基本内容：

（1）本条文的规定仅限于私文书存有特定瑕疵的处理。根据瑕疵的表现形式，可分为形式上的瑕疵与内容上的瑕疵。形式上的瑕疵会对私文书证在形式上的证据力产生影响。例如，有关制作人的签名出现不连贯或涂改等现象，对方当事人提供证据证明将该私文书证作为证据证明其事实主张的当事人存在掌握对方印章或印鉴伪造书证的可能，或者存在利用制作人神志不清强行捺下其手印的可能，如果这些情形使得法院难以对该签字、盖章或者捺手印的事实形成必要的内心确信时，将无法作出该私文书证具有形式真实性（证据力）的推定。对此，应当仍由以该私文书证证明其事实主张的当事人对该私文书证的真实性负举证责任。私文书证在内容上所出现的瑕疵主要表现在，用于表述文书内容所记载的文字、符号、图案等出现人为的删除、涂改、增添等变动性痕迹，当出现这种情形时，将同时会对该私文书证的形式证据力和实质证据力产生消极影响。一方当事人提出私文书证作为证据证明其事实主张，而另一方当事人对其真实性质疑，无论双方当事人是否能够提供其他相应的证据，只要造成法院无法就此形成必要的内心确信时，应当仍由以私文书证作为证据证明其事实主张的一方当事人继续履行其举证责任。如果双方当事人对该私文书证上的签名或者印章的真实性发生争议而需要通过专业鉴定查明事实的，亦应当由以该私文书证作为证据证明其事实主张的一方当事人向法院提出鉴定申请。

（2）由于私文书证的制作主体和应用范围十分广泛，制作人在知识、素养、经验、阅历以及法律意识等方面长短不一、参差不齐，加之私文书证应用的范围极为广泛，具有灵活多样、方便易行的特点，难以形成较为统一的规范性与严谨性的格式，以至于在形式上出现形形色色的瑕疵也在所难免。影响书证形式证据力真实性及实质证据力的原因是多种多样的，既有来自主观方面的原因，也有来自客观方面的原因；既有人为因素所造成的影响，也有自然界以及客观环境因素所造成的影响；既有人的恶意行为所致，也有人的并非恶意但又存在过失的行为所致。因此，实难按照统一的逻辑预先作出推论，原则上，应当由法院综合案件的具体情况据情裁量。

（3）根据出现瑕疵的不同类型，可将私文书证的瑕疵分为轻微残损瑕疵、中等程度破损瑕疵、严重破损瑕疵。在通常情况下，凡法院经过审查判断认为，轻微残损瑕疵并不对该私文书证的完整性构成实质性影响，该私文书证仍具有相应的形式上的证据力和实质上的证据力；对于私文书证所出现的中等程度破损瑕疵，应根据该案的具体情形、该私文书证在个案当中的证据分量以及是否有其他可供相互印证的证据等来作出综合性的分析与判断，不宜一概而论；对于私文书证所出现的严重破损瑕疵，在通常情况下，会导致该私文书证形式上的证据力和实质上的证据力的同时丧失。如果以该私文书证作为证据的一方当事人主张该严重破损瑕疵系对方当事人恶意所为而以举证妨碍为由申请法院作出对对方不利认定的，应当由提出该事实主张的当事人负相应的举证责任。

（4）本条文中，所谓"人民法院应当综合案件的具体情况判断其证明力"，这种据情裁量实际上是要求法院根据个案当中的具体情形，依据现有的证据和已知的信息资料，按照理性原则和经验法则，对有关书证在内容和形式上所出现的缺陷以及对有关书证复制件在弥补这些缺陷上所能发挥的作用，作出符合情理的判断。即当书证出现删除、涂改、增添或者在形式上出现某种缺陷时，其证明力是否因此受到减损，减损至何种程度，由法院据情裁量。当书证原件出现上述情形时，其复制件是否有助于弥补以上缺陷，弥补至何种程度，由法院据情裁量。

## 八、域外书证

（一）域外文书的界定

这里所称的"域外"是指"法域外"，既包括中华人民共和国领域外，也包括中华人民共和国享有主权但由于历史原因所形成的暂不适用中华人民共和国法律的一些特别地区，如香港特别行政区、澳门特别行政区、我国台湾地区。由于在中华人民共和国领域外所形成的证据涉及国与国之间的关系，因此，有关证据的使用，采用国际惯例（即通常采用涉外公证、领事认证的方式）或者按照中华人民共和国与有关国家所订立的条约中所规定的证明手续；而香港特别行政区、澳门特别行政区、我国台湾地区属于中华人民共和国主权范围内的地区，因而不能适用国与国之间有关使用证据问题的方式。

除法律另有规定外，当事人向法院提供的公文书系中华人民共和国领域外形成的，该公文书应当经所在国官方机关或授予公证权限的人予以证明，并经中华人民共和国驻该国使领馆予以认证，或者履行中华人民共和国与该所在国订立的有关条约中规定的证明手续。

私文书是否要履行上述证明手续，应以国际条约、国际惯例或者我国法律的明确规定为准。

当事人向法院提供的证据是在香港特别行政区、澳门特别行政区、我国台湾地区形成的，应当履行相关的证明手续。

在我国领域外制作的书证在其制作地作为一种通用的公文书使用的，该书证经过我国驻外使、领馆正式认证后，在证明效力上可作为公文书来对待。

对于书证是否已由域外的官方机关或授予公证权限的人所制作的书证予以

确认或认证产生疑问时，由法院对该书证的真实性据情作出判断。如无特殊规定，当我国外交部、我国驻外使节或领事证明该书证为真实时，则足以证明该书证的真实性。

（二）我国有关法律及司法解释相关规定的理解与适用

2019年《民事证据规定》第16条规定："当事人提供的公文书证系在中华人民共和国领域外形成的，该证据应当经所在国公证机关证明，或者履行中华人民共和国与该所在国订立的有关条约中规定的证明手续。中华人民共和国领域外形成的涉及身份关系的证据，应当经所在国公证机关证明并经中华人民共和国驻该国使领馆认证，或者履行中华人民共和国与该所在国订立的有关条约中规定的证明手续。当事人向人民法院提供的证据是在香港、澳门、台湾地区形成的，应当履行相关的证明手续。"

对本条文的理解与适用，应当掌握如下基本内容：

1.随着国际交往的日益增多，来自国外的各种书证已经在我国领域内广泛得以使用，但是鉴于国家主权上的考虑以及我国法院在诉讼上对于有关域外书证特别是公文书难以判别其真实性的窘况，本条文专此作出相应规定，以我国外交部或驻外使领馆所提供的证明或进行的认证作为判断其真实性的基础。本条文是在2001年《民事证据规定》第11条的基础上修改而成的。修改的内容主要将原来所有域外形成的证据一律由所在国公证机构予以证明，并经我国驻该国使领馆予以认证或者履行条约规定手续，修改为将域外形成的证据划分为需要经公证、认证的证据和无需经公证、认证的证据。

2.需要经公证、认证的证据包括公文书证和涉及证明身份关系的证据。其中，公文书证需要经所在国公证机构出具证明或者履行相应的条约手续即可，而不再需要同时经我国驻该国使领馆的认证，这在相当程度上压缩了使领馆认证的范围；需要同时经所在国公证机构出具证明并经我国驻该国使领馆认证的仅限于涉及证明身份关系的证据。这是因为，有关涉及身份关系的裁判涉及具有对世效力，对该事实的证明标准远高于普通财产纠纷案件所涉及的事实，对有关事实的查明通常实行法院依职权探知主义，而并不依赖于当事人的举证。无需经公证、认证的证据，主要是指对证明普通民商事法律关系所需要的证据，由于原则上仅涉及当事人之间的权利义务的确定，对其真实性的认定可通过法庭调查予以确认即可，根据需要经所在公证机构出具证明即可满足形式上的证据力要求，如果再苛求驻在国使领馆加以认证，既加重了当事人的成本和使领馆的工作负担，又使程序趋于更加复杂。另外，并非从国外（域外）形成的所有证据都必须经过公证、认证，有些证据虽然是在国外（域外）形成的，但是在争议发生之后如在国内寻找解决这一纠纷的，直接向我国的法院或仲裁机构提出有关证据材料。例如，我国在海外留学的学生或者自费到海外旅游的游客，当他们在海外留学或者旅游期间，产生了某种债权债务关系，如借他人钱款的借据、损坏他人的物品等，这些证据就无需再经过涉外公证或认证，也无需履行何种必要的证明手续，就可以在我国所进行的诉讼或者仲裁活动中使用。再如，我国公民在国外向国内发出的传真或信函，以及驻华涉外机构的外籍人员回国后向我国发出的传真或信函，当这些传真或信函的内容与某一诉讼案件具有重要的证明意义时，除非有关国际条约、国际惯例或者我国法律对此有明文规定，否则这些传真或信函一般无需经过公证或有关机构的认证就能够在诉讼上作为证据使用。

3. 审判实践中，对于来自域外的书证，人民法院应当依职权查明，有关国际条约、国际惯例，我国的相关法律、法规，我国主管部门或相关机构是否已就此规定必须采用特别附加的证明方式，如公证、认证等为必要条件。由于社会交往活动及法律行为在表现形式上具有广泛性与复杂性，从而在客观上形成众多、纷繁复杂的证据材料。因此，从域外证据的角度，有关国际条约、国际惯例、法律规定或主管部门及有关职能机构只能就其中一部分涉及国家公共管理职能的文书如婚姻状况、遗嘱、继承权、亲属关系、财产状况、签名、印章、公司注册、税务登记、毕业证书等以及其他特殊事项所涉及的证据材料，根据公共政策的要求或特定情形下的慎重考虑作出专门规定，主要涉及的是公文书证；另外，还可由法院或者仲裁机构据情确定是否采用附加特别的证明方式，除此之外，都不应当视为对来自域外的证据在证据资格有其他任何形式的特别限定。这主要是考虑到实践上的便捷和降低不必要的成本，避免耗费无谓的精力和避免产生繁缛的程式，以有利于维护和促进正常的社会交往与流转秩序。审判实践中，当一方当事人提供的证据属于域外证据，而法院经审查认为不必要附带特别证明方式时，另一方当事人可以提供有关国际条约、国际惯例、法律的有关规定以及国家主管部门或有关机构对于此类证据在证明方式上的特别规定进行抗辩，由法院对此作出判定。

4.在我国领域之外为外国所制定的公文书，其形式上的真实性及制作的程式和表达的意旨如何确定，应当根据该国的法律或习惯借以判定，这些相关的法律或习惯并非为法院所全能予以知悉，并且我国法院在职务上也并非对此负有必须加以知悉的义务。对于这类公文书，不能按照国内的公文书那样推定其为真实，因为从国家主权的角度而言，这类公文书是以在我国领域之外的有关主体名义制作的，已超出了我国司法权所能涉及的范围，另外，从客观上也无从鉴别真伪，因此，对于这类公文书的真伪，应当由法院据情加以判断。当法院依据职务上所知或者根据调查所取得的结果认为其有形式上的证据力时，举证人毋庸就此再行负担证明其真实的责任，否则原本负有证明责任的一方当事人仍应负担相应的证明责任。我国外交部以及驻外使节或领事系代表我国从事涉外事务的特别机关，对此，应根据其职务上的便利和采用有关外交途径的权能，凡由其对在我国法律适用的领域之外制作的公文书的真实性予以证明或认证为真实的，自应推定这种真实性的成立。

5.对域外形成的证据所进行的手续限制，可分为一般限制和特殊限制两种类型。通常而言，当事人向人民法院提供中国境外形成证据的，对于其中的公文书证，应当经所在国公证机构出具相应的证明；对于涉及证明身份关系的证据，应当经所在国公证机构出具证明并经中华人民共和国驻该国使领馆认证，才为有效。我国驻外使领馆，应当包括大使馆、总领事馆、领事馆等，它们是我国在国外具有行使涉外公证认证职能的机构。在我国驻外使领馆内部，有许多诸如领事部、教育处、文化处、商务处等部门，但唯有其中的领事部才是具体行使涉外公证认证职能的部门。根据我国《民事诉讼法》第275条规定："在中华人民共和国领域内没有住所的外国人、无国籍人、外国企业和组织委托中华人民共和国律师或者其他人代理诉讼，从中华人民共和国领域外寄交或者托交的授权委托书，应当经所在国公证机关证明，并经中华人民共和国驻该国使领馆认证，或者履行中华人民共和国与该所在国订立的有关条约中规定的证明手续后，才具有效力。"据此，如果外方当事人从中国境外寄交或者托交的委托中国律师作为其诉讼代理人的授权委托书，可作为证明代理人获得授权以及代理权限的证据。

6. 就域外形成的证据，对其中所谓应当"履行中华人民共和国与该所在国订立的有关条约中规定的证明手续"，这是对域外形成证据所作出的特殊限制性规定。根据我国《民事诉讼法》第293条第1款规定："根据中华人民共和国缔结或者参加的国际条约，或者按照互惠原则，人民法院和外国法院可以相互请求，代为送达文书、调查取证以及进行其他诉讼行为。"我国已于1997年加入海牙私法会议所订立的《关于从国外调取民事或商事证据的公约》，对于所涉及国家之间协助取证的程序问题，应主要依据该公约、我国《民事诉讼法》以及中国与有关国家签署的双边司法协助协定中的有关规定进行。

7. 在香港特别行政区、澳门特别行政区、我国台湾地区形成的证据"应当履行相关的证明手续"，应当包括现在行之有效的我国主管部门或者有关机构对涉及香港特别行政区、澳门特别行政区、台湾地区有关证据材料进行公证或证明的明确规定，以及海峡两岸有关机构对有关证据材料进行公证或证明的明确规定。

8. 对于香港特别行政区形成的证据而言，司法部于1981年发布了《司法部关于为港澳同胞回内地申请公证而出具证明办法的通知》，其后又于1982年发布了《司法部关于港澳同胞回内地申请公证出具证明办法的补充通知》，其中，规定委托指定8位律师办理香港特别行政区居民回内地收养子女和继承内地遗产、领取原公私合营企业私股定息等事宜的有关证明，如委托书、亲属关系证明书、死亡证明书等。1985年，司法部发布了《司法部关于委托香港八位律师办理公证的若干问题的通知》，对于证明程序、业务范围、防伪等问题作出了进一步规定。之后，司法部又陆续增加委托了229位香港律师办理民事公证业务。截至2019年7月6日，《司法部关于印发中国委托公证人（香港）名单的通知》所公布的中国委托公证人（香港）共有457人。1991年11月12日，司法部在《司法部关于再委托23位香港律师办理公证事务并改变出证方式的通知》中，对被委托香港律师办理证明的程序，在此前1985年通知的基础上，又增加了一个程序，即委托律师在公证书上签字盖章后，在经司法部与贸促会在港设立的"中国法律服务（香港）有限公司"驻深圳办事处在公证文书正文上加盖转递章，方可拿到内地使用。1995年2月22日，司法部发布实施《中国委托公证人（香港）管理办法》，明确提出中国委托公证人（香港）的名称，初步确定了中国委托公证人（香港）制度。1996年2月18日，最高人民法院、司法部联合发布的《关于涉港公证文书效力问题的通知》再次明确在办理涉港案件时，对于发生在香港特别行政区的有法律意义的事实和文书，均应要求当事人提交委托公证人出具经中国法律服务（香港）公司审核加章转递的公证证明，否则不具有证明效力。2002年2月24日，司法部发布了新的《中国委托公证人（香港）管理办法》，该管理办法规定：委托公证人的业务范围是证明发生在香港特别行政区的法律行为、有法律意义的事实和文书，证明的使用范围在内地，委托公证人必须按照规定或批准的委托业务范围、出证程序和文书格式出具公证文书。委托公证人出具的委托公证书，须经中国法律服务（香港）有限公司审核，对符合出证程序以及文书格式要求的加章转递，对不符合上述要求的不予转递。上述有关内容即为当事人提供在香港特别行政区的证据应当履行证明手续的基本内容。有关当事人只有完成了上述规定所涉及的基本内容才可谓满足了本条文第2款所规定的"应履行相关的证明手续"，有关证据材料方可在内地发生法律效力。

9. 对于澳门特别行政区形成的证据而言，司法部于1986年6月25日发布了《司法部关于澳门同胞回内地处理民事法律事务办理证明的通知》，规定内地驻澳门的职工由其机构出具证明；澳门工会联合总会、中华教育会、中华总商会、街坊会联合总会四个社团可以为本社团成员出具证明文件，内地可采用。1996年11月，中国法律服务公司成立，由司法部和澳门律师公会签订协议，为办理澳门居民回内地有关民事事务的法律证明文件，中国司法部派驻一名中国公证员。2003年签署的《内地与澳门关于建立更紧密经贸关系的安排》，其中，进一步明确了"内地认可的公证人"制度，即为享受安排中的待遇需提交的相关文件材料，包括"声明、自然人身份证明的复印件，以及经济局认为需要作出核实证明的文件资料"等，"应经澳门特别行政区政府公证部门或内地认可的公证人核证"。自2005年以来，接受委托并仍履行职务的中国委托公证人（澳门）共有16人。2018年4月28日，司法部发布了《司法部关于印发中国委托公证人（澳门）名单及签名样式、印鉴的通知》，将司法部自2005年以来委托并仍履行职务的中国委托公证人（澳门）名单及其签名样式、印鉴印发全国各地方司法厅、局及公证处，作为受理涉澳公证文书的核验依据。根据该通知规定，中国委托公证人（澳门）出具的委托公证文书，需经中国法律服务（澳门）公司核验并加盖核验章后，方可在内地使用。

10. 在我国台湾地区形成的证据的证明，主要依据是1993年两岸签署的《两岸公证书使用查证协议》，根据该协议，司法部同年发布了《海峡两岸公证书使用查证协议实施办法》。根据上述文件规定，大陆与我国台湾地区公证机构作出的公证书，应同时将副本寄送对方，并可就有关事项相互协助查证；联系双方主体分别为中国公证员协会或有关省、自治区、直辖市公证员协会与我国台湾地区海峡交流基金会（以下简称"我国台湾地区海基会"）；应寄送的公证书副本包括涉及继承、收养、婚姻、出生、死亡、委托、学历、定居、扶养亲属及财产权利证明等10项公证书副本。后经两岸商定，于1995年又开始增加寄送涉及病历、税务、履历、专业证书等4项公证书副本。各公证员协会收到我国台湾地区海基会寄来的公证书副本后进行登记，并根据公证书用途转至公证书使用部门。使用部门需向我国台湾地区出证机构查证的，应将要查证的公证书复印件寄至各公证员协会，并说明要求查证的理由。公证员协会审查认为符合查证情形的，应登记并出具查证函转寄我国台湾地区海基会，接我国台湾地区海基会答复后，再将查证结果转公证书使用部门。当事人向人民法院提交在我国台湾地区形成的证据，如有我国台湾地区公证机构的证明，人民法院承认其效力。按照上述程序，人民法院对于当事人提交的在我国台湾地区形成的证据，应先由当事人在我国台湾地区进行公证，并取得公证书正本。公证事项如果属于两岸商定的14项应寄送公证书副本，人民法院应将当事人提交的公证书正本与本省、市、区公证员协会收到的我国台湾地区海基会寄送的副本进行比对，相互认证后即可确认其真实性；如果公证事项不属于两岸商定的14项寄送部分的范围，人民法院可请求本省、市、区公证员协会通过我国台湾地区海基会进行查证。从目前情况来看，《两岸公证书使用查证协议》成为证明在我国台湾地区形成的公证文书真实性的重要依据。实践中，对于某些我国台湾地区出具的盖有"中华民国"字样钢印的公证书，因此举违反《两岸公证书使用查证协议》的基本精神与习惯做法，对此类文书及其副本，人民法院在审理案件过程中应当拒收，且一律不得采用。

11.《知识产权证据规定》第 8 条规定:"中华人民共和国领域外形成的下列证据,当事人仅以该证据未办理公证、认证等证明手续为由提出异议的,人民法院不予支持:(一)已为发生法律效力的人民法院裁判所确认的;(二)已为仲裁机构生效裁决所确认的;(三)能够从官方或者公开渠道获得的公开出版物、专利文献等;(四)有其他证据能够证明真实性的。"该条规定涉及域外证据公证、认证手续的简化。根据《中美第一阶段经贸协议》第 1.30 条文书认证之第 2 项约定:"对于无法通过当事人之间认可或以接受伪证处罚为前提的证人证言引入或者确认真实性的证据,中国应简化公证和认证程序。"该条规定结合司法实践中具有域外证据证明手续的简化做法,对上述约定予以落实。本条文对域外证据的公证、认证手续作出简化规定。根据本条文规定,民事诉讼中需要公证的域外证据为公证书证,对于涉及身份关系的域外证据,既需要公证也需要认证。《知识产权证据规定》第 8 条对公证书证、涉及身份关系的域外书证的公证、认证手续,在一定条件下予以免除。

12.《知识产权证据规定》第 9 条规定:"中华人民共和国领域外形成的证据,存在下列情形之一的,当事人仅以该证据未办理认证手续为由提出异议的,人民法院不予支持:(一)提出异议的当事人对证据的真实性明确认可的;(二)对方当事人提供证人证言对证据的真实性予以确认,且证人明确表示如作伪证愿意接受处罚的。前款第二项所称证人作伪证,构成民事诉讼法第一百一十一条① 规定情形的,人民法院依法处理。"该条文的规定系涉及对域外证据认证手续的免除。根据《中美第一阶段经贸协议》第 1.30 条文书认证的第 1 项约定:"在民事司法程序中,对于可通过当事人之间认可或者以接受伪证处罚为前提的证人证言引入或确认真实性的证据,不得提出证据认证的形式要求,包括领事官员盖章或印章等。"上述条文是对以上约定的落实。本条文系对域外证据的公证、认证手续作出的简化规定。根据本条文的规定,民事诉讼中需要公证的域外证据为公文书证;既需要公证又需要认证的域外证据为涉及身份关系的证据。有鉴于此,《知识产权证据规定》第 9 条规定实际上是对涉及身份关系的域外证据的认证手续在一定条件下予以免除的规定。

---

① 现为《民事诉讼法》(2023 年修正)第 114 条。

## 九、书证上的语言文字

（一）基本法意

使用本国的语言、文字开展诉讼活动，是国家主权的要求。因此，当事人向人民法院提供外文书证或者外文说明资料时，应当附有我国通用的语言文字或者有关法院与当事人所熟悉的语言文字。本条关于所提供外文书证或外文说明资料应使用语言文字的规定，既是为了维护我国国家主权和尊严，也是为了便于我国人民法院及时、准确地审查、了解和掌握有关证据或有关资料。使用本国的语言、文字开展诉讼活动，是国家主权的要求。在此，应当指出的是，翻译人员是运用其语言文字能力、翻译技巧与经验对有关不同的国家或民族之间的语言文字进行翻译的专业技术人员，因此，从这一角度而言，翻译人员也是一种证人。在诉讼上，当有关书证上的语言文字翻译的准确性受到当事人的质疑时，对此，法院应当将语言文字翻译的准确性作为一种待证事项，由翻译人员作为证人出庭接受法庭的询问。

（二）我国有关法律及司法解释相关规定的理解与适用

2019年《民事证据规定》第17条规定："当事人向人民法院提供外文书证或者外文说明资料，应当附有中文译本。"

对本条文的理解与适用，应当掌握如下基本内容：

1.本条文是有关外文书证或外文资料应当附有我国通用的语言文字或者有关法院与当事人所熟悉的语言文字的规定。对此，《民事诉讼法》第73条第2款规定："提交外文书证，必须附有中文译本。"同时，第273条规定："人民法院审理涉外民事案件，应当使用中华人民共和国通用的语言、文字。当事人要求提供翻译的，可以提供，费用由当事人承担。"人民法院在审理涉外案件时，必须使用我国通用的语言，这是国家主权的体现，不能有任何变通，即使审判人员通晓外语，也不能使用外语对外国当事人进行调查询问，或允许外国当事人采用外语陈述案件事实、发表质证意见或辩论意见等。外国当事人要求提供翻译的，人民法院可以提供，以方便外国当事人进行诉讼，便于人民法院对案件进行审理。因提供翻译所需的费用，由要求提供翻译的当事人承担。

2. 因外文书证或外文说明资料系在中华人民共和国领域外形成的，因此也需要履行2019年《民事证据规定》第16条所规定的证明手续。为此，应根据这些外文书证或者外文说明资料是公文书证还是涉及身份关系的证据，而相应采取公证或公证加认证的方式，经有权机关公证或认证，或履行中华人民共和国与该所在国订立的有关条约规定的证明手续。该外文书证或者外文说明资料所附的中文译本，应随同一并公证和（或）认证，或者一并履行其他证明手续。中文译本履行上述程序之后，才能具有与外文书证或外文说明资料相同的效力。

3. 书证或者说明资料上的语言文字并非为我国通用的语言文字的，应由当事人自行解决翻译问题，并随同外文书证和外文说明资料一并办理相应的公证、认证或者其他证明手续，在向人民法院提供时，也应一并附上中文译本。《民事诉讼法》第273条中涉外当事人"要求提供翻译"的权利，不适用于本条规定，并且，该"要求提供翻译"，也仅限于口头翻译，不包括书面翻译。附有中文译文的外文书证或者外文说明资料在法律上具有相同的效力。有关书证上的语言文字翻译的准确性如何，可作为争执点来对待。凡当事人主张附有中文译文与外文书证或者外文说明资料的原文有出入且对案件的审理带来实质性影响的，应负有相应的举证责任。

4. 实践中，对于当事人提交的在香港特别行政区、澳门特别行政区形成的英文、葡萄牙文的书证，需要同时提供经证明无误的中文译本。

## 十、案例实务与问题解析

### 案例一　借条被撕毁复印件能否作为定案依据

〔基本案情〕

杨某向吴某借款20000元，并出具了借条一张："今向吴某借款贰万圆整（20000元），2016年12月底归还。"2017年2月，由于杨某到期未偿还借款，吴某持借条到杨某家讨要，期间发生冲突，杨某将借条抢回并当场撕毁。后吴某向法院起诉，并向法庭提交了借条复印件以及与自己同去讨债的哥哥的证人证言。

〔意见分歧〕

在审理过程中，存在以下争议，即吴某在没有提交借条原件的情况下，借条复印件能否作为认定案件事实的依据。对此，有一种意见认为，复印件不能作为认定案件事实的依据。因无法与原件核对的书证的复印件作为认定案件事实的依据，必须经过证据补强。本案中，吴某借条原件被杨某撕毁，其提供的借条复印件无法与原件核对，因此不能单独作为认定案件事实的依据，属于待补强证据，需与其他证据进行印证才能作为认定案件事实的依据。吴某提供了同去讨债的哥哥的证人证言，由于证人与吴某是亲属关系，二人存在利害关系，该证据也属于待补强证据，因此不能有效地补强借条复印件的证明力。基于以上原因，吴某在没有提交借条原件的情况下，借条复印件不能作为认定案件事实的依据。

〔问题解析〕

本案中，法院除了对证据进行调查以外，还要对有关事实进行调查。本案中，对案件事实的调查主要涉及：其一，杨某向吴某借款20000元的背景事实和经过事实，即时间、地点、其他在场人员，杨某借款的原因事实（如儿女结婚、医疗费用、建造房屋、家庭装修、支付各种开支等）；借款时的言语表达和行为举止；借款的来源（如银行柜台提取、取款机提取等）；支付方式（是采用微信支付、现金支付等，如系现金支付，说明支付的面额及数量等）；借条产生的经过，如借条是何种纸张、来自何人提供，何种类型的笔及何人提供等。其二，吴某持借条与其兄长到杨某家讨要的事实，如具体的时间、地点，杨某家里的具体环境情况（如院落情况、客厅摆饰，有何家具家电，是否饲养家禽、猫狗宠物等），去前是否曾向他催要过，通过何种方式，有何人能够证明，杨某拒不还款的理由是什么，去杨某家前是否与他进行过联系；借条原件被杨某撕毁的具体情节，被撕毁原件的具体下落等。在对有关事实进行调查过程中，就会产生与此相关的大量的书证、物证、证人证言、电子证据等。对此，法官可结合日常经验、生活习惯、社会常理等形成裁判心证。另外，原告或其律师还可提供有关被告的品格证据（如为人处世的习惯做法、社会评价等）。

根据2001年《民事证据规定》第69条第4项规定，无法与原件、原物核对的复印件、复制品，不能单独作为认定案件事实的依据。（2019年《民事证据规定》第90条第5项规定，无法与原件、原物核对的复印件、复制品，不能单独作为认定案件事实的依据。）实践中，不能排除复印件与其他证据相结合而一并作为认定案件事实的依据。现行司法解释仅仅是规定，复印件不能单独作为定案依据。本案中，吴某无法提供借条原件，但能作出合理解释，况且还能够提供同去讨债其兄长的证人证言。原告向被告讨债，邀请其兄长同去，合情合理，与人们的惯常做法相符合。尽管2001年《民事证据规定》第69条第2项规定，与一方当事人或者其代理人有利害关系的证人出具的证言，不能单独作为认定案件事实的依据。（2019年《民事证据规定》第90条第3项规定，与一方当事人或者其代理人有利害关系的证人陈述的证言，不能单独作为认定案件事实的依据。）但是，一份无法与原件核对的书证复印件，和一份由与一方当事人有利害关系的证人陈述的证言，这两份证据相加照样能够作为法院认定案件事实的依据，况且法院还应在庭审过程中进行相应的事实调查，法院的庭审笔录也是重要的证据类型（书证）。法院可根据事实调查当中所获得的各种证据，并且根据经验法则和日常生活常识等形成相应的心证，而不能简单地以该复印件与原件无法核对为由径行驳回原告的诉讼请求。

### 案例二　购房发票能否单独作为付清房款的凭证

〔基本案情〕

黄某意欲购买浩景公司开发的一套现房，缴纳定金1万元。隔日，黄某到浩景公司处付清余款。黄某通过银行刷卡时，该公司财务人员误将应收取的19万元输作1.9万元并未及时发现，同日向黄某开具全额购房发票，并于次日交付房屋。之后，原告浩景公司发现未足额收取房款后向法院起诉。审理中，被告辩称已通过刷卡及现金方式付清全款，原告也已开具发票予以确认，但陈述刷卡及现金支付具体金额前后矛盾。

〔意见分歧〕

对于本案证据材料如何认定，有如下两种不同意见：

一种意见认为，应当支持被告意见，开发商已经开具等额发票，并已交付房屋,应当视为被告已经付清房款。

另一种意见则认为,发票并不能完全证明被告已经付清全款。2001年《民事证据规定》第5条第2款规定,对合同是否履行发生争议的,由履行义务的当事人承担举证责任。本案中双方均负有履行义务,原告浩景公司已履行完毕其主要义务即交付房屋,被告黄某则应对其已付清房款承担举证责任。被告黄某举示增值税普通发票拟证明其已付清房款,但在现实商业交易中,既有先付款后开具发票的情形,也有先开具发票再付款的情形,既存在先交货后开具发票的情形,也存在先开具发票后交货的情形,故增值税发票并不能单独作为付清全款的依据。且被告黄某在庭审过程中关于付款金额组成的陈述前后矛盾。一般来讲,购房系平常人一生中的重大事项,被告黄某辩称已付清房款却不知自己准确的付款金额,不符合常理。被告黄某提交某公司前台付款记录本拟证明其掌管大量现金及用现金购房的合理性。即使被告在该公司经手大量现金,但该款项系公司经营收入而非被告个人所得。此外,被告黄某的工资卡流水显示其购房前1年月均工资仅为3000元左右,自己通过工资取现购房不具有合理性。综上,被告黄某提交证据不足以证明其付清房款的真实性,根据2001年《民事证据规定》第76条关于当事人对自己的主张,只有本人陈述而不能提出其他相关证据的,其主张不应得到支持。

〔问题解析〕

本案属于房屋买卖合同纠纷案件,双方当事人在本案中的主要争议焦点在于,原告浩景公司主张被告并未足额支付购房款,而被告则抗辩称其已足额交付购房款。根据2001年《民事证据规定》第5条第2款规定:"对合同是否履行发生争议的,由负有履行义务的当事人承担举证责任。"(《民事诉讼法解释》第91条规定:"人民法院应当依照下列原则确定举证证明责任的承担,但法律另有规定的除外:(一)主张法律关系存在的当事人,应当对产生该法律关系的基本事实承担举证证明责任;(二)主张法律关系变更、消灭或者权利受到妨害的当事人,应当对该法律关系变更、消灭或者权利受到妨害的基本事实承担举证证明责任。")在原告浩景公司已履行完毕其主要义务即交付房屋的情况下,应当由被告就其抗辩主张的已向原告足额支付购房款承担举证责任。本案中,被告黄某向法院提交原告所开具的增值税普通发票以证明其已付清房款,对此,原告主张，受交易习惯的实际影响和限制，增值税发票并不能单独作为付清全款的依据。在审理并形成心证过程当中，法院以司法认知的方式接受了原告对该交易习惯的主张，在此，法院应当向被告释明，即被告应当提供相关补强证据。本案中，除了被告事先向原告缴纳定金1万元外，隔日，被告到原告处付清余款系采用银行刷卡方式，另外，被告主张其还采用部分现金方式支付房款。鉴于原告主张其公司财务人员误将应收取的19万元输作1.9万元并未及时发现，故应当由被告提供银行对账单（流水凭证）以供法院进行证据调查。如被告拒不提供相关银行对账单以及其所称采用现金支付部分房款的收据，将承担不利后果。因此，本案中，法院应进一步进行证据调查和事实调查，尽可能地发现事实真相，而不宜轻率地得出结论。本案中，按照房屋买卖合同纠纷中举证责任的分配，在原告提供证据已满足其事实主张的条件下，原告提出的抗辩主张显然缺乏充分的证据加以证明，因此，举证责任转换至被告一方。

另外，从本案事实情况来看，双方的争议焦点之一是，是否存在因为原告公司财务人员的操作失误导致被告方银行卡的刷卡支付出现误差的情形。假如这种情况出现在2019年《民事证据规定》生效之后，由于被告方持有的银行卡交易对账单属于为被告的利益制作书证的范畴，因此，根据2019年《民事证据规定》第45条至第48条的规定，原告可申请法院责令被告提供与双方交易争议有关的银行对账单。如被告无正当理由拒不提交的，人民法院可以认定原告所主张的银行卡交易对账单内容为真实。

上述第一种意见的错误之处在于，其仅仅满足于证据形式上的真实性，即根据开发商已经开具等额发票并已交付房屋的情形，就想当然地拟制并得出被告已经付清房款的结论。然而，该种意见根本无视原告提出因其公司财务人员在用银行卡刷卡支付环节上错误操作导致未能足额收取房款的事实主张，而这一事实主张构成本案的争议焦点。因此，忽视本案争议焦点、盲目作出事实推定，是构成第一种意见出现偏差的根本所在。

尽管上述第二种意见认为，被告提供的增值税普通发票并不能完全证明被告已经付清全款的事实主张，然而，其根据被告黄某的工资卡流水显示其购房前1年月均工资金额仅为3000元左右，进而作出被告通过工资取现用于支付房款不具有合理性的结论显然是不可取的，因为被告在实际生活当中完全有可能通过其他途径来解决这一问题，法院所关注的主要系被告是否将房款足额支付给原告。另外，第二种意见最终援引 2001 年《民事证据规定》第 76 条是不恰当的，因为在本案中被告提供的证据，不仅仅限于陈述证据，还包括增值税普通发票等其他类型的证据，只不过是这些证据的证明力并不充分而已。

## 案例三　国土资源及房屋管理局职能科室出具的公文说明能否在本案中作为证据使用

〔基本案情〕

某小区业主收房后发现该小区公摊面积有误，遂与开发商联系，开发商承认自己当初计算公摊面积有误，答应对公摊面积进行调整。随后，开发商单方委托某测绘机构对公摊面积进行测绘，并依据该测绘结果对公摊面积作了相应调整，但业主认为，调整后的公摊面积仍有错误，在与开发商协商未果的情况下，业主将开发商告上法院。法庭上，开发商拿出当地国土资源及房屋管理局职能科室出具的说明，以证明自己的主张；业主认为，该份说明虽然是行政机关作出的公文，但其没有反映实际情况，法院不应当采信。

〔意见分歧〕

本案中，对国土资源及房屋管理局职能科室出具的公文是否有效的问题存在不同意见：

第一种观点认为，国土资源及房屋管理局是房地产登记管理的行政主管部门，其职能部门的说明应当具有先定效力，不论该说明存在何种问题，只要当事人未通过合法渠道予以推翻，都可以作为直接定案的依据。

第二种观点认为，国土资源及房屋管理局职能科室出具的说明不能作为定案的依据。

第三种观点认为，行政文书在民事诉讼中的证据效力不具有先定性。从现有的规范性文件看，最高人民法院对此类问题的态度是明确的。对于行政公文，如其作为民事诉讼证据，仍应根据 2001 年《民事证据规定》第 65 条的规定进行审查，对与法律不符、与事实相悖、与案件无关的行政公文应依法予以排除。

〔问题解析〕

本案系业主与开发商之间因小区公摊面积问题产生的纠纷。在诉讼前,开发商单方委托某测绘机构对公摊面积进行测绘,并依据该测绘结果对公摊面积作了相应调整,但业主认为对调整后的公摊面积仍然有误。于是,小区业主向法院起诉,要求对开发商测绘的公摊面积进行确认。为支持其抗辩主张,被告开发商向法院提交了当地国土资源及房屋管理局职能科室出具的说明作为证据。鉴于本案双方当事人所争议对象为测绘的公摊面积,它属于专业性问题,与当地国土资源及房屋管理局职能科室负责的行政性事项无关。并且,该份说明也不属于公文书证。所谓公文书证是指国家机关、政府职能部门或者依法从事公共事务的部门或者人员在其职能和权力范围内,按照规范的方式制作的文书。对房屋公摊面积的测绘属于专业测绘机构所从事的专业领域。因此,退一步讲,即使该份说明属于适格的公文书证,也不能作为确认公摊面积的根据。《民事诉讼法》第 79 条规定:"当事人可以就查明事实的专门性问题向人民法院申请鉴定。当事人申请鉴定的,由双方当事人协商确定具备资格的鉴定人;协商不成的,由人民法院指定。当事人未申请鉴定,人民法院对专门性问题认为需要鉴定的,应当委托具备资格的鉴定人进行鉴定。"① 本案中,法院既可以根据 2019 年《民事证据规定》第 43 条规定,② 向原告释明其有权申请法院委托专门的测绘机构对房屋公摊面积进行测绘,在原告未提出申请的情况下,法院也可以自行委托具备资格的专门的测绘机构对房屋公摊面积进行测绘。在有关测绘机构提出测绘结果后,提交双方当事人发表质证意见(辩论意见)。2019 年《民事证据规定》第 80 条第 1 款中规定:"鉴定人应当就鉴定事项如实答复当事人的异议和审判人员的询问。当庭答复确有困难的,经人民法院准许,可以在庭审

---

① 2019 年《民事证据规定》第 30 条规定:"人民法院在审理案件过程中认为待证事实需要通过鉴定意见证明的,应当向当事人释明,并指定提出鉴定申请的期间。符合《最高人民法院关于适用〈中华人民共和国民事诉讼法〉的解释》第九十六条第一款规定情形的,人民法院应当依职权委托鉴定。"

② 2019 年《民事证据规定》第 3 条第 1 款规定:"人民法院应当向当事人说明举证的要求及法律后果,促使当事人在合理期限内积极、全面、正确、诚实地完成举证。"

结束后书面答复。"① 有关当事人可向法院提出申请,要求测绘机构派人出庭接受询问。当法院认为测绘结果有解释、说明或者补充必要的,法院应当要求测绘机构进行必要的解释、说明或者补充。在通过庭审调查之后,法院可根据有关测绘结果对案件事实作出判定。

上述第一种观点无视对房屋公摊面积进行测绘属于专业性问题,而将本案中某国土资源及房屋管理局职能科室出具的说明作为公文书证来看,显然是不正确的;上述第二种观点虽然认为国土资源及房屋管理局职能科室出具的说明不能作为公文书来使用,但是没有说明具体的理由;而上述第三种观点将国土资源及房屋管理局职能科室出具的说明作为不具有先定性行政文书来看待,认为其证明效力要交由法院审查决定。这种认识也是不妥当的。

## 案例四　如何认定单位证明材料的证明效力

〔基本案情〕

原告王某,女,系某学校教师。被告李某,男,系某公司办公室主任。原告王某向人民法院起诉,要求与被告李某离婚。原告王某诉称,被告李某生活作风不正派,与另一女性长期保持不正当男女关系,导致原、被告双方经常发生争吵,并对自己的身心造成了巨大的伤害。因此请求人民法院判决准予离婚,并要求被告李某给予自己精神损害赔偿。被告李某辩称:(1)同意离婚;(2)

---

① 针对近年来我国民事诉讼中鉴定人出庭作证难等问题,就鉴定人出庭作证的条件和情形,2019年《民事证据规定》作出了相应的规定。例如,2019年《民事证据规定》第37条规定:"人民法院收到鉴定书后,应当及时将副本送交当事人。当事人对鉴定书的内容有异议的,应当在人民法院指定期间内以书面方式提出。对于当事人的异议,人民法院应当要求鉴定人作出解释、说明或者补充。人民法院认为有必要的,可以要求鉴定人对当事人未提出异议的内容进行解释、说明或者补充。"第38条规定:"当事人在收到鉴定人的书面答复后仍有异议的,人民法院应当根据《诉讼费用交纳办法》第十一条的规定,通知有异议的当事人预交鉴定人出庭费用,并通知鉴定人出庭。有异议的当事人不预交鉴定人出庭费用的,视为放弃异议。双方当事人对鉴定意见均有异议的,分摊预交鉴定人出庭费用。"第39条规定:"鉴定人出庭费用按照证人出庭作证费用的标准计算,由败诉的当事人负担。因鉴定意见不明确或者有瑕疵需要鉴定人出庭的,出庭费用由其自行负担。人民法院委托鉴定时已经确定鉴定人出庭费用包含在鉴定费用中的,不再通知当事人预交。"

不同意给予原告王某精神损害赔偿。被告李某主张自己生活作风正派，在亲友、同事当中口碑很好，原告王某之所以提出离婚，是因为原告王某另有新欢，与自己无关。

在举证期限内，原告王某提交的证据主要是：

1. 邻居的一份证言，证实原告王某与被告李某经常发生争吵，但发生争吵的原因不详；

2. 被告李某的手机，手机里面有范某（女，李某同事）发给被告李某的三条短信，内容大致为范某与被告李某调情、共同生活中有关事情以及涉及被告李某与原告王某离婚等事项；

3. 通讯公司提供的书证，证实第2份证据中发手机短信的两个手机号码开户者分别为范某与被告李某。

在举证期限内，被告李某提交的证据主要是其所在单位出具并加盖单位公章的证明材料，该证据称被告李某为人正直，待人友善，与单位同事关系融洽，工作积极，受到大家一致好评。

〔意见分歧〕

本案中，对被告提供其单位证明材料的证明效力如何认定，有以下几种观点：

一种观点认为，单位证明材料符合证据属性，是有关单位出具的用来证明存在某种事实的一种文书，比一般书证可信度更高，应予采信。

另一种观点认为，单位证明材料不同于法律文书，它的特性决定了其质证的难度大，因此其证明力应比一般证据要低。且本案中，单位往往很难知晓其员工的私生活，在没有其他证据印证的情况下，无法证明被告生活作风正派。

还有一种观点认为，"单位证明材料"通常是有关单位出具的用来证明存在某种事实的一种文书。从表面上看，"单位证明材料"可能被认为是书证的形式之一，"单位证明材料"与"书证"都可以表现为书面材料。但"单位证明材料"往往形成于诉讼的过程之中，通常是因为诉讼而"证明"，而且多数情况下还是取证机关在调查取证活动中获得。"单位证明材料"既不同于书证，又不同于证人证言，甚至也不能算是严格意义上的"公文文书"。可以说，很难将"单位证明材料"归于我国现行证据体系中的任何一种证据种类。然而，司法实务中，它又是客观存在的并经常被作为证据使用的一种证据材料，一般被称作"其他证据材料"，这是一个无法回避的现实问题。在目前法律尚未对"单位证明材料"作出规定的情况下，"单位证明材料"只能视为证明力极低的一种证明材料，不能单独作为证据使用。

〔问题解析〕

根据《民事诉讼法解释》第114条规定，公文书证是指国家机关或者其他依法具有社会管理职能的组织，在其职权范围内制作的文书。因此，公文书证是公权力机关或依法被授权享有公权力的职能部门在其职权范围内所制作的文书。而单位证明材料则是指有关单位根据其内部人员的请求或应有关部门的要求就特定证明事项制作的文书。这种由单位制作的证明文书通常不具有法律上的规范性，故其任意性较强。另外，尽管单位证明材料通常采用书面形式，但与我国《民事诉讼法》上所规定的书证不同，它也不属于《民事诉讼法》规定的法定证据范畴。尽管如此，也不能够一概否定这种单位证明材料的证明效力。《民事诉讼法》第70条第2款规定："人民法院对有关单位和个人提出的证明文书，应当辨别真伪，审查确定其效力。"《民事诉讼法解释》第115条规定："单位向人民法院提出的证明材料，应当由单位负责人及制作证明材料的人员签名或者盖章，并加盖单位印章。人民法院就单位出具的证明材料，可以向单位及制作证明材料的人员进行调查核实。必要时，可以要求制作证明材料的人员出庭作证。单位及制作证明材料的人员拒绝人民法院调查核实，或者制作证明材料的人员无正当理由拒绝出庭作证的，该证明材料不得作为认定案件事实的根据。"从一般情况来看，审判实践中，有关当事人向法院提交单位证明材料时，通常可作为证据来源或线索，其证明效力如何取决于有关证明材料的目的、性质和内容。例如，有关单位证明材料（如当地居民委员会或物业管理公司）系证明某年某月某日最后一次看到某人，这种证明材料显然与证人证言有关。对此，法院应当向有关当事人释明，要求有关单位派员以证人身份出庭作证；再如，有关单位证明材料所涉及的内容主要来源于对某人档案材料的摘抄，或者涉及某人的劳动报酬、福利待遇、奖惩情况等，则属于报道性书证范畴，适用书证规则。另外，单位证明材料如果涉及证明某人的健康状况、婚姻状况等与单位职能不符的，这种证明材料因缺乏证据的适格性并无任何证明效力可言。

本案中，被告李某提交了单位证明材料，从其证明的目的和内容来看，主要是证明李某的工作表现和与同事之间的关系，具有书证的基本属性。本案中，虽然李某提供的单位证明材料具有证据的适格性，但与法院所要查明待证事实之间的关系来看，则缺乏必要的关联性。

　　上述第一种观点将单位证明材料作为一种独立的文书证据来看待，认为其证明效力高于一般书证，这种认识既缺乏法理基础，又缺乏法律根据；上述第二种观点则缺乏具体问题具体分析的辩证思维，对单位证明材料的认识陷入一概而论的极端主义泥潭；而上述第三种观点则未能对单位证明材料的性质和特点有准确的定位和把握，无可自拔地陷入思路不清、逻辑混乱的误区。

# 第十章
# 视听资料与电子数据

## 一、基本要义

（一）视听资料

1. 视听资料的概念与性质

所谓视听资料，是指采用录音、录像等资料来证明案件事实的证据，具体包括录像带、录音带、电影胶卷、微型胶卷、电视录像等。视听资料是介于书证、物证、电子数据之间的一种独立的证据形式。它是随着科学技术的发展和司法实践的需要而出现的一种新型证据，是自然科学成果运用于诉讼领域的结果。

严格来说，视听资料的名称本身并不足以涵盖其在现代诉讼证据中的内容。因为其他证据种类均以证据的存在和表现形式作为其命名的根据，而视听资料则是以人们对此类证据的感受方式而命名的。在计算机未被广泛使用时，视听资料就是指录音资料和录像资料，或许可以用"音像资料"或"音像证据"的提法，但在计算机广泛运用于社会生活的今天，其范围已不再局限于文义上的外延，而应在一个更为狭义的范围内对其加以界定。况且，我国《刑事诉讼法》《民事诉讼法》和《行政诉讼法》中均使用了"视听资料"的概念，其名称已约定俗成。因此，通说认为，在立法未作变更的情况下，还是尊重立法的选择，将这种证据称为"视听资料"。

2. 视听资料的基本特征

视听资料与书证、物证、电子数据有相似之处，均属于实物性证据类型，因此，对视听资料进行质证时，虽然不能提供原物或者原物已不存在，但有证据证明复制品与原物相一致时除外。

视听资料具有其独特的基本特征，主要包括：第一，视听资料是以声音、图像和电子计算机的"特殊语言"所反映的内容来证明案件事实状况的；第二，视听资料记载的形象既可以是静态的，也可以是动态反映一定的人和物的特征、外观、形状，以及某种行为或事件的发生与发展过程；第三，视听资料能够更为直观、逼真地再现案件事实的原始情况，容量大、内容丰富、具有较高的真实性和可靠性。但是，正是因为以上特点，使其存在一些特有的弱点和局限性，即较容易被人所伪造、裁剪或涂改。

当今世界各国将视听资料作为一种独立的证据形式或证据立法的尚属少见，两大法系国家或地区都倾向于将视听资料划归某种传统的证据形式或证据方法范畴，例如，英美法系国家或地区通常认为视听资料属于书证的一部分，而大陆法系国家或地区更倾向于把视听资料纳入物证范畴。相较而言，我国对视听资料作为一个独立的证据形式在法律上加以规定。我国台湾地区有学者将视听资料作为准文书看待，即"利用磁碟片、磁带、录音带、录影带、缩影照片等科技设备作成或保管之文书或文件，须以科技设备始能呈现其内容或提出原件有事实上之困难者，得仅提出呈现其内容之书面并证明其内容与原件相符，以代替原件之提出"。[①]

（二）电子数据

1. 对电子数据的界定

电子数据仅是一种概括性的统称，在此概念之下，其表现形式纷繁复杂，极具衍生性与扩展性，除了常见的电子文件、数据库、手机短信、电子邮件（E-mail）、电子聊天记录（E-chat）外，还包括表现为电子数据交换（EDI）、电子资金划拨（EFT）、电子公告牌记录（BBS）和电子签章（E-signature）等形式外，即使在广义上，以电报（Telegram）、电话（Telephone）、传真（FAX）等信息传播方式，也以媒介的形态作为载体具备了电子数据的一些特征。

在当今社会不断进步以及科学技术不断发展的大背景下，随着信息技术产业的兴起和互联网技术的飞速发展，人与人之间的交流、联系正逐步打破传统的面对面或纸书信函方式，取而代之的是采用远程网络信息系统以电子数据作为传播媒介。美国著名电子数据专家约翰·安杰森（John Jessen）指出："电子数据与计算机无关，但人们不过是不得不去处理碰巧存储在计算机系统里的信

---

① 王甲乙、杨建华、郑健才：《民事诉讼法新论》，我国台湾地区三民书局有限公司2007年版，第471页。

息资料。"①

在信息社会和大数据时代，电子数据与整个社会生活、工作和各种交易、交流活动密不可分，并每时每刻记录下这一过程的每一瞬间和每一细节。正如有学者所言："只要是某人将信息输入到计算机里，操作员通过指令就能使之生成信息，或者由计算机利用或处理信息。与其他类型的实物证据所不同的是，快速敲打按键在没有人工输入的情况下，电子数据作为证据在几乎瞬间就可产生。在日常的每一天，人们使用电脑产生了不计其数的大量可被用作证据的电子信息。其结果是，实际上电子数据这种证据无所不在。"② 作为一种证据类型，随着计算机技术的发展及互联网络系统的普及和广泛运用，电子数据是在计算机或计算机系统运行过程中因电子化数据交换等产生的能够有助于证明案件事实的具有特定类型化的信息资料。随着计算机技术及网络技术的发展，人们可以通过文字对话、语音视频对话、电子邮件等方式在网上进行沟通交流、商谈业务、买卖商品。然而，随着交易的越发活跃，产生纠纷的机会也就越多，人们在处理纠纷时经常会遇到选择采用交易过程中产生的文字资料、图像资料、视频资料等来证明自己的主张。"无论发展趋势如何，诉讼当事人都将毫无疑问地面对日趋增长的以电子形式出现的证据，并且，他们还必须处理好对因技术性的细节与创新性（Technological Savvy and Creativity）而给证据力造成的妨碍。"③

2. 电子数据的基本特点

对电子数据基本特点的认识与把握，关系到当事人如何根据电子数据的特殊性质来收集证据、保存证据和提交证据，证明对其有利益的事实主张和诉讼请求，关系到法院对电子数据如何组织和开展庭审调查，关系到法院能否以及如何根据这种新类型的证据资料来查明案件事实，也就是关系到诉讼能否顺利进行。

与传统的实物证据（如书证、物证等）相比较，电子数据具有数字性、巨

---

① Kimberly D. Richard, *Electronic Evidence: To Produce Or Not To Produce, That Is The Question*, Winter, 1999, 21 Whittier L. Rev.p465.

② Leah Voigt Romano, Developments in the Law: Electronic Discovery, VI. Electronic Evidence And The Federal Rules, Summer 2005, 38 Loy. L.A. L. Rev. p.1748.

③ Leah Voigt Romano, Developments in the Law: Electronic Discovery, VI. Electronic Evidence And The Federal Rules, Summer 2005, 38 Loy. L.A. L. Rev. p1797.

量性、隐蔽性、易变性、脆弱性和载体多样性等特点。同时,虽然电子数据本身具有易变性,但是,从技术角度讲,任何删除或篡改都会留下一定的痕迹,因此,相比较传统类型的证据,电子数据作为证据在特定条件下又具有安全性和稳定性。"在实践中,电子数据难以在不留下任何痕迹的情况下消失得无影无踪。然而,正是这一现象被证明对证据开示过程中律师收集证据特别有帮助。当用户敲一下'删除'键,计算机并非是从其存储器中'消除'有关的文件、备忘录(或备注 memo)或电子邮件,相反,它只是将数据转移到一个不为人知的系统中。计算机随后会将其有效识别为可用的磁盘空间,这时可以选择消除或不予消除。即使当数据被选择消除时,在某些情况下,有关数据还是可以被恢复。因此,对于在为了诉讼而收集那些至关重要的电子文件的当事人或律师而言,在计算机系统中'删除'几乎不可能意味着'毁损'其中的数据。"① 这些特点的存在对当事人的举证、质证以及法庭的庭审调查方式会产生重大影响。

另外,值得关注的是,数字经济时代浪潮下的电子数据显得更为多样、复杂,数据防篡改能力是区块链技术的核心能力。正是这些技术的组合实现了区块链数据防篡改的能力,使之具备支持保障司法数据、电子证据等真实性的能力。相较纸质材料而言,信息时代电子材料等司法数据的易取得性、易复制性、易篡改性使得它的真实性常常受到质疑。区块链可以在确保电子证据的可靠性与可信性上发挥作用。面对新形势下所出现的取证难以及认证难等技术性现实问题,区块链技术的不可篡改性恰好为保障电子证据的可信度提供了必要的技术支撑。当电子证据在区块链上存储,即使某个节点试图进行篡改行为,区块链的多节点共识机制也会起到维护电子证据的作用,保证电子数据存证的真实可信、防篡改。② 对此,最高人民法院 2022 年 5 月 23 日发布的《最高人民法院关于加强区块链司法应用的意见》中指出:"健全完善区块链平台证据核验功能,支持当事人和法官在线核验通过区块链存储的电子证据,推动完善区块链

---

① Kimberly D. Richard, *Electronic Evidence: To Produce Or Not To Produce, That Is The Question*, Winter, 1999, 21 Whittier L. Rev.p467.

② 参见孙福辉:《解读〈最高人民法院关于加强区块链司法应用的意见〉》,载《中国应用法学》2022 年第 4 期。

存证的标准和规则，提升电子证据认定的效率和质量。""构建与版权、商标、专利等知识产权区块链平台的跨链协同机制，支持对知识产权的权属、登记、转让等信息的查询核验，为知识产权案件的证据认定等提供便利，更好地服务国家创新驱动战略实施。"

3. 电子数据的基本类型

通常而论，电子数据在基本形态上可分为如下类型：（1）文字处理性的电子数据。这类电子数据是采用文字处理系统所形成的电子文件，由文字、表格、标点、各种符号或者其他编码文本所组成。不同类型的文字处理软件生成的电子文件一般是不能兼容的，使用不同代码规则所形成的电子文件一般也不能直接读取。所有这些软件、系统、代码连同文本等内容一起构成了文字处理文件的基本要素。（2）图形处理性的电子证据。这类电子数据是由计算机专门的软件系统辅助设计或者辅助制造所形成的图形数据等，即通过图形，使得人们可以直观地了解非连续性数据之间的关系，使得一些复杂的信息变得生动而明晰。（3）数据库性的电子数据。这类电子数据是由若干原始数据记录所组成的电子文件。数据库系统的功能是输入和存储数据、查询记录以及按照指令输出结果，一般具有很高的信息价值，但是只有在经过整理汇总之后，它才能具有较为实际的用途和价值。（4）程序性的电子数据。这类电子数据是由计算机所进行人机交流的工具、软件，也就是由若干个程序组成的电子文件，在一定条件下，这些程序性的电子文件可以构成电子数据，用来证明案件的有关事实。（5）影、音、像性的电子数据。这类电子证据俗称"多媒体"电子文件，它通常是经过电子扫描识别、视频捕捉、音频录入等技术综合编辑而形成的。可见，即使从直观和感性认识的角度而言，也使人能够意识到，电子数据属于一种特定自然科学的专业领域，与法律及司法审判程序这种具有社会科学特征的专业领域具有相当的距离，这两种原本分属于不同领域的学科专业使得庭审证据调查的开展具有显著的非传统性特征，在相当程度上，它代表了未来庭审证据调查程序的趋势与色彩，即法律的专业性与自然科学的专业性的结合与交融将成为一种主导力量。

4. 对电子数据基本属性的认识

在民事诉讼庭审当中，因证据的属性不同而选择适用不同的证据调查方式，是实行当事人证据辩论主义的必要条件,也是法院通过庭审过程中的证据调查就案件事实获得心证的必要前提。

由于电子数据属于一种新类型的证据,在该种证据出现之前,学者对其他现有证据在属性问题上已经形成基本的共识,有效地促进了庭审证据调查活动的有序开展。

由于对电子数据的法律性质、调查目的等有不同的认识和理解,导致学理上对电子数据的调查方法存在不同的主张,近年来,围绕电子数据在属性问题上所产生的争论对庭审证据调查产生实质影响的,主要涉及以下几种观点:

(1) 书证说。该说认为,虽然电子数据和书证在记录方式、记载内容的介质上存在明显不同,例如,普通的书证是将人的意思表示、思想内容以文字、符号等方式以纸张作为存储载体,而电子数据则是以电磁、光等物理方式将同样的内容记载于非纸式的存储介质上,但二者具有相同的运用功能,且能够记录完全相同的内容。书证说注重电子数据所具有的保存与传达思想的机能,认为电子数据(或记录)是文书,或以电磁记号的组合来表示思想,但尚未达到可阅读状态的准文书。书证说的主要立论根据为:第一,书证制作的目的在于直接表达人的主观意识、思想和意思表示,故此书证是人类社会从事各种交流活动所不可或缺的媒介。在实质意义上,人的主观意识、思想和意思表示就是一种信息资料,随着现代科技的迅猛发展,人类社会进入了大数据时代,使得人们之间的信息交流借助科技手段呈现电子化或数据化状态。例如,我国台湾地区学者陈计男教授认为,作为"文书"在概念上所强调的是"物件上隐含有作成人的意思、思想",而这便是与其他证据方法区别的一个重点所在。在将电子数据作为证据方法的情形下,我们所要使用的也是电子数据上所载的(人的)意思。[①] 第二,书证不同于其他证据的重要特征在于它的可被阅读性,这一特征对于电子数据并非例外。人们可以通过电脑屏幕等显示设备,在阅读有关文字、符号等信息资料之后得以据此识别、了解和判断电子数据书证制作人的意图、思想或者相关的意思表示。再如,我国台湾地区学者雷万来教授指出,从

---

[①] 参见曹鸿兰等:《电磁记录在民事诉讼法上之证据调查方法》,载我国台湾地区"民事诉讼法"研究基金会:《民事诉讼法之研讨(八)》,我国台湾地区三民书局1999年版,第275页。

定义上看，书证的最大特点在于传达一定的意思或一定的思想。由于书证具有这种"可阅读性"，法律就赋予其"书证特权"，并且一般人在经验法则上也大多给予较高的评价。电子数据信息记录在电脑等科技设备中，就好比"微雕"的艺术品，即由雕刻家将作品雕刻在米样大小的物体上，虽然眼睛无法看得很清楚，仍然可以用放大镜看。[①] 第三，书证的性质和特点决定了其离不开一定的物质材料作为其载体，电子数据的存在也依赖一定的物质材料，只不过这种物质材料更加与科学技术有关，在某种程度上，这只不过是人们的阅读方式发生了进化所产生的结果，而这种方式的转变并不能导致人们在制作书证目的上的改变。例如，我国台湾地区学者吴明轩教授认为，在电子数据的情形下，如使用文字的记载，直接可用打印机印制出来，应当用书证的方式解决，因为这种形式只不过是在方法上运用了科技设备而已。[②]

（2）新书证说。新书证说产生的目的是立足克服书证说的缺陷。该说主张当一方当事人所举出的证据系电子数据时应将印制出来的文件作为原件，故当法院令当事人提交原件时，当事人只需将印制出来的文件交给法院，而不需连同电子数据的有关载体一并提交给法院，因为有关载体只是制作原件的材料，而不是原件。该说的主要立论根据是：第一，电子数据不同于传统的书证的一个特征在于，其信息量往往巨大，并且这种信息数据虽然在电子设备上可以阅读，但基于庭审证据调查的需要，必须借助打印机等器械设备制作成文书形式，方可在庭审证据调查过程中被利用。第二，为了达到节约成本的目的，仅可将与待证事实有关的电子数据制作成书面形式并由作成人在其书面上签署、捺印，由举证人将其作为文书的原件向法院提交。第三，该说注重电子数据的机能、存在形态及其使用目的等，因电子数据本身具有保存、传达意思的机能，虽然其原状并不能直接被用来阅读，但可印制成为可阅读的书面形式，故被日本学

---

[①] 参见曹鸿兰等：《电磁记录在民事诉讼法上之证据调查方法》，载我国台湾地区"民事诉讼法"研究基金会：《民事诉讼法之研讨（八）》，我国台湾地区三民书局1999年版，第264页。

[②] 参见曹鸿兰等：《电磁记录在民事诉讼法上之证据调查方法》，载我国台湾地区"民事诉讼法"研究基金会：《民事诉讼法之研讨（八）》，我国台湾地区三民书局1999年版，第280页。

者称为"可能文书"①，当有关内容被印制成为书面形式便于提交给法院进行证据调查时，该文书在学理上又被称为"生成文书"②。第四，为了诉讼的目的而就电子数据的有关内容经印制所作成的生成文书，应当属于证据原本，而电子数据的有关载体（如电子记录等）本身不过系用以作成该原本的资料而已。

新书证说与书证说的主要不同点表现在：第一，新书证说主张仅可将与案件事实有关的电子数据信息部分印制出来，由当时印制生成文书的人员在其书面上签署、捺印，以完成生成文书之文书形式，并以此作为证据原件提交法院调查，而书证说则主张当事人在诉讼上举证时，原则上应向法院提出电子数据有关载体的原本及其善本与电脑等程式；第二，新书证说主张电子数据的有关载体本身只是用以作成该原件的资料而并非原件，而书证说则主张电子数据的有关载体本身应当作为原件对待；第三，新书证说主张，在进行证据调查时，如当事人对与案件事实有关的这种电子数据的生成文书在形式上的证据力不持异议时，仅就该生成文书加以调查，但如当事人对提出的生成文书与可能文书的同一性等表示异议时，就应当采用鉴定或勘验等方式进行调查，而书证说则主张应当直接以通常的书证调查方法来对这种电子数据进行调查。③

（3）视听资料说。该说认为，电子数据与传统证据中的视听资料在承载的媒介上是相同的，都需借助一定的工具或以一定的手段转化后才能被人们所感知，故从电子证据的物理性质上来看，应将其归入视听资料范畴。该说的立论根据是，视听资料是指可视、可听的录音、录像之类的资料，需要借助一定的

---

① 参见［日］加腾新太郎：新種證據と證據調べ方式，ジュスト增刊，法律學の爭點シリーズ 5，民事訴訟法の爭點（新版），第二六一页。转引自曹鸿兰等：《电磁记录在民事诉讼法上之证据调查方法》，载我国台湾地区"民事诉讼法"研究基金会：《民事诉讼法之研讨（八）》，我国台湾地区三民书局 1999 年版，第 244~245 页。

② 参见［日］加腾新太郎：新種證據と證據調べ方式，ジュスト增刊，法律學の爭點シリーズ 5，民事訴訟法の爭點（新版），第二六一页。转引自曹鸿兰等：《电磁记录在民事诉讼法上之证据调查方法》，载我国台湾地区"民事诉讼法"研究基金会：《民事诉讼法之研讨（八）》，1999 年版，第 245 页。

③ 参见［日］竹下守夫：コンピユータの導入と民事訴訟法上の諸問題ジユリスト第四八四號三一頁。转引自曹鸿兰等：《电磁记录在民事诉讼法上之证据调查方法》，载我国台湾地区"民事诉讼法"研究基金会：《民事诉讼法之研讨（八）》，我国台湾地区三民书局 1999 年版，第 244 页。

工具或以一定的手段转化后才能被人们所感知；相比之下，电子数据也必须借助计算机系统显示为"可读形式"，亦同样是可视或可听的，并且在承载媒介上，二者是相同的，均为电磁记录物。

（4）鉴定意见说。基于庭审证据调查中，有时因一方当事人或法庭对某一电子数据的形式证据力的可信度持有疑问，而不得不采用鉴定方式，故有个别学者将电子数据归为鉴定意见的范畴。该说的立论根据是，在这种情形下，假如不采用鉴定方式，将无法对电子数据形式上的真实性作出判断，那么，法庭对该电子数据的证据调查活动将无法正常进行。

（5）勘验说。该说认为，在庭审证据调查时，法庭或当事人对电子数据的有关内容无法以直接观察的方法进行阅读，故须采用勘验等方式进行调查。对此，作为该说的立论根据，日本学者住吉博指出，不具可读性的电子数据属于非文书性质的证据原本，故应当以勘验、鉴定方法进行调查。

有学者对采用勘验说进行批判时指出，勘验是为认识事物的存在、形状、形态等证据调查方法，所以，作为认识电子数据内容如何的证据调查方法似乎并不适当。另外，按照勘验说的观点，在法官面前操作电脑、印制电子数据有关载体作为书面的调查方法有过于繁缛之嫌，不切合诉讼现实，故该观点只是少数说。①

（6）混合证据说。该说认为，电子数据不应当作为一种独立的证据形态，传统的诸种证据形式都存在着电子形式，如电子物证、电子书证、电子视听资料、电子证人证言、电子当事人陈述、电子证据的鉴定意见及电子勘验笔录。其主要立论根据是，电子数据同传统证据相比，其区别在于其载体的特殊性，而并非证明机制上。因此，电子数据绝非一种全新的证据，而是传统证据的演变形式。

（7）独立证据说。该说认为，现有任何一种证据类型均不能完全反映电子数据的内涵和特征，故电子数据应归为独立的证据种类。其主要立论根据是，任何一种传统证据都无法完全将电子证据囊括，并且，电子数据的表现形式随

---

① 参见曹鸿兰等：《电磁记录在民事诉讼法上之证据调查方法》，载我国台湾地区"民事诉讼法"研究基金会：《民事诉讼法之研讨（八）》，我国台湾地区三民书局1999年版，第246~247页。

着网络和信息技术的发展而变得日趋多样，电子数据在司法活动中出现频率越来越多，其在证明待证事实上所起的作用越来越大，法律的前瞻性决定将电子数据增加为一种独立的证据类型具有迫切性。

上述诸种学说中对各国或地区的立法实践和诉讼实务产生较大影响的分别有书证说、新书证说、勘验说、独立证据说。其中，书证说的影响力最大，几乎涵盖了所有英美法系国家或地区以及相当一部分大陆法系国家或地区；新证据说是对证据说的一种改良性的设计和定位，在部分大陆法系国家或地区的实务界似有日渐受人热捧的趋势；勘验说在德国有相当的影响力。

在我国，《合同法》将电子数据界定为一种广义上的书证，三大诉讼法将电子数据作为一种与书证并列的独立证据类型，《电子签名法》则更倾向于将其划归一种特殊的书证，在界定电子数据形式证据力上更加接近"新书证说"。严格地讲，在学理上，三大诉讼法所称的"书证"，是一种传统意义上的书证，系对书证的一种最为狭义的界定，而"电子数据"则属于现代意义上的书证，它与"视听资料"一道可一并归属于广义上的书证范畴。从现实的司法实践来看，电子数据的表现形式日趋多样化，一方当事人对另一方所提出电子数据的态度不尽相同，个案的具体情节纷繁复杂，如果仅仅按照一种学说所涉及的证据调查方式，显然不足以应对可能发生的各种情势，故此，笔者认为，对电子数据的调查、收集、举证以及法院在庭审过程中实施证据调查时，可依据不同的情形，选择采用不同的方式。比如，"鉴于计算机内部数据恢复系统的相对复杂性，为了鉴证证明那些被采用技术手段恢复过来的电子数据的真实性，提出相关主张的当事人经常采用多种路径与手段来鉴证证明借助电子取证技术所获取证据的真实性，而这些举动也常常受到法院的审查。比如，法院会通过对专家证言或非专家证言的考察或其他线索来辨别这些证据的实质特性。在某些情况下，法院会准许提出相关主张的当事人综合采用上述诸种方式和手段来鉴证证明被恢复数据的真实性。"[①]

---

① Leah Voigt Romano, Developments in the Law: Electronic Discovery, VI. ELECTRONIC EVIDENCE AND THE FEDERAL RULES, Summer 2005, 38 Loy. L.A. L. Rev. P.1760.

5.电子数据的来源与现行法律的对接

在我国,2012年《民事诉讼法》将原法中实行的证据随时提出主义,修改确立为证据适时提出主义的基本框架。鉴于《民事诉讼法》未就法院应当或者可以在诉讼的何种阶段确定举证期限作出明确规定,而是在审判实践中交由法院在个案中具体掌握。在此情况下,当事人即使是当庭提交证据,法院也没有法定理由予以拒绝,除非法院在开庭前已通过适当的程序为当事人确定了举证期限。然而,从现有的法律规定来看,现行法也并未在开庭前为法院创设一个确定举证期限的专门程序。为此,《民事诉讼法解释》第99条第1款规定:"人民法院应当在审理前的准备阶段确定当事人的举证期限。举证期限可以由当事人协商,并经人民法院准许。"同时,该司法解释第117条第1款中规定:"当事人申请证人出庭作证的,应当在举证期限前提出。"另外,该司法解释第121条第1款中规定:"当事人申请鉴定,可以在举证期限届满前提出。"可见,《民事诉讼法解释》系将当事人申请证据方式作为提交证据的一种类型来看待。

应当指出的是,根据民事诉讼程序本身的基本要求以及《民事诉讼法解释》第99条第1款的旨意,对于许多适用普通程序审理的案件而言,我国民事诉讼的审前准备阶段应当作为当事人及其诉讼代理人收集调查电子数据的主要时段。在此阶段,法院在认为必要时,应当以组织当事人庭前证据交换或举行庭前会议的形式,对当事人收集并提交的电子数据是否需要交由鉴定或勘验预先作出安排。

6.庭前准备程序与电子数据的收集

作为民事诉讼,在起诉时,原告需要根据自己的诉讼请求和事实主张提供相应的证据,而在庭前准备过程中,被告也需要根据自己的反诉请求及事实主张或抗辩主张提供相应的证据。在通常情况下,原告提交初步证据在先,由此才能符合法院受理立案的基本条件。在法院决定受理并立案之前,因被告在程序上无需提出抗辩,亦无必要提出反诉请求,故此无需提供相应证据。当法院对决定受理的案件将有关的受理案件通知书和应诉通知书送达被告之后,在程序上就自动进入庭前准备阶段。在此过程中,根据被告的抗辩主张或反诉请求及提交的证据,原告需要补充提交相应的证据。在庭审过程中,双方当事人提交证据或补充提交证据有可能是一个交互进行的持续性过程。对双方当事人而言，提交证据是以收集证据为前提条件的。

在信息社会条件下，电子数据类型证据的出现在很大程度上改变了当事人及其律师收集证据的方式和规则。正如有学者所言："在当今的民事诉讼过程中，律师的诉讼代理需要提供大量的以电子数据形式存储的信息资料，以便支持被代理人的诉求或者反驳对方的主张。假如一旦律师仅仅将其证据开示限制在'纸质'文书范围，该律师会因此而失去关键性的信息资料，而不再能够确信证据开示是否得以全面进行。"[1] 在民事诉讼架构下，当事人收集必要的证据是其承担举证责任的前提条件，这在私益诉讼当中具有普遍意义。就电子数据的收集而言，要首先明确收集证据的范围和方式。在确定电子数据的来源之后，由当事人的内部 IT 专业人员按照规范性的方式收集电子数据。当然，由于客观上存储于计算机系统内的电子数据及文件的数量众多，并非所有文件都需要收集，那些与案件无关的程序文件（如 .exe）通常不需要收集。由于映像拷贝（Forensic Image）硬盘通常需要专门的服务运营商的配合，成本较高，除有特殊情况（例如，离职员工可能下载或者对外传输了公司秘密信息等情形外），一般不需要映像拷贝，而按原格式进行直接拷贝。为了保障和有助于证明其收集、提供电子数据的真实性、可靠性，有关当事人可采用书面形式记录收集电子数据的全过程，其中具体包括从何处收集了数据、收集时间、数据来源（如个人电脑）、数据格式、收集时使用了哪些检索关键词、数据主题、数据收集人以及收集方式，等等。

审判实践中，双方当事人或其诉讼代理人在收集和向法院提交其认为必要的电子数据主要的来源包括：（1）用户存储在所在机构服务器或者用户本地硬盘上的电子邮件，其中包括 Gmail 等网络邮箱中与案件相关的电子邮件。假如有关机构的工作人员习惯于采用私人电子邮箱进行与业务相关的沟通交流，而不是有关机构的专用邮箱，这很可能导致收集和调查证据的范围被扩展到这些工作人员的私人邮箱。（2）所在机构服务器上存储的数据，其中包括登录所在机构服务器和数据库的日志信息。（3）电话、手机、平板电脑以及语音信箱中

---

[1] Kimberly D. Richard, *Electronic Evidence: To Produce Or Not To Produce, That Is The Question*, Winter, 1999, 21 Whittier L. Rev. P.465.

与案件相关的数据。(4)台式机或笔记本电脑本地硬盘中的数据,包括桌面垃圾箱中的文件。实践中有些工作人员的私人电脑中也许会保存与业务相关的文件,这些文件亦属于电子数据收集和调查的范围。(5)移动存储设备中的数据,包括移动硬盘、U盘以及软盘上储存的相关数据。(6)硬盘中已经删除但没有被覆盖的数据。已经被删除的数据除非被新数据覆盖,通过专业的软件仍可以还原这些被删除的数据。(7)备份硬盘或磁带中的数据。包括企业、其他组织在内的许多机构会定期将相关数据备份到硬盘或者磁带中,以防一旦数据被误删造成难以挽回的损失。(8)所在机构内网和外网中包含的信息,其中包括网页和内部员工之间通过微软 Sharepoint 等共享软件共享的信息等。(9)公司财务或者人事部门使用的软件系统中所包含的信息。(10)机构所使用的云服务上的信息。(11)即时通讯数据,包括 QQ 和 MSN 等聊天记录。由于机构业务本身会被工作人员在私下与外界的交往中不经意时被提及,因此,在这些即时通讯数据中有时就会发现与案件待证事实有关的情节与线索。(12)社交网站上的数据,包括 Facebook、Skype、Twitter 和微信上的相关数据。在社交工具上对外分享的信息(例如,在朋友圈发布的信息)视为公开信息,而私信则按照电子邮件的方式对待。(13)废弃不用的过时系统中的文件。

7. 对于当事人在庭前提交的电子数据的处理

对一方当事人向法院提交的电子数据,在开庭前,如果对方当事人认为数量较多、内容复杂,需要事先核实,或者对其真实性、关联性等无法当庭作出判断时,可享有查阅、核实的权利。为了更加有效地协助法庭证据调查的顺利开展,更加充分地从事庭前准备,为此,在开庭前,有关当事人可向法院提出申请,由法院审查批准。

事实上,双方当事人或其诉讼代理人在收集和向法院提交其认为必要的电子数据中,通常会包含许多与诉讼明显无关和重复的文件,为了避免庭审证据调查过程中的烦琐与耗时,需要当事人或其诉讼代理人基于与诉讼争点具有关联性的考虑在处理数据时剔除这些文件。所谓与诉讼明显无关和重复的文件,通常系指与软件相关的系统文件、不在双方诉讼争议涉及日期内或者不包含相关检索关键词的文件。"早期处理电子存储材料以及掌握和使用数据的技术并非特别顺利。令人棘手的是不得不做一些诸如将邮件的附件加以链接,来避免依序从第一页到第一百万页，以便逐篇查阅资料，按照类别搜索邮件与文件资料中的关键词以及其他基础性且至关重要文件等这类管理性事务。"① 值得一提的是，在剔除这些文件之前，为了便于证明相关数据在此后的处理程序中未被修改，可考虑采用哈希函数（Hash Function）为每一文件或电子邮件生成一串数字字母作为其可识别身份的根据，便于担保其真实性与可靠性。在经过剔除处理之后，有关的电子数据通常会转换成 PDF 或者 TIFF 图片文件。在向法院提交证据之前，对有关电子数据的固定与保存（保全）于相当程度上需要得到网络运营商的协助与配合。必要时，有关当事人可通过法院要求网络运营商提供必要的协助与配合。当然，网络运营商可据情收取合理的费用。

在一方或双方当事人提供的电子数据较多或较为复杂，如直接在庭审证据调查中由一方当事人出示会引起对方当事人的种种质疑而影响程序的正常推进时，法院可根据一方当事人的申请或依职权组织当事人进行证据交换，听取当事人的初步意见，或就庭审调查时就电子数据如何开展证据调查进行协调，如哪些电子数据需要提交，在提交时是否需要提交源数据；在当事人提交电子邮件时，是否需要映像拷贝硬盘内容以及是否需要提取文件的检索关键词；在电子数据的提交形式上，是采用 PDF、TIFF，还是采用原始格式，是否需要进行可搜索的 OCR 处理；对电子数据保密方式，如高度机密的源代码，以及属于有可能涉及国家机密、商业秘密、个人隐私的电子数据，只允许审理法官、法院委派以及双方聘请的专家、双方当事人的代理律师查看，不采用公开的质证方式，为此，在开庭前要进行必要的准备与程序性的安排，其中包括由双方当事人决定聘请技术专家的人选。

8. 庭前准备与鉴定、勘验申请的提出

我国《民事诉讼法》第 71 条中规定："证据应当在法庭上出示，并由当事人互相质证。"这里的"出示证据"与在举证期限内向法院"提交证据"是两个性质和功能完全不同的概念。其中，当事人在法庭上"出示证据"属于法庭进行证据调查的一部分，而在举证期限内向法院"提交证据"则属于为法庭顺利、

---

① James Donato, *The Role Of Technology In Evidence Collection*, July, 2011 by Thomson Reuters/Aspatore.

有序地开展庭审证据调查所进行必要审前准备程序的重要组成部分。因此，为了保证庭审证据调查活动的正常、顺利开展，在开庭审理前，当法院确定当事人的举证期限后，当一方当事人通过法院收到另一方当事人提交的证据为电子数据，并且认为有必要在庭审前对印制成文书形式的电子数据与用于存储该电子数据有关载体记载的内容进行查验、核实，以便决定是否提出鉴定申请时，该方当事人应当及时向法院提出庭前查验申请。

当法院接到当事人的申请，认为申请人的申请理由充分的，应当及时召集双方当事人对有关电子数据进行查验。在对有关电子数据进行查验过程中，当遇有双方当事人对印制成文书形式的电子数据与用于存储该电子数据有关载体记载的内容在同一性上发生争议的，或者当一方当事人对电子数据的有关载体（如电脑及硬盘操作系统等）的原件认为存在瑕疵而发生争执的，或者其他类似争执，只有通过鉴定方式才能作出具有说服力的判断的，应当由提出异议的一方当事人提出鉴定申请，并将其提出异议的事项作为提出鉴定申请的主要内容。

经法庭许可，有关电子数据有必要提交鉴定时，鉴定人对涉案的计算机设备的检查，应当包括但不限于：（1）互联网浏览器的历史记录和输入网址；（2）订阅网站；（3）电子信件；（4）文件共享或同行等软件，有关历史记录和残余；（5）即时消息；（6）好友列表；（7）与文件有关的时间/日期戳记；（8）文件夹和目录结构（即图像和数据的"路径"）；（9）屏幕的名称、电子邮件地址和网络身份识别；（10）远程或异地的文件存储位置（物理或虚拟）的证据；（11）登录注销的细节；（12）网络服务提供者信息；（13）与该电子数据有关的其他数据或其他个人信息；（14）使用人是否采用不同的屏幕名称或身份储存历史的互联网信息（例如，网站、新闻组或公告板服务）；（15）通过电子邮件账户或地址协会的互联网账户的识别。

9. 庭前准备与证据保全申请的提出

我国《民事诉讼法》第70条第1款规定："人民法院有权向有关单位和个人调查取证，有关单位和个人不得拒绝。"另外，在我国，凡在证据有可能发生灭失或者以后难以取得的情况下所实行的证据保全措施，是通过法院的直接参与才能够有效进行的，当事人之间不能够直接相互承担证据保全的义务。例如，我国《民事诉讼法》第84条规定："在证据可能灭失或者以后难以取得的情况下，当事人可以在诉讼过程中向人民法院申请保全证据，人民法院也可以主动采取保全措施。因情况紧急，在证据可能灭失或者以后难以取得的情况下，利害关系人可以在提起诉讼或者申请仲裁前向证据所在地、被申请人住所地或者对案件有管辖权的人民法院申请保全证据。证据保全的其他程序，参照适用本法第九章保全的有关规定。"《民事诉讼法解释》第98条第1款规定："当事人根据民事诉讼法第八十四条第一款规定申请证据保全的，可以在举证期限届满前书面提出。"据此，在我国民事诉讼上，在遇有电子数据等类型的证据可能灭失或者以后难以取得的情况下，负有举证责任的一方当事人既可在提起诉讼之前，也可在提起诉讼之后的审前准备阶段，还可在诉讼过程中的其他阶段，向法院提起证据保全的申请，由法院据情决定是否采取以及采取何种具体保全措施。

当法院根据一方当事人申请或据情依职权作出证据保全决定后，应当及时向被申请一方当事人发出证据保全的书面决定，明确证据保全的法律依据、事由、范围以及拒不协助、配合、执行的法律后果。根据庭审证据调查的旨意和功能性预期，被申请一方当事人应当承担以下证据保全的协力义务：第一，不容迟延地告知其单位内部的有关职能部门或人员，暂停相应的电子文档和电子邮件日常自动删除功能，避免删除与案件相关的电子数据；第二，要求其单位内部的有关职能部门或人员在进行日常覆盖备份盘数据之前，先检查可能被覆盖的数据是否与案件相关；第三，就如何正确、妥善、全面地保存相关电子数据，不容迟延地告知其单位内部的有关职能部门或人员；第四，采用书面形式记录其如何根据法院证据保全的具体要求来履行相关保全义务，以便在庭审证据调查时回答对方当事人就其存在保存不当行为提出的质疑。另外，在庭审证据调查时，法庭也会对负有证据保全义务的一方当事人就其如何履行相应的义务进行证据调查，负有证据保全义务的一方当事人除了正面回答相应的调查询问以外，有必要提供相应的证据加以证明，以便充分、有效地影响法官的心证。

10.庭前准备与对方当事人的证明协力义务

我国《民事诉讼法》第66条规定的法定证据种类主要有八种形式，其中的书证、视听资料和电子数据在英美法系的证据法上被统一于文书证据的概念之下，即使在大陆法系文化背景之下，视听资料和电子数据也被贴上"准书证"

的标签。可以认为，我国《民事诉讼法》中的"书证"系对传统书证的一种较为狭义的界定，而"视听资料""电子数据"则系对现代型书证的解读与认知。因此，从实物证据且具有可读性的角度来认识，"视听资料""电子数据"具有准书证的性质和特征并不为过。对此，我国《合同法》第11条①对合同的书面形式作出明确规定，即："书面形式是指合同书、信件和数据电文（包括电报、电传、传真、电子数据交换和电子邮件）等可以有形地表现所载内容的形式。"可见，该法是将电子数据作为一种书证来看待的。有鉴于此，《民事诉讼法解释》第112条规定："书证在对方当事人控制之下的，承担举证证明责任的当事人可以在举证期限届满前书面申请人民法院责令对方当事人提交。申请理由成立的，人民法院应当责令对方当事人提交，因提交书证所产生的费用，由申请人负担。对方当事人无正当理由拒不提交的，人民法院可以认定申请人所主张的书证内容为真实。"该条规定系对在民事诉讼上对方当事人负有证明协力义务的规范，自应适用于电子数据。为此，凡电子数据在对方当事人控制之下的，在举证期限届满前，承担举证证明责任的当事人可以在举证期限届满前书面申请人民法院责令对方当事人提交。申请理由成立的，人民法院应当责令对方当事人提交，因提交该电子数据所产生的费用，由申请人负担。对方当事人无正当理由拒不提交的，人民法院可以认定申请人所主张的电子数据内容为真实。

　　从比较法意义上，基于对司法的尊重和法院查明案件真实及捍卫社会基本公平正义的需要，各国除了规定涉案当事人负有证明协力义务之外，还规定有案外第三人负有相应的证明协力义务。例如，对电子文书处于诉讼外第三人掌控之下如何处理，德国诉讼法未作出相应规定。如果当事人根据实体法而希望提供这种证据来证明其主张特定的实体利益时，对于诉讼没有利害关系的该第三人会被强迫提交文书证据或实物证据。德国民事诉讼法委员会（The Commission for Civil Procedure Law）于1977年提出了一项法律修正建议，要求被强迫作证的第三人以提交其所掌握的实物证据（Physical Evidence）的形式承担作证义务。25年之后，德国立法机关采纳了这种建议，即自2002年1月1

---

① 现为《民法典》第469条第2款："书面形式是合同书、信件、电报、电传、传真等可以有形地表现所载内容的形式。"

日起，第三人负有只要有任何可能以被强迫作证形式提交或展示有关证物的义务。即使不负有证明责任的当事人也要被强迫提交或展示任何存在这种可能性的书证或物证。只要有当事人提出，法院即可命令任何当事人或第三人提交任何在其掌控之下的所有文书或其他记录。法院可以为此设定最后期限。[①] 2002年，德国进一步强化了当事人获取信息和证据的权利，并为现代诉讼程序开辟了通往理论与实践的双重之路。这样反过来有助于保障诉讼上所需的信息资料通过借助电子文书的形式呈现出来。[②]

笔者认为，在不久的将来，民事诉讼上案外第三人负有相应证明协力义务的规定也将体现在我国的有关法律中，以保障司法的权威性和保证案件事实的查明。根据我国现有司法解释的规定，我们认为，负有举证证明责任的一方当事人可以采用书面形式申请人民法院责令对方当事人提交的电子数据应当包括但不限于以下信息、资料或载体：（1）用户存储在所在机构服务器或者用户本地硬盘上的电子邮件；（2）所在机构服务器上存储的数据，其中包括登录所在机构服务器和数据库的日志信息；（3）电话、手机、平板电脑以及语音信箱中与案件相关的数据；（4）台式机或笔记本电脑本地硬盘中的数据，其中包括桌面垃圾箱中的文件；（5）移动存储设备中的数据，包括移动硬盘、U盘以及软盘上储存的相关数据；（6）硬盘中已经删除但没有被覆盖的数据；（7）备份硬盘或磁带中的数据；（8）所在机构内网和外网中包含的信息；（9）公司财务或者人事部门使用的软件系统中所包含的信息；（10）机构所使用的云服务上的信息；（11）即时通讯数据；（12）社交网站上的数据。另外，鉴于《民事诉讼法解释》第103条规定："证据应当在法庭上出示，由当事人互相质证。未经当事人质证的证据，不得作为认定案件事实的根据。……涉及国家秘密、商业秘密、

---

① Helmut Rüßmann, *Electronic Technology and Civil Procedure New Paths to Justice from Around the World*, Part III Specific Applications of Electronic Technology Applications to Court Proceedings: Documentary Evidence and Other Applications of Information Technology, Chapter 12 Electronic Documents. Security And Authenticity, 15 IUS Gentium, 2012, p.260.

② Helmut Rüßmann, *Electronic Technology and Civil Procedure New Paths to Justice from Around the World*, Part III Specific Applications of Electronic Technology Applications to Court Proceedings: Documentary Evidence and Other Applications of Information Technology, Chapter 12 Electronic Documents. Security And Authenticity, 15 IUS Gentium, 2012, p.260.

个人隐私或者法律规定应当保密的证据，不得公开质证。"可见，对方当事人不得以有关电子数据涉及国家秘密、商业秘密、个人隐私或者法律规定应当保密的证据为由而拒绝向法院提供，因为法院在法庭上所进行的证据调查和事实认定的行为具有国家意志的性质和特别权能，故此具有强烈的排他性效力。即凡电子数据属于涉及国家秘密、商业秘密、个人隐私或者法律规定应当保密证据的，仅仅作为不得公开质证的根据。也就是说，涉及国家秘密、商业秘密、个人隐私或者法律规定应当保密的电子数据应当无条件地对法院公开，法院自应在审判职务和社会责任上负有保密义务，以便当出现双方当事人就某一电子数据是否涉及国家秘密、商业秘密、个人隐私或者法律规定应当保密的证据发生争议时，进行必要的审查和作出相应的判断。

## 二、我国有关法律及司法解释相关规定的理解与适用

（一）电子数据或视听资料的界定与范围

《民事诉讼法解释》第 116 条规定："视听资料包括录音资料和影像资料。电子数据是指通过电子邮件、电子数据交换、网上聊天记录、博客、微博客、手机短信、电子签名、域名等形成或者存储在电子介质中的信息。存储在电子介质中的录音资料和影像资料，适用电子数据的规定。"

对本条文的理解与适用，应当掌握如下基本内容：

1. 由于电子数据已作为一种独立的证据种类，使得视听资料主要限于录音资料和影像资料。例如，录像带、录音带、电影胶卷、微型胶卷、电视录像，等等。其中，录音资料是应用声、光、电和机械学等领域的科学技术，将处于动态中的有关人员的对话、演讲、演说和自然声响等声音如实记录下来，然后通过播放的形式再现原来的声迹，以此证明待证事实的证据资料；而录像资料则是应用光电效应和电磁转换的基本原理，将处于动态当中的人或事的形象、状态及活动、变化等事实情形真实地记录下来，再经过播放，重新演示及展现原始的情形以证明案件待证事实的证据资料。视听资料的形成需要借助录音机、录像机等设备，由于对有关设备的依赖性，使得人们在制作视听资料的同时，

也会给一些不法之徒借助这些设备对有关视听资料进行伪造或者篡改的机会。

2. 视听资料属于实物证据范畴，在立法上要求有关举证人提交视听资料的原物旨在保障证据辩论主义的有效贯彻。因为，仅凭视听资料的复制件来证明案件事实，有时难免存在瑕疵，在有关当事人提出合理质疑时，法院将不可避免地要对此开展证据调查活动。因此，当视听资料的原物与其复制件进行核对时，法院应当结合个案中的其他证据，对该视听资料的真实性进行审查判断，以决定其能否作为认定案件事实的根据。

3. 本条文中，所谓电子邮件，又称为电子信箱，是指利用电子手段进行信息交换的一种通信方式，可以表现为文字、图像、声音等多种形式，是互联网应用最为广泛的服务。通过互联网上的电子邮件系统，用户可以实现以低廉的价格和快捷的方式，与世界上任何一个角落的网络用户取得联系。电子证据的传输原理是：通过互联网络，发件客户端、发送端 ISP 主机、接收端主机和收件客户端之间可以实现电子邮件的互联互通。电子邮件在发送过程中历经邮件发送者主机与邮件服务器，再到邮件接收者的邮件服务器与其主机，邮件内容在这四个终端内都有一份"备份"。所谓电子数据交换（Electronic data interchange，缩写 EDI），是指按照同一规定的一套通用标准格式，将标准的经济信息，通过通信网络传输，在贸易伙伴的电子计算机系统之间进行数据交换和自动处理。由于使用 EDI 能有效地减少直到最终消除贸易过程中的纸面单证，因而 EDI 也被俗称为"无纸交易"。它是一种利用计算机进行商务处理的新方法。EDI 是将贸易、运输、保险、银行和海关等行业的信息，用一种国际公认的标准格式，通过计算机通信网络，使各有关部门、公司与企业之间进行数据交换与处理，并完成以贸易为中心的全部业务过程。网上聊天记录通常包括 QQ 聊天记录、微信聊天记录、阿里旺旺聊天记录等。在 QQ 软件的聊天记录问题上，用户在注册会员后即可上传聊天记录，若设置了漫游聊天记录，即可以随时随地查看与好友之前的历史聊天内容。由于网页信息更新快、时效性强，应注意对网页证据的保全，可通过公证、摄像、下载等形式固定网页。所谓博客，并不是纯粹的技术创新，而是一种逐渐演变的网络应用。而所谓微博客，即微型博客（MicroBlog）的简称，也即是博客的一种，是一种通过关注机制分享简短实时信息的广播式的社交网络平台。所谓手机短信，是指用户通过手机或其他电信终端发布和接收有关文字或数字信息以及图像、声音、数据等各种多媒体格式的信息。手机短信分为两种类型：一种短信是用户通过手机或其他电信终端直接发送或接收的文字或数字信息，用户每次能接收和发送短信的字符数，是160个英文或数字字符，或者70个中文字符。另一种是彩信，它最大的特色就是支持多媒体功能，能够传递功能全面的内容和信息，这些信息包括文字、图像、声音、数据等各种多媒体格式的信息。所谓电子签名，是指数据电文中以电子形式所含、所附用于识别签名人身份并表明签名人认可其中内容的数据。即电子签名是通过密码技术对电子文档的电子形式的签名，它类似于手写签名或印章，或者说，它就是电子印章，而并非书面签名的数字图像化。电子签名是包含、附加在某一数据电文内，或逻辑上与某一数据电文相联系的电子形式的数据，它能被用来证实与此数据电文有关的签名人的身份，并表明该签名人认可该数据电文所载信息。作为一种电子代码，收件人利用它便能在网上轻松验证发件人的身份和签名。它还能验证出文件的原文在传输过程中有无变动。如果有人想通过网络把一份重要文件发送给外地的人，收件人和发件人都需要首先向一个许可证授权机构CA（GlobalSign）申请一份电子许可证。这份加密的证书包括了申请者在网上的公共钥匙即"公共电脑密码"，用于文件验证。凡是能在电子通讯中，起到证明当事人的身份、证明当事人对文件内容的认可的电子技术手段，都可被称为电子签名，电子签名即现代认证技术的一般性概念，它是电子商务安全的重要保障手段。所谓域名，是指能够体现信息来源的网上符号，具有特定的识别功能，犹如网络的门牌及电话号码。但是，在电子商务环境下，对于那些在社会上具有广泛影响力的网站，域名所发挥的作用已远远不只是识别功能，而是成为一种具有巨大价值的财产权，是商品或者服务提供者的商业信誉、服务质量等综合素质的体现，在功能上具有商业标识的性质。

4. 鉴于电子数据类型的证据是以电子形式存储在电子介质之上，因此，这种以电子介质为载体的录音资料和影像资料属于电子数据类型的证据范畴，因此适用有关电子数据的规定。

（二）电子数据的类型与范围

2019年《民事证据规定》第14条规定："电子数据包括下列信息、电子文件：（一）网页、博客、微博客等网络平台发布的信息；（二）手机短信、电子邮件、即时通信、通讯群组等网络应用服务的通信信息；（三）用户注册信息、身份认证信息、电子交易记录、通信记录、登录日志等信息；（四）文档、图片、音频、视频、数字证书、计算机程序等电子文件；（五）其他以数字化形式存储、处理、传输的能够证明案件事实的信息。"

对本条文的理解与适用，应当掌握如下基本内容：

1. 本条文是对《民事诉讼法解释》第116条的承继和发展，也就是将有关电子数据证据的类型进行归纳整理，将电子数据划分为网络平台发布类信息、网络应用服务类通信信息、记录类信息、电子文件和其他以数字化形式存储、处理、传输的有关信息。并且，为了适应审判实践的需要，将每一类型项下的电子数据进行了列举，例如，网络平台发布类的信息，除了列举的网页、博客、微博客以外，事实上，还应包括抖音、短视频、朋友圈、贴吧、论坛、网盘等网络平台发布的信息，另外，随着社会的不断进步与发展，该类型项下的电子数据还有不断扩张的空间。由于不同类型项下的电子数据在生成和存储方式上的不同以及证明价值上的区别，具体进行提取、收集、展示、审查判断所采用的方式也应有所不同。例如，在电子邮件的出示和庭审调查上，提出该证据的一方当事人，应当提供邮件的来源，包括具体的发件人、收件人及邮件提供人，表明有关人员与案件当事人的关系，邮件的生成、接收时间及邮件内容。在庭审出示证据阶段，如果双方当事人均无异议，可直接出示邮件纸质件；如果一方当事人对另一方当事人出示的邮件纸质件与有关载体的内容之间的一致性提出异议的，举证方应当在计算机上当庭演示，并下载打印成纸质件。在对电子邮件事先已作公证的情况下，可不当庭在计算机上进行演示，而直接将公证文书作为证据出示，听取对方当事人对此发表质证意见。在进行庭审证据调查时，审理法官应当充分意识到，尽管电子邮件以电子信息形式传播和收发，看似不如传统书证那样保真程度较高，在被人为篡改后如不采用现代科技手段就难以予以识别，然而，电子邮件的自身优势也十分显著，它的发件人和收件人具有唯一性和不可替代性,且每个电子邮箱对应的是能够识别的唯一的用户,其互联网的账号、密码、用户名在相对时间内也是具有唯一性和可排他性的。可见,对于电子证据进行规范和类型化,不但有助于有关当事人按照特定的标准对某一类型项下的电子数据进行收集、固定和保存,并且以适当的方式在法庭上进行展示,而且还有利于法院根据不同类型电子数据的特点进行相应的审查与判断。

2. 本条文所称的网络平台发布类的信息,主要包括网页、博客、微博客、抖音、短视频、朋友圈、贴吧、论坛、网盘等网络平台发布的信息。其中,网页是一种存储在 Web 服务器上,通过网络进行传播,并被浏览器所解析和显示的 html 文件。从其构成要素上来看,网页是一种由图片、文字和超级链接等多种元素所组成的多媒体页面。用户在访问这些页面的过程中,会因访问行为而传输交互数据并在本地予以组装,这就构成了网页。对于网页数据的获取,应当坚持全面、客观,不仅要获取图片、录像等肉眼可视可读的信息,还要获取底层数据和交互数据,这样才能够有助于满足证据真实性的要求。博客、微博客属于一种建立在 Web2.0 技术之上的互动社区,是用来进行社会互动的媒体。微博客属于博客的一种常用类型。微博客是一个基于用户关系信息分享、传播以及获取平台。用户可以通过 WEB、WAP 等各种客户端组建个人社区,以 140 字左右的文字更新信息,并实现即时分享。最早的微博是美国 Twitter。2009 年 8 月,中国门户网站新浪推出"新浪微博"内测版,成为门户网站中第一家提供微博服务的网站,微博正式进入中文上网主流人群视野。这种平台的主要功能和特点是,一个人既可以作为观众,在微博上浏览自己感兴趣的信息;也可以作为发布者,在微博上发布内容供别人浏览。发布的内容一般较短,如 140 字的限制,微博由此得名。另外,也可以发布图片、分享视频等。微博的独特之处就在于,其发布信息快速,信息传播的速度快。例如,一个有 500 万听众(粉丝)的发布者,其发布的信息会在瞬间传播给 500 万人。

3. 本条文所称的网络应用服务的通信信息,包括手机短信、电子邮件、即时通信以及通讯群组等形式的通讯信息。其中,手机短信,是指用户之间基于移动网络,通过移动手机传播的文本等信息。电子邮件,简称"e-mail"(标志为"@"),是一种采用计算机编制而成并经网络传递、收发的信息文件。电子邮件由邮件头和邮件正文两个部分组成,邮件正文显示的是文本信息,邮件头中含发送时间、发送 IP 地址、发送人、收信人、收信时间等信息。目前,电子邮件已成为全球社会都广泛使用的一种信息传递方式,其实用性、经济性和快捷性相当显著;即时通信是一种使人们能够在网上识别在线用户并与其实时交换信息的技术,通常由二人或者二人以上通过网络即时传递文字、音视频、文件等,又可被称之为聊天软件、聊天工具等,其在英文中的表述为 Instant Messaging,IM。眼下常见的即时通讯工具包括腾讯 QQ、微信、旺旺、易信等。采用这些工具所产生的数据,其类型可以涵盖文字、声音、图片、视频等。时至今日,即时通讯工具已不再只是一个单纯的聊天工具,它已发展成为集交流、资讯、娱乐、搜索、电子商务、办公协作和企业客户服务等为一体的综合化信息平台。

  4. 本条文所表述的记录类信息中,用户注册信息与身份认证信息二者之间是一种虚拟身份与现实空间的对应关系,例如,"sun"这个昵称在 A 平台上真实对应的人为"北京某某商业中心的刘先生",在网络平台上表现为一个数据库内的一条数据。按照《网络安全法》第 24 条第 1 款规定:"网络运营者为用户办理网络接入、域名注册服务,办理固定电话、移动电话等入网手续,或者为用户提供信息发布、即时通讯等服务,在与用户签订协议或者确认提供服务时,应当要求用户提供真实身份信息。用户不提供真实身份信息的,网络运营者不得为其提供相关服务。"可见,按照该条的要求,我国实行网络实名制原则,但就目前实践而言,我国的实名制并非直接实名,而采取"后台匿名、前台匿名"的方式,以此来协调隐私保护与网络安全二者之间的关系。在目前情况下,因手机号码普遍采用了实名制,用户的真实个人信息已经与手机号绑定,因此各个网络平台通常都通过绑定手机来实现《网络安全法》对实名制的要求。另外,电子交易记录是行为人通过网上交易平台进行购买、出售商品或者资金结转后留在同一交易平台上的记录。常见的电子交易记录形式主要有支付宝交易记录、淘宝交易记录、网上银行交易记录以及财付通交易记录等。而所谓日志,是指系统所指定对象的某些操作和其操作结果按时间顺序所形成的有序的一种集合。对于记录类信息而言,它们通常存储于网络运营商、电信服务商,具有相对较强的稳定性,能够借此认定虚拟用户的真实身份信息。

5. 本条文所称的电子文件，其中，电子文档是由文字资料所呈现出的电子数据，电子文档除了事实信息之外，还包括记载电子文书生成、存储、传输、修改的鉴真信息，通常可通过查阅其高级属性即可看到。其中，常见的文书编辑软件有微软的 Microsoft Office 以及金山的 WPS 等，而常见的文档格式则有：*.doc、*.docx、*.xls、*.xlsx、*.ppt、*.pptx、*.txt、*.pdf、*.caj、*.wps、*.dps、*.et 等。另外，数字证书类似于虚拟空间的身份证，其在本质上属于一些数字文件，这些数字文件被用来在互联网上唯一地确认用户或者资源的身份，同时它还保护网上交流的双方能够进行安全和相互信任的通信往来。目前，我国数据证书一般由国家认证的第三方 CA 机构进行签发。通过数据证书，可以对互联网上传输的信息进行签名加密，实现传递信息的机密性与完整性。此外，在电子交易中，还可以使用数字证书进行数字签名，在确保信息的机密性与完整性的同时，还可以实现不可抵赖性，以满足法律上对签名的要求。

6. 21 世纪以来，社会的发展、科学的进步显得日新月异，尽管本条文当中第 1 项至第 4 项所涉及的对有关电子数据因归纳而形成的类型化内容具有相对高度的概括性，但每一类型项下不得不采用列举式，就足以表明其仍不能完全穷尽实践当中可能会出现没有被列举的电子数据。同时，本条文中第 5 项采用兜底条款的方式，将那些不能归入本条文第 1 项至第 4 项当中已被类型化的电子数据范畴以内的其他类型的电子数据，而专设特定空间以便将它们列为"其他以数字化形式存储、处理、传输的能够证明案件事实的信息"。

（三）对当事人提供视听资料、电子数据作为证据的要求

2019 年《民事证据规定》第 15 条规定："当事人以视听资料作为证据的，应当提供存储该视听资料的原始载体。当事人以电子数据作为证据的，应当提供原件。电子数据的制作者制作的与原件一致的副本，或者直接来源于电子数据的打印件或其他可以显示、识别的输出介质，视为电子数据的原件。"

对本条文的理解与适用，应当掌握如下基本内容：

1. 在诉讼上，如果当事人以提供视听资料作为证据使用的，应当提供存储该视听资料的原始载体；如果当事人以提供电子数据作为证据的，应当提供相应的原件或者提供可视为电子数据原件的副本或者其他输出介质。鉴于视听资

料和电子数据的载体通常为特定的电子设备或者电子介质，容易发生被人截取、修改、故意删除、伪造等情形，故有赖于审判人员借助科技、信息手段以及专家意见等对其客观性、真实性和完整性进行审查和界定。

2.鉴于电子数据产生于计算机并以数字方式存储于计算机磁盘之上，人的视觉通常无法直接看到其内容，它只能通过转换、复制程序显示在显示屏或者打印至其他介质上才能被人的视觉所触及，可见，电子数据在严格意义上并非没有原件，只是这种原件无法直接为人的视觉所触及，但一旦为了满足对人具有可视性的要求，使其以某种常规方式显示出来时，就已经不再具有传统证据意义上"原件"的属性，而沦为一种复制件。正是电子数据这一无形性导致当事人在自行收集电子数据原件上发生种种障碍。

3.针对电子数据是否可被视为原件的电子复本，可依据以下情形进行审查与判断：(1)可准确反映原始数据内容的输出物或者显示物；(2)属于最终完整性和可供随时调取查用的电子复本；(3)双方当事人对电子复本的原始性均未提出异议的；(4)电子复本经公证机构依法定程序进行有效公证，主张对其不利的一方当事人未能提出相反证据足以推翻的；(5)电子复本附加了可靠的电子签名或者有其他安全程序保障的；(6)电子复本满足了法律另行规定或者当事人专门约定有其他标准的。

4.在诉讼程序实行证据辩论主义的架构之下，如一方当事人就另一方当事人提供的电子数据复制件在形式上的真实性不主动提出异议的情况时，法院原则上应当以双方当事人对该电子数据在形式上的真实性不存在争议为由，而将有关电子数据复制件视为原件来对待，除非在特定案件类型（如身份关系案件、民事公益诉讼案件等）或特定情形（如法院对电子数据复印件的真实性存在合理怀疑或者法院有理由怀疑双方当事人存在恶意串通之嫌等）条件下，法院可不受辩论主义的限制，主动要求对电子数据的原件与复制件的同一性加以调查、核实。

(四)人民法院对视听资料、电子数据的调查收集

2019年《民事证据规定》第23条规定："人民法院调查收集视听资料、电子数据，应当要求被调查人提供原始载体。提供原始载体确有困难的，可以提

供复制件。提供复制件的，人民法院应当在调查笔录中说明其来源和制作经过。人民法院对视听资料、电子数据采取证据保全措施的，适用前款规定。"

对本条的理解与适用，应当掌握如下基本内容：

1. 人民法院调查收集视听资料，原则上应当要求被调查人提供原始载体，只有在提供原始载体确有困难时，才可以提供视听资料的复制件。按照法律的有关规定，人民法院调查收集视听资料时应当由二人以上共同进行。调查材料要由调查人、被调查人、记录人签名、捺印或者盖章。在调查收集视听资料时，应当注意记录视听资料的来源和提取过程，详细记录视听资料的形成原因、时间、地点、制作人等情况，必要时还要记录视听资料形成的背景情况；对于视听资料仅有复制件的，应详细记录无法调取原件的原因、复制件制作过程和原件存放的地点，并要求原件制作人或持有人签名或者盖章。鉴于视听资料的形成主要是借助于录音机、录像机等设备，在录取的过程中容易被人为篡改或者伪造，因此，在调查收集视听资料时，应当注意审查有无出现剪辑、添饰、删改等的可能。另外，还应当注意了解该视听资料是采用何种手段、在何种情况下取得的，是否违背了法定程序，是否采用了法律明确禁止的手段、方法，以及是否存在威胁、利诱当事人等情形。

2. 对电子数据的收集调查，原则上要求被调查人提供原始载体，唯有提供原始载体确有困难时，被调查人才可以提供复制件。被调查人提供复制件时，人民法院应当在调查笔录中说明其来源和制作过程。对电子数据的调查收集应当遵循全面性、完整性原则。这是因为，电子数据因其载体和属性使然，通常计算机和其他电子设备存在高度的依赖性，假如没有专门的电子设备组件，或者失去相应的播放、显现的相关设备，无论其内容多么真实可靠，也只能仅仅停留在各种电子存储介质之中，而不能被人们所感知，也无法为法院对其真实性以及与待证事实之间的关联性进行评估、判断和采信。电子数据与传统意义上的证据存在巨大差异，前者是以电信号代码形式贮存于计算机各级存贮介质中，输出的数据和信息大多以不可直接读取的形式出现，必须采用相应的电子设备和技术方法才能被反映、被感知。另外，对电子数据内容的感知和判断，也离不开相应的系统软件环境。在与此相关的软件环境发生变化的情况下，其储存在电子介质中的有关信息存在无法显现或者难以客观、真实显现的可能性。

为此，人民法院在调查收集电子数据时，既要收集存储于计算机软硬件上的电子数据，也要收集其他相关外围设备的电子数据；既要收集相应的文本信息，也要收集图形、图像、动画、音频、视频等媒体信息。另外，还要注意保存相应的硬件软件，以固定、保全有关证据的运行环境，以便在需要时采用打印、屏显等方式使其得以显现。

3. 在人民法院调查收集电子数据时，应当尽可能地保证其随原存储介质移送。在原存储介质无法封存、不便移动或者因有关部门保存管理之需要，而无法收集原始载体的条件下，在提取复制件时应当由二人以上进行，注意保证电子数据的完整性。在调取电子数据时，应当注意调查电子数据是如何生成的，是否系在正常活动中按照常规程序自动生成或者人工录入，系统的维护和调试是否处于正常控制之下。如果电子数据是通过网络传递、输送的，应当注意调查传递、接收电子数据所采用的技术手段或者方法是否科学、可靠，在传递过程中有无加密措施，有无裁剪、拼凑、伪造、篡改。在必要时，可邀请专业人士进行查验、判断。对提取、复制过程制作相应的笔录，并注明原始存储介质无法调取的原因、存放地点等，由调查人员、电子数据持有人或者单位代表以及见证人签名，如果没有签名的，应当注明原因。

4. 如果发现视听资料和电子数据存在某种缺陷时，应当允许补正。对视听资料的制作、取得的时间、地点、方式等如果有疑问的，凡能够提供必要的证明或者作出合理解释的，可以作为定案的依据。收集电子数据时，应当注意记录相关人员情况。所谓相关人员，包括采用计算机和外设记录其营业管理活动状况的人、监视数据输入的管理人、对计算机及外设的硬件和程序编制的管理人等。

（五）对视听资料、电子数据的质证

2019 年《民事证据规定》第 61 条规定："对书证、物证、视听资料进行质证时，当事人应当出示证据的原件或者原物。但有下列情形之一的除外：（一）出示原件或者原物确有困难并经人民法院准许出示复制件或者复制品的；（二）原件或者原物已不存在，但有证据证明复制件、复制品与原件或者原物一致的。"

对本条文的理解与适用，应当掌握如下基本内容：

1. 与人证相较而言，书证、物证、视听资料和电子数据均属于实物证据。对实物证据进行质证时，在原则上，当事人应当出示有关证据的原件或者原物。当事人出示原件或者原物确有困难的，经人民法院准许，可以出示复制件或者复制品。所谓复制件或者复制品，是指按照原件或者原物的特征和基本特质制作或打造而成的与原件或原物相同的替代品。复制品通常是指物证而言，也就是根据原物制作的模型或者照片等。复制件通常包括以下情形：（1）借助复印设备或仪器所制作的书证的复印件；（2）加盖公章或经签名的，与原本和正本具有同一内容的抄送本或者副本；（3）从原本、正本、副本等文本中摘录其主要内容并附有相关机关证明的节录本；（4）与原件具有相同明暗程度的照片；（5）用原本翻录的、未经剪辑等加工的录音资料和影像资料。本条文中，出示复制件或者复制品的条件是，出示原件或者原物确有困难，并经法院准许。其中，所谓出示原件或者原物确有困难，一般应包括如下几种情形：（1）由国家机关、社会团体归档保存的证据，不能由当事人随意提取、支配；（2）应当提交的证据属于体积庞大、无法移动的；（3）属于鲜活产品等不易保存的。审判实务中，凡属于上述情形之一时，当事人可以出示复制件或者复制品。按照本条文的规定，当事人提交复制件或者复制品的，需经人民法院的同意，即由人民法院判断是否属于"出示原件和原物确有困难"的情形。

2. 审判实践中，当原件或者原物已不复存在的，在此情形下，如果要求当事人出示原件或者原物是不现实的。因此，在这种情形下，当事人可以提交复制件或者复制品，但要有其他证据证明复制件、复制品与原件或者原物相一致。可见，在此过程中，又涉及当事人举证证明的问题，鉴于该证明对象并非案件的要件事实，属于辅助性事实，因此只需要自由证明即可，即当事人提供的相关证据，只要在法院的心证中达到大概如此的程度即可。

3. 按照本条文的规定，当事人在特定情形下，可以提供有关实物证据的复制件或者复制品。凡符合本条文所规定的两种情形的复制件、复制品，只是满足了证据能力上的基本要求，这种证据本身仍存有相应的瑕疵。对当事人出示有关实物证据的原件或者复制品，相应派生出了当事人的举证和法院对有关证据进行审查判断的过程。在程序上，人民法院对该证据进行审查判断，应当结合案件中的其他证据和与案件有关的具体情况综合判断，但并未要求必须达到需要进行严格证明的程度。无论是经与原件或者原物核对无误，或者有其他证据可以证明与原件或原物相一致的复制件或者复制品，均具有与原件或者原物相同的证明效力。

（六）对视听资料的审查与判断

《民事诉讼法》第74条规定："人民法院对视听资料，应当辨别真伪，并结合本案的其他证据，审查确定能否作为认定事实的根据。"

对本条文的理解与适用，应当掌握如下基本内容：

1. 视听资料是一种通过现代化技术手段记录和再现案件的真实情况，并能够使案件事实得以证明的根据。视听资料通常是通过声音、图像、储存的数据和资料来形象而逼真地反映特定待证事实的证据。

2. 鉴于视听资料是通过特定的设备和仪器加以录制和播放的，因受某种利益所驱使，当事人可以利用某种技术手段对视听资料加以剪辑、编排、加工，编造出对其有利的证据。例如，一方当事人在与对方当事人进行电话录音时，通过节选、编造出一份对其有利的录音证据，以达到侵占对方当事人合同权益的目的。因此，人民法院对于视听资料，应当辨别其真伪，不应被其表面现象所迷惑，同时应当根据案件的情况确定视听资料是在法律关系发生时或者纠纷发生时形成的，还是事后经过复制的，当事人对于视听资料有无进行剪裁或伪造的行为，如果发现有可疑之处，人民法院可以邀请专业人士对其进行专业鉴定。另外，人民法院还应当根据个案的其他证据，如书证、物证、当事人的陈述、证人证言等，对视听资料内容的真实性进行综合分析判断。

3. 审判实践中，视听资料并非不能作为认定案件事实的根据。无论有关当事人对于某一视听资料的真实性是否提出异议，对于视听资料的真实性进行审查判断，只要在法院的心证当中不存在疑点，或者即便存在疑点，但法院的内心确信能够达到排除合理怀疑的程度，该视听资料就可以单独作为认定案件事实的根据。

4. 根据2019年《民事证据规定》第90条规定，存有疑点的视听资料、电子数据不能单独作为认定案件事实的根据。该条文系对存有疑点的视听资料、电子数据的证明力进行补强的规定。按照该规定的旨意，不存有疑点的视听资料、电子数据，可以单独作为认定案件事实的根据。反之，存有疑点的视听资料、电子数据，则不能单独作为认定案件事实的根据，而不问该疑点是由当事人所提出后被法院所接受的，还是在当事人并未提出异议的条件下而经由法院依职权发现的。在审判实务上，对某一视听资料或电子数据真实性的认知，在法院的心证当中是否存在疑点，有时并非非黑即白的，这就意味着有时会存在一些灰色地带或区域。在法理上，该条文当中称"疑点"不宜一概而论，经法院对该"疑点"进行审查判断，凡法院的内心确信能够达到排除合理怀疑程度的，并非一律排除视听资料或电子数据单独作为认定案件事实依据的资格或能力；反之，凡法院对该"疑点"进行审查判断，法院的内心确信无法达到排除合理怀疑程度的，则视听资料或电子数据就不得单独作为认定案件事实依据。

（七）对电子数据真实性的确认

2019年《民事证据规定》第94条规定："电子数据存在下列情形的，人民法院可以确认其真实性，但有足以反驳的相反证据的除外：（一）由当事人提交或者保管的于己不利的电子数据；（二）由记录和保存电子数据的中立第三方平台提供或者确认的；（三）在正常业务活动中形成的；（四）以档案管理方式保管的；（五）以当事人约定的方式保存、传输、提取的。电子数据的内容经公证机关公证的，人民法院应当确认其真实性，但有相反证据足以推翻的除外。"

对本条文的理解与适用，应当掌握如下基本内容：

1. 与传统的书证相比较，电子数据存储的信息量十分庞大，在生成、传输、保存、固定、内容展示等方面有其非常独特之处，在诉讼上，如果沿用传统上对书证真实性的确认方法，来评估和判断电子数据的真实性，势必无形中会徒增巨大的社会成本，不仅程序复杂，耗时费力，显得得不偿失；并且，在许多情况下，事后亦被证明多此一举，并无必要。因此，除非能够提出足以反驳的相反证据，对于本条文第1款所涉及的五种情形，人民法院可以根据常理、经验法则、交易习惯、行业规范、契约规范等对电子数据的真实性进行确认。

2. 在诉讼上，通常情况下，负有举证责任的一方当事人会提出对其有利的证据，并且会习惯性地回避对其不利的证据。当然，在某些情况下，当初看似对其有利的证据，随着诉讼的推进，会演变成为对其不利的证据。因此，一方当事人向法院提交证据为电子数据的，其内容在当初就显示对其不利时，或者为其保管或控制下的电子数据的内容对其不利时，按照常理或经验法则，人民法院可以对该电子数据的真实性予以确认。在此情形下，如果该方当事人以某种理由要求撤回对其不利的电子数据的，人民法院应当不予准许。

3. 本条文中，所谓第三方就是两个相互联系之间的主体之外的两个客体。第三方可以是和两个主体有联系，也可以是独立于两个主体之外。第三方平台是一种泛称，通常指的是由独立提供的专业服务商，以第三方的角色为客户提供系列的专业性服务的网络空间和系统。而第三方交易平台，是指在网络商品交易活动中，为交易双方或者多方提供网页空间、虚拟经营场所、交易规则、交易撮合、信息发布等服务，供交易双方或者多方独立开展交易活动的信息网络系统。例如，第三方电子商务平台，是独立于产品或者服务的提供者或需求者，通过网络服务平台，按照特定的交易与服务规范，为买卖双方提供服务，服务的内容可以包括但不限于供求信息发布与搜索、交易的确立、支付、物流等，其主要特点为具有独立性、依托网络和专业化。比如，支付宝（中国）网络技术有限公司是国内领先的独立第三方支付平台，财付通是腾讯公司于2005年9月正式推出的专业在线支付平台。其他常见的第三方平台还有从事电子支付的银行系统，以及国内三大通信运营商（中国移动、中国联通和中国电信）等。这些大型成熟的网络平台或系统所提供和保存的电子数据具有社会公共属性，其可靠性和真实性是不言而喻的。因此，在诉讼上，对于由记录和保存电子数据的中立第三方平台提供或确认的电子数据，人民法院可以确认其具有真实性。

4. 在日常生活中，处于社会公共管理、社会化服务、正常的商业交往等目的而产生的各种类型的电子数据，例如，公安部门在城市特定的公共场所或社区安装监控仪器拍摄的监控录像；城市道路交通管理部门在交通路口安装的检测器录制的违章记录；金融机构在交易场所拍摄的监控录像；银行综合核算系统制作的流水账表、交易明细等日常交易记录；电子商务企业在日常运营当中所产生的电子账本、电子发票；当事人之间通过即时通信工具进行交流所产生的聊天记录、录制的电话记录、电子网络系统产生的交易记录等，因上述这些在正常业务活动中所形成的电子数据，凡符合行业惯例、交易习惯或其他日常行为规范的，人民法院可以确认其真实性成立。

5. 本条文中所称的档案，是指过去和现在的机关、团体、企业事业单位和其他组织以及个人从事经济、政治、文化、社会、生态文明、军事、外事、科技等方面活动直接形成的对国家和社会具有保存价值的各种文字、图表、声像等不同形式的历史记录。电子文件的档案管理是文件保管系统中持续进行的数据管理的一个不可分割的组成部分。档案工作的最终目的是确保档案的凭证性、原始性以及作为社会公共资源的可被利用性，以服务于人类社会。在社会发展和历史进程中，档案的可被利用性是不可或缺的。档案学中的全宗原则对于电子数据的固定和保全具有重要意义。全宗原则是指对于同一来源、同一全宗内的文件是一个不可分散的有机整体。另外，不同来源及不同全宗的文件不得混淆。因此，全宗原则有利于维护电子数据的完整性。根据我国《档案法》的规定，电子档案应当来源可靠、程序规范、要素合规。电子档案与传统载体档案具有同等效力，可以以电子形式作为凭证使用。电子档案应当通过符合安全管理要求的网络或者存储介质向档案馆移交。档案馆应当对接收的电子档案进行检测，确保电子档案的真实性、完整性、可用性和安全性。因此，鉴于被纳入电子档案管理的电子数据，因严格遵守相应的法律法规和规范性标准，使其来源具有可靠性、管理程序具有规范性及所应具备的要素具有合规性，有效地保证了电子数据从收集、整理、鉴定、复制、调阅等各个环节均有章可循，有必要的备份保证信息，且具有可还原性、可验证性。因此，在诉讼上对以档案管理方式保管的电子数据，人民法院可以确认其具有真实性。

6. 在民事活动中，当事人之间的契约主义与意思自治原则始终具有主导意义。当事人既可以对于电子数据在保存、传输、提取的方式上作出特别的安排和约定，也可以对某一电子数据的证明效力达成合意，以便通过合意来确定有关电子数据是否具有证据原件的效力以及是否需要其他证据来补强，或者约定按照特定的程序、方法或技术标准来保障电子数据在保存、传输、提取有关环节或过程中所具有的真实性。对于这种具有证据契约性质的约定，在诉讼上体现了当事人的辩论主义和处分权主义。人民法院应当对于有关电子数据在保存、传输、提取的方式上是否符合当事人的约定进行审查，经审查，凡认为符合当事人约定的，人民法院可以确认有关电子数据的真实性成立。

7.《民事诉讼法》第72条规定："经过法定程序公证证明的法律事实和文书，人民法院应当作为认定案件事实的根据，但有相反证据足以推翻公证证明的除外。"另外，2019年《民事证据规定》第10条规定，对于已为有效公证文书所证明的事实，当事人无须举证证明，但当事人有相反证据足以推翻的除外。实践当中，对电子数据的网络公证，是指有关公证机构依托计算机和网络技术对电子数据进行提取、收存、固定、描述、监督的活动，以保全电子数据在法律上所具有的证明力。网络公证通常是对网上电子邮件中的电子身份、电子交易行为和数据文件等提供认证和证明的行为。由于网络公证具有技术性和严密性等特点，因此应当遵循严格的技术规范和操作程序。例如，应指定两名以上的公证人员共同办理，在中立的第三人的计算机上取证，按照操作顺序记录登录网络、输入网址、打开、下载、打印等整个过程，查询所使用的操作软件的名称与版本，所用的代理服务器名称或者IP地址，审核下载的内容是否与网页内容相符，以使其符合客观真实性。因此，对于经过公证的电子数据，在无相反证据足以将其推翻的情况下，人民法院应当确认该电子数据的真实性。在诉讼上，人民法院对于经公证的电子数据，应审查公证在程序上是否符合有关规范，同时，还应当注重审查公证文书的内容。在通常情况下，公证文书仅能够证明其在进行公证时，在眼前发生了电子数据确实系由计算机或者服务器系统输出了相应的纸质版本的事实，但是，这并非能够保证该电子数据自身所持有的完整性及可靠性。实际上，对电子数据进行公证只是对公证员"所见内容"与作为公证对象的"打印内容"一致。例如，在对某网站上一篇侵权图片进行公证时，公证员使用公证处认可的电脑打开指定网站并对相关内容进行截图，然后打印出来，并对这一过程和最终形成的打印件进行公证，那么公证的事项就是最终打印出来的内容是与公证员打开电脑时所看到的内容一致。这说明公证对于电子数据证据存取时的效力实际上是十分有限的。对电子数据进行存取公证的对象并不是严格意义上的原始证据，而是公证员收到的电子数据的内容，这部分信息是否保持了原始性和完整性，这并不是公证人员所能够判断的，因此也不能包含在公证的效力范围内。另外，在公证的事项上，公证人并不具备专门知识，因此，对于采用相应技术方法对电子数据进行存取的操作没有进行公证的能力；也就是说，公证只是在一定程度上解决内容一致的问题，而不能对技术的可靠性、科学性或者合法性产生相应的公证效力。在有关当事人能够提供证据证明该电子数据已经被人所篡改，或者存储该电子数据的计算机系统有异常情况的发生等情形下，人民法院应当据情综合相关事实就该电子数据的真实性进行审查判断，而不能仅仅因为该电子数据业已经过公证证明就加以采信。除此之外，还应当关注电子数据的关联性与合法性，如果经公证的电子数据与案件待证事实无关，或者存在形成方式违法的现象，即便在形式上具有真实性，人民法院也不应予以采纳。

8. 对于本条文第1款所涉及五种情形所产生推定的效力，相对一方当事人可以提供反驳证据来否定电子数据的真实性。如双方当事人提交涉及网络购物而产生的微信聊天记录，虽然基于其出自正常的业务活动中而可以推定其具有真实性，但如果对方当事人提供的证据能够证明该聊天记录出现部分被删除的情况，导致记录的事实出现缺乏完整性等瑕疵，故还应当注意对反驳证据进行审查，而不能直接认定其具有真实性。由于电子数据的生成、存储必须依附于特定数字化的介质，使其完整性具有如下含义：第一，电子数据自身应当具有的完整性，即数据的内容保持完整且始终处于未改动状态，但不包括不涉及影响内容完整性的一些必要的技术添加。第二，电子数据所依赖的计算机系统应当具有的完整性。主要指的是：其一，记录该数据的系统须处于正常的运行状态；其二，在正常运行状态之下，系统对相关过程须有完整的记录；其三，该数据记录须在相关活动的当时或者即后所制作。如果发现对方当事人主张电子数据在运行中出现了异常现象，或者身份出现过被盗用情形，或者在电子数据的生成、传递、存储等关键环节所依赖的计算机系统处于不正常运行状态，以至于对电子数据的完整性、可靠性产生合理怀疑的，人民法院应当参照2019年《民事证据规定》第93条的规定对电子数据的真实性进行审查。

9. 实践中，电子数据的真实性还可以通过当事人的自认、证人具结、电子签名等方式加以确定。所谓当事人的自认，是指在诉讼过程中一方当事人对另一方当事人提供的电子数据的真实性表示明确的承认或者不提出明确的异议的意思表示。在涉及私益性较强的财产纠纷案件中，当事人的这种意思表示对于人民法院产生拘束效力。所谓证人具结方式，是指具有相应证人资格的证人采用具结方式证明有关电子数据的真实性，使得法院对该证言予以采信的情形。这种具有相应证人资格的证人，是指因履行职务行为而在日常工作当中对电子数据实施核验、检查的专业技术人员。其中也包括那些因业务需要曾经参与或者见证了该电子记录的形成或传输，或者是在事后对电子记录进行过保存或管理的技术人员。所谓电子签名方式，是指载有电子签名或者其他适当安全程序保证的电子书证，产生具有真实性的推定效力。原则上，认证电子签名的真实性是基于电子签名法所规定的检查而予以证明，而签名系由存储秘密私钥的签名晶片卡的持有人所为，且其身份系经过验证。电子签名私钥持有人如争执该签名并非由其所为，则仅能在提出合理的事实且能证明存在有不同于通常事件所发生经过时，才能动摇签名真实性的推定。

（八）对电子数据真实性的综合判断

2019年《民事证据规定》第93条规定："人民法院对于电子数据的真实性，应当结合下列因素综合判断：（一）电子数据的生成、存储、传输所依赖的计算机系统的硬件、软件环境是否完整、可靠；（二）电子数据的生成、存储、传输所依赖的计算机系统的硬件、软件环境是否处于正常运行状态，或者不处于正常运行状态时对电子数据的生成、存储、传输是否有影响；（三）电子数据的生成、存储、传输所依赖的计算机系统的硬件、软件环境是否具备有效的防止出错的监测、核查手段；（四）电子数据是否被完整地保存、传输、提取，保存、传输、提取的方法是否可靠；（五）电子数据是否在正常的往来活动中形成和存储；（六）保存、传输、提取电子数据的主体是否适当；（七）影响电子数据完整性和可靠性的其他因素。人民法院认为有必要的，可以通过鉴定或者勘验等方法，审查判断电子数据的真实性。"

对本条文的理解与适用，应当掌握如下基本内容：

1.证据的真实性是指证据能够反映案件待证事实的客观性。即能够证明案件待证事实的证据，都应当具备客观存在的真实性，不应以人的主观意志为转移，应当排除人在主观上的无端推断与猜想。电子数据的真实性，包括电子数据载体的真实性、电子数据本身的真实性以及电子数据所反映内容的真实性。其中，所谓电子数据载体的真实性，是指用于存储电子数据的媒介设备在诉讼过程中应当保持原始性、统一性、完整性，不存在被伪造、变造、替换或破坏等瑕疵和缺陷。所谓电子数据本身的真实性，是指作为电子数据信息在技术层面的存在形式的电子数据是否真实、可靠，是否与原始数据保持一致，是否存在被修改、删除、增减等缺陷或瑕疵。所谓电子数据所反映内容的真实性，是指电子数据所包含的信息与待证事实当中其他证据所反映的信息相互印证，从不同侧面能够全面、完整地证明案件的待证事实。电子数据的真实性，包括电子数据本身的完整性与可靠性。其中，包括形式上的完整性与内容上的完整性。所谓形式上的完整性，是指电子数据应当始终保持生成之时的原始状态；而电子数据内容上的完整性，是指电子数据自形成之时，其内容始终保持恒定不变，未曾发生过非必要的添加、增减或删除等情形。电子数据的可靠性，是指电子数据内容上的真实可信赖性，它是电子数据内在品质的反映。电子数据的完整性，取决于其形成、存储或者传输该电子数据的计算机系统的完整性。这种完整性主要表现在以下三个方面：其一，记录电子数据的系统必须始终处于正常的运行状态；其二，数据记录必须在业务活动的当时或者即后制作，如果是处于事后诉讼等目的而专门制作的电子记录则无法保持其完整性；其三，在正常运行状态之下，系统对业务活动必须有完整的记录。所谓完整的记录，是指数据电文信息、附属信息以及系统环境信息应具有统一性。所谓数据电文信息，是指数据电文正文本身，即记载法律关系发生、变更与灭失的数据，例如，电子合同的正文内容、聊天信息的内容、视频影像内容等；所谓附属信息数据，是指对数据电文生成、存储、传递、修改、增删而引起的记录，如WORD文档的属性中记录的修改时间、创建时间等信息；所谓系统环境数据，是指数据电文运行时所处的硬件和软件环境，尤其是指相关硬件规格或软件的版本等信息。

2. 按照本条文的规定，人民法院对于电子数据真实性的判断，应当结合电子数据的生成、存储、传输所依赖的计算机系统的硬件、软件环境是否完整、可靠这一因素等来综合进行。电子数据往往不是孤立存在的，它的产生和变化需要依赖一定的硬件系统和软件系统，这是其技术依赖性所决定的。因此，电子数据呈现出"系统性"。由同一个系统所产生的不同的电子数据，可能记录着类型完全不同的信息，但是会因为系统和程序的设定而产生逻辑上的关系。例如，电子邮件记录发件人想要发送邮件的内容，网络日志记录网络端口的使用情况，但是电子邮件的发送需要调用特定的网络端口，因此网络日志中对相应网络端口被调用的时间记录，就可以表明发送电子邮件的确切时间。因此，只有全面地获取并保存相关电子数据信息，才能够完整呈现电子数据证据与待证事实相关的全部信息。电子数据无法被人直接感知，必须借助相应的电子设备（计算机系统或者其他类似设备）才能够具有可视听性以及被读取或者感知，这种电子设备是作为证据法上的电子数据所处的硬件或者软件环境。因电子数据是计算机系统硬件和软件的产物，其生成、存储、传输均离不开计算机系统，故此，电子数据的真实性在相当程度上取决于计算机系统的完整性与可靠性。在计算机系统的硬件或者软件系统的性能与运行状况出现异常而显得具有不可靠性时，它所产生的数据就可能存在严重的错误或者瑕疵；在传输过程中，如果计算机系统的环境出现异常现象，就有可能发生对电子数据任意加以修改、增加、删除的情形，导致传输的电子数据失去真实性。因此，在对电子数据真实性的判断上，如果发现有证据能够证明电子数据所依赖的计算机系统的硬件、软件环境发生故障或存在篡改等异常现象时，就不能直接认定电子数据的真实性。

3. 按照本条文的规定，人民法院对于电子数据真实性的判断，应当结合电子数据的生成、存储、传输所依赖的计算机系统的硬件、软件环境是否处于正常运行状态，或者不处于正常运行状态时对电子数据的生成、存储、传输是否有影响这一因素等来综合进行。此外，供电系统和网络通信环境也极大地影响着电子数据的稳定性。强磁、高温、高湿度等环境都可能导致电子数据的变化。不同于传统证据以实体的形式存在的特点，一经修改很容易留下痕迹，例如，书证的修改一定会留下痕迹，经过专业人员的检查便可确定其是否具有证明力。由于电子数据本身具有不稳定性，容易被修改删除还不容易被发现，所以也导致了电子数据具有易破坏性的特点。这一特性也给电子数据真伪的鉴别带来了极大的难度，通过一定的技术手段，黑客们可以消除对数据的篡改记录，使电子数据真假难辨。实践中，对电子数据真实性的认定，应当关注计算机系统的硬件、软件环境是否处于正常运行状态或者虽然不处于正常运行状态，但对电子数据的生成、存储、传输是否产生影响。当有证据能够证明计算机系统属于正常状态，或者虽不处于正常状态，但对数据的生成、存储、传输未必会产生何种不良影响。这就意味着，计算机系统虽然可能会出现某种故障，但未必会使计算机完全无法操作或影响其正常运行，在此情形下，仍有必要审查该种故障是否影响电子数据的完整性与可靠性。

4.按照本条文的规定，人民法院对于电子数据真实性的判断，应当结合电子数据的生成、存储、传输所依赖的计算机系统的硬件、软件环境是否具备有效的防止出错的监测、核查手段这一因素等来综合进行。由于电子数据的脆弱性，因此电子数据证据的存取过程必须符合严格的监管链要求，如果中间有环节缺少证据证明存在有效监管，则会导致电子数据的可靠性和可信性产生瑕疵。监管链记录是按照时间顺序，对涉及电子数据证据的任何处置措施和操作行为进行的记录，从开始接触电子数据证据的时候就应当建立。监管链的作用通过追踪电子数据证据在识别、收集和提取操作的历史实现，其中包括电子数据证据在每个阶段每个环节中呈现出的状态和所处的位置。构成监管链的各项记录和说明应当环环相扣，并且与已有各项证据可以相互印证，构成完整的链条。监管链的记录应当是贯穿整个电子数据证据存取过程，并且要长时间保存。即使在庭审之后，相关监管链记录文件也应当随卷保存，以确保日后对电子数据证据可靠性的审查。计算机系统是否具有有效的防止出错的监测和核查手段，以便在必要时进行核查确定，可以从一个侧面来印证、查明计算机系统是否处于正常运行状态，或者虽处于不正常的运行状态，但对电子数据的生成、存储、传输并不产生不良影响。在特定的网络环境中，计算机系统势必经常受到病毒的侵袭，也可能会受到磁场的干扰，未经授权的人还可能侵入计算机，因此计算机系统应当具备能够防范未经授权人的进入、实施安全命令控制、进行系统备份和恢复、自动进行数据准确性检测等功能。在计算机系统不具备防止出错的监测、核查手段的条件下，就很难保证计算机系统始终处于正常运行状态，同时也就难以保证电子数据在生成、存储、传输过程中不会发生何种改变。

5.按照本条文的规定，人民法院对于电子数据真实性的判断，应当结合电子数据是否被完整地保存、传输、提取，保存、传输、提取的方法是否可靠这一因素等来综合进行。电子数据的完整性，在本质上取决于电子数据的真实性与客观性。故此，在对其真实性进行审查判断时，电子数据是否完整地保存、传输和提取以及相关方法是否可靠，应当作为据以考量的重要因素。当发现电子数据在保存、传输、提取过程中存在被篡改的可能的,可以借助审查了解电子数据的访问操作日志来查明电子数据是否存在被增加、删除或者修改的情况,或者通过审查电子数据的完整校验值,或者通过比对备份电子数据方式,以核查电子数据的完整性与真实性。同时,还可以审查电子数据在传递的过程中是否采取加密措施,是否可能被他人所截获;再者,还可以考虑审查提取电子数据采取的备份、打印及输出方法是否具有可靠性,以判定电子数据的完整性是否遭到破坏。

6. 按照本条文的规定,人民法院对于电子数据真实性的判断,应当结合电子数据是否在正常的往来活动中形成和存储这一因素等来综合进行。在现代社会处于信息网络时代条件下,在正常的生活、生产及商业交往等活动中,人们相互之间通过发送短信、微信、电子邮件,采用网上购物、网上汇款,发布浏览微博信息等已经成为正常交往所不可或缺的组成部分,由此会产生、存储、传输相关庞大的电子信息,以大数据的形式对人们之间的正常往来活动的事实情况及时进行记录、留痕。因此,对于这些属于在正常往来的活动中形成和存储的电子数据,在很大程度上其真实性是能够得到有效保障的。

7. 按照本条文的规定,人民法院对于电子数据真实性的判断,应当结合保存、传输、提取电子数据的主体是否适当这一因素等来综合进行。电子数据的保存、传输、提取主体应当坚持公正性与独立性,与案件事实及处理结果不存在利害关系。有关主体应当经过明确的授权,符合技术性要求,具备相应的资质,以确保经该主体提取、保存、传输电子数据的适格性。由于电子数据证据对技术的高度依赖性,涉及电子数据的各种操作对于操作主体的知识水平和技术能力都有一定程度的要求。因此在各类标准中,都包含了对电子数据证据存取操作主体的能力要求。操作不熟练或者不懂相应原理的人进行电子数据的存取操作,极容易出现误操作,导致电子数据发生改变。对于电子数据证据存取而言,操作主体的能力是评价其结果可靠性的重要因素。操作主体在能力上应当与其所进行的存取操作的技术复杂性有直接关系。具体而言,基础的读取、存储、打印、截图等操作,需要的是能够熟练使用计算机程序的能力即可,而对于镜像、数据恢复、哈希值计算等,则需要对相关软件和工具有一定了解并能够使其可靠运行的能力。在未经授权的条件下,有关主体对电子设备发布指令或进行操作,很可能会对电子数据造成不可修复的破坏。在通常情况下,具有独立和中立地位的主体所提取、保存的电子数据可信度更高,由于受到商业形象与市场竞争的影响,网络服务运营商所保存的交易信息更能够体现电子数据的完整性与可靠性。为了提供对其有利的证据,有的当事人所提供的电子数据在完整性上有时会存在瑕疵,如在提交由其保存的易于编辑的电子数据时,可能会删除对其不利的内容。当法院在对有关电子数据的真实性进行审查判断时,如果发现存在这种可能性的,可以要求其提供其他相关证据来加以佐证。

8. 关于影响电子数据完整性和可靠性的其他因素。在当今社会条件下,科学技术的进步促使网络技术不断日新月异、迅猛发展,本条文第1款所涉及的七种需要考量的因素,具有典型性和普遍意义,但并非能够完全涵盖影响电子数据完整性和可靠性的全部因素。为此,人民法院在审理个案中,应当根据案件具体情况,适时针对有关电子数据的完整性和可靠性是否遭到破坏而据情进行研判。

9. 本条文所规定的对电子数据真实性的考察因素涉及七种类型,但对电子数据的真实性、可靠性和完整性的认定均涉及极为专业性的知识、技能领域,如果人民法院无法通过综合判断形成内心确信时,还可通过专业技术人员的协助采用鉴定或者勘验的方法,对电子数据的真实性、可靠性和完整性进行核查与判断。对电子数据进行鉴定,是指鉴定人按照法定的程序,根据技术标准和鉴定规范,运用自己的专门知识和技能,以及必要的技术手段和设备、仪器,对案件中发生争议并具有专门性的问题进行检测、分析、鉴别的活动。为了保证庭审证据调查活动的正常、顺利开展,在开庭审理前,在法院确定当事人的举证期限后,当一方当事人通过法院收到另一方当事人提交的证据为电子数据,并且认为有必要在庭审前对印制成文书形式的电子数据与用于存储该电子数据有关载体记载的内容进行查验、核实,以便决定是否提出鉴定申请时,该方当事人应当及时向法院提出庭前查验申请。当法院接到当事人的申请,认为申请人的申请理由充分的,应当及时召集双方当事人对有关电子数据进行查验。一方当事人对其提交的证据有义务向对方提供电子数据的原件或复制品,应当允许对方采用包括鉴定等技术手段进行甄别、查验。有义务将获取数据证据的机器或设备同时接受对方当事人及聘请专家的查验,有义务为此接受法庭或对方当事人或聘请专家的质询。根据庭审的需要，当诉讼中出现如下电子数据，有可能产生提交专家鉴定的问题：（1）计算机储存的由人们创建的电子文件或其他记录。当有关疑问所涉及的情形与文字处理文件、电子邮件和互联网聊天室的信息有关时。（2）计算机生成的证据，包括计算机程序的直接输出，有关情况包括ISP的登记记录，自动化的电话记录和自动取款的收据。（3）有可能包含那些涉及计算机储存于计算机生成的证据结合的一些记录，如某个金融电子表格同时包含源于一个人输入的数据和计算机程序输出的数据。当遇有印制成文书形式的电子数据与用于存储该电子数据有关载体记载的内容在同一性上发生争议时，按照证明责任的要求，由负有证明责任的一方申请人提出申请，法院采用鉴定方法予以调查，也就是，由鉴定人出庭以出具鉴定意见的形式就事实争点问题向法庭作证。为此，基于鉴定的目的，有关当事人有义务根据鉴定人的要求提供必要的检材，有义务将获取数据证据的机器或设备同时接受鉴定人查验，鉴定人查验时，应当通知双方当事人到场，并在有关鉴定记录上签字确认。在鉴定人作出鉴定意见后，应当出庭接受双方当事人或其聘请专家的质询以及法庭的调查询问。经法庭许可，有关电子数据有必要提交鉴定时，鉴定人对涉案的计算机设备的检查，应当包括但不限于：第一，互联网浏览器的历史记录和输入网址；第二，订阅网站；第三，电子信件；第四，文件共享或同行等软件，有关历史记录和残余；第五，即时消息；第六，好友列表；第七，与文件有关的时间/日期戳记；第八，文件夹和目录结构（即图像和数据承载的"路径"）；第九，屏幕的名称、电子邮件地址和网络身份识别；第十，远程或异地的文件存储位置（物理或虚拟）的证据；第十一，登录注销的细节；第十二，网络服务提供者信息；第十三，与该电子数据有关的其他数据或其他个人信息；第十四，使用人是否采用不同的屏幕名称或身份储存历史的互联网信息（例如，网站、新闻组或公告板服务）；第十五，通过电子邮件账户或地址协会的互联网账户的识别。另外，当法院为了有助于对有关电子数据的真实性进行审查判断而决定采用勘验方式时，法院应委托有关鉴定机构指定鉴定人并命该鉴定人将拟定印制的电子数据内容显现为文书的电脑程序（Program），或采用由当事人提出并经鉴定人等审查认为合适的电脑程序，在法官面前将该电子数据的内容经印制作成文书。与此同时，将勘验过程与结果作成勘验笔录，并将其文书附卷作为证据的一部分。

10. 对电子数据真实性的认识与判断，是建立在电子数据的原始性、电子记录系统的完整性基础之上的。故此，在庭审证据调查过程中，法庭调查的内容和关注焦点主要应当涉及如下诸方面：（1）该电子数据的存储磁盘、存储光盘等可移动存储介质是否与打印件一并提交；（2）是否载明该电子数据形成的时间、地点、对象、制作人、制作过程及设备情况等；（3）制作、储存、传递、获得、收集、出示等程序和环节是否合法，取证人、制作人、持有人、见证人等是否签名或者盖章；（4）内容是否真实，有无剪裁、拼凑、篡改、添加等伪造、变造情形；（5）出示的电子数据是否为原件，如不是原件，是否附有无法调取原件的原因、出示件的制作过程和原件存放地点的说明，是否有制作人和原件持有人的签名及盖章。在证据调查过程中，基于我国《电子签名法》对将电子数据作为证据的真实性审查上的要求，法院对电子数据真实性的调查，应当主要考虑如下因素：（1）生成、储存或者传递电子数据的方法是否可靠；（2）保持电子数据内容完整性的方法是否可靠；（3）用于鉴别电子数据发件人的方法是否可靠；（4）其他相关因素。对电子数据在实质上真实性的庭审调查，主要是调查电子数据载明的内容与案件事实之间的关系。主要涉及：第一，该电子数据能够证明何种事实，该种事实与本案的待证事实之间系何种关系；第二，该电子数据对证明本案的待证事实有无实际证明价值；第三，法律对于特定电子数据与案件事实之间的证明关系有无特别的具体要求；第四，司法审判经验对特定电子数据与案件事实之间的证明关系有无相应的经验法则可供依循；第五，特定电子数据与本案待证事实发生的特定环境、时空之间的关系上是否要考虑一些特别的因素。例如，就类型而言，电子数据还可根据不同标准、特征等分为电子邮件、电子数据交换、网上聊天记录、网络博客、微博客、手机短信、电子签名、域名等信息载体。它们在产生的背景、方式、程序、目的、特点、性格等诸多方面有较大差异，法院有必要通过庭审调查来认知这些差异对与案件待证事实之间关联性的影响。再如，在庭审证据调查过程中，当遇有双方当事人在下列情形存在争议时，均会涉及某一电子数据的关联性问题：第一，是否存在无操作权限的人对原始计算机文件进行了修改、删除、复制；第二，当事人出于特定目的是否对计算机系统输入了虚假错误的信息；第三，当事人是否登录过其无权进入的计算机网络以存储、删除、修改了重要信息等。

(九)视听资料、电子数据的共通性

2019年《民事证据规定》第99条第2款规定:"除法律、司法解释另有规定外,……关于书证的规定适用于视听资料、电子数据;存储在电子计算机等电子介质中的视听资料,适用电子数据的规定。"

对本条文的理解与适用,应当掌握如下基本内容:

1. 本条文中,所谓视听资料,是指运用现代技术手段,以录音、录像所反映的声音形象、电子计算机所贮存的资料、其他科技设备所提供的资料来证明案件真实情况的证据。它是随着科学技术的发展和司法实践的需要而出现的一种新型证据,是自然科学成果运用于诉讼领域的结果。严格来说,视听资料的名称本身并不足以涵盖其在现代诉讼证据中的内容。因为其他证据种类均以证据的存在和表现形式作为其命名的根据,而视听资料则是从人们对此类证据的感受方式来命名的。在计算机未被广泛使用时,视听资料就是指录音资料和录像资料,或许可以用"音像资料"或"音像证据"的提法,但在计算机广泛运用于社会生活的今天,其范围已不再局限于文义上的外延,而应作更广义的理解。相较而言,电子数据是电子商务中对电子信息资源的通称,指独立于口头、书面等传统意思表达方式之外的一种电子通讯信息及其记录。电子数据包括所有类型的、本质上是以无纸化形式生成、存储或者通讯的信息资料。关于电子数据,作为一种由高新信息技术产生的证据形式,各国对其含义的理解不一,主要表述为电子证据(Electronic Evidence)、数字证据(Digital Evidence)、计算机证据(Computer Evidence)、以计算机为基础的证据(Computer Based Evidence)或者网上证据等。电子商务建立在网络基础之上取代传统的交易方式,运用现代信息技术手段,以数字化通信网络和计算机装置替代传统交易过程中以纸介质为载体存储、传递、统计、发布信息,从而实现商品和服务交易,以及交易管理等活动的全程无纸化,达到高效率、低成本、数字化、网络化、全球化的目的。这些经由电子手段、光学手段等生成、储存或者传递的信息,称为电子数据或者数据电文。可见,视听资料和电子数据存在一定的相互包容关系。电子数据是一系列电子、磁、光学、数字、无线或类似等手段生成、存储、传送、交换并存在于相关介质中的信息资料。视听资料是由录音录像等技术手段产生，并以其记载、刻录的内容来证明案件真实情况的一种证据。录音录像也属于"电子、磁、光学、数字、无线或类似等手段生成、存储、传送、交换并存在于相关介质中的信息资料"，因此视听资料基本是包含在电子数据的概念与范畴之中的。

2. 在技术层面上，任何电子数据在本质上都是数字信号，"0"和"1"的不同排列方式承载着不同的信息。从这个角度来看，不同的电子数据之间并没有本质的差别。但是，在信息的最终呈现和表达层面上，电子数据可以依托各种硬件和软件，将信息以多样的方式表现出来。有些是将电子数据证据表现为类似于书证、视听资料等传统类型证据的直观表现形式。例如，各种文档编辑软件中打开的电子数据呈现出文本化的形式；各种视频播放软件通过显示器，可以将电子数据以视听资料的形式呈现；通过打印设备和打印程序，能够将电子文档固化成纸质文件。而有些情况下，电子数据涉及的是电子数据文件的属性信息、信息系统的访问和安全信息以及电子数据之间的关系信息，例如，文档的时间戳、系统的安全日志、具体的程序代码编写与结构等。这些信息并不都是非专业技术人员可以直接理解的，需要由具有专门知识的人加以解读，方能从中了解电子数据产生、运行和变化等过程的相关情况。因此，在不同的表现形式下，电子数据证据所呈现出的内容信息也会有所不同；同时对不同表现形式下的电子数据信息的展示方式和理解方式也有很大的差异。那么，应当在何种表现形式下对目标电子数据进行存取，才能够符合该电子数据作为证据使用的要求；以及在不同的情况下，是通过截屏来提取和保存电子数据的显示内容，还是通过打印设备，将电子文档中的文字、符号或者图片信息转化为书证，或者采用位对位复制的方式，制作与源数据完全一致的备份，这些也是在对电子数据证据进行存取时，需要重点考虑的问题。在审判实务上，鉴于视听资料、电子数据与书证的适用规则具有相应的共通性，它们之间存在一般规则与特别规则之间的关联关系，对视听资料、电子数据以及储存在电子计算机等电子介质中的视听资料进行举证、质证和认证时，如果法律、本规定或者其他司法解释对有关问题有特别规定的，应当直接适用该规定；如果法律、本规定或者其他司法解释对有关问题没有特别规定或者没有明确规定的，鉴于书证规则具有基础性和普遍性特点，法律、本规定或者其他司法解释有关书证的规定可适用于视听资料、电子数据；同时，如果法律、本规定或者其他司法解释对存储于电子计算机等电子介质中的视听资料没有特别规定或者明确规定的，可适用法律、本规定或者其他司法解释有关电子数据的规定。

## 三、案例实务与问题解析

### 案例一 手机短信可否作为直接证据

〔基本案情〕

王某于 2006 年 11 月向于某借款人民币 10 万元，约定 2007 年 11 月归还，借款时未出具借据。借款到期后，王某分文未还，于某遂将王某告上法庭，王某当庭否认借款一事，后又称借款已归还。原告于某仅提供 2007 年至 2008 年经公证的双方往来手机短信，以证明被告借款及催款事实。

法院审理认为，在于某与被告王某之间互发有关双方欠款数额、就是否应出具欠据及如何还款等方面内容的手机短信过程中，于某已明确表示被告王某拖欠其人民币 10 万元，并要求其出具欠据或归还欠款。被告王某未否认欠款事实的存在，并表示一定还款。此意思表示是对欠款事实的客观存在以及欠款金额的认可。故判决，被告王某于本判决生效后 10 日内一次性给付原告于某欠款 10 万元。

〔意见分歧〕

在对本案审理过程中，由于 1991 年《民事诉讼法》还未规定"电子数据"这一证据种类，对此，出现了如下几种意见：

第一种意见认为，手机短信具有易灭失、易修改、易编辑等特性，与证据"三性"相抵触，手机短信内容不应作为证据。

第二种意见认为，应作为间接证据使用，在没有其他证据，如证人证言、书证，形成完整证据链的情况下，不能单独证明案件主要事实，应判决驳回原告诉请，否则，有悖于公平。

第三种意见认为，应作为直接证据使用，因为手机短信内容原、被告能够说明案件的主要事实，即原、被告之间的借款数额、原告催收和被告答复经过。

第四种观点认为，本案中，短信内容显示，被告借款到期后，原告曾多次催收，而且要求对方补具借据手续，被告对借款10万元并没有异议，只是不同意出具欠条和以各种理由拖延还款。庭审中，被告开始不承认借款一事，后看到对方提交的手机短信证据后才发生改变，而且，未提供相关证据证实。这些短信所包含的信息和内容足以证明被告欠款事实，符合直接证据的特征。

〔问题解析〕

本案中，因熟人关系原因，原告在借款时并未要求被告出具借据。在双方就该笔借款存在纠纷之后，原告于某仅能向法院提供2007年至2008年经公证的双方往来手机短信，以证明被告借款及催款事实。根据我国《电子签名法》第4条规定："能够有形地表现所载内容，并可以随时调取查用的数据电文，视为符合法律、法规要求的书面形式。"《电子签名法》第7条规定："数据电文不得仅因为其是以电子、光学、磁或者类似手段生成、发送、接收或者储存的而被拒绝作为证据使用。"对此，法院应当进行必要的证据调查，原告应当庭出示该手机短信，并将短信内容、发（收）件人、发（收）时间、保存位置等相关信息采用书面形式予以摘录，作为证据的一部分。在对手机短信事先已作公证的情况下，原告应将公证文书作为证据出示。另外，我国《电子签名法》还对电子数据的真实性审查、作为原件形式的要求以及法律对保存上的要求等作出了明确规定。例如，《电子签名法》第8条规定："审查数据电文作为证据的真实性，应当考虑以下因素：（一）生成、储存或者传递数据电文方法的可靠性；（二）保持内容完整性方法的可靠性；（三）用以鉴别发件人方法的可靠性；（四）其他相关因素。"《电子签名法》第5条规定："符合下列条件的数据电文，视为满足法律、法规规定的原件形式要求：（一）能够有效地表现所载内容并可供随时调取查用；（二）能够可靠地保证自最终形成时起，内容保持完整、未被更改。但是，在数据电文上增加背书以及数据交换、储存和显示过程中发生的形式变化不影响数据电文的完整性。"《电子签名法》第6条规定："符合下列条件的数据电文，视为满足法律、法规规定的文件保存要求：（一）能够有效地表现所载内容并可供随时调取查用；（二）数据电文的格式与其生成、发送或者接收时的格式相同，或者格式不相同但是能够准确表现原来生成、发送或者接收的内容；（三）能够识别数据电文的发件人、收件人以及发送、接收的时间。"在进行庭审证据调查时，基于手机短信在实践中存在易被删改情形，法院应当就如下细节进行调查：第一，发件人与收件人的姓名及手机号码以及发送、接收的时间；第二，发件人、收件人之间的关系；第三，手机短信的位置是否出现变动，发出（收到）的信息是否仍在发（收）件箱中；第四，手机短信的内容是否完整，是否存在中间被删减的情形，该手机短信与其他证据是否有矛盾，与案件待证事实是否有关联；第五，如果发现存在不能排除合理怀疑的瑕疵或疑点，必要时可通过鉴定方式予以确定或要求电信运营商协助调查。

在学理上，所谓直接证据，是指不必采用推理过程就能够单独、直接地证明有关案件主要待证事实的证据。本案中，虽然缺乏借条来证明借贷关系的存在，实践当中有关民间借贷的交易方式并不限于书面形式，即使口头形式产生的借贷关系，也应受到法律保护，但在当事人之间产生争议时，债权人应当提供与之相适应的证据加以证明。本案中，原告于某向法院提供了2007年至2008年经公证的双方往来手机短信，以证明被告借款及催款事实。在现代社会条件下，手机短信已经成为人们之间发生交往、产生交易所通常采取的方式和必要手段，对此，法院应当依职权予以司法认知。原告与被告采用手机短信方式就借款及催款事实进行语言沟通、直接交流，意思表示明确，有助于法院对于裁判事实形成必要的心证。在某种意义上，手机短信是一种电子数据化的书证，能够直接表达人的思想意识，因此，手机短信属于直接证据范畴。并且，本案中，除了原告提供有手机短信这种电子数据（证据）外，还提供有公证机构制作的公证书。1991年《民事诉讼法》第67条规定："经过法定程序公证证明的法律事实和文书，人民法院应当作为认定事实的根据，但有相反证据足以推翻公证证明的除外。"① 根据2001年《民事证据规定》第9条第1款第6项（《民事诉讼法解释》第93条第1款第7项、2019年《民事证据规定》第10条第1款第7项）规定，已为有效公证文书所证明的事实，具有免证效力。法院据此作出支持原告诉讼请求的判决，这无疑是正确的。既有法律根据，又有法理基础，还有证据支持。上述几种观点中，其中第一种观点以手机短信缺乏可

---

① 现为《民事诉讼法》（2023年修正）第72条。

靠性为由，认为其不能作为证据使用，而第二种观点则将手机短信界定为间接证据，不能单独作为定案依据。这两种观点，要么没有法律依据，要么缺乏法理基础，显然是不可取的。而第三种和第四种观点，能够较为全面和客观地看待案件事实，并且对手机短信在本案证明效力上的界定，符合认识事物的基本规律性。

## 案例二　如何认识QQ聊天记录在本案中的证据效力

〔基本案情〕

原告李某和被告王某为合法夫妻，婚后共生育两个小孩。婚后两人一直外出打工，但因被告王某经常外出娱乐和打牌，导致夫妻二人会发生争执吵架，为此2013年2月被告王某立下一份保证书，作出以后绝不去娱乐场所，绝不会天天出去打牌等承诺。后原告李某以夫妻感情破裂为由诉至法院要求离婚，并提供大量其丈夫与别的女人QQ聊天记录作为证明丈夫出轨的证据，同时要求法院认定丈夫属于导致夫妻感情破裂的过错方，原告李某应多分割财产。

〔意见分歧〕

本案在审理中有以下不同观点：

第一种意见认为，QQ聊天记录大多数以虚拟身份进行，无法确定当事人身份，且QQ聊天记录属于虚拟内容，难以作为法律证据使用。

第二种意见认为，QQ聊天记录是作为电子数据这一高科技电子介质为载体的证据形式进入了司法领域，新《民事诉讼法》明确将其纳入证据范畴，能够作为法律证据使用。

第三种观点认为，本案中，原告李某提供了大量被告王某QQ聊天记录，用以证明被告出轨，且能证明QQ昵称是被告本人，同时还有被告立下的保证书相互印证，形成了充分、完整的证据链，因此可以证明被告出轨的相关事实，因此，实践中QQ聊天记录能够成为法律证据，能够证明案件的相关事实。

〔问题解析〕

在庭审过程中，本案原告将网上聊天记录作为证据向法院提供时，按照通常的操作规程，原告应同时提供网址、时间，并将网上（QQ）聊天记录当庭演示，指明网上（QQ）聊天记录中与案件相关联的内容，同时，提供该聊天记录的纸质件，以备留档查考。经双方当事人同意，也可仅出示网页纸质件，不再演示网页。上述这些过程应在庭审笔录中加以完整记录。审判实践中，在QQ软件的聊天记录问题上，用户在注册会员后即可上传聊天记录，若设置了漫游聊天记录，即可随时随地查看与好友之前的历史聊天内容。由于网页信息更新快，时效性强，应注意对网页证据的保全，可通过公证、摄像、下载等形式固定网页。在诉讼发生之前，为了及时、有效地保障网上聊天记录的真实性、完整性，当事人可事先提供公证机构依照法定程序对网上聊天记录予以公证，即可在公证处的保全专业计算机上完成聊天记录保全。在当事人事先已对网上聊天记录加以公证的情况下，可不当庭在计算机上进行演示，而直接将公证文书作为证据出示，听取对方当事人发表质证意见。在庭审过程中，法院应当对网上聊天记录关注如下问题：第一，网络聊天要确认双方身份，通常双方均使用昵称，此部分由原告提供证据证明；第二，网上聊天的行为人是否为现实中的聊天人，是否为具有诉讼主体资格的案件当事人；第三，聊天记录是否未经删除篡改，是否具备真实性与完整性，与其他证据是否有矛盾，与待证事实是否有关联。鉴于法院最终仅凭网上聊天记录就能够对案件事实作出认定的情况较少，故此，在法庭开展庭审证据调查时，应当调查询问有关当事人是否还能够提供其他证据予以佐证，以便有助于形成一条完整的证据链。

我国《民事诉讼法》第66条第1款规定，证据包括电子数据。《民事诉讼法解释》第116条第2款规定："电子数据是指通过电子邮件、电子数据交换、网上聊天记录、博客、微博客、手机短信、电子签名、域名等形成或者存储在电子介质中的信息。"可见，本案中，原告提供了大量其丈夫与别的女人QQ聊天记录是能够作为证据使用的，但能否作为证明其丈夫出轨的证据，鉴于在本案中因缺乏直接证据，还要取决于法官根据有关间接证据进行综合判断，尚不能一概而论。

上述第一种观点以现实生活中QQ聊天记录具有某种虚拟性特点为由，否定该种证据在审判实践当中的证明效力，显然是不可取的；上述第二种观点则以《民事诉讼法》的有关规定为根据，在原则立场上明确肯定了QQ聊天记录在审判实践中的基本效能；而第三种观点则认为，原告李某提供了大量的被告王某QQ聊天记录，并结合被告立下的保证书相互印证，可以证明被告出轨的相关事实。但值得关注的是，本案属于婚姻家庭纠纷案件，具有相当的社会公益性，法院对有关案件事实的查明有较高的证明标准要求，在本案缺乏直接证据证明被告有出轨行为的条件下，除了当事人的举证之外，法律上通常还赋予法院有依职权调查收集证据的权力。

# 第十一章
# 证据保全

## 一、证据保全的基本要义

（一）证据保全在法律上的界定

所谓证据保全，是指在证据可能灭失或以后难以取得的情况下，人民法院根据诉讼参加人的请求或依职权采取措施加以确定和保全的制度。证据保全是一种法定的通过必要手段，使某种证据材料本身不因时间的推移，而使其本身所能够载现的证据力得以减损或消失的一种取得证据的方式。证据保全有两种情况：一种是诉讼前的保全；另一种是诉讼上的保全，即在民事诉讼开始或进行中，由人民法院采取措施保全有关证据。

证据保全作为一种制度始创于寺院法，系自公元12世纪以来宗教法规和教会法规的总和。后来继受于德国普通法并沿传至今，为许多国家的立法所采用。《法国民事诉讼法》虽然没有直接采纳证据保全制度，但是出于实际需要也并不禁止这种制度，并且在学理上一般也都承认这种制度。[1] 据认为，依照美国法律，主事官也能够根据一方当事人的请求命令提取初步证据。而在法国法律上虽然没有规定可以提取初步证据，但是，应当指出的是，英美法系国家或地区由于其持有的审判模式和举证规则所限，并没有产生完整意义上的证据保全制度的前提。这一缺陷在一定程度上可以由"执达员笔录"或者由紧急审理法官"命令进行"验证来弥补。[2] 应当指出的是，英美法系国家或地区由于其特有的审判规则所限，并没有产生完整意义上的证据保全制度的前提。

关于证据保全的概念，日本学者新堂幸司教授认为，如果等到诉讼中的正规证据调查，该证据方法将难以被使用，例如，证人死亡或移居到国外、文书的灭失或者应检证的现状发生变更等情况，在这种情况下，有必要通过不同于原本诉讼程序的附随程序，来预先对该证据进行调查，并将其结果予以保存，

---

[1] 参见王锡三：《民事诉讼法研究》，重庆大学出版社1996年版，第259页。
[2] 参见李双元、谢石松：《国际民事诉讼法概论》，武汉大学出版社1990年版，第413页。

这种附随程序就是证据保全程序。① 我国学者认为，所谓证据保全，"就是在起诉以前或者在起诉以后，还没有调查证据以前，预先采取的一种保全措施。"② 可见，证据保全程序是基于客观上的急迫需要，在正式开展庭审调查前就特定证据材料预先加以调查，以便对其证据的形式与内容加以固定、保存的一种特别程序。

证据保全是证据法不可分割的必要组成部分，其原因在于，对案件事实的查明有赖于对证据进行及时、全面、客观地加以固定与保全，以保障证据对于查明案件事实的真实性与客观性。在许多情形下，证据保全的进行除了有赖于负有举证责任的一方当事人主动申请之外，还有赖于相对一方当事人的协助，如负有协助义务的一方当事人拒不履行相应的义务，是否在诉讼证明上产生对其不利的裁判后果，由法官据情判定，从而使得证据保全与当事人的举证妨碍行为产生有机联系；并且，诉讼上所出现的证据保全，在客观条件允许的情形下应贯彻辩论主义，即证据保全的进行只有在双方当事人在场的情况下才能够有利于保障保全程序的正当性、合法性与有效性。关于证据保全程序与诉讼中证据调查之间的关系，有学者认为，大体上，证据保全程序是为了保障当事人的证明权的目的而创设的制度建构，其原始制度目的即为使证据能在诉讼中顺利提出，以供法院适切形成心证，因而使得证据调查程序在一定条件下作为时间上的延伸，也就是将原属诉讼中所进行的证据调查，提前在诉讼系属前或诉讼系属后，而在证据调查阶段前进行，其对于诉讼目的的达成具有重大意义。③

关于证据保全的功能意义，我国台湾地区学者认为，为避免证据灭失或者使用上困难而进行保全，以待将来诉讼时得以举证，例如，证人年迈重病、将移民国外以致证据调查的费用明显增高、标的物将变质腐败、文书的保存年限届至将予以销毁、电脑软件程式的错误将予以排除等，此为保全证据程序向来的机能。④ 证据保全是当事人在诉讼上欲加利用的证据方法，担心日后有灭失

---

① 参见［日］新堂幸司：《新民事诉讼法》，林剑锋译，法律出版社2008年版，第424页。
② 参见王锡三：《民事诉讼法研究》，重庆大学出版社1996年版，第259页。
③ 参见姜世明：《新民事证据法论》，厦门大学出版社2017年版，第25页。
④ 参见沈冠伶：《民事证据法与武器平等原则》，我国台湾地区元照出版有限公司2007年版，第159~160页。

或妨碍使用之隐患,预为调查而对证据加以保全。作为证据调查应予诉讼系属后已达到调查的程度,且认为有必要时才能予以进行,但如果固守此项原则,直到事后必须调查之时,倘若发生证据灭失则不能使用,或者因情势变更出现有碍使用的情形,影响裁判的公正时,即属于这种特别情形,因此,诉讼法特别设置证据保全程序以便给予必要的救济。[①]可见,这些观点都将证据保全视为有助于审判上查明案件事实的辅助手段,是公力救济的一种必要方式。

凡申请证据保全既可以在诉讼中进行,也可以在诉讼前进行。无论怎样进行,其目的都是使证据经由公信力上的调查记载,而避免因情势变迁、物理上的变化,或者其他意外原因而发生灭失或者有碍使用的隐患发生。也就是说,证据保全的目的在于事前防范,以便日后对究竟是否起诉或者起诉后能否获得和解,或者虽起诉但事先疏漏而未能将有关证据加以保全时向法庭提出。

证据保全的重要意义主要表现在以下几个方面:其一,可使得裁判在事实认定上获得正确的结果。民事诉讼因私权纷争而采用当事人进行主义,当事人间常常因为未能继续持有适当证据,而使其合理的请求无法获得胜诉的判决,通常由于此种原因所致,使得法院的民事裁判无法完全符合真实、公平的原则。倘若当事人能及时请求证据保全,便可有助于司法裁判获得较为真实、可靠的裁判结果。其二,基于疏减讼源的需要。民事诉讼的发生,并非完全由于双方当事人各持己见的结果,而是常常因为一方当事人未能保全其证据,他方趁机否认其权利所致。假若证据保全完整无缺,在相当程度上便可减少案件发生的几率,即使发生争讼,也便于在诉讼中达成和解。[②]其三,从保全证据的功能上而论,借助这种制度能够最大限度地弥补诸多的外界因素对证据的客观真实性所造成的不良影响,从而为法院发现事实真相提供可靠的依据,同时,还有可能更好地化解当事人之间在事实问题上的分歧。就我国台湾地区"民事诉讼法"于2000年修法所发生的变化,有学者指出,证据保全程序的机能已不再局限于为将来诉讼预先保全证据的功能,而扩及防免诉讼发生、确认事实、提供

---

① 参见王甲乙、杨建华、郑健才:《民事诉讼法新论》,我国台湾地区广益印书局1983年版,第440页。

② 参见陈玮直:《民事证据法研究》,我国台湾地区新生印刷厂1970年版,第85~86页。

诉讼外解决纷争渠道及促进诉讼与审理集中化等功能。因此，就证据保全制度的理解和解释，须以充分意识到这一制度功能转变意义为前提。[①] 另外，根据新法的规定，视具体情况的需要，证据保全制度还具有事证开示的机能，以进一步落实证据收集权的保障。[②] 其四，从一些专业领域而言，海事证据保全对于查证承运人及其托运人伪造提单、倒签提单、预借提单、绕船、"鬼船"等海事欺诈行为具有重要的意义。[③] 同时，在船舶碰撞案件中，证据保全对于取得原始证据资料如航海日志、轮机日志、车钟日志等以及认定碰撞责任也具有独特的功能与作用。[④] 在海事纠纷发生之后，对有关证据如果不立即进行保全，待到当事人起诉后再试图调查有关证据，往往事倍功半，因为外国当事人并不在国内或早已离开了具有案件管辖权的中国，这无疑给当事人收集证据或者在一定条件下法院主动查证带来很大障碍，案件的某些事实可能因此而无法查明。由于大多数海事纠纷发生于船舶营运或航行过程中，纠纷发生后如不对有关证据立即进行调查和收集，往往会丧失取证的最佳时机，等到当事人提起诉讼后，再行调查和收集证据，这些证据可能已经灭失或者已不可能反映案件发生时的真实情况，某些海事侵权纠纷案件更是如此。[⑤] 并且，证据分布的不平衡性也从某种程度上给当事人篡改证据提供了可能。例如，倒签提单中的船方的航海日志、甲板记录等。船舶碰撞案件中，如果碰撞发生后不立即进行证据调查，当事船舶可能会有充分时间来考虑如何更改航海日志、轮机日志、海图作业等原始资料，从而尽可能地减少其过失程度。并且，如果不在诉讼之前对碰撞点或划痕点的油漆样本取样、拍照等，这些本来靠受害人自己就无法取得的证据，在肇事船舶离开肇事港后也将更加难以取得，甚至有些证据可能会随着时间的推移丧失其证据力。因此，只有立即进行证据保全才能获取反映碰撞真实情况的证据，特别是对于发生于动态海域的案件，如上述船舶碰撞以及共同海损、海难

---

[①] 参见姜世明：《新民事证据法论》，厦门大学出版社2017年版，第51页。

[②] 参见沈冠伶：《民事证据法与武器平等原则》，我国台湾地区元照出版有限公司2007年版，第159页。

[③] 参见邢海宝：《海事诉讼特别程序法研究》，法律出版社2002年版，第321页。

[④] 参见杨树明主编：《民事诉讼法·海事诉讼特别程序编》，厦门大学出版社2008年版，第118~119页。

[⑤] 参见肖健民：《诉前海事证据保全》，载《中国船检》2002年第4期。

救助等,根本不可能像静态环境下那样来保留现场或者进行现场勘验,这无疑给调查案件事实造成实际妨碍。另外,海事证据保全还具有作为创设管辖权依据的功能。[1]

(二)证据保全的程序属性

证据保全程序究竟属于诉讼行为还是属于非诉讼行为,二者最显著的区别在于,前者是以解决已产生争执的私权为目的,故必然有对立的双方当事人的存在;而后者则以预防私权产生争执为目的,故原则上无争议性,不一定存在对立的双方当事人。[2] 长期以来,围绕这二者之间在学术界有不同的主张。我国台湾地区有学者指出,凡主张属于诉讼行为的观点认为,保全证据程序既规定在诉讼法中,又确定了管辖法院,自然应当认为是诉讼行为。而主张此并非属诉讼行为的观点认为,此项程序因在诉讼系属前所进行的,自应为非诉行为。根据证据保全的特点,它属于证据调查的特别规定,因此并非如同普通证据调查应在诉讼已系属后且有调查必要时为之,但其程序的开始是基于法定原因,对于调查的结果,双方当事人均可加以利用,其费用将来也作为诉讼费用的一部分,因此自应认为证据保全属于诉讼行为为妥当。并且关于将来诉讼所为的行为,可产生诉讼上的效果,也并非仅为证据保全程序,如合意管辖、指定管辖的申请,都属于作此种解释的适例。[3] 另有我国台湾地区学者认为,从我国台湾地区"民事诉讼法"主要继受于德国法上的沿革历史来看,保全证据程序向来被分为两种形态而有不同的属性,即非诉性的证据保全和诉讼性的证据保全。前者系为使记忆永久化留存(Probatio in perpetuam rei memoriam, Beweisurkundung zum ewigen Gedächtnis),它源自后古典时代的罗马法,根据当时的规定,任何人可向任一法院申请保全证据方法,受申请的法院可讯问证人,且法院的任务限于在未传唤对方当事人的情况下,为一方当事人将证人的陈述

---

[1] 参见杨树明主编:《民事诉讼法·海事诉讼特别程序编》,厦门大学出版社2008年版,第125页以下。

[2] 参见陈计男:《民事诉讼法论》(上),我国台湾地区三民书局股份有限公司2002年版,第11页。

[3] 参见王甲乙、杨建华、郑健才:《民事诉讼法新论》,我国台湾地区三民书局有限公司2007年版,第477页。

作为书面记录，其后，该当事人可于任何诉讼上使用被作成书面记录的证据方法；后者系为将来本案诉讼而预行的证据调查及事实认定，最早可见于中古世纪的寺院法（Das Kanonische Recht），在特定相对人且使其参与程序下，可进行证据的调查，但须在一年内起诉。1990年《德国司法简化法》中，对于证据保全程序进行修正，由于酌情采用英美法上事证开示制度的精神，亦即在言词辩论期日前对于事证作广泛调查、解明以促成和解，而较强调程序上的讼争性，原则上是以对立当事人的存在作为前提，所以必须赋予其相当于诉讼程序的程序保障，如对方当事人在独立证据程序中未受合法通知而未到场，则不得在本案诉讼上利用在独立证据程序中调查证据的结果。[①] 我国学界亦有赞同证据保全程序既具有诉讼性又具有非诉性的学术观点，但该观点同时认为，证据保全具有诉讼性和非诉性并非位居同一层面上，其诉讼性应是第一位，其非诉性则是第二位。[②] 还有的学者认为，在通常情况下，证据保全需要申请人与对方当事人均参与其中，法院通过证据的保存来确定案件的相关事实，以便为后续本案诉讼程序奠定基础，并且如此处理不仅有利于促进案件真实的发现，还可以增加当事人进行和解的可能，就此而言，证据保全程序具有明显的诉讼程序特质。[③]

笔者倾向于赞同诉讼行为说以及上述为论证这种观点而阐释的有关理由，但是，就证据保全作为一种措施或程序而言，其发生的时间既包括在诉讼开始之后，也包括在诉讼形成之前，对在诉讼开始之后的特定阶段所实施的证据保全措施，作为一种诉讼行为来看待是切合实际的一种态度。例如，我国《海事诉讼特别程序法》将海事证据保全界定为一种诉讼上的强制措施。该法第62条规定："海事证据保全是指海事法院根据海事请求人的申请，对有关海事请求的证据予以提取、保全或者封存的强制措施。"当事人之所以在诉讼上提出证据保全的申请，是因为有关当事人向法院所提出的事实主张而应当承担相应的举证责任，并且为当事人用来证明其事实主张的有关证据遇到了将要灭失或者今后

---

① Hoeren, a.a.O., ZZP 108（1995）, S.353. 转引自沈冠伶：《民事证据法与武器平等原则》，我国台湾地区元照出版有限公司2007年版，第176~177页。

② 参见许少波：《民事证据保全制度研究——以法院为中心的分析》，法律出版社2013年版，第49页。

③ 参见占善刚：《民事证据法研究》，武汉大学出版社2009年版，第259页。

难以取得的特别情况，故此，在此情形下，由当事人提出证据保全的申请显然属于一种诉讼行为。但是，在诉讼形成之前而进行的证据保全程序所保全的证据，有时并不排除事后有关利害关系人并不提起诉讼的可能，并且公证行为在我国立法上被赋予很高的诉讼证明地位，因此在诉讼前发挥其保全证据功能作用的空间相当广阔。因此，就该种程序下所实施证据保全的行为，其行为属性如界定为诉讼行为则实难与实际情况相符，如界定为准诉讼行为则更为妥当。因此，笔者认为，从总括意义上而论，证据保全的程序行为属于诉讼行为与准诉讼行为相结合的二元制结构。

（三）证据保全的基本范围

证据保全的范围，是指在立法上或审判实务上对何种证据可以采取保全措施的范围。而证据保全措施则是对作为保全对象的证据应采取的保护方法。

对哪些证据可以采用何种方法予以保全，我国民事诉讼立法并未作出明确规定。但审判实践中，有关的保全证据的措施或方法，因不同的证据而有不同的保存与固定的方式。例如，对证人证言的保全，可以采取制作证人证言笔录或者录音的方式；对物证或有关场所现状的保全，因物证或有关场所的具体情况不同，也可采用不同的方法和手段，既可以通过勘验制作笔录、绘图、拍照或录像，也可以保存原物；对证人证言的保全，既可以采取让证人提供书面证言，也可以制作调查询问笔录，或者以录音方法予以保全。2019年《民事证据规定》采用的是一种推荐列举的方式，要求法院根据个案的具体情况利用现代的一切必要科技手段、方法及措施对各种类型的证据不拘一格地进行固定保全。例如，2019年《民事证据规定》第27条第2款规定："根据当事人的申请和具体情况，人民法院可以采取查封、扣押、录音、录像、复制、鉴定、勘验笔录等方法进行证据保全，并制作笔录。"

笔者认为，因为社会生活是丰富多彩的，而案件事实则相应是纷繁复杂的，加之现代社会高科技的不断迅猛发展以及人们认识客观世界的手段不断提升，必将给司法审判不断带来革命性的成果，如果在立法上对证据保全的措施采取较为弹性和灵活的做法，由法院（或者公证机构）根据个案的具体情形采取及时、有效的措施和手段，以达到固定、保存证据的目的为本旨，必将有利于增强和拓展人们认识或再现客观事物的能力与探索的空间视野与能力。

在保全证据的范围与保全措施的关系上，有观点指出，与《德国民事诉讼法》第485条明文仅限于勘验、证人之讯问、鉴定人之鉴定三种证据方法所不同的是，根据我国台湾地区有关"民事诉讼法"所承认的五种证据方法，包括人证、书证、勘验、鉴定或当事人讯问，均可成为证据保全的对象，而在证人的调查上，由于第305条第2项、第3项新增有关证人陈述书状的规定，因此在必要情况下，也可于保全证据程序上以证人陈述书状的提出代替证人的讯问。但德国法上虽然明文排除书证可作为证据保全，但实务上则承认可以勘验或提起确认证书真伪之诉以此来排除文书的伪造或变造、或经由讯问证人、鉴定人的方法而间接认识到书证的内容，可见对于文书的证据保全仍未完全予以排除。[①]有观点认为，无论何种证据方法，当事人均可申请保全，但必须有保全证据的必要。[②]我国有学者将作为保全证据的措施分为扣押、固定、提前询问、接管四种类型。其中，当某些物证和书证有可能被毁灭时，就要采取扣押措施，将这些证据预为收集和提取；当某些物证有可能自然灭失时，就要采取固定措施，力求把证据的形式固定下来并加以提取；当某些人证日后难以获取，比如证人即将出国或者远离，就要采取提前询问的措施；当双方当事人共同要求保全证据时，就要采取接管措施，即由人民法院将双方当事人共同要求保全的物证接管下来。这四项措施的法律性质是不同的，其中扣押是强制措施，固定是技术措施，询问是调查措施，接管是行政措施。[③]

笔者认为，由于我国现行民事诉讼立法较为原则，暂无具体的操作规范，但是，在证据保全范围上，即便在今后的民事诉讼立法上也不宜采用硬性的规定，而由法院（或者公证机构）根据个案的具体情形采取及时、有效的措施和手段，以达到固定、保存证据的目的为本旨。因为社会生活是丰富多彩的，而案件事实则相应是纷繁复杂的，加之现代社会高科技的不断迅猛发展以及人们认识客观世界的手段不断提升，必将会给司法审判不断带来革命性的成果，如

---

[①] 参见沈冠伶：《民事证据法与武器平等原则》，我国台湾地区元照出版有限公司2007年版，第176~177页。

[②] 参见姚瑞光：《民事诉讼法论》，中国政法大学出版社2011年版，第337页。

[③] 参见裴苍龄：《证据法学新论》，法律出版社1989年版，第254页。

果在立法上对证据保全的措施采取僵硬的限定做法,或将妨碍和限制人们认识或再现客观事物的能力与探索的空间。

(四)我国有关法律及司法解释相关规定的理解与适用

《民事诉讼法》第 84 条第 3 款规定:"证据保全的其他程序,参照适用本法第九章保全的有关规定。"而根据该法第 105 条规定,证据保全限于请求的范围,或者与本案有关的证据。

对本条文的理解与适用,应当掌握如下基本内容:

1. 作为对本条文的必要补充,2019 年《民事证据规定》第 99 条第 1 款规定:"本规定对证据保全没有规定的,参照适用法律、司法解释关于财产保全的规定。"另外,作为一种特别规定,我国《海事诉讼特别程序法》第 62 条规定:"海事证据保全是指海事法院根据海事请求人的申请,对有关海事请求的证据予以提取、保存或者封存的强制措施。"例如,要求船东提交航海日志、货物积载图等。与普通民事证据相较而言,海事证据具有复杂性高、专业性强,证据分散、不易调查,难以全面收集、取得和保存的特点。

2. 对证据采取保全措施的范围,应当限于与当事人所提诉讼请求的内容相符。因此,无论是当事人申请证据保全,还是受诉人民法院依职权主动采取证据保全措施,都应当遵循这一原则。如果其证据保全请求的范围与诉讼请求的范围重合,或者其证据保全请求的范围小于诉讼请求的范围,均可直接以其证据保全请求的范围为准;如果其证据保全请求的范围大于其诉讼请求的范围,则应对超过其诉讼请求范围的那部分证据保全请求不予准许,否则,随意扩大证据保全范围将给被申请人或诉讼外第三人造成不必要的困扰或损失。

3. 本条文中,所谓与本案有关的"证据",是指在诉讼过程或仲裁过程中,人民法院根据当事人的申请或者依职权对有关证据进行保全时,应当审查或者调查被保全的证据必须是与案件待证事实具有关联性。如果有关证据与案件待证事实之间不存在关联性,就没有保全的必要。在此,应当注意的是,在诉讼过程或仲裁过程中,如果案件待证事实及争议焦点尚未确定,有关当事人提出证据保全的申请时,人民法院只需要审查所要保全的证据与待证事实之间在形式上具有关联性即可;如果在案件待证事实及争议焦点已经确定的情况下,人民法院应当对有关证据与案件待证事实之间是否具有实质上的关联性进行审查判断；而在诉讼过程中，人民法院依职权采取证据保全措施的，应当根据个案的具体情况、法律关系的性质和特点、其他有关事实和证据审查判断之后，认为确有必要（其中包括认为有关证据与待证事实之间具有实质性关联性）时，可根据法律的规定依职权采取证据保全措施。

4. 保全证据应注意保全范围要全面。案件证据是互相联系的，在保全某一证据时，如果不注意同时保全与它紧密相连的其他证据，则可能失去保全该件证据的意义。例如，两辆车相撞后，在采取证据保全措施时，既要对甲车保全，也要对乙车保全，还要对现场进行保全。如果只保全一个方面，其余方面的证据灭失以后，被保全的证据也不能全面证明一个完整的案件事实。

5. 鉴于诉前证据保全在其提起的时间点上并未形成某一特定的诉讼系属，只能由利害关系人在提起诉讼或者申请仲裁前向人民法院提出申请，法院不得主动采取证据保全措施，因此，对诉前采取证据保全措施的范围应当限于利害关系人请求的范围。对此，为了防止利害关系人请求范围过大，以至于对他人的权益和正常的工作秩序、生活秩序造成不当的影响，人民法院对于利害关系人的申请应当进行必要的审查，即要求利害关系人作出必要的说明，利害关系人对此负有相应的说明义务、情况报告义务和信息披露义务。

## 二、证据保全的必要条件

### （一）基本界定

在学理上，所谓证据保全的必要条件，是指有关当事人向法院提起证据保全申请在法律上所应当具备的条件。这些条件通常包括在客观上已产生证据灭失或妨碍使用之隐患等，或者经对方当事人同意的。例如，在实务上，有人就以下案例提出了相关的疑问：某男女曾是恋人关系，在恋爱期间，某女曾代某男到银行开户存款40万元，并代某男约定以密码方式取款，且代为设置了密码。后来两人分手，某女到银行凭密码及其8份存单取走了某男的全部款项，同时以自己名义全部存入该银行。现某男以银行为被告要求银行赔偿损失，那么，银行能否以被告人的 8 份申请对现以某女的名义存入银行的钱款进行"证据保全"以防某女将款项取走？笔者认为，根据本案所反映的情形，某女在当时代某男到银行办理存款以及事后将某男的存款存入自己的名下，在此过程中，银行自身没有过错，银行完全是按照办理存款的通常惯例来处理这 8 份存单所涉及的 40 万元存款业务。从本案的具体情况来看，某女受某男委托到银行开户存款 40 万元，并代某男采用密码方式取款，设置了相应的密码。在此过程中，反映的是某女与某男的代理与被代理关系。事后，由于两人分手，这种代理与被代理关系实际终止。但是，此时如果作为被代理人的某男不及时按照有关规定向银行告知，那么银行只能按照通常的交易习惯为某女办理转存款手续。在此过程中，如果没有证据证明银行存有过失，那么，某男就应当以某女为被告向法院提起诉讼，要求被告返还这些钱款。本案所涉及的事实问题，确实存在着我国《民事诉讼法》第 84 条所规定的当事人向法院申请保全证据的必要条件。因为，本案所涉及的事实争执点应当是，本案的被告与原告之间是否曾经存在过代理与被代理关系。从利害关系上看，被告显然对此是持否认态度的。从被告现在所持有的 40 万元存款单以及在银行现存的存款记录上均能够证明的事实是，被告实际享有该笔财产。而原告欲证明该笔财产是侵占其原有财产之所得，只要被告不能提供证据证明该笔财产是原告对其赠与所得或者以其他合法形式所得，那么，当初，被告曾到银行以原告的名义在银行办理存款业务的证据显然对于证明原告的事实主张有利。但是，涉及这类证据的银行内部账目、档案资料以及被告在事后以代理原告的身份提取这些存款并以自己的名义存入银行的证据材料，可能会因为银行内部对过期账目、相关资料属于逾期保管的缘故，按照有关规定及时予以销毁，很有可能在以后难以取得。对此，可由原告就这部分证据材料向法院申请证据保全，而不是对与被告以其名义存入银行的钱款进行证据保全；同时，可以根据我国《民事诉讼法》第 104 条的规定，就这笔存款由原告向法院提出财产保全，以防范可能因被告的行为或其他原因，使判决不能执行或者难以执行的情况发生。

在诉讼上，证据保全的必要条件是，当出现"证据可能灭失或者以后难以取得"的情形时，所谓有灭失可能，如证人身患疾病有死亡的可能。鉴定、勘验之物将因天然或因对方当事人的行为有消灭、变更之隐患。有关机关保管的文卷即将逾越保存期限，有焚毁之可能的情形等。所谓证据将难以取得，如证人行将远行，证物行将为对方当事人和第三人携带出国等情形。究竟具体情形如何，应由法院加以认定。

诉讼前的证据保全，仅限于出现紧急情况时所应采取的保全措施。所谓"紧急情况"，是指证据灭失或者以后难以取得已不再仅仅是一种可能性，而已成为一种迫在眉睫的现实。在此情形下，利害关系人可以在起诉前向证据所在地、被告人住所地或者有管辖权的人民法院申请保全证据。例如，我国《专利法》第73条规定："为了制止专利侵权行为，在证据可能灭失或者以后难以取得的情况下，专利权人或者利害关系人可以在起诉前依法向人民法院申请保全证据。"

证据保全作为一种程序制度以及固定、保全证据的必要手段，并非所有的诉讼程序在无任何限定的条件下予以适用。基于证据保全这一程序制度的设置目的以及其所固有的特殊功能，为了保护相对利害关系人的权益，立法上一般都特设一定的必要条件，作为采用证据保全措施的必要前提。在学理上，证据保全的必要条件通常被作为实施证据保全措施所应当具备的要件。证据保全的要件亦有实质要件与程序要件之分。所谓证据保全的实质要件，为已有发生证据灭失或妨碍使用之隐患或者经对方当事人同意时，其程序上的要件则以并非在诉讼上实际能够申请调查证据为前提。但是，如果当事人对所申请保全的证据已经达到可以调查的程度或者其调查的程序尚未进行，自应请求法院进行调查辩论，方能作为裁判的依据，而不能作为申请证据保全的根据。

在学理上，关于申请证据保全的要件似有不同的见解。一种观点认为，构成申请保全证据的要件与立法上所规定的两种情形相同，即其一，须证据可能灭失，其二，须证据以后难以取得。① 另一种观点认为，适用证据保全措施，须具备两个条件：其一，欲保全的证据须能证明案件的待证事实。其二，须证据有毁损、灭失或者以后难以取得的可能性。② 第二种观点实际上是将立法上所列举的两种情形归纳为其中的一个前提条件，而增加所保全的证据与待证事

---

① 参见王锡三：《民事诉讼法研究》，重庆大学出版社1996年版，第260页。
② 参见梁书文、回沪明、杨荣新主编：《民事诉讼法及配套规定新释新解》，人民法院出版社1996年版，第217页。

实具有关联性的实质要件,与第一种观点所不同的是,第二种观点强调两种条件对适用证据保全措施是缺一不可的。对此,笔者认为,法院对当事人提出保全证据申请,只需审查所要保全的证据与待证事实在形式上具有关联性即可,而实质上的关联性如何以及证据与待证事实之间所具有证明价值的大小与强弱则在所不问,因为这并非在证据保全程序所能够做到的,证据保全程序毕竟是有别于通常诉讼程序的一种特别程序,正如我国台湾地区一些学者认为的那样,保全证据只是预行调查证据的一种程序。① 所以,对证据关联性的实质审查并不是证据保全程序的主题,为此,有关大陆法系国家或地区无论在立法上或学理上对此均持较为一致的观点。② 但是,鉴于我国台湾地区"民事诉讼法"于2000年修法所造成的扩大证据保全范围的情形,有学者指出,由于扩大证据保全的范围,为避免发生滥用而导致产生损害对方利益的情事,则以"有法律上利益并有必要"作为限制。③

我国《民事诉讼法》第84条第1款规定:"在证据可能灭失或者以后难以取得的情况下,当事人可以在诉讼过程中向人民法院申请保全证据,人民法院也可以主动采取保全措施。"可见,我国在立法上规定了两种情形作为采用证据保全措施的前提条件,只要具备其中的一种情形,就可以申请保全证据,而不必两种情形同时具备。例如,在实务中,有人就这样的案例提出了相应的疑问:甲供货给乙(工厂),送货单由乙方工人丙签收,未盖乙厂公章。因乙未付款,甲向法院起诉。甲担心乙不认账,申请要求保全证据,保全乙厂的账本及员工名册,以证实丙是乙的员工以及乙记载双方往来的账目记录。那么,甲的申请能否准许?也就是,是否符合提出申请证据保全的要件?笔者认为,在这种情形下,甲的申请应当被准许。因为,在实务中,就本案情形来看,的确存在乙方以赖账为目的而对有关财务账目及员工名册予以藏匿或变更的可能,以便为甲举证证明其事实主张制造客观上的障碍。当然,虽然法院在审理本案时

---

① 参见黄栋培:《民事诉讼法释论》,我国台湾地区五南图书出版公司1982年版,第556页。
② 此类观点可参见王甲乙、杨建华、郑健才:《民事诉讼法新论》,我国台湾地区广益印书局1983年版,第442~443页。
③ 参见沈冠伶:《民事证据法与武器平等原则》,我国台湾地区元照出版有限公司2007年版,第167页。

可采用间接证据及运用经验法则在缺乏直接证据的情况下对有关待证事实作出推定，但是，对乙方所掌握的财务账目及员工名册进行保全更有利于及时查明案件事实。

（二）采取证据保全措施所应当具备的条件

在有关国家或地区的立法或学理上，一般认为，凡当事人向法院提出证据保全的申请或者法院依职权采取保护措施，应具备下列条件之一：

1.证据有灭失或者碍难使用之虞。所谓有灭失之虞，如证人身患疾病有死亡的可能；鉴定勘验之物将因天然或因对方当事人的行为有消灭、变更之隐患；有关机关保管的文卷即将逾越保存期限，有焚毁之可能的情形等。所谓碍难使用，如证人行将远行，证物行将为对方当事人和第三人携带出国等情形。有无可虞情形，应由法院加以认定。[①]而所谓证据有灭失或者碍难使用之虞，其肇因则可能系人或物之因素。[②]

2.经对方当事人同意。所谓经对方当事人同意是指，证据虽无灭失或碍难使用之虞，但如经对方当事人同意的，亦可申请保全。如车船相撞双方欲确定其责任或损害的程度。作为证据保全的功能，并不单纯有助于促成加速终结诉讼的可能，有时还可达到诉讼以外的目的，如当事人可凭保全的证据作为诉讼外和解、调解必要的资料准备。因此，申请证据保全如经对方当事人同意时，其目的是作为将来诉讼程序所利用或作为诉讼外之利用在所不问。关于这种情形，作为申请条件之一，《德国民事诉讼法》第485条也有相同的规定。

证据保全程序原则上是根据当事人的申请而开始的，即认为该证据能够用来支持其主张的一方当事人所提出。但是，倘若双方当事人都认为证据有利于其主张的，也可以由双方当事人提出。当然，在实务中由于当事人之间存在相互冲突的利害关系，在通常情况下，一方当事人向法院申请保全证据，很难获得对方的同意。但是，在一些特定情形下，在实务当中确实还存在着有关证据

---

[①] 参见王甲乙、杨建华、郑健才：《民事诉讼法新论》，我国台湾地区三民书局有限公司2007年版，第477页。

[②] Locher, Das Private Baurecht, 6.Aufl., 1996, Rdnr.507. 转引自姜世明：《新民事证据法论》，厦门大学出版社2017年版，第30页。

虽然并不存在可能灭失或事后难以取得的情形，但是一方当事人提出保全，对方当事人同意进行保全，从而对证据实施保全。比如，两艘船舶相撞之后，双方当事人各自都有一定的责任，只是责任的大小与船舶损害的程度需要加以确认，其中一方提出要求即时加以确认时，经对方同意而申请保全证据。对此种情形，基于及时解决纠纷和稳定生产、生活秩序的需要，立法上应对此种证据保全的申请给予必要的救济。

3.必须对涉及案件事实的现状予以确定，且申请人对这一确定有法律上的利害关系。所谓必须确定案件的现状并且申请人对确定有法律上的利害关系，在实务当中主要涉及对某种物品状态的确定，如当买方认为收到的货物有瑕疵，他便对于货物的现状有法律上的利益，因为货物状态可能发生变化。但是如果在正常情况下，短期内并不会发生这种变化，如建筑物结构上的瑕疵等，便不得援用证据保全程序。法律上的利害关系属于法律上的一种利益关系。对于法律上的利益之界定，有观点认为，它属于一个不确定的法律概念，其解释可能有宽严之差异，如果着眼于传统意义上保全程序原具有暂时性紧急程序性质，则其例外性自将限缩所谓法律上利益的解释空间，如果将法律上的利益要件过度放宽解释，则将可能令其所具紧迫性证据保全类型的意义遭到架空。①

（三）我国有关法律及司法解释相关规定的理解与适用

《民事诉讼法》第84条第1款规定："在证据可能灭失或者以后难以取得的情况下，当事人可以在诉讼过程中向人民法院申请保全证据，人民法院也可以主动采取保全措施。"

对本条文的理解与适用，应当掌握如下基本内容：

1.在诉讼过程中，当事人可以向人民法院申请证据保全，或者，人民法院也可以主动采取保全措施，但必须限于出现以下两种情形之一：其一，证据可能灭失；其二，证据以后难以取得。

2.在诉讼上，采取证据保全，应当具备以下条件：其一，从申请人的主体上来看，须是提起民事诉讼请求的当事人；其二，从申请保全的对象来看，请

---

① 参见姜世明：《新民事证据法论》，厦门大学出版社2017年版，第36页。

求保全的证据对该民事诉讼请求具有证明作用;其三,从与被申请人的关系上来看,被申请人是与申请保全的证据有关的一方当事人;其四,须限于出现以下情形,即情况紧急,不立即采取证据保全就会使该民事诉讼请求和事实主张所涉及的证据灭失或者难以取得。

3. 我国《海事诉讼特别程序法》第 67 条根据海事诉讼的特点就采取海事证据保全所应当具备的要件从申请人主体、申请保全的对象、与被申请人的关系以及所要求的特定情形几方面作出了相关规定。即:"采取海事证据保全,应当具备下列条件:(一)请求人是海事请求的当事人;(二)请求保全的证据对该海事请求具有证明作用;(三)被请求人是与请求保全的证据有关的人;(四)情况紧急,不立即采取证据保全就会使该海事请求的证据灭失或者难以取得。"

4. 鉴于生态环境侵权民事诉讼具有一定的特殊性,故《环境侵权证据规定》第 12 条规定:"当事人或者利害关系人申请保全环境污染、生态破坏相关证据的,人民法院应当结合下列因素进行审查,确定是否采取保全措施:(一)证据灭失或者以后难以取得的可能性;(二)证据对证明待证事实有无必要;(三)申请人自行收集证据是否存在困难;(四)有必要采取证据保全措施的其他因素。"

5. 一方当事人申请保全证据可能会给相对一方当事人或其他利害关系人的财产权益等带来损害,因此,在法律上有必要给予相应的救济保障。基于这种考虑,我国有关立法及司法解释作出了相关规定,作为由法院据情裁量的程序性要件。例如,我国《海事诉讼特别程序法》第 66 条规定:"海事法院受理海事证据保全申请,可以责令海事请求人提供担保。海事请求人不提供的,驳回其申请。"2019 年《民事证据规定》第 26 条规定:"当事人或者利害关系人申请采取查封、扣押等限制保全标的物使用、流通等保全措施,或者保全可能对证据持有人造成损失的,人民法院应当责令申请人提供相应的担保。担保方式或者数额由人民法院根据保全措施对证据持有人的影响、保全标的物的价值、当事人或者利害关系人争议的诉讼标的金额等因素综合确定。"在此,担保所涉及的事项与 2019 年《民事证据规定》第 27 条第 2 款所列的证据保全方法具有密切的关联性。例如,一般采取录音、录像、复制、鉴定、勘验等方法并制作笔录的,可不必要求申请人提供相应的担保,而当涉及对诸如建筑物、交通工具、货物、鲜活商品、名贵物品予以查封、扣押，有可能对这些证据造成直接损害或者妨碍其正常使用而造成损失的，法院则应要求其提供相应的担保。并且，2019年《民事证据规定》第27条第3款规定："在符合证据保全目的的情况下，人民法院应当选择对证据持有人利益影响最小的保全措施。"另外，《环境侵权证据规定》第13条第1款规定："在符合证据保全目的的情况下，人民法院应当选择对证据持有人利益影响最小的保全措施，尽量减少对保全标的物价值的损害和对证据持有人生产、生活的影响。"在实务中，凡是法院要求申请人提供相应担保的，其担保方式应当按照《民法典》中规定的诸如保证、抵押、留置、质押等这些法定方式。

## 三、证据保全的管辖

（一）基本要义

证据保全的管辖，是指用于确定起诉前或者起诉后受理提出证据保全申请的管辖法院或依职权采取证据保全措施的法院进行相应分工与权限的制度。

在通常情况下，起诉前，证据保全的申请应向申请人所在地或有关证据或场所所在地有管辖权的基层法院或者公证机构提出。起诉后，证据保全的申请应当向审理法院提出。在紧急情况下，即使在起诉后，也可以向基层法院或被保全证据所在地法院或者公证机构提出申请。法院的笔录中应记明此事。

关于受理申请保全证据事件的法院，因申请属于起诉前或者起诉后而有所不同。至于法院在诉讼中依职权就保全证据作出裁定的，则属于起诉后的范围。任何法院或者法院的任何审级（事实审）所保全的证据，均可作为其他法院、其他审级的证据使用。

在起诉时，由于是否由当事人最终按照诉讼管辖的原则向有关法院提起诉讼尚具有不确定性，因此，基于方便申请人以及有利于对有关证据或场所进行证据保全的考虑，由申请人向其所在地或有关证据或场所所在地的基层法院或者公证机构提起申请。在通常情况下，基于减少烦琐的程序以便受诉法院集中审理的需要，在起诉后，有关保全证据的申请应向审理法院提出。但作为一种例外，在紧急情况下，即使在当事人提起诉讼之后，为了防止有关证据灭失、事后难以取得等情形，当事人也可以向申请人所在地或者有关证据或场所所在地的基层法院提出此类申请。

（二）起诉前的管辖

为调查便利的需要，申请证据保全在起诉前应向受询问人居住地或者证物所在地的法院提出。这一所谓受询问人并非该申请事件的相对人，而是指证人或鉴定人而言。当有关案件未系属前，保全证据的申请，并非必须向本案管辖法院起诉，为使得调查证据的便利，应由受询问人居住地或者证物所在地法院管辖。例如，《德国民事诉讼法》第486条第2款规定："在诉讼尚未系属于法院时，申请向应在申请人起诉后就本案为裁判的法院提出。在以后的诉讼程序中，申请人不得主张该法院无管辖权。"《日本民事诉讼法》第235条第2款规定："提起诉讼前保全证据的申请，应当向应受询问的人或者持有书证的人居所或者勘验物所在地的地方法院或者简易法院提出。"

根据我国《海事诉讼法》第63条规定："当事人在起诉前申请海事证据保全，应当向被保全的证据所在地海事法院提出。"该条所称的"当事人"应为纠纷当事人而并非诉讼当事人，故应当对该当事人作广义上的理解。而由证据所在地法院作为诉前海事证据保全的管辖法院，主要是基于以下几点考虑：首先，诉前海事证据保全是在紧急情况下作出的，如果不能立即执行，则会丧失对进行诉前证据保全的意义，而具有实体纠纷管辖权的海事法院显然不具备证据所在地法院的便利条件。其次，因诉前海事法院证据保全尚未进入诉讼程序，也就无理由必须适用《民事诉讼法》中的地域管辖规定。鉴于海事证据保全请求人并不一定会提起诉讼，具有实体管辖权的法院如果提前介入，势必造成不必要的诉讼资源浪费，还会造成与该方当事人共同寻找证据对抗对方当事人之嫌，证据保全就成为证据偷袭，因此完全没有必要。[①] 最后，诉前海事证据保全中的证据，也可能因处于不同的地点而涉及多个海事法院同时具有管辖权的问题，但《海事诉讼法》对请求人能否就处于不同地点的证据分别向多个海事法院申

---

[①] 参见张湘兰、郭澍：《诉前海事证据保全制度浅析》，载《法学评论》2005年第1期。

请诉前海事证据保全并未作出明确规定。为了切合实践需要，应当允许不同证据所在地的海事法院分别对其辖区内的证据进行保全。①

另外，申请人与相对人能否援用合意来确定管辖法院以决定其受理的法院，对此，我国台湾地区学者认为，因法律上无明文规定，且有害于法院调查的便利，对此应当予以禁止。②我国《海事诉讼法》亦持相同立场，该法第64条规定："海事证据保全不受当事人之间关于该海事特别程序请求的诉讼管辖协议或者仲裁协议的约束。"在涉及海事纠纷当中，起诉前申请证据保全的，只能向证据所在地的海事法院提出。

（三）起诉后的管辖

一般立法例和学理认为，保全证据的申请在起诉后提起的，应向受诉法院提出。当诉讼系属于第一审时，向一审法院提起；当诉讼系属于第二审时，则应向第二审法院提出。至于其诉讼已在第一审辩论终结尚未上诉于第二审时，仍应向第一审法院提出申请。这是因为，此时该案件尚未系属于第二审法院的缘故。

但在遭有紧急情形时，证据保全的申请也可向受询问人或者证物所在地的法院提出，这属于起诉后的例外情形，不能与起诉前的情形相混淆。③

例如，《日本民事诉讼法》第235条第1款规定："提起诉讼后的保全证据的申请，应当向使用该证据的审级法院提出。但是，对最初的口头辩论的期日被指定或者将案件交付辩论准备程序或者书面准备程序之后至口头辩论终结前的期间，应当向受诉法院提出。"在此情况下，根据《日本民事诉讼法》第239条的规定，法院可以使受命法官调查证据。

另外，针对我国台湾地区实行三审终审制与申请证据保全的管辖法院之间的关系，我国台湾地区学者认为，本案既经起诉，保全证据的申请自应向诉讼

---

① 参见杨树明主编：《民事诉讼法·海事诉讼特别程序编》，厦门大学出版社2008年版，第133页。
② 参见陈玮直：《民事证据法研究》，我国台湾地区新生印刷厂1970年版，第89页。
③ 参见陈玮直：《民事证据法研究》，我国台湾地区新生印刷厂1970年版，第88~89页。

现已系属的受诉法院提出,因此诉讼现系属第一审的,应向第一审法院起诉,现系属第二审的,应向第二审法院起诉,而在一审判决后尚未提出上诉前,无论判决是否送达,仍应向第一审法院提出。诉讼现系属于第三审时,保全证据的申请,以第三审得依职权调查事实范围内所必要的证据为限,可由第三审法院管辖,其余情形,解释上应均由第二审法院管辖。①

（四）起诉后有紧急情况时的管辖

一般立法例和学理认为,起诉后保全证据的申请,本应向受诉讼法院提出,而保全证据是以证据有灭失或碍难使用之虞为原因时,常常出现稍纵即逝的紧迫情形,如应保全的证据不在受诉法院所在地,有时不能达到保全证据的效果,因此法律规定此时也可向受询问人居住地或者证物所在地的地方法院提出。有无急迫情形,由受申请的法院予以断定。②由证人、鉴定人居住地或者证书、勘验物所在地的地方法院管辖,有助于法院及时行使职权、调查证据更为便利。③根据《德国民事诉讼法》第486条第3款规定:"在有急迫的情形下,可以向受询问人或应鉴定的人所在地,或应勘验或应鉴定的物所在地的初级法院提出申请。"《日本民事诉讼法》第235条第3项规定,在紧急情况下,即使在提起诉讼之后,也可以向应受询问的人或者持有文书的人居所或者勘验物所在地的地方法院或者简易法院提出保全证据申请。

另外,我国台湾地区有学者认为,在诉讼程序合法停止期间,不得从事与本案有关的诉讼行为,但保全证据基于时间上具有急迫性的理由,应理解为如有证据保全的原因,当事人仍可以申请保全证据。④

根据我国《民事诉讼法》第84条第3款和第104条第1款规定,利害关系

---

① 参见王甲乙、杨建华、郑健才:《民事诉讼法新论》,我国台湾地区三民书局有限公司2007年版,第478页。

② 参见王甲乙、杨建华、郑健才:《民事诉讼法新论》,我国台湾地区三民书局有限公司2007年版,第478页。

③ 参见黄栋培:《民事诉讼法释论》,我国台湾地区五南出版公司1982年版,第553页。

④ 参见杨建华:《民事诉讼法实务问题研究》,我国台湾地区广益印书局1985年版,第278页。

人因情况紧急，不立即申请证据保全将会使其合法权益受到难以弥补的损害的，可以在提起诉讼或者申请仲裁前向被保全证据所在地、被申请人住所地或者对案件有管辖权的人民法院申请采取证据保全措施。申请人应当提供担保，不提供担保的，裁定驳回申请。

（五）公证保全

在我国，根据立法的本意并结合我国的现实国情以及司法审判经验，证据保全应当分为诉讼前的证据保全与诉讼中的诉讼保全两种基本形式。在诉讼前证据保全中，应当由申请人视具体情形自由决定是向有关法院提出证据保全的申请还是向公证机构提出保全证据，而并不应当将申请人向法院提出证据保全申请优于其向公证机构提出的保全证据申请。这是因为：第一，我国《民事诉讼法》第72条对于经过法定程序公证证明的法律事实和文书赋予充分的证明效力，即除非有相反证据足以推翻公证证明的以外，法院应当将其作为认定事实的根据。另外，我国《公证法》第36条规定："经公证的民事法律行为、有法律意义的事实和文书，应当作为认定事实的根据，但有相反证据足以推翻该项公证的除外。"在我国，无论从立法上还是司法实践中都认为，当事人除了向法院申请保全证据外，如果当事人在起诉前认为有必要对证据采取保全措施时，也可以向公证机构提出申请，由公证机构采取以公证的形式来实现保全证据的目的。根据我国《公证法》第11条规定，根据自然人、法人或者其他组织的申请，公证机构有权办理"保全证据"公证事项。即公证机构根据自然人、法人或者其他组织的申请，依照法定程序采取保全措施，将证据加以固定与保存。实务中，公证机构从事保全证据的公证业务，一般是在诉讼尚未形成之前进行的，并且只能根据利害关系人的申请。当事人基于事后诉讼的需要，当遇有证据可能灭失或以后难以取得、难以使用以及在双方当事人都同意的情形下，都可以通过公证的形式对有关事实状态加以固定、保存，以备在此之后发生诉讼时向法院提出。第二，诉讼前对证据的保全行为并非属于完整意义上的诉讼行为，这种诉讼前的行为如果不与当事人事后的起诉行为相联系，那么则只能属于一种诉讼外行为，就此而论，它与公证行为本身是相辅相成的。第三，在诉讼前通过鼓励申请人主要向公证机构提出保全申请，既有助于符合当今审判方式改革的价值取向的要求，使人民法院尽量居于超然地位并弱化其在诉讼前的职能作用，以减轻其工作负荷，又有助于强化公证机构的业务职能，使其不断适应现代市场经济体制下社会发展的现实要求。同时，不应排除在个别或例外情况下，在诉讼前由申请人向有管辖权的人民法院提出保全证据的申请，是否接受申请，由有关人民法院据情作出决定。在紧急情况下，在诉讼前申请人也可以向受询问的证人所在地以及勘验物所在地等的基层人民法院提出保全证据的申请。但是，在诉讼前，人民法院不得依职权主动实施证据保全措施，这也是有关国家或地区的一致立场。第四，起诉前申请证据保全的，应由申请人向其所在地或有关物或场所所在地的公证机构或者有管辖权的基层法院提出申请。我国目前的公证机构已由曾经类似于政府职能部门的角色逐渐转化为面向社会提供专项服务的中介类机构，公证机构的这种职能转变有利于其发展在诉讼前对当事人申请保全证据业务，基于这种考虑，甚至在某种程度上将申请人在诉讼前向公证机构申请证据保全定位于一种通常的选择方式也并不为过。

关于证据保全与公证的关系，我国台湾地区学者认为，法院或者公证人就法律行为、法律事实作出公证时，自应产生充分的证明力，并在一旦发生诉讼纷争时成为可靠的证据。但是，公证的主要目的在于确定私权的状态，因此，在疏减讼源这方面，应当比证据保全措施涉及的范围更为广泛、有效。因为公证的作成通常基于双方当事人的合意，法院也不采用积极干预的态度；而证据保全可不问他方当事人的意思如何，法院仍得依照职权进行，以便于为现实或未来的争讼提供帮助。[①] 可见，公证的职能本身则与诉前的证据保全具有必然的联系，对其进行必要的改进，有利于提高公证活动的公信度。

（六）我国有关法律及司法解释相关规定的理解与适用

1. 提起诉讼或者申请仲裁前申请保全证据的管辖

《民事诉讼法》第84条第2款规定："因情况紧急，在证据可能灭失或者以后难以取得的情况下，利害关系人可以在提起诉讼或者申请仲裁前向证据所在

---

① 参见陈玮直：《民事证据法研究》，我国台湾地区新生印刷厂1970年版，第86~87页。

地、被申请人住所地或者对案件有管辖权的人民法院申请保全证据。"

对本条文的理解与适用，应当掌握如下基本内容：

（1）《民事诉讼法》是国家立法机关就民事诉讼程序所规定的基本法和专门法，与《民事诉讼法》相较而言，《海事诉讼特别程序法》属于广义上的民事诉讼法，二者之间的关系是有关民事诉讼程序的一般法、普通法与特别法之间的关系，二者之间具有内在的、必然的联系。在通常情况下，除与基本法理相悖以外，凡是就海事诉讼有特别规定的，应优先适用《海事诉讼特别程序法》，凡是就《海事诉讼特别程序法》没有特别规定的，可适用或者比照适用《民事诉讼法》。对此，《海事诉讼特别程序法》第63条规定："当事人在起诉前申请海事证据保全，应当向被保全的证据所在地海事法院提出。"另外，2019年《民事证据规定》第25条第3款规定："法律、司法解释对诉前证据保全有规定的，依照其规定办理。"

（2）本条文中，所谓"证据可能灭失"，是指因主客观原因导致实际存在证据灭失的风险。例如，就客观原因而言，作为物证的证据容易发生变质、变形、挥发、腐坏等现象，或者证人因年迈或者患有严重疾病等存在随时过世可能等；再如，就主观原因而言，实际存在当事人或者第三人对有关证据故意毁损或致其不堪利用之程度的可能性。

（3）本条文中，所谓证据"以后难以取得"，是指虽然证据不至于灭失，但如果不采取保全措施，将来获取它会遇到相当大的困难或者付出更高的成本。例如，证据系某人的心爱之物或者收藏品，该人即将出国定居很长时间不会回国，或者某证人即将出国留学，究竟何时回国探亲以及将来是否回国就业难以确定等。

（4）本条文中，所谓"因情况紧急"，是指存在须立即采取证据保全措施必要性的情形。与诉讼过程中证据保全程序相比较，立法上为诉讼前进行证据保全设立了"紧急情况"作为必要条件，旨在考虑到在纠纷尚未进入诉讼或仲裁程序之前，为避免相关利害关系人滥用诉前证据保全措施，损害其他人的合法权益，并强调只有在证据可能灭失或者以后难以取得，利害关系人不立即申请证据保全，就有可能使其合法权益难以得到有效保护的情况下，才能在诉前向人民法院申请证据保全。如果不存在这种紧急情况，就应当在诉讼或者仲裁过程中向法院申请证据保全。是否具备"情况紧急"这种情形，应当由人民法院根据个案的具体情况来加以判断和决定。

（5）利害关系人在提起诉讼或者申请仲裁前申请证据保全的，可以根据不同的具体情况向证据所在地、被申请人住所地或者对案件有管辖权的人民法院申请保全证据。

（6）有关法律、司法解释对诉前证据保全有包括管辖规定在内的，依照其规定办理。例如，《著作权法》第57条规定："为制止侵权行为，在证据可能灭失或者以后难以取得的情况下，著作权人或者与著作权人有关的权利人可以在起诉前依法向人民法院申请保全证据。"再如，《商标法》第66条规定："为制止侵权行为，在证据可能灭失或者以后难以取得的情况下，商标注册人或者利害关系人可以依法在起诉前向人民法院申请保全证据。"可见，诉前证据保全在涉及著作权、商标权或专利权等侵权诉讼案件中具有较为普遍的应用价值。

2. 在诉讼或者仲裁过程中申请保全证据的管辖

《民事诉讼法》第84条第1款规定："在证据可能灭失或者以后难以取得的情况下，当事人可以在诉讼过程中向人民法院申请保全证据，人民法院也可以主动采取保全措施。"

对本条文的理解与适用，应当掌握如下基本内容：

（1）在诉讼过程中，在证据可能灭失或者以后难以取得的情况下，有关当事人可以向受理案件的人民法院申请证据保全；

（2）在仲裁过程中，在证据可能灭失或者以后难以取得的情况下，有关仲裁当事人可以向证据所在地、被申请人住所地的人民法院申请证据保全；

（3）依据当事人申请而启动证据保全程序是大陆法系国家或地区的通行做法。《民事诉讼法》第67条第1款确定了"谁主张、谁举证"的基本原则，即当事人对自己提出的主张有责任提供证据。由于民事诉讼主要涉及私权纠纷，提供何种主张以及提供何种证据证明其主张均为当事人的诉讼义务与担当。只有在证据可能发生灭失或者之后难以取得的情况下，对当事人对有关证据的调查收集形成实际障碍，同时也对法院查明事实真相构成实际障碍。因此，当事人可依法寻求公力救济，向人民法院提出采取证据保全措施的申请。在通常情况下，如果当事人不提出相关申请，就应当视为其并不认为有寻求司法救济的必要性。在此情形下，人民法院当然也就无须或者无从采取证据保全措施。目前，审判实践中，就一般民事诉讼而言，有关利害关系人在诉讼前大多采取以公证的形式进行证据保全，而在诉讼前采用向人民法院申请采取证据保全措施的情形较为少见。

## 四、保全证据的申请

（一）申请的主体

在学理上，鉴于有诉前证据保全和诉讼中证据保全之分，由于诉前证据保全有关案件还并未系属于某一特定法院，故申请证据保全的主体可被称为"利害关系人"，而诉讼中的证据保全的申请主体可被称为"当事人"或"诉讼参加人"。原则上，证据保全程序是根据当事人的申请而开始的，例如，《德国民事诉讼法》第485条、《日本民事诉讼法》第234条以及《瑞典诉讼法典》第41章第2条第1款均作此规定。当事人提出申请通常是由一方当事人提出的，即认为该证据能够用来支持其主张的一方当事人所提出。但是，倘若双方当事人都认为证据有利于其主张的，也可以由双方当事人提出。我国台湾地区有学者认为，在此情形下如对方当事人也提出保全证据申请时，法院所进行的证据调查应当扩张原保全证据申请的范围。[①] 但是，在诉讼开始之后，法院如认为必要也可依职权主动进行。例如，《日本民事诉讼法》第237条的规定。

（二）申请的程式

所谓申请的程式，是指申请人向法院以何种形式提出证据保全的申请以及在特定形式下应列明或表明何种具体事项。申请人应当对保全证据申请中所列明的事项及有关理由予以说明，从而使受理其申请的法院得以信服其申请事由，即说明其事实与证据关系的梗概或者提出初步资料即可，并非必须用证据足以

---

① 参见石志泉、杨建华、刘振强：《民事诉讼法释义》，我国台湾地区三民书局股份有限公司1987年版，第408页。

证明其事由。

通常情况下，申请保全证据应当以书面形式为限，只有当存在某种特定原因足以妨碍申请人采用书面形式时，才能作为一种特别例外由申请人以口头形式提出申请，并由书记员制成笔录，但应由申请人签字或者捺指印。有关申请上应表明的具体事项，包括下列内容：

1.对方当事人。对方当事人，是指在诉讼中已与其构成对造关系，或在未来诉讼中可能有此关系的人。对方当事人的姓名应予载明，住所也应详细列明，以便于法院传唤的需要。因此，所谓对方当事人，是指现在或将来起诉的对方当事人而言。但是，在起诉前申请保全证据，有时尚不知对方当事人为何人，比如车船碰撞时申请保全证据，尚未查明加害者为何人，自然也就无从指定，但应提出其不能指定的理由。① 至于在对方当事人的姓名不详无法填列时（如突遭不知姓名的人殴打致伤，或其财产为不知姓名的人损毁等），法律也允许其及时申请保全证据，而不必待查明对方当事人后再行起诉。但应说明其不能指明对方当事人姓名的事由。如不能指明对方当事人的，应提供不能指明的理由。

在某些特殊情况下，申请证据保全，在不能指明对方当事人的情况下也可以提出。所谓不能指明相对方，指的是申请时，作为申请人，其将来与谁之间发生诉讼并不明确。例如，机动车逃逸，受害人未能发现加害人时，却有对现场及负伤程度进行勘验的必要，此时可以申请证据保全。② 在因对方当事人不明或者在调查证据期日因客观障碍不能及时传唤对方当事人的，可考虑由法院为其选任特别代理人，以代理其在调查证据时行使债权所应当享有的权利。

2.应保全的证据或者证据方式。即申请保全的为何种证据，如请求勘验，申请指定鉴定人鉴定，申请询问证人或者调取书证等情形。保全证据的客体应在申请时予以确定。

3.依该证据应证的事实。所谓应证的事实，又称待证事实，是指讼争中或有讼争可能的法律行为和法律事实而言。申请时，首先，需要将其事实的简要

---

① 参见王甲乙、杨建华、郑健才：《民事诉讼法新论》，我国台湾地区三民书局有限公司2007年版，第479页。

② 参见［日］兼子一等：《条解民事诉讼法（第2版）》，东京弘文堂2011年版，第1292页。

内容加以确定,然后,结合所申请保全的证据与此项事项的关系。例如,"申请人与对造人于某日订立之买卖契约一件""坐落某处平房一栋之毁损情形","某某之证言可证明对方当事人于某日毁损申请人的物品。"凡提供证据必应针对特定的待证事实,待证事实如何应当予以表明;而待证事实只需表明已足以达到应有效果,至于其待证事实是否重要,证据力是否强弱,在所不问。即只要当事人提出有关事实就算满足要求,而对其重要性如何不必予以审究。不得以当事人申请保全的证据与待证事实之间的关系,对本案并无必要,而据此驳回当事人的申请。

4. 应保全证据的理由。即表明证据有何灭失或碍难使用之虞,或经对方同意之事实。所需提供的证据本应在诉讼中请求法院予以调查,而事先请求予以调查保全,自然有迫不及待的理由,例如,该证据有灭失或者妨碍使用之隐患或其他情形等。申请人应同时对此加以说明,如提供照片或证人有远行之函件等。鉴于我国台湾地区"民事诉讼法"第368条于2000年2月修法时扩大了可申请证据保全的范围,对此,有学者指出,为避免滥用证据保全制度及避免侵害相对人的隐私权或其他权利,保全证据的申请,如不能指定对方当事人的,其不能指定的理由及应保全证据的理由,应当予以释明。[①]

上述第1项及第4项的理由,在必要时应当予以释明,以防当事人滥用申请之名。[②]

关于申请证据保全所采取的形式,我国的立法上暂未规定。笔者认为,结合有关国家或地区的通常做法以及我国在立法上和司法实践中相对区分普通程序与简易程序的实际需要,可采取如下规则:如果适用普通程序,原则上应当强调以书面申请为主,在特殊情况下以口头申请为辅;如果适用简易程序,则一般采用口头申请方式。采用口头申请时,应当由有关法院的书记员依法制作保全笔录。

在我国民事诉讼中,根据2019年《民事证据规定》第25条第1款规定:

---

[①] 陈荣宗、林庆苗:《民事诉讼法》,我国台湾地区三民书局股份有限公司2005年版,第528页。

[②] 参见王甲乙、杨建华、郑健才:《民事诉讼法新论》,我国台湾地区三民书局有限公司2007年版,第479页。

"当事人或者利害关系人根据民事诉讼法第八十一条①的规定申请证据保全的，申请书应当载明需要保全的证据的基本情况、申请保全的理由以及采取何种保全措施等内容。"另外，我国《海事诉讼特别程序法》第65条规定："海事请求人申请海事证据保全，应当向海事法院提交书面申请。申请书应当载明请求保全的证据、该证据与海事请求的联系、申请理由。"《最高人民法院关于适用〈中华人民共和国海事诉讼特别程序法〉若干问题的解释》（以下简称《海事诉讼法解释》）第48条规定："海事请求人申请海事证据保全，申请书除应当依照海事诉讼特别程序法第六十五条的规定载明相应内容外，还应当载明证据收集、调取的有关线索。"

### （三）对申请作出裁判的形式及程序上的效力

在学理上，一般认为对申请保全证据作出裁判的形式为裁定，这是由裁定的性质与证据保全程序的属性和目的相吻合所决定的。关于对保全证据的申请所作出的裁定，如果作出准予保全证据的裁定，相对一方当事人不得声明不服。这是因为，保全证据的目的是事后便于调查证据，这种证据并非仅对一方当事人有利，对此，双方都可加以利用。更重要的是，在大陆法系国家或地区，法官审理案件的主要任务是依职权查明事实真相，因此，更加强调有关证据的收集和调查对保障其行使调查证据职能具有重要的意义，并且这是各国或地区较为一致的做法。如果作出裁定的结果为驳回申请，申请人对此裁定是否可提出异议，各国或地区的相关做法并不一致。《日本民事诉讼法》第238条规定，对于保全证据的裁定，不得提出不服声明。《德国民事诉讼法》对此未加明确规定。但我国台湾地区"民事诉讼法"第371条第3款则规定，对驳回保全证据申请的裁定，可以提出抗告。相比较而言，《日本民事诉讼法》对此种情形作出禁止性规定，是与其现行法对于证据保全程序适用的范围和程序本身趋于较严格控制相一致的，其目的在于强化法院的职权作用，适当弱化申请人（或者当事人）任何主观随意性对诉讼程序可能产生的制约作用。而《德国民事诉讼法》对此情形未加以规定，但对允许申请保全证据的裁定作出禁止其提出异议的规

---

① 现为《民事诉讼法》（2023年修正）第84条。

定,从这一点上以及结合《德国民事诉讼法》对申请保全证据要件的宽泛性规定,可以认为,在德国立法上并非要限制申请人对驳回申请裁定的异议权,问题是,立法上并不鼓励这种驳回保全申请情形的出现,而是为了最大限度地发掘和保存任何可资利用的证据资源。对此,我国有学者认为,对驳回申请的裁定,可以比照我国《民事诉讼法》第 111 条的规定,允许复议一次,复议期间,不停止裁定的执行。① 对此,笔者认为,从设置证据保全程序制度的本意出发,假如在立法上设定有对保全证据申请的驳回裁定,那么,就应当尽可能为申请人提供一次救济的机会。因为,对驳回申请裁定的作出,往往是出于申请人的申请不符合有关条件,但是,基于现实生活上的复杂性所致以及证据保全程序的设置往往仅强调形式意义上的证据价值,况且这种证据是否为事后正式庭审中的法庭调查所确认仍处于一种或然性状态,这亦是由涉及保全申请的证据调查并非属于实质性审查所决定的。

根据我国台湾地区"民事诉讼法"第 371 条规定,保全证据的申请由受申请的法院予以裁定。在作出裁定前,就保全证据的要件、管辖权的有无、申请是否符合程式等事项加以调查,至于待证事实是否重要不必加以审究。作为裁定前有必要时,也可进行任意性言词辩论。法院认为保全证据的申请为正当的,在作出准予保全证据的裁定时,应表明证据及待证事实,以便当事人获悉保全证据的范围。凡未经宣示的,应送达给双方当事人。若认为保全证据的申请不正当的,则应作出附理由的裁定,驳回其申请,申请人对此裁定可提出抗告,至于准予作出保全证据的裁定,对方当事人不得声明不服。这是因为,就对方当事人而言并无损害之虑。② 另有我国台湾地区学者认为,法院在接受申请状或者书记官制成申请笔录后,即应审查管辖有无错误,保全证据的实质要件是否具备,以及申请是否符合程式,然后不经言词辩论裁定准予调查证据或驳回申请。驳回申请的裁定,仅须送达申请人,因与对方当事人不发生关系的缘故,申请人在接受驳回裁定送达后,可以提出抗告。对准予调查证据的裁定,则应送达双方当事人,对方当事人不得对此提出抗告。当法院在准予调查证据

---

① 参见王锡三:《民事诉讼法研究》,重庆大学出版社 1996 年版,第 261 页。
② 王甲乙、杨建华、郑健才:《民事诉讼法新论》,我国台湾地区三民书局有限公司 2007 年版,第 480 页。

后，认定其申请不应准许而以裁定撤销原裁定的（我国台湾地区"民事诉讼法"第238条），自应与驳回申请人的申请相同。为此，应当允许申请人对此提出抗告。法律之所以作出这般规定，是因为证据保全的结果并不消灭对方当事人在诉讼上的抗告机会，而是在证据不予保全时将使申请人在事后存在无法诉讼的担忧。①

又如，《德国民事诉讼法》第490条规定，对证据保全的申请，不经言词辩论便可作出裁定。在准予申请保全证据的裁定中，应列明准予调查的作为证据的事实、受询问的证人和鉴定人的姓名。对这种裁定，不得声明不服。

对申请保全证据所作出裁判的形式以及作为这种裁判在程序上将产生何种效果，我国《民事诉讼法》对此未加以规定。我国《海事诉讼特别程序法》借鉴国外有关立法经验以及结合海事诉讼的特点作出了相对明确的规定。例如，该法第68条规定："海事法院接受申请后，应当在48小时内作出裁定。裁定采取海事证据保全措施的，应当立即执行；对不符合海事证据保全条件的，裁定驳回其申请。"另外，根据海事诉讼的特点，该法基于保护相对人以及有关利害关系人的利益在程序上设定了相应的规则。例如，该法第69条规定："当事人对裁定不服的，可以在收到裁定书之日起5日内申请复议一次。海事法院应当在收到复议申请之日起5日内作出复议决定。复议期间不停止裁定的执行。被请求人申请复议的理由成立的，应当将保全的证据返还被请求人。利害关系人对海事证据保全提出异议，海事法院经审查，认为理由成立的，应当裁定撤销海事证据保全；已经执行的，应当将与利害关系人有关的证据返还利害关系人。"

（四）我国有关法律及司法解释相关规定的理解与适用

1. 在诉讼过程中申请保全证据的时间

《民事诉讼法解释》第98条第1款规定："当事人根据民事诉讼法第八十四条第一款规定申请证据保全的，可以在举证期限届满前书面提出。"

---

① 参见陈玮直：《民事证据法研究》，我国台湾地区新生印刷厂1970年版，第90~91页。

对本条文的理解与适用,应当掌握如下基本内容:

(1) 由于举证时限制度的确立,使得当事人向法院申请保全证据成为为履行其举证责任而采取的一种必要证明方式。并且,证据保全的事项范围涉及书证、物证、视听资料、电子数据这些实物证据等,证据保全在证据法上的效力主要取决于这些证据在使用上受原始证据规则的限制,即在法庭调查及法庭辩论时,如当事人能够提出原始证据,就能够保障相对一方当事人就形式要件上存在的真实性质疑时,申请采取有关鉴定、勘验等调查证据的专门手段和措施予以确定,保障法院在充分听取双方当事人对证据进行辩论的基础上对案件事实形成内心确信。因此,对即将灭失或者以后难以取得的证据进行保全,实际上亦属于一种证据调查,在此程序中,应当通知当事人或者诉讼代理人到场。

(2) 为了证明其诉讼请求和事实主张或者反驳对方当事人的诉讼请求和事实主张,有关当事人申请证据保全的行为,应当比照当事人取证行为来一并对待。因此,在诉讼过程中,当事人向人民法院申请证据保全,应当在举证期限届满前以书面方式提出。作为一种特别的例外,为充分保障当事人的诉讼权利,对书写确有困难的当事人,人民法院可以根据当事人的口述,采用制作相应的笔录并由其签字或者捺指印的方式。

(3) 鉴于《民事诉讼法》第65条第2款中规定:"人民法院根据当事人的主张和案件审理情况,确定当事人应当提供的证据及其期限。"由于民事诉讼案件类型复杂,有的适用简易程序或小额诉讼程序,有的适用普通程序,并且在二审程序中也存在确定举证期限问题。因此,在审理同一起案件中,确定当事人的举证期限有可能并非一次性的,对于有些疑难复杂的案件,要根据诉讼发展的不同阶段的需要,多次确定当事人应当提供的证据和提供该证据的期限。在诉讼过程中,对于当事人提出证据保全申请而言,只要是在法院主持下确定了当事人应当提供的证据以及相应的举证期限,只要是在有关举证期限届满之前,当事人都享有向人民法院申请证据保全的权利。

(4) 相较而言,2019年《民事证据规定》第25条第2款对此作出了相似但不尽相同的规定,即:"当事人根据民事诉讼法第八十一条[①]第一款的规定申

---

① 现为《民事诉讼法》(2023年修正)第84条。

请证据保全的，应当在举证期限届满前向人民法院提出。"该条款不尽相同之处主要表现在：其一，该条款采用的是"应当"在举证期限届满前，这种表述具有限定性；而本条款采用的是"可以"在举证期限届满前，这种表述不具有选择性；其二，该条款采用的是向人民法院"提出"，至于提出证据保全申请的方式，并未作出明确的限定，即无论系采用书面形式还是口头形式均在所不问；而本条文则明确限定为以书面形式提出。

2. 申请书载明的内容

2019年《民事证据规定》第25条第1款规定："当事人或者利害关系人根据民事诉讼法第八十一条的规定申请证据保全的，申请书应当载明需要保全的证据的基本情况、申请保全的理由以及采取何种保全措施等内容。"

对本条文的理解与适用，应当掌握如下基本内容：

（1）申请书应当载明需要保全的证据的基本情况，主要包括证据的种类、形式、证据存放的地点以及证据持有人情况等。

（2）申请书应当载明的申请保全的理由，主要是由申请证据保全的当事人或者利害关系人向人民法院负有说明义务，即向人民法院详细介绍和充分说明现已出现的事实情况符合《民事诉讼法》第84条的有关规定，就相关的证据而言，因为主客观原因有可能导致其灭失或者以后难以取得。对在诉讼过程中有关当事人向人民法院提出证据保全申请的，其申请书应当同时说明有关证据与待证事实之间的关联性，即是否存在实质上的证明价值，并由人民法院对此进行审查判断以决定是否作出证据保全的裁定；如果有关当事人提起诉讼之后，在特定的程序阶段，法庭尚未对案件待证事实及争议焦点进行确定的，申请书上应当说明有关证据与案件之间具有形式上的关联性即可，对此并不要求人民法院进行实质性审查；有关利害关系人在提起诉讼之前向人民法院提出证据保全申请的，其申请书中载明申请证据保全的理由的说明限于有关证据与案件之间具备形式上的关联性即可。

（3）申请书中所载明的采取何种保全措施，应当根据当事人申请保全特定证据的具体情况以及有关案件事实的有关情形，来确定采取何种相应保全证据的具体措施。对此，2019年《民事证据规定》第27条第2款规定："根据当事人的申请和具体情况，人民法院可以采取查封、扣押、录音、录像、复制、鉴定、勘验等方法进行证据保全并制作笔录。"据此,应当在充分听取申请人的意见之后,再由法院据情进行审查判断基础上作出相应裁定。

（4）在适用简易程序及小额诉讼程序的诉讼过程中,可以比照《民事诉讼法》第161条及《民事诉讼法解释》第265条的规定,当事人可以口头形式提出证据保全的申请。人民法院应当将需要保全的证据的基本情况、申请保全的理由以及采取何种保全措施等内容记录笔录,由提出申请的当事人核对无误后签名或者捺印。

（5）我国《民事诉讼法》对保全证据申请的程式均未作出明确规定。我国《海事诉讼特别程序法》要求以书面申请的形式为限,该法第65条规定:"海事请求人申请海事证据保全,应当向海事法院提交书面申请。申请书应当载明请求保全的证据,该证据与海事请求的联系、请求理由。"

（6）《知识产权证据规定》第11条规定:"人民法院对于当事人或者利害关系人的证据保全申请,应当结合下列因素进行审查:（一）申请人是否已就其主张提供初步证据;（二）证据是否可以由申请人自行收集;（三）证据灭失或者以后难以取得的可能性及其对证明待证事实的影响;（四）可能采取的保全措施对证据持有人的影响。"该条规定系对证据保全申请审查作出的规定,明确了需要考虑的四个方面的因素。

## 五、证据保全裁定的作出

（一）基本要义

对证据保全的申请,可不经庭审辩论即可作出裁定。

在准许申请保全证据的裁定中,应列明准予调查的作为证据的事实,应询问的证人和鉴定人的姓名。在学理上,一般认为对申请保全证据作出裁判的形式为裁定,这是由于裁定的性质与证据保全程序的属性和目的相吻合所决定的。关于对保全证据的申请所作出的裁定,如果作出准予保全证据的裁定,相对一方当事人不得声明不服。这是因为,保全证据的目的是事后便于调查证据,这种证据并非仅对一方当事人有利,对此,双方都可加以利用。更重要的是,在大陆法系国家和地区,法院审理案件的主要任务是依职权查明事实真相,因此,更加强调有关证据的收集和调查对保障其行使调查证据职能具有重要的意义。并且,这是各国或地区较为一致的做法。[①]

在作出裁定前,就保全证据的要件、管辖权的有无、申请是否符合程式等事项加以调查,至于待证事实是否确实不必加以深究。在作出裁定前,当法院认为有必要时,也可进行任意性言词辩论。法院认为保全证据的申请为正当的,在作出准予保全证据的裁定时,应表明证据及待证事实,以便当事人获悉保全证据的范围。凡未经宣示的,应送达给双方当事人。如法院认为保全证据的申请不正当的,则应作出附理由的裁定,驳回其申请,申请人对此裁定可以在收到裁定书后申请复议一次。而对于已作出准予保全证据的裁定,对方当事人不得声明不服。因为,在一般条件下,这并不能给对方当事人造成实际损害。另外,根据《海事诉讼法解释》第50条规定:"利害关系人对海事法院作出的海事证据保全裁定提出异议,海事法院经审查认为理由不成立的,应当书面通知利害关系人。"

在将证据保全的裁定送达对方当事人时,或尚未就当事人的申请进行询问前,应将申请当事人所提出的文书或关于申请所制作笔录副本也送达给对方当事人,并在指定的期日内传唤对方当事人。

(二)我国有关法律及司法解释相关规定的理解与适用

《民事诉讼法》第84条第3款和第103条第3款规定,人民法院接受当事人提出的证据保全申请后,对情况紧急的,必须在48小时内作出裁定;裁定采取证据保全的,应当立即开始执行。

对本条文的理解与适用,应当掌握如下基本内容:

1. 人民法院接受当事人或者利害关系人提出的证据保全申请的,在接到申请书后,应当听取当事人或者利害关系人对有关事实、理由的说明,必要时应当要求其提供相应的证据加以佐证。

---

[①] 参见毕玉谦、潭秋桂、杨路:《民事诉讼研究及立法论证》,人民法院出版社2006年5月版,第486页。

2. 对情况紧急的，应当在 48 小时内作出裁定。所谓"情况紧急"，是指如果不立即提出证据保全申请并由人民法院及时作出相关裁定，将会导致证据可能灭失或者以后难以取得。人民法院作出证据保全裁定的，应当立即开始执行。

3. 人民法院经审查认为，当事人或者利害关系人提出证据保全的申请不符合证据保全条件的，裁定驳回其申请。

4. 对申请保全证据所作出裁判的形式以及作为这种裁判在程序上将产生何种效果，我国现行《民事诉讼法》对此未加以规定。我国《海事诉讼特别程序法》结合海事诉讼的特点作出了相对明确的规定。例如，该法第 68 条规定："海事法院接受申请后，应当在 48 小时内作出裁定。裁定采取海事证据保全措施的，应当立即执行；对不符合海事证据保全条件的，裁定驳回其申请。"另外，根据海事诉讼的特点，该法基于保护相对人以及有关利害关系人的利益在程序上设定了相应的规则。例如，该法第 69 条规定："当事人对裁定不服的，可以在收到裁定书之日起 5 日内申请复议一次。海事法院应当在收到复议申请之日起 5 日内作出复议决定。复议期间不停止裁定的执行。被请求人申请复议的理由成立的，应当将保全的证据返还被请求人。利害关系人对海事证据保全提出异议，海事法院经审查，认为理由成立的，应当裁定撤销海事证据保全；已经执行的，应当将与利害关系人有关的证据返还利害关系人。"可见，法院在实施证据保全措施行为时，一般要制作民事裁定书或发布命令，指令被申请人作出一定的行为，并对保全的标的物采取一定的保护措施。这种裁定书一经送达，即具有法律效力，依法可以强制执行，被申请人虽然可以申请复议，但不影响法院的执行。

## 六、证据保全中的证据调查

（一）基本程序的界定

在法院根据当事人的申请或依职权作出裁定保全证据之后，即应进行调查证据程序。这一程序应适用民事诉讼法关于证据方法的有关规定，而调查证据笔录则应由作出保全证据的法院保管。[1]在调查期日应传唤双方当事人到场，以便强化程序效力上的正当性。在情况允许的条件下，应将证据保全的裁定与申请的副本向对方当事人进行送达，并且传唤申请人及对方当事人在指定的调查证据期日到场。如果有关当事人不遵守上述规定，并不构成对调查证据的妨碍。在情况紧急时，也可以在裁定送达之前开始证据调查程序。这种裁定可根据申请，在裁定证据调查的同时作出。对许可与否的裁定不得上诉。但是在紧急情况下，因客观原因所限，特别是涉及诉前证据保全程序，由于相对一方当事人因诉讼尚未发生也有可能懈怠其到场权利的行使，因此，在通过合理的方式传唤对方当事人之后因客观障碍仍无法到场的，并不影响调查证据的进行。对上述内容涉及紧急情况构成的必要原因，由法院据情裁量，但必须作出明确的阐释。如对方当事人并非当时不明，其于调查期日未到场是因为事先未得到合理的传唤而并非客观上的障碍所致，在此之后进行的诉讼调查中，如果对方当事人就已经保全的证据质疑，则已被保全的证据便不能够作为有效证据来使用，如届时对方当事人对已经保全的证据并不提出异议的则不在此限。[2]在因对方当事人下落不明或者在调查证据期日因客观障碍不能及时传唤对方当事人时，由法院为其选任特别代理人，以代理其在调查证据时所应当享有的权利。当事人在调查证据时可以就有关问题询问证人，也可以对鉴定人的资格、鉴定行为及鉴定结果质疑。对此质疑意见即使当时不能为法院所接受，也应记入调查笔录以备事后正式审理时法官进行查阅。

　　调查证据期日应通知申请人，除有紧迫情形外，应于期日前向对方当事人送达申请诉状或者笔录及裁定。基于保护对方当事人的利益，在保全证据程序中应主张自己的权利，但如有紧迫情形自不在此限，有无急迫情形应依法院的意见来确定。当对方当事人不明时，则无通知或送达可言；对方当事人并非不明，而未于期日前送达申请诉状笔录及裁定并予以通知的，在诉讼系属后，对方当事人不责问时，故可认为补正，如一经对方当事人责问，则不得利用此项调查证据的结果。

---

[1] 姜世明：《新民事证据法论》，厦门大学出版社2017年版，第45页。
[2] 参见毕玉谦、郑旭、刘善春：《中国证据法草案建议稿及论证》，法律出版社2003年版，第617页。

## （二）证据保全中证据调查的开展

根据证据调查程序的一般原则，应当要求双方当事人或者诉讼代理人到场，这也是诉讼对审主义的体现。并且，在证据保全过程中，对被保全证据在形式要件和实体要件上的真实性的辩论或争执，也是证据辩论主义的一种必然体现，可见，要求双方当事人或者诉讼代理人到场具有正当程序的理念，是保障当事人行使其对证据进行辩论的诉讼权利以及在此基础上保障法院全面、客观地查明案件事实的需要。法院进行证据保全，在证据调查期日应当通知当事人或者诉讼代理人到场，但情况紧急时不在此限。

负有举证责任的当事人在未指明对方当事人时，如能够释明其未能证明对方当事人并非由于自己的过失，应准许其申请。准许申请后，法院可以为不明的对方当事人选任代理人，以便在调查证据时保护对方当事人的权益。应否选任应根据法院的自由裁量作出决定，对方当事人日后不得以未经选任特别代理人为由来指责保全证据的程序存在违法之处。选任特别代理人的决定属于法院行使程序管理职能，申请人不得申请复议。选任特别代理人的决定，应向特别代理人送达，特别代理人因维护对方关于调查证据的权利，可以从事一切行为，其选任及代理所需费用，可命令申请人垫付。特别代理人如因对方当事人不明而选任的，其代理权至对方当事人已明时为止，如系因为调查证据期日来不及通知对方而选任的，其代理权限至该期日终结时为止。

我国台湾地区"民事诉讼法"第368条第1项规定具有扩充事证开示制度的意义，是有意主张权利的人，在提起诉讼前更易于收集事证资料，以了解事实或物体的现状，有助于其更加有利于研判纷争的实况，用以衡量其纷争所涉及实体利益及程序利益的大小，然后选择能平衡追求该二者利益而适合于处理其纷争的程序。该法允许本案尚未系属的当事人双方在保全证据程序期日到场时，可利用上述事证开示程序所获资讯，就诉讼标的、事实、证据或其他事项成立协议，并承认其有相当的拘束力或可为执行名义。此类协议是以发生程序上效果为目的，实为诉讼契约的一种，且宜定性作为程序选择契约而可能有多种表现形态，例如，除可能成立和解、先行调解或仲裁等契约以外，还可能成立不起诉契约、示范诉讼契约、实验诉讼契约、仲裁鉴定契约、争点限缩契约或证据契约，等等。①

申请证据保全，在不能指明对方当事人的情况下也可以提出。在此情况下，为了保障对方当事人的利益，法院可指定特别代理人。在因对方当事人不明或者在调查证据期日因客观障碍不能及时传唤对方当事人的，由法院据情为其选任特别代理人，这主要是基于代理其在调查证据时及时行使权利，保障其合法权益。证据保全的申请，除经对方当事人同意外，通常是基于有急迫的理由或者对方当事人姓名、地址不详等情形，法院往往无法按照在期日前向对方当事人送达文件并对其进行传唤。因此，就对方当事人不明或者调查证据期日不能及时传唤对方当事人的，法院应保护该当事人关于调查证据的权利，应当为其选任特别代理人。

申请人或者对方当事人在调查证据时无正当理由不到场的，调查证据仍适用于有关证据方法的规定进行。按此一调查证据的作用旨在就实质上审查证据应否保全而已，与诉讼并不存在必然的直接关系，因一方当事人缺席而影响进行正常的庭审辩论，法院仍可进行调查。调查证据的记录由命令调查证据的法院保管。凡接受通知的当事人或者诉讼代理人届时不到场的，视为放弃在证据保全过程中的异议权。

我国现行民事诉讼立法及司法解释暂未对证据保全程序中的调查证据如何开展予以规定。基于保障当事人及时行使诉讼权利和保护其合法权益的考虑，2019年《民事证据规定》第27条第1款规定："人民法院进行证据保全，可以要求当事人或者诉讼代理人到场。"该条款的设定，对于填补我国民事诉讼立法在此方面的空白具有积极意义。

在诉讼上采用保全证据措施，实际上是将庭审中对有关证据的调查因出现紧急情况而提前至正式庭审之前的某一阶段。因此，法院应当通知当事人或其诉讼代理人到场，在接到通知后，如果当事人或其诉讼代理人无论何种原因拒不到场或者不能到场时，将被视为在诉讼上放弃异议权。因为，诉讼所采取的证据保全措施是因为发生了可能导致证据灭失或者事后难以取得的紧急情况，

---

① 参见邱联恭讲述、许士宦整理：《民事诉讼法讲义（三）》，2017年笔记本版，第283页。

它属于一种非常救济方式。虽然2019年《民事证据规定》第27条第1款并未明确法院进行证据保全是要求一方还是双方当事人或者诉讼代理人到场。但是，根据证据调查程序的一般原则，应当要求双方当事人或者诉讼代理人到场，这也是诉讼对审主义的体现。并且，在证据保全过程中，对被保全证据在形式要件和实体要件上的真实性的辩论或争执，也是证据辩论主义的一种必然体现，可见，要求双方当事人或者诉讼代理人到场具有正当程序的理念，是保障当事人行使其对证据进行辩论的诉讼权利以及在此基础上保障法院全面、客观地查明案件事实的需要。

笔者认为，对证据保全程序中的调查证据的开展，应当考虑确定如下内容：第一，在调查期日应传唤双方当事人到场，以便强化程序效力上的正当性。但是在紧急情况下，因客观原因所限，特别是涉及诉前证据保全程序，由于相对一方当事人因诉讼尚未发生也有可能懈怠其到场权利的行使，因此，在通过合理的方式传唤对方当事人之后因客观障碍仍无法到场的，并不影响调查证据的进行。第二，对上述内容涉及紧急情况构成的必要原因，由法院据情裁量，但必须作出明确的阐释。第三，如对方当事人并非当时不明，其于调查期日未到场是因为事先未得到合理的传唤而并非客观上的障碍所致，在此之后进行的诉讼调查中，如果对方当事人就已经保全的证据质疑，则已被保全的证据便不能够作为有效证据来使用，如届时对方当事人对已经保全的证据并不提出异议的则不在此限。第四，在因对方当事人不明或者在调查证据期日因客观障碍不能及时传唤对方当事人的，可考虑由法院为其选任特别代理人，以代理其在调查证据时行使当事人所应当享有的权利。第五，当事人在调查证据时可以就有关问题询问证人，也可以对鉴定人的资格、鉴定行为及鉴定结果质疑。对此质疑意见即使当时不能为法院所接受，也应记入调查笔录，以备事后正式进行审理的，法官可进行查阅。

关于证据保全与调查证据的区别，有学者认为，在诉讼中，法院依职权调查证据或就当事人所提出的证据调查，在与待证事项有关联的情形下经过法庭辩论后，即可作为裁判的基础。但是，根据证据保全程序而保全的证据，法院应就其证据的存否予以调查，即不问其与待证事实之间是否存在关联性，尤其不得直接作为裁判的基础，必须在举证后并经辩论程序才能对其考虑加以采用。①另有学者认为,所谓证据保全程序上的证据调查,其预设前提是证据保全为对案件的预先证据调查,并非通常的证据调查。证据保全程序上的证据调查所涉及的主要问题是证据调查的方式、证据调查的程序保障和证据调查笔录的保管。②保全证据是在法院进入调查程序之前,对有可能发生灭失或者将来难以取得的证据预先进行的调查活动。如果在案件调查阶段,当事人既可以提供,法院也可以进行调查,就无所谓预先调查问题。同时,证据的证明力大小,以及是否能够作为认定案件事实的根据,可以有所不同,因为这些问题要在证据的审查和判断中才能解决,保全证据只是属于提供、收集和调查证据的范围。

(三)我国有关法律及司法解释相关规定的理解与适用

1. 关于要求当事人或者诉讼代理人到场

2019年《民事证据规定》第27条第1款规定:"人民法院进行证据保全,可以要求当事人或者诉讼代理人到场。"

对本条文的理解与适用,应当掌握如下基本内容:

(1)从诉讼程序正当主义的要求上来看,人民法院采取证据保全措施的行为也是一种诉讼行为,涉及有关当事人的利益和权利,为了保证程序的正当性、合法性和有效性,人民法院应当通知当事人或者其诉讼代理人到场。只有在当事人或其诉讼代理人在场的情况下,法院所采取的查封、扣押、拍照、录音、录像、复制、鉴定、勘验等证据保全方法才具有法定效力,因为,当事人当时可对被保全的证据如物证中所涉及产品有关的数量、品种、质量、规格等享有异议权。如果在这种发生于正式庭审之前的调查程序中,未及时通知有关当事人或其诉讼代理人到场,那么就不能有效地保障当事人就证据的原始性享有辩论的权利,则事后在正式庭审中,一旦该方当事人对法院根据证据保全方法取得的传来证据的真实性质疑,就会使法院处于进退两难的境地。

(2)在接到通知后,如果当事人或其诉讼代理人无论何种原因拒不到场或者不能到场时,将被视为在程序上放弃异议权。因为,诉讼所采取的证据保全

---

① 参见陈玮直:《民事证据法研究》,我国台湾地区新生印刷厂1970年版,第86页。
② 参见许少波:《民事证据保全制度研究——以法院为中心的分析》,法律出版社2013年版,第248页。

措施是因为发生了可能导致证据灭失或者难以取得的紧急情况，它属于一种非常救济方式。

（3）即使在诉前采取证据保全措施时，人民法院也应当要求有关利害关系人到场，除了在现场见证以外，在必要时还可听取利害关系人的意见，及时、合理、有效地保护受到证据保全影响的证据持有人或相关利害关系人的合法权益。

（4）《知识产权证据规定》第15条规定："人民法院进行证据保全，可以要求当事人或者诉讼代理人到场，必要时可以根据当事人的申请通知有专门知识的人到场，也可以指派技术调查官参与证据保全。证据为案外人持有的，人民法院可以对其持有的证据采取保全措施。"根据该条规定，人民法院在采取证据保全措施时，可以要求当事人或其诉讼代理人到场，以有利于当场确认、固定证据，查明案件事实。对于知识产权诉讼证据涉及专业的技术事实，为确保证据客观、准确，人民法院可以通知有专门知识的人到场，或者指派技术调查官参与。鉴于技术类等专业性较强的知识产权案件技术事实查明难度较大，邀请见证人并非属于必要事项。根据该条第2款规定，审判实践中，人民法院可以直接向证据持有人保全证据。

2. 证据保全采取的措施或方式

2019年《民事证据规定》第27条第2款规定："根据当事人的申请和具体情况，人民法院可以采取查封、扣押、录音、录像、复制、鉴定、勘验等方法进行证据保全，并制作笔录。"

对本条文的理解与适用，应当掌握如下基本内容：

（1）证据保全的方法一般是采用相应的民事查证技术、措施保存证据或证据信息。证据保全必须与证据的种类和特征一致，即特定的证据种类只能采取特定的证据保全措施。例如，对书证的保全一般应收集保存原件，不能保存原件的，应进行拍照、复印或抄录，也可以采取扣押或查封的方式。如果书证的纸张、字迹、印文等具有物证意义，应保存原件，不能保存原件的应进行技术、笔迹、印文鉴定，保存鉴定意见。对"证人证言"进行保全的，可以采取询问、录音、录像的方法。对物证的保全能保存原物的应尽量保存原物，也可以查封或提取原物。如果不能保存原物或原物不易长期保存，应进行勘验、鉴定，保存勘验笔录或者鉴定意见。如果能够保存原物，而原物又不属于易腐、易变质或者有毒、有害物品，应采用科学的方法进行保存。对现场的保全一般应采用现场勘验的方法，用勘验笔录、照片、录音、录像、绘图等技术手段保存现场的证据信息。对视听资料的保全应保存照片底版、录音带、录像带、计算机芯片等，如果不能保存原物的，应进行相应的复制，保存复制件。同时，对视听资料、电子数据采取证据保全措施的，应当收集保存原始载体，提供原始载体确有困难的，可以要求提供复制件。提供复制件的，人民法院应当在笔录中说明其来源和制作经过。无论采取何种方法进行证据保全，均应制作相应的笔录。笔录中应当详细记载证据保全的时间、地点、方法、参加人员、有关证据的主要特征以及实施证据保全的整个过程等详细内容，对于涉及国家秘密、商业秘密或者个人隐私的证据，应当特别注明，防止泄露。

（2）在程序上，人民法院采取何种具体的方法或措施进行证据保全，应当根据当事人的申请和具体情况而确定。其中，所谓"当事人的申请"是指，提出证据保全申请的当事人或者利害关系人在其向人民法院提交的申请书中应当载明采取何种保全措施，也就是说，有关当事人或者利害关系人应当就证据保全采取何种具体形式提出具体的申请意见，以供人民法院在作出决定时作为重要的参考依据。所谓"具体情况"，是指人民法院在采取具体的证据保全措施之前应当结合证据持有人的情况，证据的形式及种类，当事人或利害关系人是否到场，当事人、利害关系人及证据持有人的意见，以及有关证据与案件事实或与案件之间的证明关系等情形。

（3）2019年《民事证据规定》第27条第2款对证据保全的方法采用了列举式，主要有查封、扣押、录音、录像、复制、鉴定、勘验等方法，但未穷尽，例如拍照、测量、绘图等。由于每一种证据的保全方法并不仅仅局限于上述方法，而且无法突出某一类证据在保全方法上的特点，故没有必要作此无法穷尽的规定，以免出现逻辑上的漏洞。这些方法中，有些只能在物证的保全中使用，有些只能在书证的保全中使用；在同一项证据的保全中有时这些方法也可以并用。

（4）采用证据保全的手段或措施应同证据保全的任务相适应。选用证据保全手段或措施时应首先弄清被保全的证据是用何种方式承载案件事实信息的，然后从有利于保存证据所记载的案件事实的信息这一保全的根本任务出发，选用适当的保全手段或措施。例如，一份合同书或一份书面遗嘱，如果只是具有书证作用，可以采用拍照、复印或者抄录的方法进行保全；如果该书证同时具有物证作用，则应采用鉴定的方法进行保全。

（5）对于进行证据保全所采取的具体措施和方法，应当了解和掌握其要旨和相应的程序规则。其中，所谓查封，是指人民法院把需要保全的证据贴上封条，禁止他人转移或处理。查封一般是针对不易或不能移动的物品。例如，对于作为证据的动产或不动产，查封的方式略有不同：对动产的查封，一般应采取加贴封条的方式，不便加贴封条的应张贴公告；对有产权证照的不动产的查封，应当向有关管理机关发出协助执行通知书，要求其不得办理被查封财产的转移过户手续，同时也可以责令该不动产的权利人将有关财产权证照交人民法院保管，必要时也可以采取加贴封条或张贴公告的方式查封。此外，对于财务凭证等的查封，亦可采用加贴封条的方式。对于被查封的证据，法院可以指定该证据的持有者或保管者保管，这种情况下如继续使用被查封的证据对其价值并无重大影响，可以允许该证据持有人或保管人继续使用。但因其过错造成的损失，由该持有人或保管人承担。其中，所谓扣押，是指人民法院把需要保全的证据移到另外场所加以扣留，不准其持有人或者保管人占有、使用和处分。与查封不同，扣押以容易移动的物品为对象，并且应当易地进行，被扣押的证据只能由人民法院自行保管或委托其他单位或个人保管，对被扣押的证据，保管人也不得使用。在实施证据保全过程中，由于采用查封和扣押这两种方式会导致对物的使用价值和交换价值产生较大的限制，以至于对证据持有人的利益造成实际损害。基于对证据持有人利益影响最小化的考虑，如果能够采取其他可替代性的固定、保全证据的方式，同时也不至于对证据的证明价值造成明显损害的，应当尽可能采取其他相关可替代性的证据保全方式。实务中，为了防止有关书证、物证、视听资料、电子数据等实物性证据遭受被他人藏匿、转移或毁损等人为风险，可参照财产保全的执行方式，向持有证据的有关单位或者个人发出协助执行通知书。录音、录像是通过特定的设备或装置将所发生的行为、事件、活动中有关状态或过程涉及的声音、影像予以记录保存，通常被作为形成视听资料、电子数据等证据的载体。由于录音及录像能够同时反映某一事件或活动的连续性动态和画面，具有生动性、形象性和连续性特点，同时能够反映有关事件或活动的具体环境和全过程，因此，在证据保全当中对于证人的询问以及对于物证或现场的勘验等能发挥十分显著的证明作用。其中，复制是采用特定的技术手段及使用特定的设备通过摹制、复印、翻拍、转录等方法按照原物的原貌为标准制作相应仿真品的行为。在实施证据保全措施时，复制常常被用于对书证的固定和保全，另外，也可适用于对物证、视听资料以及电子数据的复制。采用这种证据保全方式不会造成证据持有人对证据的继续占有和使用产生何种影响，因此属于优先选择的措施之一。拍照曾经在2001年《民事证据规定》第24条当中作为一种证据保全的方法，尽管2019年《民事证据规定》将其删除，但并不影响其在实践中仍可被实际采用。在证据保全当中，拍照作为一种技术手段，既可以适用于对书证的保全，也可以适用于对物证或现场的保全。但与采用录像方式而更能够直观、动态地对有关证据或场所加以固定和保全的效果相比，拍照所产生的静态效果显得远远不足，这是造成其使用率大为下降的主要原因。凡是采用鉴定方法进行保全的，应注意按鉴定要求首先确认该证据确属双方当事人争讼的证据，然后才能进行鉴定，并保存鉴定意见；另外，经勘验所获得的结果必然是勘验笔录。勘验笔录是指法院基于当事人的申请，为防止被保全的证据可能灭失或者以后难以取得，对物证和现场进行勘查检验后，对勘验情况和勘验结果制作的笔录。在民事诉讼中，有些物证因体积庞大或固定于某处无法由当事人提交法庭，与案件有关的现场也无法移至法庭，为获得这方面的证据，经当事人申请，法官必须亲临现场或到物证所在地勘验。法院在处理房地产纠纷、建设工程质量纠纷、自然资源权属纠纷、相邻关系纠纷时，常常需要运用勘验笔录这种证据。为了使现场不致被破环，法院可通知有关单位或个人对现场进行保护，有关单位或个人接到通知后，便负担起保护的责任和义务。法官在勘验时，须出示法院的证件，并邀请当地基层组织或者当事人所在单位派人参加，还应当通知当事人或其成年家属。当事人或其成年家属在法官勘验时应当到场。勘验用检查、测量、绘图、文字记录、拍照、录像等方法进行。勘验时应当将勘验情况和勘验结果制作成笔录，笔录须由勘验人、当事人和被邀请参加人签名或盖章。

（6）关于海事证据保全所采取的保全措施，《海事诉讼特别程序法》第70

条规定:"海事法院进行海事证据保全,根据具体情况,可以对证据予以封存,也可以提取复制件、副本,或者进行拍照、录像,制作节录本、调查笔录等。确有必要的,也可以提取证据原件。"另外,就视听资料、电子数据所采取证据保全措施,2019年《民事证据规定》第23条规定:"人民法院调查收集视听资料、电子数据,应当要求被调查人提供原始载体。提供原始载体确有困难的,可以提供复制件。提供复制件的,人民法院应当在调查笔录中说明其来源和制作经过。人民法院对视听资料、电子数据采取证据保全措施的,适用前款规定。"

(7)《知识产权证据规定》第16条规定:"人民法院进行证据保全,应当制作笔录、保全证据清单,记录保全时间、地点、实施人、在场人、保全经过、保全标的物状态,由实施人、在场人签名或者盖章。有关人员拒绝签名或者盖章的,不影响保全的效力,人民法院可以在笔录上记明并拍照、录像。"该条规定涉及证据保全笔录的制作以及应当记录的内容,借以进一步规范知识产权诉讼中有关证据保全程序。

(8)《知识产权证据规定》第17条规定:"被申请人对证据保全的范围、措施、必要性等提出异议并提供相关证据,人民法院经审查认为异议理由成立的,可以变更、终止、解除证据保全。"该条对于证据保全被申请人提出异议的处理作出了明确的规定。

3.采取保全措施的原则性要求

2019年《民事证据规定》第27条第3款规定:"在符合证据保全目的的情况下,人民法院应当选择对证据持有人利益影响最小的保全措施。"

对本条文的理解与适用,应当掌握如下基本内容:

(1)诉讼经济原则要求尽可能地降低诉讼成本,最大限度地减少因采取证据保全措施对证据持有人的利益所造成的不利影响。所谓符合证据保全的目的,是实行诉讼经济原则、尽可能降低对证据持有人的利益带来不利影响的前提条件,采取证据保全措施的目的立足于防患于未然,即在实际可能发生的风险陡然变成现实之前由法院对相关证据加以固定保全,从而避免因情势变化、物理上的变化等原因或者其他意外情形的出现而发生灭失或导致其无法使用的情形。及时、有效地对有关证据进行固定、保全,有助于避免在出现证据可能灭失或者以后难以取得的情况下对案件事实的认定造成实际上的妨碍。只要能够实现这一目的，就有必要考虑具体采取何种证据保全措施实现对证据持有人利益影响最小化的目标。

（2）为了有效地实现对于证据持有人利益影响最小化的原则，在有关当事人或者利害关系人提出证据保全申请时，人民法院就应当一并加以考虑。即应当结合有关当事人或者利害关系人提出证据保全申请时所根据的理由、事实和所要保全证据的具体情况，从实体公正和程序正当的角度来衡量采取证据保全在司法上所发挥的积极效能与对有关证据持有人的利益所造成消极影响之间的价值比例，通过相应的利益衡量以及寻求两者之间的平衡点，以决定采取证据保全措施的必要性，不宜被有关当事人或利害关系人的单方极端性私利所绑架。从审判实践来看，当事人在起诉时或者诉讼过程中会自认为向法院提供了有分量的"王牌"证据，但在对方当事人提供的反证面前，这些所谓的有分量的"王牌"证据很可能显得不堪一击。如果将此类证据纳入证据保全范畴，不但会妨碍或影响证据持有人的利益，还会造成不必要的司法成本，有违设置证据保全制度的初衷和本意，因此，人民法院在作出财产保全裁定之前，就应当慎重考虑。

（3）对于证据保全必要性的审查，是实现对保全证据持有人利益影响最小化原则的必然要求，对此还应考虑有关当事人或者利害关系人是否具有其他可替代性的收集、获取证据的方法，而不能够促使在其并没有穷尽其他更加经济、便利、妥当的途径和方式之前就一律寻求司法救济，同时还可根据有关证据存在的形式和具体载体的特点不同，如果采用公证方式同样能够达到固定、保全证据目的的，也可作为法院进行必要性审查的内容之一。司法具有消极和被动的属性，鉴于社会和双方当事人对司法公正性和中立性的期待，即使在采取证据保全措施这一司法行为当中，司法权力的运用也较宜承担最后一道防线的功能。

（4）在法院考虑选择对证据持有人利益影响最小保全措施的技术性问题上，在保证能够实现证据保全的目的前提条件下，由于某些证据属于具有财产性质上的价值，应当尽可能地保证这种类型证据的正常使用和社会流转功能。当在采取证据保全的措施中为两个或两个以上类型而具有可选择性的条件下，应当考虑尽可能地选择对证据持有人利益影响最小的保全措施。在法律上，尽管证据持有人对因有关当事人或者利害关系人申请证据保全而导致其利益受损可以按照2019年《民事证据规定》第28条有关赔偿责任规定得到相应的补偿，而这些补偿往往是针对有形利益损失的补偿，那些在某些情况下对证据持有人所造成的无形利益损失（如时间及精力上的付出、精神上的困扰等）实际上是无法得到补偿的。采取证据保全措施要及时进行，要注意节约和安全，防止不必要的损失和浪费。

（5）《知识产权证据规定》第12条规定："人民法院进行证据保全，应当以有效固定证据为限，尽量减少对保全标的物价值的损害和对证据持有人正常生产经营的影响。证据保全涉及技术方案的，可以采取制作现场勘验笔录、绘图、拍照、录音、录像、复制设计和生产图纸等保全措施。"该条规定涉及人民法院进行证据保全的具体措施。审判实践中，人民法院采取证据保全措施，应全面、客观地反映被保全证据的实际状况，有利于查明案件事实。采取保全措施时，也要兼顾对保全标的物及其持有人的影响，避免因证据保全造成不必要的损失。对知识产权领域较为典型的技术方案的证据保全，该条规定给出了保全措施的指引。

## 七、法院依职权保全证据

一般而论，证据保全应以当事人申请为原则，与申请证据的情形相同，在诉讼中如尚未达到调查证据的程度，而法院又认为某项证据有保全的必要，此时自应等待当事人的申请，才能作出保全的处置，但有时因申请迟延或者不知为此项申请而导致证据灭失或者日后难以使用，这对于裁判的正确性影响颇大，因此，法律特别规定，即法院认为必要时可在诉讼中依职权作出保全证据的裁定。但以诉讼已在诉讼系属中为限，如诉讼尚未系属，自无从也不得依职权作出保全证据的裁定。[①] 因为在诉讼尚未形成之前，法院则没有依职权作出此种

---

① 参见王甲乙、杨建华、郑健才：《民事诉讼法新论》，我国台湾地区三民书局有限公司2007年版，第480页。

裁定的余地。关于法院依职权进行证据保全与辩论主义等诉讼法基本原则之间的关系，有观点认为，法官在适用这一规定时，应当注意如果属于偏重私益型而与公益无关的诉讼，原则上应认为在诉讼上法官被允许利用阐明程序探询当事人是否要提出证据保全的申请，如果当事人执意不提出，则法院是否坚持实质真实发现而积极介入职权保全证据，不无疑问。①

在诉讼中，至于有无依职权作出保全证据裁定的必要，依法院的自由意见判定。②对于作出准予保全证据的裁定，不得声明不服，其裁定中应表明的事项，也与依申请作出保全证据时相同。③另外，《日本民事诉讼法》第237条规定："当法院认为必要时，在诉讼系属中，可以依职权作出保全证据的决定。"对此，有日本学者认为，允许法院依职权进行证据保全的情形，应限于在本案诉讼程序上允许法院依职权证据调查的范围。④可见，大陆法系有关国家或地区将法院依职权主动采取保全措施仅限定在诉讼程序开始之后的特定阶段。但是，基于海事证据保全的特殊性，有观点认为，海事证据保全只能根据海事请求人的申请，海事法院不能依职权采取保全措施，从而确保海事法院的诉讼中立地位，减少对当事人诉讼行为的主动干预。⑤

我国学界有一种观点认为，证据保全是一种对证据进行预先审查、固定的诉讼活动，在诉讼开始前一般不能进行。如果法院认为在当事人起诉前有必要对某证据采取保全措施时，也可以依职权进行，但应当通知申请人于一定期间内提起诉讼。⑥笔者认为，在当事人起诉之后且于法庭正式调查证据之前，如遇紧急情况法院认为有必要时可以依职权进行证据保全，这是有关各国或地区

---

① 参见姜世明：《新民事证据法论》，厦门大学出版社2017年版，第38页。

② 参见黄栋培：《民事诉讼法释论》，我国台湾地区五南出版公司1982年版，第556页。

③ 参见王甲乙、杨建华、郑健才：《民事诉讼法新论》，我国台湾地区广益印书局1983年版，第444页。

④ 参见［日］兼子一等：《条解民事诉讼法（第2版）》，东京弘文堂2011年版，第1110页。

⑤ 参见杨树明主编：《民事诉讼法·海事诉讼特别程序编》，厦门大学出版社2008年版，第117页。

⑥ 参见梁书文、回沪明、杨荣新主编：《民事诉讼法及配套规定新释新解》，人民法院出版社1996年版，第218页。

的一种通行做法。对此，我国《民事诉讼法》第84条也作出了这种规定："在证据可能灭失或者以后难以取得的情况下，当事人可以在诉讼过程中向人民法院申请保全证据，人民法院也可以主动采取保全措施。"但是，对当事人起诉之前，是否发生紧急情况从而影响事后在诉讼中向法院提供证据，应以当事人向法院申请为原则，因为在这时是否发生紧急情况，有关当事人基于利害关系所致，对有关情况最为了解和关切，在此法院不应依职权主动介入，以免影响其中立的立场。因为，就民事诉讼而言，主要涉及私权利益，有关当事人是否将私权争端交由法院公断完全取决于当事人的意思自治，法院不得以公权名义主动介入是不言而喻的。但一般认为，诉讼如涉及公益性及真实发现要求比较强烈的情形，比如人事诉讼等，法院本来就应当实行职权探知主义。在此情形下，法院也可以直接实施证据保全。[①] 另外，在我国，诉前证据保全活动主要交由公证机构依法进行，也将在很大程度上就有关保全证据上的社会需求予以必要的满足。当然，公证机构对采取证据保全措施也必须坚持由当事人申请为原则，在任何情形下不得主动介入。

## 八、担保的提供

（一）基本要义

一方当事人申请保全证据可能会给相对一方当事人或其他利害关系人的财产权益等带来损害，因此在法律上有必要给予相应的救济保障，基于这种考虑，一般采取拍照、录像、录音、复制、制作笔录等方法对有关证据进行保全的，可不必要求申请人提供相应的担保，而涉及对诸如建筑物、交通工具、货物、鲜活商品、名贵物品予以查封、扣押，有可能对这些证据造成直接损害或者妨碍其正常使用而造成损失的，法院则应要求其提供相应的担保。实务中，凡是法院要求申请人提供相应担保的，其担保方式应当按照《民法典》中规定的诸

---

[①] 参见刘玉中：《民事诉讼上证据收集之研究》，我国台湾地区台北大学2005年博士学位论文，第225页。

如保证、抵押、留置、质押等这些法定方式。

（二）我国有关法律及司法解释相关规定的理解与适用

1. 责令申请人提供担保

根据《民事诉讼法》第 84 条第 3 款和第 103 条第 2 款规定，人民法院采取保全措施，可以责令申请人提供担保，申请人不提供担保的，裁定驳回申请。

对本条文的理解与适用，应当掌握如下基本内容：

（1）根据《民事诉讼法》第 84 条第 3 款规定："证据保全的其他程序，参照适用本法第九章保全的有关规定。"而《民事诉讼法》第 110 条第 2 款就人民法院裁定先予执行的可以责令申请人提供担保的规定如是："人民法院可以责令申请人提供担保，申请人不提供担保的，驳回申请。"另外，《海事诉讼特别程序法》第 66 条规定："海事法院受理海事证据保全申请，可以责令海事请求人提供担保。海事请求人不提供的，驳回其申请。"该条也同样显得原则性较强，缺乏可操作性。而《民事诉讼法解释》第 98 条第 2 款的规定则显得具有一定的可操作性。其中，所谓"证据保全可能对他人造成损失的"，是指当被保全的证据为财产或者基于保全方法自身的性质和特点有可能给证据持有人造成财产上的损失。只有在这种条件下申请证据保全的当事人才有必要提供相应的担保，对此人民法院应当责令其提供担保。而其中的"他人"，一般应当理解为证据持有人。而在一般条件下，基于证据保全的目的在于对有关证据通过查验、复制、拍照、录音、录像等技术手段加以固定和保全，故不会对证据持有人造成经济上的损失。

（2）根据 2019 年《民事证据规定》第 27 条第 2 款规定，人民法院采用证据保全的方法或措施包括查封、扣押、录音、录像、复制、鉴定、勘验等。其中，就查封、扣押而言，它们既是调查取证和证据保全的方法，也是执行措施。在证据保全过程中，对于房屋、车辆、工程设备、有价证券等采取查封、扣押措施，有可能对财产交易价值或正常使用造成一定影响，人民法院应当根据具体情况责令申请证据保全的当事人或者利害关系人提供相应担保；在证据保全过程中，如果采用鉴定、勘验方法的，可能会对证据本身的财产价值造成一定程度的损害，也属于人民法院责令有关当事人或者利害关系人提供担保的情形；

在进行证据保全过程中，如果仅仅采用录音、录像、复制或者拍照等这些单纯属于固定证据的方法的，一般情况下不会对证据本身造成何种损害，例如，实务上较为常见的系对有关书证或者电子数据存储介质进行固定、保存，如果仅仅采取复制的方法，甚至对有关书证进行临时性扣押，则并不会对证据本身造成何种经济损失，故并无责令有关当事人或利害关系人提供担保的必要。

（3）《民事诉讼法解释》第98条第2款规定："证据保全可能对他人造成损失的，人民法院应当责令申请人提供相应的担保。"同时，2019年《民事证据规定》第26条第1款规定："当事人或者利害关系人申请采取查封、扣押等限制保全标的物使用、流通等保全措施，或者保全可能对证据持有人造成损失的，人民法院应当责令申请人提供相应的担保。"鉴于当事人或者利害关系人申请证据保全会存在因采取证据保全措施或者保全行为本身可能对证据持有人造成损失与一般情况下不可能对证据持有人造成损失这两种情形，但是否有可能对证据持有人造成经济损失或其他利益损失，要由作为对方当事人的证据持有人或者其他证据持有人向法院提出申请，要求申请证据保全的当事人或者利害关系人提供担保。对此申请，人民法院应当根据有关事实和证据进行审查判断后作出裁定；同时，即使作为对方当事人的证据持有人或者其他证据持有人未向法院提出这种申请，人民法院也可以依职权据情责令申请证据保全的当事人提供相应的担保。

（4）与证据保全有关的担保制度的设置，其程序的功能性主要有两点：其一，在特定情形下，可作为证据持有人的相应反制手段，也可作为人民法院促使申请证据保全的当事人对其申请证据保全的行为及其主张采取特定的证据保全措施应当审慎为之，对相关之间的利益给予理性、慎重的衡量，防止其滥用这一程序性权利；其二，为事后实际发生的因采取相应的证据保全措施给证据持有人造成的损失予以补偿提供有力保障。

2.担保方式或者数额的确定

2019年《民事证据规定》第26条第2款规定："担保方式或者数额由人民法院根据保全措施对证据持有人的影响、保全标的物的价值、当事人或者利害关系人争议的诉讼标的金额等因素综合确定。"

对本条文的理解与适用，应当掌握如下基本内容：

（1）根据《民事诉讼法》第84条第3款规定："证据保全的其他程序，参照适用本法第九章保全的有关规定。"而《民事诉讼法》第九章主要涉及财产保全等内容。另外，《民事诉讼法解释》第152条至第168条以及《财产保全规定》也专门就程序保全及其程序问题作出了相应规定。故参照上述有关规定，当事人或者利害关系人申请采取查封、扣押等限制保全标的物使用、流通等保全措施，或者保全可能对证据持有人造成损失的，人民法院应当责令申请人提供相应的担保。为证据保全所提供的担保，在具体形式上，既可以由申请保全的当事人或利害关系人以及第三人提供物保，其中包括抵押、质押等，并且所采用的担保方式不仅限于现金担保，也可以采用实物作为担保，还可以交由市场上的专业担保公司提供担保。另外，还可以由第三人提供保证担保。

（2）鉴于采取证据保全与财产保全在行为的目的及程序的性质上存在不同，尽管证据保全和财产保全均与诉讼或仲裁程序存在特定的联系，但证据保全究竟是与证明案件的待证事实具有密切的关系，在程序功能上用于确保有关证据的证明价值，而财产保全在程序功能上则在于确保将来生效裁判的可执行性。可见，证据保全主要关注被保全财产作为证据的证明价值，而财产保全主要关注被保全财产作为执行标的的经济价值。故此，上述《民事诉讼法解释》和《财产保全规定》当中有关财产保全提供担保的规定，并不适合直接适用证据保全，但对变通适用具有参照价值。

（3）尽管证据保全并不关注于被保全财产的经济价值，且与诉讼标的额也无直接的关联性，但一旦人民法院据情责令当事人或者利害关系人提供相应的担保，在实际操作上便会产生担保方式的选择与确定以及担保数额的对价问题。由于证据保全中并不存在对具体财产数额的评估，提供担保的财产作为证据的数额也无法直接与保全相牵扯，导致保全的证据价值很难根据被保全证据的财产价值来作出判断。因此，在确定和判断证据保全担保的数额时，不宜直接以请求保全数额作为参照标准，而是应当注重将保全措施对证据持有人所造成的影响以及保全标的物本身的价值作为参考要素；同时，当事人或者利害关系人争议所涉及的诉讼标的金额也可以作为其中需要考虑的因素。

3. 证据保全错误的处理

2019年《民事证据规定》第28条规定："申请证据保全错误造成财产损

失，当事人请求申请人承担赔偿责任的，人民法院应予支持。"

对本条文的理解与适用，应当掌握如下基本内容：

（1）关于申请证据保全错误造成他人财产损失所应当承担的赔偿责任，我国民事诉讼立法已有明确规定。例如，根据《民事诉讼法》第84条第3款和第108条规定，申请有错误的，申请人应当赔偿被申请人因证据保全所遭受的损失。同时，《海事诉讼特别程序法》第71条规定："海事请求人申请海事证据保全错误的，应当赔偿被请求人或者利害关系人因此所遭受的损失。"

（2）《民法典》第1165条第1款规定："行为人因过错侵害他人民事权益造成损害的，应当承担侵权责任。"由于证据保全采取的相关方法或措施在申请证据保全错误发生的情形下有可能给证据持有人占用、使用作为有关财产、物品的证据的所有权、用益物权以及其他财产权利造成损害，因此，应当根据《民法典》有关侵权责任的规定承担损害赔偿责任。

（3）本条文中，所谓"申请证据保全错误"，是指申请证据保全的当事人、利害关系人因存在故意或者重大过失而未能尽其一般注意义务导致人民法院对本来就存在关联性、必要性欠缺的证据采取了保全措施而产生错误的行为。申请人申请证据保全错误与人民法院或者仲裁机构是否最终采纳了该证据并且将其作为裁判的基础并无必然的联系，同时也不能一概以申请人的诉讼请求、仲裁请求或者抗辩主张是否得到支持作为判断标准。因为，从专业性角度而言，对某一证据与待证事实之间证明价值与证明关系的评价，不同的法庭或仲裁庭内部可能存在不同的见解，一审法院和二审法院也可能存在截然不同的认识，但这是审判独立主义与自由心证主义的结果，与双方当事人之间的主观追求并无必然的联系。申请人是否尽到一般注意义务取决于其向法院提出证据保全申请时，对有关证据与案件待证事实或案件之间关系的认识，是否符合一个常人所持有的心理状态，是否有悖于良知和善意。因此，不能仅因为申请人最终并未获得其在申请证据保全时对有关证据证明力的期待以及所要追求的诉讼结果，就断定其证据保全的申请存在错误。对于证据保全错误的判断，应当综合考察申请人的主观心理状态、申请人的预期是否具有合理性、有关证据最终不被采信的客观原因、有关证据最终不被采信与自由心证之间的因果关系、有关证据在被保全时所采用的措施是否妥当、有效等因素。

（4）申请证据保全错误与造成财产损失二者之间应当具有直接因果关系。所谓"造成财产损失"，是指因对被作为保全证据的财物等采取特定的证据保全方法或措施而给证据持有人造成的经济损失。从专业和技术的角度，由于被作为保全的证据在类型上具有广泛性，其存在的形式和自然属性千差万别，因此，需要采用相应的保全方法或措施来实现证据保全的目的。采取证据保全的方法或措施的不同，对被保全证据所产生的影响也有明显不同。例如，采取复制、录音、录像、拍照等证据保全方式，通常不会被对保全的证据造成何种不利影响，也不会对证据持有人对有关证据的正常使用造成实际妨碍。因此，根据对证据持有人利益影响最小化原则，在同等条件下应当考虑优先选择这些方式；如果采用鉴定或勘验等具有专业技术性质的方式，在某些情况下，可能对证据持有人正常使用或流转具有某种财产性质的证据产生一定的影响或妨碍。因此，在实务操作上，应当采取较为审慎、合理的态度，尽量将可能对证据持有人的权益造成的不利影响降到最低；如果采用查封、扣押的证据保全措施将不可避免地对证据持有人的权益造成不利影响，可考虑采取一切必要措施，例如，如果证据持有人继续使用被保全证据的财物而不至于实际影响证据保全的效果的，就应当予以准许；在程序的合法性允许的条件下，也可考虑让当事人到证据保全的现场对有关证据发表质证意见，随后即可解除对证据的保全，等等。

（5）因申请错误证据保全的侵权导致财产损害赔偿的，应当贯彻全面赔偿执行原则。《民法典》第1184条规定："侵害他人财产的，财产损失按照损失发生时的市场价格或者其他合理方式计算。"为了体现公平原则以及遵循民事侵权责任损失填补的基本原则，赔偿损失的范围应当以实际财产损失为限。实际财产损失范围的确定，应当综合考虑保全行为对证据持有人的正常利用造成妨碍的程度及经济流转的影响大小、作为被保全证据的财产效用、证据持有人对作为证据的被保全财产的依赖程度、市场行情以及被保全证据的时间等。另外，还应当考虑申请证据保全的当事人或者利害关系人与证据持有人对实际产生损失的过错程度。《民法典》第1173条规定："被侵权人对同一损害的发生或者扩大有过错的，可以减轻侵权人的责任。"根据这种侵权责任中所实行的过错相抵原则，当证据持有人对于损害的发生或者扩大也存在主观过错时，可以视其过错程度相应减轻或者免除申请证据保全错误的当事人或者利害关系人的赔偿责任。并且对于证据保全损害赔偿中所适用的过错相抵,也应当受到过错相抵原则在同等限制上所适用的限制。鉴于申请证据保全错误主要限于故意或者重大过失的过错情形,如果证据持有人只是因为一般过失导致损失扩大的,按照对等比例原则,为了有助于申请证据保全的当事人或者利害关系人在行使权利上所应当持有的审慎、严肃态度,不宜想当然地减轻其赔偿责任。

(6)在利害关系人诉前申请证据保全的情形下,如果利害关系人在提出证据保全申请后的30日内并未提起诉讼或者提请仲裁,在其存在申请证据保全错误的情况下,也应当承担相应的损害赔偿责任。对此,证据持有人也可以提起诉讼的方式主张这种损害赔偿责任。

## 九、证据保全后的程序

(一)关于笔录的保管与移送

凡实施证据保全措施的法院,应当制作保全证据的笔录,这种笔录叫作调查笔录。调查笔录供调查法院在审理案件时使用,如果事后发现案件并非归其管辖,有关保全证据的调查笔录,应随案件移送给有管辖权的法院。保全证据程序在起诉后实施的,由原诉讼法院管辖,保全证据的法院即为诉讼系属的法院,自不发生调查证据笔录的保管问题。如在起诉前实施的,诉讼既然尚未系属,应由保全证据的法院保管,在此之后当诉讼系属时,应即送交有关法院或者应其他有关法院的请求而予以移送。

根据我国台湾地区"民事诉讼法"第375条的规定:"调查证据笔录,由命保全证据之法院保管。但诉讼系属他法院者,应送交该法院。"保全证据程序在起诉后实施的,原由诉讼法院管辖,保全证据的法院即为诉讼系属的法院,自不发生调查证据笔录的保管问题。如在起诉前实施的,诉讼既然尚未系属,应由保全证据的法院保管,在此之后当诉讼系属时,应即送交有关法院或者应其他有关法院的请求而予以移送。如果在起诉后因有急迫情形由受询问人居住地或者证物所在地的地方法院实施保全证据程序的,该保全证据的法院应即将调查证据笔录送交诉讼系属地法院。①

在通常情形下,受理诉讼的法院与保全证据的法院大多为同一法院,即使卷宗分别保管也可以随时调用;并且证据保全后未必有诉讼发生,因此,调查证据笔录通常由作出保全证据命令的法院负责保管。如果同一法院认为其笔录在诉讼系属时,应并案保管的,这属于内部行政措施。当调查证据的法院与受理诉讼的法院并非同一法院时,则为了审理便利的需要,调查证据的法院应将其笔录移送受理诉讼的法院。这是因为,基于特定必然之目的而存在时,自应以一并保管为妥当。申请人或者对方当事人可以请求法院交付笔录阅览或者抄录,并应缴纳费用请求交付该笔录的善本或者抄本。

(二)关于证据保全的效力

证据保全后一般将产生如下效力:

1. 证据保全的结果与本诉讼所进行的证据调查具有相同的效力,在其后进行的本诉讼中,即便被保全的证据能够付诸正规的证据调查,证据保全也不至于丧失其效力。但是,根据《日本民事诉讼法》第242条规定,对于证人询问的证据保全,如果在口头辩论中能够对证人进行询问,为了贯彻直接主义的要求,一旦当事人提出申请,法院就必须对证人重新进行询问。②

2. 对保全的证据双方当事人均可加以利用。保全的证据为双方当事人共同或者相互间发生事实关系的证明,因此,不但申请保全证据的当事人可予以使用,如果对方当事人认为该种证据对其有利时也可以加以使用。对此,有学者指出,证据保全程序的进行,也属于调查证据,经合法的调查证据,在以后的诉讼程序中,双方当事人均可对其加以利用。③

3. 保全的证据效力并不必然及于待证事实。这是因为,当事人在提出保全证据申请时,仅要求其说明其事实与证据关系的梗概或者提出初步资料即可,

---

① 参见王甲乙、杨建华、郑健才:《民事诉讼法新论》,我国台湾地区三民书局有限公司2007年版,第482页。

② 参见[日]新堂幸司:《新民事诉讼法》,林剑锋译,法律出版社2008年版,第426页。

③ 参见陈荣宗、林庆苗:《民事诉讼法》,我国台湾地区三民书局股份有限公司2005年版,第531页。

并非要求有关证据必须达到足以证明其有关待证事实或预期待证事实的程度,即所保全证据的效力仅及于本身,与待证事实并无必然的关系。比如,保全的证据为车辆被损的鉴定报告,并不足以证明对方当事人应承担过失责任。也就是说,当事人提出保全证据申请时,法院对于有关证据仅作形式上的审查,不做实质上的审查即可。

4. 对保全的证据只有经过双方的辩论并经过法院的审查判断后,才能由法院决定是否作为裁判的基础。对此,有一种观点认为,民事诉讼适用当事人进行主义,在举证方面,当事人有提出证据与否的自由。因此,证据保全后,应当由当事人在诉讼有所引据陈述,法院才可将其采纳为裁判的基础。也即,即使已经保全的证据,事后未经当事人主动予以引入作为负担举证责任向法院提出,法院亦不可直接对其进行法庭调查并采纳为裁判的根据。但是,这种观点产生的后果可能导致证据资源的浪费和影响诉讼的效率。笔者认为,经法院作出保全证据裁定之后,被保全的证据已经成为诉讼当中的公共资源,无论是提出申请的当事人,还是相对一方当事人或者法院都有利用的权利(力)。因此,证据一经保全,与法院调查程序所收集、调查的证据有同等的作用。保全的证据是诉讼证据的一部分,法院应当将它与其他证据一并加以审查、判断。被人民法院保全的证据,属于法院按法定程序调查收集的证据,与法院收集的其他证据有同等效力。对于当事人提供的证据,虽经法院保全,也必须经过双方当事人发表辩论意见,经法院审查核实后才能作为定案的根据。

(三)证据保全的利用

申请保全证据的人及对方当事人均可在诉讼程序当中利用保全证据程序调查证据的结果,虽然在进行保全证据程序时,对方当事人不明,或者调查证据期日来不及通知对方当事人时也同样适用。在保全证据程序中所调查的证据,经当事人加以陈述或者经朗读笔录以代陈述后,即与在诉讼程序上所调查的完全相同,并非以其调查证据笔录作为书证加以利用。当事人在诉讼程序上,虽不得以保全证据的申请不具备要件或者管辖错误为异议的理由,但可以对于证据保全的程序调查及此种证据方法的准许属不合法为由,在言词辩论中主张异议。对于保全证据程序所调查的证据,受诉法院可依声明或者依职权命令补充或者再行调查，有无补充或者调查的必要应依法院的意见判定。① 比如，《德国民事诉讼法》第493条规定："一方当事人在诉讼中援引作为独立证据的事实时，该独立的调查证据与受诉法院所进行的证据调查有同等效力。对方当事人未在独立的证据程序的期日到场，只在对方当事人受到及时传唤时，才能使用其结果。"

在当事人利用调查证据的结果时，我国台湾地区学者认为，应在诉讼法院的言词辩论中陈述其结果，经陈述或经朗读笔录以代替其陈述后，法院即可予以斟酌，因此，为保全证据程序所调查的证据，与在诉讼程序中所调查的证据，其法律上的性质并无不同，并非以其调查证据的笔录作为书证加以利用。一方面，当事人可以利用调查证据的结果。另一方面，在言词辩论中也可以对于准许实施保全证据程序的调查及有关证据方法提出异议；但以保全证据的申请不具备要件或者管辖错误作为异议的理由时，不能认为属于正当的异议，因为已经调查过的证据，不应以此等理由而使其归于无效。② 法院依保全证据程序调查证据的结果，与诉讼上调查证据有同一效力，这就意味着法院于利用证据保全程序所为证据调查的结果时，并非将其引为文书证据，而是如同其自己进行证人讯问、勘验或请鉴定人鉴定相同。③

关于保全证据的利用，应当首先确定，各方当事人在诉讼当中均享有利用进行保全的证据的权利。保全的证据为双方当事人共同或者相互间发生事实关系的证明，因此，不但申请保全证据的当事人可予以使用，如果对方当事人认为该种证据对其有利时，也可以加以使用。已保全的证据证明讼争事实的，仍应在辩论中予以陈述。对此，有一种观点认为，如未有任何一方当事人在本案诉讼程序上援用保全证据程序调查证据的结果，在言词辩论时基于其证据调查笔录陈述其结果时，在本案诉讼与保全证据程序的法官同为一人的情况下，可使保全证据程序的证据调查结果于本案诉讼程序上发生作用；但如果并非同一

---

① 参见王甲乙、杨建华、郑健才：《民事诉讼法新论》，我国台湾地区三民书局有限公司2007年版，第482页。
② 参见石志泉、杨建华、刘振强：《民事诉讼法释义》，我国台湾地区三民书局股份有限公司1987年版，第410页。
③ 姜世明：《新民事证据法论》，厦门大学出版社2017年版，第46~47页。

法官，则由于该结果在本案诉讼程序上并不自动发生效力，法院也无从予以斟酌而作出判决。换言之，当事人得不利用保全证据程序的结果，不受限制地再另提出新证据方法，而使保全证据程序与本案诉讼程序之间的连续性中断，这将降低保全证据程序对于本案诉讼的准备作用。[1] 其次，经保全证据程序所调查的证据与在诉讼程序中所调查的证据在法律效力上不应有所不同，但是，任何一方当事人在法庭辩论中均享有对已进行保全证据程序中的调查及有关调查证据的结果享有质疑的权利，法院对当事人的这种质疑作出何种反应，即是否依职权进行补充调查或者再行调查以及是否对有关保全的证据加以采信，在法庭所进行的调查和辩论的基础上由法院据情裁判。但就裁断结果应作为自由心证的必要组成部分在裁判文书中予以阐释。

关于就海事保全证据的利用，《海事诉讼法解释》第49条规定："海事请求人在采取海事证据保全的海事法院提起诉讼后，可以申请复制保全的证据材料；相关海事纠纷在中华人民共和国领域内的其他海事法院或者仲裁机构受理的，受诉法院或者仲裁机构应海事请求人的申请可以申请复制保全的证据材料。"

（四）证据保全程序的费用

一般认为，作为保全证据的程序也属于调查证据的程序。因此，其所产生的费用自然应当属于调查证据的费用。而在通常情况下，调查证据的费用属于诉讼费用的一部分，因此，保全证据的费用如无特殊规定，也应作为诉讼费用的一部分来看待。[2] 证据保全发生在诉讼前后的某一阶段，就通常意义上所进行的审理程序而言，则属于一种相对独立的程序。在这一程序中由此而开展的证据调查以及所获得的相应结果，实属一方当事人向法庭提供证据证明其事实主张的性质与表现，为此所产生的费用自应由提出申请的当事人自行负担。在此前提下，对方当事人为参加证据调查所付出的必要费用亦应由申请保全证据的一方当事人承担。因为，申请人对于保全证据本身存在着最大利益。相对而

---

[1] 沈冠伶：《民事证据法与武器平等原则》，我国台湾地区元照出版有限公司2007年版，第182页。

[2] 参见王甲乙、杨建华、郑健才：《民事诉讼法新论》，我国台湾地区三民书局2005年版，第483页。

言，对方当事人极有可能由于实现申请人所预期的保全证据之目的而对其自身的利益带来负面影响。根据有关国家或地区的立法规定以及学理解释，采用证据保全程序所发生的实际费用应作为诉讼费用的必要组成部分，由法院就该事实作出裁判时确定其负担，如果证据保全完成后，诉讼终未系属的，凡为此曾行使过主张或者防御权利的当事人，自应请求对方当事人赔偿其垫支的费用损失，但因自己的过失而发生证据保全的原因时则不在此限。

证据保全的费用应包括申请费、调查证据费用以及选任特别代理人的费用。证据保全的费用应当由申请人预先支付，各方当事人均申请证据保全时，其预先支付的费用由各方当事人均摊，在法院作出裁判时最终确定其费用负担。保全证据的费用之所以作为诉讼费用的组成部分，是因为保全证据的目的是在此之后的诉讼过程中为支持有关当事人的主张和为法院确定案件事实提供必要的帮助，因为对证据实施保全措施是基于客观上的必要而预先对有关证据进行调查。如在实施证据保全措施之后，诉讼最终仍未进行，因一方申请证据保全而致相对一方利益遭受损害的，可以通过另行提起损害赔偿之诉来加以解决。证据调查费用由申请的当事人自己承担。对方当事人为参加证据调查所开支的必要费用与本案裁判无关的，应由申请的当事人补偿给对方当事人。

根据有关国家或地区的立法规定以及学理解释，证据保全程序的费用包括申请费用、调查证据费用以及选任特别代理人的费用，这些费用均作为依该证据以证明待证事实的诉讼费用的组成部分，由法院就该事实作出裁判时确定其负担。如果诉讼保全后，诉讼终未系属的，凡为此曾行使过主张或者防御权利的当事人，自应请求对方当事人赔偿其垫支的费用损失，但因自己的过失而发生证据保全的原因时则不在此限。[1] 保全证据费用，除保全证据的申请被驳回时，应在驳回裁定中谕示外，其准为保全证据的裁定，则毋庸就费用的负担有所谕知，而应于现在诉讼或者后应系属的诉讼，确定其负担，如以后诉讼未系属的，只有另行诉请赔偿损害，以便加以解决。[2]《日本民事诉讼法》第241条规定："有关保全证据的费用作为诉讼费用的一部分。"另外，保全证据的申请被驳

---

[1] 参见陈玮直：《民事证据法研究》，我国台湾地区新生印刷厂1970年版，第92页。
[2] 参见王甲乙、杨建华、郑健才：《民事诉讼法新论》，我国台湾地区三民书局有限公司2007年版，第483页。

回而并不对证据预行调查时,其程序费用不必在该程序中作出裁定。①

(五)我国有关法律及司法解释相关规定的理解与适用

2019年《民事证据规定》第29条规定:"人民法院采取诉前证据保全措施后,当事人向其他有管辖权的人民法院提起诉讼的,采取保全措施的人民法院应当根据当事人的申请,将保全的证据及时移交受理案件的人民法院。"

对本条文的理解与适用,应当掌握如下基本内容:

1. 根据《民事诉讼法》第84条第3款规定:"证据保全的其他程序,参照本法第九章保全的有关规定。"据此《民事诉讼法》第104条第3款规定,申请人在人民法院采取证据保全措施后30日内不依法提起诉讼或者申请仲裁的,人民法院应当解除证据保全。另外,《海事诉讼特别程序法》第72条规定:"海事证据保全后,有关海事纠纷未进入诉讼或者仲裁程序的,当事人就该海事请求,可以向采取证据保全的海事法院或者其他有管辖权的海事法院提起诉讼,但当事人之间订有诉讼管辖协议或者仲裁协议的除外。"实践中,受理诉前证据保全的法院在数量上可能不止一个,证据所在地法院和被申请人所在地法院可同时受理有关利害关系人的诉前证据保全。由于事后存在当事人向其他有管辖权的人民法院提起诉讼的情况,为防止因信息不对称所出现的偏差或谬误,受理诉前证据保全申请的人民法院,不得因为申请人并未向其提起诉讼,就在采取证据保全措施30日的时间到来之后直接解除证据保全。为审慎起见,作出诉前证据保全裁定的法院应当向申请人调查了解其是否已经提起诉讼和受理法院的情况,并根据当事人的申请将其所采取的诉前证据保全所涉及的证据以及相关手续移送至受理法院;对于采取诉前证据保全措施后30日内当事人没有向采取保全措施的法院提起诉讼的,人民法院应当及时通知当事人,在确认当事人并未向其他有管辖权的法院提起诉讼的情况下,人民法院应当及时解除保全措施,以免业已采取的保全措施对证据持有人产生不利的影响;当得知当事人在其他有管辖权的人民法院提起诉讼的,受理诉前证据保全的法院应当告知当事人及

---

① 参见石志泉、杨建华、刘振强:《民事诉讼法释义》,我国台湾地区三民书局股份有限公司1987年版,第411页。

时提出申请，将有关证据及保全手续移送至受理案件的人民法院。

2. 本条文中，所谓诉前证据保全，是指因情况紧急在证据有可能灭失或者以后难以取得的情况下，利害关系人可以在提起诉讼或者申请仲裁前向人民法院申请证据保全。实务上，根据《公证法》的有关规定，除了利害关系人在提起诉讼或者申请仲裁前可以向人民法院申请诉前证据保全以外，还可以向公证机构申请诉前证据保全。根据《民事诉讼法》第84条第3款规定："证据保全的其他程序，参照本法第九章保全的有关规定。"据此，在选择诉前证据保全的管辖法院时，可以参照《民事诉讼法》第104条第1款的规定，即"利害关系人因情况紧急，不立即申请保全将会使其合法权益受到难以弥补的损害的，可以在提起诉讼或者申请仲裁前向被保全财产所在地、被申请人所在地或者对案件有管辖权的人民法院申请采取保全措施"。在实务上有时会存在采取诉前证据保全的法院与实际受理案件的法院不相一致的情况，在此情形下，如果当事人并未向申请证据保全的人民法院提起诉讼，此时就会涉及被保全证据的移交问题。

3. 根据《民事诉讼法》第84条第3款和第104条的规定，为方便利害关系人在诉前申请证据保全，除了被保全财产所在地人民法院可以受理诉前证据保全以及被申请人住所地法院也可以作为受理法院以外，同时将有管辖权的法院成为受理法院以作为必要的补充，从而为申请人提供更多的选择便利。其中，所谓"对案件有管辖权的人民法院"，是指根据《民事诉讼法》有关管辖的规定，根据有关当事人提起民事诉讼所涉及不同案件类型及性质等情况确定相应的管辖法院。例如，根据地域管辖的有关规定，因合同纠纷提起的诉讼，由被告住所地或者合同履行地人民法院管辖；因保险合同纠纷提起的诉讼，由被告住所地或者保险标的物所在地人民法院管辖；因公司设立、确认股东资格、分配利润、解散等纠纷提起的诉讼，由公司住所地人民法院管辖；因侵权行为提起的诉讼，由侵权行为地或者被告住所地人民法院管辖；等等。故参照有关诉讼管辖的规定，利害关系人申请诉前证据保全的，可以将证据所在地、被申请人住所地、对案件有管辖权的人民法院作为受理法院。

4. 作为诉前证据保全的受理法院，既可以是证据所在地法院，也可以是被申请人所在地法院，还可以是对案件有管辖权的其他人民法院。根据《民事诉讼法》有关地域管辖的规定，对某一起诉讼案件，享有管辖权的法院可能会有两个甚至两个以上。例如，因合同纠纷提起的诉讼，由被告住所地或者合同履行地人民法院管辖；因铁路、公路、水上和航空事故请求损害赔偿提起的诉讼，由事故发生地或者车辆、船舶最先到达地、航空器最先降落地或者被告住所地人民法院管辖。在这种条件下，有时就会存在采取诉前财产保全的法院，虽然对案件也享有管辖权，但当事人可能基于多重考虑而向其他有管辖权的人民法院提起诉讼的现象。但与财产保全有所不同的是，证据保全并不涉及以后生效判决的执行等问题，而仅涉及对证据的固定以及有关案件待证事实的证明。为此，当人民法院根据利害关系人的申请作出诉前证据保全的裁定之后，该利害关系人提起诉讼的，应当向有管辖权的人民法院提起。换言之，假如采取诉前证据保全的法院对案件不享有管辖权的，仅仅因为受理了证据保全申请就因此享有对案件的管辖权。根据有关利害关系人的申请而采取诉前证据保全措施之后，如果收到该利害关系人向法院提交的起诉状后，人民法院也应当根据《民事诉讼法》有关一般管辖的规定标准审查其是否享有管辖权，也就是，是否符合级别管辖和专属管辖的相关规定。

5. 实践中，有的情况下会发生采取诉前证据保全的法院与事后实际受理案件的法院系同一法院，在此情况下，采取诉前证据保全的法院此前所采取的证据保全措施在此后继续对实际受理案件的法院有效；而在有些情况下，会发生采取诉前证据保全的法院与事后实际受理案件的法院并非同一法院，此时就会发生涉及诉前证据保全的证据以及相关手续的移送问题。受移送的法院在此过程中对在受理案件前的诉前证据保全裁定享有相应的审查决定权。也即，当案件由采取诉前证据保全的法院移送至事后受理案件法院的，移送前法院所实施的法律行为和采取的法律措施对当事人继续有效，并对受移送的法院产生约束力。而受移送的法院则有权依法对移送前法院所实施的行为和措施进行审查并进行处理。尽管受移送的法院无需重新对该证据保全作出新的裁定，但毕竟有时不免会出现一些时过境迁的情形，对此，受移送的人民法院可以根据具体情况所发生的变化对该诉前保全裁定依法进行相应的变更或者解除。

6.《知识产权证据规定》第18条规定："申请人放弃使用被保全证据，但被保全证据涉及案件基本事实查明或者其他当事人主张使用的，人民法院可以对该证据进行审查认定。"该条规定了人民法院在特定条件下对申请人放弃使用的被保全证据进行审查认定。证据保全是人民法院查明案件事实的重要途径，应当保存于卷宗当中。如果事后发现被保全证据不利于申请人的，申请人有可能放弃对该证据的使用。为了防止当事人滥用证据保全制度，坚持以事实为根据，分清是非，人民法院可以根据被申请人的主张，或者被保全证据是否涉及案件基本事实，对该证据予以认定。

## 十、案例实务与问题解析

### 案例　如何看待对本案证据的保全问题

〔基本案情〕

2008年2月21日，原告黄某承包了本村的湖面50余亩来养鱼、养鸭。7月10日下午，被告吕某、张某、杨某到原告承包的湖面上游约六七十米的河里用蚊香、安眠药、酒精、"树根"等毒鱼。三被告毒鱼处与原告承包湖面的水域相通。原告发现鸭在抢吃被毒的鱼后，拨打110报警，并打电话给村小组干部。村小组干部、派出所干警到现场处理，被告吕某写了一份保证书，内容为"本人于二〇〇八年七月十日，在涵潭村河闹鱼，因河边有承包湖养鱼、养鸭，如三天内有影响负一切责任"。7月30日，湖面、铁路桥下面到处都是死鸭。鸭死亡后，原告未采取隔离措施，未对死鸭进行解剖鉴定。8月1日，现场的水中、草丛中、田埂旁有残留的死鱼。后经鉴定，鱼、鸭死亡造成原告的经济损失为28720元。因双方就赔偿问题协商未果，故原告于8月15日起诉至法院，要求三被告赔偿损失。8月20日，弋阳县渔政管理局决定三被告赔偿渔业资源损失费1000元。原告提供村委会的证明，证实三被告在湖面闹鱼，造成原告的鱼死亡10000尾左右、鸭死亡1800只左右；被告辩称，被告在河里闹鱼属实，但和原告的损失没有因果关系，因为河里闹鱼的地方与被告的养殖地点相差六七十米，湖面的水是否被污染没有证据证明。

〔意见分歧〕

本案在审理中存在两种不同意见：

第一种意见认为，应驳回原告的诉讼请求。理由是：原告主张三被告的毒鱼行为造成原告承包的湖面死鱼、死鸭的事实，原告只提供证据证明三被告实施了毒鱼行为及死鱼、死鸭的事实，却未提供充分证据证明毒鱼行为与死鱼、死鸭之间有因果关系；且三被告毒鱼的地点距原告的湖面有六七十米远、原告承包湖面有50余亩、7月30日有大量死鸭与7月10日的毒鱼时间相距20天。在民事诉讼中，当原、被告双方都无足够证据证明自己的主张和否定对方的证据时，只要支持一方主张的证据证明力明显大于支持另一方主张的证据证明力的，审判人员从证据中就获得证据证明力明显大的事实存在可能性，大于证据证明力明显小的事实存在可能性之心证，从而就可以推定证据证明力明显大的一方所主张事实存在，即所谓"高度盖然性"证据证明标准。本案根据盖然性原则，可以推定三被告毒鱼行为与原告承包湖面的死鱼、死鸭没有因果关系，故原告的诉讼请求不符合有关法律规定，法院不予支持。

第二种意见认为，三被告应酌情赔偿原告经济损失。就本案而言，三被告为捕捞水产品，在河里投放蚊香、安眠药、酒精、"树根"等毒鱼，致使湖面的水受到污染，造成鱼、鸭死亡，属于环境污染侵权行为。原告已提供证据证实了三被告实施了毒鱼行为，原告有死鱼、死鸭损失的事实存在，从查证中所获得的旁证可以证明三被告毒鱼行为与死鱼、死鸭有密切的关联性；三被告未提供证据证明毒鱼行为与死鱼、死鸭之间不存在因果关系，且不存在法律规定的免责事由的三种情形，即不可抗拒的自然灾害、受害人的过错和第三人的过错，就应承担举证不能的后果，赔偿原告的损失。原告发现死鸭后未采取有效的防止损失扩大的措施，对原告的诉讼请求，法院酌情予以支持。

〔问题解析〕

本案中，黄某向法院起诉，要求被告吕某、张某、杨某因毒鱼行为所承担的损害赔偿责任。为了支持其诉讼请求和证明其诉讼主张，原告向法院提供了村委会的证明和鉴定意见等证据。其中，村委会证明系用于证明三被告在河面闹鱼造成原告的鱼死亡10000尾左右、鸭死亡1800只左右。但鉴于原告鱼、鸭死亡原因与三被告毒鱼行为之间是否存在因果关系，属于专业性问题，村委会证明不具备相应的证据能力，而按照2001年《民事证据规定》第28条规定，有关鉴定意见所涉及证明给原告造成价值28720元损失的事实，可以作为证据在诉讼当中使用。本案属于环境污染侵权诉讼案件,根据 2001 年《民事证据规定》第 4 条第 1 款第 3 项规定:"因环境污染引起的损害赔偿诉讼,由加害人就法律规定的免责事由及其行为与损害结果之间不存在因果关系承担举证责任。"在原告向法院提供证据证明被告吕某、张某、杨某从事了毒鱼行为以及给其造成价值 28720 元损失的证据之后,被告吕某、张某、杨某应当就法律规定的免责事由及其毒鱼行为与损害结果之间不存在因果关系承担举证责任。本案中,根据 2001 年《民事证据规定》第 3 条第 1 项规定,法院应当向被告吕某、张某、杨某负释明义务,告知其对毒鱼行为与损害结果之间不存在因果关系承担举证责任。为此,法院应当要求被告提出鉴定申请,对鱼、鸭死亡原因进行鉴定。在被告拒不申请鉴定而无法提供证据以履行其举证责任的情况下,根据原告提供有关损失数额的证据,法院应当作出对被告不利的裁判。

本案中,值得注意的是,鸭死亡后,原告在未采取隔离措施,未对死鸭进行解剖鉴定的情况下,在诉讼前,原告黄某应当根据《民事诉讼法》第 74 条规定① 和 2001 年《民事证据规定》第 23 条和第 24 条规定② 向法院申请证据保全,以便及时对未解剖的死鸭以及现场残留的死鱼实施证据保全,以为此后对鱼、鸭死因鉴定提供必要的检材。假如在诉讼程序中,原告无法提供用于鉴定的检材,导致鉴定无法进行,那么,原本由被告对其毒鱼行为与损害结果之间不存在因果关系承担的举证责任,将因原告无法提供相关的检材所造成的举证妨碍,反而使原告本人承担由此所产生的不利后果。

然而,多年来,在审判实践中,当事人因对证据保全缺乏必要的了解,在许多情况下未能在诉讼前依法向法院提出证据保全的申请,甚至在提起诉讼之

---

① 2007 年 10 月 28 日第一次修正的我国《民事诉讼法》第 74 条规定:"在证据可能灭失或者以后难以取得的情况下,诉讼参加人可以向人民法院申请保全证据,人民法院也可以主动采取保全措施。"

② 2001 年《民事证据规定》第 23 条规定:"当事人依据《民事诉讼法》第七十四条的规定向人民法院申请保全证据,不得迟于举证期限届满前七日。当事人申请保全证据的,人民法院可以要求其提供相应的担保。法律、司法解释规定诉前保全证据的,依照其规定办理。"2001 年《民事证据规定》第 24 条规定:"人民法院进行证据保全,可以根据具体情况,采取查封、扣押、拍照、录音、录像、复制、鉴定、勘验、制作笔录等方法。人民法院进行证据保全,可以要求当事人或者诉讼代理人到场。"

后至开庭审理之前这段时间也是如此，法院也常常显得怠于履行这种释明告知义务，以至于对有关当事人在诉讼当中的举证造成了无可挽回的损失，这种现象应当引起高度重视。为了有效防止发生这种现象，近年来，我国有关法律和司法解释对于证据保全进一步作出了明文规定，为法院查明案件事实、维护当事人合法权益提供了有力的法律保障。例如，我国《民事诉讼法》第84条规定："在证据可能灭失或者以后难以取得的情况下，当事人可以在诉讼过程中向人民法院申请保全证据，人民法院也可以主动采取保全措施。因情况紧急，在证据可能灭失或者以后难以取得的情况下，利害关系人可以在提起诉讼或者申请仲裁前向证据所在地、被申请人住所地或者对案件有管辖权的人民法院申请保全证据。证据保全的其他程序，参照适用本法第九章保全的有关规定。"2019年《民事证据规定》第25条至第29条为实施证据保全专门设置了较为详细的程序规则。例如，2019年《民事证据规定》第25条规定："当事人或者利害关系人根据民事诉讼法第八十一条①的规定申请证据保全的，申请书应当载明需要保全的证据的基本情况、申请保全的理由以及采取何种保全措施等内容。当事人根据民事诉讼法第八十一条第一款的规定申请证据保全的，应当在举证期限届满前向人民法院提出。法律、司法解释对诉前证据保全有规定的，依照其规定办理。"

---

① 现为《民事诉讼法》（2023年修正）第84条。

# 第十二章
# 举证时限制度

## 一、举证时限制度的基本议题

（一）举证时限制度的界定

所谓举证时限制度，是指对其事实主张负有举证责任的当事人，应当在法律规定或法院指定的期限内提出相应证据加以证明，否则逾期将承担不利后果的一项民事诉讼期间制度。

审判实践中，举证期限制度具有以下功能：（1）有助于程序公正实现。举证期限制度通过设置提供证据的期间，为双方当事人创设了进行诉讼行为的平等机会，防止诉讼中的证据突袭，防止那些故意不提出证据，滥用其诉讼权利，随时提出证据来拖延诉讼的行为，以实现诉讼过程上的平等。（2）有利于诉讼效益提高。在诉讼时，举证期限制度的证据失效后果，一定程度上限制了开庭后新证据的提出，有利于一次开庭集中审理，防止了随时提出证据而造成诉讼的拖延。同时，举证时限制度要求集中于一定期间内举证，双方当事人就能够在此期间充分了解对方的主张和所拥有的证据，对诉讼结果将获得的效益值大小有一个较为明确的估计，权衡是否进入法庭审理。通过成本与预期效益相比较，很有可能促成当事人之间的庭前和解。（3）能够降低诉讼成本。对当事人而言，及时举证减少了双方在人力、物力、精力、时间上的耗费，使其诉讼成本相应地降低；对法院而言，强调当事人适时举证在一定程度上有助于节省法院调查取证的成本投入，还可避免因随时提出证据而导致的重复开庭，节约司法资源。

（二）举证时限制度之基本法理

1. 起诉强制答辩主义与举证期限

国外有许多国家从立法上确立了严格意义上的正当程序主义，即通过强化程序上的强制效力进而控制当事人的任意诉讼行为，比如，被告在法定期间内不提出答辩，将被视为放弃诉讼权利，从而使对方当事人直接赢得诉讼。对此，法院可作出不应诉裁判,这种程序模式体现了对违反法定程序规则当事人的一种法律上的制裁,这种程序的制裁效力可导致当事人直接承担实体上的法律后果,从而使得当事人借助正当程序获得胜诉成为其不可被剥夺的权利。

当年在起草 2001 年《民事证据规定》第 32 条时,曾经考虑到借鉴国外不应诉判决这种方式直接对被告不及时答辩的诉讼行为产生实体上的法律后果,以便遏制现实生活当中被告不及时行使诉讼权利的那种任意行为。但是,又考虑到该司法解释主要应限于对有关民事证据问题作出相关规定,而采用不应诉裁判将直接影响整个诉讼框架,同时,在我国目前情况下,当事人不及时应诉的原因也是十分复杂的。有鉴于此,现行《民事诉讼法》及有关司法解释采用举证时限制度从另外一个角度对当事人不及时行使其诉讼权利,也就是不及时提供抗辩证据,规定了能够产生影响其实体权利的法律后果。采用这种间接方式实际上也能够达到变相制裁与惩罚那些不及时行使其诉权的当事人。其实,采用这种变相制裁与惩罚模式的根本目的在于,敦促有关当事人(这里主要指被告)及时行使其诉权,及时提出相应答辩并提供相应证据,这既是要求被告通过及时行使诉权进而维护其实体权益的体现,又是尊重对方诉讼权利的体现,更重要的是对司法权威的一种维护与尊重。

向法院提供证据是双方当事人在法庭上为获得有利裁判所实施的攻击与防御的方式与措施,而这种攻击与防御的方式与措施应当围绕案件的待证事实来进行,因为作为案件的待证事实是法院在审判上通过双方的这种证据对抗按照证据规则最终所作出的判定,而这种最终的判定应当以双方当事人的事实主张为前提。在大多数情况下,在审判上为法院所最终确认的那种待证事实与当事人主张的事实是否相吻合,吻合的程度与比例的大小,有助于确定法院在审判上是较倾向于支持原告的事实主张,还是较倾向于支持被告的事实主张。2019 年《民事证据规定》第 32 条对被告就其书面答辩所提出的要求,实际上就是要求被告提出相应的事实主张以及明确其诉讼立场,当事人就其事实主张或者诉讼立场所提供证据作为攻击与防御的必要手段,主要是用于支持其事实主张和诉讼立场,因此,事实主张与证据之间在此可比作是形式与内容之间的关系。当事人在规定期限内应当构筑攻击与防御的攻势,以便就对方的事实主张进行"打击",在"打击"对方事实主张这一目标的同时,确立和巩固由己方所提出的事实主张，以便使自己的事实主张尽可能与法院在审判上所确立的待证事实相吻合，或者尽可能多地吻合，其结果是获得法院支持其事实主张和诉讼立场的结局，赢得最终的胜诉。因此，当事人的事实主张和提供证据分别构成了其从事诉讼行为和行使诉权的形式与内容，并且，形式与内容二者缺一不可。

2. 举证时限制度的设置意图与行为导向

举证时限制度的设置本意在很大程度上是考虑到了诉讼成本上的负担，这是由于追求诉讼效益的终极目标所决定的。然而，在法理上以及司法审判实践当中，人们常常陷入两难的境地，一方面，追求客观真实的查明往往需要耗费大量的诉讼成本；另一方面，一味在大量耗费诉讼成本的前提下来追求查明案件事实真相，在实践当中极有可能抑制人们对提交司法审判这一公力救济手段作为解决纠纷的妥当性。因此，举证时限制度的设置实质上是人们对司法公正与效率的一种折中选择，是实现法律上实体公正与程序公正的一种最佳妥协。在民事诉讼中，法院应当根据法律规定或者依职权决定有关案件的举证时限，对于当事人无正当理由逾期提交的证据材料可不予以考虑。

设置举证时限制度是由以下几方面的因素所决定的：其一，诉讼当事人之间的利害关系或对立机制决定了他们的诉讼立场是相互排斥的，这种利害关系的冲突在客观上给法院查明案件真实造成了实质性的障碍，因为客观上的真实状态只有一种，但是，无论当事人从本能上基于追求私利的企图或者陷入从某一"遐想"事实状态中会产生应当获得法律上的权利救济的误解，因此，会出现试图揭示对其有利的事实状态与极力掩盖对其可能带来不利诉讼后果的事实状态并存的格局，预先都为法院查明案件事实的努力投下了阴影。其二，作为法院而言，只有查清案件事实才能决定应当适用的法律，而查明案件事实的途径莫过于通过对有关证据的调查，因此，坚持证据裁判主义无疑作为司法审判的程序基石。其三，对证据的调查实质上是形成法院心证的重要过程，因此，形成心证的基础在于有关的证据与证据方式。同时，应当看到，当事人为求得胜诉的对抗，关键在于证据的对抗，有关证据的充分性、有效性如何，乃系决定当事人的诉讼请求与事实主张能否成立、能否为法院所接受的关键所在。因此，审理程序的安排、设计基本上都是围绕证据对抗与心证的形成来进行的。其四，在审判上对于案件真情，特别是一些复杂案件的"原始状态"寻求发现真实的无限性与诉讼时效的有限性、程序效益的制约性与认识程度的相对性，加之历史传统与法律文化的先天性，最终不得不使立法者在举证时限的设置上作出艰难的抉择。

在2001年《民事证据规定》实施之前，我国民事诉讼曾经一度采用证据随时提出主义，即民事诉讼当事人可以不受法定诉讼阶段的限制，随时向法院提交有关证明案件真实情况的证据，这无疑给民事诉讼实践带来难以克服的弊端：其一，证据随时提出制度破坏了公平诉讼原则。在民事诉讼中，证据是当事人进行攻击、防卫的最有效手段。实践中有的当事人持有证据，但不主动向法庭提交，而作为"秘密武器"当庭进行"突然袭击"，致使对方当事人无从准备而处于不利的诉讼地位，或者在一审中故意不提出而在二审中或在再审中提出，致使一审、二审判决处于一种不稳定状态，拖延诉讼，使对方当事人无法平等地组织攻击、防卫，从而使其疲于讼累。其二，证据随时提出制度是造成诉讼效率低下的重要原因。一方面，由于证据可以在诉讼中不分阶段地提出，致使法庭集中审理，即尽量使案件通过一次性庭审审结的目标难以实现；另一方面，迫使当事人不能集中地组织攻击、防卫，导致一案审理的多庭化，增加诉讼成本。2001年《民事证据规定》确立了证据适时提出主义，它要求对当事人的举证行为责任予以适当的限制，即强调当事人提供证据的及时性并明确了未能及时提供证据的法律后果。在具体适用程序上，如出现一方当事人未能及时提供证据的情形时，人民法院应当责令其说明理由。当事人是否具有正当理由，主要取决于其未能及时提供证据的原因是来自于主观方面还是客观方面。如果一方当事人未能及时提供证据主要系客观原因所造成的，就应当视为该方当事人有正当理由；如果一方当事人未能及时提供证据主要系主观原因所造成的，就应当视为该方当事人缺乏正当理由。对此，法院应当根据该方当事人的主观过错程度，即究竟是故意、重大过失、一般过失还是轻微过失这些不同情节，并结合个案的具体情况，可分别作出相应的处罚或制裁决定，其中包括训诫、罚款、赔偿拖延诉讼造成的损失、不予采纳该证据等。

法院对事实的裁判须建立在相对稳定的证据体系的基础之上，而相对稳定的证据体系则是通过限定当事人于一定期间内所提供的、以确定特定案件的证据资料来实现的。若法律允许当事人随时提出，作为裁判基础的证据体系将始终处于不确定状态，还会引发当事人的证据突袭，损害法院裁判的正当性与及时性。因此，举证时限制度是举证责任制度的有机组成部分，它构成评判是否承担不利裁判风险的一个临界点。举证时限的立法基础在于，当事人对其事实主张负有提供证据的责任。及时履行举证责任是由于诉讼程序的正当性、时效性与阶段性所决定的，同时它也是维护正常的司法审判秩序的需要，因此，凡不及时履行举证责任将有可能在诉讼上产生失权的后果。

之所以在诉讼上存在着设置举证时限制度的必要性，是由于现实生活中对纠纷的解决的迫切性所决定的。正是因为现实当中存在着权益纠纷，因而在当事人之间构成了影响正常民事流转的实际障碍。从一个特定的纠纷来看，如果在当事人之间所存在的这种权益冲突未能及时得以化解，从而给其权益的行使和财产状况带来不安全的消极影响。采用诉诸司法审判的方式意味着当事人将其争端寄托于司法公力救济，如果不能及时获得确定的裁判，那么将势必严重影响其正常的经济活动或生活秩序；如果从一个社会整体的审判活动来看待这一问题，每个讼案的解决都要经过一个漫无休止的过程，那么整个社会的经济活动和生活秩序都将处于停滞或混乱状态，这样诉讼效益问题势必将影响诉讼价值本身及社会公众对司法程序本身的信赖程度和期望价值。可以说，"久长的裁判是恶的裁判，诉讼过分迟延（Delay）等同于拒绝裁判。"[①]

3. 内在的基本逻辑与发展定律

民事诉讼的起因是基于当事人之间的私权纷争，当事人之所以将这种纷争交由法院依照审判程序加以处置，是因为，在当事人心目当中，法院能够站在公正、中立的立场上来评价是非，或者说，法官虽然也是人，但是，法官具有职业上的独立人格以及在法官身后有一套传播公平与正义的司法审判程序。无论我们是从法官本身来认识这套程序装置，即法官的公正性是由于法官具有崇高的职业道德决定其能够忠于职守地操纵这套法律程序也好，抑或从程序本身设置机制的有效性、科学性的角度有利于规范法官的行为来理解也好，举证时限作为当事人履行其举证负担的有效期限这一命题，只能从程序公正与程序效

---

[①]［意］莫诺·卡佩莱蒂等：《当事人基本程序保障权与未来民事诉讼》，徐昕译，法律出版社 2000 年版，第 45 页。

益本身才能有益于作出现实而理性的回答。因为,"程序通过规则而明确,所以它是可以设计的。程序通过当事人的相互行为和关系而实现,所以它又是自然发生的。……设计的标准主要有两个,一个是正义,另一个是效率。"①

设置时限制度和程序是由以下几方面的因素所决定的:其一,当事人之间的利害关系决定了他们的诉讼立场是相互对立的,这种利害关系的冲突在客观上给法院查明案件真实造成了实质性的障碍,因为客观上的真实状态只有一种,但是,无论当事人从本能上基于追求私利的企图或者陷入从某一"遐想"事实状态中会产生应当获得法律上的权利救济的误解,因此,会出现试图揭示对其有利的事实状态与极力掩盖对其可能带来不利诉讼后果的事实状态并存的格局,预先都为法院查明案件事实的努力投下了阴影。其二,作为法院而言,只有查清案件事实才能决定应当适用的法律,而查明案件事实的途径莫过于通过对有关证据的调查,因此,坚持证据裁判主义无疑是司法审判的程序基石。其三,对证据的调查实质上是形成法院心证的重要过程,因此,形成心证的基础在于有关的证据与证据方式。同时,应当看到,当事人为求得胜诉的对抗,关键在于证据的对抗,有关证据的充分性、有效性如何,乃系决定当事人的诉讼请求与事实主张能否成立、能否为法院所接受的关键所在。因此,审理程序的安排、设计基本上都是围绕证据对抗与心证的形成来进行的。其四,在审判上对于案件真情,特别是一些复杂案件的"原始状态"寻求发现真实的无限性与诉讼时效的有限性、程序效益的制约性与认识程度的相对性,加之历史传统与法律文化的先天性,使各国在时效程序上的设置呈现出多元化的抉择。②其五,由于证据对抗的方式不同以及为法院(或者事实审理者)形成心证所凭藉的职能重心不同,而决定了时效程序有不同的模式,并且在不同的模式下,当事人与法院之间以及当事人相互之间呈现出外在形态与内在心态各异的行为方式。

举证时限是由诉讼程序的阶段性所决定的,这一命题本身是与法院形成心证的必要阶段所不可分割的,从诉讼程序的阶段性特征来划分,举证时限制度

---

① 季卫东:《法治秩序的建构》,中国政法大学出版社 1999 年版,第 23 页。
② Michael Adams, The Conflicts of Jurisdictions – An Economic Analysis of Pre-trial Discovery, Fact Gathering and Cost Shifting Rules in the United States and Germany, European Review of Private Law 3: 53–93, Kluwer Law International, 1995.

往往与正式庭审前的准备程序相吻合，当然由于审判模式的不同以及形成法院心证的阶段性上的差异，使得两大法系国家或地区对于举证时限制度出现了价值观念上的差别，英美法系国家主要是通过正当程序的观念来审视这一问题，即把程序的正当性与审判的公正性作为崇高而统一的价值取向来看待。因此，从程序的阶段性上来看待当事人的举证与法院心证之间的关系问题。而大陆法系国家则把追求查明事实真相作为审判的中心议题来看待，举证时限制度在相当程度上服从于这一价值取向，程序的阶段性也往往要服从于这一价值取向，即对审前的必要准备与正式庭审可以交叉进行，有时并不存在明显的界限，因而在相当程度上弱化了举证时限制度所应当发挥的程序效力与功能。相较而言，在英美法系看来，从客观的角度对当事人超越举证时限之后再提出证据（包括提出新的证据）所采取的严格立场，是基于诉讼的阶段性而产生的一种具有约束力的适用规则，即有关证据的提出已经超越了特定的诉讼阶段，而现有的诉讼阶段不是用来考虑证据的可采性及关联性问题，因而将这种证据排除在程序之外，因此，不能据此认为，法庭拒绝采纳这些证据将导致事实认定上的偏差，因为拒绝考虑审理这些证据与如拒不采纳这些证据将导致事实认定上的错误，毕竟属于两种不同性质的命题。

4. 我国举证时限制度性的变革与转圜

2001年《民事证据规定》有关举证时限的内容和适用规则有些显得过于僵化，有些表述给人的感觉显得似乎含混不清，因此，为了保障法院查明案件事实和有利于当事人充分享有举证权利，经修改后的《民事诉讼法》和《民事诉讼法解释》对举证时限制度作出了相应的调整和更加明确的规定，即在不同的审理阶段，根据当事人的主张和案件审理情况，法院可据情确定相应的举证期限。根据案件审理的需要按照诉讼的阶段性确定相应的举证期限，主要针对普通程序和简易程序当中的那些案情复杂、争点（审理范围）难以及时确定、证据较多的案件。例如，《民事诉讼法》第68条第2款中规定："人民法院根据当事人的主张和案件审理情况，确定当事人应当提供的证据及其期限。"另外，在诉讼过程中，一方当事人要求另一方当事人提供证据并经法院准许的，或者法院认为有必要要求一方当事人提供的证据，因与有关当事人的举证无关，故不受举证期限的限制。

在诉讼过程中，何时提供证据、提供何种证据、在何种情况下提供更具针对性的证据，既取决于案情的复杂、疑难程度及特殊性，又取决于法院对争点事实和审理范围的确定，还取决于当事人对案件事实的正确把握程度。在审判实践中，较为复杂疑难的案件通常占20%至30%左右，重大、疑难和案情特别复杂的案件占比率通常不超过3%。其中，也不乏有因人而异的成分，也即有些法官或律师感觉较为复杂疑难的案件，对另一些法官和律师而言则并非较为复杂疑难。在诉讼过程中，对于证据较多或者复杂、疑难的案件，法院和双方当事人对于有关法律关系和案件事实内在规律和本质的认识需要一个渐进过程，有时实难一蹴而就。尤其是在法院对争点事实和审理范围的确定之前，很难确定有关证据的关联性。因此，对于证据较多或者复杂、疑难的案件，如果法院在送达案件受理通知书和应诉通知书的同时向当事人送达举证通知书以确定举证时限，在很多情况下是流于形式，对于查明事实不利，也缺乏必要的可操作性。在诉讼过程中，只有在法院确定争点事实和审理范围之后，再为当事人设定举证时限，较具科学性和可操作性。

通常而言，实践中，法院向当事人发出的举证通知书以确定举证时限，较为适合普通程序中标的额虽大，但法律关系较为单一、案情并不复杂、所需证据不多的案件，以及大部分简易程序和几乎所有的小额诉讼中案情简单、法律关系单一、争点明确、证据较少的案件，反之则并不适合。

在实务上，对于证据较多或者复杂、疑难的案件，如果法院不在庭前举行证据交换或者庭前会议，以确定双方当事人争议的主要问题（其中包括事实争点和法律争点等），或者说，在未经确定争议焦点及审理范围的条件下，即使在原有举证期限已届满之后，如果不允许当事人提供补充证据或者申请鉴定、申请证人出庭作证等，显然是不合理的，既不利于法院查明案件事实，也不符合设立举证期限制度的初衷。因此，在审判实践中，对于举证责任制度的运用不宜过于机械和僵化。

《民事诉讼法》第68条规定："当事人对自己提出的主张应当及时提供证据。人民法院根据当事人的主张和案件审理情况，确定当事人应当提供的证据及其期限。"该规定实际上是对2001年《民事证据规定》第33条第1款和第2款的进一步明确，以及对2001年《民事证据规定》第25条第1款的修正。这是因为，在确定举证时限的时间上，2001年《民事证据规定》第33条第1款要求法院应当在送达案件受理通知书和应诉通知书的同时向当事人送达举证通知书中确定，以及2001年《民事证据规定》第33条第2款规定了双方当事人可以对举证期限进行协商确定，这两个条款的内容显得不很明确，容易在审判实践中造成误解。对此，《民事诉讼法》第68条第2款明确规定："人民法院根据当事人的主张和案件审理情况，确定当事人应当提供的证据及其期限。"也就是说，该条规定并未要求法院对于确定当事人举证期限在程序阶段性问题上采取一刀切的模式，即是否在审理前阶段确定还是在开庭审理阶段确定，由法院据情决定。对此，全国人大常委会法制工作委员会民法室曾对《民事诉讼法》第68条内容所提出的立法意见是："民事案件类型众多、复杂程度差别很大，在不同的审判阶段要求当事人提供证据的时间应当有一定的差异，根据案情的发展也存在变更的客观需要，法律不宜作出一个统一适用的法定期限的规定。……人民法院在民事案件审理过程中确定当事人的举证期限不一定是一次性的，有些复杂案件要根据诉讼发展不同阶段的需要多次确定当事人应当提供的证据和提供该证据的期限。"[①]

在我国民事诉讼中，当事人应当在举证期限内向人民法院提交证据材料，无论该举证期限是法院指定的，还是当事人协商确定并经法院许可的，均具有法律效力，而其法律拘束力最重要的部分即在于失权效果。当事人在举证期限内不提交的，视为放弃举证权利。这意味着在民事诉讼中确立了证据失权制度，对我国审前准备程序的重构具有重要的意义。

关于举证期限的内容，根据我国法律及有关司法解释规定主要表现在如下诸方面：

（1）根据当事人的主张和案件审理情况，人民法院应当在审理前的准备阶段，确定当事人的举证期限。举证期限可以由当事人协商，并经人民法院准许。（2）人民法院确定举证期限，第一审普通程序案件不得少于15日，当事人提供新的证据的第二审案件不得少于10日。（3）举证期限届满后，当事人对已经提

---

① 全国人大常委会法制工作委员会民法室编：《中华人民共和国民事诉讼法条文说明、立法理由及相关规定》，北京大学出版社2012年版，第102~103页。

供的证据，申请提供反驳证据或者对证据来源、形式等方面的瑕疵进行补正的，人民法院可以酌情再次确定举证期限，该举证期限不受前述有关期限的限制。（4）当事人申请延长举证期限的，应当在举证期限届满前向人民法院提出书面申请。申请理由成立的，人民法院应当准许，适当延长举证期限，并通知其他当事人。延长的举证期限适用于其他当事人；申请理由不成立的，人民法院不予准许，并通知申请人。（5）当事人逾期提供证据的，人民法院应当责令其说明理由，必要时可以要求其提供相应的证据。当事人因客观原因逾期提供证据，或者对方当事人对逾期提供证据未提出异议的，视为未逾期。（6）当事人因故意或者重大过失逾期提供证据的，人民法院不予采纳。但该证据与案件基本事实有关的，人民法院应当采纳，并依照《民事诉讼法》的有关规定，予以训诫、罚款。当事人非因故意或者重大过失逾期提供的证据，人民法院应当采纳，并对当事人予以训诫。当事人一方要求另一方赔偿因逾期提供证据致使其增加的交通、住宿、就餐、误工、证人出庭作证等必要费用的，人民法院可予支持。（7）当存在以下情形时，举证期限按如下方式确定：第一，当事人提出管辖权异议的，举证期限中止，自驳回管辖权异议的裁定生效之日起恢复计算；第二，追加当事人、有独立请求权的第三人参加诉讼或者无独立请求权的第三人经法院通知参加诉讼的，法院应当为新参加诉讼的当事人确定举证期限，该举证期限适用于其他当事人；第三，发回重审的案件，第一审人民法院可以结合案件具体情况和发回重审的原因，酌情确定举证期限；第四，当事人增加、变更诉讼请求或者提出反诉的，人民法院应当根据案件具体情况重新确定举证期限；第五，公告送达的，举证期限自公告期届满之次日起计算。

当事人应当在举证期限内提交证据，并不意味着当事人在举证期限之后就绝对不能提出新的事实和证据。考虑到当事人逾期举证有可能是基于某些特殊的原因，而这些事由又属于正当理由的范畴。如果对此一概不予考虑，则必然损害诉讼结果的公正，而且无法保障双方当事人在诉讼机会上的平等。举证时限应当存在例外，主要包括：

1.案件在进入庭审后，由于案情复杂而有可能导致诉讼争执点的转移或者需要重新确定；因案情复杂导致诉讼争执点的转移或者需要重新确定的，必然突破原来确定的举证期限，在这种情形下，需要重新确定举证期限，确定的方式还是包括当事人协商确定并经法院认可以及人民法院指定两种。

2. 证据本身在客观上产生于举证期限之后，甚至于产生在开庭审理过程中。这种情形属于双方当事人以及人民法院均无法预料的不可预测、不可避免的情况，因此为了实现民事诉讼的实体公正，查明案件的事实真相，同时为了给予诉讼当事人以充分的诉讼机会，有必要作为举证时限的例外加以规定。

3. 对方当事人同意质证。这种情形，实际上属于当事人双方达成了一个诉讼契约。所谓诉讼契约，是指当事人之间以直接或间接发生诉讼法上效果为目的的合意。在法院对诉讼契约是否干预的问题上，主要有两种学说：（1）肯定说。该说认为，诉讼法为公法，而诉讼法律关系是当事人与法院之间的公法关系，这种公法上的法律关系不得由当事人以私人间的契约随便加以变更。因此，对当事人在诉讼上或诉讼外所为有关诉讼程序和实体内容的合意，必须严格限制其合意约定的诉讼内容和范围。只有在民事诉讼法上予以明文规定的合意，才被严格适用，如管辖合意。此外，该说还从诉讼法上"禁止任意诉讼"的原则出发，认为法律未予以规定的合意，应当视为法律之当然禁止。所谓"禁止任意诉讼"，是指诉讼程序的审理方法及其顺序、诉讼行为的方式与要件等等，均由法律加以规定，不许当事人任意变更。其理由在于：如果允许当事人任意变更，法院的工作效率和程序的安定性将无法得到保证。所以，只有在例外情形即在诉讼法上有明文规定的场合，当事人之间的合意才能直接发生诉讼法上的效果。① （2）否定说。此说认为，诉讼法上存在契约，即使法律未予以明文规定的合意也并不当然禁止。理由是：①虽然诉讼法为公法，但亦存在一部分公益色彩并不重的"任意规定"，其设立目的是使当事人便于进行诉讼和保护其利益。即使一方当事人违反了任意规定，如果对方当事人不提出异议，就无必要视为无效，因为这反而有利于诉讼程序的稳定和诉讼经济。因此，不能一律以诉讼法的公法性为由，将与公益无直接关系的诉讼契约视为法律所不容许的行为而加以排斥。② ②随着现代公、私法之间的交融，民事诉讼法上的选择主义与处分权主义就是私法自治在公法领域内的直接延伸。由于当事人对其享有的

---

① 转引自陈桂明：《程序理念与程序规则》，中国法制出版社1999年版，第92~93页。

② [日] 兼子一：《关于诉讼合意》，载《民事诉讼法研究》（第一卷），第249页，转引自陈桂明：《程序理念与程序规则》，中国法制出版社1999年版，第93页。

民事权利有自由支配和处分的权利，即使当事人要求国家通过诉讼来解决他们的纠纷，国家也须最大限度地尊重当事人自由处分自己权利的自律性。诉讼契约正是实现民事诉讼法上的处分权主义、辩论主义和选择主义的重要途径。③即使民事诉讼法无明文规定，诉讼契约也不能因此而当然为法律所禁止，而应从民事诉讼制度的目的加以考量。民事诉讼的目的之一在于解决当事人之间的纠纷。当事人如果具体地就某个诉讼行为约定实施或不实施，或者对争执的实体权利义务达成某种合意，而使继续诉讼成为不必要或必要时，只要其内容符合民事诉讼目的，即使这种约定或合意没有明文规定，也没有解释为法律当然禁止的必要。④"禁止任意诉讼"原则是就诉讼的形式要求而设立的，以确保诉讼程序的安定和统一。但如果当事人的合意行为不危及程序的安定，且没有违背诉讼公平正义原则的，其行为应为法律所允许，其决定自由及合意行为应当受到尊重和保护。

### （三）设定举证期限的基本模式

设计期间制度本身就在于提高诉讼的实效，以便于在尽可能短的时间内取得最佳的诉讼效果。而期间通常分为法定期间与指定期间，法定期限能够直接实现立法者对于诉讼行为所需要时间的安排与要求，有利于限制法院的自由裁量权。一般而言，法定期限大部分为不变期间，只有少数属于可变期间，而对于不变期间，除法律有特别规定外，任何人都无权将其予以延长或缩短。

从各国的立法、法理及诉讼实务来看，举证时限制度在具体表现形态上主要有法定举证期限、法院指定举证期限以及当事人参与的议定举证期限几种模式，这些表现形态各异的举证时限模式具有不同的程序功能与价值取向。现分述如下：

#### 1. 法定期间模式

在立法上对于举证时限的规定也属于期间制度的总体范畴，而从期间制度上而言，虽然各国在许多情况下对于举证时限的规定都是倾向于采用指定期间的模式，但是也不乏有法定期间的规定。

对于法定举证时限的设计通常基于两种考虑：其一，审前程序与庭审程序的相互独立性以及审前程序本身所具有的裁判功能的可替代性，决定了法定举证时限应当确立在审前程序结束之前,例如,美国法的模式及其相关规定。其二,为了提高诉讼效率与防止当事人故意拖延诉讼进程,利用期间制度就某一特定的程序阶段对当事人提供证据设置限制性的要求,例如,英国法和西班牙法的模式及其相关规定。

2. 法院指定期限模式

法院指定期限在时间范畴上应从属于特定的法定时限,这是因为,指定时限是由法院据情裁量作出的,它是法院根据案件审理的需要以及当事人一方遇有特殊情形需要补充证据或者提供新的证据而从事的职能行为,通常指定期限都有明确的日期。

与法定举证期限、当事人协定举证期限相比较,法院指定期限具有更为广泛的适用性。因为立法者无法预先设想到在某一特定的诉讼案件当中将会发生的具体情形,当事人之间的攻击与防御以及法院对事实争执点和案件事实的查明与确定本身具有动态性,有时甚至会出现富有戏剧性的演变。特别是在大陆法系诉讼模式下,还应当考虑到在进入正式庭审阶段,由于案件的复杂性所致,有可能导致诉讼争执点的转移或者需要重新确定,那么在程序上就需要当事人重新提供证据来促使法院心证的形成;另外,当事人确因客观上的实际障碍而未能事先提供有关的证据,在遇有上述诸种情形时,就需要法院据情加以自由裁量,以便确定在个案的特定情形下准许当事人提出证据需要的具体时间。例如,按照德国法的规定,法院有权命令当事人在适当的期限内于口头听审前提交其诉讼请求和抗辩主张以及支持这些诉讼请求和抗辩主张的证据。[①] 在大陆法系的法国和德国等,强化职权的功能作用也体现在法院据情指定举证期限的强制性效力上,即便基于强调查明案件真实,也不放弃对程序正当性的遵从,在凡缺乏正当理由或者易造成诉讼迟延的情形下,法院将拒绝接受任何超过举证期限而提出的证据材料。

3. 当事人议定举证期限模式

当事人议定举证期限是指,在诉讼过程中根据程序推进的需要,由当事人

---

① See Harald Koch, Dr. Frank Diedrich, Civil Procedure in Germany, Kluwer Law International.1998, P.77.

采用共同商议的方式以确定特定的举证行为所需要的具体时限。在立法上，采用当事人议定举证期限的做法本身就属于一种大胆的举措。多年来，诉讼法的有关程序规则被严格地限定在公法范畴内来考虑，特别是涉及期间制度，要么由立法者直接加以规定，要么由司法者据情裁量，而当事人从来均是以申请人的身份来通过提出相关的动议并且经过司法者批准之后才能够实际享有程序上的空间与权利。而这种由当事人议定举证期限的立法模式则明显带有强烈的当事人主义色彩，具有当事人诉讼契约的实质性内涵，是诉讼民主化的最佳体现。

2019年《民事证据规定》第51条第1款对于当事人协商举证期限作出了明确规定。其设计意图在于，在确定举证时限这个对双方当事人具有同样利益的问题上，赋予当事人享有商议权，使当事人平等地在程序上能够在一定程度上实现意思自治，并且为了保证这一初衷的实现以及防止当事人滥用这种权利，保障诉讼效率，该司法解释还规定，由当事人自行协商确定的举证期限须经法院认可后方可有效。

可以说，在美国民事诉讼过程中的审前会议上，由法院与双方当事人的律师共同协商确定允许提出证据的合理期限，则与上述2019年《民事证据规定》所确立的当事人议定举证期限制度具有相同或类似的旨意。

（四）增加或变更诉讼请求与举证期限

诉讼请求，是指当事人通过法院向对方当事人提出的权利主张，这种权利主张是一种诉讼请求权。与诉讼请求相关联的一个概念是诉讼标的。所谓诉讼标的，是指当事人依据实体法请求法院保护的法律关系。因此，诉讼请求与诉讼标的是两个不同性质的法律概念。传统的诉讼法为了保持诉讼程序的安定与注重被告方的防御地位，对诉的变更一般采取严格禁止的态度。只是到了现代社会，基于诉讼经济原则以及为追求诉讼效率的需要，允许当事人双方基于解决纠纷的目的而及时变更其原已选择的诉讼请求，成为许多大陆法系国家在诉讼上所持有的态度。许多大陆法系国家在立法和学理上，将诉讼标的与诉讼请求视为同一概念。这主要是因为，传统的职权主义诉讼模式无助于将诉讼标的的问题置于重要地位，因为在这种模式下，诉讼程序主要由法院操纵，即使当事人在诉讼上没有提出的诉讼请求，法院也可依职权加以判定；并且通过审理，法院还可依职权以当事人提出的某一诉讼请求所依据的诉讼标的与法院认定不符而对该诉讼标的加以变更。例如，一方当事人请求确认其与对方为合伙投资关系，而被告则主张其与原告之间系借贷关系。法院经审理后认为双方当事人之间的纠纷是基于一种借贷关系而并非合伙投资关系，于是据此作出裁判。在这种情形下，法院是将基于不同的法律关系而产生的请求权视为附带于同一诉讼请求的不同诉讼理由，而并不是将其作为诉讼标的来看待，进而将诉讼标的与诉讼请求相混淆。实质上，诉讼请求与诉讼标的存在着本质的不同，因为诉讼请求主要涉及财产请求权在数量上的差别，或者要求对方承担相应民事责任的不同方式。例如，基于一种房屋租赁关系，原告既可以要求被告交付拖欠的房租，也可以事后变更为要求其退还房屋；或者基于一种人身损害赔偿关系，原告既可以请求被告给付3000元赔偿费，之后又可以将其请求变更为给付5000元。鉴于在学理上诉讼标的与诉讼请求存在着本质的不同，因此，许多学者认为，诉讼请求在法律上应当允许其变更，但是，对于诉讼标的则一般不应当准许变更，因为，倘若诉讼标的变更，将会使诉发生变更，这实际上等同于当事人之间可据此发生了另一起诉讼纠纷。从法律后果来看，这种诉的变更势必将触及案件的管辖问题，是否采用普通程序抑或简易程序的适用问题以及诉讼费用的收取等一系列问题。相比之下，在英美法系的当事人主义模式下，凡当事人在诉讼上没有提出的诉讼请求，法官不得进行审理，凡当事人提出的诉讼请求所依据的诉讼标的与经审理在审判上所确立的诉讼标的不相一致时，诉讼将会以当事人的诉讼请求被驳回而告终。

我国《民事诉讼法》第143条及《民事诉讼法解释》第232条规定，在案件受理后，法庭辩论结束前，原告增加诉讼请求可以合并审理的，人民法院应当合并审理。但并未规定当事人可以变更诉讼请求。但是，从广义上而言，当事人增加诉讼请求也是对原诉讼请求的一种变更。但是，对于原告而言，虽然在起诉时根据自身对法律的理解和对其主张事实的认识而提供了相关证据材料，但一个诉讼案件的最终结果在许多情况下也取决于被告一方当事人的抗辩主张以及所提出的相应证据材料；另外，我国在立法上并未规定被告在答辩期届满因拒绝提出应诉答辩而产生任何失权的法律后果。只要法律并不禁止被告在答辩期届满后仍可通过法院向原告提交书面答辩或其他形式的答辩意见，原告均应享有在被告提出答辩之后提出变更诉讼请求的权利。这种做法的重要目的在于限制或防止被告利用法律空当或玩弄诉讼技巧以此损害对方当事人的诉讼利益，以利于调整那种在特定情形下双方当事人之间的攻击与防御的对抗格局所出现失衡的状态。因此，至少在法理上，在案件受理后，法庭辩论结束前，原告无论提出增加或变更诉讼请求，只要可以合并审理的，人民法院应当合并审理。在法律上，如果允许当事人增加、变更其诉讼请求，则相应地会给已经基于此前所依赖的事实以及相关证据造成重大冲击或变故，从而使得原已确定的举证期限不得不再次发生变动。

(五) 被告提起反诉与举证期限的确定

反诉是被告在原告提出本诉的条件下所提出的反请求，是本诉的被告在反诉当中作为原告所提出的一种新的诉讼请求，这种新的诉讼请求只能以本诉原告诉讼请求的存在为前提。从双方当事人所进行的攻击与防御的格局来看，原告提出本诉启动诉讼程序在时间资源上占用相当的优势。原告通常不可能在准备不足的情况下向法院提起诉讼，而被告通常是在消极、被动的情况下被卷入诉讼中来的，在攻击与防御的对抗中往往处于劣势。因此，在立法上如果一味在同一时间段设定被告为提起反诉而进行证据准备，应与原告准备本诉证据那样一并对待显然有失公允。特别是在"恶人先告状"的情形下，更加不利于维护当事人的合法权益。

根据我国《民事诉讼法》第143条及《民事诉讼法解释》第232条规定，在案件受理后，法庭辩论结束前，被告提出反诉可以合并审理的，人民法院应当合并审理。可见，反诉的诉讼请求对于本诉的诉讼请求来说不具有同一性，且反诉严格上已属于另一个诉讼的范畴，即使本诉撤诉，反诉作为一个独立存在之诉仍不受影响，故当事人需要重新确定举证期限。

(六) 我国有关法律及司法解释相关规定的理解与适用

1. 确定举证期限的基本原则和基本要求

《民事诉讼法》第68条第1款规定："当事人对自己提出的主张应当及时提供证据。"第2款规定："人民法院根据当事人的主张和案件审理情况，确定当事人应当提供的证据及其期限。……"

对本条文的理解与适用，应当掌握如下基本内容：

（1）本条文系对2001年《民事证据规定》第33条第1款和第2款的进一步明确，以及对2001年《民事证据规定》第25条第1款的修正。这是因为，在确定举证时限的时间上，2001年《民事证据规定》第33条第1款要求法院应当在送达案件受理通知书和应诉通知书的同时向当事人送达举证通知书中确定，以及2001年《民事证据规定》第33条第2款规定了双方当事人可以对举证期限进行协商确定，这两个条款的内容显得不很明确，容易在审判实践中造成误解。对此，《民事诉讼法》第68条第2款明确规定："人民法院根据当事人的主张和案件审理情况，确定当事人应当提供的证据及其期限。"也就是说，该条规定并未要求法院对于确定当事人举证期限在程序阶段性问题上采取一刀切的模式，即是否在审理前阶段确定还是在开庭审理阶段确定，由法院据情决定。

（2）本条文中，所谓当事人及时提供证据义务，是指在民事诉讼中，当事人应当根据诉讼进行的情况，在合理、适当的期间内，对自己提出的事实主张提供证据加以证明。当事人违反及时提供证据义务的，不同情况应当承担相应的法律后果。其中，何谓"及时"，由于个案的情况千差万别，既有案情简单的案件，又有案情复杂的案件，既有适用简易程序或小额诉讼程序的案件，又有适用普通程序的案件，不一而论，从而使这种"及时"具有类似"适时"的含义，但究竟该如何把握，还应取决于审理个案中的有关法院据情作出相应判断。

（3）人民法院应当根据当事人的主张和案件审理情况来确定具体的举证期限。这是因为，民事案件类型众多、复杂程度各不相同，在不同的审理阶段要求当事人提供证据的时间应当也有相应的差异，即使根据案情的发展也存在发生变化的客观需要，因此，在法律上不宜作出一个统一适用的法定期限的规定。在客观上，的确存在赋予人民法院在确定举证期限问题上享有一定自由裁量权的必要性。然而，即使赋予人民法院享有这种自由裁量权也不是不受任何限制的，而是应当根据当事人的主张和案件审理情况来具体把握和确定。

（4）我国幅员辽阔、人口众多、地区间的差异较大、经济发展相对不平衡，公民的文化素养和法律观念也受到相应的影响；相当一部分案件没有委托律师代理，法官的职业化和律师的职业化仍处于相对初级阶段，有相当一部分当事人对于采用何种方式和手段收集调查重要的证据，以便及时向法院提供存在模糊认识。实践中，为了能够促使当事人正确履行及时提供证据的义务，在许多情况下，还要依赖于人民法院对于当事人的举证进行指导或释明。从技术上而言，人民法院要确定的通常是具体证据的举证期限，而并非对整个案件的所有证据笼统地确定一个举证期限。另外，为了做到有的放矢，人民法院在民事案件审理过程中确定当事人的举证期限有可能并非一次性的，对于那些案情复杂、程序复杂、证据较多的案件，应当根据诉讼发展不同阶段的需要多次确定当事人应当提供证据所需要的期限。

（5）事实上，在诉讼过程中，何时提供证据、提供何种证据、在何种情况下提供更具针对性的证据，既取决于案情的复杂、疑难程度及特殊性，又取决于法院对争点事实和审理范围的确定，还取决于当事人对案件事实的正确把握程度。审判实践中，较为复杂疑难的案件通常占案件整体的20%至30%左右，重大、疑难和案情特别复杂的案件占案件整体的比率通常不超过5%。其中，也不乏有因人而异的成分，也即有些法官或律师感觉较为复杂疑难的案件，对另一些法官和律师而言则并非较为复杂疑难。在诉讼过程中，对于证据较多或者复杂疑难的案件，法院和双方当事人对于有关法律关系和案件事实内在规律和本质的认识需要一个渐进过程，有时实难一蹴而就。尤其是在法院对争点事实和审理范围的确定之前，很难确定有关证据的关联性。因此，对于证据较多或者复杂、疑难的案件，如果法院在送达案件受理通知书和应诉通知书的同时，向当事人送达举证通知书以确定举证时限，在很多情况下是流于形式，对于查明事实不利，也缺乏必要的可操作性。在诉讼过程中，只有在法院确定争点事实和审理范围之后，再为当事人设定举证时限，较具科学性和更具可操作性。

2.确定举证期限的时间和方式

《民事诉讼法解释》第99条第1款规定："人民法院应当在审理前的准备阶段确定当事人的举证期限。举证期限可以由当事人协商，并经人民法院准许。"

对本条文的理解与适用，应当掌握如下基本内容：

（1）根据2001年《民事证据规定》第33条第1款规定，人民法院应当在送达案件受理通知书和应诉通知书的同时送达举证通知书，在举证通知书中明确举证期限及其逾期举证的后果，使得法院在受理案件的阶段就确定举证期限。

在案件受理阶段即指定举证期限，导致双方当事人举证期限届满时间前后不一，一旦在诉讼中出现追加当事人、变更诉讼请求等程序性事项，由于双方当事人举证期限届满时间并不一致，会引发程序操作上的混乱，破坏程序的安定性。故此，经过若干年的实践证明，这一规定显得既不合理又不可行。本条文对此加以修正，规定人民法院应当在审理前准备阶段确定当事人提供证据的期限。根据《民事诉讼法》的规定，审理前的准备阶段是自答辩期限届满后至开庭审理前的阶段。根据《民事诉讼法》第 136 条第 4 项规定，需要开庭审理的案件，通过要求当事人交换证据等方式，明确争议焦点。从法理上，只有明确案件的争议焦点，在法院主持下确定案件待证事实之后，对证明案件待证事实有关的证据确定其提交的举证期限才有实际意义。本条文立足于在审理前准备阶段，尤其是双方当事人到场的情况下确定举证期限，使得双方当事人受举证期限届满约束的时间相同，使举证期限的确定更具可操作性，在采取审前会议、证据交换等方式进行的审理前准备当中，其效果尤为明显。

（2）在法理上，举证期限属于指定期间，与法院的程序管理与诉讼指挥权有关，它是由法院根据案件审理的具体情况依据职权加以确定的。但受现代司法理念的影响和支配，按照本条文的旨意，在举证期限的确定上，实行当事人证据契约优先主义，由当事人协商确定举证期限，有助于保障当事人的程序选择权，在某种程度上享有程序自治意义上的自由权，确保当事人对诉讼公正的信心以及对程序便利化的需求，促进法院司法权威和公信力形成机制的改进。当然，基于法院在审判上所享有的程序管理职能所使然，当事人协商确定的举证期限，应当经过人民法院认可，才能作为本案的举证期限。只有经过人民法院认可当事人约定的举证期限，在诉讼上才能具有拘束力。在程序上，人民法院对于当事人协商的举证期限予以认可或准许的形式应当具有灵活性与便利性，既可以采用由双方当事人共同提出申请书的方式，交由法院存卷，也可以经当事人以口头方式达成合意，由法院记录在案。法院据情享有审查干预权，主要意在限制当事人约定的举证期限过长，影响诉讼效率。对此，2019 年《民事证据规定》第 51 条第 1 款中亦规定："举证期限可以由当事人协商，并经人民法院准许。"

（3）根据《民事诉讼法》第 68 条第 2 款规定，人民法院根据当事人的主张和案件审理情况，确定当事人应当提供的证据及其期限。但是，法院在行使这种自由裁量权时，应当充分考虑案件的复杂程度、案件的特点及法律关系性质对证据形式或类型上及数量上的客观要求、当事人调查收集证据的能力、调查收集这些证据所需要的时间及成本、当事人的具体情况、法院承受的案件负荷以及审理排期。因此，某一特定案件举证期限的确定，既要注重程序推进的连续性与效率性，又要考虑程序的合理性及当事人的可接受性，即在实体公正与诉讼效率之间作出利弊权衡。

（4）在诉讼上，如果当事人能够通过协商确定举证期限，对案件的解决势将大有裨益，这样，法院也可以减少因职权指定举证期限而在当事人诉讼心理上可能造成的不平衡感。本条文并未规定当事人协商确定的举证期限的上限和下限，笔者认为，当事人协商确定的举证期限可以不要求下限。因为，如果当事人能在相当短的时间内完成举证，对诉讼的快速推进具有积极的作用。但为防止当事人拖延诉讼，必须对当事人协商确定的举证期限规定一个上限，此上限原则上不得超过2个月，有正当理由或法律、法规另有规定的除外。

3. 法院向当事人送达举证通知书

2019年《民事证据规定》第50条规定："人民法院应当在审理前的准备阶段向当事人送达举证通知书。举证通知书应当载明举证责任的分配原则和要求、可以向人民法院申请调查收集证据的情形、人民法院根据案件情况指定的举证期限以及逾期提供证据的法律后果等内容。"

对本条文的理解与适用，应当掌握如下基本内容：

（1）审理前的准备阶段是普通程序开庭审理之前的一个必经阶段。《民事诉讼法解释》第99条第1款规定："人民法院应当在审理前的准备阶段确定当事人的举证期限。"并且，《民事诉讼法解释》第99条第3款还规定，举证期限届满后，如果情况需要，人民法院可以酌情再次确定举证期限。因此，人民法院在审理前的准备阶段向当事人送达举证通知书，至少在程序上系第一次确定举证期限的标志。

（2）根据2001年《民事证据规定》第33条第1款规定："人民法院应当在送达案件受理通知书和应诉通知书的同时向当事人送达举证通知书。"但是，经审判实践证明，在案件受理时就确定举证期限，导致双方当事人举证期限届满时间不一致，如果诉讼中出现追加当事人等程序性问题时，由于双方当事人所涉及的举证期限届满时间上前后不一致，易使诉讼程序的推进陷入不平衡状态。为此，根据《民事诉讼法解释》第99条第1款和2019年《民事证据规定》第55条规定，本条文将送达举证通知书的时间调整为审理前的准备阶段。

（3）关于举证通知书所应当载明的举证责任分配的原则和要求，我国《民事诉讼法》第67条第1款；《民事诉讼法解释》第90条、第91条、第92条、第93条；2019年《民事证据规定》第1条、第3条、第4条、第5条、第6条、第7条、第8条、第10条等对此多有规定，但从实践中有关法院向当事人发出举证通知书的情况来看，要么是直接引用有关法律或司法解释的规定，要么是对有关法律和司法解释进行概括后按一定的逻辑顺序进行表述，凡此等等，并没有将个案的情形与有关法律、司法解释所规定举证责任分配的原则相结合一并进行特定化的具体性释明。这种情形常常引起当事人之间就个案中具体举证责任的分配产生争议，或者说在当事人就此问题存在疑惑的情况下，还需要法院就此作出具体引导和明确释明。

（4）关于举证通知书所应当载明举证责任分配（有关当事人提供证据）的要求，《民事诉讼法》第69条、第73条、第75条、第76条、第78条、第79条、第81条、第82条、第83条、第84条；2019年《民事证据规定》第11条至第19条等从多方面、多角度对此加以较全面的规定。

（5）关于举证通知书应当载明可以向人民法院申请调查收集证据的情形。《民事诉讼法》第67条第2款；《民事诉讼法解释》第94条、第95条；2019年《民事证据规定》第20条等对此作出了相关规定。审判实践中，人民法院在大多数情况下是直接引用或概括性引用了上述有关法律和司法解释的规定。

（6）关于举证通知书应当载明人民法院根据案件情况指定的举证期限以及逾期提供证据的法律后果等内容。2001年《民事证据规定》有关举证时限的内容和适用规则有些显得过于僵化，有些表述给人的感觉显得含混不清，因此，为了保障法院查明案件事实和有利于当事人充分享有举证权利，经修改后的《民事诉讼法》和《民事诉讼法解释》对举证时限制度作出了相应的调整和更加明确的规定，即在不同的审理阶段，根据当事人的主张和案件审理情况，法院可据情确定相应的举证期限。根据案件审理的需要按照诉讼的阶段性确定相应的举证期限，主要针对普通程序和简易程序当中的那些案情复杂、争点（审理范围）难以及时确定、证据较多的案件。当事人在某一举证期限内提交证据材料确有困难的，可以向人民法院申请延长期限，人民法院根据当事人的申请适当延长。当事人逾期提供证据的，人民法院应当责令其说明理由；拒不说明理由或者理由不成立的，人民法院根据不同情形可以不予采纳该证据，或者采纳该证据但予以训诫、罚款。对此相关的规定包括《民事诉讼法》第 68 条；《民事诉讼法解释》第 99 条、第 101 条、第 102 条；2019 年《民事证据规定》第 51 条、第 52 条、第 54 条、第 55 条等。

4. 举证期限的重新确定

2019 年《民事证据规定》第 53 条规定："诉讼过程中，当事人主张的法律关系性质或者民事行为效力与人民法院根据案件事实作出的认定不一致的，人民法院应当将法律关系性质或者民事行为效力作为焦点问题进行审理。但法律关系性质对裁判理由及结果没有影响，或者有关问题已经当事人充分辩论的除外。存在前款情形，当事人根据法庭审理情况变更诉讼请求的，人民法院应当准许并可以根据案件的具体情况重新指定举证期限。"

对本条文的理解与适用，应当掌握如下基本内容：

（1）在诉讼过程中，对审理时所遇到的争议焦点及时作出调整亦应当是法院行使释明权的一种具体表现形式。这种职权的行使就是为了试图调整因当事人在起诉时和答辩初期对法律要件事实上存在的误解。法院在诉讼上所行使的释明权涉及法院与当事人之间彼此相互沟通进行信息交流和有益对话的过程。由于案情的复杂性以及涉及专业领域上的知识所限，法院有时很难理解当事人所提出的诉讼主张，在此情形下，法院有必要主动要求当事人回答有关提问，借以沟通相互之间的理解，否则很难使辩论主义在诉讼上得以贯彻。当事人在诉讼上无论提出何种主张均是其行使处分权主义和辩论主义的集中体现。与通常当事人主张责任所不同的是，本条文所涉及的主张责任较为特殊，它与当事人发动诉讼所依据的请求权基础和诉讼框架有关，即个案中法律关系的性质和民事行为的效力。而在通常情况下，在相同的请求权基础之上以及相同的诉讼框架之内，双方当事人申明其各自的主张，就有关焦点问题形成攻击与防御的态势，有助于保障当事人的辩论权，也有利于法院形成全面、客观、充分、合理的心证；反之，如果当事人所声明的主张并非依附于相同的请求权基础或者并非系属于相同的诉讼框架之内，将无法充分、有效地保障当事人的辩论权，法院裁判心证的形成也将显得无的放矢。

（2）在通常情况下，当事人的主张责任所涉及的举证与反证对法院的心证产生拘束力，即在经过当事人的辩论和法庭调查之后法院即可形成裁判心证；然而如果当事人的主张责任涉及法律关系的性质或民事行为的效力时，就有可能出现两种情形：一种情形是，当事人双方就法律关系的性质或民事行为的效力有意见相左的认知时，法院就相关问题释明其观点之后，双方当事人在法院释明的基础上进行举证与反证并予以充分的辩论，最终由法院形成裁判心证；另一种情形是，当事人双方就法律关系的性质或民事行为的效力发生分歧时，法院就相关的问题释明其观点之后，原告一方当事人不愿调整或改变其原有的主张，在此情形下，法院应当将法律关系性质或者民事行为效力作为焦点问题进行审理，对双方当事人提供的本证与反证进行审查判断，并听取双方当事人的辩论意见，同时应进行必要的调查询问。在经过审理之后，如果原告仍坚持其此前的主张，法院应据情作出驳回其诉讼请求的裁判。在此情形下，当事人此后可再以法院所认定的法律关系或民事行为效力为基础另行起诉。当然，针对双方当事人各自在法律关系的性质或民事行为效力的主张上产生分歧，法院通过释明公开其（临时性）心证，并要求双方当事人在此心证的基础上就法律关系的性质或民事行为效力进行攻击与防御，在经过将有关分歧的议题作为焦点进行审理之后，也不能够排除在某些情况下，法院改变了原先的（临时性）心证，而这一心证与原告在法律关系的性质或民事行为效力上的主张相同。在此情况下，法院应当及时向双方当事人重新释明，并在释明的基础上要求双方当事人在相同的请求权基础上或同一诉讼框架内开展诉讼上的攻击与防御，然后作出实体性裁判。

（3）在加强法院与当事人相互交流的前提下，也应当注意从法院的角度将其对诉讼案件所理解的法律意义及时向当事人进行传达，以便使当事人在法院所确立的法律框架之内来对其诉讼主张和诉讼抗辩进行思考、准备和进行必要的调整，以防止法院就作出的裁判所涉及对法律关系的性质或民事行为效力的认定，使当事人有充分的准备并且作为争议焦点在庭审上进行充分的审理，以避免法院的突袭性裁判的出现。因为，如果从法院在审判上所确立的法律框架来进行必要的准备，就可能使得当事人相应提出对其有利的主张、抗辩以及提供相应的证据，否则，法院作出的裁判就并非建立在完整的辩论主义基础之上，因为这往往使当事人在其诉讼权利落空的条件下接受这种裁判结果，因而足以对程序正义乃至实体正义造成直接损害。例如，原告将其向被告交付的钱款视为一种投资的合伙行为，因而在诉讼上主张分享因合伙投资而带来的股份利益，但是，被告则抗辩称原告的这种交付钱款的行为是一种借贷行为，故在诉讼上主张返还本金及相应的利益而拒绝原告享有股份权益。这样，在对立的当事人之间形成了事实争执点与法律争执点，在庭审活动中，当法院认为当事人之间的这种资金交易行为属于无效民事行为时，应当及时告知双方当事人，以便当事人能够在法院于审判职务上所确立的法律框架之内重新部署攻击与防御体系，否则，当败诉的一方当事人事后才知晓判决理由而不能即时提供因应措施时，将会使辩论主义的功能与价值受到极大的损害。再如，因当事人法律素质及诉讼能力等原因，其请求权基础可能出现错误，此时，法院不应简单予以驳回，而应在进行必要的释明之后，由当事人作出选择。如 A 乘坐 B 公司客车途中被 C 驾驶的汽车撞伤，经鉴定两车相撞的责任全部在于 C。A 以侵权为由，要求 B 和 C 承担赔偿责任。就本案而言，B 与 C 并不构成共同侵权，B 对 A 没有直接加害行为，故 B 对 A 只构成违约，A 对 B 的请求权基础应为运输合同中的附随义务之违反，即 B 未尽到对乘客人身安全的保护义务。当事人应以此为基础，请求 B 公司违约赔偿或 C 承担侵权责任。

（4）本条文第 2 款涉及诉讼请求的变更。诉讼请求在本质上应当属于诉讼标的的内容，并构成了诉讼标的的全部。其诉讼功能主要有以下几点：第一，它是整个民事诉讼的核心。在民事诉讼中，双方当事人的诉讼行为是以诉讼标的为基础并以其为中心而展开的。原告对其所提主张的证明以及被告对原告主张的抗辩都将围绕诉讼标的来进行，当事人双方的辩论行为亦须以诉讼标的为基础。第二，诉讼标的是法院审理和裁判的对象。在民事诉讼中，法院的审理和裁判均须围绕本案的诉讼标的来进行方为有效。根据民事诉讼中的处分原则，对于当事人未在诉讼标的中加以主张的事项，法院不得进行审理和作出裁判。第三，诉讼标的是法院用来判定是否允许当事人另行起诉的标准，此即民事诉讼中的禁止重复起诉原则。当事人在提起某一诉讼，也即诉讼已经系属于法院以后，即不得就同一事项再向其他法院起诉。而法院判断是否为重复起诉的标准则是前后两诉的诉讼标的是否统一。第四，法院对某一案件所作的判决生效以后，对既判事项不得再行起诉，也即产生了既判力的效果，此亦是民事诉讼中的"一事不再理"原则使然。而既判力的范围原则上只及于本案的诉讼标的。因此，是否违背了"一事不再理"原则，须看后诉的诉讼标的是否已由前诉法院作出了生效判决。诉讼请求的固定与争点的确定直接相关。所谓争点是指这样一种事实：当事人双方围绕其真伪或存在与否持完全相左的主张，处于争执不下的状态，而且争点还必须是对解决案件至关重要的事实，或者说是案件真正的焦点。作为中立第三者的法院对此事实作出是或者否的判断，以消除争执状态。对当事人而言，审前准备程序的目的在于帮助当事人双方了解案情以及对方对案情的认识，为其明确争执焦点或形成争点本身。在提供充分平等的机会的前提下，由当事人双方收集证据证明其主张，以便在法庭审理过程中进行充分的辩论。对法院而言，由于其对案情的了解主要局限于法庭审理，通过审理前的准备而明确化的争点，有助于其迅速、准确地把握案情，减少了作出法律判断的难度，最大限度地贴近事实真相。从某种意义上说，这也是对其判决公正性的保障。对于当事人变更诉讼请求的，因为变更后的诉讼请求的事实基础和证据体系必然发生变化，人民法院应当重新指定举证期限。

（5）2001年《民事证据规定》第35条[①]对变更诉讼请求法院行使释明权的规定，在实务界引起了不同的反响。赞同者认为，由于法律知识、诉讼技能的欠缺或者自身认识上的主观性等因素，往往使当事人难以妥当地提出诉讼请求，在这种情况下，如法院不去告知当事人"可以变更诉讼"，则必然会使其在"原本有理"的情况下，万般无奈地最终接受诉讼请求被驳回的裁判结果。告知义务看似有违"争议恒定原则"，且不利于尽早固定争点、推进诉讼，但从纠纷的一次性彻底解决及在实现"诉讼经济"的基础上切实维护当事人正当权益的角

---

[①] 2001年《民事证据规定》第35条规定："诉讼过程中，当事人主张的法律关系的性质或者民事行为的效力与人民法院根据案件事实作出的认定不一致的，不受本规定第三十四条规定的限制，人民法院应当告知当事人可以变更诉讼请求。当事人变更诉讼请求的，人民法院应当重新指定举证期限。"

度来看，该项规定的合理性是不容置疑的。而怀疑者认为，该条规定的不足之处在于：其一，对法院释明的情形规定得过于宽松，未设定任何条件限制。当事人主张的法律关系的性质和法律行为的效力与法院的认定不一致时，法院给予其一定程度的司法救济，原本并不违反法律规定。但一刀切地规定法院应当告知其可以变更诉讼请求也不妥当，由法院依实际情形判断是否具有告知的必要更显合理。其二，缺乏可操作性。该规定对法院告知的时间、方式未作明确规定，在实践上操作方法很不统一。有的法院告知当事人法律关系是这样的，有的则是告知当事人法律关系有可能是那样的。其三，法院鼓励当事人变更诉讼请求可能造成诉讼程序缺乏稳定性，与法院作为裁判者的超然地位不适应，另一方当事人会产生法院立场不中立的误解。实务中，许多法官担心，一旦告知，当事人可能慑于法院的审判权而变更诉讼请求，这不利于维护当事人的处分权。从"人民法院应当告知当事人可以变更诉讼请求"字句上分析，法院的告知行为是强制性的义务，即如果不告知，就会构成违反法定程序而致使案件被发回重审；如果当事人不愿意变更诉讼请求，法院只能驳回诉讼请求，而不能强制当事人变更诉讼请求。有的实务界人士指出，法院的告知被当事人所接受后，法院作出了有利于该当事人的判决，但对方提起上诉后，二审法院认为一审诉讼请求不当而否定了原审判决，在这种情况下，当事人损失的承担就成了难以解决的问题。

（6）按照民事诉讼原理，裁判者不因自己的裁判行为而使自己承担民事责任，当事人又无法按照国家赔偿法的规定要求履行告知义务的法院承担民事责任。如果因当事人遵循法院的不当告知而招致的损失只能由自己来承担，这对当事人来说显然是缺乏公正性的。在此问题上，就特定的诉讼事件而言，法律关系的性质或者民事行为的效力的确定将决定诉讼的方向以及当事人从事正常的诉讼攻击与防御方式的维护与调整，基于利害关系或者诉讼策略的考虑，双方当事人对于法律关系的性质或者民事行为的效力存在不同的认识本属正常现象，这亦属法院通过初步审理而作出预决性判断的对象，因为只有通过创设一种具有相同法律基础的对决平台，才能使得双方当事人之间构筑一种产生互动效应的攻击与防御的格局，促使诉讼辩论主义发挥有效的功能。例如，一方当事人主张以合同法律关系的存在作为解决双方争议的法律基础，而另一方主张以侵权法律关系的存在作为解决双方争议的法律基础,针对双方当事人不同的诉讼立场,如果法院对此不作出预决性的判断,就无法全面、彻底地贯彻诉讼辩论主义的旨意,在此基础上形成的裁判将有失公平、公正的特质与水准。再如,一方当事人主张合同无效,要求以双方当事人各自承担相应损失的方式解决纠纷,另一方当事人主张合同有效,要求对方承担违约责任。在此情形下,主张合同无效的一方当事人在技术上不能同时主张合同有效,以防备法院最终以合同有效为基础从而使其在并未形成任何防御的情况下损害其本应受到合理维护的合法权益。假如,按照主张合同无效一方当事人的诉讼策略,如果其主张合同无效最终能得到法院的支持,该方当事人至少不会承担任何违约金。但是,一旦对方主张合同有效最终得到法院的支持后,在主张合同无效一方当事人并未组织任何防御的条件下,该方当事人有可能承担(假定)50万元违约金;如果原本主张合同无效的一方当事人能以合同有效为基础而抗辩对方也存在相应的违约行为或者对方在防止损失扩大上有懈怠行为,如果这种抗辩被确认成立,该方当事人就有可能只承担30万元或者20万元的违约金。可见,只有在相同的法律基础之上才能够全面、彻底地贯彻诉讼辩论主义,这其中也体现了法院及时行使释明权的重要价值所在。

(7)由于审级制度的存在,并不能够排除一审法院对案件法律关系的性质或者民事行为的效力所作出的预决性判断被二审法院所否定,这种否定并非表明一审法院的判断一定是错误的,而仅仅表明上诉审法院享有变更下级审法院所作裁判的权力,这是权力制衡的一项法治原则所决定的。因此,当一审法院向有关当事人就法律关系的性质或民事行为的效力释明其观点时,并非强迫当事人必须变更其诉讼请求,而只是向当事人预警提示其如果不变更其诉讼请求,该审级法院裁判的作出将会对其产生更为不利的诉讼后果。当然,在此时,有关当事人完全有权利坚持其诉讼立场,以便通过行使上诉权由上诉审法院对案件的法律关系的性质或民事行为的效力再次作出裁决。二审认为一审告知错误致使裁判不当的应发回重审,此时一审法院将不承担错判的责任。将司法审判权范围内的技术性问题与具体法官承担错判责任相挂钩是不妥当的。

(8)为了尽量避免2001年《民事证据规定》第35条有关法院直接以释明方式告知变更诉讼请求对程序推进可能产生的消极影响抑或造成的复杂局面,

2019年《民事证据规定》第50条对原规定作出相应调整，即当出现当事人主张的法律关系性质或者民事行为效力与法院根据案件事实作出的认定不一致的，法院不再直接以释明方式告知当事人变更诉讼请求，而是要求法院将法律关系性质或者民事行为效力作为焦点问题进行审理。即将该问题作为双方当事人的争议焦点进行审理，以便双方当事人能够充分行使辩论权，在此问题上进行有效的攻击与防御，以使得法院心证的形成建立在充分听取双方当事人的辩论意见的基础之上，使其中相关正确、合理、充分、针对性强的意见得以对法院心证的形成产生实质上的影响。这一规定既有利于保证审判质量，也有利于保障当事人的诉讼权利，还有利于维护诉讼的效率。

5.特殊情况下举证期限的确定

2019年《民事证据规定》第55条规定："存在下列情形的，举证期限按照如下方式确定：（一）当事人依照民事诉讼法第一百二十七条[①]规定提出管辖权异议的，举证期限中止，自驳回管辖权异议的裁定生效之日起恢复计算；（二）追加当事人、有独立请求权的第三人参加诉讼或者无独立请求权的第三人经人民法院通知参加诉讼的，人民法院应当依照本规定第五十一条的规定为新参加诉讼的当事人确定举证期限，该举证期限适用于其他当事人；（三）发回重审的案件，第一审人民法院可以结合案件具体情况和发回重审的原因，酌情确定举证期限；（四）当事人增加、变更诉讼请求或者提出反诉的，人民法院应当根据案件具体情况重新确定举证期限；（五）公告送达的，举证期限自公告期届满之次日起计算。"

对本条文的理解与适用，应当掌握如下基本内容：

（1）鉴于2001年《民事证据规定》有关举证期限的规定在审判实践中所出现的过于机械、过于僵化、缺乏弹性所带来的难以操作问题，最高人民法院于2008年12月11日发出了《关于适用〈关于民事诉讼证据的若干规定〉中有关举证时限规定的通知》，本条文系在该通知第3条、第5条、第7条、第8条、第9条内容规定的基础上，结合《民事诉讼法》《民事诉讼法解释》等经归纳、整理后所形成。

---

① 现为《民事诉讼法》（2023年修正）第130条。

(2)《民事诉讼法》第 130 条第 1 款规定:"人民法院受理案件后,当事人对管辖权有异议的,应当在提交答辩状期间提出。"就当事人提出管辖异议时的举证期限计算方式而言,当事人在一审答辩期内提出管辖权异议的,在此前已确定举证期限的情况下,原举证期限中止,在驳回当事人管辖权异议的裁定生效后举证期限继续计算。这一规定是将人民法院审理管辖权异议的期限剔除在举证期限之外。所谓期限的剔除,是指受诉人民法院按照有关规定,将期间进行中,虽然用于某些必要事项或活动,却难以精确控制的时间不予计算在该项期间之内,其目的在于合理减少诉讼期间有关时段的无端耗费或空转,切实保障诉讼期间内有关时段资源能够得以充分、有效地利用。根据本条文的旨意,管辖权异议产生举证期限中止的效力,如果经审查受诉法院有管辖权的,则驳回管辖权异议的裁定生效之日,即为举证期限的中止事由消灭之时,举证期限应恢复计算,而不得重新计算。人民法院审理当事人提出管辖权异议的期间不计入举证期限之内,有助于保障举证期限能够得到切实、充分、有效地利用。

(3)《民事诉讼法》第 8 条规定:"民事诉讼当事人有平等的诉讼权利。人民法院审理民事案件,应当保障和便利当事人行使诉讼权利,对当事人在适用法律上一律平等。"在民事诉讼中,无论是作为当事人的原告、被告,还是作为有独立请求权的第三人以及无独立请求权的第三人,其诉讼地位完全平等,并且享有平等的诉讼权利和平等的诉讼义务。举证期限是民事诉讼中法院确定的要求当事人、诉讼参加人提交证据的最终时限。诉讼程序本身具有阶段性和时差性,随着诉讼程序的推进,新参加诉讼的当事人同早先介入民事诉讼程序当中的当事人一样享有平等的举证权利,故应一视同仁且无差别地适用举证期限所确定的一般规定。从实际情况来看,因追加的当事人、有独立请求权的第三人和无独立请求权的第三人,其加入诉讼的时点系已经开始的诉讼过程当中,在原已确定的举证期限已经开始计算的情况下,为这些新参加诉讼的当事人所确定的举证期限,往往要晚于为原已参加诉讼当事人所确定举证期限的起算点,如果新参加诉讼的当事人的举证期限不适用于原已参加诉讼当事人,导致其他原已参加诉讼的当事人只得等待新参加诉讼当事人的举证期限届满后,才能一同参加下一阶段的诉讼活动,这种不同步现象将有碍于诉讼活动的正常、有序开展。为此,按照本条文的规定,在诉讼上,追加的当事人、有独立请求权的第三人或者无独立请求权的第三人,均属于新参加诉讼的当事人,其举证期限的确定方式适用 2019 年《民事证据规定》第 50 条关于举证期限确定方式的一般规定。这些诉讼主体经人民法院通知参加诉讼的,人民法院应当根据 2019 年《民事证据规定》第 51 条的规定,为新参加诉讼的当事人确定举证期限,该举证期限适用于其他已参加诉讼的当事人。

(4)根据《民事诉讼法》第 177 条第 3 项、第 4 项的规定,遇有以下两种情形时,第二审人民法院可以将案件发回重审:其一,原判决认定基本事实不清的。其二,原判决遗漏当事人或者违法缺席判决等严重违反法定程序的。为了增加条文的可操作性,《民事诉讼法解释》第 323 条对《民事诉讼法》第 177 条第 4 项所规定的严重违反法定程序的情形作出如下进一步具体规定:①审判组织的组成不合法的;②应当回避的审判人员未回避的;③无诉讼行为能力人未经法定代理人代为诉讼的。其三,违法剥夺当事人辩论权利的。对法律规定的发回重审的案件,第一审人民法院可以结合案件具体情况和发回重审的原因,酌情确定当事人应当提供的证据及其所需的期限。总之,法律所规定的发回重审的案件,分为因原判决认定基本事实不清和因严重违反法定程序两种基本类型。其中,对因原判决认定基本事实不清而发回重审的案件,当事人在重审程序当中通常会补充一些必要证据,这些补充的证据既可能是用于证明新的事实的证据,也可能是用于补强原已提供证据证明力的证据。审判实践中,当事人在庭审中用于举证所需要耗费的时间、精力和成本,可能与此前审理中所遇到的情形不尽相同,因此,有必要赋予人民法院依据案件具体情况和发回重审的原因酌情确定举证期限,具有相当的灵活性、适应性与务实性。

(5)《民事诉讼法解释》第 232 条规定:"在案件受理后,法庭辩论结束前,原告增加诉讼请求,被告提出反诉,第三人提出与本案有关的诉讼请求,可以合并审理的,人民法院应当合并审理。"在法理上,广义上的诉讼变更,包括诉讼请求的增加和诉讼请求的变更,而狭义上的诉的变更,仅指诉讼请求的变更。所谓诉讼请求的变更,是指在案件审理过程中,当事人用新的实体权利主张替代原来的实体权利主张的一种诉讼行为。诉讼请求的变更通常意味着要求对方当事人承担民事责任的形式的变更。当然,诉讼请求的变更并不等同于诉讼请求个数的变更,后者是指诉讼请求个数的变化,它是一种量上的增减,表现为诉讼请求个数的增加或减少。而诉讼请求的变更则是内涵的变更，是不同内容的诉讼请求之间的替换，并不发生诉讼请求个数的增减。因此，如果当事人增加、变更其诉讼请求，则必然带来其依赖的事实以及相关证据的变化，从而引发举证期限的变动。在法理上，诉讼请求的变更有两种情形：其一，诉讼请求在涉及标的数额上的量的变化，如诉讼请求数额的增加或减少；其二，诉讼请求本身所发生的性质上的变化，如将侵权之诉变更为合同之诉。在诉讼上无论是诉讼请求的增加，还是诉讼请求的变更，均会导致人民法院的审理对象发生相应的变化，同时也会导致当事人举证、质证行为所针对的证明对象发生变化。随之而引发的程序效果是，为当事人及其他诉讼参与人从事证据收集活动与举证所确定的期限也应重新计算。由于个案在案情的复杂程度及程序的复杂程度等方面千差万别，发生诉讼请求的增加、变更的具体情形对举证期限的要求亦各不相同，因此，赋予法院根据案件具体情况重新酌情确定举证期限的裁量权，显得十分必要。另外，所谓反诉，是指在已经开始的民事诉讼中，被告以本诉原告为被告，向人民法院提出的一种与本诉有牵连的保护自己合法权益的独立的反请求。反诉的本质属性是本诉的被告以本诉原告为被告所提出的独立之诉。反诉的特征如下：第一，反诉只能由本诉的被告通过法院向本诉的原告提起，反诉实际上是变更原诉当事人的相互地位，原告变为被告，被告变为原告。反诉与本诉并存于同一诉讼程序之中，使双方当事人都同时居于原告与被告的双重诉讼地位。第二，反诉是一种独立的但又与本诉有牵连关系的诉讼，即相对于本诉而言，反诉既有独立性，又有牵连性。所谓独立性，是指反诉符合诉讼的构成要件，反诉离开本诉也能独立存在，即使本诉撤诉，反诉作为一个独立存在之诉仍不受影响。所谓牵连性，是指反诉虽然从诉的角度和请求的内容上看具有独立性，但它又是与本诉有法律上或事实上以及其他某种关系的诉。第三，反诉提出目的的对抗性。反诉是本诉被告为反对本诉原告的诉讼请求，以便抵消、吞并、排斥原告的诉讼请求，使原告的诉讼请求部分或全部失去作用，为自己争取到新的权利。可见，反诉的诉讼请求对于本诉的诉讼请求来说不具有同一性，且反诉严格上已属于另一个诉讼的范畴，故当事人需要重新确定举证期限。在诉讼过程中，针对原告的本诉，作为被告一方当事人提起的反诉，在性质上属于一个独立之诉，反诉当中的当事人与本诉的当事人享有同等的诉讼权利、负有同等的诉讼义务，故在程序上，反诉所涉及的举证期限应独立于本诉所涉及的举证期限，因反诉所涉及的诉讼标的及待证事实与本诉具有相对性，鉴于本诉与反诉之间具有时间差上的顺序之别，在人民法院为本诉设定相应的举证期限之后，法院应当依据举证期限确定的一般规则根据案件具体情况重新确定反诉所需要的举证期限，以保障当事人在诉讼过程中正常、有序、有效行使其举证权利。

（6）《民事诉讼法》第87条第2款规定："受送达人在送达回证上的签收日期为送达日期。"审判实践中，因经常出现受送达人下落不明，而采取直接送达、留置送达、委托送达、邮寄送达、转交送达这五种方式无法送达的情况，为保障民事诉讼活动的正常进行及保障当事人的诉讼权利，《民事诉讼法》第95条第1款作出相关规定："受送达人下落不明，或者用本节规定的其他方式无法送达的，公告送达。自发出公告之日起，经过三十日，即视为送达。"在诉讼上，公告送达系一种拟制送达，无需受送达人签收，公告期满之日即发生送达的法律效果。公告期满之日，即视为送达日期。在民事诉讼中，对于采用公告送达案件受理通知书、应诉通知书、开庭传票的案件，只有在公告送达的送达日期确定之后，有关当事人才能从事举证行为。因此，按照本条文的规定，对于通过公告送达的案件，从公告期届满之次日开始计算举证期限。

6.普通程序中的举证期限

《民事诉讼法解释》第99条第2款规定："人民法院确定举证期限，第一审普通程序案件不得少于十五日，当事人提供新的证据的第二审案件不得少于十日。"

对本条文的理解与适用，应当掌握如下基本内容：

（1）根据2001年《民事证据规定》，人民法院是在受理案件的阶段确定当事人应当提供证据的举证期限，其结果往往导致双方当事人举证期限届满时间不一致，造成程序运行上的紊乱。本条文改变了这种做法，规定人民法院应当在审理前准备阶段确定当事人提供证据的期限。在适用普通程序审理的案件中，强调审前准备程序的重要性。在审理前的准备阶段，根据案件性质、案件的类型、案件法律关系或案件事实的复杂程度等具体情况，确定当事人的举证期限。

（2）在审理前准备阶段，特别是双方当事人到场的情况下由法院指定举证期限，使得双方当事人所应当遵守的举证期限届满时间相同，尤其是在采用审前会议制度、证据交换等方式进行审理前准备的情况下，在充分听取双方当事人意见的基础上，法院对争议焦点进行归纳，为当事人收集证据和提供证据指明了方向、划定了范围，更有利于举证时限制度发挥应有的功能和作用。另外，值得强调的是，在审理前的准备阶段中的任何一个时点，均可作为法院根据当事人的主张和案件审理情况来确定举证期限的起算点。

（3）2001年《民事证据规定》第33条第3款规定："由人民法院指定举证期限的，指定的期限不得少于三十日，自当事人收到案件受理通知书和应诉通知书的次日起计算。"为了保障诉讼程序的有序运行，本条文对上述规定当中所涉及的具体期限进行了修改，即规定第一审普通程序案件不得少于15日。其主要变化是将举证期限的起算点，从案件受理时这一狭小的时段，增扩变更为审理前的准备阶段，使法院在据情确定举证期限问题上具有更大的操作空间。对此，2019年《民事证据规定》第51条第2款中亦规定："人民法院指定举证期限的，适用第一审普通程序审理的案件不得少于十五日。"相较而言，2019年《民事证据规定》第51条第2款的规定在采用的措辞上将本条文中的"确定"改为"指定"，并且在表述上对"第一审普通程序案件不得少于十五日"一语，加注了"适用……审理的……"的语言结构，显得更加明确和严谨。

7. 简易程序中的举证期限

《民事诉讼法解释》第266条规定："适用简易程序案件的举证期限由人民法院确定，也可以由当事人协商一致并经人民法院准许，但不得超过十五日。被告要求书面答辩的，人民法院可在征得其同意的基础上，合理确定答辩期间。人民法院应当将举证期限和开庭日期告知双方当事人，并向当事人说明逾期举证以及拒不到庭的法律后果，由双方当事人在笔录和开庭传票的送达回证上签名或者捺印。当事人双方均表示不需要举证期限、答辩期间的，人民法院可以立即开庭审理或者确定开庭日期。"

对本条文的理解与适用，应当掌握如下基本内容：

（1）近20年来，有关立法及司法解释对于简易程序中的举证期限的规定，有一个逐步确立、不断明确的演进过程。1991年《民事诉讼法》对举证期限并未作出规定，而是规定了一个被告收到起诉状之日起15日内的答辩期间。2001

年《民事证据规定》确立了举证时限制度，但系在不分普通程序和简易程序的条件下，一并将人民法院指定的举证期限规定为不得少于30日，自当事人收到案件受理通知书和应诉通知书的次日起计算。最高人民法院于2003年9月10日发布的《关于适用简易程序审理民事案件的若干规定》第22条中规定，双方当事人同时到基层人民法院请求解决简单的民事纠纷，但未协商举证期限，或者被告一方经简便方式传唤到庭的，当事人在开庭审理时要求当庭举证的，应予以准许；当事人当庭举证有困难的，举证期限由当事人协商决定，但最长不得超过15日；协商不成的，由人民法院决定。随后，2012年经修改的《民事诉讼法》以立法的形式正式确定了举证期限制度。本条文在此基础上对简易程序中适用举证期限作出了明确规定。

（2）通常而言，作为简易程序的主要功能就是实现程序的简便、迅捷，以促进诉讼在尽可能短的时间内完成，最大限度地降低诉讼成本以及节约司法资源。作为审前准备主要是为普通程序实现集中审理而设计的，因为审前准备的进行意味着诉讼过程延伸，尽管这种延伸意味着增加一种前置程序，而前置程序的增加从技术设计的角度往往是针对一些疑难复杂、证据较多的案件类型，而这些通常都不属于适用简易程序所应直面的特征。对此，《民事诉讼法解释》第267条规定："适用简易程序审理案件，可以简便方式进行审理前的准备。"

（3）简易程序是对普通程序的一种简化形式，因此，只要对当事人的诉讼权利不会造成实质性的影响，法院都可以根据个案的情形来决定采用何种具体的形式和方式来对适用简易程序的案件进行审理。在实践中，多适用简易程序的案件是由当事人双方同时到法院请求解决纠纷的简单民事案件。因此，对于这种情形也很难由法院在审前进行必要的准备，基本上是受理、立案与审理几乎同时进行。有不少案件是由双方当事人同时到基层法院及其派出法庭请求解决的简单民事纠纷，并且，在案件经受理立案后当即进行审理，随后很快就进行判决或采用调解方式解决的纠纷。在此情况下，并无确定举证期限的必要。但是，如果由双方当事人同时到法院请求解决这种简单的民事纠纷，在案件经受理立案并当即进行审理的过程中，如果一方当事人或双方当事人要求收集相关证据，或者申请法院调查收集证据或申请证人出庭作证的，在此情况下就有确定举证期限的必要。可以说，在审理适用简易程序案件的过程中，有时不经确定举证期限就能审结案件，有时在审理过程中才有确定举证期限的必要。

（4）民事诉讼中设置简易程序的目的主要是及时、高效地解决民事纠纷，便利当事人诉讼，降低当事人诉讼成本。根据《民事诉讼法》第160条的规定，简易程序适用于基层人民法院和它派出的法庭审理事实清楚、权利义务关系明确、争议不大的简单的民事案件。从本质特点上讲，简易程序是对普通程序的简易和便利化，因此，强调民事诉讼程序的方便、及时和简化。鉴于简易程序是对普通程序简化这一基本特点，口头形式代替书面形式较具普遍性。但作为口头形式的载体，当人民法院向双方当事人告知举证期限、开庭日期并向当事人说明逾期举证以及拒不到庭的法律后果时，应当记入笔录，由双方当事人在笔录和开庭传票的送达回证上签名、盖章或捺印，以确认双方当事人已知晓被告知的内容。

（5）根据本条文的规定，只有在双方当事人一致表示无需确定举证期限来准备证据，同时，被告也表示不需要答辩期间来准备答辩意见的情况下，人民法院才可以作出立即开庭审理的决定。当事人通过自己的意思表示放弃程序利益的行为，体现了民事诉讼中当事人处分权主义。对于当事人采用口头形式所作出的上述意思表示，人民法院应当记入笔录，由双方当事人签名、盖章或者捺印确认。在有些情况下，双方当事人同时到法院或者其派出法庭要求解决争议，因时间紧迫而无法安排当场开庭的，法院应当为择日开庭确定开庭日期。审判实践中，如果出现一方或者双方当事人表示当庭举证确有困难的，就需要确定举证期限。确定举证期限的决定权由人民法院行使，通常情况下可采取以下两种方式：其一，先由双方当事人协商确定，然后报经人民法院批准；其二，由人民法院依职权指定。无论采取上述何种方式，确定举证期限最长不得超过15日。就此，2019年《民事证据规定》第51条第2款中亦规定："适用简易程序审理的案件不得超过十五日。"如果被告要求书面答辩时，人民法院应当准许其为答辩做必要的准备。答辩期限的决定权仍然归属于人民法院，但人民法院确定答辩期必须具备以下两个条件：其一，确定答辩期限要合理。人民法院应当根据案件的性质、案情的复杂程度、被告的生活阅历和文化水平以及是否有诉讼代理人参与等具体情况予以酌定；其二，在程序上要事先征得被告的同意。

8. 审理小额诉讼案件中的举证期限

《民事诉讼法解释》第275条规定:"小额诉讼案件的举证期限由人民法院确定,也可以由当事人协商一致并经人民法院准许,但一般不超过七日。被告要求书面答辩的,人民法院可以在征得其同意的基础上合理确定答辩期间,但最长不得超过十五日。当事人到庭后表示不需要举证期限和答辩期间的,人民法院可立即开庭审理。"

对本条文的理解与适用,应当掌握如下基本内容:

(1)在我国,小额诉讼程序,是指基层人民法院和它派出的人民法庭审理事实清楚,权利义务关系明确,争议不大的简单金钱给付,且其诉讼标的额为各省、自治区、直辖市上年度就业人员平均工资50%以下简单的民事案件所适用的一种诉讼程序。小额诉讼程序的设立,符合费用相当性原则,有利于科学配置司法资源,也是为当事人提供一种廉价、快捷地解决民事纠纷的方式。小额诉讼程序是简易程序中一个更简化的特殊程序,小额诉讼程序是简易程序的组成部分,是对简易程序的进一步简化。因此,小额诉讼程序只能适用事实清楚、权利义务关系明确、争议不大的简单民事案件。对此,《民事诉讼法》第165条作出了明确规定。小额诉讼程序实行一审终审制。这就意味着适用小额诉讼程序审理的案件,法院作出判决送达当事人即是确定的。如当事人对该判决不服,不能像简易程序一样向上级人民法院上诉,只能通过再审程序进行救济。小额诉讼程序适用案件的标准是案件的复杂性和标的额大小,即适用小额诉讼程序的案件是简单民事案件,同时当事人的诉讼请求金额必须低于一定标准,即"各省、自治区、直辖市上年度就业人员平均工资50%以下"。而相较而言,简易程序适用案件的标准只是案件的复杂性。小额诉讼程序的适用决定权由人民法院掌握。《民事诉讼法》规定小额民事诉讼程序的启动模式是符合小额诉讼程序适用范围即强制适用。也就是说,我国现行小额诉讼程序的适用限制了当事人程序选择权,当事人既不能将不符合小额诉讼程序适用范围的案件选择适用小额诉讼程序,也不能合意将符合小额诉讼程序适用条件的案件选择适用其他诉讼程序。

(2)小额诉讼案件的举证期限,既可由人民法院指定,也可由当事人协商一致并经人民法院准许,但一般不超过7日。对此,2019年《民事证据规定》

第 51 条第 2 款亦规定:"小额诉讼案件的举证期限一般不得超过七日。"当事人到庭后表示不需要举证期限的,人民法院可立即开庭审理。鉴于小额诉讼案件仍属于适用简易程序范畴,根据《民事诉讼法解释》第 266 条第 1 款规定,对适用举证简易程序的案件,举证期限的确定不得超过 15 日。故此,在特殊情况下,对于小额诉讼案件,由双方当事人协商一致并经人民法院准许的,举证期限最长不得超过 15 日。

(3)对于小额诉讼案件,双方当事人在到庭前已明确表示口头答辩的,人民法院可以立即开庭审理或者因客观排期原因不能立即开庭审理的,应及时确定择日的开庭日期。当事人到庭后表示放弃答辩期的,人民法院可立即开庭审理。实务上,即使当事人未到庭也可以在收到起诉状后通过电话、传真、电子邮件等方式向人民法院表示放弃答辩期间。同时,这种表达放弃的意思表示,也可以通过明确表示不提交答辩状、在答辩期届满前已经答辩、同意在答辩期内开庭等形式间接作出。

## 二、二审程序中的举证期限

(一)基本要义

从各国诉讼法上所规定的二审程序来看,二审法院所肩负的审查监督职能不仅限于适用法律问题,而且直接涉及一审法院对事实问题的认定。既然涉及对一审法院所作事实认定的审查与监督,便可自然涉及对一审法院就证据上审查判断的效力问题。一旦上诉审法院对一审法院就证据的适格性与证明力质疑,那么就很有可能涉及当事人对证据的提供以及根据当事人的证明责任所应当涉及的提供证据范围的界定。

在二审程序中,就举证期限的确定,应当根据二审程序的基本性质和特点,主要取决于:第一,在二审程序中,法院是否有权对一审程序所确立的争执点重新进行审查;第二,在二审程序中,法院是否有权对一审程序作为认定案件事实基础的证据以及证据的充分性重新进行审查;第三,在二审程序中,法院是否有权准许当事人提供新的证据或者在何种条件下允许提供新的证据;第四,在二审程序中，法院是否有权准许当事人变更诉讼请求；第五，在二审程序中，法院是否有权准许当事人提起反诉。

为了维护一审的权威以及作为基础审的根本地位，应当以趋严的态度来对待上述权力的行使。从原则上讲，凡是不涉及根本性的错误，就应当尽量维护一审裁判的稳定性与严肃性，以免误导当事人利用立法与司法之间的空当将本应在一审程序中提出的诉讼请求、事实主张和有关证据改由在上诉审程序中提出，无形中使一审程序的权威性受到冲击或挑战，在德国民事诉讼程序中曾经出现过的相关经验教训应当值得汲取。

根据我国有关法律及司法解释的规定，在第二审程序中，人民法院应当在审理前的准备阶段向当事人送达举证通知书，载明法院根据案件情况指定的举证期限。当事人提供新的证据的，第二审案件举证期限不得少于10日。当事人提供的不是新的证据的，按照逾期提供证据规定处理。在第二审程序中，当举证期限届满后，当事人对已经提供的新的证据，申请提供反驳证据或者对已经提供的证据的来源、形式等方面的瑕疵进行补正的，人民法院可以酌情再次确定举证期限。该期限不受第二审案件举证期限不得少于10日的限制。

（二）我国有关法律及司法解释相关规定的理解与适用

《民事诉讼法解释》第99条第2款规定："人民法院指定举证期限，第一审普通程序案件不得少于十五日，当事人提供新的证据的第二审案件不得少于十日。"

对本条文的理解与适用，应当掌握如下基本内容：

1. 民事程序制度具有解决纠纷和维护法律秩序的双重目的。解决纠纷，需要行使国家审判权；维护法律秩序，除了通过一审程序正确适用法律，解决纠纷，缓和社会矛盾之外，还要通过构建法院之间的监督机制，赋予上一审级法院对下一审级法院的审判监督权，以纠正下一审级法院的错误裁判。我国民事诉讼实行两审终审制，无论一审还是二审，既是事实审，又是法律审，根据《民事诉讼法》第177条的规定，原判决、裁定认定事实清楚，适用法律正确的，二审法院以判决裁定方式驳回上诉，维持原判决、裁定；原判决、裁定认定事实错误或者适用法律错误的，二审法院以判决、裁定方式依法改判、撤销或者变更；原判决、认定基本事实不清的，二审法院裁定撤销原判决，发回原审人民法院重审或者二审法院查清事实后改判。在上述审理案件过程中，二审法院遇有对二审待证事实的认定问题，在法律规定的条件下，允许当事人提出新的事实、新的证据或者理由，因此，二审法院也存在确定举证期限的必要性。

2.《民事诉讼法解释》第 322 条规定："开庭审理的上诉案件，第二审人民法院可以依照民事诉讼法第一百三十六条第四项规定进行审理前的准备。"而《民事诉讼法》第 136 条第 4 项规定："需要开庭审理的，通过要求当事人交换证据等方式，明确争议焦点。"可见，在二审程序中，人民法院根据情况需要决定是否有必要进入审理前的准备阶段。对此，《民事诉讼法解释》第 99 条第 1 款规定："人民法院应当在审理前的准备阶段确定当事人的举证期限。举证期限可以由当事人协商，并经人民法院准许。"在二审程序中，凡当事人提供新的证据的，人民法院指定举证期限不得少于 10 日。为此，2019 年《民事证据规定》第 51 条第 2 款也作出了相同的规定，即："人民法院指定举证期限的，……当事人提供新的证据的第二审案件不得少于十日。"

3. 在第二审程序中，当人民法院认为有必要进入审理前的准备阶段的，人民法院应当在审理前的准备阶段向当事人送达举证通知书，载明法院根据案件情况指定的举证期限。当事人提供新的证据的，第二审案件举证期限不得少于 10 日。当事人提供的不是新的证据的，按照逾期提供证据规定处理。

4. 在第二审程序中，当举证期限届满后，当事人对已经提供的证据，申请提供反驳证据或者对已经提供的证据的来源、形式等方面的瑕疵进行补正的，人民法院可以酌情再次确定举证期限。该期限不受第二审案件举证期限不得少于 10 日的限制。

5. 在第二审程序中，所谓当事人提供新的证据，是指因出现了新的事实有可能对裁判结果产生实质性影响，或者二审法院对案件的争议焦点与待证事实作出了重新认定，需要当事人提供必要的证据进行事实认定。

## 三、举证期限的延长

### （一）基本要义

举证期限只是当事人事先协商确定或是法院事先指定的期限，并不是一个不变期间。这是因为，在诉讼中，当事人可能因存在某种障碍而不能在举证期限内向人民法院提供证据，且这种障碍是否会消除以及在何时消除均无法确定。对于此种障碍，如果法律不加救济，不仅会有损于案件事实真相的查明以及法院裁判的公正性和社会公信力，而且对当事人来说，他们会因此而丧失许多至关重要的诉讼机会以及由此而产生的诉讼权利。因此，在遇到此类障碍时，应当允许当事人通过法定的方式予以救济，其表现方式就是当事人向法院申请延期举证。此类障碍主要有以下几类：第一，当事人由于不可抗力或意外事件的原因而不能在举证期限内提交证据；第二，证据本身在客观上产生于开庭审理过程中；第三，由于第三方的原因，使得当事人不能在举证期限内提交证据；第四，其他因证据收集上的实际障碍而使得当事人不能在举证期限内提交证据的情况。如证人出国一时无法与之联系，持有重要书证的人下落不明等。

在实务上，对一方当事人延期举证的申请如果不加限制地予以同意，势必会损害对方当事人的诉讼权益，可能有损于诉讼的公正。因此，法院对于当事人延期提交证据理由的正当性，除上述理由之外，还应从以下方面加以考虑：第一，是否可能给对方当事人带来不利之处；第二，证据材料所记载或表示的内容有无重要性；第三，当事人之所以没有及时提交证据，主观上是否有迟延诉讼的故意以及重大过失。

当事人在举证期限内提交证据材料确有困难的，应当在举证期限内向法院申请延期举证，经人民法院准许可以适当延长举证期限。当事人在延长的举证期限内提交证据材料仍有困难的，可以再次提出延期申请，是否准许由法院决定。为提高当事人举证的积极性，防止当事人借举证期限的延长拖延诉讼，举证期限的延长一般不应超过两次。至于举证期限究竟能延长多长时间，可由法院根据具体情况进行自由裁量，但应以不过分延迟案件的审结为准。此条件也应当适用于当事人再次申请延长举证期限的情形。

我国有关法律及司法解释，对于当事人申请延期举证作出了如下规定：

1. 关于提出申请的时间。当事人申请延长举证期限的，应当在举证期限届满前向人民法院提出书面申请。

2. 关于提出申请的理由。当事人提出申请的理由是，在该期限内提供证据存在客观障碍的。申请理由是否能够成立，法院应当主要根据当事人所遇到的客观上的障碍或困难，据情作出判断。

3. 关于申请延长举证期限的时间。法院根据当事人的申请适当延长，即由法院根据案件审理情况、当事人提出申请延期的理由等，必要时法院也可以征求对方当事人的意见。

4. 关于申请延长举证期限的程序。通常应当采用书面形式，但经法院同意记录在案的也可采用口头形式。申请理由成立的，人民法院应当准许，适当延长举证期限，并通知其他当事人。其中，所谓"适当"延长举证期限，是根据客观上的障碍和具体情形，也就是在消除客观障碍或有关原因事实不复存在之后，再考虑起算延长期限所需要的具体日期。延长的举证期限适用于其他当事人。申请理由不成立的，人民法院不予准许，并通知申请人，以维护诉讼程序的共通性以及保障程序的公平、公正。

审判实践中，尽管法律意义上规定了在举证期限内当事人享有向法院申请延期举证的权利，但多年以来，当事人的这种权利意识十分淡薄，造成失权的情形比比皆是，应当引起广泛关注。

（二）我国有关法律及司法解释相关规定的理解与适用

1. 当事人申请延期及其理由

2019年《民事证据规定》第52条规定："当事人在举证期限内提供证据存在客观障碍，属于民事诉讼法第六十五条[①]第二款规定的'当事人在该期限内提供证据确有困难'的情形。前款情形，人民法院应当根据当事人的举证能力、不能在举证期限内提供证据的原因等因素综合判断。必要时，可以听取对方当事人的意见。"

---

① 现为《民事诉讼法》（2023年修正）第68条。

对本条文的理解与适用，应当掌握如下基本内容：

（1）举证期限只是当事人事先协商确定或是人民法院事先指定的期限，并不是一个不变期间。这是因为，在诉讼中，当事人可能因存在某种障碍而不能在举证期限内向人民法院提供证据，且这种障碍是否会消除以及在何时消除均无法确定。对于此种障碍，如果法律不加救济，不仅会有损于案件事实真相的查明以及法院裁判的公正性和社会公信力，而且对当事人来说，他们会因此而丧失许多至关重要的诉讼机会以及由此而产生的诉讼权利。因此，在遇到此类障碍时，应当允许当事人通过法定的方式予以救济，其表现方式就是当事人向人民法院申请延期举证。在客观上，此类障碍主要有以下几类：其一，当事人由于不可抗力或意外事件的原因而不能在举证期限内提交证据；其二，证据本身在客观上产生于开庭审理过程中；其三，由于第三方的原因，使得当事人不能在举证期限内提交证据；其四，其他因证据收集上的实际障碍而使得当事人不能在举证期限内提交证据的情况。如证人出国一时无法与之联系，持有重要书证的人下落不明等。但是，对一方当事人延期举证的申请如果不加限制地予以同意，势必会损害对方当事人的诉讼权益，还可能有损于诉讼的公正。因此，法院对于当事人延期提交证据理由的正当性，除上述理由之外，还应从以下几方面加以考虑：其一，是否给对方当事人可能带来不利之处；其二，证据材料所记载或表示的内容有无重要性；其三，当事人之所以没有在开庭审理前提交证据，主观上是否有迟延诉讼的故意以及重大过失。

（2）根据本条文的规定，当事人在举证期限内提供证据存在客观障碍，属于《民事诉讼法》第68条第2款规定的"当事人在该期限内提供证据确有困难"的情形。而《民事诉讼法》第68条第2款规定："当事人在该期限内提供证据确有困难的，可以向人民法院申请延长期限，人民法院根据当事人的申请适当延长。"相对于主观障碍，所谓客观障碍，是指当事人因某种客观原因对其在举证期限内及时提供证据所造成的实际妨碍。为了保护当事人及其他诉讼参与人的合法权益，当出现不能归责于举证人主观上的原因而导致其无法在举证期限内完成举证行为时，法律上赋予当事人以程序上的救济，使得因客观障碍所导致的期限延误根据实际需要得以延长。因此，在程序上，作为举证期限的延长，是指当事人在举证期限内提交证据确有困难的，应当在举证期限内向人民法院申请延期举证，人民法院根据当事人的申请确定当事人确有困难的理由成立并据情适当延长举证期限。如果法院经审查认为当事人无法证明其确有困难的，其申请延长举证期限的理由不能成立，故对于情况不属实的，人民法院应当驳回当事人延长举证期限的申请。值得注意的是，无论是当事人提供证据证明其确有困难的，还是对这种情形进行解释、说明，只要使法院相信大概如此即可。如果存在可归责于当事人因主观上的故意或者重大过失所致，使其无法在举证期限内提交证据的，将直接导致举证人在举证期限届满后丧失要求延长举证期限的诉讼权利。

（3）《民事诉讼法》第68条所规定的"确有困难"应限于客观障碍范畴，它包括绝对的客观障碍与相对的客观障碍两种情形。所谓绝对的客观障碍，是指因不可抗力、社会事件等原因导致当事人在举证期限内无法向法院提供证据。例如，因山洪暴发、泥石流及地震等自然灾害或因严重疫情、战争、社会动荡等事件原因导致交通中断、地域之间相互隔绝，使得举证人在举证期限内无法前往当地收集、提取相关证据等情形，关键的目击证人仍无法查明或下落不明等；所谓相对的客观障碍，是指举证人遇有法律上或者法理上所界定为客观上不能举证或者难以举证的情形。例如，证据由国家有关部门保存，当事人及其诉讼代理人无权查阅调取的；涉及国家秘密、商业秘密或者个人隐私的；当事人及其诉讼代理人因客观原因不能自行收集的其他证据；关键的目击证人在国外休假、探亲、旅游等。对属于相对客观障碍中的有关情形，按照有关法律或司法解释的规定，当事人在举证期限届满前，可以向法院提出调查收集证据的书面申请。

（4）根据2001年《民事证据规定》第36条的规定："当事人在举证期限内提交证据材料确有困难的，应当在举证期限内向人民法院申请延期举证，经人民法院准许，可以适当延长举证期限。"而根据《民事诉讼法》第68条第2款的旨意，人民法院对于当事人提出延长举证期限的审查，应限于是否出现期限内提供证据"确有困难"的情形，而对于是否导致诉讼迟延、妨碍诉讼效率，不再作为人民法院是否延长举证期限的考量因素。对这种"确有困难"情形的界定，应仅限于当事人在举证期限内所遇有的客观障碍，不包括举证人因其故意或重大过失所形成的主观障碍，同时也不包括当事人因一般过失或者轻微过失导致其不能在举证期限内提供证据所形成的主观障碍。在诉讼上，当事人提出延长举证期限的申请是否符合"确有困难"的条件，由法院据情判断，法律赋予法院享有自由裁量权。凡人民法院认为当事人在举证期限内提出延长举证期限申请符合"确有困难"条件的，人民法院就应当延长举证期限。人民法院在审查举证人提出延长举证期限的申请时，应当充分考虑当事人的举证能力以及不能在举证期限内提供证据的原因等因素综合加以判断，当然，为了防范当事人借举证期限而懈怠行使举证权利以及存在有意拖延诉讼的动机，在法院作出延长举证期限决定之前，法院可据情决定是否有必要听取对方当事人的意见，以便兼听则明。

2. 当事人申请延期举证的程序

《民事诉讼法解释》第100条规定："当事人申请延长举证期限的，应当在举证期限届满前向人民法院提出书面申请。申请理由成立的，人民法院应当准许，适当延长举证期限，并通知其他当事人。延长的举证期限适用于其他当事人。申请理由不成立的，人民法院不予准许，并通知申请人。"

对本条文的理解与适用，应当掌握如下基本内容：

（1）本条文系当事人申请延长举证期限以及人民法院对于当事人申请理由能否成立予以审查并作出相应处理的程序性规定，对此，2019年《民事证据规定》第54条作出了完全相同的规定，即："当事人申请延长举证期限的，应当在举证期限届满前向人民法院提出书面申请。申请理由成立的，人民法院应当准许，适当延长举证期限，并通知其他当事人。延长的举证期限适用于其他当事人。申请理由不成立的，人民法院不予准许，并通知申请人。"

（2）《民事诉讼法》第68条第2款对于当事人在举证期限内提供证据确有困难而申请延期举证作出了原则性的规定。实务上，当事人申请延期举证如欲实现预期的法律效果，应当满足如下两个条件：其一，当事人申请延期举证应当在举证期限届满前提出。如果当事人在举证期限届满之后才向法院提出延长举证期限的申请，将自动丧失这项诉讼权利。因为举证期限届满，如果不存在法定事由的话，将会对举证人产生证据失权的法律后果。在对当事人实际产生证据失权的状态条件下，当事人再提出延长举证期限的申请为时已晚、于事无补。实践中，当事人往往忽略这一权利的及时行使，常常在逾期后仍提供补充证据，受到对方当事人的质疑。因此，当事人只有在举证期限届满前行使申请延长举证的诉讼权利，才有可能达到预期的目的。其二，当事人的延长举证期限的申请应当以书面方式向人民法院提出。当事人向法院提出延长举证期限的申请，将会导致原定的诉讼程序不得不进行相应的调整与变化，这不仅影响法院对审判程序进程的控制与管理，还会影响其他当事人的诉讼权利和程序利益。因此，基于诉讼的慎重性、技术性与程式化考虑，应当要求当事人以书面方式提出申请，载明申请的事项、事由以及申请延长的具体期限等内容。

（3）在诉讼上，是否要求举证期限予以延长，属于当事人行使诉讼权利所涉及范围，应当以当事人提出申请为原则，对此，法院不得依职权主动确定延长举证期限。当事人提出延长举证期限申请之后，对于是否应当延长举证期限、究竟延长多久为妥以及举证期限延长的次数是否有限制，均由法院依职权据情加以判定。在程序上，人民法院经审查认为当事人申请延长举证期限理由成立的，可以据情决定适当延长举证期限。所谓适当延长举证期限，是指人民法院在作出相关判断时，应当斟酌个案的具体情况，以举证人提出的延长期限作参考，合理地延长举证期限，在保障举证人的举证权利与避免诉讼迟延两者之间寻找平衡点。另外，基于程序的共通性原则与诉讼便宜主义要求，延长后的举证期限，既适用于提出延期举证的一方当事人，也适用于其他当事人，以便所有的当事人能够同步进入下一个诉讼阶段，同等保护各方当事人的诉讼权利和程序利益。

（4）无论人民法院是否准许当事人提出延长举证期限的申请，人民法院均负有相应的答复义务，即在不准许当事人提出延期举证申请的情况下，应当通知提出申请的一方当事人；在作出准许当事人提出延长举证期限申请的情况下，人民法院不仅应通知提出申请的一方当事人，还应当通知其他当事人。在通知采用的方式上，既可以采用书面方式，也可以采用口头方式。

（5）在人民法院准许当事人提出延长举证期限之后，当事人在延长的举证期限内提供证据仍有困难，并再次提出延长举证期限申请的，人民法院可以根据案件审理的具体情况决定是否准许再次延长举证期限，以尽可能避免因确有客观障碍在延长的举证期限内仍无法举证的当事人举证不能的后果。但为了防止对设立举证期限的初衷造成实质影响，人民法院对再次延长举证期限的申请理由应当适当从严把握。

（6）当事人有正当理由不能在举证期限内提供证据，可以申请人民法院延长举证期限。但在当事人因客观原因不能调查收集证据，而申请人民法院依职权调查取证的情况下，虽然法院调查所取得的证据最终归属于当事人的证据体系，但人民法院依其申请调查取证也应当有期限的限制，否则人民法院依当事人申请调查取证无法与举证期限制度协调运行。法院在合理的期限内如果未能收集到证据，则延长举证期限已无必要，故此时不适用举证期限的延长规定。

### 四、再次确定举证期限

（一）基本要义

民（商）事案件类型繁多，有的案件案情及法律关系相当复杂，虽然有时已经确定了争议焦点，但随着程序的推进也会有新的认识和重新确定或调整的必要；有些案件在诉讼中还会出现增加诉讼请求、变更诉讼请求、被告人提起反诉等情形，当事人之间在举证上的攻击与防御的次数也会随之出现反复，等等。这些情况在客观上都会导致对于举证期限的确定会出现两次或者两次以上的多次进行。另外，举证期限届满后，当事人对已经提供的证据，申请提供反驳证据或者对已经提供的证据的来源、形式等方面的瑕疵进行补正的，人民法院可以酌情再次确定举证期限。该期限不受第一审普通程序案件不得少于15日的限制。可见，再次确定举证期限的灵活性较强。

（二）我国有关法律及司法解释相关规定的理解与适用

《民事诉讼法解释》第99条第3款规定："举证期限届满后，当事人对已经提供的证据，申请提供反驳证据或者对证据来源、形式等方面的瑕疵进行补正的，人民法院可以酌情再次确定举证期限，该期限不受前款规定的限制。"

1.本条文系在举证期限届满后为保障举证人的证据补强权以及相对一方当事人的证据反驳权而作出的相关规定。尽管2019年《民事证据规定》第51条第3款在语言表述上对本条文作出了相应的调整与完善，但是，在实质内容上并无不同,即规定:"举证期限届满后,当事人提供反驳证据或者对已经提供的证据的来源、形式等方面的瑕疵进行补正的,人民法院可以酌情再次确定举证期限,该期限不受前款规定的期间限制。"

2. 在法理上,举证人的证据补强权是当事人举证权的一种从权利。举证人所收集和提交的证据在庭审过程中要先后经过对方当事人发表质证意见和法院对证据的审查判断,有关证据的真实性、关联性和合法性会受到不同程度的挑战与质疑,由于受到举证人主观和客观条件的限制,使得证据来源、形式等方面出现某种瑕疵有时在所难免,因此在程序上需要举证人随后加以补正。可见,为了强化程序的连续性和有机性,根据 2019 年《民事证据规定》第 54 条第 1 款规定,经当事人提出书面申请,由法院再次根据具体情况确定相应的举证期限,使得当事人能够及时行使这种证据补强权。基于这种目的,由法院再次确定举证期限,不仅是保障当事人的举证权全面、有效行使的需要,同时也有助于保障人民法院形成正确、合理的心证,以便在发现真实的基础上作出正确的裁判。

3. 在诉讼上,为支持其诉讼请求和事实主张,一方当事人享有提供证据的权利,而相对一方当事人提出抗辩主张的,享有提出反驳证据的权利。《民事诉讼法》第 67 条第 1 款确立了"谁主张、谁举证"的举证责任法则。该法则体现的是双方当事人各自负有的主观意义上的举证责任。在个案当中,对特定的待证事实而言,尽管客观举证责任始终归属于其中一方当事人,但主观举证责任却能够在双方当事人之间不断转换。实务中,在法院审理的全部民商事案件当中大约有 95% 的案件是根据当事人主观意义上的举证责任作出裁判的,可见,该种举证责任较具普遍性意义。在诉讼上,就特定的待证事实而言,鉴于客观举证责任始终归属于其中一方当事人,在法理上,该方当事人被称为本证当事人,而相对一方当事人被称为反证当事人。就某一特定的举证期限而言,其程序上的效力既溯及于本证当事人,也同样溯及于反证当事人。按照本条文旨意,当事人提供反驳证据具有相对性,即举证期限届满后,本证当事人根据反证当事人在举证期限内提供的反证享有提出相应反驳证据的权利;同时,反证当事人根据本证当事人在举证期限内提供的本证亦享有提出相应反驳证据的权利。根据 2019 年《民事证据规定》第 54 条第 1 款规定,在程序上,须经当事人提出书面申请,由法院再次根据具体情况确定相应的举证期限。

4.举证期限届满后,当事人对已经提供的证据,申请提供反驳证据或者对已经提供的证据的来源、形式等方面的瑕疵进行补正的,人民法院可以酌情再次确定举证期限。适用第一审普通程序审理的案件,该期限不受不得少于15日的限制;对当事人提供新的证据的第二审案件,该期限不受不得少于10日的限制;适用简易程序审理的案件,该期限不受不得超过15日的限制;对审理小额诉讼的案件,该期限不受一般不得超过7日的限制。可见,本条文所规定的再次确定举证期限具有较强的灵活性。

## 五、逾期提供证据

(一)基本要义

所谓逾期举证是指,在诉讼过程中如当事人超过举证期限所提供的证据能否被法院所接受以及在何种特定的情形下或经过何种程序而仍能够被法院所接受的一种特别制度。

如果仅从一种朴素的认识论角度来理解,当事人在举证期限内提出证据是当事人的诉讼权利,而超过举证期限将产生丧失这种提出证据权利的法律后果。如果说在举证期限过后仍允许当事人提供"新的证据""新证据""新发现的'老证据'",将对举证时限制度本身的强制效力造成致命的冲击。

在法律上,对于当事人逾期提供证据的行为,对其产生不利的法律后果,往往以其存在主观过错为必要条件。所谓当事人的主观过错,是指当事人从事某种行为时有意追求某种后果以及或者对该后果的发生存在懈怠、疏忽大意或者未尽必要的谨慎注意以便加以防范的心理状态。当事人的主观过错,一般分为故意、重大过失、一般过失和轻微过失。我国有关法律和司法解释对逾期举证的界定以及相应的处罚措施主要是针对当事人因主观上的故意或懈怠心理导致迟延举证的情形,而并非针对有关当事人逾期举证有客观原因的情形,主要涉及如下内容:(1)当事人逾期提供证据的,法院应当责令其说明理由,理由涉及其非因故意或者重大过失,法院认为理由成立的,可以接受和采纳该证据,并对当事人予以训诫；（2）当事人逾期提供证据的，法院在责令其说明理由的同时，必要时可以要求其提供相应的证据，法院认为涉及其非因故意或者重大过失理由成立且有证据证明的，可以接受和采纳该证据，并对当事人予以训诫；（3）当事人因故意或者重大过失逾期提供的证据，人民法院不予采纳，除非该证据与案件基本事实有关的，法院予以采纳的，应当依照《民事诉讼法》规定予以训诫、罚款；（4）当事人逾期提供证据的，法院责令其说明理由，如当事人拒不说明理由，可以不予采纳该证据；（5）当事人逾期提供证据的，法院责令其说明理由，如法院认为其理由不成立的，可以不予采纳该证据；（6）当事人因客观原因逾期提供证据，视为未逾期；（7）当事人逾期提供证据虽然没有客观原因，但对方当事人对逾期提供证据未提出异议的，视为未逾期；（8）人民法院对逾期提供证据的当事人处以罚款的，可以结合当事人逾期提供证据的主观过错程度、导致诉讼迟延的情况、诉讼标的金额等因素，确定罚款数额；（9）当事人一方要求另一方赔偿因逾期提供证据致使其增加的交通、住宿、就餐、误工、证人出庭作证等必要费用的，人民法院可予支持。

（二）我国有关法律及司法解释相关规定的理解与适用

1. 对当事人逾期提供证据处理的原则

《民事诉讼法》第68条第2款中规定："当事人逾期提供证据的，人民法院应当责令其说明理由；拒不说明理由或者理由不成立的，人民法院根据不同情形可以不予采纳该证据，或者采纳该证据但予以训诫、罚款。"

对本条文的理解与适用，应当掌握如下基本内容：

（1）对当事人未及时提供证据的，按照本条文的规定应当负有说明义务，即人民法院应当责令其说明理由，拒不说明理由或者理由不成立的，应当立即承担一定的法律后果，只有这样才能促进积极举证。从我国的实际情况来看，我国尚未能推行律师强制代理制度，有一部分民商事案件存在未能委托律师代理的情形；另外，从当事人调查收集证据的途径上而言，我国以对方当事人持有证据所负有的证明协力义务而迫使其提供相应证据的做法还处于初始阶段，而对根据有关举证人的请求由法院向诉讼外第三人发出提供证据命令的制度尚未进入出台的议事日程，并且对证人出庭作伪证的制裁还相当乏力，在这种社会背景条件下，对逾期提供证据的当事人处以严厉制裁的条件尚不具备。同时，民商事案件类型繁多，且个案具体情况差异较大，而能够证明有关待证事实的证据也千差万别，有的证据事关诉讼成败，有的证据涉及案件标的范围，有的证据仅起到辅助性证明作用。即使当事人逾期提供证据在主观上所存在的过错程度也各不相同，有的属于恶意拖延诉讼，有的因重大过失未能及时提供，有的属于一般懈怠而未能及时提供，有的因法律知识和诉讼能力上的欠缺导致逾期提供。因此，根据实事求是、区别对待、宽严相济原则，对复杂程度各不相同的案件、证明价值不同的证据、主观过失各异的当事人，令其所承担的法律后果也应当区别对待。因此，在法律上不宜作出统一的规定。

（2）《民事诉讼法解释》第101条规定："当事人逾期提供证据的，人民法院应当责令其说明理由，必要时可以要求其提供相应的证据。当事人因客观原因逾期提供证据，或者对方当事人对逾期提供证据未提出异议的，视为未逾期。"现行法律确立了证据适时提出主义，即强调当事人提供证据的及时性并明确了未能及时提供证据的法律后果。在具体适用程序上，如出现一方当事人未能及时提供证据的情形时，人民法院应当责令其说明理由。当事人是否具有正当理由，主要取决于其未能及时提供证据的原因是来自于主观方面还是客观方面。如果一方当事人未能及时提供证据系客观原因造成的，就应当视为该方当事人有正当理由；如果一方当事人未能及时提供证据系主观原因造成的，就应当视为该方当事人缺乏正当理由。在当事人逾期提供证据的情况下，法院应当责令当事人说明理由，这就意味着必须有对方当事人在场，以保障对方当事人享有发表意见的权利和机会。通过逾期提供证据当事人的说明和解释，加之对方当事人的反驳和质疑，以形成攻击与防御的架构，并进行相应的辩论，在法院仍无法形成必要的内心确信时，法院可要求一方或者双方当事人提供相应的证据，以便法院有效地对当事人逾期提供证据的理由是否能够成立作出明确判断。基于此，人民法院应当根据该方当事人的主观过错程度，即究竟是故意、重大过失、一般过失还是轻微过失这些不同情节，并结合个案的具体情况，可分别作出相应的处罚或制裁决定，其中包括不予采纳该证据，或者采纳该证据但予以训诫、罚款。实践中，有时确实发生了当事人逾期提供证据的客观事实，但符合《民事诉讼法解释》第101条第2款规定如下情形的则不发生逾期提供证据所应产生的法律后果：其一，因客观原因而逾期提供证据的。所谓客观原因既包括自然灾害等不可抗力所致的外力影响，也包括发生某种群体性社会事件以及其他并非提供证据的当事人自身所能控制的外界因素所致；其二，对方当事人对于逾期提供证据的行为并未提出异议的。实务上，对方当事人并未提出异议主要表现为如下两种情态：一是消极型的"未提出异议"，即明知或者应当知道举证人在举证期限届满之后提供了证据，但仍对其发表质证意见；二是积极型的"未提出异议"，即明知或者应当知道举证人在举证期限届满之后提供了证据，对方当事人不仅不提出异议，也在举证期限届满之后向法院提供了证据。其中，消极型的"未提出异议"，属于一种典型的当事人行使处分权主义的体现，对于当事人这种放弃诉讼利益的行为，人民法院应当予以必要的尊重；而积极型的"未提出异议"，这属于当事人无形中达成了一种证据契约的行为，体现了当事人合意下的程序自治，法院对此不应实行国家干预主义，而应当尊重这种程序上的意思自治及程序选择权。实践中，与此相关的情形有可能是多种多样的，例如，有时原告虽然明知被告提供的证据材料已超过举证时限，但是认为被告所提供的这些证据材料中的一部分有助于证明自己事实主张时，进而在庭审中发表了质证意见；有时一方当事人虽明知对方当事人提供的证据材料已超过举证时限，但在发表质证意见之前，要求对方当事人承诺对其在此之后所提供的某一证据材料也要发表质证意见作为交换条件；有时双方当事人所提供的证据材料均已超过举证时限，但都不拒绝发表质证意见，等等，诸如此类的情形不一而论。可见，我国现行的举证时限制度是具有一定伸缩度和运用空间的，并不对当事人正常提供证据材料造成障碍。

（3）按照本条文的规定，当事人逾期提供证据的，人民法院应当责令其说明理由，当事人应当向人民法院说明其逾期提供证据的理由。例如，该证据是在举证期限届满后才发现，有关证人是在举证期限届满后才从国外回国的，等等。人民法院经审查核实后，如果认为当事人提出的理由成立，对人民法院提供的逾期证据应当予以采纳，对该当事人不予以处罚。如果当事人拒不说明逾期提供证据的理由，或者人民法院经审查后认为当事人提出的理由不能成立的，应当根据不同情形加以处理，既可以不予采纳该证据，也可以采纳该证据，但在采纳该证据的情形下，应当对当事人予以训诫、罚款。这些不同情形，包括该证据在证明案件待证事实上的证明价值、当事人主观过错的大小与是否属于主观恶意、逾期提供证据造成的损失等，人民法院应当在充分考虑案件的总体情况与具体情形基础上作出合理的判断。

2. 对有关"新的证据"的处理

《民事诉讼法》第142条第1款规定："当事人在法庭上可以提出新的证据。"同时，《民事诉讼法》第211条第1款规定："有新的证据足以推翻原判决、裁定的"，当事人申请再审的，人民法院应当再审。

对上述条文的理解与适用，应当掌握如下基本内容：

（1）根据本条文的规定，当事人为证明其事实主张向法院提供证据是其一项重要的诉讼权利。当事人既可以在起诉和受理阶段提供证据，也可以在法院审理前的阶段提供证据，同样，在法庭审理阶段也有权提供新的证据。在法庭辩论阶段，如果发现当事人提出了新的证据，就应当将辩论阶段转换为调查阶段，等到审判人员对当事人所提出的新的证据进行调查核实完毕之后，再恢复进行法庭辩论。为此，《民事诉讼法解释》第231条规定："当事人在法庭上提出新的证据的，人民法院应当依照民事诉讼法第六十八条第二款规定和本解释相关规定处理。"据此，当事人负有及时提供证据的义务，在诉讼上，当事人应当根据案件审理情况，在合理、适当的期限内对自己的主张提供证据加以证明。人民法院应当根据当事人的主张和案件审理情况来确定举证期限，并向当事人说明举证的要求及其法律后果，促使当事人在合理期限内积极、全面、正确、诚实地完成举证。人民法院要按照案件审理的情况，可以根据诉讼的阶段性对所需要的特定的证据相继确定相应的举证期限，而并不是对整个案件所需要的全部证据一并确定一个举证期限。随着程序的不断推进，且随着当事人的举证以及当事人之间的质证和法官心证之间的交互作用，会不断产生对当事人提供新的证据的期待与需要，以保障促进法院逐渐形成正确、合理的心证。

（2）从大陆法系各国的立法例及审判实务来看，几乎没有一个国家完全禁止当事人逾期提供的证据，各国的立法者在解决举证期限这一问题上，几乎都是将程序的硬性与弹性之间寻找最佳折中点作为一种理性的选择。这是一种双向价值选择问题，即在发现真实与恪守程序二者之间如何加以权衡。另外，在诉讼上，诉讼请求的增加或者变更，当事人提出反诉，一审法院、二审法院及再审法院在争点认识上发生变化,或者在证据评价上发生变化等原因,都有可能对于当事人收集、调查证据和举证产生实质性的影响。在我国民事审判实务中,以下情形通常认为系诉讼上所出现的新的证据:①在举证期限届满后,当事人收到对方的证据后提出新的证据进行反驳的;②当事人在一审举证期限届满后发现的新的证据,或者最新认识到的具有关联性的证据;③在一审庭审结束后发现的新的证据,或者最新认识到的具有关联性的证据;④当事人在一审举证期限届满前,申请人民法院调查取证未获准许,二审法院经审查认为应当准许并依当事人申请调取的证据;⑤在再审程序中,当事人在原审庭审结束后发现的新的证据,或者最新认识到的具有关联性的证据;⑥因客观原因逾期未能提供的证据,且不审理该证据可能导致裁判明显不公的,可视为新的证据;⑦因法院主观上的局限性而此前未能予以采信的,且事后发现不采纳该证据可能导致裁判明显不公的,可视为新的证据;⑧因一审法院、二审法院及再审法院在争点认识上发生变化,导致当事人不得不收集调查和提供新的证据;⑨因一审法院、二审法院及再审法院在证据评价上发生变化,导致当事人不得不补充收集和补充提交新的证据。

(3)《民事诉讼法解释》第 385 条规定:"再审申请人提供的新的证据,能够证明原判决、裁定认定基本事实或者裁判结果错误的,应当认定为民事诉讼法第二百零七条第一项规定的情形。对于符合前款规定的证据,人民法院应当责令再审申请人说明其逾期提供该证据的理由;拒不说明理由或者理由不成立的,依照民事诉讼法第六十八条第二款和本解释第一百零二条的规定处理。"在诉讼上,只有当再审申请人提供的新的证据能够证明原审判决、裁定认定的基本事实或者裁判结果错误的,该证据才可以被认为是"足以推翻原判决、裁定"。反之,如果再审申请人提供的新的证据只是证明原判决、裁定存在一般瑕疵或缺陷就不应当认为达到了足以推翻原判决、裁定的程度。在审判上,是否能够达到足以推翻原判决、裁定的程度,取决于法院是否形成了这种内心确信。而所谓的基本事实,是指对原判决、裁定的结果有实质性影响,用以确定当事人主体资格、案件性质、具体权利义务和民事责任等主要内容所依据的事实。在再审审查阶段就把握"足以推翻"的内心确信标准问题上,应坚持功能区别化原则,即申请再审审查阶段的主要目的是审查生效裁判是否具备法定的再审事由，而不能以再审审理的功能取代再审审查的功能，也不能将再审审理的目的与再审审理的目的合二为一。因此，在再审审查阶段，对于"足以推翻"这种内心确信标准的把握上，不能千篇一律地要求只要出现了新的证据就必须推翻原判决、裁定，应当以或然性的因果关系代替必然性的因果关系，应当充分发挥法院据情裁量的作用与功能，防止出现本应进行再审的案件没能正常进入再审程序，或者使再审审理程序呈现形式化、教条化的倾向。根据《民事诉讼法》第68条和《民事诉讼法解释》第385条规定，再审申请人未能在原审提交证据的，人民法院应当责令其说明理由，当事人应当向法院说明其未在原审提交证据的理由。再审当事人拒不说明理由或者理由不能成立的，人民法院根据不同情形可以不予采纳该证据或者采纳该证据但作出予以训诫、罚款处理。再审申请人未在原审提交证据，在申请再审阶段提交新的证据的，仍适用《民事诉讼法》第68条规定，根据理由是否成立的不同情形作出相应处理，以便将民事诉讼法对各个阶段新的证据的法律适用做到一体遵行。对再审申请人提交的新的证据是否采纳，人民法院依据再审申请人所说明的理由，据情作出判定。凡认为再审申请人提出的理由成立的，法院对再审申请人提供的新的证据应当予以采纳，对该再审申请人不予处罚；如再审申请人拒不说明在原审未提交证据的理由，或者人民法院经审查认为再审申请人在原审未提交证据的理由不能成立的，应当根据该证据在证明待证事实上的证明价值、在原审未提供证据所造成的损害等具体情形作出相应的处理，即可以不予采纳该证据，或者采纳该证据，但对当事人予以训诫、罚款。鉴于《民事诉讼法》第68条所确定的举证期限制度并非一概否定逾期提交的证据，而是根据逾期提交证据是否具有正当的理由来分别加以处理。因此，对当事人在申请再审阶段提交的证据，应当先判断其是否能够足以推翻原判决、裁定，然后再判断再审申请人未在原审提供证据的理由是否成立。《民事诉讼法》第214条规定："当事人申请再审，应当在判决、裁定发生法律效力后六个月内提出；有本法第二百零七条第一项、第三项、第十二项、第十三项规定情形的，自知道或者应当知道之日起六个月内提出。"据此，以新的证据等四种事由申请再审的，申请再审的期限从知道或者应当知道之日起算，而以其他九项事由申请再审的，申请再审期间从判决、裁定发生效力之日起算。审判实践中，有的当事人明知申请再审期限已过，却在许多事由的基础上附加涉及新的证据的事由，试图规避申请再审期限。为此，在当事人以新的证据事由申请再审，尤其是在判决、裁定发生法律效力6个月后提出再审申请的，在受理案件时就应当对新的证据进行适度审查。在程序上，一般应要求再审申请人以书面形式说明知道或者应当知道该新的证据的时间，并附加说明该证据为新的证据的理由；而在案件受理阶段，不宜对新的证据审查把关过于严格，以保障当事人申请再审的权利，同时也不能不加以审查，而使得法律有关申请再审期限的规定成为一纸空文。对当事人与新的证据事由一并提出的其他超过申请再审期限的事由则不予审查。

（4）《民事诉讼法解释》第386条规定："再审申请人证明其提交的新的证据符合下列情形之一的，可以认定逾期提供证据的理由成立：（一）在原审庭审结束前已经存在，因客观原因于庭审结束后才发现的；（二）在原审庭审结束前已经发现，但因客观原因无法取得或者在规定的期限内不能提供的；（三）在原审庭审结束后形成，无法据此另行提起诉讼的。再审申请人提交的证据在原审中已经提供，原审人民法院未组织质证且未作为裁判根据的，视为逾期提供证据的理由成立，但原审人民法院依照民事诉讼法第六十八条规定不予采纳的除外。"据此，在诉讼上，对在原审庭审结束前已经存在，因客观原因在庭审结束后才发现的证据，在原审庭审结束前已经发现，但因客观原因无法取得或者在规定的期限内不能提供的证据，以及在原审庭审结束后形成的，无法据此另行提起诉讼的证据，均可认定该逾期提供证据的理由成立。而对于那些在原审中已经提供，原审人民法院未组织质证且未作为裁判根据的证据，可以视为其逾期提供证据的理由成立，但原审人民法院根据《民事诉讼法》第68条规定不予采纳的除外。因为这种情形与前述三种情形毕竟存在较大差异，这是因为，尽管当事人已经在原审诉讼中提交了证据，但因为人民法院的原因而未予质证，因当事人在此情形下对逾期提交证据不具有可归责性，因此，视为逾期提供证据的理由成立。但是，如果属于原审人民法院依据《民事诉讼法》第68条规定未予采纳的证据，即使未组织质证且未作为裁判依据，也不应视为逾期提供证据的理由成立。为此，在申请再审阶段，再审申请人以原审人民法院未组织质证且未作为裁判依据为由，要求将该证据作为再审中新的证据以便启动再审程序的，人民法院不应予以支持。在再审程序中，再审审查的对象是生效裁判，对证据的审核应当采取更为严格的标准，以维护程序的既判力及稳定性，而不能仅因当事人自身主观原因未在原审程序中提供证据作为逾期举证理由成立的依据。对此，《民事诉讼法》第68条已经对当事人因自身原因逾期举证的行为提供了相应的救济途径，即只要当事人就逾期举证说明了理由且理由成立，或者理由虽不成立但当事人承受了训诫、罚款的处罚之后，其逾期提供的证据仍可以被采信。当事人逾期提供证据理由成立的情形应限定为当事人因客观原因所致。根据《民事诉讼法解释》第395条规定："人民法院根据审查案件的需要决定是否询问当事人。新的证据可能推翻原判决、裁定的，人民法院应当询问当事人。"在诉讼上，如果法院认为新的证据不足以推翻原判决裁定的，就无需对当事人一方或者双方进行询问，对于当事人询问的目的，是考虑到将会有助于认定是否符合《民事诉讼法》第211条第1项所规定新的证据之事由。人民法院决定对当事人进行询问，一般应当在询问5日前将询问的时间、地点、联系人及联系方式通知当事人。通知的方式可以是电话等，也可以采用传票方式通知。通知当事人询问时，可以告知其补充证据材料。询问既可以由审判长主持，全体合议庭成员参加，也可以由承办法官主持。询问结束后，应由书记员制作笔录，由参加询问的当事人核对无误后逐页签名确认。

（5）对于因再审申请人或者申请检察监督当事人的过错未能在原审程序中及时举证所导致产生相关费用的负担，《民事诉讼法解释》第409条规定："当事人提交新的证据致使再审改判，因再审申请人或者申请检察监督当事人的过错未能在原审程序中及时举证，被申请人等当事人请求补偿其增加的交通、住宿、就餐、误工等必要费用的，人民法院应予支持。"

3. 对逾期提供证据的处理

《民事诉讼法解释》第102条规定："当事人因故意或者重大过失逾期提供的证据，人民法院不予采纳。但该证据与案件基本事实有关的，人民法院应当采纳，并依照民事诉讼法第六十八条、第一百一十八条第一款的规定予以训诫、罚款。当事人非因故意或者重大过失逾期提供的证据，人民法院应当采纳，并对当事人予以训诫。当事人一方要求另一方赔偿因逾期提供证据致使其增加的交通、住宿、就餐、误工、证人出庭作证等必要费用的，人民法院可予支持。"

对本条文的理解与适用，应当掌握如下基本内容：

（1）《民事诉讼法》第 68 条对举证期限及其逾期提供证据的有关规定具有纲领性意义，即当事人应当在举证期限内及时提供证据；如果在该期限内提供证据确有困难的，可以向人民法院申请延长期限；当事人未能在该期限内及时向法院申请延长期限，而在举证期限届满后提供证据的，人民法院应当责令其说明理由；如果拒不说明理由或者理由不能成立，其将面临的后果是：证据不被采纳，或者即便证据被采纳但遭受训诫、罚款的处罚。本条文是对该规定中逾期提供证据内容的具体化和必要延伸，使其更具可操作性。

（2）对于当事人逾期提供证据的处理，应当根据主观过错程度分别适用不同的责任承担及后果。相对应的指导思想是，如果是属于客观原因导致妨碍当事人在举证期限内提供证据的，构成免于承担不利后果的免责事由。对于当事人逾期提供的证据，人民法院不予采纳的，应当以当事人在主观上有故意或者重大过失为必要条件。这是一种原则性的规定。为了保障真实的发现和裁判上的实体公正，作为一种对该原则的必要妥协和例外，如果该证据能够足以证明案件基本事实（即要件事实）存在与否的，人民法院应当予以采纳，但作为一种替代性的处理，依照《民事诉讼法》第 68 条、第 118 条第 1 款规定据情作出训诫、罚款的处罚。即对个人罚款金额，为人民币 10 万元以下；对单位的罚款金额，为人民币 5 万元以上 100 万元以下。这就意味着，在当事人于主观上有故意或重大过失的条件下，如果当事人逾期提供的证据能够足以证明案件基本事实（即要件事实）的存在与否，即直接决定当事人在诉讼上的成败与否（更确切地讲，系就某一个案件涉及的特定诉讼请求所依据基本事实的成立与否）的，即便该证据存在逾期提供上的程序性瑕疵，但并不妨碍法院将其作为裁判的依据；但是，在当事人于主观上有故意或重大过失的条件下，如果当事人逾期提供的证据并非用于证明案件基本事实（即要件事实）的存在与否，而是用于证明与案件待证事实有关的间接事实、辅助事实的，法院则对该证据不予采纳。

（3）按照本条文的规定，"当事人因故意或者重大过失逾期提供的证据，人民法院不予采纳"，也即，当事人逾期提供证据，只有在其主观过错达到故意或者重大过失程度时，人民法院才不予采纳，除非该证据与案件基本事实有关，但当事人逾期提供证据，如果其主观过错并未达到故意或者重大过失程度而仅

· 907 ·

达到一般过失或者轻微过失程度时，则不受这一规定的限制。即对于当事人逾期提供的证据，因主观过错仅达到一般过失或者轻微过失程度时，人民法院对该证据仍予以采纳，而无论该证据是否与案件基本事实有关，即无论该证据是否能够足以证明案件基本事实（即要件事实）的存在与否，也无论该证据所涉及的证明对象是否系基本事实（即要件事实）、间接事实或者辅助事实。但因当事人主观过错仅达到一般过失或者轻微过失程度，人民法院对该证据仍予以采纳的情况下，应当对当事人予以训诫处罚。

（4）2019年《民事证据规定》第59条规定："人民法院对逾期提供证据的当事人处以罚款的，可以结合当事人逾期提供证据的主观过错程度、导致诉讼迟延的情况、诉讼标的金额等因素，确定罚款数额。"人民法院对逾期提供证据的当事人处以罚款的，应当在《民事诉讼法》第118条规定的限额内，结合当事人逾期提供证据的主观过错程度、导致诉讼迟延的情况、诉讼标的金额等因素，确定罚款数额。其中，主观过错程度通常包括故意、重大过失、一般过失和轻微过失。而所谓故意，是指当事人明知或者应当知道逾期举证将会导致诉讼拖延，损害法院的司法权威及公法利益以及对方当事人的程序利益，但仍然希望或追求这种结果的发生；所谓重大过失，是指当事人虽然意识到逾期举证将会造成相关后果，但在主观上则放任或者懈怠这种结果的发生。相较而言，重大过失在主观恶性上显然比故意更为低度，因此，对其罚款数额可以相应减少。实务中，尽管在某种程度上故意和重大过失之间难以区分，但二者之间显然存在相对明显的边界，对此，可根据当事人的举证能力以及获取证据的难易程度等来加以确定。所谓"导致诉讼迟延的情况"，是指当事人逾期提供证据将对诉讼程序的正常推进和有序进行所造成的实质性影响。诉讼迟延不但会造成当事人诉讼成本的增加，也会耗费司法资源和造成诉累，尤其是导致有关案件无法在法定审理期限内正常审结，严重妨碍当事人实体权利及时实现。如果从迟到的正义并非一种正义的认识观来理解的话，那么，因当事人逾期提供证据导致诉讼发生严重迟延，系从损害诉讼效率的角度对司法公正造成负面影响。所谓诉讼标的金额因素，是指应当在《民事诉讼法》第118条规定的限额内根据涉案诉讼标的金额大小按照比例原则和"罚当其罪"的理念综合确定具体的罚款数额，使罚款数额真正起到震慑作用，防止畸高或畸低情况的出现。

（5）当事人逾期提供证据在主观过错上无论达到何种程度，均不能免除对方当事人要求其赔偿相应损失的责任。对方当事人要求其赔偿因逾期提供证据导致其所增加的交通、住宿、就餐、误工、证人出庭作证等必要费用的，人民法院可予支持。对方当事人向其主张损害赔偿的责任，并非基于诉讼法上的公法责任，而是基于民事实体法律关系上的损害赔偿侵权责任。

## 六、案例实务与问题解析

### 案例一　被告能否在庭审后补充提交证据

〔基本案情〕

原告李某起诉称，其与蒋某、杨某、程某三被告合伙经营某包装材料厂，约定各投资3.5万元，但因被告程某及杨某未缴足投资款，加之生产资金缺乏，原告不得不另行投入资金7万多元。根据合伙协议，此款系原告额外投资，原告要求合伙人共同承担该协议外的投资。原告李某为证明自己所主张的事实，在法院开庭审理中提出自己的相关投入资金的票据19张及三被告投资数额账目。而被告杨某则辩称，原告所诉的投资款额属实，但本人投入的资金也超过了本人应缴份额。可杨某当庭未能提出反驳证据，而是在庭审结束后向法院提出自己投入资金的票据若干张。

〔焦点问题〕

该案发生在十多年以前，当时适用的是2001年《民事证据规定》。在本案中，被告能否在庭审后补充提交证据？

〔问题解析〕

2001年《民事证据规定》第3条第1款规定："人民法院应当向当事人说明举证的要求及法律后果，促使当事人在合理期限内积极、全面、正确、诚实地完成举证。"同时，2001年《民事证据规定》第36条规定："当事人在举证期限内提交证据材料确有困难的，应当在举证期限内向人民法院申请延期举证，经人民法院准许，可以适当延长举证期限。当事人在延长的举证期限内提交证据材料仍有困难的，可以再次提出延期申请，是否准许由人民法院决定。"在本案庭审中，原告李某当庭提出其相关投入资金的票据19张及三被告投资数额账目，如果开庭之日仍在举证期限之内，在被告杨某提出抗辩主张认为其投入的资金也超过本人应缴份额时，法院应当根据有关规定向被告杨某释明，其应当在举证期限内及时提出相应的证据，或者及时提出申请延期举证；在法院并未确定争议焦点的情况下，如果原告李某当庭提交证据，法院认为有助于查明案件事实，其他当事人也并未提出异议的，[①]那么被告杨某同样有权在庭后提出相应的反驳证据。关于当事人在庭后补充提交反驳证据，2001年《民事证据规定》并未作出相应的规定，而只是对庭前证据交换后当事人提出反驳证据在其第40条第1款中作出了相应的规定，即"当事人收到对方交换的证据后提出反驳并提出新证据的，人民法院应当通知当事人在指定的时间进行交换"。但是这一规定并不适用于本案情况。而2019年《民事证据规定》第51条第2款则对举证期限届满后，当事人提供反驳证据等作出了明确规定，即"举证期限届满后，当事人提供反驳证据或者对已经提供的证据的来源、形式等方面的瑕疵进行补正的，人民法院可以酌情再次确定举证期限，该期限不受前款规定的期间限制"。同时，2019年《民事证据规定》第52条针对实践中所出现的举证期限内提供证据存在客观障碍情形作出了明确规定，即："当事人在举证期限内提供证据存在客观障碍，属于民事诉讼法第六十五条[②]第二款规定的'当事人在该期限内提供证据确有困难'的情形。前款情形，人民法院应当根据当事人的举证能力、不能在举证期限内提供证据的原因等因素综合判断。必要时，可以听取对方当事人的意见。"这一规定符合审判实践的需要，且具有高度的可操作性。从实际需要和合理性而言，在本案中，对于被告杨某在庭后补充提出的反驳证据，法院应当通知其他当事人在合理期限内提出质证意见。鉴于被告杨某提供的证据与本案基本事实的认定密切相关，如果在本案中不审理该证据将导致裁判明显不公，而法院告知被告杨某另行起诉，很有可能违反"一事不再理"原则，增加当事人的诉讼成本，或者导致形成不同法院的裁判之间相互冲突。

---

[①] 2001年《民事证据规定》第34条第2款规定："对于当事人逾期提交的证据材料，人民法院审理时不组织质证。但对方当事人同意质证的除外。"

[②] 现为《民事诉讼法》（2023年修正）第68条。

## 案例二 如何看待当事人申请延期举证的权利

〔基本案情〕

2003年12月23日,原告甲公司与被告乙公司签订《烤漆件加工协议》,约定对产品名称为168主体、950、GF系列、6kW进行喷丸、烤漆加工,对168外罩进行磷化、烤漆;加工费单价分别为1.00元/件、3.20元/件、4.40元/件、9元/件、1.00元/件;验收标准,均以主机厂验收合格为准,运输费用由乙方承担;加工价为含税价,结算方式为挂账付款,付款率不低于60%,合作过程中如有争议,双方协商解决,双方均在协议上加盖了公章。协议签订后,甲公司为乙公司加工,2004年1月至4月,乙公司提供给甲公司的挂账明细表,乙公司应付甲公司加工费128411.6元,因部分样件未计算加工费,甲公司于2004年2月25日、3月25日、5月8日,开具了总金额为128336.60元加工费的增值费发票给乙公司,乙公司收票后分别于2004年3月25日、4月25日、5月30日共支付加工费84871.90元给甲公司。乙公司尚欠甲公司加工费43464.70元未付。为此,甲公司向法院起诉,要求被告乙公司给付加工费43464.70元并要求给付违约金。对此,被告乙公司辩称:乙公司将甲公司加工的GF系列产品供给丙公司,丙公司于2004年6月10日向乙公司下发了处罚通知,内容为"乙公司:你司于2004年3月25日送给我司的2kW和5kW消声器,我司于2004年6月1日检测时,发现烤漆有严重质量问题,烤漆高温不够,同时烤漆严重脱落,给我司造成了严重损失。我司按照合同有关规定对你司处以5000元的违约罚款,并扣除50000元货款赔偿损失。以上两项共计55000元已从本月货款中扣除。希迅速整改"。同日,丙公司开具了收到乙公司支付的质量罚款55000元的收据。

随之,乙公司提起反诉,要求甲公司赔偿损失55000元。在本案的反诉中,乙公司举示丙公司的处罚通知(注:此证据形成于本诉受理后)以证明甲公司产品存在质量问题,并在庭审中陈述:未清点存在质量问题的加工件数量,也没有测试报告,由丙公司自行整改后组装成产品,已无法进行鉴定。对此,甲公司提出了抗辩,认为从催收欠款直到起诉之日,乙公司没有提出产品存在质量问题,所谓的不合格加工件也未共同封存、共同送检,加工件已由丙公司验收并实际使用。乙公司提出甲公司加工件有质量问题的证据不充分，其反诉请求不能成立。

〔意见分歧〕

对于本案如何处理，存在如下两种观点：

一种观点认为，对反诉原告乙公司要求反诉被告甲公司赔偿损失的反诉请求，因甲公司与乙公司在《烤漆件加工价格协议》中对 GF 系列产品的验收标准仅约定为无光黑漆、耐温，以主机厂验收合格为准，双方对质量验收标准、期限及方式约定不明确，对主机厂是谁亦未明确约定，之后双方又未补充协议约定。双方对质量问题约定不明确，均有一定过错。丙公司对乙公司供给的甲公司加工的 GF 系列消声器的烤漆质量的检测结果，应视为甲公司为乙公司加工的 GF 系列消声器质量是否合格的依据。丙公司对乙公司因 GF 消声器烤漆质量问题而处以质量罚款 55000 元，因甲公司与乙公司在加工协议中对质量问题约定不明确，均有一定过错，对这一损失，应由甲公司与乙公司共同分担。故对乙公司反诉要求甲公司赔偿损失的反诉请求，应当部分予以支持。

还有一种观点认为，尽管乙公司在举证期限届满后提出了部分证据以证明甲公司所供产品存在质量问题，但甲公司以乙公司所举证据超过举证期限，不予质证，法院亦不能作为证据使用，因此，乙公司提出甲公司加工件有质量问题的证据不充分，其反诉请求应予驳回。

〔问题解析〕

本案中，上述第一种观点尽管未直接提及乙公司逾期举证问题，但从其对案件事实认定中援引了乙公司举证期限届满后提交的部分证据情况来看，应视为其并不认为这些证据存在不能使用的问题。而第二种观点则恰恰相反，它认为，鉴于甲公司以乙公司所举证据超过举证期限为由拒绝发表质证，故法院亦不能对这些证据加以使用。根据 2001 年《民事证据规定》第 36 条规定："当事人在举证期限内提交证据材料确有困难的，应当在举证期限内向人民法院申请延期举证，经人民法院准许，可以适当延长举证期限。当事人在延长的举证期限内提交证据材料仍有困难的，可以再次提出延期申请，是否准许由人民法院决定。"

审判实践中，尽管在举证期限内当事人享有向法院申请延期举证的权利，但多年以来，当事人的这种权利意识十分淡薄，造成失权的情形比比皆是，应当引起广泛关注。本案中，如果仅仅按照 2001 年《民事证据规定》，对于乙公司在举证期限内未能及时向法院提出延期举证申请，而在举证期限届满后再加提出相关证据，在对方当事人甲公司拒不发表质证意见的情况下，法院拒绝对于这些证据加以利用，符合 2001 年《民事证据规定》的有关要求。但是，从合理性上而言，却存在一定的问题。这是因为，在第一次开庭审理过程中，为支持其反诉请求，乙公司也认识到其已提供的证据的证明力仍存在不足之处，需要进一步补强。但是，乙公司忽略了 2001 年《民事证据规定》的有关要求，即应当及时在举证期限内向法院提出延期举证申请，①导致对方当事人拒绝发表质证意见情形的出现。针对这种情形，《民事诉讼法解释》第 99 条第 3 款规定："举证期限届满后，当事人对已经提供的证据，申请提供反驳证据或者对证据来源、形式等方面的瑕疵进行补正的，人民法院可以酌情再次确定举证期限，该期限不受前款规定的限制。"因此，这一规定显得更为科学、合理。

## 案例三　当事人补充提交证据是否属于逾期举证行为

〔基本案情〕

陈某系农村户籍，在城镇工作期间被外地的司机李某驾驶的货车撞残。因赔偿事宜，陈某将李某以及保险公司诉至法院，要求李某以及保险公司按照城镇标准赔偿陈某各项损失共计 30 余万元。庭审中，陈某提供的证据尚不足以证明其赔偿损失能够按城镇标准计算。于是在第一次庭审后，陈某补充提供了其他有利的证据进一步补强。在第二次庭审中，由外地过来出庭的李某提出，要求陈某赔偿因逾期举证导致李某增加的交通费、住宿费等各项损失。

〔意见分歧〕

针对李某在诉讼中提出要求陈某赔偿因逾期举证导致的费用如何处理的问题，存在以下不同的意见：

---

① 在许多情况下，在审理前准备阶段所确定的举证期限在开庭审理时已经届满，而只有在开庭审理时所确定的举证期限，有关当事人认为有必要时向法院申请延期举证，才存在实际的可能性。

第一种意见认为，李某增加的诉讼费用系因陈某逾期举证导致，在李某承担的责任金额中予以扣减这笔费用，无需李某另行主张。

第二种意见认为，李某在诉讼中提出该项主张，系新的请求，应作为一个新的诉讼来处理，李某需另行主张。

第三种意见认为，本案中，李某在证据质证中提出就陈某逾期举证导致增加的诉讼费用，要求陈某赔偿，系一项抗辩的主张，法院可以在本诉中予以处理。

〔问题解析〕

本案中，陈某向法院起诉，要求被告李某以及保险公司按照城镇标准赔偿陈某各项损失共计30余万元。庭审中，陈某提供的证据尚不足以证明其赔偿损失能够按城镇标准计算。可见，在法院的裁判心证当中，原告陈某虽然提供了相关证据，但有关证据的证明力尚不足以证明其事实主张。事实上，这种情形在诉讼过程中是一种常见的现象，也是一种正常的诉讼现象。在合议制审理条件下，即使不同的法官之间对双方提供证据的证明力也会产生不同的认识，而在独任制审理条件下，法官与当事人及其律师之间对有关证据的证明力也常常会有不同的见解。本案中，原告陈某虽然在举证期限内提供了相关证据，但在庭审过程中，法院及时向原告公开心证，表示其有必要进一步提供证据，以补强其现有证据证明力不足问题。对此，《民事诉讼法解释》第99条第3款规定："举证期限届满后，当事人对已经提供的证据，申请提供反驳证据或者对证据来源、形式等方面的瑕疵进行补正的，人民法院可以酌情再次确定举证期限，该期限不受前款规定的限制。"①另外，设置举证期限的目的是促使有关当事人及时提供相关证据，以保障法院审判的公正与效率。因此，有关法律和司法解释对逾期举证的界定以及相应的处罚措施主要是针对当事人因主观上的故意或懈怠心理导致迟延举证的情形，而并非针对有关当事人逾期举证有客观原因的情形。对此，《民事诉讼法解释》第101条第2款规定："当事人因客观原因逾

---

① 2019年《民事证据规定》第51条第3款规定："举证期限届满后，当事人提供反驳证据或者对已经提供的证据的来源、形式等方面的瑕疵进行补正的，人民法院可以酌情再次确定举证期限，该期限不受前款规定的期间限制。"

期提供证据,或者对方当事人对逾期提供证据未提出异议的,视为未逾期。"①本案中,原告陈某在举证期限内向法院提供了相关证据,而在庭审过程中,法院认为原告陈某提供的证据并不充分,需要进一步补强,这种情形是原告此前(在举证期限内)在主观上所无法预期的,并且这属于一种常见的诉讼现象。这是因为,在法理上,对于证据价值的判断,并非当事人的责任和权能,而这项责任和权能在任何情况下均属于法院所专有,并且不受当事人态度的左右。②因此,属于一种客观原因。《民事诉讼法解释》第102条规定:"当事人因故意或者重大过失逾期提供的证据,人民法院不予采纳。但该证据与案件基本事实有关的,人民法院应当采纳,并依照民事诉讼法第六十八条、第一百一十八条第一款的规定予以训诫、罚款。当事人非因故意或者重大过失逾期提供的证据,人民法院应当采纳,并对当事人予以训诫。当事人一方要求另一方赔偿因逾期提供证据致使其增加的交通、住宿、就餐、误工、证人出庭作证等必要费用的,人民法院可予支持。"本案中,原告陈某根据法院的要求在第一次庭审结束后补充提交证据,并不属于《民事诉讼法解释》第102条规定的所谓逾期提供证据行为,在主观上也更不具备何种故意或者重大过失。因此,在第二次庭审中,被告李某提出要求陈某赔偿因逾期举证导致李某增加的交通费、住宿费等各项损失,法院应当依法不予支持。

上述三种观点,尽管在主张采取的处理方式或程序上有所不同,但都一致认为,原告陈某在第一次庭审结束后补充提交证据,属于逾期举证行为,这实质上是对于《民事诉讼法解释》第102条的误读,与设立举证期限制度的初衷相违背,显然是不妥当的。

---

① 2019年《民事证据规定》第52条规定:"当事人在举证期限内提供证据存在客观障碍,属于民事诉讼法第六十五条(即现行《民事诉讼法》第六十八条——笔者注)第二款规定的'当事人在该期限内提供证据确有困难'的情形。前款情形,人民法院应当根据当事人的举证能力、不能在举证期限内提供证据的原因等因素综合判断。必要时,可以听取对方当事人的意见。"

② 参见[日]三月章:《日本民事诉讼法》,汪一凡译,我国台湾地区五南图书出版公司1997年版,第186页。

## 案例四　二审法院能否接受一审程序结束后产生的证据

〔基本案情〕

原告苟某与被告何某合伙时向陈某借款30万元。后经双方的合伙协议约定：该笔借款由何某偿还。嗣后，因陈某索款无果而将苟某、何某起诉于甲法院，甲法院判决确定苟某、何某分别偿还陈某借款本息的一半并互负连带责任。判决发生法律效力后，苟某在未履行该判决确定的义务的情况下以合伙协议纠纷将何某起诉至乙法院，要求判令何某向其支付甲法院判决确定的由其偿还陈某的借款本金及利息。乙法院以苟某未履行甲法院判决确定的给付借款本息的义务，不具备偿还债务超过自己应承担数额这一情形，判决驳回了原告苟某的诉讼请求。苟某不服，提起上诉。在一审程序结束后，苟某与债权人陈某、第三人某公司共同达成债务转让协议，将甲法院判决确定的苟某应付陈某借款本息的一半转让于某公司，由某公司偿还，从而履行了义务。二审开庭前，苟某将债务转让协议及甲法院出具的苟某已履行其应尽的义务的证明作为新证据提交，请求支持其上诉请求。

〔意见分歧〕

对于苟某提交的债务转让协议及甲法院出具的证明是否属于"新证据"，有如下三种不同意见：

第一种意见认为，此证据属一审庭审结束后显现的证据，是新发现的证据，因而应属"新证据"，该"新证据"导致一审认定事实发生了重大变化，因而本案应发回重审或直接撤销原判并改判。

第二种意见认为，苟某在二审中提交的证据是一审审判后新发生的证据，虽然"新"，但该证据不属"新发现"范畴，因此该证据不是二审"新证据"，不能作为二审处理的依据。

第三种意见认为，本案争议的证据从时间上看，出现在一审庭审结束后，看似"新"的证据，但苟某与他人债务转让的事实及反映该新事实的债务转让协议均出现于一审庭审结束后二审审理期间，它不属原审裁判所涉事实的反映，而属新发生的事实及因新发生的事实而发生或产生的新证据。因此，它是新发生的证据而不是二审"新证据"，二审应不予采纳。当然，上诉人对新出现的事实及证据可另行行使权利。

〔问题解析〕

《全国人民代表大会常务委员会关于修改〈中华人民共和国民事诉讼法〉的决定》已经十三届全国人大常委会第三十二次会议通过。此次修改的我国《民事诉讼法》自 2021 年 12 月 24 日起实施。本案发生的时间在此之前。根据 2001 年《民事证据规定》第 41 条第 2 项规定:"二审中的新的证据包括:一审庭审结束后新发现的证据;当事人在一审举证期限届满前申请人民法院调查取证未获准许,二审法院经审查认为应当准许并依当事人申请调取的证据。"该项规定体现的意旨是,为了避免证据随时提出主义对二审程序所造成的影响,防范对一审中所确定举证期限的实际规避,以期禁止当事人将原本在客观上能够于一审程序中提交的证据不因其主观上的考虑或意图而拖延至二审程序才提交;同时还要切实保障有关当事人的实体权利和诉讼权利,对一审程序之后确因客观原因使得当事人才发现的证据,可以作为一种新的证据在二审程序中向法院提交。本案中,苟某向二审法院提交了债务转让协议及甲法院出具的苟某已履行其应尽义务的证明,而这些证据所涉及的事实均发生在第一审程序结束之后,尽管这两份证据不是 2001 年《民事证据规定》第 41 条第 2 项所规定"新的证据",但至少从"举重明轻"的法意而言,它们在客观上本应属于当事人有权向二审法院提交的证据,而 2001 年《民事证据规定》第 41 条第 2 项之所以规定二审程序中的"新的证据",是因为这些证据原本产生于一审程序之前或者一审程序当中,如果不是因为某种客观障碍,这些证据本应在一审程序中就应当向法院提交。因此,苟某向二审法院提交的债务转让协议及甲法院出具的苟某已履行其应尽义务的证明显然不属于这些证据范畴。苟某向二审法院提交这两份证据在法律上不存在任何障碍。

上述三种观点均存在不当之处,它们的共同缺陷主要体现在未能正确把握 2001 年《民事证据规定》第 41 条第 2 项所规定"新的证据"概念的初衷和背景,以至于在相关的推论当中充满了主观臆断,既不能反映事物的本质属性,又缺乏必要的法理基础。

# 第十三章
# 证据交换与庭前会议制度

## 一、证据交换制度

### （一）证据交换的基本界定

所谓证据交换，是指在人民法院组织下，在正式开庭审理前当事人之间将各自持有的证据与对方进行交换，就书证的原件与复印件进行核对，等等，对证据的真实性、合法性、关联性发表质证意见。

证据交换过程是通过笔录的方式记载下来的，在证据交换的过程中，审判人员对当事人无异议的事实、证据应当记录在卷；对有异议的证据，按照需要证明的事实分类记录在卷，并记载异议的理由。通过证据交换确定双方当事人争议的主要问题。证据交换的目的在于明确当事人的争点，固定证据，以提高庭审的效率。

### （二）证据交换的基本法理

1. 证据交换制度的理念基础

"公正、效益"是现代民事诉讼的两大基本价值目标。作为公正载体之"司法最终裁决"的民事诉讼制度，实质上就是在当事人之间合理地分配程序性和实体性权利和利益的过程，它本质上要求将公正作为最高价值。但公正并不是民事诉讼唯一的价值目标。现代民事诉讼"迟来的正义非正义"的法谚，实际上隐含着现代司法制度对正义的更高要求，揭示了诉讼效益与诉讼公正不可分割的联系。庞德看到了公正与效益的联系，甚至将公正直接阐释为一种效益机制。波斯纳亦指出："公正在法律中的第二个意义是指效益。"[1] 迅速、及时地处理民事纠纷，以较少的司法投入定分止争固然是效益实现的一个方面，但不是主要方面。效益的实现有赖于司法实效评价的证实，其主要标志是基于该项诉

---

[1] ［美］理查德·A.波斯纳：《法律的经济分析》（上），中国大百科全书出版社1997年版，第31~32页。

讼而致法律资源（权力、权利、程序）的配置和使用，使较多的人改善境况，而且没有人因此而致其境况变坏。因此，诉讼效益的实现是通过寻找最科学的途径，以最少的人、财、物力，在最短的时间界域内，最大限度地满足人们对公平、正义、自由和秩序的需求。这正是决定庭前证据交换制度功能的理念基础。

2. 证据交换的制度功能

证据交换属于审前程序当中的一部分，该项制度的功能主要有以下几个方面：

（1）争点的整理与明确化。这是庭前证据交换制度最重要的功能。所谓争点，亦称案件的争议焦点、争执点等，是指与案件审理范围有关的双方当事人之间就事实问题以及法律问题等所形成的争议焦点。对当事人而言，庭前证据交换的目的在于：在诉讼机会平等的前提下，由当事人双方收集证据证明其主张，为其明确争执焦点或形成争点本身，以便在法庭审理过程中进行充分的辩论。对法官而言，由于其对案情的了解主要局限于法庭审理，通过庭前证据交换以明确案件的争点问题，有助于迅速、准确地把握案情，减少作出法律判断的难度，最大限度地贴近事实真相。通过证据交换，有助于法院掌握那些属于当事人不存在争执的事实，对存在争执的事实应当记录在案，在事后庭审活动中不必将无争执的事实提交法庭辩论；与此同时，对于那些属于当事人存在争执的事实，通过整理，并与双方当事人交换意见，以便提交正式庭审进行调查与辩论。

（2）防止诉讼突袭，创建诉讼主体之间的公平论战。在正式庭审前，未经双方当事人进行充分的披露与展示就各自向法院提供证据而直接进入庭审，在许多情况下，会变相给相对一方当事人造成证据上的突然袭击，乃至拖延诉讼。因此，实行证据交换制度将会在很大程度上使双方当事人预先知悉对方的攻击与防御的手段，有利于证据辩论的充分性，并且有助于使诉讼程序的发展对当事人而言具有可预测性，从而使程序的开展具有正当性与安定性。庭前证据交换制度为当事人提供了充分的收集和提出证据的机会。法律赋予当事人充分的举证能力，是期望真正实现当事人双方在庭审对抗下的所谓"武器对等原则"，并通过证据失权等一系列制度，对当事人举证的自由予以合理的限制，以防止任何一方在开庭时突然提出另一方完全不了解也无法进行有效防御的主张、证据等"突袭"的做法，最大限度地限制诉讼技巧和能力对审判结果的决定性作用。通过证据交换使双方当事人及时了解对方的诉讼立场以及为支持其事实主张所从事攻击与防御的手段与方式，以便对其原有的诉讼请求与事实主张及时加以调整。对此，美国大法官特雷勒曾说："真实最可能发现在诉讼一方合理地了解另一方时，而不是在突袭中。"[1]

（3）提高庭审的效率。法官的裁判依据主要在开庭审理中形成，而在这种有限的时间与空间中，要使法官更清楚地了解当事人之间的纠纷事实，把握案情，庭前证据交换是最为重要的一环。设立证据交换制度使原有正式庭审中所进行的事项前置化，即通过证据交换能够及时地分清哪些属于存在争议的事实与证据，哪些属于当事人之间并不存在争议的事实与证据，以便加强集中审理，提高庭审的效率。尽管从理论上说，法官可以不限于通过一次庭审了解案情，但在现代民事诉讼数量剧增而司法资源相对匮乏的现实条件下，对据以作出裁判的庭审提出了更高的效率要求。在其他条件相对稳定的情况下，庭前证据交换显得尤为重要。一个完备的庭前证据交换制度不仅能够帮助法官迅速、准确地把握案情，使其裁判最大限度地接近真实，而且对于提高庭审的效率，加强司法审判资源的合理利用无疑大有裨益。

（4）促使案件繁简分流、纠纷解决多元化。通过对当事人双方争点的整理和明确，一般情况下，对案件复杂与否至此已能作出判断，法院亦可利用这种判断合理调整审判资源的配置，将一部分简单的案件在开庭审理前予以解决。同时，充分的审前准备使当事人对案情、自己一方和对方在掌握证据的强弱态势以及诉讼结果的预测等方面获得更加清晰的认识，而且必然对诉讼成本和诉讼结果进行利益上的衡量，以作出明智的选择。

我国民事诉讼上在开庭前缺乏诉答程序，故应立足将当事人的诉讼主张、抗辩主张及相关陈述意见和证据一并在审前进行交换，除了有助于实现举证时限制度所设立的意图之外，还有利于使得审前程序的功能多样化，为正式庭审的顺利开展提供更为充分的前提条件，否则证据交换的针对性不强，预期效果

---

[1] 龙宗智：《刑事诉讼中的证据开示制度研究》，载《政法论坛》1998年第1期。

将打折扣。

3. 证据交换的适用范围

在我国审判实践中,证据交换的适用范围主要包括两种情况:

(1)经当事人申请,人民法院可以组织庭前证据交换。这充分体现了对当事人处分权的尊重。有些案件尽管法院认为无需证据交换,或者人民法院忽略了证据交换,经当事人申请,人民法院可以组织庭前证据交换。

(2)证据较多、复杂疑难的案件,人民法院应当组织证据交换。对于案情不太复杂、证据不多、通过指定举证期限能够固定争点和证据的案件,以及不必经过庭前准备程序的简单案件,一般不必采取证据交换的方式。对于当事人申请,人民法院认为有必要进行证据交换的,可以组织证据交换;对于证据较多或复杂疑难的案件,人民法院应当采取证据交换的方式。

在美国,庭前证据交换制度并不是绝对地予以一律适用的,它的适用可以通过三种方式予以排除:(1)它可以通过双方当事人的约定予以排除;(2)它可以通过法院作出的命令而予以排除;(3)它可以通过法院的地方规则予以排除。第三种方式的排除实际上占有很大的比重,大概有三分之一的地区法院都是排除它的适用或者有保留地排除它的适用的。这就缓和了立法上的硬直性,实现了它的灵活性和原则性的统一。[①]在德国民事诉讼中,庭前证据交换制度作为准备程序的重要组成部分,其启动的决定权在于法官,日本亦是如此。

另外,庭前证据交换的案件应当是适用普通程序受理的案件,适用简易程序审理的案件,原则上不适用庭前证据交换。庭前证据交换原则上适用于一审程序,在二审程序中,如果出现当事人提交新证据的现象,则亦可采取庭前证据交换制度。

4. 证据交换的方式

庭前证据交换制度以何种方式进行是较为引人注目的问题。实践中,有些地方法院采用"听证式",有些法院采用开庭式,还有些法院则采用会议式。无论采用哪种方式进行证据交换,均会涉及程序效益的问题,实际上是当事人对

---

[①] 汤维建:《论美国民事诉讼中的证据调查与证据交换——兼与我国作简单比较》,载《中国民事证据的立法研究与适用》,人民法院出版社2000年版,第1100页。

程序代价的衡量。因为从表面上看，庭前证据交换制度的设立似乎使诉讼程序更为复杂，而且有阻碍诉讼效率提高的可能，会增加当事人的诉讼成本，过多地占用司法资源。但这种程序运行的后果是使当事人的诉讼机会更为平等，使作为裁判者的法官的中立性更强，其裁判也更符合实体正义与程序正义。而且，在庭前证据交换制度尚不完善的情况下，开庭审理的成本并不理想，诉讼迟延是其必然结果，当事人在这种程序中所付出的代价已远远超过了因庭前证据交换制度的复杂而付出的代价。因此，即使当事人因为在庭前证据交换中的责任加重而增加了一些诉讼成本，但与当事人从公正的程序和裁判中所获得的效益来说，这种代价相对而言要小得多。

在一般情况下，庭前证据交换的方式以"会议式"为宜，以此与开庭审理相区别，另外也考虑到法官在证据交换中并不参与对证据的审查判断，只是从程序控制角度在形式上对当事人的证据交换行为加以管理。需要明确的是，庭前证据交换不仅仅指交换行为本身，它还应当包括法官对于当事人证据交换所进行的指导与帮助，应当更多地从整理争点这个角度来理解庭前证据交换。可以这样说，为了明确争点而进行的庭前证据交换的会议属于制度意义上的审前会议。此外，庭前证据交换还应涵盖在交换过程中导致纠纷解决多元化的制度。

5. 证据交换的实施

为了提高诉讼的实效，就那些案情复杂、证据较多、当事人需要更为充分准备的案件，在正式庭审之前所设置的审前准备程序中，为了使得证据交换制度更富有成效，应当考虑规定首先在当事人之间相互交换诉状，以便为法庭确定争执点、构筑预期的诉讼框架提供必要的前提。通常而言，证据交换主要适用于采用普通程序审理的案件。即使对适用普通程序审理的案件，证据交换也并非必经的程序。就个案而言，是否采用证据交换，既可由一方当事人提出申请，也可由法院依职权决定。如果案情并非复杂或者证据数量较少、且双方均已有所把握时，也可不必采用证据交换，以便节约诉讼成本与时间。另外，证据交换的过程就是双方当事人相互了解、摸底的过程。原则上，在证据交换次数上并没有必要加以限制，在第二次证据交换中交换彼此在第一次交换当中所没有提交的证据，这是第一次证据交换所带来的一种预期后果，是双方当事人就争议的主要问题逐步缩小差距的必要前提。

在庭前由法院组织进行证据交换时，凡一方当事人不提出延期申请，或虽提出延期申请但法院不予准许而不到场的，法院可根据该方当事人所提出的诉状以及在此之前向法院提供的证据进行证据交换；在此之后，如果认为有必要（主要是基于出席证据交换的一方当事人是否认为有必要提出相应证据），可组织第二次证据交换，同时再次通知第一次未到场进行证据交换的当事人。如果第一次未到场的当事人在第二次证据交换时到场，而该方当事人要求进行再次证据交换以提出相应的证据时，由法官据情确定。即使法官认为确有必要再次进行证据交换且不至于拖延诉讼的，亦应判令由该方当事人承担对方当事人因再次进行证据交换而增加的诉讼成本。如果第一次未到场进行证据交换的当事人，在接到第二次证据交换的通知后仍未到场的，法院可根据未到场一方当事人提交的诉状和证据，以及到场一方当事人的诉状及提出的诉讼主张和证据，确定双方当事人争议的主要问题。

证据交换也并非所有案件的必经程序，它主要限于案情较为复杂、证据数量较多的案件，因此，这种证据交换虽然与证据披露有关，但立法上并未规定当事人相互之间在证据披露上应当承担何种义务或者在不作为时应当承担何种法律后果，同时，立法上虽然强调当事人就其事实主张必须承担举证责任，但并未对当事人应当如何收集调查证据提供充分有效途径。然而，作为一种诉讼事件毕竟是一种公法意义上的程序事实，查明事实真相是法院作出判决的基础。当某一证据能够被一方当事人所利用来证明其事实主张时，如果这种证据被对方当事人或者诉讼外第三人所持有或控制时，作为当事人本人很难通过自己的努力从对方或诉讼外第三人手中直接获取这种证据。对此，既然已经成为诉讼事件，那么也就不能够再要求当事人采用私力救济的方式来获取这种证据资源。从程序公益的角度在立法上创设一种规则来迫使对方当事人不得不披露或者提供这种证据，以及通过当事人的请求来使法院动用国家的权威迫使诉讼外第三人不得不提交证据来满足法院查明事实真相的需要，这些做法早已为其他发达国家或地区的立法所沿用。相比较而言，由于受到立法上的限制，我国法院在审前准备阶段主要还是依靠当事人的私力救济来调查收集证据。在立法上甚至还强调由法院依职权或者在当事人申请时由法院就并非涉及身份关系的案件前去收集调查证据，而并非凭借程序法的公益机能来促使当事人之间相互披露证据。

由于庭前证据交换并非正式开庭，不宜由证人出席这个场合。如果双方当事人都已向法院申请证人出庭作证的，借用这一场合可以仅仅考虑以此相互交换证人的名单、证人的基本情况、证人将要证述的主要内容和基本范围等信息资料，以便为正式开庭审理做充分的准备。即便证人在双方当事人交换证据时出席陈述证言，也不应当被视为正式出庭作证，否则还可能给当事人借助法律程序上的空当利用诉讼技巧创造便利条件。同时，这种做法的另一个消极后果是，同一证人多次出庭，对法院的庭审调查带来消极影响，同时，还会使证人产生厌烦心理，大大降低证人出庭作证的积极性。有一种观点认为，完善庭前证据交换制度，可先由证人出具证言，在庭前证据交换中，被对方认可证言的证人不必再出庭。对此，笔者认为，从全面完整地认识和定位审前程序与庭审程序之间的关系角度而言，这种做法不宜提倡。审前交换证据是为正式开庭做必要准备的审前程序，而证人出庭作证的主要目的在于保障证据辩论主义的实现，因此，只有通过证人在正式庭审中出庭作证，才有助于充分地保障当事人对于出庭作证的证人享有提出疑问的权利，从而为审理法官在通过对双方当事人就出庭证人的证述进行辩论的基础上形成内心确信提供必要的法定条件。

6. 再次进行证据交换以及证据交换的次数

在证据交换中，一方当事人收到对方交换的证据后提出反驳证据的，应当允许对方当事人就反驳证据再次举证反驳，为平等保护当事人诉讼权利，人民法院应当再次组织证据交换。从实践情况来看，目前我国民事诉讼当事人的诉讼能力不是很强，故在证据提交的环节往往会举证不够完整，如果对方当事人的举证超出其意料之外，一般来说当事人又会根据对方当事人的举证再行收集新的证据。由于这种情况的普遍性，应充分考虑到当事人举证的现状，当事人收到对方交换的证据后提出反驳并提出新证据的，人民法院应当通知当事人在指定的时间再次进行交换。

至于庭前证据交换的次数，应由法官视案件的复杂程度加以裁量，但应当注意的是，庭前证据交换的设立目的之一就是提高诉讼效率，如果庭前证据交换的次数不受限制，不但可能削弱证据交换对开庭审理的积极作用，而且有可能损害诉讼公正的效果。因为证据交换需要双方当事人或诉讼代理人以及法官的参与，不管是从人力还是财力方面看，诉讼成本都较高，而且庭前证据交换的次数越多，法官事实上接触案件实体问题的机会越多，知悉的案情越多，进而先入为主的可能性也越大。①因此，对证据交换的次数作出限制是基于慎重考虑之后的结果。为防止当事人利用证据交换拖延诉讼，证据交换一般不得超过两次。但对于重大疑难或案情特别复杂的案件，在人民法院认为确有必要的情况下，可不受两次的次数限制。所谓重大，是指争议标的金额大，即当事人发生纠纷，争执的财产数额大。当然，由于我国幅员辽阔，各地经济发展水平相差较大，故对各地来说，其争议标的金额大的标准亦有所不同。所谓案情疑难复杂，应当是当事人之间发生的民事法律关系复杂，或者案件的事实复杂，或者事实、标的物难以查清等，既包括当事人之间民事法律关系的发生、变更和消灭的过程复杂，也包括纠纷的形成和发展的过程复杂，在查明事实、分清责任、适用法律等方面都存在一些复杂的、难以确定和判断的因素。

（三）我国有关法律及司法解释相关规定的理解与适用

1. 审理前的准备与证据交换

《民事诉讼法》第136条第4项规定："需要开庭审理的，通过要求当事人交换证据等方式，明确争议焦点。"

对本条的理解与适用，应当掌握如下基本内容：

（1）在诉讼上，通过庭前证据交换，明确争议焦点，保证质证的效果，有利于法院正确地判断和认定案件事实，提高办案质量，尽可能地减少二审和再审发生的几率，以便使纠纷能够得到迅速、有效、及时地解决。庭前会议一般包括以下内容：其一，明确原告的诉讼请求与被告的答辩意见；其二，审查处理当事人申请增加、变更诉讼请求和提出的反诉，以及第三人提出的与本案有关的诉讼请求；其三，组织当事人进行证据交换；其四，在听取双方当事人意见的基础上，归纳当事人之间的争议焦点；其五，根据当事人的申请决定调查收集证据，委托鉴定，进行现场勘验，要求当事人补充提交证据以及进行证据

---

① 张晋红：《审前准备程序及其权利配置》，载《民事诉讼机制的变革》，人民法院出版社1998年版。

保全；其六，根据案件的审理情况进行调解，或者促使当事人和解。

（2）在庭前进行证据交换的一个战略性目的，就是通过双方当事人的证据交换来确定案件的争议焦点。只有确定了案件的争议焦点，才能明确案件的待证事实以及法院审理案件的基本范围。所有的庭审活动都是围绕当事人的争议焦点而展开的，并且当事人提供的所有证据都应当与待证事实具有关联性才能体现其证明价值。判断某一案件是否复杂、疑难的标准，并非取决于诉讼标的额的大小，而主要取决于法律关系的复杂程度、实体法律关系与程序法律关系交叉的程度、案情所涉及的影响范围、双方当事人在争议焦点上出现分歧的大小等。审判实践中，对于某些简单类型的案件，法院认为双方当事人的争议焦点明确、法律关系并不复杂、需要当事人提供的证据不多的，有时尽管诉讼标的额较大的，无需法院对于双方的争议焦点进行整理和归纳，即可直接确定开庭审理的日期，而无需采用证据交换的方式进行开庭前的准备；而对于那些争议焦点并不明确、事实及法律关系较为复杂、需要当事人提供较多证据的案件，有时尽管诉讼标的额并非较大，法院有必要通过证据交换的方式进行开庭前的准备。按照《民事诉讼法》第136条第4项的规定，人民法院通过组织证据交换进行审理前准备的，证据交换之日举证期限届满。而证据交换通常是对证据较多或者复杂疑难的案件熔断其举证期限的一种制度性安排。也就是说，法院通过采用证据交换的方式，一方面，对双方当事人的诉讼请求和抗辩主张进行整理；另一方面，对双方提供有关证据进行整理，在交互进行的条件下，在限制争点和排除争点的基础上对有关争点进行整理、归纳和确定，由此对待证事实和案件的审理范围加以确定。在此基础上，法院可以据情向当事人释明：当事人所提交的证据哪些与待证事实具有关联性，哪些证据与待证事实无关联性而应当被排除，当事人应当补充提交哪些证据（其中包括补强证据或者反驳证据），或者采取哪些必要的证据方法（如向法院提出鉴定申请，向法院申请专家辅助人出庭作证，向法院申请现场勘验，向法院申请证人出庭作证，因客观原因无法收集证据的申请法院前去调查收集等）。为此，可以确定相应的举证期限。举证期限可由当事人协商，并经人民法院准许；在当事人无法协商确定的情况下，则由人民法院在听取双方当事人意见基础上指定举证期限。相较而言，如果通过指定举证期限就能够实现在程序上对于证据进行整理以及对争议焦点进行归纳和固定的话，基于降低诉讼成本以及增强诉讼便利性的考虑，亦可不必采用证据交换的方式。反之，对于那些案情疑难复杂、证据较多的案件，如果仅仅通过指定举证期限难以达到整理证据和归纳争议焦点、确定争议焦点目的的，人民法院应当组织当事人进行证据交换。对于当事人申请，人民法院认为有必要进行证据交换的，也可以组织证据交换。对双方当事人在诉讼中对立情绪并不很大的案件而言，通过证据交换使双方对各自所持有证据的证明力及审理结果会产生一个合理预期，这有助于法院采用调解或者促使当事人以和解的方式在庭前审理阶段解决纠纷。

（3）在审理前的准备阶段，法院采用证据交换等方式来明确争议焦点，是服从于法院行使的诉讼指挥权和程序管理的职能需要。因此，就受理的不同案件而言，对于是否需要在开庭审理前明确争议焦点，是通过要求当事人以证据交换的方式，还是以其他方式明确争议焦点，如何确定证据交换的日期等事项都是由法院根据案件的具体情况作出判断。法院在组织当事人及其他诉讼参与人所进行的证据交换等活动中应当发挥主导作用，与此相关的方式和方法可以根据案件审理的不同情况灵活掌握、及时调整。

（4）《民事诉讼法解释》第224条规定："依照民事诉讼法第一百三十六条第四项规定，人民法院可以在答辩期届满后，通过组织证据交换、召集庭前会议等方式，作好审理前的准备。"庭前准备阶段所形成的程序与庭审程序在形式上虽然具有相对独立性，但二者之间具有内在的相互依存关系与相互协调关系。设置审前准备程序的主要目的是保证庭审程序中的办案质量、提高诉讼效率、防止诉讼拖延。庭前准备阶段的开始时间为答辩期限届满，而此前实际上存在一个诉答程序。在结构上，诉答程序是审前准备程序的前置程序。审前准备程序的主要事项包括法院在对原告提出的起诉状和被告提交的答辩状以及相应的证据材料审核基础上对有关案件进行类型化分类和管理及程序整理与分流，按照有关规定对案件进行繁简分流、确定适用相应的具体程序，根据案件的具体情况以及司法资源的配置分别采用证据交换、召开庭前会议等方式确定和整理争议焦点，确定无争议的事实，排除没有关联性的证据，明确需要进一步收集和发现的证据，引入多元化纠纷解决机制中所采用的法院调解、促使当事人庭外和解等方式，以便在审前准备程序中寻求解决争议及结案的可能性，等等。

（5）《民事诉讼法解释》第 267 条规定："适用简易程序审理案件，可以简便方式进行审理前的准备。"《民事诉讼法解释》第 281 条规定："人民法院审理小额诉讼案件，本解释没有规定的，适用简易程序的其他规定。"简易程序是基层人民法院和它的派出法庭审理事实清楚、权利义务关系明确、争议不大的简单的民事案件所适用的程序，因此，基于简易程序的特点和功能，即便对适用简易程序审理的案件进行审理前的准备，但通常情况下，在程序上应当予以必要的简化。例如，人民法院可以在举证期限届满后立即组织当事人进行庭前证据交换，原则上不允许当事人申请延期举证，尤其是在当事人双方到庭后均不要求举证期限和答辩期的情形下，人民法院可以当庭组织进行证据交换。实质上，这相当于省略了普通程序审理前准备中庭前交换证据的环节。另外，适用简易程序审理的案件，人民法院在审理前的准备阶段，对有调解可能的案件应当尽量进行调解，或者促成当事人达成和解。但是，值得注意的是，《民事诉讼法解释》第 267 条规定，审理前的准备可以简便方式进行，而并非必须采用简便方式进行。因此，在审判实务上，对适用简易程序审理的案件，如果双方当事人均要求进行庭前证据交换，人民法院应当尊重当事人的程序选择权，而不能一味地追求审理前准备阶段程序上的简化。为此，对审理前准备阶段程序上的简化，人民法院应当根据具体情况决定是否予以简化以及针对程序的哪一个环节进行简化。根据《民事诉讼法》的规定，审理小额诉讼案件，除法律另有规定外，同样适用简易程序，而根据《民事诉讼法解释》第 281 条规定，人民法院审理小额诉讼案件，也可以简便方式进行审理前的准备。为了实现程序上的简便、及时和快捷，在简易程序中，法院往往会采用电话通知、短信通知、电子邮件、QQ 等直接告知当事人的方式来代替采用发送书面通知的方式，为了确保当事人能够在开庭前及时获知案件开庭的期日安排等信息，以便出庭参加诉讼、发表相应的陈述或答辩意见，人民法院在采用上述联系方式通知当事人时，可优先考虑采用电话通知本人并记录存档的方式；如遇通过电话通知方式也无法与当事人取得联系的情形时，也应尽量同时采用多种方式并保存相关证据。

2.证据交换与归纳争议焦点

《民事诉讼法解释》第 226 条规定："人民法院应当根据当事人的诉讼请求、

答辩意见以及证据交换的情况，归纳争议焦点，并就归纳的争议焦点征求当事人的意见。"

对本条文的理解与适用，应当掌握如下基本内容：

（1）设置审前准备程序的目的之一，在于促进案件的繁简分流。通常而言，对于双方当事人的争议焦点明确或者较易确定，法律关系并非复杂，案件事实较为清楚的简单型案件，法院通常可直接确定开庭审理的日期，而并非必须对双方当事人的争议焦点通过审前准备阶段进行整理和归纳；反之，如果属于法律关系较为复杂，案件事实并非清楚，当事人的争议焦点并不明确或者难以确定的复杂型案件，应通过审前准备阶段对案件争议焦点进行整理和归纳。进入庭审前准备阶段的目的在于，通过审理前当事人之间就诉讼请求与抗辩、事实主张与证据进行充分的准备，以便在开庭审理时对此展开言词辩论，进而形成裁判的基础。在程序上，在开庭审理时对有关案件事实进行言词辩论的前提，是对争议焦点已经进行过确定。而对争议焦点进行确定的目的，是明确案件的审理范围以及当事人举证所针对的证明对象以及法院查明案件所涉及的待证事实。在争议焦点无法确定的情况下，也就无法确定案件的待证事实，如果无法确定案件的待证事实，也就无法确定当事人提供证据的关联性，同时，法院形成心证的对象和基础也就不复存在。在技术上，对案件争议焦点进行归纳和确定，必须建立在对双方当事人的诉讼请求、抗辩主张、事实主张及诉讼资料进行充分整理以及对双方提供的证据同时进行充分整理基础之上。在逻辑关系上，法院主持双方当事人交换证据，是对双方提供证据进行充分整理的重要组成部分。由于我国民事诉讼并非实行被告强制书面答辩主义，被告方在开庭审理前拒不提交书面答辩意见的情形较为常见，法院也可以借助主持证据交换听取被告对案件事实的陈述和答辩意见，以有助于对争议焦点进行整理和固定。当然，双方当事人进行证据交换，并非确定争议焦点的必经程序，对于案情简单或者证据较少的案件，即便双方当事人对争议焦点的确定争议较大，也可不必采用证据交换的方式。对于复杂、疑难的案件或者证据较多的案件，如果不经过证据交换就难以对争议焦点进行整理和确定的，人民法院应当依职权组织双方当事人进行证据交换。在有些情况下，对于当事人提出申请，人民法院认为有必要进行证据交换的，也可以组织双方当事人进行证据交换。对于争议焦点进行整理和归纳，属于法院内心确信的心证过程，因此，为了形成正确、合理的心证，法院在对争议焦点进行整理和归纳过程中，应当以公开临时心证的必要方式充分听取双方当事人的意见。在听取和充分考虑双方当事人意见的基础上对争议焦点进行确定，并及时向双方当事人进行宣布。争议焦点已经法院确定，未经当事人同意，不得任意更改。

（2）《民事诉讼法解释》第228条规定："法庭审理应当围绕当事人争议的事实、证据和法律适用等焦点问题进行。"尽管《民事诉讼法》第136条对法院就审理前准备阶段对受理的案件需要开庭审理的，经采用交换证据方式以明确争议焦点作出了原则性的规定，并且，《民事诉讼法解释》的有关规定对于如何归纳和明确争议焦点也作出了较为具体的规定，但并未对争议焦点所应当包括的内容和范围作出明确的规定。为此，《民事诉讼法解释》第228条的规定填补了这一空白，即在审理前准备阶段对争议焦点的确定是为了法庭审理活动的正常开展，而法庭审理应当围绕当事人争议的事实、证据和法律适用等焦点问题进行。也就是说，当事人争议的焦点问题通常包括事实、证据和法律适用三个方面，有时也包括程序问题。这些事项均属于法院对案件的审理范围。其中，事实上的争议焦点，主要指的是涉及案件基本事实（即要件事实）的争点。所谓案件的基本事实是指，对当事人在实体法律关系当中能够导致其权利形成、变更或消灭所涉及的要件事实。事实上的争议焦点，有时也包括涉及重要间接事实的争点，所谓重要间接事实，通常是指法院认为该间接事实与待证事实的关联性在判断和认定上能够成为重要的考量因素。例如，在交通事故案件中，对判断驾驶员是否有过失这一要件事实上，其中是否饮酒、超速、有无驾照、有无注意车前状况等诸种因素当中，其中哪个因素构成法院最终认定其有过失的重要事实，这个重要事实就是重要的间接事实。所谓证据上的争议焦点，主要指的是在特定情形下双方当事人对某一关键性证据所发生争议的结果，往往对法院在事实认定上产生颠覆性的影响。所谓法律适用上的争议焦点，主要是因作为三段论当中大前提的实体法于适用上在当事人之间所产生的争议。为了实现集中审理的目的，在条件允许的情况下，应当尽可能在审理前准备阶段通过组织证据交换、召开庭前会议等方式确定案件的争议焦点。对案件争议焦点的确定，有助于法院明确案件的审理范围，有利于引导当事人围绕案件的争议焦点进行举证、质证，对案件的待证事实进行认定，以便正确地适用法律，并作出相应的裁判。在民事诉讼上，对案件争议焦点的确定，原则上应尊重当事人的辩论主义和处分权主义，不得擅自超出当事人的主张范围，故应在充分听取当事人的陈述和辩论意见的基础上，由法院最终依职权加以确定。一旦案件的争议焦点得以确定，非经法定程序，不得任意变更。法院的审判行为和当事人的诉讼行为均应受此约束。二审法院对于一审法院所确定的案件争议焦点及审理范围，原则上应当予以尊重，并受此约束，但二审法院经审理认为一审法院所确定的争议焦点确有错误的，有权依法对此加以纠正。为了彰显不同审级上的程序功能及保障相关当事人的审级利益，二审法院认为一审法院在确定案件争议焦点上确有错误的，通常采用发回一审法院重审的方式对此错误加以纠正；当二审法院认为一审法院在确定案件争议焦点问题上有不当之处或存在瑕疵，不发回一审法院重审亦不会给当事人的审级利益造成明显损害的，也可以依职权直接以改判形式进行修正和完善。在法庭审理过程中，一旦法院发现有关当事人提出的主张、进行的陈述、提交的证据、发表的（辩论）意见，并非针对当事人争议的事实、证据和法律适用等焦点问题进行的，应当及时进行干预、加以制止或作出适当的处理。在法庭审理过程中，法院应当依职权适时引导当事人围绕案件的争议焦点展开诉讼上的攻击与防御，如有遗漏或忽略，法院应当及时予以释明。法院对案件的调查询问，也应当紧紧围绕着案件的争议焦点。

（3）《民事诉讼法解释》第229条规定："当事人在庭审中对其在审理前的准备阶段认可的事实和证据提出不同意见的，人民法院应当责令其说明理由。必要时，可以责令其提供相应证据。人民法院应当结合当事人的诉讼能力、证据和案件的具体情况进行审查。理由成立的，可以列入争议焦点进行审理。"针对当事人在庭审中对其在审理前的准备阶段认可的事实提出不同意见的，人民法院应当责令其说明理由。在法院认为必要时，可以责令其提供相应证据。鉴于与此相关的证明对象系当事人提出的理由是否成立，属于程序性事实，故在法律上并不要求采用严格证明的方式，在法院的心证当中，只要能够有助于确定大概如此即可。在当事人提供证据的情况下，法院应当对有关证据的证明力作出相应的判断；在诉讼过程中，当事人对此前认可的证据表示反悔的，可比照适用"禁反言"规则,即当事人对已经认可的证据表示反悔的,人民法院应当责令其说明理由。必要时,可以责令其提供相应证据。在当事人提供证据的情况下,法院应当对有关证据的证明力作出相应的判断。按照该条款的要求,法院在对当事人提出的理由进行审查判断时,除了考虑相应的证据以外,还要根据案件的特点和细节,如难易复杂程度等以及当事人的诉讼能力来作出综合判断。其中所谓当事人的诉讼能力,主要涉及当事人有无律师代理、律师水平的高低、经验是否丰富、技能是否娴熟,等等。凡法院经审查判断认为理由不成立的,对证据予以确认;凡法院经审查判断认为理由成立的,可以将原来认可的事实重新列入争议焦点进行审理,对原来认可相关证据的"三性",可以重新发表质证意见,由法院最终决定是否予以采信。

3. 证据交换与举证期限的确定

2019年《民事证据规定》第56条规定:"人民法院依照民事诉讼法第一百三十三条①第四项的规定,通过组织证据交换进行审理前准备的,证据交换之日举证期限届满。证据交换的时间可以由当事人协商一致并经人民法院认可,也可以由人民法院指定。当事人申请延期举证经人民法院准许的,证据交换日相应顺延。"

对本条文的理解与适用,应当掌握如下基本内容:

(1) 证据交换是证据辩论主义的一个重要体现,它是审理前准备程序当中的一个重要环节,有助于案件的集中化审理。举行证据交换的时间,通常在答辩期限届满之后至开庭审理之前这一区间。在审理前的准备阶段,通过证据交换能够有助于法院及时整理证据,明确争议焦点,及时确定案件的审理范围,减少庭审调查阶段的不当负荷,避免出现证据突袭现象的发生。在诉讼上,举证时限制度与证据交换制度之间存在密切的关联关系,证据交换的日期与举证期限之间必须保持协调一致。举证期限具有可变性,举证期限的延长将导致证据交换日期得以顺延。鉴于证据交换程序的功能在于整理证据以及归纳和固定争议焦点,而举证期限的程序效力在于禁止证据随时提出主义行为的发生。按照2001年《民事证据规定》,举证期限的起算日系自"收到案件受理通知书和

---

① 现为《民事诉讼法》(2023年修正)第136条。

应诉通知书的次日起计算",而现行规定则是将计算日改为自答辩期届满之日起计算。因此,无论是通过当事人协商的方式,还是采用人民法院指定的方式确定证据交换之日的,证据交换之日即为举证期限届满之日。证据交换日前不提供证据的,应承担逾期举证的后果。根据《民事诉讼法》第68条第2款规定,当事人在举证期限内提供证据确有困难的,可以向人民法院申请延长期限,人民法院根据当事人的申请适当延长。为了保障举证期限届满之日与证据交换之日二者之间具有一致性,以避免造成程序上的紊乱局面,如果当事人在确定的举证期限内无法完成举证,申请延期举证经人民法院准许的,证据交换日应相应顺延。

（2）证据交换的时间区间是自答辩期限届满之后至开庭审理前的这一区间时段,因此,证据交换的时间区间具有法定性,既不能由当事人协商确定,也不能由法院依职权指定,属于不变期间。证据交换的时间可以由当事人协商一致并经人民法院认可,也可以由人民法院指定。无论是当事人主动提出,还是法院要求进行证据交换的,证据交换时间原则上应优先由当事人协商确定。在证据交换程序上实行当事人协商优先主义,除了能够便利当事人、体现程序意思自治以外,还能为当事人通过协商解决纠纷创造良好氛围。经当事人协商一致确定的证据交换日期,只要对人民法院审理案件不造成拖延或者不存在其他不当情形的,人民法院一般均会予以认可。如果因当事人对立情绪较大无法协商或协商确定的时间明显不合理的,可由法院根据案件的具体情况指定。这里既考虑到了对当事人程序选择权的充分尊重,也注重顾及到法院在程序上所享有的诉讼指挥权和程序管理权。无论采取哪种方式,证据交换的时间均应确定在庭审之前。审判实践中,证据交换大多是由人民法院指定的方式确定的,但在确定证据交换日之前,法院通常会充分听取双方当事人的意见,并及时吸收其合理建议。

（3）在诉讼上,双方当事人相互之间提出诉讼主张、抗辩主张或提供相应的证据,均为攻击与防御的方法。在技术上,法院除了要对当事人所提供的证据进行整理以外,还要对当事人提出的诉讼主张和抗辩主张等进行相应的整理,二者之间的整理既可同步进行,也可交互进行。因此,对于案情复杂或者证据较多的案件,庭前证据交换有可能并非只有一次。在第一次证据交换发生之后，当事人还会提交反驳证据或者补强证据，使得法院对于证据的整理处于持续性状态。当事人对已经提供的证据，申请提供反驳证据，或者对证据来源形式等方面的瑕疵进行补正的，人民法院可以酌情再次确定举证期限。人民法院再次确定举证期限的，也需要再次组织证据交换。对此，2019 年《民事证据规定》第 58 条规定："当事人收到对方的证据后有反驳证据需要提交的，人民法院应当再次组织证据交换。"现行有关法律和司法解释并未对证据交换的次数作出明确规定，这种情形并非鼓励当事人尽可能多次地进行证据交换，而是因为个案的情况千差万别，究竟某一案件是需要进行一次证据交换就足矣，还是需要两次或者多次证据交换，最终是交由法院据情掌握。在证据交换之后，如果进入庭审程序，或者在庭审之后，当事人有提交证据的，属于逾期提交的证据，人民法院应当根据《民事诉讼法》第 68 条及《民事诉讼法解释》第 102 条规定进行处理。由于证据交换属于庭审质证的一种变通方式，实务上主要适用于诸如书证、物证、视听资料、电子数据这类实物性证据，而证人证言、鉴定意见、勘验笔录则属于言词证据，尽管在理论上所有类型的证据都可适用于证据交换，但在案件审理前的准备阶段举行证据交换之前，案件的争议焦点还没有确定，法院对案件的审理范围也并不明确，因此，无论是法院委托司法鉴定还是进行现场勘验，在大多数情况下无法被纳入基本日程。相较而言，在审理前的准备阶段，当事人申请证人出席证据交换或者庭前会议显得更加具有现实可能性。另外，就证据交换所适用的案件范围而言，按照《民事诉讼法》第 136 条第 4 项规定，对需要开庭审理的案件，无论案件复杂难易程度如何以及证据数量如何，只要是有必要通过证据交换（借助整理证据和确定争议焦点）进行审理前准备的，都可进入证据交换程序。同时，《民事诉讼法解释》第 322 条规定："开庭审理的上诉案件，第二审人民法院可以依照民事诉讼法第一百三十六条第四项规定进行审理前的准备。"据此，通过证据交换进行审理前准备的程序，适用于开庭审理的上诉案件。

4. 证据交换的推进

2019 年《民事证据规定》第 57 条规定："证据交换应当在审判人员的主持下进行。在证据交换的过程中，审判人员对当事人无异议的事实、证据应当记录在卷；对有异议的证据，按照需要证明的事实分类记录在卷，并记载异议的理由。通过证据交换，确定双方当事人争议的主要问题。"

对本条文的理解与适用，应当掌握如下基本内容：

（1）在诉讼上，法院通过证据交换可以对证据进行整理，在征求双方当事人的意见基础上对案件的争议焦点进行归纳，以便确定案件的待证事实和审理范围。可见，庭前证据交换在某种程度上具有庭审调查的性质，在技术上，具有将某些庭审调查活动前置化的特点和功能。因此，证据交换是人民法院审判活动的组成部分，非审判人员不得主持证据交换。根据《民事诉讼法解释》第48条规定："民事诉讼法第四十七条所称的审判人员，包括参与本案审理的人民法院院长、副院长、审判委员会委员、庭长、副庭长、审判员和人民陪审员。"对当事人而言，庭前证据交换程序的目的在于帮助当事人双方了解案情以及对方对案情的认识，以便明确争议焦点或形成争点。在提供充分平等的机会的前提下，由当事人双方收集证据证明其主张，以便在法庭审理过程中进行充分的辩论。对审判人员而言，由于他对案情的了解主要局限于法庭审理，通过审理前的准备而明确案件争点，有助于其迅速、准确地把握案情，减少作出法律判断的难度，最大限度地贴近事实真相。从某种意义上说，这也是对其判决公正性的保障。在证据固定的前提下，证据交换的主要目的是确定当事人的争点，以便于法庭审理。在证据交换过程中，一项重要的内容就是通过证据交换来归纳和确认争议焦点，明确案件的待证事实以及法院的审理范围，对于案情复杂以及证据较多的案件而言，有助于法院查明当事人需要提供哪些补强证据、反驳证据，是否需要当事人申请法院调查收集证据，是否需要当事人向法院申请委托鉴定，是否需要当事人向法院申请现场勘验；对于公益性较强的案件，法院是否需要依职权调查取证、委托鉴定、进行勘验，等等。另外，对于某些案件经过交换证据确定争议焦点之后，权利义务关系以及孰是孰非已经明了或者基本明了的，法院可据情主持调解或促成当事人和解，以便在审理前的准备阶段采用可替代判决的方式结案。因此，无论是适用普通程序审理案件，还是适用简易程序审理案件，都存在采用审理前准备阶段的必要性，故在形式上应当分别由合议庭以及独任审判员主持。

（2）在证据交换过程中，对证据进行整理，是要求双方当事人应当对其提交的证据材料逐一分类编号，对证据材料的来源、证明对象和内容作简要介绍，并提供给对方查验和发表意见。通过证据交换当中双方发表质证意见，法院可确定哪些是有争议的证据，哪些是无争议的证据，对于哪些证据需要当事人进行补强，对于哪些证据需要当事人提供反驳证据。在对证据进行整理的同时，审判人员也应当及时整理争点。在双方当事人进入审前准备阶段以后，应当按照诉答文书所提出的相对立之事实、法律等方面的主张，从而形成初步的争点。证据交换应当紧紧围绕这些争点展开，双方应当适时根据证据整理情况，对争点的范围的扩大、变更或者缩小发表辩论意见，并围绕新确定的争点继续进行证据交换，如此循环推进。在此过程中，当事人可以通过协商限缩争点范围，对于当事人双方达成一致的争点，审判人员应及时予以确认；对于当事人不能通过协商就争点达成一致的，审判人员应当在征求双方当事人意见的基础上，对争点范围作出取舍和判断。

（3）审判人员主持证据交换通常应制作一套证据交换的表格，表格的内容应包括：证据的名称、证据所要证明的对象、提出证据的时间、收件人签名、证据签收人对该证据的态度等。证据交换过程可加入质证环节，当事人可就证据的来源询问对方当事人，对复制证据材料可以要求进行原件核对。证据交换后双方陈述一致的事实和确认无异议的证据应由书记员记录在案，在庭审时宣读和确认，而不必在开庭审理阶段进行重复性的法庭调查。这与《民事诉讼法》第 71 条相符合，即证据必须当庭出示，由当事人相互质证。对当事人没有异议的证据，除非有相反的证据证明，当事人不得随意变更或者撤销其对有关证据和事实的承认。对有异议的证据，按照案件法律关系的性质和需要证明的事实分类记录在卷，并记载异议的理由，以便在开庭审理阶段提交当事人进行充分的辩论。

（4）本条文虽然规定，在证据交换过程中，审判人员对当事人无异议的事实、证据均应当记录在卷，但是该二者之间在形成过程中的特点以及产生法律效果等方面却不能够简单地加以相提并论。例如，审判人员对于当事人无异议的事实必须向双方当事人进行确认，即通常情况下必须经过释明方式进行，而对于双方当事人无异议的证据，即只要是一方当事人就对方当事人提出的证据的真实性、关联性、合法性明确表示没有异议的，只要记录在卷，就无需审判人员予以释明。另外，为了防止产生负面影响，当一方当事人对另一方当事人提供的证据的真实性、关联性、合法性保持沉默不予争执时，审判人员并无义务在此以释明方式强调如有关当事人拒不发表质证意见将产生不利后果，如果这种情形一旦发生，将使得有关当事人处于两难境地，即不得不在诉讼利益和诚实信用之间作出选择。在此，需要指出的是，对当事人无异议的事实，既对当事人产生拘束力，也对法院产生拘束力；而对当事人有异议的证据，仅对当事人产生拘束力，而并非对法院产生拘束力。这主要是因为，即便是有关当事人有异议的证据，经过审查判断，法院依然可以将其作为裁判的基础，不受当事人质证意见的限制。

（5）证据交换通常发生在审前准备阶段，与正式庭审程序相较而言，它属于审前程序范畴。证据交换与对案件的实体审理具有密切的关系，例如，根据《民事诉讼法》第136条第4项规定："需要开庭审理的，通过要求当事人交换证据等方式，明确争议焦点。"在此，当事人交换证据具有庭审质证的性质，尽管这种条件下所进行的质证，其主要目的是确定争议焦点。从逻辑关系上而言，通过明确争议焦点以此来界定案件的审理范围，以便法院来安排双方当事人在争议焦点确定框架范围内收集和提交证据所需要的期限。但是，在交换证据过程中，一方当事人就对方当事人提交的证据所发表的质证意见，只要被记录在卷，就对其产生拘束力；同时，主持证据交换的主体通常是具有审理权和裁判权的审判人员，一旦在事后这些经过证据交换的证据被法院认为与待证事实具有关联性，那么在形成裁判心证过程中，这些属于审理前准备阶段在证据交换过程中经质证的证据，凡是当事人无异议的，与在正式庭审中经当事人质证而无异议的证据一样，均产生相同的约束力。在开庭审理过程中，审判人员对这类证据进行说明之后，不必再组织质证，就可将其作为认定案件事实的依据。当事人在证据交换过程中，对对方的证据所进行的承认、异议及异议的理由，均由证据交换笔录予以固定。一旦固定，非经正当法律程序，当事人不得修改其就对方证据不持异议的观点和理由，以便使开庭审理能在稳定的争点体系上进行。

（6）在庭前证据交换制度存在的前提下，当事人在开庭审理之前已明确双方的争议焦点及证据和理由，此时诉讼结果的可预测性促使当事人对其权利作出符合其利益的处分。为了避免开庭审理、判决、一审和二审这种可能使其诉讼成本增加而其利益却无增加的情况出现，当事人更愿意在开庭审理前用合意的方式解决其纠纷。一般情况下，对法院来说，也认可当事人的这种选择，并积极地促成这种选择目标的实现。我国传统民事诉讼中，调解是解决纠纷的最有效方式之一，而且历来受到重视，从整体上而言，民事诉讼的调解率在审结的案件中所占的比例依然是其他结案方式所不能比拟的。而调解程序与庭前证据交换的关系非常密切，这不仅因为许多调解在庭前证据交换后得以达成，还在于证据交换往往是调解的前提阶段。调解程序的运行应当与庭前证据交换制度结合起来，才能充分发挥其解决纠纷的独特功能。因此，在庭前证据交换过程中，调解等判决以外的纠纷解决方式如何更好地发挥作用，是我国审前准备程序重构中的一项重要课题。

（7）鉴于我国目前尚未推行律师强制诉讼代理制度，根据当事人的诉讼能力以及表达能力的不同，在证据交换过程中，主持证据交换的审判人员可以针对交换证据的具体情况指导双方当事人围绕其提出的诉讼主张、争议的焦点及案件的事实进行举证和发表陈述意见。通过证据交换，确定双方当事人争议的主要问题。在证据交换中，审判人员并不是单纯地组织双方当事人交换证据。如果当事人的主张不明确或者有矛盾、不正确或者是不充分，审判人员可以依职权向当事人提出关于事实及法律上的质问，促请当事人提出证据，以查明案件事实。由于当事人的能力或条件的限制，致使他们不能提出或说明自己的主张时，如果审判人员依然袖手旁观、无动于衷，则必然会出现应胜诉者不能胜诉，而应败诉者却赢得诉讼胜利的结局。这样的审判结果自然与国家设立民事诉讼的目的相违背，而且也不可避免地对公正、公平审判目标造成冲击。因此，审判人员在证据交换中合理地行使释明权是正当裁判的必然要求。

## 二、庭前会议制度

（一）庭前会议的基本界定

审前会议是美国民事诉讼审前程序中的一项重要内容。基本上可以说，美国的审前程序是由诉答程序、证据发现程序和审前会议程序所构成的一种三位一体的模式。从目前情况来看，已经发展到了对其中任何一个而言都不可或缺的地步，并且存在着相互关联的有机联系。在民事诉讼上，我国在普通程序所涉及的审理前的准备阶段设置了庭前会议制度。

针对被认为属于复杂类型的案件，美国的法院将举行一系列的审前会议，在提交诉状之后不久即应开始，延续至整个审前阶段，涉及各种各样的重要法律问题、证据发现程序的争议以及其他程序事项。[①] 如果会议是在诉讼刚开始不久就举行的话，主要讨论的议题将会涉及审前程序和审理程序的日程安排。随后所举行的审前会议将会涉及在审前程序当中所引发的诸如与发现程序或者当事人提出审前动议有关的争议等特定问题。[②] 由于当事人已经知悉相互之间准备提供的证据和证人，因此，他们能够就庭审的议程作出安排。在许多情况下，一系列的审前会议被用来对发现程序进行日程安排和为提出审前动议的申请设立最终时间表，同时还能够为庭审厘定框架。[③] 在美国的民事诉讼活动中，无论是诉答程序还是证据发现程序都是由当事人，或者说是由当事人的律师操纵的，无论是法官还是法院的其他公职人员在原则上都不得介入。当事人通过诉答文书来确定诉讼的对象，并且着重采用审前动议这一法定形式来影响和说服法官，使诉讼程序按照当事人一方所预期的方向发展。当事人所提出的审前动议可以涉及几乎与案件实体问题和程序问题有关的任何问题，其中包括法院的管辖权、诉讼的范围、修改诉答文书、申请移送案件、申请临时性的保全措施、申请法院强制对方出示证据、申请补充送达文书、申请简易判决、申请作出缺席判决等。过分地强调当事人的主动性，有可能人为地造成程序的复杂化而拖延诉讼的进程，加之美国在程序法上并未像我国这样设定有相应的审限制度，导致美国的审前程序进展得过于缓慢，少则需要数月，多则需要两三年，甚至耗费四五年以上时间的案例也显得不足为奇。可见，美国的审前会议制度所设定的追求尽快对诉讼进行处置的目的是有的放矢的。

---

① 参见［美］杰弗里·C.哈泽德、米歇尔·塔录伊：《美国民事诉讼法导论》，张茂译，中国政法大学出版社 1999 年版，第 126 页。

② See R.Lawrence Dessem: Pretrial Litigation in a Nutshell, Third Edition, West Group.2002, p.316 .

③ See Mary Kay Kane: Civil Procedure in a Nutshell, West Publication Co., 2003, p.155.

多年来，超审限审理案件一直是困扰我国司法效率的一大难题。与美国民事诉讼所不同的是，按照我国现行的民事诉讼法规定，我国并不存在独立的审前程序，但在朝着不断强化审前程序的独立职能方向发展。在我国，对诉讼程序进行控制与管理是在多年来实行审判方式改革基础上的产物，主要体现在审判流程管理与法院释明权的行使两个方面。按照实务界所下定义，所谓审判流程管理，是指以程序法规定的内容和精神为依据，借助现代信息技术，通过对案件运行的立案、排期、审理、结案归档等不同阶段进行合理分工，明确职责及管理目标，确定公开化监督考核指标的方式，将审判工作全面纳入管理，保证流程各环节在分工明确、紧密衔接的状态下受到专门管理部门的监督和其他环节的制约，从而实现案件审理在程序层面的公正和高效。[①]在法院的内部推行流程管理的总目标，就是为了科学地设定法院内部有关职能机构之间、人员之间的合理分工，提高审判效率，完善廉政机制，降低当事人的诉讼成本，节约法院的审判资源。

（二）庭前会议的基本法理

目前，我国民事审前程序中所推行的举证时限制度与证据交换制度被视为借鉴英美法系审判模式改革成果，但是，英美法系在审前程序上所体现的举证时限与证据交换制度则是与诉讼文书的交换、争执点的确定与整理、当事人有权通过审前动议的形式向法院提出申请要求对方或诉讼外第三人提供证据以及对原有的诉讼文书经证据发现程序进行修补和完善等程序和制度相配套的。

事实上，我国及有关司法解释之所以规定证据交换制度，是考虑到我国《民事诉讼法》并没有实行庭前强制答辩主义和庭前强制证据提出主义而给举证时限制度造成的现实可操作性问题，因此，通过证据交换可迫使在举证期限内尚未提交证据的当事人（尤其是被告）在此期间提交证据，并且通过证据交换

---

[①] 参见宋雨洛：《审判流程管理基本问题研究》，载毕玉谦主编：《司法审判动态与研究》第二卷第三集，法律出版社2004年版，第6页。

达到相应延长举证时限的目的。① 另外,证据交换的另一大功能就是确定双方当事人争议焦点,以决定法院的审理范围,② 以便当事人及时补充提交相关证据。例如,《民事诉讼法》第 136 条第 4 项规定:"需要开庭审理的,通过要求当事人交换证据等方式,明确争议焦点。"《民事诉讼法解释》第 224 条规定:"依照民事诉讼法第一百三十六条第四项规定,人民法院可以在答辩期届满后,通过组织证据交换、召集庭前会议等方式,作好审理前的准备。"另外,《民事诉讼法解释》第 225 条对庭前会议的内容作出了明确规定,其中包括组织交换证据和归纳争议焦点;《民事诉讼法解释》第 226 条规定了法院应就归纳的争议焦点征求当事人的意见。

在我国的审前准备程序中,人民法院可以根据情况需要决定召开由双方当事人及其律师参加的审前会议,以便对当事人的起诉状与答辩状进行补充与修改,确定案件的争执点,对有关证据进行固定或保全,促使当事人达成和解。另外,为了给当事人之间的和解创造必要的氛围,审前会议可以采用圆桌会议的形式进行。

(三)我国有关法律及司法解释相关规定的理解与适用

1. 庭前会议的召集

《民事诉讼法解释》第 224 条规定:"依照民事诉讼法第一百三十六条第四项规定,人民法院可以在答辩期届满后,通过组织证据交换、召集庭前会议等方式,作好审理前的准备。"

对本条文的理解与适用,应当掌握如下基本内容:

(1)从表现形式上来看,庭前准备阶段在程序上与庭审程序虽然具有相对独立性,但二者之间的关系具有相互依存性与相互协调性。审前准备阶段是开庭审理的"序幕"和"前奏",其功能和作用有助于保障庭审程序中的办案质

---

① 2001 年《民事证据规定》第 38 条第 2 款规定:"人民法院组织当事人交换证据的,交换证据之日举证期限届满。当事人申请延期举证经人民法院准许的,证据交换日相应顺延。"

② 2001 年《民事证据规定》第 39 条第 2 款中规定:"通过证据交换,确定当事人争议的主要问题。"

量、提高诉讼效率、防止诉讼拖延。庭前准备阶段的开始时间以答辩期限届满之日为起点。根据有关案件的审理情况不同，法院开展审理前的准备工作会涉及许多不同的事项，但在采用的方法上主要有法院组织当事人进行证据交换、召集庭前会议等。

（2）庭前会议制度是继证据交换制度之后又一项用于充实审理前准备阶段（程序）的功能性制度。从对我国民事诉讼程序进行变革的角度而言，实行证据交换制度有利于克服未能实行被告强制书面答辩主义所带来的困境，有助于法院在审理前准备阶段及时对双方当事人的诉讼主张和证据进行整理、归纳和确定当事人的争议焦点，明确案件的待证事实与法院审理案件的基本范围，对证据交换当中所出现的证据进行质证，确认当事人将要提交的补强证据和反驳证据。证据交换的有效推行，既有助于法院通过调解或促使当事人和解尽快解决纠纷，也有助于法院减轻开庭审理的负荷，促进案件的集中审理。与证据交换制度相比较，庭前会议制度包含了证据交换制度的所有内容，审前会议制度是证据交换制度的升级版和扩大版，即为了促进案件集中审理的需要，凡是在传统上本应属于在开庭审理法庭调查过程所涉及的事项，只要是认为有助于实现提高办案质量和效率目的的，都可以考虑将其纳入庭前会议制度当中。

（3）原则上，庭前会议制度只适用于采用普通程序审理的案件所进行的庭前准备，而在特定情形下，证据交换制度也可以适用于采用简易程序审理的案件，只不过后者所进行的系经简化了的审理前的准备。在审理前的准备阶段，根据案件的具体情况，法院认为需要开庭审理并经确定适用普通程序的，应当组成合议庭。合议庭组成后，合议庭的成员应当认真审核案件的诉讼材料，通过对诉讼材料的审核，决定究竟是仅仅组织当事人进行证据交换来完成审理前的准备工作，还是采用召集庭前会议的方式来完成审理前的准备工作。如果仅仅考虑到使当事人通过交换证据来归纳和确定争议焦点的话，那么法院就以组织当事人进行证据交换即可；在审理前准备阶段，如果当事人向法院申请增加、变更诉讼请求、提出反诉，当事人向法院申请调查收集证据、向法院申请委托鉴定、向法院申请对方提供证据等情形的，人民法院应当采用召集庭前会议的方式做好审理前的准备。

2.庭前会议的内容

《民事诉讼法解释》第225条规定："根据案件具体情况，庭前会议可以包括下列内容：（一）明确原告的诉讼请求和被告的答辩意见；（二）审查处理当事人增加、变更诉讼请求的申请和提出的反诉，以及第三人提出的与本案有关的诉讼请求；（三）根据当事人的申请决定调查收集证据，委托鉴定，要求当事人提供证据，进行勘验，进行证据保全；（四）组织交换证据；（五）归纳争议焦点；（六）进行调解。"

对本条文的理解与适用，应当掌握如下基本内容：

（1）庭前会议制度主要适用于案情及法律关系复杂、证据较多、当事人程序性请求较多以及法院需要处理较多程序性事项的普通程序案件。审前会议制度的功能主要表现在：第一，促进解决纠纷程序机制的优化，在开庭对实体性问题进行审理之前，优先解决程序性事项；第二，对繁杂的程序性事项及时纳入程序管理，防止诉讼拖延；第三，充实审前准备程序的实质性内涵，促进案件的集中化审理，尽可能减少开庭的次数；第四，在审理前的准备阶段通过合理配置司法资源，有助于降低整体案件审理运行成本，在保证办案质量的基础上实现诉讼效率的最大化；第五，通过将部分庭审程序的前置化与多元化纠纷解决机制相结合，培植和强化审前程序，使其具有定分止争的超前结案功能。对于法院召集庭前会议所涉及的内容，《民事诉讼法》尚未作出明确规定，本条文采用列举的方式作出了较为明确的规定，即：第一，明确原告的诉讼请求和被告的答辩意见；第二，审查处理当事人增加、变更诉讼请求的申请和提出的反诉，以及第三人提出的与本案有关的诉讼请求；第三，根据当事人的申请决定调查收集证据，委托鉴定，要求当事人提供证据，进行勘验，进行证据保全；第四，组织交换证据；第五，归纳争议焦点；第六，进行调解。

（2）诉答文书是指当事人最初将案件材料提交至法院而形成的文件。其中，起诉状是原告方提交的诉答文书，是法院启动民事诉讼程序的主要法律依据。原告的起诉状通过法院的送达已经由私法意志转化为公法意志，被告对此不能基于利己主义的考虑对此予以漠视，否则，在法定期限内未提出答辩状，除了妨碍当事人为了庭审的需要而进行更为充分的准备以外，还妨碍了法院在审前进行必要的准备活动；同时，基于当事人之间在获悉案情上的优势以及当事人处分权和诉讼经济原则的考虑，在法定期限内对起诉状进行答辩，除了及早形成自认事实之外，还有利于促进争点的形成，这些程序价值都应当属于程序上所应当预期取得的法律效果。应当说，作为一种公法而言，当事人对程序规则的遵守是诉讼过程能够贯彻公平与正义原则所不可或缺的必要条件。由于我国民事诉讼中并未实行被告强制书面答辩主义，导致许多被告人直到开庭时才提交答辩状，有些被告人在开庭审理时则以口头答辩代替提交答辩状。并且，无论是原告提交的起诉状，还是被告提交的答辩状，通常会出现诉讼请求和相关事实及理由不明确、答辩意见较为笼统、针对性不强等现象，妨碍了法院全面、具体、及时地掌握案件的脉络、基本事实及双方各自的立场，对开庭活动进行规划和布局产生不利影响。为此，在庭前会议上，法院应当明确原告的诉讼请求和被告的答辩意见，如果被告未能及时提交答辩意见的，应当督促其尽快提交答辩意见。

（3）基于案件的情况不同，在审理前的准备阶段，当事人有可能提出各种程序上的请求，法院应当对这些程序性事项据情依法加以处理，为开庭审理阶段对有关案件进行实体性审理做必要的准备。在审前会议上，当遇有当事人申请追加当事人的，申请增加、变更诉讼请求的，对被告提出反诉请求的，对第三人提出的与本案有关的诉讼请求的，法院对此应当审查处理。

（4）在审理前的准备阶段，在原告提出的起诉状和被告提出的答辩状基础上，根据后续当事人申请追加当事人，申请增加、变更诉讼请求和提出反诉，以及当事人提出的与本案有关的诉讼请求，在审前会议上，法院应当对这些诉讼请求和主张进行整理和固定。与此同时，法院通过组织当事人交换证据，听取双方当事人的质证意见，以便对相关的证据进行整理和固定。在技术上，法院只有通过对当事人的诉讼请求和主张以及对双方提供的证据交互进行双向整理和固定，才能更好地对事实、证据和法律适用等问题上存在的争议焦点进行归纳和确定。

（5）在庭前会议上，通过对原告提出的起诉状和被告提出的答辩状进行审核、研判，并且通过对当事人提出的各种程序性质的请求和主张进行处理之后进行的整理、归纳和固定，以及通过证据交换对当事人提出的有关证据进行甄别、整理、归纳和固定，在听取双方当事人意见或征求双方当事人意见的基础上，法院应当对在事实、证据和法律适用等方面出现的争议焦点进行归纳和确定。对此，《民事诉讼法解释》第226条亦规定："人民法院应当根据当事人的诉讼请求、答辩意见以及证据交换的情况，归纳争议焦点，并就归纳的争议焦点征求当事人的意见。"在证据交换过程中，法院对于双方提交的证据原则上不进行实体性审查，而只作程序上的归纳和整理。对于当事人交换的证据，法院应就有异议的事实和证据，以及无异议的事实和证据进行分类整理、归纳和固定。在证据交换结束后，在庭前会议上所形成的书面笔录和证据清单，应当由审判人员和当事人共同签名确认。

（6）在庭前会议上，法院对于案件争议焦点的归纳和确定，有助于明确案件的待证事实与法院审理案件的基本范围。在此前提条件下，法院和双方当事人可以协商确定，为了证明案件的有关待证事实，当事人需要提供哪些补强证据和反驳证据；对于当事人因客观原因不能自行收集的证据，法院可根据当事人的申请决定调查收集。未经当事人提出申请，法院原则上不得在庭审前依职权主动调查收集证据；对于某些待证事实需要通过有关证人出庭作证加以证明，法院应当与双方当事人进行协商，以确定由何方当事人提出相关申请；对于与待证事实有关的专门性问题，当事人提出鉴定申请的，法院可决定委托鉴定，或在认为不需要鉴定的条件下释明当事人委托专家辅助人出庭提供专业意见。在特定情况下，法院也可依职权委托鉴定；对于与待证事实有关的现场环境或者不动产物证需要进行现场勘验，法院可根据当事人的申请进行现场勘验或者依职权进行现场勘验；在出现与待证事实有关的证据可能灭失或者以后难以取得的情况下，法院可根据当事人的申请决定采取证据保全措施，法院也可以据情依职权采取保全措施。

（7）在庭前会议进行过程中，对于那些案情较为简单、证据充分、当事人对立情绪不大的案件，主持庭前会议的审判人员可以据情随时主持调解，或促使当事人和解；在庭前会议进行的后期，对于那些重大、疑难和复杂的案件以及证据较多、当事人争议较大、专业性较强的案件，经过证据交换和归纳争议焦点，案件事实较为明了，主持庭前会议的审判人员应当尽可能地推动双方当事人通过调解方式解决纠纷或者促使当事人达成和解协议，以原告撤诉方式结案。

## 三、案例实务与问题解析

### 案例　经庭前会议认可的证据能否撤回

〔基本案情〕

2006年7月，某建筑公司与某村委会签订公路改建施工合同书，合同约定由某建筑公司承包某村委会辖区内两段公路的改建工程。工程竣工后，某村委会陆续向某建筑公司支付部分工程款。2017年1月16日双方进行结算，某村委会向某建筑公司出具欠条一张，载明村委会尚欠某建筑公司工程款。2017年5月，某建筑公司向法院起诉，要求某村委会立即支付拖欠的工程款及利息。

由于该案涉及年限较长、工程款支付次数较多，承办法官在开庭前召开庭前会议，组织双方当事人根据某建筑公司提供的关于某村委会历年支付工程款的相关条据，核实了每笔工程款支付的时间及数额，并形成会议笔录，双方签字确认。但在庭审中的举证阶段，某建筑公司认为，证明支付工程款具体数额及时间的证据应由支付方某村委会提供，当庭要求撤回庭前会议中认定的证据。

〔意见分歧〕

在该份证据应否准许撤回的问题上，存在两种不同意见：

第一种意见认为，民事案件中，双方当事人应遵守诚实信用原则，对于双方认可的事实，当事人应尊重案件事实，实事求是，不能对已查清的事实进行否认。

第二种意见认为，庭前会议只是为庭审所做的准备工作，并不属于庭审程序，原告提供的证据未经质证可以撤回。主要理由为：第一，根据2001年《民事证据规定》第67条规定，在诉讼中，当事人为达成调解协议或者和解的目的做出妥协所涉及的对案件事实的认可，不得在其后的诉讼中作为对其不利的证据。本案中，原告为达成调解协议，在庭前会议中提供相关往来凭证，是基于方便被告理清工程款的支付情况，原告有权在后续的庭审中要求被告自行提供被告需要证明工程款已支付的证据。第二，当事人有提供证据的权利，也有不提供该证据的权利，证据提交后对自己的证据亦有申请撤回的权利。第三，庭前会议是庭审前的准备程序，是法官在开庭前召集双方当事人了解事实与证据情况、听取双方意见、梳理争议焦点的活动，是庭审前的非正规程序。法院对一方提供的证据未在正式庭审中经对方质证，未经质证的证据当然不能作为认定案件事实的依据。

〔问题解析〕

在我国民事诉讼中，审理前的准备是第一审普通程序当中的重要组成部分。该起诉讼案件发生在2017年5月。根据2012年《民事诉讼法》第133条第4项规定，在审理前的准备当中，人民法院对受理的案件，"需要开庭审理的，通过要求当事人交换证据等方式，明确争议焦点"。当时适用的司法解释包括2001年《民事证据规定》和2015年《民事诉讼法解释》等。根据2001年《民事证据规定》第39条规定："证据交换应当在审判人员的主持下进行。在证据交换的过程中，审判人员对当事人无异议的事实、证据应当记录在卷；对有异议的证据，按照需要证明的事实分类记录在卷，并记载异议的理由。通过证据交换，确定双方当事人争议的主要问题。"2015年《民事诉讼法解释》第224条规定："依照民事诉讼法第一百三十三条第四项规定，人民法院可以在答辩期届满后，通过组织证据交换、召集庭前会议等方式，作好审理前的准备。"同时，2015年《民事诉讼法解释》第225条规定："根据案件具体情况，庭前会议可以包括下列内容：（一）明确原告的诉讼请求和被告的答辩意见；（二）审查处理当事人增加、变更诉讼请求的申请和提出的反诉，以及第三人提出的与本案有关的诉讼请求；（三）根据当事人的申请决定调查收集证据，委托鉴定，要求当事人提供证据，进行勘验，进行证据保全；（四）组织交换证据；（五）归纳争议焦点；（六）进行调解。"

从上述法律及司法解释规定的具体内容来看，审理前的准备属于审判程序的重要组成部分，不同诉讼主体的诉讼行为在程序上将能够产生预期的法律效果，主要表现在：第一，在主体上，是由审判人员组织证据交换或召开庭前会议的，而审判人员是特定案件的审理者和裁判者；第二，在证据交换的过程中，审判人员对当事人无异议的事实、证据应当记录在卷，可作为裁判的基础，对当事人和法院均直接产生拘束效力；第三，对有异议的证据，按照需要证明的事实分类记录在卷，需要通过审判人员的心证来决定有关当事人是否需要重新提供证据或者提供补充证据；第四，通过当事人交换证据等方式，明确案件争议焦点，以便指引当事人提供具有关联性的证据，确定法院开庭审理所涉及的主要范围；第五，审判人员在证据交换或庭前会议中对有关证据所进行的评价或者对有关案件事实的认知，在法律上并不能排除将其作为形成法官心证的根据和作为裁判的基础。本案中，由于该案涉及年限较长、工程款支付次数较多，承办法官在开庭前召开庭前会议，组织双方当事人根据原告提供的关于被告历年支付工程款的相关条据，核实了每笔工程款支付的时间及数额，并形成会议笔录，双方签字确认。双方当事人在庭前会议笔录上签字确认对事后庭审活动具有拘束效力，禁止双方当事人在程序上有任何反悔行为。2015 年《民事诉讼法解释》第 103 条第 2 款规定："当事人在审理前的准备阶段认可的证据，经审判人员在庭审中说明后，视为质证过的证据。"可见，以证据交换和庭前会议为主要架构的审理前的准备阶段，对于当事人出示或交换的证据，双方当事人所发表的意见具有质证的效力。

上述第一种意见表达较为原则、笼统，并不十分准确；而上述第二种意见则是明显错误的。首先，原告当庭要求撤回庭前会议中认定的证据，这种证据并非在 2001 年《民事证据规定》第 67 条所规定语境下为达成调解协议因"作出妥协所涉及的对案件事实的认可"，2001 年《民事证据规定》第 67 条所涉及的这种"认可"，是一种言词，而并非本案当中所涉及原告向法院提供并在审前会议上所确认的那份书证，而书证是一种实物证据，而并非言词证据；其次，所谓"证据提交后对自己的证据亦有申请撤回的权利"，这种主张于法无据；最后，所谓"庭前会议是庭审前的准备程序……是庭审前的非正规程序。法院对一方提供的证据未在正式庭审中经对方质证"，这种认识置当时的《民事诉讼法解释》第 103 条第 2 款规定于不顾，显然也是错误的。

# 第十四章
# 质证与法院的证据调查

## 一、质证的基本要义

（一）质证的界定

所谓质证，从广义上而论，是指在诉讼过程中，由法律允许的质证主体借助各种证据方法，旨在对包括当事人提供、法院依法调查收集在内的有关证据材料的真实性、关联性和合法性，采取询问、辨认、质疑、说明、解释、辩驳等形式，以对法院的内心确信产生某种确定性或者不确定性影响的一种诉讼活动。在诉讼上，当事人对有关证据进行质证，是法院调查证据的一种必要方式。

在我国，当事人对证据进行质证，主要是指在庭审过程中，由诉讼当事人就法庭上所出示的证据材料采取质疑、辩驳、对质、核实等庭审方式。这种由法院采用证据调查的方式所进行的质证，是一种狭义上的质证。另外，在法院组织当事人进行庭前证据交换或者举行庭前会议上双方当事人对有关证据发表质证意见，当事人在人民法院调查、询问过程中发表质证意见，以及在特定情况下以书面形式发表质证意见等，可将其视为相对广义上的质证。再如，《环境侵权证据规定》第13条第2款规定："确需采取查封、扣押等限制保全标的物使用的保全措施的，人民法院应当及时组织当事人对保全的证据进行质证。"有观点认为，质证是在庭审过程中，双方当事人对另一方（或法院依职权收集）证据的属性及其证明过程进行质疑，从而影响事实认定者对案件事实内心确信的一种证明活动。[①]

（二）质证的功能

质证是法院审查、认定证据效力的必要前提。质证作为当事人或其他诉讼主体举证与法院采证中的一个关键性环节，这已为立法和有关司法解释所确认。质证是法院审查、认定证据效力的一种法定方式和必要前提。司法审判实

---

① 尚华：《论质证》，中国政法大学出版社2013年版，第22页。

践表明，当事人或其他诉讼主体向法庭提供的证据材料，人民法院调查、收集的证据材料，有的与待证事实具有关联性，能够作为认定事实的根据，有的虽与待证事实具有关联性，却不具有可采性。例如，采取非法手段取得的证据材料；有的在表面上或形式上与待证事实具有关联性，但实际上却不能够证实待证事实的存在，或不能够充分证明待证事实的存在。例如，单一的间接证据材料，因在客观上缺乏其他佐证材料而不能形成严密、可靠的证据链条，还有的证据材料与主要待证事实无关联性，仅能够在一定情形下证明与次要待证事实具有关联性，因而影响了法院在采信该种证据材料时所必须达到的内心确信的强度。有的则是属于当事人、证人所进行的夸大或缩小的陈述，甚至受利害关系的驱使故意制造伪证，以便达到歪曲、掩盖事实真相的目的。为此，在诉讼当中，当事人应根据主张和诉讼请求，提出相应的证据，并进行质证。一方当事人提出的证据，对方当事人不予反驳的，即应视为诉讼上的承认，这是因为，从举证责任的配置上而言，凡一方当事人承认他方当事人所主张的于己不利的事实，即可免除他方当事人的举证责任，且对法院具有约束力。对此，法院应予确认，作为认定事实的根据。对方当事人虽有相反的证据，经过质证后，但从其证据的效力上不足以形成法院的内心确信，而导致足以动摇、推翻原已被认定的证据的，原已被认定的证据仍保持既有的效力。对方当事人提出的相反证据经质证后，激发起了法院的内心确信，导致足以推翻原有证据时，原有证据的效力丧失，反证产生推翻原有证据的效力；当双方当事人对某一证据争执不下时，人民法院应当据情或者出示依法收集和调查的证据，以供当事人质证，或者决定案件延期审理，由当事人补充证据，或者根据举证责任的分配规则将不利的裁判后果判给对涉及该诉讼主张负有举证责任的一方当事人来承担。因此，只有充分发挥庭审的质证功能，才能达到去伪存真、去粗存精，公正合法、有效地认定案件事实，作出正确裁判的目的。

在诉讼中，质证具有以下基本功能：

1.质证是当事人在诉讼上行使辩论权的主要方式之一。证据是作为审判机关作出事实认定的基础，是适用法律的前提，对某些证据的采纳与取舍，确认其证明力的大小与强弱，在很大程度上决定了诉讼的最后结局。在诉讼上，因作为主要诉讼主体的双方当事人，对任何向法庭提交或在法庭上出示的证据材料都享有发表意见、作出表态、予以质疑的权利。这种权能的本质,是在对其不利的证据材料依据法律和事实而享有的异议权,其目的在于影响或动摇法院对其证据效力的认定与采信。

2. 质证是当事人的一项重要诉讼权利,是当事人为实现胜诉目的而采取的对法院心证造成实质性影响的必要手段。诉讼权利是诉讼主体在正当程序中用以维护其实体权益或公共职能的必要保障。

3. 质证是法院审查、认定证据效力的必要前提。质证作为当事人或其他诉讼主体举证与法院采证中的一个关键性环节,这已为我国立法和有关司法解释所确认。

(三)证据裁判主义与质证

坚持证据裁判主义系受当今诉讼活动的正当程序价值取向之使然,只有通过证据来发现真实才能为法院的心证创设裁判之基础。从现代司法理念而言,唯有通过程序公正才能有利于发现实体真实,以便实现实体公正。与实体公正相比较,程序公正是一种透明的、可以看得见的公正,因此,从证据法意义上,坚持证据裁判主义必须与证据辩论主义相结合,这样既有利于使法院保持中立地位,又有利于法院兼听则明,同时又为当事人用尽其诉讼上的正当权利提供最大的可能。在诉讼中,只有贯彻直接言词原则,才能为庭审证据辩论主义提供必要的前提条件,并使证据辩论主义具有实质内涵。

《民事诉讼法》第75条、第81条,《民事诉讼法解释》第110条,2019年《民事证据规定》第64条、第80条以及第82条等对当事人本人、证人、鉴定人、勘验人出庭作证作出了明确规定。这些规定的重要价值功能在于,并不是消极地囿于《民事诉讼法》所规定的8种法定证据种类的束缚,而是按照证据法的科学原理在庭审活动中将证据种类实际划分为人证(Personal Evidence)或称言词证据与物证(实物证据 Real Evidence)以贯彻直接言词原则与证据辩论主义为终极目标,从而有效保障诉讼程序的公正与透明,同时也有助于纠正过去那种对向法庭所提交以书面为表现形式的当事人的陈述、证人证言、鉴定意见、勘验笔录进行"质证"亦被称之为贯彻证据辩论主义的错误认识,取而代之的是由当事人本人、证人、鉴定人、勘验人出庭作证,同时接受法院的调查询问以及当事人的询问。

在诉讼上,证据辩论主义与质证之间的关系内涵,主要体现在以下几个方面:

1. 证据辩论主义是证据法上的重要内容之一。证据是作为审判机关作出事实认定的基础,是适用法律的前提,对某些证据的采纳与取舍,确认其证明力的大小与强弱,在很大程度上决定了诉讼的最后结局。在诉讼上,因作为主要诉讼主体的双方当事人,对任何向法庭提交或在法庭上出示的证据材料都享有发表意见、作出表态、予以质疑的权利。这种权能的本质,是对其不利的证据材料依据法律和事实而享有的异议权,其目的在于影响或动摇法院对这种证据证明效力的认定与采信。

2. 证据辩论主义体现的是当事人的一项重要和当然的诉讼权利,是当事人为实现胜诉目的而采取的必要手段所应当借助的正当程序的体现。诉讼权利是诉讼主体在正当程序中用以维护其实体权益的必要保障。我国《民事诉讼法》第71条中规定:"证据应当在法庭上出示,并由当事人互相质证。"《民事诉讼法解释》第103条第1款规定:"证据应当在法庭上出示,由当事人相互质证。未经当事人质证的证据,不得作为认定案件事实的根据。"可见,证据辩论主义是有关诉讼主体的一种受法律保护的诉讼权利。它是作为诉讼正当程序的标志性产物。这种程序保障意在为保证审判的公正,而程序上设置特定的程序要求和规范性做法,使法官不能仅凭个人好恶或某种利益观念出发来对是非问题加以判断,而是以某种特定化的能够反映客观公正的准则和程式来解决纠纷。

3. 证据辩论主义是法院审查、认定证据效力的必要环节。在我国民事诉讼活动中,作为证据辩论主义具体表现形式的质证,是作为当事人或其他诉讼主体举证与法院采证中的一个关键性环节,这已为立法或有关司法解释所确认。例如,我国《民事诉讼法》第71条对于质证在程序上作出了明确规定。

(四)质证所针对的主要事项

所谓质证所针对的主要事项是指,当事人在庭审中就有关证据进行辩论所涉及的有关证据的形式要件与实质要件。《民事诉讼法解释》第104条第1款规定:"人民法院应当组织当事人围绕证据的真实性、合法性以及与待证事实的关联性进行质证,并针对证据有无证明力和证明力大小进行说明和辩论。"为此,针对证据的"三性"作如下分析。

1. 关于证据的真实性

所谓证据的真实性,是指由证据本身体现的形式、思想内容在审判上对反映案件事实所具有客观上的本质属性。例如,物证是以其存在、外部特征和构成属性来证明案件事实的,作为体现其存在、外部特征或者构成属性的形状、大小、数量、颜色、质量、重量、成分、材料、性能等便是客观属性的必然反映;而作为书证以及人证等则是通过其思想内容来反映相应客观事物的,其客观属性也是显而易见的。应当指出的是,证据的客观真实性不能简单地采用哲学意义上的概念来加以理解,它应当指的是诉讼上的客观性或者称之为法律上的真实性。在诉讼上,一切具有法律意义的事件和行为都作用于一定的时间和空间,作用于特定的环境、特定的人或物,以不同的形式在客观外界形成特定的事实状况,或者能够为证人证言、当事人的陈述、视听资料、电子数据等所映现,或者能够通过书证、物证等来认定。证据作为定案的根据,理应是客观属性的本质反映,是不可任意改变的,但是人们对"证据材料"的认识、收集,必然要经过一个主观和客观相统一的过程。因为,认识和判断是人的思维形式,属于主观范畴,是人的大脑对客观外界作出的反映和选择。在本来意义上,客观外界能够作为证据材料的事物是多种多样的,甚至是无所穷尽的,但一旦为人的主观所感觉和选择,便以特定化的形式表现出来。诉讼上的书证、物证、视听资料、电子数据、证人证言、鉴定意见、勘查笔录等必须依照法定程序,经过不同诉讼阶段的举证、质证与采证,才能最终作为认定案件事实的根据。因此,这一过程体现的是人的思维活动在判断形式上对客观事物的认定,即是人的主观意识对客观事物的一种特定化的确认。在此问题上,既要反对主观性的虚无主义思潮,又要反对纯客观性的形而上学观念。

2. 关于证据的关联性

证据的关联性,是指当证据有助于增强或减弱待证事实在心证上所具有的盖然性的程度时,即可认为该证据与待证事实之间具有关联性。对某一证据与案件事实之间是否具有关联性的判断，体现了对其进行证明价值的评估。① 国外立法及学界普遍承认证据的关联性，但对相关性的理解仍存在着明显差异。

对证据关联性实质内涵的界定，涉及证据关联性与待证事实的关系问题，它是对证据关联性在证据效力上的定位与价值评估。相关性涉及证据的内容或实体问题，而并非证据的形式或方式问题，即它涉及证据的实质性分量与本体证明价值，它与有关证据存在的形式或表现形式无关。比如，根据反传闻规则所指向的对象并非涉及证据的内容本身，而是指向证据的来源形式或表现方式，如证人某甲向法庭所作的证言陈述是通过证人某乙处获悉的，而某乙才是待证事实有关的事件发生当时的目击者。这时，虽然某甲向法庭提供证言的内容与待证事实具有关联性，但是，因某甲向法庭作证这个形式本身违反了反传闻规则，因此，不具有可采性。因而，证据的相关性仅涉及证据本身的实质内容，而与证据存在或体现与待证事实之间的方式无关。

作为对有关的证据材料作出是否具有关联性的判断，是一项繁杂的推理和逻辑问题，它体现了对证据材料的价值判断和评估。"对证据关联性的认定受到审理者社会阅历、出身背景和日常经验的影响，并且，只有在对庭审中举出的证据进行分析判断后才能作出决定。"② 由于客观事物发展的复杂性和曲折性，以及人的主观能动性所限，加之双方当事人在诉讼上互设攻击与防御的方式，致使法律争执点与事实争执点有时难以处于稳定状态，从而影响到为法院所确定的诉讼框架与案件的待证事实进行相应的调整，于是，常常会发生在开始认为与案件密切相关的证据材料，也有可能到了定案时竟变得毫无价值。证据具有证明力的价值，始于对证明材料的收集，在对证据的收集阶段，凡收集到的证据材料，都视为与待证事实有关，也正因为如此，便把所有与待证案件事实无关的材料排斥在证据材料之外。因此，在证据的提供和收集阶段所称的证据指的都是证据材料。在法律上对"证据材料"的理解，主观上要求它在形式上应当具有关联性的要求，在这一阶段，主观上的形式认定，其价值评估充其量不过系认为"证据材料"存在着与案件事实具有相关联的可能性，但是否确实

---

① 参见毕玉谦：《民事证据法及其程序功能》，法律出版社1997年版，第18~19页。
② Ronald J.Allen, Richard B.kuhns: Analytical Approach To Evidence: Text, Problems, and Cases.Little, Brown and Company(canada) Limited 1989, p.161.

相关，则有待于法院的审查评估以及综合判断，进而得出相应的结论。证据的关联性是以证据的真实性为前提，关联性之中包含了真实性即内容上的真实性，这种真实性涉及法院对于证明价值的评估，法院对于同一证据材料的审查判断实际上是对证据在形式要件（指证据的合法性）和实质要件（指证据的关联性）上进行判断和评估的一次性过程。当然，这一过程中应当包括吸收当事人之间进行辩论即质证后产生的合理因素。

3. 关于证据的合法性

所谓证据的合法性（或称法律性），是指证据在审判上可作为认定案件事实根据的适格性或者容许性。这种适格性或者容许性指的是能够作为证据的资格或者具有证据能力。

在我国，证据能力被作为证据的合法性或法律性来看待。某些证据材料是否具有证据能力，主要取决于法律上的规定，只有法律上允许或者不禁止采纳为诉讼证据的，才具有法律上的证明力。法律上对合法性的界定，通常采用客观标准和主观标准两种形式。客观标准是法律采用明确无误的语言规定哪些证据具有法定资格或不具有法定资格的内容；而主观标准则是赋予法院据情裁量的尺度与标准，对此，法院对法律精神与原则的理解与把握具有决定意义。

证据的可采性是西方国家，尤其是英美法系国家所通常使用的证据法术语，它是指证据必须为法律所容许，才可用于证明案件的待证事实。但是，证据的合法性与可采性在实质内涵上并非能够完全相吻合。因为，在英美法上，证据的可采性是作为一项规则加以适用的，并且，在诉讼模式上也存在实质上的差异，因此，二者之间不可等同划一。诉讼证据的关联性虽然作为其合法性的基础，但是，它本身无法代替或掩盖诉讼证据的合法性。

证据的法律性主要还体现在对证据能力的限制作用上，因为，基于多种主客观因素的考虑，对证据能力的限制有助于客观地反映案件事实的真实。一般而言，法律上有两种常用限制方法：一种可称为积极限制方法，即积极地规定何种证据、何种来源及形式的证据资料可以作为证据，例如，我国《民事诉讼法》第66条规定了8种证据的种类或形式。一种可称为消极限制方法，即法律消极地规定何种证据、何种来源及形式的证据资料不准作为证据。而消极限制方法又可分为程序上的消极限制方法和证据资料上的消极限制方法。前者指的是法律规定禁止以何种方法收集取得证据,如《民事诉讼法解释》第106条的规定①;而后者指的是法律规定禁止采纳何种证据资料作为证据。例如,我国《民事诉讼法》第75条第2款规定,不能正确表达意思的人,不能作证。它表明该种证人证言不具有证据上的适格性。但是,2019年《民事证据规定》第67条第1款在重述了上述规定之后,在第2款中又规定:"待证事实与其年龄、智力状况或者精神健康状况相适应的无民事行为能力人和限制民事行为能力人,可以作为证人。"这一规定实际上是授权法官据情裁量的一种例外规则。

(五)质证当中的相关问题

在诉讼中,一方当事人向另一方举出的证据,另一方则一一否认,并提出异议,对此,有些法官则认为,这便是质证的主要功能。这种认识过于肤浅,因为质证的一个主要功能除了动摇、破坏从一般的"证据材料"到"诉讼证据"的形成过程之外,主要是从证据的来源、取得方式、表现形式、法定要式等方面,其中包括对证据关联性、可采性的质疑;另一个主要功能是影响(积极或消极)促成法官的心证。因此,除了质疑、驳斥外,还应提供反证来对抗、吞并对方本证的证明力,这是一种证据上的对抗,即证据本身之间的对抗。根据《民事诉讼法解释》,未经质证的证据材料不能作为定案的根据。如何对证据材料进行质证?在质证过程当中如何形成法院的心证?这涉及举证、质证与采证之间的关系问题。在诉讼当中,当一方当事人认为可能对自己不利的证据,不论是对方当事人提出的还是法院依职权从有关单位调查取得的,特别是一些通过对原始书证经复制后得出的复制件,就其真实性采取一律否定其内容真实性的态度。应当正确地认识一方的异议,按照立法意图,这属于一种正常的诉讼现象,即只要经过当事人发表意见、提出不同观点的程序,就能够产生质证的效果,至于当事人的意见如何,并不当然约束法官的内心确信。因此,有些法官认为,凡当事人一方提出异议的,对方当事人无相应证据反驳这些异议的,这些异议应当成立,这种观点是偏颇的。因为,对证据内容的真实性提出异议,

---

① 《民事诉讼法解释》第106条规定:"对以严重侵害他人合法权益、违反法律禁止性规定或者严重违背公序良俗的方法形成或者获取的证据,不得作为认定案件事实的根据。"

如仅表达一种观点，而没有相应的证据支持这种观点，实际上只是一种事实主张，则该种异议并不能够成立。例如，在审理一起借款担保合同纠纷案件中，法官应当事人的申请到借款人的开户行提取了该借款人在银行的账目，该账目显示借款人在公司设立之后，与外界发生过一定数量和次数的经济往来，发生过款项的进出业务，因此，该账目体现了借款人在一定时期内的正常生产、经营活动。而担保人则认为向银行借贷的这笔借款行为属于无效的原因之一是，借款人在当时注册公司时，其注册资金不到位，银行一方出具了一份假进账单，虽然借款人的固定资产已实际到位，但涉及1000万元的注册资金却没有到位，因此，借款人作为公司没有依法成立，不具有民事行为能力，因此，作为主债务的借款合同无效，其担保行为属于从债的范畴，其担保合同也应属无效。当法官向双方当事人出示一份从银行复制来的账目时，该担保人在质证意见上写道："对该证据真实性不认可。"另外，担保人对借款人出示的其在工商部门存放的资产负债表，以及设立公司时提交固定资产明细表的书证材料也不认可其真实性，在质证意见中也写道："对该证据真实性不认可。"实际上，这是当事人的一种诉讼权利，即质证的一种具体表现形式。但在效力上并无直接、确定地约束法院"心证"的效力。因此，质证是正当程序的一种本质表现形式，它体现了直接言词原则，以及辩论原则的民事诉讼法的精髓。它是形成法官内心确信的必要程序保障，是法院采证的一种前提和基础。事实上，为法律所允许的是一方当事人有权对法庭所出示的就另一方当事人有利的证据的真实性、关联性和合法性提出怀疑和异议。当然，这种怀疑和异议应当建立在论理的基础之上，如果这种论理辅之以证据，将会更有助于法官采信其观点。可见，表达不同意见只不过是一种辩论权的表现形式。这种辩论并不能起到当然约束法院自由心证的效力。法院的"心证"是具有排他性的，但同时又是具有开放性的。

实务上，法院根据当事人的申请或者依职权调查收集来的证据大都是书证材料，还有部分物证和人证，但后两者中的物证，一般要经过专业鉴定，如对某物外部特征作为证明对象，必然涉及人的观察、辨别能力，特别是某种物品的破坏程度，产品质量问题更是如此；对某部门、单位有关人员的谈话笔录是一种传闻，必须传其到庭接受当事人的质疑、盘问。对于物证进行鉴定也是如此。对法院调查来的证据，主要对其在形式真实性、客观性上进行质证。例如，在一起合同纠纷案中，法院根据当事人的申请，派员到某省工商局查询借款人在设立公司时，利用贷款人提供的假进账单作为公司注册资金情况。法院在工商局复制了借款人在注册时的报表、注册二年以来的年检财务报表、固定资产明细表。对此，法院的工作人员认为这些证据材料与案件事实具有关联性，但企业财务报表在实际生活当中有虚假的成分。在质证之前，相信当事人一方会对其提出异议，但是作为质证的对象，就形式要件上而言，涉及从工商局复制取得的这些材料是否存放在工商局的档案室并被视为一种有效的企业档案资料，只要无相反的证据证明，这些书证就其内容而言应推定其具有真实性，至少在（存在）形式上是如此。至于这些证据材料与案件事实的关联性，即证明力大小或称证明价值如何，以及是否具有可采性，这是由法院所决定的。当然，当事人可以提出异议，特别是提出令人信服的理由，并有证据加以支持，这样，才有可能对法官的心证产生实质性影响。如果仅单纯地提出异议，不提出合理的理由，法院可不予考虑。在质证中，应先由调查人员对调查取证的过程向当事人进行介绍，作为调查人员的法官并非作为质证主体，而是居中裁判的主体，因此，不能与有关当事人就所出示的证据进行辩论。对于法院调查收集的证据，应当在庭审中出示，听取当事人的意见，并在此基础上结合其他有关证据，据情作出评断。

在实务上，一旦当事人对在一审中出现的证据经过质证之后，如果就其真实性不提出异议，这种承认其作为某一证据客观存在的实定效果对二审程序应当具有拘束力。但是，在二审程序开始之后，作为一审的卷宗所包括的证据材料，在证据形式上，往往是大量的书证复制件，特别常见的是一些财务账目、银行对账单、商业票据等，而这种复制件虽然在一审中经过当事人的质证而不存在异议，[①]但是，在我国的二审诉讼中，在现行诉讼证据制度下，法院往往要对证据的真实性进行重新评估，这时，一般的做法是，当有关当事人对有关证据例如书证的真实性不提出异议，即便是书证的复制件，也可不必提交原始件

---

① 或有时虽然存在异议，但这种异议并不被法院所接受。当然，在通常情况下，按照对证据进行质证的本旨，就其真实性而言，应当允许一方提出质疑，但是，这种质疑在法院的心证上并非当然产生相应的疑问，或者虽然有疑问，但仍不能足以达到引起法院合理怀疑的程度，法院自可在内心确信上不受这种异议的影响。

加以核实；如果是书证的复制件，虽然在一审中已经质证而各方当事人并无异议，但是，在二审诉讼中，一方当事人提出质疑或者提出必须提交原始件让二审法院加以核查时，二审法院一般也应予以照允。这种习惯性做法的着眼点在于，试图让二审法院对原一审的证据重新加以审查、认定。但是，它所产生的一个最大弊端在于，有可能导致当事人轻易地推翻其在一审中对某一证据就其真实性所作出的承认，当然，这种真实性有时仅限于证据的形式范畴，而并不涉及证据的实质内容，但这种承认属于诉讼上的承认，自应对有关当事人产生拘束的效果，这本是一种证据方式，既可防止当事人轻易推翻自己原先对某一证据在形式要件上的真实性的认可，又可作为一种诉讼上的节约。其中还有一个重大弊端在于，它不利于有关诉讼证据的固定，背离了设置二审程序的本旨。另外，在审判实践中，由于一审法院往往忽视各方当事人对某一证据材料并无异议与虽有异议，但被驳回之间的界限，因此导致使自认规则和禁止反言规则的适用与二审程序之间发生法律上的冲突。解决这一冲突的具体措施，可借助强化庭审的程序性，即主要体现在庭审笔录上。这就是说，一旦发生当事人对某一证据材料的真实性提出质疑的情形，并且，这种质疑因被法院驳回而不能成立时，一定要记录在案，以便由上诉审法院通过二审程序再行予以审查确认。对此种情形，二审法院不得以禁止反言规则的适用为由予以拒绝。在程序上，可先由有关当事人提出申请，然后由法院核查一审庭审笔录后，再由二审法院要求有关当事人提交原始件与复制件进行核对，在形成心证的基础上作出审判上的认定。另外，审判实践中，一审卷中的一些书证复印件显得模糊、难以辨认或者残缺不全的情形，从而影响二审法院全面地对待证事实进行调查认定时，二审法院自可依职权要求提供书证原始件而不受当事人在一审中不存在异议的自认效果的拘束。

（六）我国有关法律及司法解释相关规定的理解与适用

1. 质证的原则性规定

《民事诉讼法》第 71 条中规定："证据应当在法庭上出示，并由当事人互相质证。"

对本条文的理解与适用，应当掌握如下基本内容：

（1）所谓质证，从广义上而论，是指在诉讼过程中，由法律允许的质证主体借助采取各种证据方法，旨在对包括当事人提供在内的各种证据材料采取询问、辨认、质疑、说明、解释、辩驳等形式，以对法院的内心确信形成特定证明力的一种诉讼活动。在我国，从目前立法例及审判实践上均采取狭义的质证，即仅指在庭审过程中，由诉讼当事人就法庭上所出示的证据材料采取对质、核实等各种有关对抗方式。在诉讼上，双方当事人对任何向提交法庭或在法庭上出示的证据材料都享有发表意见、作出表态、予以质疑的权利。这种权能的本质，是在对其不利的证据材料依据法律和事实而享有的异议权，其目的在于影响或动摇法院对其证据效力的认定与采信。

（2）质证是当事人在诉讼上行使辩论权的主要方式之一。证据是作为人民法院作出事实认定的基础，而事实认定则是适用法律的前提。对某些证据的采纳与取舍，确认其证明力的大小与强弱，在很大程度上决定了诉讼的最后结局。在诉讼上，因作为主要诉讼主体的双方当事人，对任何向法庭提交或在法庭上出示的证据材料都享有发表意见、作出表态、予以质疑的权利。质证是当事人的一项重要诉讼权利，是当事人为实现胜诉目的而采取的必要手段。它是诉讼辩论主义以及当事人行使辩论权的重要体现。诉讼权利是诉讼主体在正当程序中用以维护其实体权益或公共职能的必要保障。同时，质证是法院审查、认定证据效力的必要前提。对一方当事人出示的证据，另一方当事人明确表示承认或者没有提出异议的，人民法院即可确认该证据的证明效力，如果一方当事人对另一方当事人提出的证据表示异议的，人民法院则应当对该证据作进一步的分析和评估，并在结合案件的有关事实及其他证据的基础上对是否予以采信作出相应的判断。

（3）质证是当事人的一项重要诉讼权利，是当事人为实现胜诉目的而采取的必要手段。质证是法院审查、认定证据效力的必要前提。诉讼权利是诉讼主体在正当程序中用以维护其实体权益或公共职能的必要保障。本条文所规定的证据应当在"法庭"上出示，这个"法庭"主要指的是正式开庭审理，庭审中心主义是诉讼程序正当性的一种形式要件。同时，审判实践中，各种类型的民商事案件千差万别，在例外情况下也包括非正式开庭的场合，因此，本条文所规定的内容应当理解为证据只有在开庭时以及双方当事人同时在场的情形下经过公开质证，才能作为认定案件事实的依据。

（4）根据《民事诉讼法解释》第103条第1款规定："证据应当在法庭上出示，由当事人相互质证。未经当事人质证的证据，不能作为认定案件事实的根据。"这一规定表明，在法庭上出示证据，由当事人质证，是证据产生证明效力的形式要件，只有经过当庭出示证据，才能实现与贯彻诉讼的公开原则，只有将证据交由当事人质证才能体现辩论主义的诉讼价值。因此，未经质证的证据在程序上则缺乏正当性，这一程序上的正当性实际上决定了证据在法律上的有效性，因此，凡缺乏有效性的证据不得作为裁判的基础。当然，审判实践中，尽管经过法院的合法有效送达，有的当事人无正当理由仍拒不参加开庭审理，导致出现缺席审理的情形。在此情况下，当事人无故缺席审理的行为可视为有关当事人放弃质证的权利，并不能影响在法庭上所出示的证据作为法院认定案件事实的根据。

（5）审判实践中，诉讼当事人应当围绕证据的真实性、关联性和合法性进行质疑、说明与辩驳。对此，应当做到：第一，书证应当宣读内容；第二，物证应当庭展示；第三，视听资料应当庭播放；第四，勘验笔录应当庭宣读，并由有关专业人员进行必要的说明；第五，除法律另有规定的特别情形外，证人应当出庭作证，接受当事人的质询；第六，鉴定人应当出庭接受当事人的质询，但鉴定人确因特殊原因无法出庭，经人民法院准许的，可以书面答复当事人的质询；第七，经法庭许可，当事人可以向证人、鉴定人、勘验人发问。并且，审判人员和当事人可以对出庭的具有专门知识的人员进行询问。另外，一方当事人有权对另一方当事人出示书证的原件与复印件进行核对并发表质证意见；一方当事人有权向法院提出申请，要求对方当事人本人到庭，对其进行询问。

（6）根据《民事诉讼法》第211条第4项规定，原判决、裁定认定事实的主要证据未经质证的，人民法院应当再审。根据《民事诉讼法》规定，无论是公开审理还是不公开审理的案件，有关证据都必须在法庭上出示，并经当事人相互质证。只有当事人在对有关证据的真实性、关联性和合法性发表意见并说明理由之后，才能有助于法院对于证据的资格和证明能力进行相应的评估，以便形成全面、正确、合理的心证。这里所称的案件"事实"是一种基本事实，又称要件事实，系指能够导致民事实体法律关系产生、变更或消灭的事实。而所谓"主要证据",指的是能够足以证明或者有助于证明案件基本事实存在与否的证据。当事人在诉讼上的质证权是其辩论权的重要组成部分。所谓"未经质证",是指原判决、裁定在认定案件基本事实上所据以采信的主要证据未能给当事人提供发表质证意见的机会,剥夺了当事人所应享有的辩论权,实际上是剥夺了当事人参与和影响法院心证形成过程的权利。对此,《民事诉讼法解释》第387条对"未经质证"的边界作出了明确的规定,即:"当事人对原判决、裁定认定事实的主要证据在原审中拒绝发表质证意见或者质证中未对证据发表质证意见的,不属于民事诉讼法第二百零七条①第四项规定的未经质证的情形。"也就是说,"未经质证",是指法院并未给双方当事人提供对有关证据发表质证意见的机会,但法院在组织当事人进行质证过程中,如果有关当事人明确表示对有关证据拒绝发表质证意见,或者虽然没有明确表示对有关证据拒绝发表意见,但以消极的态度对待对方出示的证据。因此,无论是上述积极的拒绝行为,还是消极的拒绝行为,均不属于《民事诉讼法》第211条第4项所规定的"未经质证"的情形。在质证过程中,如果一方当事人出示某一证据,而另一方当事人本应发表质证意见,以表明对该证据"三性"的认同与否,但该另一方当事人并未作出必要的反应时,应当视为其放弃质证权,在法律效果上产生如同默示自认的效力,法院可视为其对有关证据没有异议。

2. 质证的例外

《民事诉讼法》第71条规定:"证据应当在法庭上出示,并由当事人互相质证。对涉及国家秘密、商业秘密和个人隐私的证据应当保密,需要在法庭出示的,不得在公开开庭时出示。"

对本条文的理解与适用,应当掌握如下基本内容:

(1)本条文涉及在质证过程中对特定证据的出示方式所采取的例外性规定。其中,所谓国家秘密,通常是指国家法律、法规规定的不能公开的党、政、军事秘密、国防情报、科学技术成果、国家的重大政治、经济决策及其他国家秘密事件或秘密文件等。我国《保守国家秘密法》第2条规定:"国家秘密是关系国家安全和利益,依照法定程序确定,在一定时间内只限一定范围的人员知

---

① 现为《民事诉讼法》(2023年修正)第211条。

悉的事项。"所谓商业秘密，根据我国《反不正当竞争法》第9条第4款规定："本法所称的商业秘密，是指不为公众所知悉、具有商业价值并经权利人采取相应保密措施的技术信息、经营信息等商业信息。"其中，"与技术有关的结构、原料、组分、配方、材料、样品、样式、植物新品种繁殖材料、工艺、方法，或其步骤、算法、数据、计算机程序及其有关文档等信息，人民法院可以认定构成反不正当竞争法第九条第四款所称的技术信息。与经营活动有关的创意、管理、销售、财务、计划、样本、招投标材料、客户信息、数据等信息，人民法院可以认定构成反不正当竞争法第九条第四款所称的经营信息。前款所称的客户信息，包括客户的名称、地址、联系方法以及交易习惯、意向、内容等信息。"[1] 所谓个人隐私，是指涉及公民人身权利、人的身份和名誉的有关情况和信息。个人隐私如果在社会上的其他成员中得以扩散，将给有关个人的名誉、人格等带来不良影响。另外，《民事诉讼法解释》第103条第3款规定："涉及国家秘密、商业秘密、个人隐私或者法律规定应当保密的证据，不得公开质证。"可见，该项司法解释除了规定国家秘密、商业秘密、个人隐私不得公开质证以外，还增加了"法律规定应当保密的证据"。其中，此处所称的"法律"应当指的是一种广义上的法律，即我国《立法法》第2条所规定的法律、行政法规、地方性法规、自治条例和单行条例；其中，此处所称的"应当保密的证据"中的"证据"，主要指的是书证、视听资料、电子数据和特定情况下的物证。

（2）对于涉及有关国家秘密、商业秘密和个人隐私或者依照法律规定的其他应当保密的证据，在开庭审理时不得提交当事人公开质证。对于这些在庭审上不公开出示的证据，由于这些证据毕竟与其他普通证据存在重大差别，即使提交当事人也势必会带来负面影响，如导致国家机密、商业秘密的泄漏，不利于保护个人的隐私等，因此，法院应据情采用变通方式，如属于涉及国家机密的证据，可采用由法院向当事人作出提示或者进行必要解释的方式等，如属于涉及商业秘密和个人隐私的证据，可采用由法院向当事人进行提示，或者在律师作出庄严承诺之后仅向律师出示等方式。在庭审上对证据进行质证，是诉讼

---

[1]《最高人民法院关于审理侵犯商业秘密民事案件适用法律若干问题的规定》（法释〔2020〕7号）第1条，2020年8月24日最高人民法院审判委员会第1810次会议通过，自2020年9月12日起实施。

公开原则的体现，但是这一公开原则的运用，应当以被公开这一事实不得侵害国家机密以及他人的合法利益和依法应当保护的权益为条件，否则这种公开将丧失其正当性基础。同时，应当认识到，对国家秘密、商业秘密和个人隐私或者法律规定其他应当保密事项的维护，与通过民事诉讼对有关诉讼当事人合法权益的保护具有同等的法律价值。

（3）本条文所规定的证据应当在"法庭"上出示，这个"法庭"主要指的是正式开庭审理，庭审中心主义是诉讼程序正当性的一种形式要件。同时，审判实践中，因各种类型的民商事案件千差万别，在例外情况下也包括非正式开庭的场合，因此，本条文所规定的内容应当理解为证据只有在开庭时经过公开质证，才能作为认定案件事实的依据。但是，对涉及国家秘密、商业秘密和个人隐私或者法律规定其他应当保密的证据，虽然未在开庭时经过公开质证，但是并不影响这些证据可以作为认定案件事实依据的正当性。其中，所谓"需要在法庭出示的，不得在公开开庭时出示"，指的是对这类证据的出示方式加以必要限制，也就是，禁止这类证据在法庭上公开出示，以免对国家、相关企业或者个人的利益和权利造成损害。取而代之的是，可采用变通的、特殊的质证方式，例如，可据情在一定场景下仅向法庭出示，或者有选择地仅向法庭以及对方当事人的律师出示。在广义上，采用这种特殊的质证方式在最低限度上是避免参加旁听的人在场。

（4）2019年《民事证据规定》第60条第2款规定："当事人要求以书面方式发表质证意见，人民法院在听取对方当事人意见后认为有必要的，可以准许。人民法院应当及时将书面质证意见送交对方当事人。"在诉讼上，证据应当在法庭上出示并由当事人互相质证。其法理基础来源于诉讼辩论权主义与证据辩论主义，其中所体现的诉讼言词主义、直接主义是法院自由心证主义的前提和基础。也即，法院对当事人提供的证据采信与否，取决于法院在程序上能否有机会听取双方当事人就有关证据当庭所发表的辩论意见。当然，由于个案情况繁简不一，当事人会根据案件审理情况的阶段性需要，向法庭提供不同类型的证据，其中包括主要证据、间接证据、辅助证据等，由于各种类型的案件千差万别，如果一律要求以开庭的形式对有关证据发表质证意见，有时不但不切合实际，也并非完全必要，还会相应地增加诉讼成本。为此，本条文根据审判上的实际需要，规定了当事人可以采用书面方式发表质证意见，但必须满足以下三个条件：其一，必须由当事人提出申请，法院不得依职权作出相应安排。其二，必须由双方当事人达成程序上的合意，表明双方当事人都有行使程序上处分权的意思表示。其具体方法和路径是，当一方当事人向法院提出申请时，法院应征求另一方当事人的意见。只有另一方当事人同意时才能达成这种程序上的合意。其三，需经法院的同意，即以法院"认为有必要"为条件。这是因为，无论是要求当事人当庭出示证据也好，还是要求由当事人当庭互相质证也好，这些只是践行直接主义、言词主义和辩论主义的途径和方法，而并非最终的目的，其最终的目的在于有助于法院形成全面、正确、合理的心证。因此，鉴于当事人的质证属于法院庭审调查的一个重要组成部分，即使双方当事人均同意以书面形式发表质证意见，如果法院认为当事人申请书面质证的对象属于主要证据，而并非间接证据或者辅助证据，或者说，属于独立的反驳证据而并非补强证据的话，如果仅仅通过书面质证而法院不能就其中的疑点当庭进行调查询问，将会妨碍其形成全面、正确、合理的心证的，应当不予准许。因此，其中，所谓人民法院认为"有必要"，主要是指人民法院应当考虑这种做法是否影响其通过当庭质证的方式更有利于对案件事实进行调查，以及是否影响其形成全面、正确、合理的心证。如果人民法院在个案条件下认为这种做法对其心证的形成不构成实质影响的，可考虑予以准许，并将一方当事人提交的书面质证意见及时送交给对方当事人。

3.质证针对的主要事项

《民事诉讼法解释》第104条规定："人民法院应当组织当事人围绕证据的真实性、合法性以及与待证事实的关联性进行质证，并针对证据有无证明力和证明力大小进行说明和辩论。能够反映案件真实情况、与待证事实相关联、来源和形式符合法律规定的证据，应当作为认定案件事实的根据。"

对本条文的理解与适用，应当掌握如下基本内容：

（1）本条文系涉及法院组织当事人就证据的"三性"发表质证意见的相关规定。其中证据与待证事实之间的关联性，决定了有关证据有无证明力以及证明力大小。所谓对证据有无证明力和证明力大小进行说明，是指当事人应当对其提供证据的来源、取得方式、证明的事项进行必要的解释。所谓对证据有无证明力和证明力大小进行辩论,是指相对一方当事人通过查看举证人提供的证据,对发现的疑点提出质询,表示异议,要求其作出合理的解释以及对于举证人提供证据能否证明待证事实以及证明力的大小与强弱进行质疑、发表辩论意见,并由举证人就对方提出异议的理由予以反驳。

(2)本条文中,所谓证据的真实性,是指由证据本身体现的形式、思想内容在审判上对反映案件事实所具有客观上的本质属性。例如,物证是以其存在、外部特征和构成属性来证明案件事实的,作为体现其存在、外部特征或者构成属性的形状、大小、数量、颜色、质量、重量、成分、材料、性能等便是客观属性的必然反映;而作为书证以及人证等则是通过其思想内容来反映相应客观事物的,其客观属性也是显而易见的。应当指出的是,证据的客观真实性不能简单地采用哲学意义上的概念来加以理解,它应当指的是诉讼上的客观性或者称之为法律上的真实性。在此问题上,既要反对主观性的虚无主义观点,又要反对纯客观性的思潮。因为,我国所要强调的证据客观性,是要将证据分为证据材料和诉讼证据,只有诉讼证据才能作为认定案件事实的根据,它是包括有关行为主体进行质证、辩论、采证等在内的一系列正当程序所产生的结果。它是一种法律上的客观真实,而绝非一般意义上的客观真实。

(3)本条文中,所谓证据的关联性,是指当证据有助于增强或减弱待证事实在心证上所具有的盖然性的程度时,即可认为该证据与待证事实之间具有关联性。对某一证据与案件事实之间是否具有关联性的判断,体现了对其进行证明价值的评估。对证据关联性实质内涵的界定,涉及证据关联性与待证事实的关系问题,它是对证据关联性在证据效力上的定位与价值评估。相关性涉及证据的内容或实体问题,而并非证据的形式或方式问题,即它涉及证据的实质性分量与本体证明价值,它与有关证据存在的形式或表现形式无关。作为对有关的证据作出是否具有关联性的判断,是一项繁杂的推理和逻辑问题,它体现了证据与待证事实之间的价值判断和评估。

(4)本条文中,所谓证据的合法性,是指证据在审判上可作为认定案件事实根据的适格性或者容许性。这种适格性或者容许性指的是能够作为证据的资格或者具有证据能力。在我国,证据能力被作为证据的合法性或法律性来看待。某些证据材料是否具有证据能力,主要取决于法律上的规定,只有法律上允许采纳为诉讼证据的，才具有法律上的证明力。基于多种主客观因素的考虑，对证据能力的限制有助于客观地反映案件事实的真实。一般而言，法律上有两种常用限制方法：一种可称为积极限制方法，即积极地规定何种证据、何种来源及形式的证据资料可以作为证据，例如，我国《民事诉讼法》第66条规定了8种证据的类型或表现形式。一种可称为消极限制方法，即法律消极地规定何种证据、何种来源及形式的证据资料不准作为证据。而消极限制方法又可分为程序上的消极限制方法和证据资料上的消极限制方法。前者指的是法律规定禁止以何种方法收集证据。例如，《民事诉讼法解释》第106条规定："对以严重侵害他人合法权益、违反法律禁止性规定或者严重违背公序良俗的方法形成或者获取的证据，不得作为认定案件事实的根据。"而后者指的是法律规定禁止采纳何种证据资料作为证据。例如，我国《民事诉讼法》第75条第2款以及2019年《民事证据规定》第67条第1款规定，不能正确表达意思的人，不能作证。但待证事实与其年龄、智力状况或者精神健康状况相适应的无民事行为能力人和限制民事行为能力人，可以作为证人。在民事诉讼上，涉及不能正确表达意思的人，根据我国《民法典》的规定，主要是指不满8周岁的未成人以及不能辨认自己行为的精神病人等这些无民事行为能力人，如果待证事实与其年龄、智力状况或者精神健康状况不相适应的，那么这部分人在诉讼过程中产生的证人证言就应当予以排除。

（5）在质证过程中，双方当事人享有的是一种对证据真实性、关联性以及合法性的质疑权，它是一种当事人的诉讼权利，法院不得代为行使。也就是说，在质证过程中，如果仅从法院角度看来某些证据存在显著缺陷，例如，一方当事人提出提供的原始书证上的印章或签名模糊不清，如相对一方当事人在质证时并未提出异议，法院应当认可该种书证在形式上具有真实性，不能以主动介入的方式来对该书证在形式上的真实性提出疑问，以引起双方当事人的争论。[①]再如，在质证过程中，一方当事人就对方当事人所申请的鉴定并未提出异议，而法院在主观上明显感到该鉴定意见依据不足，但是鉴于双方当事人对该证

---

① 在公益性较强的身份关系案件以及公益诉讼案件当中，由于实行职权探知主义，辩论主义受到相应的限制，如发现其中的疑点，法院可据情主动进行干预。

在内容上的真实性并未提出异议，法院也不得依职权主动干预当事人在证据辩论过程中所享有的质疑权，而直接挑明对此鉴定意见存有明显的疑问。因为法院并非质证主体，并不享有当事人辩论权利。但是这并不妨碍法院发挥对证据进行审查判断的能动作用，因为他是"心证"的主体。根据《民事诉讼法》和有关司法解释规定，当法院认为必要时，也就是对于鉴定意见产生疑问时，既可以询问鉴定人，也可以询问具有专门知识的人员，这种询问属于在庭审上进行证据调查的一种必要方式，是形成法院内心确信的重要来源与根据。[①] 在双方当事人完成各自的证明行为之后，由法院根据双方当事人在诉讼上负担的举证责任以及提供的相关证据进行综合认定。根据2019年《民事证据规定》第85条关于法院对有关证据有无证明力和证明力大小独立进行判断的原则，就特定证据证明力进行自由评估，如果在庭审过程中感到某一证据存在明显缺陷以至于影响其证明力，虽然有关当事人对其并无异议，甚至明确认可这种证据，但是，法院审判职责是建立在通过诉讼程序发现案件真实的基础上。因此，有关证据存在明显缺陷或疑点必将对其就案件事实形成内心确信产生相应的影响，对此，审判人员应在依据法律规定，遵循职业道德，运用逻辑推理及日常生活经验的前提下，对证据证明力作出独立判断，可不受当事人对该证据的缺陷是否存在争执的影响。当然，对于案件事实的认定是一个十分复杂的认识过程，在庭审中，或许审判人员对当事人并不存在争议的证据仍感其中存有显著缺陷只是一种主观认识，这种主观认识在最终形成内心确信上是否产生重要影响，也应视审判人员结合其他相关证据加以综合认定所得出的结论来定。总之，在庭审过程中，当事人之间对于某一证据在形式和内容上的真实性不存在争执，与一方当事人主张的事实则相对一方当事人不予争执所产生的自认事实具有本质上的不同，对后者，在法律效果上既约束当事人，也约束法院，法院在审判上应无条件地将其视为一种真实来对待。

（6）在听取当事人围绕证据的真实性、合法性以及与待证事实的关联性发

---

[①] 例如，根据《民事诉讼法》第81条中规定："当事人对鉴定意见有异议或者人民法院认为鉴定人有必要出庭的，鉴定人应当出庭作证。"再如，2019年《民事证据规定》第37条第3款规定："人民法院认为有必要的，可以要求鉴定人对当事人未提出异议的内容进行解释、说明或者补充。"

表质证或辩论意见的基础上，将有助于法院对有关待证事实形成全面、正确、合理的心证。通常而言，质证程序属于法庭证据调查的一个重要组成部分，在质证过程中，如果法院认为有关当事人对证据的真实性、合法性以及关联性所发表意见不充分、存在疑点或者没有说明理由，而对法院的心证造成实质性影响，法院可在此后的程序中予以调查询问。只有那些能够反映案件真实情况、与待证事实相关联、来源和形式符合法律规定的证据，才能最终作为法院认定案件事实的依据。

4. 质证的顺序

2019年《民事证据规定》第62条第1款规定："质证一般按下列顺序进行：（一）原告出示证据，被告、第三人与原告进行质证；（二）被告出示证据，原告、第三人与被告进行质证；（三）第三人出示证据，原告、被告与第三人进行质证。"

对本条文的理解与适用，应当掌握如下基本内容：

（1）本条文是有关质证顺序的规定。所谓质证的顺序，是指在庭审过程中，在审判人员主持下按照预先设定的法定程序由参加诉讼的各方当事人按照不同的诉讼地位或称谓相互展示证据以及发表相应意见的先后顺序。质证顺序的设定是基于诉讼的启动者与答辩者之相互地位所确定的，它体现了诉讼地位的平等与诉讼机会相当这样一种互为衡平的诉讼原则。

（2）审判实践中，质证的顺序所体现的是以法庭询问为实质内容的证据辩论过程，在此过程中，法院居中裁判，听取各方当事人就在法庭上所展示的证据发表意见、提出质疑和进行价值评估，为法院评判证据并决定是否采信证据以及如何采信证据创造必要的前提条件。在诉讼中，只有贯彻直接言词原则，才能为庭审质证提供必要的前提条件，并使质证具有实质内涵。

（3）具体质证的顺序按以下步骤分别进行：首先，由原告出示证据，同时对证据的形式、内容、来源、证明对象等内容进行陈述，再由被告、第三人认可或者提出质询或者抗辩，对证据的真实性、关联性、合法性发表质证意见；原告对于被告和第三人提出的异议或质询，可再行作出相应的解释和说明。其次，由被告出示证据，同样由被告对证据的形式、内容、来源、证明对象等内容作出说明，再由原告、第三人认可或者提出质询，被告针对原告、第三人提出的异议进行答复和说明。再次，由第三人出示证据，先由第三人对证据进行说明，再由原告、被告认可或者提出质询，第三人回答相关疑问并作出必要的说明。最后，各方当事人可就各自出示的证据，相互进行辩论。

（4）从直接言词原则与质证制度的关系而言，直接言词原则从本质上要求审判人员必须与当事人保持直接接触，并且必须在各方当事人在场的情况下才能进行调查证据，它是确保任何有可能作为裁判基础的证据必须通过各方当事人质证的有效保障，因此在这种正当程序所设定的框架之内，各方当事人只有通过一系列的对抗性诉讼行为，才能对最终的裁判结果产生制约或影响；从另一方面来看，只有借助各方当事人在庭审活动中的充分言词质证与辩论，才能使法院对有可能作为裁判基础的任何证据保持全面而又充分的接触、审查与认证。因此，对质证制度而言，直接言词原则的贯彻与实施也是扫除法院与原始证据之间障碍物或隔离物的有效手段。

（5）本条文规定的内容体现了直接言词原则。据此，在诉讼过程中，当事人应当按照举证责任分配规则的要求，就其向法庭提供的证据，向有关当事人进行出示，以便这些证据能够在当事之间进行质证。在民事诉讼中，法院的裁判应以从法庭上直接获取的证据材料为基础，对证据的调查应采用言词陈述的方式进行；未经在庭审中以言词方式调查的证据材料，一般不得作为认定案件事实的根据。在诉讼中，当事人之间就其进行质证的证据应当包括书证、物证、视听资料、电子数据。庭审质证是法院庭审调查的一个重要的组成部分，根据直接言词原则的要求以及根据《民事诉讼法》第 75 条、第 81 条，《民事诉讼法解释》第 110 条，2019 年《民事证据规定》第 64 条、第 82 条、第 84 条等规定，作为一种必要的质证方式，证人、鉴定人、当事人、勘验人、专家辅助人出庭接受当事人的质询以及法院的调查询问，这是由有关证据的证明方式所涉及的基本属性以及诉讼的正当程序所决定的。

5. 审理前准备阶段的质证

《民事诉讼法解释》第 103 条第 2 款规定："当事人在审理前的准备阶段认可的证据，经审判人员在庭审中说明后，视为质证过的证据。"

对本条文的理解与适用，应当掌握如下基本内容：

（1）我国民事诉讼为实行证据辩论主义而设定了质证程序，这种庭审质证属于法院证据调查的重要组成部分。近年来,随着《民事诉讼法》的修正以及相关司法解释的出台,标志着我国民事诉讼程序的变革已经进入了一个新的阶段。其主要特点为,为了促进集中审理的需要,相应加强和充实了庭前准备(阶段)程序,将部分庭审程序的职能与重心转移与导入于审理前准备(阶段)程序,使庭前会议制度和证据交换程序承担部分法院庭审调查职能,以便对双方当事人的诉讼主张和抗辩主张进行整理、归纳的同时,强化对于双方当事人提供证据进行整理与归纳,明确争议焦点,确定法院的审理范围以及当事人举证所要证明的待证事实,为尽可能地通过一次性庭审活动查明案件事实、及时作出裁判提供前提和基础。其中,所谓当事人"认可的证据",既包括质证人对举证人出示的证据"三性"明确表示认可,也包括质证人对举证人出示证据的"三性",既不明确表示认可,也不明确提出异议,经审判人员提示后记录在案的情形。在庭审中,审判人员对于当事人在审理前准备(阶段)程序认可的证据进行说明,具有总结性和归纳性,其目的在于:其一,向有关当事人进行必要的提示,表明对有关证据已经质证,以免程序的重复进行;其二,将这一事实行为记录在卷,作为庭审笔录的一部分,对质证人产生约束效力。其中,所谓"视为质证过的证据",主要是指,只要在程序上给予过当事人发表质证意见的机会,无论其是否明确发表质证意见,亦无论其是否认可该证据,无论其是否认可证据"三性"当中的"一性"或"二性",均应当视为质证过的证据。当事人对证据不认可的行为并非等同于当事人对有关证据未发表过质证意见。凡是经过质证过的证据,即为符合《民事诉讼法》第71条有关正当程序的规定,在当事人行使辩论权的条件下,法院即可对有关证据进行评估并决定是否予以采信。

(2)2019年《民事证据规定》第60条第1款规定:"当事人在审理前的准备阶段或者人民法院调查、询问过程中发表过质证意见的证据,视为质证过的证据。"审判实践中,对有些事实的查明并非一律通过开庭审理的方式,尤其是通过开庭审理后仍需要进行补充调查的,也可通过相关调查、询问的方式进行。因此,无论是在审理前的准备阶段,还是在人民法院调查、询问过程中,质证人对举证人提供证据"三性"的认可、不认可或者不置可否,均应当视为质证程序已经发生、有关证据已经经过质证,而对于有关证据是否有证明力、有何种证明力以及能否采信以及如何采信等均由法院据情判断。

（3）2019年《民事证据规定》第68条第1款规定："证人在审理前的准备阶段或者人民法院调查、询问等双方当事人在场时陈述证言的，视为出庭作证。"证人证言是一种言词证据，当事人对证人证言进行质证，原则上应当以证人出庭作证为必要条件，这是由证人证言的基本属性所决定的。同时，当事人对证人证言进行质证，也是法院庭审证据调查的重要组成部分，在此过程中，法院对出庭证人的调查询问，是其形成心证所不可或缺的前提条件。庭前审理的准备阶段，也是民事诉讼的必要组成部分。为了促进案件的集中审理，由法院主持下的审理前准备阶段，或者在正式开庭审理之外，人民法院在认为必要时所进行的调查、询问等，凡是双方当事人在场时证人所陈述证言的，视为该证人出庭作证。这是因为，在上述场景下，有关证人在双方当事人在场时就案件事实向法院作出了相关陈述，并有机会接受双方当事人的交叉询问以及法院的调查询问，有关内容记录在卷并由证人、当事人签字确认，在形式和程序上已经满足了《民事诉讼法》第71条、第75条所规定的当事人行使质证权以及证人出庭作证的基本要求。

6.对法院调查收集证据的质证

2019年《民事证据规定》第62条规定："……人民法院根据当事人申请调查收集的证据，审判人员对调查收集证据的情况进行说明后，由提出申请的当事人与对方当事人、第三人进行质证。人民法院依职权调查收集的证据，由审判人员对调查收集证据的情况进行说明后，听取当事人的意见。"

对本条文的理解与适用，应当掌握如下基本内容：

（1）在民事诉讼中，当事人对其提出的事实主张负有举证责任，人民法院不负有举证责任。但是，在特殊情形下，由人民法院调查收集证据不应视为代为当事人履行举证责任的行为。根据《民事诉讼法》第67条第2款规定，人民法院调查收集证据分为两种情形：其一，当事人向法院提出申请，针对的是当事人及其诉讼代理人因客观原因不能自行收集的证据。根据《民事诉讼法解释》第94条第1款规定，当事人及其诉讼代理人因客观原因不能自行收集的证据包括：第一，证据由国家有关部门保存，当事人及其诉讼代理人无权查阅调取的；第二，涉及国家秘密、商业秘密或者个人隐私的；第三，当事人及其诉讼代理人因客观原因不能自行收集的其他证据。其二，人民法院依职权调查收集，针对的是人民法院认为审理案件需要的证据。根据《民事诉讼法解释》第96条第1款规定，人民法院认为审理案件需要的证据包括：第一，涉及可能损害国家利益、社会公共利益的；第二，涉及身份关系的；第三，涉及《民事诉讼法》第58条规定诉讼的；第四，当事人有恶意串通损害他人合法权益可能的；第五，涉及依职权追加当事人、中止诉讼、终结诉讼、回避等程序性事项的。

（2）在民事诉讼中，证据的提供将决定对案件事实的认定，从而决定着诉讼的最终结果。由于受各种因素的影响和客观条件的限制，无论是当事人提供的证据，还是经当事人申请由人民法院调查收集的证据，抑或人民法院依职权调查收集的证据，都存在着形式上瑕疵或者内容上虚假的可能性。为了使法院获得全面、正确、合理的心证以及保障当事人辩论权利的行使，对人民法院根据当事人申请调查收集的证据，仍然是作为提出申请的一方当事人提供的证据，作为举证主体和质证主体还应当是参加诉讼活动的双方当事人以及参与诉讼的第三人。在法院出示证据时，审判人员应当对调查收集证据的时间、地点、证据的来源、调查收集证据的过程、证据的内容等情况进行说明，然后由提出申请的当事人与对方当事人、第三人按照相应顺序进行质证。

（3）人民法院既不作为举证主体，又不作为质证主体，是为了维护法院的中立地位，这是司法审判的公正性所决定的。人民法院依职权调查收集的证据主要是涉及国家利益、社会公共利益和他人合法权益的事实以及与诉讼程序有关的事项，这些事实或事项与当事人的私权利益并无直接的关系，法院之所以行使这类职权，是因为人民法院所从事的审判活动应当体现司法公正与社会正义，审判权本身就具有履行社会的公共职能。对与履行社会公共职能及诉讼程序管理职能相关的案件事实或事项所调查收集的证据，法院应当在庭审中出示，听取当事人的意见，审判人员可就依职权调查收集证据的情况加以说明。在此，审判人员并非作为质证主体，因此，不能与当事人就所出示的证据进行辩论；法院可就出示证据，在听取当事人意见的基础上，结合其他有关证据，据情作出评断。

（4）当事人申请法院调查收集的证据材料，应当归入申请方当事人的诉讼证据材料体系之中。这些证据材料必须经过庭审的质证才能作为定案的依据。

因此，无论在庭审质证中，还是在法院的认证过程中，这些证据材料或证据均作为申请方当事人的举证内容。之所以这样界定，一方面是为了突出法院在民事诉讼中的权威性和中立性。因为如果当事人申请法院所调查收集的证据材料不经过庭审质证，不归入申请方当事人的证据体系，则不仅在另一方当事人的诉讼心理上造成法院审判的偏私印象，而且在诉讼进程的外在表现上也弱化了法院审判行为的公信力。另一方面是为了保障民事诉讼的程序公正，维护诉讼当事人的诉讼权益和诉讼机会、地位的平等。

7. 对证人证言的质证

2019年《民事证据规定》第68条规定："人民法院应当要求证人出庭作证，接受审判人员和当事人的询问。证人在审理前的准备阶段或者人民法院调查、询问等双方当事人在场时陈述证言的，视为出庭作证。双方当事人同意证人以其他方式作证并经人民法院准许的，证人可以不出庭作证。无正当理由未出庭的证人以书面等方式提供的证言，不得作为认定案件事实的根据。"

对本条文的理解与适用，应当掌握如下基本内容：

（1）在性质上，证人证言属于言词证据，是人证当中的一种类型。当事人对证人证言的举证和质证在方式上完全不同于诸如书证、物证、电子数据、视听资料这些实物性证据。同时，当事人对证据的质证，属于法庭证据调查的一个重要环节。因此，证人出庭作证就成为当事人对于证人证言进行质证的必要方式。为此，《民事诉讼法》第75条中规定："凡是知道案件情况的单位和个人，都有义务出庭作证。"该规定将出庭作证作为证人在法律上对法院负有的一种协力义务。当事人对证人证言所采取的举证方式是向法院申请证人出庭作证。但这并非意味着证人与当事人之间存在雇佣关系，证人出庭作证是向法律负责，同时也是向法院负责，证人与法院之间存在公法意义上的诉讼法律关系。为此，《民事诉讼法》第76条中规定："经人民法院通知，证人应当出庭作证。"这就意味着，在原则上，未经人民法院向证人发出出庭作证的通知，当事人不得随意携带证人出庭，在适用普通程序审理的案件当中尤其如此。

（2）《民事诉讼法》第68条第2款中规定："人民法院根据当事人的主张和案件审理情况，确定当事人应当提供的证据及其期限。"可见，在民事案件审理过程中，当事人提供证据的次数可能不止一次，有些复杂的案件要根据诉讼发展不同的阶段,需要多次由当事人提供相应的本证证据、反驳证据以及补强证据。因此,当事人对有关证据进行质证的次数也是相应的。在审理前的准备阶段法院组织证据交换或者召集庭前会议中,在开庭审理中的证据调查,以及在开庭审理之外法院在认为有必要时进行的调查、询问等,均有可能出现证人于双方当事人在场时陈述证言的情形,这种情形均可视为对证人证言的质证。

(3)《民事诉讼法》第76条中规定,当出现证人因健康原因,因路途遥远、交通不便,因自然灾害等不可抗力以及其他有正当理由不能出庭作证情形的,虽经人民法院依法通知,但证人可以通过其他替代性方式以代替出庭作证,而本条文则基于诉讼契约的原则,增加了双方当事人同意证人以其他方式作证并经人民法院准许的情形。其中,所谓"双方当事人同意证人以其他方式作证"中的其他方式,应当理解为属于《民事诉讼法》第76条规定的通过书面证言、视听传输技术或者视听资料等方式。对证人证言进行质证,在程序上是要求由证人出庭作证,它不仅有助于保障当事人的质证权和辩论权,并且借助于双方当事人的交叉询问以及法院对证人开展的调查询问。如果证人采用其他替代性方式作证,无疑将对有关证人证言的证明效力带来某种消极影响,尤其是采用书面证言方式代替出庭作证,将严重减损其证明价值,妨碍法院对案件事实作出正确的判断。因此,本条文规定,即使在双方当事人同意证人以其他方式作证的情况下,也须经过人民法院的准许。这就意味着,人民法院享有据情不予准许的权力。当然,民事诉讼以解决私权纠纷为主要目的,实行当事人辩论主义和处分权主义,如果双方当事人同意证人以其他方式作证,而最终又不利于法院对该证人证言的采信,其结果应由负有举证责任的一方当事人承担这种不利益的后果。在此,事实上是将"双方当事人同意证人以其他方式作证并经人民法院准许",作为证人可以不出庭作证的一种正当理由。但对于《民事诉讼法解释》第96条第1款所规定的几种情形,因主要涉及公益性较强的案件以及当事人有恶意串通损害他人合法权利可能的,属于实行国家干预主义和法院职权探知主义范畴,如果证人并非因健康原因,因路途遥远、交通不便,因自然灾害等不可抗力以及其他有正当理由不能出庭作证情形的,而仅仅是因为双方当事人同意证人以其他方式作证的,人民法院可以考虑不予准许。对于无正当理由未出庭的证人以书面等方式提供的证言,由于不符合法律所规定的对证人证言进行质证的必要条件，因此即便当事人出示了这种书面证言，法院也应将其排除在法庭证据调查之外。

（4）2019年《民事证据规定》第74条规定："审判人员可以对证人进行询问。当事人及其诉讼代理人经审判人员许可后可以询问证人。询问证人时其他证人不得在场。人民法院认为有必要的，可以要求证人之间进行对质。"该规定涉及开庭审理过程中，法院对于证人证言所进行的证据调查，以及当事人对于证人陈述的证言当庭进行质证。其中，当事人对证人证言的质证，既包括双方当事人及其诉讼代理人对证人的询问（主询问和交叉询问），亦包括证人之间进行对质，这些都属于法院证据调查的组成部分。

8. 对鉴定意见、勘验笔录的质证

《民事诉讼法》第142条第2款规定："当事人经法庭许可，可以向证人、鉴定人、勘验人发问。"

对本条文的理解与适用，应当掌握如下基本内容：

（1）鉴定意见、勘验笔录属于人证范畴，如果仅仅在法庭上通过出示鉴定意见和勘验笔录并要求当事人对此发表质证意见，在通常情况下会影响当事人辩论权的正常行使，也会对法院形成正确、合理的心证产生消极影响。因此，当事人对于鉴定意见、勘验笔录的正确质证方式是由鉴定人、勘验人出庭作证，直接回答有关当事人及其诉讼代理人的质询和异议。当庭由当事人对鉴定人出具的鉴定意见以及勘验人制作的勘验笔录发表意见，并向鉴定人、勘验人发问，是法院庭审证据调查的必要方式。为了贯彻诉讼直接言词原则，鉴定人、勘验人应当根据法律的规定出庭作证，接受法院的调查询问和当事人的询问。对此，2019年《民事证据规定》第82条第1款也作出了相应的规定，即："经法庭许可，当事人可以询问鉴定人、勘验人。"

（2）鉴定人出庭作证，以便当事人对鉴定意见进行质证，是法院庭审证据调查的重要组成部分。对此，《民事诉讼法》第81条中规定："当事人对鉴定意见有异议或者人民法院认为鉴定人有必要出庭的，鉴定人应当出庭作证。"司法鉴定是法院委托有关鉴定机构所进行的鉴定。鉴定人出庭作证是以机构名义，这种作证的行为是一种职务行为。对此，2019年《民事证据规定》第79条规定：" 鉴定人依照民事诉讼法第七十八条①的规定出庭作证的，人民法院应当在开庭审理三日前将出庭的时间、地点及要求通知鉴定人。委托机构鉴定的，应当由从事鉴定的人员代表机构出庭。" 在当事人对鉴定意见进行质证过程中，当事人就鉴定事项向鉴定人直接发问以及鉴定人如实答复当事人的异议，是当事人对鉴定意见进行质证的核心内容。但当庭答复确有困难的，经法院准许，可以在庭审结束后书面答复，这种建立在鉴定人出庭作证基础上的书面答复方式，系对鉴定人当庭答复当事人异议的一种变通做法，符合专业性问题具有复杂性和特殊性的实际情况。对此，2019 年《民事证据规定》第 80 条规定：" 鉴定人应当就鉴定事项如实答复当事人的异议和审判人员的询问。当庭答复确有困难的，经人民法院准许，可以在庭审结束后书面答复。人民法院应当及时将书面答复送交当事人，并听取当事人的意见。必要时，可以再次组织质证。"

（3）鉴定人出庭作证有利于保障当事人行使质证权，而质证权是其辩论权的重要组成部分。在人民法院委托有关鉴定机构进行鉴定的条件下，人民法院与鉴定人之间是一种公法意义上的诉讼法律关系，鉴定人出庭作证是一种职务行为，如果鉴定人无正当理由拒不按照法律规定出庭作证，既是对当事人就有关鉴定意见进行质证造成实质上的妨碍，又是在法律上对法院的审判活动构成妨害的职务违法行为，应当为此承担相应的法律责任。对此，2019 年《民事证据规定》第 81 条第 1 款规定：" 鉴定人拒不出庭作证的，鉴定意见不得作为认定案件事实的根据。人民法院应当建议有关主管部门或者组织对拒不出庭作证的鉴定人予以处罚。"

（4）2019 年《民事证据规定》第 99 条第 2 款规定：" 除法律、司法解释另有规定外，对当事人、鉴定人、有专门知识的人的询问参照适用本规定中关于询问证人的规定。"《民事诉讼法》第 66 条第 1 款所规定的证据种类包括鉴定意见，但该鉴定意见是由鉴定机构接受法院的委托而指定鉴定人出具的，它不同于有专门知识的人出庭作证向法院所提供的专家意见。根据《民事诉讼法》第 82 条规定：" 当事人可以申请人民法院通知有专门知识的人出庭，就鉴定人作出的鉴定意见或者专业问题提出意见。" 可见，这种专业意见也是一种证据类

---

① 现为《民事诉讼法》（2023 年修正）第 81 条。

型，当事人申请人民法院通知有专门知识的人出庭属于一种举证行为，因此也存在当事人对该种专业意见进行质证的问题。在实务上，对这种专业意见由当事人进行质证必须以有专门知识的人出庭作证为前提。

9. 对书证、物证、视听资料、电子数据的质证

2019年《民事证据规定》第61条规定："对书证、物证、视听资料进行质证时，当事人应当出示证据的原件或者原物。但有下列情形之一的除外：（一）出示原件或者原物确有困难并经人民法院准许出示复制件或者复制品的；（二）原件或者原物已不存在，但有证据证明复制件、复制品与原件或者原物一致的。"

对本条文的理解与适用，应当掌握如下基本内容：

（1）书证、物证、视听资料均属于实物性证据。传统上，对于实物性证据适用最佳证据规则，意在强调原始证据优先提出主义。故对书证、物证、视听资料等实物性证据进行质证时，当事人有权要求对方出示证据的原件或者原物。这一规定体现了这种程序的价值属性，因为作为质证是在利害关系相对立的双方当事人之间就有关证据进行"对质"，因此，这种质证本身是对证据所存在的形式或内容提出各种疑问，暴露其中的疑点或瑕疵，借以减弱、削除这种证据的证明价值，以实现因证据对抗所带来的程序上的优势。因此，一方当事人在质证过程中出示实物性证据时，负有就书证、物证、视听资料出示相应原件或原物的义务，借以担保证据的真实性，否则，对方当事人即可就证据在形式上的真实性提出异议，使法院在内心形成合理的怀疑，从而使这些证据复制件或复制品不能达到预期的证明目的。因此，当事人在质证时要求对方出示实物性证据的原件或原物，是质证程序具有正当性的一个基本原则。

（2）本条文在规定当事人有权要求对方出示实物性证据原件或原物的同时，还设置了除外情形作为例外，即：其一，当事人出示原件或原物确有困难的，须经人民法院准许才可出示复制件或者复制品；其二，原件或者原物已不存在，但有证据证明复制件、复制品与原件或原物一致。这一规定是符合客观实际的，因为在现实生活中，有关的书证、物证、视听资料等确因客观原因会发生灭失、遗失，或者从形式上已不复存在的情形。在这些例外条款的适用上，就上述第一种情形而言，所谓"确有困难"，应当属于客观上的原因和现实上的障碍，例

如，有关原件或者原物不在国内，或者保存在有关部门或机构，而有关部门或机构有法定原因不能出借这些原件或者原物，有些原件为铭刻在石碑或其他不能移动的物体之上，或者由于体积过大或重量过重，不便搬至法庭等。在程序上，当举证人主张"确有困难"时，应当对此负有说明义务，或者在法院认为有必要时负有提供证据的义务，但与此相关的证明标准相对较低，只要能够达到使得法院认为大概如此即可。由于在法庭上举证人所提供的证据并非原件或者原物，在这种情形下，对其形式上的真实性进行质证已显得并无实际意义，当事人仅就证据内容的真实性进行质证即可。就上述第二种情形而言，有证据证明复制件、复制品与原件或原物一致的，当事人可以就这种证据的复制件、复制品进行质证。例如，有些书证、物证、视听资料的原件或原物虽然已不复存在，但是在此之前曾经被公证、鉴定等法定职能部门、机构作过详细记录，或者按照法定程序进行复制（如拍照、录像）等。在这种情形下，当事人除了围绕有关实物性证据的复制件、复制品内容的真实性进行质证以外，还应当就证明复制件、复制品与原件或原物相一致的有关（间接）证据在形式上和内容上的真实性进行质证。

（3）2019年《民事证据规定》第99条第2款规定："除法律、司法解释另有规定外，对当事人、鉴定人、有专门知识的人的询问参照适用本规定中关于询问证人的规定；关于书证的规定适用于视听资料、电子数据；存储在电子计算机等电子介质中的视听资料，适用电子数据的规定。"根据该规定所界定的有关实物性证据之间的逻辑关系，电子数据属于实物性证据的基本范畴，也可适用本条文所规定的当事人对于书证、物证、视听资料的质证规则。

10. 对当事人陈述的质证

《民事诉讼法》第78条规定："人民法院对当事人的陈述，应当结合本案的其他证据，审查确定能否作为认定案件事实的根据。当事人拒绝陈述的，不影响人民法院根据证据认定案件事实。"

对本条文的理解与适用，应当掌握如下基本内容：

（1）《民事诉讼法》第66条第1款将"当事人的陈述"作为证据的一种类型，而《民事诉讼法》第71条中规定："证据应当在法庭上出示，并由当事人相互质证。"同时，《民事诉讼法解释》第103条第1款又规定："证据应当在法庭上出示，由当事人相互质证。未经当事人质证的证据，不得作为认定案件事实的根据。"可见，无论在法理上还是在法律上，都存在对"当事人的陈述"这种证据进行质证的问题。

（2）在法律逻辑关系上，当事人对有关证据的质证是法庭证据调查的一个重要组成部分，根据《民事诉讼法》第141条所规定的法庭调查顺序第一项为"当事人陈述"。鉴于双方当事人是对有关证据进行质证的主体，一方当事人对对方"当事人的陈述"进行质证，并且双方当事人都有这种权利，在形式上至少会产生一种悖论现象，即质证主体与质证客体之间的"混同化"。然而，对与其他证据进行质证相较而言，当事人对"当事人陈述"的质证，除了在形式上有特殊性之外，在实质上也有所不同。即当事人的陈述，既包括当事人的事实主张，也包括当事人就其事实主张所进行的陈述。当事人的事实主张属于诉讼资料范畴，而当事人就事实主张所进行的陈述则属于证据资料范畴。但实务上，二者又显得密不可分。例如，在当事人的起诉状、答辩状、诉讼代理（词）意见当中，既有一方当事人的事实主张，又有对方当事人的抗辩主张；既有一方当事人就事实主张所进行的陈述，又有对方当事人就抗辩主张所进行的事实陈述。因此，审判实践中，无论是在审理前准备阶段的证据交换或者庭前会议当中的质证，还是在开庭审理过程中的质证以及开庭审理之外法院就有关证据所进行的调查询问，几乎毫无例外地并未将双方"当事人的陈述"作为质证的范围。在诉讼过程中，当事人对"当事人陈述"的质证，在形式上已经转化为除当事人起诉状以外的答辩状、代理（词）意见、情况说明等书面形式，以及在审理前准备阶段的证据交换或者庭前会议当中的口头陈述与对方的口头反驳、开庭审理过程中的法庭调查阶段的口头陈述与对方的口头反驳及法庭辩论阶段的双方攻击与防御架构下的口头辩论、开庭审理之外法院就有关证据所进行的调查询问中的口头陈述与对方的口头反驳当中。并且，其中所贯穿的"当事人的陈述"，往往又体现为当事人根据其他证据材料就事实主张所进行的攻击型与防御型之陈述（描述）。

（3）除了当事人的陈述作为双方当事人进行质证的对象以外，当事人之间对有关证据进行质证行为，本身就是法院产生心证的对象，或者说，系产生法院心证的客体范围。与上述双方当事人对"当事人陈述"进行质证所不同的是，在诉讼过程中，在法院认为有必要时可要求当事人以人证出庭作证的方式就案件事实向法庭所作出的陈述，成为法庭证据调查的重要组成部分。对此，《民事诉讼法解释》第 110 条规定："人民法院认为有必要的，可以要求当事人本人到庭，就案件有关事实接受询问。在询问当事人之前，可以要求其签署保证书。"并且，2019 年《民事证据规定》第 64 条在此基础上又进一步规定："人民法院认为有必要的，可以要求当事人本人到场，就案件的有关事实接受询问。人民法院要求当事人到场接受询问的，应当通知当事人询问的时间、地点、拒不到场的后果等内容。"另外，2019 年《民事证据规定》第 63 条第 1 款还要求："当事人应当就案件事实作真实、完整的陈述。"可以说，在法院要求当事人本人到庭（场）就案件有关事实接受询问，并不属于双方当事人对对方"当事人的陈述"进行的质证范围。在通常意义上，双方当事人对对方"当事人的陈述"进行质证，既可以由当事人本人对这种证据进行质证，也可以由当事人委托的诉讼代理人对这种证据进行质证，并且无论是陈述方还是质证方，均无需被要求签署保证书；相较而言，法院专门要求当事人到庭（场）就案件的有关事实接受询问，只能由当事人本人出席，而不能由当事人委托的诉讼代理人出席，且可被要求签署保证书，以担保其陈述的真实性。

11. 对有专门知识的人提供专业意见的质证

《民事诉讼法》第 82 条规定："当事人可以申请人民法院通知有专门知识的人出庭，就鉴定人作出的鉴定意见或者专业问题提出意见。"

对本条文的理解与适用，应当掌握如下基本内容：

（1）根据本条文的规定，有专门知识的人在法庭上发表专业意见主要有两种情形：其一，在人民法院委托司法鉴定的情况下，当事人可以申请人民法院通知有专门知识的人出庭，就鉴定人作出的鉴定意见提出专业意见；其二，在就专门性问题无法进行司法鉴定或者不需要进行司法鉴定的情况下，当事人可以申请人民法院通知有专门知识的人出庭，就与待证事实有关的专门性问题提出专业意见。其中，在上述第一种情形下，当事人委托有专门知识的人出庭提出专业意见，是代理被委托的当事人对鉴定人出具的鉴定意见进行质证的必要方式，在此，双方当事人发表质证意见所针对的对象（或客体）系鉴定意见，而并非对方当事人委托有专门知识的人提供的专业意见。另外，一方当事人对对方当事人委托有专门知识的人出庭提出专业意见的反驳，属于广义上的质证范畴，或者非典型意义上的质证；在上述第二种情形下，即在就专门性问题无法进行司法鉴定或者不需要进行司法鉴定的情况下，当事人委托有专门知识的人出庭就与待证事实有关专门性问题提出的专业意见，才能够在真正意义上作为对方当事人发表质证意见的对象（或客体）。

（2）《民事诉讼法》第66条第1款所规定的证据种类包括鉴定意见，但该鉴定意见是由鉴定机构接受法院的委托而指定鉴定人出具的，它不同于有专门知识的人出庭作证向法院所提供的专业意见。但根据《民事诉讼法》第82条规定的旨意，在就专门性问题无法进行司法鉴定或者不需要进行司法鉴定的情况下，当事人可以申请人民法院通知有专门知识的人出庭，就与待证事实有关的专门性问题提出专业意见，法院经审查判断后也可以将该种专业意见作为定案依据，因此，这种专业意见也是一种证据类型。当事人申请人民法院通知有专门知识的人出庭属于一种举证行为，因此也存在当事人对该种专业意见进行质证的问题。实务上，对这种专业意见由当事人进行质证必须以有专门知识的人出庭作证为前提。

（3）2019年《民事证据规定》第84条第1款规定："审判人员可以对有专门知识的人进行询问。经法庭准许，当事人可以对有专门知识的人进行询问，当事人各自申请的有专门知识的人可以就案件中的有关问题进行对质。"该规定主要适用于《民事诉讼法》第82条所规定的第二种情形，无论是当事人对有专门知识的人进行的询问，还是当事人各自申请的有专门知识的人可以就案件中的有关问题进行对质，均属于当事人对有专门知识的人所提供专业意见进行的质证。同时，应当指出的是，2019年《民事证据规定》第99条第2款规定："除法律、司法解释另有规定外，对当事人、鉴定人、有专门知识的人的询问参照适用本规定中关于询问证人的规定。"该规定亦主要适用于《民事诉讼法》第82条所规定的第二种情形。

## 二、案例实务与问题解析

### 案例　收条是否应当庭质证

〔基本案情〕

2004年5月4日，原告乔某起诉称被告李某于2003年7月30日立据向其借款16000元，约定还款期限为同年12月30日。还款期至，李某未按期还款，现起诉要求被告李某立即偿还借款16000元。法院立案受理后，即向被告送达了应诉手续，被告在举证期限内向法庭递交了答辩状称已还原告14000元，只欠原告2000元未还，并附一张原告签名的收条一张，内容为"收到李某还借款14000元"，2003年12月26日。法庭适用简易程序公开开庭时，被告经法院传唤无正当理由拒不到庭参加诉讼。

〔意见分歧〕

法院内部就被告在举证期限内提交的该张收条是否应当质证的问题，存在如下三种观点：

第一种观点认为，对该张收条不应进行质证，也不能作为本案定案的依据。理由是，2001年《民事证据规定》第47条第1款明确规定："证据应当在法庭上出示，由当事人质证，未经质证的证据，不能作为认定案件事实的依据。"1991年《民事诉讼法》第66条中也同样规定："证据应当在法庭上出示，并由当事人互相质证。"证据出示是指在庭审过程中，当事人向法庭和对方当事人展示证据的行为。质证的前提是证据出示，那么应由谁向法庭出示证据。这样一来，法官势必要替代被告出示证据，这样显然有失法院的中立和当事人和法院与原、被告间"等腰三角形"的诉讼结构的平衡，因为法官不是质证主体。

第二种观点认为，该证据应当进行质证，由法官向原告出示证据，根据原告的质证意见综合认定该份证据的效力。

第三种观点认为，2003年《最高人民法院关于适用简易程序审理民事案件的若干规定》第30条第1款规定："原告经传票传唤，无正当理由拒不到庭或者未经法庭许可中途退庭的，可以按撤诉处理，被告经传票传唤，无正当理由拒不到庭或未经法庭许可中途退庭的，人民法院可以根据原告的诉讼请求及双方已经提交给法庭的证据材料缺席判决。"该条规定是指在一方当事人缺席的情况下，人民法院可以根据原告的诉讼请求及双方在举证期限内提交的证据材料缺席判决。对被告无正当理由拒不到庭或中途退庭的，庭审法官应将被告方的答辩状或向法庭提供的证据材料出示给原告，由原告对被告的辩论理由和证据材料进行质证，法官可以根据自己的知识、经验、当事人的人格品性以及对法律的理解，以自由心证原则根据查清的案件事实作出判决。虽然在庭审中由法官出示证据，形式上存在一定的缺陷，但是这样做能够使人民法院最大限度地对案件事实作出准确的判断进而作出正确的判决，也是对民事诉讼中一方当事人缺席时的一种权利的适当救济，更能体现平等保护双方当事人的合法权益。

〔问题解析〕

本案中，原告乔某向法院起诉，要求被告李某偿还借款 16000 元。为证明其诉讼请求和事实主张，原告向法院提交了被告出具的一份借条。被告抗辩称，其已还原告 14000 元，只欠原告 2000 元未还，并提供了原告签名的一份收条。在开庭时，被告经法院传唤无正当理由拒不到庭参加诉讼。根据 2001 年《民事诉讼法》第 13 条规定："被告经传票传唤，无正当理由拒不到庭的，或者未经法庭许可中途退庭的，可以缺席判决。"[1] 据此，法院在本案中采用缺席审理方式。2001 年《民事证据规定》第 47 条第 1 款规定："证据应当在法庭上出示，由当事人质证。未经质证的证据，不能作为认定案件事实的依据。"[2] 在诉讼上，法院庭审调查通常分为证据调查和事实调查，同时，证据调查是事实调查的必要组成部分。从正当程序的角度讲，法院进行证据调查的过程，也是其形成裁判心证的最为重要的过程，同时，双方当事人通过对证据和事实发表意见，也是尽可能地影响法院形成对其有利的裁判心证的过程。2001 年《民事证据规定》第 50 条规定："质证时，当事人应当围绕证据的真实性、关联性、合法性，针对证据证明力有无以及证明力大小，进行质疑、说明与辩驳。"[3] 因此，当事

---

[1] 现为《民事诉讼法》（2023 年修正）第 147 条。

[2]《民事诉讼法解释》第 103 条第 1 款规定："证据应当在法庭上出示，由当事人相互质证。未经当事人质证的证据，不得作为认定案件事实的根据。"

[3]《民事诉讼法解释》第 104 条第 1 款规定："人民法院应当组织当事人围绕证据的真实性、合法性以及与待证事实的关联性进行质证，并针对证据有无证明力和证明力大小进行说明和辩论。"

人对于对方出示的证据发表质证意见,对有关证据证明力有无以及证明力大小进行质疑、说明与辩驳,不是义务而是权利。放弃这些质疑权、说明权与辩驳权,就意味着放弃影响法院对其形成有利裁判心证的权利。本案中,针对原告乔某的诉讼请求和事实主张,被告李某向法院提供了原告出具的收到14000元欠款的字据作为反证,对此,原告以发表质证意见的形式享有质疑权、说明权和辩驳权,对于原告的质证意见,被告享有相应的说明权和辩驳权,而被告李某在本案中经法院传唤无正当理由拒不到庭参加诉讼,实际上是放弃了这种说明权和辩驳权,但并不影响法院形成相应的裁判心证。另外,2001年《民事证据规定》第51条第1款[①]规定,被告出示证据,原告、第三人与被告进行质证。在审判实践中,在质证(证据调查)之前,首先应当是当事人向法官提交证据,同时当事人还有义务通过法官向对方提交有关证据的复制品、照片、副本、节录本。因此,所谓"出示证据"仅具形式意义。本案中,在被告缺席审理的情况下,实际上无需法官代替被告出示证据,而是由法官指出被告提交证据的编号,由原告对此发表质证意见即可。

上述第一种观点以法院不是质证主体为由,认为法官势必要替代被告出示证据,这样显然有失法官的中立地位。这种观点显然是不能成立的。而上述第二种观点认为,由法官(代替被告)向原告出示证据,这种观点与实际做法不符,因为本案原告也持有被告提交的收条复印件。即使原告同时要求核对收条原件,而由法官出示收条原件,以供原告核对,这属于法院证据调查的组成部分,因为这一过程要被依法记录在庭审笔录当中。并且,该份收条原本就是原告向被告出具的,原告享有放弃核对收条原件的权利。而在上述第三种观点中,其认为"由法官出示证据,形式上存在一定的缺陷",这种提法并不准确。实际上,即使退一步讲,在被告缺席的情况下,或许法官有关庭审调查活动显得较为积极和能动,但这是基于查明案件事实的需要,也是基于同等保护双方当事人诉讼权利的需要,在形式上或程序上并不存在任何瑕疵和缺陷。

---

[①] 2019年《民事证据规定》第62条第1款。

# 第十五章
## 举证妨碍及对其他妨碍证明行为的处罚

## 一、举证妨碍

（一）举证妨碍制度形成的基本源流与原理

所谓举证妨碍，或称证明妨碍（Spoliation Of Evidence）是指，一方当事人在诉讼前或者诉讼过程中通过其特定行为故意或过失地使得另一方当事人不能公平地利用证据而导致对该另一方当事人产生不利的裁判后果。因此，在法理上，证明妨碍既是一种特定的行为，又是一种因该行为所产生的法律后果。

从历史发展的轨迹来看，举证妨碍的问题起源于证据法。在普通法系国家，法院遭遇因证据灭失所带来的问题最早可以推至到1617年。① 几个世纪以来，举证妨碍已成为法院所关注的焦点问题。② 英国王座法庭于1722年通过对Armory v. Delamirie一案的裁判就举证妨碍的救济创立了法律先例。③ 在该案中，原告为一清扫烟囱的工人，他将清扫作业中捡到的宝石戒指交给一名珠宝商人即被告，以鉴定其价值，珠宝商人的徒弟摘取了上面镶嵌的宝石，仅按戒指本身所值折价返还，原告拒绝接受这一小笔金钱，索要被摘取的宝石。但是，珠宝商人拒绝归还宝石，仅仅归还了镶嵌宝石的空座（The Empty Socket）。原告向法院起诉要求按照宝石的价值让被告予以返还。然而，临界庭审之时，该宝石已浑然不知去向。法院随即指示陪审团，为了确认这种损害的后果，陪审团应当根据镶嵌底座的珍贵程度，进而根据与之相适应的宝石的最高等级来确认该件宝石的价值。由此便诞生了举证妨碍的推定规则。该判例里程碑式地确立了这样一种法律原则，即"所有的事物应被推定为不利于过错人（Omnia praesumuntur contra spoliatorem，或者说，All things are presumed against a

---

① See *Rex v. Arundel*, 80 Eng. Rep. 258, 258（K.B. 1617）（dealing with spoliation of property deed）.

② Bart S. Wilhoit, Comment, Spoliation of Evidence: The Viability of Four Emerging Torts, 46 U.C.L.A. L. Rev. 638（1998）.

③ 93 Eng. Rep. 664（K.B. 1722）.

wrongdoer.)"。① 从而为当今民事诉讼法上确立"举证妨碍"这一观念奠定了基础。随后,在英国和美国所发生的一系列判例,凡涉及对举证妨碍行为予以处罚问题时,均源自考虑到对于这样一种法律原则的遵循。

在理论上,基于对举证妨碍行为或者情事的认识是一个较为复杂的历史过程和逻辑思维体系,不同国家和地区的学者或实务界人士受传统观念、思维方式等因素的影响,基于不同的出发点或侧重点在对"举证妨碍"进行界定或者表述上会有千差万别的表现。对于了解和斟酌其中的差异,将不乏理论趣旨。

在英美法上,在对举证妨碍进行界定上显得较为零散,这与其所具有的悠久的判例法历史不无关系。就总体上而言,将举证妨碍定义为使有关现已系属或未来将要系属于诉讼案件的证据加以毁弃(Destruction)、变造(Alteration)、隐匿(Concealment)或者采用其他未予保存(non-preservation)的行为。鉴于这些行为不仅妨碍了当事人对于证据的公平利用,同时也影响了法院对真实的发现,故被视为严重干扰司法权公正行使的情事,在系统性的法规范中,对于这类行为均表达了否定性的评价。

在大陆法上,有关学说主要从主张责任与举证责任的角度就举证妨碍对诉讼程序所造成的影响进行阐释。例如,在德国,有一种观点认为,举证妨碍制度(Beweisvereitelung)是一项极为重要的制度,尤其在实务上担负一个重要角色。举证妨碍指的是不负举证责任一方当事人的作为或者不作为,如果无该作为或者不作为,则事实的澄清原应属可能。② 还有一种观点指出,当一方当事人通过其行为使得对方的举证成为不可能时,则被称之为举证妨碍行为。例如,隐瞒证人的地址、毁损文书、拒绝法院或者鉴定人进入自己的地产进行勘验,或者拒绝解除有关医生或者银行的沉默义务。这种举证妨碍行为既可以在诉讼进行过程中发生,也可以在此之前发生。③

从历史发展的眼光来观察,将经验法则作为证明妨碍制度的法理基础,是

---

① See, eg., Lawrence Solum & Stephen Marzen, *Truth and Uncertainty: Legal Control of the Destruction of Evidence*, 36 EMORY L.J. 1085, 1087 n.4 (1987).

② Vgl.BGH VersR 1960, 844, 846.

③ 参见[德]汉斯-约阿希姆·穆泽拉克:《德国民事诉讼法基础教程》,周翠译,中国政法大学出版社2005年版,第273页。

从最初的观念当中所延续的反映，它只是从一个侧面来论证了作为构成证明妨碍制度合理性的一种基本元素。值得注意的是，有关国家的现行立法例很少就证明妨碍制度作出原则性或者概括性的规定，而仅就一些特别的情形或者一方当事人的行为所产生的证明妨碍及其适应效果作出特别规定，并且有关立法例所涉及的情形均可诠释为系根据经验法则以故意的心理状态为依归，而将那些能够被认定为受过失的心理状态所支配而出现的证明妨碍行为及其效果交由法院作出认定和判断。

随着时代的变迁，早期有关举证妨碍制度所发挥的回复公平这种单一的功能已经进化为多元化的体系。这种政策性的目标主要表现在，当出现举证妨碍情形时，法院通常会基于补救（Remediation）、处罚以及防阻（Deterrence）三个目标来作为适用的救济措施。[①] 采用补救的目标，在于回复对抗状态上的均衡，也就是使得被妨碍人与举证妨碍人之间就现已进行的诉讼程序上"保持平等的对抗局面（Level the playing field）"。设置制裁的目标，体现了应当对那些就公正以及公平地实现正义构成威胁的行为加以制裁的司法意愿。作为第三个目标的防阻，也就是，应当对未来可能发生的举证妨碍行为加以遏制，促进这一目标的实现，主要应当间接地采用一些处罚措施来对证明妨碍人加以惩处。为了实现这些目标，法院可以采取两种完全不同的方略来应对因证明妨碍行为所造成的严重后果。[②] 另有学者认为，这些原则都有其不同的制度性目标：其一，惩罚性功能，即对证明妨碍人进行惩罚以阻止未来有可能发生证明妨碍行为所波及的范围；其二，中立性功能（A neutral function），确保证据发现程序的准确性；其三，补偿功能，即使受到损害的一方当事人重新回复到发生证明妨碍行为之前所享有的境遇。[③] 不同类型的惩罚措施取决于上述每个不同功能

---

[①] See, e.g., *Shaffer v. RWP Group, Inc.*, 169 F.R.D. 19, 25（E.D.N.Y. 1996）("An adverse inference charge serves the dual purposes of remediation and punishment."); *Turner v. Hudson Transit Lines, Inc.*, 142 F.R.D. 68, 75 n.3（S.D.N.Y. 1991）.

[②] Drew D. Dropkin, Linking The Culpability And Circumstantial Evidence Reqirements for the Spoliation Inference. *51 Duke L.J. 1810*（April, 2002）.

[③] Jay E. Rivlin, Note, Recognizing an Independent Tort Action Will Spoil a Spoliator's Splendor, *26 Hofstra L. Rev. 1003*, 1031（1998）.

所遇到的具体情节。①

在举证妨碍制度建构下，回复当事人之间的公平，主要体现在回复原本在当事人之间因妨碍人行为所造成的诉讼对抗上武器失衡状态。如果双方当事人在诉讼上能够自觉地贯彻诚信原则，本不应该发生这种事态。事实上，并非每一起诉讼事件都必然会发生这种事态。但每当某一起诉讼事件发生这种事态时，采用惩罚性措施来达到适用相应法律效果，也不过是为了实现设置证明妨碍制度本质的一种方式或手段，其目的在于维护一种在当事人通过武器平等、公平对抗来借以发现事实真相的诉讼秩序。其中，在个案当中，具体分析和甄别妨碍人在主观上归责性的高低，也不过是借以划分和判断妨碍人的过错程度，以便采用相应的法律适用效果，使制裁措施的实施具有合理性与妥当性。因为，从举证妨碍制度所体现的公平性而言，当法院认定妨碍人实施了某一具体证明妨碍行为时，综合考量个案的诸种情形，对被妨碍人在证明标准、证明方式上加以适度调整，将成为不可避免的程序性选择，而在如何作出选择和判断问题上，则主要取决于妨碍人在主观上的可归责性，同时也取决于妨碍行为所针对的有关证据材料或证据方式的重要程度以及是否具有可替代性，也就是说，法院在这种情形下要充分地考虑到妨碍人的妨碍行为在个案当中所造成不公平状态的情形，采取适当的制裁措施。

（二）举证妨碍行为的构成要件

在法理上，用于界定当事人的某一行为是否属于举证妨碍情形，关键取决于该行为是否符合举证妨碍的基本构成要件。举证妨碍的基本构成要件一般包括主体要件、主观要件、客体要件、客观要件。现就构成举证妨碍的基本要件分述如下。

1.构成举证妨碍的主体要件

作为证明妨碍的主体要件，既可以是诉讼当事人，也可以是受当事人控制或支配的诉讼外第三人。在通常情况下，在民事诉讼活动中，构成举证妨碍的

---

① Cecilia Hallinan, Balancing The Scales After Evidence is Spoiled: Does Pennsylvania's Approach Sufficiently Protect The Injured Party? *44 Vill. L. Rev. 951* (1999)。

主体在具体个案当中以非负举证责任一方当事人最为常见。但是，在一些特定情形下，即使负有举证责任一方的当事人也可构成举证妨碍的主体。正如有些学者所言，在特定情形下，无论是诉讼当事人，还是诉讼当事人以外的其他人均负有保存证据的法定义务。无论某一方是否为诉讼当事人或者潜在的诉讼当事人，只要其行为对保存证据的义务产生影响，那么就应当作为这种义务的承受者。①

关于如何理解诉讼外第三人作为构成举证妨碍主体的问题，在此，可将其界定为由诉讼中的当事人对诉讼外的第三人所形成的控制或支配的情形，主要包括如下几个层面：其一，当事人与第三人之间存在某种民事法律关系或诉讼法律关系，如因契约所形成的雇主与雇员、委托人与受托人、诉讼委托人与诉讼代理人等；其二，当事人与第三人之间存在某种行政法律关系，如因行政规章、行政命令等形成的上下级之间领导与被领导关系；其三，因事实原因而形成的其他社会关系，如当事人采用金钱收买第三人销毁由该第三人所控制的文件，或者当事人声称要给第三人或其亲属造成人身伤害或财产、名誉损害来迫使第三人不得向对方当事人提交证据材料。

2. 构成举证妨碍的主观要件

所谓构成证明妨碍的主观要件，是指举证妨碍行为人在个案当中具体实施举证妨碍行为时的主观心理状态，也就是妨碍人的妨碍行为在法律上所具备的可归责性问题。

作为举证妨碍的主观状态涉及行为人的心理活动，或称心态。是否构成具有法律意义上的举证妨碍，取决于具体行为人在主观状态上是否存在过错（Schuldhaft）。举证妨碍在外观表征上，体现的是一种人的行为，因这种行为与社会的正义观念和法律规范相抵触，因而在法律上就具有可制裁性和可惩罚性，但探究这种行为所具有的可制裁性和可惩罚性的缘由，自应归咎于支配这种行为的主观心理状态。这种主观心理状态之所以被定义为"过错"，是因为它在法律上受到负面的、否定性的评价，正是基于这种主观状态所受到的责难，从而

---

① Laurie Kindel, Kai Richter, Spoliation of Evidence: Will the New Millennium See a Further Expansion of Sanctions for the Improper Destruction of Evidence? 27 Wm. Mitchell L. Rev. 689 (2000).

使得某一具体行为具有可归责性，故此被表述为具有特定法律内涵的"妨碍"。

在举证妨碍制度上，主观心理状态上的这种过错之所以在法律上具有可归责性，在私法意义上，是因为具体行为人的行为因受某种过错心理状态的支配而给他人在某一诉讼中的举证活动造成了不利影响，从而损害了其私权利益；在公法意义上，鉴于民事诉讼程序的设计和运作本身属于公法范畴，一方当事人向法院提起诉讼，寻求的是一种公力救济，具体行为人的行为因受某种过错心理状态的支配影响或妨碍了法院为查明事实真相所作出的努力。当然，从理论上讲，对过错行为的认定，应当以存在某种特定的证明协助义务为前提，也就是以义务违反为前提条件。如果不存在特定的法定义务，具体行为人的行为也就不会存在违反该种法定义务的可能，因而，法律意义上的过错也就无从谈起。

但是，应当特别注意的是，由于立法者无法就繁纷复杂的无数起司法个案中有关当事人所应承担的具体法定义务逐一加以设定，从理论和实务上看，作为举证妨碍制度上的过错，有时构成法定义务的违反，可能会来自法院对某种司法原则的扩张性解释，比如当事人之间的武器平等原则，这种司法原则又源自公正与社会正义的基本理念。因此，在司法过程中，即便在特定情形下缺乏法律上所规定的某种具体法定义务，也不能排除法院可根据个案情形援引抽象的司法原则与社会公平正义的理念，对于当事人是否存在不实施证明妨碍行为的义务加以界定和判断。

另外，还应当指出的是，在举证妨碍中所认定的过错，在大部分情况下指的是，某一诉讼系属于特定法院之后，在诉讼过程当中具体行为人的过错，当然也不排除在另外一些情况下，当某一诉讼系属于特定法院之前，具体行为人已经意识到或者有可能意识到，其行为会有碍于他人将来在有可能发生的诉讼中的证明活动，由此而产生的过错。

3.构成举证妨碍行为的客体要件

构成举证妨碍行为的客体要件是指，妨碍人对于何种证据种类或者证据方法实施妨碍行为才有可能被认定为举证妨碍。通常而言，某一具体举证妨碍行为所针对的证据或者证据方式应当作为衡量是否构成举证妨碍的要件之一，否则不为法律所规定或司法实践所认同的证据材料或者证据方式，一旦被引入举证妨碍制度，将会引起对其正当性的评价问题。可见，从某种意义上而言，对这一要件的识别也涉及对于有关证据或者证据方式的合法性问题的探讨与评价。对此，有一种观点认为，我国《民事诉讼法》将诚信原则立法，禁止当事人在诉讼外或诉讼中以不正当的方法或手段骗取有利于自己的形态，要求其真实陈述，不得虚构和隐藏，因此，不负证明责任的当事人虚假陈述应当是证明妨碍的客体，故8种法定证据种类均是证明妨碍的客体。①

4. 构成举证妨碍行为的客观要件

在法理上，构成举证妨碍客观要件主要包括以下几方面：

（1）存在某种举证协力义务。在举证妨碍制度上，决定妨碍人的作为或者不作为这些概括性的行为是否应当受到法律制裁以及应当适用何种法律来制裁这些证明妨碍行为，取决于支配这种行为的主观状态，也就是说，举证妨碍行为之所以具有可归责性，受到法律上的否定性评价，关键取决于其在主观上具有某种过错。而这种过错应当以妨碍人违背某种具有法律意义上的举证协力义务为前提，也即，无义务则无过错。在民事诉讼活动中，是否构成举证妨碍行为，取决于各方当事人是否对于保存潜在的具有关联性的证据负有相关义务。正如一些学者所指出的那样："对于保存证据是否承担义务，是构成对一方当事人的证明妨碍行为进行制裁的一个独一无二的先决条件。"②

当事人应当对法院用以查明事实真相的诉讼程序当中所运用的证据加以保存负有普遍性的义务。③ 这种义务出自三个来源：第一，保存证据的义务系由实体法、程序法或者有关行业规范设定的道德义务所强制；第二，假如自愿承担这样一种义务的一方当事人将自动产生这种义务，例如，有关商业上的往来将使正式文件保存制度得以贯彻执行；第三，也就是最重要的一点，当讼案已提交法院，其合法权益受到威胁或者合理地预见以后将形成讼案时，就将产生

---

① 参见周庆、李蔚：《我国民事诉讼证明妨碍研究》，载《证据科学》2018年第26卷（第1期）。

② Laurie Kindel & Kai Richter, Spoliation of Evidence: Will the New Millennium See a Further Expansion of Sanctions for the Improper Destruction of Evidence?, 27 Wm. Mitchell L. Rev. 687, 689 (2000).

③ *Sentry Ins. Co. v. Royal Ins. of Am.*, 196 Wis. 2d 907, 918, 539 N.W.2d 911, 916 (Ct. App. 1995).

这种义务。①

现实生活中,在诉讼上为证明待证事实所需要证据材料的分布具有客观性,因为各种必然因素或者偶然因素,它们既有可能存在于诉讼中的一方当事人手中,也可能存在于诉讼中的对方当事人手中,还可能存在于诉讼外第三人手中,这些诉讼外第三人既包括一些自然人,也包括政府机构、社会团体、企业等。

(2)存在特定的举证妨碍行为。这种行为属于广义上的界定,即凡指负有证明协助义务的人无正当理由拒不履行其义务的有关行为,包括作为或者不作为。

作为具有法律意义上的自然人、法人或者其他组织,在主体上具有双重法律身份,即同时作为权利主体和义务主体。在不同的法域体系建设下,有所为与有所不为,本应系在法律框架范围内有关行为人所履行的法律上的义务,以保障他人享有相应的法律上的权利,反之亦然。

在民事举证妨碍制度条件下,有关法律意义上的举证协力义务要求一方当事人在为他方当事人举证而无须通过有关积极的举动,就能使他方当事人对有关证据或证据方法加以及时、妥当利用却反其道而行之的情形,即为构成证明妨碍要件意义上的作为。例如,一方当事人销毁、隐匿对他方当事人的事实主张具有重要证明价值的证据材料;一方当事人指示第三人通过金钱购买证人等。

反之,在民事举证妨碍制度条件下,有关法律意义上的协力义务要求一方当事人在为他方当事人举证而必须通过有关积极的举动方能使他方当事人对有关证据或证明方法加以及时、妥当利用却予以拒绝的情形,即为构成举证妨碍要件意义上的不作为。例如,一方当事人无正当理由拒不提供能够证明他方事实主张的会计账簿等文件证据,一方当事人拒绝抽血以便通过血缘鉴定查明所生子女的确切身份,一方当事人无正当理由拒绝法院或者鉴定人进入自己的地产进行勘验;另外,还包括:一方当事人无正当理由拒绝提供只有他才能够获得的证据手段或者使其可供使用的证明方法,比如,拒不提供只有他知道的目

---

① Laurie Kindel & Kai Richter, Spoliation of Evidence: Will the New Millennium See a Further Expansion of Sanctions for the Improper Destruction of Evidence?, *27 Wm. Mitchell L. Rev. 689* (2000).

击车祸的证人姓名[①]、批准某银行[②]或财政局[③]给予答复、解除他的税务咨询人的拒绝作证义务[④]，或者拒绝解除有关医生或者银行的沉默义务[⑤]，等等。

（3）受妨碍的证据或者证据方法具有不可替代性。在诉讼上，当发生举证妨碍情形时，受妨碍的证据材料或者证据方式应当是对证明案件待证事实具有相当分量的证据，通常被理解为具有重要性或具有不可替代性的证据材料或者证据方式。在某些特定情形下，对证明某些待证事实具有不可替代性的证据甚至体现有"唯一性"的特质。例如，证明特定的人之间或者动物之间是否具有血缘关系的亲子鉴定，记载有关资金往来的财务账目等。

假如随着科学技术的发展，在诉讼上，当某一儿童与被指认为其生父的一方当事人之间是否存在自然血缘关系的事实，可以采用其他相当或者更佳的证明方式加以判断时。例如，该被指认为儿童生父的一方当事人早已丧失生育能力的事实等，在这种情形下，即使被指认为其生父的一方当事人因拒绝抽血已显得无足轻重时，那么该方当事人的拒绝抽血行为将不再被视为一种举证妨碍行为；或者说，当能够证明或者反映某一笔争议的款项及来龙去脉的情形能够为其他证据材料所担当，并且这些证据材料能够为举证人及时利用时，虽然举证人的相对一方当事人控制了有关财务账目而拒不提交，但这种行为亦将不会再被视为一种证明妨碍行为。这主要是因为作为某一证明妨碍所涉及的证据材料或者证据方式对于举证人的事实主张不再具有证明功能上的不可替代性所决定的。

（4）导致产生不利的裁判后果。在举证妨碍制度条件下，无论妨碍人在主观上所呈现的过错形态如何，在客观上均导致举证人无法利用有关证据或者证

---

[①] BGH NJW 60，821.转引自［德］奥特马·尧厄尼希：《民事诉讼法》(第27版)，周翠译，法律出版社2003年版，第273页。

[②] BGH NJW 67，第2012页以下。转引自［德］奥特马·尧厄尼希：《民事诉讼法》(第27版)，周翠译，法律出版社2003年版，第273页。

[③] BAG NJW 75，408.转引自［德］奥特马·尧厄尼希：《民事诉讼法》(第27版)，周翠译，法律出版社2003年版，第273页。

[④] BGH LM 第2项对第383条。转引自［德］奥特马·尧厄尼希：《民事诉讼法》(第27版)，周翠译，法律出版社2003年版，第273页。

[⑤] 参见［德］汉斯－约阿希姆·穆泽拉克：《德国民事诉讼法基础教程》，周翠译，中国政法大学出版社2005年版，第273页。

据方式及同时排除有关证据或证据方法的证明功能之效果，其直接结果必然是导致受妨碍一方当事人就其事实主张而应当负担举证责任所涉及的待证事实处于真伪不明状态或者无法举证证明。假如没有这种效果的产生，也就是说，即使发生了妨碍人具体实施的举证妨碍行为（作为或者不作为），但这种妨碍行为并未最终影响受妨碍一方当事人利用有关证据及证据方式，并且法院最终依据受妨碍一方当事人提供的其他证据材料并结合本案的其他情形（包括采用司法认知等手段），认定受妨碍一方当事人的事实主张成立并使其获得胜诉裁判。在此情形下，因妨碍人虽实施具体的举证妨碍行为，但最终没有达到预期目的，法院并未因妨碍人的妨碍行为而认为有必要采取适用相应法律后果的措施，故此，因妨碍人的目的不达而不能认为其最终构成举证妨碍行为。

（5）因果关系的形成。在举证妨碍制度条件下，妨碍人所实施的具体证明妨碍行为与受妨碍人负担举证责任所涉及的待证事实无法认定或者出现真伪不明状态之间具有因果关系。有学者将该种因果关系表达为，该作为或者不作为与对判决具有重要性事况的不明具有因果关系。假如对于个案，在法院看来，虽然妨碍人实施了举证妨碍行为，并且受妨碍一方当事人负担举证责任所涉及的待证事实确实最终无法认定或者出现真伪不明状态，但两者之间并非存在因果关系，则该妨碍人所实施的行为并不能被认定为具有举证妨碍的性质。

作为发生（构成）举证妨碍这种现象或结果是，基于法院对因出现妨碍人有过错地从事举证妨碍行为这种现象与产生对被妨碍人的利益造成损害这种现象之间具有事实上和法律上关联性的认识与判定。这种因果关系是以"一因一果"的形式为常态。其中，事实上的因果关系是从纯粹的事实状态来考察妨碍人的行为与被妨碍人所受损害之间的客观联系。对此，通常采用必要条件原理（Condition sine qua none，或者 But for test / Rule）来判断是否存在事实上的因果关系，即在客观上如果没有妨碍人的举证妨碍行为，则被妨碍人所遭受的损害将不会发生，可见，妨碍人的妨碍行为是造成被妨碍人利益遭受损害的原因。所谓法律上的因果关系，通常是在确定存在事实上的因果关系的前提下，再由法院决定妨碍人是否应当对被妨碍人所遭受的利益损失承担法律责任或者不利益的判断后果，以及在多大范围内承担这种不利益的判断后果。事实上，法院对于法律上这种关联性的认识，是一种法律价值上的判断，是法院对于法律政策的反映。

(三)我国有关法律及司法解释相关规定的理解与适用

2019年《民事证据规定》第95条规定:"一方当事人控制证据无正当理由拒不提交,对待证事实负有举证责任的当事人主张该证据的内容不利于控制人的,人民法院可以认定该主张成立。"

对本条文的理解与适用,应当掌握如下基本内容:

1.《民事诉讼法解释》第48条和2019年《民事证据规定》第95条系有关当事人无正当理由拒不提交书证所产生的举证妨碍行为及所承担的法律后果,本应属于本条文所规定的基本范畴,但有关当事人采用书证实施举证妨碍行为在构成要件和适用范围上有其特殊性,并且,上述司法解释的规定所产生的法律适用效果也与本条文不尽相同,前者的法律适用效果是"可以认定对方当事人所主张的书证内容为真实",后者的法律适用效果是"可以认定该主张成立",二者存在差别,很难相提并论,故此应当区别对待。为此,可将《民事诉讼法解释》第48条和2019年《民事证据规定》第95条有关书证举证妨碍的规定视为有别于本条一般性规定的特别法则。

2.本条文规定是在对2001年《民事证据规定》第75条的修改基础上所产生。与修改前的内容相比较,其显著变化主要有以下几个方面:其一,删去关键词"有证据证明",改变了适用的前提条件;其二,将一方当事人"持有证据",改为"控制证据",进而扩大了适用范围;其三,明确了"对待证事实负有举证责任的当事人",而并不是仅仅表述为未加任何限制的"对方当事人",对适用的主体具有明确的限制性作用;其五,将"可以推定该主张成立",改为"可以认定该主张成立",使适用法律效果出现本质上的不同。

3.对本条文的适用应当具备以下要件:第一,该项条文规范的主体针对的是不负举证责任的一方当事人;第二,不负举证责任的一方当事人在主观上应当具备故意或者重大过失这些可归责性要件;第三,不负举证责任的一方当事人所控制的证据须对证明待证事实具有举足轻重的证明价值,如果不能及时获取不但导致举证人败诉,还直接妨碍法院查明事实真相;第四,在行为上,所谓"控制证据"的行为,应作广义上的理解,既包括积极的行为,如将有关证据予以隐匿、销毁或将其毁损至丧失证明价值的程度，也包括消极的行为，如拒不向法庭提供有关证据。另外，这种当事人的行为既包括当事人自身的行为，也包括当事人采取威胁、利诱、欺骗等不正当手段促使或诱使他人将有关证据予以隐匿、销毁或毁损至足以丧失证明价值的程度；第五，从不负举证责任的一方当事人手中获取证据具有不可替代性。

4.举证人要求对方当事人提供的证据应当限于对待证事实的证明具有实质性影响，这种具有实质性的影响，既包括缺乏某一特定的证据将导致举证人因举证不能而面临整体败诉的后果，也包括缺乏某一特定的证据将导致案件中的某一诉讼请求因举证不能无法得到法院的支持或因无法提供反证而使对方的诉讼请求无法得到法院的支持。

5.在程序上，负有举证责任的一方当事人应当向法院提出责令对方当事人提交有关证据的申请。申请书应当载明所申请提交证据的名称或者内容、需要以该证据证明的事实及事实的重要性、对方当事人控制该证据的根据以及应当提交该证据的理由。对方当事人否认控制有关证据的，人民法院应当根据法律规定、习惯、经验法则等因素，结合案件的事实、证据，对有关证据是否在对方当事人控制之下的事实作出综合判断。必要时，人民法院可以要求有关当事人本人到场，就有关事实接受询问。人民法院要求当事人到场接受询问的，可适用2019年《民事证据规定》第64条、第65条和第66条相关规定。

6.人民法院经审查认为，当事人申请提交的证据不明确、证据对于待证事实的证明无必要、证据对于裁判结果无实质影响以及证据未在对方当事人控制之下的，人民法院不予准许。当事人申请理由成立的，人民法院应当作出裁定，责令对方当事人提交证据；理由不成立的，通知申请人。

7.《知识产权证据规定》第25条规定："人民法院依法要求当事人提交有关证据，其无正当理由拒不提交、提交虚假证据、毁灭证据或者实施其他致使证据不能使用行为的，人民法院可以推定对方当事人就该证据所涉证明事项的主张成立。当事人实施前款所列行为，构成民事诉讼法第一百一十一条[①]规定情形的，人民法院依法处理。"该条规定参照本条文的内容，以确保法律规则的

---

[①] 现为《民事诉讼法》（2023年修正）第114条。

适用效果。另外，该条规定还对人民法院就从事证明妨碍行为的当事人实施民事诉讼强制措施作出明确规定。

## 二、书证提出命令制度

（一）书证提出义务的基本法意

1. 书证提出义务的基本命题与逻辑

按照客观的对审方式向法官揭示引起争议的事实，或者向法官揭示有关争议事实的材料，对于解决纠纷是不可或缺的。① 无论基于诉讼请求，还是对有关请求的抗辩抑或提起反诉，都是诉讼当事人的基本诉讼权利，与此相对应的是，当事人的这些诉讼权利行使的预期目的是获得司法裁判上的救济，而基于公平、正义和诉讼效率的考虑，司法判决的作出必须以当事人充分的辩论为基础。因此，当事人行使这些诉讼权利必须以提供相应的事实、证据材料为对价，在此基础上，双方当事人互为权利主体和义务主体。在法律上规定由当事人间自动就有关证据进行披露或传达体现的是当事人主导型的诉讼模式，其中含有当事人自力救济的成分，如果不为当事人所请求，法官就不能主动进行实际干预。从这一点来看，立法将当事人之间是否自动披露或传达有关证据作为私人之间的事务来看待。

2. 司法上的强力救济与相应措施

所谓司法上的强力救济，是指一方当事人不自动披露或传达有关证据或者在对方的要求下仍拒不作为的情况下，应相对一方当事人的请求而由公权力介入所实施的强制性的处罚或者给不作为的一方当事人所造成的不利后果。当事人双方在诉讼上表明态度之后，除非放弃诉讼上的抗争而承认或部分承认对方的诉讼请求或事实主张，否则必须按照法律规定自动向对方披露或传达有关证据，以便对方进行必要的准备。立法上对当事人所提出的这种要求不仅基于正

---

① 参见［法］让·文森、塞尔日·金沙尔：《法国民事诉讼法要义（下）》，罗结珍译，中国法制出版社1999年版，第944页。

当程序的需要，而且还以当事人的诉讼诚信作为解决纠纷所不可缺少的品质。作为立法者而言，其立法指导思想往往把这些具有普遍法律价值观念输入到程序规则当中，除了用于调整当事人的诉讼行为之外，主要还是考虑到诉讼事件的发生使得原本私人之间的事务演变为通过国家裁判行为才能解决的公力事态。因此，为了使这种诉讼能够及时、有效、公正地实现其预设的价值目标，就必须采用一些必要的强制手段或措施来应对那些拒绝接受或不情愿接受程序法旨意的个体倾向，从而使得这种个体倾向只能在公法意志所框定的范围内有所作为，否则将会招致事与愿违的不利益的处罚。

由于立法者的着眼点不同，因此在相应的处罚措施或所设计的应对策略上有所不同，主要有以下几种情形：给予罚款处罚、将拒不披露或传达的有关证据予以排除、由法院发出强制性的命令以及规定凡不执行命令的法律后果、作出不利于有关当事人的推定等。

3.书证提出义务的基本属性

现代社会的高速发展使得书证广泛地运用于人们日常生活、经济活动和商业交往的各个领域，从而构成了产生、变更或消灭某种法律关系的纽带以及证明该种事实状态的载体。由于书证属性不同、制作人所处的地位不同，加之有关交易习惯所致等原因，导致在某些情况下，书证为诉讼中的一方当事人所持有，如果相对一方当事人对此在法律上不能够借助相应的程序利用对方当事人所持有的证据，那么为了证明其诉讼上的事实主张并取得胜诉，几乎不存在任何实际可能。基于为查明案件真实以及有助于调整这一诉讼对抗上的失衡状态，各国和地区在立法上规定，经一方当事人申请，法院可以指令对方当事人将其持有的书证向法院提交，因此，在法律上使得与此有关的价值取向朝着承认当事人负有提出书证义务的方向发展。

基于书证在反映客观事实状态中所具有的极为广泛的证明功能，使得在诉讼上为了法院查明案件事实的特别需要，书证的提出义务成为书证持有人对于国家所应尽的公法上的一项义务，但是这种义务只限于法律所明文规定的情形下才能产生相应的法律后果，而不能够像作为诉讼外第三人的证人那样属于普通公民的普遍性义务而具有被强制作证的性质。正是基于这种理性上的考虑，各国和地区法律一般在私法上明文规定，举证人可以请求法院要求书证持有人提交相应的书证。

在诉讼上，当对某一待证事实负有举证责任的一方当事人提出与该待证事实有关的书证为对方持有，而向法院申请指令对方提出该书证的，法院根据该种申请应当调查该书证对待证事实是否重要，以便审查并确定该种申请是否正当，审查中如确定该书证对本案待证事实确实重要时，还应当确定该书证是否为对方当事人所持有，以便确定其有无提出证据的义务。

（二）我国有关法律及司法解释相关规定的理解与适用

1. 向人民法院申请责令对方提交书证

《民事诉讼法解释》第112条第1款规定："书证在对方当事人控制之下的，承担举证证明责任的当事人可以在举证期限届满前书面申请人民法院责令对方当事人提交。"

对本条文的理解与适用，应当掌握如下基本内容：

（1）本条文系保障当事人收集证据权利的规定，以有利于解决因证明妨碍行为而导致当事人举证难问题。并且，该条文兼有作为证明妨碍前提条件的适用功能，是对2001年《民事证据规定》第75条的改进与完善，以提高其规则的可操作性。

（2）本条文将适用条件设定为书证须在对方当事人控制之下。其中，所谓书证在对方当事人"控制"之下，应作广义上的界定，既应包括物理上的控制，即对方当事人对有关书证的实际持有，也包括法律上的控制，即对方当事人以契约的形式授权第三人持有、保管该书证或第三人以享有合同权利的名义持有该书证，还包括非法掌控，即对方当事人采取利诱、威胁、利益交换等形式迫使第三人将本应交还的书证暂时予以留存，以协助其规避法律。

（3）举证人除了需要向法院表明或者证明有关书证在对方当事人控制之下或者对方当事人负有法定、约定以及按照交易习惯承担持有、保管义务等以外，还应当提出正当理由，以表明该"书证"并非一般意义上的证据，而应当是对证明举证人所主张事实具有相当分量且具有不可替代性的书证。这是因为，在民事诉讼当中，书证是最为常见的一种证据，如果与有关案件的待证事实的关联性并非紧密，在某一特定书证的证明价值较为有限的情况下，或者举证人能够提供除此之外的其他有关书证等证据也能达到相同的证明价值时，如果举证人随意向法院提出要求责令对方当事人提供由其持有的某一特定书证的申请，同时对方当事人在提出反证时也有相同的权利。那么将极大地增加诉讼成本，徒增程序上的烦琐，且也并无实际需益，还会助长当事人滥用诉讼权利的倾向。因此，在实务当中对该项制度的适用范围应当加以必要、合理地限制。另外，举证人提出的正当理由还应当包括，如果对方当事人作为证据持有人拒不提交有关书证将导致举证人因举证不能有可能承担败诉的后果。笔者认为，从实践出发，本条文所规定的书证提出命令制度，主要适用于有关举证人在履行其主观举证责任时所出现的举证妨碍行为，而出现这种情形时一般与案件事实出现真伪不明状态无关。当然，在实务上也不能够完全、绝对排除在双方当事人各自成功地履行了其主观举证责任之后，当案件事实在法院心证当中出现真伪不明状态时，为了打破这种危险的平衡以避免承担败诉的风险，将要承担客观举证责任的一方当事人以对方当事人拒不提交相关书证而向法院提出责令其提交的申请。但是，这种情形实际发生的几率甚低。

（4）在基本定义上，为了适应现代科技以及数据信息时代的发展要求，传统的书证是以纸张等物质载体作为表现形态，而现代类型的书证在此基础上，已经衍生出了以模拟信号为基本载体的视听资料和以数字信号为基本载体的电子数据。关于视听资料与电子数据之间的关系，《民事诉讼法解释》第116条规定："视听资料包括录音资料和影像资料。电子数据是指通过电子邮件、电子数据交换、网上聊天记录、博客、微博客、手机短信、电子签名、域名等形成或者储存在电子介质中的信息。储存在电子介质中的录音资料和影像资料，适用电子数据的规定。"关于书证与视听资料、电子数据之间的关系，2019年《民事证据规定》第99条第2款中规定："除法律、司法解释另有规定外""关于书证的规定适用于视听资料、电子数据；储存在电子计算机等电子介质中的视频资料，适用电子数据的规定"。可见，某些特定的视听资料和电子数据也同样适用于书证提出命令制度。

（5）在程序上，提出申请的一方当事人，应当以提交书面申请书的形式在举证期限届满前向法院提出。

（6）《知识产权证据规定》第24条规定："承担举证责任的当事人书面申请

人民法院责令控制证据的对方当事人提交证据，申请理由成立的，人民法院应当作出裁定，责令其提交。"根据该条规定，在知识产权诉讼中，除了书证以外，物证、视听资料、电子数据等其他类型的证据也较为普遍，权利人获得该证据存在客观上的障碍，也有必要适用本条文的相应规定。为此，根据该条规定，"控制证据"的对方当事人负有提交证据的义务，以进一步解决权利人"举证难"的问题。另外，《环境侵权证据规定》第26条规定："对于证明环境污染、生态破坏案件事实有重要意义的书面文件、数据信息或者录音、录像等证据在对方当事人控制之下的，承担举证责任的当事人可以根据《最高人民法院关于适用〈中华人民共和国民事诉讼法〉的解释》第一百一十二条的规定，书面申请人民法院责令对方当事人提交。"

2. 申请书应载明的事项与对方否认控制书证的处理

2019年《民事证据规定》第45条规定："当事人根据《最高人民法院关于适用〈中华人民共和国民事诉讼法〉的解释》第一百一十二条的规定申请人民法院责令对方当事人提交书证的，申请书应当载明所申请提交的书证名称或者内容、需要以该书证证明的事实及事实的重要性、对方当事人控制该书证的根据以及应当提交该书证的理由。对方当事人否认控制书证的，人民法院应当根据法律规定、习惯等因素，结合案件的事实、证据，对于书证是否在对方当事人控制之下的事实作出综合判断。"

对于本条文的理解与适用，应当全面掌握如下基本内容：

（1）本条文规定系对《民事诉讼法解释》第112条规定的细化与补充。《民事诉讼法解释》第112条与2019年《民事证据规定》第45条、第46条和第47条共同系统性地形成了书证提出命令制度的基本内容。该项制度主要用于解决对有关案件待证事实负有举证责任的一方当事人在出现证据偏向于对方当事人的情形下，如何通过设定相应的证明协力义务寻求法院的干预以消除举证妨碍问题。书证提出命令制度的设定有助于扩充当事人收集证据的手段，强化当事人举证能力，有助于法院查明案件事实真相，保障当事人合法权益。

（2）适用书证提出命令制度的诉讼主体，发生在作为负有举证责任的一方当事人与相对一方当事人之间。在诉讼上，基于举证当事人与对方当事人的相对性，无论是提出诉讼请求和事实主张的一方当事人或者提出抗辩主张的对方当事人，无论其系负有本证举证责任，还是负反证举证责任，均有可能成为其中的举证当事人或者负有证明协力义务的对方当事人。因此，无论系举证当事人还是对方当事人均应作广义上的理解，他们包括诉讼中的原告、被告、有独立请求权的第三人以及无独立请求权的第三人当中的被告型第三人。从目前情况来看，无论是《民事诉讼法解释》第112条规定还是本条文的规定，作为因负有证明协力义务而承担书证提出义务的主体，并不包括与案件不具有直接利害关系的诉讼外第三人。

（3）为了便于证据提出命令制度具有可操作性，本条文要求作为举证当事人的申请人向法院提出书面申请并负有使申请书证特定化的义务，即申请书应当载明所申请提交书证名称或者内容。所谓书证名称系指某一特定书证的称谓，如借条、收据、税务单据、增值税发票、汇款单、会议纪要等；鉴于民事交易内容广泛，法律通常对其适用范围和方式并不加以限制和干预，导致某些书证并无通用或规范的名称。在此情形下，申请书当中只要求载明所申请提交的书证内容即可。本条文要求在申请书中载明所申请提交的书证名称或内容的目的，是为了使申请对象书证在特征和性质上更加明确、具体和特定化，以尽可能避免使对方当事人因某一书证指向不明而增加不必要的负担，或者因举证当事人提出申请所涉及的书证具有不确定性而使得法院难以作出准确判断。另外，在某些情况下，作为举证当事人并未亲身参与某一特定书证的形成过程而对其详细内容无从知晓，在此情形下不必对书证的名称或者具体内容及准确性过于苛求，只要该举证当事人通过对书证的基本描述能够达到使得有关书证被明确认知为某一特定的程度即可。作为一项程序上的要求，《环境侵权证据规定》第27条规定："承担举证责任的当事人申请人民法院责令对方当事人提交证据的，应当提供有关证据的名称、主要内容、制作人、制作时间或者其他可以将有关证据特定化的信息。根据申请人提供的信息不能使证据特定化的，人民法院不予准许。人民法院应当结合申请人是否参与证据形成过程、是否接触过该证据等因素，综合判断其提供的信息是否达到证据特定化的要求。"

（4）申请书应当载明的内容中包括"需要以该书证证明的事实及事实的重要性"。根据《民事诉讼法解释》第112条规定，作为举证的当事人，可以在举证期限届满前书面申请人民法院责令对方提交有关书证。鉴于该规定广泛适用于普通程序、简易程序及小额诉讼程序，这些不同程序的划定通常以当事人提起诉讼的标的额为标准，但是法律关系的不确定以及案情的复杂程度，有时会导致法院根据诉讼发展不同阶段的需要多次确定当事人应当提供证据期限情形的出现。其结果是，就某一特定案件而言，法院既可能在审前准备阶段确定某一举证期限之后，根据需要还可能在开庭审理阶段再次确定举证期限；或者说，法院在开庭审理阶段确定举证期限之后，根据情况需要再次确定举证期限。通常情况下，就某一案情较为复杂的案件而言，第一次确定举证期限在很大程度上是为了确定案件的争议焦点，而明确案件争议焦点的目的在于确定案件待证事实以及划定法院审理案件的基本范围。因此，在案件待证事实并未明确的情况下所确定的举证期限，法院很难判断当事人提供的证据与本案是否具有关联性以及关联的程度如何；相较而言，在案件待证事实已明确的情况下所确定的举证期限，对于当事人所提供的证据是否与案件待证事实具有关联性，法院就能够作出明确的判断。因此，本条文所涉及申请书应当载明"需要以该书证证明的事实"，按照个案当中有关待证事实是否已经法院确定为标准，可分为两种情形：其一，作为举证当事人主张的事实。在实务上，当初由举证当事人主张的事实并非为法院经审理所确定的待证事实。因此，在法院认为有必要确认待证事实之前，举证当事人提出申请要求法院责令对方当事人提供有关书证的，法院可以不存在必要性为由，对该申请不予支持。当然，如果案件事实清楚、权利义务关系明确、争议焦点突出，双方当事人对待证事实不存在争议的，对于举证当事人提出申请要求法院责令对方当事人提供有关书证的，如果法院认为该书证与待证事实具有关联性，法院可考虑对此申请予以支持；其二，为法院所确定的某一特定的待证事实。即在法院已确定案件待证事实的情况下，举证当事人应当在申请书中载明为对方当事人控制的书证与本案待证事实具有关联性，以便法院作出相应的审查判断。另外，所谓"事实的重要性"，在案件待证事实已为法院所确定的情况下，主要指两种情形：其一，该书证的证明力能够（单独或与其他证据相结合）使得主观举证责任由举证当事人转移给相对一方当事人；其二，该书证的证明力能够使得举证当事人避免承担客观举证责任（即避免使案件待证事实陷入真伪不明状态）。凡符合上述情形之一的，说明该书证的提交对于裁判具有重要的意义，人民法院才有必要作出书证提出命令的裁定。

（5）申请书应当载明的内容中包括"当事人控制该书证的根据"，即作为举证当事人向人民法院申请控制书证的对方当事人提交书证的，应当提供证据证明书证的存在以及对方当事人控制该书证的事实。鉴于该种事实所涉及的证明对象并不属于实体法意义上的案件待证事实，而是属于证据法意义上的程序性事实，因此，在证明标准上并不要求具备高度的盖然性，而是要求有理由使法院相信大概如此即可。另外，在某些情况下，即使举证当事人无法提供有关证据，但其陈述理由充分，足以使法院合理认为该事实的存在具有真实性即可。

（6）申请书应当载明的内容中包括对方当事人"应当提交该书证的理由"。这种理由，指的是对方当事人负有提交书证义务的法定根据或理由。其中，既包括实体法上的理由，也包括诉讼法上的理由。作为实体法上的理由，是指举证当事人根据实体法的相关规定所享有的要求对方当事人交付相应书证或者查阅相应书证的请求权。例如，根据我国《民法典》第672条规定："贷款人按照约定可以检查、监督借款的使用情况。借款人应当按照约定向贷款人定期提供有关财务会计报表或者其他资料。"我国《信托法》第20条第2款规定："委托人有权查阅、抄录或者复制与其信托财产有关的信托账目以及处理信托事务的其他文件。"作为诉讼法上的理由，是指控制书证的当事人在诉讼法上所负有的书证提出协力义务以及该义务所涉及的客体范围。例如，2019年《民事证据规定》第47条对举证当事人申请书证提出命令的客体范围作出了相应的规定。

（7）根据本条文的规定，如果对方当事人否认控制该书证，其中包括否认该书证存在时，人民法院进行判断所应当考虑的内容和范围。如果发生了对方当事人否认该书证的存在或者否认其控制该书证时，人民法院应当审查根据有关法律规定该书证是否确实存在以及对方当事人是否负有保管该书证的法定义务，根据经验法则或者论理法则该书证是否处于对方当事人控制的范围，按照交易习惯该书证是否有形成的必要以及是否由对方当事人所控制。对于这种控制，应作广义上的界定，既包括相对一方当事人对该书证的实际占有，也包括相对一方当事人基于规避法律的目的而不择手段地将该书证转移给他人实际占有等情形。对于该书证是否在对方当事人控制之下的事实所作出的综合判断，人民法院除了考虑上述因素以外，还应当结合案件的有关事实及相关证据。如果出现对方当事人主张该证据已发生灭失、毁损等情形的，人民法院应当责令当事人就该书证已发生灭失、毁损的事实提供证据予以证明。对于确有证据证明该书证原件已发生灭失、毁损的，如果对方当事人持有该书证复印件的，也应当负有提交义务。根据《环境侵权证据规定》第 28 条规定："承担举证责任的当事人申请人民法院责令对方当事人提交证据的，应当提出证据由对方当事人控制的依据。对方当事人否认控制有关证据的，人民法院应当根据法律规定、当事人约定、交易习惯等因素，结合案件的事实、证据作出判断。有关证据虽未由对方当事人直接持有，但在其控制范围之内，其获取不存在客观障碍的，人民法院应当认定有关证据由其控制。"

3. 人民法院对当事人提交书证申请的审查

2019 年《民事证据规定》第 46 条规定："人民法院对当事人提交书证的申请进行审查时，应当听取对方当事人的意见，必要时可以要求双方当事人提供证据、进行辩论。当事人申请提交的书证不明确、书证对于待证事实的证明无必要、待证事实对于裁判结果无实质性影响、书证未在对方当事人控制之下或者不符合本规定第四十七条情形的，人民法院不予准许。当事人申请理由成立的，人民法院应当作出裁定，责令对方当事人提交书证；理由不成立的，通知申请人。"

对本条文的理解与适用，应当全面掌握如下基本内容：

（1）在社会生活和实践过程中，由于人们语言文字的水平不断提高，通过签署以及持有载明当事人之间真实意思表示或权利义务关系的书证，对于担保民事交易的安定性具有重要的法律意义。在民事诉讼中，书证在各类用于证明案件事实的证据种类中系最为广泛使用且在解决民事纠纷中占有独特的地位。许多国家和地区在表达对书证重要性的方式上，往往是采取要求有关当事人在诉讼争议发生之后负有向法院提出的证明协力义务。也就是说，基于法院在审判上所进行的证据调查而向有关当事人发出提出书证的命令，这是通常做法。

（2）为了查明事实真相以及追求实质正义的需要，受辩论主义所支配的原则理念并未赋予有关当事人享有任何极端自由主义的权利，在特定范围内有关当事人负有协助法院查明事实真相的义务。辩论主义有可能会使当事人拥有消极行使权利的空间与自由，而不应当沦为妨碍法院查明事实真相的合法羁绊，即便事后表明有关事实真相显然对其中一方当事人更为有利。从公法上而言，既然查明事实真相作为实现司法正义的必要路径，那么对于法院的审判职能而言，法院通过诉讼程序查明案件事实需要哪些具有关联性的书证，不论这些书证是对一方当事人有利，还是对另一方当事人有利。如果法院在认定案件事实上仅仅采用对一方有利的书证而舍弃对其不利的书证，或反之亦然，将会使得其对真实的发现显得遥不可及。文书提出义务属于书证持有人在公法上的义务，但应当限定在法律明确规定的范围之内。它是书证持有人对法院查明事实真相所应当负有的程序性协助义务。

（3）书证提出命令制度是一种程序性机制，受到当事人辩论主义和处分权主义的影响，它必须在有关当事人诉讼请求权的激发和作用下才有可能得以开启，鉴于这种诉讼权利的行使毕竟是以利己主义为出发点，将其设定为相对一方当事人的公法上的义务，显然，法院理应对此持审慎态度，不可简单地听之任之。为此，法院应当对于当事人的申请进行审查，并且将听取对方当事人的意见作为必要条件。这种兼听则明的做法将有利于法院对是否准许当事人提出的申请作出判断，并且对其中可能发现的有关疑点或障碍，要求提出申请的一方当事人作出必要解释或者予以相应的释明。① 如果提出申请的一方当事人作出的解释或者进行的释明仍无法消除法院的疑虑，法院可为此进行必要的庭审（证据）调查，要求双方当事人提供相应的证据，并结合有关证据对相关的焦点问题发表辩论意见，以便法院据此作出最终的判定。

（4）本条文中，所谓"当事人申请提交的书证不明确"，主要系要求当事人申请提交的书证应当尽可能地具体化、特定化，为法院制作、发出书证提出命令提供必要的前提和条件。除了表明有关书证的外部特征如名称、版式、风格、封面、页码、制作人、制作时间等要素以外，还应当尽可能地说明有关书证的梗概或主要内容以及证明与待证事实之间具有关联性的相关部分或者有关细节。

（5）本条文第2款当中，所谓"书证对于待证事实的证明无必要"，主要包括以下几种情形：其一，书证的有关内容与待证事实之间不存在必要的关联性，

---

① 这里由当事人进行的释明与法院在职权上所进行的释明并非相同的概念，当事人所进行的释明系一种在盖然性的要求上较低度的证明。

因而对于待证事实的证明显得并无必要性;其二,虽然书证的有关内容与待证事实之间存在相应的关联性,但该书证无论是作为原告攻击的方法或被告防御的方法,其分量均显得无足轻重;其三,鉴于相对一方当事人所能够提供的证据在法院的心证当中已经形成了明显优势,使得该书证对于待证事实的证明显得并无必要性。

(6)本条文中,所谓"待证事实对于裁判结果无实质性影响",主要是指根据双方当事人提供的现有证据以及庭审调查所获得的心证,人民法院对裁判的结果已经形成了相应的内心确信,而当事人所申请的书证尽管与待证事实之间存在关联性,但是该书证的证明力已无法撼动或改变法院对裁判结果业已形成的内心确信。

(7)本条文中,所谓"书证未在对方当事人控制之下",其中"当事人控制",主要包括两个方面的含义:其一,对方当事人对有关书证的物理控制。这种控制也可称之为实际控制。其二,对方当事人对有关书证的法律控制。这种控制也可称之为形式控制。例如,对方当事人已将有关书证委托他人保管、存放等。

(8)本条文中,所谓"不符合本规定第四十七条情形的",系指不符合2019年《民事证据规定》第47条所规定的适用书证提出命令制度的客体范围。

(9)根据本条文第3款规定,"当事人申请理由成立的,人民法院应当作出裁定,责令对方当事人提交书证。"理论上,基于程序管理和行使诉讼指挥权的需要,对于有关程序性事项,法院可以命令的形式向当事人提出,但我国《民事诉讼法》对法院所采用命令的形式并未作出明确规定,而我国《民事诉讼法》第157条第1款对裁定的适用范围作出了相应规定。在我国民事诉讼上,裁定既可以作为人民法院的一种结案方式,也可以作为人民法院解决诉讼过程中有关程序性问题的一种方式。法院向有关当事人发出书证提出命令的行为,属于人民法院对诉讼过程中有关程序性问题的处理,因此,应当采用裁定的方式责令对方当事人提供有关书证。裁定书中应当载明申请人、书证持有人、申请提出的书证及范围、申请理由及裁定主文。其中,裁定主文中应当包括责令对方当事人在何时提出有关证据以及对方当事人违反书证提出义务时所应当承担的法律责任等内容。当人民法院经审查认为当事人提出的书证提出命令申请不能有效成立时,应当以口头或者书面通知的方式告知申请人。人民法院经审查认为,当事人提出的书证提出命令申请部分成立的,可以仅就该部分书证作出相关裁定,但不得超越当事人申请的书证范围。另外,《民事诉讼法解释》第112条第2款规定:"申请理由成立的,人民法院应当责令对方当事人提交,因提交书证所产生的费用,由申请人负担。"书证的提出在许多情况下涉及相应的费用负担,由举证人对于因提出该书证负担相应的费用是合乎情理的,因为,提出该书证的目的是有助于证明为举证人所主张的案件事实,由于这种事实的认定在很大程度上将会对举证人带来实际利益,因此,由其承担相应的费用是公平合理的。

4. 对申请理由成立的处理

《民事诉讼法解释》第112条第2款规定:"申请理由成立的,人民法院应当责令对方当事人提交,因提交书证所产生的费用,由申请人负担。"

对本条文的理解与适用,应当全面掌握如下基本内容:

(1) 本条文规定的旨意是,在诉讼上,当对某一待证事实负有证明责任的一方当事人提出与该待证事实有关的书证为对方持有,而向法院申请指令对方提出该书证的,法院根据该种申请应当调查该书证对待证事实是否重要,以便审查并确定该种申请是否正当,审查中如确定该书证对本案待证事实确实重要时,还应当确定该书证是否为对方当事人所持有,以便确定其有无提出证据的义务。

(2) 书证的提出在许多情况下还会涉及相应的费用负担,对此本条也作出了相应的规定。由举证人对于因提出该书证负担相应的费用是合乎情理的,因为,提出该书证的目的是有助于证明举证人所主张的案件事实,由于这种事实的认定在很大程度上将会对举证人带来实际利益,因此,由其承担相应的费用是公平合理的。

5. 书证提出义务涉及的范围

2019年《民事证据规定》第47条规定:"下列情形,控制书证的当事人应当提交书证:(一)控制书证的当事人在诉讼中曾经引用过的书证;(二)为对方当事人的利益制作的书证;(三)对方当事人依照法律规定有权查阅、获取的书证;(四)账簿、记账原始凭证;(五)人民法院认为应当提交书证的其他情形。前款所列书证，涉及国家秘密、商业秘密、当事人或第三人的隐私，或者存在法律规定应当保密的情形的，提交后不得公开质证。"

对本条文的理解与适用，应当全面掌握如下基本内容：

（1）本条文对书证提出命令的客体范围作出了相对明确的规定。书证提出命令制度最早规定于《民事诉讼法解释》第112条，但该条仅规定了书证提出命令的主体范围，而对客体范围并未作出相应的规定。相对一方当事人所控制的书证是书证提出命令的客体，而作为书证提出命令的客体范围，是指负有举证责任的当事人有权依照法律规定申请对方当事人提交的书证范围，它是控制书证的一方当事人负有书证提出义务所涉及的对象与范围。本条文规定系对《民事诉讼法解释》第112条所规定书证提出命令制度的补充与完善。

（2）本条文第1款第1项对于引用文书作出了明确的规定，即"控制书证的当事人在诉讼中曾经引用过的书证"。在诉讼上，如果一方当事人曾经援引某一文书的相关内容作为进击或者防御的证据方法时，相对一方当事人将自动对此享有证据提出的请求权。通常而言，在这类情形下所产生的文书称之为引用文书。可见，所谓引用文书，是指当事人在诉讼中加以利用并且由自己所持有的文书。引用文书在定义上并不涉及第三人持有的文书。对引用文书课以提出义务的根据是，既然当事人在诉讼中提及其所持文书，则当然不能拒绝对方当事人要求其出示该文书的请求。解释上应包括起诉状、答辩状、情况说明、代理词、书面质证意见，或者言词辩论以言词引用的文书、庭审笔录中曾记载的。并且，在嗣后即使经舍弃该证据或者撤销其引用，对于其应提出该书证的义务并无影响。一方当事人将某一文书作为证据加以引用，从公平的角度出发，应当赋予对方当事人相应的对抗措施，即其可以申请对该文书进行证据调查，意在强调证据的通用性以及双方都有平等利用相同证据的权利。由于一方当事人在诉讼上引用了由其控制的书证，不论该种引用是作为证据使用还是为阐明其主张而引用，自应负有提出该书证的义务。在诉讼上，由于该方当事人已经实际为此使用而负有向法庭公开其内容的义务而放弃了相应的保密特权，因此，即便在事后作出撤销其引用或者放弃这种书证的决定，该当事人仍负有提供该书证的义务。另外，根据证据法原理，任何证据证明有关待证事实并无绝对可靠性之定论，但引用对立一方当事人所持有的证据，其真实性按常理应推定为不必提出何种质疑，基于在审判上发现真实的需要，自应判定曾表示持有某种书证的当事人有提出该书证的义务，以便维护正常的诉讼秩序与程序的安定性。本条文中，所谓"控制书证的当事人"，即为引用书证的主体，包括诉讼上的原告、被告、具有原告地位的有独立请求权的第三人以及被告型无独立请求权第三人。如果书证控制人仅引用书证的其中一部分，而举证当事人申请要求其提交全部书证内容的，应当提出相应的理由，最终由法院据情作出判断。

（3）本条文第1款第2项对于利益文书作出了明确的规定，即"为对方当事人的利益制作的书证"。在此所称的"对方当事人"，系指在诉讼上负有举证责任的一方当事人，即举证当事人。在民事活动中，一方当事人为对方当事人的利益而制作的文书，如借条、收据、身份证明书等用以证明举证人在从事某一交易过程中所具有的法律地位、身份关系和享有的权利等，在此情形下产生的文书通常被称之为利益文书。本条文中所谓"利益"，并非以其中一方当事人的利益为限，即不仅指举证当事人所独自享有的利益，还应当包括为他方当事人与书证持有人或者第三人共同利益而作的亦应包括在其中，如遗嘱书、赠与书等。另外，书证虽为举证人的利益而作，但并非一定由举证人所控制，因此，控制该书证的人也有提出书证的义务。在诉讼上，当制作人的相对人成为举证人时，文书制作人对于该举证人负有文书提出义务。换言之，当文书的制作涉及负有举证责任的一方当事人的利益时，作为举证人的该方当事人有权在诉讼中使用。为负有举证责任的当事人之利益制作的书证，如果因为某种原因并未被该方当事人所持有，反而为制作人所控制并且该制作人在诉讼上成为对方当事人时，因该书证属于书证提出义务的客体范围，故该对方当事人负有提出书证义务。这种义务并非当事人之间基于私法关系而产生，而是因法院的干预，使其具有公法上的义务属性。

（4）本条文第1款第3项对于权利文书作出了明确的规定，即"对方当事人依照法律规定有权查阅、获取的书证"。所谓法律规定，一般是指私法上的有关规定，不论是基于债权或物权而使一方当事人依法可以请求另一方当事人享有请求交付书证或者对此予以查阅的权利，如负有举证责任的一方当事人因委托关系而将书证交给对方当事人掌管或使用，该举证人自应享有请求返还的权利，对此，受委托的一方当事人对于其所持有的书证自有提出的义务。再如，在若干当事人对一处不动产存在共同共有关系的情况下，其中一方当事人控制该不动产物权书证的，应当负有提出该书证的义务。为了保障民事交易的安定性以及规范民事主体在私法上的权利义务关系，针对不同的法律关系，各国和地区均在民事实体法上就当事人之间设定有关情况报告请求权与相对应的情况报告提供义务。在诉讼上，为了证明其事实主张的需要，负有举证责任的一方当事人可根据这些私法上的规定要求对方交付或者查阅有关的文书。在这种情形下所产生的文书，通常被称之为权利文书。例如，我国《民法典》第780条规定："承揽人完成工作的，应当向定作人交付工作成果，并提交必要的技术资料和有关质量证明。定作人应当验收该工作成果。"我国《公司法》第33条第1款规定："股东有权查阅、复制公司章程、股东会会议记录、董事会会议决议、监事会会议决议和财务会计报告。"根据本条文的规定，负有举证责任的当事人有权根据实体法的规定，要求书证控制人提交或者查阅有关权利文书，从而使得该权利文书作为书证提出义务的客体范围。对此，《环境侵权证据规定》第29条亦规定："法律、法规、规章规定当事人应当披露或者持有的关于其排放的主要污染物名称、排放方式、排放浓度和总量、超标排放情况、防治污染设施的建设和运行情况、生态环境开发利用情况、生态环境违法信息等环境信息，属于《最高人民法院关于民事诉讼证据的若干规定》第四十七条第一款第三项规定的'对方当事人依照法律规定有权查阅、获取的书证'。"

（5）本条文第1款第4项对于账簿、记账原始凭证作出了明确的规定。所谓账簿，主要指的是商业账簿。作为商业账簿、记账原始凭证系证明当事人之间资金往来的有效支付证据，这不仅仅是因为商业账簿、记账原始凭证可用于证明当事人之间的某种法律关系，而且商业账簿、记账原始凭证通常涉及许多公法领域，比如它常常作为纳税的依据或政府审计的对象；另外，商业账簿对于上市公司等涉及企业对外及对其他股东权益的保障均涉及广泛的公众利益，因此，对商业账簿的伪造或篡改在相当程度上可能被作为一种危害社会的犯罪行为来看待，因此，有关当事人负有提出的义务。在民事活动中，商业账簿、记账原始凭证等财务资料能够较为直观地反映交易的主要内容，体现有关当事人之间权利义务法律关系的实际状况，是一种重要的文书证据，因此属于法律关系文书的范畴。所谓法律关系文书，是指基于某一交易的需要而为体现举证当事人与该书证控制人之间实体法律关系所制作的文书。在诉讼上，因有关账簿、记账原始凭证对于证明有关案件待证事实具有关联性，故控制该法律关系文书的对方当事人对于举证人负有文书提出义务。

（6）本条文第1款第5项对当事人提交书证的客体范围规定了兜底条款，即"人民法院认为应当提交书证的其他情形"，也就是要求人民法院在具体审理个案当中，应当根据具体情况，审慎酌情确定类似情形。即在实务上，虽然某些书证不属于上述明确规定的范围，但法院在个案中认为有关书证可以比照上述标准责令有关当事人提出该书证。鉴于民事诉讼上实行"谁主张、谁举证"的基本原则，在特定情况下，即使在立法上为非负举证责任的一方当事人设定举证协力义务，但这并非意味着将书证提出义务予以一般化处理即不具有适用上的普遍性，而是将其严格限定在特定的范围之内，以至于不对"谁主张、谁举证"的基本原则造成实质性冲击。

（7）民事诉讼系当事人请求法院以国家名义采用公力救济干预私权纠纷的一种程序，在法律上为非负举证责任的一方当事人设定相应的书证提出义务，它是义务人因法院行使审判权而承担的一种公法上的证明协力义务，体现了基于私权基础所享有的诉讼权利与公法上的诉讼义务之间的转换、对价与让渡关系。但这并非意味着这种公法上的书证提出义务的履行没有任何边际可言，基于对国家秘密、商业秘密、当事人或者第三人隐私权利等权益的保护，应当对该种义务的履行方式进行必要的限制，以便对同样受到法律保护的国家利益、企业权益以及当事人或第三人的隐私权等不致受到侵害，因此，在利弊权衡的基础上，基于趋利避害的考虑，在坚持认为有关书证涉及秘密、隐私等不能作为拒绝提供的理由的同时，采取相对变通的做法，即对于涉及秘密、隐私等书证在质证时以不公开方式进行，例如，可据情在一定场景下，仅向法庭出示，或者有选择地仅向法庭以及对方当事人的律师出示。同时，如果仅仅是书证的部分内容涉及有关秘密或隐私的，就相关涉及秘密或隐私的部分可采取不公开质证，而其他部分仍采取公开质证的方式分别加以处理。广义上，采用这种特殊的方式有助于尽可能地避免参加旁听的人在场。另外，实务上，对于有关书证的内容是否涉及国家秘密、商业秘密、当事人或第三人的隐私，或者存在法律规定应当保密的情形，有时会在双方当事人之间发生争执。对此情形，在程序上可先由控制书证的当事人将有关书证提交法院进行审查,经法院对有关书证的内容是否存在涉及保密、隐私情形,以及是否仅涉及书证的部分内容与保密、隐私有关作出判断之后,再决定应采取何种方式安排双方当事人对该书证进行质证。

6. 违反书证提出命令的法律后果

2019年《民事证据规定》第48条规定:"控制书证的当事人无正当理由拒不提交书证的,人民法院可以认定对方当事人所主张的书证内容为真实。控制书证的当事人存在《最高人民法院关于适用〈中华人民共和国民事诉讼法〉的解释》第一百一十三条规定情形的,人民法院可以认定对方当事人主张以该书证证明的事实为真实。"

对本条文的理解与适用,应当全面掌握如下基本内容:

(1)《民事诉讼法解释》第112条第2款对控制书证的当事人拒不按照法院命令提交有关书证的行为所产生的后果作出了相应规定,其第113条对于当事人恶意毁损书证的行为规定了相应的处罚措施。本条文在上述有关规定的基础上,针对《民事诉讼法解释》第113条所规定的持有证据的当事人恶意毁损书证的行为,新增了承担举证妨碍法律后果的内容,从而使得因违反书证提出命令所应承担的法律后果形成显著的完整性与体系化构架。

(2)《民事诉讼法解释》第112条第2款中规定:"对方当事人无正当理由拒不提交的,人民法院可以认定申请人所主张的书证内容为真实。"本条第1款的规定与《民事诉讼法解释》第112条第2款规定并无实质不同。其中,所谓"控制书证的当事人无正当理由拒不提交书证"中的"正当理由",应当包括但不限于法律上的理由以及其他不可归责于己的客观理由,如书证因不可抗力而灭失等。

(3)作为违反书证提出命令的法律后果是,控制书证的当事人无正当理由拒不提交书证的,人民法院可以认定对方当事人所主张的书证内容为真实。即法院的认定与获得心证的效果仅限于该书证对其不利的内容具有真实性而已,而并非必然导致举证当事人主张事实的成立。这是因为,在实务上,某份书证的证明力究竟如何,不仅取决于其与案件待证事实的关联程度如何,还取决于法院形成有关的内心确信时是否还需要举证当事人提供其他相关证据来达到相应的证明标准，并且能否达到相应的证明标准在很多情况下还取决于对方当事人提供反证的证明效力。况且，按照《民事诉讼法解释》第112条第1款的规定，举证当事人书面申请法院责令对方提交有关书证的时间通常在某一举证期限届满之前，而在此节点上，无论是举证当事人的主观认识还是法院的主观认识都是建立在有关书证的证明力能够对法院的心证产生某种重要影响这一具有高度可能性的假定基础之上的，而并不能够排除后续的庭审发展会导致改变法院当初这种认知的可能性。另外，在严格意义上，本条文所述法院的这种"认定"，属于对举证当事人主张有关书证内容具有真实性成立的一种推定。

（4）持有书证的当事人以妨碍举证当事人使用为目的，毁灭有关书证或者实施其他致使书证不能使用行为的，人民法院可以认定举证当事人主张的书证内容为真实。同时，毁灭有关书证或者实施其他致使书证不能使用行为，既可以发生在举证当事人书面申请法院责令其提交书证之前，也可以发生在举证当事人书面申请法院责令其提交有关书证之后。无论在上述这两种情况中的任何情况之下，只要举证当事人提出书面申请的，人民法院经核实后均可作出举证当事人主张书证内容为真实的认定。

## 三、对毁灭书证等妨碍举证行为的处罚

### （一）基本法意

与当事人消极地拒不提供有关书证所不同的是，对毁灭书证等妨碍举证行为所涉及的情形，系一方当事人就其持有的对证明案件待证事实具有相当证明意义的证据材料非但拒不提供，而且还对有关的书证采取主动措施将其予以藏匿、销毁、毁损至丧失其证明价值的程度。

另外，这种当事人的行为既包括当事人自身的行为，也包括当事人采取威胁、利诱等不正当手段促使或诱使诉讼外第三人对其持有的有关证据材料予以隐匿、销毁或毁损至足以丧失证明价值的程度。

## （二）我国有关法律及司法解释相关规定的理解与适用

《民事诉讼法解释》第113条规定："持有书证的当事人以妨碍对方当事人使用为目的，毁灭有关书证或者实施其他致使书证不能使用行为的，人民法院可以依照民事诉讼法第一百一十四条规定，对其处以罚款、拘留。"

对本条文的理解与适用，应当掌握如下基本内容：

1. 本条文是针对当事人采取主动、积极行为实施举证妨碍的情形。与当事人消极地拒不提供有关书证所不同的是，本条文所涉及的情形，系一方当事人就其持有的对证明案件待证事实具有相当证明意义的证据材料非但拒不提供，而且还对有关的书证采取主动措施将其予以藏匿、销毁、毁损至丧失其证明价值的程度。

2. 当事人毁灭书证的行为，既包括当事人自身的行为，也包括当事人采取威胁、利诱等不正当手段促使或诱使诉讼外第三人对其持有的有关证据材料予以销毁或毁损至足以丧失证明价值的程度。

3. 持有书证的当事人以妨碍对方当事人使用为目的，毁灭有关书证或者实施其他致使书证不能使用行为的，法院可以依照《民事诉讼法》第114条规定，对其处以罚款、拘留。其中，毁灭有关书证或者实施其他致使书证不能使用行为的，既可以发生在举证人书面申请法院责令其提交之前，也可以发生在举证人书面申请法院责令其提交之后（发现的）。

4. 当事人从事恶意毁灭书证行为，不仅侵犯了相对一方当事人的诉讼权利与合法利益，而且还侵害了法院查明案件事实真相的审判职能，本条文规定了两种情形，无论是在这两种情形中的任何一种情况下，法院均可认定申请人所主张以该书证证明的事实为真实。同时，人民法院可以依照《民事诉讼法》第114条规定，对其处以罚款、拘留。

## 四、对其他妨碍诉讼证明行为的处罚

（一）对其他妨碍诉讼证明行为处罚的基本要义

我国现行法在立法层面是将证明妨碍行为作为妨碍民事诉讼行为的一种情形来对待，这主要是因为，我国在立法上，特别是在证据法架构内并未正式构建证明妨碍制度体系，而这种对妨碍民事诉讼行为的认知还应解读为其中包括对审判活动和秩序所造成的妨碍，否则就不会考虑采取诸如拘留、追究刑事责任这类较为或者极为严厉的公法制裁、惩罚手段。例如，根据我国《民事诉讼法》第114条规定，凡诉讼参与人或者其他人伪造、毁灭重要证据，妨碍人民法院审理案件的，以及以暴力、威胁、贿买方法阻止证人作证或者指使、贿买、胁迫他人作伪证的，人民法院可以根据情节轻重予以罚款、拘留；构成犯罪的，依法追究刑事责任。这一规定是从诉讼参与人和其他人对民事诉讼造成妨碍而采取强制措施甚至采取刑罚手段对民事诉讼中的证明妨碍行为进行处罚的体现。

（二）我国有关法律及司法解释相关规定的理解与适用

1. 对妨碍民事诉讼有关证明行为予以处罚的有关规定

《民事诉讼法》第114条规定："诉讼参与人或者其他人有下列行为之一的，人民法院可以根据情节轻重予以罚款、拘留；构成犯罪的，依法追究刑事责任：（一）伪造、毁灭重要证据，妨碍人民法院审理案件的；（二）以暴力、威胁、贿买方法阻止证人作证或者指使、贿买、胁迫他人作伪证的；（三）隐藏、转移、变卖、毁损已被查封、扣押的财产，或者已被清点并责令其保管的财产，转移已被冻结的财产的；（四）对司法工作人员、诉讼参加人、证人、翻译人员、鉴定人、勘验人、协助执行的人，进行侮辱、诽谤、诬陷、殴打或者打击报复的；（五）以暴力、威胁或者其他方法阻碍司法工作人员执行职务的；（六）拒不履行人民法院已经发生法律效力的判决、裁定的。人民法院对有前款规定的行为之一的单位，可以对其主要负责人或者直接责任人员予以罚款、拘留；构成犯罪的，依法追究刑事责任。"

对本条文的理解与适用，应当掌握如下基本内容：

（1）本条文中涉及妨碍民事诉讼有关证明行为的情形主要涉及其中第1款第1项、第2项和第4项。

（2）本条文中所涉及第1款第1项，其中所谓"伪造证据"，是指为了掩盖事实真相而编造不真实的有关证据材料。所谓毁灭证据，是指将能够证明案件待证事实的有关证据从物理上进行销毁，或将其毁坏至不堪利用的状态。其中所谓的"重要证据"，主要是指能够证明有关实体法律关系形成、变更或者消灭的这些主要事实（要件事实）的直接证据，另外，也包括其证明价值能够导致案件事实处于真伪不明状态或者排除这种状态的间接证据。

（3）本条文中所涉及第1款第2项，所谓以暴力、威胁、贿买方法阻止证人作证或者指使、贿买、胁迫他人作伪证。主要包括两种情形：其一，以各种强制手段，或者以对其生命、身体健康等造成损害为恐吓，或者采取金钱等物质利益收买，阻止知道案件情况的人出庭作证；其二，采取各种非法手段使得证人向法庭提供与案件事实不相符的证人证言，或者使得原本就不属于本案的证人向法院提供所谓"证人证言"。

（4）本条文中所涉及第1款第4项，司法工作人员、诉讼参加人、证人、翻译人员、鉴定人、勘验人、协助执行的人，在诉讼中享有特定的诉讼权利，承担特定的诉讼义务，在诉讼过程中，任何人对其侮辱、诽谤、诬陷、殴打或者以其他方式打击报复等都属于妨碍诉讼的行为。其中，证人、鉴定人、勘验人属于诉讼参与人，其参与诉讼的目的系旨在有助于证明案件的待证事实或者协助法院查明案件事实，对其侮辱、诽谤、诬陷、殴打或者以其他方式打击报复等属于妨碍诉讼证明的行为。

（5）根据本条文第2款的规定，单位有上述行为之一的，可以对其主要负责人或者主要直接责任人员予以罚款、拘留；构成犯罪的，依法追究刑事责任。其中，所谓主要负责人，一般是指单位的法定代表人。所谓直接责任人员，是指代表单位参加诉讼并直接实施了妨害诉讼（证明）行为的人。

（6）《民事诉讼法解释》第193条规定："人民法院对个人或者单位采取罚款措施时，应当根据其实施妨害民事诉讼行为的性质、情节、后果，当地的经济发展水平，以及诉讼标的额等因素，在民事诉讼法第一百一十八条第一款规定的限额内确定相应的罚款金额。"人民法院对个人或者单位采取罚款措施的目的，是制止和制裁妨害民事诉讼行为，树立司法裁判的公信力和权威性，保证诉讼程序的顺利、有序进行。为此，人民法院在对妨害民事诉讼行为人决定予以罚款时，应当从制止和制裁妨害民事诉讼行为这一根本目的作为出发点，依法准确适用罚款措施、合理适当确定罚款金额，既要考虑有效实现这一适用措施的目的，又要尽可能地避免因该措施的适用而给被罚款人带来不当的沉重经济负担，导致其生产或生活陷入困境，激化社会矛盾。故此，应当做到如下几点：第一，应在综合考虑诉讼参与人或者其他人实施妨害民事诉讼行为的性质、情节、后果，当地的经济发展水平，以及诉讼标的额等各种原因的基础上，据情合理确定相应的罚款金额。第二，应当在《民事诉讼法》第118条第1款规定的罚款限额内确定罚款金额，不得超出该罚款限额。第三，对于那些情节严重、构成犯罪的妨害民事诉讼行为人，不能以罚款代替刑事制裁，而应当依法追究其刑事责任。

（7）《知识产权证据规定》第13条规定："当事人无正当理由拒不配合或者妨害证据保全，致使无法保全证据的，人民法院可以确定由其承担不利后果。构成民事诉讼法第一百一十一条①规定情形的，人民法院依法处理。"该条规定涉及证据保全裁定的送达和妨害证据保全所应当承担的法律后果。由于权利人有时难以获得侵权证据，证据保全在知识产权民事诉讼中运用较为普遍。为防止当事人隐匿、转移、销售或者篡改有待保全的证据，证据保全裁定可以在采取保全措施时当场送达。审判实践中，当事人拒不配合甚至妨害人民法院证据保全的现象时有发生，为督促当事人履行义务，保障证据保全的顺利进行，该条文规定法院可以确定包括但不限于证明妨碍推定在内的由其承担的不利后果。另外，该条文还对人民法院依法采取强制措施作出了规定。

（8）《知识产权证据规定》第14条规定："对于人民法院已经采取保全措施的证据，当事人擅自拆装证据实物、篡改证据材料或者实施其他破坏证据的行为，致使证据不能使用的，人民法院可以确定由其承担不利后果。构成民事诉讼法第一百一十一条②规定情形的，人民法院依法处理。"根据该条文的规定，

---

① 现为《民事诉讼法》（2023年修正）第114条。
② 现为《民事诉讼法》（2023年修正）第114条。

对于已经保全的证据，当事人不得以拆装、篡改等方式进行破坏，否则法院可以确定包括但不限于证明妨碍推定在内的由其承担的不利后果。近年来，有些地方法院在相关案件中，对该条所规定的破坏行为所采取的妨碍民事诉讼强制措施，已取得良好的法律效果和社会效果。另外，该条文还对人民法院依法采取强制措施作出了规定。

（9）《知识产权证据规定》第26条规定："证据涉及商业秘密或者其他需要保密的商业信息的，人民法院应当在相关诉讼参与人接触该证据前，要求其签订保密协议、作出保密承诺，或者以裁定等法律文书责令其不得出于本案诉讼之外的任何目的披露、使用、允许他人使用在诉讼程序中接触到的秘密信息。当事人申请对接触前款所称证据的人员范围作出限制，人民法院经审查认为确有必要的，应当准许。"该条系对涉及商业秘密、需要保密的商业信息的证据应当采取保密措施的规定。该条总结审判实践中的成熟经验，对人民法院可以采取的保密措施，限制接触相关证据的人员范围等作出明确规定。考虑到本条文未能规定与保护诉讼中的商业秘密有关的强制措施，而保密协议、保密承诺的约束力有限，强制力不够，故依照《民事诉讼法》第157条第1款第11项有关裁定适用范围规定，采用裁定方式，责令当事人承担法律义务，以进一步加强对商业秘密的保护。

2. 有关单位拒绝或者妨碍人民法院调查取证的处罚

《民事诉讼法》第117条规定："有义务协助调查、执行的单位有下列行为之一的，人民法院除责令其履行协助义务外，并可以予以罚款：（一）有关单位拒绝或者妨碍人民法院调查取证的；（二）有关单位接到人民法院协助执行通知书后，拒不协助查询、扣押、冻结、划拨、变价财产的；（三）有关单位接到人民法院协助执行通知书后，拒不协助扣留被执行人的收入、办理有关财产权证照转移手续、转交有关票证、证照或者其他财产的；（四）其他拒绝协助执行的。人民法院对有前款规定的行为之一的单位，可以对其主要负责人或者直接责任人员予以罚款；对仍不履行协助义务的，可以予以拘留；并可以向监察机关或者有关机关提出予以纪律处分的司法建议。"

对本条文的理解与适用，应当掌握如下基本内容：

（1）本条文第1款第1项中，所谓"拒绝或者妨碍人民法院调查取证"，包括拒绝人民法院调查取证和妨害人民法院调查取证两种行为。其中，所谓拒绝人民法院调查取证，既包括阻碍人民法院调查取证，拒不向人民法院提供所需要的证据，也包括对于人民法院调查取证的要求置之不理。所谓妨害人民法院调查取证，是指对人民法院调查取证在客观上设置各种障碍，其目的使得人民法院无法获得所需要的证据。

（2）审判实践中，有义务协助人民法院调查取证的部门或单位常见的主要包括：对某些文书档案资料负有管理职能的部门或单位，如管理房屋档案的房管部门，管理土地、森林、税务、资金往来、通讯记录、车辆购置档案、信息资料的土地、林业、税务、金融、电信运营、公安部门（或机构），存有病历的医疗机构，保管视频监控资料的小区物业等。

（3）为了加强对有关单位拒绝或者妨害人民法院调查取证的处罚力度，本条文增加了对单位的主要负责人和直接责任人可以拘留的规定。鉴于拘留是一种限制人身自由的强制措施，基于教育和制裁相结合的原则，本条文规定对单位的主要负责人和直接责任人员实施拘留处罚采取相对审慎的态度，并为此附加有前置条件，即对单位的主要负责人和直接责任人员需要采取强制措施时，应当首先适用罚款，同时责令改正。如果通过罚款和责令其改正后，有关单位随即纠正了违法行为，则对单位的主要负责人和直接责任人员就不能予以拘留，如果拒不改正的就可以采用拘留措施。与此同时，人民法院还可以向监察机关或者有关机关提出予以纪律处分的司法建议。

（4）《民事诉讼法》第118条规定："对个人的罚款金额，为人民币十万元以下。对单位的罚款金额，为人民币五万元以上一百万元以下。拘留的期限，为十五日以下。被拘留的人，由人民法院交公安机关看管。在拘留期间，被拘留人承认并改正错误的，人民法院可以决定提前解除拘留。"为了使有关强制措施的适用更加具有可操作性，该条对于罚款、拘留的幅度以及如何适用拘留措施作出了相关规定。其中，拘留的最长期限不得超过15天，人民法院可以根据妨碍民事诉讼行为人行为的性质、对诉讼影响的大小，决定拘留的天数。采取强制措施应当适度有节，只要能够达到教育行为人、制止妨害行为的目的即可。应当注意防止任意使用或者滥用处罚权力。

（5）《民事诉讼法》第119条规定："拘传、罚款、拘留必须经院长批准。

拘传应当发拘传票。罚款、拘留应当用决定书。对决定不服的，可以向上一级人民法院申请复议一次。复议期间不停止执行。"拘传、罚款、拘留是对人身自由和财产权利的限制，是一种较为严厉的强制措施。因此，采取这些强制措施应当慎重为之，必须严格遵守程序制度，以防止对有关个人人身权、财产权造成侵犯。为此在程序上，采取拘传、罚款、拘留强制措施，必须经人民法院院长批准，拘传应当签发拘传票，罚款、拘留应当采用决定书。被罚款、拘留人对决定不服的，可以向上级人民法院申请复议一次。为了保证制止妨害诉讼行为的有效性，防止事过境迁，达不到适用强制措施的目的，有关当事人申请复议期间，不能停止罚款、拘留决定的执行。

3.对必须到庭的当事人无正当理由拒不到庭行为的处罚

《民事诉讼法》第112条规定："人民法院对必须到庭的被告，经两次传票传唤，无正当理由拒不到庭的，可以拘传。"

对本条文的理解与适用，应当掌握如下基本内容：

（1）根据本条文的规定，拘传适用于必须到庭的被告。在通常情况下，被告不出席庭审并不影响法庭审理，但是在有些类型的案件中，被告不出庭将使法庭难以查清案件事实，对于法院正常结案产生实质影响。所谓"必须到庭的被告"，根据《民事诉讼法解释》第174条第1款规定，是指负有赡养、抚育、扶养义务和不到庭就无法查清案情的被告。所谓"两次传票传唤"，是指人民法院送达传票，并由受送达人或者法定的代收人在送达回证上签名或者盖章。所谓"无正当理由"，通常是指没有不可抗力、意外事件等导致被告无法到庭的特殊情况。在审理个案当中，对于是否具有正当理由，需要根据案件情况作出具体判断。

（2）《民事诉讼法解释》第174条第2款规定："人民法院对必须到庭才能查清案件基本事实的原告，经两次传票传唤，无正当理由拒不到庭的，可以拘传。"在民事诉讼上，有些案件需要原告到庭才能查清案件的基本事实，如果原告拒不到庭，而此时仍根据《民事诉讼法》第146条的规定按撤诉处理的话，可能会损害国家利益、社会公共利益或者他人合法权益，因此有必要拘传其到庭，以查清案件基本事实。例如，对于《民事诉讼法》第115条所规定的对双方当事人恶意串通提起诉讼的案件或者原告冒充他人提起诉讼的案件，在诉讼过程中，如果原告认为人民法院已有所察觉，就会想方设法采取拒不到庭的方式来加以逃避，如果人民法院不能将其拘传到庭，就不利于在查清案件基本事实的条件下，对这类案件依法作出判决。在此应当注意的是，对原告适用拘传措施的前提条件是原告拒不到庭则不能查清案件基本事实。所谓案件基本事实，指的是能够引起实体法律关系形成、变更或者消灭的要件事实。

（3）适用拘传措施应当具备以下条件：第一，拘传的对象必须是符合有关规定的原告、被告；第二，必须经过人民法院两次传票传唤，如果仅经过一次传票传唤不能适用拘传；第三，必须是无正当理由拒不到庭。所谓到庭，是指按照人民法院传票通知到指定地点应诉、询问、开庭、到场调查、调解等。

4. 对当事人故意作虚假陈述的处罚

2019年《民事证据规定》第63条第3款规定："当事人故意作虚假陈述妨碍人民法院审理的，人民法院应当根据情节，依照民事诉讼法第一百一十一条[①]的规定进行处罚。"

对本条文的理解与适用，应当掌握如下基本内容：

（1）《民事诉讼法》第13条第1款规定："民事诉讼应当遵循诚实信用原则。"该项规定是要求在诉讼过程中当事人应当有所为，同时亦有所不为。当事人向法院陈述案件事实属于法庭事实调查的重要组成部分，因此，当事人就案件事实向法院作出真实、完整的陈述，而不得故意作虚假陈述。由于受利己主义驱使，当事人通常会倾向于陈述对其有利的案件事实，而避免陈述对其不利的案件事实。由于不利的案件事实和有利的案件事实在当事人之间具有相对性，因此，一方当事人避免陈述对其不利的案件事实，往往会被对方当事人的陈述所填补这一空白。但在某些情况下，当事人会就案件事实故意作虚假陈述。对于一方当事人就案件事实故意作虚假陈述，有的会被对方当事人所揭穿，有的会被法院所察觉，但有时却因各种因素导致法院对此信以为真，从而对法院正常的审理活动造成实质性影响。对当事人故意作虚假陈述妨碍人民法院审理的，应当如何处理，《民事诉讼法》并未作出明确规定，从而使得即使从事故意作虚假陈述对人民法院审理活动造成实际影响行为的当事人亦未能受到相应的处罚。

---

① 现为《民事诉讼法》（2023年修正）第114条。

为了及时填补这一空白，根据本条文规定，当事人故意作虚假陈述妨碍人民法院审理，人民法院应当根据情节，依照《民事诉讼法》第114条的规定进行处罚。

（2）所谓虚假陈述，是指当事人故意就案件事实进行编造、歪曲等对法院审理活动造成妨碍所进行的陈述。该规定的适用要件主要由以下构成：其一，主体上为诉讼当事人；其二，主观上为故意状态；其三，行为上为虚假陈述且对人民法院的审理活动成实际妨碍；其四，适用范围上应为当事人在法庭上接受人民法院的调查询问时所作虚假陈述，尤其是当事人本人在签署保证书之后仍作出虚假陈述的行为。因民事诉讼实行直接主义和（口头）言词主义，这种虚假陈述行为，以口头形式为原则，以书面形式为例外。

（3）在个案当中，人民法院应当根据当事人虚假陈述的具体情节，依照《民事诉讼法》第114条对妨害民事诉讼行为采取强制措施的规定以及第118条关于适用罚款和拘留措施的规定进行处罚。

5. 对庭审中威胁、侮辱证人等行为的处罚

2019年《民事证据规定》第78条第1款规定："当事人及其诉讼代理人对证人的询问与待证事实无关，或者存在威胁、侮辱证人或不适当引导等情形的，审判人员应当及时制止。必要时可以依照民事诉讼法第一百一十条、第一百一十一条[①]的规定进行处罚。"

对本条文的理解与适用，应当掌握如下基本内容：

（1）本条文系旨在规范当事人及其诉讼代理人对于证人进行询问的行为。

（2）对于当事人及其诉讼代理人对证人所进行的询问，如果出现重复性询问，与待证事实没有关联性的询问，主询问当中提出诱导性问题或者某种暗示，出现威胁、侮辱证人的言语举止，或含有人格攻击性质等不当询问的，应当据情分别作出不准许、及时制止或进行必要限制等决定。

（3）在必要时，人民法院可依据《民事诉讼法》第113条和第114条的规定对当事人扰乱庭审秩序的行为进行处罚；对当事人及其诉讼代理人所实施的干扰和阻碍证人作证的行为，人民法院应当及时制止；情节恶劣的，人民法院

---

① 现为《民事诉讼法》（2023年修正）第113条、第114条。

可以根据《民事诉讼法》第113条和第114条的规定对当事人及其诉讼代理人进行处罚。

6. 对证人故意作虚假陈述以及妨碍证人作证等行为的处罚

2019年《民事证据规定》第78条第2款规定："证人故意作虚假陈述，诉讼参与人或者其他人以暴力、威胁、贿买等方法妨碍证人作证，或者在证人作证后以侮辱、诽谤、诬陷、恐吓、殴打等方式对证人打击报复的，人民法院应当根据情节，依照民事诉讼法第一百一十一条[①]的规定，对行为人进行处罚。"

对本条文的理解与适用，应当把握如下基本内容：

（1）证人属于人证范畴，证人是通过其亲身经历并将其观察和记忆的与待证事实具有关联性的案件事实向法庭作证的。证人出庭作证系证人向法庭进行陈述证言并接受法庭的调查询问和双方当事人的询问等一系列行为的总称。证人出庭作证是向法院所履行的公法上的一种义务，这种义务是一种真实而完整的陈述义务，它基于民事诉讼法所规定的诚信原则为基础，又以国家的强制性法律为保障。

（2）按照证人向法院负有真实而完整陈述义务的基本要求，证人在出庭作证时应当根据其对案件事实的感知与记忆客观、如实地向法院陈述其证言，既不得擅自掺杂个人的主观猜测、臆断和评论，亦不得对已知的案件事实根据个人的意愿和偏好加以隐瞒、修饰、增扩、删减，更不得对原本就不存在的事实凭空予以编织、捏造。

（3）根据2019年《民事证据规定》第71条的相关规定，证人在作证前应当签署保证书并在法庭上宣读保证书的内容。该规定是对证人作伪证的预防性措施，既是表达了证人在签署和宣读保证书之后的出庭作证过程中如有作伪证行为甘愿承受法律制裁的一种庄严承诺，又是对其造成心理威慑以及敬畏法律的举措。证人故意作出虚假陈述的行为，不仅会对法院查明案件事实造成实质影响，同时，也是对于法律的挑衅和司法尊严的藐视，应承担相应的法律责任。根据《民事诉讼法解释》第189条规定，证人签署保证书后作虚假证言，妨碍人民法院审理案件的，人民法院可以适用《民事诉讼法》第114条的规定处理。

---

① 现为《民事诉讼法》（2023年修正）第114条。

本条文在《民事诉讼法》第 114 条的基础上，明确规定证人故意作虚假陈述的，人民法院可以根据情节轻重予以罚款、拘留；构成犯罪的，依法追究其刑事责任。

7. 对伪造、毁灭证据等行为的处罚

2019 年《民事证据规定》第 98 条第 2 款规定："当事人或者其他诉讼参与人伪造、毁灭证据，提供虚假证据，阻止证人作证，指使、贿买、胁迫他人作伪证，或者对证人、鉴定人、勘验人打击报复的，依照民事诉讼法第一百一十条、第一百一十一条①的规定进行处罚。"

对本条文的理解与适用，应当把握如下基本内容：

（1）本条文系对当事人或者其他诉讼参与人从事妨害诉讼证明活动进行处罚的有关规定。

（2）关于虚假诉讼罪，根据我国《刑法》第 307 条之一规定："以捏造的事实提起民事诉讼，妨害司法秩序或者严重侵害他人合法权益的，处三年以下有期徒刑、拘役或者管制，并处或者单处罚金；情节严重的，处三年以上七年以下有期徒刑，并处罚金。单位犯前款罪的，对单位判处罚金，并对其直接负责的主管人员和其他直接责任人员，依照前款的规定处罚。有第一款行为，非法占有他人财产或者逃避合法债务，又构成其他犯罪的，依照处罚较重的规定定罪从重处罚。司法工作人员利用职权，与他人共同实施前三款行为的，从重处罚；同时构成其他犯罪的，依照处罚较重的规定定罪从重处罚。"

（3）2018 年 10 月 1 日施行的《最高人民法院、最高人民检察院关于办理虚假诉讼刑事案件适用法律若干问题的解释》（以下简称《办理虚假诉讼适用法律解释》）第 1 条规定："采取伪造证据、虚假陈述等手段，实施下列行为之一，捏造民事法律关系，虚构民事纠纷，向人民法院提起民事诉讼的，应当认定为刑法第三百零七条之一第一款规定的'以捏造的事实提起民事诉讼'：（一）与夫妻一方恶意串通，捏造夫妻共同债务的；（二）与他人恶意串通，捏造债权债务关系和以物抵债协议的；（三）与公司、企业的法定代表人、董事、监事、经理或者其他管理人员恶意串通，捏造公司、企业债务或者担保义务的；（四）捏

---

① 现为《民事诉讼法》（2023 年修正）第 113 条、第 114 条。

造知识产权侵权关系或者不正当竞争关系的；（五）在破产案件审理过程中申报捏造的债权的；（六）与被执行人恶意串通，捏造债权或者对查封、扣押、冻结财产的优先权、担保物权的；（七）单方或者与他人恶意串通，捏造身份、合同、侵权、继承等民事法律关系的其他行为。隐瞒债务已经全部清偿的事实，向人民法院提起民事诉讼，要求他人履行债务的，以'以捏造的事实提起民事诉讼'论。向人民法院申请执行基于捏造的事实作出的仲裁裁决、公证债权文书，或者在民事执行过程中以捏造的事实对执行标的提出异议、申请参与执行财产分配的，属于刑法第三百零七条之一第一款规定的'以捏造的事实提起民事诉讼'。"《办理虚假诉讼适用法律解释》第2条规定："以捏造的事实提起民事诉讼，有下列情形之一的，应当认定为刑法第三百零七条之一第一款规定的'妨害司法秩序或者严重侵害他人合法权益'：（一）致使人民法院基于捏造的事实采取财产保全或者行为保全措施的；（二）致使人民法院开庭审理，干扰正常司法活动的；（三）致使人民法院基于捏造的事实作出裁判文书、制作财产分配方案，或者立案执行基于捏造的事实作出的仲裁裁决、公证债权文书的；（四）多次以捏造的事实提起民事诉讼的；（五）曾因以捏造的事实提起民事诉讼被采取民事诉讼强制措施或者受过刑事追究的；（六）其他妨害司法秩序或者严重侵害他人合法权益的情形。"《办理虚假诉讼适用法律解释》第3条规定："以捏造的事实提起民事诉讼，有下列情形之一的，应当认定为刑法第三百零七条之一第一款规定的'情节严重'：（一）有本解释第二条第一项情形，造成他人经济损失一百万元以上的；（二）有本解释第二条第二项至第四项情形之一，严重干扰正常司法活动或者严重损害司法公信力的；（三）致使义务人自动履行生效裁判文书确定的财产给付义务或者人民法院强制执行财产权益，数额达到一百万元以上的；（四）致使他人债权无法实现，数额达到一百万元以上的；（五）非法占有他人财产，数额达到十万元以上的；（六）致使他人因为不执行人民法院基于捏造的事实作出的判决、裁定，被采取刑事拘留、逮捕措施或者受到刑事追究的；（七）其他情节严重的情形。"《办理虚假诉讼适用法律解释》第6条规定："诉讼代理人、证人、鉴定人等诉讼参与人与他人通谋，代理提起虚假民事诉讼、故意作虚假证言或者出具虚假鉴定意见，共同实施刑法第三百零七条之一前三款行为的，依照共同犯罪的规定定罪处罚；同时构成妨害作证罪,帮助毁灭、伪造证据罪等犯罪的,依照处罚较重的规定定罪从重处罚。"《办理虚假诉讼适用法律解释》第7条规定:"采取伪造证据等手段篡改案件事实,骗取人民法院裁判文书,构成犯罪的,依照刑法第二百八十条、第三百零七条等规定追究刑事责任。"

（4）根据《刑法》《民事诉讼法》《民事诉讼法解释》《人民法院法庭规则》及本条文的规定,在开庭审理过程中,如果出现当事人及其诉讼代理人或者其他诉讼参与人、旁听人员侮辱、诽谤、威胁、殴打证人、鉴定人、勘验人情形的,人民法院应当及时予以警告制止,并视情况处以罚款、拘留,构成犯罪的,依法追究其刑事责任。另外,根据《人民法院法庭规则》相关规定,审判长或者独任审判员对违反法庭纪律的人员应当予以警告;对不听警告的,予以训诫;对训诫无效的,责令其退出法庭;对拒不退出法庭的,指令司法警察将其强行带出法庭。在庭审之外,如果确实存在发生当事人及其诉讼代理人或者其他诉讼参与人、旁听人员侮辱、诽谤、威胁、殴打证人、鉴定人、勘验人风险的,人民法院可以采取必要的防御性措施,根据有关诉讼参与人的申请或视情况需要,对证人、鉴定人、勘验人发布相应的人身保护令;对从事妨碍民事诉讼活动的有关人员及单位,按照相关规定予以相应处罚。

## 五、案例实务与问题解析

### 案例一　如何认识适用举证妨碍推定的必要条件

〔基本案情〕

刘某和罗某是好友。一日,刘某的钱包不见了,刘某四下寻找仍未找到。后来有人对刘某说是罗某拿了,经刘某再三询问,罗某承认是捡到了刘某的钱包,同时罗某将600多元现金还给了刘某。

因钱包内还有两张银行卡和身份证,刘某要求罗某将银行卡和身份证一起还给他,但罗某说他把钱包里的现金拿走后,就把钱包又丢了,并说他只看到了钱包里有身份证和一些证件,具体是否有银行卡不清楚。考虑到两人平时关系不错,刘某也就不再追究。2004年4月4日,刘某持存折到银行准备把里面的10000元钱取出来用,却被告知该款已在2004年2月3日、4日、5日三天内通过广东的银行自动取款机取走。刘某赶紧到广东报案,通过银行查询,因时间超过2个月,银行已经销毁了有关的摄像记录。该案无法侦破。刘某就向法院起诉,要求罗某承担其丢失10000元的损失。

〔意见分歧〕

在审理中,对钱包内是否有银行卡是本案双方争执的焦点,对这一事实的举证责任分配存在三种不同的意见:

第一种意见认为,本案应当由刘某负举证责任,证实钱包里有银行卡。理由是"谁主张、谁举证"。刘某要求罗某承担赔偿责任,就应当举证证实他的钱包里有银行卡。

第二种意见认为,本案应当由罗某负举证责任,证实钱包里没有银行卡。理由是,2001年《民事证据规定》第75条规定:"有证据证明一方当事人持有证据无正当理由拒不提供,如果对方当事人主张该证据的内容不利于证据持有人,可以推定该主张成立。"即罗某举不出证据证实钱包里没有银行卡,就应当承担赔偿责任。

第三种意见认为,本案罗某称其捡到刘某的钱包后,只是拿走了里面的600余元现金,至于钱包里面还有什么东西,他没有仔细看,只看到有一叠证件和身份证,对是否有银行卡,他既未肯定也未否定。刘某的钱包是在罗某手里,这是没有疑问的。现罗某没有证据证实他把钱包真的丢了,也即罗某无法否定钱包不在他手里。对这一事实刘某不需举证,法院应予认定。罗某持有不属于他的钱包(是刘某的),依据《民法通则》第79条第2款的规定:"拾得遗失物、漂流物或者失散的饲养动物,应当归还失主,因此而支出的费用由失主偿还。"罗某应当将钱包返还刘某。现要对钱包里是否有银行卡这一事实进行判断,最简单的方法便是要罗某拿出钱包来让法官查看。罗某因此而拒绝拿出钱包来,是因为钱包里有银行卡,罗某不愿拿出来。根据2001年《民事证据规定》第75条规定:"有证据证明一方当事人持有证据无正当理由拒不提供,如果对方当事人主张该证据的内容不利于证据持有人,可以推定该主张成立。"即本案对钱包里没有银行卡这一事实应当由罗某进行举证。罗某举不出证据证实钱包里没有银行卡,就推定刘某的诉讼主张即罗某拾到刘某的钱包里有银行卡成立。这也是最高人民法院司法解释对举证责任倒置的一种特殊情况。作为本案适用这一特殊情况是比较妥当的。

〔问题解析〕

本案中，刘某向法院起诉，要求罗某承担其丢失 10000 元的损失。本案属于一般侵权诉讼纠纷案件，但因涉及金额较大又有可能涉嫌刑事犯罪。原告刘某主张，其 10000 元存款被人擅自通过银行自动取款机取走与罗某有关，原告刘某应对此承担举证责任。对此，原告向法院提供的证据可包括银行查询记录（对账单）、罗某承认捡到钱包的事实陈述、目击罗某捡到刘某钱包的证人证言、警方报案记录等。在庭审中，法院应当对双方当事人、目击证人就有关事实细节进行调查询问。从本案基本情况来看，存款被取走的那张银行卡既有可能在罗某捡到的钱包里，也有可能不在其中。假设该张银行卡曾在罗某捡到的钱包里，罗某事后没有归还刘某导致该张银行卡处于"遗失"状态，而刘某明知银行卡内有 10000 元却没有及时到银行办理挂失或及时持存折到银行取出存款以避免损失，这本来是一个理性人应当做的事情，但是，刘某却在该笔存款被他人取走时隔约 2 个月之后才持存折去银行取款，这种情形与日常经验法则不相吻合。可见，该张银行卡当时不在罗某捡到的钱包里的可能性也很大。况且，在生活当中，一个人持有多家银行卡的现象也是众所周知的，并且，将钱包与有较大金额银行卡分别放置而不是随身携带，已成为许多人的习惯做法。另外，值得一提的是，本案中的关键证据系银行自动取款机前的摄像记录，因超时已被银行删除。如果该份摄像记录存在并能够证明取款人是罗某的话，那么罗某就有可能成为刑事诉讼当中的被告，也就不会发生这种民事诉讼；如果该份摄像记录存在并能够证明取款人不是罗某的话，那么情况就可能会更复杂。因此，在本案中，在有关银行卡是否在罗某捡到钱包里均有较大可能性的情况下，如果按照 2001 年《民事证据规定》第 75 条规定推定原告主张的事实成立，显然是不妥当的。并且，根据 2001 年《民事证据规定》第 75 条规定："有证据证明一方当事人持有证据无正当理由拒不提供，如果对方当事人主张该证据的内容不利于证据持有人，可以推定该主张成立。"① 可见，在本案中，如果要适用该条司法解释的规定，必须有证据证明被告罗某持有有关银行卡，但本案缺乏相关直接证据。而相反的是，按照日常经验法则，有关银行卡的事实还存在其他可能性，因此，本案不具备适用该条司法解释规定的必要条件。退一步讲，如果法院通过庭审调查认为，刘某在银行卡"遗失"后没有及时到银行挂失或者持存折取款确有客观障碍或者有令人信服的事由，并且，有证据证明该银行卡当时就在罗某捡到的钱包里，那么，法院根据高度盖然性的证明标准，就可以作出刘某10000元存款被人取走与罗某有关的事实认定。

相较而言，上述第一种观点基本上是正确的，其在说理上可以更充分，增加必要的论证。而上述第二种观点则将2001年《民事证据规定》第75条规定作为举证责任转换来看，这种观点与设定该条规定的初衷是不相吻合；而上述第三种观点根据2001年《民事证据规定》第75条规定得出的结论是，本案对钱包里没有银行卡这一事实应当由罗某进行举证，但对适用该条规定的必要条件没有进行相应的探讨，也没有结合本案事实进行分析，因此，其采用的逻辑和推理是不能成立的。并且，上述第二种和第三种观点均认为，对钱包里没有银行卡这一事实应当由罗某进行举证。显而易见的是，这两种观点均承认，本案中确实没有证据证明罗某捡到的钱包里有刘某的那张银行卡。因此，本案中有证据证明罗某持有刘某的那张银行卡，与罗某应当对钱包里没有银行卡的事实承担举证责任，是两个截然不同的逻辑关系，只有前者才能作为适用2001年《民事证据规定》第75条举证妨碍推定的基础事实，而后者则不是适用该条规定的必要条件。

## 案例二　股东会计账簿查阅权的救济

〔基本案情〕

颜某2001年入股南通市某信息产业公司（以下简称信息公司），担任该公

---

① 2019年《民事证据规定》第95条规定："一方当事人控制证据无正当理由拒不提交，对待证事实负有举证责任的当事人主张该证据的内容不利于控制人的，人民法院可以认定该主张成立。"

司副总经理,具体负责电脑部工作,2003年5月离职。2004年4月,颜某与其亲戚王某、顾某设立了南通市某电脑公司,并担任公司法定代表人。2006年6月,颜某电传信息公司要求查阅2002年3月以来的会计账簿。后双方未能达成一致意见,2007年,颜某以离职后信息公司数年未通知其参加股东会议及分红为由诉至法院,要求查阅信息公司自2002年起至诉讼时的公司会计账簿及原始凭证。诉讼过程中,颜某将其在电脑公司的股权转让给另外两名股东,并辞去法定代表人职务,同时将其一套商业用房无偿提供给电脑公司使用。另查明,诉讼时,电脑公司及信息公司均是供南通市政府采购中心选择的供应商,两公司的经营范围均是计算机及外部设备、网络监控等。

一审法院认为,被告信息公司举证证明了因原告颜某与电脑公司间的关联关系使其对颜某要求查阅会计账簿及原始凭证目的的正当性产生了合理怀疑,而原告颜某未能充分举证证明其查阅会计账簿的正当理由。法院据此驳回了原告的诉讼请求。颜某不服上诉,二审法院认为信息公司所辩颜某坚持查阅会计账簿及原始凭证的行为目的不正当的理由成立,判决驳回了颜某的上诉。

〔焦点问题〕

若根据2019年《民事证据规定》第47条第1款第3项,在本案中,控制书证的当事人(信息公司)是否负有提交书证的义务?

〔问题解析〕

2019年《民事证据规定》第47条第1款第3项规定,对方当事人依照法律规定有权查阅获取的书证,控制书证的当事人应当提交书证。本案中,颜某作为信息公司的股东,其以离职后信息公司数年未通知其参加股东会议及分红为由诉至法院,要求查阅信息公司自2002年起至诉讼时的公司会计账簿及原始凭证。根据我国《公司法》第33条规定:"股东有权查阅、复制公司章程、股东会会议记录、董事会会议决议、监事会会议决议和财务会计报告。股东可以要求查阅公司会计账簿的,应当向公司提出书面请求,说明目的。公司有合理根据认为股东查阅会计账簿有不正当目的,可能损害公司合法利益的,可以拒绝提供查阅,并应当自股东提出书面请求之日起十五日内书面答复股东并说明理由。公司拒绝提供查阅的,股东可以请求人民法院要求公司提供查阅。"可见,按照我国《公司法》第33条规定,颜某作为信息公司的股东本应有权查阅公司会计账簿，但不包括有关原始凭证。然而，鉴于颜某与其亲戚王某、顾某设立了南通市某电脑公司，并担任公司法定代表人。根据《最高人民法院关于适用〈中华人民共和国公司法〉若干问题的规定（四）》第8条规定："有限责任公司有证据证明股东存在以下列情形之一的，人民法院应当认定股东有公司法第三十三条第二款规定的'不正当目的'：（一）股东自营或者为他人经营与公司主营业务有实质性竞争关系业务的，但公司章程另有规定或者全体股东另有约定的除外……"可见，颜某经营了与信息公司主营业务有实质性竞争关系的业务。故此，颜某提出查阅的要求遭到了信息公司的拒绝。为此，颜某向法院起诉，要求信息公司履行协助查阅义务。经法院查明，诉讼时，电脑公司及信息公司均是供南通市政府采购中心选择的供应商，两公司的经营范围均是计算机及外部设备、网络监控等。诉讼过程中，颜某将其在电脑公司的股权转让给另外两名股东，并辞去法定代表人职务，同时将其一套商业用房无偿提供给电脑公司使用。颜某的这些行为，显然是在意图规避法律相关规定，信息公司仍有权依据法律规定拒绝其查阅公司账簿及原始凭证。

# 第十六章
## 证据的审查判断

## 一、审查判断证据的基本原则

（一）审查判断证据的界定

对证据的审查判断是人民法院运用概念、判断、推理所进行的一项理性思维活动。这项活动并不是仅仅停留在表面的感性认识活动，而是建立在感性认识基础上的更深刻的认识，是关系到对证据的真实与否、证据对案件事实的证明程度如何等实质性问题的认识。所谓对证据的审查判断，是指人民法院对当事人提交的证据以及法院依法所收集的证据进行分析研究，以确定其对案件待证事实是否具有证明价值以及具有何种证明价值的审判活动。易言之，对证据的审查判断是确定证据证明能力和证明力的活动。

在学理上，审判人员对证据的审查判断又称作认证。审判人员的认证对证据的证据能力与证明力的确定具有决定性的意义。审判人员经认证认为具有证明力与证明能力的证据，依法可作为定案依据。

对证据的审查判断活动与收集、举证、质证活动是紧密相关的。收集证据的同时就需要对证据进行审查判断，而审查判断证据又能进一步指导收集证据活动。审判人员审查判断证据是在收集证据、举证、质证的基础上进行的。没有收集证据、举证等活动，就无证据资料可供审判人员审查判断；不经质证，审判人员审查判断的质量也会受到影响，而收集证据、举证、质证等活动的最终目的系在于审判人员对证据进行正确的审查判断。

（二）审查判断证据的基本原则

1. 基本理念与认识观念

长期以来，我国的证据制度被定名或定性为实事求是的证据制度。主要理由为，实事求是是我们党和国家制定各项方针、政策、法律的基础，司法机关进行诉讼活动，无论是处理刑事案件或者民事案件，都必须遵循实事求是原则，以事实为根据。

然而，在诉讼证明上，实事求是原则不能简单地、机械地、笼统地直接为某一特定领域的社会实践活动（包括自然学科、社会学科）定性，冠以名称或简单等同于某一学科或领域内的具体指导原则。试图将这一哲学上的理性原则直接具体化到某一学科领域，体现的是一种形而上学唯物主义的反映论。所谓实事求是原则，在实践过程中就是要求人们要因地制宜，做到具体问题具体分析。作为民事审判活动中所涉及的认识客体，是发生在过去的纠纷事实，在时间和空间上均具有不可逆反性，也不可能为人们所重复性地感受到，并且，作为认识主体的法官并非纠纷事实的目击者和感受者，证据是他们认识纠纷事实的媒介，他们能否正确地认识和掌握以往的纠纷事实，只能取决于现已收集到的证据的质量、数量及其对各个证据审查、核实及判断是否正确。但是，由于受到案件审理期限的制约，以及同一位法官在一定期间内可能同时审理多起案件的负荷，终究意味着法官在有限的时间内通过审查、核实已有证据所认识到的，既可能是纠纷事实的全部，也可能仅是其中的一部分。而在未收集到足够证明纠纷事实所需要的证据时，则应当承认，该纠纷事实尚未经法官所认识和确定。因此，当然不能作为裁判的基础。假如不顾现有的证据条件，一味地要求法官深入调查研究，全面收集证据以查清全部纠纷情况并作为裁判的基础，实际上是对唯物主义认识论的一种误解。因此，以事实为根据中的"事实"，是指法官通过审查、核实、判断已有证据所认识到的案件事实，在一些情况下，甚至在许多情况下，并非完全的、真实的已发生事实的原始全貌，我们所能够做到的是尽可能发现真实，尽可能接近真实。"自由裁量权的存在使诉讼证明不仅仅是一个探知的过程，更成为一个解读和评价的过程。在此过程中，事实被剪裁、塑造，司法证明也因此而区别于科学证明。"[①] 对于一些案情简单、法律关系较为单一的案件，或许我们可能发现过百分之百的真实，但是对一些案情特别复杂、法律关系纵横交错的案件，我们只能获得一种"盖然性"的真实。对此，有学者认为："'客观真实'在民事诉讼中并非具绝对性之价值或应追求之目标，但其真正讼争事件（亦即当事人执意争出是非曲直，而无妥协、让步

---

[①] 纪格非：《民事诉讼中的真实——路径与限度》，中国政法大学出版社2013年版，第239页。

余地之案件），仍应为证明之基本目的所在，至于在其他可妥协性之纷争解决机制，对于诉讼资料既具可处分性，则还原真相似非其重点，乃属当然。"①

2.证据进行审查判断的基本原则

尽管世界上两大法系的证据制度各有特色，但有一点是共同的，那就是普遍奉行证据裁判主义，依证据定案。这就决定了证据在民事诉讼中处于极端重要的地位。

在诉讼中，法院对证据审查判断应当坚持如下基本原则：

（1）真实性原则。真实性是证据必备属性之一，所以，审查判断证据必须首先审查证据是否具备真实性，以保障定案依据是真实地反映案件事实的物品、语言或笔录、资料、意见等。在这一点上，学术界与实务界均无争议。审查判断证据的真实性，一般需着重审查以下几方面：第一，证据来源。审查证据来源，即审查证据是如何形成的，由谁提供或收集的，收集的程序是否合法或合理等。证据来源如何与证据真实性是紧密相关的。第二，证据内容。审查证据内容，主要是审查证据内容本身是否真实，有无伪造可能。确定证据内容是否真实，一般可以通过审查证据内容是否符合常理、内容前后有无相互矛盾之处等来判断。第三，证据与证据之间的联系。证据与证据之间应当是协调一致的。如果证据与证据之间存在矛盾，就说明某些证据要么非本案证据，要么可能虚假不实。所以，审查判断证据决不能孤立地进行，而应当善于分析、比较、研究，善于综合评断，善于发现证据与证据之间的矛盾之处，并找出问题的症结所在。

（2）关联性原则。关联性是证据必备的自然属性，是证据区别于非证据的关键所在。这就要求审查判断证据要坚持关联性原则，即注意审查证据是否具备关联性。这里所说的关联性或称联系性与哲学上所讲的"普遍联系"的意义有所不同。"能证性"成为证据赖以存在的理由。实质上，证据与案件事实之间的关联性就体现在证据对案件事实所具有的证明性上。显然，与哲学上的"普遍联系"相比，这种关联性具有更为具体而特殊的内容。

对不同的证据而言，其与案件事实之间关联的程度是不同的。有强有弱，

---

① 姜世明：《举证责任与证明度》，厦门大学出版社 2017 年版，第 112 页。

有反有正。某些证据与案件事实的关联性较强，某些证据与案件事实的关联性则可能较弱；某些证据可能证明案件事实存在，某些证据则证明案件事实不存在。但无论关联程度如何，只要对案件事实具有证明作用，就具备了证据的关联性。关联性表现的是证据内容与案件事实之间的关系。具备关联性的证据意味着对案件有一定的证明作用或者说具备一定的证明力。证据的证明力大小依赖于其与案件关联的程度：关联性强的，证明力强；关联性弱的，则证明力较弱。

（3）合法性原则。审查证据的合法性，主要审查收集证据的主体、程序和手段是否符合法律规定，证据本身是否具有合法形式。《民事诉讼法解释》第106条规定："对以严重侵害他人合法权益、违反法律禁止性规定或者严重违背公序良俗的方法形成或者获取的证据，不得作为认定案件事实的根据。"该条应视为一种原则性的规定。

在学理上证据的合法性涉及证据的适格性问题。证据的适格性是指，某一证据在诉讼上被作为认定案件事实依据所应当具备的法律上的资格。某一证据的适格性是依法律加以形式上的规制，原则上不允许法院自由裁量。这种在法律上所采取的形式上的规制，包括就证据的来源、收集证据的手段、取得方法等所进行的限制。

在民事诉讼上，为了诉讼证明上的需要，当事人收集和获取相关证据，其所采取的手段或者方式，有时可能会涉嫌侵害了他人的合法权益。所谓"合法权益"主要是指为实体法所保护和保障的公民、法人或者其他组织的权利和利益。从传统民法上来看，合法权益主要分为财产权和人身权两部分，财产权包括物权、债权、知识产权、继承权等；人身权包括生命权、健康权、人身自由权、隐私权、名誉权、荣誉权、肖像权、姓名权、名称权等。实务上，侵害他人合法权益所涉及的侵权客体主要集中在隐私权、通讯自由权，以及采取包括一些强制、胁迫、限制他人人身自由权的情形。通常而论，在民事诉讼上，一方当事人因举证上的需要，在收集、获取相关证据的手段或方法上，其行为本身侵害了他人的合法权益，也就是违反了实体法上的规定，但是，这种实体上的违法性并不必然导致有关证据在法律上丧失其适格性。这是因为：第一，这种侵权的主体具有特殊性，也就是，在许多情形下，他是诉讼上的一方当事人，或称诉讼上的举证人。第二，从事这种行为的目的在于维护行为人的合法权益。

换言之，从事这种侵权行为的行为人在实体法上具有预期的正当利益，在许多情况下，其合法权益已为取证行为相对人所侵害。第三，从事这种侵权行为的人的行为源自其在诉讼上证明权的行使与享有，也就是，其行为本身是基于满足其诉讼利益的需要，即为了争取对其有利的裁判结果。第四，除涉及侵害诉讼外第三人合法权益的情形以外，因非法取证行为而遭受权益损害的相对人与取证人之间具有法律上的利害关系，特别是在诉讼发生之后，双方处于一种对立的诉讼当事人地位，均为民事诉讼法律关系的主体。正是由于上述几方面原因所决定，导致原本对这种侵权行为以其合法性为中心的判断模式转换到对这种行为本身的正当性与合理性的判断之上。其客观效果是，这种侵权行为的违法性只有达到某种严重程度，或者采纳该证据将对他人实体利益造成严重损害，即违反实体法的情节或后果等方面达到了严重程度，才有可能导致在法律上丧失证据适格性的结果。

（三）审查判断证据的基本逻辑方法

法院审理核实证据，主要是通过庭审调查以及当事人辩论的方式进行。由于在诉讼上贯彻直接言词原则，因此，法院对证据的审核认定实际上是对证据的独立评价过程，这一过程要求法院必须对证据保持直接接触，通过庭审所进行的证据调查，必须确保任何有可能作为裁判基础的证据应经过当事人充分的辩论和质疑。当事人进行充分辩论的过程，也是法院对案件待证事实形成内心确信的过程。

对证据的审查判断，实际上是法院在主观上对客观事物的分析、判断和认定过程，因此，借助正确的采证方法是十分必要的。审判实践中，对证据审查判断的基本逻辑方法主要包括以下几种：

1. 逐一甄别法

所谓逐一甄别法，是指法院对于当事人提供和法院收集到的与案件事实有关的证据材料逐一地进行单个审查、判断其证据能力和证据力的方法。逐一甄别法是对证据材料进行采证的常见形式，它通常作为对有关证据材料加以初步筛选、审查和判断的必要手段。这种方法要求认证主体针对单一的证据材料的特征、性质、表现形式等是否符合客观事物的产生、发生和变化的一般过程，是否符合人之常理，是否有违自然定律加以识别和判断，从而得出相关结论。例如，在一起房屋典当纠纷案中，原告李某诉称其已故之父是作为典当人将房屋两间出典给被告陈某的已故之父的。该涉讼房屋现由陈某居住，房屋典当经过40年现已届满，要求回赎。为此，李某向人民法院提供了其父与陈某之父间所订立的房屋典契。但陈某辩称，自己所居住房屋系父辈遗留之财物，且当年从未听父亲提及此房屋系承典李某之父的房屋，李某所提供的典契显然系伪造的。在法院受理此案后，因出典人、典权人均已去世和涉及的年代已属遥远的缘故，未能收集到直接有力的言词证据，经对李某提交的典契进行审查、识别，从纸张、笔迹、印鉴上并未发现存在作假可疑之嫌，后又对典契加以进一步的审查、辨别，却发现所用字体均以繁体形式出现，唯独其中一"语"字被写成简化字"语"字，但订立该契约的时间为"民国二十四年"，当时不可能出现经简化的汉字，这一现象不合常理，据此认定该房屋典契是伪造的。后经指派专业技术人员对典契所用纸张和墨迹进行鉴定，其结论证实该典契是近二十年内所书写的。根据该种物证和鉴定意见所证明的案件事实，法院依法判决驳回了原告李某的诉讼请求。

2. 相互对比法

所谓相互对比法，是指在对涉及两个或两个以上的具有可比性的证据材料进行采证时，根据事物的本质特征或内在属性的同一性原理，加以比较、分析，从而确认其具有异同时结论的方法。采用这一对比的认证方法的前提：一是基于事物之间的差异现象而使人们存在识别的可能，这种事物之间的差别性的内在原因，是由事物内部矛盾的特殊性所决定的；如果客观事物本身不具备这种相互间的差别性，那么就无从采用这种互相对比的认定方式。二是作为对比的两个或两个以上的证据材料之间必须具备可比性，这一可比性是由这些证据材料均与案件事实具有某种程度的关联性所决定的，即都是能够用来证明案件中的同一事实或事物的，否则就无法产生相互比较的必要基础，也就必然导致得出错误的结论。相互对比法是法院在对案件事实进行认定时所经常采用的一种方法。

3. 综合印证法

所谓综合印证法，是指将涉及对案件事实有关的所有证据材料加以综合性分析、判断，以认定证据材料之间是否相互照应、协调一致的采证方法。

在通常情况下，对于某一案件事实的认定，仅凭审查某一个证据是否具有真实性、可靠性，无法达到确认案件事实的目的。任何一个证据都无法借助自身来证明其真实、可靠性，只有与其他证据结合起来，加以综合分析、判断，才能确认其真伪。只有通过综合考察所有证据之间的相互关系以及这些证据与案件事实之间的关系，才能对案件事实作出正确的认定。综合印证法就是通过注重对所有证据与证据之间、证据与案件事实之间的矛盾，分析出现矛盾的原因，正确地解决这些矛盾。这一印证过程既是分析矛盾、解决矛盾的过程，也是证据的真伪被鉴别，证据与案件事实的内在的必然联系被揭示的过程。

以上为对证据进行采证的三种基本方法，此外，还应结合其他一些必要的采证方法，如技术鉴定法、辨认法、对质法、侦查实验法、反证法、排除法等。

（四）我国有关法律及司法解释相关规定的理解与适用

2019年《民事证据规定》第85条规定："人民法院应当以证据能够证明的案件事实为根据依法作出裁判。审判人员应当依照法定程序，全面、客观地审核证据，依据法律的规定，遵循法官职业道德，运用逻辑推理和日常生活经验，对证据有无证明力和证明力大小独立进行判断，并公开判断的理由和结果。"

对本条文的理解与适用，应当掌握如下基本内容：

1. 本条文系2001年《民事证据规定》第63条和第64条组合而来，主要涉及证据裁判主义以及对证据进行审核认定的基本原则。《民事诉讼法解释》第105条规定与本条文规定的内容大致重合，即："人民法院应当按照法定程序，全面、客观地审核证据，依照法律规定，运用逻辑推理和日常生活经验法则，对证据有无证明力和证明力大小进行判断，并公开判断的理由和结果。"

2. 民事诉讼实行证据裁判主义，对事实上的主张是否为真实，法院不能仅因有此主张，即予以确信，而必须提出相应证据予以证明，否则，对无证据的主张，法院不可能采纳为裁判的基础。法院的心证属于人的主观认识范畴，而与某一案件事实具有关联性的证据则属于客观事物存在的范畴，可见，从属于客观存在的证据是产生法院心证这种主观认识的必要前提。没有证据，则无法体现法院的心证。也就是说，是特定证据的存在决定了法院心证的形成，而并非法院的心证先于证据而产生，并且作用于证据而产生某种主观确信状态。由证据产生心证，即是由证据决定心证。经过法庭对证据的调查与辩论，是产生裁判心证的必要前提。

3. 在民事诉讼中，证据的提供将决定对案件事实的认定，从而决定着诉讼的最终结果。由于受各种因素的影响，无论是当事人提供的证据，或者经当事人的申请由人民法院收集调查的证据，都存在着虚假的可能。因此，对于这些证据材料，只有经过查证属实，才能作为定案的根据。审查核实证据，是指审判人员在当事人、其他诉讼参与人的参与下，通过庭审活动对所取得的证据进行调查、核实、鉴别，以确定证据证明力的有无、大小与强弱。审判人员审理核实证据，主要是通过庭审调查以及当事人辩论的方式进行的。在法庭审理过程中，审判人员应当向当事人出示和宣读全部已提交法庭和收集调查到的证据，交由双方当事人进行质证和辩论。这一质证和辩论的过程就是审查、判断和确定证据真实性、关联性与合法性的过程。审判人员对证据的审查核实，应当做到全面、客观。所谓全面，是指应当对与待证事实有关的所有证据都要进行审查核实。所谓客观，是要求审判人员摒弃无端猜测、先入为主等主观偏见，坚持通过证据来发现案件真实，将主观能动性建立在对证据进行实事求是的审查判断的基础之上。对证据进行审查核实，就是判断证据证明力的有无、大小与强弱的过程，因此，是确认案件事实的前提与基础。

4. 本条文中，所谓"法官职业道德"，是指法官在从事法律职业时为了维护法官的职业形象、规范其相关行为，在伦理道德上所应当遵守的基本准则。法官职业道德的核心是公正、廉洁、为民。基本要求是忠诚司法事业、保证司法公正、确保司法廉洁、坚持司法为民、维护司法形象。所谓"逻辑推理"，是指人们运用逻辑的方式，从一个或几个已知的判断前提得出另一个未知的判断结论的思维活动。从审判的角度而言，逻辑推理是审判人员在解决事实认定过程中，适用法律规范、确认案件事实以及为作出具有说服力的裁判结论所进行的合乎逻辑与情理的思维活动。所谓"日常生活经验"，是指人们在长期生活当中对客观世界的自然现象和周边事物所亲身体验和感知并逐渐积累起来的一种规律性认识。所谓"证据的证明力"，是指证据材料作为在证明与待证事实上而体现其价值大小与强弱的状态或程度。证据的证明力体现在证据的客观性与关联性之上。在诉讼中对证明力的认定，实质上是对某一证据本身是否具有的客观性以及与待证事实是否具有关联性的确认。审判人员对证据的认定与采信，实质上便是对证据证明力的大小与强弱的认定，是对证据力的价值的评估与判定，因此，审判人员对证据证明力的认定，属于对证据所进行的实质要件的认定，相对而言，审判人员对证据能力的认定属于对证据所进行的形式要件的认定。二者的统一则构成法院对证据进行认定与采信的完整内容。由审判人员对证据有无证明力和证明力大小独立进行判断，体现的是一种最基本的审判规律，它涉及在审判上由审判人员独立判案的实质内涵，这一规定本身有助于塑造由审判人员独立行使审判权的司法理念，既可有利于防范来自社会上的非法干预，又有利于消除来自法院内部的行政性干预。在裁判文书中阐明证据是否采纳的理由，是法院对裁判结果经庭审后的理性选择和形成内心确信过程全面、综合的反映，也是法院向当事人就其诉讼请求和事实主张何以获得支持或被否定所作出的解释与说明，因此，应当做到全面透彻、逻辑严密、重点突出、层次分明、合法有据。在裁判文书中，对证据是否采纳的理由予以阐明，是指就所确定的待证事实而言，法院应当在裁判文书中阐释与说明，当事人提交了哪些证据，在经过庭审质证之后，法院为何采纳有关证据作为认定案件事实的根据，为何有些证据不能作为认定案件事实的根据。所谓"公开判断的理由和结果"，是指审判人员应当就争议焦点的确定、有关证据与待证事实之间的关系以及证据采信与否等判断上所依据的原因事实、理由公开其心证，进行说明，宣布结论。

## 二、对单一证据和全部证据的审核

（一）基本要义

1. 对单一证据进行审查认定

根据我国《民事诉讼法》规定，对某一证据的关联性是在听取当事人辩论意见的基础上交由法院据情对有关证据材料加以自由裁量。例如，我国《民事诉讼法》第70条第2款规定："人民法院对有关单位和个人提出的证明文书，应当辨别真伪，审查确定其效力。"该法第74条规定："人民法院对视听资料，应当辨别真伪，并结合本案的其他证据，审查确定能否作为认定事实的根据。"该法第78条第1款又规定："人民法院对当事人的陈述，应当结合本案的其他证据，审查确定能否作为认定事实的根据。"以上各条款中提及的"审查确定其效力"均涉及证据与待证事实的关联性问题，而其中"结合本案的其他证据"表明，我国在立法上并不拒绝具有关联性的间接证据，因此，为立法所要求审查确定的内容应包括直接证据与待证事实的关联性问题，也涉及间接证据与待证事实的关联性问题。作为对有关证据材料作出是否具有关联性的判断，是一项繁杂的推理和逻辑问题，它体现了对证据材料的价值判断和评估。

2019年《民事证据规定》第87条规定，审判人员对单一证据可以从证据与本案事实是否相关进行审核认定。审判实践中，由于立法上对证据的关联性未加以明确规定，加之法官的认识不一，为某一法官认为与待证事实具有关联性的证据，在另外一法官看来也许就不具有关联性，况且，现行民事诉讼立法上明确规定要结合案件的其他证据，即确定某一间接证据是否具有关联性，这就更增加了法官在对特定证据是否与待证事实具有关联性的认识上的难度，以至于在我国现实审判活动中，法官常常只倾向于接受和认定直接证据，而对许多间接证据的效力不予认定，认为这些间接证据与待证事实之间不存在"直接"的关联性，这纯属一种误认，可见，在民事诉讼立法上明确地规定关联性规则，对于指导现实中的审判活动是非常必要的。

根据2019年《民事证据规定》第87条规定，法官对单一证据可以从证据的形式、来源是否符合法律规定来进行审核认定。所谓证据的形式，是指法律对证据的类型所作出的规定和形式上的要求。在诉讼过程中，证据形式是否合法显得十分重要，特别是法律有特殊要求的，更应当注意对其形式进行严格审查。比如，合同书要经过双方当事人的签名盖章，鉴定意见要求鉴定人以个人名义在鉴定书上签名盖章等。再如，对物证的来源是否合法进行审核认定，物证的来源主要是指物证的出处、由何人提供和如何收集而来的。由于物证是一种客观存在的实在物，因此，它既可能出现在现场，又可能来源于野外，既可能来自当事人一方的身上或住处，又可能来自证人，以及为其他单位或个人所持有。从物证的来源上进行审查，即对物证分别是在何时、何地、何种情况下，由何人提供或收集，以此来论证物证在来源上是否合法。物证的来源如何是决定其是否具备证据能力的重要因素之一。在诉讼中，法院对物证的证据力进行认定之前必须彻底查清物证的来源，是否为经正当途径获取的，是否为出于栽赃陷害他人的目的而伪造、变造的，是否因疏忽而搞错的。以上这些因素或情形都直接影响某一特定物证的证据能力。

根据 2019 年《民事证据规定》第 87 条规定，法官对单一证据可以从证据的内容是否真实进行审核认定。所谓"证据的内容"，是指由证据本身所据以记载和反映的案件事实。对证据的内容进行审核认定，既要查明证据所记载或反映的事实是否真实可靠，又要审查证据内容本身有无矛盾，还要审查证据的内容是否与案件事实之间存在着必然的联系。

2. 证据的综合审查判断

所谓对案件的全部证据进行综合审查判断，是指将涉及对案件事实有关的所有证据材料加以综合性分析、判断，以认定证据材料之间是否相互照应、协调一致。在通常情况下，对于某一案件事实的认定，仅凭审查某一个证据是否具有真实性、可靠性，无法达到确认案件事实的目的。任何一个证据都无法借助自身来证明其真实、可靠性，只有与其他证据结合起来，加以综合分析、判断，才能确认其真伪。只有通过综合考察所有证据之间的相互关系以及这些证据与案件事实之间的关系，才能对案件事实作出正确的认定。根据 2019 年《民事证据规定》第 66 条规定："审判人员对案件的全部证据，应当从各证据与案件事实的关联程度、各证据之间的联系等方面进行综合审查判断。"

审判实践中，一方当事人提供的本证证据与另一方当事人提供的反证证据在证明价值上的大小与强弱应当与所证明的案件事实相联系，并且，应当结合具体案情所涉及的各种因素来加以综合判断。这种权衡，本质上属于一种"心证"，因此，为了使这种心证具有说服性，增强其透明度，应当在裁判文书中阐释这一心证形成的过程或理由。

相关性涉及的是证据的内容或实体，而不是证据提出的形式或方式。换句话说，相关性要求证据反映的内容必须与案件有关，而不管其提出的形式。而有的证据可采性规则针对的是证据的形式，例如，当事人提出的要求排除传闻证据的动议针对的就是证据的形式，因为该项证据的提出形式是"传闻"，而不管其内容是什么。

能否从某证据推论出一项事实，基本上是个逻辑问题，可以说没有什么实际的检验标准。但是，相关性的确定标准不是一成不变的。相关性的确定在一定意义上依赖于人类的认识能力和在特殊领域内的专门知识。例如，在弹道鉴定被普遍接受之前，子弹头上的擦痕就会被认为与案件没有关联性；而在弹道鉴定被普遍接受之后，这种擦痕就有相关性了。由于人类认识能力的提高和科学技术水平的提高，能够对案件发挥证明作用的物品和痕迹也在不断扩展。目前，雷达测速器、酒精检验仪以及声纹鉴定已经被广泛接受。但是，对于可靠性没有得到科学界普遍认可的方法，法院则不愿意承认其相关性。

（二）我国有关法律及司法解释相关规定的理解与适用

1. 对单一证据的审查判断

2019年《民事证据规定》第87条规定："审判人员对单一证据可以从下列方面进行审核认定：（一）证据是否为原件、原物，复制件、复制品与原件、原物是否相符；（二）证据与本案事实是否相关；（三）证据的形式、来源是否符合法律规定；（四）证据的内容是否真实；（五）证人或者提供证据的人与当事人有无利害关系。"

对本条文的理解与适用，应当掌握如下基本内容：

（1）本条文来自2001年《民事证据规定》第65条，它系审判人员就单一证据进行审查认定时所应当遵循的规则。

（2）对单一证据，审判人员可以从证据是否系原件、原物，复印件、复制件与原件、原物是否相符进行审核认定。

（3）对单一证据，审判人员应当审核认定某一证据与本案事实是否相关，如果认为具有关联性的话，应当判断该证据与待证事实之间存在直接的关联性还是间接的关联性。如果认为该证据与待证事实之间存在直接关联性的，该证据就是直接证据；如果认为该证据与待证事实之间存在间接关联性的，该证据就是间接证据。间接证据是相对于直接证据而言的，它是指不能单独地、直接地通过本身与待证事实之间的关联性来显现其证明力的证据。它必须借助与其他证据的关联性，并采用逻辑上的推理形式来形成一种证明构造体系。因此，间接证据在诉讼中显现其与案件待证事实的关系上，必须具备以下四个条件：

第一，单个的间接证据必须在数量上形成足够的优势；第二，在一定数量基础上的单个间接证据必须通过逻辑推理的方式，以便形成一个有效的证据链，以显示其证据力上的充分性；第三，各个间接证据之间，以及它们与主要待证事实之间不能产生合理因素以外的矛盾性；第四，由各种间接证据所形成的证明体系，在证明优势所具有的高度盖然性上，必须足以排除在现有条件下的任何其他可能，并且得出的结论应具有唯一性。以上这四种条件的前提是，每一单个间接证据必须与案件待证事实的有关片段或部分，存在内在或实质性的关联性。间接证据在司法实务上的存在和表现较为普遍，在特定条件下，它往往作为发现直接证据的手段，成为鉴别直接证据是否具有证据能力和证明力大小的根据。在一定条件下，即当在某一案件中因缺少直接证据和直接证据的证明力仍显不足时，间接证据可用于加强或补充直接证据的证明力。并且，具有一定数量所聚集的间接证据完全可以起到直接证据的作用，在此意义上，直接证据与间接证据之间并无严格的区别。但当二者相互抵触时，则需要考虑其相对的价值。从理论上而言，直接证据更有较强的证明力，因间接证据含有从其他事实引申的推论，使其不但具有直接证据所没有的缺点，且在推论上也具有发生各种错误的可能；而由此推论所得，有时且不能与待证的事实直接相关联。司法审判实践中，由于个案情况千差万别，其主要案件事实所涉及的证据种类多种多样，因此，十分明确地区分哪些与待证事实有关的证据属于直接证据，哪些与待证事实有关的证据属于间接证据，有时也存在较大难度。就特定待证事实而言，由于某些特定证据在一定的条件下介于直接证据与间接证据之间，其界限并不是十分明确，加之人们的主观认识能动性与客观物质世界被认知事物的具体复杂性所决定，因此，有些证据是否能够直接证明特定的待证事实，就直接证据与间接证据的分类特征上而言，并不是十分绝对的。审判实践中，由于立法上对证据的关联性未加以明确规定，加之审判人员认识不一，为某一审判人员认为与待证事实具有关联性的证据，在另外一审判人员看来也许就不具有关联性，况且，现行立法上明确规定要结合案件的其他证据，即确定某一间接证据是否具有关联性，这就更增加了审判人员在对特定证据是否与待证事实具有关联性的认识上的难度，以至于在我国现实审判活动中，审判人员常常只倾向于接受和认定直接证据，因为对于间接证据效力的认定往往需要借助逻辑推理，因此往往对有关间接证据的效力则怠于认定，这种现象应当引起足够的注意。

（4）审判人员对单一证据可以从证据的形式、来源是否符合法律规定来进行审核认定。所谓证据的形式，是指法律对证据的类型所作出的规定和形式上的要求。在诉讼过程中，证据形式是否合法显得十分重要，特别是法律有特殊要求的，更应当注意对其形式进行严格审查。比如，合同书要经过双方当事人的签名、盖章，出具鉴定意见要求鉴定人在司法鉴定意见书上签名并加盖司法鉴定机构的司法鉴定专用章。再如，对物证的来源是否合法进行审核认定，物证的来源主要是指物证的出处、由何人提供和如何收集而来的。由于物证是一种客观存在的实在物，因此，它既可能出现在现场，又可能来源于野外，既可能来自当事人一方的身上或住处，又可能来自证人，以及为其他单位或个人所持有。从物证的来源上进行审查，即对物证分别是在何时、何地、何种情况下，由何人提供或收集，以此来论证物证在来源上是否合法。物证的来源如何是决定其是否具备证据能力的重要因素之一。在诉讼中，审判人员对物证的证据力进行认定之前必须彻底查清物证的来源，是否为经正当途径获取的，是否为出于栽赃陷害他人的目的而伪造、变造的，是否因疏忽而搞错的。以上这些因素或情形都直接影响某一特定物证的证据能力。

（5）审判人员对单一证据可以从证据的内容是否真实进行审核认定。所谓证据的内容，是指由证据本身所据以记载和反映与案件待证事实有关的意思表示或信息。对证据的内容进行审核认定，既要查明证据所记载或反映的事实是否真实可靠，又要审查证据内容本身有无矛盾，还要审查证据的内容是否与案件事实之间存在着必然的联系。

（6）对单一证据，审判人员可以从证人或者提供证据的人与当事人有无利害关系进行审核认定。这种利害关系在涉及的范围上具有相对性，在主体上通常包括亲属关系、朋友关系、同事关系、业务关系、邻里关系以及人与人之间在特定领域所存在的竞争关系以及相互敌视的对立关系等，这种利害关系在性质上既包括积极的"利益"，也包括消极的"不利益"。如果存在这类关系，就有可能影响有关证人证言或有关证据的客观、真实性，以至于在一定程度上削弱其证据力。

2. 对全部证据的综合审查判断

2019年《民事证据规定》第88条规定:"审判人员对案件的全部证据,应当从各证据与案件事实的关联程度、各证据之间的联系等方面进行综合审查判断。"

(1)本条文来自于2001年《民事证据规定》第66条。它系审判人员就与案件的待证事实有关的全部证据进行综合审查判断的规定。

(2)对案件的全部证据进行综合审查判断,是指将涉及对案件事实有关的所有证据材料加以综合性分析、判断,以确认证据材料之间是否相互照应、协调一致。在通常情况下,对于某一案件事实的认定,仅凭审查某一个证据是否具有真实性、可靠性,无法达到确认案件事实的目的。在许多情况下,某一证据都难以借助自身来证明其真实、可靠性,只有与其他证据结合起来,加以综合分析、判断,才能确认其真伪。只有通过综合考察所有证据之间的相互关系以及这些证据与案件事实之间的关系,才能对案件事实作出正确的认定。

(3)审判人员对案件的全部证据进行综合审查判断,就是通过注重对所有证据与证据之间、证据与案件事实之间的矛盾,分析出现矛盾的原因,正确地解决这些矛盾。这一综合审查判断过程既是分析矛盾、解决矛盾的过程,也是证据的真伪被鉴别,证据与案件事实的内在的必然联系被揭示的过程。

### 三、证明标准

(一)证明标准的界定

"证据标准"作为证据法学上的一种概念,又被称为证明度(Beweismaβ)[1]、证明尺度[2]、证明额度[3]、证明强度[4]。"证据标准"这一概念,在我国有时被学者

---

[1] 参见姜世明:《举证责任与证明度》,我国台湾地区新学林出版股份有限公司2008年版,第119页。

[2] Greger, Beweis, S.2(mit Fn. 2), 8f. 转引自〔德〕汉斯·普维庭:《现代证明责任问题》,吴越译,法律出版社2000年版,第90~91页。

[3] Gottwald, Schadenszurechnung, S. 186, 201; Döhring, Die Erforschung des Sachverhalts, S. 450, 456.

[4] Hainmüller, ZZP 90, 326; Bruns, ZZP 91, 66; Cautschi, Beweislast, S. 33f.

称为"证明任务"或"证明要求"。对这一概念的表述大多源自理论学说或审判实务，在立法上则通常不予明确表述。

所谓证明标准是指，在诉讼上用以衡量或评判法官就个案中的待证事实是否获得内心确信的尺度或程度。只要法院就某一待证事实在内心信念上达到了必要的程度，在审判上就视为已查明了案件事实或确认了适用法律的事实基础。在定义上，有的学者认为证明标准是指应证明的程度，也就是事实认定所必要的心证的最下限。① 也有的认为，证明达到足以形成心证而认定事实的证明程度时，称为证明标准。② 法官就某事实主张认为其某程度为真实的判断称为心证，而就某事实存否所作出的判断过程则为心证形成过程。另外，法官的心证达到何种程度时，在诉讼法上才可认为该事实存在，这属于心证度是否达到证明度的问题。也就是说，法官的心证实际上已经达到的程度称为心证度，此系可能因法官的不同而有个人的差异。而在诉讼法上，要求对于某待证事实认为真实时，法院心证度所须达到的最下限，即为证明标准。这是无论任何法官均应达到而予以遵守的客观上的标准。③

在诉讼上，证明标准在人的主观心理状态上系具有的一种合理的预期性。用以证明特定待证事实的证据资料，虽然其证明结果是否能够满足某一证明标准的要求具有主观特性，但是只有达到了这一证明标准的最低限度，为特定的一方当事人所主张的事实才能被作为适用法律的基础性事实并产生相应法律适用效果，而这本身就是一种客观上的必然要求。

在诉讼程序中就案件事实的认定，无论立法上或者司法上之所以存在证明标准，表明了人的主观能动性对客观世界认知所持有的一种基本态度，这就是，在诉讼视野内，对案件事实的发现并不是简单的"真实"与"虚假"问题，而是真实可能性的大小问题。从证明标准的尺度上来看，它有助于衡量案件事实被证明至何种程度就能够被认定为真实的最低限度。"法院于事实之认定，应达

---

① 参见邱联恭：《程序选择权论》，我国台湾地区三民书局2001年版，第176页，注37。

② 参见雷万来：《民事证据法论》，我国台湾地区瑞兴图书股份有限公司1997年版，第87页。

③ 邱联恭讲述、许士宦整理：《民事诉讼法讲义（三）》，2017年笔记本版，第236~237页。

到对'真实'发生'确信'时,方可为待证事实真假之认定,而此一'确信',某种程度上应属法官之主观确信,此部分乃自由心证主义之思想核心。"①

(二)证明标准的基本特征

在学理上,证明标准有以下基本特征:

1. 证明标准具有显形性

在诉讼上有许多待证事实需要被证明,其中包括实体性事实和程序性事实,由于诉讼的类型以及案件的性质、类型千差万别,使得不同的待证事实在客观上存在着不同证明标准的要求。另外,某些诉讼类型下的案件在不同的诉讼阶段在客观上对于证明标准也有不同的要求。而这种对不同类型案件对证明标准的客观要求必然反映在立法上,而成为法律上的一种有形的或者实质意义上的证明标准。并且,为了有效地控制、约束人的主观任意性,有必要在法律上预设这种制度性的机制,作为立法者对执法者、司法者在诉讼证明以及裁判事实上的一种权力制衡。

2. 证明标准具有隐形性

在执法以及诉讼过程中,尽管证明标准在立法形式上以成文法所特定的语言来加以表述而具有相应的有形性,但是当用于指导并引入法律程序或诉讼程序所涉及的个案实现其应有的引领功能时,其证明效果如何,即是否能够成就某一特定的证明标准往往表现为主观上的隐形性。这种隐形性是一种人的主观心理状态,它通常会受到个案的具体情节、执法者或司法者知识结构、专业素养、文化背景、职业经历、思维方式等因素的支配或影响。当然,这种受到各种因素支配或影响的结果所形成的心境态势是内在的和无形的。

3. 证明标准具有主观性与个别性

证明标准是法院对当事人的事实主张及证明行为进行判断的尺度,这种判断标准具有主观性,它存在于法官的内心世界,它是职务行为的个性化表现。它是法院对某一待证事实形成内心确信所必要的最低限度,其内容具有抽象性特征。在个案当中,证明标准体现的是法院主观内心确信的程度,即法院在审

---

① 姜世明:《举证责任与证明度》,厦门大学出版社 2017 年版,第 113 页。

判上就案件事实对有关证据进行价值评估后所感受到的主观心理状态，以及这种主观心理状态是否足以导致确信该案待证事实得以显现所必要的那种广度与深度（内心确信只能是拥有裁判权力的法官对案件事实的一种认识状态，这种认识状态在表现形式上是主观的，但是在其内容上则体现为主观与客观的统一）。因为，它是顺应审判规律并反映审判内在机制的统一体。从主观上而言，实体法律的规定为诉讼的进行预先设置了相应的权利请求规范，程序法律以及证据法为具体应用这些实体法律规范预先设定了必要的程序与规则，因此，法院的审判所涉及的法律原则和法律程序本身就具有主观抑制性，并且在诉讼过程中，法院必须主观能动地应用这些法律原则、程序规则和证据法则来对案件事实作出判定。作为内心确信内容的客观性而言，法院的审判职能是依据法律原则和法律程序在现实条件下尽可能地发现真实，尽可能地接近案件事实的原貌，并且法律原则和法律程序的许多特别重要的功能也都体现或者建立在客观真实的基础之上，可以说，追求客观真实是法官动用一切必要司法资源在诉讼上的一大基本价值目标。

4. 民事证明标准具有较低度性

民事诉讼属于私权利益纷争，并不涉及诉讼外广义上的第三人利益。由司法用于调整私权利益的基本原则是强调当事人的"意思自治"。一方当事人向对方当事人主张何种民事权利以及要求对方承担何种民事责任完全取决于当事人的意愿。民事诉讼实行处分权主义，当事人在诉讼中可以直接放弃实体权益，也可以通过放弃诉讼权利从而产生间接放弃实体权益的后果；在诉讼中，一方当事人既可以通过明确承认对方当事人的诉讼请求和事实主张，也可以对当事人所提出的事实主张或提供的证据采取不予争辩或不提出质疑来免除或者减轻对方当事人的举证责任，在此情形下，案件事实真相究竟如何，则属于另当别论的议题，法院也不会主动予以深究。另外，在一方起诉之后，双方还可以采用和解方式解决争议，或者在诉讼过程中由法院主持调解来解决双方的纠纷。在缺乏直接证据或者欠缺有相当说服力证据的情形下，法院可以根据现有的间接证据对待证事实作出事实推定，或者依据经验法则、交易习惯等对案件事实作出判定。可见，与借助当事人的举证以便查明事实真相相比较，注重解决纠纷更加契合民事诉讼的目的性。

5. 证明标准具有可调性[①]

对此，有学者指出，证明标准对于法规要件适应性具有决定性的影响，因而民事实体法上的责任规范，也可能因相关要件的证明标准要求的高低，而影响该责任要件的适用可能性，这样一来，对于证明标准高低的要求或调整，就无异于是对民事责任规范适用性的放宽或紧缩的规制，证明标准的调整因而也可作为对于某类民事责任制度被加重或减轻的方法。[②] 证明标准具有司法属性，在民事诉讼上，它是用来指引法院针对负有举证责任的一方当事人所提供的证据经自由评价之后，对特定的待证事实在何种程度上形成内心确信作出判定的尺度。也就是说，证明标准所要求的高度决定了法院对特定待证事实形成内心确信的最低必要限度。在民事诉讼上，证明标准在一定情形下具有可调整性，降低证明标准所产生的法律效果，直接针对的是一方当事人的（主观）举证责任，它意味着因存在一方当事人有关过失证明妨碍行为的情形，从而使得另一方当事人在履行其（主观）举证责任时无须按照通常所要求的那样达到一定的证明度，就可视为其已达到了法院就某一待证事实心证获得确信所需要的最低限度。证明标准的降低意味着对有关待证事实的证明所必要的费用和时间的减少，更重要的是它将意味着证明风险责任的减轻，这种证明风险责任在此所指的是，虽经举证但最终无法在法院的心证上获得确信所应承受的败诉风险。从广义上而言，降低证明标准的应用范围具有广泛性，既可适用于故意证明妨碍类型，也可适用于过失证明妨碍类型。例如，在理论上，有学者指出，在当事人具有过失的情形下，凡属于轻过失的证明妨碍类型，不能与重大过失的证明妨碍那样降低至同样的证明度，如在轻过失的情形下，要求优越的盖然性即可，

---

[①] 有一种观点认为，在诸如医疗纠纷、环境污染纠纷等特殊侵权案件中，被告人对自己的行为与对原告所受到损失不具有因果关系承担证明责任所涉及的证明标准应当予以提高；在诸如肖像权侵权、知识产权侵权等一般侵权案件中，由于财产的无形性，原告难以提供证据进行证明并达到高度盖然性的标准，因此，应当降低相应的证明标准，即达到优势证据即可，必要时可进行推定。参见李玉华：《诉讼证明标准研究》，中国政法大学出版社 2008 年版，第 207 页。

[②] 参见姜世明：《举证责任与证明度》，我国台湾地区新学林出版股份有限公司 2008 年版，第 138 页。

而对于重大过失的情形，仅要求低度的盖然性即可。① 在轻过失的情形下，从理论上讲，所谓"要求优越的盖然性"，是指应达到使法院获得的内心确信建立在至少不低于 51% 可能性的最低限度以上。在重大过失的情形下，所谓"仅要求低度的盖然性"，是指应达到使法院获得的内心确信即使建立在低于 50% 可能性的限度以下也不为过。至于究竟应达到低于 50% 以下可能性的何种限度，由法院据情裁量。②

（三）证明标准的基本功能

所谓证明标准的功能，是指用以衡量在诉讼证明上或者审判上能够在多大程度上实现与客观真实相一致的尺度。它是从诉讼证明的角度测试有关认识主体或审判主体经法律衡量的待证事实在多大程度上与客观真实相吻合的技术装置。证明标准系基于一方当事人在诉讼上提出的事实主张，法院在对其提供的证据以及对方当事人提出的抗辩主张及相反证据进行审查判断过程中用以形成某种内心确信所必须达到的程度或最低限度。它是供裁判者对当事人的证明行为及提供证据资料的内容在多大程度上已经达到作为一种事实真相所需要的最低限度进行判断，只要当事人的证明达到了裁判者认为该方当事人的主张可以接受为事实真相的程度，那么在裁判者主观上所预先设定的证明标准就算得以满足。

总体而言，证明标准具有如下基本功能：

1. 证明标准具有保障实体正义的功能

在形式上，证明标准通常是由法律所规定的对案件事实进行裁判的尺度，在实体性事实作为裁判对象时，只有当证明的结果状态超过了特定证明标准所要求的最低限度时，为一方当事人主张的事实才能作为法律推理的小前提，并且产生法律所预期的适用效果。因此，在诉讼上如果缺乏相应的证明标准，就

---

① 参见 Gottfried Baumgärtel（三上威彦译）：《民事訴訟法における證明妨礙》〈判例タイムズの〉五八五号（1986 年）第 18 页；松本博之：《民事證據法の領域における武器對等原則》，松本博之、宫崎公男编：《讲座新民事诉讼法 II》（1999 年）第 27 页。转引自许士宦：《证据收集与纠纷解决》，我国台湾地区新学林出版股份有限公司 2010 年版，第 177~179 页。

② 参见毕玉谦：《民事诉讼证明妨碍研究》，北京大学出版社 2010 年版，第 439 页。

会导致证明主体或者裁判主体滥用自由裁量权而又无法得到有效的约束，使得实体正义丧失必要的前提条件。

2. 证明标准具有抑制当事人起诉以及指示其如何起诉的功能

在民事诉讼上，由于民事诉讼主要涉及私权纠纷，实行"谁主张、谁举证"的原则，通常并不实行国家干预主义。一方当事人只有提供充分的证据才能够有助于支持其事实主张，才有获得胜诉的可能。而其举证是否具有充分性，则取决于有关当事人主张的事实所涉及的诉讼类型以及民事实体法法律关系的性质。因此，如一方当事人能够合理预期其所收集或提供的证据，能够支持其相应的事实主张和相应的诉讼请求时，也就是，能够达到相应的证明标准即有可能被法院所支持时，才能够有助于促使该方当事人有选择性地起诉。

3. 证明标准具有促进、引导当事人举证以及防止遭受突袭裁判的功能

证明标准是法院在对有关证据资料进行自由评价后在何种程度上对待证事实作出判断的尺度，它是在个案中法院对待证事实形成某种内心确信的结果。这种结果对于一方当事人的举证行为所带来的最终结局具有决定性的意义，它往往会决定当事人的举证动机、举证策略、举证路线（例如，何时提供何种类型的证据等）以及举证重心，为举证一方当事人所强烈关注的是，其所举证据显示的盖然性究竟与法院主观心证中所要求的证明标准的距离尚有多远以及是否足以满足等，因此，证明标准对于当事人的举证活动具有促进和引导功能。

4. 证明标准具有决定使举证责任被卸除所要达到的范围和程度的功能

在民事诉讼上，举证责任的产生源自一方当事人的诉讼请求和相应的事实主张，同时也源自相对一方当事人的抗辩主张，因此，在诉讼上是否产生举证责任以及产生何种举证责任的主动权归属于享有实体权利的一方当事人，可见，举证责任主要是为当事人而设定的。当负有举证责任的一方当事人所提供的证据使法院的心证达到证明标准的要求时，法院应对该方当事人所主张的事实作出肯定性的评价，否则，法院将以无法获得必要的内心确信为由对该方当事人主张的事实作出否定性的评价。相对而言，举证责任所对应的证明标准则主要是为审判人员设定的，主要是用于制约和限制审判人员滥用事实判断上的自由裁量权，而并非要排除审判人员在一定限度内所产生的具有合理性的主观心证。证明标准是为法院指明了认定案件事实的必要条件，它要解决的问题是，经对

当事人所提供的证据进行自由评价由此所产生的心理状态，并可据此作出相关事实认定，以便决定在何种临界点终结诉讼程序。

5. 设定何种程度的证明标准具有体现法政策导向的功能

证明标准是法院对特定待证事实认为已获得确定性的心证为"真"的最低证明度要求，它在审判上担当着认定事实标准的功能。这种标准的设定因涉及究竟应存在何种高度的盖然性，并在此基础上才能认为符合可适用某法规要件的要求。民事诉讼的首要目的并非发现历史性的真相，而在于定分止争，及时终结当事人之间的争议以及使司法判决具有充分的合法性，并且，当事人为证明自己的事实主张和抗辩主张而进行的证据调查和收集，除了在一些特殊情形下以外，主要由当事人自己来承受，并非像刑事诉讼和行政诉讼中那样主要由国家公权力机构来承担收集和调查证据的责任。因此，在民事诉讼上设定较低度的证明标准（与刑事诉讼和行政诉讼证明标准相比较），体现了法政策导向的作用。它表明，国家的公共政策并不鼓励解决私人之间的纠纷须以耗费过多的社会资源和公共成本为代价，实行较低度的证明标准意味着，在不放弃尽可能地发现客观真实这种追求的条件下，在最低限度内仍可采用法律真实的证明尺度作为认定案件事实的基础。

（四）证明标准的基本类型

在理论上，民事诉讼证明标准可分为如下基本类型：

1. 高度盖然性的证明标准

通常而言，它是我国适用于民事诉讼证明的一般标准。但有的学者将它称为较高程度的盖然性证明标准，即中等程度的证明标准，也就是达到盖然性的60%~80%。[①]

大陆法系在诉讼证明上主张"高度盖然性"。早在1885年1月14日，德国帝国法院民事庭就以"高度盖然性"作为认定事实的基准。[②] 这种标准模式的产

---

[①] 参见王学棉：《证明标准研究——以民事诉讼为中心》，人民法院出版社2007年版，第227页。

[②] RGZ 15, 338（Ⅰ, 1885）.转引自姜世明：《举证责任与证明度》，我国台湾地区新学林出版股份有限公司2008年版，第145页。

生并非必须以当事人的激烈对抗为前提的，在大陆法中，由于当事人的对抗并不激烈，法官对事实的认定并非完全着眼于双方当事人通过证据来加以攻击与防御，从而使一方以优势的明显效果使事实自动显露出来，而主要由法官对各种证据的调查、庭审活动的开展所直接形成的一种心证，当这种心证在内心深处达到相当高度时，便促使法官对某一案件事实的认定。因此，在大陆法中这种"盖然性"规则侧重于事物发展的内在性，更强调审判活动的实体公正。大陆法系国家的民事案件证明标准一般为"特定"高度的概念性，即依据日常经验可能达到那样的高度，疑问即告排除，产生近似确然性的可能。当然，这与大陆法系各国和地区通常实行在评判证据上的自由心证主义有密切的关系。例如，意大利学者莫罗·卡贝拉蒂（Mauro Cappelletti）等认为，意大利的法官对证据可以自由地决定取舍和判断。法律上法官就证据力评断上的限制仅属例外。相较而言，其他大陆法系各国和地区对法官判断证据上的限制几乎不存在。[①]

对于这种证明标准如何运用，主要有以下几种观点：第一种观点认为，民商事合同中对合同成立、生效、履行、违约等事实的证明，应当达到高度盖然性的标准；在格式合同中，对免责条款的证明应当达到高度盖然性的标准；对订约及履约事实、不安抗辩事由的证明应当达到高度盖然性的标准。对侵权案件要件的证明通常要达到高度盖然性的证明标准，必要时应当提高或降低证明标准。具体而言，对侵权行为要件的证明，一般应当达到高度盖然性的证明标准。在产品侵权、侵犯专利权、商标权、著作权等纠纷中，当事人大多能提供确实充分的证据，如提供侵权产品、复制品等，从而达到高度盖然性及其以上证明标准。在一些简单、直观的一般侵权案件中，侵权行为与损害后果之间在因果关系上较容易证明，通常能够达到高度盖然性的证明标准。在劳动争议案件中，就劳动关系存在与否，就用人单位而言，其否认劳动关系的反证，必须达到高度盖然性。[②] 第二种观点认为，在通常情况下，民事诉讼应当实行高度盖

---

[①] See Mauro Cappelletti, Joseph M. Perillo: Civill Procedure in Italy, Martinus Nijhoff, The Hague, The Netherlands 1965, p189.

[②] 参见李玉华等：《诉讼证明标准研究》，中国政法大学出版社2010年版，第177~188页。

然性的证明标准,[①]也就是,当法官基于盖然性认定案件事实时,应当能够从证据中获得事实极可能如此的心证,法官虽不能完全排除其他可能性,但已经能够得出待证事实十之八九是如此的结论。高度盖然性的证明标准适用于民事诉讼中的一般情形,当事人作为诉讼请求依据或反驳诉讼请求依据的实体法事实成为证明对象时,一般都应当适用高度盖然性的证明标准。[②]第三种观点认为,对那些性质严重、重大和发生概率低的民事案件,一般适用高度盖然性证明标准。[③]第四种观点认为,民事诉讼在原则上的证明度为"高度盖然性的证明",可定位于"明白且具有说服力的证明",即为高度的真实盖然性80%~90%。[④]

2. 比高度盖然性更高的证明标准

在美国,民事诉讼除了采用证据优势证明标准作为通用标准以外,在涉及一些特定案件情形下,则适用一种称之为清楚和可信(Clear And Convicing)的证明标准作为例外标准来加以使用。这种标准较"盖然性占优势"要高,但低于刑事案件中的"排除一切合理怀疑"的标准。在表述上,有的学者将它称为高度盖然性证明标准,即最高程度的证明标准,也就是达到盖然性的80%~90%。[⑤]这种证明标准主要适用于欺诈案件、剥夺监护权案件、确认专利权无效案件、涉及特定遗嘱纠纷案件、涉及口头合同的特殊履行案件等,[⑥]另外,在审判实务上,已有下列类型案件适用了这一标准,其中包括诽谤案件、驱逐出境案件、剥夺国籍案件、涉及民事拘禁如移交精神病院案件、监护权案件、土地交易案件、变更住所案件、适用家庭法案件、与遗嘱检验有关的案件、

---

[①] 参见韩象乾主编:《民事证据理论新探》,中国人民公安大学出版社2006年版,第388页。

[②] 参见李浩:《民事诉讼证明标准的再思考》,载《法商研究》1999年第5期,第20页。

[③] 参见郝振江:《民事诉讼证明标准》,载《现代法学》2000年第5期。

[④] 参见吴杰:《民事诉讼证明标准理论研究》,法律出版社2007年版,第133页。

[⑤] 参见王学棉:《证明标准研究——以民事诉讼为中心》,人民法院出版社2007年版,第227页。

[⑥] John w. Strong . etc. McCormick on Evidence, p516.

恶意控告案件等。① 在这些特殊类型的民事案件中，当事人必须就其事实主张以明确且使人信服的说服负担予以证明。譬如，申请以错误或欺诈为由申请更改文件，拒绝对转移财产的蜡封文件转化为不动产抵押之诉，以及因口头信托或遗嘱的法律效力问题引起的争诉等。

对于这种证明标准如何运用，主要有以下几种观点：第一种观点认为，在证明责任倒置的特殊侵权案件中，如医疗纠纷、环境污染纠纷案件中，被告对自己的行为与原告所受到的损害不具有因果关系承担证明责任，该证明标准要高于一般的高度盖然性标准。在婚姻案件中，常常涉及当事人主张婚姻关系有效存在，也应当达到比高度盖然性更高的证明标准，但在特殊情形下可适当降低。确认亲子关系案件，事关亲缘、人伦及诸多其他法律后果，案件事实影响甚大，故证明标准应当高于一般的高度盖然性标准，但在一些情形下也可以采用高度盖然性标准。在否认亲子关系之诉中，亲子鉴定是必要的证据，而亲子鉴定结果的准确率接近100%，达到了极高的盖然性。② 第二种观点认为，对于身份关系、民事欺诈案件，适用相对较高的证明标准，从而使原、被告利益处于实质平衡。③ 第三种观点认为，对于身份关系诉讼中的实体法事实、惩罚性损害赔偿中的实体法事实、对法律推定这三种情形应采用这种证明标准。④

3. 比高度盖然性更低的证明标准

在表述上，有的学者将它称为盖然性占优证明标准，即最低程度的证明标准，也就是达到盖然性的50%-60%。⑤ 英美法系国家一般采用"盖然性居上或占优势（On A Preponderance Of Probability）"标准。盖然性占优势的证明标

---

① Gertz v. Robert Welch, Inc., 418 U.S.323, 342（1974）.Woodby v. INS, 385 U.S. 276, 285-86（1966）.Chaunt v. United States, 364 U.S.350, 353（1960）.Addington v. Texas, 441 U.S. 418, 433（1979）.Santosky v. Kramer, 455 U.S. 745, 768-70（1982）.and etc.

② 参见李玉华等：《诉讼证明标准研究》，中国政法大学出版社2010年版，第177~192页。

③ 参见韩象乾主编：《民事证据理论新探》，中国人民公安大学出版社2006年版，第388页。

④ 参见王学棉：《证明标准研究——以民事诉讼为中心》，人民法院出版社2007年版，第252~261页。

⑤ 参见王学棉：《证明标准研究——以民事诉讼为中心》，人民法院出版社2007年版，第227页。

准，是适用于民事案件的最低限度的证明要求。英美法系各国和地区对盖然性的认识较为统一，主要是从证明负担的角度来理解当事人应当负担的说服责任（Persuasive Burden）。由于陪审团审理方式至今仍在一些英美法系国家发挥着重大作用，因此，英美法系各国和地区学者在谈论"盖然性占优势"标准时，大都与陪审制相联系。在美国，使人们感到，在民事诉讼中，负有证明责任的当事人，其证明的结果如能达到使具有普通常识的人认为具有必然的盖然性程度就算符合要求。这也是美国至今在民事案件审判活动中使用陪审团方式审理的主要原因之一。倘若陪审团遇到双方举出的证据出现势均力敌、难以判断某一方的证据力更强时，则陪审团将作出对负有证明责任的当事人不利的裁决。

  对于这种证明标准如何运用，主要有以下几种观点：第一种观点认为，对于涉及侵权案件中就损害后果中的无形性损失的证明较为困难，可以适当降低证明标准或者使用推定。例如，在肖像权侵权、知识产权侵权中，因财产的无形性，原告难以提供证据进行证明并且达到高度盖然性的标准，故应当降低证明标准，达到优势证据即可，必要时可以进行推定。另外，因果关系要件达到的证明标准呈现出较为复杂的形态。在多因多果、多因一果等案件中，需要专业人员及机构鉴定，当事人通常多次申请鉴定，而鉴定结果又难以统一，使法官无所适从。因此，对这些因果关系的证明可以适当降低证明标准。在劳动争议案件中，就劳动关系存在与否，对于劳动者而言，就劳动关系成立已提供了必要证据，达到较高盖然性——低于高度盖然性即可。[①] 第二种观点认为，在少数例外情形下，才能适当降低证明要求，为此，民事诉讼可以采用较高程度的盖然性证明标准。较高程度的盖然性标准，是指证明已达到了待证事实可能如此的程度，如果法官从证据中获得的心证为待证事实有可能存在，其存在的可能性大于不存在的可能性，该心证就已满足了较高程度盖然性的要求。所谓少数例外情形，是指那些举证特别困难的案件，实践中一般是侵权诉讼中关于因果关系的证明、关于过失的证明。对证明特别困难的案件，当事人难以提出确切证据证明所主张的事实，为缓和证明的负担，才不得不满足较高程度的盖

---

[①] 参见李玉华等：《诉讼证明标准研究》，中国政法大学出版社2010年版，第179~187页。

然性证明。① 第三种观点认为，对一般民事案件，适用盖然性中优势证明标准，当事人需证明的各种事实包括实体事实和程序性事实一般均适用该标准。某些特殊类型的案件，如医疗纠纷、交通事故和商品致害等损害赔偿案件采用盖然性占优势标准。② 第四种观点认为，盖然性占优虽然不能作为民事诉讼的一般证明标准，但可以作为民事诉讼中某种证明对象的证明标准，如程序性事实的证明标准。③ 第五种观点认为，在确立了所谓原则的证明标准度观点的基础上，如果具体的民事诉讼中出现有证据分布不均匀和证明困难的情形，可以允许减轻证明标准。④ 第六种观点认为，对诸如产品责任、交通事故、医疗纠纷、环境污染等方面适用盖然性程度相对较低的证明标准，以平衡双方举证能力，达到实质公正。⑤

4.关于程序性事实的证明标准

就民事程序上的有关事实，大陆法系采取差别对待的做法，即在证明标准上存在证明与释明之分，而且，依据证明对象的性质，将有关待证事实分别适用证明或释明。通常而论，能够适用释明的待证事实，应限于某些与实体权利义务关系的程序上急需解决的事实。

（五）证明标准量化理论的主要观点

对于司法审判，不少学者已意识到，应当对证明标准作出判断上有一个相对的量化程度或等级标准，以尽量避免法官在审判上出现主观擅断的倾向。诸如此类的表述在理论上显得形象、直观，易于理解，主要有以下几种类型：

1.百分比模式

例如，有学者认为："法官的证明结果总是可归入以下级别：1%~24%＝非常不可能；26%~49%＝不太可能；51%~74%＝大致可能；75%~99%＝非

---

① 参见李浩：《民事诉讼证明标准的再思考》，载《法商研究》1999年第5期。
② 参见郝振江：《民事诉讼证明标准》，载《现代法学》2000年第5期。
③ 参见王学棉：《证明标准研究——以民事诉讼为中心》，人民法院出版社2007年版，第225页。
④ 参见吴杰：《民事诉讼证明标准理论研究》，法律出版社2007年版，第135页。
⑤ 参见韩象乾主编：《民事证据理论新探》，中国人民公安大学出版社2006年版，第388页。

常可能。刻度盘有两级：0%＝绝对不可能；50%＝完全不清楚；100%＝绝对肯定。依据刻度盘，立法者应当规定证明尺度规范，由这些规范来命令法官，当法官认为'非常可能'时，必须依照法定的'当且仅当'之类的充分必要条件。"①德国学者普维庭教授认为，0%表示绝对不可能；50%表示全然不明确；100%表示绝对确实；1%~20%表示非常不具盖然性；25%~49%表示不太具盖然性；51%~74%表示具盖然性；而75%~99%表示非常有盖然性。②

通常采用百分比的量化证明标准的方式使人们感到一目了然，容易把握和理解。根据一项对美国纽约州东部地区的法官所作的实证调查显示，法官认为的"无疑使人确信"（Clear And Convincing）的标准所涉及的幅度为从60%至75%的盖然率，而"确凿及毋庸置疑"（Clear, Unequivocal And Convincing）的标准所涉及的幅度为自65%至90%的盖然率。③美国佛罗里达州立大学法学教授迈克尔·贝勒斯是从当事人负有说服责任的角度来认识证据标准的等级制度，他认为："人们常指出，说服责任有三级标准：较为可靠、确凿可信、毋庸置疑。从理论上而讲，较为可靠指证据的真实性超过50%，其他标准的要求更高。然而，有一些证据表明，法官和陪审团事实上把较为可靠改为指证据有75%以上的真实性，把毋庸置疑改为指证据有85%以上的真实性。这给确凿可信标准留下的余地很小。"④鉴于抽象思维与形象思维之间的过渡存在客观障碍，因此，法官怎样才能将其证明评价转换成一定的盖然性值，以便任何第三人都能够尽其想象力而得出相应的确信结论，也存在相当的难度。故此，出于研究的目的，有必要对盖然性的准确百分比进行确定。

2. 类型兼等级的划分证明标准的量化模式

关于如何判定事实的真实性，也就是所谓心证应当达到的证明度，曾被

---

① ［德］汉斯·普维庭：《现代证明责任问题》，吴越译，法律出版社2000年版，第108~109页。

② Vgl. Prütting, a.a.O., S.73. 转引自姜世明：《举证责任与证明度》，我国台湾地区新学林出版股份有限公司2008年版，第126页。

③ See Jack H. Friendenthal, Michael Singer, The Law of Evidence, The Foundation Press . Inc. 1985, p.269.

④ ［美］迈克尔·D.贝勒斯：《法律的原则———一个规范的分析》，张文显等译，中国大百科全书出版社1996年版，第67页。

提出有多种基准来加以说明，比如"接近于确实之盖然性""殆可谓其为确实之真实性（Die An Sicherheit Grenzende Wahrschelnlichkeit）""通常人所不置疑之高度盖然性""社会生活中所应通用之真实性或通常人们所不置疑而能寄予信赖的程度之真实""近于真实之确信""优越的盖然性（Berweigende Wahrscheinlichkeit）"（70%~80%之心证）等，不一而足。① 应当指出的是，这种相对等级或量化的程度与证据的数量无关，而指的是证据力的大小或证据在"质"上的优劣程度。特别是在证据法更为严谨的英美法系国家，在此方面的探讨和实践已成为证据法内容的一个必要的组成部分。

3. 层级尺度量化模式

这种模式是一种较为抽象的类型化标准，它将证明标准的衡量尺度依次分为："高盖然性、大盖然性、如此高的盖然性，以至于理性的人都不怀疑、安全的盖然性、有说服力的盖然性，生活需要的确信度、对真相的心证。"② 这种类型化的量化方式显得与日本学者中岛弘道教授的划分方法更为接近，中岛弘道教授曾将心证的强度依次分为微弱的心证、盖然的心证、盖然的确信心证和必然的确信心证四个等级。德国学者 Ekelöf 认为，诉讼上的证明，最后均为法官对于案件真实性形成一种从"不可能"（Unmöglich）"不太具盖然性"（Unwahrscheilichkeit）"大概"（Vermutliche）"具盖然性"（Wahrscheilich），直至"确定"（Geweiss）及"显然"（Offenbar）的虚拟标度。③

（六）决定民事诉讼证明标准的考量因素

根据民事诉讼的任务和功能，在确定民事诉讼证明标准时，应当考虑如下因素：

1. 诉讼性质与目的

民事活动及其交易行为是产生民事诉讼的客观基础。民事诉讼是为解决平

---

① 参见邱联恭：《程序制度机能论》，我国台湾地区三民书局1996年版，第10页。

② [德]汉斯·普维庭：《现代证明责任问题》，吴越译，法律出版社2000年版，第110~111页。

③ Ekelöf, Beweiswürdigung, Beweislast und Beweis des ersten Anscheins, ZZP, 75 (1962), S. 289. 转引自姜世明：《举证责任与证明度》，我国台湾地区新学林出版股份有限公司2008年版，第125页。

等主体之间的私权利益纠纷而开展的司法程序。民事诉讼主要涉及的是财产权益上的争议，在诉讼程序上贯彻当事人"意思自治"条件下的处分权主义，在诉讼证明上实行"谁主张、谁举证"的基本原则，诉讼的终结既可以因当事人的撤诉而发生，也可以因双方当事人的自行和解或者在法院主持下达成调解而实现，民事诉讼的主要目的是保护当事人的合法权益以及定分止争。就诉讼公正与效益相较而言，更加注重诉讼效益。因此，民事诉讼所要求的证明标准相对较低。

2. 诉讼客体

民事诉讼的客体是平等主体之间所发生的民事争议，它主要涉及民事主体之间因财产权益所发生的纠纷，并不涉及诉讼外第三人的利益，更不涉及社会公共利益（除身份关系等一些特殊类型案件以外），因此，因其法律关系的性质所决定，在一般情况下，与刑事诉讼和行政诉讼相比较，不宜适用较高度的证明标准。

3. 证明对象

在民事诉讼上，证明对象主要包括实体法事实、程序法事实、证据事实、外国法和地方性法规和经验法则。其中实体法事实最为重要，它涉及用于确定实体法律关系和适用法律的基础性事实，例如，双方争议的案件事实究竟系合同法律关系还是侵权法律关系，合同关系是否依法成立及发生法律效力，是否构成侵权行为，民事损害所涉及的范围与程度，等等。因此，对于民事诉讼上的实体法事实，应当适用较高的证明标准。另外，外国法和地方性法规涉及法律的适用问题，它是对有关案件作出裁判的重要前提条件，因此，对其也应当适用较高的证明标准。在诉讼上，对于某一证据事实或经验法则的证明，如果不能对裁判的结果造成直接、重大影响的，可采用较低度的证明标准，反之，则应采用较高度的证明标准。对于程序法事实的证明，如果不能对裁判后果造成直接、重大影响的，如当事人申请回避的事由是否成立、有关法院是否对该案享有管辖权等，应当采用较低度的证明标准，如果有可能对裁判后果或有关当事人权益造成直接、重大影响的，如原告或被告是否系本案的正当当事人，诉讼代理人是否有权申请撤诉、变更诉讼请求、达成和解协议等，可考虑采用较高度的证明标准。

4.案件类型

从性质上来划分，民事诉讼案件可分为财产关系案件与身份关系案件。财产关系案件主要是因当事人之间的财产利益所引起的纠纷案件，并且，财产关系案件主要涉及当事人之间的私权利益，通常与社会公益无关。因此，国家采取不干预主义，由此而在涉及财产关系案件中主要体现的是当事人主义、辩论主义、处分权主义、法律上的真实主义等原则及诉讼原理。而身份关系案件如亲子关系、婚姻、收养等案件，并不涉及单纯的财产关系案件。身份关系案件的裁判结果不仅影响诉讼当事人之间的利益，还涉及案外关系人的利益，甚至涉及社会秩序与国家公益。因此，其所涉及的利益关系禁止当事人自由处分。并且，在身份关系案件中，限制辩论主义的适用，例如，关于自认、拟制自认规定予以相应的禁止或限制。有学者指出，在国外基于公益上的理由，更规定检察官代表公益，参与人事诉讼的辩论及陈述意见，用以满足实质真实主义的需求。因此，在民事诉讼上，案件类型对于证明标准的设置产生重大影响，对身份关系案件应当适用比财产关系案件更高的证明标准。

5.举证的难易程度

在诉讼上，证明标准的设定系为法院判定举证人的证明行为在何种证明状态下卸除其证明责任并获得胜诉（抑或无法形成相应的内心确信而被判定败诉，或者认定出现事实真伪不明状态）的尺度或衡量标准。为了保障诉讼秩序的安定性、裁判结果的可预见性以及实体裁判的公正性，何种类型案件适用何种证明标准应当具有稳定性和透明度，不可随意更改和调整。这是一种原则理念。只是在一些例外情形下，例如，为了保护弱势群体的合法权益，在因产品质量问题严重损害消费者权益以及因环境污染对权利人的人身健康权益造成严重危害等侵权诉讼中，当举证在客观上存在严重困难时，对受害人的诉讼证明可采用较低度的证明标准，这是由法政策和合民事诉讼的目的性所决定的。在此，并非降低证明标准，而所谓降低证明标准，通常发生在作为举证人的相对一方当事人因故意或者重大过失从事证明妨碍行为而遭受制裁所产生的一种法律效果。

（七）我国有关法律及司法解释相关规定的理解与适用

1. 高度盖然性的证明标准

《民事诉讼法解释》第108条规定："对负有举证证明责任的当事人提供的证据，人民法院经审查并结合相关事实，确信待证事实的存在具有高度可能性的，应当认定该事实存在。对一方当事人为反驳负有举证证明责任的当事人所主张事实而提供的证据，人民法院经审查并结合相关事实，认为待证事实真伪不明的，应当认定该事实不存在。法律对于待证事实所应达到的证明标准另有规定的，从其规定。"

对本条文的理解与适用，应当掌握如下基本内容：

（1）在民事诉讼中，法院对事实的认定，常常不能回避对盖然性证明标准的适用。所谓盖然性证明标准，是指构成某一待证事实能否成立在法院的心证当中所需要的确信程度。凡是在法院的内心确信当中达到了法律所要求的某一高度时，即为符合证明标准上的要求；否则即视为不符合证明标准上的要求。这种标准的实质内涵就在于，它在形式上是主观的，即存在于审判人员的内心即主观之上，但它在内容上则是客观的，即是主观对客观的能动反映、形式与内容的有机统一。在价值取向上，这一标准正体现了只有通过正当程序才能发现实体真实的理念。

（2）本条文第1款涉及法院根据当事人的主观证明责任对案件作出裁判的基本规则。其中，所谓的"可能性"，是一种积极意义上的"或然性"，与"不可能性"相对应。作为一种证明标准，"可能性"是"盖然性"的一种俗称。所谓"确信待证事实的存在具有高度可能性"，是指在法院的内心确信当中待证事实的存在具有高度的盖然性。在证据对某一待证事实的证明无法达到证据确凿、事实完全无疑的情况下，对具有高度盖然性的事实予以确认，成为审理普通民（商）事案件所适用的证明标准。在实证意义上，如果采用更直观的百分比方式进行换算的话，法院对某一待证事实的内心确信应当达到75%（含）以上，才能称之为具有高度的盖然性（可能性），也即内心不确信度（怀疑度）不得超过24.9%。然而，鉴于本条文在此所称，凡认为达到这一证明标准时，人民法院"应当认定该事实存在"。但这并非意味着，凡认为不能达到这一证明标准时，人民法院就不能认定该事实存在。这是因为，如果对某一待证事实的心证不能达到85%（含）以上的确信程度时，人民法院就不能认定该事实存在的话，那么势必会大幅增加本条文第2款规定的法院在内心确信上所出现的真伪不明状态，即凡是某一待证事实在法院心证当中处于85%（不含）以下确信程度的，都将至少被列入真伪不明状态这一范畴。这不仅将有违于立法初衷，还会对审判实践带来巨大的压力和挑战。因此，从科学而严谨的角度而言，在本条文第1款中所称"具有高度可能性"的证明标准与第2款所称法院心证当中"真伪不明"状态之间，之下还理应存在一种"具有较高（度）可能性"的证明标准，也即"较高度盖然性"证明标准，假如采用百分比方式进行换算的话，法院对某一待证事实的内心确信只有达到60%~84.9%之间的高度时，才算符合这一证明标准。这是因为，即使同属于普通民（商）事案件，其中又可以进一步划分为传统民事案件、商事案件、知识产权案件、破产案件等，这些不同类型的案件在性质和特点上又千差万别，在对有关待证事实的认定上一律适用完全一致的证明标准，亦与客观实际情况不完全相符。因此，将60%~84.9%之间的内心确信状态这一"较高度盖然性"证明标准，作为对本条第1款所确定的"高度盖然性"证明标准的必要补充，既符合客观实际需要，又能够解决本条第1款与第2款因"真伪不明状态"被实际扩大化所造成的"不平衡"之缺陷。另外，为了保持与本条文第1款所确定"高度盖然性"证明标准之间在适用上的协调关系，可将60%~84.9%之间这一"较高度盖然性"证明标准在文字上表述为："对负有举证证明责任的当事人提供的证据，人民法院经审查并结合相关事实，确信待证事实的存在具有较高度可能性的，可以认定该事实存在。"这种表述旨在体现，当审判人员确信待证事实的存在属于60%~84.9%之间这一"较高度盖然性"时，授权其在认定该事实存在与否上享有据情自由裁量权。从审判实务的情况来看，法院根据当事人的主观证明责任对案件作出裁判占据全部案件的95%以上。

（3）本条文第2款涉及法院根据当事人的客观证明责任对案件作出裁判的基本规则。其中，所谓"对一方当事人为反驳负有举证证明责任的当事人所主张事实而提供的证据"，是指，同时负有主观举证责任和客观举证责任的一方当事人（通常系原告），为证明其事实主张（属于待证事实，亦称要件事实），其所提供的证据能够足以证明有关案件的待证事实，而仅仅负有主观举证责任的一方当事人（通常系被告）为反驳对方的事实主张，其所提供的证据亦能够足以证明案件相反的待证事实。其中，所谓"人民法院……认为"，是指法院的心证。其中，所谓"待证事实真伪不明"，是指法院既不能够根据一方当事人提供的证据认定有关待证事实的存在，也不能够根据另一方当事人提供的证据认定该待证事实不存在，由此在法院的心证当中所产生的不确定心理状态。其中，所谓"应当认定该事实不存在"，是指因案件审理的结果最终导致待证事实仍处于真伪不明状态时，一种不可回避的裁判结果是，法院只能按照实体法所指示的证明责任分配规则，将不利益的结果判由原本就待证事实有风险负担的一方当事人来承受。因待证事实真伪不明从而导致无法适用相应的法律规范所产生的效果，在这种窘况之下，与此相关的客观举证责任的产生，为法院提供了摆脱困境的裁判准则。也就是说，对一方当事人为反驳另一方当事人的事实主张而提供的相反证据，导致法院在主观认识上均无法对有关事实的存在与否形成内心确信，鉴于另一方当事人同时负有主观举证责任和客观举证责任，故此，按照客观举证责任法则，法院应当认定另一方当事人主张的该事实不存在。从审判实务的情况来看，法院根据当事人的客观证明责任对案件作出裁判在全部案件中的比例为5%以下。

（4）本条第1款和第2款系对民事诉讼中通常所适用的证明标准之规定。除此之外，法律及司法解释对特定案件类型项下的待证事实所应达到的证明标准另有规定的，属于特殊类型的证明标准。

2. 排除合理怀疑的证明标准

《民事诉讼法解释》第109条规定："当事人对欺诈、胁迫、恶意串通事实的证明，以及对口头遗嘱或者赠与事实的证明，人民法院确信该待证事实存在的可能性能够排除合理怀疑的，应当认定该事实存在。"

对本条文的理解与适用，应当掌握如下基本内容：

（1）本条文系针对特殊类型民事案件所设定的证明标准。为此，2019年《民事证据规定》第86条第1款亦作出了相同的规定，即："当事人对于欺诈、胁迫、恶意串通事实的证明，以及对于口头遗嘱或赠与事实的证明，人民法院确信该待证事实存在的可能性能够排除合理怀疑的，应当认定该事实存在。"

（2）在民事诉讼上，有些案件涉及身份关系、社会公益、人的主观意图之证明等，对此，实行法院职权探知主义。法院可据情依职权主动对案件事实进行调查以及对相关的证据进行收集。本条文中，所谓"排除合理怀疑"，是指在法院心证的理性空间能够排除其中疑点所产生的内心确信状态。在实证意义上，如果采用更直观的百分比方式进行换算的话，法院对某一待证事实的内心确信应当达到90%（含）以上，才能够达到"排除合理怀疑"的可能性（盖然性），也即内心不确信度（怀疑度）不得超过9.9%。

（3）在证明标准上，对于婚姻家庭案件的事实认定一般应高于或者远远高于对一般财产纠纷案件的事实认定，这主要是因为婚姻家庭案件涉及一种极为特殊的民事法律关系，涉及对人的身份权利的实质保障。另外，诸如民事欺诈案件涉及人的主观上是否达到必要的恶意程度，这涉及人的内心世界，因此，单纯凭借客观上的表面证据难以对此准确定位，如果在证明标准上不严格限定其应达到排除合理怀疑的程度，难免在实践中鼓励当事人以对方违反诚信原则为理由而任意主张无效民事行为，危及正常民事交易活动的安定性。故借鉴和汲取域外立法或者司法的普遍经验，对于一些诸如民事欺诈以及婚姻、继承等与人身权益密切相关的特殊类型案件，在法院的内心确信上应适用排除合理怀疑的证明标准。

3. 程序法事实所适用的证明标准

2019年《民事证据规定》第86条第2款规定："与诉讼保全、回避等程序事项有关的事实，人民法院结合当事人的说明及相关证据，认为有关事实存在的可能性较大的，可以认定该事实存在。"

对本条文的理解与适用，应当掌握如下基本内容：

（1）本条文系程序法事实所适用证明标准的有关规定。所谓程序法事实（程序性事实或与程序事项有关的事实）的证明标准，是指法院在审理实体法律关系时，对与诉讼保全、回避等程序性事项有关的事实，在认定其存在与否时所应适用的证明标准。

（2）在民事诉讼上，除实体法事实以外，对于在民事诉讼上所发生的程序法事实，也属于证明对象的范畴。程序法是以确保有秩序的程序过程为己任。在许多情形下，这些事实属于法院依职权调查的范围。例如，当事人在诉讼上的适格性事实，是否发生诉讼时效中断的事实，涉及案件的主管及管辖权的事实，涉及诉讼保全的事实，涉及法官、书记员及鉴定人等回避的事实，涉及诉讼中止、诉讼终结的事实等，由于程序法具有公法属性，程序正义对于保障实体公正具有重要意义。只有对有关程序法事实进行有效的证明和查明，才能保证诉讼程序合法、有效地进行以及实体法的正确贯彻与实施。因此，对于那些在当事人之间存在争议的程序法事实，法院应促使有关当事人对其主张进行举证证明，对于那些如不查明就难以作出正确处理的程序法事实，即使当事人不能予以举证证明，法院也应当依职权进行查明，以维护法律程序的正当性。

（3）法院在审判上依职权应予以查明的事实属于诉讼上的证明对象，但是，不能因此将法院作为诉讼上的证明主体而负有相应的证明责任。这是因为，它是法院基于审判职能为保证程序法的正确运用借以全面发现案件事实真相所应尽的审判职能。一般认为，在涉及财产纠纷案件中，对于法院应依职权调查查明的程序法事实，仅须采用自由证明方式即可，而并非像当事人主张的实体法事实那样采用严格的证明方式。

（4）本条文中，所谓"当事人的说明"，是指当事人对其主张的程序法事实负有的一种说明义务。所谓"相关证据"，除了包括当事人对其主张的程序法事实所应当提供的证据以外，还包括法院在认为必要时依职权调查收集的相关证明。所谓"可能性较大"，是指在法院的心证中有关事实存在的盖然性较大，即有关事实存在的可能性明显大于其不存在的可能性。如果采用百分比方式进行换算的话，在法院的心证中有关事实存在的可能性只要能够达到60%（含）以上即可。

## 四、补强证据

（一）补强证据的基本要义

所谓补强证据，是指当某一证据由于其本身在某些方面存在瑕疵或弱点，必须与其他证据合并提出，才能借以担保其真实性或证明价值的规则。设置补强规则的立法意图在于，对那些属于单一的证据，其证据本身在质量上缺乏应有的证明价值,因此,需要对这种证据从数量上加以补强,即从数量的角度来强化该种证据在质量上的证明价值,以此保障借助这类证据证明案件事实的真实可靠性。

虽然证据的证明力是证据能力的前提与基础,但是,证据能力则是在适用上保障证据证明力的实现。在证据的可采性问题上,虽然证据能力体现在形式上,而证明力则体现在实质价值的大小与强弱的分量或程度上,其中不免含有法官自由裁量因素的存在,只不过是存在的方式与范围的大小不同而已。[①] 补强证据规则是在某一证据能力具有适格性的基础上,就其证明力本身所含有的某种缺陷。这种缺陷影响了证据的证明效力,使其品质产生瑕疵。

在证据法意义上,何种资料能够被允许作为证据以供当事人进行辩论和法官进行评估属于证据的资格问题,也就是证据的能力问题。凡无证据资格的资料本无证明力可言。凡论及某一证据的证明力如何,即该种证据则必有作为证据的能力和资格为前提。因此,证据法上的补强规则仅涉及证据证明力的大小与强弱的问题,而与证据的资格或能力并无关系。应当说,补强证据规则的适用是以某一证据具有证据资格为前提条件的,只不过这种证据与待证事实之间的证明强度较为薄弱而已。所谓较为薄弱不过是在法官的内心确信上的一种主观反映,虽然这种反映是主观的,但是反映的前提却是以该种证据在客观上确实存在一定薄弱环节或称瑕疵为基础。

(二)我国有关法律及司法解释相关规定的理解与适用

2019年《民事证据规定》第90条规定:"下列证据不能单独作为认定案件事实的根据:(一)当事人的陈述;(二)无民事行为能力人或者限制民事行为能力人所作的与其年龄、智力状况或者精神健康状况不相当的证言;(三)与一方当事人或者其代理人有利害关系的证人陈述的证言;(四)存有疑点的视听资料、电子数据;(五)无法与原件、原物核对的复制件、复制品。"

对本条文的理解与适用,应当掌握如下基本内容:

---

[①] 参见刘善春、毕玉谦、郑旭:《诉讼证据规则研究》,中国法制出版社2000年版,第458页。

1.本条文系涉及证据资格或证据形式上存在某种瑕疵情形下所存在的效力问题的认定，属于证据法意义上的补强规则

所谓证据补强规则，是指当某一证据由于其本身在某些方面存在瑕疵或弱点而无法单独作为认定案件事实的依据，必须与其他证据相结合才能借以担保其真实性或证明价值上的完整性。设置证据补强规则的立法意图在于，对那些属于单一的证据，其证据本身在质量上缺乏应有的证明价值，因此，需要对这种证据从数量上加以补强，即从数量的角度来强化该种证据在质量上的证明价值，以此保障借助这类证据证明案件事实的真实可靠性。

2.关于当事人的陈述

当事人的陈述属于《民事诉讼法》第66条第1款第1项所规定的证据种类。所谓当事人的陈述，是指当事人及其诉讼代理人在诉讼过程中向法院就案件事实所进行的陈述。当事人的陈述包括在庭审过程中的口头陈述以及采用书面形式提出的陈述意见。当事人的陈述可分为对其有利的陈述和对其不利的陈述。因受利己主义的驱使，在许多情况下，当事人往往就案件事实作出对其有利的陈述，而回避对其不利的案件事实。因此，如果单独将一方当事人的陈述作为认定案件事实的依据往往存在较大风险。对此，《民事诉讼法》第78条第1款亦规定："人民法院对当事人的陈述，应当结合本案的其他证据，审查确定能否作为认定事实的根据。"该条款系在要求人民法院判断当事人的陈述能否作为认定案件事实的根据时，明确规定需要补强证据来强化其证明效力。然而，在有些情况下，当事人会就案件事实作出对其不利的陈述，在一般财产纠纷案件中，这种对其不利的陈述属于当事人自认的范畴，根据民事诉讼中的辩论主义和当事人处分权主义，人民法院可据情将其单独作为案件事实的依据，不受本条文证据补强规则的限制。对此，2019年《民事证据规定》第3条第1款规定："在诉讼过程中，一方当事人陈述的于己不利的事实，或者对于己不利的事实明确表示承认的，另一方当事人无需举证证明。"但是，在涉及身份关系以及公益性较强的民事案件中，因对于案件事实的查明实行法院职权探知主义，且追求更高的证明标准，即使有关当事人就案件事实作出对其不利的陈述，法院据情也可不受其限制，并可依职权调查收集相关的证据。

3. 关于无民事行为能力人或者限制民事行为能力人的证言

证人是诉讼上的特定概念，它是指某一社会个体成员为立法者预先设定在特定情形下负有出庭作证义务的资格和能力。在法律上，几乎所有人都被假定为具有作证能力，除非法律有特殊的例外规定，或者有相反的确切情况能证明某人在证明事实问题上存在客观障碍。关于证人出庭作证的资格问题，我国《民事诉讼法》第 75 条规定，凡是知道案件情况的人，都有义务出庭作证，但是，不能正确表达意思的人，不能作证。根据《民法典》规定，8 周岁以上的未成年人为限制民事行为能力人，可以独立实施纯获利益的民事法律行为或者与其年龄、智力相适应的民事法律行为；不满 8 周岁的未成年人或 8 周岁以上的未成年人不能辨认自己行为的，为无民事行为能力人；不能辨认自己行为的成年人为无民事行为能力人。不能完全辨认自己行为的成年人为限制民事行为能力人，可以独立实施纯获利益的民事法律行为或者与其智力、精神健康状况相适应的民事法律行为。从原则上来讲，在我国，不满 8 周岁的未成年人和不能辨认自己行为的精神病人一般被视为不能正确表达意思的人。但是，由于审判实践中的各种案情的纷繁性和解决社会纠纷的迫切性所决定，这一证人资格上的原则并不排斥在特定情形下，这种未成年人的证言具有某种程度上的证明效力或参考价值，这种特定证据的效力究竟如何，怎样取舍，由法院就个案的具体情形来决定。那些虽然属于无民事行为能力人或限制民事行为能力人但其所作证言能够有助于认定案件事实，仍然有其证明价值。为此，2019 年《民事证据规定》第 67 条第 2 款规定："待证事实与其年龄、智力状况或者精神健康状况相适应的无民事行为能力人和限制民事行为能力人，可以作为证人。"这就要求，对于证人作证资格的认定，应当根据案件的复杂程度、作证能力对证人智力发育的要求程度，并结合有关证人的生理、心理、性格、习惯、受教育的条件和程度，以及证言形成的当时客观环境因素，据情加以裁量。在年龄上，对证人作证能力一般不应加以严格限制，具体适用由法院在特定案件审理过程中，根据案件的难易、繁简程度、待证事实对证人认识能力的要求程度以及未成年人的感知、辨别和表达事物的能力和心理发育状况等诸种因素一并加以考虑，并作出适当的判断和认定。显然，那些完全丧失正常理智，大脑神经功能已完全失调的精神病患者则不具有作证能力；而间歇性精神病人，在一定的范围内仍具有正常的思维、辨别能力,因此,其作证能力应与其智力状态相适应。根据本条文规定,无民事行为能力人或者限制民事行为能力人所作的与其年龄、智力状况或者精神健康状况不相当的证言,不能单独作为认定案件事实的根据,需要结合其他有关证据进行相应的补强。通常而言,作为未成年人虽在客观事物方面与成年人相比较,在心理素质上还不尽成熟,但是具体到某一特定的案件中,由于案情所涉及的待证事实的繁简程度是相对而言的,那么,实质上,就我国《民事诉讼法》第75条所规定的"正确表达意思"中的"正确"一词也是相对概念,可以说该修饰词义涉及一个相对模糊的范畴。在实际判例中,甚至会出现虽不能那么"正确"地表达意思,但仍能辨别人物的性别、简单的举止、颜色的黑白、声音的强弱、气味的某种刺激等这些简朴的事物特征,有可能对某类案件事实的认定产生相当大的积极和辅助性作用。因此,证人的年龄因素只是相对概念,不能因某人为未成年人而一概认为其没有作证能力。另外,除了完全没有作证能力的人不具备证人资格外,凡有作证资格的人,还应当具有与他所提供证言相适应的作证能力。在实务上,某一证人的年龄、智力状况是否与待证事实相适应,或者其精神健康状况是否妨碍其作证能力,这些都应由当事人作为辩论的议题,也就是说,对于证人证言的质证涉及两个方面:其一,该证人在主体上的适格性;其二,该证人证言在内容上的可信度。在当事人主义与诉讼辩论主义架构下,对于一个出庭作证的证人而言,如果申请该证人的相对一方当事人对该证人在主体上的适格性不提出质疑,很有可能被法院推定对方当事人在此问题上不持异议。但是,当相对一方当事人对该证人就涉及证人的年龄、智力状况或者精神健康状况等有关适格性问题提出质疑时,法院可根据双方当事人就此问题及所进行辩论的效果或有关当事人为此而提供的证据进行审查判断后作出决定。当然,在此过程中,将证人的精神健康状况成为争议焦点时,法院可根据当事人的申请对证人的精神健康状况进行鉴定,也可据情依职权作出鉴定的决定。因此,在实务上,法院应当避免先入为主,也就是要避免在有关当事人对证人的主体适格性形成争议之前代行当事人对证据进行调查,从而在司法的中立性上有所失守。并且,法院对证据本身的审查判断或认证必须建立在当事人对证据的质证或辩论的基础上。

4. 有关"利害关系"对于证人陈述证言的影响

按照本条文的规定，与一方当事人或者其代理人有利害关系的证人陈述的证言，不得单独作为认定案件事实的根据。可见，这里所称的"有利害关系的证人"，不仅包括与一方当事人，还包括有关当事人委托的诉讼代理人，其中，所谓的当事人不仅包括自然人，还包括法人或其他组织，即凡是能够在法律上作为诉讼当事人的一切社会组织或其他非自然人。其中，所谓利害关系，是一种特别类型的社会关系，它通常包括亲属关系以及亲属关系以外的其他能够存在各自利益交换的或者造成各种不利益的社会关系。其中，一般认为，亲属关系包括证人的配偶、四代内的血亲或者三代内的姻亲，或者与证人曾有此等亲属关系之人。亲属关系以外的其他社会密切关系，通常包括师生关系、同学关系、朋友关系、战友关系、邻里关系、同事关系等，这些处于不同层面的社会关系在结构上属于特定的利益共同体或者存在某种相互利益交换价值。另外，在利害关系当中，还有一种能够导致产生不利益的社会关系，例如，商事主体之间的相互竞争，邻里关系因积怨形成的对立，同事关系之间因争权夺利所形成的相互排挤，甚至在亲友之间也会发生"反目相仇"的恩怨关系，凡此等等。在诉讼上，一旦出庭作证的证人与一方当事人或其代理人存在这种纷繁复杂的利害关系，势必对其陈述证言的真实性产生实质性影响，故此，这种证人陈述的证言不能单独作为认定案件事实的根据。

5. 存在疑点的视听资料、电子数据

与其他证据相较而言，视听资料是以其记载的图像、动态画面、声音、色彩等能够以更加直观、逼真的形式再现案件事实原始情况，其内容不仅生动、形象，而且储存信息量大、内容丰富，易于保存、携带，正是因为上述特点，也使其存在一些难以克服的弱点和局限性，即较容易被人为所伪造、剪裁或者涂改。电子数据则具有数字性、巨量性、隐蔽性、易变性、脆弱性和载体多样性等特点，从技术特征上来看，很容易出现人为的删减、伪造或者篡改。另外，有关电子数据在形态上并非处于被写明状态，故欠缺直接的可读性，有别于其他证据通过其外形、状态或者性状即可直接对其进行观察。因此，电子数据必须经过专门的处理转换，才能以书面形式呈现出来，但这也不能完全担保其所呈现出来的书面可读形式与原件上的信息资料具有同一性，甚至有时还会出现该书面内容究竟为何人所作成的疑问。如此等疑问在诉讼上形成争点时，还会涉及采用勘验、鉴定等适当方式予以调查、研判的问题。因此，对于存在疑点的视听资料、电子数据，不能单独作为认定案件事实的根据。

6.无法与原件、原物核对的复制件、复制品

书证的原件有狭义与广义之分。狭义的书证原件，指的是书证的原本。所谓书证原本，是指文书制作人将有关的内容加以记载而作成的原始文书，也叫底本。它是文书的原始状态的反映，是文书制作者具有原创力的产物。它是文书的制作人就文书内容最初所制作的文书。任何书证均有其最初制作而成的原本，在此基础上因采取不同方式抄录原本而形成的其他文本材料，不过都是原本的派生物。书证的原本就狭义而言构成了正本、副本、节录本、影印本以及译本的"原件"，而这些正本、副本、节录本、影印本以及译本便成为这种原本的"复制件"。在诉讼中，根据《民事诉讼法》第73条第1款中规定，当事人提交书证原件确有困难的，可以提交复印件、副本、节录本。与书证原件的证明效力比较而言，书证复印件、副本、节录本的证明效力相对不足，需要结合其他证据来予以补强。物证原物，是指以原始的物质材料所表现出来的外形、品质、规格、体积等来证明案件事实的有关物品或痕迹。物证的复制品则是根据物证原物的外部特征、规格、品质等通过仿造所形成的产物。在诉讼中，当事人提交原物确有困难的，可以提交原物的复制品，与物证原物的证明效力比较而言，原物的复制品相对较弱，因此，仅凭物证的复制件无法单独确定其证明力，必须结合其他证据材料通过审查来作出综合判断。按照本条文规定，无法与原件、原物核对的复制件、复制品，不能单独作为认定案件事实的根据，需要其他证据来加以补强。因各种原因，无法与原件核对的书证复印件以及无法与物证原物核对的物证复制品，其真实性和可靠性不能完全得到保证，故在法律上需通过对证据力加以限制，使其不能单独作为认定案件事实的依据。

## 五、非法证据的排除

（一）非法证据排除的基本要义

非法证据的排除与证据适格性之间的关系，是一种相辅相成的关系。对于那些非法证据在诉讼上是否具有证据的适格性，既可被表述为："在诉讼上是否能够被利用"，亦可被表述为："在诉讼上是否受到排除"。这三种表述方式具有相同的语义。从本质意义上讲，凡是在法律上被认为丧失或者欠缺证据适格性的证据，都应当在诉讼上受到排除而不得加以利用。但是，并非所有的非法证据在法律上都自动丧失或者欠缺证据的适格性。也就是说，在个案当中，某一非法证据是否丧失或者欠缺证据的适格性而在审判上受到排除，由法官据情根据宪法（主要在刑事诉讼中）、法律以及利益衡量原则等作出判定。

在学理上，何种证据资料或者信息来源在诉讼上与待证事实之间因具有证明价值而最终被认定为具有诉讼证据的适格性，通常与严格的证明相联系。也就是说，只有这种具有可作为严格证明的证据资料或信息来源，才具有证据的适格性。因此，所谓证据的适格性问题，其所应针对的并非证据适格性本身这种抽象性的概念，而是对特定证据的适格性加以否定或加以必要限制的问题。作为严格证明的证据，必须以其具有法律上所规定的形式上的适格性为前提条件，因此，某一证据资料在诉讼过程中被认定为在法律上具有适格性，指的是其可利用作为严格证明的证据资料或信息来源而在法律上所具备的这种资格。在法律上对证据适格性所提出的要求，是诉讼过程中创设证据准入机制在证据法则上的一种本质体现。

在严格证明建构下，某一证据资料或信息来源最终能否在诉讼上具有证据的适格性，而被作为判定待证事实的依据，关键取决于两方面的考量：其一，取决于有关证据资料或信息来源在表现形式上不属于法律上明确禁止的范围，即是否符合法定的表现形式（如在刑事诉讼中），或者其表现形式属于法律所准予允许的范围，或者其表现形式至少不违反法律的禁止性规定（如在民事诉讼或行政诉讼中）。其二，取决于某一证据资料或信息来源是否经过法定的证据调查程序。证据资料或信息来源二者又可被称为证据方法。① 因此，某一证据资料或信息来源作为一种证明方法在诉讼上只有符合法律所规定的表现形式（如在刑事诉讼中），或者其表现形式至少不违反法律的禁止性规定（如在民事诉讼或行政诉讼中），同时经过合法的证据调查程序，才能最终在诉讼上具有证据的适格性。

证据能力是证据法学领域内的一个基本范畴。在大陆法系证据理论上有严格证明与自由证明之分，而证据能力则是严格证明的产物。在概念上，所谓证据能力是指，在特定的诉讼过程中，某种证据（有形物）具有可作为严格的证明资料所应具备的一种法律上的资格。在诉讼上，对于那些已经提出的证据，如被认为无证据能力或者当事人提出异议时，应将其排除在可加利用的证据之外。某一证据一旦缺乏证据能力，就不得经证据评价而作为裁判的基础，从此意义上讲，证据能力的设定是对法官自由心证在范围上的一种限制。

在理论上，有学者直接将证据能力与证据的适格性相提并论，或者将证据能力作为证据适格性的同义语。② 另外，还有学者将大陆法系的证据能力与英美法系的可采性作出具有相同性的解读。③ 实际上，证据能力作为大陆法系证据法学原理，有其特定的历史发展之渊源与内涵，它与大陆法系在传统意义上奉行的职权主义审理方式不无关系，这种原理的诞生与其功能的发挥所具有的里程碑意义主要表现在，它使得法官对于证据的审查判断上享有完全的自由心

---

① 例如，有学者指出，证据方法（Beweismittel）指的是使法院确信其主张为真实而可供证明用的有形物体（körperliche Dinge）。换言之，也就是法官在诉讼上为形成心证依其五官的作用，所得利用为查验对象的有形物。有形物得为证据方法的适格的，称之为有证据能力或证据适格（Beweisfähigkeit）。参见陈计男：《民事诉讼法论（上）》，我国台湾地区三民书局股份有限公司2004年版，第442页。

② 例如，我国学者孙远认为，证据能力是一种法律上的资格，证据能力是证据可以在诉讼中使用的资格，故被称为证据资格或证据的适格性。参见孙远：《刑事证据能力导论》，人民法院出版社2007年版，第7~9页。

③ 例如，有观点认为，证据能力的概念起源于英美法系的可采性理论。无证据能力的证据，便不得向法院提出，如已提出，则必须将其排除，而不得对其进行证据调查，更不得将其作为认定事实的基础。从这个意义上讲，"证据能力"实际上就是英美证据法上的"可采性"。因此，可将证据的"可采性"与"证据能力"作为同义语使用，在论及英美证据法时，多采用"可采性"一词，而在论及大陆法系，则多使用"证据能力"一词。参见郭志媛：《刑事证据可采性研究》，中国人民公安大学出版社2004年版，第34~36页。

证主义走向历史的终结，取而代之的是，使相对的或者有限制的自由心证主义走上历史舞台。因此，在这种历史背景条件下，将"证据能力"直接视为"证据适格性"的同义语是否妥帖，似有值得商榷的余地。而英美法系的可采性作为一系列证据规则，在英美法系整个证据规则体系当中占据相当的数量与分量，这些众多的证据规则的出现与英美法系在审判上采用陪审团审理方式具有重大的关系，这是大陆法系所不具备的。

合法性在英文中可表述为"Lawfulness""Legality""Legitimacy"。合法性一词有多重含义，按所针对的对象不同，可以分为两种类型[①]：其一是针对个人行为而言，指的是合乎法律的规定；其二是针对某种公共权力或政治秩序而言，指的是它的正当性、权威性和实际有效性。英文中表述的"Lawfulness""Legality"是前者，而"Legitimacy"则表述的是后者。按照所合乎的"法"来区分，对合法性的认识又可分为合形式法与合实质法两种类型。前者是合乎形式上的法律，即实在法，尤其是国家制定的法；后者是合实质上的法，即除了狭义的法之外，还包括"事物的法则、原理以及被公众认可的价值观"[②]。这是从法学理论上对于合法性的一般解释。然而，我们在此所论及的合法性，并非抽象意义上的合法性，或者一般意义上的合法性问题，而是具有特定内涵的合法性，这就是证据的合法性。

另外，应当明确指出的是，在此所涉及的证据合法性，应当是一种狭义上的证据合法性，它主要指的是某一特定主体在诉讼上因采用特定手段、方式或者程序用于收集、获取相关证据所产生的合法性问题，也就是，对于相关证据能否获得法律上的适格性所产生的影响及效力。因此，这种证据的合法性问题并不特指证据的形式或内容、诉讼上的法定程序，甚至与证据的形式或内容、诉讼上的法定程序无关。例如，《民事诉讼法解释》第103条第1款规定："证据应当在法庭上出示，由当事人相互质证。未经当事人质证的证据，不得作为认定案件事实的依据。"在此，由当事人对证据进行质证，是诉讼上的一种法定程序，也就是说，质证包括对证据的合法性问题进行辩论，如果双方当事人对

---

[①] 参见吴淞豫：《行政诉讼证据合法性研究》，法律出版社2009年版，第36页。
[②] 参见周世中：《法的合理性研究》，山东人民出版社2004年版，第37~38页。

某一证据资料的合法性发生争执,由双方当事人各自就此发表意见进行论述。在此过程中,必定是一方当事人主张该证据资料在法律上具有合法性,而另一方主张该证据资料在法律上不具有合法性,最终是由法庭在听取双方辩论意见的基础上,决定究竟采纳何方的主张。因此,庭审中的质证是法庭用于判断某一证据资料是否具有合法性的法定程序,在法庭作出这种判断之前,有关的证据资料已经具备实质上的合法性,或者已经不具备实质上的合法性。① 也就是说,有关的证据资料是否具有合法性,其实早已有答案,不过采用质证这种法定程序,只是作为宣示(宣布)这种答案的一种法定形式而已,这一点在当事人一方缺席审理的情况下表现得尤为明显。质证是法庭采纳有关证据资料作为定案依据的前提条件,它是一种正当程序上的要求,而并非决定某一证据资料是否具有证据合法性的前提条件。退一步讲,即使具有合法性的证据资料,如果未经当事人的质证(当事人缺席审理的除外),也不得作为定案的根据。因此,证据的合法性与诉讼上的法定程序并不存在直接的关联性。另外,在民事诉讼上,如果双方当事人对某一证据资料的适格性不存在争议,如双方分别在起诉状和答辩状中均对该证据资料加以引用,在庭审中也就没有对该证据资料进行质证的必要,这也足以表明,证据的合法性与诉讼上的法定程序并不存在必然的联系。

  从历史发展的角度以及现代证据法意义的角度来看,"非法证据"主要是指"非法取得的证据"(Illegally Obtained Evidence),也就是,采取法律上的禁止性规定或者以侵害他人合法权益的方式而取得的证据。前者主要是指有关程序法或者证据法所明确设定的特定主体在收集、调查有关证据上的禁止性规定,后者主要是指为有关实体法所保障的当事人的合法权益,二者均指的是取证的程序或方式。它标志着在衡量何谓"非法证据"问题上,通常可采取双重标准,也就是说,其标准之一是,对有关主体在收集、调查证据上作出禁止性规定,属于有关程序法或证据法的专属功能,这也是对采取法律上的禁止性规定获取

---

  ① 《民事诉讼法解释》第104条规定:"人民法院应当组织当事人围绕证据的真实性、合法性以及与待证事实的关联性进行质证,并针对证据有无证明力和证明力大小进行说明和辩论。能够反映案件真实情况、与待证事实相关联、来源和形式符合法律规定的证据,应当作为认定案件事实的根据。"

证据的一种狭义上的界定和理解；其标准之二是，即使在有关程序法、证据法对有关主体就收集、调查证据上的某些程序或方法未作出明确的禁止性规定的情形下，如果有关程序或者方法侵害了为有关实体法所保护的当事人的合法权益，如当事人的人格权、通讯自由权、隐私权、商业秘密权等，也可认定为属于非法证据范畴。在理论上，采取违反有关程序法或者证据法的禁止性规定涉及的证据，除了一些例外情形之外，一般属于绝对证据排除的范围；而采取违反实体法规定所涉及的证据，通常属于相对证据排除的范围，由法官在个案当中据情作出判断。在证据法理论上，所谓"违法证据"应仅指违反有关程序法或证据法在收集、调查证据上的禁止性，而不特指违反实体法的规定，并且，与实体法之间具有相当的距离。这是因为，对何种主体在诉讼前或者诉讼过程中采取何种方式或程序收集、调查证据为法律所允许或禁止，属于有关诉讼主体在诉讼上的诉讼权利和诉讼义务所决定的，它是程序法（尤指诉讼法）或者证据法的专属功能，是部门法分工的结果。实体法所保护的有关公民或法人的合法权益是一种实体正义的体现，它是一种看不见的正义，而程序正义是一种看得见的正义。因此，实体正义必须通过程序正义来实现。因此，在证据法的理论框架内，"违法证据"仅属于"非法证据"范畴内的一种情形。另外，应当指出的是，"非法证据"还应包括这样一种范畴，即有关特定主体所采取的收集、获取证据的方式，法律（程序法或者证据法）上既未作出禁止性规定，也未作出授权性规定，同时，也不涉及违反实体法的情形。当然，这种范畴对于民事诉讼没有意义，因为在民事诉讼中，双方当事人均为不涉及公权力的民事主体，对诉讼上的举证或反证均负有相应的责任。因此，实行"法无明文禁止即视为许可"的原则。真正具有意义的是体现在刑事诉讼和行政诉讼当中，因为，无论是在刑事诉讼还是在行政诉讼中，通常是由公权力机关（侦查机关、公诉机关以及其他政府机关）承担侦查、取证以及举证责任，为了保障公权力机关正确行使其权力，防止其专横、侵犯人权，故实行"法无明文授权即视为禁止"的原则。

在民事诉讼上，由于民事纠纷产生于私权纷争，因此，诉讼程序具有强烈的真实性、合意性，使得解决纠纷成为民事诉讼的主要目的。有学者指出，民事诉讼在程序上显得其目的在于解决纠纷而并不在于确定案件事实真相。[①]民事诉讼是采用公权力强制解决民事纷争的一种制度或程序。另外，还可以认为，民事诉讼的目的是通过对当事人私权益的保护以便维持私法秩序。可见，民事诉讼的目的具有多元化的特征，它包括纠纷的解决、法律秩序的维护以及权利的保护。凡在人类社会，就有产生私权纷争的可能。国家设置民事诉讼程序的目的在于解决私权纠纷，使私法法规发生实际效能。因此，从依法治国及限制政府公权力的角度来观察，民事诉讼证据主要来源于私权利主体的取证行为，与政府的公权力无涉，使得民事诉讼证据的适格性及其排除规则的应用不具有普遍意义，而仅限于一些特殊情形。但从维护社会的法秩序出发，对那些在私法上表现为具有严重反社会性或者侵犯他人基本人权的取证行为，对其最有效的制裁莫过于剥夺其合法性的基础，将其排除在法律程序之外。在一些西方工业化国家看来，私法上的主体与政府职能部门对于社会的法制具有同样潜在的侵犯性。并且，在民事诉讼程序中所争议的价值、理念涉及人格自由及社会福祉，其重要性并不亚于刑事诉讼程序中的关切。因此，被私人侵犯的社会基础性价值，也并不逊色于政府官员的同类所为。[②]如何确定民事诉讼的目的，对于认识证据的适格性及其排除规则的应用具有重要影响。对此，有学者指出，如果民事诉讼系被视为发现真实而设置的，那么为了这一目的，所有的证据都应当被允许采用，即便如此，采用免证特权规则（Privileges）和证据排除规则都不利于促进将真实发现作为社会性目标的实现，但是，如果将民事诉讼的目的设定为解决纠纷的话，如能被社会和当事人接受，那么证据排除和免证特权规则就会发挥更为公平合理的作用。[③]在民事诉讼证据的适格性及其排除规则的应用上，诸如诚信原则说、法秩序统一性说、阻却违法收集证据说、法院利用证据有害说、举证权偏移说等均从如何处理程序法与实体法之间关系的角度来展开，其着重点在于强调，实体真实离不开程序上的正义，否则将失去其法律

---

[①] David H. Taylor, Should It Take a Thief?: Rethinking the Admission of Illegally Obtained Evidence in Civil Cases, *22 Rev. Litig. 633*（Summer, 2003）.

[②] Mauro Cappelletti, Fundamental Guarantees of the Parties in Civil Litigation: Comparative Constitutional, International, and Social Trends, 25 Stan. L. Rev.651（1973）, at 710.

[③] David H. Taylor, Should It Take a Thief?: Rethinking the Admission of Illegally Obtained Evidence in Civil Cases, *22 Rev. Litig. 633*（Summer, 2003）.

上的正当性。当然，这些立论均为证据排除规则肯定论者的信条。

在民事诉讼上，证据是否存在适格性的问题，通常反映在采用非法手段取得的证据能否被采为定案依据的理论纷争上，主要有如下几种学说[①]：第一，适格性的绝对肯定说。该说认为，采用非法手段或者程序取得的证据不能作为定案根据，即使取得的证据经过查证属实，则将具有一般预防的效果。[②] 第二，适格性的绝对否定说。该说强调证据的客观性，认为证据是一种与案件事实相关的客观事实，只要取得的证据是客观真实的，就可以作为定案的根据。至于取得证据的手段和方法则是次要问题，如果认为诉讼证据必须具备合法性，实际上就是承认在诉讼证据认定上应存在一定的主观性。第三，适格性的区别对待说（或称适格性的相对说）。该说认为，对于采用非法手段取得的证据材料，应当区别对待，有的可以作为定案根据，有的则不可以作为定案根据。对于采用卑鄙手段取得的证据材料，严重影响公民名誉的，不能采纳作为证据，例如，偷偷拍摄下来的他人的生活照片等。而在其他情况下，非法取得的证据则可以采用作为定案根据，例如，秘密录制的某人的谈话录音，等等。

当今，大量来自理论界和实务界的信息表明，在民事诉讼领域，适格性的绝对否定说在大陆法系具有传统上的代表性，目前其渐呈式微的趋势已不可逆转。在拥护适格性绝对否定说的学者中，有的以自由心证原则作为利器，例如，有学者认为，证据能力的概念在民事诉讼中并不适用，因为许多大陆法系国家或地区均在民事诉讼上明确规定了自由心证原则，因此，在此原则指引下似乎已经足以解决有关证据取舍的所有问题，而不产生证据能力的问题。另外，在赞同适格性绝对否定说的学者中，有的以法秩序维护方法的分离说为指针，例如，有学者指出，特定的证据资料具有作为认定事实的资格，被称之为证据能力。民事诉讼法并无有关证据能力的规定，任何证据方法都有证据能力。即使违法取得的证据方法，仅可能发生其他的刑事或民事责任的问题，对证据能力毫无影响。相对而言，适格性的绝对肯定说深受刑事诉讼当中非法证据排除规

---

① 参见刘家兴主编：《新中国民事程序理论与适用》，中国检察出版社1997年版，第167~168页。

② Kaissis, a.a.O., S.52f. 转引自姜世明：《新民事证据法论》，我国台湾地区学林文化出版事业有限公司2004年版，第162页。

则运用的广泛性及当今正当程序观念的影响，但始终仅为少数说。这样一来，在民事诉讼领域，适格性的有限说已愈加受到广泛的认同，而具有通说地位。该说的显著优势主要体现在，它有助于在实体公正与程序公正之间维持一种必要的平衡，也就是说，它所依据的诉讼目的论以及所追求的价值观念是，发现事实真相并非民事诉讼的唯一目的，实体真实与程序正义具有相同的价值，如果取证人所采取的手段、方式或行为具有严重的反社会性（或称社会的危害性），导致法律的尊严受到严重贬损及他人的权益受到严重侵害，在这种情形下，对案件事实真相的发现将被迫退居次位，否则，与取证难度相适应的手段或方式，在追求案件真相发现上将具有不可替代性。例如，有学者认为，在民事程序中被禁止的证据，似应因违法行为而直接获得证据（及其变形，例如录音带译文）为限。其理由为，违法行为已有刑事、民事责任，并且鉴于真实价值的要求，因而在衍生证据（例如，违法窃听因而查得尸体所在，并挖掘出来），但似无须加以排除，以免过度妨碍真实的新发现。

在近代的证据制度上，在涉及证据适格性问题上存在两大法则。其一，为须有合理的立证价值的事实，方可具有适格性。其二，为除另有特定的法则外，凡有合理立证价值的事实，均可具有适格性。[1] 根据上述第一法则，在诉讼上，设置证据制度的目的在于，使得对案件事实的认定必须合乎客观世界的一种自然理性要求，作为认定案件事实的证据，须基于合理的标准，才能达成符合理性要求的内心确信。这种自然理性要求是实现自然公正与社会正义的必要条件，它旨在防范审判者遭遇情感或某种偏见等非理性因素的操纵。这一原理有助于排除那些非理性的证据资料或者证明方式，例如，历史上曾出现的神明裁判、司法决斗以及水审或火审等迷信方法。根据上述第二法则，基于某种立法意图、立法技术或者政策目的上的要求，即使有些符合理性标准的证据，而被排除在具有证据适格性的范围之外，例如，从事特定职业的人士（如律师、医师、牧师等）所提供的证言以及具有特定范围内的亲属（如配偶、父母等）所提供的证言。

在传统观念上，民事诉讼系将所谓"真实与正义"（Wahrheit und Gerechtigkeit）

---

[1] Wigmore, Evidence, §§ 9-16, Tillers rev. 1983 & Supplement 1990.

作为诉讼目的。其不可避免所产生的程序导向是，在审判上竭力追求客观真实。在这种客观真实观念影响下，就违法取得证据的价值与真实发现的目的二者之间相权衡时，有可能引发对于违法取得证据的适格性愈加从宽界定的倾向。其后续性的影响，容易造成不择手段、不计后果追求真实的局面，进而破坏法秩序的维持与稳定。

关于民事诉讼目的为何的问题，是民事诉讼法学的一个深具争议的议题。传统理论有所谓权利保护说、权利保障说、纠纷解决说、依法解决纷争说、司法秩序维护说、多元说、程序保障说等不同见解。另外，还有所谓法和平维护说、客观法秩序维护说等观点。有观点主张，民事诉讼制度的目的应是"法"的寻求、发现、提示，而且其所寻求的法是指存在于实体利益（如因特定实体法上权利经裁判而存在，即特定实体法规范被适用时所可能获得的利益）与程序利益（因程序的使用或减免使用所可能获得的劳力、时间或费用的节省）的平衡点的"法"，而并非仅指在诉讼外从客观上据以判定其私权存否所适用的实体法规范而已，还有所不同于以往有关民事诉讼制度目的的权利保护说作为判定其认为应受保护的权利是否存在时所准据的实体法。

就违法取得证据是否在民事诉讼上具有证据的适格性，在学说上存有争议。有观点认为，应从裁判上真实发现、程序公正与法秩序统一性或违法收集证据的诱发防止的调整等观点，综合比较衡量该证据的重要性、必要性或审理的对象、收集行为的态样与被侵害利益等因素，确定其证据能力的有无。进而认为，侵害隐私权的录音带、照片、窃听电话的录音带、窃听者与窃取的文书等，大都应否定其证据能力。也有的从真实发现、促进诉讼与违法取得证据的紧张关系角度考虑，认为在诉讼法上允许以此类物质作为证据方法，虽然有利于发现客观真实或者促进诉讼，但在实体法上，该类物件的取得既以侵害人格权、隐私权作为手段而具有违法性，不宜全被容许作为证据使用，在其不被容许的范围内，发现真实及促进诉讼的要求就有退让的必要。另外，如果举证人采用以收集证据的手段仅具有低度的违法性，并有比对方更应受保护的正当利益时，则无须一概否认该证据的证据适格。在民事诉讼上，除了根据某些限制性的情形能够直接对证据的适格性作出（否定性评价）判定以外，在大多数情况下，对于证据适格性的认定，具有一定的弹性空间。这就需要在个案中运用利益衡量原则及方法。对于在民事诉讼上因违法取得证据适格性的认定，有德国学者指出，在个案中，应具体衡量当事人双方利益，尤其是被违反法规所保护的法益及举证人在诉讼上的利益，兼顾比例原则进行具体的衡量。①

在裁判的目的性上，法院为了追求自然（实质）的正义与社会公平，其不免应以查明事实真相作为裁判基础的一面。在制度设计上，现代司法理念已由过去单纯追求实体正义进化为通过程序正义来实现实体正义，也就是，通过正当程序来谋求实体真实与程序正义之间的平衡。因此，经由正当的诉讼程序所获得的是一种裁判上的真实或裁判上的正义。这种真实及正义与自然（实质）的真实及正义之间有时难免存在一定距离，它是自然（实质）正义与社会公平所应当付出的成本与代价，但是必须控制在一定的合理范围内，才能维持其法律上的正当性。法官对当事人违法获取证据是否具有适格性的认定与取舍，往往影响事实的认定与裁判的结果。因此，对证据适格性的认定与取舍，应当在民事诉讼所追求的目的与违法获取证据所造成的损害之间取得平衡。

在民事诉讼上，应全面、充分考虑宪法与一般法律的规范目的，特别是尊重人格尊严及隐私权、人格权、财产权、自由权、住宅自由等价值及社会法治化功能与理念，在此基础上，应当划定证据适格性的应用范围，建立健全证据适格性的价值评估体系，对于那些当事人在收集、获取证据上所采取的手段或方法涉及具有显著社会危害性、严重侵犯人格尊严（如人格权）及其他基本权利（如隐私权）的情形或造成严重后果的，以及涉及明显违反法律禁止性规定的情形，为了寻求法秩序的一致性，自应否定其证据的适格性，这时，对于案件真实发现与诉讼促进的努力应当予以必要的退让；当诸种来源于不同的法益以及相同或者不同法律所保护的权益相互抵触或者相冲突时，对于违反程序法或实体法的规定所取得的证据资料，在权衡有关正当法律程序、诉讼诚信、法秩序统一性、预防理论、恶性示范禁止、不能借违法行为获利、抑制违法收集证据、举证人的证明权等观念、价值的基础上，在寻求必要平衡点的特定范围内加以权衡，对在个案中的证据适格性加以评估与定夺。

在民事诉讼上，对于那些在收集、获取证据的行为存在显著社会危害性、

---

① Baumgärtel, Beweislastpraxis im Privatrecht 1996, Rdnr. 97, 107.

或存在违反宪法所确定的核心价值和权利的情形，原则上以不具有法律上的适格性为由而受到排除；而对于那些凡当事人采取违反法律禁止性规定的方法收集、获取证据，或者采取严重侵害他人合法权益的手段或方式收集、获取证据，这些证据在法律上是否具有适格性及是否应当受到排除，由法官据情作出判定。可见，上述对有关证据在法律上适格性的判定及证据排除规则的适用，均体现了对程序正义与正当程序观念的贯彻。在民事诉讼中，一方当事人就对方当事人或者诉讼外第三人并不享有调查权力，因此，除非一方当事人故意采用极端手段迫使对方当事人在庭审上作出对己方不利益的陈述，或者迫使诉讼外第三人在庭审上提供虚假证言，而这些情形在实务中毕竟鲜有所见，故在民事诉讼上，有关证据适格性及证据排除规则在应用上所针对的主要是实物证据，而并非言词证据。

（二）我国有关法律及司法解释相关规定的理解与适用

《民事诉讼法解释》第106条规定："对以严重侵害他人合法权益、违反法律禁止性规定或者严重违背公序良俗的方法形成或者获取的证据，不得作为认定案件事实的根据。"

对本条文的理解与适用，应当掌握如下基本内容：

1. 在民事诉讼上，为了诉讼证明上的需要，当事人收集和获取相关证据，其所采取的手段或者方式，也就是这种行为本身侵害了他人的合法权益，其中，这种侵权行为既包括当事人本人的行为，也包括受当事人委托的诉讼代理人或者聘请、指使的其他受托人的行为。这种侵权行为因所涉及的具体情节、造成的损害结果以及是否具有社会危害性等不同而分为民事意义上的侵权行为及刑事意义上的侵权行为。因此，本条文中所谓"合法权益"主要是指为实体法所保护和保障的公民、法人或者其他组织的权利和利益。从传统民法上来看，合法权益分为财产权和人身权两部分，财产权包括物权、债权、知识产权、继承权；人身权包括生命权、健康权、人身自由权、隐私权、名誉权、荣誉权、肖像权、姓名权、名称权。在实务上，侵害他人合法权益所涉及的侵权客体主要集中在隐私权、通讯自由权，以及采取包括一些强制、胁迫、限制他人人身自由权的情形。在民事诉讼上，一方当事人因举证上的需要，在形成、获取相关证据的过程、手段或方法上，其行为本身侵害了他人的合法权益，也就是违反了实体法上的规定，但是，这种实体上的违法性并不必然导致有关证据在法律上丧失其适格性。这是因为：其一，这种侵权的主体具有特殊性，也就是，在许多情形下，它是诉讼上的一方当事人，或称诉讼上的举证人。其二，从事这种行为的目的在于维护行为人的合法权益。换言之，从事这种侵权行为的行为人在实体法上具有预期的正当利益，在许多情况下，其合法权益已为取证行为相对人所侵害。其三，从事这种侵权行为的人的行为源自其在诉讼上证明权的行使与享有，也就是，其行为本身是基于满足其诉讼利益的需要，即为了争取对其有利的裁判结果。其四，除涉及侵害诉讼外第三人合法权益的情形以外，因非法取证行为而遭受权益损害的相对人与取证人之间具有法律上的利害关系，特别是在诉讼发生之后，双方处于一种对立的诉讼当事人地位，均为民事诉讼法律关系的主体。正是由于上述几方面原因所决定，导致原本对这种侵权行为以其合法性为中心的判断模式转换到对这种行为本身的正当性与合理性的判断之上。其客观效果是，这种侵权行为的违法性只有达到某种严重程度，或者采纳该证据将对他人实体利益造成严重损害，即违反实体法的情节或后果等方面达到了严重程度，才有可能导致在法律上丧失证据适格性的结果。在民事诉讼上，应当以因诉讼一方当事人基于举证以有利于法院发现真实所谋求的诉讼利益，与因其取证而给他人合法权益所造成损害之间进行权衡，才能有助于确定这种侵权行为违法性所具有的严重程度，也就是说，应当对其严重性是否已达到了最低的必要限度作出判断。本条文中，强调这种"严重"的性质或程度，既可以被解读为，有关形成或者获取证据行为给他人合法权益造成的损害，其结果是严重的，例如，雇佣他人采用暴力手段获取证据，导致人身伤亡；也可以被解读为，有关形成或者获取证据行为给他人合法权益造成的损害，具有某种社会危害性。例如，雇佣他人采取跟踪、盯梢等手段伺机（拍照、录像、录音等）收集证据，采取撬门别锁等方法闯入或潜入他人住宅或办公场所搜查、获取证据资料。在一些情形下，有关当事人这种获取证据行为侵犯他人合法权益的"严重"程度，很有可能会导致触犯刑律，最终同时被追究刑事责任。

2. "非法证据"主要是指"非法取得的证据"（Illegally Obtained Evidence），也就是，采取以严重侵害他人的合法权益、违反法律禁止性规定或者严重违背公序良俗的方法形成或者获取的证据。前者主要是指为有关实体法所保障的当事人的合法权益，后者主要是指有关程序法或者证据法所明确设定的形成或者获取证据上的禁止性规定。所谓"严重违背公序良俗"，是指证据在形成或者获取过程中虽然并无对他人合法权益造成明显损害，但其形成或者获取的证据本身有违社会上所广泛采认的善良风俗。"公序良俗"原本属于一种道德底线，在本条文中因定位于达到了一种相当严重的程度，以至于将其提升为法律底线。与"严重侵害他人合法权益"这一适用要件相比较，"严重违背公序良俗"这一适用要件往往被前者所吸收。在衡量何谓"非法证据"问题上，通常可采取双重标准：一种标准是，对有关主体在形成、获取证据上作出禁止性规定，属于有关程序法或证据法的专属功能，这也是对采取法律上的禁止性规定获取证据的一种狭义上的界定和理解；另一标准是，即使在有关程序法、证据法对有关主体在形成、获取证据上的某些程序或方法未作出明确的禁止性规定的情形下，如果有关过程或者方法严重侵害了为有关实体法所保护的当事人的合法权益，如当事人的人格权、通讯自由权、隐私权、商业秘密权等，也可认定为非法证据范畴。在理论上，采取违反有关程序法或者证据法的禁止性规定涉及的证据，除了一些例外情形之外，一般属于绝对证据排除的范围；而采取违反实体法规定所涉及的证据，通常属于相对证据排除的范围，由法院在个案当中据情作出判断。在证据法理论上，所谓"违法证据"应仅指违反有关程序法或证据法在收集、调查证据上的禁止性，而不特指违反实体法的规定，并且，与实体法之间具有相当的距离。这是因为，对何种主体在诉讼前或者诉讼过程中采取何种方式或程序收集、调查证据为法律所允许或禁止，属于有关诉讼主体在诉讼上的诉讼权利和诉讼义务所决定的，它是程序法（尤指诉讼法）或者证据法的专属功能，是部门法分工的结果。实体法所保护的有关公民或法人的合法权益是一种实体正义的体现，它是一种看不见的正义，而程序正义是一种看得见的正义。因此，实体正义必须通过程序正义来实现。因此，在证据法的理论框架内，"违法证据"仅属于"非法证据"范畴内的一种情形。另外，应当指出的是，"非法证据"还应包括这样一种范畴，即有关特定主体所采取的收集、获取证据的方式，法律（程序法或者证据法）上既未作出禁止性规定，也未作出授权性规定，同时，也不涉及违反实体法的情形，可以说是一种法律上的真空地带或者灰色地带。当然，这种范畴对于民事诉讼没有意义，因为在民事诉讼中，双方当事人均为不涉及公权力的民事主体，对诉讼上的举证或反证均负有相应的责任。因此，实行"法无明文禁止即可为"的原则，真正具有意义的是体现在刑事诉讼和行政诉讼当中，因为，无论是在刑事诉讼还是在行政诉讼中，通常是由公权力机关（侦查机关、公诉机关以及其他政府机关）承担侦查、取证以及举证责任，为了保障公权力机关正确行使其权力，防止其专横、侵犯人权，故实行"法无明文授权即视为禁止"的原则。

3. 在民事诉讼上，因涉及社会私法秩序的维护，即便当事人之间出现私权利益上的纷争，为了避免国家的过度干预，应当以实行"私法自治"为考量的基点，因此，有关证据适格性及其排除规则的设定，应当以违反法律的禁止性规范为条件，即贯彻"法无明文禁止即可为"的原则；在无法律禁止性规范的情形下，如果出现严重侵害他人合法权益的情形，对有关证据是否予以排除，由法院据情裁量；如果因获取证据而出现严重侵害他人合法权益的情节已达到构成刑事犯罪的程度，原则上，对有关证据应当予以排除。凡是在法律上被认为丧失或者欠缺证据适格性的证据，都应当在诉讼上受到排除而不得加以利用。但是，并非所有的非法证据在法律上都自动丧失或者欠缺证据的适格性。也就是说，在个案当中，某一非法证据是否丧失或者欠缺证据的适格性而在审判上受到排除，由法院据情根据宪法、法律以及利益衡量原则等作出判定。在民事诉讼中，鉴于双方当事人争执的主要为私权利益，而使得双方的取证行为在法律上被界定为私人的行为，因此，在特定的语境下即使被界定为属于非法证据范围内的证据资料，并非当然丧失或者欠缺证据的适格性。换言之，在民事诉讼上，对于那些采取非法手段或者方式取得的证据资料是否在审判上具有证据的适格性，往往要由法院据情作出判定。

4. 在民事诉讼上，虽然有关当事人在收集、获取证据的方法或程序上存在违反有关程序法或者证据法上禁止性规定的情形，使得与此相关的证据资料在法律上存在丧失证据适格性的可能性，但并非必然。在个案当中，关键在于，采用与此相关的取证方法是否造成严重后果以及该取证方法是否具有不可替代性等因素的考量；在民事诉讼上，有关当事人在收集、获取证据的手段或方法上存在违反有关实体法规定而侵犯他人合法权益的情形，与此相关的证据资料在法律上也有丧失证据适格性的可能性，但也并非必然。在个案当中，关键在于，采用与此相关的取证手段或方法对他人合法权益所造成的损害的情节如何、后果如何，是否具有可替代性等因素。另外，值得注意的是，在我国目前虽然有关法律及司法解释对当事人的证明责任作出了相应规定，但是，如何保障有关当事人在收集、获取证据上的权利，特别是如何向对方当事人、诉讼外第三人收集、获取证据上，以及如何应对证明妨碍问题上仍未十分明确，在这种现实背景条件下，如果一味突出强调，凡是违反程序法或证据法所明确禁止的收集、获取证据的手段或方法所取得的证据资料，应一律认定其丧失证据的适格性，既有失公允，也不符合现实社会的合理期待。实际上，值得注意的是，对于民事诉讼而言，有关程序法或者证据法很少就当事人在收集、获取证据的手段或方法上作出明确的禁止性规定。反倒是，在个案中，在一方当事人的动议下，法院对于另一方当事人在收集、获取相关证据所采取的手段和方法上是否存在（违反有关实体法）严重侵害他人合法权益的情节以及是否造成严重后果作出判断，以决定有关证据资料的适格性问题。在民事诉讼上，在许多情况下可能会发生有关当事人在收集、获取证据上存在采取的手段、方法或程序不符合法律有关规定的情形，但是，这些情形与违反法律的禁止性规定具有本质上的不同。

5. 证据的来源合法是证据合法性的重要范畴，它主要包括收集、获取证据的手段、方式或程序上的合法。对证据合法性的识别与确定，其主要目的在于认定证据在法律上的适格性问题，即哪些证据资料可以经法院的证据评价后作为认定案件事实的根据，哪些证据资料则不能作为认定案件事实的依据，而被排除在外。在大多数情形下，具有合法性既是产生证据适格性的必要条件，又是产生证据适格性的充分条件；在相对少数情形下，具有合法性只是产生证据适格性的必要条件，而并非产生证据适格性的充分条件；甚至在个别情形下，具有合法性既不是产生证据适格性的必要条件，也不是产生证据适格性的充分条件。在民事诉讼中，由于双方当事人的争议仅涉及相互间的私权利益，如果一方当事人所提供的证据虽然不符合法律上的规定，甚至违反法律上的禁止性规定，但是该证据具有不可替代性，且未造成严重后果，经法院据情裁量，也有可能被认定其具有证据上的适格性。

6. 在民事诉讼上，应全面、充分考虑宪法与一般法律的规范目的，特别是尊重人格尊严及隐私权、人格权、财产权、自由权、住宅自由等价值及社会法治化功能与理念。在此基础上，应当划定证据适格性的应用范围，建立健全证据适格性的价值评估体系。对于那些当事人在收集、获取证据上所采取的手段或方法涉及具有显著社会危害性、严重侵犯人格尊严（如人格权）及其他基本权利（如隐私权）的情形或造成严重后果的，以及涉及明显违反法律禁止性规定的情形，为了寻求法秩序的一致性，自应否定其证据的适格性，这时，对于案件真实发现与诉讼促进的努力应当予以必要的退让；当诸种来源于不同的法益以及相同或者不同法律所保护的权益相互抵触或者冲突时，对于违反程序法或实体法的规定所取得的证据资料，在权衡有关正当法律程序、诉讼诚信、法秩序统一性、预防理论、恶性示范禁止、不能借违法行为获利、抑制违法收集证据、举证人的证明权等观念、价值的基础上，在寻求必要平衡点的特定范围内加以权衡，对在个案中的证据适格性加以评估与定夺。在民事诉讼上，当事人采用非法手段或者方式收集、获取证据虽然具有违法性，但是，其主体毕竟是诉讼上的一方当事人，且在性质上是一种私人行为，与在刑事诉讼及行政诉讼上有关公权力机关作为举证人所从事的收集、调查证据的行为存在本质的不同，更何况民事诉讼当事人的取证行为的目的既是法院查明事实真相的需要，又是为了维护其实体法上的合法权益，其行为目的的正当性是不容置疑的。但是，这种非法取证行为本身终究侵害了他人合法权益，如果一概采认其证据的适格性，而将其作为裁判上的根据，将严重侵蚀司法程序正当性的基础。因此，应当在举证人的合法权益与受侵害人的合法权益之间进行利益衡量，以寻求发现案件事实真相与采用正当程序之间取得一种平衡点。其中，需要着重考虑的价值层面、环境因素包括：该证据的重要性及必要性、举证人涉讼案件的性质、举证人取证行为违法性的严重程度、非法取证行为所造成的个体损害情节及社会危害性、侵权受害人在法律上是否存在证明协力义务、该取证手段或方式是否具有可替代性（其中包括是否存在具有更低度违法性或危害性的证据收集方式）、采纳该证据可能会导致的预期法律效果或者社会效果如何、有关当事人利益所涉及法律的规范目的与价值取向、涉及法政策层面的一般预防目的及诚信原则的维护、取证行为是否存在正当防卫、紧急避险等阻却违法事由，等等。

其中，在民事诉讼上，何谓构成正当防卫等阻却违法事由的情形，在实务上，正当防卫或类似正当防卫情形，可表现为确认造谣者的身份而录音存证，或者为防止勒索所实行的对应措施。

## 六、案例实务与问题解析

### 案例一　互殴中属自伤还是他伤如何举证

〔基本案情〕

叶某与邹某系邻居。2008年9月10日，叶某与邹某因琐事发生争吵，继而互相殴打，造成叶某受伤的事实，后经司法鉴定叶某伤残为轻伤十级。于是，叶某诉至法院要求依法获得赔偿。在审理过程中，原告叶某提出伤残系被告邹某殴打所致，而被告邹某辩称，叶某的伤残系叶某自己不小心摔伤所致。但原、被告双方对自己的主张均提供不出充分的证据予以证明。

〔意见分歧〕

本案中，如何认定叶某的伤残属于自伤还是他伤，有以下几种观点：

第一种意见认为，叶某的伤残属于自伤。因为本案不属于举证责任倒置范畴，根据"谁主张、谁举证"的举证责任原则，原告叶某应对自己主张的伤残系被告邹某殴打所致承担举证责任，而叶某提供不出充分的证据予以证明，则应承担举证不能的不利法律后果。

第二种意见认为，叶某的伤残属于他伤。因为根据逻辑推理，在不存在第三人的互殴中，若伤残不是自伤，则可推定为他伤。

第三种观点认为，虽然本案不属于举证责任倒置的范畴，原告叶某应对自己主张的伤残系被告邹某所致承担举证责任。但根据2001年《民事证据规定》第9条第1款规定："下列事实，当事人无需举证证明：……（三）根据法律规定或者已知事实和日常生活经验法则，能推定的另一事实"，本案中，原告叶某虽没有证据直接证明伤残系被告邹某所致，但亦可以举证证明伤残不是由自伤所造成，从而推定伤残系被告邹某所致。本案中，原告叶某为受害人，属于弱者，出于法律保护弱者的考虑，认定伤残为他伤更有利于保护受害人的合法权益。司法实践中，相互斗殴的事件时有发生，若殴打者否认殴打受害者，而受害人要直接举证伤害是由对方造成的就较为困难，所以在不存在第三人的互殴中，只要受害人能证明受伤不是自伤，就应认定伤害为对方所造成。根据日常生活经验法则，在互殴中，受害人不可能自己殴打自己，除非对方能举证证明伤害系受害人自己所为，否则应认定伤害为对方所造成。

〔问题解析〕

本案属于人身损害侵权诉讼案件，叶某向法院起诉，要求被告邹某承担损害赔偿责任，原告叶某提供的证据系有关鉴定机构出具的叶某伤残为轻伤十级鉴定报告。在庭审中，原告叶某提出伤残系被告邹某殴打所致，而被告邹某则辩称，叶某的伤残系叶某自己不小心摔伤所致。在日常生活中，为了证明一人伤残系被他人殴打所致，最佳的证据为在场目击者的证人证言，而在现代社会条件下，附近监控录像视频则证明力更强；另外，通常所见的还有发生殴打事件后，当地公安机关在接到报警后因调查询问所制作的笔录。然而，这一切在本案都不存在。原告叶某无法提出其伤残系被告邹某殴打所致的直接证据。但这并不妨碍法院通过庭审调查获取相关的间接证据，即法院主要通过对双方当事人的调查询问等方式获得如下事实：叶某与邹某系邻居的事实，叶某与邹某平常关系如何的事实，叶某与邹某于2008年9月10日因琐事发生争吵的事实，双方继而互相殴打的事实，有关鉴定机构出具鉴定报告证明叶某伤残为轻伤十级的事实，法官当庭查看叶某受伤部位获得的感知事实，如有必要邀请专业人员查验作证所获得的事实。[①]另外，法院还应当就被告抗辩主张所涉及的事实进行调查询问，即：叶某是在何时、何地、何种情况下摔伤的，邹某是亲眼目睹还是听他人所述，如果系听他人所述及他人是谁，等等。法院庭审调查所获得的上述事实均为间接证据，其载体主要为庭审笔录。2001年《民事证据规定》第64条规定："审判人员应当依照法定程序，全面、客观地审核证据，依据法律的规定，遵循法官职业道德，运用逻辑推理和日常生活经验，对证据有无证

---

[①] 2001年《民事证据规定》第61条第1款规定："当事人可以向人民法院申请由一至二名具有专门知识的人员出庭就案件的专门性问题进行说明。"《民事诉讼法》第82条规定："当事人可以申请人民法院通知有专门知识的人出庭，就鉴定人作出的鉴定意见或者专业问题提出意见。"

明力和证明力大小独立进行判断,并公开判断的理由和结果。"①据此,法院应当根据庭审调查所获取的间接证据,运用逻辑推理和日常生活经验法则,对案件事实作出相应的判断。

上述第一种观点在没有充分意识到该案特殊性的条件下,以原告无法提供直接证据为由直接驳回其诉讼请求,它体现了当前审判实践中那种片面理解和不当适用证据裁判主义的倾向,这种倾向的本质就在于不重视法院在庭审调查中收集证据的能力和作用。

而上述第二种观点则根据逻辑推理推定他伤成立,然而这种推定如果不建立在法院充分的庭审调查的基础上,只能显得似空中楼阁,令人缺乏可信度。

上述第三种观点则试图采用日常生活经验法则来弥补因缺乏直接证据而产生的困惑,然而即使考虑适用经验法则,也必须为此创造相应的必要条件,因此,法院对双方当事人进行调查询问,并在询问过程中尽可能地收集相关证据,根据有关法律及司法解释的规定及时向当事人释明以便其申请相关证明方式(如申请有专业知识的人出庭作证,申请知悉间接事实的证人出庭作证等),这些庭审调查措施均为不可或缺。

### 案例二 从该案看日常生活经验法则的适用

〔基本案情〕

被告李某之父因做生意借原告张某 10 万余元,在无法找到李某之父的情况下,原告多次找被告李某协商,后李某同意代父还款,并于 2004 年归还了 0.95 万元。2005 年 1 月 7 日,李某又归还了 4 万元。同日,原告张某为被告出具了一份李某之父欠张某款全还清的证明条。2005 年 12 月 16 日,原告张某持被告出具的一张欠条,向法院起诉,要求被告李某按欠条上约定的义务偿还欠款 4

---

① 2019 年《民事证据规定》第 85 条第 2 款规定:"审判人员应当依照法定程序,全面、客观地审核证据,依据法律的规定,遵循法官职业道德,运用逻辑推理和日常生活经验,对证据有无证明力和证明力大小独立进行判断,并公开判断的理由和结果。"《民事诉讼法解释》第 105 条规定:"人民法院应当按照法定程序,全面、客观地审核证据,依照法律规定,运用逻辑推理和日常生活经验法则,对证据有无证明力和证明力大小进行判断,并公开判断的理由和结果。"

万元及利息，被告以自己和原告协商的还款数目仅为4万元，且原告已经为自己出具了李某之父欠款已还清的证明为由拒绝偿还，两人为此诉至法院。

〔意见分歧〕

对于本案，有以下几种观点：

第一种意见认为，李某是替父还款，且双方约定的款项已经支付，原告也在收到李某的款项后为被告出具了其父所欠款项已全部还清的证明，现原告再次向法院起诉要求被告还款，应判决驳回原告的诉讼请求。

第二种意见认为，被告虽持有原告出具的被告之父所欠款已还清的证明，但该证明是在被告同意替父还款并给原告打有欠条的情况下，原告为结束与被告父亲之间的债务而作出的证明，被告陈述只打了一张借条，同时又承认还款时撕掉了一张借条，但现在原告持有被告亲笔书写的欠条原件一份，依照日常生活经验法则，原告关于被告打了两张借条的陈述应得到支持，被告应当依法偿还自己所承诺的款项。

第三种意见认为，2001年《民事证据规定》第64条规定："审判人员应当依照法定程序，全面、客观地审核证据，依据法律的规定，遵循法官职业道德，运用逻辑推理和日常生活经验，对证据有无证明力和证明力大小独立进行判断，并公开判断的理由和结果。"本案中，被告不承认打过两张4万元的借条，只是说协议的数额就是4万元，是原告欺骗了自己，又称借条已在还款的时候被亲手撕掉，却不能提供证据加以证实。而原告向法庭陈述被告打了两张借条，却仅向法庭提供了一张，如果法官不运用日常生活经验，便无法判断原告陈述被告曾打了两张数额相同借条的真实性。本案中，就协议的还款数额是4万元还是8万元，原被告各执一词，两人协议的过程除了两人的陈述外，客观真相无法再现。法官只能依原告现有的证据结合当事人双方的陈述进行推定，从而尽可能地对客观真相予以还原。

〔问题解析〕

本案中，张某向法院起诉，要求被告李某按欠条上约定的义务偿还欠款4万元及利息，被告则以自己和原告协商的还款数目仅为4万元且原告已经为自己出具了李某之父欠款已还清的证明为由进行抗辩。鉴于双方当事人的争议均与被告李某之父因做生意借原告张某10万余元有关，在法律上，原告张某与被告李某之间并不存在借贷关系。在诉讼前，李某代其父亲向张某偿还欠款，纯属自愿行为，与法律所保护的正常借贷关系无关。然而，张某以此所产生的纠纷为由向法院起诉，法院经审查认为李某被告主体不适格的，法院可建议原告先撤诉后再重新提起针对适格被告的诉讼，或者告知其可申请法院将本案被告变更为李某之父，否则应驳回原告张某的起诉。

上述几种观点均忽略了本案在主体法律关系上，李某之父欠款并不代表李某本人欠款，李某在法律上并不负有向张某支付欠款的义务，张某向李某主张债权不受法律保护。因此，张某向法院起诉，要求李某支付欠款，李某不是本案适格的被告。可见，无论是上述第一种观点根据原告李某出具欠款已结清的"证明条"认为应驳回原告诉讼请求，还是上述第二种观点认为应当按照经验法则支持原告的诉讼请求，抑或上述第三种观点主张法院应当采用推定的方式尽可能地对客观真相予以还原，其错误认识是十分明显。这些错误认识的共性就在于，将双方当事人之间的实体法律关系与诉讼法律关系完全割裂开来，单纯谈论如何适用证据规则。

## 案例三 审理中发现生效判决事实认定错误的处理

〔基本案情〕

2007年2月13日傍晚，原告刘甲（下称原告）收到他人归还花生米款18000元后，交给了农村信用合作社储蓄代办员刘乙，刘乙向原告出具了收到现金18000元的收据一份。2007年3月10日，刘乙因车祸身亡。原告持该收据向死者刘乙之妻吕某及其三名子女（下称被告）主张权利，要求被告返还存款18000元。

被告辩称，刘乙向信用社交账的日记账中没有收到原告储蓄款18000元的记载。从2007年2月13日至同年3月10日刘乙遇车祸死亡长达25天，原告未向刘乙索要存单，因刘乙遇车祸死亡具有不可预测性，应排除其恶意不办理存款手续的可能。又因双方有经济往来，原告买花生由刘乙代为付款，然后他们之间进行结算，这也可以证明刘乙所出具的收到条不是原告的储蓄款。

原告针对被告的答辩述称，虽与刘乙有经济往来，但都已结清。以前曾多次在刘乙那里存款，经常长时间不要存单。

〔意见分歧〕

对于本案的处理，出现以下几种观点：

第一种观点认为，原告交给刘乙现金是事实，鉴于刘乙农村信用合作社储蓄代办员的特殊身份，既然被告不能证明涉案现金并非存款，就应当承担还款责任。

第二种观点认为，交付存款后接受现金收据，不符合交易习惯和经验法则。为公平分配举证责任，在交易一方死亡后应当让另一方承担证明责任。既然原告承认与死者有其他经济往来又不能证明所交付现金系存款，应驳回其诉讼请求。

第三种观点认为，原告凭死者书写的现金收据和几名证人的证言不足以证明存款关系的存在，也无法排除被告主张的"18000元系代付款"的事实。被告提供的刘乙所写没有记载该存款的信用社现金日记簿，即使在双方有经济往来的事实印证下，也无法排除原告主张的"18000元系存款"的事实。双方当事人无其他证据，只能适用优势证据规则认定案件事实。

〔问题解析〕

本案中，原告刘甲向法院起诉，要求作为被告的死者刘乙之妻吕某及其三名子女还存款18000元。但值得注意的是，刘乙生前系农村信用合作社储蓄代办员，刘乙从事的存款储蓄业务属于职务行为，刘乙个人与原告刘甲之间并非存在储蓄存款法律关系，本案中，原告刘甲以此作为其请求权基础显然是错误的。因此，原告刘甲在诉讼上向死者刘乙之妻吕某及其三名子女主张18000元储蓄存款，死者刘乙之妻吕某及其三名子女显然不是本案适格的被告，本案适格的被告应当是当地农村信用合作社。本案中，法院经过审查认为刘乙之妻吕某及其三名子女作为本案被告在主体上不适格的，可建议原告先撤诉后再重新提起针对适格被告的诉讼，或者申请将本案被告变更为农村信用合作社，否则应驳回原告刘甲的起诉。如果法院受理了本案，经过庭审调查认为本案被告存在适格性问题时，应当驳回原告刘甲的诉讼请求。

在本案原告起诉时，经法院释明，原告申请将本案被告变更为农村信用合作社后，进入审理程序。在庭审过程中，原告刘甲向被告农村信用合作社主张偿付 18000 元的储蓄存款，原告提供有刘乙于 2007 年 2 月 13 日傍晚向原告出具的收到现金 18000 元的一份收据。然而，该份现金收据无法直接证明原告刘甲与被告农村信用合作社之间存在储蓄存款法律关系，刘乙向信用社交账的日记账中也没有收到原告储蓄款 18000 元的记载，并且，如果原告向储蓄代办员刘乙交付这笔款项是用于储蓄存款的话，鉴于傍晚时分并非农村信用合作社的营业时间，一味要求刘乙当时随即向原告出具存款单据并不现实。然而，自 2007 年 2 月 14 日至同年 3 月 10 日之间刘乙遇车祸死亡长达 20 余天，原告竟然未向刘乙索要存单，这种情况既违背交易习惯，又不符合日常事理。况且，法院还查明，原告刘甲与死者刘乙还存在私人间的经济往来。2001 年《民事证据规定》第 64 条规定："审判人员应当依照法定程序，全面、客观地审核证据，依据法律的规定，遵循法官职业道德，运用逻辑推理和日常生活经验，对证据有无证明力和证明力大小独立进行判断，并公开判断的理由和结果。"[1] 据此，法院可根据对有关证据的审查判断以及庭审调查等所获得的内心确信（心证），以原告提供的证据不足为由，驳回其诉讼请求。

本案中，假如原告刘甲以债权清偿为请求权基础，向法院起诉，要求死者刘乙之妻吕某及其三名子女偿还 18000 元款项，原则上只能以死者刘乙之妻吕某以及与死者刘乙生前共同生活的未成年子女为被告。为证明其诉讼请求和事实主张，原告刘甲提供的证据有刘乙于 2007 年 2 月 13 日傍晚出具的一份 18000 元现金收据。在诉讼上，被告的抗辩主张是，原告刘甲与刘乙之间有经济往来，原告买花生由刘乙代为付款，然后他们之间进行了结算。对此，原告反驳称，虽与刘乙有经济往来，但都已结清。事实上，原告刘甲与刘乙因私人间的经济往来所涉及的债权债务是否都已结清的事实，从本案情况来看，只有原告刘甲与死者刘乙对两人间的交易最为清楚，但刘乙因车祸身亡，原告刘甲主张相应的（债权）款项，原告刘甲与死者刘乙之间债权债务的事实属于原

---

[1]《民事诉讼法解释》第 105 条规定："人民法院应当按照法定程序，全面、客观地审核证据，依照法律规定，运用逻辑推理和日常生活经验法则，对证据有无证明力和证明力大小进行判断，并公开判断的理由和结果。" 2019 年《民事证据规定》第 85 条第 2 款规定："审判人员应当依照法定程序，全面、客观地审核证据，依据法律的规定，遵循法官职业道德，运用逻辑推理和日常生活经验，对证据有无证明力和证明力大小独立进行判断，并公开判断的理由和结果。"

告刘甲完全控制范围和支配的领域，被告刘乙之妻吕某并未参与实际交易的过程，故原告刘甲主张其与刘乙之间债权债务关系已经结清，原告刘甲应当对此事实承担举证责任，如果原告未能提供充分的证据使得法院形成相应的内心确信（心证），法院应当作出对原告不利的判决。

上述三种观点并未意识到本案被告在诉讼主体上的适格性问题，显然是不妥的，在程序上有明显瑕疵。其中，第一种观点尽管提及了刘乙作为农村信用合作社储蓄代办员的特殊身份，并且以这种特殊身份为前提认为应当由被告就涉案现金并非存款的事实承担举证责任，如不能够证明就应当承担还款责任，这种观点彰显张冠李戴之认知，显然是不当的。上述第二种观点在忽视被告主体上存在适格性问题的情况下，以交易一方死亡为由将举证责任分配给另一方于法无据。同样，上述第三种观点认为，根据双方提交的有关证据，在本案中，既不能够排除被告主张的"18000元系代付款"的事实，也不能够排除原告主张的"18000元系存款"的事实，只能适用优势证据规则认定案件事实。这种观点在逻辑推理上显得较为混乱，难以自圆其说。

## 案例四　原告徐某在结账当天是否交付30万元现金

〔基本案情〕

被告沙某、赵某因资金周转需要向原告徐某借款，分别于2014年7月13日、2014年8月16日、2014年9月30日、2014年11月13日向原告徐某出具四份借条，借条上分别载明了借款金额为20万元、20万元、30万元、10万元，对上述四笔借款，原告徐某均通过转账的方式向被告沙某、赵某提供借款。2015年1月20日，原告与被告沙某、赵某经结账后，被告沙某、赵某又向原告出具借条一份，借条载明向原告借款112万元，由之前的四份借条和部分现金组成。结账当天，原告将之前被告出具的四份借条销毁。

借款逾期后，原告多次追索未果，后原告徐某诉至法院，要求被告沙某、赵某偿还借款本金112万元及从2015年7月20日起按银行同期贷款利率计至给付完毕之日止的利息。原告诉称，2015年1月20日的112万，是前面四张借条的80万元，又借了30万元现金，是1月20日当天给的，还有2万元是之前的利息。二被告辩称，2015年1月20日，在原告胁迫恐吓下写下112万元的借条，不知道这112万元的借条是如何组成的。

一审法院在审理中认为，被告沙某、赵某对于2015年1月20日出具的借条，认为系受原告的胁迫所写，原告对此不予认可，且被告沙某、赵某亦未提供相应证据予以佐证。故对被告此抗辩，不予采信。对于原告主张的2015年1月20日结账当天，被告又向其借款30万元现金，虽然被告不予认可，但见证人朱某、张某均陈述当天现场有现金，且原告对于2015年1月20日的借条数额的陈述能合理解释2015年1月20日结算当天存在现金给付，被告向原告出具借条中亦表明在借款当天存在现金交付。在无相反证据的前提下，应当认定原告主张的2015年1月20日，被告沙某、赵某向原告借款30万元的事实存在。遂判决支持原告对该份借条的诉讼请求。后被告方不服上诉，二审法院结合借贷金额、款项交付、交易习惯等因素对借贷事实是否发生进行综合判断，同时根据举证责任分配法则，对原告借款30万元的诉讼请求不认可，并依法改判。

〔意见分歧〕

本案的争议焦点为：原告徐某2015年1月20日结账当天是否交付30万元现金？对此，出现如下两种观点：

一种观点认为，根据举证责任分配，原告只要提供证据证明其已经交付了现金30万元即可，本案中原告通过见证人的证言证明自己的诉讼请求，且被告无法提供证明其该份借条系胁迫所写，被告应承担举证不能的法律后果，而原告的诉讼请求理应得到法院的支持。

而另一种观点则认为，关于大额现金交付，人民法院应根据交付凭证、支付能力、交易习惯、借贷金额、当事人关系以及当事人陈述的交付细节等经过进行综合判断，出借人应当提供充分证据证明其大额现金交付的事实。本案中，关于款项的交付，原告徐某起诉主张沙某、赵某在2015年1月20日存在30万元的借贷关系，并进行全款现金交付的事实。依据"谁主张、谁举证"的举证责任分配原则，本案应由主张借款关系成立的出借人徐某对大额现金交付事实承担举证证明责任。徐某在本案一审中提交了借条和证人证言，但沙某、赵某并不认可现金交付30万元的事实，原告仅提供借条和证人证言，且证人之间的证言相互矛盾，而原告徐某对于现金交付 30 万元的细节难以自圆其说。为此，仅依据借条和证人证言，尚不足以使法官对大额现金交付的存在形成内心确认，故徐某的举证证明责任尚未完成，其应当继续举证。另外，纵观本案，原、被告在前四笔款项交付中均采取了转账的方式，而在第五笔款项交付中原告陈述通过现金交付的方式向被告沙某提供借款，该交付方式明显与双方的交易习惯不符。

〔问题解析〕

本案中，原告徐某向法院起诉，要求被告沙某、赵某偿还借款本金 112 万元及从 2015 年 7 月 20 日起按银行同期贷款利率计至给付完毕之日止的利息。原告诉称，2015 年 1 月 20 日的 112 万元，是前面四张借条的 80 万元，又借了 30 万元现金，是 1 月 20 日当天给的，还有 2 万元是之前的利息。二被告辩称，2015 年 1 月 20 日，在原告胁迫恐吓下写下 112 万元的借条，不知道这 112 万元的借条是如何组成的。从本案基本案情来看，被告沙某、赵某分别于 2014 年 7 月 13 日、2014 年 8 月 16 日、2014 年 9 月 30 日、2014 年 11 月 13 日向原告徐某出具四份借条，借条上分别载明了借款金额为 20 万元、20 万元、30 万元、10 万元，因该四笔借款均系原告徐某通过转账的方式向被告沙某、赵某提供的，故只要原告向法院提供相关银行对账单据，就会有助于法院形成内心确信。因此，在这份载明 112 万的借条上，最难使法院形成内心确信心证的是其中原告主张的其于 2015 年 1 月 20 日当天以直接交付 30 万元现金的方式借给被告沙某、赵某的那笔款项。为了证明这笔借款的事实主张，除了原告向法院所作的有关事实陈述以外，还包括那份载明 112 万的借条以及有关证人证言。但从原告的陈述来看，其内容所涉及的现金交付 30 万元的细节难以自圆其说，并且其申请作证的证人证言之间亦存在相互矛盾之处。另外，从二被告的抗辩情况来看，二被告主张该笔 112 万元的借条系在原告胁迫恐吓之下于 2015 年 1 月 20 日出具，但二被告亦没有对为何事后未向警方报案或向有关部门反映作出合理解释，故二被告的抗辩主张难以有效成立。问题是，原告徐某 2015 年 1 月 20 日结账当天是否向被告方实际交付 30 万元现金。如果没有的话，该 30 万元的"借款"与其他款项是何种逻辑关系，这是法院对有关证据进行审查判断和形成内心确信所无法回避的问题。

在当时社会经济环境的大背景之下，不能排除在该笔借贷交易活动中，双方当事人起初为规避法律，出借人为收取高额利息，将利息写为本金，因借款人事后反悔而产生纠纷。2015年《民间借贷案件规定》第16条规定："原告仅依据借据、收据、欠条等债权凭证提起民间借贷，被告抗辩已经偿还借款，被告应当对其主张提供证据证明。被告提供相应证据证明其主张后，原告仍应就借贷关系的成立承担举证证明责任。被告抗辩借贷行为尚未实际发生并能作出合理说明，人民法院应当结合借贷金额、款项交付、当事人的经济能力、当地或者当事人之间的交易方式、交易习惯、当事人财产变动情况以及证人证言等事实和因素，综合判断查证借贷事实是否发生。"该条规定，为审判实践中在当事人之间涉及大额现金交易发生纠纷时就法院调查证据的范围和应当关注的环节提供了行动指南。本案中，为了有利于促成心证形成内心确信，法院应当在要求原告方本人出庭的条件下，通过对当事人的调查询问，全面了解和掌握原告方的经济能力、现金来源、当时原告向被告交付现金的细节等，并结合当事人之间的交易习惯、交易方式以及有关证人证言等，以便对原告是否将30万元现金交付给被告作出最终判断。从司法经验的角度来看，只要原告主张的其将30万元现金交付给被告的事实曾经真实发生过，那么他可以通过陈述相关的细节以及为了证明这些细节的存在而提供的相关证据，将有助于法院形成内心确信，反之亦然。

本案中，一审法院针对该笔大额现金交易纠纷，仅仅根据原告一方不具细节的陈述、证人朱某和张某存在不一致的证言，在内心确信不具备高度盖然性的状态下，就轻易认定被告沙某、赵某向原告借款30万元的事实存在，显然不符合2015年《民事诉讼法解释》第108条第1款有关证明标准的规定。而上述第一种意见则仅凭原告提供的由被告出具借据以及有关证人证言，便得出原告的诉讼请求应当得到法院支持的结论，这种判断是较为草率的。相较而言，上述二审法院对本案事实的认定和上述第二种意见是正确、可取的。

## 案例五 本案欠条上方加注的是还款期限还是还款证明

〔基本案情〕

1996年2月至6月间,勒某为祁某建房、垒鸡舍及干其他一些杂活,计款6000元,祁某陆续给付勒某3000元,其余欠款祁某于1996年11月6日为勒某出具欠条一份:"今欠到人民币叁仟元整",在该欠条的上方有"截止:96.11.16,祁某与勒某所有工资结清"字样。此后,祁某即常年在外打工,只偶尔回家过几次,每次只住几天。2005年10月30日,勒某持上述欠条向法院提起诉讼,要求祁某偿付该3000元欠款。庭审中,勒某陈述欠条上方的文字是在1996年11月6日祁某出具欠条的同时书写的,是祁某对还款时间的承诺,但其到期并未给付,并提供了三位证人证言作证,用以证明勒某曾多次向祁某催要欠款,且证人曾从中调解过,因双方对给付的金额不能达成一致而未果;祁某则辩称认为该欠款已于1996年11月16日付清,其虽于1996年11月6日为勒某出具了欠条,但其于1996年11月16日即将该欠款付清,因当时勒某想留下该欠条作为与工人结算的证明,故其在付清欠款的同时在欠条的上方注明双方所有工资(指所欠工钱)结清,欠条上方的文字并非1996年11月6日所写,亦非对还款期限的承诺,而是还清欠款的证明。

〔意见分歧〕

对本案原告据以起诉的欠条上方加注的"截止:96.11.16,祁某与勒某所有工资结清"是还款期限还是还款证明,存在不同认识。

一种观点认为,欠条上方加注的内容应为还款期限。因为,根据常理分析,该欠条上方的内容应为一种约定,如果说欠款确已付清,祁某应将欠条收回,而无必要在条据上注明,祁某提供不出足够的证据证明其主张的成立,故对其辩称的理由不应支持。

另一种观点认为,欠条上方加注的内容应为还款证明。因为其所注的内容是"截止:96.11.16,祁某与勒某所有工资结清"而非"定于1996年11月16日付清",应当理解为在还清欠款之后的标注,关于欠条不收回而标注是否符合常理的问题,应当认为符合结算常理,因为当债务人需要用该欠条作其他证明用途时,经与债权人协商并注明款已还清的事实后,不一定非要将欠条收回的,现实生活中由于其他原因，在欠条上注明"结清""作废"等字样而不将欠条收回的事例并不鲜见。故如果仅以欠条未收回而认定不符合常理是没有根据的。

还有一种观点认为，本案争议的焦点主要是对欠条上方加注内容的理解，应当说，孤立地从该欠条上方加注的文字来看，可以理解为是对1996年11月16日付清欠款的约定，抑或是祁某在1996年11月16日付清欠款后的备注，在理解上是存在歧义的，这就需要由负有举证责任的一方当事人进一步提供证据以证明自己的主张，否则，应承担不利的后果。本案祁某至1996年11月6日尚欠勒某3000元工钱的事实是清楚的，而祁某辩称欠款已还清，其所依据的仅是一个理解有歧义的内容，且这个内容又系祁某自书，故祁某对内容出现歧义负有一定的责任，应由祁某就其已还清欠款的主张承担进一步的举证责任。从祁某对未收回欠条的理由所作的解释来看，其并未有提供证据予以证实，且从常理上分析，其所作的解释亦不具有可信度，故该种解释不能成立。本案中欠条上方加注的内容应为还款期限。从优势证据原理的分析来看，勒某所举证据的证明力远大于祁某所作的质辩，故应认定欠条上方加注的内容为还款期限，从而判决支持勒某的诉讼请求。

〔问题解析〕

2005年10月30日，勒某向法院起诉，要求祁某偿付3000元劳务欠款。原告提供的证据是被告于1996年11月6日为其出具的一份欠条，载明："今欠到人民币叁仟元整"，在该欠条的上方有"截止：96.11.16，祁某与勒某所有工资结清"字样。显然，该份欠条与众不同，令人感到迷惑不解，疑点重重。从字面上的解读来看，不排除有两种可能性：其一，1996年11月6日打下欠条，承诺1996年11月16日结清；其二，1996年11月6日打下欠条，之后又于1996年11月16日结清。如果发生的是第一种情况，按照日常生活经验，那么"截止：96.11.16，祁某与勒某所有工资结清"的字样，通常应当是在1996年11月6日打下欠条时被告书写的。但其中的疑点是，既然是一种承诺，被告为何并非在书写欠条内容的同时一并写下这一承诺，而偏偏在该欠条的上方似乎以备注形式载明此项内容呢？当然，也不排除被告事先经过深思熟虑，其动机无非是故意混淆是非，以尽可能逃避债务；如果发生的是第二种情况，按照日常生活经验，应当是被告于1996年11月6日打下欠条之后，于同年11月16

日还了这笔欠款,然后在该欠条上方注明相关结清的字样。本案中,关于该欠条是如何产生的,双方各自有不同的解释。原告在其陈述中认为,欠条上方的文字是在1996年11月6日祁某出具欠条的同时书写的,是祁某对还款时间的承诺;被告则辩称,该欠款虽于1996年11月6日出具,但已于1996年11月16日付清。因当时原告想留下该欠条作为与工人结算的证明,故其在付清欠款的同时,在欠条的上方注明双方所有工资(指所欠工钱)结清,欠条上方的文字并非1996年11月6日所写,亦非对还款期限的承诺,而是还清欠款的证明。

关于如何对证据进行审查判断,2001年《民事证据规定》第64条规定:"审判人员应当依照法定程序,全面、客观地审核证据,依据法律的规定,遵循法官职业道德,运用逻辑推理和日常生活经验,对证据有无证明力和证明力大小独立进行判断,并公开判断的理由和结果。"① 鉴于本案充满疑点的欠条产生于劳务合同法律关系中,具有一定的社会公益性,法院应当更加注重庭审调查职能,以便形成正确、合理的心证。比如,按照原告的说法,欠条上方的文字是被告对还款时间的承诺。但在法院的心证中会产生这样的疑问,原告在被告于1996年11月6日出具欠条和承诺同年11月6日结清该欠款之后,为何在相隔近10年之后的2005年10月30日才向法院起诉?本案中,原告除了提供该欠条以外,还提供了三位证人作证,用以证明原告勒某曾多次向被告祁某催要欠款,且证人曾从中调解过,因双方对给付的金额不能达成一致而未果。对此,法院对有关证人的调查询问,应当注重相关细节,如原告多次向被告催要欠款的时间、地点、环境状况,何人在场,被告是如何回应的,以及哪位证人从中调解的,发生的时间、地点、双方对达成和解的态度和提出的条件如何,等等。如果法院了解到相关的细节,就会有助于消除其中的疑点,更加接近发现事实的真相。

本案中,双方当事人根据同一欠条提出了不同的主张,从表面上看,这两

---

① 《民事诉讼法解释》第105条规定:"人民法院应当按照法定程序,全面、客观地审核证据,依照法律规定,运用逻辑推理和日常生活经验法则,对证据有无证明力和证明力大小进行判断,并公开判断的理由和结果。" 2019年《民事证据规定》第85条第2款规定:"审判人员应当依照法定程序,全面、客观地审核证据,依据法律的规定,遵循法官职业道德,运用逻辑推理和日常生活经验,对证据有无证明力和证明力大小独立进行判断,并公开判断的理由和结果。"

种主张均有发生的可能。因此，对证据的审查判断必须排除和否定其中一种可能性。按照被告的说法，该欠款虽于1996年11月6日出具，但已于1996年11月16日付清。因当时原告想留下该欠条作为与工人结算的证明，故其在付清欠款的同时，在欠条的上方注明双方所有工资（指所欠工钱）结清。但经仔细分析，这种说法既不符合逻辑，也不符合日常生活经验。因为，1996年2月至6月间，原告为被告建房、垒鸡舍及干其他一些杂活，计款6000元，被告已陆续给付原告3000元，如果被告仍欠原告3000元的话，当工人找原告索要工钱时，原告如解释暂时不能给付而出示被告这张欠条还有一定意义。如果欠款已还清的话，这张欠条对于原告及工人就没有任何意义，因为，按照交易习惯，原告与工人结算劳务费按事先原告的承诺即可，与被告没有关系。本案中，鉴于被告主张该欠条上的欠款内容与欠条上方的文字，分别产生于1996年11月6日和同年11月16日，因先后间隔时间仅仅10天，在笔迹鉴定技术上还无法有效解决这一问题，故被告无法申请笔迹鉴定。然而，根据现有的证据、结合逻辑推理以及有关日常生活经验法则，除非被告能够提供相关补强证据，即被告于1996年11月6日向原告支付了3000元的欠款，否则，法院最终的裁判心证很可能对被告不利。

当然，本案中，如果法院最终还不能就本案待证事实形成确信的心证，在有条件的情况下，还可以考虑采用现代测谎技术（心理测试），以进一步排除其心证中的疑点。

上述第一种观点，缺乏必要的逻辑推理，也没有进一步结合本案案情对常理进行阐释，不足以排除欠条中的种种疑点，难以令人信服。而上述第二种观点所得出的结论，没有建立在对案件基本情况及有关证据全面、客观、合理、有据分析的基础上，显得过于主观，亦难以令人信服。相较而言，上述第三种观点对本案案情及证据分析，显得较为全面、客观，且合理性较强，但其主张应由被告祁某就其已还清欠款的事实承担进一步的举证责任，并未与法院可能产生的心证相联系，使得这种主张的理由显得充分性不够。